劉琳　刁忠民　舒大剛　尹波等校點

上海古籍出版社

宋會要輯稿　瑞異一

天瑞

壽星

【宋會要】〔一〕

[1]乾德三年八月辛酉、四年八月乙卯、六年正月戊申，開寶二年七月乙亥，壽星出，見于丙。薦人君之壽，既稽《元命》之圖；表天下之安，又載《西京》之志〔二〕。

太平興國四年八月乙亥，壽星見，一云老人星。五年八月己卯、六年八月己卯〔三〕、八年八月辛卯，雍熙三年八月己酉〔四〕、四年八月辛亥，二十日夜。端拱元年八月乙卯朔、二年八月癸亥，淳化元年八月丁卯、二年八月辛未、一作癸酉。三年八月戊寅、四年八月辛巳、九月己亥、五年八月己丑，至道元年八月己亥、二年閏七月己亥，一云八月己亥朔。見丙地。

至道三年八月辛丑，咸平元年八月癸丑、二年八月癸亥、三年八月丁卯、四年八月甲子、五年八月乙丑、六年八月丙子，景德元年八月癸酉、二年八月庚辰、三年八月庚寅、四年二月己卯、八月甲午，祥符元年正月丁亥、八月丙申、二年二月壬辰、八月乙巳、三年二月辛巳、八月己酉、四年正月戊寅、八月癸丑、五年正月辛巳、八月己未、六年正月庚子、八月丙寅、七年正月癸丑、八月己巳、八年七月癸酉、九年正月甲寅、八月壬午，天禧元年八月癸巳、二年正月丁巳、八月辛卯、三年二月辛卯、八月己亥、四年八月己亥、五年二月丙午、八月乙巳，壽星皆出，見于丙。

天聖元年二月己亥、二年八月丙子、四年七月壬申，景祐二年正月己丑，至[2]和三年二月辛卯、八月己未，嘉祐二年八月庚申、三年八月丙辰、四年正月庚戌、八月癸未、五年八月庚午、六年正月癸丑、八月壬辰、七年正月辛亥、八年正月辛酉，治平元年二月己丑、七月癸巳、二年二月癸巳、八月己亥、三年正月庚辰、八月庚戌，皆壽星見。明道元年《壽星曲》云：「騰光丙位，薦壽中宸。」（以上《永樂大典》卷七八六一）

含譽星

【宋會要】

大中祥符七年正月二十二日夜，有星出東方，光芒二尺餘。司天言：「含譽星也，喜則光射。」帝作歌，近臣屬

〔一〕按，此目之文全抄自《玉海》卷一九五，非出於《宋會要》。
〔二〕「薦人君」以下一聯乃王珪《賀壽星見表》之文，見《華陽集》卷四一。
〔三〕以上二句之「己卯」原皆作「乙卯」，據《玉海》卷一九五改。太平興國五年八月辛未朔，六年八月乙丑朔，當月均無乙卯日。
〔四〕三年：原作「八年」，據《玉海》卷一九五改。

和。九月丙戌又見，似彗，有尾而不長〔一〕。

明道二年二月戊戌，含譽星見東北方，其色黄白，光芒長二尺許。

客星

【宋會要】

至和元年七月二十二日〔二〕，守將作監致仕楊惟德言：「伏覩客星出見，其星上微有光彩，黄色。謹案《黄帝掌握占》云〔三〕：客星不犯畢〔四〕，明盛者，主國有大賢。乞付史館，容百官稱賀。」詔送史館。

嘉祐元年三月，司天監言：「客星没，客去之兆也。」初，至和元年五月晨出東方，守天關，晝見如太白，芒角四出，色赤白，凡見二十三日。（以上《永樂大典》卷七八六二）

慶雲

【宋會要】

3 淳熙二年十一月十二日〔五〕，臣僚言：「陛下躬率百僚，加上太上皇帝尊號〔六〕，乃涓吉日，(不)〔丕〕蕆盛儀。冬至朔旦，天地休明，雲綵絢爛，日景晏温，和氣薰洽，特顯陛下業業事親之誠，抑可見太上皇帝永永萬年之慶。竊惟《春秋傳》載，魯僖公五年，朔日南至，公既視朔，遂登觀臺以望而書，左氏深美僖公之合禮。夫至、朔同日，凡十九年而一遇，由古以來，不知其幾，登臺書雲，惟此見之。矧惟今日行曠古無前之典禮，而人心驩奮，天意昭荅，雲物輝華，此又生民以來所未有也。乞宣示史館。」從之。（以上《永樂大典》卷三二〇九）

瑞雪

【宋會要】

4 太宗（太平興國）〔端拱〕二年十二月丙辰〔七〕，大雨雪。前二日，太史言：「月有蒼白暈，西有黑氣丈餘，占云雨雪之象也。」至是果驗。詔近臣於中書宴飲，令各賦詩。上製《瑞雪歌》以賜之。

真宗景德四年十一月辛巳〔八〕，真宗謂王旦等曰：「昨暮降雪遽止，朕憂其未足，夜分使人於宮庭視之，乃云復降，其勢甚密。今果盈尺，來歲麥苗應有望也。」遂賜近臣飲于中書，又宴館閣于崇文院。上作《瑞雪詩》，令三館即

〔一〕此二句及下條見《宋史》卷五六《天文志》九。
〔二〕《玉海》卷二引《會要》與此條同。
〔三〕黄：原作「皇」，據《玉海》卷二改。
〔四〕不：《玉海》卷二作「來」，疑誤。
〔五〕十二日：《玉海》卷一九五作「十一日」。
〔六〕加上：原作「加上上」，據文意删。
〔七〕端拱：原作「太平興國」。按此條實抄自《玉海》卷一九五，《玉海》題爲「端拱瑞雪歌」，正文中則省去年號，但云「二年十二月」，《大典》輯録時未看題，遂妄添作「太平興國」。《宋史》卷五《太宗紀》記此事亦在端拱二年。今改。
〔八〕此條抄自《長編》卷六七。

席和進，兩制次日來上。

大中祥符三年十一月壬午、己丑〔一〕，上作《瑞雪詩》賜近臣和。壬辰，召陳從易、劉筠對崇和殿〔二〕，上謂向敏中等曰：「從易輩文可觀。」令即席賦《瑞雪歌》。一本云：將祀汾脽〔三〕，屢得嘉雪，召劉筠、陳從易賦歌詩。上命題，陳彭年筆授，上覽之，賜緋魚。

四年，劉綜作《大雪歌》以獻。

八年十一月十九日，御製《瑞雪歌》曰：「應有五車來表瑞，定殊黄竹著爲謡。」晏殊《賀承天節瑞雪表》：「方祝萬春之壽，俄飄六出之祥。」又《瑞雪詩》云：「衣上六花非所好，畝間盈尺是吾心。」

仁宗慶曆四年十二月六日，翰林天文院言瑞雪之應，詔送史館。

嘉祐三年十二月十六日，詔從臣觀河南所進芝草，諭曰：「今日嘉雪大滋宿麥，自勝芝草瑞也。」是日，賜喜雪燕于中書。

高宗紹興十三年十二月庚寅，瑞雪應時，百官詣文德殿拜表稱賀。自是歲如之。迄今不改。癸巳，賜喜雪御筵于尚書5省，初復故事也。

孝宗乾道六年十二月一日，瑞雪應時，賜喜雪宴于尚書省。

九年十一月四日，詔郊祀免奏祥瑞。九日，親郊。十一日，宰臣曾懷等奏：「郊祀禮成，兼以瑞雪應時，未明而霽，以至青城宿齋，圜丘蕆事，天氣澄爽，此皆聖德昭著，高穹降格。」上曰：「君臣之間，正當修飭，以答天貺。」

淳熙癸卯前立春一夕大雪，祕書郎熊克賦詩，館學之士和焉。

〔淳化〕四年正月辛卯〔四〕，合祭圜丘。乙未，大雪，作《立春日瑞雪詩》三首賜近臣。李至上言曰：「原隰同縞，隴畝載滋。適因祈穀之祥，遂契有秋之望。」

孝宗淳熙八年正月四日雪，上謂輔臣曰：「得雪，二麥滋茂，農事可喜，此和氣所致也。」趙雄等奏曰：「歲前未有，今去春尚十日，得此殊爲可喜。元日，陛下朝德壽宮，天色晴明。次日，太史奏日有戴氣，都人懽呼，皆謂兩宮慈孝所致。又次日大雪，和氣致祥如此，有以見聖德格天。」上曰：「亦卿等贊襄之力。」（以上《永樂大典》卷二一五四七）

〔一〕自此條至淳化四年條（包括注文）乃是抄自《玉海》卷一九五，且爲成片抄録。其中乾道九年條《玉海》注云出自《會要》，其餘以數目紀日之條亦有可能是《玉海》抄自《會要》。

〔二〕筠：原作「均」，據《長編》卷七四改。下同。《玉海》亦誤作「均」。

〔三〕脽：原作「睢」，據《玉海》卷一九五改。

〔四〕天頭原批：「渭清按，此四年係太宗淳化四年。此文今見《玉海》卷一百九十五。」按，葉渭清所言是也，蓋《大典》誤認「淳化」爲「淳熙」，故編於此。此益可見《大典》抄自《玉海》而又每有錯誤。

物瑞

芝草

【宋會要】

6 光宗紹熙元年四月二日，宰執進呈畢，上宣示《慈福宮芝草圖》、壽皇聖帝《芝草贊》并御製《芝草詩》。上曰：「芝草之生，實慈福壽祉之祥，壽皇誠孝之應。」宣付史館。（以上《永樂大典》卷六八五）

瑞龜

【宋會要】〔一〕

7 雍熙中，蘇州貢白龜，作《白龜曲》。

至道三年真宗即位，五月癸酉，蘇州貢白龜。（以上《永樂大典》卷二〇四五）

【宋會要】

至道三年九月，壽州貢緑毛龜。真宗謂宰臣呂端曰：「介蟲而毛，天意或有所警戒，卿等詳考以聞。」端等言曰：「按《瑞諜》：神龜千歲，巢於蓮葉之上。今所得之處，郡名壽春。陛下頃升皇儲，實自壽邸，天其或者將使陛下後天而老，既壽且昌乎！又龜爲水族，其類在陰。介，剛物也；毛，柔物也。夫戎狄之類，稟乎陰氣，天意若曰：將有獷鷙不賓之俗柔伏來庭乎！」帝曰：「卿等所上章甚爲詳備〔二〕，然朕之屬意，又或異焉。夫龜有毛者文治之兆，八卦乃文治之實也。豈四靈昭感，有所屬耶？卿等其悉心修輔，慰朕意焉。」

【宋會要】

大中祥符九年九月戊午〔三〕，荆門軍獻緑毛龜，因詔：「自今諸道凡有祥異，勿復爲貢〔四〕。」

【宋會要】

（至道）〔大中祥符〕七年〔正月〕丙辰〔五〕，明州獻青毛金文龜一。（以上《永樂大典》卷二七〇五）

祥瑞雜録

太祖

【宋會要】

〔一〕按，以下二條録自《玉海》卷一九九，非《會要》文。

〔二〕上：原作「尚」，據《補編》頁四九八改。

〔三〕按，此條事亦見於《長編》卷八八、《玉海》卷一九九，但文字不同，當是《會要》文，然「戊午」二字當是《大典》據《長編》添。

〔四〕勿：原脱，據《玉海》卷一九九補。

〔五〕天頭原批：「至道僅三年，此七年，誤。」按，此條乃抄自《玉海》卷一九，原文作「（大中祥符）七年正月丙辰」，因承前省去年號，《大典》不察，誤作「至道」，又脱「正月」，今據以改補。

8 建隆二年〔一〕，隴州防禦使楊勳獻黃鸚鵡，知鄆州姚光輔獻白兔。及馴象自來〔二〕，故以爲三旗。

國朝符瑞之目，皆如禮部式，備載其事類于國史。今録緣瑞命崇尚事迹于次〔三〕。

乾德六年三月〔四〕，馴象至京師，宰相率文武百僚稱賀。自後凡符瑞内外奏至，必宣示宰相，即時奏賀，大瑞率羣臣詣閤門拜表。

是年，太祖親郊，有司請以國初以來祥異著之旗章，遂作金鸚鵡、馴象、玉兔三旗。

太宗

【宋會要】太平興國四年九月，嘉州言：「夾江縣弱鄢鎮民王詣得黑石二〔五〕，皆丹文。其一云『君王萬歲』，其二云『趙二十一帝』，緘其石來獻。」

十二月，太宗禁中讀書，自巳至申始罷，有蒼鶴自始開卷飛止殿吻，殆掩卷而去。帝怪之，以語近臣，對曰：「此上好學之感也。昔楊震方講間，有鸛雀銜三鱣魚墮於庭，亦同其應。」

雍熙二年閏九月，坊州刺史馮鐸進一角獸，帝御崇政殿召近臣觀之。帝曰：「時和歲稔，天下人安樂，此爲上瑞，鳥獸草木之異何足尚焉！今此獸遠郡貢來，畧與卿等觀視，令養於後園，遂其飲齕之性，宣示於外，有涉近名。」按《瑞應圖》，牡曰麒，牝曰麟。昔嵐州所貢者麟也，今坊州所貢者麒也〔六〕。

十月辛丑〔七〕，五星如連珠。

十二月壬寅〔八〕，潭州獻白雀。

〔三月八日〕〔三年八月〕己酉〔九〕，壽星見。

九月〔一〇〕，簡州奏禾一根二莖，其穗或八或九。

四年九月辛酉朔〔一一〕，濰州進嘉禾，御製《嘉禾合穗》五七言詩二首賜宰相李昉等。

〔雍熙三年〕十月辛丑〔一二〕，益州貢禾，一莖九穗。

〔一〕《事物紀原》引《會要》，此條乃是下文「是年太祖親郊」條之注，蓋《大典》移作正文之一條。

〔二〕自來：原脱，據《事物紀原》卷三、陳祥道《禮書》卷一三一引《會要》補。按，「馴象自來」乃乾德六年事，見下文（《玉海》卷一九八云：「乾德五年八月，有象至嶺南來，至都城外獲之。」蓋一事）。

〔三〕按，以上數句似是《會要》「祥瑞」門之序。

〔四〕乾德：原無，據《玉海》卷二〇〇補。

〔五〕鄢：《長編》卷二〇作「馮」。

〔六〕麒：原作「麟」，據《長編》卷二六改。

〔七〕此條抄自《玉海》卷一九五。自此以下十三條均抄自《玉海》，但年代多舛誤。

〔八〕此條抄自《玉海》卷一九九。

〔九〕三年八月：原作「三月八日」，據《玉海》卷一九五改。

〔一〇〕此條見《玉海》卷一九七。

〔一一〕此條亦見《玉海》卷一九七。

〔一二〕雍熙三年：原無，據《玉海》卷一九七補。

十二月乙未朔〔一〕，大雪，上大悦，御玉華殿，召近臣宴，出御製《雪詩》一首，令侍臣屬和。

〔四年六月癸卯〕，邢州進白烏〔二〕。

淳化四年十一月癸亥〔三〕，隴州獻白鷹，詔還之。

〔雍熙四年〕七月辛巳〔四〕，銀州獻白兔。

八月辛亥，二十日夜。壽星見〔五〕。

十二月丁巳，大雨雪，近臣稱賀。

雍熙中〔六〕，蘇州貢白龜。

端拱元年二月，詔曰：「王者恭守丕圖，誕敷百化，凡充庭而作貢，必務實以去華。惟是豐年，最爲上瑞，珍禽異獸，何足尚焉！（榮）〔勞〕採捕於上林，復幽閉於籠檻，違物類飛鳴之性，豈國君仁恕之心！既無益於邦家，宜並停於貢獻。應兩京諸州今後並不得以珍禽異獸充貢奉。」時祥瑞荐至，帝以爲無益於理，徒事虚名，故止之。

八月，廣州言：清遠縣公宇中有合歡木一株，高百餘尺。三月十日，有鳳高六尺，下有衆禽隨從，木下生芝草三莖。畫圖來獻。

淳化元年四月，殿中丞、史館編修宋炎言：「皇帝御極以來，瑞諜昭著，羽族之祥，三十有七；蹄角之瑞，二十有六。草木之異，雲露之應，不可具載。請宣付史館。」從之。

五年正月，密州所獻芝草四本。時以符瑞之事，帝多抑而9不舉，宰相請觀，故出以示。

五月壬子〔七〕，亳州獻《瑞麥圖》，有分四岐、三岐、兩岐者。

七月二十四日，處州進白鵲。

九月庚戌朔，磁州言嘉禾合穗，畫圖來獻，以示近臣。

至道元年四月二十九日，知通利軍錢昭序獻赤烏、白兔各一，表云：「烏稟陽精，兔昭陰瑞，報火德蕃昌之兆，示金方馴服之祥。念（慈）〔兹〕稀世之珍，罕有同時而見。望宣付史館。」從之。帝謂侍臣曰：「烏赤正如渥丹，信火德之應也。」

五月，開封尹壽王上言〔八〕：「太康招慶鄉華陽村民獲黑兔一以獻〔九〕。」帝謂宰臣曰：「黑兔之來，國家之慶也。」呂端等對曰：「黑者北方之色，兔即陰類，夷狄之象也，將有夷狄解辮稽顙於北闕之下乎！」

〔一〕此條抄自《玉海》卷一九五，亦雍熙三年事，以上二條當移前。

〔二〕「四年六月癸卯」原無，「烏」原作「馬」，據《玉海》卷一九九補改。

〔三〕此條亦見《玉海》卷一九九，與上條相接。

〔四〕雍熙四年：原無，據《玉海》卷一九八補。

〔五〕以下二條抄自《玉海》卷一九五，亦爲雍熙四年事。「二十日夜」四字原作大字，據《玉海》改爲小字。

〔六〕雍熙中：原作「是年中」。按，若據原稿，「是年」承上乃淳化四年，但《玉海》卷一〇六、《宋史》卷一二六均作「雍熙中」，《大典》改寫而未顧及上文，以至錯誤。今改正。

〔七〕以下三條見《玉海》卷一九七、一九九。

〔八〕尹：原作「府」，據《長編》卷三七改。壽王指趙元侃。

〔九〕太康：原作「太原」，據《長編》卷三七改。縣名也。

是年七月丁巳，永州言，零陵得六眸龜一〔一〕，以獻，詔示近臣。

是月癸酉〔二〕，眉州言嘉禾一莖二十四穗。

真宗

【宋會要】

10咸平二年十月癸酉〔三〕，商州貢《連理木圖》。

〔咸平四年〕十一月十六日〔四〕，開封府言：「民張永清得田中神人遺書，啓封乃金牌，有『趙爲君萬年』字。」詔付史館。

景德元年八月十七日，白州言：「五月七日午時，鳳凰三自南來，入城中，衆禽周遶〔五〕，至萬歲寺前，棲百尺木上。身長九尺，高五尺。其文五色，冠如金盞。至申時北向而去。」畫圖來上。宰相奉表稱賀。

三年五月一日，司天監言：「先四月二日夜初更，見大星色黄，出庫樓東，騎官西，漸漸光明，測在氐三度，鄭之分野，壽星之次。後益潤澤。謹按《星經》：瑞星有四，其一曰周伯，色黄，煌煌然，所見之國大昌。又按《太一占》云：王者制禮作樂，内外咸得其宜，四方之事無蓄滯，君上壽考，國運大昌，則周伯星出。天示殊休，允符聖運。乞付史館。」從之。文武百官上表稱賀。初，是星之見，知星者屢言嘉瑞，雖考驗有據，而帝未之信。至是，司天監、翰林天文連狀稱述，始聽羣臣表賀。

是月，撫州獻白烏，帝以前詔罷貢珍禽奇獸，命還之，給其道路之費。

四年十二月，尚書禮部言：「先準敕命，珍禽奇獸諸祥瑞等不得進獻甚衆。當司準《儀制令》，祥瑞應見若麟鳳龜龍之類，依圖書大瑞者隨即表奏，自外諸瑞申11報有司，元日聞奏。又準《禮部式》，祥瑞每季具録，送史館。又檢會到唐太和二年中書門下奏，伏請自今已後祥瑞但申有司，更不進獻。伏以聖化流通，瑞命紛委，苟不書於史策，曷以表於靈心？欲望自今諸道珍禽奇獸祥瑞等不得進獻，只報當司逐季諜送史館、起居院。」從之。

大中祥符元年四月，詔：「太祖、太宗朝，諸路所獻祥禽異獸皆在苑囿，可上其數，俟封禪禮畢縱之〔六〕。」

九月二十六日癸未〔七〕，直史館張知白上言：「臣嘗於咸平中上疏論祥瑞，當時隴蜀初定，河湟未寧，乞明詔有司止之，以著謙奉上穹之意。數年以來，兵息穀稔，羣臣告成

〔一〕「言零」二字原作「慶」，據《玉海》卷一九九改。此條抄自《玉海》。

〔二〕此條見《玉海》卷一九七。

〔三〕此條抄自《玉海》卷一九七。

〔四〕咸平四年：原無，據《長編》卷五〇補。

〔五〕禽：原脱，據《燕翼詒謀録》卷三補。

〔六〕「封禪」原作「禪登」，「縱」原作「從」，據《長編》卷六八改。

〔七〕按，《玉海》卷二〇〇亦有此條，惟張知白上言有所節引。此條之正文當爲《宋會要》本文，但「癸未」二字及條末注文疑爲《永樂大典》據《玉海》補。

功，詔命纔行〔一〕，和氣充塞，上動靈貺，下契人心，休應荐臻，祥瑞塡委，超於前代，萬世一時。若書典策，告宗廟，因示常例，未足盡其殊尤。望以泰山諸瑞，按品目以第之，命良工以繢之，一本藏秘閣，傳於不朽，一本以備玉清昭應宮圖壁。所貴崇天地所錫之寶。」從之。《張知白傳》言：咸平中河湟未平，臣請罷郡國所上祥瑞。今天下無事，靈貺並至，望以泰山諸瑞圖玉清昭應宮，其副藏之秘閣。

〔五年〕十一月〔二〕，知梓州崔端獻白鶴一〔三〕，帝以地遠勞人，賜牙吏緡錢遣之，仍令諸州依前詔，不得以珍禽異獸爲獻。

(是月)〔六年十一月〕〔四〕，召近臣于龍圖閣觀丁謂所獻芝草〔五〕。

〔五年〕十二月〔六〕，詔近臣、三司使副、刺史以上對於龍圖閣，觀編聯祥瑞所進呈祀汾陰往迴祥瑞及(睢)〔脽〕上太寧廟、華嶽廟圖，凡百四十八〔七〕。明年二月，又從羣臣之請，出於文德殿觀之。

〔元年〕十一月〔八〕，天書扶持使丁謂言：「自天書降後，凡有祥瑞，欲望編排，各撰贊頌兼序，仍於昭應宮圖寫。」詔宜差丁謂、龍圖閣待制戚綸、陳彭年同共編聯條奏，仍令中書門下、知樞密院王欽若、陳堯叟并兩制與丁謂等及尚書丞郎、給(陳)〔諫〕分撰贊序。謂與李宗諤、戚綸、陳彭年編次成，凡圖寫五十一軸，召近臣、宗室、內職同觀之。

二年(三)〔正〕月〔九〕，右司諫張知白言：「先詔郡國有祥瑞不得以聞，止報禮部。封禪以來，珍符駢集，今州郡悉以聞，望申明前制。」從之。

三年閏二月，翰林天文、司天監丞邢中和言：「按唐《乙巳占》云：太陽者人君之象，揚輝騰耀，照臨萬物。凡有吉凶憂喜之氣，皆變化見於日邊。自今年正月後至二月終，瞻候太陽有左右珥氣凡二十六，赤黃十七〔一〇〕，青赤九〔一一〕，冠氣八，承氣六，戴氣五。日有黃色二，五色雲一，背氣三。占云：珥氣青赤主兵，先憂後喜。赤黃色潤，上下和悅。冠氣主國家行冠帶禮，封建之事。戴氣，戴德也，國有喜，臣下推戴之象。承氣者，承順納忠也。日有黃色

〔一〕纔：原作「終」，據《玉海》卷二〇〇改。
〔二〕五年：原無，據《長編》卷七九補。
〔三〕白鶴：《長編》卷七九作「白雉」，當是，白鶴則不足爲奇。
〔四〕六年十一月：原作「是月」。按此事《長編》卷八一、《玉海》卷二〇〇等均記於祥符六年十一月。《永樂大典》誤認「六年」爲「元年」，遂改作「是月」，今改正。
〔五〕「閣觀」原作「閤覩」，「謂」原作「未」，「芝草」原作「册」，據《玉海》卷二〇〇改。
〔六〕五年：原無，據《長編》卷七九補。
〔七〕八：原脱，據《長編》卷七九補。
〔八〕元年：原無，據《麟臺故事》卷二補。按《大典》此編所收條文蓋從各處輯來，編纂時各條多失録年分，編者以意編聯，故年月多紊亂。
〔九〕正月：原作「三月」，據《長編》卷七一改。
〔一〇〕十七：原作「九」，據《玉海》卷一九五改。
〔一一〕九：原脱，據《玉海》卷一九五補。

潤澤，君福壽昌。五色雲，太平之應也。臣見兩月之內，日上氣象如此倍多，蓋國家將有大慶之兆。然願聖人詳酌天道，進用賢臣，恤明刑法，治兵經武。其間又覩其氣三見，慮四方有不順之處。案《晉書・天文志》云：五星在東 12 方，中國利。切緣否泰之道，倚伏循環，今雖北朝道順，河西息兵，更望於邊防要害之地，常委腹心，乃居安慮危之道也。」帝覽而嘉之。

十月，以河中府民巨沼爲河中府助教，賜襲衣銀帶器幣等。沼祖誠《靈寶真文》參驗有據，故有是命。

是月己酉〔一〕，嵐州言嘉禾合穗。

四年二月三日，内侍譚元吉等言：「準詔，以泰山芝草裝成寶山二百，每山十一本，盛以漆匣。」詔分送諸路名山勝境、名宮觀祠宇。

〔二年〕五月〔二〕，詔近臣至龍圖閣觀《芝草圖》，又至崇和殿觀瑞物四百餘種〔三〕。凡木十有三，有文成「大運宋」字者〔四〕，成「大吉」字者，成「天下太平」字者，成「有」字者，柱上芝草形如仙人手者。瑞石六，有文成「真君王萬歲」字者，成「趙二十一帝」字者，成咸池星者，成觀音羅漢者，成北斗七星者，成雙蛇形者。五色成龍卵一、鳳卵二、鳳喙一、龍牙二、龍頷骨一。蛤中有金龍隱形一。珊瑚樹二十，寶石山一，硃砂山二，空青山一。王旦等進曰：「國朝以來，凡有祥瑞，雖四方無不傳聞，而未嘗見之。臣等今獲親覩，實爲厚幸。」帝曰：「國家符命昭灼，蓋由祖宗積德，至於四方寧謐，以成禪封之禮，有以也。朕念前代雖有德之君，能行封禪之事者蓋寡。如唐太宗兩議其禮，皆不能行。朕乃克成封禪，蓋先朝之臣累有陳請經營，禮物制度已備，朕何力之有！」旦曰：「太宗嘗議大禮，非陛下勵精善繼，力致太平，則不能奉成先志矣。陛下歸美祖宗，實社稷無疆之休也。」

五年五月，藤州鐔津縣野蠶成繭〔五〕。是縣不産蠶，比食山柘而成絲，州緘絲以奏〔六〕。

八月己未，壽星出於丙〔七〕。

是月，帝謂近臣曰：「累聞羣議，語及朝廷崇尚祥瑞，躬親細務。昨著成《祥瑞》《勤政》二論諭之。」因出示宰臣，大指謂：「明王雖有丕祥，常因祗畏。中人一覩善應，即自侈汰。聖賢思以防邪，故《春秋》不書其事。然神祇降監，亦以揚祖宗之烈，當欽承而宣布之。若禱休祺以自肆，固宜戒也。拒而爲賢，即所不執。」又付中書，許羣臣傳寫。三司使丁謂（言）又請以御製於國學刻石，從之。

〔一〕此條抄自《玉海》卷一九七。
〔二〕二年：原無，據《長編》卷七一補。
〔三〕四：原脱，據《長編》卷七一補。
〔四〕運：原作「連」，據《邵氏聞見後録》卷一改。
〔五〕鐔：原作「鐔」，據《元豐九域志》卷九改。
〔六〕州：原脱，據《玉海》卷一九九補。
〔七〕此條乃據《玉海》卷一九五寫成。

閏十月，車駕詣啓聖院，召從臣宣太平興國中舒州民柯蕚所進瑞石〔一〕。石有文曰《（志）〔誌〕公記》：「吾觀四五朝後，次丙子，出趙，號太平二十一帝。敬醮灊山九天司命天尊〔二〕，社稷永安。」內供奉官馮仁俊曾管勾瑞物，誦得此文，及覩聖祖臨降，表其事。且言太祖後唐天成二年二月十六日降誕，太宗丙子歲即位，皇宋啓運在五代後，並皆符合。詔許於龍圖閣閱之，與仁俊所誦無異。又得一瑞石，上亦有文曰「趙二十一帝」字，又詔以石於明堂宣示文武百官，及付史館。帝作七言詩，近臣畢和。

六年十一月，詔近臣于龍圖閣觀丁謂所獻再生朝天檜、萬歲瑯琊、五雲露盤、雙金華、翔鳳、靈壽等芝及連石帶木散生芝草，共三萬七千一百八本，帝周覽久之。十[13]二月，又出芝草列於文德殿庭，宣示文武百官。從寇準所請也。

是月辛酉〔三〕，嵐州獻赤烏。

李繼隆在北邊獲白鵲，作詩以獻，太宗和賜之。

七年二月，車駕發京師，幸亳州迴，詔以真源所進靈芝二百本及白鹿列天書前。

八年六月，賜近臣靈芝山各二，皆丁謂所進。天下名山、洞府、靈跡、寺觀皆賜之。

九年九月，遼州獻白兔。《玉海》：九年十二月癸未，羣牧司言：大名監産赤馬，肉尾無鬃，是龍駒。過汗漫所不游，躡章亥所未迹〔四〕。是月乙亥，日有赤黃暈珥冠氣，紫雲如蓋。庚子，奉天書赴集禧殿，有黃紫雲捧日，如花葩狀。（以上《永樂大典》卷一五三九六）

仁宗

【宋會要】

[14]天聖四年四月，內出雙頭牡丹芍藥花畫圖示宰臣，令三館各進詩賦。《玉海》〔五〕：天聖元年二月，河陽柳二本連理。是月己亥，壽星見。八月甲寅，芝生天安殿柱，召輔臣觀，退，表賀。乙卯，命百官觀之。二年八月丙子，壽星見。四年季春丙午，景靈宮牡丹雙跗共榦，詔詞臣爲賦。夏竦賦序：「棣蕚承華，召公流詠；芝莖連葉，漢帝登歌。」《玉海》：七月壬申，壽星見。十二月壬午，幸玉清昭應宮、開寶寺、景靈宮祈雪。故事，車駕還，必作樂前導。上精意以禱，命毋作樂。既雪，一云壬辰雪。輔臣皆賀。上喜曰：「力田之民，自今有望矣！」《玉海》〔六〕：《韓琦家傳》：五年，仁宗初臨軒試進士，琦名在第二。時唱名第一甲方終，太史奏日下五色雲見，左右從官皆賀於殿上。三月辛酉，崇政殿親試，賜王堯臣以下及第。《玉海》：六年六月，陳州獻《瑞麥圖》，兩岐共秀，命兩制館閣賦詩。五月，陳州言瑞麥一莖二十穗。十一月癸卯，益州獻異花，似桃四出。上異之，目爲太平瑞應花。《崇文目》有

〔一〕臣：原作「司」，據《玉海》卷一九六改。柯蕚：原作「楊革」，據《石門文字禪》卷三〇、《長編》卷二三改。

〔二〕「敬」下原有「志」字，「司」字原脱，據《長編》卷二三刪補。

〔三〕此條與下條皆出於《玉海》卷一九九。

〔四〕此二句是《玉海》卷一九八所録晉張協《七命》之句，與上文無關。

〔五〕玉海：原作「文獻通考」。按，以下數條見《玉海》卷一九五、一九七，非出於《文獻通考》，因改。

〔六〕玉海：原作「長編」。按，以下二條亦出於《玉海》卷一九五，非《長編》，因改。

《瑞花詩賦》一卷。八年八月丁亥六日，詔輔臣兩制元真殿觀瑞穀〔一〕，賜宴蘂珠殿〔二〕。九年五月，宿州獲白兔。景祐元年十月，安州稻再熟。成德軍言禾一本九穗。二年正月己丑，壽星見。六月十九日辛未，幸後苑觀稻，賞瑞竹，宴太清樓〔三〕。十一月，滎州言竹一本，上分兩岐〔四〕。天聖九年七月，永康軍青城生雙竹〔五〕，一本。十一月，滎州言瑞竹生〔六〕。四年五月壬戌，芝生于太宗神御殿楹。丙寅二十五日，芝生于化成殿楹，召輔臣、宗室、兩制觀之，帝作五言詩賜王隨等，翌日各獻賦頌。是月庚申，滑州言靈河縣民家蠶自成被，長二丈五尺，廣四尺。上以爲祥，賜其家茶綵。《文獻通考》〔七〕：寶元元年二月乙酉〔八〕，興州長舉縣有鵲，羽毛潔白，嘴脚紅，不類常鵲。

是年八月十六日，同測驗渾儀張異言：「今月十四日夜，瞻見太陰行黃道，及有黃暈周匝，暈着室、壁宿。謹按《握掌占》曰：主天子喜慶，可生帝子。若有月暈者，三日內有風雨。」詔送史館。

康定元年六月三日，同測驗渾儀張異等言：「今月一日夜五鼓後，東方水星晨見，主民静國安。」詔送史館。

二年正月七日，翰林天文院言：「正月一日有黃氣，按天書，國有喜事。及皇帝受賀迴大內，風從艮上來，主豐稔事。」詔〔送〕史館。《玉海》：慶曆三年十一月壬辰〔九〕，五星皆在東方。占曰：中國安寧。

慶曆三年十二月，澧州獻瑞木，有文曰「太平之道」，詔送史館。《玉海》：四年五月乙亥，撫州金谿得生金山，重三百二十四兩。十二月六日，天文院言瑞雪之應，詔送史館。六年十二月，渠州言野穀穭生。

皇祐二年四月一日，15司天監言：「自卯時二刻，乘輿幸金明池，將出宮城，日生赤黃暈；四刻，日左右生赤黃珥；五刻，日上暈外生青赤戴氣一道，兩端曲抱於日，又徧天雲色淺黃，其形輪囷。此王者將崇大祀，聖孝感天之應。」

九月二十六日，司天監言：「皇帝行大禮，平旦中天霽澈，四方有雲。日未出前，東方有黃雲，經刻乃散。辰時一刻，日有赤黃輝氣，二刻上黃芒光盛，至三刻乃散。按占書曰：日上有黃芒，人君福昌。」《玉海》：三年三月二十二日甲戌，召輔臣、兩制、館閣官觀後苑瑞竹。其竹一本兩莖。退，多爲賦頌以獻。是年，後苑産雙竹，召從臣與觀，皆賦詩頌美之。

（是）〔三〕年五月〔一〇〕，眉州彭山縣上《瑞麥圖》，凡一莖五穗者數本。仁宗曰：「朕嘗禁四方獻瑞物，今得西川麥秀圖，可謂真瑞矣。其賜田夫束帛，以賞勸之。」

六月，無爲軍獻芝草三百五十本，帝曰：「朕以豐年爲

〔一〕真：原作「直」，據《玉海》卷一九七改。

〔二〕宴：原缺，據《玉海》卷一九七補。

〔三〕宴：原作「晏」，據《玉海》卷一九七改。

〔四〕「上分」上原有「十一月」三字，據《玉海》卷一九七删。

〔五〕青：原作「清」，據《玉海》卷一九七改。

〔六〕瑞竹生：原作「生瑞竹」，據《玉海》卷一九七乙。

〔七〕文獻通考：原作「五行志」。按，此條見《文獻通考》卷三一一。《宋史》卷六四《五行志》雖亦記此事，但文字不同。

〔八〕元年：原作「二年」，《宋史》卷六四亦作「二年」，《文獻通考》則作「元年」，未知孰是，姑仍用《通考》本文。

〔九〕慶曆：原無，據《玉海》卷一九五補。

〔一〇〕三年：原作「是年」，據《長編》卷一七〇改。下條亦三年事，見《長編》卷一七〇。

瑞，賢臣爲寶，至於草木蟲魚之異，烏足尚哉！知軍茹孝標特免罪，仍戒州郡自今毋得以聞。」《玉海》：四年十二月己丑，雪。初，上以愆亢，責躬減膳，見輔臣則憂形於色。龐籍等因言：「臣等不能爕理陰陽，上煩聖慮，願守散秩，避賢路。」上曰：「是朕誠不能感天，而惠不能及民，非卿等之過也。」是夕得雪。庚寅，賜喜雪宴于中書。五年六月，資州言麥秀兩岐。七月二十二日己未，召近臣觀後苑瑞蓮。

五年十月二十八日，測驗渾儀所言：「學生張承方等言：百官於景靈宫習儀日，瞻見有淡黃雲，占曰聖君有喜事。太廟習儀日，瞻見天道祥異，有赤黃暈不匝。巳時一刻後，左右有赤黃珥，占曰人主有喜事。又今月二十六日，瞻見祥異遍天，蒼白雲間有日黃耀氣光明。占曰：聖君明德，則太陽顯耀。請送史館。」從之。

至和二年正月二十一日，司天監言：「今月十二日，瞻見日傍有五色雲嘉瑞。」詔送史館。《文獻通考》：三年二月辛卯，壽星見。

〔至和三年〕五月八日〔一〕，司天保章正馬堯卿言：「今月五日一更後，西南方有雲黃白狀，於太微宫，四方無雲。按《乙巳占》：人主大喜，延年益壽。」詔送史館。《文獻通考》：八月己未，壽星見。嘉祐二年八月庚申，壽星見。三年六月，綿州言麥一穗兩岐。七月，泰州進《瑞麥圖》一本百穗，伊闕之野有麥穟合幹，上寫飛白「瑞麥」字賜守臣。八月丙辰，壽星見。十一月，仁宗御崇政殿，召近臣觀河南府所進芝草。上曰：「今日嘉雪，大滋宿麥，其瑞大勝芝草也。」即賜喜雪宴于中書。四年正月庚戌，壽星見。八月癸未，壽星見。

〔嘉祐四年〕十月十七日〔二〕，司天監言：「今月十一日，時雪應候，洎行禮之際，雪止。及十二日早廟中行禮，月色皎然，有黃雲捧月。」詔付史館。《玉海》：五年八月庚午，壽星見。十月，深州言野蠶成繭，被于原野。石州嘉禾合穗。六年正月癸丑、八月壬辰、七年正月辛亥，壽星皆見。十二月庚子，召從臣觀天[16]章閣三聖瑞物，凡三十種。觀畢，宴玉宸殿。《實録》：燕群玉殿，召宰臣琦賜一大巵，又出名花，令持歸。《邵氏聞見録》：仁宗皇帝以是年十二月丙申幸天章閣，召兩府、兩制、臺諫等觀三朝御書，置酒賦詩于（郡）〔群〕玉殿。庚子，再幸天章閣，召兩府以下觀瑞物十三種。一、瑞石，文曰「趙二十一帝」。二、瑞石，文曰「真君王萬歲」。三、瑞木，曰「大運宋」，隱起成文。四、七星珠。五、金山，重二十餘斤。六、丹砂山，重十餘斤。七、馬蹄金。八、軟石。九、白石乳花。十、瑞木，左右異色。十一〔三〕、瑞竹，一節有二絃並生其中。十二、龍卵，有紫斑而小。十三、鳳卵，色白而大。觀太宗、真宗御集而書飛白，命翰林學士王珪題姓名徧賜之。《玉海》：八年正月辛酉，壽星見。十月〔四〕，鼎州芝草叢生，下得異龜。

英宗

治平元年二月己丑〔五〕，壽星見。

是年閏五月二日，耀州進所獲受命寶玉檢，（今）〔令〕送龍圖閣。《文獻通考》：治平元年七月癸巳、二年二月癸巳、八月己亥、三年

〔一〕至和三年：原無，據上文《大典》編纂之例，此條之年分乃承上條之注文，當爲至和三年。本條注文引《文獻通考》「八月己未壽星見」，據《通考》卷二九四，亦爲至和三年，正是承正文而省。今補。

〔二〕嘉祐四年：原無。按此條亦承上條注文爲嘉祐四年事，文中言十一日行禮，十二日廟中行禮。查《宋史》卷一二《仁宗紀》四載：嘉祐四年十月十一日壬申朝饗景靈宫，十二日癸酉大祫於太廟，正相吻合。

〔三〕「十」上原衍「一」字，據《邵氏聞見後録》卷一删。

〔四〕十月：原作「有」，據《玉海》卷一九九改。

〔五〕此條出自《玉海》卷一九五。

正月庚辰，壽星皆見。

治平三年五月二十二日，司天臺言：「瞻見少微星體明潤，異於常式。謹按《景祐乾象新書》：少微四星在太微西，士大夫之位也。一名處士，亦曰天子副主，或曰博士官，一曰主衛掖門。南第一星處士，第二星議士，第三星博士，第四星大夫。明大而黄〔一〕，則賢士舉也。又陶隱居曰：少微主士大夫之位，亦爲太子東宫之官也。星明大而黄潤，則賢士舉，忠臣用，王命興，輔佐出。乞付史館。」從之。《玉海》：治平三年五月二十二日，司天言：「少微星體明潤，占曰：賢士舉，忠臣用，輔佐出。天市星繁，歲豐稔也。貫索少星，獄無囚也。熒惑帶休色，刑措不用也。八月庚戌，壽星見。四年二月癸巳，老人星見〔二〕。是年六月，知汀州周約進桐板二片〔三〕，其木成文，有「天下太平」四字。詔獎諭，付史館。

治平四年六月，神宗已即位，未改元。汀州有桐木「天下太平」字。上即位，兩有此瑞。《玉海》：治平四年八月戊申，老人星見〔四〕。

治平四年九月二日，司天監言：「南方老人星見，其色明大潤澤，爲人主壽昌、天下多賢之應。」詔付史館。

神宗

熙寧元年正月乙未〔五〕，老人星見。

熙寧元年六月二十七日，詔提舉司天監司馬光劾翰林天文院等官測驗異同以聞。先是，天文院言：「二十五日熒惑犯氐，按《乾象占》曰君憂有災，又曰將相有憂。」而管句測驗渾儀亢翼等以爲熒惑去氐一度，未犯。次日光芒始接，本行黄道之外，其芒色仍應夏，主不當爲災，惟主將相有憂，故命光劾之。《文獻通考》：熙寧元年八月己卯、二年二月乙卯、八月壬戌、三年正月甲寅、八月癸酉、四年二月己未，壽17星皆見〔六〕。

四年二月五日〔七〕，詔中書門下罷上表賀老人星見。此星常以春秋見於南方，所占畧同，而宰臣例賀，至是罷之。〔《文獻通考》：四年〕八月丁丑〔八〕，老人星見。

九月一日，廬州言，合肥縣南平村民獲白兔一隻。謹按《符瑞圖》，白兔者仁獸也，月之精，主陰氣，其壽千載。滿五百歲，其色皆白。孫氏云：王者恩加耆老則至。〔《文獻通考》〕：五年二月己未、閏七月乙亥、六年正月庚午、八月丁酉、七年二月甲申、八月庚寅，老人星皆見。八年二月己丑，老人星見。《玉海》：熙寧五年五月，召輔臣觀化成殿芝草。

熙寧八年七月二十九日，禮部言：「定州安喜縣民趙

〔一〕黄：原作「廣」，據《宋史》卷四九《天文志》二改。

〔二〕按，此條不見於《玉海》而見於《文獻通考》卷二九四。

〔三〕知：原作「和」，據《玉海》卷一九七改。

〔四〕此條亦不見於《玉海》，而見《文獻通考》卷二九四。

〔五〕此條見《文獻通考》卷二九四。

〔六〕壽星：《文獻通考》卷二九四原作「老人星」。

〔七〕按，此條及下條正文原皆作小字，與前後小字連寫。然此二條皆以數目紀日，不見於《通考》，而此條又見於本書儀制七之三所録《宋會要》，可證此二條皆爲《宋會要》文，《大典》誤作小字。今改爲大字正文。

〔八〕「文獻通考四年」六字原無，據《通考》卷二九四補。蓋因《大典》誤認此二條之正文爲注文，故承上省去此四字。下條注中「文獻通考」四字同。

錫田穀二本，間五壟合一穗；成德軍平山縣民康一田嘉禾相去二尺半，董翼田嘉禾相去五尺半，並合穗；保塞縣民陶詮穀七本，隔一壟或兩壟合穗；潞城縣民賈琛田穀二本合穗。」

明年七月，又言：「渠州流江縣粟一苗九穗，忠武軍陽翟縣麥秀兩岐，鳳翔府天興、寶雞二縣仍一岐有三四穗及六穗者。火山軍嘉禾隔五壟，深州束鹿縣、忻州秀容縣隔四壟〔一〕，濱州渤海縣隔四壟，並合穗。穀爲瑞，此最數也。」

八月二十二日，鼎州言：「産芝草三本，一本類珊瑚，枝葉樛結。」《文獻通考》：熙寧八年八月庚戌、九年二月丁酉、八月庚子、十年正月己卯、九月戊申，老人星皆見。

熙寧十年八月，惠州言：「民有劈開柚木，其心有文曰『皇帝萬天下太平』七字。」《文獻通考》：元豐元年二月己酉、八月丙午、二年二月壬戌、八月乙卯、三年二月甲寅、八月己未，老人星俱見。《玉海》：是年唐縣甘棠木連理。《文獻通考》：元豐四年八月丁卯、五年二月甲戌、八月己巳、六年二月己未、八月丁丑，老人星皆見。

元豐六年十月八日〔二〕，太常博士何洵直言：「冬至祀圜丘，陳異寶、嘉瑞於樂架之北，東西行。」詔可。《文獻通考》：元豐七年二月辛巳，老人星見。《玉海》：元豐七年四月壬辰，朝獻景靈宮，至天元殿觀芝草。宰臣王珪等稱賀。《文獻通考》：元豐七年八月己卯、八年二月庚辰、八月辛巳，老人星皆見。

哲宗

元祐元年二月戊寅〔三〕、八月庚子、〔二年〕二月庚寅〔四〕、九月辛亥、三年二月癸巳、八月己亥、四年二月壬子、八月丁未、五年正月甲午、八月辛亥、六年二月己亥，皆老人星見。

元祐六年四月二十七日，知福州何述言，率在州官吏赴新修社稷壇習儀，（都）〔覩〕日光重輪，其一圍日而五色，其二承日而純黃。《文獻通考》：元祐六年八月壬戌、七年正月壬子、八月壬戌、八年二月丙寅、八月己巳、九年二月乙丑、紹聖元年八月庚子、二年二月壬午、八月丁丑、三年二月庚午、八月癸未、四年二月甲申、八月甲申、五年二月庚辰，皆老人星 18 見。

元符元年二月三十日，亳州太清宮太上老君眉間發紅光，須臾滿殿，上騰（漢霄）〔霄漢〕。南京虞城縣壽聖院有紅氣上達，於紅氣中有白毫光四道衝起，東西闊十餘丈，上下三四十丈。《玉海》：元符元年五月戊申朔，受玉璽。《文獻通考》：元符元年八月辛卯、二年二月乙未，老人星見。

元符二年八月三日，兵部侍郎黄裳言：「南郊大駕諸旗名物，除用典故制號外，餘因時事取名。伏見近者璽授元符〔五〕，茅山之上日有重輪，太上老君眉間發紅光，武夷君廟有仙鶴。請制爲旂號，曰寶符、曰重輪、曰祥光、曰瑞

〔一〕忻州：原作「圻州」，據《元豐九域志》卷四改。

〔二〕此條正文原作小字，與上條注文連寫。按，此亦是《宋會要》之文，又見於本書禮一一之三二，今改爲正文大字。

〔三〕按，此條出於《文獻通考》卷二九四，非《宋會要》文。

〔四〕二年：原脱，據《文獻通考》卷二九四補。

〔五〕者：原無，據本書輿服三之一補。

鶴〔一〕。」詔可。《文獻通考》：元符二年九月壬辰，老人星見。

徽宗

元符三年已即位，未改元。十一月，詔：「在法，諸州軍應祥瑞不得輒以進獻，令圖其狀申尚書禮部。可徧下州軍照會，遵依條令。」先是，知永静軍曹量據本軍管下將陵、阜城兩縣申，境内生到合穗嘉禾六本、兩歧瑞麥五本，輒奉表稱賀，故也。《文獻通考》：崇寧元年二月壬寅、八月癸丑，二年二月甲寅，老人星皆見。

崇寧二年四月十九日，太史奏：「五星並行黄道，考古驗今，實爲太平瑞應。謹按《漢書・志》：天下太平，則五星循度。」宰臣蔡京等上表稱賀。《文獻通考》：崇寧二年八月庚戌，老人星見。三年二月戊午、八月辛酉、四年二月庚申、八月丙寅、五年二月戊辰、八月甲戌、大觀元年二月乙亥、八月丁丑，老人星皆見。

大觀元年八月十八日，河北沿邊安撫司奏：「據乾寧軍申，大河久係黄水，於七月十三夜水漲三寸，黄河水清。至十九日漸次減落，依舊澄清。直至二十一日，水方復舊色。」三省、樞密院奏欲詣闕稱賀，從之，仍送秘書省。《文獻通考》：大觀二年二月甲午、八月壬午，老人星皆見。

大觀三年正月三十日，永興軍狀：「據陝州申，今月十八日申時以來，黄河自常家寨正北清徹，向上直至潼關西，上下澄清。」

二月二十一日，定國軍狀：「去年十二月韓城縣界神門以來，忽然河道中間(水)〔冰〕凍消釋，徹底清流，下郃陽縣界周蹄社約一百里，至今未濁。又黄河東岸自汾河以南，係河中府榮河界，相對西岸係韓城縣界，約河道三分之中，西岸下二分澄清，東岸下一分渾濁。」三省、樞密院奏：「今來河水澄清，欲詣東上閤門稱賀。」詔依奏，送祕書省，仍差祠部郎中張勵前去致祭。《文獻通考》：大觀三年二月戊子、八月癸巳，老人星皆見。

大觀三年十一月十三日，詔：「尚書省奏，都省門柳窠計二十九株，上降甘露，并左右僕射、左右丞廳前，并制敕院及兩過道柳竹窠子内，共二十四株，上各有甘露。尚書省洎六曹仲冬一日有甘露降于叢柳，計百三十本，翼旦未晞，映日晶瑩，甘若飴蜜。」上賦七19言詩一首賜執政以下，曰：「中臺布政之所，天意昭格，致此嘉祥。因成四韻，以紀其實。政成天地不相違，瑞應中臺贊萬機。夜浥垂珠濡緑葉，朝凝潤玉弄清輝。仙盤雲表秋難比，豐草霄零日未晞。本自君臣俱會合，更嘉報上美能歸。」《文獻通考》：大觀四年二月乙未〔二〕，老人星見。

大觀四年五月二十九日，京西路轉運使張杲奏：「本路蔡州汝陽、上蔡、西平、遂平等諸縣今年五月有瑞麥結秀，一莖兩岐，或三五岐至八九岐，近約十畝，〔遠〕或連村。繪到逐色瑞麥一十二本，具圖奏聞。」《文獻通考》：大觀四年閏八

〔一〕瑞：原作「祥」，據本書輿服三之一改。

〔二〕乙未：原作「己未」，據《文獻通考》卷二九四改。按此月庚午朔，無己未日。

月丁酉，老人星見。

大觀四年九月二十七日，通奉大夫、尚書右僕射張商英言：「據袁州仰山太平興國禪院申，三月後園産禾一本，至七月禾高七尺，中分兩莖，秀出七穗，結實。此乃世所稀有，差人馳獻。」上批獎諭。既而商英又奏：「臣不揆荒淺，輒進《瑞禾圖》、《宋大雅》十有三章，以形容陛下太平之高躅。畫瑞禾於右僕射廳，仍以臣所上表并《大雅》附。依御筆日月之光，庶傳之無窮。」詔依奏。其辭曰：「彼脩者禾，相臣報上也。相臣得異禾於集雲峰下，高踰九尺，分布七穗，是歲天下大豐，粒米狼戾。揭厲聖功，而作是詩也。彼脩者禾，其穗七兮。夐古所無，今感格兮。歲在庚辰，利見大人。十有二紀，而紀庚寅。乾坤六子，遇庚則新。大人法天，有革有因。皇帝仁孝，羹牆神考。逌追先猷，三代之道。炳然規摹，百世之寶。孰敢弗祗，率意改造。蔽自淵衷，恪遵熙豐。法非補完，熙寧是同。迺戢干戈，不勤遠畧。煩歛是蠲，冗官是削。屏斥浮虛，敦崇儉朴。舳艫尾銜，泝汴通洛[一]。泉幣既平，商旅雲行。四民化居，迭爲重輕。迺疎禁綱，條眚昭枉[二]。流離四遠，鹿解禽放。戴恩扣頭，涵泳曠蕩。父子怡怡，朋友交餉。百度孔脩，德澤滂流。官知奉法，吏畏納賕。農夫熙熙，服我先疇。桴鼓不鳴，奠枕靡憂。職是善化，有赫下臨。陰陽泰通，薰蒸陶冶。惠雨柔風，太和塞野。滲漉百嘉，芃芃多稼。帝定中天，曷知其然？四方郡國，咸奏豐年。豐年之象，何以昭宣？爰有異粟，八節如鞭。如鞭之上，雙莖相向。穗葉敷榮，挺拔尋丈。高而不危，神力扶持。同而能異，濟物是宜。彼脩者禾，其實駢羅。天子萬年，本支蕃多。」

十一月十五日，辛臣何執中言：「臣等伏見涉冬以來，率多陰晦，風霾雪霰繼作。逮冬祀前期十日而戒，天乃晴霽。車駕殿宿之旦，陰雲四合，至晚微雨。中夜風師盡驅纖（醫）〔翳〕，黎明鑾輿順動，杲日東升。至則謁原廟，祼獻太室，祗見圜丘。熙事備成，天氣晏溫，日星明潤，中外士庶歡呼鼓舞。蓋由皇帝陛下有大舜慕親之孝，盡文王事帝之心，齊明誠一，克舉元祀。又比年以來，脩益政事，求合于天，建皇極之道，下寬大之書，善繼善述，無偏無黨。民情和於下，天意得於上，歲以有年，雨暘時若。熙熙 20 庶俗，若登春臺。斯足以昭聖人之能事，驗天神之饗德矣。臣等備位近司，親（都）〔覩〕盛事，竊自欣幸，不敢但已。伏望特降睿旨，宣付史館，傳示無窮。」從之。《文獻通考》：政和元年二月癸卯、八月己亥，老人星見。

政和元年十一月三日，江西提刑司奏：「虔州申，大中祥符宮聖祖殿先天節起建道場，忽覩堦西石楠木下生芝草一本，其色光明。竊以靈芝神草，於世固多，然未聞有生聖祖殿陛前者。此蓋皇帝陛下孝通神明，崇奉道德，故先天

[一] 泝：原作「沂」，據文意改。
[二] 枉：原作「柱」，據文意改。

之節，降聖之宮，秀發靈華，昭示嘉應。謹案神農氏論芝云：山川雲雨，五行四時，陰陽晝夜之精，以生靈芝。皆爲聖主休祥焉，伏望宣付史館。」從之。

二年二月一日，河南府奏：「新安縣萬歲蟾蜍背生芝草。」詔許拜表稱賀。《文獻通考》：政和二年二月乙巳，八月乙酉，老人星見。

政和二年九月二日，知定州梁子野奏：「七月二十六日，管下有嘉禾合穗，一枝相隔五壟，計六尺三寸，生爲一穗。并中間隴內一枝三莖，內一莖上生粟三穗。」詔送秘書省，其嘉禾令定州進納。

十月十八日，三省、樞密院、太師魯國公蔡京等上議曰：「臣等伏蒙宣示古玄圭，其制兩傍列十二山，長一尺二寸，上鋭下方。上有雷雨文，下無瑑飾。外黑內赤，中有小好，温潤光澤，制作奇古，大異常玉。臣等謹按：圭之制尚矣，自舜輯五瑞，修五玉，以班岳牧，説者謂圭在焉，然無見於經。唯禹平水土，告厥成功，帝錫以玄圭，而圭之名於是始著。玉爲純陽之精，有充實之美。土居中央，運四時，生萬物，故古之聖人以玉爲珪，以重土爲圭之文，有土有國者所當御，蓋取諸地。聖人統天地，御陰陽，妙萬物，非特地道而已。天玄而地黃，天道致用於南，藏用於北。坎爲赤，天之正色也。此圭之所以用玄，蓋取諸天。舜殛鯀，命禹以平水土，則地功成矣。惟天爲大，惟堯則之，則禹之歸功於堯，非天不足以稱之。今圭鋭上，天也；方下，地也。上有雲行雨施之文，天成也；下静而無所瑑飾，地平也。天地之道，於是又備焉。舜之所以命禹，禹之所以歸堯，槩見於此矣。堯舜無二道，二《典》之文互相備，《舜典》之所載亦堯事也。舜封十有二山，作十有二章，肇十有二牧，而是圭十有二寸，其兩旁山亦如之，其制其數悉同，爲圭明矣。自堯舜而降，莫若三代，雖其損益不同，然體堯蹈舜，其道一揆，可得而稽。周王執鎮圭，瑑飾以四鎮之山，其中必有好，爲受組之地，其長一尺二寸。周人放古，自爲一代之制，惟王所執，以鎮四海。由是而觀，則周之制蓋本於此。前乎堯有所未備，後乎堯無以復加，蓋天下之大器也。恭惟皇帝陛下纘禹之緒，與堯同功，天所復命，授以至寶。而臣等親逢堯舜，復考堯禹之制於千古之下，與萬邦黎獻舞手蹈足，不勝大慶。」既而京等又上表乞擇日恭 21 受奉玄圭，有詔不允；三上表，乃從之。

十二月一日，文武百僚、太師魯國公臣蔡京等言：「伏(都)〔覩〕四方館張子諒狀，十一月二十三日延福宮宴輔臣，至午時有群鶴二十四隻自西來睿謨殿上盤旋，分作三隊，東西而去。」詔許拜表。《玉海》：政和二年，晉州確山得石，文曰「堯天正」，又左邊見一「瑞」字，製天正堯瑞旂。五年，建明堂，采石滎陽，石有「明」字，製文石旗。

政和三年正月二十二日，御殿受玄圭都(天)〔大〕管句所狀：「契勘去年十一月二十二日，內中降出玄圭，同瑞石赴文德殿宣示。二十四日，玄圭赴寶堂安奉、守宿及御殿受玄圭畢推恩。」詔應討論考驗并冬至日行事職事官轉官及應付人支賜有差。《文獻通考》：政和三年二月甲午，老人星見。

二月十七日，詔：「太陽自午時後，上有戴氣，下有承氣，承戴並現〔一〕，乃爲祥應。送祕書省，仍許拜表賀。」

二十二日，文武百僚、太師魯國公蔡京等言：「伏覩知蘇州盛章據百姓陳世隆斫開木一段，心有天書『大吉』二字。尋同衆官看驗，字色正紫色，斧刃所斫，適相合無間，向背窊垤，委是生成，其木理字畫，即非僞造。奉表稱賀以聞。」《玉海》：政和三年六月二十三日，嘉瑞殿池内生雙蓮。四年六月十四日，製雙蓮旂。紹興二十五年十月，以南安雙蓮華繪于旗。

政和三年七月二日，嘉瑞殿前池内生雙蓮一朵。詔許文武百僚拜表稱賀。《文獻通考》：政和三年八月己未，老人星見。

政和三年八月二十四日，婺州奏：「通判、朝請郎何執禮到武義縣，民有收得木根，劈開，内有『萬宋年歲』四字。尋下本縣取木根二片，委司録事同曹掾官李參等躬親看驗。其木劈開處兩邊各有『萬宋年歲』四字。『萬宋』係篆書，『年歲』字係楷書，用蠟紙模寫。今驗得字體大小不差，縱横各有文理，委是生成，即非僞造。今將收到瑞木二片，謹用匣盛貯封鏁，具狀差人赴闕投進。」

十月四日，大司成劉嗣明等奏：「契勘今月初四日宰執赴學按試太學國子生所習大晟雅樂，至第二章曲未終，有仙鶴四隻自南來，盤旋飛舞宮架之上，徘徊欲下。衆人歡呼，遂由東而去。伏乞宣付史館，以彰太平盛事。」《文獻通考》：政和四年二月己酉、八月辛未，老人星見。

政和四年八月十一日，宣和殿檜上生玉芝，詔許拜表稱賀。

十二月二十九日，詔製芝禾並秀旗。先是，大觀三年九月，西京（穎）〔潁〕陽縣天慶觀聖祖殿東有嘉禾、芝草並生，其嘉禾一本四穗，芝草葉圓而重起，至是年有旨加此旂。同日，詔製日有戴承旗。先是，政和四年二月，日上生青赤黄戴氣，後日下生青赤黄承氣，故詔加此旗。《文獻通考》：政和五年二月庚申，老人星見。

政和五年二月六日，康昌劄子奏：「臣謹參詳今日氣候稍暖，地氣滋潤，是天道欲作發變之候。即今風在未上，緣風勢清22順，來日不合加臨之法，至初七日合得加臨雨法決矣，作成陰雨之象。臣謹今晚瞻候雲色，有如龍鳳之形，亦是爲祥雲，謂地氣潤所作成也。」奉御筆：有如龍鳳，騎跨仙人，幢幡寶蓋，五色瑞雲，天色翠碧，上有神物。詔送祕書省。

三月三日，太師蔡京等奏：「伏蒙宣示南安軍所生朱草，正類珊瑚，分枝共幹，體柔色朱，實火德政平之應。臣等不勝大慶，欲率百僚拜表稱賀。」從之。

四月二十二日，甘露降于宣和殿後玉華殿、種玉軒、緑雲軒并乾康殿西擢秀軒松竹、萬年枝、桃李等枝上，遍滿枝

〔一〕並現：原作「武規」，據《宋史全文》卷一四改。

葉，及竹木、欄楯、磚石之上，至夜尚降未已，如細雨霑（顯）〔濕〕本苑，顯屬殊祥。」宰臣蔡京等上表稱賀。

七月八日，朝請大夫、新差權發遣陝州路瓘奏：「臣前待罪汝海，伏覩陛下自即位以來，符瑞之應，靡有虚日。以凡計之，上于御府者芝草五千餘本，碼磁山子一百二十座，紅色絲文并堪造器物碼磁一百二匣，計三千四百餘斤，瑞萱一株，野蠶瑞繭并煮成綿絮各一匣，雙蓮、瑞穀、甘露其目不一。臣竊以謂一郡之中，諸福之物駢臻洊應若此，實繇聖治感通，神明降格。汝係防禦上州，昨因本州龍興縣青嶺鎮商余山碼磁生發，已蒙改賜鎮以『興寶』，廟以『珍符』爲名。今玆瑞應重疊，欲望特加本州美號軍額，庸示褒顯。」詔汝州陞爲陸海軍節度。《文獻通考》：政和五年八月甲子，老人星見。

政和五年八月十三日，太史局令充翰林天文王中孚奏：「近瞻測火星，頻歷房、心之宿，昨自七月二十五日躔氐宿十二度餘，正與房、心相照。至八月一日犯房南第三星，自後行度稍增，乃在南北，若避離心宿之行。自八月八日果在心星之上，高其宿二百餘分。至今月十二日瞻視，行度愈高，行過火星遠，不犯心星。今來伏覩火星行心星度，其行速，不守不犯，行度爲祥。」詔送祕書省，仍許拜表稱賀。

二十七日，蘄州奏：「據蘄水縣界内遍地有芝草生，自五月十一日以來，據鄉民父老等狀，名山最多處皆有芝草，收採到大小不等共一萬二千六十枝。檢得芝草衆色内一枝紫色，生九枝，並星瑞芝〔一〕。」詔送秘書省，仍許拜表稱賀，候賀日宣示百官。

九月十八日，太史局等奏：「九月十七日癸未，其日午時七刻後，日四向生五色雲，其色潤澤，太平之瑞。未時二刻後，五色漸散漫。」詔許拜表稱賀。

十月十三日，太師魯國公蔡京等言：「臣等伏覩台州寧海縣佃户何保所種禾内有一稃三米，係是祥瑞。」詔許拜表稱賀。

二十一日，武勝軍奏：「穰縣生瑞穀，安化等縣生芝草，都計五萬本，並係天寧節前九月内節次所得之數，蕃茁之盛，未有其比。數内金芝一本，莖梗、芝葉并附石。紫芝大小二本，其瑞尤異。」詔並送祕書省，許拜表稱賀，仍宣示百官。

十一月十一日，文 23 武百僚、太師魯國公臣蔡京等言：「伏覩開封尹盛章奏，本府獄空，道場有甘露降於右獄欞柳窠上，奪目耀日，燦如珠璣。京等奉表稱賀，乞宣付史館。」

十二月二十九日，知桂州王覺奏：「據邕州申，萬

〔一〕「星」字疑誤。

州〔一〕、永儂寨、告發、枕門等處出産金寶，採到生大金花，不經烹鍊，一塊重一十一斤五兩，一塊重七斤八兩。父老咸謂似此者前後未有〔二〕。」又京西路坑冶王景文奏：「近親詣汝州龍興縣青嶺採到碼磁二萬五千斤，見起綱進納。竊緣碼磁史傳載出在遠夷，今乃出汝州，委是亘古未聞。」並乞宣付史館，從之。《文獻通考》：政和六年閏正月壬戌〔三〕，老人星見。

政和六年正月十五日，太師、魯國公蔡京等言：「伏覩湖南常平劉欽奏，去年六月十二日，地名蘆荻衝平地（握）〔掘〕得金一塊，類靈芝祥雲，重九斤八兩。同日，淘得顆塊金甚多。及自七月二十日掘得碎金後來，至十二月十八日，又據掘得金四百七兩二錢〔四〕。已差潭州司刑曹事王弼管押詣闕進，乞與臣僚拜表稱賀。」從之。《文獻通考》：政和六年八月丁卯，老人星見。

政和六年十月十七日，提舉三山天成橋河事司奏：「自十月一日河水澄清。」詔差水部郎（言）〔官〕韓景前去致祭。

十一月二日，太師、魯國公蔡京等言：「冀州棗强縣黃河澄清，詔差虞部員外郎俞熽致祭。祭之時，黃河復清，委是瑞應，乞許拜表稱賀。」從之。

三十日，詔製瑞鶴旗。先是，元符二年武夷君廟有仙鶴迎詔；又政和二年延福宮燕輔臣，有群鶴自西北來，盤旋於睿謨殿上；又奏大晟樂，而翔鶴屢至，因加此旗。《文獻通考》；政和七年正月戊午，老人星見。

政和七年正月十九日，提舉三山天成橋河事司奏：「河水復清。」詔差工部郎中畢元前去致祭。

二月十八日，太師蔡京等上表賀大河澄清。《文獻通考》：政和七年八月丙子，老人星見。八年二月壬申、八月乙亥，老人星見〔五〕。

政和八年九月十二日，以上清寶籙（官）〔宮〕有鶴數千飛繇萬歲山，太師蔡京率百僚拜表稱賀。

閏九月二十四日，以明堂大饗夜有鶴十六飛旋應門之上，蔡京以下拜表稱賀。

十月十八日，以黃鍾大聲一鎬而成〔六〕，即與君聲相合，鎬造時有雲若華蓋狀，蔡京以下拜表稱賀。

二十五日，以下元節，寶籙宮建醮。是夜，長生、青華二帝君降神霄殿，宰臣、文武百官拜表稱賀。

二十六日，上清儲祥宮天寧節授戒，有五鶴東來，翔集殿壇，宰臣以下稱賀。

同日，以廣武埽水勢湍急，投御書鐵符，即時水勢順

〔一〕萬州：按，此當是邕州境内羈縻州之名，但疑有誤。《武經總要》前集卷二〇有萬承州、萬德州，或是「萬」下脱一字。

〔二〕未有：原作「有未」，據文意乙。

〔三〕壬戌：原作「壬申」，據《文獻通考》卷二九四改。此月丙申朔，無壬申日。

〔四〕據：疑涉「掘」字衍。

〔五〕「八年二月」以下原作正文大字，按此仍是《文獻通考》卷二九四之文，與上文相接，據改作小字。

〔六〕鎬：原作「瀉」，據下文改。

流，文武百僚稱賀。

同日，蔡京等上表賀宣示千葉仙芝。

二十九日，蔡京等上表賀仙鶴翔集神霄殿。《文獻通考》：宣和元年二月癸未〔一〕、八月癸未，老人星見。

宣和元年三月四日，蔡京等上表稱賀安州獲商鼎六。

二年四月四日，永州奏：「東門百姓劉思採到柴薪，劈開内兩邊各24有『天下太平』四字。」《文獻通考》：宣和二年二月辛巳〔二〕、八月己丑〔三〕，老人星見。

宣和二年十月十二日，少保、少宰、兼門下侍郎王黼等奏：「伏覩十月十二日集英殿大宴，有群鶴數千翔集空際，伏乞宣付史館，仍乞拜表稱賀。」從之。

十一月二十九日，雅州奏：「據天慶觀申，勘會去年九月内遇皇帝陛下元命之辰，率道衆於聖祖殿朝拜。忽見殿内東畔柱上生芝草三本。今年十月二十四日，伏覩前件柱上再生玉芝一本，色澤白瑩，狀若凝雲。伏乞並宣付史館。」詔依。《文獻通考》：宣和二年二月辛巳、八月己丑〔四〕、三年二月丙戌、八月癸巳，老人星皆見。

宣和三年九月十日，宗祀明堂，以神宗皇帝配。

十一日，太宰王黼等言：「陛下肇建合宮，歲嚴宗饗，蓋以五講上儀。今歲夙御路朝，天宇清霽，暨于蕆事，協氣橫流。祇肅夤恭，弗御小次，樂節和暢，熙事備成。上帝顧歆，烈考來格，神永享答，以燕以寧。奠玉之初，有群鶴翔集空際，從以羽物。在廷執事，罔不矯首嘆嗟，垂貺錫符，其應如響。乞拜表稱賀，宣付秘書省，以彰孝治。」從之。

二十一日，朝奉郎、權發遣袁州辛炳奏：「據神霄宮知宮、傳教明一大師、賜紫鍾與存言，今月十九日與道衆朝直之次，覩神霄宮殿長生大帝君香案前銀朱殿柱上生靈芝二本，一本九層，一本五層，其色粉黄，香潤殊異。又據鍾與存申，今月二十日，續於元生靈芝殿柱後相對枋上再生靈芝一本六層，及先中第二本内再生添一層，前後共三本，其色一同。覩此祥異，不敢隱匿。」《文獻通考》：宣和四年二月己亥、八月辛丑，老人星見。

宣和四年十一月十一日，以日至，將大報圓丘。〔二十一日，太宰王黼言〕〔五〕：「有司先甲惟夤〔六〕，盛容具舉。丁卯宿齋大慶，冬如夏温。戊辰朝獻天興殿，陰雲解剥，陽景來臨。薄午至廟，止輦却蓋，步入齋宮。己巳，享於太室，裸鬯神考，淚落霑裳。暨祭爵册告，涕泗交墮，侍祠之臣，皆（測）〔惻〕楚感動。庚午躬祀，蠲吉選休，百禮具洽。亞獻

〔一〕「二月癸未」及下句「八月」：原脱，據《文獻通考》卷二九四補。

〔二〕二月辛巳：原脱，據《文獻通考》卷二九四補。

〔三〕己丑：原作「癸未」，據《文獻通考》卷二九四改。

〔四〕按，「二年」以下應在上文，此處當删。

〔五〕按，原文交待不清。據《宋史》卷二二《徽宗紀》四及本書禮二八，宣和四年十一月十一日丙寅冬至；十五日庚午，祀昊天上帝於圜丘；二十一日，太宰王黼上此奏。兹據禮二八之二〇補此九字。王黼此奏，兩處互有詳畧，可參看。

〔六〕甲：原作「申」，據本書禮二八之二〇改。

既升，不御小次，皇天宴娛，昭答不違。璧月垂耀，信星彪列，非霧非煙，旁礴晻靄。已事而退，密雪四委。平旦回鑾，繽紛縈積，四表一色。御樓肆宥，已告盈尺。越兩晝夜，同雲忽霽，白日朝鮮。臣誤叨冢席，夙惟聖德動天，昭格如響，實萬世無（彊）〔疆〕之休。乞付祕書省，許拜表稱賀。」從之。《文獻通考》：宣和五年二月庚子、八月丙午、六年二月戊申、八月辛亥，老人星見。

宣和七年二月三日，太史局、翰林天文局測驗渾儀刻漏所奏：「據天文局司辰王球等狀，正月二十八日庚子，其日辰時三刻後，日有赤黃暈不匝；四刻後，日左右生青赤黃珥；六刻後，日上連暈，生青赤黃戴氣；八刻後，珥散；巳時一刻後，戴散；申時七刻後，暈散。」奉詔並送祕書省。《文獻通考》：宣和七年二月癸丑，老人星見。

宣和七年五月十七日，文武百官、太宰白時中等[25]以在京神霄宮瑶壇木欒上甘露降，上表稱賀。《文獻通考》：宣和七年八月庚申，老人星見於（內）〔丙〕，主人君壽昌，天下安寧，賢士進用。自太平興國以來，星見必賀，至熙寧四年詔罷賀禮。

高宗

建炎二年〔一〕，密州獻赤芝。九月癸卯，輔臣進呈，上曰：「朕以豐年爲瑞，其還之。」

建炎二年九月二十二日，統領密州軍馬、權管州事杜彥獻瑞芝五，葉純赤，光堅如漆，以爲實符建炎美號。上因諭輔臣曰：「朕每語卿等，國家以豐年爲瑞。若五穀皆熟，百姓食足，朝野嬉暇，萬物遂性，可以爲瑞。今密爲盜區，何足爲瑞！卿可退回，以示朕從來不受瑞物之意。」丁寧喻之。

紹興元年七月，劉光世言：「枯桔生穗，委是祥瑞。」上謂輔臣曰：「朕今若得歲豐，人不乏食，朝廷有賢輔佐，軍中有十萬鐵騎，乃爲祥瑞，此外皆不足信。朕在潛邸時，梁間有芝草，府官皆欲上聞，冀幸賜予。朕手自碎之，不欲主此奇怪事。」范宗尹已下歎服，退而讚誦者久之。《玉海》：紹興十三年十二月庚寅，瑞雪應時，百官詣文德殿拜表稱賀。自是歲如之，迄今不改。癸巳，賜喜雪御筵于尚書省，初復故事也。

紹興十四年四月六日，知虔州薛弼言：「東江鎮上窯保居人將壞屋木柱一根欲供薪爨，折開內有『天下太平年』五字。尋委衆驗，即非工巧撰造，文理粲然，適符甲子上元之歲。此殆天發其祥，謹用進呈。」詔令侍從觀看訖，送史館。

六月，淮南東路轉運判官湯鵬舉言：「楚州鹽城縣於五月二十五日海水一棸澄清。」宰執奏欲依典故拜表稱賀，上宣諭曰：「自太祖平定天下，太宗時干戈偃息，真宗時祥瑞甚多。祖宗聖語，止以豐年爲瑞。今可宣付史館，仍不必賀。」

八月，知撫州晁謙之獻臨川縣進士梅執古家所産瑞

〔一〕此條乃抄自《玉海》卷一九七。

粟，一本一十九穗，一本九穗，一本八穗，實爲瑞應，詔付史館。

十二月一日，潼川府路轉運判官宋蒼舒獻嘉禾一莖九穗者二，上宣諭輔臣曰：「凡赤烏、白雉之類，止可一觀而已，不足爲瑞。唯五穀豐稔，乃爲上瑞也。」

十五年正月二日，輔臣内殿進呈瀘南沿邊安撫使馮檝得嘉禾九穗來獻，上曰：「近日州郡所奏嘉禾甚多，大有年之慶，庶幾可望也。」

五月，太史言：「是月日有承氣一，有戴氣一，並青赤黄色。有赤暈周匝二，日左右生珥一。」以爲瑞應。詔付史館。

十六年十一月，太師、尚書左僕射秦檜言：「伏覩郊祀之期年，陛下稽古制作，禮樂大備，討論訂正，悉出聖學。有司効伎唯謹，曾不能措一辭。及將祀，冬候多陰，陛下至誠感通，天地響答，雪呈瑞於齋宮之先，日穿雲於朝獻之旦。暨升紫壇，星宿明爛；旋御端闕，雲霄廓清。允謂先天弗違，諸神受祀。此有司所宜書[26]載者也。」上謂檜曰：「此國家大典禮，及期而晴，誠可慶也。朕自即位以來，無如今次。非卿等協贊，何緣至此！」檜等踧踖退避。詔付史館。

十七年二月十七日，知臨安府沈該言：「高禖禮，去年二月於築壇去處嘗有紅黄瑞氣，光徹上下，每至日出方收，前後非一。又脩壇興工日，有六鶴自東而來，盤旋壇上，移時而去，實應今日親祠之祥，以兆萬世無窮之慶。」

是年十月，臨安府言：「龍山顯教講院前松上并院後五株有甘露降。」並詔付史館。

十八年閏八月，福州言：「侯官縣鄉村有竹實如米，老稚採取，所得幾及萬斛。此蓋明天子聖德所感，與漢之旅穀野蠒無以異也，實爲中興上瑞。」詔付史館。本州是年夏秋之際亢旱，米價騰踴，民慮乏食。感此瑞應，飢者賴以全活。《玉海》：紹興十九年四月，江西、京西、建康並言甘露降。是月，台州寧海生瑞麥，一本兩穗。

紹興十九年四月，太史言：「是月十七日，日左右生青赤黄珥。」詔付史館。

三十日，湖廣、江西、京西路總領司、建康(康)(府)溧陽縣並言甘露降。五月，台州奏：「寧海縣生瑞麥，一本兩穗。」十二月，臨安府於潛縣西善寺生瑞芝。並詔付史館。

二十年正月，特進、觀文殿大學士、充萬壽觀使、兼侍讀、提舉祕書省秦熺言：「是月十四日安奉《中興聖統》，先雨連夕，是日《聖統》纔出玉牒所門，雲霞絢彩。暨至天興殿安奉，杲日麗天。玆誠上穹垂祐，昭示億萬年無疆之符。」

八月，洋州言：「真符縣百姓宋仲昌妻一産三男，緣本人姓同國號，其妻産子之日適值天申節，實足昭皇帝紹隆景命，子孫衆多之祥。」並詔付史館。《玉海》：紹興二十二年五月，容州奏野蠶成繭。

紹興二十五年五月，太廟仁宗室柱生芝草，九莖連葉。上諭輔臣曰：「朕每以歲豐爲上瑞，雖靈芝、朱草，固未嘗爲意。今宗廟産芝，則非它比。有司舉典禮，許宰臣率百僚詣廟觀芝，次日拜表稱賀，仍宣付史館。」

十月，有司請繪于郊祀華旗之上，又以贛州太平瑞木、黎州甘露、道州連理木、遂寧府嘉禾、鎮江府瑞瓜、南安軍雙蓮花、嚴州兜率寺、信州玉山寺芝草，皆太平盛事，並詔鹵簿行旗内未載者一就製造。並從其請。《玉海》：紹興二十五年八月十七日，刑部侍郎許興古言：「靈芝生於廟楹，瑞麥秀於留都。宜如漢《齊房之歌》〔一〕，製爲樂章，登歌郊廟。」詔學士院於圜壇、景靈宮、太廟所奏樂章增製。

紹興二十六年四月二十二日，上諭輔臣曰：「比年以來，四方奏祥瑞皆飾空文，取悦一時。如信州林機奏秦檜父祠堂生芝草，其佞尤甚。亦有雙頭蓮爲瑞者。蓮之雙頭，處處有之，設所生皆雙，亦何足爲瑞？麟鳳瑞之大者，然若非上有明君，下有賢臣，麟鳳之生，亦何足取！朕以謂唯年穀豐登可以爲瑞，得真賢實能可以爲寶。若漢武作《芝房》、《寶鼎》27之歌，奏之郊廟，非不爲美談，然何益於事！可降指揮，今後不得奏祥瑞。」翼日，乃詔諸路州郡勿以祥瑞聞奏。

二十七年二月二十四日，宰執沈該、万俟卨、湯思退、張綱、湯鵬舉、陳誠之言：「太廟仁宗皇帝、英宗皇帝兩室前柱上生芝草四葉，欲依故事稱賀。」上曰：「前者芝草亦生於此殿，蓋祖宗積德流慶，其來有自。」於是詔從其請，仍宣付史館。

孝宗

紹興三十二年〔孝宗〕已即位，未改元。十二月二十五日，權發遣閬州呂游問上表言：「今年二月十七日到任後，本州新井縣麥秀三岐，閬中縣牛産二犢，已遵近降指揮，畫圖繳申尚書禮部。繼於六月初十日有五色雲見於州城之南錦屏山之西，若煙非煙，若霧非霧，浮空映日，自未及申。傾城士庶觀之，莫不嘆仰，皆謂與前二瑞不同。兼西南地望正屬普安郡，雲見其上，又在皇帝即位一日，允合陛下受命之符。竊謂合宣付史館，以彰陛下聖德。」有旨付聖政所。

隆興二年三月二十四日，宰臣湯思退等詣德壽宮賀芝草。次日奏：「太上宣諭云：芝如金色，十有二莖，雖畫圖所不及，皆陛下孝德所致。」上曰：「甚奇。」《邕州志》：隆興改元，州雨雪。至二年十二月，雪大降，地丈餘深〔二〕。深山窮谷間，厚至數尺，古所未有，進賀。二十七日〔三〕，州治後池生雙頭蓮。乾道七年復生。慶元四年六月，五花洲亦生雙頭蓮，至于八九枝。郡屬歌詩以爲瑞。

〔一〕齊房：《建炎要録》卷一六九作「齋房」，而有關漢代之典籍皆記作「芝房」，似應以「芝」爲是。

〔二〕丈：似當作「尺」。又「深」下原有「洞」字，據文意删。

〔三〕日：原作「月」，徑改。又此句至本條末原作大字，實因轉頁誤抄，詳其内容與前小注相關，故改爲小字。

乾道元年正月二日，尚書左僕射陳康伯言：「恭覩郊祀大禮，皇帝宿齋之日，通夕大雪。聖心憂勤，昭格上下，翼日親饗原廟，天宇開霽，雲物清明。正月朔旦，有事圜丘，星緯燦然，和氣充塞。上帝博臨，允彰德應。尋準學士院咨報，欲於赦文內具載其實，即具奏聞。蒙宸翰批出不許宣告。臣等叨陪近列〔一〕，獲觀盛事，鋪張揚厲，乃其職分。乞宣付史館，以垂示萬世。」從之。

六月十五日，詔：「淮南運判姚岳以蝗死爲嘉祥，奏乞錄付史館，特降一官。」以右正言程叔達奏：「岳言蝗蟲自淮北飛渡前來，皆抱草木自死，首唱佞諛，務爲容悦之階。乞罷黜之，以警其餘。」故有是命。

七月三日，有旨：「知池州魯訔圖上瑞竹，放罷。」臣僚言：「訔申朝廷，稱本州管下竹生穗，實如米，飢民採食之，且曰野穀結實于竹穗之上，仍圖竹實之狀，緘囊其物以獻，有以知訔之姦諛也。蓋物異常則爲妖，竹非穗實之物，今失其常性而穗實焉，謂之妖可也。又聞竹生實，則竹林必枯不凋之姿。今失其常性，將枯焉，謂之妖可也。以妖爲瑞，誠出於飢餓迫切而已。訔任牧民，不以〔以〕民食草木爲病，顧以爲美事，方且文其説，圖其狀，以獻佞于朝，將以資其狂妄。不謂之姦諛，可乎？」故有是命。28《玉海》：乾道六年七月乙巳，太史奏：「是夜四更後，東北方火星順行，在木星西南，入宿各不及一度。占云：木火合宿，主册太子，當有赦。」

乾道六年十一月十日，臣僚言：「伏見郊祀前陰雨連日，自皇帝致齋，酌獻景靈宮，天宇澄霽，霏煙瑞霧，環繞殿楹。回鑾太廟，又雨。至夜漏四刻，陰雲頓開，星斗燦然，行朝饗之禮。明日駕如青城，亦晴，道旁觀瞻甚盛。已而雲煙霏微，涷雨還作。將祭之夜，駕幸大次更衣，數星煒然，現於雲表。及登壇樂作，四郊雲陰尚盛，獨歲星中天，靈光下燭，終禮成不雨。行禮之次，夏官巡仗至城門，雨大霔，獨泰壇無有。祥異卓然，實聖上寅恭祗畏，格于上下，天意昭答。」詔宣付史館。

九年十一月四日，詔：「今來郊祀大禮，圓壇禮畢，端誠殿稱賀，令太史局免奏祥瑞。」淳熙九年明堂禮畢免奏祥瑞，今後準此。

乾道九年十一月四日〔二〕，詔郊祀免奏祥瑞。九日，親郊。十一日，宰臣曾懷等奏：「祀郊禮成，兼以瑞雪應時，未明而霽，以至青城宿齋，圜丘蕆事，天氣澄爽，此皆聖德昭著，高穹降格。」上曰：「君臣之間，正當修飭，以答天貺。」

淳熙六年九月三日，（閣）〔閤〕門言：「明堂行禮畢，趙雄等奏，前日已降指揮免奏（瑞）〔祥〕瑞。」上曰：「朕自有其祥瑞，豐年是也。百姓家給人足，瑞莫大焉。」雄等奏景星慶雲，可爲觀美，豈若豐年之實惠也。」《玉海》：淳熙七年五月壬

〔一〕「陪」字原缺左旁，「近」原作「進」，據文意補改。

〔二〕此條與上條部分文意重複，當是自《會要》他處抄來添入（《玉海》卷一九五引《會要》此條，與此全同）。

子，上曰：「近頗乏雨。昨晚方欲祈禱，半夜遂得雨。」趙雄等奏：「陛下修德修政，格于皇天，故欲雨即雨。」上曰：「霑霈如此，皆是黍稷稻粱，過於雨珠玉矣。」上觀雨，笑曰：「此雨從何處來？」雄等奏：「從陛下方寸中來。一念克誠，天實臨之。」淳熙七年正月甲寅，輔臣奏：「前月二十八日，日有戴氣。太史奏：君德至於天，爲萬民愛戴，則有是瑞。」是日乃便殿議蠲税之時。八年元日朝德壽宮，次日太史奏日有戴氣，又次日雪。（以上《永樂大典》卷一五三九七）

天書〔一〕

【宋會要】

29 真宗大中祥符元年正月三日，對輔臣於崇政殿之西序。帝曰：「朕寢殿中，帟幕皆用青絁，旦暮非張燭莫能辨色。去年十一月二十七日夜將半，方就寢，忽光明滿室。驚視之次〔二〕，見神人星冠絳衣，告朕曰：『來月三日宜於正殿建黃籙道場一月，將降天書《大中祥符》三篇，勿泄天機。』朕竦然起對，忽已不見，命筆識之。自十二月朔即蔬食齋戒，於正殿依道門科儀結綵壇九級，建道場以佇神貺，雖越月未敢罷去。適皇城司奏左承天門屋南角有黃帛曳於鴟尾之上，即遣中使視之。迴奏云帛長二尺許，緘一物如書卷，纏以青縷三道，封處隱隱有字。朕思之，蓋神人所謂天降之書也。」王旦等曰：「此蓋陛下至誠事天地，大孝奉祖宗，恭己愛人，夙夜求治，以至殊鄰修睦，獷俗請吏，干戈偃戢，年粟屢豐，皆陛下兢兢業業〔三〕，日慎一日之所致也。臣等常謂天道不遠〔四〕，必有昭報。今者神告先期，靈文果降，實昭上穹佑德之應。」皆再拜稱賀。又曰：「然未知天書所諭之事，啓封之際，宜屏左右。」帝曰：「既有天命，固當祗受，適恐皇城司遽便收進，已便止之。朕當躬詣，焚香拜受。朕自得神人所諭之言，尋雕木爲輿殿，飾之金寶，將以奉安天書。所云屏人以啓封，雖神人云勿泄天機，朕以上天所貺，當與衆共之。」旦復曰：「蓋 30 未測書意，不欲顯示於衆。」帝曰：「天若譴示闕政，當與卿等祗畏改悔；若告戒朕躬，朕亦當側身自修，豈宜隱之而使衆不知也？當即啓讀。但慮文莫能辨，須訪明習篆籀者以從。」旦曰：「陛下肅奉天命，非臣等所能測也。」帝即步至承天門，瞻望再拜。內臣周懷政、皇甫繼明對捧而下，王旦跪捧而進，帝再拜受之，親奉安於輿殿。

初，輔臣請以道衆前導，帝曰：「朕齋戒既久，止欲與卿等嚴導，以表精虔。」遂奉引而行。帝却繖蓋，徹警蹕，至朝元殿之丹墀。旦自輿殿捧天書，帝跪受訖，付陳堯叟啓封。帛上有文曰：「趙受命，興於宋，付於恒。居其器，守於正，世七百，九九定。」既去帛啓緘〔五〕，書甚密，紙堅潤，

〔一〕「天書」上原有小字「附」，今删。
〔二〕驚：原作「敬」，據《長編》卷六八改。
〔三〕兢兢：原作「赫赫」，據《長編》卷六八改。
〔四〕道：原脱，據《長編》卷六八補。
〔五〕啓：原脱，據《長編》卷六八補。

不與常類。抉以利刀，久而方啓。啓訖，跪進，帝亦跪捧，復授堯叟命讀之。其書黄字三幅，詞類《尚書・洪範》、老子《道德經》。始言帝能以至孝至道治世，次諭清浄簡儉，終述世祚延永之意。讀訖，帝復跪捧，以所緘之帛蘊之，盛以金匱，置于輿殿。再拜訖，奉引，升自東階，安於道場中，復燃香再拜。禮畢，帝御殿之北廡，召（對）〔旦〕等謂曰：「朕德薄，何乃天降明命，昭晰若此！」旦等曰〔一〕：「昔龍圖授羲，龜書錫禹，非常之應，惟聖主得之。陛下應天立極，振古稱首。上帝所以申錫祕檢，示治國大中之道，萬世一時也。」咸再拜稱賀。

是夕，命王旦宿齋中書，晚詣道場上香。旦趍往，而帝已先至。四日〔一〕，文武百官、諸軍將校、諸方蕃客入賀。是夕，帝齋於長春殿，輔臣宿【31】於本司，道衆聲讚於朝元殿，教坊奏法曲於庭。

翌日，所司設大次於朝元殿之西廊，列黄麾仗，自殿至（閣）〔閤〕門，群臣序立。帝服鞾袍，太常卿贊導，升殿焚香，酌獻於三清天書之前。登歌作樂既畢，執事者奉天書輿殿，降自西階，出朝元門，由右昇龍門歷文德殿。威儀樂部奉引，帝步導入東上閤門，避黄道而行。既入門，從官皆退，唯中官執事。還宮，帝前導如初。

四月一日，天書再降内中功德閣。天禧元年正月二十七日，始下詔以四月一日天書再降内中功德閣日爲天祺節。

六月八日，封祀制置使王欽若言：「六日泰山西南垂刀山上有紅紫雲氣，如橋梁之狀，漸成花蓋，至地而散。其日木工董祚於靈液亭北見黄素曳於林木之上，有字而不能識，遂言於皇城使王居正〔二〕。居正見其上有御名，馳告李神福、曹利用等達于欽若，欽若遂率官屬以道門威儀迎置公舍。七日早，自公舍奉導至社首山，欽若跪授中使，馳捧赴闕。」奏至，帝御崇政殿促召輔臣，謂之曰：「朕五月十七日夜忽夢前所覩神人言，來月上旬當賜天書於泰山，宜齋戒祗受。朕雖荷降告，亦未敢宣露，惟密諭王欽若等，凡有祥異，即上聞。今得其奏，果與夢協。上天眷佑，丕應彰灼，祗畏惕厲，惟懼不稱。」王旦等曰：「陛下至德動天，感應昭著，臣等不勝大慶。」再拜稱賀。帝曰：「靈文非久到闕，奉迎之禮，宜加詳定。」旦等曰：「正月奉迎天書，已定儀注，今【32】望約而行之。」帝曰：「向者降於内庭，故不別設儀仗；今自外而至，禮當嚴奉。可且置於含芳園正殿，揆日具儀衛奉迎。」旦等復曰：「至日欲具黄麾仗、道門威儀，百官並放朝參，出城班迎。入内日亦準是。」從之。即命旦爲奉迎天書導衛使，丁謂爲扶侍使〔三〕，藍繼宗爲都監。

〔一〕日：原作「曰」，據《長編》卷六八改。
〔二〕使：原作「吏」，據《長編》卷六九改。
〔三〕侍：原作「持」，據《長編》卷六九改。下二條同。

十日，天書至自泰山，扶侍使而下具儀衛奉迎，安於含芳園之西門。命王旦詣園齋宿，晨夕焚香，道衆作法事。

十一日，群臣詣含芳園門迎導天書，升園之正殿。帝齋於長春殿。

翌日，備鑾駕赴含芳園，改服通天冠、絳紗袍，百官朝服序班。帝出大次，於殿下北面再拜訖，導衛、扶侍使自殿上奉天書而下，置帝前。再拜祇受，付陳堯叟啓封跪讀。其文曰：「汝崇孝奉吾，育民廣福。錫爾嘉瑞，黎庶咸知。祕守斯言，善解吾意。國祚延永，壽歷遐歲。」讀訖，召百官示之，復奉以升殿，焚香酌奠。車駕先還[一]，俟於朝元殿之幄次，導衛使等奉至，帝迎拜前導，避黄道而行，由東上閤門入内。

四年正月二十一日，奉聖製天書誓文赴玉清昭應宫。先是，帝謂王旦等曰：「朕以上穹敷祐，靈文三錫，夙夜兢勵，盡志欽奉。且慮歲月寖久，子孫輕怠，故作此文刻石，寘於天書閣下。」

七年五月十一日，詔模刻天書，奉安於玉清昭應宫。命宰臣王旦爲天書刻玉使，樞密使、同(書中)〔中書〕門下平章事王欽若爲刻玉副使，兵部侍郎趙安仁、翰林學士陳彭年爲同刻玉副使，入内押班周懷[33]政爲都監。

八月七日，有司備仗衛、道門威儀、教坊樂，刻玉都監自内中奉天書升輦，刻玉使已下班迎，赴朝元殿。帝服鞾袍，行酌獻之禮。百官陪位，奉安於刻玉殿。令刻玉使日赴焚香，副使已下日一員莅事。

天禧元年正月六日，詔曰：「顧以眇躬，獲紹隆構。仰慶靈之積累，荷穹昊之監觀，祕籙垂文，珍圖錫祚。告卜世卜年之業，諭時萬時億之祥。載惟涼薄之姿，寅奉殊尤之貺，每增夕惕，祇答天祺。登岱嶽以垂鴻[二]，巡魏脽而育穀。而又飈輪臨暨，濬發於仙源；曲里朝修，崇嚴於道蔭。曠典以之交舉，厚福繇是咸懷。遂同海域之心，恭上紫清之號。揆首春之穀旦，陳徽册之盛儀[三]。爰造殊庭，薦稱神祖。導珍符而展采，標瑞曆以建元。乃至潔祀太宫，升禋吉土，式罄奉先之孝，允伸大報之誠。福貺來同，感悦交集。夙宵内省，夤畏靡遑。思與官師，共遵天誨。體清净之妙本，暢悠永之真風。是用順考靈辰，宣揚祕誨，共守大中之道，愈欽皇極之規。謹以今年正月十五日行宣讀天書之禮。緊爾宰府，體兹意焉。」

十二日，帝齋於長春殿，親王、近臣、御史中丞、知雜、尚書省四品、諸司三品、宗室團練使已上、藩侯觀察使已上，管軍防禦使已上並齋于朝堂及本司，以王欽若爲宣讀天書禮儀使。

十三日，有司於天安殿設次，奉玉皇聖像于中位，置寫

[一] 還：原作「遠」，據《長編》卷六九改。
[二] 嶽：原作「畎」，據《宋大詔令集》卷一三六改。
[三] 册：原作「貺」，據《宋大詔令集》卷一三六改。

本天書于東，聖祖版位於西，命儀衛使王旦等建金籙道場三晝夜。

34 十四日，詔皇姪守節已上、駙馬都尉王貽清、李遵勗並升殿陪位預聽。

十五日三鼓四籌，帝服通天冠、絳紗袍詣天安殿道場，焚香再拜，西向而立，群官朝服升殿。攝中書令任中正詣玉皇前跪奏：「嗣天子臣恒謹與宰臣等宣讀天書，講求聖意，虔思睿訓，撫育生民。」儀衛使王旦跪取左承天、祥符門天書置案上，攝殿中監張景宗、張繼能捧案，攝司徒王曾、攝司空張知白跪展天書，攝太尉向敏中宣讀。每句畢，即詳思其指，言上天訓諭之意。攝中書令王欽若執筆鈔録。宣讀畢，攝侍中張旻跪奏：「嗣天子臣恒敢不虔遵天命！」儀衛使跪納天書于匣中，又跪取功德閣天書、泰山天書宣讀，如上儀。王欽若又跪進所録天書意。帝跪受訖，登歌酌獻禮畢〔一〕，奉寫本天書還内。（以上《永樂大典》卷一七五八）

〔一〕酌：原作「作」，據天頭原批改。

日食

【宋會要】

1 太祖建隆元年，司天少監王處訥言：「五月一日太陽當虧，請其日掩藏刀槍甲冑。」事下有司，請其日皇帝避正殿、素服，文武百官各守本司。從之。

二年四月一日，司天監言太陽其日當食。詔避正殿、守司如元年之制。

淳化五年十二月一日，司天監言：「日當食[一]，雲陰不見，占與不食同。」宰臣上表稱賀，詔付史館。《玉海》：日當蝕，陰雲蔽之，羣臣賀。賀日不蝕，蓋始于此。災不勝德，雲爲垂陰。

真宗〔景德〕三年五月一日[二]，司天監言日當食，真宗避正殿不視事。其日雲陰不見，帝語近臣：「此非朕德所致，且喜分野之内不被災矣。」

大中祥符七年十二月朔，司天監言：「日當食，驗之不食。」宰臣王旦等上表稱賀，詔付史館。

天禧五年七月一日，司天監言：「按《儀天曆》，日當食之。既帝避正殿，命中使詣宮觀、寺院及坊市道場祈禱，其日測驗，及四分止。按唐(正)〔貞〕元八年十一月朔，曆算官徐承嗣言食八分，測之及三分，宣示朝堂，編在史册。此蓋聖德廣大，陽盛陰潛之慶。」翌日，宰臣率百官詣閤門拜表稱賀，請付史館。帝曰：「虧食之變不甚，蓋上天眷祐下民也。」

仁宗天聖二年五月二日，權判司天監宋行古等言：「按占，日當食一分半，今全不虧。」詔付史館。

寶元元年六月二十三日，權知司天少監楊惟德等言：「來歲閏十二月，則庚辰歲正月朔日當食。請移閏于庚辰，則日食在前正月之晦。」帝曰：「閏所以正天時而授民事，其可曲避乎？」不許。

慶曆五年四月朔，司天監言太陽當食，而陰晦不見[三]。宰臣率從臣稱賀[四]。

六年二月二日，司天監言：「日當食三月朔。」仁宗謂輔臣曰：「日食之咎，蓋天所以譴告人君，願罪歸朕躬，而無及臣庶也。凡民之疾苦，益思詢究而利安之。」宰臣賈昌朝對曰：「陛下發德音以應天弭變，臣等敢不夙夜悉心而奉行之！」于是再拜而退。

皇祐六年四月朔，日有食之，遣官祀社以救日。是日雷雨，至申刻，見所食九分之餘。三日，宰臣率百官詣東上閤門，以日食不及算分，表賀。

[一]「當」下原有「日」字，據《長編》卷三六刪。
[二]景德：原脱，據《長編》卷六三補。
[三]而：原作「即」，據《長編》卷一五五改。
[四]稱：原作「皆」，據《長編》卷一五五改。

嘉祐二年四月，復言：「己亥歲日當食，欲今年十二月爲閏。」亦不許。（以上《永樂大典》卷二〇〇九七）

2 仁宗嘉祐三年閏十二月，詔：「明年正旦日食，其日百官毋得拜表稱賀。」

六年六月朔，日有食之，司天監言當食六分之半。自未初從西食四分，而雲霒有雷電〔一〕，頃之既，而渾儀所言雲掩日食不見〔二〕，不爲災。權御史中丞王疇言：「當祇懼天戒，不當受賀〔三〕。」乃詔百官毋得稱賀。

〔治平〕四年神宗已即位，未改元。十二月十七日〔四〕，詔：「來歲正旦太陽當蝕，避正殿，減常膳，自此月二十一日爲始，罷元日百官稱賀。」又出手詔曰：「古者太陽蝕日，百官守職，蓋所以祇天戒而備非常也。今獨闕焉，甚非王者小心寅畏之道。其將來正旦日蝕，可令中書議舉行之。」宰臣累上表請御正殿，復常膳，乃從之。

熙寧元年正月一日，日有食之。司天監言其日巳時八刻瞻見太陽於正西偏南起虧，至午時五刻後蝕及六分弱，至未時三刻復圓。二日，羣臣詣閤門拜表曰：「天人之交，雖災祥之宜戒；日月之會，亦盈縮之有常。適緣薄食之期，屬在元正之旦，仰祇變象，深軫睿衷。虛愧楓之大庭，徹鼎俎之常舉。敢干聰聽，冒進忱辭。伏惟皇帝陛下求福不回，遇災而懼。矧焦勞之已至，何咎眚之不除！伏願恢發至仁，俯從衆欲，御九宸之正宁，復四食之常珍。上以隆戶牖之尊，下以慰華夷之望。」批答曰：「朕德不明，上累三光，正月之朔，日有食之。考之古義，咎莫大焉。故朕避朝徹膳，思有以恐懼修省，謝上天之譴告。而二三輔臣暨百辟庶尹，方當同心協德，以輔不逮。若夫進御虎門之朝，退加牢鼎之膳，請雖誠至，豈朕所望哉！」自是三上表，乃從之。

六年三月十三日，司天監言：「四月一日當食九分。」詔自十四日易服，避正殿，減常膳，仍降德音曰：「朕獲奉宗廟，于茲七載，憂勤願治，弗敢荒寧。而太史豫言，天將降告，正陽之朔，日有食之。推原典經，斯謂大異。夙宵戰栗，未燭厥理。豈非庶政之失加於四方，德誼未孚，刑罰未中，善氣繆盭，以累三光？今天動威，申儆不逮，是用損膳徹樂，變服避殿，推恩元元，蕩宥多辟，以圖消復，以召和平。」

二十四日，羣臣詣閤門上表曰：「太史占符，將侵陽而虧景；中宸軫慮，爰變服以致虔。復虛路寢之朝，重徹內饔之舉，中外咸惕，夙宵靡寧。竊以天體陰高，日纏交會，不無薄食，未損清明。恭惟皇帝陛下憲古聰文，體乾剛粹，

〔一〕霒：原作「零」，據《說文・雲部》改。霒即陰字，《長編》卷一九三正作「陰」。

〔二〕「既、而」二字，《長編》卷一九三作一「雨」字。

〔三〕賀：原作「禍」，據文意改。

〔四〕治平：原脫，據小注補。

面稽帝則，恭授人時。而乃孟月正陽，大明告眚。博鑒典經之訓，永惟侵沴之原，旁究政宜，預祗天戒，亟形深詔，載治湛恩。固將格回復之靈鼇，道和平之善氣。伏願特紆淵聽，俯狥輿情。法坐垂衣，還正黼屏之位；大庖陳俎，進加玉食之珍。協四海之歡康，副九賓之願望。」批答曰：「朕3祗若天戒，憂心靡寧。循惟眚災，咎在菲德，貶損常御，預度明威〔一〕。公卿庶士，率勵百職，圖救厥異，以昭棐忱。奏對所陳，豈亮朕意！」自是再上表，弗許。

元豐元年六月癸卯朔〔二〕，日當食不食。

十一月，翰林天文院言：「日食，陰雲不見。」又司天監言：「巳時六刻，雲開見日，不及所食分數。」

四年十一月一日，日有食之〔三〕。

五年三月十七日，司天監言：「四月朔日當食於寅。」詔自（月）己亥素服，避正殿，減常膳，其日百司守職。十八日，降德音於四京諸道州府軍監。

四月一日，司天監言：「日當食，而陰晦不見。」三日，始御正殿。

六年九月癸卯朔〔四〕，日有食之。

元祐三年六月十五日，日有食之。

六年五月朔，日食。詔罷文德殿視朝，祭太社，百司守職。太史言食二分。

紹聖元年二月二十八日，詔：「三月朔，日當食，罷其日視朝，仍差翰林學士顧臨祭太社一位，百司守局。」

四年六月朔，日當食，陰雲不見。先是，太史局奏：「六月朔日有食之。」詔其日罷視事，仍令有司具素膳，公卿等更宜勉思所戒，以輔不逮。《續通鑑長編》：群臣具表賀，三省、樞密院同班致詞，賀不見虧蝕。上顧三省曰：「卿等更當修政事，以進賢退不肖爲意〔五〕。」

元符二年十月十六日，日有食之〔六〕，既。

三年徽宗已即位，未改元。三月二十三日，降德音於四京畿内曰：「朕以眇身，初嗣曆服〔七〕，惟德不類，上累三光〔八〕。太史豫言，天示之象〔九〕，乃四月朔，日有蝕之。譴告之來，必緣類至。側身而懼，勅命惟幾。損膳避朝，以圖消弭。百姓有罪，時予之辜。其推渙恩，敷錫近甸。嗚呼！天道雖遠，其聽自民。格王所先，惟正厥事。誕告有衆，體予至懷。」

二十五日，詔曰：「朕以眇身，始承天序。任大責重，罔知攸濟。永惟四海之遠，萬幾之煩，豈予一人所能徧

〔一〕度：原作「乾」，據《宋大詔令集》卷一五四改。
〔二〕此條抄自《宋史》卷五二《天文志》五，非《會要》文。
〔三〕按《宋史》卷五二《天文志》五載此日「日當食不食」，與此不同。
〔四〕此條亦抄自《宋史》卷五二。
〔五〕以：原脱，據《長編》卷四八九補。
〔六〕日：原脱，據《宋史》卷一八《哲宗紀》二補。
〔七〕曆服：原倒，據《宋大詔令集》卷一五五乙。
〔八〕累：原作「類」，據《宋大詔令集》卷一五五改。
〔九〕示之象：原作「文之蒙」，據《宋大詔令集》卷一五五改。

察？必賴百辟卿士，下及庶民，敷奏以言，輔予不逮。矧太史前告〔一〕，天將動威，日有蝕之，期在正月。變異甚鉅〔二〕，殆不虛生。夙夜以思，未燭厥理。將以彌綸初政，消弭天災，自非藥石之規，孰開朕德？況今周行之內，人有所懷；芻蕘之中，言亦可採。況朕躬之闕失，若左右之忠邪，政令之否臧，風俗之媺惡，朝廷之德澤有不下究，閭閻之疾苦有不上聞，咸聽直言，毋有忌諱。朕方開讜正之路，消壅蔽之風〔三〕，其於鯁論嘉謀，惟恐不聞，而行之惟恐不及。其言可用，朕則有賞；言而失中，朕不加罪。朕言惟信，非事空文。尚悉乃心，毋憚後害〔四〕。應中外臣僚以至民庶，各許實封言事。布告遐邇，咸知朕意。」先是，中書舍人曾肇言：「陛下踐祚之初，臣願修轉對之制，下不諱之令，明詔宜令百司民庶得極言時政，無有所隱，庶以振起其不敢言之氣，紓發其鬱堙壅塞之情。」故有是詔。

四[4]月一日，以日當蝕，遣官奏太社〔五〕，百官守局。是日，太史局奏：「辰初日蝕，西北四分，至巳三刻而復。時有陰雲往來，然不能掩。」三日，宰相章惇等上表請御正殿，復常膳。自是三上表，乃從之。

徽宗建中靖國元年三月二十一日，制曰：「朕獲奉宗廟，逾年於茲，任大責重，不敢康寧。今者太史豫言，日有蝕之，將在正陽之朔。斯乃大異，朕甚懼焉。夙夜拳拳，深惟其故。豈非教化未修，刑罰不中，吏之弗良者衆，民之失業者蕃，上累三光之明，示以譴戒？是用損膳避朝，蕩宥多辟，以圖消復，以召和平。於戲，百姓有過，罔不在予；萬邦作孚，孰非自朕。率求諸己，庶獲休證。咨爾有衆，咸體朕懷。」降德音于四京諸道。

四月一日，以日當食，遣官祭告太社，百官守局。是日，太史奏：「陰雲，不見所食之分。」

二日，宰臣韓忠彥等奏〔六〕：「伏奉詔，以正月朔太陽虧，避正殿，減常膳者。占辰弗集，馳走逮於嗇夫；肆宥惟時，鞭朴空於司寇。未即路朝之正，猶推玉食之供。凡臣工，莫遑寧處。竊以日符天統，當循黃道之常；君體乾剛，故謹正陽之畏。惟聖人觀象以立戒，欲王者因事而自修。亦緣久動而必差，乃有頻交而屢食。恭惟皇帝陛下中正履位，清明在躬。孝承七廟之安，仁暨萬邦之衆。官賢而士勸善，罰當罪而民禁非。承以無私，要容光而必照；建其有極，用勿憂以宜中。固念茲而在茲，寧弗畏而入畏。緊寅恭可謂至矣〔七〕，則變異何從召之！應以至誠，居然純曜。祥桑不拱，方知大戊之興；雊雉何爲〔八〕，

〔一〕告：原作「誥」，據《宋大詔令集》卷一五五改。
〔二〕鉅：原作「詎」，據《宋大詔令集》卷一五五改。
〔三〕蔽：原作「消」，據曾肇《曲阜集》卷一改。
〔四〕憚：原作「悼」，據《宋大詔令集》卷一五五改。
〔五〕奏：似當作「祭」。
〔六〕忠：原缺，據《宋史》卷二一二《宰輔表》三補。
〔七〕「恭」下原衍「肅」字，據《雞肋集》卷五四刪。
〔八〕雊：原作「升」，據《雞肋集》卷五四改。

益見高宗之盛。宜光臨於黼扆，且時御於饔飧。茂迎至和，允答群望。」詔答曰：「正陽之月，日有食之，譴見於天，爲變甚大。予末小子，不遑寧居，損膳避朝，以圖消弭。雖陰雲密布，變象弗昭，而群公卿士，遽上封章，乃欲御前殿、復常珍，豈體朕慄慄危懼、祗畏戒天之心哉！所請宜不允。」自是三上表，乃從之。

〔大觀〕二年四月十四日〔一〕，祕書省狀：「據太史局申，據同提點曆書推筭，到今年五月朔日蝕十分中大分三十九，初虧西南，在午時一刻，後復滿東南，在未時二刻。」詔其日前後殿不視事，命禮部侍郎李圖南祭太社一位，百司守職。其合行事，令太常寺勘會施行。

五月一日，日有食之。

四年九月一日，日有食之。

政和三年三月一日，太史局奏：「太陽當〔局〕〔食〕，至未時七刻後日體圓明，全不虧食。」

五日，太師魯國公蔡京率文武百官拜表稱賀。先是，太史局前期定到三月一日壬子朔午時八刻後太陽當食，從西北起，蝕及三分。是日不虧食故也。《編年備要》：五年七月戊辰朔，日有食之。

八年五月一日，日有食之。《編年備要》：重和元年五月壬午朔，日有食之。

宣和元年三月二十三日，詔曰：「日行黃道，及其相掩，人下而望，有南北仰側之異，故謂 5 之蝕。月假日光，行於日所不燭，亦以爲蝕。日月之光，蓋未始虧，人望而然。古之人以曆推步，先期而定日數之常。然日爲陽，人君象也；爲陰所掩，不可不戒。故〔代〕〔伐〕鼓於社，嗇夫馳，庶人走，以財成其道，輔相其宜。今太史有言，正陽之月，日有蝕之。朕欽明天道，若古之訓，罔敢怠廢。可令尚書省具前後故實，取旨施行，布告中外，咸使知之。」

四月一日，日有食之。《編年備要》：二〔月〕年十月戊辰朔，日有食之。

五年八月一日，翰林天文局言：「今月辛巳朔，日當蝕。其日蒼黑雲起，不辨虧分。按《天文占》云：日蝕陰陽相掩，有雲蔽之，即日不蝕。乞付史館。」從之。

高宗建炎三年九月一日，日有蝕之。初，日食僅四分，未幾復退。有頃，上遣中使齎太史元進日食分數晷刻圖示宰執。晚朝奏事次，上曰：「太史初奏日食早而分深，朕適以油盆觀之，食淺而退速。」呂頤浩曰：「陛下嚴恭寅畏，天鑒精誠，宜感格之如此。崇寧、政和間，災異頻仍，而消弭之速者頗鮮，恐於應天有所未至。」上曰：「朕常以謂奉天不如畏天。」舊例，日食不御殿，作休假。是日晚朝，以巡幸機務至繁，故視事也。

紹興五年正月一日，日有食之。先是，四年十二月二

〔一〕大觀：原無，承上似爲建中靖國二年，然建中靖國只一年。據以下三條所記日食之年月日，核之《宋史》卷二〇《徽宗紀》二，皆是大觀年中事，因補。

十三日，侍御史魏矼奏：「太史言，來年正月朔旦日當食，乞下有司講求故事。」上曰：「日食雖是躔度之文，術家能逆知之。《春秋》日食必書，謹天戒也〔一〕。矼之言良愜朕意。畏天之戒，罔敢怠忽，更宜下有司講求故事，凡可以消變者，悉舉行之。」沈與求曰：「日食雖躔度可推，然日爲陽類，至於薄食，則人君所當恐懼脩省，以應天變。」於是詔：「公卿、百執事講求闕政，察理冤獄，收輯流亡，詢問疾苦，舉遺逸，來直言，凡可消變弭災者，毋匿厥指，共圖應天之實，稱朕意焉。」

十三年十二月一日，太陽交食，皇帝不視事，減常膳，百司守職，過時乃罷。是日，陰雲不見。初，宰執進呈大禮畢，於十一月二十三日恭謝。上曰：「十二月朔，日食，自來有避殿減膳等事，今當舉行。」至是，當虧不見，宰臣率百僚拜表稱賀。（以上《永樂大典》卷二〇〇九八）〔二〕

日中黑氣

【宋會要】6 孝宗隆興元年三月五日，日有背氣。十八日、二年五月三日、六月五日、十日、七月一日、四日、二十日、十二月二十九日、乾道元年五月二十二日、二年二月六日並同。

六月二十六日〔三〕，日暈周匝，在星宿。〔二年〕二月二十八日，躔在奎宿。三月二十五日，躔在胃宿。六月十日，躔在井宿。二十九日，在柳宿。七月六日，周在柳宿。乾道元年三月二十日，周在昴宿。二十九日，日暈有珥。五月十日同。二年二月二十六日，周在奎宿。三月十七日，周在胃宿。三年四月二十四日，周躔畢宿。五月一日同。六月十日，周在井宿。四年三月十五日，周在胃宿。六月二十七日，周躔星宿。六年四月二十一日，在昴宿。二十六日，在畢宿。閏五月六日，在井宿。七年三月二十八日，赤黃暈周匝。八年六月五日，躔在井宿。九年二月十三日，赤黃暈周匝。

七月十六日，日左有珥。八月十一日，左右珥。二年二月二十七日同。乾道元年三月二十九日，左有珥。四月二十日，左右珥。五月十日、十二月十四日同。六年閏五月十八日，左有珥。八年六月四日，左右珥。

隆興二年六月十一日，日左生戟氣。二十九日，日有格氣。乾道元年六月十八日、二十六日、三十日同。七月一日，日有重暈。是日仍有背氣，左右有珥。四日，有重暈，背氣。乾道二年二月六日，重暈，背氣。六年閏五月十三日，重暈，并戴氣。十六日，日有（真）〔直〕氣。乾道二年

〔一〕也：原作「曰」，據文意改。

〔二〕《大典》卷次原缺，陳智超定於卷二〇〇九八（《解開宋會要之謎》頁一九九），當是，今從之。卷二〇〇九七、九八均是「日」字韻、「日蝕」目。

〔三〕按，省此文之體例，依類分段，每類首條之時間仍承上一段。據此，本段首之「六月」及下段首之「七月」應指隆興元年。

二月六日同。乾道三年三月十九日，日有承氣。五月七日、五年正月十二日、六年三月二十六日、閏五月十三日、七年六月二十九日、八年六月十日並如之。（以上《永樂大典》卷二〇〇九四）

彗

【宋會要】

7 太宗端拱元年六月二日，彗星見於井鬼。時下詔行謁廟之禮，即詔停罷，止御樓肆赦。不數日彗滅。

二年七月，司天監言：「六月十八日彗見積水西〔一〕，光芒長五尺，行拂右攝提星。至今月十九日隱伏西方〔二〕，計見四十日。」太宗命（撤）〔撤〕樂，避正殿，進素食，分遣使臣往諸道平決刑獄，廣布恩宥，以答天誡。至八月九日，司天監言：「肆赦之後，天氣澄廓，彗星不見。」（郡）〔群〕臣稱賀。七月戊子〔三〕，又出東井積水西，青白色，光芒漸長，晨見東北〔四〕。旬日夕見西北，歷右攝提，凡三十日，至亢没。

【宋會要】

太宗至道二年四月，帝以梁雍之分，兵難未寧，民多歉食，令中書門下召判司天監事苗守信問以天道咎證安在。守信奏曰：「臣仰瞻（元）〔玄〕象，及考驗太一經歷宫分，其荆、楚、吴、越、交、廣分野並無災咎。自來天文淩犯，彗星出見及四神太一臨照，並在井鬼秦分，所以雍及梁之地有災。其四神太一來年自益州却入幽州，京都之分見是木星照臨，自此多吉祥之事，餘無所占。」

真宗咸平元年正月十三日，彗出營室北，光芒尺餘。二月，對中書、樞密院于洪福殿。真宗曰：「朕臨御以來，未嘗逸豫，日謹一日，期於和平，而星見表異，何也？」宰臣吕端曰：「陛下纘承 **8** 期年，勤政求治，雖上穹譴見，非陛下政治有闕，實臣等不才，致傷和氣。然前代亦嘗有之，堯、湯水旱，非有失德。若垂象示人，則修人事可以禳之。今星出分野，當齊魯間，恐其地有災。」帝曰：「朕所憂天下生靈，非獨一二。」十三日，以星變詔有司直言，自今月五日不御正殿，尚食所供常膳一宜減省。自是止於崇政殿視事，親慮京城繫囚，並減一等，情理輕可並遣之。召近臣對崇政殿西北廊，至午後六刻罷。吕端等再上表求罷。又詔諸路繫囚並與申理，杖已下釋之。二十六日，彗星滅，輔臣請御正殿，復常膳，從之。

〔一〕十八日：疑當作「十日」，故下文云至七月十九日「計見四十日」；若作「十八日」則僅三十二日。

〔二〕伏：原作「大」，據文意改。下頁「英宗治平三年」條云「避於列曜，將漸隱伏」，是也。

〔三〕按，此條上文乃《宋會要》之文，自「七月戊子」以下則抄自《宋史》卷五六《天文志》九，《長編》卷三〇、《文獻通考》卷二八六亦與《宋史》内容相同，僅文字小異。三書所記此事顯然與上文《宋會要》所載爲同一事，但時間各異，似當以《長編》爲準。

〔四〕晨：原作「辰」，據《長編》卷三〇改。

真宗咸平元年正月甲申〔一〕，彗出營室北，光芒尺餘，至丁酉凡十四日滅。

〔六年十一月〕甲寅〔二〕，有星孛于井鬼〔三〕，大如杯，色青白，光芒至四尺餘。歷五諸侯及五車入參，凡三十日没。占有燕兵。明年冬，契丹入寇。

【宋會要】

天禧二年六月二十日，有彗出北斗魁北，行經天。二十七日，詔玉清昭應宮、開寶寺舍利塔焚香。先一日，風雨霿翳。及旦，晴霽。是夕彗始滅，凡三十七日，宰臣奉表稱賀。

〔三〕〔二〕年六月辛亥〔四〕，彗出北斗魁第二星東北，長三尺許，與北斗第一星齊，北行經天牢，拂文昌，長三丈餘，歷紫微、三台、軒轅，速行而西，至七星，凡三十七日没。

仁宗景祐元年八月壬戌夜〔五〕，有星孛于張翼，長七尺，闊五寸，十二日而没。十二月己未夜，有星出外屏，有芒氣。

皇祐 9 元年二月丁卯，彗出虛，晨見東方，西南指，歷紫微至婁，凡一百一十四日而没。占曰：有兵喪。

嘉祐元年七月，彗出紫微，歷七星，其色白，長丈餘，至八月癸亥滅。

【宋會要】

英宗治平三年三月三日，司天監言：「彗星晨見于東方，在營室。」自是日見，然天多陰雲不辨。至十六日，又見。詔避正殿，減常膳。二十七日夕，見于西方，疾行至張，遂止不行。四月六日後，頓然行緩，避于列曜，將漸隱伏。宰臣文武百官請御正殿，復常膳，凡三表。詔曰：「朕惟前載三辰之眚，太上修德，其次修政。間者星氣之變，曉昏遞見，畏天明威，深省厥咎，飭身正事，以自抑損。公卿列辟過爲不遑，奏讀再三，請御常禮。顧惟誠恪，復所重違。尚期日新，共兹勵勉，庶格太和之應，用敷福于下民。所請宜允。」

神宗熙寧八年十月乙未〔六〕，星出軫度中，如填青白。丙申，西北生光芒，長三尺，斜指軫，若彗。

【宋會要】

〔一〕此條抄自《文獻通考》卷二八六。

〔二〕六年十一月：原脱，據《長編》卷五五、《文獻通考》卷二八六補。按，此條原與上條接寫，其文乃抄自《文獻通考》卷二八六。《大典》編者未注意《通考》此二條之間尚有「六年十一月辛亥」一條，遂誤認爲咸平元年事。今改正並分段。

〔三〕星：原作「彗」，據《長編》卷五五、《文獻通考》卷二八六改。按，此星並非彗星，《大典》以意妄改，且不應編入「彗」門。

〔四〕二年：原作「三年」，據《長編》卷九二、《文獻通考》卷二八六改。按，此條亦抄自《文獻通考》，然此條與上條《會要》所記實爲同一事：天禧二年六月壬辰朔，辛亥正是六月二十日。《大典》既誤將「二年」抄作「三年」，遂以爲另一事，乃插編於此。

〔五〕按，此下三條亦抄自《文獻通考》卷二八六（此條「元年」今本《通考》誤作「二年」）。

〔六〕此條亦抄自《文獻通考》卷二八六。

徽宗大觀四年五月丁未，彗出奎婁，光芒長六尺，北行入紫垣，至西北入濁不見。占主水旱穀傷兵飢，人主惡之〔一〕。十八日，詔：「朕以寡昧，獲奉宗廟，顧德弗類，不足以仰當天心。今彗出東方，兹爲大異，永思厥咎，朕甚懼焉。自五月十八日避正殿，損常膳，許在京任職侍從官直言朝政闕失。朕虚心以改，庶獲休嘉之應。」

二十日，大赦天下。是[10]日，又詔：「太史言彗出奎婁間，行度頗速，朕甚懼焉。雖夙夜震恐，側身祗畏，慮未足仰答天戒。賴近弼輔臣精意思索，應可以惠澤養民、忠厚利物、嘉謨寬政及合行事件，並條析以聞，庶翕輯善祥，消伏災沴，遵蹈格王正厥事之意。」

二十四日，群臣上表曰：「天垂警戒，扶持實愛於人君；帝極寅恭，感格遂昭於乾象。宜内寬於抑畏，用俯則於彝儀。輒布輿情，冒塵淵聽。竊以妖不勝德，天惟棐忱。穀祥昭太戊之興，升雉著高宗之美。仰惟近證，遠邁前聞。恭惟皇帝陛下剛健日新，聰明時憲。纂睿謀而善繼，躬旰食以克勤。畏天之(畏)〔威〕，順帝之則。雖星躔之暫曆，在皇度以何虧。然且温詔丁寧，慮政刑之或失；涣恩霶霈，條罪眚以惟新。生靈共戴於寬仁，垂象遽銷於妖祲。尚抑内饔之饌，未親正宁之朝。凡屬照臨，靡遑啓處。伏願上承眷佑，下徇懇祈。鳴清蹕以事法宫，供大庖而昭盛禮。千官拱極，俾瞻萬壽之清光；多品在庭，復奉九州之備味。豈特副華夷之望，蓋將安宗社之靈。」詔答不允。自是至六月三日，四上表，乃從之。

政和元年七月六日，司天監言：「有彗星出紫微垣，歷七星，其色白，長丈餘，自是至八月十四日夜滅。」

宣和五年正月五日，彗出西方，由奎貫婁、胃、昴、畢。十二日，詔曰：「朕以寡昧，奉承大烈，夙夜祗惕，靡敢康寧，冀以仰當天心，感格和氣。乃孟春之夕，星文變見，推原載籍，兹謂大異。豈朕德弗類，政刑[11]罔中，皇天動威，以示譴告？永惟厥咎，朕甚懼焉。已避正殿，損常膳。中外臣僚等並許直言朝政闕失，朕將親覽，虚心以改，庶先格王正厥事，以銷乾象之變。」十四日，大赦天下。至二十五日彗没，羣臣上表請御正殿，復常膳，批答不允。自是三上表，乃從之。

【宋會要】

高宗紹興二年八月二十九日，上謂輔臣曰：「二十六日太史言，是夜四更彗出位宿度内，如火木星，卿等見否？夜來初更，奏又犯土司空星。朕側身省懼，欲避正朝，又只一殿。已減膳食素，用謹天戒。卿等深思政事闕失，更切修舉。」呂頤浩、權邦彦再三請罪：「皆臣等失職，致虧于理。陛下克自抑畏，宜便消伏。」然所次分野甚遠。」上曰：「今不論所次齊魯燕趙之分，天象示譴，朕敢不畏天之威耶？」至九月十七日，彗星消。

〔一〕此以上抄自《文獻通考》卷二八六。

十五年四月三日夜，有星見東北方，如彗。翌日，上宣諭輔臣曰：「彗星見，朕甚懼焉。卿等可圖所以消弭之道。」秦檜因奏：「太宗、真宗朝嘗緣彗星疎決獄囚等事。」上曰：「可。」且降詔以四事爲主，避殿減膳，寬民力，卹滯獄，庶幾應天以實不以文也。至是月十八日消伏。

十六年十二月三日，是夜彗見西南方。於是上避正殿，減常膳。至是月九日夜消伏。翌日，宰執率百僚上表，請御正殿，詔不允。自是三上表，從之。

二十六年七月八日，彗出井宿内。翌日，上謂輔臣曰：「夜來太史奏彗 12 出井宿間，朕當避殿損膳，以答天戒。深慮朝政尚多闕失，或民情疾苦無由上達，可降詔述此意，許士庶實封陳言，務盡應天之實。」十一日，沈該等言：「星象變異，臣等便合引咎待罪。以兩日星象不見，所以未敢遽勤聖聽；若更未銷伏，不免上章引去，以避賢路。」上曰：「天象亦有數，卿等不須如此。朕與卿等思所以應天實德，以銷天變可也。」又曰：「若據所臨分野，當在秦晉間。然朕以天下爲憂，豈當問遠近耶？」至是月十七日消伏。於是宰臣率百僚上表，請御殿，不允。自後凡三上表，乃從之。（以上《永樂大典》卷七八六四）

孛

【宋會要】

13 孝宗淳熙二年七月二十三日夜，孛星見於西方。二十七日夜消伏。

理宗紹定三年十一月丁酉〔一〕，有星孛于天市垣屠肆星之下〔二〕。明年二月壬午乃消。（以上《永樂大典》卷七八六五）

星變

【宋會要】

14 太祖建隆二年五月乙丑〔三〕，天狗墮西南。

高宗紹興十七年正月乙亥，妖星出東北方女宿内，小如歲星，光芒長五丈。二月丙寅始消。

孝宗淳熙十三年九月辛亥，星出，大如太白，色先赤後黄白，尾跡約二尺，委曲如蛇行，類枉矢。

十四年五月，有星出濁際，大如日〔四〕，與日相摩盪而入。（以上《永樂大典》卷七八六三）

〔一〕此條抄自《宋史》卷五六《天文志》九「彗孛」條，非《宋會要》文。
〔二〕屠肆星：原作「屠市四星」，據《宋史》卷五六改。
〔三〕按，以下四條均抄自《宋史》卷六〇《天文志》一三「妖星」條，非《會要》文。乙丑：原作「己丑」，據《長編》卷二、《宋史》卷一《太祖紀》一改。
〔四〕以上二句，「濁」原脱，「大」原作「天」，據《宋史》卷六〇補改。

虹異

【宣政雜録】15 靖康丙午，金人犯闕，駐兵牧養監。時未講好，一夕二更後，有兩虹氣，長五尺許，並出東北，在南者直侵北，相戛久之，遂合爲一，移刻方銷。天文奏曰：「此氣金人合自逃及應移寨；不爾，虜無歸路。」至明日探至，虜移寨謨駞崗矣。

【春秋感精符】〔一〕九女並譌，則九虹並見。

【宋會要】〔二〕淳熙元年十月二十四日，有曲虹見，非時。五年十月二十七日，亦如之。

二年十月三日，有蟨虹見，非時。

【帝王世紀】〔三〕瑶光之星貫月如虹，感女樞於幽房之宮，生顓帝。有大星如虹，下流華渚，女節意感，而生少昊。（以上《永樂大典》卷一五二）

雪異

赤雪

【宋會要】16 仁宗慶曆四年正月七日，天雄軍、德、博州言：「去歲十二月二十六日，天降紅雪，盡成血雨。」

三（十）年十二月二十六日〔四〕，天雄軍、德、博州天降赤雪。

雪絲

欽宗靖康元年閏十一月二十一日，天地晦暝。雪未下時，於陰（雪）〔雲〕中有雪絲長數寸，墜地。

〔一〕天頭原批：「銷。」

〔二〕天頭原批：「入《瑞異》。」

〔三〕天頭原批：「銷。」

〔四〕三年：原作「三十年」。按，若「三十年」，宋代只有紹興有三十年，然其時天雄軍（治今河北大名）、德州（治今山東陵縣）、博州（治今山東聊城）皆在金國境，無緣記入南宋國史。今查，此條實乃抄自《宋史》卷六四《五行志》一七，「三十年」乃「三年」之訛，即慶曆三年。此條所記實與上條爲同一事，《大典》誤。今改。

奏雪

【宋會要】

神宗熙寧元年二月八日，詔：「近來諸州府軍監逐時降雨雪，多以爲常事，不即上聞。雖有先降指揮，官吏上下以其年歲深遠，便生怠慢。其令諸路檢會舊條，今後並即時具的實尺寸聞奏。仍令轉運司逐季舉行。」

春雪

【宋會要】

真宗咸平四年三月六日，風雪。帝曰：「霾曀頗甚，蓋陰陽不和，必人事所致。覩之寅畏，實不遑也。」宰臣李沆以暮春風變，再上表求罷，詔不許。

哲宗元祐三年正月八日，詔以春雪寒，展給賣薪炭十五日。時自去冬大雪寒，至于是月。二十八日，御史中丞胡宗愈、侍御史王覿進對，太皇太后曰：「久陰不解，雪寒，民不易。」對曰：「陛下斥賣芻炭，所以惠都民甚備。聞二聖焦勞，上元禁中不曾用樂，既不御樓，亦未嘗燕會。」既而尚書右僕射呂公著等亦乞罷黜，詔不允〔一〕。《豐稷傳》〔二〕：哲宗時稷爲刑部侍郎、兼侍講，元祐中春多雪，稷言：「今嘉祥未臻，沴氣交作，豈應天之實未充，事天之禮未備，畏天之誠未孚歟？宮掖之臣有關預政事，如天聖之羅崇勳、江德明，治平之任守忠者歟？願陛下昭聖德，祇天戒，總正萬事，以消天災。」

元符二年正月甲辰朔〔三〕，上御大慶殿受朝賀，以雪罷。

高宗紹興元年二月寒食日，雪。五年二月乙巳，雨雪。六年二月癸卯，雪。十三年三月，雪。十七年二月丙申，雪。十八年二月癸卯，雪。二十八年三月，雨雪。

孝宗隆興元年正月二十七日，雪降非時。

乾道五年二月戊子〔四〕，雪。七年二月丙辰，雨雪。

淳熙十六年二月十三日，雪。光宗紹熙元年二月十二日、二年二月十三日、四年二月八日亦如之。

寧宗慶元五年二月庚午〔五〕，雪。六年二月乙酉，雪。

開禧三年二月二日戊申〔六〕，其日雪降非時。

嘉定元年二月甲寅〔七〕，雪。四年二月二十三日丙子，其日雪降非時。六年二月丁亥，雪。九年二月十三日丙申，其日雪降非時。十年二月十五日壬戌，其日雪降非時。十六年春三月癸丑，雪。十七年三月癸丑，雪。

〔一〕自「二聖焦勞」以下原脱，據下頁所載本條複文補。

〔二〕按，下文即《宋史》卷三二一《豐稷傳》，首二句略加改寫。原稿此段作大字，今改爲小字。

〔三〕按，以下二段抄自《宋史》卷六二《五行志》一五。

〔四〕此條抄自《宋史》卷六二《五行志》一五。

〔五〕此條亦抄自《宋史》卷六二。庚午：原作「庚子」，據《宋史》卷六二改。按本月癸亥朔，無庚子日。

〔六〕此條應是《會要》文，《宋史》卷六二同日亦有此事，但文不同。「戊申」二字當是《大典》據《宋史》添。

〔七〕此段凡紀日純用干支者乃抄自《宋史》卷六二；紀日用數字加干支者，其文與《宋史》不同，當是出自《會要》，但干支乃《大典》據《宋史》添。

理宗紹定四年二月己巳〔一〕，雨雪。六年三月壬子，雨雪。端平元年二月癸酉〔二〕，雨雪。二年三月乙未，雨雪。嘉熙二年二月乙未，雨雪。淳祐六年二月，雨雪。寶祐元年二月壬子，雨雪。二年三月戊子，雨雪。六年二月，雨雪。開慶元年二月庚17辰〔三〕，雨雪。景定五年二月辛亥，雨雪。

【宋會要】

哲宗元祐二年十一月二十七日，詔：「雪寒異常歲，民多死。宜厚加存恤，以錢穀給之。死者無親屬，則官爲收瘞。」

十二月七日，以大雪寒，賜諸軍薪炭錢。以錢百萬令開封府賜貧民。

三年正月八日，詔以春雪寒，展給賣薪炭十五日。時自去冬大雪寒，至于是月。二十八日，御史中丞胡宗愈、侍御史王覿進對，太皇太后曰：「久陰不解，雪寒，民不易。」對曰：「陛下斥賣芻炭，所以惠都民甚備。聞二聖焦勞，上元禁中不曾用樂，既不御樓，亦未嘗燕會。」既而尚書右僕射呂公著等亦乞罷黜，詔不允。二月八日，降德音。

八年十一月二十一日，詔：「昨秋（嫁）〔稼〕不登，衆庶闕食，中外流民當此雪寒，慮罹凍餒，宜賑卹之。」

十二月七日，大雪，詔收養内外乞丐老幼。

徽宗政和三年十一月大雨雪，連十餘日不止，平地八尺餘，冰滑，人馬不能行。詔許百官乘轎入朝。飛鳥多死。

欽宗靖康元年閏十一月二十一日，雪大作，盈三尺不止，天地晦暝。或雪未下時，於陰雲中有雪絲長數寸（隊）〔墜〕地〔四〕。

二年正月丁酉〔五〕，大雪，天寒甚，地冰如鏡，行者不能定立。是月乙卯，車駕在青城，大雪數尺，人多死。

高宗紹興十三年癸亥三月十五日〔六〕，大雪盈尺。

二十年十一月，建昌軍新城縣永安村大風雪。夜半，若數百千人行聲，語笑歌哭，雜擾匆遽〔七〕，而凝寒陰黑，咫尺莫辨〔八〕。明旦，雪中有人畜鳥獸蹄跡，流血涔染十餘里，入山乃絶。

三十一年正月戊子〔九〕，大雨雪，至己亥逾旬不止，禁旅壘舍有壓者。時久雪寒甚。

孝宗乾道元年二月大雪，丙申又雪〔一〇〕。

〔一〕此段全抄自《宋史》卷六二。

〔二〕癸酉：原作「癸丑」，據《宋史》卷六二改。按本月庚午朔，無癸丑日。

〔三〕二月：原作「二年」，據《宋史》卷六二改。

〔四〕雲：原作「雪」，據《宋史》卷六二《五行志》一五改。

〔五〕此條抄自《宋史》卷六二《五行志》一五。

〔六〕「癸亥」二字似爲《大典》添。

〔七〕匆：原作「忽」，據《宋史》卷六四《五行志》一七改。

〔八〕辨：原作「辦」，據《宋史》卷六四《五行志》一七改。

〔九〕此條抄自《文獻通考》卷三〇五。

〔一〇〕按，此條文理不通。查其上句抄自《宋史》卷六二《五行志》一五，《宋史》下文接云「二年……二月丙申雪」。《大典》編者忽畧「二年」二字，以爲仍是元年二月，遂改寫爲「丙申又雪」，誤甚。

四年二月癸丑，大雪〔一〕。

淳熙十二年十二月〔二〕，大雪，至明年正月，或雪或霰，或雹或雨冰，或冰冱尺餘，連日不解。台州雪深丈餘，民凍死。

十六年四月戊子，成州天水縣大雨雪，麥皆凍死。

光宗紹熙元年十二月〔三〕，建寧府大雪，深數尺。

二年正月，行都大雪積冱，河冰厚尺餘，寒甚。是春雷雪相繼，凍雨彌月。（以上《永樂大典》卷二一五五〇）

雷震

【宋會要】18 真宗咸平六年十二月二十九日，京城方午暴雷震。司天言：「占主國家發號布德未及黎庶。」時議改元肆赦，真宗即召宰相謂之曰：「此天以警朕也。且念河北關西戍兵未息，三司率擾勞民，大者即宜減省，小者悉與蠲除。今於赦書，盡采民弊，著爲條目，務使澤及黎庶。」

仁宗慶曆六年五月，雷雹、地震。時監察御史唐詢言：「近者京師雨雹、地震，此陰盛陽微，夷狄侵侮中國之象。今朝廷以西北講和，寖弛二邊之備，臣嘗歎以爲憂。願下詔申飭守邊之臣〔四〕，其於兵防敢有慢隳者，以軍法論。」從之。

哲宗紹聖三年十月十五日，西南方有雷聲，次雨雹。

高宗建炎四年正月十六日，雷。翌日，上謂輔臣曰：「昨日雷聲頗厲，《晉志》以雷發聲非時，爲女主顓權、君弱臣強、四夷兵不制。如去年正月三日猶未交正月節，雷忽發聲，後有苗、劉之變。朕與卿等宜共修德，以實應天。」

紹興三十年十二月三日，臣僚言：「十月癸亥，日方過中，天無雲而有雷聲，人情駭異。竊謂變不虛生，當有任其咎者。及觀本朝慶曆八年，京師一日無雲而雷，仁宗皇帝謂張方平曰：『夏竦姦邪，天變如此。』亟命草詔黜之。今日之應，其陛下之大臣乎！」於是有制，湯思退罷相。

孝宗隆興元年正月二十五日，雷發初聲。

二年二月八19日，雷。乾道三年二月十七日、四年二月一日、五年二月二十九日、八年二月十六日夜同。

乾道元年正月九日，雷發非時。二年正月二十三日、三年八月二十二日、十一月四日、六年正月十六日、七年正月十一日、八年九月十九日、九年正月十一日並同。

淳熙十六年正月十三日，雷。既而八月二十八日、紹熙元年九月十日、二年正月二十九日、三年正月六日、四年正月二日、十一月十八日、五年十月六日亦如之。

紹熙元年二月十九日，雷發初聲。五年三月十二日亦

〔一〕此條亦抄自《宋史》卷六二《五行志》一五。
〔二〕以下二條抄自《文獻通考》卷三〇五。
〔三〕以下二條抄自《宋史》卷六二《五行志》一五。
〔四〕願：原作「陛」，據《長編》卷一五九改。

如之。

開禧三年三月二十四日己亥[一]，其日雷聲初發。十月二十九日辛未，其夜雷聲非時。

嘉定三年十月十七日壬申，其日雷發非時。四年二月十七日庚午，其夜雷聲初發。五年十月二十六日戊戌，其日雷發非時。六年三月五日丙午，其夜雷聲初發。閏九月二十五日壬辰，其夜雷發非時。八年九月十日丙寅，其日雷發非時。九年二月十五日戊戌，其夜雷聲初發。十一年九月十二日辛巳[二]，其夜雷發非時。（以上《永樂大典》卷二七二〇）

旱

【宋會要】[20]天聖五年，自夏不雨，至七月暑氣尤甚。宰臣王曾等言：「按《洪範》云：僭常暘若。臣等備位台衡，深慮朝政之間，或有差失。」帝曰：「朕亦夙夜循省，上天鑒誡，豈徒然哉！當與卿等共修政事，以答天戒也。」

慶曆五年二月，詔：「天久不雨，其令州縣毋得淹繫刑獄。」

七年三月，以久不雨，下詔責躬，避正殿，減常膳，求直言，戒勵百官，罷免輔臣，以答天戒。

【宋會要】[21]建隆(二)〔三〕年[三]，京城旱。帝幸太清觀、相國寺禱雨，下詔撤樂，太官進蔬食。

【宋會要】

咸平二年閏三月，京城不雨。宰臣張齊賢等奏曰：「春候已殘，雨澤未降，此乃臣等燮理無效，欲求譴黜，以塞天下之責。」帝曰：「朕獲纘基構，賴卿等輔翼。但慮政務闕失，卿等相規以道，無惜直言。」即詔：「天下繫囚非十惡枉法、已殺人者，死以下減一等。瘞暴骸，葺破冢。罷有司力役之無名、營繕之不急者。中外臣庶各上直言。」

景德元年，京師夏旱，人多暍死。帝遣中使於寺觀施藥，令太醫擇方救療，揭於衢路，頒示天下。又以河北歲旱大熱，遣知制誥晁迥詣北嶽祈雨，罷北面役兵。

熙寧元年正月十四日，詔：「以經冬無雪，令各述朕躬過失、時政未符天意者。」宰臣曾公亮等同對，引咎拜謝。上曰：「日與卿等相見，議政之外，未聞忠規。朕非欲文飾，誠冀卿等極言闕失，以答天變也。」

十七日，曾公亮言：「臣二上表及再進劄子，以陰陽不

[一] 以下二段文字今不見於他書，或是《會要》之文。但以數字加干支紀日，其體例與上文迥異，疑是《寧宗會要》照抄太史之檔案，偶未刪其干支。

[二] 十一年：原作「十二年」。按嘉定十二年九月癸巳朔，當月無辛巳；而十一年九月庚午朔，十二日正是辛巳。是「十二」乃「十一」之誤，因改。

[三] 三年：原作「二年」，據《長編》卷三改。

調，雨雪愆亢，乞從免黜。面蒙敦諭，未賜允從。伏望體臣至誠，許從罷黜。」手詔答曰：「亢沴踰時，物蒙其害，此上帝之警予，奚煩輔臣累牘請避！書經百上，朕亦不聽也。」

二十二日，以尚書職方郎中、知登州許遵權判大理寺。知諫院吳申言：「陛下虔精請雨，未獲近應。古有望祭山川之禮，今徧祈羣神，此（理）〔禮〕獨闕，宜令禮官講復其故。及諸路州縣仙聖之祠，雖不在祀典，而水旱應祈者，並委州縣遣官潔齋致禱。」從之。至二十五日方雨。

二月七日，雨霶霈。上曰：「好雨！春苗有望。」樞密使文彦博等奏曰：「雨雪久愆，若非陛下精神動天，何以致此！」上曰：「天道不遠，苟懷康濟之心，必蒙昭答者。」韓絳曰：「若上下協心，專務康濟生靈，必獲天祐。」

四月十一日，上批：「河北、京東尚未得雨，可指揮兩路闕雨州軍長吏親禱所在名山祠。」

三年八月十三日，上批：「聞衛州極旱，其令轉運司賑卹，仍蠲租賦。」

七年二月十八日，京東、陝西等路久旱，詔轉運司各遣長吏祈雨。

三月六日，詔以旱祈雨未應，自六日易服，避正殿，減常膳。同日，羣臣詣閤門拜表，以虜使之來、誕辰之慶，宜復常禮，後三上表，猶不許。

十三日，以旱，遣官分祈禱京城并畿内諸祠〔一〕，其五嶽、四瀆並委長吏致祭〔二〕。仍令諸路監司檢察巡按所部淹延枝蔓刑獄，審刑、大理未斷公案，疾速結絶以聞。

十九日，詔：「河北、河東、陝西、京東西〔三〕、淮南路轉運司具轄下已得 22 雨州軍以聞。」

二十一日，權河北西路轉運使劉航言：「自冬以來，頗愆雨雪，乞遣使於曲陽大茂山真人洞投龍以禱〔四〕。」從之。

二十八日，以久旱，詔中外許直言闕失。詳見「群臣言事」門。

四月十五日，知大名府韓絳言〔五〕：「河北路旱災已及四月中旬，若使民投訴，差官檢覆，然後蠲除，恐艱食之民有所不及。欲乞河北路其二麥不收者，不俟差官檢覆，悉免夏税。」

八月十一日，詔：「久旱，禱雨未應，其令長吏躬禱嶽瀆。聞涇原、環慶、鄜延路自七月後得雨，其闕麥種者官貸之，官無麥種即借錢糴。」

十六日，詔諸路監司訪聞山靈祠，委長吏祈雨。又遣輔臣告于中太一宮。

八年正月二十一日，洮西沿邊安撫司言：「去歲夏秋旱，羌户殍死者衆。自收復洮河，羌人止知畏威，而未識朝

〔一〕遣：原作「譴」，據《長編》卷二五一改。
〔二〕致祭：原作「致禱祭」，據《長編》卷二五一删。
〔三〕陝西京東：原作「陝東京京」，據《長編》卷二五一改。
〔四〕「山」原作「出」，「洞」原作「祠」，據《長編》卷二五一改。
〔五〕知大名府韓絳言：原作「詔」，據《長編》卷二五二補改。

廷之惠。今此飢歉，若官爲糜粥，賑其饑急，計米一升，可給三人，則百碩當濟三千人矣。自二月盡五月，給米千五百碩，費不多而惠極博。」上批：「依奏〔一〕，速令經畧安撫司指揮相度，於蕃市聚集之地給散，如數少即量增之。」

【宋會要】

元祐元年閏二月四日，右司諫蘇（軾）〔轍〕言：「陛下以久旱，憂禱勤至，自冬歷春，天意未答，災害廣遠。又近歲民苦重斂，儲積空匱，應官債負，有資産耗竭、實不能出者，令州縣、監司保明除放，使民心悦附，甘澤可致。」詔户部勘會諸欠官本息、罰錢并免役坊場浄利錢數目，及民户見有無抵當物力，明具以聞。

二年四月十日，詔：「時雨久愆，旱災甚廣，可自今月十一日後避正殿，減常膳，公卿大夫（甚）〔其〕勉修厥職，共圖消復。」又詔：「尚慮尚書六曹有四方牒訴奏請文字，或賞罰難明，或民情有冤，廢置未決，郎官怠于省覽，吏人苟逃日限，非理沮難，使抱冤之人無所赴愬。宜差御史中丞傅堯俞、右司郎中杜紘、殿中侍御史孫升赴吏曹，侍御史王巖叟、右司員外郎孫覽、監察御史韓川赴户曹，給事中張問、監察御史上官均赴禮曹，左司郎中韓宗道、監察御史張舜民赴兵曹，右諫議大夫梁燾、左司郎中范純禮、殿中侍御史呂陶赴刑曹，右司諫王覿、監察御史張舜民赴工曹，點檢自去年正月至年終文字，抽索看詳。其間有執文害事，不近人情者，并元條删改，勘當住滯者，促令結絶。其指揮不當，及非理問難，鹵莽判收者，亦許牒本部再與施行。其元行吏人情輕者且與原罪，重者特行懲責。宜令三省、樞密院審度行下。」先是，右司諫王覿言：「陛下必欲有以感天意，即乞下詔責躬，以致不肅之罰也。然後詔三省以振朝綱、去民賊，詔樞密院以嚴邊防、治軍政，詔六曹、寺監以修職事、戢胥吏，詔御史臺以舉不職〔二〕，詔監司以察縱弛，詔郡守以戒偷惰〔三〕，凡政事之不肅者皆修（飾）〔飭〕之。如此而 23 雨猶未降，臣甘伏嚴誅，以爲妄言之戒。」詔以覿言降詔。二十二日雨，羣臣詣閤門拜表，請御正殿，復常膳。自是五上表，從之。

五年四月二十二日，詔：「冬雪不效，春雨弗若，逮此孟夏，旱災如焚。雖禱（詞）〔祠〕備至，而神莫之答。可自今月二十三日後減常膳，不御前殿，及將來五月一日罷文德殿視朝。」至五月十一日，始雨，羣臣詣閤門拜表，請御正殿，復常膳。自是凡四上表，乃允。自去年冬不雪，至是始雨也。

【宋會要】

紹興三年七月二十七日，宰臣呂頤浩等言雨足。上曰：「日者亢陽，朕甚憂之，以爲穡事無望矣。今霑足如此，殆將有秋〔四〕。《春秋》二百四十年，書大有年者纔一，

〔一〕依：原作「一」，據《長編》卷二五九改。
〔二〕詔御史：原脱，據《長編》卷三九八補。
〔三〕郡：原作「羣」，據《長編》卷三九八改。
〔四〕將：原作「此」，據《中興小紀》卷一五改。

書有年者再而已，以知豐登之難得也。」頤浩等退，相謂曰：「上至誠閔雨如此，宜豐年之來假也〔一〕。」先是，自六月二十三日不雨〔二〕，後雖雨，微潤輒止，上極憂勞，省躬修政，折獄致刑，弛力役，罷苛撓，以圖嘉應。至祈禳，皆蔬食潔誠而爲之。自十六日已後屢雨，至是雨足。二十八日，詔復常膳。

（五）〔七〕年六月十四日〔三〕，右僕射張浚、樞密使秦檜、參知政事張守、陳與義言：「臣等以愆陽爲災，將害秋成，不愛牲（弊）〔幣〕，偏走羣靈，已彌旬浹，未獲休應。上（詒）〔貽〕陛下閔雨之慮，下使望歲之民凜凜然有溝壑之憂。載循召災之由，皆緣臣等輔相失職，積有罪戾，以奸陰陽之和。望將臣等速賜罷黜，並致嚴科，以彰失職之咎，用以厭塞天心，召致和氣。」詔：「亢陽未雨，憂心如熏。咎在一人，非卿等罪。各安乃位，無復陳辭，夙夜勉旃，以輔台德。」

九年七月七日，詔令監司、郡守各以一路一郡自五月以來得雨以實聞奏。

【宋會要】

孝宗乾道四年六月十七日，詔：「近日雨澤稍愆，臨安府已迎請上天（笠）〔竺〕靈感觀音就明慶寺祈禱，令日輪侍從官一員前去燒香。」七年七月十七日同。

24 七年六月十三日〔四〕，詔：「比來近路州軍微愆雨澤，江西、湖南尤甚。見爲民祈禱，令御厨七月二日早晚御膳並進素。」

七月六日，詔：「江西路今歲間有旱傷州縣，令本路帥臣、監司將旱傷州縣守令精加審量，如内有老謬不能究心職事之人，先次選擇清彊能吏前去對易，措置賑濟存恤施行。仍開具已對易官職位姓名及見作如何賑恤事件，申尚書省。」

十七日，詔迎請天竺觀音就明慶寺祈雨。

十八日，有旨：「爲見祈求雨澤，今月十九日早晚御膳令御厨並進素。」

十一月二十四日，詔：「近日闕少雨澤，令臨安府精加祈禱。仍令兩浙安撫、轉運司行下所部州軍，委守令嚴潔祈禱，務在感應。每五日一次，具雨澤文狀申尚書省。」

九年十一月二十一日，詔令臨安府 25 并諸路州縣闕少雨澤去處，委長吏精誠祈禱。名山大川、聖跡祠廟，降旨委監司郡縣遣官嚴潔致祭。

淳熙五年五月八日，詔：「浙西常州、鎮江府及淮南、

〔一〕來：原作「未」，據《中興小紀》卷二五改。
〔二〕不：原脱，據《建炎要録》卷六七補。
〔三〕七年六月：原作「五年六月」。《建炎要録》卷一一二記此事於「七年七月」。按，作「七年」是。據《宋史》卷二一三《宰輔表》四，秦檜七年正月始除樞密使，張守六年十二月、陳與義七年正月始除參知政事。但《建炎要録》亦未載張浚等上言之具體月日，今姑只改年分。
〔四〕按，上條至本條之間，原稿被整理者剜出，別爲禮類「祈雨雪」門，即本書禮四之一五至一七。

江東西州郡有稍愆雨澤去處，竊慮刑獄淹延，各委提刑躬親前去檢察決遣。」既而七年七月十七日，詔大理寺、臨安府并屬縣及浙東西、江東州縣決遣。

七年八月十七日，詔：「江西、湖北路之間有旱傷去處，可令户部行下逐路監司，各將所部州縣見監追未納私茶鹽酒賞錢，依兩浙、江東已得指揮放免施行。」從臣僚言也。

知峽州唐孝穎、推官朱時法、知復州潘才卿放罷。淳熙七年十一月十七日。知興國軍徐行簡放罷。十二月二日。丹陽縣令韋潛心降兩資放罷。八年八月九日。知德安府張煇、通判趙秦仲、江陵府石首縣令周居厚、復州玉沙縣令劉大綱放罷。十五日。江西提舉趙靡放罷。二十六日。並坐不恤旱荒故也。

八年七月十七日，詔：「去歲諸路州軍有旱傷去處，其監司、守臣修舉荒政，民無浮殍，各與除職轉官。」既而江西運判尤袤、淮南運判趙彦逾、江西提舉朱熹、知廣德軍耿秉並除直祕閣，知寧國府丁時發除直寶文閣，江西運副錢佃、浙東提舉趙醞、前知台州沈揆、知興元府張堅、知隆興府辛棄疾、〔知〕池州袁説友、知台州唐仲友、知常州章冲、知和州張詔、知舒州李巽、知興國軍王之旬、廣南路提點坑冶李大正各轉一官。

九年三月一日，知臨安府王佐言：「訪聞本府管下緣去歲荒歉，小民急於救飢，多將農蠶之具質當米穀。乞於元典之家計筭截日本息，召保立約，先次給還其利，候蠶麥畢日却還。如典主不遵今來約束，許人户陳訴。如小民違約不償，亦許典主陳理。」詔依。其去年旱傷州軍準此，仍官爲置籍，將來遇有陳理之人，即仰照籍施行。

八月十九日，詔：「知建康府范成大、知臨安府王佐轉一官，減二年磨勘。知紹興府王希呂除敷文閣直學士，江東提刑梁總除直敷文閣，江西提刑朱熹進職二等，浙西提舉張杓除直祕閣，知揚州鄭良嗣、知嚴州楊布各特轉官。」以去歲旱傷，賑濟有勞故也。

十年七月十二日，詔：「以旱暵爲虐，令侍從、臺諫、兩省卿監、郎官、館職各條具朝政闕失。」詳見「詔羣臣言事」。

十三日，左丞相王淮等言：「伏見自夏涉秋，兼旬不雨，蓋臣等備位宰輔，無補聖時，上干陰陽之和，靡收燮理之效。望亟正曠瘝之責，俾從黜免。」凡三上表，不允。同日，上以季夏涉秋，旱暵爲虐，(殿)〔避〕殿減膳。

是月二十三日，左丞相王淮等率文武百僚詣文德殿拜表，請御正殿，不允。淮等再上表，乃從之。

十一年九月四日，利州路提刑、提舉司言：「金、洋、西和州亢旱，乞降度牒三百道，於豐熟處趁時收糴，以備賑濟。」從之。

十四年七月七日，詔：「政事[26]不修，旱暵爲虐，可令侍從、臺諫、兩省卿監、郎官、館職疏時〔政〕闕失(急)〔及〕當今急務，毋有所隱。自來日避殿、減膳、撤樂。」

十六日，詔令兩浙路帥臣、監司戒約旱傷州縣，存恤貧民，毋致流徙，因爲姦盜。仍（借）〔措〕置合行事件，開具聞奏。於是浙東提舉田渭奏：「欲將台、處州、紹興府第五等今年未納身丁税，及婺州舊無丁税，將第五等户今年夏税絹不及丈、錢不滿貫者，並行住催。」詳見「恤災」。

二十八日，詔：「諸路縣分有被旱處，全藉知縣奉行賑恤。仰監司、守臣依條審度才力，據（易）〔以〕具奏對易，不得遺闕。其庸謬衰病之人，即與祠禄，理作自陳。」

八月十四日，詔：「臨安府諸縣今歲間有旱傷鄉分，理宜措置。令張澈、游九言前去相視，將合行（視）〔事〕件開具申尚書省。」既而十五年九月二（日）十四日，宗正寺主簿張澈奏：「去秋被旨措置臨安府九縣賑荒，見得鹽官縣東鄉官塘六十里，與南路市潮浦相通，舊有三閘瀦壞，遇澇即鹹水衝蕩民田，遇旱即易至死涸。又新城縣諸鄉村舊有陂塘，今皆淤塞。若於農隙之時，興此水利，即田難遇旱〔一〕，亦庶幾矣。欲望行下提舉司、臨安府相度措置。諸路州縣恐有似此合興修水利處，亦乞體訪措置。」從之。詳見「水利」。

以上《孝宗會要》。（以上《永樂大典》卷一六〇一九）

【宋會要】

27 慶元元年正月二十七日，臣僚言：「臣竊聞二浙之災，惟常州爲甚，流移既多，餓死者相踵，往來士夫親所見聞，皆謂賑恤惟此州當先，亦所當獨厚。伏乞（持）〔特〕出睿斷，速降米三數萬石，以全活一方人命。今日之事，莫此爲急，臣敢冒昧言之，蒙賜矜從，不勝幸願。」詔除已於臨江軍起發米内撥一萬石外，更令鎮江府於樁管米内支一萬石充糶濟，去年閏十月二十一日已降指揮施行〔二〕。

二月五日，詔：「可令學士院降詔戒飭諸道監司、守令，應水旱去處，多方賑恤，務在實惠及民，毋得徒事虚文，庸副矜念元元之意。朕將考其殿最，以示勸懲。」

嘉泰二年七月十六日，都省劄子：「勘會雨澤稍愆，竊慮江浙、兩淮州軍間有闕雨去處，合行祈禱。」詔令兩浙、江東西、兩淮轉運司各行下所部闕雨州縣，委自守令親詣管下靈應神祠，精加祈禱，務獲感應。

開禧三年七月二十九日，中書門下省訪聞建寧府管内早禾旱傷，饑民闕食，因致結集群黨，以借米爲名，劫奪財物，合行措置。詔令福建轉運、提舉司將實被旱傷之人優切措置，禁絶盜賊。各先具知稟申尚書省。

嘉定元年四月二十五日，臣僚言：「臣竊聞民自天民，天固恤之。匹夫匹婦不得其死，則三年之旱，六月之霜，不旋踵而應。況兵革之後，死於非命者不可勝計，積骸枕野，饑民相食，怨氣充塞，豈不上干陰陽之和！故自去歲以來，蝗蝻爲災，隆冬無雪，入春不雨，以迄于今。攷之農時，已過芒種，今隴畝龜兆，首種不入，更遲數日，已涉夏至，則

〔一〕難：似當作「雖」。
〔二〕「去年」上似脱「依」字。

歲事無及矣。聞之道路，旱勢甚廣，江、湖、閩、浙，所至皆然，遺蝗復生，撲滅難盡，漕渠不通，米價翔踴，人情嗷嗷，幾不聊生。此豈細故，而可不求以應之哉！近者奏告祈請，靡神不宗，然欲雨而即止，暫陰而復晴，殊未有以慰四方雲霓之望。恭覩明詔，聖心焦勞，特減常膳，又以此月二十七日躬禱于太一宮、明慶寺，閔雨之志，上下具孚，甚盛德也。然成湯桑林之禱，嘗引咎而責躬；宣王雲漢之災，必側身而脩行。其爲應天之道，蓋未嘗專事之虛文也。欲望陛下惕厲齋居，憂勤庶政，深念生民塗炭，無辜籲天，皆由向者任用非人，以致貽禍百姓，亟下哀痛之詔，廣求切直之言〔一〕。仍詔大臣，敷求民瘼。如淮甸之賑濟，諸郡之科繇，暑月之鍜甲，近畿之和糴，若此之類，名色甚多，皆合亟議罷行。仍劄下六部長貳及臨安府、兩浙轉運司，各據所隸，凡可以慰安人心、銷弭天變者，申尚書省施行。」詔從之。

二年八月三十日，江東提舉司奏：「證對本路州縣頻歲災傷，去歲舉行荒政，所用濟糶米斛，僅能接濟。元管常平、義倉米斛，至今年三月支用之外，所餘無（已）〔幾〕。自六月以來，闕少雨[28]澤，州縣祈禱，雖節次得雨，皆不霑足。加以飛蝗爲害，間有得熟之田，亦復被其剪傷。臣謂今歲之災甚於去歲，自合預行措置。竊見去歲嘗蒙朝廷撥降轉運司獻助米一萬石、錢三萬五千貫文，蒙給降度牒五十道，湊提舉王枬任内申請到度牒一百道，變賣價錢，收糴米斛，添助濟糶。臣昨聞本路轉運司亦有趲積助救荒錢米，具申尚書省，乞證去年例，盡數撥付本司，那融支遣。未準回降之前，已撥付江淮制置司賑恤流民，外此別無可指準。兼證開禧三年除檢放義倉米猶及六萬餘石，嘉定元年義倉米除放外，止合催理四萬餘石。緣民力彫弊，艱於輸納，尚及太半。及南康軍添濟北來之人，歲用常平米二千石，雖有度牒等錢，糴到米斛，分撥諸處，補還支過賑濟之數，所存不多。目今鄉村細民間有收捕蝗蟲，去其頭翅，雜以麩炒煮爲糧者。近徽州管下有以借糧爲（民）〔名〕，白日彊開人倉廩者。臣已行下諸縣，嚴行禁戢。及撥義倉、常平米二千五百石，應副本州，減價出糶〔二〕，預行斟酌賑濟。及廣德軍亦以饑荒爲請，六月間先於太平州寄納倉撥米四百九十石，自顧舡隻，前去信州貴溪縣取撥米三千石，分與管下兩縣樁積，預備濟糶。今秋成之時，諸郡已是窘急，臣不忍坐視。若候臨時控告，恐緩不及事。欲望聖慈憫念江左諸郡軍旅之後，仍歲饑荒，特與給降度牒二百道，付本司變賣，差官吏前去得熟軍收（羅）糴米斛，運載分撥，濟糶使用。緣會子在處兌換折閱，米價日漸騰踴，若給降度牒不多，收糴數少，必是不敷分撥。欲望朝廷察臣所請，誠出不獲已，即證數給降施行。」〔貼黃〕：「臣竊見入秋以來，全不得雨，旱暵已成，分撥米斛，勢不容緩。竊慮度牒

〔一〕直：原作「宜」，據本書瑞異三之四六所引同奏改。

〔二〕糶：原作「糴」，據文意改。

艱於轉賣，及往鄰路收糴，往返便是半年。兼目今會子折閱，既有指揮，收賣度牒許用第十一界會子，恐持至鄰路轉行使用，有失指準。伏見朝廷見將湖南和糴到米三十餘萬石發赴淮浙旱傷州郡樁管。今江東旱(黄)〔廣〕，事體一同。如蒙於内量撥五萬石應副本司，令自備人舡般運，到使一路飢民張頤待哺者不至闕望〔一〕。」檢正都司擬到：「欲令禮部支降度牒一百道付本司，每道作價值八百貫變賣，就行收糴米斛，以備濟糶使用。付本司差人前來請領。仍契勘所部州縣的實旱傷，合行濟糶去處，疾速措置，以所糴米斟酌均撥施行。仍先具已契勘措置并糴到米數，申尚書省。」詔依擬到事理施行。

八年四月十一日〔詔〕：「門下：朕(少)〔以〕眇眇之躬，託於兆民之上，奮奉大業，祇畏天戒，遵道約己，罔敢怠遑。乃者暮春，歷時不雨，來彝告病，新種(禾)〔未〕秧。朕心懼焉，並走群望，潔齋精禱，尤致其嚴。肹蠁之間，已荷孚答，雖有霑濡之潤，而尚靳滂沱之澤。邇日以來，旱氣彌甚，斯民狼顧，29後憂方深。永惟厥咎，必有其故。意者政令不當，刑罰不中，物議失平，人心胥怨。士習垢翫，滋邪(謟)〔諂〕之風；吏治煩苛，乏寬大之意。邊隅闕備預之實，州縣多失業之民。膏澤屯於下流，忠言壅於上達。一或有此，(背)〔皆〕足致災。是用誕告臣民，博求忠讜。若朕躬之過失，凡時政之闕遺，悉意條陳，毋有所隱。務求實是，靡事虛文。故兹詔示，想宜知悉。」

七月二日，臣僚奏：「有天旱，有人旱，此唐人之論也，臣請推廣其意，而爲今日救旱之説。在天之旱，不推誠以致禱，則其澤未易以霑洽；人遇亢旱，不致力於備具，則其災必至於滋甚。是人旱反甚於天旱也。天雖亢旱，旬月之間，豈無時雨之霑灑？地雖乾涸，田隴之間，豈無泉脈之流通？成周之時，一夫之田，必有二尺之遂，九夫之井，必有四尺之溝。等而上之，爲洫爲澮，以達於川，皆以瀦雨潦於泛溢之日，亦以通泉脈於乾涸之餘。攷之周典，稻人以瀦蓄水，以防止水，又有遂以均水，其蓄水潦以備旱乾，甚周也。攷之《月令》，在仲夏則命有司祈祀山川百源〔二〕，在季春則命有司通達溝瀆，以防壅塞，疏水脈以助灌溉，甚悉也。天未嘗無愛物澤物之心，屢禱而不即應，已應而澤不流通，或者蓋歸之數也。天數固茫昧而不可必，人爲旱備，獨可頃刻而不致其力乎？未旱不爲之備，既旱則坐視而弗救，是非天旱，蓋人實旱之也。今東南之地，沃壤彌望固亦絶少，誠不可以井田溝遂之制施之。然一方數十里之内，豈無陂塘可開之以灌注田畝？一望之地，豈無畎澮可浚之以瀦水？依山之田，豈無泉源之不涸者可導之以滋溉？瀕湖之田，或有湖高而田下之處，隄岸欲密，獨不可度其勢而少洩之乎？瀕江、瀕溪之田，大率水低而田高，

〔一〕到：疑「致」字之誤。
〔二〕源：原作「僚」，據《禮記·月令》改。

取水雖勞，獨不可併力而收車戽之利乎？臣閩人也，閩地瘠狹，層山之巔，苟可寘人力，未有尋丈之地不垢而爲田。泉溜接續，自上而下，耕墾灌溉，雖不得雨，歲亦倍收。其有平地而非膏腴之田，無陂塘可以灌注，無溪(間)〔澗〕可以汲引，各於田塍之側開掘坎井，深及丈餘，停蓄雨潦，以爲旱乾一溉之助。炎雲如灼，桔槔俯仰不以爲勞，所濟雖微，不猶勝於立視其槁而搏手無策乎？江浙號爲澤國，田悉腴潤，遠非瘠地之比。然旱乾爲害，視他處特甚，每以惰農苟安，爲備不素，固應爾耳。蓋耕田之民，田非己有，方春播種，滿意秋成，猝罹旱暵，已觖始望，饑號相逼，自救不贍，皇恤苗槁？不過倚鋤仰天歎息而已。否則秧槁，群趨鬨訴于官府之庭而已。貧民困矣，爲富民之有田者獨不能出力貸資，以爲農民救旱之助乎？旱禾瘁矣，獨不當亟爲瀦水導泉之計，以爲晚禾之備乎？任此責者，獨非字民之官乎？今以勸農爲職，興修水利，又令丞之責。所宜愛民如愛子，救旱如救焚，出入【30】阡陌，咨訪黎老，號召農民而慰勉之。若所有陂塘可以浚廣，若所有泉脈可以疏瀹。畎澮堙塞，使之相率而開導；溪河側近，俾之協力而車注。圍田之占水者宜掘則掘，勿以勢要而遽扼；礲碓之截水者宜拆則拆，勿以經久而姑存。耕夫無力以營救，則勸諭富室之有田者，隨其所佃而資助之。縣官視爲頃刻不可少緩之事，親加相視，勤於誘率，庶幾上下畢力，以救天災。旱傷或至七八分，詎無一二分之滋濟？旱田似已無及，猶冀晚禾之登稔。今夏雖曰亢旱，然未嘗逾月而不雨，(時)〔特〕不甚接續，故無所瀦蓄耳。地必沮洳而後雨水可瀦，官必加意而後小民竭力。瀦水救旱，實目前之急務，毋曰今已後時，而置之悠悠不恤也。近覩江西漕臣所奏，一路獨興國軍闕雨爲甚，陂塘已竭，近泉去處亦可蓄水，以護晚秧，此亦臣區區過計之意。今欲推行此意，莫若行下諸路監司，提督令丞，躬親相視，開廣陂塘，疏導溝瀆，掘井泉，通地脈，凡可爲救旱之計，將無一之不舉，要以日而課效。若令與丞有能興修水利，浹濟若干頃畝，不拘多寡，守以其實申之監司，監司保奏，即行推賞。庶使官吏激勸，民被實惠。況興修水利，自有賞格。前此州縣官以此獲賞者或許循資，或減磨勘，類多文具，皆未有興利之實績。今若以實績來上，而重推賞焉，則誰不加勸？是不特救目前之旱而止。臣所陳不勝懇切，惟陛下垂聽而亟推行之，天下幸甚。」詔從之。

度宗咸淳六年[一]，江南大旱。十年，廬州旱，長樂、福清二縣大旱。(以上《永樂大典》卷一六〇二〇)[二]

[一] 此條乃抄自《宋史》卷六六《五行志》一九。

[二]《大典》卷次原缺，陳智超定於卷一六〇二〇(《解開宋會要之謎》頁二一〇)，姑從之。

火災

【宋會要】

31 太祖建隆二年三月，内酒坊火，焚屋百八十餘間，酒工死者三十餘人。誅内酒坊使左承規、副使田處巖于厚載門外，工匠五十餘人悉命斬于諸門。宰相等極言諫止，乃追釋之，獲免者十有二人。

太宗太平興國九年五月二十八日，乾元、文明二正殿災。是日既夕，陰雲四合，風雷暴作。夜漏初上，甘雨如傾，霆電震激。火發自月華門，抱關者不知覺，延燒漸北，煙焰上出。帝遣小黄門開關視之，勢已盛，亟命宿衛數百人毁迴廊連屋。比明，役士皆至，併力救之，至辰巳乃息。詔曰：「朕托於人上，臨兹域中，夙夜憂兢，動静畏慎。每躬親於政理，常恤念於黎元。外絶畋遊之娱，内無聲伎之惑。歲既屢稔，時亦小康，九年於兹，萬務粗理。蓋乾坤之降祐，顧寡昧以何能。而數日前，迅雷之中，烈火暴作，既延災於正殿，蓋示譴於眇躬。諒匪徒然，必有由也。豈非賞罰有所未當，燭理有所不明，物理尚欠於和平，言路猶多於壅塞，獄訟未除於枉撓，生靈未息於瘡痍，鄉閭之賦調未均，草野之賢良未進？有一于此，實政缺然。載深引咎之誠，彌增馭（柺）〔朽〕之（句）〔懼〕。卿等列朝廷〔之〕爵位，同君父之憂勞，所宜各竭忠規，共申讜議，指朝政之缺失，陳時務之否臧，勿惜上言，必期無隱。朕當親覽，用自儆焉，廣詢多士之謀，少答上天之戒。凡爾在位，宜悉朕懷。」明日，百僚上表稱賀。

真32宗大中祥符二年四月，昇州火。遣入内高班郝昭信馳驛究問，被傷者賑恤之，死者官爲埋瘞。帝謂輔臣曰：「聞昨火災甚異，民居貧富相接，有倉庾間厠。延燔所及，惟富室蕩盡，公廩、貧居一無所損。」

三年四月，昇州火，燔軍營、民舍殆盡。遣侍御史趙湘往彼設齋醮，訪民疾苦，被火家悉蠲屋税。仍令本州正其地界，無使豪族輒有侵冒。

八月，詔以昇、洪、潤州頻有火災，稍愆時雨，遣内侍鄭志誠、江德明分路往彼撫問軍民，犒設將校、耆老，及祭醮管内名山、大川、祠廟，爲民祈福。

八年四月二十三日夜，榮王元儼宫火，自三鼓北風甚，翊日亭午乃止。延燒内藏、左藏庫，乾元殿、乾元門、崇文院，祕閣。詔曰：「朕欽承大寶，祇勵小心。膺眷祐之無疆，荷靈禧之狎至。少虧周慎，俄有震驚。雖曰因人，敢忘克己！今月二十三日夜，榮王元儼宫不謹遺燼，遽致延燒。昏夕之間，撲滅靡及。遲明之際，士伍駢臻。尚賴群心，率同盡瘁，殿庭連屬，不免致焚，宫禁回環，幸皆安堵。眷兹藩邸，自失於防微，仰謝宗祊，彌深於省咎。亦虞庶務，未洽大和，或政令匪中，或物情有壅。期聞讜論，以輔眇躬。應文武官並許直言，當從親覽。渴聞規益，勿恡傾輸。」命參知政事丁謂爲大內修葺使，以殿前都指揮使曹璨、侍衛馬軍副都指揮使張旻、入內內侍省都知秦翰管勾，賜在內救火諸軍親事官等緡錢，判館閣官、左藏、內藏、香藥、天書、法[33]物庫監官各贖銅四十斤，職掌專典各贖銅二十斤。元儼侍婢韓氏盜金銀器皿質賣，懼有彰露，遂謀縱火。命知雜御史王隨按問得實，詔韓氏斷手足，令衆三日，凌遲處死，知情人處斬。餘干連人[一]、親事官並等第決杖降配，及送養病院；本宮都監、內知客失於覺察提舉，等第責罰。

天禧二年二月四日，北宅蔡州團練使德雍院火，延燔數百間。詔遣御史張廓置院鞫劾。火起德雍子供奉官承亮院，因婢陳氏所遺燼。詔免死杖脊，配窯務卒爲妻；承亮停官，德雍奉表待罪，釋之。

仁宗天聖七年六月二十日，玉清昭應宮災。宮自大中祥符元年建，至七年始成，凡二千六百一十楹。至是火發，夜中大雷雨，至曉而盡。惟長生、崇壽殿存焉。其領使者罷之，以恭天戒也。

十年八月二十三日夜，禁中火，延燔崇德、長春、滋福、會慶、延慶、崇徽、天和、承明八殿。帝與皇太后、皇后避火于苑中，遂移御延福宮。明日，群臣詣宮問起居。以宰臣呂夷簡爲修葺大內使，樞密副使楊崇勳副之，殿前副都指揮使夏守贇、入內押班江德明、內侍右班副都知閻文應管勾修葺。

二十五日，詔曰：「朕猥以眇躬，纂于鴻緒。既絶畋遊之好，又無臺榭之營，十載于兹，未嘗暇逸。不意掖庭之內，火禁非嚴，一夕延燔，徧於八殿；而端門正寢、禁苑羣司，猶免俱焚，實繄衆力。緬思降儆，敢怠省循！其令內外臣僚直言朝廷闕失，毋有所隱，副朕意焉。」

九月三日，録內侍嘗衛乘輿之勞者，自都知而下至內侍凡十九人，遷秩增俸有差。

二十八日，又詔曰：「皇太后頃在先朝，位隆內輔，而共奉之物，積在禁中。近掖庭不虞，延燎所及，[34]今兹修葺，大庀事工。而朕親奉誨言，惕思儆戒，盡屏浮華之玩，少裨調用之資。皇太后與朕閤中金銀器物，量留供須外，盡付左藏庫，易緡錢二十萬，以助修大內。」至十月畢功。改崇德殿曰紫宸，長春殿曰垂拱，滋福殿曰皇儀，會慶殿曰集英，承明殿曰端明，延慶殿曰福寧，崇徽殿曰寶慈，天和殿曰觀文，大寧門曰宣祐，宣和門曰迎陽，左右勤政門曰左右嘉福。至起工至畢，兩賜役卒緡錢。

英宗治平三年正月二十四日，兩浙轉運司言温州火，延燔官私舍屋一萬四千餘間，死者五十人。以上《國朝會要》。

神宗熙寧七年九月十七日，三司火。起於鹽鐵之廢廳，延燔三部諸司，舍屋、帳籍殆盡。使、副、判官第奪官降黜之。

十年正月十七日，禁中仙韶院火，尋撲滅。

元豐元年九月十六日，詔：「邕州昨自交賊殘殺人户，至今戾氣未息，水火疫癘相繼。宜下轉運司，差官同本州長吏集鄰部修潔僧建水陸會，爲死者薦福。令曾布、陳倩

[一] 餘：原作「除」，據《長編》卷八四改。

同相度遷城利害以聞。」先是，州寺有塑佛，嘗一動。明年交人入寇，陷邕、欽、廉三州。至是，又動，而火焚官私廬舍幾盡。其後蠻儂智春叛，又一動。於是權知州錢師孟投之於江中。

八年二月十七日，是夜四鼓，開寶寺寓禮部貢院火，承議郎、韓王冀王宮大小學教授兼睦親廣親宅講書翟曼，奉議郎陳之方，宣德郎、太學博士馬希孟皆焚死，吏卒死者十四人。二十三日，詔：「日者火災，可於集禧觀爲民祈福道場一月，罷日設大醮。」

哲宗紹聖三年三月七日，内尚書省火，尋即撲滅。是日，執政問聖體并罷宴之由。上曰：「禁中屢火，今方醮禳，故罷宴，不御垂拱殿三日。」35 以上《續國朝會要》。

高宗紹興二年六月四日，臣僚言：「五月二十一日，臨安城中火災，頃刻之間，彌亘六七里，延燒一萬餘家。議者皆謂上與星文相應，其爲天災，無可疑者。然爲害之大者，於力不能勝，則亦火政有所未修。臣嘗觀舊日京城遇火，小則撲滅，大則觀煙焰所向，必迎前拆屋以止之。近救火者既不盡力，復無其具，遂至延蔓。望戒勅有司，體京城之法，明修火政，多置合用器物，臨時觀火大小，旋爲拆屋之計，嚴禁攫金之人。其間官吏如或依前滅裂怠慢，必罰無赦。」詔三衙管軍并臨安府守臣兵官各降一官。其團結防火軍兵及救火器具，令殿前馬步軍司并臨安府各措置申尚書省。

十二月八日，是夜，行在臨安府火災，延燒居民，達旦撲滅。翌日，輔臣呂頤浩、朱勝非、權邦彦鞠躬請罪，皆言：「不才備位，遂致回祿示譴，上勤聖念。乞賜罷免，以答天戒。」上曰：「卿等宜深思缺失，以補不逮。朕一夜宮中恐懼，不寒而慄。應合行寬卹賑濟等事，卿等可速條具施行。」頤浩等再上表，家居(侍)〔待〕罪，迺降親(扎)〔札〕曰：「惟天降災，彰朕失德，當與卿等共思所以謝嚴譴，不復有請。」

三年十一月二十二日，上謂輔臣曰：「日來居民屢火，蓋火禁不嚴，且有犯者未必一一行法，故益不戒。其諭臨安府守臣議所以督察之，當行法者勿貸。」於是詔：「今後放火人，不以燒燬舍屋多少，並依軍法。其失火正犯人，如焚燒官私屋宇 36 數多，並取旨，亦依軍法斷遣。令臨安府出牓曉示，仍多差使臣緝捕放火之人。其被火人户，令户部日下支米五百碩，付梁汝嘉差官分頭給散。所有官私白地房錢，不以貫百，並放半月。被火處每自方五十間，不被火處每自方一百間，各開火巷一道，約闊三丈。委知通躬親相視，畫圖取旨，即不得夤緣騷擾。内朝天門裏遺火人户，令並蓋瓦屋。行宮内宮人所居屋宇，昨緣移蹕草創，大段低小逼窄，於防謹火燭不便，令修内司日下措置掇移修蓋，務要寬闊。」其後又詔臨安府，令鈐轄將官分定地分，遇緩急火發，各認救撲。又令殿前司將差去京畿第二將八百人内撥三百人歸本府，專充救火使喚。以上《中興會要》。

孝宗隆興二年六月五日，詔：「德壽宮火，修内司、皇城司、三衙忠鋭將、臨安府軍兵依則例等第犒設一次。」以撲滅有勞也。

乾道三年正月四日，真州六合縣武鋒軍寨遺火，詔令王之奇將被火居民并流移之人逐賑濟(一)，仍開具實支過米數(中)(申)尚書省。尋詔：「本軍統制官錢卓並不用心救撲，顯是弛慢不職，可降三官。」

二月十三日，詔：「婺州兵卒因遺火作過，知州趙不猷畏懦，可放罷。仍取勘作過兵卒。」

七年十一月二十九日，詔：「入内内侍省使臣楊震在皇城下居止，遺火盛大，特降一官。」

九年九月十九日，台州遺火，詔：「可於平江府常平米撥二萬石、秀州一萬石下台州，令津遣海船般取。若以台州見在常平、義倉米充賑濟，即以此米充賑糶，委本州守臣
37 拘錢發還兩郡。仍就委見差在本州措置會子官、監登聞鼓院耿延年與本州守臣同共措置。」二十日，守臣陶之真降兩官放罷，以拯救無方也。以上《乾道會要》。

淳熙元年九月十六日，衡州火。既而詔本路安撫司優加存恤，具已措置賑恤事件以聞。

十一月二十七日，瀘州火。既而十二月二十六日泉州，二年八月七日嚴州，四年十二月二十二日鄂州城南市，九年九月八日合州，十二年九月二日温州，十四年六月二十二日臨安府。逐州守臣自劾，並放罷，令多方存恤，毋致失所。

二年閏九月十四日，潭州南嶽廟火。既而詔於經總制錢内撥賜錢一萬五千貫，上供米内支三千石，照紹興二十六年體例蓋造。

十一月四日，詔：「今月三日皇城内火，三衙、皇城司、修内司等處救火官兵並令左藏南庫等支散犒設。」既而統制官每員支錢三百貫，統領官一百五十貫，將官七十貫，應救火人兵每名一十貫。内諸處重傷將官每員本身犒賞外，更支醫藥錢二百貫，輕傷將官一百五十貫。重傷人兵本身外各更支醫藥錢七十貫，輕傷人兵四十貫。應有殘患不能治療者各與轉一官資。令本處不落名籍，依舊支破本身請給，在軍營養老，免趁諸般差役。因傷至亡者，令本處開具奏聞。

七日，詔百司申嚴火禁，仍令檢正左右司檢詳編修并六曹等處輪當直宿官覺察，如遇假故，當宿官亦早入局。

四年三月七日，詔：「臨安府居民或遇遺火，差撥馬軍司潛火官兵。緣地步遥遠去處，人力奔趁遲悮，自今如衆安橋以北，就便令殿前司策選鋒軍、後軍各差二百五十人，逐急先次前去救撲。仍委統制官部押。」

五年三月二十日，詔：「知興州楊綷追三官勒停，監押王淯、主簿孟養直各降一官。」既而以提刑折知常奏興州沙市火延燒三百餘間，綷等以宴飲，不親救撲故也。

閏六月十七日，詔：「訪聞金州贍軍庫乾道八年 38 内緣火延燒係官錢引等物，後來總領所已追陪到錢引四萬九千餘道，其餘應在錢物數目尚多，可特與除放。」

十一月十五日，詔：「自今臨安府城裏居民遺火，令馬步軍司各差三百人救撲。殿前司非奉御前指揮，不得差人前去。如三衙諸軍營寨内遺火，止令本軍自行救撲。其馬

(一)「逐」下疑脫「日」字或「急」字。

步軍司、修内司、臨安府所差人，並不得干預。所有逐軍元認臨安府城裏外救火地分，并差有司等處防火官兵，除三省潛火人太廟一百一人、玉牒所一百二人、祕書省一百人外，餘並不得差(發)〔撥〕前去。令三衙主帥取統制領將官知稟。」

二十六日，詔：「自今臨安府城裏居民遺火，令步軍司依舊差統領官一員、將官一員，仍添副將一員，部押官兵三百人，許令服著本司色號，前去專一救撲。」

十二月二十五日，宰臣趙雄等奏：「昨夕居民遺火，頗近德壽宮，臣等監督官兵即時撲滅。」上曰：「近緣熒惑入氐，宮中火禁加嚴。來年三月間再入，六月又入庚。元和十一年二月熒惑入氐，六月復入，是謂勾己。十二年十月破蔡州，擒吳元濟。自今太史局官須選熟於諸史天文志、知古今者爲之。」

七年八月二十七日，温州貢院火，詔令籍元赴試人別試。

九年正月六日，萬松嶺火，詔三衙并修内司官兵救火有勞，可特支犒設。既而殿司三千貫，馬步軍司共二千貫，修内一司一千貫，令逐司等第支散。其錢於左藏西庫支。

二月二十三[39]日，詔：「步軍司自今有不測遺漏去處，可斟量火勢合用人數，一面追喚續差下救火官兵前去併力救撲。」

九月十日，詔：「自今遇有城外居民不測遺漏，可就城外近便軍寨各認地分，差人前去救撲。仍先具地分圖本來上。」以上《孝宗會要》。

淳熙十六年八月九日，南劍州火。既而以知州王楫言：「八月九日夜二更，居民遺漏，延燒市心一帶，至次日辰時救滅。抄劄到被火之家賑濟存恤外，臣以治郡無狀，招此天譴，罪無所逃，乞重賜黜責。」詔王楫特降一官宮觀，其被火之家，令本州優加賑濟。

紹熙二年四月二十四日，徽州火。

五月二十日，金州火。既而以四川總領所言：「據通判金州陳京等申，本州居民遺漏，延燒州治、通判廳并城内外官司、廨舍、庫帑及居民屋舍，戶數頗衆。先次支犒過救火屯駐官兵錢一萬道，及措置從本所賑給被火人戶，每十口上下之家支錢引五道，五口上下之家三道。緣金州既係重地，適遭火災，州郡庫帑俱爲煨燼，勢頗窮迫。本所見同諸司措置，續具申奏。」詔將被(水)〔火〕之家更加存恤，毋致失所。

三年六月十九日，臨安府火。既而以樞密院言：「主管侍衛步軍司公事閻仲申：今月十九日夜二更，清波門外遺火。數内後軍統領戚拱、中軍副將董慶祖、訓練官王師雄三人首先上屋，向前救撲，於是士卒爭奮，遂致熄滅，合行推賞。照得右軍統領王資不即向前救撲〔一〕，已罰供給茶湯錢三箇月，以爲懲戒。乞賜施行。」詔：「戚拱支犒設錢三百貫文，董慶祖、王師雄各二百貫文，其錢令左藏庫支給。」（以上《永樂大典》卷一一六四三）

嘉泰元年三月二十八日，臨安府大火。四月三日，詔曰：「朕以眇躬，獲奉宗廟，不明不敏，無以上承天心，下育

〔一〕自本句「資不即」至本條之末「支給」一段原在本書職官一之六七「合降指揮」之下，而本應在該處之「之類」以下一段文字則在本句「統領王」之下，互爲錯簡，今據文意對移。又「撲」原作「濮」，據文意改。

萬姓。乃者釁咎之延，閔凶洊集，嬛嬛在疚，夙夜震皇。今者謫見天地，京城大火，□□□40舍〔一〕，禍甚酷烈，百萬生聚，奔駭離居，顛踣號呼，無所歸命。夫天生烝民，付予司牧，顧朕德薄，言動差失，政刑繆盭，赫然威怒，宜譴朕躬，元元何辜，害至此極！悼心流涕，痛切體膚。朕方戰慄齋精，哀籲于上帝，深自創艾，愈加修省，蘄以祇答明戒，勉爲後圖。仍詔二三大臣視吾百姓鞠厄，有可以全活而賑贍之者，凡公上之須，廩庾之積，損以與民，一無所愛，庶幾安集，以慰憯怛之意。布告有衆，明聽朕言。故茲詔示，想宜知悉。」

同日，臣僚言：「伏見臨安城内失火，延燒所焚官私舍宇，雖未見開具數目，老幼男女相携避火，多有因蹂踐而死者。輦轂之下，日戴陛下涵濡之澤，何爲被禍如此其極也！臣聞火之發也爲有因，而其救之也必有道。遺漏之始，不過一炬之微，其於救滅，爲力至易。火勢既發，亦不過一處，若盡力救應，亦未爲難。至其衝突四出，延蔓不已，救於東則發於西，撲於右則興於左，於是而始艱乎其爲力矣。故後之無所用其力，皆起於始之不盡力，撲滅不救，至於燎原，此古今不易之論也。今日之火，爲變甚酷，議者乃徒言天數之難逃，而不知咎在於人力之不盡。夫都城之有火，始則臨安守臣與夫步司均任其責，至於殿司，須俟得旨乃出。蓋其始也，誠慮臨安救火之兵人數單弱，所以與步司均遣。臣聞諸道路，救火之初，步帥夏侯恪酣酒未醒，全不指呼，是以軍人亦拱手相視，莫肯向前。雖曰41各執火具，所執殆成虛器。其持桶以取水者，姑以空桶往來；其拆屋以斷火路者，則邀索錢物，以待火至。至於燒及酒庫，則又搶酒恣飲，更無紀律。故凡恪所歷，曾無微勞以奉陛下之命令，以全陛下之生齒，徒閉口不言而已。或曰：恪曾有疾，筋力不逮曩時，是以奔走指呼，無能爲役。夫既無勇以率先士卒，又無知謀以臨制事幾，比屋蕩焚，父子夫婦至不相保，萬一事有大於救火者，則其爲患，當不止是，將焉用斯人爲哉！今火既息矣，若曰減膳避殿，下責躬之詔，抑畏震懼，以答天譴，此乃陛下應天以寔之事。若曰避火之家，與夫救火將士之損傷者、死亡者，合行優與賑恤，此又有司當所舉行，宣佈德意之事。而臣今日所言，以爲當議救火不力之罪，謝此延燒被苦之民，則如夏侯恪者無所逃其罪矣。若乃延燒罪犯，著在令甲，昭然甚明。臣據臨安府（甲）〔申〕，係左一南廂住人楊浩家遺漏。恭聞高宗皇帝紹興三年詔嚴火禁，放火人不以燒燬屋舍多少，並依軍法。其失火正犯人如焚燬官私屋宇數多，並取旨，依軍法斷遣。蓋一家不謹，而萬家受禍，倘不重寘典憲，其又將

〔一〕「舍」字以上文字原脱。按《兩朝綱目備要》卷七、《宋史全文》卷二九下均載有其事及此詔節文。緣於嘉泰元年三月二十八日戊寅，臨安府大火，至四月二日辛巳，火乃滅。三日壬午，乃下此詔。今據《宋史全文》補。雖非《會要》原文，亦當相去不遠。又天頭原有批語，乃推斷之詞，今既有確據，則不用其說，亦不録其文。

何以謝無辜受禍之家乎！臣前所謂火之發也必有因，推原遺漏之因，則臨安府所申楊浩是也。其救火也必有道，救之而無其道，如臣前所陳則夏侯恪之罪是也。欲望英斷，將夏侯恪亟賜罷黜。仍乞行下臨安府，將失火正犯人 42 研窮根勘。如是正身有犯，不得移罪幹僕，明具情犯取旨，重作施行。」詔夏侯恪放罷，餘依。

開禧二年二月四日御筆：「二月二日夜壽慈宮遺火，由朕涼德，以至回祿爲災，上驚慈闈。可自初四日撤樂，避正殿。」

嘉定元年正月十九日，福州安撫、提刑司言：「知連江縣蕭仲徽申，今月十一日夜，民家遺漏，躬親同縣官帶領弓兵等立賞錢併力救撲。其時風勢極盛，延燒縣南左右居民屋宇，四更後方得撲滅，即無損壞官物、人口。除已曉示被火之家，從便就寺觀庵宇權暫居止，逐司帖委連江縣丞薛師雍前去地頭體究，計三百七十六家。權議撥義倉米四十四石五斗，并截撥合發本州省錢二百四十一貫文，支散賑濟被火之家訖。」詔令福州將被火之家更切多方措置賑卹，毋致失所。

三年二月八日，建寧府言：「去年十一月三十日，政和縣申，本縣市心十一月二十七日夜民家遺漏，縣官即時躬親部領弓級等人前去救應。其時火勢急焰，續後分頭撲滅。本府帖委政和主簿陳師點抄劄，計一百三十八卷〔一〕，已支撥錢米，斟酌等第賑濟訖。」詔令建寧府將被火之家更切多方措置存恤，無令失所。

八月二十二日，福州言：「本州七月二十二日夜居民遺漏，尋即躬親同通判、兵職官將帶軍兵前去，多方極力營救，至四更撲滅。委官括責到計一百五十家，即無燒過官司廨舍、損失官物，亦不曾死損人 43 口。本州已將被火之家各於鄰近寺院及官司廨舍權暫安泊，所有架造木植之類，照例免行收稅，及將被火之家從簽廨斟量等第支常平錢米賑恤訖。」詔令福州將被火之家多方賑恤，毋致失所。

九月二十六日，知處州趙伯麟言：「本州八月二十六日夜地名小路居民遺漏，緣值風色稍緊，即時同見任官往遺漏處差人併力奔救，至五更方得撲滅。延燒一百五十六家，即無官舍。竊見本州依山爲郡，民貧產薄，頻年遺漏，近方得全。今再有焚爇，皆由伯麟冒領郡符，德薄福淺，有以招致。除已一面括責被火之家，賑給錢米，及行下屬縣出產木植去處招誘客販，並與權免抽解稅錢，多方存恤，乞將伯麟重作處分。」勘會伯麟已降指揮放罷，詔令處州將被火之家更切多方賑恤，毋致失所。

十一月十七日，福建路提舉常平倉事司言：「汀州申，寧化縣九月二十二日居民遺漏，延燒屋宇，當即同縣官帶手力與縣尉、弓手等前去救撲。緣爲火勢漸逼縣衙，遂般移官錢、官鹽、架閣文書及獄內罪人等出外，多方營救，遂

〔一〕卷：疑當作「家」。

得撲滅，縣衙幸免延及。火勢方定，揭榜曉諭被火之家，從便往寺觀等處暫泊。牒委司法林迪功、縣丞劉從事究寔被火之家，即行支給錢米賑濟。又泉州申，九月四日夜有衙門前廂行春門内居民遺漏，州司躬親領帶潛火衙兵，關報左翼軍差撥官兵併力救助，即時撲滅。本州於有**44**管錢内支錢一千貫文，給與左翼軍官兵犒設。所有被火沿燒之家，委晉江縣趙迪功、權都監宋從義親（詛）〔詣〕地〔頭〕體究，見得二十七家被燒，一十三家屋宇被拆。除二十一家係有力之家外，其餘並係經紀小民。州司於常平、義倉錢米内，被燒一十三家，每家支白米五斗，錢兩貫文；被拆六家，每家白米三斗，錢一貫文，委官前去地頭俵散賑卹，及曉示被火之家，許於寺舍從便安泊。申本司。除已行下泉州，更切優加賑卹，毋令失所。」詔令汀州、泉州各將被火之家更切多方措置賑卹，毋致失所。

十二月十二日，吉州言：「本州城外草市九月十二日夜居民遺漏延燒，即時同當職官兵部領軍兵前去救撲。緣邊江風勢猛急，遂沿燒居民屋宇三百六家，及拆除一百六十七家。除已抄劄被火之家，支給錢米賑濟，及放免竹木税，勸諭日下蓋造，優加存卹，無令夫所。」詔令吉州將被火之家更切多方措置賑卹，毋致失所。

四年正月七日，温州言：「本州並海，每遇深冬，驟風時作。忽於十一月初十日夜在城監前界居民遺漏，知郡即同當職官躬率官兵并廂界義社前往救撲。是時風急火熾，遂親督合干救火軍民於火將至處拔屋，斷截火路，併力運水救撲，即得熄滅。已委官括責被火沿燒居民七十六家，并拔倒贍軍酒庫門臺外，不曾壞官舍。本州已抄劄貧乏之家，支給錢米賑卹，并執狀（被付）〔付被〕火人户收買竹木，**45**起蓋屋宇居住，免收税錢。」詔令温州將被火之家更切多方賑卹，毋致失所。

二月二十一日，浙東提刑司狀：「慶元府奉化縣申，本縣市郭嘉定三年十一月二十六日夜民家遺火，沿燒屋宇九十三家。内有六十二家貧乏，無可存居。當時兩次給散米糧接濟，仍告示毗近寺觀，時暫存留居止。及告示屋主，日下起屋，仍舊税賃。如有無力屋主，即令有財力賃户。」（以上《永樂大典》卷一一九四二）〔一〕

〔嘉定〕十三年九月二十一日〔二〕，中書門下省勘會：「慶元府近因遺漏，已行下將被火人家於本府但干有管官錢内多方措置賑卹，并科降度牒官錢，修葺兩獄官舍等處

〔一〕按，原稿《大典》卷次標作卷一一九四二，然據《永樂大典目録》，《大典》此卷爲「省」字韻「三省」目，而以上文字内容實爲「火災」，與「三省」無關。又本書職官四之五一至五二「勅令所」目夾雜有三條關於火災之文，其所出《大典》卷次亦標作卷一一九四二。則知其致誤之由並非徐松輯録時書吏之疏誤，而是《大典》編纂時已將本應編入卷一一六四三「火災」目之兩大塊若干條文誤編入卷一一九四二。其中一塊屠寄等人發覺後已剪出，《宋會要輯稿》已移至瑞異類「火災」目，即上文是也；而另一塊尚未發覺，仍留在職官類「勅令所」目，本書今亦作爲錯簡移至本條之後。

〔二〕嘉定：原無，據下文文意補。

外，所有被火之家合納嘉定十三年分夏秋苗税更合寬卹。」詔令慶元府將被火官民户及寺觀未納嘉定十三年分秋料役錢特與蠲放，其已納在官，理充嘉定十四年分合納之數。

十一月二十七日，詔令臨安府日下差官抄劄被火及拆毁之家，疾速具數保明，申尚書省，以憑賑卹。仍令本府出榜曉諭。

十七年三月二十八日，朝奉郎、權發遣淮西提刑、兼知黄州左誊言：「今月二十日，舊城外新城裏地名馬家巷居民遺火，南風緊猛，正望大江。又兩街居民雖是土瓦，而屋後小屋尚皆誅茅爲之，風勢火勢愈急，雖有築城官民兵萬人，無所措手。得權江司都統陳世雄焦頭爛額，身自堅立火中不動，然後得諸軍極力向前，風色稍慢，始可著手，於未時方得救滅。當日本州支給元喝犒戍軍及雄關飛虎軍救火湖會五千貫文，又特支陳都統救火衙兵湖會五百貫文。通判蔡承直自領雄關救撲官客店及豐淮酒庫，通判又自支錢一千一百貫文。於二十一日，領官屬親詣火場覆寔，共燒三百六十九家，大小共二千四百九十四口。大人支錢二貫、米二斗，小兒錢一貫、米一斗，支過錢四千一百貫，米四百十石二斗。仍令被火人在寺觀民家時暫安歇，及行下諸處，蠲免竹木抽分，招邀客販，務在疾速起蓋，早〔得〕安居。證得誊治郡無狀，致使居民沿燒〔一〕，貽害百姓，其何以堪。須至具申朝廷，特賜敷奏，將誊鐫罷，以謝百姓。仍乞限三月盡復所燒民居。」小貼子：「證得火災所燒並是舊城外居民及當街市民，所有新城裏豐淮、齊安、煮酒三庫及應干官府廨舍倉庫、諸軍寨屋，即不曾損動。」詔不允，仍令本州更切賑卹被火之家，從限起蓋房宇，使居民早得安業。（以上《永樂大典》卷一一九四二）

〔一〕居民：原作「君民」，據文意改。

宋會要輯稿　瑞異三

水災

【宋會要】

1 太宗太平興國二年七月，河決鄭州滎澤縣、孟州溫縣，詔民田被水災者悉蠲其租。

淳化四年九月，梓州言：「涪江水漲二丈五尺，壅不流，陷州城，壞居人廬舍、官寺、倉庫萬餘區，溺死者甚衆。」詔賜溺死者人鐵錢三千，孤窮乏食者官與賑貸。

仁宗天聖四年六月十二日，福建路提點刑獄司言：「建州〔一〕、邵武軍大水，壞官舍四千餘間〔二〕，民舍三千八百餘間，溺死者百五十餘人〔三〕。」詔被溺者見存家屬，每三口以上給米二碩，不及三口給米一碩。內溺死之人無主者及貧乏者，官爲埋瘞，仍致祭奠。

十六日，京師自申時至夜大雨雷電，達明方止，平地水數尺，壞官私舍宇，被壓溺而死者數百人。自京而西及鞏洛以來，悉罹水患。帝避殿徹膳，以答天誡。時京師民居舍宇牆垣率多摧壞，於街巷權蓋舍宇居住。詔新城裏都同巡檢、鈐轄、巡檢兵士夜往來警巡，無致疎虞。

二十二日，福建路提點刑獄司言：「福州侯官縣界洪水壞沿溪居民舍宇，溺死者甚衆。」詔速令存卹。

二十三日，行慶關言：「汜河水泛漲，衝注關城，溺死軍馬不少，乞差兵士防護。」詔遣使臣領宣武兵士一百人往彼權駐泊。時孟州汜水縣尉劉文蔚溺死父母妻男共七口，又汜水漂失鹽酒稅務官物，監官借職馮益兒女皆溺死。詔文蔚除令錄，免持服，仍賜錢百千，及益賜錢五十千，仍 2 轉一資，與家便差遣。所失官物，令三司勘會除破。

慶曆八年七月十八日，衛州言：「頻降大雨，并懷州一帶山河水入城，諸軍出城走避，數月絕食。已借支七月糧，而軍食未繼，望特蠲除。」從之。

十一月，詔：「河北水災，民流離道路，男女不能自存者，聽人收養之，後毋得復取；其雇傭者自從私券。」

十二月，詔：「河北水災尤甚，民多乏食，特出內藏庫錢帛，令三司轉漕斛斗往本路。仍令安撫、轉運使分行賑贍之。」

至和三年六月二十九日，詔令大名府、澶、博州賑濟經水人户。以知制誥韓絳、西上閤門副使王道恭爲河北路體量安撫使副。是歲夏雨霖，京師大水，壞城及水窗以入，諸軍營房、社稷諸祠壇壝並被浸損，都人壓溺，繫栰以居。而諸路皆奏江河決溢，而河北尤甚。既命所在賑救，而絳等

〔一〕「建州」下，《長編》卷一〇四有「劍州」二字。

〔二〕四千：原作「四十」，按《長編》卷一〇四總叙云「壞官私廬舍七千九百餘區」，則此「四十」應作「四千」，因改。

〔三〕百：原脱，據《長編》卷一〇四補。

有是命。

嘉祐元年五月〔一〕，京師大雨不止。踰月，水冒安上門，門關折，壞官私廬舍數萬區，城中繫栰渡人。詔輔臣分行諸門。而諸路亦奏江河決溢，河北尤甚，民多流亡。乃下責躬詔，令所在賑救之。

七月，詔：「京西、荆湖北路轉運使、提點刑獄分行賑貸水災州軍。若漂蕩廬舍，聽於寺院或官屋寓止。仍遣官體量，放今年稅，其已倚(閣)〔閣〕者勿復檢覆。」

是月，賜河北諸州軍因水災而徙他處者米，人五斗至六斗。其壓溺者，父母妻賜錢三千，餘二千。又出內藏庫絹二十萬匹、銀十萬兩賑貸之。

英宗治平元年六月 3 八日，慶州言：「淮安鎮河水泛漲，摧東山三百餘步，居民壓溺而没者四十餘家。」

十六日，命諸路轉運使副、提點刑獄分詣水災州軍，存卹人民。以是夏多言水災故也。

七月二日，詔：「水災逐路安撫、轉運、提點刑獄督責知州、通判存卹被災人户，諸科率不急妨農者，令一切罷之。」前此，慶、許、蔡、棣〔二〕、唐、泗、濠、楚、廬、壽、杭、宣、鄂、洪、施、渝州、光化軍皆大水，既屢勑存卹，及命疏治，乃有是詔。至八月，又遣使按視存撫。

二年八月，京師大雨，壞官私廬舍，漂殺人民、畜産不可勝數〔三〕。乃開西華門，以洩宮中積水。詔曰：「蓋聞古之聖賢在位，陰陽和，風雨時，日月光，星辰靜，黎民阜蕃，以底休平，朕甚慕之。朕猥以眇身，託於王公之上，夙夜以思，懼不能以承先帝鴻業。而比年以來，水潦爲沴。迺八月庚寅大雨，京師室廬墊傷，被溺者衆，大田之稼〔四〕，害于有秋。竊迹災變之來，曾不虛發。豈朕之不敏於德而不明於政歟？將天下刑獄滯冤，賦徭煩苦，民有愁歎亡聊之聲以干其順氣歟？不然，何天戒之甚著也？今飭躬焦思，欲消復災異，而未聞在位者之忠言，進祈自新，厥路何繇焉〔五〕。應中外臣僚，並許上實封言時政闕失及當世之利病，可以佐元元者，悉心以陳，毋所忌諱。執政大臣皆朕之股肱，其協德交脩，以輔朕之不逮。」初，學士草詔云：「其惕思天變。」帝批曰：「雨水爲災，專以戒朕不德。」命改爲「協德交脩」云。乃詔罷開樂宴，仍賜 4 被水諸軍借事人錢〔六〕。

神宗熙寧元年七月，詔：「恩、冀州河決水災，可選官分詣，若有溺死人口，量其大小，賜錢有差。其居處未安，令於官地搭蓋，或寺觀廟宇存泊。內有被浸貧下人户，令省倉賜粟。」

〔一〕按，至和三年九月改當年爲嘉祐，是嘉祐元年亦即至和三年。此條爲五月，實應稱至和三年。此條與上條内容有重複之處，當是所録出處不同。
〔二〕棣：原作「隸」，據《宋史》卷八六《地理志》二改。
〔三〕畜：原作「蓄」，據《長編》卷二〇六改。
〔四〕稼：原作「家」，據《長編》卷二〇六改。
〔五〕焉：原作「以」，據《宋大詔令集》卷一五三改。
〔六〕此句疑有誤字。

二十四日，上批：「河北地震、水災，宜擇能吏，以易庸暗年老之人。」以尚書都官員外郎馬淵知□州〔一〕，虞部員外郎陸濟權知德州。是日，降德音。

八月，詔三司支錢五十萬貫，賜河北轉運司應副昨經水災諸州支給，以免科擾民間。

二年七月，詔：「水災州軍，令本路轉運使、判官、提點刑獄分往被災處所恤貧民闕食者，支廣惠倉粟賑濟；如不足，量支省倉。仍於人户住近處減常平米價就糶。若貧人無錢，相度賒糶，令至秋送納。其非税户，即與遠立日限納價錢，并委就近從長施行訖奏。應遭水災之家收買竹木凡箔〔二〕，權與免税。鄉村鎮市買撲酒坊，實遭浸損酒（麴）〔麯〕者，亦與據所浸日數，等第放課利。」

七年五月二十八日，大雨水，漂溺陝、平陸二縣。詔被水災民給口食三月。

十年七月十七日，黄河大決于曹村下埽，澶淵絶流，河道南徙，又東匯于梁山張澤濼〔三〕，凡壞郡縣四十五，官亭民舍數萬，田三十萬頃。詔發倉廪，開府庫，徙民移粟，以賑濟之。

元豐四年七月二十四日，泰州言：九日大雨，浸州城公私屋舍數千間。

哲宗元祐八年八月三日，宰臣呂大防等劄子言：「雨水過常，近京諸郡尤被其患，乞 5 降黜以警庶位。」詔皆不允。

高宗紹興三年二月十一日，臣僚言：「伏見自正月元日至今近四十日，陰雲晦昧，陽光不舒，加以連雨，旦暮不已，細民告病。如此，是爲陰盛于陽，非天地和平之氣也。臣恐四方偏州下邑有困於苛吏、不安田里者；囹圄之中有無辜干連、淹久未釋者；兵興以來，忠義之士没身兵刃，齎恨九泉，未見省録者；嫠婦弱子，流離異鄉，州縣弗恤，不能自存者。凡此之類，倘有之，則雲氣之慘聚，苦雨之霖淹，殆非適然。乞詔大臣詳思其由，修厥事以應之。」詔劄示諸路宣諭官。

四年六月十七日，左諫議大夫唐煇言：「伏見近以霔雨爲沴，陛下惕然祗懼，思可以應變弭災者無所不至。竊謂政事失於下，則天變動於上。唯聖人仰畏天變，則俯修政事。望詔大臣講求脩政事之實，無見於空言，斯爲盡善。」詔劄示三省、樞密院。

九年三月十九日，詔：「連日陰雨，細民不易。其臨安府内外官私房錢并白地錢，不以貫百，並放三日。其後凡遇連雨，或蠲公私房錢，或免客販柴薪油麪門税。」

三十一年四月十五日，宰執以殿中侍御史陳俊卿論久雨章疏進呈。上曰：「應天以實不以文，可令侍從、臺諫並

〔一〕缺字疑是「棣」字，明人避諱空缺。棣州與德州相鄰，均屬河北東路。

〔二〕凡：疑當作「瓦」。

〔三〕張：原作「漲」，據《宋史》卷六一《五行志》一四改。

具時政缺失利害、消弭災變之術，各以己見實封以聞。事有不便者，便與改正施行。」

紹興三十二年孝宗已即位，未改元。七月五日，詔以霖雨不止，浙西州郡山水發洪，令侍從、臺諫條上害民之事與可6以爲民之利者。從正言袁孚請也。

孝宗隆興元年三月二十八日，詔：「霖雨爲沴，雖側身修行，尚恐誠意未孚。可令諸路監司、守令應遇災傷去處，常切賑恤困窮，糾察刑禁。仍各條具聞奏。」

九月十二日，詔：「浙東西州軍有螟螣、風水傷稼去處，可令守臣疾速條具應合賑卹蠲放事件聞奏，即不得隱漏泛溢。」

二年八月二十六日，詔：「久雨未晴，慮恐刑獄淹延，有干和氣，特令侍御史尹穡日下躬親前去大理寺、臨安府檢察決遣。」

二十七日，詔浙西、江東霖雨害稼，令逐路提刑司疾速躬親前去州縣檢察決遣刑獄。

二十八日，詔：「訪聞淮東有被水去處及遷徙到人，竊慮缺食，可令錢端禮於本路見管米斛内支撥一萬石措置賑濟；如不足，於淮東總領所大軍米内取撥。」

九月十二日，詔江東、浙西監司郡守：「朕嗣服以來，求民之瘼。比緣江東、浙右俱被水災，思拯民於愁歎，痌瘝不忘。卿等既分外臺之寄，皆爲共理之良，宜究乃心，各揚爾職。能於所部講明田事，預爲陂塘渠堰，防患未然，使顯効著於將來者，朕當不次親擢。其或但爲文具，尚畏權勢，無益於備患，徒擾於庶民，國有典刑，朕必不赦。」

乾道元年二月二十四日，詔：「朕以淫雨不止，有傷蠶麥，可自二十五日避正殿，減常膳。其浙東西路災傷去處人户合納乾道元年身丁錢絹〔一〕，臨安府、紹興府、湖、常州並與全免一年。温、台、處州、鎮江7府並各減放一半。將減下之數於内庫（細）〔紐〕支錢絹，撥還户部，以充軍用。」

二年四月六日，詔：「淫雨爲沴，有傷農事。朕自今月七日避正殿，減常膳。」

九月十一日，詔：「温州諸邑近遭水災，宜遣使存撫。可差度支郎中唐瑑限三日起發，同提舉常平宋藻、守臣劉孝韙遍詣被水去處，按驗覆寔，具合行賑卹事件，疾速措置聞奏。内劉孝韙權將州事交割與以次官。」

十二日，詔：「温州諸邑近被水災，已差唐瑑前去存撫賑恤。可就令點檢本州并諸縣刑禁，須管日近結絶，將杖罪以下先次疎放。如有寃抑，從實改正。仍具已斷放過名件，申尚書省。」

十一月六日，度支郎中唐瑑劄子奏：「被旨前去温州存撫賑恤，被水去處，並皆邊海，今來人户田畝盡被海水衝蕩，鹹鹵浸入土脈，未可耕種。兼今次水災之後，損失人口不少，又慮人力不足，及闕少牛具，不能遍耕，難令虛認苗

〔一〕合：原作「各」，據文意改。

税。望委本州守臣，候來年春耕，即委清（疆）〔彊〕官遍行體訪。如委有未堪耕種之田，及人力耕種未遍去處，保明申奏，取朝廷指揮，更與減放當年苗税。」詔從之。

三年三月十九日，詔：「知温州劉孝韙爲不葬被水之人骸骨，以至暴露，可放罷。」以提舉常平宋藻按劾也。

閏七月二十六日，詔：「臨安府臨安縣被水，隨本府具到人户等第蠲放。」知臨安府事周淙奏：「契勘本府管下臨安縣，七月十四日因天目山洪水暴漲，衝損高陸等五鄉民户8屋宇〔一〕，渰死人口。已具奏聞，差官同令佐遍詣被水去處，支給錢米賑濟訖，計二百八十五户。竊見上件人户被水之後，理宜寬恤。今具所差官錢塘縣丞余禹成具到，除五户無税可放，二百八十家各有合納税賦，乞將被水之家合納税賦隨輕重減（數）〔放〕。内周向等二十四家衝損屋宇家計，溺死人口，欲放今年夏秋兩料并來年夏料錢；于興等一百四十一家衝損屋宇，什物不存，欲放今年夏秋税兩料；盛慶全等七十家衝損一半屋宇、什物，欲放今年夏料。以上三項，並係第五等以下人户。及鍾友端等四十五家各係上户，内鍾友端等四户被水至重，欲放今年夏料；施理等四十一户被水次重，欲放半料。以上通計合放和買夏税紬絹綾本色折帛一千三百四疋三丈有畸，零綿百九十二兩一錢，役錢四百二十四貫七百七十三文，丁錢六十九貫二百文，苗米三十七碩有畸，零茶錢一十九貫有畸。乞降付有司，特與蠲放。」並從之。

八月二十日，詔：「以近日連雨不止，令諸路監司、守令將見禁公事速行結絶，無辜干連之人並與日下疎放，少欠私債寬限理還。」從知臨安府周淙請也。

二十三日，尚書左僕射葉顒、右僕射魏杞、參知政事蔣芾、同知樞密院事兼權參知政事陳俊卿等上表，以霖雨待罪。詔以「秋霖爲沴，寔朕不德。方賴二三大臣克修庶政，以致消弭。亟覽謙辭，殊非所望。卿等即安厥9位，其思叶濟之道。所請不允。」

二十四日，詔：「以霖雨，差官分決滯獄。大理寺、臨安府并三衙及浙東西州縣見禁罪人，在内委御史臺官，在外令提刑司，州委守官，縣委通判，躬親日下前去檢察，決遣了絶。仍具已斷放過名件，申尚書省。應申奏案狀，督責疾速依條施行。」

二十六日，詔：「久雨未晴，令御厨今月二十六日兩日御膳並進素〔二〕。自二十七日以後，早晚常膳減半進葷。」九月十一日並如之。同日，詔：「近來連日陰雨，切慮民田有被水去處，出限陳訴不及。可行下兩浙漕臣展限半月，許令人户陳訴。」

四年十二月二十六日，詔令禮部給降度牒十道，付廣西提刑司變賣，措置賑濟雷州實被水人户。先是，廣西提

〔一〕陸：原作「六」，據《咸淳臨安志》卷二〇改。
〔二〕六日：疑當作「六七」。

點刑獄兼提舉常平司狀：「據雷州申，八月一日早因颶風發作，海潮暴漲，渰浸東南鄉居民，其水直至東南城門。本州即時差官分頭前去收救失水人，各於寺院及空舍安箔，及委官抄劄被水浸溺人户，及收瘞死尸，候見數目，別具狀供申。」所有被水遷徙居民，本州一面支給錢米賑濟外，故有是命。

五年十月三日，權發遣兩浙路計度轉運副使劉敏士狀：「近巡歷至台州，詢得本州黄巖縣今歲連遭風水，渰損屋宇、田稻、農畜。本州已委官巡門抄劄被水人户，及取撥常平、義倉米支給〔一〕。將最重去處支二十日，次重處支半月，大口日支一升，小口日支五合。緣黄巖縣被水比之常年 10 不同，今來本州雖已措置賑濟，最重處支二十日，次重處支半月，若以報到抄劄支散日分相次住支，目今被水之人多是未有存居，及田地亦無工力脩整耕種，委實缺食。近根刷得本州及管下逐縣有常平、義倉米九萬八千餘石，今來被水大小口計二萬七千四十一口，共合支米四千三百四十餘石外，尚有見管米數不多，合行措置。乞下本州速行措置，接續賑濟施行。」從之。

六日，權發遣兩浙路計度轉運副使公事劉敏士奏：「温、台二州近因風水，雖將義倉米賑濟，緣秋成尚遠，將何以繼！今來温州已募上户，借與錢本，見行措置。唯是台州財賦窘乏，無以爲計。欲望支降錢五十萬貫給與台州，令勸募上户般販米斛，接續出糶。」有旨，令兩浙轉運司差撥人船於近便州軍户部樁管米及常平、義倉米内取撥三萬石前去台州，委官檢視被水去處，減價出糶到錢，令本司拘收，撥還元取米去處。」

十一日，詔：「右朝散大夫、直秘閣、權發遣兩浙路計度轉運副使劉敏士特降授右朝請郎，右朝奉大夫、直秘閣、權兩浙路轉運判官姚憲特降授右朝散郎，右朝請大夫、直敷文閣、新除江南東路提點刑獄公事王彦洪別與差遣。」並以温、台二州災澇，失于按劾守臣也。

十四日，詔：「已降指揮，温、台州近被水災，逐州守臣王之望、陳巖肖各不即聞奏，巖肖仍賑恤遲緩。之望特降一官，巖肖落職放罷。 11 近台州申，獲海賊首領毛大等五十七人；温州申，獲次首領許大等九十六人。之望、巖肖各有捕賊之勞，以功贖過，特與放罷。巖肖差提舉台州崇道觀。」先是，權尚書兵部侍郎陳良翰進對奏：「切聞今歲自夏涉秋，浙東一路瀕海之郡三遭風水之虞。在法，水傷去處差官檢視，蠲減田租（似）〔以〕聞。州縣之吏恐爲己累，懵不加恤，唯懼朝廷之得聞也。望委浙東監司及諸郡守臣詢問着實被水去處，分遣清（疆）〔彊〕官檢視，定其高下，減免租税，務在實利及民，不爲文具，使一路之民無不被其澤者。并乞下諸路委監司、郡守覺察，或有災傷，仰先期從實奏上，庶幾州縣之吏不敢欺隱，陛下寬大惠養之政徧及元

〔一〕米：原作「未」，參天頭批語改。

元矣。」上曰：「都不曾奏來，朕所不聞。」良翰奏曰：「凡四方風雨水旱之事，州縣當達之監司，監司當達之朝廷，可以奏知陛下矣。朝廷既不得而聞，則陛下何由而得知！」上曰：「此非小事，卿所論甚好。」故有是命。

九年閏正月十四日，詔：「久雨未止，恐妨農事。應有寬恤事，可令宰執條具來上。」

淳熙元年七月十九日，詔：「沿江被水之家，令守臣胡與可躬親巡門相視。如委是貧乏之家，悉具姓名以聞。」既而相視到沿江被水貧乏之家六百三十有八，詔令左藏南庫每家支錢五貫文，令莫漳躬親支散。仍許於沿江白地二百畝内依元來丈尺指射，蓋屋居止，量立白地租錢。

二年七月十四日，詔：「建因連雨〔一〕，渰浸[12]寨屋一千一百餘家。雖都統司已行支給錢米，更宜優恤。令淮西總領單夔於見管錢米内每家支錢三貫、米一石。」二十八日，鎮江水，支給錢米同。

八月十日，詔：「秋成在即，陰雨過多，慮刑獄淹延。見禁罪人在内委臺官，在外委提刑前去檢察決遣。」

三年八月二十三日，台州水。既而詔令臣尤袤多方措置賑恤〔二〕，務在實惠及民，無致滅裂。仍委本路提舉常平官覈實，保明聞奏。

九月十七日，婺州水。既而詔令浙東提舉常平官疾速多方措置賑恤，務在實惠及民，無致失所。

十月九日，台州水。既而詔令何偁於本州常平、義倉米内更取三千石接濟賑給。如不足，通路取撥應副。其合收瘞人，亦仰依條施行。仍令南庫支降會子四千貫付本州，專充修城并捍水臺使用，務要堅固如法。其未起錢絹，自來年爲始，分限三年帶發。

四年六月三日，福州、建寧府、南劍州水。詔令守臣多方措置存恤。

九月二十七日，詔：「浙東提舉司將被水人户多方存恤，依條賑濟，毋令失所。其衝損塘岸去處，仰紹興府專委官監視，如法修築。」從浙東提舉姚宗之請也。

五年七月二十一日，福州福清縣及海口鎮、興化（水軍）〔軍水〕。既而詔令本州軍守臣更加存恤，仍仰本路提舉依條賑濟。

六年七月二十日，温州樂清縣、台州黄巖縣水。既而詔令逐州守臣更切存恤。

二十四日，知温州胡與可以支常平錢五百貫并係省錢五百貫賑[13]給被水人户自劾。上曰：「國家積常平米，政爲此也，可放罪。」

七年七月十二日，袁州分宜縣水。江西帥臣張子顔乞將本縣被水人户未納今年夏税，自第四等以下並權行住

〔一〕建：疑當作「近」。

〔二〕令臣：似當作「守臣」，或「令」下補一「守」字，尤袤知台州見《宋史》卷三八九本傳。

催，候至來年夏税帶納。從之。

八年五月十六日，都省言：「陰雨未已，竊慮刑獄淹延，大理寺委卿少，三衙委主帥，在外州軍委知通，縣委令佐決囚，尚慮未盡。」詔：「如大情已正，内鬬殺情理輕并雜犯死罪至徒罪以上，並降一等斷放，杖罪以下及干繫人並日下釋放。其州郡所委官如到刑獄官司，限當日決遣了畢，仍具斷放過名件人數聞奏。應申奏案狀，督責疾速依條施行。内命官先次召保責出，一面申奏，毋致違戾。」

是月十九日，又劄子：「勘會已降指揮，疎決刑獄。刑部見擬斷兩浙州軍并大理寺、臨安府（侍）〔待〕報獄案，其降有鬬殺情輕并雜犯死罪之人〔一〕，尊稟上件指揮，並降一等斷放。緣鬬殺情理輕，死罪降至流，依法斷訖，本處居作一年，滿日放。及彊盜死罪降至流，依法尚有刺配之類。兼命官犯贓罪，合照應減降指揮施行。」詔令諸作并刺配人斷遣訖，依條施行。命官除犯入已贓外，並依已降指揮。

六月九日，紹興府、嚴州水。既而詔：「人户納今年夏税，内漂壞屋宇第四等以下户並與蠲免，第三等以上户蠲免一半。渰浸屋宇第四等以下户並與倚閣，三等以上户倚閣一半。」從浙西提舉趙伯涣請也。

十一年六月十一[14]日，詔：「浙西、江東路州軍被水去處，令兩浙提舉司多方勸諭有田之家，將本户佃客優加借貸，候秋成歸還。」

八月，階州水。詔更加存恤，毋致失所。

十六日，處州龍泉縣水。詔令提舉司同守臣優加存恤。

十一月十八日，鎮江府水。詔浙西提舉司於近便州府常平、義倉米内通融斟量應副。

十二年九月六日，湖州安吉縣、台州臨海縣水。詔令逐州守臣優與存恤。

十三年五月三日，建寧府松溪、政和縣水。既而二十五日進呈右諫議大夫蔣繼周言：「據轉運司奏，松溪、政和兩縣渰没人家，淤塞田畝，瑞應場渰死者不下千人，被傷者不下二千家。知建寧府陳良祐所奏，全不言及數目，豈所以奉承陛下勤恤民隱之意哉！良祐比乞宫祠，欲望從其所請。仍乞委本路監司依已降指揮存恤外，其損壞廬舍田苗，據所領分數等第聞奏，量與蠲減租税，庶使一方漂蕩窮民咸受實惠。」上曰：「依奏。」又進呈提刑應孟明言：「建寧府大水，朱孝倫、周世楠有防遏未萌之功，乞旌賞。」上曰：「可各轉兩資。」又曰：「有功者賞，無功者罷，庶幾人人知所勸懲矣。」

十五年六月十八日，袁州萍鄉、分宜兩縣水。詔優加存恤，毋致失所。

七月五日，鄂州言：「五月以來連雨，江水泛濫，居民及軍寨被浸近三千家。」詔令沈樞等將被水軍民優加賑恤，

〔一〕降：疑因下文而衍。

毋致失所。

八月，詔令隆興府、撫州、臨江軍各將被水之家優與存恤。從本路運判劉[15]潁請也[一]。

十一日，徽州祈門縣水。既而臣僚言：「漂蕩屋廬，衝壞田畝，溺死人畜，乞特詔監司差官體量詣實。仍將守令量行責罰，以爲不恤百姓者之戒。」詔謝深甫究實以聞。其被水之家，優與賑恤。

十月十五日，詔：「湖北路諸州沿江湖水泛漲，居民田畝多被渰浸，令提舉司將被水去處優與賑恤。」既而司農少卿湖廣總領王尚之、祕書郎兼權倉部郎官王厚之、湖北提舉薛伯宣等奏：「竊見湖北路復州、漢陽軍、江陵府、岳州、鄂州、安德府、澧州、常德府管下縣分，間有被水人户，渰浸田畝。已恭奉行下逐州措置，多方存恤。」

十六年正月二十二日，權發遣襄陽府錢之望、權發遣楚州吴曦言：「準省劄，錢之望奏，本州今歲大水，抄劄到貧乏闕食民户一萬四百餘家，合議賑濟、賑糶。」詔楚州糶濟事，令吴曦候到任議定，申尚書省。既而令開具如右：「一、賑濟楚州元册内，欲自十二月爲始支。至來年二月，計支三箇月，米共二萬四百餘石。乞撥義倉米五千五百七十三石九斗，及賑濟歸正、歸附、使効等米二千八百餘石，合就本路轉運司三分課子内取撥。及有勸諭到上户陳宏等米一萬石，尚少米二千石。乞於前任守臣羅到椿管米内支撥，共揍成二萬四百餘石賑濟。本州未承回降指揮間，爲見民户闕食，一面將勸諭到陳宏等二户已納到州倉米四千五百石，并於轉運司三分課子米内兑借三千六[16]百六十四石九斗，先次賑濟十二月分米，委官支散了當。乞劄下本路提舉常平司，於義倉内撥米四千五百石，給還陳宏等。其兑借賑濟過轉運司三分課子米三千六百六十四石九斗，亦乞劄下轉運司，於撥下本州賑濟米一萬五千石數内理豁施行。一、賑糶楚州元册内，乞撥常平司米一萬六千餘石，并椿管米三萬石，共揍成四萬六千石，應副賑糶。之望等照得本州椿管米近蒙朝廷指揮，支撥二萬石應副脩城及曦陳請支撥米一萬二千石賑給外，所餘不多。兼已蒙本路轉運、常平兩司科撥高郵軍椿管米三萬石，令本州般取賑糶，立定每斗價錢一百二十文省。之望等竊聞所撥高郵軍米椿積年深，雖價錢低平，兼恐貧民(艱)〔難〕得見錢收糴，已行下諸縣截發宮錢[二]，雇般高郵軍。今來議定，先次般取米五千石，於諸縣置場去處，依價賑糶。候見得有人收糴，即接續前去般取賑糶。一、本州雖有提舉司撥到常平等米二萬一千六百餘石，并錢二萬貫，並係賑貸，止可供給有田産税户收糴耕牛農具等，候將來豐熟拘還。其無田産人户及貧乏客户，皆不均及。惟是賑濟一項，方得普霑朝廷德澤。」詔依，仍覈實無産人户并貧乏客户，如合賑

[一] 潁：原作「頴」，據《宋史》卷四〇四《劉潁傳》改。
[二] 截發宮錢：似當作「截撥官錢」。

濟，依條施行，具數申尚書省。

淳熙十六年四月十四日，紹興府新昌縣水。既而詔令紹興府將被水之家優與存恤，毋令失所。以浙東提舉司言故[17]也。

六月五日，鎮江府水。既而以御前諸軍都統制劉超言：「本府自六月二日至五日大雨，運河水滿，灌注入城，致諸軍營寨内有地形低下去處浸渰三千餘家。即時將官兵老小移往高阜屋内安箚，給散官錢，付水渰之家。已般移每家一貫文，不般移每家五百文。」詔令總領所照都統司已支錢數倍與支給一次。

紹熙二年四月三十日，汀州寧化縣水。既而以福建轉運、提刑司言：「汀州寧化縣洪水泛漲，浸死百姓一十八人，推去屋宇等。即委官措置，滂漉屍首，如法埋瘞。救到生存之數，支錢米賑恤。」詔令福建路諸司將應被水軍民更切賑恤，毋令失所。

五月一日，建寧府、福州水。既而詔令福州路諸司將被水居民更切賑恤，毋致失所。以福建提舉司言故也。

二十三日，漢州雒縣、石泉軍龍安縣水。既而詔令制置司行下諸司并逐州府，將被水之家優加存恤，毋令失所。以四川制置司言故也。

七月十八日，興州水。既而以知興州吳挺言嘉陵大江暴漲，漂浸居民，委官抄劄到被水人户三千四百九十二家，一萬九千二百九口，又長舉縣被水人户一百七十九家，一千六十三口。並從本縣賑濟施行，及有沿江道店被水人户數目，續行賑濟。

三年五月二十九日，常德府水。既而以湖北提舉張孝曾言：「本府山水與江水暴漲，渰浸城外居民及田疇等。至六月四日又雨，未得晴霽，見[18]行祈禱。」詔本司〔言〕〔行〕下常德府，將被水之家優與存恤。

四年五月三日，紹興府諸暨縣水。既而以本府申：「自四月末至五月三日連雨大作，江溪泛漲，渰没居民屋舍、禾稼，衝倒百有餘里。」詔令轉運、提舉司并紹興府將被水之家更切優與存恤，毋致失所。

五年五月十一日，池州石埭、貴溪兩縣，寧國府涇縣水。既而以江東提舉司言：「池州石埭縣梅雨大作，山間發洪，居民屋宇悉被渰浸。已行下本縣，以見管度牒米量行賑濟。又池州貴溪縣、寧國府涇縣山水暴漲，衝損屋宇，及有死損人數。已委官抄劄，支撥常平錢米賑恤。」詔令江東提舉司將被水之家更切優加存恤，毋令失所。

紹熙五年八月二十九日，臨安府言：「本府餘杭、臨安、新城、富陽、錢塘、於潛等六縣大水爲災，衝損民居，目今闕食。本府已支撥常平官錢，分差委官前去各縣，同縣官巡門賑給外，有四等、五等被水人户合行給散口食米，已措置先各給十日，大人一斗，小兒五升，及委通判黃瀚前去諸縣賑給。據報到餘杭一縣渰浸之家計二萬户，每〔户〕約三人五人，計八萬口，共約米七千餘石，別無有管米糧可以賑給。若計諸縣，其所用米數至多，雖即具報提舉司，乞行下有管州縣支撥，未承發到。今來事勢迫切，緣本府因去歲旱歉減放，即無有管米斛可以那容。若候提舉司行下外州等處撥到，竊慮般運遠涉，恐人户闕食未便。19欲望特賜指揮，權行借撥三萬石應副即日賑給。纔候提舉司發到，却行撥還，庶得不致闕悮。」詔令豐儲倉借撥一萬石應副賑給，仰提舉司疾速科撥米斛，餘依。

嘉泰四年十月十二日，洋州言：「本州七月九日管下瀼水河暴漲，其水發源在北山谷中，屬真符縣化洽鄉第十都、十六都一帶。沿流人家被水，漂蕩屋宇、水磑、什物之類，流入漢江。即時行下興道、真符兩縣，火急差官體訪抄劄，如有損人口，先募人打撈屍首。興道縣體訪漢中係接連真符縣界，漂損一十七户，已支給銅會一十道，粟米一石充賑䘏。真符縣體訪化洽鄉沿流七十七家被水，州司逐急那省司錢引五百道充賑濟錢米外，有漂損田苗、田土，專委兩縣究實，從條倚閣税租，并申監司、制置司證會訖。」詔令洋州更切多方措置賑恤，毋致失所。仍劄下本路常平、轉運司及四川安撫制置司證會施行。

開禧三年六月十五日，臨安府言：「錢塘縣五月二十六日安吉、定山南管係邊江去處，被上江洪水、入浦潮水相衝，湧入本鄉，浸没田畝并大路、民間住屋，驛路去處水没約八尺有餘，今來已退一尺有餘。未知水退去後，民間住屋、田畝、苗稼成秀如何。已委錢塘縣知佐火急差官遍往鄉村抄劄實係被水人户，將本府撥去錢米多方措置賑給，務要實惠及民，毋令失所。」詔令臨安府將錢塘縣被水之家更切優加賑䘏，務要20各令安業，毋致失所。

同日，兩浙運司言：「嚴州申：『本州并管下六縣自五月以來，曉夜驟雨不止，溪水泛漲衝突，直入城市，渰浸居民。及給散米斛賑䘏，本州倉庫素來匱乏，既無見管錢斛可以指擬賑濟，欲給降官會五七萬緡，或度牒五七十道，從本州變轉糴米賑濟，及給散被水居民助造屋宇。今知淳安縣石宗萬申，本縣大溪正係徽港，緣連日陰雨發洪，溪流暴漲，水勢洶湧，頃刻之間，居民屋宇悉皆渰浸，止留縣前二十餘家。已具因依供申。其水漸次歸港，宗萬即時徒走，沿古城脚，自廟後穴牆而入，至門樓上堆垛官錢，多募舟船，差得力弓兵同稍人救濟民旅，並無一人損失。緣其水經停三晝夜，家業生計並無所存，即行乏食，逐急將在庫板帳等錢和糴米斛，躬親沿門量行賑給。每家給米一斗，錢一百文。縣郭共一千三百三十五户，皆獲少濟。仍給牓沿湖州縣，招誘客人興販米斛前來接濟。唯是淳安地瘠民貧，平居尚且困匱，遭此巨浸，狼狽異常。凡五百四十二家，幸而屋宇僅存者，其牆壁頹毁，生理已蕩然一空，啼號之聲，所不忍聞。所有管下一十四鄉、三十五都皆被渰浸，沿溪屋宇盡皆漂流，所種早晚禾悉被推去，田多爲沙石衝淤，或打入溪港。其被害尤甚如近郭開化縣楓潭八十四家，被水推去八十一家，見今流離。本司雖撥去錢米，係是有限之數。如淳安所申，向後日月21(向)〔尚〕長，田間既遭潦損，秋收自難指擬。深慮米價增長，小民艱食，利害匪輕。欲望敷奏，給降度牒或官會，發下本州，令守臣、知縣火急措置，又糴米斛〔一〕，分置場分，減價賑糶，庶幾被水飢民接續得食。其有貧落無所依倚之人，即行賑濟。若不早爲之圖，必致流離狼狽。』已備申朝廷施行。檢會開禧三年六月十三日敕節文，嚴州淳安等縣被水，令提領豐儲倉於所樁管米内支撥一萬石付嚴州充賑濟被水居民食用，務要實惠，毋致流移失所。』詔令禮部給降空名度牒二十道付嚴州，每道價錢八百貫，從便出賣，同撥去米專充措置賑濟被水人户使用，餘依已降指揮。

十九日，知紹興府章燮、浙東提刑李珏、提舉魯玕言：「竊見紹興府蕭山縣、諸暨、嵊縣、山陰、會稽、上虞等諸邑自五月二十四日以後至今月九日節次申到，及百姓等狀，並以水傷，乞行賑卹。惟蕭山縣被害最酷，已分委州縣官相視水勢，將常平錢米多方賑卹。已具申尚書省外，蓋緣諸暨縣多是高原，積雨暴漲，至有衝突潦浸之患，而水亦易退，不至重傷。惟是蕭山正居下流，地形窳狹，又無大湖泊以殺水勢，而諸暨、嵊縣之水湍激如建瓴，嚴、徽、衢、婺之水旁衝其肘腋，雖一時開掘堰垻，以速内水之去，築捺塘埂，以拒外水之來，然事出倉猝，終不能制横流之患。所恃去海近而易於通流，夫何適遭大汛，壅逆愈見增加，以此十五鄉之22地渺若江湖。今已半月，室廬蕩析，生計一空，田苗腐敗，歲事無望。老稚號泣，口食不充。似此災傷，誠爲罕見。雖目今便獲晴霽，亦是數日之後，水勢方平。設使屋宇尚〔二〕，何以爲修葺之費？晚田可種，何以爲秧本之資？若非官司力加振救，必致流移死亡。證對紹興一府所管常平、義倉米止一萬九千石，錢六千餘緡，尤爲鮮薄。去後日長，委是用度不敷。伏覩淳熙八年本府災傷，孝宗皇帝特降御筆，加惠一方，撥賜錢米，蠲閣官賦，比之他郡，尤爲優厚。蓋以本府密拱行都，山陵所在，以是倍加撫存。況今來方此修奉大行太皇太后陵寢，蕭山爲邑，首當應辦，而百姓乃有飢溺之憂。若不爲之控瀝血誠，祈告君父，罪不容誅矣。除已具狀申朝廷，伏望敷奏，檢證淳熙體例，早賜矜卹施行。」詔令封樁庫給降會子五萬貫，豐儲倉證年辰資次支撥三萬石〔三〕，付紹興府，專充賑濟被水居民使用。務要實惠，毋致流移失所。

二十三日，徽州言：「本州自五月中旬以來，連日雨勢轉急，溪水湧溢，城裏外居民多被潦浸。即時分委歙縣東尉、西尉巡檢，部轄舟船，及委縣丞監督，預先緘裝簰筏，般救居民入城，於州治後園城樓等處權泊。及支米煮粥，分頭差官吏俵散，率州郡官僚遍詣寺觀神廟等處祈禱。當晚

〔一〕又：似當作「收」。
〔二〕「尚」下疑脱一「存」字。
〔三〕資：疑當作「先」，本書中屢言「先次支撥」。

雨漸止，水勢退落開霽。并（祈）〔祁〕門縣亦有被水之家，差官抄劄被水居民。內有衝損渰浸之家，支給常平錢米賑【23】濟外，自餘犒賞支費，本州自行支給。所有（祈）〔祁〕門縣委知縣倣此施行。」詔令徽州將被水之家更切優加賑恤，務要各令安業，毋致失所。

開禧三年七月五日，福建提舉司言：「崇安縣申，本縣自五月初旬以來，連雨暴作，忽東西兩溪洪水泛漲，浸上縣街。即率同官分往諸祠祈禱，急回登鼓樓觀望，水勢猛甚，人心惶惶，顧戀財物，不肯走避。隨即分頭差人拆下縣宇四圍門扇、樓板、木植，縛排救接。其間多有婦女、小兒上屋被水者〔一〕，却用樓板接續引過縣樓。未移時間，水衝入縣門，浸上廳堂數尺。其縣獄、鹽倉、庫宇、吏舍俱爲渰浸。其本縣前街及兩岸沿溪一帶居民屋宇多被推蕩〔二〕，獄中重囚隨即領出。緣一時急於救活人命，上下惶惶，應干官物、簿書並皆般移不徹，其間並遭浸蕩，一縣狼狽，不可具述。除已躬親及委縣官隨門撫諭，抄劄被水浸蕩之家，所有流離無歸之民，並令於縣學、米倉、寺觀、廟宇等處從便居住。及委縣丞權將常平倉米減價出糶，及永隆、光化院、齋堂三處煮粥，監施被水之家，支撥米斛賑濟，多方存卹。本司即牒建寧府速行委官前去崇安縣，取見被水之家，支撥常平錢米，分等第多方賑濟，務要實惠及民。又五月二十日，政和縣申，本縣梅雨連綿，勢不少緩，遂至溪流泛溢。即率佐官躬詣靈跡公祠〔三〕，親許水陸佛事等。雨勢轉加，損壞橋梁，狂濤入市，官吏士民悉皆恐懼。又詣【24】城隍，敬許清醮，將本縣監納贓賞等錢盡行蠲免，官私房廊白地錢亦放五日。至晡時，雨方少霽，即與同官遍視被水之家，漂損頗多。次日遂晴，即以白米煮粥，分頭散施存撫，賑糶米斛。竊慮間有溺死人數及流蕩屋宇去處，括責賑濟，躬親覈實。本司移牒建寧府，取撥常平倉米四百石，差官賑濟被水人户，併行體究有無渰浸損傷人口。并帖政和縣，將撥到賑糶米斛照等第支給，務要實惠及民。具已支過錢米總數供申證會。」詔令建寧府將逐縣被水之家更切優加賑恤，務要各令安業，毋致失所。仍劄下福建提舉司證會。

十一日，御筆：「朕德弗類，致天之災。比者郡邑間被大水，加以飛蝗爲孽，永惟咎證，用震悼于予衷。顧惸然在疚，方重貶抑。咨爾二三大臣，其助朕祗畏，思正厥事，以迪百工，俾內無誕謾私詖之風以害吾治，外無貪墨暴刻之政以殘吾民。其有災傷當行賑恤去處，具以狀聞，無得蒙蔽，庶幾實惠宣究〔四〕，天心降格。矧今兵戍久勞，瘡痍未息，一念及此，痛如在躬。疆（埸）〔場〕之吏，尤當極力安輯，以稱朕惻仁元元之意。」

嘉定二年八月二十九日，兩浙轉運司言：「台州申，本

〔一〕被：疑當作「避」。
〔二〕推：疑當作「摧」。
〔三〕公：疑當作「宮」。
〔四〕宣：原缺，據後文瑞異三之四六所引補。

州七月一日夜風雨大作，潮水泛漲，除近州地無損外，續詢訪得臨海縣管下沿海地名章安、碓頭一帶，枕近海門，邊江居民屋宇多有被水漂流及倒損淹死人命去處。竊慮有貧乏無力津送之人，州司即時支給常[25]平錢一百五十貫文，就委臨海縣尉及（北）〔比〕近杜瀆知監前去地頭躬親詢訪，有被渰死無力埋瘞之人，即將所支官錢收買棺木埋瘞。仍驗視喪失人命及被水飄流倒塌屋宇之家，抄劄户口，保明供申。據逐官申，除邊江居民渰死人命有主識認自行埋瘞外，有海洋客商船隻被水打壞溺死，尸首隨潮流入港内，無人識認，已將支下官錢收買棺木埋瘞。及委知臨海縣核實到飄流屋宇及溺死共三百一十七户，倒塌渰浸共一千九百六十六户。州司已支撥義倉米一千一百四十一石七斗，次第給濟，及牒提舉常平司行下賑卹施行。」詔令台州將被水人户更優支常平錢米，多方措置賑卹，毋致失所。

四年九月六日，浙東提舉常平司言：「慶元府申，七月二十三日，慈溪縣申，金州鄉洪水發作，衝損民屋、陸種，渰死人民計二百六十六家。共支米二百十石五斗，官會二千七百貫文賑濟。府司緣闕米，證時價行下軍資庫，支官會八百六十貫文，發下慈溪知縣，躬親點名俵散外，申本司證會。」詔令慶元府將被水之家更切多方措置賑卹，毋令失所。并劄下轉運、提舉司證應施行。

六年六月十八日，兩浙轉運司言：「紹興府諸暨縣申，本縣近因闕雨，妨於插種，縣官每日躬詣觀音殿靈（祀）〔祠〕去處，精加祈禱。五月二十六日，方獲通濟。二十八日（止）〔至〕六月初一日，暴雨連作，山洪水泛。緣本縣地勢低下，[26]溪流窄狹，遂至渰没民田，衝倒屋宇，道路不通，民居被浸。雨勢未止，民情皇皇。深慮别有不測，縣司已預備船隻，（船）〔般〕載人民赴本縣兩廊并高仰寺觀從便歇泊，多方存恤。及從父老所乞，集衆官照例時暫下放縣牌，厭禳水災。并嚴潔修設，祈求晴霽外，申乞照會。本司已牒紹興府及諸暨縣，將被水之家支給錢米，優加存恤，毋令失所，及牒浙東提舉常平司照會施行。」詔令紹興府更切多方優加賑恤，具已賑恤過人數申尚書省。

十年八月十一日，臣僚奏：「臣聞守令之職，於民最親。境内若有水旱，縣申州，州即申所部，詞狀以時接受，禾稻以時檢踏，委有損傷，即合從實蠲減，蠲減既畢，即議賑濟，豈復有流離餓殍之患？今也不然，縣有水旱，令則觀望州郡，不即受狀；守則顧惜郡計，惡聞言損。既不申奏，又不檢視。或因諸司覺察，不得已而差官檢踏，動在深冬。彼時旱禾多爲牛馬蹂踐，民間無以續食，先自耕犂早田，播種菜麥。官吏所至，稱是無藁秸可驗，多不減放，遂使有田者不被蠲租之恩，無業者不霑賑濟之惠，民生玆郡，何不幸耶！此字民之官不損猶應言損，唐代宗所以深咎於守令也。是豈非守令無愛民之誠，有欺心而然乎？且監司之職，爰咨爰諏，部内必有水旱，當令州縣及時具申。既見得果有災傷，即合嚴督州縣，差官驗踏，照分數蠲減稅乞〔一〕。或有傷重去處，合蠲閣舊欠者，速與申27奏朝廷；俟得回降，方與行下蠲閣，庶免日後舉催之患。今也不然，部内若有災傷，監司更不嚴督州郡及時檢放，漕、憲、倉司各掠美名，爭出文榜，不候申聞朝省，輒將人户新舊税盡行倚閣，以示寬卹。鄉民無知，一時聽信，至有持錢帛入城而復携以歸者。自後朝省初無行下，州縣再行舉催，小民輸納既已後時，逮至來年，縣道起催新税，又督舊逋，追逮監繫，倍有所費。名曰利之，適以害之。此口惠而實不至，怨菑及其身，吾夫子所無取於諸責也。是豈非監司沽愛之譽，無實惠而然乎？側聞孝宗皇帝嘗詔諸路轉運司，令所部州軍自今水旱並以實聞。或州縣隱而不言，監司體訪聞奏不實，並當重寘典憲。又因進呈檢放兩浙、江東西路災傷倚閣錢物，上曰：『既是災傷，若與倚閣税賦，亦無從出，可並與蠲放。』大哉王言！真可爲萬世賑荒卹民之龜鑑也。竊聞浙東及江東西今歲多有被旱，救荒之政，正當講究。欲望陛下仰稽烈祖、孝宗之訓，俯鑒唐宗、孔子之言，下臣此章，戒飭諸路監司、守令，應是旱傷去處，並仰從實開具被傷輕重聞奏，及時差官檢踏，蠲減税租。其舊欠若合蠲閣者，亦仰先次申奏朝省，候得回降，方與施行，不得前期擅自倚閣，簧惑民聽，有誤及時輸納。庶幾守令各知愛民，而不萌欺心；監司不敢沽譽，而務行實惠。如更循襲舊弊，故作違戾，容臣察訪，按劾以聞，重寘典憲。」詔從28之。

十六年八月二十八日，江南東路轉運判官陳宗仁言：「本路今歲自五六月間霪雨不止，江河山溪之水一時暴漲，居民多遭巨浸，低田率皆渰没。其間可以施人力者謂可車捲，尚堪插蒔，水未及退，一夕之雨，又復渺漫。今建康瀕江之圩田茫然與江混而爲一，不復可見畦町；而太平州圩田埂岸雖存，坍損實多，蕩然幾與江湖無異。至於寧國之宣城、廣德之建平、池之銅陵，凡曰圩田，大率相似。而建德、青陽雖非江，又以發洪，山水衝決，至有漂失人口者，其田遂爲沙漲之地。諸邑水災雖各不同，歲事失望，其實則一。宗仁已將城市被水居民從本司那融錢米賑給，行下州縣，將見催官賦權寬一月催納，并令諸縣置櫃，從條限令被水人户申訴外，將來檢放苗米，其被水浸荒不曾再種之田，勢須全與蠲放。但夏秋二税本出於田，田既荒廢，税何從出！州縣迫於期限，催督不容不嚴。其第四等以上人户猶可勉强，至於下五等人户，所仰數畝之田，以爲卒歲之計，今既一空，猶恐不能糊其口，里胥登門，甚於星火，質貸供輸，艱難萬狀。宗仁深知此等民户困不聊生，念欲具申朝廷，乞將夏税盡與倚閣，重以家國供億所繫，人户雖小，數目實繁，每三以思，不敢遽然有請。所催夏税什已六七，往往皆是貧窶，所有措辦將來官司賑濟之人，若征督不已，未免追擾，其勢必至流移，誠爲可念。宗仁濫29將漕輓，

〔一〕乞：疑當作「欠」。

一路休戚，實司其責。耳聞目接，用敢冒昧申告朝廷。欲望行下本司，將建康、太平諸邑并建平、宣城、銅陵、建德、青陽共一十三縣被水不曾再種，見今拋荒第五等以下人户合納今年殘零夏税權與倚閣，候來年秋收，却與催理。庶幾貧民下户藉此得以少蘇，免致流徙。」詔令户部將建康府、太平州及建平、宣城、銅陵、建德、青陽縣嘉定十六年見催第五等以下人户殘零夏税權與倚閣，候來年秋成日，却與催理。仍令本路安撫、轉運、提刑、提舉司疾速依條差官檢視，體量合放分數，除程限半月聞奏。

十二月二日，臣僚言：「恭聞孝宗皇帝於乾道間因閩中飢歉，嘗降御筆付漕臣等曰：『民頗艱食，甚念之，不知作如何措置，不致有流移之人否？』大哉聖言！此在今日所當取法而講明之也。今歲自五月不雨，以至於秋，繼而烈風拔(水)〔木〕，浲水襄陵〔一〕，漂蕩屋廬，渰損禾稼。加以怒潮驟溢，河海通流，民無蓋藏，食充藜藿，轉徙流移，畧無生意。爲民父母之官，自當汲汲軫由己之念，或減租賦以寬民力，或發倉廩以濟民飢，此皆職所當爲者。今乃恬然坐視，以罔聞知。臣嘗搜閱月申，諸郡皆未嘗以水潦而上聞，或徑指作無旱傷而申者。顆粒不入，而催科之額如故，省限未及，而追呼之令已嚴。間有縣官惻然，受理告損之詞，督賦稍寬，而郡守乃誚之以爲好名，反遭譴責。若是，則何以仰體陛下寬恤之[30]意乎？況閩之爲郡，山多田少，地狹人稠，豐年樂歲，尚有一飽不足之憂，加上凶荒，若何爲計？往歲猶仰客舟船販浙米以相接濟，今浙右諸郡多被水災，已有皇皇不自給之患，儻不明詔監司、郡守急舉荒政，必多爲溝中之瘠矣。欲望聖慈仰體孝宗皇帝勤恤小民之心，專委漕臣措畫，行下諸郡，須管詣實，照災傷分數減放。仍多方招諭販米客舟，免收税錢，務行平糴之政。其有貧乏不能自存者，開發常平，廣行賑濟，要施實惠。」詔令福建轉運司行下所部州軍，將被水去處日下證應的實災傷分數，從條減放。仍多方招誘客人興販米斛出糶，與免收税。仍令提舉司將合賑卹去處疾速措置施行。

十七年三月二十八日，臣僚言：「去歲被水去處不爲不廣，農人失望，俱不聊生。所恃者二麥耳，苦於積潦，種者無幾；插種既少，飢民嗸嗸。所望者成熟耳，青黃不交，尚賒收刈。下之所以仰給公家，上之所以接續民食者，獨有賑濟、賑糶可以全民命耳。朝廷支撥米斛爲濟糶用，給降度牒爲糴米用，朝奏暮下，德意至美也。痛革吏姦，行其所無事足矣，而奉行者何未之思歟？且勸分之數，誰肯樂從？富室既已承認，千斛在市，其價自平，此昔人之至論也。所積或多，聽其自行出糶可也；忽嚴禁糶之令，而所在上市之米即少，其價安得而不踊貴乎？近者本臺引放

〔一〕浲：原作「洛」。按，此處乃述福建水災，與洛水無關，據文意當作「浲」。《孟子·滕文公》：「《書》曰『浲水警予』，浲水者，洪水也。」宋薛季宣《浪語集》卷三二《盇山頌》：「浲水襄陵，如己推之。」

詞狀，畿甸郡邑既以物力抑勒敷糴，又以勸[31]諭爲名，逼令添認，引惹詞訴，利未及民，已不勝其擾矣。監糴之官，率皆弛慢不職，勸分之米，多是計囑作弊，糴不如數。糴場之吏不惟偷減升合，乞覓量錢，且夾雜糠穀粞碎，歸署舂(白)〔臼〕，折閲之甚，反不如貴糴於市。坐此多無人往糴，實惠安得而徧及乎？至於賑濟事，尤當曲盡其心，要在所委之官上體九重愛民之意，推擇鄉曲忠厚誠慤之士，相與朝夕講論康濟小民之策，庶幾民無餓殍之憂。欲望聖慈申敕攸司，疾速契勘去歲被水州縣，下臣此章，戒諭常平使者及諸守臣，選差官吏，留意濟糴，革絶弊倖。其有不以濟糴爲意者，臣當廉訪聞奏。」詔從之。

四月十三日，臣僚言：「去歲水潦異常，臣嘗乞修舉救荒之政。陛下惻然，亟俞臣請，軫卹黎元之心，先後無二，民之戴上恩德者遐邇無間也。臣竊謂荒政之徒講，而殿最之尚行，則爲州郡者趨賞避罰之意，憧憧往來于中，黄紙蠲放，而白紙催追，竭民之膏血而不顧，視民之愁歎而不卹。比較將及，則剗刷殘零，重疊科抑，期于充數，甚者又獻羨餘。爲已計則善矣，其如民病何！若是，則九重有寬恤之仁心，而州縣無奉行之實政，其爲無益於救荒一也。試以救荒一事言之，賑濟、賑糶，其初本以利民也。今州縣之間，常平、義倉移用殆盡，動是科取於有田之家，名曰勸糶，其實强之。況田有去存，而物力未嘗消豁，中下之户無米出糶，反罹其擾。甚者不[32]得已而應命，則以濕惡米穀雜以糠粃，賂吏而塞責，較之市糴，反有不逮，民亦厭糴，徒爲吏姦。今人情嗸嗸，二麥尚未可望，豈可吏急科歛，以爲郡守貳媒榮取寵之地哉！朝廷既以經費取辦大農，大農以賞罰而比較諸郡，郡迫之縣，縣迫之民，上下煎熬，惟財賦之爲急，而求爲陞陟之計。故善足國者當自裕民始，善裕民者當自寬州縣始。欲寬州縣，其可例行比較之法耶？今户部比較，正其時也。欲望聖慈檢證嘉定八年臣僚因旱蝗有請欲免比較特降指揮，應諸路(諸路)州軍實係水傷去處，權免比較一次。仍乞行下户部、司農寺，符合與權免比較州軍，仰體寬卹之意，毋致虐取於民，庶幾被水州縣期限可寬，而民力可裕矣。」詔令〔户〕部、司農寺看詳，申尚書省。

十七年七月二日，臣僚言：「近聞閩中諸郡因五月二十一日積雨之後，溪流暴漲，爲災特甚。自建寧、南劍以至福州水口，沿溪居民蕩然一空。福之城中西南兩門水高七尺以上，侯官縣甘蔗寨漂流數百家，多有溺死者。南劍衝突尤甚，水勢直至郡治，城樓、郵亭、司理院獄悉皆渰浸類毁[一]。城中人家初見水來，盡挈籠仗上樓，未幾與樓俱去，誠可憫念。市西地名鐵冶嶺一帶，皆爲瀰漫之所。建寧平政橋最爲高處，水没其上，洶湧入城。即此而觀，則其他城外低下去處及諸外縣被害可知。今來雖據逐處申到，並不言其詳，但云支撥錢米，例[33]行賑濟。然臣竊謂監司

[一] 類毁：似當作「頹毁」。

不過委之郡守，郡守不過委之州縣官，而被差之官或不留意，實惠未必及民，至今有未復業者。欲望聖慈下臣此章，疾速委令監司、守臣以體國愛民爲念，斟酌措置，更與多方賑卹，無令失所。」〔貼黄〕：「臣近得建昌守臣陳章公劄，亦稱是月四邑之水會于盱江城，不没者三版。早禾方包，既已失望，晚禾甫種，多就渰没，其禍至慘。聞之父老，數十年間，未嘗有此。嘗申朝廷，乞檢度牒〔一〕，以充糴本，事勢可知。并乞聖慈即賜一體行下，以救千里生靈之命。」詔從之。（以上《永樂大典》卷一一一二一）

地震

【宋會要】34 嘉祐二年三月三日，雄、霸等州並言二月十七日夜地震。至四月二十一日，雄州又言：「幽州地大震，大壞城郭，覆死者數萬人。」詔河北備禦之。是歲，河北數地震，朝廷遣使安撫。

治平四年神宗即位未改元。八月二十四日，《通考》云己巳。京師地震。上謂輔臣曰：「地震何祥也？」曾公亮等對曰：「天裂，陽不足；地動，陰有餘。恐由小人爲邪所致。」上然之。

九月二十七日，廣南經畧安撫司言：「潮州地大震，拆裂泉涌，壓覆兩縣寺觀、居民舍屋并本州樓閣、營房等，士民、軍兵、僧道死者甚衆。」詔以等給錢，死而無主者官爲瘞之。是歲，南方地震，如漳、泉等州皆準此賑恤。

十月六日，上謂曾公亮曰：「日者南方地震，君臣當共省懼，擇人以鎮撫之。」遂以工部侍郎、集賢院學士、河北都轉運使元絳爲龍圖閣直學士、工部侍郎、知廣州，呂居簡知鄭州。

神宗熙寧元年七月，河北州軍地大震。是歲，自秋距冬，河北地震，而緣邊尤甚，至有聲如雷而動，移時累刻不止者。詔經地震壓死貧民，令都轉運司勘會，給錢有差。無骨肉者官爲殯埋。又詔差廂軍五十人赴河北都轉運司葺治本路地震摧損城壁、樓櫓等工役。《清夜録》：熙寧元年河北霖雨、地震，城壁皆壓，發卒數 35 十萬治之。運去舊土，按故基築之，其工無算。惟霸州違其舊基五步，因取舊山築之，計工省殆過其半。《宋史·孫長卿傳》云：城郭倉庾皆隤，長卿盡力繕補。

熙寧元年七月十四日，《通考》甲申。京師地震。十五日，《通考》乙酉。又震。二十一日，《通考》辛卯。又震。

二十四日，上批：「河北地震、水災，宜擇能吏，以易庸暗年老之人。」以尚書都官員外郎馬淵知□州〔二〕，虞部員外郎陸濟權知德州。是日，降德音。

二十七日，上批：「御史錢顗言河北地震，今尚未息，居民殆無生意，其欠税當權倚閣。方民乏食之際，宜早施

〔一〕檢：似當作「降」。

〔二〕缺字疑是「棣」。參見瑞異三之四同條。

行。」翌日河北都轉運司又言：「自秋淫雨，繼以地震，諸河決溢，民皆走徙，恐無以輸夏税，願賜蠲免。」於是下畫一蠲減租賦指揮。即日，又詔：「應河北州軍輸納未及七分，被災甚者並除之，餘聽倚閣。」

二十八日，同提點廣東路刑獄公事王咸服奏：「潮州地震未止，今又再震。欲委本州知州爲軍民祈福，建置道場，以慰安民心。」上批：「可指揮廣東、福建路轉運司，應有地震未已州軍，並令所在長吏精嚴祈禱。」

【宋會要】

熙寧二年二月二十七日，富弼言：「竊知累有入奏，陳請凡百災變，皆繫時數，不由人事者。陛下明睿英哲，必不信納。又慮姦人能以甘詞致陛下或時而信，信則卹災救患、答謝天譴之意有時而怠，怠則虧損聖德，不爲宗[36]社生民之福。若數路地震之異，河北特甚，人民流散，去如鳥獸，死於道路者爲不少，甚可痛也。堯、湯大聖人，其佐皆聖賢，上下同德，協心(戳)〔戮〕力，無一夫不獲，無一物失所，故其水旱可以歸之時數。然亦不聞有重役横賦、勞民驚衆之事，亦不聞有流移餓死於道路之人。惟聞常有九年之蓄，民無菜色，而天下之奉堯、湯，亦如無水旱之事也。是雖遭水旱，而民不被其害，國不憂其危也。自秦漢以降則不然，凡有災變怪異，皆由時君世主不能用賢退不肖。災異既作，又不能恐懼修省，坐視赤子不能相保，乃妄欲比堯、湯水旱，以災異歸於時數，是欺天欺民之甚也。夫地者至大、至厚、至静，不可動摇之物也。古今固亦有震動之時，隨其所震大小遠近，必有災患應之。然未常聞數路皆震，且未有一日或十數震者也。震又不一日而止，有至今踰半年尚震而未止者也。是豈不爲大災變耶？此陛下正當究窮致震之由，推至誠，行至德，思所以厭塞其變，以謝天地之譴告焉。姦人謀身害國，若陛下萬一惑其所説，以災變歸於時數，而聖懷坦然，不以災變爲懼，羣有司之不職者不加擇[一]，政事之不平者不加治，萬民窮困失所者不加恤，則陰陽之氣何由而和，天地之變何由而息也？惟陛下深賜裁察。」

三月二十一日，富弼又言：「今天地變動，人情不安，時運艱厄如此。譬如常人，身有小變動，尚以占其禍[37]災，況於三才皆不順理，此豈小變？陛下當以至誠惻怛應之。地道宜静，至於動則非其常，應之亦宜以静而已。」文彦博亦曰：「唯静可以應此。」上曰：「惟先格王，正厥事。天地之變，唯正厥事，乃所以應天地。」

【宋會要】

紹聖元年十一月二十八日，《通考》丙寅。太原府地震，不及刻止。

[一]「有」下原有「所」字，據文意删。《禮記・祭統》：「羣有司皆以齒。」富弼《上神宗論内外大小臣不和由君子小人並處疏》：「内外羣有司者，筋肌支節血脈也。」(《國朝諸臣奏議》卷一五)

二年十月二十九日，河南府地震。十一月三十日又震。

是歲，蘇州自夏迄秋地震七。

三年三月八日《通考》戊戌。夜，劍南東川地震。九月二十三日，《通考》己酉。滁州、沂州地震。

四年六月二十七日，《通考》己酉。太原府地震，有聲。

大觀元年冬十月，蘇州地震。

崇寧元年正月二十一日，河東路轉運司言：「太原府、潞、晉等州、岢嵐等軍地震。」詔官給錢（痊）〔瘞〕葬，優恤死傷之家，及遣本路走馬承受公事就（進）〔近〕祠臺駘廟致祭設醮。

政和七年七月六日，詔：「熙河、環慶、涇原近因地震旬日，管下城寨關堡城壁樓櫓、官私廬舍並皆摧塌，居民覆壓，死傷甚衆，恐有夷人犯順竊發之兆。兼慮城壁不備，乘間入寇，理須急脩築。可因地震，遣使前去撫恤軍民，因往檢察。」

【宋會要】中興

高宗紹興六年六月九日夜，地震。十一日，詔：「內外卿士38極言朝廷闕失。凡州郡守長近民之官，宜爲朕惠養凋瘵，安輯流亡，察冤繫，禁苛擾，毋倚法以削，毋縱吏爲姦，各祇乃事，以副朕寅畏天地、側身消變之意。」上諭宰臣趙鼎曰：「上天譴告，朕極憂恐。」鼎曰：「皆臣等輔佐無狀。向緣地震，呂頤浩嘗罷政。」上曰：「頤浩之罪爲非，卿等但與朕協力脩政事，用答天譴。」上又曰：「考前世故事，當避殿減膳。今則所御只一殿〔一〕，而常膳至薄，若更減損，亦無害。」鼎曰：「此皆文具也。應天消變之道，專修人事，庶幾可召和氣。但即今費用浩大，科歛亦益煩，此傷和氣之大者也。臣等日夜不勝惴恐，而才力綿薄，終恐上負委使。」於是降詔。繼進士朱昉上書謂咎由失信，上嘉之，與免解，賜帛。

【宋會要】

高宗紹興三十二年孝宗已即位，未改元。七月十三日夜，臨安府地震，自東北而來。

【宋會要】

淳熙十二年七月二十四日，上曰：「近日漳、汀二州地震特甚，不可不慮。不知二州守臣如何？」宰臣王淮等奏：「漳州黃啓宗人多稱之，而汀州趙師懥亦自得。」上曰：「可令監司帥臣更精加臧否，保明聞奏。已差下人，候闕到赴都堂審察。」《中興會要》〔二〕。

地坼〔三〕

【宋會要】

〔一〕則所御只：原作「只所御則」，據《建炎要録》卷一〇二乙。

〔二〕按，此注誤，《中興會要》只記高宗一代。此蓋《大典》誤加。

〔三〕坼：原作「拆」，徑改。

39 熙寧五年十月三日，知華州呂大防言：「九月丙寅，少華山前阜頭谷嶺摧陷，其下平地東西五里、南北十里潰散坼裂，涌起堆阜各高數丈，長若隄岸，至陷居民六社凡數百户，林木、廬舍亦無存者。問之鄰近家並山之民，言比年以來，谷上常有雲氣，每遇風雨，即隱隱有聲。是夜初昏，略無風雨，忽於山上雲霧起，有聲漸大，地遂震動。不及食頃，即有此變。已檢録存卹死傷人户。」詔遣尚書兵部郎中、判太常寺王瓘乘驛致祭，仍建道場，并賜陷没之家錢有差。其不能葬埋者，官爲葬祭之。

【宋會要】

元豐八年哲宗已即位，未改元。正月二十九日、二月十日，《通考》云甲戌。賓州嶺方縣地陷。

地生毛

【宋會要】

紹熙四年十一月十日，地生毛。《中興會要》。（以上《永樂大典》卷一四二〇八）〔一〕

蝗災〔二〕

【宋史·五行志】

40 天禧元年二月，開封府、京東西、河北、河東、陝西、兩浙、荆湖百三十州軍蝗蝻復生，多去歲蟄者。和州蝗生卵，如稻粒而細。《會要》：天禧元年五月二十日，開封府等路並言二月後蝗蝻食苗。詔遣使臣與本縣官吏焚捕，每五州命内侍一人提舉之。

天禧元年六月，江淮大風，多吹蝗入江海，或抱草木僵死。《會要》：天禧元年八月七日，詔曰：「朕奉若天心，精求治本，冀召和平之氣〔三〕，以臻富庶之期。而去歲以來，迨兹秋序，災沴繼作，蟲螟荐生。眷惟郡國之間，頗爲稼穡之害。言念黎庶，惕然疚懷，寢食靡遑，旰宵若厲，分遣使傳，按巡方州。復思南畝之間，適届西成之候，恐損民力，有害農功。焦勞于兹，軫恤無已。豈非朝廷之政有所未周，司牧之方有所未盡？載念『在予』之訓，式申誕告之文。其先遣使臣並令赴闕。所在百姓，委長吏倍加安撫〔四〕，無令輒有搔擾。」

天禧二年四月，江陰軍蝻蟲生。

仁宗天聖五年七月丙午，邢、洺州蝗。《會要》：天聖五年七月十六日，趙州言：「蝗自邢州南纔二頃餘，不食苗。」帝謂輔臣曰：「但盧州郡所奏不實爾，其遣官按視之，速捕瘞以聞。」

天聖五年十一月丁酉朔，京兆府旱蝗。

六年五月乙卯，河北、京東蝗。

景祐元年六月，開封府、淄州蝗。諸路募民掘蝗種萬餘石。

〔一〕《大典》卷次原缺，據《永樂大典目録》卷三八補。《大典》該卷爲「地」字韻，「地震」、「地異」目。

〔二〕本目節録《宋史》卷六二《五行志》一下有關蝗災之文作正文（間補帝號、年號、年分），而以《宋會要》爲注。

〔三〕氣：原作「氣氣」，據文意删。

〔四〕撫：原作「按」，據文意改。

41 寶元二年六月癸酉，曹、濮、單三州蝗。

四年，淮南旱蝗。是歲，京師飛蝗蔽天。《會要》：康定元年十二月十二日，詔：「天下諸縣凡掘飛蝗遺子一升者，官爲給米豆三升。」慶曆四年六月二十四日，帝謂輔臣曰：「方歲旱，而飛蝗滋甚，百姓何罪而罹此！朕默禱上帝，願歸咎于朕躬。」章得象對曰：「臣不能輔理宣化，以致災孽於民，而貽陛下憂。今聖言及此，必有以上通天意之應。」

皇祐五年，建康府蝗。《續宋會要》：皇祐五年十一月四日，赦：「應諸路昨經蝗蝻、水旱爲災，並等第體量減放稅數。」治平四年四月十四日，京東西、陝府西、河北等路安撫轉運司奏乞賑濟災傷州軍。詔從其請。因諭其有蝻蟲生長打撲未盡去處，亦仰躬親提舉，早令去除盡静。如人户披訴夏税災傷，便仰差官體量減放，更不檢覆。

神宗熙寧元年，秀州蝗。

五年，河北大蝗。

六年四月，河北諸路蝗。是歲，江寧府飛蝗自江北來。《續宋會要》：熙寧六年四月二十四日，上批：「聞河北諸郡有蝗蝻，可令監司督官吏撲滅。」七年四月三日，詔：「開封府界提點司督責諸縣捕蝗，得雨即時以聞。」六日雨。

熙寧七年夏，開封府界及河北路蝗。七月，咸平縣鸜鵒食蝗。《續宋會要》：熙寧七年七月二十七日，上批：「聞河北兩路有蝗害稼，而所在多以未至滋盛，不即加剪撲。可指揮轉運、提點刑獄、安撫司嚴責當職官併力剪撲，具次第以聞。」

熙寧八年八月，淮西蝗，陳、潁州蔽野。《續宋會要》：熙寧八年八月三日，詔：「有蝗蝻處，委縣令佐親部〔人〕夫打撲。如地里廣闊，分差通判、〔幕〕職官、監司提舉。仍募人得蝻五升或蝗一斗給細色穀一升；蝗種一升，給麄色穀二升。給價錢者依中等實直。仍委官視燒瘞，監司差官覆按以聞。即因穿掘打捕，損苗種者，除其稅，仍計價官給地主錢穀，毋過一頃。」六日，上批：「聞陳、潁州蝗蝻所在蔽野，初無官司督捕，致重復孳生。自飛蝗已降，大小凡十餘等，雖自此漸得雨澤，麥種亦未敢下。蓋懼苗出即爲所食，根亦隨壞。若至秋深，播種失時，則來歲夏田又無望矣。公私之間，實非細故。其令京西北路監司、提舉司嚴督官吏速去除之，仍具析不督捕因依以聞。」

熙寧九年夏，開封府畿、京東、河北、陝西蝗。《續宋 42
會要》：熙寧九年五月四日，詔司農寺：「訪聞諸路州軍蝻蟲率皆生長，除開封府界嚴緊打捕盡静外，令逐路轉運、提刑、提舉倉司緊行督促當職官監轄打撲盡静，仍仰轉運司依條覆視訖以聞。」二十一日，荆湖南路提點刑獄司言：「本路州軍有地生黑蟲，各化蛾飛去。」七月六日，詔：「訪聞自關以西，今秋苗稼頗有順成之望。但日近忽有蝗蝻蚜蚄蟲生，爲害極甚。可令永興軍等路轉運、提刑等司分往州軍，督促當職官吏打撲盡静以聞。」元豐二年二月二十一日，詔：「諸路方春闕雨，慮生蝗蝻害田。其令河北、陝西、京東西等路監司常戒州縣撲滅，毋致孳生。」三年四月十七日，詔：「西北諸路久旱，慮蝻蟲漸生。其令轉運司督州縣撲滅，毋致孳長。」

元豐四年六月，河北蝗。秋，開封府界蝗。《續宋會要》：元豐四年六月三日，詔：「河北諸郡蝗蝻漸熾，可專委東路提舉官李宜之督捕。」二十七日，詔提舉開封府界諸縣鎮公事楊景畧、提舉開封府界常平等事王得臣，分詣諸縣提舉捕蝗。

元豐五年夏，又蝗。《會要》：元豐五年四月三日，詔開封府界提點司速捕絶蝗蟲，毋令害苗稼。

元豐六年夏，又蝗。五月，沂州蝗。《續宋會要》：元豐六年七月十日，詔：「聞開封府界諸縣蝻蟲猥多。今田稼既成，恐害豐稔，宜令提點刑獄范峋親督人夫速剪除之。」

哲宗元符元年八月，高郵軍蝗抱草死。《續宋會要》：元符元年十一月四日，户部言：「有蝗處，地主報本者，若在官荒田或山野灘岸之類者，地鄰報本耆，晝時申縣。令佐當日親詣地頭，差人打撲。鄰縣界至不明者，兩縣官同；如田段廣闊者，幕職官、通判分行提舉。亦許募人捕取，當官交納。每蟲子一升，官給細色穀二升〔一〕；蝻蟲五升或飛蝗一斗，各給一升。蝻蝗子多易得處各減半給。如給麄色，並依倉例細折，或給中等實直價錢。仍預先量數支錢斛，付隨近寺觀或與有力户，就便博易給散。令佐往來點檢燒埋，候盡静，轉運於別州差官覆檢訖奏。開封府界止差別縣官。其蝗蝻滋生稍多去處，即監司分定地分巡檢，往來督責官吏寅夜併手打撲盡静，仍躬親〔檢〕視聞奏訖，方得歸司，更不差別州官覆檢。即蝗初生，而本耆及地主、鄰人合告，而同隱蔽不言者，各杖一百。許人告，每畝賞錢一貫至五十貫止。」從之。

徽宗崇寧元年閏六月二十六日，尚書省言：「府界、京東、河北、淮南等路蝗。」詔監(宗)〔官〕督捕，官吏弛慢者劾治以聞。

崇寧二年，諸路蝗，令有司酺祭。《續宋會要》：崇寧二年七月二十三日，臣僚言：「乞行酺祭，以弭蝗災。」詔太常寺檢舉。

崇寧三年、四年，連歲大蝗，其飛蔽日，來自山 43 東及府界，河北尤甚。

宣和三年，諸路蝗。《續宋會要》：宣和三年九月二日，淄州奏：「本州界四縣五鎮，自五月中有四向飛到蝗蟲，及鄰境間有蝗蝻遷逐入界，皆抱枝自乾，並不傷害田苗。本州界内禾稼成實。」

宣和五年，蝗。

高宗建炎二年六月，京師、淮甸大蝗。八月庚午，令長吏脩酺祭。《會要》：建炎二年六月二十四日，詔：「聞京師、淮甸等處飛蝗甚多，恐害田稼。可行下逐路轉運司差官疾速撲，限日近須管盡静，仍具申尚書省。」是月十九日，又詔：「迺者飛蝗爲沴，應政事施設未便於民、未宜於時，令監司、郡守條具以聞。爲害最重之處，仰百姓自陳，州縣、監司驗實聞奏，量輕重與免租稅。其應禁囚，州委知州，縣委通判，躬親點檢結絶。尚敢違慢，劾治以聞。」又詔：「應有飛蝗州軍，令長吏備牢醴躬親(祁)〔祈〕祭，命輔臣詣觀寺祈禱。」

紹興二十九年七月，盱眙軍、楚州金界三十里，蝗爲風所墮，風止，復飛還淮北〔二〕。

三十二年六月，江東、淮南北郡縣蝗飛入湖州境，聲如風雨。自癸巳至于七月丙申，徧于畿縣，餘杭、仁和、錢塘皆蝗。丙午，蝗入京城。《會要》：紹興三十二年七月三日，詔：「飛蝗自湖州安吉入臨安府界，令本路監司、守令詢究其實，檢照前後條令疾速施行。」從侍御史張震請也。

紹興三十二年八〔月〕，山東大蝗。癸丑，頒《祭酺禮式》。《會要》：紹興三十二年八月九日，詔：「以飛蝗爲害，令太常寺條具祭酺神禮施行。」先是，白劄子奏：「紹興《祀令》：蟲蝗爲害，則祭酺神。」故有是命。

孝宗隆興元年四月十七日，詔令有蝗路分，轉運司督責州縣措置除蝗。殿中侍御史胡沂奏：「按《爾雅》：螟食苗心，螣食苗葉，賊食苗節，蟊食苗根。四者皆蝗類也。詩人嫉之，其詩曰：『無害我田穉，田祖有神，秉畀炎火。』蓋當穉未成之時，而爲患方始，驅除之道，固宜無所不用其至也。唐開元中，姚崇建言：田各有主，使之自救，必不憚勤。請夜設火，坎其旁，且焚且瘞。於是汴州刺史倪若水縱捕，得蝗十四萬石，蝗害訖息。朝廷著令，蟲蝗生發飛落，及有遺子，地主報耆申縣，先次追集人户，併力撲除。又令官私荒田(收)〔牧〕地經飛蝗住落處，雖以撲掘，仍於十月初委令佐差募人取掘蟲子納官，給錢穀。又令撲掘蟲蝗條法，於村疃粉壁曉示，縣於季首舉行，凡數十條。立法之意，可謂盡矣。去秋飛蝗逮至江浙，至冬無雪，宜有遺育散在郊野。而有司失於檢舉撲除之令，種息實繁，其勢必將復 44 出爲害。如聞近郡村野間稍稍有之，須及此時舉行舊法，令逐路轉運司疾速戒諭郡縣督責遵守，庶幾銷

〔一〕「給」字原脱，「穀」下原有「斗」字，據上「熙寧八年八月」條注文删補。
〔二〕淮北：原作「淮南」，據《宋史》卷六二《五行志》一五改。

患於微。」故有是命。

隆興元年七月，大蝗。《會要》：隆興元年七月十六日，詔：「以秋亢旱，飛蝗在野，星變數見，朕心懼焉。意者政令多有所闕，賞罰或不當，朕雖側身求應以實，卿等各思革正積弊，勿狥倭私，務塞災異之原，稱朕寅畏之意。」又令劄與侍從、臺諫、兩省官照會，仍依今月十二日已降指揮，條具時政闕失聞奏。十九日，宰執陳康伯以旱、蝗、星變，抗章自列，詔不允。

隆興元年八月壬申、癸酉，飛蝗過都，蔽天日；徽、宣、湖三州及浙東郡縣害稼。京東大蝗，襄、隨尤甚，民爲乏食。《會要》：隆興元年八月十七日，詔：「比日飛蝗益多，又聞諸路州縣風雨爲災，螣螟害稼，咎證罔測，朕甚懼焉。朕自今月十八日避正殿，減常膳，側身修行，以祈消弭。重惟政事之闕，致傷和氣，二三大臣其盡忠省過，裨朕不逮。監司、郡守各務身率，戢貪禁暴，平察冤獄，以安民庶。所在災傷，悉行具奏，依條賑卹檢放；如有隱匿不以聞者，重寘典憲。師徒未息，科調益繁，江淮襄蜀，尤甚勞擾。疆埸之吏，宜加安輯，蠲省苛斂，以稱德意。」二十二日，車駕欲詣德壽宮上壽聖太上皇后壽，以蝗蟲避殿減膳，不當留宴，遂寢。從諫官陳良祐請也。　九月十八日，詔：「淮南、江東西、兩浙轉運司立便行下所部州縣，遵依見行條法，捕收蝗子。所捕收人户，於元法倍給錢穀之數，於常平倉庫取（揆）〔撥〕。仍仰本司巡按督責所委官恪意奉行，務要盡絶。」户部狀：「准都省批下白劄子奏，比歲飛蝗在野，雖不爲災，然要不可視爲無傷，而不預爲之備。今歲之蝗所以尚熾者，由去歲之遺種尚存而不撲除之也。今秋令之深，氣候浸凜，蝗雖尚熾，勢必不能爲患。第爲來歲之慮，則十月取掘蟲子之法，正適其時。乞自朝廷悉舉舊法，遍下諸路監司、守臣，分委令佐，各以時月親行檢視元經飛蝗生發及住落遺子去處，多方募人取掘蟲子，經官投納。仍於元法倍給錢穀之數。其所用錢穀，悉於常平司倉庫取撥。務在恪意奉行，庶幾遺種殄滅，不至復爲來歲之患。」故有是命。

隆興二年夏，餘杭縣蝗。《會要》：隆興二年五月二十三日，詔：「臨安府餘杭縣見有蝗蝻，雖已差撲除，恐所在冤獄，催促撲滅。」　九月二十四日御札：「紹興府今秋螟害、水溢，重有災傷，令吳芾遣吏按實，速加賑卹。仍思所以濟之之術，速具以聞。」

乾道元年六月，淮西蝗，憲臣姚岳貢死蝗爲瑞，以佞坐黜。《會要》：乾道元〔年〕六月十五日，有旨：「淮南運判姚岳以蝗死爲嘉祥，乞録付史館，特降一45官。」以右正言程叔達奏：「岳申奏蝗蟲自淮北飛渡前來，皆抱草木自死，首唱佞諛，務爲容悦之階。乞賜罷黜，以警其餘。」故有是命。

淳熙三年八月，淮北飛蝗入楚州、盱眙軍界，如風雷者逾時，遇大雨皆死，稼用不害。《會要》：淳熙三年八月二日，楚州武鋒軍副都統制張宣言：「有蝗自淮北飛過淮南，遇大雨，皆抱草木。又二十日，有飛蝗自東北起，過向西南去，蔽空如雲，陣若風雷。又二十一日，有飛蝗往來，連日不絶，未聞傷食禾稼。」上曰：「初不聞，不曾損傷禾稼否？」參知政事龔茂良等奏：「久聞淮北旱蝗，未敢深信，今乃果然。蝗過淮南，被雨即死，此非人力所能爲，實天意也。」詔措置打撲，務令日下静盡。

淳熙九年六月，全椒、歷陽、烏江縣蝗。乙卯，飛蝗過都，遇大雨，墮仁和縣界。七月，淮甸大蝗，真、揚、泰州窖撲蝗五千斛，餘郡或日捕數十車。羣飛絶江，墮鎮江府，皆害稼。《會要》：淳熙九年六月二十二日，詔知臨安府王佐日下責委州縣疾速體訪蝗蟲飛落去處，並躬親前詣地頭監督，併力打撲，無致傷損禾稼。既而八月十四日〔一〕，詔：「蝗發之處，令疾速措置撲除，務要静盡。如將來尚有孽育，其所在守令不以去官，取旨責罰。」　十年正月十一日，知臨安府王佐言：「去歲飛蝗自北而來，民心憂懼，聖德銷異，竟不害稼。但遺種入土，慮深

〔一〕日：原作「詔」，據文意改。

春生發。雖本府境內已令併力打撲，恐其餘州縣曾經有蝗飛落去處，有失舉行。望委監司督責措置，免致孳育。」既而又言：「本府有蝗飛落瀕江一帶蘆場并鹽場茅葦地內，竊慮今來取掘蟲子，打撲蝗蝻，其管掌蘆場并鹽場茅地人別有阻障，望令民間從便掘取打撲。其在外州縣，乞一體施行。」並從之。二十二日，詔：「兩浙、江東、兩淮帥、漕司爲將所部州縣去年曾有蝗蟲飛落地分，並委守臣多給錢米，及選差諳曉民事官措置取掘打撲，務要静盡。如違，按劾以聞。」既而權工部尚書王佐言：「比來措置掘蝗，仰見聖主憂民之切。至於祈禱祠祭，恐不廢。紹興、隆興間，朝廷嘗命禮（宮）〔官〕討論，頻降祭式，事已即罷。望檢舉施行，亦助弭災害之一也。」從之。

淳熙十年六月，蝗遺種于淮、浙，害稼。《會要》：淳熙十（年）年八月二十三日，辛執奏事，上因諭曰：「日來天氣甚好，秋熟無疑。聞説平江近日有蟲聚於禾稼上，須用油澆乃落。但一一如此，（如此）幾時可徧？」忽一夜雨，其蟲盡洗去。

淳熙十四年七月，仁和縣蝗。《會要》：淳熙十四年十九日〔一〕，臣僚言：「臨安府仁和縣管下蝗蝻生發，已有羽翼，及今未 46 能高飛，尚可掩捕。」詔臨安府速措置施行，毋致滋長。

光宗紹熙二年，高郵縣蝗，至于泰州。五年八月，楚、和州蝗。

寧宗嘉泰二年，浙西諸縣大蝗，自丹陽入武進，若烟霧蔽天，其墮亘十餘里。常之三縣捕八千餘石，湖之長興捕數百石。時浙東近郡亦蝗。《會要》：嘉定八年八月十八日〔二〕，詔：「飛〔蝗〕未息，差官詣霍山廣惠廟行祠祈禱，務獲感應。」 九年六月三十日，都省言：「日來稍有飛蝗，合行祈禱。」詔令范之柔詣上天竺靈感觀音前，柴中行詣霍山廣惠廟行祠祈禱，務獲消弭。又詔分遣卿監、郎官詣在京祠廟祈禱。

開禧三年夏、秋久旱，大蝗羣飛蔽天，浙西豆粟皆既于蝗。《會要》：開禧三年七月十一日，都省劄子：「奉御筆：『朕德弗類，致天之災。比者郡邑間被大水，加以飛蝗爲孽，永惟咎證，用震悼於予衷。顧惸然在疚，方重貶抑。咨爾二三大臣，其助朕祗畏，思正厥事，以迪百工，俾內無誕謾私詖之風以害吾治，外無貪（黑）〔墨〕暴刻之政以殘吾民。其有災傷當行賑恤去處，具以狀聞，無得蒙蔽，庶幾實惠宣究，天心降格。矧今兵戍久勞，瘡痍未息，一念及此，痛如在躬。疆場之吏〔三〕，尤當極力安輯，以稱朕憫仁元元之意。』」 嘉定元年四月二十五日，臣僚言：「臣等聞民自天民，天固恤之。匹夫匹婦不得其死，則三年之旱、六月之霜不旋踵而應。況兵革之後，死於非命者不可勝計，積骸枕野，飢民相食，怨氣充塞，豈不上干陰陽之和！故自去歲以來，蝗蝻爲災，隆冬無雪，入春不雨，以迄于今。攷之農時，以過芒種，今隴畝龜兆，首種不入，更遲數日，已涉夏至，則歲事無及矣。聞之道路，旱勢甚廣，江、湖、閩、浙，所望皆然，遺蝗復生，撲滅難盡。漕渠不通，米價翔踴，人情嗷嗷，幾不聊生。此豈細故，而可不求以應之哉！近者奏告祈請，靡神不宗，然欲雨而即止，暫陰而復晴，殊未有以慰四方雲霓之望。恭覩明詔，聖心焦勞，特減常膳，又以此月二十七日躬禱於太一宮、明慶寺，閔雨之志，上下具孚，甚盛德也。然成湯桑林之禱，嘗引咎而責躬；宣王雲漢之災，必側身而脩行。其爲應天之道，蓋未嘗專事於虛文也。欲望陛下惕厲齋居，憂勤庶政，深念生民塗炭，無辜籲天，皆由向者任用非人，以致貽禍百姓，亟下哀痛之詔，廣求切直之言〔四〕。仍詔大臣，敷（救）〔求〕民瘼，如淮甸之賑濟，諸郡之科繇，暑月之鍛甲，近畿之和糴，若此之類，名色甚多，皆合亟議罷行。仍劄下六部長

〔一〕「十九日」前當脱「七月」二字。

〔二〕嘉定：原作「嘉泰」。按嘉泰無八年，必是「嘉定」之誤，因改。

〔三〕場：原脱，據前文瑞異三之二四所引補。

〔四〕按，原稿此句「切直」以下原接「侍郎趙粹之」云云一段，經查，乃是與原稿職官七八之五三「之言」至「詔從之」一段互爲錯簡，今據本書瑞異二之二七所引此奏之文移正。

貳及臨安府、兩浙轉運司，各據所隸，凡可以慰安人心、銷弭天變者，申尚書省施行。」詔從之。

嘉定元年五月，江浙大蝗。六月乙酉，有事于圜丘、方澤，且祭酺。七月，又酺，頒酺式 47 于郡縣。

二年四月，又蝗。五月丁酉，令諸郡脩酺祀〔一〕。六月辛未，飛蝗入畿縣。

三年，臨安府蝗。

七年六月，浙郡蝗。

八年四月，飛蝗越淮而南，江淮郡蝗食禾苗、山林草木皆盡。乙卯，飛蝗入畿縣。己亥，祭酺，令郡有蝗者如式以祭。自夏徂秋，諸道捕蝗者以千百石計。飢民競捕，官出粟易之。

九年五月，浙東蝗。丁巳，令郡國酺祭。是歲荐饑，官以粟易蝗者千百斛。

十年四月，楚州蝗。

理宗紹定三年，福建蝗。

端平元年五月，當塗縣蝗。

嘉熙四年，建康府蝗。

淳祐二年五月，兩淮蝗〔二〕。

景定三年八月，兩浙蝗。（以上《永樂大典》卷七六六六）

【宋會要】〔三〕

〔嘉定元年〕五月二十九日〔四〕，正奉大夫、右丞相、兼樞密院使、兼太子少傅錢象祖等言：「臣等五月十四日〔五〕，伏蒙宣諭臣等：『飛蝗大作，朕日夕憂懼，雖宮中連日祈禱，尚乃如故，恐有抑塞，上干和氣，凡合舉行之事，可條具聞奏。』臣等即具知稟回奏外，竊惟比歲以來，飛蝗爲災，遍及江浙，陛下每睹變異，憂形詞色。蓋自權臣首禍，輕起兵端，南北生靈肝腦塗地，冤憤之氣充塞穹壤，其散爲癘疫，化爲蝗蝻，理或有之。然弭災致祥，豈無其道，臣等亦安往事爲解。嘗考之占書，京房曰：『臣安祿位茲謂貪，厥災蟲。』又曰：『蝗蟲四起，國多邪人，朝無忠臣之救也，舉有道置於位。』漢臣奏曰〔六〕：『蝗者，貪擾之氣所生。天意若

〔一〕郡：原作「脩」，據《宋史》卷六二《五行志》一下改。

〔二〕蝗：原作「蜼」，據《宋史》卷六二《五行志》一下改。

〔三〕按，原稿以下正文原在本書職官七八之五三「罷免」門淳熙元年十一月「二十三日」條之後。今細審其文，不但該條自「之言」以下爲瑞異三「蝗災」門之文，其下自「（嘉定元年）五月二十九日」條至九年「六月二十二日」條三千餘字亦純記蝗災，與職官類「罷免」門毫無關係，因而亦係「蝗災」門之錯簡，今移於此。蓋《宋會要》「蝗災」門之原文，以下條文本與上文注文中「嘉定元年四月二十五日」條緊接，該條以前之《會要》文，已被《大典》摘取爲《宋史》之注，非復全文；而「嘉定元年五月」條以下，則錯簡闌入職官類，未作爲《宋史》之注，故仍保留《會要》之原貌。原稿無「宋會要」三字，今添，以免與上文之「宋史」相混。

〔四〕嘉定元年：原無，因《宋會要》原文此條上承「嘉定元年四月二十五日」條，無需出此四字，今補。

〔五〕五月：原作「二月」，據《宋史》卷三九《寧宗紀》三改。

〔六〕臣：原作「名」，據後文「漢臣之奏，昭然不誣」句改。

曰，貪狠之人蠶食百姓，若蝗食稼擾民。推類叙意，皆象群下貪狠，威教妄施。宜勑正衆邪，清審選舉，退屏貪暴，則可致太平。』是知變不虚生，緣類而起。臣等材猷淺薄，識慮迂疏，誤被簡知，擢居宰輔，無嘉謀以裨主闕，無惠澤以及生民，食浮于功，德不稱位，偷安亡補，玩時愒日，致兹咎異，罪何所逃！京房之言，於斯爲驗。蓋天下郡邑至廣，朝廷耳目有限，親民者莫切於守令，察吏者莫急於監司。往者孽臣庸相，相輔爲惡，監司、郡守至以賄得，專事裒(劾)〔刻〕，巧媒進用。更化以來，雖間有澄汰，而未能徧加選擇，漢臣之奏，昭然不誣。臣等伏願陛下監觀古者，奮發威斷，懲委任之失，原致災之繇，將臣等並賜罷斥，別選内外名德宿望，處以丞弼之寄，使之裨益聖明〔一〕，講求闕政。深詔近臣，將在任及待闕監司公共攷察，汰其不才，(侍)〔特〕舉風力敏强、清謹廉正之士分布諸路，俾各察所部守令貪廉能否，責以惠綏矜寡，撫摩凋瘵。庶幾答天人之望，感召陰陽之和，上以昭聖主宵旰夤畏之誠，下以銷黎元嘆息愁苦之氣，宗社幸甚。臣等乞檢照隆興元年七月旱蝗詔，令侍從、臺諫、兩省官各條具時政闕失。」詔令侍從、臺諫、兩省官條具聞奏。

六月十四日，禮部、太常寺狀：「準尚書省劄子節文，爲飛蝗爲災，合修祭酺，奉聖旨令禮部、太常寺日下申尚書省。數内所有飛蝗飛入他郡者，亦乞令户部證開禧三年(例禮)〔禮例〕行下州縣，依小(禮)〔祀〕儀式用酒酺，差守令(説)〔設〕位祭告行禮施行。」詔從之。

八月二日，都省劄子：「檢會七月二十五日詔：『屬者蝗蝻爲菑，朕軫念焦勞，省躬憂懼，減膳忘寢，未嘗頃刻自安。今秋以來，雖屢得雨，未盡蕩滌，紛飛蔽空，尚慮有傷禾稼，尤深震惕。已於宫中齋戒致禱，今再擇二十七日設醮保禳。不敢歸之時數，未知所以銷弭之方。其寬恤事件舉行未盡者，三省條具奏聞。仍令有司復修酺祭，及行下監司、守、令，凡飛蝗所到(處去)〔去處〕，並須精加祈禱，不得徒爲文具。』」

二年五月九日，臣僚奏：「臣聞動民以行不以言，應天以寔不以文，此先儒之格言也。夫水旱螟蝗之災，雖聖明之朝有所不免，乃天之所以儆戒人君，不能使必無於世，而禍福之機特在夫人事何如耳。仰惟陛下躬仁聖之盛德，紹(績)〔積〕累之慶基，寅畏天命，罔敢暇逸。粤自兵興以來，飛蝗爲災，農功隳廢，民食孔艱，流離載道。仰蒙陛下軫念黎元，至誠惻怛之意發自宸(哀)〔衷〕，捐金開廩，賑卹備至，起衆朽爲豐肌，挈群生於轉壑，德至渥也。精誠所感，宜格善祥。比自春夏之交，蝗之餘孽漸復滋，所幸二麥登場，少回菜色。而今秋歲時，實爲可慮。臣竊惟蝻蝗之害，在去載已不可支，公私匱乏，延頸企足，以覬一稔，豈應醜類又復縱横，不即殄除，民天何恃！臣謂飛蝗挺孽，

〔一〕裨：原作「俾」，據文意改。

乃天災之未殄，所爲捕蝗之策，誠動民之要道、應天之急務，在今日不宜緩也。比者廷臣抗疏，乞行下郡邑，依倣姚崇故事，焚瘞撲除，此誠弭災之道。臣濫司京輦，祇順德音，除乞行下所管諸縣多方捕滅外，似聞近甸及外路種類繁多，恐州縣之間奉行不虔，玩時愒日，不亟圖之，轉矚成秋，患可勝言！是時雖有興利除害之心，悔將何及！艱食流離之患，詎宜再見！臣聞何郯於皇祐間奏疏，乞降敕命，應有蝗蟲生長去處，專督知州、通判督屬縣官吏速行打捕，如此嚴行督責，官司必能究心除害。欲望聖慈申嚴廷臣奏請指揮，特降睿旨，專委逐路監司，各仰嚴切督責所部内州縣，如有蝗蝻去處，在州則守臣督責屬縣，在縣則縣令躬率任官，親履阡陌，廣行捕滅，勿令滋育。所有合用錢米，除轉運司支撥外，其逐州亦合斟酌事體輕重，預行支撥應副，毋令就縣(載)〔截〕撥，徒成文具。仍不得科抑里正，使之陪備。貧民藉此薄有霑匄，不待驅迫，自然雲集。在官司亦有施行滅裂，許監司按劾以聞。如此，則百穀可保，一飽可期，天下幸甚。《詩》曰：『逮天之未陰雨，徹彼桑土，綢繆牖户。』惟陛下留神。」詔從之。

二年五月五日〔一〕，都省劄子：「奉御筆：時雨未通，仰守令精誠祈禱，監司分遣清强官疏決獄訟，毋令淹滯。其有遺蝗復生去處，州縣舉行酺祭，多方捕除，不得具文。或守令貪殘，不能體朕卹民之意，併加按劾。諸軍將帥各務拊存士(率)〔卒〕，如尚循舊習，敢行掊刻之政，並令御史臺覺察聞奏。」

六月十日，尚書省劄子：「勘會近有蝗蟲飛入府界，合行差官祭告酺神，劄付禮部、太常寺日下討論，申尚書省。今討論數内一，所有蝗蟲飛入府界者，亦乞令户部照開禧三年禮例行下州縣〔二〕，依小祀儀式用酒酺，一面差(首)〔守〕令設位祭告行禮。伏乞朝廷指揮施行。」詔從之。

三年正月二十八日，敕門下省：「比歲蝗旱，民食不登，捐瘠流亡，良可哀痛，何天咎之慘耶！靖惟厥繇，往者委任不審，寵賂章聞，輕動干戈，怨氣薰積，詒害于百姓，時朕之愆。粵從更化，日徯寧謐，蠲租發廩，朝夕惴惴，惟恐賑卹之不及，亦冀在位惻然有以分朕之憂。而監司、守令間猶循習，鹵莽(其)〔具〕文，未聞悉(付)〔副〕朕志。其能按察澄清而毋拘攣顧忌也歟？其能撫字牧養而毋貪婪刻剥也歟？不然，何吾民不安業而忍爲寇賊之歸歟？無乃毀譽未公，黜陟未明，無以使人盡其心歟？興言及此，朕則知之，奉吾詔者，(朕)則朕之所以拳拳者歟！繼自今以體國爲心，以舉職爲能，勿欺勿慢，各勵乃庸，則旌表選擢，朕不汝靳。其或緣奸邪，尚狃前非〔三〕，假公營私，以自豐殖，使上德壅於下，下怨叢於上，蠹國害民，厥有常憲。斯言不

〔一〕按上條爲九日，此條反爲五日，或有誤；若無誤，則當移前。
〔二〕開禧：原作「開熙」，據上文元年六月十四日條改。
〔三〕狃：原作「妞」，據文意改。

渝，聽之毋忽。故兹詔示，想宜知悉。」

九年五月八日，中書門下省〔言〕：「勘會飛蝗漸有滋長，合行祭告酺神。五月五日，詔令諸路轉運司、安撫司、提刑司、提舉司并江淮荆湖制置司〔一〕、三總領所，各行下所部州縣，應有蝗蝻生發去處，守令日下（發）〔祭〕告酺神，仍於在城靈應寺觀、神祠精加祈禱，務在速獲銷弭。城外分差官前去。及令督責州縣，疾速收捕淨盡，不得視爲文具。」

五月二十六日，臣僚言：「臣聞天之愛君，則時出災異之證；臣之愛君，則時陳警懼之說。李沆事真宗日，取四方水旱、盜賊奏之，或者以爲細事，不足煩上聽，不知四方艱難之事不聞，則警懼之念有時而忘。忠臣愛君，正不當以水旱、盜賊爲細故而畧之也。臣伏覩今歲以來，氣（侯）〔候〕和調，風雨時若，星文順軌，蠶麥豐登，較之往年，似若差勝。此皆陛下憂勤之所至，天下孰不知之？然上天純愛之心，不純降於休祥，而吉凶休咎之相乘，亦迭出而示戒。日食於春，月食於秋，癘疫流行，死亡猥衆，物價踊貴，餓莩載途，氣象轉至於蕭條，田野不免於愁歎，而其最可憂者有二焉，飛蝗之滋生也，盜賊之（寑）〔寖〕盛也。是雖曰遺種不除，飢寒所迫，勢固有之，而圖之不早，去之不速，其爲患未可知也，臣烏敢忘警懼之戒哉！大抵干戈之後，必有螟蝗。曩者醜類相殘，中原遺臭，蝗蟲大作，飛越淮南。去歲浙江諸路所在有之，此不過自北而南者耳，其傷害禾稼，蠶食山林，已不勝其毒。乃（令）〔今〕遺類尚留，生育（寑）〔寖〕廣，冬雪漫漫，莫能殲殄。自入春暄，羽翼漸生，揖揖詵詵，不可勝數。若更滋長不已，其爲禍豈不有甚於去歲耶！陛下憂勤有加，不忍坐視，戒飭縣州，留意掩捕，示以罪罰，而又分命臣工，徧禱祠宇，循行舊典，告祭酺神，以講求救災之術者，誠切且至。州縣之間，亦固有仰體上意，募民捕獲，視其多寡，以粟易之。彼民當饑荒之餘，方採草木之根以代粒食，亦固有樂然趨之以冀斗升之獲者。然聞諸路所申捕到之數動以千百斛計，則所支之粟爲數必多，今若靳目前之所費，存給賞之虚名，悠悠塞責，緩不及事，臣恐捕者不多而生者益盛，異時雖欲去之，不可得矣。此臣所謂可憂者一也。自古盜賊必生于貧民之無聊，類聚黨合，遂至於滋曼而不能止。今不亟圖，後將何及！臣聞江淮飢民多行剽奪，諸軍士卒亦（寇敢）〔敢寇〕攘，此雖鼠竊而狗偷，詎命肆行而無憚。今江湖巨浸，棹輕舠，群不逞，舟行之人偶與遇之，則聽其席捲而去，得免死已爲厚幸。逮其聞之官府，而巡尉官吏懼遭責罰，務在掩覆，往往率衆勸和，備償所（夫）〔失〕，不欲上司之知。至如都城内外有被盜者，亦多總轄厢巡裒財以償；甚多殺傷，而逃而爲盜者終不獲。夫被盜之家計其所失而僅獲所償，固有不得已而已者，然上下掩覆，相爲蔽欺，徒黨日繁，莫能究結，萬一外寇

〔一〕制置：原倒，據《宋史》卷一六七《職官志》七乙。

陸梁，姦民乘間而起，豈國家之福哉！此臣所謂可憂者二也。臣謂二者之患，其端甚微，流禍甚大，防之於其細，慮之於其早，庶可以爲善後之圖。縱其蔓延而不早圖之，終必有噬臍之悔。今捕蝗有格，捕盜有令，一切責之於監司、郡縣，此固事之當然，蓋特其細者耳。變異之來，所以潛弭於冥冥者，是必有本原之論也。臣觀仁宗皇帝慶曆中，盜賊猖狂，飛蝗爲孽，余靖爲諫官，數上疏言其事，論禦盜則先于安民，論飛蝗則欲修人事。所謂安民者，不過謹改作，勿爭其利；而人事之修，亦原於君臣上下之闕失。是則弭災救患之本，陛下所不可不知也。陛下誠反而思之，國家果能不爭其利，而民果能得其安平，君臣上下果能無闕，而人事果能盡修乎。若猶未也，當益勉其所未至可也，安可諉之適然哉？臣願陛下念飛蝗之滋生，思盜賊之（寖）〔寖〕盛，講求治道之本，潛消災變之萌，警懼之心無時而忘，則轉災爲祥，特反掌耳。惟陛下留神省察。」詔從之。

六月二十二日，中書門下勘會日來稍有飛蝗，合行祭告酺神。詔行下諸路監司，督責州縣，委自守令，應有飛蝗去處，疾速捕逐，再行祭告酺神。仍令於靈應寺觀、廨宇精加祈禱，務在速獲消弭。自指揮到日，各具（凜）〔稟〕遵文狀申尚書省。（以上《永樂大典》卷一一四二四）

宋會要輯稿　運曆一

五運

【宋會要】❶太祖建隆元年三月，有司上言：「國家受禪於周，周木德，木生火，合以火德王，其色尚赤。仍請以戌日爲臘。」從之。

太宗太平興國九年四月，布衣趙垂慶言：「皇家當越五代，上承唐統，爲金德。若以梁上繼唐，傳後唐，至國朝亦合爲金德。矧自禪代以來，符瑞狎至，羽毛之類多色白者，皆金德之應。望改正朔，易服色，以承天統。」下尚書省集百官定議。右散騎常侍徐鉉等奏議曰：「五運相承，國家大事，著於前載，具有明文。頃以唐季喪亂，朱梁篡代，莊宗早編屬籍，繼立世功〔一〕，親雪國讎，天下稱慶。即以梁比羿、浞、王莽之徒，不可以爲正統也。莊宗中興唐祚，重新土運。自後數姓相傳，晉以金，漢以水，周以木。天造皇宇，運膺火德。況國初便祀火帝爲感生，於今二十五年〔二〕，圜丘展禮，已經六祭，年穀豐登，干戈偃戢。必若聖統未合天心，焉有太平得如今日？豈可輒因獻議，便從改易？又云梁至周不合迭居五運，欲上繼唐統爲金德。且後唐以下奄宅中區，合該正統，今便廢絶，禮實無謂。且五代運遷，皆親承受，質文相次，間不容髮，豈可越數姓之上，繼百年之運？按《唐書》天寶九載崔昌獻議曰：魏晉至周隋，皆不得爲正統。欲唐遠繼漢統，立周、漢子孫爲王者後，備三恪之禮。是時朝議是非相半。集賢學士衛包扶同李林甫，遂行其事。林甫卒後，復以魏、周、隋後爲三恪，崔昌、衛包並皆遠貶。此又前載甚明。況今封禪有日，宜從定制，上答殊休。」從之。

真宗大中祥符三年九月，開封府功曹參軍張君房言：「國家當繼唐土德統，用金德。朱梁篡代，不可以承正統。其晉氏稱金德，而江南李(昇)〔昪〕實稱唐。其後漢承晉爲水，止四年而滅。周承漢爲木，止九年而四方分據。太祖以庚申年受周禪，開寶乙亥歲平江南，及太宗定并汾，自是一統。是國家承金德以受命，其驗明矣。」并獻所著論四卷。真宗曰：「若此言者多矣。且國初徇群議爲火德，今豈敢驟改邪？」

天禧四年五月，光禄寺丞謝絳上書曰：「夫帝王之興，必推五行盛德，所以配天地而符陰陽也。推五行者必采諸國瑞，稽諸象曆，視所興之基、所承之後，於是服色制度、郊祀正朔因而準之。是故神農氏以火德，有星火之瑞；聖祖

〔一〕世功：原脱，據《長編》卷二五補。
〔二〕今：原作「金」，據《長編》卷二五改。

以土德，黃龍地螾見〔一〕；夏以木德，青龍止於郊；商以金德，山澤自溢；周以火德，有赤烏之符。自漢之興，王火德者，以謂承堯之後者，蓋取赤帝子之驗。文帝世，賈誼以漢宜色尚黃，數用五，班固貶其疎闊。張蒼好律曆，謂漢迺水德之時，河決金堤其符也。又公孫臣曰：始秦德水而漢受之，推終始傳，則漢當土德之應。孝文亦命有司申明其事〔二〕。迨至孝武，乃謂承堯之後，非可改易。迨世祖中興，有《赤伏》之讖，於是火德之論確然得正。然則數子之議，皆失之矣。且漢，堯之裔。五帝之大，莫大於堯，而漢能因之，是不墜其緒而善繼盛德者也。切以國家應開先之慶，執敦厚之德，宜❷以土瑞王天下。夫三王莫大於聖祖，承其後者猶漢之繼堯也。然則推終始傳，秉周之木德，而火德其次。且朱梁不預正統者，謂莊宗復興於後。自石晉、漢氏以及於周，則李（昇）〔昪〕建國江左而唐祚未絶〔三〕，是三代者亦不得正其統矣。昔者秦祚促而德暴，不入正統，考諸五代之際，亦是類矣。今國家誠能下黜五代，紹唐土德，以繼聖祖，亦猶漢之黜秦，興周火德，以繼堯者也。夫土於五行，位居其中，國家兆運於宋，作京于汴，誠萬國之中區矣。傳曰：土爲群主，故曰后土。《洪範》曰：土爰稼穡，稼穡作甘。今四海洽足，嘉生蕃衍，頃之泰山醴泉湧，邇年京師甘露降〔四〕，作甘之兆，斯亦見矣。矧靈木異卉，資生於土者不可勝道，非土德之驗乎？又聞在昔，靈命肇發，太祖生於洛邑，而包絡惟黃；鴻圖既建，五緯聚於奎躔，而鎮星是主。及陛下昇中之日，日抱黃珥，朝祀太清，含譽黃潤，斯皆天意人事響效之大者也。其餘神龜珍獸，自遠至者，或毳或介，僉有厥應，然非耳目之所具也。苟驗其一，則土德之符在此矣。陛下勿以變故爲疑，循舊自守。且漢興至武帝〔五〕，越九十年〔六〕，始寖尋於火德；至光武蓋二百載，方習定乎正運。國家受祚，猶在五紀，乃能興是正統，敏於漢德甚矣〔七〕。是故天心在兹，陛下拒而罔受；民意若是，陛下謙而弗荅，氣壅未宣，河決遂潰，豈不神哉！然則天淵之勃流〔八〕，水德之浸患，考驗五行相勝之説，亦宜興土運，禦時災。乞順考符驗，詳習法度，不可以揖讓至德，因循舊典，廢天之休也。其度量律曆之則，車服衣冠之法，圜丘方澤之事，明堂辟雍之制，宗廟薦饗之序，方國朝會之典，政教禮樂，文質增殺〔九〕，願下搢紳講之。」

時大理寺丞董行父又言曰：「在昔黃帝兼三材而統天下，天統得而天下治。故伏羲爲人統，神農爲地統，黃帝爲

〔一〕地：原作「池」，據現存《永樂大典》卷一五九五一改。
〔二〕事：原脱，據《永樂大典》卷一五九五一補。
〔三〕江左：原作「左右」，據《長編》卷九五改。
〔四〕甘：原脱，據《永樂大典》卷一五九五一補。
〔五〕至：原作「自」，據《永樂大典》卷一五九五一改。
〔六〕九十：原作「十九」，據《永樂大典》卷一五九五一乙。
〔七〕敏：原作「海」，而又缺筆，據《永樂大典》卷一五九五一改。
〔八〕勃：原作「浡」，據《長編》卷九五改。
〔九〕文：原作「之」，據《長編》卷九五改。

天統。三統常合而迭爲首，黄帝合之而不死，此之謂也。少昊，黄帝子也，守其德而守其統。高陽德統俱變，爲人統。高辛易之爲地統。唐堯，高辛子也，德統俱變，爲天統。虞舜受禪，更其德，遵其統。故《易》曰：黄帝、堯、舜氏作，通其變，使民不倦；神而化之，使民宜之。又曰：黄帝、堯、舜垂衣裳而天下治，蓋取諸乾、坤。言黄帝、堯、舜神變化而法乾坤，統天而治者也。其後夏爲人統，商爲地統，周爲天統。是故文、武應天順人，周公制禮作樂，故黄帝、堯、舜、姬周三統皆有天降之瑞，神錫之符。蓋能以明德通天，而用天以統治天下也〔一〕。漢繼周爲人統，唐續漢爲地統，斯三統相傳之道也。又泰昊以萬物生於東，至仁體乎木，故德始乎木；木以生火，神農受之，爲火德，故曰炎帝。火以生土，黄帝受之，爲土德。黄者中之色，土之象，中土既正，天命以定，故曰黄帝。土以生金，少昊受之，爲金德。金以生水，高陽受之，爲水德。水以生木，高辛受之，爲木德。木以生火，堯受之，爲火德。火以生土，舜傳之，爲土德。土以生金，夏爲金德。金以生水，商爲水德。水以生木，周爲木德。木以生火，漢爲火德。火以生土，唐爲土德。是以五[3]行因三微成著，五運與三統兼行。陛下紹天統，受天命，心與天通，道與天廣，固當應天明統，紹唐正德，顯黄帝之嫡緒，彰聖益之丕烈，改正朔，易服色，建大中，殊徽號，制禮樂，定律曆，謹權量，審法度，敦庠序，考文章，正風俗，振黄道，作此大畧，以答天休，與民更始，爲萬代法。又按聖祖降於癸酉，天書降於戊申，太祖受禪於庚申，陛下即位於丁酉，申、酉皆金也。陛下紹唐、漢之運，繼黄帝之後，三世變通，應天之統，正金之德，斯又順也。臣請用天爲統，以金爲德，然後尊黄帝於清廟，册聖益以帝稱。郊祀黄帝以配天，太祖作主以侑神；宗祀聖益於明堂以配上帝，太宗作主侑神。配享有位，冠於祧廟之祖，然後封造父以王爵，建原廟於趙城，祀白帝於西畤，表福地於雍京。此陛下統運之大猷，祖宗之象事，惟詳擇而行之。」

詔兩制詳議。議曰：「自庖犧繼天而王，爲百王先，首德始於木。共工氏伯九域，雖有水德，而非其序，炎帝神農氏以火承之。黄帝軒轅氏繼王天下，火生土，故爲土德。少昊金天氏承之，土生金，故爲金德。高陽氏承之，金生水，故爲水德。帝嚳高辛氏承之，水生木，故爲木德。木生火，故帝堯陶唐氏爲火德。火生土，故帝舜有虞氏爲土德。土生金，故夏禹爲金德。金生水，故商湯爲水德。水生木，故周爲木德。秦以水德，在周漢水火之間，亦猶共工不當五德之序，遂以不載。漢祖代秦，上繼周統，以木生火而爲火德。文帝時公孫臣、賈誼稱漢當土德，丞相張蒼又以當水德。其後劉向父子以庖犧木德爲始，而漢得火焉。雖建此議，至後漢光武遂用火德〔二〕。魏受漢禪，以火生土而爲

〔一〕上「天」字下疑脱一「統」字。
〔二〕遂：似當作「始」。

土德。土生金，晉爲金德。南朝自宋至陳咸當閏位，金生水，後魏承晉爲水德。水生木，後周承魏爲木德。木生火，隋承後周爲火德。火生土，唐承隋爲土德。至開元中，言者以今爲金德，百僚詳議，裴光庭請依舊爲定，從之。朱梁篡代，同夫羿、浞、王莽，非可當於運序。莊宗早編屬籍，親雪國讎，中興唐祚，遂承其運。土生金，晉承唐爲金德。金生水，漢承晉爲水德。水生木，周承漢爲木德。木生火，皇朝承周，遂爲火德。雍熙初，趙垂慶上言，宜越五代，上承唐統，爲金德。事下尚書省議，徐鉉等議以爲皇宋運膺火德，祀赤帝爲感生，于今積年，不可輕議改易。詔從鉉議。今謝絳所述，以聖祖得土瑞，宜承土德，且引漢承堯緒爲火德之比。雖班彪叙漢祖之興有五，其一曰堯之苗裔，及序正統〔一〕，乃越秦繼周，非用堯之德。今國家或用土德，即當越唐承隋，愈失五德傳襲之序。又董行父請越五代，紹唐爲金德。其度越累世，上承百代之統，則晉、漢洎周咸帝中夏。太祖實受終於周，而陟元后，豈可弗遵傳繼之序，續於遐邈之統？三聖臨御六十餘載，登封告成，昭姓紀號，率循火德之運，燀炎靈之曜，茲事體大，非容輕議。二臣所請，難以施行。」詔可。

徽宗政和七年十月一日，詔以來年歲運曆數頒告天下，曰：「昔我先后，先天而天弗違，後天而4奉天時，其歲月日時無易，民用平康。今朕臨觀八極，考建五常，以天地日月星辰氣運之數敷錫庶民，以待來歲之宜。惟爾萬邦，率茲常典，奉若天道，欽厥時憲，保于有極，外薄四海，罔或不祗。政和八年戊戌歲運氣，陽火太過，運行先天。太徵、少宮、太商、少羽、少角五氣運行，各終期日〔二〕。赫曦之紀，北政司天，相天之氣，經于戊分。太陽司天，左間厥陰〔三〕，右間陽明；太陰在泉，左間少陽〔四〕，右間少陰。歲半之前天氣，太陽主之；歲半之後地氣，太陰主之。水土合德，上應辰星、鎮星。寒化六，熱化七，濕化五。木位爲初氣，大火爲二氣，相火位爲三氣，土位爲四氣，金位爲五氣，水位爲終氣，是爲主氣。初之氣少陽，相火主木位。二之氣陽明，燥金居火位。三之氣太陽，寒水居火位。四之氣厥陰，風木居土位。五之氣少陰，大火居金位。終之氣太陰，濕土居水位。是爲客氣。戊火太過，赫曦之紀，戊爲太陽司天之政。太陽寒水，有以勝火。火既受制，其氣適平〔五〕。故曰：上羽與正徵同。蓋火之太過爲大徵，不及爲少徵，平爲正徵。以運推之，陰氣內化，陽氣外榮，炎暑施行，物得以昌。其氣高，其性速，其收齊，其病痓。其穀麥豆，其畜羊彘，其果杏栗。其色赤白玄，其味苦辛鹹，其藏心肺，其蟲羽鱗。以氣推之，天氣肅，地氣靜，寒政大

〔一〕序：原脱，據《永樂大典》卷一五九五一補。
〔二〕期日：原作「其日月」，據《宋大詔令集》卷一二六刪改。
〔三〕陰：原作「陽」，據《宋大詔令集》卷一二六改。
〔四〕少陽：原作「陽明」，據《宋大詔令集》卷一二六改。
〔五〕適：原作「受」，據《宋大詔令集》卷一二六改。

舉，澤無陽燄。少陽中治〔一〕，時雨迺涯〔二〕。還於太陰，濕化迺布。寒濕之氣，持於氣交〔三〕。歲半以前，民感寒氣，病本於心。平以辛熱，佐以甘苦，以鹹瀉之。歲半之後，民感濕氣，病本於腎。治以苦熱，佐以酸淡，以苦燥之，以淡泄之。一歲之間，宜食（元）〔玄〕黅之穀，以全其真，以資化源，以助天氣。無使暴過而生疾，是謂至治。」自是月朔布政，孟冬頒曆，率推改氣運，具之文辭以爲常。（以上《永樂大典》卷一五九五一）

曆法

【宋會要】

5 太祖建隆二年五月，以《欽天曆》時刻差謬，命有司重加研覈。至四年四月，司天少監王處訥上《新宋建隆應天曆》凡六卷，太祖御製序頒行。《曆經》一卷，《算草》一卷，《五更中星立成》一卷，《晨昏分立成》一卷，《晝夜日出入立成》一卷，《晷影立成》一卷。曆象之制，前史備矣。自唐高祖受命，武德元年歲在戊寅，命太史令唐儉、東都道士傅仁均造《戊寅元曆》。至麟德元年，秘閣郎中李淳風造《麟德曆》，又改用《神龍曆》。開元十六年，特進張説上《大衍曆》。乾元元年頒行山人韓穎新曆。代宗用郭獻之《五紀曆》。元和二年，造《觀象曆》。長慶中，用《宣明曆》。自寶應之後，止用《崇玄曆》。屬中原多事，日官廢職，朱梁、後唐，無所改作。晉天福中，司天少監趙仁錡等造《調元曆》。周顯德中，端明殿學士、左散騎常侍王朴造《欽天曆》。至是，帝以舊曆差舛，命考正焉。

太宗太平興國七年十一月，司天冬官正吳昭素新造曆成，凡九卷以獻。《律經》二卷，《晨昏分》一卷，《日躔陰陽差》一卷，《日出入刻》一卷，《晝夜則分》一卷，《五更中星》一卷。詔衛尉少卿元象宗集本監明律曆者同校定，賜號《乾元曆》，太宗御製序。先是，以《應天曆》少差，昭素與徐瑩、董昭吉各進新曆，而昭素所造頗爲精密，因命施行，賜昭素等金帛。

至道（九）〔元〕年九月〔四〕，司天監丞王睿獻新曆。睿言：「準開元《大衍曆》議定大衍之數，乃何承天氣朔母法。參詳監司所奏，于二萬已下修撰日法，演紀不過億數。臣今于二萬已下參詳到日法有二，演元不及億數。其一日法一萬五五百九十，演得積年一千六百五十一萬五千九百餘歲；其一日法一千七百，演得積年三百九十八萬一千一百餘歲。臣今各依所立法數，撰到氣朔用率積年等，合具算到氣朔以進。」又稱：「司天見行曆算定端拱二年五月十七日望不合規矩。見今水火二星細行頗有差處。」乃詔夏官正鄭昭晏參校以聞。昭晏言：「今將十餘家曆法比對考

〔一〕少：原作「小」，據《宋大詔令集》卷一二六改。
〔二〕涯：原作「淫」，據《黄帝内經素問·六元正紀大論》、《普濟方》卷七改。
〔三〕持：原作「特」，據《黄帝内經素問·六元正紀大論》、《普濟方》卷七改。
〔四〕元年：原作「九年」，據《宋史》卷七〇《律曆志》三改。

定，續據王睿稱，端拱二年己丑歲，准《乾元曆》算定其年五月十七日望且不合向來規矩，其時司天監遂移作十六日望。臣今詳其年四月小盡，若是五月進朔，四月爲大盡，則自然五月十六日望，不煩改移。又詳王睿淳化四年曆，其年三月内水星晨伏東方一月已來，《乾元曆》水星晨見東方二十餘日。又王睿曆九月内水星夕伏西方二十餘日，《乾元曆》水星夕見西方一月已來。伏緣水星見伏，與諸星有異，全自司曆者臨時消息，以定見伏。此二事未敢考校。臣據前代經史氣朔交蝕日辰，將王睿比校，得十八事，内六事合，十二事失。又今古曆書互有所説。」帝嘉之，賜昭晏金紫，令專知曆算。

至道二年四月，屯田員外郎呂奉天言〔一〕：「經史年曆，自6漢魏已降，雖有編聯，周秦已前，多無甲子。司馬遷雖言歲次，詳求朔閏，則與經傳都不符合，乃言周武王元年歲在乙酉。唐王起撰《五位圖》，言周桓王十年歲在甲午，四月八日佛生，常星不見；又言孔子生於周靈王庚戌年，卒于周悼王四十一年壬戌，皆謬也。馬遷古之良史，王起近世名儒，後人因循，莫敢改易。竊以史氏編年，則有十二月，月有晦朔，氣閏須與歲次合同，苟不合同，何名歲次？臣久探隱百家，用心十載，乃知唐堯即位之年歲在丙子，迄太平興國元年歲在丙子，凡三千三百一年矣。虞、夏之間，未有甲子可證。成湯既没，太甲元年始有二月乙丑朔旦冬至〔二〕，伊尹祀于先王，至武王伐商之年，正月辛卯朔〔三〕，二十八日戊午，二月五日甲子昧爽。又康王十二年六月戊辰朔，三日庚午朏，王命作册畢。自堯即位年距春秋魯隱公元年，凡千六百七年；從隱公元年距今至道二年，凡千七百十五年；從太甲元年距今至道二年，凡二千七百三十二年；從魯莊公七年四月辛卯夜常星不見，距今至道二年，凡千六百八十一年；從周靈王二十年孔子生，其年九月庚戌、十月庚辰兩朔頻食，距今至道二年，凡千五百四十五年；從魯哀公十六年四月己丑孔子卒，距今至道二年，凡千四百七十二年。已上並據經傳正文，用古曆推校，無不符合。及考《史記》及《五位圖》所編之年，殊爲闊畧。臣躭研既久〔四〕，引證尤明，起商王小甲七年二月甲申朔旦冬至，自此之後，每七十六年一得朔旦冬至〔五〕，此乃古曆一蔀。每一蔀積月九百四十，積日二萬七千七百五十九，率以爲常。至春秋魯僖公五年正月辛亥朔旦冬至，了無差爽〔六〕。用此爲法，以推經傳，縱少增減，抑經傳之誤可以發明。古曆到齊、梁已來，或差一日，更用近曆校課，亦得符合。乞許臣撰集，不出百日書成。」詔許之，書終

〔一〕天：原作「夫」，據《宋史》卷七〇《律曆志》三改。
〔二〕二月：原作「十二月」，據《宋史》卷一七〇《律曆志》三删「十」字。
〔三〕伐：原作「代」，據《宋史》卷七〇《律曆志》三改。
〔四〕研既久：原空，據《宋史》卷七〇《律曆志》三補。
〔五〕「自此之後」以下十五字，原脱，據《宋史》卷七〇《律曆志》三補。
〔六〕了：原作「予」，據《宋史》卷七〇《律曆志》三改。

不就。

十一月，司天冬官正楊文鑑請于新曆六十甲子外更增二十年〔一〕。事下有司，判司天監苗守信等議，以爲無所稽據，不可行用。帝曰：「支干相承，雖止六十，倘兩周甲子，共成上壽之數，使期頤之人得見所生之歲，不亦善乎！」因詔新曆以百二十甲子爲限。

真宗咸平四年三月，司天監上新曆，賜名《儀天》，命翰林學士朱昂作序，以修曆官翰林天文院太子洗馬史序、王熙元並爲殿中丞，秋官正王睿、趙昭逸、石昌裔並爲春官正，各賜絹五十疋。

大中祥符七年七月十一日，真宗覽司天監知算曆官表求改秩，因謂宰相曰：「曆象，陰陽家流之大者也，以推步天道，平秩人時爲功〔二〕，究災祥吉凶者雖有妙術，必待之而成〔三〕。近年唯趙昭逸能專其業。」始王熙元等上《儀天曆》，昭逸請覆，熙元等不從。後二歲，曆果差。昭逸言熒惑度數稍謬，推驗果如其說。平居算策未嘗離手，熙元亦伏其精一，言後人鮮及 7 矣。

仁宗天聖七年二月，秋官正楊可言：「《景福》、《崇天曆》所算火星合見不見，慮曆法有差。」詔本監集不干礙官詳定。既而上言：「今將《景福》、《宣明》、《乾元》、《儀天》、《崇天》五曆推驗火星合見，不相差遠。」罷之。

十月，開封府言：「欲乞禁止諸色人，自今不得私雕造小曆印版貨賣。如違，並科違制，先斷罪。」

九年六月四日，司天監言：「測驗星辰，與曆算多誤。」詔入内押班江德明集司天官〔四〕，其上驗天合曆何法最密之狀獻之。

景祐三年五月九日，司天監主簿王升上言：「每歲司天所上御覽細行不貳交蝕，請于其中分明標載，仍用丹書。」從之。

皇祐四年十一月三日，詔司天監、翰林天文院以唐《戊寅》、《麟德》、《大衍》、《五紀》、《正元》、《觀象》、《宣明》、《崇玄》八曆〔五〕，及皇朝《應天》、《乾元》、《儀天》、《崇天》四曆，算此月太陰蝕分及時辰、分野，各具兩本以聞。仍命知制誥王洙及編修《唐書》官劉羲叟參定。以司天監言，此月十五日太陰當蝕也。

五年三月，知制誥王洙言：「據司天監李用晦等稱，十一月望月蝕十分，七曆並同，復圓在晝，不辨辰刻。推驗起虧時刻，内《宣明》算在丑正二刻，《儀天》丑三刻，《應天》、《乾元》、《崇玄》寅初一刻後，《大衍》、《景福》寅初二刻，而

〔一〕按，《宋史》卷七〇《律曆志》三作「新曆甲子，請以百二十年」，其意與此句不同，而與下文相合。

〔二〕功：原作「初」，據《長編》卷八三改。

〔三〕成：原作「或」，據《長編》卷八三改。

〔四〕按，此句文意未完，似有脱文。《玉海》卷一〇云：「命入内都知江德明集曆官用渾儀校測。」

〔五〕玄：原作「真」，據前文運曆一之五改。

其夜蝕寅初四刻，惟《大衍》、《景福》稍近。然《景福》算景祐三年四月朔日蝕二分彊，而《崇天》、《乾元》、《宣明》不蝕，後果不蝕。《大衍曆》算唐開元十二年七月戊午朔日蝕八分半，十三年十二月庚戌朔日蝕十五分之十三，至時皆不蝕。所以一行《大衍曆議》云：假令理曆者因開元二食曲變交限以就之，則所協甚少，所失甚多。今亦不敢指定《大衍》、《景福》爲密。緣曆算日月交蝕，諸曆互有親疎，不可常爲準的。蓋日月動物，豈不小有盈縮，亦變常不定。曆家必無全密，所謂天道遠而人道邇。古來撰曆名賢，如太史公、洛下閎、劉歆、張衡、杜預、劉焯、李淳風、僧一行等，尚不能窮究，況淺學止依古法推步，難爲指定日月所蝕疎密。又據編修《唐書》官劉羲叟言，曆官等稱參較諸曆，互有疏密，及稱止依古法推步，不敢指定一曆準的參定者。古聖人曆象之意，止於敬授人時，雖考交會，不必脗合辰刻，故有修德救蝕之禮。天道神變，理非可盡。設謂必可盡邪，則先儒不容自爲疏闊。又《大衍》等七曆所差不多，法數大同而小異，亦是遞相因借，乘除積累，漸失毫釐。且辰刻更籌，惟據刻漏，或微有遲疾，未必獨是曆差。按隋《曆志》，日月蝕既有起訖早晚，亦或變常進退，於正見前後十二刻半內候之。今止差三刻，或是天道變常，未爲乖謬。又一行于開元中治曆，以《大衍》及李淳風《麟德》、劉焯《皇極》三曆校日食三十七事，《大衍》課第一，所中纔二十二，《麟德》得五，《皇極》得十。如一行尚未能盡，如淳風輩益以疎遠。況聖朝《崇天》曆法頒用逾三十年，兼差無幾，不可偶緣天變，輕議[8]改移。詰其本原，亦出于《大衍》。其《景福曆》行于唐季，非治世之法，不可循用。」詔仍用《崇天》曆法。

嘉祐二年四月二十九日，司天監言：「詳定來年戊戌歲曆日，據司天監丞同提點曆書朱吉等言，戊戌年合是閏十二月。今爲己亥年正月朔日太陽當虧，未審迴避與不迴避？」詔不迴避。

八年英宗即位未改元。七月，命翰林學士范鎮、皇子位說書孫思恭、國子監直講劉攽監司天監官屬修曆。

神宗熙寧二年七月十九日，提舉司天監錢象先言：「乞今後每歲造《大衍》、《宣明》、《景福》、《崇天》、《明天》等曆之時，其歲若有日月交蝕，令具注所蝕分數及虧初、蝕甚、復末時刻，或于歲首別立一項聲說。遇交蝕，集算造曆(言)〔官〕於渾儀下，對所差御藥與兩制監測驗渾儀官測驗分數。」從之。

十月十三日，提舉司天監司馬光言：「衆曆官稱，久來注曆頒朔，並不曾注在十七日望。欲進朔在己未，以就十六日望，朔在月二日也。所有來年注曆，八月戊午朔、甲戌望，欲乞更不進退。仍自今後所行之曆，依本經法，遇有望在十三日或十七日者，並令依實注曆。其于交蝕氣節之類有所妨礙，須至進退朔望者，自合依本法。」從之。

三年八月五日，詔直舍人院呂大防監司天監官詳定今年八月進行朔望有無差謬。先是，崇天曆以八月戊午爲朔〔一〕，而望在十七日。司天中官正周琮撰《明天曆》，則以己未爲朔，而望在十六日。琮言：「古今注曆望未有在十七日者。」《崇天曆》官舒易簡等言：「乾興元年七月注十三日望，則今注十七日望不爲非。」朝廷從易簡等説，而琮争不已，故命大防詳定。既而大防言：「易簡等所言指《乾興曆》注十三日望，乃私曆舛誤，已自屈伏。然據諸家曆議，雖有十七日爲望之法，但頒曆即無注十七日爲望者。自天聖三年後三望在十七日，皆注十六日爲望，蓋十七日晨度已前定望，猶屬十六夜故也。今年八月朔，於《崇天曆》本經不當進，但于十六日注望可矣。」詔如大防議。

八年閏四月十二日，右正言、知制誥沈括上《熙寧奉元曆》，詔進括一官，司天監官吏進官，賜銀絹有差。初，仁宗朝用《崇天曆》，至治平初司天監周琮改撰《明天曆》行之。監生石道言未經測驗，不可用，不聽。至熙寧元年七月望夜將旦，月食東方，與曆不協。迺詔曆官雜候星晷，更造新曆。終五年冬，日行餘分畧具。會沈括提舉司天監，言淮南人衛朴通曆法，（名）〔召〕朴至，言：「《崇天曆》氣後天，《明天曆》朔後天。又《明天曆》朔望小餘，常多二刻半以上。蓋創曆時唯求朔積年數，小減過閏分使然，攷求日月交蝕爲疎。《崇天曆》以熙寧元年交蝕，視《明天》爲密，然但見朔法而已。以皇祐三年九月癸酉晷與十二月甲辰參較，差一寸一分半之，以日法除，得氣後天五十三刻。其失皆在置元不當也。」9 詔朴改造。朴自以己學爲之，視《明天曆》朔減二刻。曆成，行之至今，賜朴錢百千。

五月十四日，詔司天監生石道爲靈臺郎。道嘗言《明天曆》未經測驗，不可用，坐是奪官。既而月食與曆不協，曆官皆抵罪，乃還道保章正，仍爲監生。至是，與修《奉元曆》成。

九年正月二十七日，權發遣三司使沈括言：「前提舉司天監日，嘗奏司天測驗天象已及五年，蒙差衛朴算造新曆。後考校司天所候星辰晷漏，各差謬不可用。其新曆別無天象文籍參驗，止據前後曆書詳酌增損，立成新法，雖已頒行，尚慮未能究極精微。乞令本院學生等用渾儀、浮漏、圭表測驗，每日記録，候及三五年，令元撰曆人以新曆參校，如有未盡，即令改正。已蒙施行。今若已測驗得此月望夜不見虧蝕，及逐日已測驗日月五星行度晷漏之類，乞下司天監付衛朴參校新曆改正。」從之。先是，括典領修成《奉天曆》，載今月望夜月蝕不驗，詔詰問修曆推恩人姓名。至是括有此奏。

〔元豐〕二年五月二十二日〔二〕，右正言、知制誥李清臣言：「宜詔諸路有能大曆算數者以名聞，召而試之。或該通精密，則秩之一命。必有異聞博見者出于其間，而士有

〔一〕崇：原脱，據《長編》卷二一四補。

〔二〕元豐：原無，據《長編》卷二九八補。

勸慕，樂習于此者矣。」《實録》不著施行。

三年三月十一日，詔：「自今歲降大小曆本付川、廣、福建、江、浙、荆湖路轉運司印賣，不得抑配。其錢歲終市輕齎物附綱送曆日所，餘路聽人指定路分賣。」

八年哲宗即位未改元。十月十六日，詔：夏國遣使進奉，其以新曆賜之。

【宋會要】

徽宗崇寧二年十一月二十二日，秘書少監、提舉撰定新曆鄧棐等狀：「奉尚書省劄子，别撰新曆，蒙朝旨留元撰二曆官同定新曆。今若只委三曆官重撰，顯是難得精密。今欲乞更差四人同共撰定，仍從提舉官於太史局踏逐，并諸色人或草澤内採訪精通曆法、術藝優長者差。仍下諸路委當職官詢訪，如有通曉曆法、術數精明，衆所共稱者，亦許所在官司保明解發，與破遞馬軍將驛券，依程赴所，候到，相度差留。其抽差人如拘礙一切條禁，並權行衝改，特令應副，仍不許辭免。所有食錢並依審覆比較曆法所已得指揮。」從之。

五年五月十六日，詔洪造等所定新曆名曰《紀元》，頒之天下。

大觀元年十二月二十三日，詔：「聖人之于天道，格其心，合其德，憲其時，稽其數，而著于曆象。昨命有司更定曆元，以起其數。比閲其書，頗有差舛，未足以遺後。其曆局所上曆經、曆議，可令改定。」

政和七年九月十五日，禮制局奏：「請以每歲十月朔御明堂設仗，受來歲新曆，退而頒之。月朔布政依此。」從之。

十月一日，詔御明堂平朔左个，頒行八年戊戌歲運曆數。內有[10]改更去處，即與太史局所賜《萬年曆》印本自不相妨，各遵守。其所賜曆日，自合將印本頒行。

宣和六年十月三日，户部尚書盧益等奏：「契勘太史局官屬等日給食錢，依元豐法，合于出賣曆日息錢内支給。若不將川廣等一十三路所用曆日並令在京印賣，委是無由應副得足。今取到曆日所狀，四川并東南九路曆日見行本處自行印賣。契勘逐路印賣曆日，往往雕造差錯，給賣後時，有妨公私使用。兼所收息錢自來别無拘轄，唯據起到之數受納。欲乞住罷逐路印賣，並令在京與其餘路分所用曆日一體印賣收息，應副支用。」從之。

十一月二十四日，詔：「元豐法，四川并東南九路印賣曆日，其法甚備，行之已久，公私俱便。近緣曆日所直申户部衝改舊法，住罷外路，只在京一處印賣，意在規求萬本賞給。若只在京印賣，商賈難于般運，難以遍及遠方。私曆爲弊，虚費工料，愈見虧損利源。可遵依元豐法，所有宣和六年十月三日住罷逐路印賣指揮更不施行。」

七年二月十一日，太史局奏：「開封府草澤葉博文進狀：『伏覩今年正月朔旦頒朔日在癸酉，臣以曆法衍之，日在辛未。蓋緣司曆循襲舊曆，增減每歲積日，用六辛轉曆，不務推原曆本，是致差訛。』有旨除元撰《(記)〔紀〕元曆》人外，集曆算科將古今曆法同共推究。據曆算科楊瑗等推究，與《紀元曆》一同，博文所言妄謬。」詔贖金遣之。

乾道五年四月三日，詔：「令太史局保章正、同知算造兼翰林天文劉孝榮，太史局靈臺郎、同判太史局、同提點曆書荆大聲，武節郎、新監三省樞密院激賞寄造酒庫裴伯壽，各具乾道五年五月以後至年終太陰五星排日正對赤道躔度申御史臺，令見測驗官占考。」右諫議大夫單時、祕書少監汪大猷、國子司業兼權禮部侍郎程大昌、祕書丞唐孚、祕書郎李木狀：「准批下武節郎、新監三省樞密院激賞寄造酒庫裴伯壽上書：『伏見《紀元曆》自大觀元年頒用，推紹興五年正旦日食九分半，虧在辰正。時常州布衣陳得一獨建言定食八分半，虧在巳初，是日果如得一所定。光堯壽聖太上皇帝時降睿旨，命陳得一造曆，祕書少監朱震監視。是時得一專職演撰，臣亦與布算，曆成，賜名《統元》。自紹興六年頒用，凡十五年。而後有司守之不專，暗用《紀元》之法推步，而用《統元》之名頒曆。有司以《紀元》推乾道丁亥十一月朔爲甲子，欲刊刻間，臣於丙戌之夏詣禮部及都省具陳《統元》曆法，推是朔當進作乙丑，而後有司依《統元》曆法改而正之。會劉孝榮等言，見行曆交食先天六刻，火星差天二度，乞造新曆。孝榮自謂已有曆，不半年而可修進。臣獨以謂凡造曆，必先立表，測景驗氣，然後作曆，庶可精密，而不在于速成。臣乃具劄目申稟朝廷，而曆官吳[11]澤不達造曆立表之法，妄言銅表難成，木表易壞，蓋欲黨附孝榮而沮抑之。』又太史局靈臺郎、同判太史局、同提點曆書荆大聲狀：『劉孝榮申到《御覽七曜細行曆》，令大聲保明書押進呈。大聲遂點檢其中恐有差錯，深屬不便，合要元草，照對上件文字。其劉孝榮自知差錯，不肯將出，却稱其草悉行毀壞。至去年十月八日，不免具實奏聞，得旨令算造官用《乾道曆》，依經備草，申祕書省根究(指)〔詣〕實。昨來祕書省根究到劉孝榮所算漏五篇之數，又漏正交二字。後來臺部又根究劉孝榮曆數內四篇錯却兩篇。其後官司緣爲追索劉孝榮依經備草文字不出，遂再降指揮，令大聲別演一法，與劉孝榮比較差錯去處。今比較得正月內劉孝榮所定五日並差，全無一中。且大聲所定五日內三日的中，兩日稍疎。今劉孝榮又乞定二月月食。且大聲契勘前項事理，並不是元降指揮本意。且元降指揮止是問算造官取索依經備草文字，照對詣實，經今四月餘日，其劉孝榮不遵從前項指揮〔一〕。今若依蓋堯臣等所乞瞻測，依舊事不相干。』後批送測驗官詳狀施行〔二〕。

紹熙四年十二月一日，禮部言：「布衣王孝禮狀：『照得今年十一月冬至日影表當在十九日壬午，《會元曆》注冬至在二十日癸未，係差一日。《崇天曆》癸未日冬至，加時

〔一〕劉孝榮：原作「劉降指揮」，據文意改。
〔二〕按此文叙事層次與文義不甚分明，疑有脫文。

在西初二刻七十六分；《紀元曆》在丑初一刻六十七分；《統元曆》在丑初二刻二分；《會元曆》在丑初一刻三百四十分。經今八十七年，只在丑初一刻，更不減而反增。其《崇天曆》係天聖二年甲子歲造，《紀元曆》係崇寧五年丙戌歲造，計八十二年，其時測影驗氣，見得冬至後天，乃減六十七刻半，方與天道相協。自後陳得一造《統元曆》，劉孝榮造《乾道》、《淳熙》、《會元》三曆，並不曾測影，經今八十七年，更不退減，止是寫分擬數，所以冬至後天。若不立表測影，其差無由可知。今來太史局見有銅表圭面安頓在修內司，畏懼測驗，不肯關請安設。欲乞備申朝廷，將前項圭表降副太史局，差不干礙官同孝禮測驗今年立冬以後、來年立春以前每日午中晷影，前後比折，便見冬至加時差忒。』并太史局權同知算造楊忠輔、趙渙狀：『太史局見有測驗法物如後：一、渾儀三座，並在本局內。一座見安設在臺上，係主管官崔儀、劉景仁掌管；一、浮漏一座，見在本局，不曾安設，係主管官楊源掌管；一、影表一座，蒙御前造到，係主管官劉燁掌管，見在修內司，未曾安設。忠輔等契勘，前項法物除渾儀、浮漏見在本局外，有影表一座，見在修內司。如蒙指揮測驗，乞備申朝廷，降副本局安設施行。』及算造官劉居仁等狀：『契勘本局見掌測驗天道法物，有渾儀三座，并刻漏一(堂)[座]。今來本局即無影表所掌，若行測驗，取自省部指揮。』本部12今看詳：太史推步之法，只憑渾儀、刻漏、影表，今來逐人推算既不同，若不立表下漏，何以取正？本局既有刻漏，自合安設。其影表楊忠輔等言見在修內司，伏乞朝廷劄取，下太史局委官測驗。」從之。

開禧三年七月四日，祕書省言：「準省劄，爲評事鮑瀚之申見行《統天曆》來年閏差，欲將諸人見封在官并所進曆參考，權行頒用等事。本省證得來年閏差，今來八月便當頒降外國，已具申朝廷，乞委官同鮑瀚之將諸曆從公參攷，擇其與天道最近且密者權行頒用。乞遵用先朝故事，特降詔旨，搜求天下精通曆書之人，令諸路具以名聞。用沈括所議，令本局學生等用渾儀、浮漏、圭表測驗，每日記録，積三五年，前後參校，的知天道，庶幾一代鉅典，分副得人，討論盡善，可以傳之永久。所有開局一節，本省未敢擅便，乞候朝廷差官提領，參證舊例施行。今準省劄，鮑評事申見行曆曉然差失，不可不改。證得慶元三年以後測驗氣影比舊曆有差，至四年改造新曆未成，時當頒降五年曆日，遂差官測到晷影，先次推算氣朔，加時辰刻，附《會元曆》頒賜施行。今若頒來年氣朔，既有去年十月以後及今年正月以前所差官測到晷影，已見天道冬至加時分數，來年置閏，比之《統天曆》亦已不同。兼諸人見封在官及所進曆並可參考推算，若今八月頒曆，合從朝廷參證事理施行。本省準劄下參考諸曆，緣頒降曆日係在八月中旬，委是逼近，伏乞朝廷速賜劄下本省，集判局官就本省星夜參考，令鮑評事覆考，將所測驗到天道最近之曆推算氣朔，申取朝廷指揮，依昨來附《紹興會元曆》體例權行頒用。所有置局一節，候將來測驗權用之曆不效，別行具申。」詔從之。

嘉定三年八月八日，朝散大夫、試太子詹事、兼同修國史、兼實録院同修撰、兼祕書監戴溪等言：「準都省批送下禮部申鄒淮狀，曆書差忒，乞置局改造事，劄(副)〔付〕祕書省。契勘向來置局及廢罷因依，并今來置局，斟量合差官吏并請給多寡數目及合行事件，具申尚書省。準此，本省今開具下項：一、檢準開禧三年七月十八日省劄節文，爲大理評事鮑瀚之理會《統天曆》差失，乞置局改造事，詔提領官差曾漸。本省申明，見行《統天曆》來歲閏差，既已用《開禧新曆》推算，改閏頒行，今來提領置局，難以又行條具。乞檢照遵用先朝故事，一則特降詔旨，搜求天下精通曆書之人，令諸路具以名聞；二則用沈括所議，令本局學生等用渾儀、浮漏、影表測驗，每日記録晷影，及遇日月交食，差官定其分數時刻，積三五年，前後參校，的知天道，庶幾一代鉅典得人，討論盡善，可以傳之永久。詔依。太史局見行遵依指揮，每日局學生等瞻測午中晷影，及遇日月交食，差官測驗分數，并用《開禧13新曆》推步戊辰、己巳、庚午、辛未歲氣朔等，權附《統天曆》頒賜施行。一、慶元四年造《統天曆》，差提領官、參定官各一員。今置局，欲從朝廷免支食錢。一、造《開禧新曆》鮑評事，照得本官見任大理寺職事，恐有相妨。欲乞朝廷指揮，許令三日一次赴局。取指揮。一、今來乞置局造曆人鄒淮，合行取索本人所造新曆，候置局，告示本人，專一在局宿食演造，照向來同演撰人王(考)〔孝〕禮等，每日支食錢八百三十文。今鄒淮食錢取指揮。一、合要太史局曆官劉孝榮不妨本職，赴局提督推算，今取指揮。一、照造《統天曆》例，於太史局差能運筭局學生赴局，同共推筭。今置局，欲差二人，須是保明實能推筭之人，照向來劉世顯等例，每人日支食錢四百文。今取指揮。一、欲於本局出榜曉示，應草澤精于筭造之人前來本局投狀，以憑延請入局。所有向來曾獻曆并預造《統天曆》之人，亦行延請。其人多少，難以預定。若本無學術，難以延入。所有食錢，照向來算造曆每人日支食錢六百文，今取指揮。一、今來置局處，照舊例，用祕書省提舉廳，令臨安府計料夾截，并照例排辦合用陳設、椅卓、什物、床榻等。仍乞差客司帳設、茶酒司厨子及守把軍員各一名，并看管案牘兵士二人，專一在所排辦祇應。一、提領官、參定官下行遣文字，昨來共差五人。今來置局，既差提領官一員，所有人吏止乞差三人。内差向上人吏一名，專一行遣文字；楷書二人，謄寫曆書。照向來孫世榮等例，每人日支食錢四百文，今取指揮。一、今來改造曆書，欲限三箇月了畢。所有應干與造曆之人，並就本局宿直，不許擅出。如限滿未畢，並不支食錢。一、所有推筭及本局應干紙札等，并行移合用紙札、筆墨、硯瓦、油燭、薪炭之屬，雖向造《統天曆》臨安府應副使用，竊恐其時支破太多。今欲乞行下本府置曆納提領官廳，請提領官親自批曆合用實數，就本府支食錢。候見得人數的實，牒報臨安府作料次納提領官廳，請置曆逐日支副，庶無欺弊。一、向來置局，所費悉出臨安府供辦，朝廷每月更于左藏庫支撥一百貫添助犒設等費。今來既已撙節浮費，所有左藏庫錢乞免行支撥。兼撙節之後，所費不多，所有犒設，欲下臨安府，候結局，請提領官斟酌勞逸，量撥錢酒，以憑支犒。一、乞以提領造曆所爲名，所有印記，就用提領官本職印記行用。檢正都司擬到欲差戴溪充提領官，鮑瀚之充參定官。」詔從擬到事理施行，餘並依。

《會元曆序》。序文曰：「紹熙改元之初載，天子祇承慈謨，丕輯眷命，求端謹始，叙正百爲。方當堪輿清寧，年穀登稔，順氣福物，雜襲並臻，而宸心寅畏，夙宵不忘。深惟曆經錯綜，閱日寖久，天象推測，與時或違。迺者歲在丙午，[14]月食于奎，視夜漏稍愆。暨戊申八月朔辰弗集舍，參之晝刻，所舛益多。羣議既殊，罔克考正。至是覽太史之奏，飭清臺之課，申加筭愆，修定密度，以革疏遠之弊。越明年正月，書成上聞，願錫嘉名，仍製序，下攸司頒行。有詔俞其請，因名之曰《會元》，俾辭臣述所以更作之意。臣竊謂帝王之正曆，繫乎天地之大紀。若昔盛時，紹休繼明，光履尊位，基宏業鉅，傳之無窮。而曆數在躬，實開厥符。堯以咨舜，舜以命禹，聖聖受守，莫重匪斯。顧其欽若于天，敬授于民，察璿璣以平七政，建人正以首四時，沿循致用，百世不易，其本統然也。國朝自《應天曆》而下，著名不一，時時綜校，咸得其正。皇緒中興，《統元》是修，行之惟久。乾道、淳熙，稍復更定。要其大權，實相參考。壽皇聖帝親以神器授之上聖，前啓後承，同乎一揆。肆于命元之始，亟申治曆之詔。推原厥旨，脗合乎虞夏相傳之妙識，古今之盛美也。先是，局長吳澤、荆大聲等舉其貳劉孝榮顓綜茲事，孝榮辭以藝業膚淺，願與澤、大聲等僉入而簒。乃協衆智，占步天路，參以星緯太陰方行之軌，驗以日月交食已往之度，創法衍術，有抑有仰。氣朔小餘，稍增其刻，躔離分數，損益頗多。至于表景漏品之屬，法亦該存。以帙而分，爲曆書者三，爲立成者二，爲辛亥七曜細行者一。用是而察發斂，定盈縮，稽元倚筭，槩可見矣。昔黄帝受命，得天之紀，迎日推策，調曆因之以成。在漢太初，遠追上元，珠連璧合，適與時會，故其曆爲最密。繇斯以觀，天以自然之符（界）〔畀〕于人，人以自然之數承于天，精微契協，間不容髮，千歲之日，固有可坐而致者。今也履亨嘉之序，導休顯之貺，家邦丕慶，登于億載，曆元之推，亶惟厥時，是宜用力省而成書易也。若乃範圍彌綸，得諸神心，占之以人，應之以實，無往而不與天合，則又非疇人曆官之智所能及焉。茲取仰觀累聖之傳，稽協衍元之誼，即其本于自然之運者，拜手稽首而爲之言。臣謹序。」（以上《永樂大典》卷二〇八二九）

修日曆〔一〕

【宋會要】

15 乾興元年十二月八日,仁宗即位未改元。詔差太常丞、集賢校理王舉正,大理評事、館閣校勘李淑編修日曆。時以日曆住滯一十三年,限秋季修畢,修撰官以爲言也。

慶曆八年九月日日〔二〕,編修院言:「本所見有積年未修日曆,只是宋祁一員修纂。李淑近除史館修撰,合依舊例分修。本官稱昨賈昌朝奏,高若訥、宋祁修撰之時,別降朝旨。今雖已管勾編修院,其日曆伏候指揮。」詔令李淑與宋祁同修。

嘉祐八年七月二十三日,監修國史韓琦奏:「史院日曆未修者積十餘年,今將修先(期)〔朝〕實録,而日曆未備,檢討闕官。請以祠部員外郎、直祕閣呂夏卿,太子中允、秘閣校理韓維兼職。」詔以夏卿、維並兼史館檢討。

日曆所〔三〕 舊《會要》附監修國史院,元豐官制行,歸秘書省國史案。

神宗熙寧十年五月,監修國史吳充言:「史院舊用中書、樞密院《時政記》及《起居注》、諸司文字纂類《日曆》。《時政記》纔送至熙寧六年,《起居注》至熙寧二年,恐由此事實遺廢,乞責近限修進。」從之。

元豐元年二月,詔:「宣徽院等處供報修注事,旬終、月終自今更不供起居院,直供編修院日曆所。」

五年五月三十日,詔:「諸司供報修注事,自今不供起居院〔四〕,直供編修日曆所。其關報日限,依二年王存所請。」王存所請已見「起居院」。

八月三日,秘書省言:「宗正寺修上玉牒,借登位以來
16 至熙寧十年《起居注》、《時政記》〔五〕、《日曆》照用。檢會
無許借指揮。」詔宗正寺官就秘書省修定。

七年五月十七日,詔:「著作暫闕官,校書郎或正字兼權。」

十一月三日,中書省言〔六〕:「秘書省著作佐郎邢恕言:『官制,史館之屬有日曆所。比廢編修院歸史館,又罷崇文院及史館主判官,國史、實録、修纂日曆諸司關報《時政記》,並歸秘書省國史案,長、貳、丞與著作同領簽書,即難別有日曆所。乞諸司關報但稱秘書省。』勘會日曆長、貳、丞不與修纂,《時政記》、《起居注》並於著作所開拆,入庫封

〔一〕原稿天頭上又批有「日曆所」三字。按,「修日曆」、「修實録」二目與「運曆」無關,當入職官類。
〔二〕上「日」字疑誤。
〔三〕此三字及其小注原接抄於正文。此當是《續國朝會要》職官類「日曆所」一目之標題,今改爲題。
〔四〕院:原脱,據《長編》卷三二六補。
〔五〕時政記:原作「時居注」,據《長編》卷三二九改。
〔六〕言:原脱,據《長編》卷三五〇補。

鏁。」詔自今後關報文字，並稱秘書省國史案；時政記、日曆事，非編修官不與。

八年八月六日，詔朝奉郎、吏部郎中曾肇、朝請郎、禮部郎中林希兼著作。職事官有兼職自此始。

哲宗元祐五（月）〔年〕十（一）月十三日〔一〕，尚書省言〔二〕：「舊置編修院，專掌國史、實録，最爲機密，兼《神宗皇帝實録》將畢，文字並合嚴行收掌。若送本省，即恐別致散失。」詔移國史案，就見今置局處〔三〕，專掌國史、實録、編修日曆，以國史院爲名〔四〕，隸門下省，更不隸秘書省。其國史院未有正官，且令見領官權領，候有正官日罷。所有見權著作官，除改抹樂詞等及供檢非機密故事、迎候車駕并輪宿依舊外，只於本院供職。於門下後省左諫議、左正言位擗截爲局，東壁開門出入，却將左散騎常侍廳爲諫議、正言廳。所有關防漏泄，並依舊編修院條。

紹聖元年九月十四日，翰林學[17]士、修國史蔡卞，中書舍人、同修國史林希言：「先帝《日曆》，自熙寧二年正月已後至三年終係元祐中秘書省官孔武仲、黄庭堅、司馬康修纂；自熙寧四年已後至七年終係范祖禹修纂，而黄庭堅、司馬康、范祖禹又皆係脩先帝《實録》官，其間所書，正與昨修先帝《實録》相爲表裏，用意增損，多失事實。緣修國史院已得旨重修先帝《實録》，所有昨來范祖禹等所進《日曆》，臣等乞一就看改正，務盡事實。」從之。

二年三月二十四日，三省言：「國史院修撰蔡卞、林希奏，被旨重修先帝《日曆》，合於國史院置檢討官一員。」詔日曆還秘書省，校書郎王佐爲著作佐郎，在本省編修。

四月五日，翰林學士兼國史院修撰蔡卞等言：「日曆既還秘書省，（既）〔即〕國史院名目合行釐正。」詔令秘書省所脩《日曆》斷自元豐八年三月五日以後，先行修纂；其已前合行文字及元差人吏等，並依舊隸國史院。

元符元年四月十日，詔：「重脩《熙寧日曆》官周穜所進夏季《日曆》差錯重複，罰銅八斤。」

二年十一月二十六日，著作佐郎吳伯舉言：「奉詔重修《日曆》，伏見國史院御集、御批與《日曆》所書大畧符合，乞以次第添入。」從之。

徽宗建中靖國元年九月十一日，承議郎、行祕書（書）〔省〕著作佐郎白時中劄子奏：「臣伏覩近降朝（者）〔旨〕，移著作局就實録院，先次修纂哲宗朝《日曆》，限一年了畢。臣謹按自熙寧之末，逮今二十餘年，文字猥積，未加條次，此[18]正今日所宜先者也。願詔執事參取國朝舊規，酌以元豐新到或更加選授，以補闕員，或兼以他官權領著撰，庶幾早見就緒。」詔依奏，宣德郎、秘書省正字劉燾權兼著撰。

〔一〕五年十月：原作「五月十一月」，據《長編》卷四四九改。

〔二〕尚書省：《長編》卷四四九作「三省」，乃是泛稱。然據《長編》，下文之「若送本省」乃是指祕書省，則此處之「尚書省」似當作「祕書省」。

〔三〕置：原脱，據《長編》卷四四九補。

〔四〕院：原脱，據《長編》卷四四九補。

政和六年七月十三日，詔：「著作局修進《神宗皇帝日曆》今已成書了當，可取索合干官吏，比附推恩。內經進書人吏特許陳乞，令勾當三館祕閣官承受進入。」取到著作局狀：「除人吏已具姓名牒〔勾〕當三館秘閣官外，今具見進并前修日曆官下項：一、成書見進書官奉議郎、守秘書省著作佐郎李敦義，奉議郎、秘書省著作佐郎韓敦信，承議郎、行秘書省著作佐郎徐遹。」詔各特轉一官，餘各減三年磨勘。譚稹、陳良回授有官有服親，內身亡人更不推恩。

八年閏九月一日，御筆：「秘書省日曆案首進《崇寧日曆》可依下項推恩：提舉官宣和殿大學士、中奉大夫、上清寶籙宮使、兼神霄玉清萬壽宮副使、兼侍讀蔡攸第一等，修書官承議〔官〕〔郎〕、著作佐郎李敦義，宣教郎、守著作郎盛并，朝奉郎、行著作佐郎韓敦信、胡國瑞、倪燾、吳次賓、汪藻、樊察、張忞，承受官拱衛大夫、康州防禦使、直睿思殿馮浩，各轉一官。」

宣和二年八月二十二日，中書省言：「檢會內降劄子，在京修書去處數編修、秘書省日曆所見在官吏並罷，令逐處官兼管。契勘秘書省日曆所係日曆案，秘書省供，本省日曆案係是元豐國史案，官制奉行，係除著作郎、著作佐郎專19管修纂日曆之事，亦無定〔員〕。其元豐分案編修日曆書庫官一員、手分二人、鈔寫楷書七人。」詔並依元豐法。

《通考》：《建炎日曆》〔一〕。晁氏曰：宰相汪伯彥撰，記太上皇帝登極時事。陳氏曰：敘元帥開府至南都踐極〔二〕。

高宗紹興元年四月，以修日曆所爲名。三年十一月，以脩國史日曆所爲名。四年五月，以史館爲名。洎十年二月，史館依舊制併歸秘書省國史案。是年四月，復今名，以宰相提領史職。凡日曆事，長貳通與修纂。吏額：點檢文字一人，書庫官九人，楷書一人，通以秘書省人兼之。

高宗紹興元年四月八日，詔修今上皇帝日曆，以修日曆所爲名。同日，詔：「省曹、臺院、寺監、庫務、倉場、諸司被受指揮及改更詔條，並限當日録申修日曆所。月內無，即於月終具申。其取索急速者限一日，餘皆二日。如追呼人吏，限當日赴所，已出者次日，展限不得過三日。違限及供報草畧者，從本所將當行人吏直送大理寺，從杖一百科罪。」

七月九日，詔長貳通行修纂日曆。以秘書少監程俱言：「見今獨員，緣長貳於條不與修纂。欲準元豐故事，著作官闕，從本省時暫牒校書郎或正字兼權，所貴不廢取會編修。」故有是命。

三年二月十六日，詔著作郎、佐郎權各以一員爲額。（復）〔從〕臣僚請復置也。

六月二十七日，詔尚書左僕射呂頤浩兼提舉修國史。

〔一〕此注原作正文大字，無「通考」二字。按，此文乃録自《文獻通考》卷一九七，非《宋會要》之文。《大典》蓋引爲上條之注，誤抄作大字。今改作小字注，並加「通考」二字。

〔二〕府：原作「封」，據《文獻通考》卷一九七改。

時修纂日曆，中書舍人張綱言：「秘書省權輕，關會難集。」及秘書少監孫[20]近言：「《會要》：景德二年王旦爲相，領史職。乞以宰輔提舉〔一〕。」故有是命。

七月六日，詔：「日曆所取會太史局事跡，特許供報，仍依舊每月供申。」

八月二十三日，詔：「修日曆，令侍從官帶史館修撰，餘官帶直史館、史館檢討，若著作郎、佐郎官，依元豐例差郎官兼領。」

是年十月六日，以祠部員外郎虞澐兼秘書省著作郎，禮部員外郎舒清國兼秘書省著作佐郎。

十一月十六日，詔日曆所以修國史日曆所爲名。以秘書省言：「日曆、國史自祖宗以來係本省史館掌修，以宰相監修。元豐官制後，別置國史院或實録院，而日曆歸秘書省國史案，其所修日曆係史館舊制。」故有是命。

十二月六日，詔右僕射朱勝非差監修國史。本省條具：「應中奏文字，監修國史官繫銜、書押；行移取會，著作郎佐以上至修撰官並繫銜、書押；取會帖子，依舊押著作佐郎。都進奏院差進奏官一名，步軍司差看管兵士十名，本省招募衣糧親事官二名，院子四人，儀鸞司二人；翰林司除本省二名，貼差一名；御厨工匠除本省二名，貼差二名；監修國史供檢文字二人，楷書六人；史館修撰官下各楷書二人；直史館、本省長貳、史館檢討、著作郎、佐郎各楷書一名，點檢文字一名，書庫官六人，雜務書庫官二人，供檢書庫官二人，楷書十人。其專知官、庫子並就差本省人吏相兼祗應。」並從之。

四年二月十八日，詔：「修書官吏依例[21]各破御厨食一分有差。監修史第一等，史館修撰、直史館、本省長貳第二等，史館檢討、著作郎佐第三等，供檢文字、點檢文字、書庫官第八等，楷書第十一（第）〔等〕。候開局修書日支破。」從監修朱勝非之請也。

二十七日，詔：「修史館不差破供檢文字〔二〕、楷書，許就差本司人相兼。」從著作佐郎孔端朝之請也。

三月二十六日，詔國史日曆所將見取會到文字先次修纂，候有逐旋修入。從史館修撰（纂）〔綦〕崈禮之請也。

四月十五日，詔監脩國史官每月定日過所。同日，詔供檢文字於三省提點、點檢禮房都録事至書令史，每省共差二人。

五月十一日，資政殿大學士、左中奉大夫、提舉亳州明道宮顔岐，龍圖閣直學士、朝請大夫致仕路允迪，各以省記《建炎時政記》史藁上之，詔送修國史日曆所。先降詔，自建炎元年五月十一日以前《時政記》，令見在宰執省記，編類聞奏。岐、允迪各以省記已進史藁上焉。

十四日，詔日曆所關内東門司取會禁中應（山）〔出〕納

〔一〕輔：原作「府」，據《玉海》卷四七改。
〔二〕館：似當作「官」。

更改事務，並許供報。

十九日，詔：「監修國史官合差引接二人，許於本廳直省官内就差，依本所楷書例，各支破第十二等食一分。」

二十四日，詔國史日曆所以史館爲名。

六月二十四日，詔史館依舊制置編修校勘官。

五年閏二月二十七日，詔史館編修校勘官各差破楷書一人。

四月三日，詔史館編修校勘官依例支破第三等御厨食 22 二分。

八月十三日，詔：「史館修纂日曆，已差三省供檢文字四人。今重修《兩朝正史》、《實録》，取會文字，三省各添差二人。」從修撰范冲等之請也。

十一月二十三日，詔：「三省都録事充史館供檢文字，每省各減二人。」

六年九月十七日，詔：「史館修撰范冲扈從巡幸，其文字令見供職官校勘，差人送至行在看詳，就呈監修發回。」

七年閏十月十四日，詔：「史館見修纂聖文仁德顯孝皇帝《日曆》，依實録體格攢類，仍以實録爲名。」先是，本館言：「修纂日曆，以事（繁）〔繫〕日，以日繫月，比之實録，格目尤詳。今本末不全，編次無日。」故有是命。

八年四月九日，詔秘書少監尹焞特免史館并日曆事。以焞兼崇政殿説書也。

十年二月二十二日，詔：「史館依舊制併歸秘書省國史案，以著作郎、佐郎修纂日曆。」先是宰臣秦檜請下有司討論史館建併之制，至是禮部看詳，依元豐舊制歸國史案。遇修正史，即置國史院；遇修實録，即置實録院。所有見今史館官各罷歸元來去處。其見修淵聖皇帝並今上皇帝《日曆》，仍命宰相提舉，以監修國史繫銜，實録院以提舉實録院繫銜。從之。

四月二十八日，詔日曆所依紹興三年十一月十七日指揮，以國史日曆所爲名。秘書省著作佐郎王揚英言〔一〕：「國史案掌修日曆，有合取會文字，只以國史案移文，諸處視爲不急，不即報應。」故有是命。

十三年二月二十四日，詔：「國史日 23 曆所見修成《日曆》共一十五年零五箇月，計五佰九十卷，并書《皇太后回鑾本末》官吏各轉一官資。監修國史秦檜依昨編修《大觀六曹寺監通用條法》成書體例推恩。」

二十一年九月三日，詔國史日曆所編脩《宰輔拜罷録》。

二十六年六月二十二日，詔日曆所將去歲以前《日曆》重加是正。先是，正字張孝祥言：「恭惟陛下政事號令蔽自睿斷，故相或能將順贊襄而已，懼其作《時政記》亦如王安石《日録》，專用己意，掠美自歸。」故有是命。

二十八年九月九日，詔：「國史日曆所修纂《神宗皇帝

〔一〕王揚英：原作「楊英」，據《中興小紀》卷二八改。

寶訓》了畢，接續修纂《哲宗皇帝寶訓》。」

二十九年八月二十四日，詔：「史館修撰、檢討官更不差置，其日曆屬秘書省國史案。宰相監修國史，其都大提舉及承受官並罷。吏人許存留二名充國史案，其餘元係秘書省吏人兼管，合還本省，更不支添給食錢。」以給舍裁定也。

三十年五月十六日，詔：「國史日曆所於元額人吏數内從上留一半，其月給折食錢並依諸局例。」以上《中興要會》。

孝宗紹興三十二年已即位，未改元。六月二十一日，詔尚書左僕射陳康伯監修國史。自後不書。

七月七日，國史日曆所言：「本所見修《太上皇帝日曆》，依已降指揮，自建炎元年五月一日以後重行修纂，乞以《太上皇帝日曆》爲名。今上皇帝登極，修纂日曆合自紹興三十二年六月十一日起修，合要今上皇帝始生符瑞及初封、進24封、出（閤）〔閣〕以至登寶位及藩邸盛德事迹，并應干合照修文字。欲乞朝廷劄下隨龍祇應官屬及藩邸舊僚編類申所。」並從之。

同日，國史日曆所言：「本所修進《太上皇帝日曆》，并修纂《今上皇帝日曆》合行事件：一、修纂《太上皇帝日曆》，其三省、中書門下省《時政記》并樞密院《時政記》、《聖語》及後省《起居注》内未降下月分，乞下逐處催促施行。一、修纂《太上皇帝日曆》，見闕紹興二十八年七月至三十二年六月御殿排日，乞下閤門疾速編排，送所照修。一、文臣自宰執至卿監，武臣自使相至刺史，未曾立傳共七佰七人。雖已蒙朝廷行下禮部開具姓名，徧往所在取索墓誌、行狀，至今並未見搜訪到所。乞再下禮部催促。一、修纂日曆，全藉内外官司每日被受指揮照修，往往將緊要名件漏落不報。乞下六部及令逐部行下合屬去處，將被受聖旨指揮及改更詔條事件書寫全文關報。仍每季從本所取索聖旨簿點對，内有漏落名件，將本處當行人申取朝廷指揮施行。一、竊見諫院見有諸百官司報災受指揮案沓，乞許依玉牒所體例移文逐旋關借參修。」並從之。

孝宗隆興元年四月三日，秘書少監胡銓等言：「國史日曆所修纂《（上）〔太〕上皇帝日曆》，合要應干照修文，方節次申明朝廷劄下，至今未見發到。竊慮積壓月日，今欲自登寶位先次起修。仍乞劄下催促，候發到上件所要文字，同《時政記》續25行修入。」從之。

五月十九日，詔：「編類聖政所併歸日曆〔所〕，依舊宰臣提領。其檢討官二員以館職兼，仍令日曆所人吏充行遣。」從右諫議大夫王大寶等議也。

孝宗隆興元年七月七日，禮部員外郎、兼權秘書少監劉儀鳳等言：「國史日曆所見修《靖康日曆》，將及成書。緣當來文字遺逸，内有臣寮薨卒及死于兵者凡四十一人，雖粗有事迹，即未曾立傳。欲乞下禮部開具所要立傳姓名，下諸路轉運司，令所屬州縣多方求訪逐人子孫親屬所在，抄録墓誌、行狀及應干照修事迹繳申本所，以備照用。或其間係罪（藉）〔籍〕之人，見無子孫可以搜訪，及薨卒死事在靖康年分，而名字湮没不存，恐士大夫曾有收得上件事迹，但可參照者，欲乞就令搜訪施行。」從之。《靖康日曆》合立傳姓名〔一〕：河東路安撫使史杭〔二〕，内侍李彦，歸朝官滑州邢曹石，太傅致仕王黼，責授彰化軍節度副使梁師成，責授左衛上將軍童貫，知陽武縣蔣興祖，知長垣縣上官敏功，尉氏縣主簿曹嗣宗，巡轄李克美，歸朝官趙良嗣，制置副使种師中，汾州守臣張克戩，統制官辛康宗，知河陽燕瑛，統制官高師旦，贈開府儀同三司張孝純，贈徽猷閣待制張浹，贈待制田灝，内侍梁方平，中書舍人高伯振，檢校太傅劉延慶、子光國，内侍梁揆，户部尚書梅執禮，户部侍郎陳知質，刑部侍郎程振，給事中安扶，閤門宣贊舍人吳革，徽猷閣直學士、通議大夫任熙明，建 26 武軍節度使王稟，統制官何慶言，陳克禮，姚友仲、蔡京、蔡攸、朱勔、陳過庭、孫傅、張叔夜、何㮚。

八月十七日，國史日曆所狀：「依指揮條具併省吏額，見管一十二人，欲從下減楷書一名。」詔依，見在人且令依舊，將來遇闕，更不還補。

乾道元年五月二日，國史日曆所言：「編類聖政文字，昨併歸日曆所，係與監修國史各日過局聚議文字。所有開局并以後過所及應排辦事務，乞就用本所都大提舉諸司、承受主管諸司，依日曆所已得指揮體例施行。」從之。

七月十四日，秘書少監陳巖肖、著作佐郎莫濟、張恪、正字編類聖政檢討官王衜、施師點言：「國史日曆所得旨編修《光堯壽聖太上皇帝聖政》，今已成書，合行進呈。伏覩玉牒所降旨許進《祖宗僊源積慶圖》等文字，緣本所昨於紹興二十八年内修進《神宗皇帝寶訓》日，其玉牒所編修《僊源積慶圖》與本所同日進呈。今來本所乞候書寫進本〔子〕〔了〕，同日玉牒所一就進呈。合行事件，乞並依昨進《寶訓》前後已得旨體例施行。」並從之。

二年九月四日，秘書少監汪大猷、著作佐郎黄石、黄鈞、校書郎編類聖政檢討官王衜、施師點言：「勘會本所恭依已降指揮，《光堯壽聖太上皇帝聖政》並依紹興二十八年進呈《神宗皇帝寶訓》前後已得旨體例施行。」詔進讀官差秘書少監汪大猷，餘並依〔三〕。

27 十月五五日〔四〕，簽書樞密院事、兼權參知政事、兼權提舉編類聖政蔣芾言：「《光堯壽聖太上皇帝聖政》今已進呈安奉了畢，本所官吏欲限三日結局。」從之。

（乾道元年）十二月五日〔五〕，秘書少監汪大猷等言：「（曆）〔日〕曆所修纂欽宗皇帝一朝《日曆》，緣渡江之後簡編

〔一〕「靖康日曆」四字原作小字，今據文意改爲大字。

〔二〕按，史杭未見於記載，而《宋史》卷四四六《忠義傳》一有代州沿邊安撫副使史抗列傳，疑即此人。若然，則「杭」當作「抗」。

〔三〕天頭原批：「案，進《聖政記》儀詳禮類。」今按，徐松原稿此下有一千六百餘字已被挖至本書禮七之三三至三六，内容爲《太上皇帝聖政進奉儀注》。

〔四〕按，被挖去之原稿上一條爲十月三日，此條當是十月五日或十月十五日。

〔五〕原稿旁批「乾道元年」，然據《宋史》卷三三《孝宗紀》一，《欽宗日曆》修成在乾道二年十二月，今删。

散逸，前來官吏冥搜博採，今已成書，凡七十五卷。今承國史院畫降指揮，令本所將已修成《欽宗日曆》發赴本院。緣本所紹興三十二年閏二月十七日已降指揮，從本所纂録繳進，降付國史院，以備將來修纂實録。」從之。

十三日，詔：「《欽宗皇帝日曆》可免進呈，發赴國史院，依例纂修實録。」

四年五月，進《實録》推恩，經修《欽宗日曆》在朝供職官特減二年磨勘。見「實録院」。

六年五月四日，國 28 史日曆所狀：「依指揮條具并省吏額，本所通管一十五人。今欲減罷修書、書庫官等三人，通以一十二人爲額。」從之。

七年正月二十九日，詔：「自今將逐旬所記聖語以《三省宣諭聖語》爲名，與《時政記》同修進。候降出，更不再進，發赴國史日曆所。」（以上《永樂大典》卷二〇八四五）

修實録

【宋會要】29 太平興國三年正月己酉〔一〕，命李昉、扈蒙、李穆、董淳、趙鄰幾同修《太祖實録》。五年九月甲辰，史館修爲五十卷以獻，賜監修沈倫、史官李昉、扈蒙等襲衣、金帶、錦綵、銀器。

淳化五年四月癸未，命張洎、李至等同修國史。先是，上語宰相曰：「先朝事耳目相接，今《實録》中多有漏畧，可集史官重修。」蘇易簡對曰：「近代委學士扈蒙修史，蒙性懦，逼于權勢，多所諱避，甚非直筆。」上因言及太祖受命之際，非謀慮所及。陳橋之事，史册所缺，宜令至等重加綴緝。是年十月丙午，張洎等獻《重修太祖紀》一卷，以朱墨雜書。洎所上紀不列于史館。凡躬承聖問及史官採摭之事，即朱書以別之。其書未成。

真宗咸平元年九月己巳，下詔以沈倫所修事多漏畧，先朝命張洎重修《太祖實録》未成，會倫沒〔二〕，命右僕射呂端、集賢學士錢若水重修。丁丑，又以王禹偁、李宗諤、梁顥、趙安仁等同修。二年六月丁巳，書成，凡五十卷，并《事目》二卷，平章事李沆監修，上之。表云：「前集録敍天造之始，稽國姓之源，發揮無取，銓次失當。今之所正，率由舊章。文武羣臣，舊載者九十二人，或作九十一。今增其遺漏一百四人。其于制禮作樂，經文緯武，申明大政，釐改庶務，著于甲令〔三〕，垂爲法式，靡不具載。」帝覽之，稱善。癸亥，詔褒諭，賜襲衣、金犀帶、銀帛，若水而下加散官、食邑。先是，詔並加恩，而沆獨辭。李沆所修視前録爲稍詳，而真宗猶謂未備，大中祥符九年，復詔趙安仁、晁迥、陳彭年、夏

〔一〕按，自此以下至「祥符九年」條全抄自《玉海》卷四八（包括文中小注），並非《宋會要》之文。
〔二〕會倫沒：原作「會洎淪沒」，據《玉海》卷四八改。
〔三〕著：原作「者」，據《玉海》卷四八改。

諫、崔遵度同修，王旦監修。明年書成，自興國至祥符，前後凡三修。

景德四年閏五月庚寅，馬知節曰：「太祖數事，恐《實録》中未載。」上令知節具録奏聞，以備史闕。

祥符九年二月己丑，監修王旦言：「兩朝《實録》事有未備者，望付修史官增修。」從之。遂委趙安仁、晁迥等增續。明年書成，其卷帙如舊。

（紹聖二年）〔元符三年〕九月五日（一），詔就差見今國史院官等兼修《哲宗實録》，蔡京兼修撰，鄧洵武、上官均、王渙之並兼檢討官。

（七月三日）〔建中靖國元年六月九日〕（二），詔曰：「朕惟序言紀事，莫嚴一代之書；遵制揚功，是爲天子之孝。恭以神宗皇帝厲精爲治，十有九年，圖任忠賢，修起法度。內之立政以安百姓，外之經武以威四夷。更新條綱，剗革弊蠹，盛德大業，三代比隆。而日者史官或懷私見，議論去取，各有所偏，參錯異同，未歸至當。不惟無以傳信于萬世，亦屢有以招致于人言。朕夙夜以思，不遑啓處，爰命加于論譔，慮尚膠于見聞。夫熙寧、元豐，事實具備，元祐、紹聖，編録並存。訂正討論，其在今日。筆則筆，削則削，宜公乃心；是謂是，非謂非，無忝厥職。庶稱朕丕揚先烈、昭示無窮之意。其令修史[30]官取索元祐、紹聖《實録》應干文字，討論事迹，依公參詳去取，務要所書不至失實。」

大觀三年十一月二十九日，命太師、中太一宮使蔡京守太師致仕，仍舊提舉編修《哲宗實録》。四年四月十五日書成。

四年四月十九日，實録院狀：「修撰鄭久中等奏：契勘《哲宗皇帝實録》書成，已進呈訖，所有正史合行置局編修。詔依奏，仍差何執中提舉。有合行事件畫一，數內一項：文臣太中大夫以上、武臣正任刺史以上并駙馬都尉，或雖官品未至，而有政績在民，遺愛可紀，忠義之節顯聞于時，或有不求聞達，終于下位，及隱逸丘園，并孝悌之士，曾經朝廷奬遇，凡在先朝薨卒者，并宗室大將軍及贈公侯，例合立傳者，要見逐人行狀、墓誌、神道碑、生平事迹。或有著述文字達于時務者，照證修纂。或烈女、節婦及藝術著聞者，事迹灼然，亦合書載。及中外臣僚并宗室或因哲宗賜對，親聞聖語，或有司奏事，時出宸斷，或有論議章疏，事關政體，可書簡册者，並許編録，實封于所在官司投納，申繳赴院。或亡殁臣僚，有本家子孫追録所聞，或收藏得舊藁者，亦並許編録，依上項投納，仍不得增飾事節。下進奏院遍牒天下州軍監，明行曉示，及多方求訪。如無子孫，亦

（一）元符三年：原作「紹聖二年」。按，紹聖二年哲宗尚在位，如何可能修《哲宗實録》？查《宋史》卷一九《徽宗紀》一：元符三年正月哲宗崩，徽宗即位，「九月甲子（一日），詔修《哲宗實録》。」則此條亦應爲元符三年九月事，今據改。

（二）此條時間原作「七月三日」，承原稿上條似爲紹聖二年七月三日哲宗之詔，但文中云「元祐、紹聖，編録並存」，顯在紹聖之後。《宋大詔令集》卷一五〇録此詔全文，乃建中靖國元年六月九日戊戌徽宗之詔，是也。今據改。

許親屬及門生故吏編録，于所屬投納。仍乞下尚書吏部左右選、入内内侍省、閤門、大宗正司出榜曉示，令依上件修寫，直納赴院。今來修國史有合取會事，並從本院押帖子會問。其諸處供報隱漏，當行人吏並從嚴斷勒停。事理重者刺配五百里外本城，不在赦原降減。急限一日，慢限三日，差錯違限，從本院直牒大理寺，主行人吏並科杖八十罪，情理重者自從重。」詔依。以上《續國朝會要》。《國朝》、《中興》、《乾道會要》無此門。（以上《永樂大典》卷一九七〇二）

諸儒論三家異同〔一〕

【宋會要】

31 漢末揚子雲難蓋天八事，以通渾天。其一論周天之度差；其二論春秋分之日，晝夜之刻不同；其三論星之見伏，隨日之出入不同；其四論天河之曲直不同；其五論二十八宿顯見之多少；其六論日托天而旋，日出地下而影上行，何也；其七論日與北斗遠近小大之異；其八論北極爲天轂，二十八宿爲天輻，其疎密不同何也。其後桓譚、鄭玄、蔡邕、陸績各陳《周髀》，考驗天狀，多有所違。逮梁武帝於長春殿講義，別綴天體，全同《周髀》之文，蓋立新意以排渾天而已〔二〕。漢王仲（壬）〔任〕據蓋天之説以駁渾儀云〔三〕：「舊説天從地下過，今掘地一丈輒有水〔四〕，天何得從水中行乎？甚不然也。日隨天而轉，非入地。今視日入，非入也，遠使然耳。日月本不圓也，望之所以圓者，去人遠也。」葛洪釋之曰：「《渾天儀注》云：『天如雞子，地如雞子黃，孤居於天内。天大而地小，表裏有水，天地各隨氣而立，載水而行。周天三百六十五度四分度之一，又中分之，則半覆地上，半繞地下，故二十八宿半見半隱。天轉如車轂之運也。』諸論天者雖多〔五〕，然精於陰陽者莫密於渾象也。若天果如渾者〔六〕，則天之出入行於水中爲的然矣。故《黃帝書》曰〔七〕：『天在地外，水在天外，水浮天而載地者也。』天出入水中，當有何損，而王生謂不可乎？」又曰：「今視諸 32 星出於東者〔八〕，初但下地少許爾。漸而西行，先經人上，後遂西轉而下焉，不旁旋也。其先在西之星亦稍下而没，無北轉者。日之出入亦然。若謂天如磨右轉者〔九〕，衆星日月宜隨天而迴，初在於東，次經於南，次到於西，次及於北，而復還於東，不應横過去也。今日出於東，

〔一〕按，此題與以下所録三段文字均抄自章如愚《群書考索》卷五六。前二段非《宋會要》之文，末段則爲章如愚據《會要》修成（其事詳見《群書考索》及《玉海》卷四）。

〔二〕蓋：原作「善」，據《隋書》卷一九《天文志》上改。

〔三〕云：原作「之」，據《晉書》卷一一《天文志》上改。

〔四〕「今掘」句：原無，據《晉書》卷一一《天文志》上補，無此一句則文意不接。

〔五〕諸論：原作「論諸」，據《晉書》卷一一《天文志》上乙。

〔六〕「渾」下原有「天」字，據《晉書》卷一一《天文志》上删。

〔七〕黃帝：原作「皇帝」，據《晉書》卷一一《天文志》上改。

〔八〕者：原作「乎」，據《晉書》卷一一《天文志》上改。

〔九〕右：原作「石」，據《晉書》卷一一《天文志》上改。

冉冉轉上，及其入西，亦復漸漸稍下，都不繞邊北去。如此，王生必謂爲不然者，疏矣。若日以轉遠之故，但光耀不能復來照及人耳，宜猶望見其所在，不應都失其所在也〔一〕。日光大於星多矣，今見北極之小星，而不見日之在北者，明其不北行也。若日以轉遠之故不復可見，其比入之間〔二〕，應當稍小。而日方入時乃大，非轉遠之驗也。王生以火炬喻日，繆矣。又日之入西方，視之稍稍去，初尚有半，如橫破鏡之狀，須臾淪没矣。若如王生之言，日轉北去有半者，其北都没之頃，宜先如直破鏡之狀，不應如橫破鏡也。如此言之，日入北方〔三〕，不亦孤孑乎？」又云：「水火者，陰陽之餘氣也。若水火是日月所生，則亦何得盡如日月之圓乎？王生又云遠故視之圓，若審然者，日月初生之時及既虧之後，何以視之不圓乎？而日食或上或下，從側而起，或如鈎至盡。若遠視見圓，不宜見之殘缺左右所起也。此則渾天之體，信不誣矣。」以上用晉、隋、唐《天文志》所修。

《揚子》：或問渾天，曰：「洛下閎營之，鮮于妄人度之，耿中丞象之，幾乎幾乎，莫之能違也。」問蓋天，曰：「蓋哉蓋哉，應難33未幾也。」說者以蓋天爲《周髀》。注云：蓋天即《周髀》也，其本包羲氏立周天之度，其所傳則周公受之於商，而周人志之，故曰《周髀》。言天似蓋笠〔四〕，地法覆槃。則雄於二者特取渾天而已。古之論《周髀》者，謂天地中高外下，北極所臨爲天地中，日月周行於天旁，日近爲晝，日遠爲夜。論渾天者謂地居中而天周焉，日在地上爲晝，日在地下爲夜。是以後漢張衡、鄭康成、陸績，吳之王蕃〔五〕，晉之姜岌、葛洪，江南皮延宗、錢樂之（司）〔之〕徒皆祖渾天而傳之，蓋其眂精祲、察災祥有足驗也。陳《禮書》〔六〕。

國朝太平興國中，張思訓造新銅儀，言：「古之制作，運動以水，疎澀既多，寒暑無準。今以水銀代水，運動不差。」詔置文明殿。至道中，韓顯符新鑄渾儀，其制用雙規。詔司天監築臺置之。大中祥符三年造成，詔龍圖閣移之。其制爲天輪二，各分三百六十五度〔七〕。又爲黄赤道，立管於側輪中〔八〕，以測日月星辰行度〔九〕，皆無差。皇祐三年，李用晦言〔一〇〕：「重定渾儀已成，欲乞依唐制。」從之。熙寧七年，沈括以新定渾儀進呈，上頷之〔一一〕。《國朝會要》〔一二〕。

（以上《永樂大典》卷一二九八）

〔一〕「失」下原有「見」字，據《晉書》卷一一《天文志》上删。
〔二〕比：原作「北」，據《隋書》卷一九《天文志》上改。
〔三〕北方：原作「西方」，據《晉書》卷一一《天文志》上改。
〔四〕笠：原作「立」，據《群書考索》卷五六改。
〔五〕蕃：原作「審」，據《隋書》卷一九《天文志》上改。
〔六〕原稿此三字作大字，又被勾去，今據《群書考索》卷五六改爲小字。以上所引一段見陳祥道《禮書》卷三六。
〔七〕五：原作「二」，據《玉海》卷四改。
〔八〕立：原作「亦」，據《玉海》卷四改。
〔九〕以：原脱，據《玉海》卷四補。
〔一〇〕用：原脱，據《長編》卷一七三補。
〔一一〕頷：原作「領」，據文意改。
〔一二〕原稿無此四字，據《群書考索》卷五六補，說明此段乃《群書考索》引自《宋會要》。

宋會要輯稿　運曆二

銅儀

【宋會要】

❶真宗大中祥符三年閏二〔月〕四日，司天監言：「冬官正韓顯符造銅渾儀成。」詔移入龍圖閣，令顯符選學生中可教者傳授其業。

十一月三日，召輔臣至閣觀銅儀。其制爲天輪二，一平一側，各分三百六十五度〔一〕。又爲黄赤道，立管於側輪中，以測日月星辰行度，皆無差。

仁宗慶曆八年十二月，命翰林學士錢明逸檢閲渾儀制度以聞。

皇祐初，仁宗又命日官舒易簡〔二〕、于淵、周琮等參用〔李〕淳風〔三〕、〔梁〕令瓚之制，改鑄黄道渾儀〔四〕。

三月，御延和殿，召輔臣觀新造渾儀木樣。

八月，又召輔臣於崇政殿觀渾儀圖。

三年十二〔月〕八日〔五〕，司天夏官正李用晦言：「重定渾儀鑄造已成，欲乞依唐朝李淳風、一行舊制，紀以年月，以永將來。」從之。

英宗治平四年十一月二十四日，神宗即位未改元。天章閣待制孫思恭言：「奉詔看詳翰林天文院渾儀，如已合得漢唐古法，即依法製造。渾儀雖依唐梁令瓚法，其環固重大，黄道運轉澁滯，經久未便。其司天監渾儀遊規運轉却且依常，其黄道鑄定不動。」思恭素有曆學，故特命之。尋使大遼，乃改差官。

神宗熙寧六年六月十一日，提舉司天監公事陳繹等言：「親詣本監渾儀臺檢視舊儀損澁，昨據同提舉沈括言，乞脩造渾儀、❷浮漏，蒙下本所詳定。權判司天監丁洵等定以爲當造到渾儀、浮漏小樣。臣等看詳，除司天監浮漏疎謬，不可行用，須當改造外，司天監天文院渾儀各有舛戾，必欲考正星曆，亦須改製新儀。若只因舊器，粗爲增損，雖可假借施用，大體不免疎謬。今具節畧事目：一、司天監見用渾儀尺度與《法要》不合，二極、赤道四分不均，規環左右距度不對，游儀重澁難運，黄道映蔽横簫，遊規璺裂，黄道不合天體，天樞内極星不見。今若因舊脩整遊規稍輕〔六〕，二極、赤道四分均停，規環左右距度相對，遊規無璺裂，其餘仍舊。一、天文院見用渾儀尺度及二極、赤道四

〔一〕五：原作「二」，據《玉海》卷四改。

〔二〕又：原作「有」，據《宋史》卷七六《律曆志》九改。

〔三〕琮：原作「宗」，據《宋史》卷七六《律曆志》九改。又按，此條實抄自《宋史》，《宋史》承上文省去李淳風、梁令瓚之姓，今爲補足。

〔四〕道：原脱，據《宋史》卷七六《律曆志》九補。

〔五〕月：原脱，據《玉海》卷四補。

〔六〕若：據文意似當作「欲」。下文「今若」同。

分各不均，規環左右距度不對，三辰遊儀重澁難運，黃道、天常環、月道映蔽橫簫，及月道不與天合，天常環相攻難轉，天樞內極星不見。今若因舊脩整三辰游儀稍輕，二極、赤道四分均停，規環左右距度相對，天常環、月道不蔽橫簫，其餘仍舊。一、新定渾儀改用古尺，均賦辰度，規、環輕利，黃赤道、天常環並側置，以北際當天度，省去月道，令不蔽橫簫〔一〕。增天樞爲二度半，以納極星。規、環、二極各設環樞，以便遊運。」詔令依新樣造，於司天監安置，測驗比較疎密。

七年六月二十一日，同提舉司天監沈括以新定渾儀進呈。上召輔臣觀之，數問括，括具對所以改更之理。

二十五日，同提舉司天監沈括言：「先准詔依新樣造浮漏、渾儀，於司天監測驗比較疎密，及候木樣成，集本監官及諸人看詳。今集判監丁洵以3下，稱別無可比較。」詔於翰林天文院安置。

八年閏四月壬寅，右正言、知制誥沈括上《熙寧奉元曆》，詔進括一官，司天監〔官〕吏進官賜銀絹有差。先是，朝廷用其說，令改造法物曆書。至是渾儀、浮漏奏成，故賞之〔二〕。

《天文志》〔三〕：熙寧七年七月，沈括上《渾儀》、《浮漏》、《景表》三議。

《渾儀議》曰：「五星之行有疾舒，日月之交有見匿，求其次舍經劘之會，其法一寓於日。冬至之日，日之端南者也〔四〕。日行周天而復集於表鋭，凡三百六十有五日四分日之幾一，而謂之歲。周天之體，日別之謂之度。度之離，其數有二：日行則舒則疾，會而均，別之曰赤道之度；日行自南而北，升降四十有八度而迤，別之曰黃道之度。度不可見，其可見者星也。日、月、五星之所由，有星焉。當度之畫者凡二十有八，而謂之舍。舍所以絜度，度所以生數也。度在天者也〔五〕，爲之璣衡，則度在器。度在器，則日月五星可摶乎器中，而天無所豫也。天無所豫，則在天者不爲難知也〔六〕。

自漢以前，爲曆者必有璣衡以自驗跡。其後雖有璣衡，而不爲曆作，爲曆者亦不復以器自考，氣朔星緯〔七〕，皆莫能知其必當之數。至唐僧一行改《大衍曆法》，始復用渾儀參實〔八〕，故其術所得，比諸家爲多。

〔一〕令：原作「今」，據《宋史》卷八〇《律曆志》卷一三改。

〔二〕按，此條「銀絹有差」以上乃抄自《長編》卷二六三，唯參《玉海》卷一〇添「右正言」三字；「先是」以下則抄自《長編》卷二五四，唯改「初」爲「先是」。但渾儀、浮漏成乃七年六月事，在進曆賞賜之前，二者本非一事，《大典》率意拼合，以致時序顛倒，違背事實。

〔三〕以下乃抄自《宋史》卷四八《天文志》一，非《宋會要》之文。

〔四〕日：原作「月」，據《宋史》卷四八《天文志》一改。

〔五〕度：原脱，據《宋史》卷四八《天文志》一補。

〔六〕天：原脱，據《宋史》卷四八《天文志》一補。

〔七〕氣：原作「器」，據《宋史》卷四八《天文志》一改。

〔八〕實：原作「貫」，據《宋史》卷四八《天文志》一改。

臣嘗歷考古今儀象之法，《虞書》所謂璿璣玉衡，唯鄭康成粗記其法；至洛下閎製圓儀，賈逵又加黄道，其詳皆不存于書。其後張衡爲銅儀於密室中，以水轉之，蓋所謂渾象〔一〕，非古之璣衡也。吴孫氏時，王蕃、陸績 **4** 皆嘗爲儀及象，其説以謂舊以二分爲一度，而患星辰稠概；張衡改用四分，而復椎重難運。故蕃以三分爲度，周丈有九寸五分寸之三，而具黄赤道焉。績之説以天形如鳥卵小橢，而黄赤道短長相害，不能應法。至劉曜時，南陽孔定製銅儀，有雙規，規正距子午以象天；有横規，判儀之中以象地；有時規，斜絡天腹以候赤道；南北植幹，以法二極，其中乃爲游規、窺管。劉曜太史令晁崇、斛蘭皆嘗爲鐵儀，其規有六，四常定〔二〕，一象地，一象赤道〔三〕，其二象二極，乃是定所謂雙規者也。其制與定法大同，唯南北柱曲抱雙規，下有縱衡水平，以銀錯星度，小變舊法。而皆不言有黄道，疑其失傳也。唐李淳風别爲圓儀三重：其外曰六合，有天經雙規、金渾緯規、金常規；次曰三辰，轉於六合之内，圓徑八尺，有璿璣規、月游規，所謂璿璣者，黄、赤道屬焉；又次曰四游，南北爲天樞，中爲游筩可以升降游轉；别爲月道，傍列二百四十九交以攜月游。一行以爲難用，而其法亦亡。其後率府兵曹梁令瓚更以木爲游儀，因淳風之法而稍附新意，詔與一行雜校得失，改鑄銅儀，古今稱其詳確。至道中，初鑄渾天儀于司天監，多因斛蘭、晁崇之法。皇祐中，改鑄銅儀于天文院，姑用令瓚、一行之論，而去取交有失得。

臣今輯古今之説以求數象，有不合者十有三事：

其一，舊説以謂今中國於地爲東南，當令西北望極星，置天極 **5** 不當中北。又曰：天常傾西北，極星不得居中。臣謂以中國規觀之，天常北倚可也，謂極星偏西則不然。所謂東西南北者，何從而得之？豈不以日之所出者爲東，日之所入者爲西乎？臣觀古之候天者〔四〕，自安南都護府至浚儀大岳臺纔六千里，而北極之差凡十五度，稍北不已，庸詎知極星之不直人上也？臣嘗讀黄帝《素書》〔五〕：『立於午而面子，立於子而面午，至於自卯而望西，自西而望卯，皆曰北面。立於卯而負西，立於西而負卯，至于自午而望南，自子而望北，則皆曰南面。』臣始不諭其理，逮今思之，乃常以天中爲北也。常以天中爲北，則蓋以極星常居天中也。《素問》尤爲善言天者。今南北纔五百里，則北極輒差一度以上；而東西南北數千里間，日分之時候之，日未嘗不出於卯半而入於酉半，則又知天樞既中，則日之所出者定爲東，日之所入者定爲西，天樞則常爲北無疑矣〔六〕。

〔一〕謂：原脱，據《宋史》卷四八《天文志》一補。
〔二〕四：原脱，據《宋史》卷四八《天文志》一補。
〔三〕赤：原作「亦」，據《宋文鑑》卷一〇六改。
〔四〕觀：原作「覩」，據《宋史》卷四八《天文志》一改。
〔五〕黄：原作「皇」，據《宋史》卷四八《天文志》一改。
〔六〕樞：原作「極」，據《宋史》卷四八《天文志》一改。

以衡窺之[一]，日分之時，以渾儀抵極星以候日之出没，則常在卯酉之半少北。此殆放乎四海而同者，何從而知中國之爲東南也？彼徒見中國東南皆際海而爲是説也。臣以謂極星之果中，果非中[二]，皆無足論者。彼北極之出地六千里之間所差者已如是，又安知其茫昧幾千萬里之外耶？今直當據建邦之地，人目之所及者，裁以爲法；不足爲法者，宜置而勿議可也。

其二曰：紘平設以象地體，今渾儀置于崇臺之上，下瞰日月[6]之所出，則紘不與地際相當者。臣詳此説雖粗有理，然天地之廣大，不爲一臺之高下有所推遷。蓋渾儀考天地之體，有實數，有準數。所謂實者，此數即彼數也，此移赤彼亦移赤之謂也。所謂準者，以此準彼，此之一分，則準彼之幾千里之謂也。今臺之高下乃所謂實數，一臺之高不過數丈，彼之所差者亦不過此，天地之大豈數丈足累其高下？若衡之低昂，則所謂準數者也。衡移一分，則彼不知幾千里，則衡之低昂當審，而臺之高下非所當卹也。

其三曰：月行之道，過交則入黄道六度而稍却，復交則出於黄道之南亦如之。月行周於黄道，如繩之繞木，故月交而行日之陰，則日爲之虧，入蝕法而不虧者，行日之陽也。每月退交，二百四十九周有奇然後復會。今月道既不能環繞黄道，又退交之漸當每日差池，今必候月終而頓移[三]，亦終不能符會天度，當省去月環。其候月之出入，專以曆法步之。

其四，衡上下二端皆徑一度有半，用日之徑也。若衡端不能全容日月之體，則無由審日月定次。欲日月正滿上衡之端，不可動移，此其所以用一度有半爲法也。下端亦一度有半，則不然。若人目迫下端之東以窺上端之西，則差幾三度。凡求星之法，必令所求之星正當穿之中心[四]。今兩端既等，則人目遊動，無因知其正中[五]。今以鈎股法求之，下徑三分，上徑一度有半，則兩竅相覆，大小畧等。人目不摇，則所[7]察自正。

其五，前世皆以極星爲天中，自祖暅以璣衡窺考天極不動處[六]，乃在極星之末猶一度有餘。今銅儀天樞内徑一度有半，乃謬以衡端之度爲率。若璣衡端平，則極星常游天樞之外；璣衡小偏，則極星乍出乍入。令瓚舊法，天樞乃徑二度有半，蓋欲使極星游於樞中也[七]。臣考驗極星更三月[八]，而後知天中不動處遠極星乃三度有餘，則祖暅窺考猶爲未審。今當爲天樞徑七度，使人目切南樞望之，星正循北極，樞裏周常見不隱，天體方正。

[一]窺：原作「規」，據《宋史》卷四八《天文志》一改。
[二]「果」上原衍一「中」字，據《宋史》卷四八《天文志》一删。
[三]「候」原脱，「而」原作「日」，據《宋史》卷四八《天文志》一補改。
[四]星：原作「心」，據《宋史》卷四八《天文志》一改。
[五]無：原脱，據《宋史》卷四八《天文志》一補。
[六]暅：原作「恒」，據《宋史》卷四八《天文志》一改。下同。
[七]樞：原作「天」，據《宋史》卷四八《天文志》一改。
[八]三：原作「之」，據《宋史》卷四八《天文志》一改。

其六，令瓚以辰刻、十干、八卦皆刻於紘，然紘正平而黄道斜運，當子午之間，則日徑度而道促；卯酉之際，則日迤行而道舒。如此，辰刻不能無謬。新銅儀則移刻於緯，四游均平，辰刻不失。然令瓚天中單環，直中國人頂之上，而新銅儀緯斜絡南北極之中，與赤道相直。舊法設之無用，新儀移之爲是。然當側窺如車輪之牙，而不當衡規如鼓陶，其旁迫狹，難賦辰刻，而又蔽映星度。

其七，司天銅儀，黄赤道與紘合鑄〔一〕，不可轉移，雖與天運不符，至於窺測之時，先以距度星考定三辰所舍，復運游儀抵本宿度，乃求出入黄道與去極度，所得無以異於令瓚之術。其法本於晁崇、斛蘭之舊制，雖不甚精縟，而頗爲簡易。李淳風嘗謂斛蘭所作鐵儀，赤道不動，乃如膠柱，以考月行，差或至十七度，少不減十度。此正謂直以赤道候月行，其差如此。今黄赤道度，再運游儀抵所舍 8 宿度求之，而月行則以月曆每日去極度算率之，不可謂之膠也〔二〕。新法定宿而變黄道，此定黄道而變宿，但可賦三百六十五度而不能具餘分，此其爲略也。

其八，令瓚舊法，黄道設於月道之上，赤道又次月道，而璣最處其下。每月移一交〔三〕，則黄赤道輒變。今當省去月道，徙璣於赤道之上，而黄道居赤道之下，則二道與衡端相迫，而星度易審。

其九，舊法規環一面刻周天度，一面加銀丁。所以施銀丁者，夜候天晦，不可目察，則以手切之也。古之人以璿爲之，璿者珠之屬也。今司天監三辰儀，設齒于環背，不與横簫會，當移列兩旁，以便參察。

其十，舊法重璣皆廣四寸，厚四分。其他規軸，椎重樸拙，不可旋運。今小損其制，使之輕利。

其十一，古之人知黄道歲易，不知赤道之因變也。黄道之度，與赤道之度相偶者也。黄道徙而西，則赤道不得獨膠。今當變赤道與黄道同法。

其十二，舊法黄赤道平設，正當天度，掩蔽人目，不可占察。其後乃別加鑽孔，尤爲拙謬。今當側置少偏，使天度出北際之外，自不凌蔽。

其十三，舊法地紘正絡天經之半，凡候三辰出入，則地際正爲地紘所伏。今當徙紘稍下，使地際與紘之上際相直。候三辰伏見，專以紘際爲率，自當默與天合。

又言渾儀製器曰：「渾儀之爲器，其屬有三〔四〕，相因爲用。其在外者曰體，以立四方上下之定位；其次曰象，以法天之運行，常與天隨；其在内璣衡，璣以察 9 緯，衡以察經。求天地端極三明匿見者，體爲之用；察黄道降陟辰刻運徙者，象爲之用；四方上下無所不屬者，璣衡爲之用。

〔一〕道：原脱，據《宋史》卷四八《天文志》一補。
〔二〕膠：原作「謬」，據《宋史》卷四八《天文志》一改。
〔三〕一：原脱，據《宋史》卷四八《天文志》一補。
〔四〕三：原作「二」，據《宋史》卷四八《天文志》一改。

體之爲器，爲圓規者四。其規之别：一曰經，經之規二並峙，正抵子午，若車輪之植。二規相距四寸，夾規爲齒，以别去極之度。北極出紘之上三十有四度十分度之八强，南極下紘亦如之。對衡二釭，聯二規以爲一，釭中容樞。二曰緯，緯之規一，與經交於二極之中，若車輪之倚〔一〕，南北距極皆九十一度强。夾規爲齒，以别周天之度。三曰紘，紘之規一，上際當經之半，若車輪之仆，以考地際，周賦十二辰，以定八方。紘之下有趺，從一衡一，刻溝受水以爲平。中溝爲地，以受注水。四末建趺，爲升龍四以負紘。凡渾儀之屬皆屬焉。龍吭爲綱維之四揵以爲固。

象之爲器，爲圓規者四。其規之别：一曰璣，璣之規二並峙，相距如經之度。夾規爲齒，對衡二釭，釭中容樞，皆如經之率。設之亦如經，其異者經膠而璣可旋。二曰赤道，赤道之規一，刻璣十分寸之三以銜赤道。赤道設之如緯，其異者緯膠於經，而赤道銜於璣，有時而移，度穿一竅，以移歲差。三曰黄道，黄道之規一，刻赤道十分寸之二以銜黄道，其南出赤道之北際二十有四度，其北入赤道亦如之。交於奎、角，度穿一竅，以銅編屬於赤道。歲差盈度，則并赤道徙而西。黄赤道夾規爲齒，以别均迤之度。

璣衡之爲器，爲圓規二，曰璣，對峙〔二〕，相[10]距如象璣之度，夾規爲齒，皆如象璣。其異者，象璣對銜二釭，而璣對銜二樞，貫于象璣天經之釭中。三物相重而不相膠〔三〕，爲間十分寸之三，無使相切，所以利旋也。爲横簫二，兩端夾樞〔四〕，屬于璣，其中挾衡爲横一，棲於横簫之間。中衡爲轄，以貫横簫，兩末入于璣之鏬而可旋。璣可以左右，以察四方之祥；衡可以低昂，以察上下之祥。」

《浮漏議》曰：「播水之壺三，而受水之壺一。曰求壺、廢壺，方中皆圍尺有八寸，尺有四寸五分以深，其食二斛，爲積分四百六十六萬六千四百六十。曰複壺，如求壺之度，中離以爲二，元一斛介八斗，而中有達。曰建壺，方尺植三尺有五寸，其食斛有半。求壺之水，複壺之所求也。壺盈則水駛，壺虚則水凝。複壺之脇爲枝渠，以爲水節。求壺進水暴，則流怒以摇複壺，又折以爲介。複爲枝渠，達其濫溢。枝渠之委，所謂廢壺也，以受廢水。三壺皆所以播水，爲水制也。自複壺之介，以玉權釃于建壺，建壺所以受水爲刻者也。建壺一易箭，則發土室以瀉之。求、複、建壺之泄，皆欲迫下，水所趣也。玉權下水之槩寸，矯而上之然後發，則水撓而不躁也。複壺之達半求壺之注，玉權半複壺之達。枝渠博皆分，高如其博，平方如砥，以爲水槩。壺皆爲之羃，無使穢遊，穢遊則水道不慧。求壺之羃龍紐，

〔一〕倚：原作「中」，據《宋史》卷四八《天文志》一改。
〔二〕峙：原作「齒」，據《宋史》卷四八《天文志》一改。下同。
〔三〕而：原脱，據《宋史》卷四八《天文志》一補。
〔四〕兩：原脱，據《宋史》卷四八《天文志》一補。

以其出水不窮也。複壺士紐，士所以生法者〔一〕，複壺制法之器也。廢壺鯢紐，止水之瀋，鯢所伏也。銅史令刻，[11]執漏政也。冬設熓燎，以澤凝也。注水以龍噣直頸附于壺體，直則易浚，附于壺體則難敗。複壺玉爲之喙，銜于龍噣，謂之權，所以權其盈虛也。建壺之執窒甁塗而彌之以重帛〔二〕，窒則不吐也。管之善利者，水所溲也，非玉則不能堅良以久。權之所出高則源輕，源輕則其委不悍而溲物不利。箭不效於璣衡，則易權、洗箭而改畫，覆以璣衡，謂之常不弊之術。今之下漏者，始嘗甚密，久復先大者管沕也〔三〕。管沕而器皆弊者，無權也。弊而不可復壽者，術固也。察日之晷以璣衡，而制箭以日之晷跡，一刻之度，以賦餘刻，刻有不均者，建壺有眚也〔四〕。贅者磨之，創者補之，百刻一度，其壺乃善。晝夜已復，而箭有餘才者，權鄙也。晝夜未復，而壺吐者，權沃也〔五〕。如是，則調其權，此制器之法也。

下漏必用甘泉，惡其垽之爲壺眚也。必用一源，泉之冽者，權之而重，重則敏於行，而爲箭之情慓；泉之鹵者，權之而輕，輕則椎於行〔六〕，而爲箭之情駑。一井不可他汲，數汲則泉濁。陳水不可再注，再注則行利。此下漏之法也。

箭一如建壺之長，廣寸有五分，三分去二以爲之厚，其陽爲百刻，爲十二辰。博牘二十有一，如箭之長，廣五分，去半以爲之厚。陽爲五更，爲二十有五籌；陰刻消長之衰。三分箭之廣，其中刻契以容牘。夜算差一刻，則因箭而易牘。鐐匏，箭舟也。其虛五升，重一鎰有半。鍛而赤柔者金之美者也。然後漬而不墨〔七〕，墨者其久必蝕。銀之有[12]銅則墨，銅之有錫則屑，特銅久灂則腹敗而飲，皆工之所不材也。」

《景表議》曰：「步景之法，惟定南北爲難。古法置槷爲規，識日出之景，與日入之景〔八〕。晝參諸日中之景，夜考之極星。極星不當天中，而候景之法取晨夕景之最長者規之，兩表相去中折以參驗，最短之景爲日中。然測景之地，百里之間，地之高下東西不能無偏；其間又有邑屋山林之蔽，儻在人目之外，則與濁氛相雜，莫能知其所蔽；而濁氛又繫其日之明晦風雨，人間煙氣塵坌變作不常。臣在本局候景，入濁出濁之節，日日不同，此又不足以考見出没之實，則晨夕景之短長未能得其極數。

參考舊聞，别立新術。候景之表三，其崇八尺，博三寸三分，殺一以爲厚。圭首剡其南使偏鋭。其趺方厚各二

〔一〕所以：原作「以所」，據《宋史》卷四八《天文志》一乙。
〔二〕執：原脱，據《宋史》卷四八《天文志》一補。
〔三〕大：原作「天」，據《宋史》卷四八《天文志》一改。
〔四〕建壺：原脱，據《宋史》卷四八《天文志》一補。
〔五〕沃：原作「汰」，據《宋史》卷四八《天文志》一改。
〔六〕椎：原作「權」，據《宋史》卷四八《天文志》一改。
〔七〕墨：原脱，據《宋史》卷四八《天文志》一補。
〔八〕此句原脱，據《宋史》卷四八《天文志》一補。

尺，環趺刻渠受水以爲準。以銅爲之。表四方志墨以爲中刻之，綴四繩，垂以銅丸，各當一方之墨。先約定四方，以三表南北相重，令趺相切，表別相去二尺，各使端直。四繩皆附墨，三表相去左右上下以度量之，令相重如一。自日初出，則量西景三表相去之度，又量三表之端景之所至，各別記之。至日欲入，候東景亦如之[一]。長短同，相去之疎密又同，則以東西景端隨表景規之，半折以求最短之景。五者皆合，則半折最短之景爲北，表南墨之下爲南，東西景端爲東西。五候一有不合[二]，未足以爲正。既得四方，則惟設一表[三]，方首，表下爲石席，以水平之，植表于席之南端。席廣三尺，長如九服。冬至之景，自表趺刻以爲分，分積爲寸，寸 13 積爲尺。爲密室以棲表，當極爲霤，以下午景使當表端。副表并趺崇四寸，趺博二寸，厚五分，方首，剡其南，以銅爲之。凡景表景薄不可辨，即以小表副之，則景墨而易度。」

元豐五年正月二十三日[四]，翰林學士王安禮言：「詳定渾儀官歐陽發言，至道、皇祐之器皆差而無據，今造渾儀、浮漏木樣，準詔進呈。及歐陽發具新器之變、舊器之失，臣等看詳，除司天監浮漏疎謬不可用，乞依新樣改造外，至道、皇祐之器及影表各有差謬，欲依歐陽發條奏施行。」從之。

【宋會要】

〔元祐四年四月八日〕[五]，詳定制造水運渾天儀所奏：「太史局直長趙齊良狀[六]：『伏覩宋以火德王天下，所造渾儀其名水運，甚非吉兆。乞更水名，以避刑剋火德之忌。』案張衡謂之刻漏儀，一行謂之水運俯視圖，張思訓所造，太宗皇帝賜名太平渾儀，名稱並各不一。今新制備二器而三用，乞特賜名，以稱朝廷制作之意。」詔以「元祐渾天儀象」爲名。

〔四月八日〕〔元祐四年三月八日〕[七]，翰林學士許將等言：「詳定元祐渾天儀象所先被旨製造水運渾儀木樣，如試驗候天不差，即別造銅器。今臣等晝夜校驗[八]，與天道已參合不差。」詔以銅造，仍以「元祐渾天儀象」爲名。其後將等又言：「前所謂渾天儀者，其外形圓，其內則有璣有衡。其外形圓，即可徧布星度；其內有璣有衡，即可仰窺天象。若渾天儀則兼二器有之，同爲一器。然 14 既言渾天，則其爲象可知。而於渾象中設璣衡，使人內窺天象，以占測爲主，故可總謂之渾天儀。今所建渾儀、渾象別爲二

[一] 景亦：原作「候相」，據《宋史》卷四八《天文志》一改。
[二] 「則半折最短」以下至此二十九字原脱，據《宋史》卷四八《天文志》一補。
[三] 惟：原作「爲」，據《宋史》卷四八《天文志》一改。
[四] 以下又爲《宋會要》之文。
[五] 「元祐四年四月八日」及下句「詳」字，原脱，據《長編》卷四二三補。
[六] 「太史」、「趙」三字原無，據《長編》卷四二三補。
[七] 此句原作「四月八日」，原批據《玉海》卷四改爲「元祐四年三月八日」，是也。《長編》卷二三亦在此日。
[八] 晝：原作「畫」，據《長編》卷四二三改。

器㈡，而渾儀占測天度之真數，又以渾象置之密室，自爲天運，與儀參合。若并爲一器，即象爲儀，以同正天度，則渾天儀、象兩得之矣。此亦本朝備具典禮之一法也。乞更作渾天儀。」從之。

六年㈢，新作渾儀，其（製）〔制〕：築臺，其上設渾儀，以銅，于黃、赤道窺管測日度三百六十四度四分度之一。其次渾天，其（製）〔制〕如大鍋，以木爲之，面設星象，隨天輪運轉。置人於中候之，對竅視星。其次刻漏（其次刻漏），其次以三銅池，以水轉輪，每刻木人擊鉦以爲準。左相三十年經營其一，左丞蘇公創其一。王沇之監領，於太師府置局，司天監亦遷就焉。其臺四，存其舊者，比較日久，乃取拾㈢。渾儀造已多年，此更一年可成。自今用木架樓引水，定漏測日。

七年四月二日，詔尚書左丞蘇頌撰《渾天儀象銘》。

六月十四日，元祐渾天儀象成，詔三省、樞密院官閲之。

紹聖元年十月十六日，詔：「禮部、祕書省就詳定制造渾天儀象所，以新舊渾儀令判局以下同測驗，擇取其候望精密，可久施用者，具應用官吏數申尚書省。」

三年六月十三日，元祐渾儀所言：「今欲俢寫《儀象（製）〔制〕度》、《法畧》各一部，申納尚書省并秘閣。」從之。

元符元年六月二十七日，知（毫）〔亳〕州林希上撰到《渾天儀象碑文》，詔送渾天儀象所立石。希先爲吏部尚書，被旨撰文，至是來上。

徽宗宣和六年七月二十15九日，詔置討論製造璣衡所，以宰相王黼總領，內侍梁師成副之㈣。先是，黼奏得方士璣衡之書，造小樣驗之，與天運合，如唐一行之制，乞命有司置局，如樣製造。手詔賜黼曰：「朕惟帝堯命羲和以授四時，然後釐百工，熙庶績；逮大舜在璣衡以齊七政，然後類上帝，禋六宗。肆朕纂承，常患觀天之器，未詳垂象之原。迺得元儒，有明往制。卿順考古道，博極羣書，詳《洪範》之陳，得妙極之數。受至言於方士，出盛物〔於〕盛時。開乾坤旋闢之機，（幹）〔斡〕日月運行之次，具存製樣，若合契符。成百代不易之儀，正諸家相駁之說，究觀審覈，嘉歎不忘。」元祐間蘇頌更作者㈤，上寘渾儀，中設渾象，旁設昏曉更籌，激水以運之，三器一機，脗合躔度，最爲奇巧。宣和間又（常）〔嘗〕更作之，而此五儀者悉歸于金。中興更謀制作。

高宗紹興〔二〕年十一月二日㈥，工部員外郎袁正功言：「《制度渾儀法要》：安立非子午之正，即有差錯。今渾儀器象將欲安立，定測樞極，合要定子午正局官一員，乞

㈠ 渾儀渾象：原作「運儀象」，據《長編》卷四二三改。
㈡ 按，此條就文風、語氣觀之，似非《會要》之文。
㈢ 取拾：似當作「取捨」。
㈣ 侍梁：原作「符」，據《宋史》卷八〇《律曆志》一三改補。
㈤ 按，自此句至段末，乃《大典》抄《宋史》卷四八《天文志》一之文插入。
㈥ 「年」上原脱「二」字，據本卷後文運曆二之二五「紹興三年正月辛未」條補。

下太史局差取。」詔測驗官差李繼宗，定正官差趙旗。俟造畢進呈日同參詳指説(製)〔制〕度。乃召蘇頌子携取頌遺書〔一〕，考質舊法，而携亦不能通也。至十四年，乃命宰臣秦檜提舉鑄渾儀，而以内侍邵諤專領其事〔二〕，久而儀成。

三十二年，始出其二置太史局，而高宗先自爲一儀寘諸宮中，以測天象〔三〕。其制差小，而諤所鑄蓋祖是焉，後在鐘鼓院者是也。

清臺之儀，後其16一在祕書省。按儀制度〔四〕，表裏凡三重：其第一重曰六合儀，陽經徑四尺九寸六分，闊三寸二分，厚五分。南北正位〔五〕，兩面各列周天度數，南北極出入地皆三十一度少，度闊三分。陰緯單環〔六〕，大小如陽經，闊三寸二分，厚一寸八分。上置水平池，闊九分，深四分，沿環通流，亦如舊制。内外八幹，十二枝，畫艮、巽、坤、乾卦於四維。第二重曰三辰儀，徑四尺三分，闊二寸二分，厚五分。釭釧刻畫如陽經。赤道單環，徑四尺一寸四分，闊一寸二分，上列二十八宿，均天度數，闊二分七釐。黄道單環〔七〕，徑四尺一寸四分，闊一寸二分，厚五分。上列七十二候，均分卦策，與赤道相交，出入各二十四度弱。百刻單環，徑四尺五寸六分，闊一寸一分，厚五分，上列晝夜刻數。第三重曰四游儀，徑三尺九寸，闊一寸九分，厚五分。釭釧刻畫如璇璣，度闊二分半。望筩長三尺六寸五分，内員外方，中通孔竅，四面闊一寸四分七釐，竅眼闊三分，夾竅徑五尺三分。鼇雲以負龍柱，各高五尺二寸。十字平水臺高一尺一寸七分，長五尺七寸，闊五寸二分。水槽闊七分，深一寸二分。(深一寸二分)若水運之法與夫渾象，則不復設。其後朱熹家有渾儀，頗考水運制度，卒不可得。蘇頌之書雖在，大抵於渾象爲詳，而其尺寸多不載，是以難遽復云。舊制有白道儀以考月行，在望筩之旁。自熙寧沈括以爲無益而去之，南渡更造，亦不復設焉。

極度。極星之17在紫垣，爲七曜、三垣、二十八宿衆星所拱，是謂北極，爲天之正中。而自唐以來，曆家以儀象考測，則中國南北極之正，實去極星之北一度有半，此蓋中原地勢之度數也。中興更造渾儀，而太史令丁師仁乃言：「臨安府地勢向南，於北極高下當量行移易。」局官吕璨言：「渾天無量行更易之制，若用於臨安與天參合，移之他往必有差忒。」遂罷議。後十餘年邵諤鑄儀，則果用臨安北極高下爲之。以清臺儀校之，實去極星四度有奇也。

〔一〕子：原作「之」，據《宋史》卷四八《天文志》一改。按，自此句以下至下文運曆二之一七首段「四度有奇也」乃《大典》抄録《宋史》卷四八《天文志》一插編於此，故造成下文年代錯亂。
〔二〕領：原作「令」，據《宋史》卷四八《天文志》一改。
〔三〕測：原作「則」，據《宋史》卷四八《天文志》一改。
〔四〕按：原作「撰」，據《宋史》卷四八《天文志》一改。
〔五〕位：原作「立」，據《宋史》卷四八《天文志》一改。
〔六〕緯：原作「爲」，據《宋史》卷四八《天文志》一改。
〔七〕環：原脱，據《宋史》卷四八《天文志》一補。

〔紹興三年〕正月十六日〔一〕，太史局參詳指説（製）〔制〕度渾儀丁師仁等言：「省記昨東京渾儀四座〔二〕：至道儀一座，測驗渾儀刻漏所安設；皇祐儀一座，翰林天文局安設；熙寧儀一座，太史局天文院安設；元祐儀一座，合臺安設。每〔座〕約重二萬餘斤。今若製造折半渾儀一座，約度合用赤銅一萬餘斤。左右司覆實用赤銅八千四百八斤二兩。昨元祐間製造渾儀真器，當時係兩府提舉。」詔合用物料令户部收買應副，其工匠下臨安府和雇。仍令工部長貳專一提舉。

七年夏，資中士人張大樴以木爲蓋天，言可備軍幕中候驗，獻諸朝。

十三年十月庚寅，詔製渾天儀。《高宗紀》〔三〕。

十四年四月五日，太史局言：「製作渾儀，乞依舊例差官提舉。」宰臣秦檜奏曰：「在廷之臣，罕能通曉。」上曰：「此實闕典，朕已令就宫中製造，範製雖小，可用窺測。日以晷度、夜以樞星爲則，蓋樞星中也。非久降出，用以爲式，但當廣其尺寸耳。」於是 18 命檜提舉脩製渾儀。

先是，工部員外郎謝伋言〔四〕：「臣職贊共工之事，嘗詢渾儀之法，太史官生論議法製不同，幾成聚訟，鑄作之工，今尚闕焉。臣愚以爲所費既多，事體亦大，宜先詢考制度，敷求通曉天文曆數之學，如漢之賈逵、張衡，本朝之蘇頌者，參訂是非，決羣疑而合古制，傳之永久。望博訪而審擇之。蘇頌之子携近得旨赴闕，乞就携訪求頌之遺書，攷質制度，必有所補。」至是，命秦檜提舉修製。其後委内侍邵諤專主之。後渾儀雖成，至紹興三十二年諤亦罷職，遂以渾儀付太史局安設焉。

孝宗乾道三年正月，詔令太史局將太上皇帝昨降下渾儀一副就本局置臺安設，測驗七政行度，演造新曆。

慶元四年七月，祕省築渾儀臺成。

【玉海】

元祐渾天儀象〔五〕

「吏部尚書臣蘇頌先准元祐元年冬十一月詔旨，定奪新舊渾儀。對得新儀係至道、皇祐年製造，並堪行用。舊渾儀係熙寧中所造，環器怯薄〔六〕，水趺低墊〔七〕，難以行使。臣切以儀象之法，度數備存，而日官所以互有論訴者，蓋以器未合古，名亦不正，至於測候，須人運動，人手有高下，故躔度亦從而移轉。是故兩競，各指得失，終無定論。蓋古

〔一〕紹興三年：原無，據《宋史》卷四八《天文志》一（又見本書運曆二之二五），此條爲紹興三年事，《會要》原文本接於上文紹興二年條，因補。

〔二〕「記」下原有一空格，據文意可補「得」字。

〔三〕按，指本條抄自《宋史》卷三〇《高宗紀》。此爲《大典》之注。

〔四〕伋：原作「汲」，據《宋史》卷八一《律曆志》一四改。

〔五〕按，《玉海》卷四以下所録爲蘇頌《進儀象狀》，見《新儀象法要》卷上。

〔六〕怯：原作「法」，據《新儀象法要》卷上改。

〔七〕趺：原作「跌」，據《新儀象法要》卷上改。

人測候天數，其法有二：一曰渾天儀，規天矩地〔一〕，機隱於內，上布經躔，以考日星行度，寒暑進退，如張衡渾天、開元水運銅渾是也。二曰銅候儀，(令)〔今〕新舊渾儀，翰林天文院與太史局所有是也。又案吳中常侍王蕃云：『渾 19 天儀者，羲和之舊器，積代相傳，謂之機衡。其爲用也，以察三光，以分宿度者也〔二〕。又有渾天象者，以著天體，以布星辰。二者以考於天蓋密矣。』詳此，渾天儀、銅候儀之外，又有渾天象，凡三器也。渾天象歷代罕傳，其制惟《隋書・志》稱梁武密府有之〔三〕，云是宋元嘉中所造者。由是而言，古人候天，具此三器，乃能盡妙。今唯一法，誠恐未得親密。然則張衡之制，史失其傳；開元舊器，唐世已亡。國朝太平興國初，巴蜀人張思訓首創其式以獻，太宗皇帝召工造於禁中，踰年而成，詔置文明殿今文德殿是也。東鼓樓下，題曰『太平渾儀』。自思訓死，機繩斷壞，無復知其法制者。臣昨訪得吏部守當官韓公廉通《九章算術》，常以鈎股法推考天度。臣思古人言：天有周髀之術，其說曰：髀，股也；股，表也。日行周徑里數各依算術，用勾股重差推晷影極遊〔四〕，以爲遠近之數，皆得表股。周人受之，故曰周髀。若通此術，則天數從可知也。因說與張衡、一行、梁令瓚、張思訓法式大綱，問其可以尋究依倣製造否？其人稱若據算術，案器象，亦可成就。既而撰到《九章鈎股測驗渾天書》一卷，并造到(本)〔木〕樣機輪一座。臣觀其器範，雖不盡如古人之說，然以水運輪，亦有巧思，若(今)〔令〕造作，必有可取，遂具奏陳，乞先創木樣進呈，差官試樣。如候果有準，即別造銅器。奉二年八月十六日詔，如臣所請〔五〕，置局差官及專作材料等，遂奏差壽州州學教授王沇之 20 充專監造作，太史局夏官正周日嚴、秋官正于太古、冬官正張仲宣等與韓公廉同充製度官〔六〕，局生袁惟幾、苗景、張端節、劉仲景，學生侯允和、于湯臣驗晷景，刻漏等。至三年先造成小樣，有旨赴都堂呈驗，造大木樣。至十二月工畢，閏十二月二日甲辰，得旨置于集英殿。臣謹案歷代天文之器，制範頗多，法亦小異。至於激水運機，其用則一。蓋天者運行不息，水者注之不竭；以不竭之流，逐不息之運，苟注挹均調，則參校旋轉之勢無有差舛也。故張衡渾天則云：室中以漏水轉之，令司之者閉戶唱之，以告靈臺之觀天者，璇璣所加，某星始見，某星已中〔七〕，某星今没〔八〕，皆如符合。唐開元中，詔浮圖一行與率府兵曹梁令瓚及諸術士更造鑄銅渾〔儀〕，爲之員天之象，上具列宿及周天度數，注水激輪，令其自轉，一日一夜，天轉一周。又

〔一〕天矩：原脱，據《新儀象法要》卷上補。
〔二〕宿度：原倒，據《新儀象法要》卷上乙。
〔三〕隋：原脱，據《新儀象法要》卷上補。
〔四〕重：原作「二里」，據《新儀象法要》卷上改。
〔五〕請：原作「講」，據《新儀象法要》卷上改。
〔六〕度官：原倒，據《新儀象法要》卷上乙。
〔七〕已：原作「始」，據《新儀象法要》卷上改。
〔八〕星：原脱，據《新儀象法要》卷上補。

別置二輪，絡在天外，綴以日月，令得運行。每天西轉一匝，日正東行一度，月行十二度有畸〔一〕。凡二十九轉而日月會，三百六十五轉而日行匝。仍置木櫃以爲地平，令儀半在地下。又立二木偶人於地平之前，置鐘鼓，使木人自然撞擊，以候辰刻，命之曰『水運渾天俯視圖』。既成，置武成殿前〔二〕，以示百官。梁朝渾象以木爲之，其員如丸，徧體布二十八宿、三家星、黃赤道及天河等，別爲橫規環以繞其外。上下半之，21以象地。張思訓渾儀爲樓數層，高丈餘，中有輪軸關柱，激水以運輪〔三〕。又有直神搖鈴〔四〕、扣鐘、擊鼓，每一晝夜周而復始〔五〕。又有十二神，各直一時，以定晝夜之長短。至冬水凝〔六〕，則以水銀代之，故無差舛。按舊法，日月行度皆人所運，新制成於自然，尤爲精妙。然則據上所述〔七〕，張衡所謂靈臺之璇璣者，兼渾儀、候儀之法也，置密室中者渾象也〔八〕。故葛洪云〔九〕：張平子、陸公紀之徒，咸以爲推步七曜之運，以度曆象昬明之證候。校以三八之氣，攷以刻漏之分，占晷景之往來，求形驗於事情，莫密於渾象也。開元水運俯視圖亦渾象也，思訓準開元之法，而上以蓋爲紫宮，旁爲周天度〔一〇〕，而正東西轉，出其新意也。今則兼採諸家之說，備儀象之器，共置一臺，有二隔，渾儀置於上，渾象置於下，樞機輪軸隱於中，鐘鼓時刻司辰運於輪上。木閣五層蔽於前，司辰擊鼓、搖鈴、執牌出沒於閣內。以水激輪，輪轉而儀象咸動。此兼用諸家法〔也〕。渾儀則上候三辰之行度，增黃道爲單環，環中日見半體，使望筒常指日，日體常在筒竅中〔一一〕。天西行一周，日東移一度。此出新意也。渾象則列紫宮於北頂〔一二〕，布中外官星、二十八舍、周天度、赤黃道、天河徧於天體，此用王蕃及《隋志》所說也。二器皆出一機，以水激之，不由人力〔一三〕。校之前古，法之疎密雖未易知〔一四〕，而器度算數亦彷彿其遺象也。《虞書》稱舜在璿璣，以齊七政，蓋觀四七之中星，以知節候之早晚。《考靈曜》22曰：觀玉儀之游，昬明主時，乃命中星者。璿璣中而星未中爲急，急則日過其度，月不及其宿。璿璣未中而星中爲舒〔一五〕，舒則日不及其度，月過其宿；璿璣中而星中爲調，調則風雨時〔一六〕，

〔一〕二：原作「三」，據《新儀象法要》卷上改。
〔二〕以下原衍重文「置鐘鼓」至「武成殿前」廿九字，據《新儀象法要》卷上刪。
〔三〕運：原脫，據《新儀象法要》卷上補。
〔四〕直神：原倒，據《新儀象法要》卷上乙。
〔五〕晝：原脫，據《新儀象法要》卷上補。
〔六〕「冬」下原衍「至」字，據《新儀象法要》卷上刪。
〔七〕述：原作「造」，據《新儀象法要》卷上改。
〔八〕密：原作「蜜」，據《新儀象法要》卷上改。
〔九〕葛：原脫，據《新儀象法要》卷上補。
〔一〇〕爲：原脫，據《新儀象法要》卷上補。
〔一一〕日：原作「月」，據《新儀象法要》卷上改。
〔一二〕北：原作「此」，據《新儀象法要》卷上改。
〔一三〕力：原脫，據《新儀象法要》卷上補。
〔一四〕雖：原無，據《新儀象法要》卷上補。
〔一五〕「爲急」至「未中」十七字原脫，據《新儀象法要》卷上補。
〔一六〕調：原作「均」，據《新儀象法要》卷上改。

庶草繁蕪而五穀登，萬事康。由是言之，觀璿璣者〔一〕，不獨視天時而布政令，抑欲察災祥，省得失也。《易》曰：『先天而天不違，後天而奉天時。』此之謂也。今依《月令》創爲《四時中星圖》，以曉昏之度附于卷後〔二〕，將以上備聖主南面之省觀，此儀象之大用也。又上論渾天儀、銅候儀、渾天象三器不同，古人之説亦有所未盡。陳苗謂張衡所造蓋亦止在渾象七曜，而何承天莫辨儀象之異。若但以一名命之，則不能盡其妙用也。今新制備二器而通三用，當總謂之渾天。恭候聖鑒，以正其名。臣切詳《周官》馮相氏掌十有二辰、十日〔三〕、二十有八星之位，辨其叙事，以會天位；保章氏掌天星，以志星辰日月之運動，辨其吉凶，以詔救正。蓋歲月辰日星皆有方位，知其位之所在，則知其時數之常然，可攷而著之於曆，此馮相氏之所掌也。若有變動非常，有繫於吉凶之應者〔四〕，以時觀其象，而詔其占，則保章氏掌之。蓋馮相氏考其常，所以正時而頒庶事，保章氏司其變，則決之於象而詔救正，先王分其職以爲之之意也〔五〕。今太史局治曆、瞻候合爲一司，緣曆術有疎密，天文有常變，治曆或疎，則不足以知其常〔六〕；瞻候或惰〔七〕，則不足以得其變。瞻候之家，苟欲合其曆，奏報候薄，遂容不實。近者局生訟 23 奏報之妄，草澤斥曆算之疎，究其所因，弊或在是。近令禮部、秘書省官定新舊儀親密者一座行使，臣已行定驗。今相度且欲存留舊儀，令曆生筭步治曆，得以參驗。其新造兩臺儀象制度精巧〔八〕，兼得張衡、李淳風、張思訓之制，以之瞻候，允爲準的。今欲別爲渾天儀象所，以隸太史，仍差官專一提舉。因命頌提舉。每日別行奏報，以此關互，無容苟簡，則朝廷可以坐知象緯之實，因以參酌中失，而圖其舊政，庶幾不失先王馮相、保章分職之意。」本所乞更重作渾天儀，從之。哲宗元祐時，太史局創水運儀二象，與舊儀爲三，欲廢其一，局生交訟不決。中書舍人林希言：「新儀精密，乃司天之法器。然舊儀用久，宜兩存之。」詔宰相臨視，皆以爲然，由是新舊兩存不廢。

木樣成，又命翰林學士許將詳定。元祐四年己巳歲三月八日己卯，將言：「與周日嚴、苗景晝夜交驗，與天道合。」詔以銅造。始製以木，觀于集英，驗之不差，乃以銅造。以「元祐渾天儀象」爲名。將乞正名「渾天儀」，從之〔九〕。時太史局直長趙齊良奏：「宋以火德王，名水運，非吉兆，乞更名。」詔以「元祐渾天儀象」爲名，置于國之西南。

七年壬申歲四月二日，詔左丞蘇頌撰《渾天儀象銘》，頌又圖其形製，著爲成書上之，詔藏秘閣。

〔一〕者：原作「中」，據《新儀象法要》卷上改。
〔二〕卷後：原作「後卷」，據《新儀象法要》卷上乙。
〔三〕日：原作「月」，據《周禮・春官・馮相氏》改。又按，《新儀象法要》無以下一段。
〔四〕繫：原作「擊」，據《玉海》卷四改。
〔五〕王：原作「正」，據《玉海》卷四改。
〔六〕知：原作「之」，據《玉海》卷四改。
〔七〕惰：原作「隋」，據《玉海》卷四改。
〔八〕制：原作「制制」，據《玉海》卷四刪。
〔九〕之：原脱，據《玉海》卷四補。

六月十四日，儀象成，召輔臣閲之。今其法不傳。

《通畧》：初，吏部尚書蘇頌請別製渾儀，因命頌提舉。頌邃於律曆，又以吏部令史韓公廉善算術，有巧思，乃奏用之，且授以古法。爲臺三層，上設渾一作候儀，中設一作置渾象，下設一作布司辰，貫以一機，激水轉輪，不假人力。時至刻臨，則司辰出告星度所次，占候測驗，不差晷刻，晝夜晦[24]明皆可推見。元祐四年三月，木樣成，前此未有也。詔翰林學士許將等詳定。己卯，將等言：「晝夜校驗，與天道已參合。」乃詔以銅造，仍以「元祐渾天儀象」爲名。其後將等又言：「前所謂渾天儀者，其外形員，即可偏布星度；其內有璣衡，即可仰窺天象。若儀象則兼二器有之，同爲一器。今所建儀象別爲二器〔一〕，而渾儀占測天度之真數，又以渾象置之密室〔二〕，自爲天運，與儀參合。若併爲一器，即象爲儀，以同正天度，則兩得之。請更作渾天儀。」從之。頌因其家所藏小樣而悟于心，令公廉布筭。數年而器成，大如人體，人居其中，有如籠象。因星鑿竅如星，以備激輪旋轉之勢，中星昏晚，應時皆見於竅中。星官、曆翁聚觀駭歎，蓋古未嘗有也。紹聖中欲毁之，林希爲言，得不廢。

紹聖三年六月十三日，寫《儀象制度》〔三〕、《法畧》各一部，納尚書省、秘閣。規天矩地，機輪隱中，以察三光，驗寒暑，是之謂儀。其圓如丸，其大數圍，以布列宿，著天體，是之謂象。二器〔四〕，司天之要法也。縱以天經，橫以地渾，金虯夾繞，鼇雲上承，三辰四游，運轉不息。激水印流，驗之密室。橫簫所望，（曰）〔日〕星其中。司辰告刻，應以鼓鐘。曰象仰觀，曰儀俯觀。人位乎間，天外地內。

宣和六年七月甲辰，二十九日。詔置璣衡所，以宰臣領之。得方士璣衡之書〔五〕，造小樣驗之，與天運合，如唐一行之制，請置局製造。

唐一行作曆，梁令瓚作黃道游儀，測知畢觜參鬼四宿、赤道宿度，與[25]舊不同。皇祐初，詔造黃道渾儀，鑄銅爲之。自後測驗赤道宿度又十四宿與一行所測不同。

《兩朝志》：自建隆迄治平，五正曆象，作爲銅儀，經法具于所司。

紹興渾天儀 蓋天〔六〕

二年壬子歲九月甲子，詔太史局令丁師仁等造渾天儀，後不果成。

三年正月辛未六日，工部郎袁正功獻渾儀木式。是月壬戌進呈。十六日，太史令丁師仁等請折半製造，許之。用銅一萬斤。先是二年十一月二日，正功言渾儀安立非子午之正則有差，詔李繼宗等測驗定正。初，東京渾儀凡四：至道儀在刻漏所，皇祐儀在

〔一〕儀：原作「渾」，據《玉海》卷四改。
〔二〕置：原作「制」，據《玉海》卷四改。
〔三〕儀：原脱，據《玉海》卷四補。
〔四〕二：原作「三」，據《玉海》卷四改。
〔五〕士：原作「氏」，據《玉海》卷四改。
〔六〕按，此仍爲《玉海》卷四之小題。

翰林天文院，熙寧儀在太史局，元祐儀在合臺。每座約用二萬斤，城破皆爲虜所索〔一〕。揚州之陷也，呂頤浩得渾儀法物二事獻諸朝〔二〕，至是折半，但用銅八千四百八斤有奇，卒不就。

五月丙辰，命工部侍郎李擢提舉製渾儀。

十一月甲戌，工部郎謝伋言：「宜先詢考制度，敷求通曉天文曆數之學如漢賈逵、張衡、本朝之蘇頌者，參訪是非，然後可作。望下温州訪求蘇頌遺書，考質制度。」初，師仁等言：「若往他州，則臨時定北極高下，量行移易。」有呂璨者言：「師仁等所募工不知鑄法，況渾天無量行更易之制。若用於臨安，與天參合，移往他州，必有差忒。」詔別聽指揮〔三〕。

十四年四月丙戌，五日。命太師秦檜提舉製造渾儀，祕書省修製。詔有司求蘇頌遺法來上〔四〕。上曰：「宮中制成小範可窺測，日以晷度，夜以樞星爲則。樞星，中星也。非久降出，用以爲式，但廣其尺寸耳。」遂命内侍邵諤主其事，久之乃 26 成。三十二年，授太史局。

乾道三年正月，詔太史局置臺設渾儀，測驗七政行度，演造新曆。

慶元四年七月，秘省築渾儀臺，高二丈一尺。

資中士人張大樴以木爲蓋天，言可備軍幕中候驗。紹興七年夏，制使席益獻諸朝〔五〕。（以上《永樂大典》卷一三〇二）

節候

【宋會要】

27 紹興三十二年孝宗已即位，未改元。六月十八日立秋，風從坤位上來。乾道元年八月八日秋分，二年十一月二十一日冬至，四年六月二十五日立秋，十一月十四日冬至，五年七月六日立秋，七年六月二十七日立秋，九年八月六日秋分，並如之。

八月五日秋分〔六〕，風從艮位上來。十一月八日冬至，隆興元年二月十日春分，三月二十六日立夏，五月十三日夏至，二年正月一日，二月二十二日春分，四月八日立夏，五月二十四日夏至，乾道元年正月一日，二月三日春分，（一）〔二〕年正月一日，三年正月一日，八日立春，七月十四日立秋，十二月十九日立春，四年正月一日，五月八日夏至，十二月三十日立春，五年正月一日，五月十九日夏至，六年正月一日，十一日立春，二月二十七日春分，七年二月

〔一〕虜：原作「膚」，據《玉海》卷四改。
〔二〕法：原作「去」，據《玉海》卷四改。
〔三〕「指」上原有「旨」字，據《玉海》卷四删。
〔四〕來上：原倒，據《玉海》卷四乙。
〔五〕「制」原作「製」，「益」原作「易」，據《玉海》卷四改。以上引《玉海》至此止。
〔六〕按，此段及下段首句之月分均承上段首句之紹興三十二年。以下仿此。

八日春分，八年正月一日，五月二十二日夏至，九年正月一日，十四日立春，三月十七日立夏，並如之。

九月二十一日立冬，風從乾位上來。十二月二十四日立春，隆興元年正月一日，八月十六日秋分，十一月十八日冬至，二年正月五日立春，七月十一日立秋，八月二十六日秋分，十月十三日立冬，十二月十六日立春，乾道元年三月十八日立夏，九月二十四日立冬，十一月十一日冬至，二年二月十三日春分，五月十六日夏至，八月二十日秋[28]分，十月五日立冬，三年九月十七日立冬，十一月二日冬至，四年八月十一日秋分，九月二十八日立冬，五年二月十六日春分，四月二日立夏，八月二十二日秋分，十月九日立冬，十一月二十五日冬至，六年八月四日秋分，九月十九日立冬，十一月六日冬至，十二月二十三日立春，七年三月二十五日立夏，八月十四日秋分，十月一日立冬，十一月十七日冬至，八年二月二十日春分，八月二十五日秋分，十月十二日立冬，十一月二十七日冬至，九年九月二十六日立冬，並如之。

孝宗隆興元年六月二十九日立秋，風從巽位上來。十月三日立冬，二年十一月二十九日冬至，乾道元年五月五日夏至，六月二十二日立秋，十二月二十六日立春，二年三月三十日立夏，七月三日立秋，三年二月二十三日春分，四月十一日立夏，五月二十七日夏至，八月一日秋分，四年二月五日春分，三月二十一日立夏，六年四月十四日立夏，五月二十九日夏至，六月十六日立秋，乾道七年正月一日，五月十一日夏至，八年正月四日立春，四月六日立夏，七月八日立秋，九年二月一日春分，五月四日夏至，六月二十日立秋，並如之。

二年十月二十四日，戌風緊大。乾道二年正月六日，四月十四日，十二月二十三日，三年閏七月十五日，十六日，十月二十五日，十一月十二日，乾道四年正月二十[29]三日，二月二十一日，十一月十二日，十二月十九日，乾道五年二月十六日，五月二十七日，六月十一日，九月十九日，十二月十日，乾道七年三月八日，十月十四日，十一月四日，乾道九年正月二十八日，亦如之。

乾道二年六月二十七日，丑風緊大。八月十八日同。

三年七月十三日，艮風緊大。五年七月十六日，巳風緊大。十月十六日，午風緊大。十一月十二日，申風緊大，十二月四日同。

淳熙元年五月十五日夏至，風從離位上來。既而九年五月十三日夏至，十年七月十一日立秋，亦如之。

十月三日，乾風緊大。十一月六日同。

三年十一月十二日冬至，風從坎位上來。既而四年十一月二十四日冬至，八年閏三月十五日立夏，十年十一月二十九日冬至，亦如之。

八年二月二十九日春分，風從震位上來。

九年八月十六日秋分，風從兌位上來。

淳熙十六年正月一日正朔，風從東北方艮位上來。既而十一日立春，十一月六日冬至，紹熙元年正月一日正朔，三月二十五日立夏，二年正月一日正朔，三年正月一日正朔，十二月二十五日立春，四年正月一日正朔，二月十二日春分，四年八月十七日秋分，五年正月一日正朔，六日立春，亦如之。

五月三十日夏至，風從西北方乾位上來。既而八月三日秋分，九月十九日立冬，十二月二十二日立春，紹熙元年[30]八月十四日秋分，九月三十日立冬，十一月十七日冬至，二年正月三日立春，二月十九日春分，八月二十五日秋分，十月十一日立冬，十一月二十七日冬至，三年正月十四日立春，八月六日秋分，九月二十三日立冬，四年五月十五日夏至，十月四日立冬，十一月二十日冬至，五年二月二十日春分，八月二十八日秋分，十月五日立冬，十一月一日冬至，十二月十七日立春，亦如之。

六月十七日立秋，風從西南方坤位上來。既而紹熙元年五月十一日夏至，二年七月九日立秋，三年三月十七日立夏，十一月八日冬至，四年七月二日立秋，五年四月九日立夏，七月十二日立秋，亦如之。

紹熙元年二月九日春分，風從東南方巽位上來。既而六月二十七日立秋，二年四月七日立夏，五月二十三日夏至，三年正月三十日春分，五月四日夏至，六月二十日立秋，四年三月二十七日立夏，五年五月二十五日夏至，亦如之。

紹熙五年八月二十三日甲寅〔一〕，其日秋分，風從東南方巽位上來。

十月十五日壬寅，其日立冬，風從西北方乾位上來。

十一月一日戊午，其日冬至，風從東南方巽位上來。

慶元元年正月一日丁亥，其日正朔，風從東北方艮位上來。

二月三日己未，其日春分，風從東南方巽位上來。

三月二十日乙巳，其日立夏，風從東北方艮位上來。

五月六日庚寅，其日[31]夏至，風從東北方艮位上來。

二年正月一日辛巳，其日正朔，風從東北方艮位上來。

四月一日庚戌，其日立夏，風從東北方艮位上來。

六月二十七日己丑，其日立秋，風從西南方坤位上來。

十月八日癸丑，其日立冬，風從西北方乾位上來。

三年正月一日乙亥，其日正朔，風從東南方巽位上來。

四月十二日乙卯，其日立夏，風從東北方艮位上來。

四月二十七日庚午，其日夏至，風從東北方艮位上來。

九月十八日戊午，其日立冬，風從正北方乾位上來。

十一月五日甲辰，其日冬至，風從正北方坎位上來。

〔一〕以下紀日用數字加干支，與上文不同。此蓋李心傳《續總類國朝會要》照抄寧宗朝已修成之《會要》或《實録》。以其爲節候，非一般記事，故保留干支，此非會要之通例。

四年正月二日己亥，其日正朔，風從東南方巽位上來。

三月二十四日辛酉，其日立夏，風從東北方艮位上來。

六月二十六日壬辰，其日立秋，風從西北方乾位上來。

七月二十八日癸亥，其日立冬，風從西北方乾位上來。

五年正月一日癸巳，其日正朔，風從東南方巽位上來。

二日甲午，其日立春，風從西南方坤位上來。

十月九日戊辰，其日立冬，風從西北方乾位上來。

十一月二十六日甲辰，其日冬至，風從東北方艮位上來。

六年正月一日戊子，其日正朔，風從西南方坤位上來。

十三日庚子，其日立春，風從東南方巽位上來。

三月十六日辛未，其日立夏，風從西北方乾位上來。

九月二十一日甲戌，其日立冬，風從西南方坤位上來。

嘉泰元年正月【32】一日壬午，其日正朔，風從東南方巽位上來。

八月十六日癸巳，其日秋分，風從東南方巽位上來。

十月二日己卯，其日立冬，風從東南方巽位上來。

二年正月一日丁未，其日正朔，風從東南方巽位上來。

七月十一日癸丑，其日立秋，風從西南方坤位上來。

八月十四日己亥，其日秋分，風從東南方巽位上來。

十月十三日甲申，其日立冬，風從東北方艮位上來。

三年正月一日辛未，其日正朔，風從東南方坤位上來。

三月十八日丁亥，其日立夏，風從東南方巽位上來。

六月二十一日戊午，其日立秋，風從西南方坤位上來。

四年正月一日乙丑，其日正朔，風從東南方巽位上來。

十月六日乙未，其日立冬，風從西南方坤位上來。

十一月二十二日丙辰，其日冬至，風從西南方坤位上來。

開禧元年正月一日己未，其日正朔，風從東南方巽位上來。

八日丙寅，其日立春，風從東南方巽位上來。

四月十日丁酉，其日立夏，風從正南方離位上來。

七月十五日戊辰，其日立秋，風從西北方乾位上來。

二年正月一日癸未，其日正朔，風從東南方巽位上來。

三月二十一日壬寅，其日立夏，風從東南方巽位上來。

六月十四日甲戌，其日立秋，風從東南方巽位上來。

九月二十七日乙巳，其日立冬，風從西南方坤位上來。

三年正月一日丁丑，其日正朔，風從東北方艮位上來。

【33】七月五日己卯，其日立秋，風從西北方乾位上來。

八月二十二日乙丑，其日秋分，風從西北方乾位上來。

十月八日庚戌，其日立冬，風從東南方巽位上來。

十一月二十五日丙申，其日冬至，風從東南方巽位上來。

嘉定元年正月一日辛未，其日正朔，風從東南方巽位上來。

四月十四日癸丑，其日夏至，風從東北方艮位上來。

六月十六日甲申，其日立秋，風從東南方巽位上來。

八月三日庚午，其日秋分，風從東北方艮位上來。

九月十九日丙辰，其日立冬，風從東北方艮位上來。

十一月五日辛丑，其日冬至，風從東南方巽位上來。

二年正月一日乙未，其日正朔，風從東南方巽位上來。

五月十二日甲辰，其日夏至，風從東南方巽位上來。

六月二十八日庚寅，其日立秋，風從西南方坤位上來。

十二月三十日丙子，其日立春，風從東北方艮位上來。

三年正月一日庚寅，其日正朔，風從正南方離位上來。

八月二十五日庚辰，其日秋分，風從東北方艮位上來。

十月十一日丙寅，其日立冬，風從西北方乾位上來。

十一月二十八日壬子，其日冬至，風從正北方坎位上來。

四年正月一日乙酉，其日正朔，風從東北方艮位上來。

十三日丁酉，其日立春，風從東南方巽位上來。

二月三十日癸未，其日春分，風從東南方巽位上來。

閏二月二十四日丁未，其日風勢[34]緊大。

五月三日甲寅，其日夏至，風從正南方離位上來。

五年正月一日己酉，其日正朔，風從東南方巽位上來。

三月二十七日甲戌，其日立夏，風從東北方艮位上來。

七月一日乙巳，其日立秋，風從西南方坤位上來。

十月四日丙子，其日立冬，風從西北方乾位上來。

六(月)〔年〕正月一日癸卯，其日正朔，風從東南方巽位上來。

七月十一日庚戌，其日立秋，風從西南方坤位上來。

八月二十八日丙申，其日秋分，風從東南方巽位上來。

九月十五日壬午，其日立冬，風從西北方乾位上來。

十一月一日丁卯，其日冬至，風從正北方坎位上來。

七年正月一日丁卯，其日正朔，風從東南方巽位上來。

二月四日己亥，其日春分，風從東南方巽位上來。

三月十九日甲申，其日立夏，風從東南方巽位上來。

八月九日辛丑，其日秋分，風從西北方乾位上來。

十二月二十八日戊午，其日立春，風從東北方艮位上來。

嘉定八年正月一日辛酉，其日正朔，風從東北方艮位上來。

四月十一日庚寅，其日立夏，風從東南方巽位上來。

五月十七日乙亥，其日夏至，風從東南方巽位上來。

七月四日辛酉，其日立秋，風從西北方乾位上來。

九年正月一日乙卯，其日正朔，風從西北方乾位上來。

十四日戊辰，其日立春，風從西南方坤位上來。

二月二十六日己酉，其日春分，風從西北方[35]乾位上來。

九月十七日丁酉，其日立冬，風從西北方乾位上來。

十一月四日癸未，其日冬至，風從東南方巽位上來。

十二月二十一日己巳，其日立春，風從西北方乾位上來。

十年正月一日己卯，其日正朔，風從西北方乾位上來。

二月七日甲寅，其日春分，風從東南方巽位上來。

三月二十三日庚子，其日立夏，風從東北方艮位上來。

五月十日丙戌，其日夏至，風從東南方巽位上來。

七月二十五日辛未，其日立秋，風從東南方巽位上來。

十一年正月一日癸酉，其日正朔，風從西南方坤位上來。

七月八日丁丑，其日立秋，風從東南方巽位上來。

八月二十三日壬戌，其日秋分，風從東北方艮位上來。

十月十日戊申，其日立冬，風從西北方乾位上來。

二十三日戊午，其夜風勢暴大。

十一月二十六日甲午，其日冬至，風從西北方乾位上來。

十二年正月一日戊辰，其日正朔，風從東南方巽位上來。

閏三月十六日辛亥，其日立夏，風從西南方坤位上來。

六月十九日壬午，其日立秋，風從西南方坤位上來。

九月二十一日癸丑，其日立冬，風從東南方巽位上來。

十三年正月一日壬辰，其日正朔，風從東南方巽位上來。

三月二十六日丙辰，其日立夏，風從正南方离位上來。

六月二十九日丁亥，其日立秋，風從西北方乾位上來。

十四年正月一日丙戌，其日正朔，風 36 從西南方坤位上來。

五日辛卯，其日立春，風從東北方艮位上來。

七月十日壬辰，其日立秋，風從西南方坤位上來。

十月十四日甲子，其日立冬，風從西北方乾位上來。

十五年正月一日庚戌，其日正朔，風從東南方巽位上來。

三月二十七日丙寅，其日立夏，風從西南方坤位上來。

六月二十一日戊戌，其日立秋，風從西南方坤位上來。

九月二十四日己巳，其日立冬，風從西北方乾位上來。

十六年正月一日甲辰，其日正朔，風從東南方巽位上來。

三月二十九日壬申，其日立夏，風從西北方乾位上來。

七月二日癸卯，其日立秋，風從西北方乾位上來。

十七年正月一日戊戌，其日正朔，風從東南方巽位上來。

四月十一日丁丑，其日立夏，風從西南方坤位上來。

五月二十六日壬戌，其日夏至，風從東南方巽位上來。

三十日丙寅，其夜風勢暴大。

七月二日癸卯，其日立秋，風從西北方乾位上來。（以上《永樂大典》卷二九〇）

禁火

【宋會要】

37 禁火乃周之舊制，唐及宋朝清明日賜新火，亦周人出火之事。（以上《永樂大典》卷一一六三九）

宋會要輯稿　崇儒一

宗學

【宋會要】

1 徽宗建中靖國元年，以世雄、仲爰之言，四月九日詔復置宗學。初，元祐六年，宗室令鑠嘗乞建宗學。及畢工，以賜蔡確家。至是，令鑠之父知大宗正事世雄及同知大宗正事仲爰言，願詔有司復依初旨〔一〕，故有是詔。

崇寧元年十一月十二日，宰臣蔡京劄子奏乞所在諸宮置學，添教授。治平初，諸王宮增置大小學講官，宗子世符獻《二學頌》〔二〕。逐宮各置大小二學，添置教授二員。量立考選法，月書季攷，取其文藝可稱，不戾規矩者，注于籍。在外任而願入宮學者〔三〕，聽依熙寧詔書、元符試法，量試推恩。其學制從本司參定。願入太學、律學者亦聽〔四〕。應宗子年十歲以上入小學，二十以上入大學，年不及而願入者聽從便。若無故應入學而不入，或應聽讀而不聽讀者，罰俸一月；再犯，勒住朝參；三犯，移自訟齋〔五〕。即兩人不入學，本宮本位尊長罰俸半月。三人以上併犯者罰一月，十人以上罰兩月；重者申宗正司，奏取敕裁。

二十九日，臣僚上言：「竊觀宗子既以三舍考校德行藝文高下優平之法，即與內外庠序事體一同。緣本司長貳並係宗室，臣僚欲乞諸宮學別以儒臣專提舉學事，或選宗正寺長貳，專以學事隸之。庶使上下相維，幾察異論，官師無苟簡之弊，以稱陛下敦叙教養甚盛之舉。」詔諸宮學差宗正寺長貳提舉。《玉海》：置院別都，增學宮邸。崇寧以知宗、同知宗兼領學事。三年五 2 月，置睦親宅北宅、廣親宅大學、小學各一員〔六〕；廣親北宅、睦親西宅、周王宮大學兼領小學各二員。五年，改稱某王宮宗子博士，位國子博士之上〔七〕。諸宮博士共十三員，立三舍法〔八〕。靖康之亂，宗學遂廢。《事類合璧》：宋朝冑監之外，復立宗學。始創於神宗，至崇、觀而大備。中更禍亂，宗學遂廢。南渡草創，爲屋數楹，暫寓臨安之睦親宅。更化之後，以羅仲舒、范楷奏請，有旨還睦親宅於他所，而盡拓故基以爲學焉。

大觀元年十一月，承議郎、充睦親宅宗子博士勾祖武劄子：「伏見宗學，昨已蒙朝廷增復博士員缺。然一學規

〔一〕依：原作「以」，據本書帝系五之一四改。

〔二〕按，此注原只有「宗子世符二學頌」七字，且作正文大字。今據《玉海》卷一一二補足並改爲小字。

〔三〕外任：原作「外住」，據本書帝系五之一七改。

〔四〕律：原作「集」，據本書帝系五之一七改。又此句原作大字，亦據帝系五之一七改爲小字。

〔五〕訟：原作「下」，據本書帝系五之一七改。

〔六〕「小學」下疑脱「教授」二字，下句「兼領小學」下亦同。《宋史》卷三五一《管師仁傳》、卷二五三《蒲卣傳》載二人爲廣親、睦親宅教授，是也。

〔七〕以上二句，「宗」、「國」二字原缺，據《玉海》卷一一二補。

〔八〕以上二句原誤置於下句「宗學遂廢」之下，並作大字，今據《玉海》卷一一二移於此，並改爲小字。

矩，責在正、録舉行。今止以宗（學）〔子〕爲之，其學生類皆同宮，見屬糾正，申舉之際，未免或有牽制。欲乞凡當宮學生及一百以上處，並依大學、辟廱法，差命官正、録各一員。仍以宗子正、録副之。」從之。

十一月八日，南京外宗正司狀：「承崇寧四年十月十四日敕：内外宮學正、録闕，並從朝廷差命官。續承崇寧五年二月四日敕：内外宮學正、録，可依舊條差補，所有差命官指揮，更不施行。」

二年三月戊午〔一〕，右武衛大將軍、通州防禦使仲璪特降兩官〔二〕。仲璪唐突言：「宮學無官宗子三經公試不中，乞特與升補内舍。」有詔放罪，而大宗正司執（政）〔議〕當行故也。

八月三十日，詔曰：「先王賓興萬民與教國子之制，比嘗考之，其義不同。大司徒以六德教萬民，而師氏之教國子則三德；以六行教萬民〔三〕，而於國子則三行而已。詳於訓士而畧於治親，所教之道殊，3 親親之恩異故也。崇寧教養宗子法，雖未究盡，然異於天下之士者，親親之恩有在乎是。今雖嘗倣辟廱、大學修立制度，可參酌輕重，降於内外學法，使易以跂及〔四〕，樂於勸向，以示惇宗親厚之意。」《宋史長編》：九月己未，御筆：「宗室升貢試，或不中，自今許入國子學。」初，學制局議遣歸本學，上以爲庶士既得辟雍〔五〕，不可薄于宗親，故有是詔。

三年三月十六日，朝散郎、禮部尚書鄭允中奏：「乞用宗子中上舍第而文行有稱者爲宗子學官〔六〕，庶幾各從其類，易以表率。」從之。

九月二十九日，御寶批：「知大宗正、同知大宗正事官既爲屬籍之長，兼見領管勾宗子學事，可並依宗正寺少卿例，詣學提按及簽書本學職事。」

四年八月乙酉〔七〕，詔：「宗子升補上舍，係比舊日宗室應舉之人得解〔八〕，其赴貢士舉試，係比省試。今不經殿試，便分三等命官，緣熙、豐未有此法可依，貢士已降指揮，並留俟殿試。其上中等人，遇唱名取旨。」

閏八月甲寅，工部尚書李圖南上《宗子大小學敕令格式》二十二册，詔付禮部頒降。

政和二年四月庚戌，禮部言：「大觀三年，貢士并宗子上舍，與進士同釋褐，就瓊林苑賜宴。今合取旨。」詔宴就辟雍，仍用雅樂，差知舉蔡嶷押宴。

四年〔九〕，小學生近一千人，分十齋。十二月，頒《小學

〔一〕按，此條乃抄自《群書考索》後集卷三〇引《長編》，非《會要》文。
〔二〕「右武」至「特降」十五字原脱（《群書考索》已脱），據本書帝系五之二二補。
〔三〕六行：原作「三行」，據《周禮・地官大司徒》改。
〔四〕跂：原作「跋」，據《玉海》卷一一二改。
〔五〕上：原作「止」，據《群書考索》後集卷三〇改。
〔六〕用：原作「同」，據《玉海》卷一一二改。
〔七〕按，以下三條抄自《群書考索》後集卷三〇，非《會要》文。
〔八〕得：原脱，據《群書考索》後集卷三〇補。
〔九〕以下三條抄自《玉海》卷一一二。

條制》。立三舍法。

五年五月，試小學生，優等四人，賜上舍、童子出身。

政和學制，宗正卿總治宗子大小學之政令，少卿貳之。

【4】重和元年十二月九日，臣僚言：「諸宮學官承前弊，不暇升堂，則例皆傳送口義，令諸齋抄録，以爲文具而已。餘事廢弛，不言可知，欲乞嚴賜誡敕。」詔令大宗正司檢察措置。今看詳，宗子學官不升堂講書，合從違令笞(土)〔士〕科罪。今承朝旨，稱有廢慢，重寘以法。欲宗子學博士應講書不集衆升堂者，增從杖八十科罪。」從之。

宣和二年八月五日〔一〕，中書奏：「元豐法，在京小學，止有就傅、初筮兩齋，無直學等。」於是罷三舍教諭〔二〕，選太學生爲之。

三年六月二十七日，增置西南外宗院教授。

高宗紹興三年六月二十三日，知大宗正丞謝伋言：「臣嘗讀《真宗皇帝實録》，咸平間，使輔臣選醇儒，授南北宅將軍以經義。其後，常遴擇名德之士以充其官。比年以來，選用寖輕，至或久闕正員。(薄)〔簿〕書期會之吏，得以攝事，使宗室何視以爲模範哉？其大小學教官，欲望明詔三省遴擇儒臣，以專訓導。」詔各選一員。

四年〔三〕，始置諸王宮大小學教授二員。隆興省其一。

五年四月七日，同知大宗正事士㒟言：「檢準尚書省劄子，知大宗正事仲琮申請數内一項，諸宮自來差教授官一十三員，記室一員，即今全闕。今先乞差大學教授二人，小學教授二人，伏望差注。其人從、請給，並依在京法。」有旨依，仍令吏部討論條具，申尚書省。本部將紹興重修格檢揭，即無宗子大小學教授注格(按)〔案〕牘。取到大宗正司狀：宮學教授後來改爲【5】宗子博士，序位立班在國子博士之上，請給、人從視太學博士。契勘在京係諸王宮大小學教授，今欲依大宗正司供到事理施行。」從之。

二十九日，秉義郎趙公智言：「趙不凡先係從義郎〔四〕、宗學内舍生，有中等校定作免解人數〔五〕，有旨特與換授宣義郎。公智先係宗學外舍，陞補内舍。若比大學罷三舍恩例，合得免解。至依趙不凡例〔六〕，換授文資。」詔趙公(知)〔智〕特換授左承奉郎。

六月七日，禮部言：「諸王宮大小學教授錢觀復奏，乞復置宮學。送禮部，與所屬曹部同共勘當，申尚書省。今據國子監狀，祖宗朝凡宗室事，大宗正司治之。玉牒之類，宗正寺掌之。政和學制書：宗正卿總治宗子大小學之政令而掌之，少卿貳卿之職事。崇寧以來，知大宗正司、同知

〔一〕《玉海》卷一一二亦有此條，文全同。
〔二〕三舍：原作「二舍」，據《玉海》卷一一二改。
〔三〕此條抄自《文獻通考》卷一五七。按《會要》此門各條大體均年月日全，只有年分者多抄自他書。
〔四〕趙不凡：原作「趙不見」，據下文及《宋史》卷二四七《趙士㒟傳》改。
〔五〕有：似當作「由」。
〔六〕至：似當作「乞」。

大宗正事兼領主管提按簽書學事。今來宮學所隸宗正司與宗正寺，即本監難以指定，欲乞取會逐處指定施行。勘會諸宮教授，自嘉祐以來設置，仍立講書課試規罰之法。累經兵火，元立一司條法已是散失。見今國子監有政和學制，內該載宗學法令，有簡便可行於今者。欲就國子監關借，鈔録奉行。所有宗學一司條法，欲乞捜訪，以備採擇合行事目，條畫遵守。」從之。

七月六日，太常寺言：「大宗正司關稱，已修蓋大小學了當。本寺欲乞今後每遇太廟別廟大祀，所差宗室充獻官〔一〕，行事前三日致齋，欲依本司條法，於學舍致齋，內前一日於本廟 6 致齋。欲乞申明行下。」從之。

八月十九日，諸王宮大小學教授錢觀復等言：「今具本學條畫事件：一、宗子昔分爲六宅，凡宅又各有學，學皆有官。今行在惟有睦親宅一處，專以居南班官。其子弟之係外官者無幾，所餘外官無宅，散在民居邸店者不可勝數。欲盡令入學，則睦親宅見在散居五間，除教官二員各得直舍屋一間外，餘講堂三間，更無齋舍可以容處；欲各就宗子所在講說訓導，非特與民間混雜，所居褊隘，又散漫不一，難以遍詣。欲乞就睦親宅附近踏逐空閑地基，增廣學舍，令應干到行在宗子皆得入學，庶使內外宗子均被教養。一、契勘國朝自嘉祐三年詔諸宮置教授，治平元年添置講書及課試規罰之法，其制未備。至崇寧、大觀間，諸宮各置博士十三員，立爲三舍，陞補與貢士一體，其法甚詳。（令）〔令〕創復宮學，止是行在及紹興府南班宮邸各置教授二員。嘉祐、治平講書課試規罰之法，已經兵火，無有（生）〔存〕者。今乞刪修見今合行條制付本學，以憑遵守施行。一、宗學法，合輪講書。今來宮學大學生人數至少，年格雖及，而經書全未通誦，尚須點授。若遽以大經義講說，則義難開曉，恐成躐等。欲乞且講《論》《孟》，可使易曉。候至稍通經旨，仍舊大、小經輪講，庶以漸進，不爲文具。其小學生日逐點授，或作詩對。所有大學生，年雖應格，學未成就，亦乞且依小學例點授功課。其有學業 7 稍通，自依大學法。」並從之。

十二年七月〔二〕，時因有宗子犯法，乙卯〔三〕，上謂宰執曰：「見宗學教官，今日率宗子講書，作功課，庶使用心，不爲惡事。」

十月乙亥〔四〕，上謂宰執曰：「今後宗子許於所在入學〔五〕，令與寒士同處。仍別作齋，庶盡變積習，異時文行有可取也。」

十三年六月十九日，西外宗正司言：「據宗學教授李若虎申，敦宗院宗學教授與諸州教授事體一同，所有就任

〔一〕官：原作「言」，據文意改。

〔二〕以下二條抄自《群書考索》後集卷三〇。

〔三〕乙卯：原作「己卯」，據《中興小紀》卷三〇改。按，當月壬辰朔，無己卯日。

〔四〕乙亥：原作「己亥」，據《中興小紀》卷三〇改。按，當月庚申朔，無己亥日。

〔五〕於：原作「令」，據《群書考索》後集卷三〇改。

磨勘及薦舉等事，乞依諸州教授條例施行。」從之。

七月二十六日，詔：「西外敦宗院宗學教授，許禮部、國子監長、貳依諸州教授體例，通行薦舉。」

九月二日，同知大宗正事士太言：「臣仰惟朝廷崇建大學，教養多士，陞黜之法備具，甚盛典也。而宗子亦蒙遴選師儒，置學教導。其間秀俊雖可取之人，若未加旌別，或不能自達。欲望許令宗學教官，如宗子有文藝可稱、行己修潔者，保明以聞，乞量材升擢，或賜召試，其文理優長者，特與補授文資。庶幾人人知勸，將見異材間出，以副聖主樂育之意。」上曰：「若令保舉，恐其間有人情。可令保明申尚書省，取旨引試，庶得實才也。」

十二月五日，禮部言：「知南外宗正事士謜保明到宗子學諭李軫在學實及二年，委是文藝卓然，衆所推譽，乞與免解。」詔免文解一次。

二十七日，禮部言：「昨在京日，有宮學教養在京睦親等宅，宗室在外就西南兩外宗學教養，每遇科場，不以已未有官，並聽赴國子監、8轉運司請解；及無官非袒免親，許赴國子監取應。本部契勘，除內外宗室，須應舉取應，自合遵依見行條法指揮外，昨在京日宗子學法，係行三舍。後於紹興五年六月內，復置諸王宮大小學，所有見在學教養宗子，許依進士科舉法取應。未出官者，亦許入學聽讀，實及一年，方許參選出官；願就舉者聽。」從之。

十四年二月二十五日，户、禮部言：「準同知大宗正事士㒟奏：乞應行朝在外居住有官無官宗子，願入學者，並許令赴宮學。仍依州學例，每日量給飲食。契勘今來應有官無官宗子並許入學，切慮本學難以（辯）〔辨〕驗指實。欲乞遇有入學宗子，須先經由大宗正司陳乞，令本司審實保明，開具年甲、三代、宮院，報宗正寺，行下官學照會收管。兼契勘在京宗子，分隸六學教養，大小生員各有立定人額。今欲置大小學職事人各五人，大學生五十人，小學生四十人，通一百人爲額。仍將入學宗子，並依州學例，日給飲食。內在京六學宗子學制有學規、齋規，并小學規，并係增損（大）〔太〕學之制。今來合行申嚴，遵守施行。」並從之。

十一月一日，禮部言：「諸王宮大小學，祖宗朝睦親等宅宗子學，舊制〔置〕教授。崇寧四年改爲博士。紹興五年，復置諸王宮大小學教授，教導諸宮院宗子。宮學教授與宗子博士所掌事體一同，見今遵守。今來乞復正、録，按政和學制書所載，宗子學正、録以尊卑序差，即得尊而不任事9者，聽以次選。本學欲乞候修學舍就緒日，依舊制差置正、録。本部欲依所乞。」從之。先是，趙不溢乞復置宗學博士、正、録，於是禮部看詳，從其請也。《文獻通考》：十四年，建於臨安〔一〕，學生以百員爲額。大學生五十人，小學生四十人，職事各五人。置諸王宮大小學教授一員，在學者皆南宮北宅子孫。若親賢宅近屬，則別選館職以教授焉。

〔一〕按《通考》卷四二原文，「十四年」上有「宗學」二字小題，則此句「建於臨安」者乃是建宗學。此處引録省去「宗學」二字，以致文意不明。

十五年八月六日，諸王宮大小學教授陳孝恭言：「臣切觀陛下肇新(大)〔太〕學，教養之法，莫不備舉。每歲春秋上丁釋奠，自(大)〔太〕學以至郡邑，籩豆簠簋之陳，登降揖遜之節，威儀孔昭，神明顧享。儒者榮觀，莫此爲甚。然臣切謂陛下親睦九族，建宗子學，置教授官，而每歲宗子不獲與上丁釋奠之列，以覩禮文之盛，誠闕典也。欲望睿旨，應行在宗子，每遇春秋釋奠，並令散齋致齋，就太學(倍)〔陪〕位。所有諸路宗子，隨其寄(遇)〔寓〕郡邑，亦令與此盛禮。庶幾養成天枝，益見秀傑，豈小補哉！」從之。

十六年六月八日，詔宗子不懫與免文解一次。以西外宗正司言「在學二一年，文藝卓然，衆所推譽」故也。

十七年七月十日，詔宗子子渙特與免文解一次。以西外宗正司言其「在學日久，文藝爲衆所推」故也。

二十年五月七日，詔宗子學諭公(逈)〔迥〕特與免文解一次。以知南外宗正事士浯言「公迥在學，實及二年，文藝卓然，衆所推譽」故也。

二十六年六月十六日，通判泉州黃祖舜言：「仰惟國家，祖功宗[10]德，子孫熾昌，懷負才能，固不乏人，然不加之訓導，則雖有忠如朱虛，賢如河間，德行如東平，將無以自見矣。臣竊見仁宗皇帝朝，以吳充爲吳王宮教授，方正清謹，名重一時。嘗於宗司闢除聽事，施設講席，教導有方。秩滿，作《宗室六箴》以獻，當時命録賜南北宮，縉紳榮之。今西外、南外敦宗院，雖有教授，未嘗講說，宗子無課程之規，徒事虛文，無益治道。臣愚欲乞自今以往，謹擇教官，以經明行修之士充選。間日講說，課習程試如太學之制。歲終，以諸生程文真卷繳申禮部，下太學司業、博士看詳。詞理優長者，與免文解；文學超異者，特與推恩。教授訓導有功，亦乞量加褒擢。以此激勸，庶有成効，仰副陛下惇忠睦族之意。」從之。

二十七年六月二十五日，諸王宮大小學教授陳棠言：「睦親宅南班官及其子弟講解傳授，舊制具存。向緣創復之初，有司建請，以未能通經，乞且講《論》《孟》。至今逾二十年，唯講此二書，周而復始，學官失於申明，無有以六經講授者。況今學校科舉，正以經術爲先。而宗學講經，自有成法，特未舉而行之耳。欲望令有司檢會宗學法，將大、小經仍舊講〔說〕。」從之。

八月四日，宗正丞吳景偲言：「伏覩陛下偃武修文，崇儒重道，學校之設[一]，偏于幅員。惟是宮學興復，既已歷年，止有敝屋數間，蕭然環堵，釋菜無殿，講說無堂，逼近通衢，又無廊廡，師儒齋几，卑隘淺陋。生徒誦讀遊息之地，抑又[11]可知。豈有仙源流衍，英材衆多，傳經肄業之所，乃苟簡如此邪？邇者學官嘗有陳請，事下有司，行移會(間)〔問〕，猶未嘗造。意者官司財用有限，力未能及。欲望捐内府之錢，建立黌舍，以幸宗室。乞於(令)〔今〕宮學之

[一] 校：原作「檢」，據文意改。

側，令臨安府計置，度量修蓋。」從之。

三十年〔一〕，孝宗爲建王。時光宗與莊文、魏王就傅，以王十朋兼小學教授〔二〕。

孝宗乾道二年十二月十五日，知西外宗正事趙子英言：「西外敦宗院宗學生公誂等狀，乞依南外宗學已得指揮，於宗子月給將仕郎綾紙内，取撥一道，變轉價錢，專充宗學錢糧。乞下福州依例施行。」從之。

淳熙元年六月十五日，西外宗正司言：「訓武郎、主管台州崇道觀趙不廛，因子姓搔擾市户，强取民財，奉旨不廛、善誘送西外，善評、汝資送南外宗學教導。今據宗學教授陶敏功申，不廛年六十六，見患風疾，竊慮醫藥飲食之類不便，別(教)〔致〕不測。欲乞許令自便。」從之。

三年九月二日，知南外宗正司趙不敵言：「乞依西外宗司公使庫歲給錢數，每次給降不理選限將仕郎綾紙二道，下泉州轉變見錢三千貫文省付本司，充三歲公使。仍自今年爲始。」從之。

四年五月二十一日，詔：「西、南兩外司宗子，元犯兇暴殺人至死，永鎖閉拘管之人，遇恩赦別行取旨外，其不帶『永』字已經展年人，量元犯(經)〔輕〕重，如已經赦，合行放免者，與放免。」從判(太)〔大〕宗正事嗣濮王士輵請也。

十二月十九日，南外 12 宗正司言：「本司昨緣住罷賣酒，公使匱乏，無可支遣。乞依西外宗正司例，歲給度牒。」詔户、禮部於泉州合起發錢内支撥三千貫，其度牒更不給降。

五年閏六月五日，詔：「大宗正司諸宮院醫官，特令更添置小方脈一員，共三員，宿直祗應。」乾道五年八月十三日，同知大宗正事士籛言：「元差宿直醫官三員，近降指揮減罷，止差小方脈一員。乞依紹興府大宗正行司例，更存留大方脈一員。」至是本司復請添置，故有是命。

六年三月二十八日，新除右監門衛大將軍、忠州防禦使、權知大宗正事不㥠言〔三〕：「蒙恩特換南班，有司創置，合陳請事件：一、不㥠係外官換授南班，格法不同。所有請給支賜，乞依累政宗官已得指揮，依舊法全給。一、西、南外宗司皆有公使錢物，唯大宗正司日前多是三公、使相知判，各人自有歲賜公使等物，不曾陳乞。今不㥠係庶官换授，若不陳請，竊慮陪費不貲。一、在法，遥郡防禦使，不該差破書表、客司、抱笏、殿侍，蓋爲南班依官序差破。今來不㥠係管宗司職事，併趁赴朝參，難以無人使令。乞逐色各特差一名。一、不㥠已係轉至朝奉大夫，今年初遇大禮，合該奏薦子孫一名。乞依前宗官令詚已得指揮，於文資内安排。」詔並從之。内公使錢，緣不㥠官係遥郡支給，令户部每歲特支錢五百貫。候轉官至應給日住支。

〔一〕按，此條抄自《玉海》卷一二九。

〔二〕王十朋：原作「王十明」，據《玉海》卷一二九改。

〔三〕忠州：《宋史》卷二四七《宗室傳》四作「惠州」。不㥠：原作「不息」，據《水心文集》卷二六《趙公行狀》改。下同。

七年〔一〕，英國公未就傅，大理正王尚之乞選儒臣 13 爲東宮小學教授，上令討論典故。

正月二十六日，以正字楊輔兼皇太子宮小學教授〔二〕。

四月十五日，右領軍衛將軍陳龜年以伴讀皇孫《孝經》、《論語》終篇，遷秩。

八年七月十七日，知宗正事不悳言：「宗室犯罪，未至拘管，乞於諸王宮學置自訟齋，使之循省。」趙雄等奏：「若附太學自訟齋，規矩見成，不勞措置。」上曰：「不若只(令)〔令〕宗司自蓋造。」

十年五月三日，詔增置小學教授一員，以何澹、鄭鍔同兼。

十二年四月二十四日，澹及羅點兼皇孫平陽郡王府教授〔三〕。

十四年十二月十四日，權知大宗正事不黯言：「乞將西、南兩外敦宗院及諸郡縣主、宗室、宗女、宗婦合得孤遺錢米，委本路提刑常切覺察，遇有積壓不支去處，嚴催督，庶假監司之勢，宗室獲免饑寒。如有提刑黨庇，遵奉不虔，亦乞施行。」詔令户部檢坐見行條法指揮，申嚴約束，毋致違戾。

十五日，詔大宗正司減後行二人、巡視親事一人、衣糧親事官一人，步軍司差到看管兵士二人。以司農少卿吴燠議減冗食，下敕令所裁定，故有是命。

十六年二月一日，詔敦宗院改爲睦宗院。

八月二十九日，知大宗正事不黯言：「西、南兩外司官屬，只有宗教一員，係選人，無許舉改官之制。乞特降指揮，許每歲發改官狀一紙舉宗教。」從之。

紹熙二年二月十四日，大宗正司言：「太保、安德軍節度使、充萬壽觀使、嗣秀王伯圭，奏本位南班宗室合與不合 14 主管事。」詔特依所乞，令就行主管。

六月二十二日，詔皇伯太保、嗣秀王伯圭除判大宗正事。

二年七月二十七日，宰執進呈禮部、國子監看詳到王爽乞選擇宗屬附(大)〔太〕學教養等事，上曰：「祖宗別設宗學之意，所以優待宗子，自是難令衮同在太學。」先是，諸王宮大小學教授王爽言：「宗庠之設，凡事具文，有名無實。欲量立數十員之額，於宗屬中擇其年少而未仕，與夫有官而年未及參選，若貧而(顧)〔願〕自奮於學者，依國子生附太學例，於(大)〔太〕學闢一齋以處之。就於公廚日添錢糧養贍，月書季考之類，皆可責辦。學官令盡用太學規程。」禮部、國子監看詳：「今若移宮院之學於上庠，又以學官業宗子規矩，即與祖宗舊法不同。且如崇寧元年指揮，罰俸勒住朝參等事，皆非用太學規程。兼宮學教授既有專職，難

〔一〕此下三條及下文「十年」、「十二年」二條與《玉海》卷一二九全同。
〔二〕楊輔：原作「楊暢」，據《玉海》卷一二九、《南宋館閣續録》卷九改。
〔三〕「點」原作「黯」，「陽」原作「賜」，據《玉海》卷一二九改。

以更責學官兼領。」進呈之次，故聖諭如此。

寧宗慶元六年十月七日〔一〕，詔：「西、南外宗司官，歲舉教授改官，許逐司每任内互舉一次。」以知南外宗正不戒、知西外宗正公迥言：「淳熙十六年八月二十九日敕節文：外宗官，許歲發改官狀一紙，與本司教授。照得二宗司官〔二〕、教授，皆以三年爲任。初一年可發一紙，至第二、第三年，見在教授不可再發，又別無可舉之官。乞各將任内合發宗學教授舉狀，兩司只就歲發未盡之數，通融互舉。」故有是命。

嘉泰元年四月十九日，詔將潛邸府改充開元宮并 15 大宗正司，却將大宗正司改作百官廨宇。

（開禧）〔嘉定〕七年八月癸卯〔三〕，復建宗學，置博士、諭各一人，弟子員百人。

嘉定七年五月二十四日，都省言：「本朝典故，在京舊有宗學，西、南兩外宗司亦各建學。渡江以來，西、南兩外宗司置學如舊，而行在宗學尚未修復。」詔三省條具以聞。

八月二十六日，詔臨安府踏逐空閒地，建宗學。其學置六齋，生員以一百人爲額。遇補試年分，申請補入，隸祭酒、司業，置宗學博士、宗學諭各一員，前廊職事四員。每齋長、諭各一員。其合行事，令國子監長、貳條具申尚書省。

八年四月五日，諸王宮大小學教授危稹言：「竊惟宮庠乃國家親睦教養之地，伏自紹興復置以來，因陋就弊，闕典甚多。嘗閲（按）〔案〕牘，檢會嘉定七年二月二十五日都省劄子，范擇能申請：『乞將本學殿堂後睦親宅空閒位子壹所，量加修葺，展入宮學，以充講堂齋舍。』已劄下臨安府，差官相視地段，打量畫成圖本，檢計工費外，欲乞檢照臨安府已申事理，早賜施行。」詔令封樁庫支撥官會三千貫，付臨安府，委官同（官）〔宮〕學計置，如法修蓋。

九年十二月五日，尚書省劄子：「勘會昨已降指揮，興復宗學，令隸祭酒、司業。今來已將諸王宮學重行建造，合與改作宗學。仍參照國朝典故，宗學舊隸宗正寺，合議施行。」詔將諸王宮學改作宗學，仍隸宗正寺施行。同日〔四〕，詔將諸王宮學改作宗學，仍照國朝典故改隸宗 16 正寺。《文獻通考》：改教授爲博士，又置宗學諭一員，並隸宗正寺，在太常博士之下，諭在國子正之上。俸給賞典依國子博士及正體例。於是宗室疏遠者，皆得就學，而彬彬可觀矣。旋有旨復存諸王宮大小學教授一員。

十年正月十四日，詔：「宗學博士班序在太常博士之下，宗學諭班序在國子正之上。其請給、人從、賞典等，並依國子博士及國子正體例施行。」

三月十九日，宗正寺言：「宗學合行事件：一、本學生

〔一〕「慶元」前原有「崇寧」二字，眉批云：「崇寧二字去。」按此二字當是「寧宗」二字誤倒而又訛「宗」作「崇」，今改。

〔二〕宗司：原作「司宗」，據上文乙。

〔三〕按，此條抄自《宋史》卷三九《寧宗紀》三，但將「嘉定」誤作「開禧」，今改。癸卯爲十一日，此條應移後。

〔四〕按以下三句與以上二句文意重複，當是抄他書插入於此，而未注意上文。

員，照得期日已迫，恐妨補試。今欲且照已降指揮，將應曾得解宗子，附國學補試，後場引試。所有合取員額，候引試訖，具終場人數，申乞取放施行。其合格人，依太學例，簾試訖收供外，有闕額未補之數，合候後次補試，申取指揮。一、放待補。今欲於逐舉解發人數之外，亦與量放待補。每百人取一十五人爲率，逐處給帖，前來收試。若人數不及，照數取放。一、外舍生，太學每歲二十人校定一人。今欲以一十五人校定一人，零分亦校定一人。一、私試太學，每一十人取一人爲合格，零分亦取一人。今欲以八人取一人，零分同。一、公試太學，通榜二十人取三人，内第二等約三十五人取一人。今欲以五人取一人，内第二等以二十五人取一人。如有外舍校定，方許隨榜據闕陞補。以未有校定，依太學追補法。如追補不及格，理作校定用。一、内舍生，太學每一十人校定一人，零〔分〕亦校一人。17今欲以七人校定一人，餘分同。上舍試年分，十分爲優，非上舍試年分〔一〕，八分爲優〔二〕；餘平等，次年奏名。若未有校定，不該陞補者，以所得分數，歲終理爲校定。一、上舍試，太學間歲一試，每一十人取三人，分優、平二等，約一十二三人取一人入優等。武學三歲一試，每三人取一。今宗學人數不多，欲以三年一放舍試，亦與三人取一人。内舍須及一十人方放優等一人。一、解試滿年外舍生，太學約一十三人取三人。照得宗子赴監試，係七人取三人。今欲以宗學滿年生，依監試例，七人取三人。一、兩優。今欲以兩入優等人，許赴殿試。除宗室舍得陞甲外，視科甲高下補官，仍特與堂除教官差遣外，有中等、下等上舍，亦與依守年法赴廷試，並隨科甲高下補授。宗室自有陞甲陞名體例，更不用攀用太學上舍恩數。將來生員增多，内舍及二十人以上，所有兩優恩例，却申取指揮。一、每月私試差官，今照監學訓〔三〕，合差宗博、宗諭充考校官，宗寺長、貳輪充監試外，有封彌謄録官，合委本寺丞、簿輪充。緣本寺簿時暫兼宗學諭，若令封彌謄録，委有相妨。今欲將封彌對讀以丞充攝外，其謄録權差本學監門使臣兼監。所有逐官從例合破添給食錢，本學卷子數少，欲照監學官例，權從半支給。其使臣，本學量行支破，候成次序，別差宗諭。其丞、簿，却照監學例施行。一、補試差官。今照得太、武學補試，本學18除留正、録一員在外主行規矩外，餘官盡行入院考校。今來本學只有博士及宗諭共二員，並合入院。照得初放補試卷子必多，竊慮考校不辦，欲就院内共考校。及封彌、對讀、謄録官，亦乞就差監試簾外官。一、每月私試及公試、補試，納到試卷，照得卷子兼合用印。所有木齪印、條印，乞照國子監例，徑行雕造外，所有試卷，并封彌、謄録印記，行下所屬鑄造。一、齋舍講堂，合行命名。今欲

〔一〕分：原脱，據《宋史》卷一五七《選舉志》三補。
〔二〕八：原作「人」，據《宋史》卷一五七《選舉志》三改。
〔三〕訓：似當作「例」。

權作四齋爲額，從本學官撰擬，作『立愛』、『貴仁』、『大雅』、『信厚』，堂名作『明倫』。一、職事。今欲通置學正、學録各一人，仍兼直學、學諭，各月給三千。每〔廓〕〔廊〕齋長、齋諭各一人，月給各一千。照得宗學建立之始，方行收補生員，所有大小職事，本學即未有校定分數可差。候補試開榜後，權於三名前選差屬行稍高者充長、諭，權兼前廊。仍候歲終校定，及將來私試第一人、公試三名前，從本學正行差補。一、吏額。今欲差置職級、手分、楷書、正、録司各一名，共以五名爲額。除本學見管二名元額，與理年遞遷，餘三名欲於他處官司且權行踏逐，抽差能書寫、諳知行遣人補充。仍照寺監體例訖遞遷。所有各人請給，欲照宗正寺見幫勘胥史資次等第。內職級依本寺正胥史例，手分依正胥佐例，貼書、楷書並依權貼書例，正、録司依國子監正、録司例，請給支破外，其職級年勞解發恩例，取自朝廷指揮，送敕令所修定施行。一、諸色等[19]人，照得本學已立學舍，所有官錢物、書籍、柴米等，合差置專知官一人，於刑部差副尉充，立界更替。庫子一名，同共掌管；攢司一名，並要能書寫攢筭。內攢庫仍各召保識〔一〕，委有行止無過犯，庫子須要有家産抵當人。公厨并供學官厨子共二名，飯局擡盤子一名，茶酒司一名。兩廊四齋，共且置正齋僕二人，貼齋四人，甲頭一人。逐人合支月給錢等，並乞照監學請月給則例支破。一、監門、監厨、巡防軍兵等，〔合〕〔今〕欲臨安府差指揮一員，〔先〕〔充〕監門兼監厨，及於本府差撥將兵一十人，充巡防看管，半年更替。差二人充把門子。一、逐月私試并以後公試、補試等，今欲照監學例，且招置書鋪二名，遇試投納試卷及充謄録。一、每月私試，合差謄録人。今照兩學例，就差本學書鋪外，仍於吏部差書鋪五名。試日〔視〕卷子多寡，却令本學募人。一、在學生員，合日破羊菜柴米等，今欲照兩學三舍生體例支破。一、養士錢米，今宗學興復之初，支費未有定數，生員未有校定。上舍、內舍欲且五十人爲額，陞供依外舍生例支破，及學官每月私試考校，并顧僕雜支審糧等錢內有從半支給外，一年約度共費四〔十〕〔千〕五百餘貫文，米二百五十餘石。乞下户部相度，於放補試日，行所屬作料次逐旋支撥樁管。本學置曆收附，斟酌多寡，具數申宗正寺關支。委本寺丞點對，送學官差庫照數支撥。仍每月開具日支錢米申[20]寺，候歲終，齎赤曆帳狀干照赴寺驗數，照對消豁訖，具申朝廷，別行支降施行。一、照得已降指揮，宗學仍隸宗正寺施行。所有本學應干合行事件，並乞照禮部、國子監、太、武學體例施行。」並從之。

二十七日，國子監言：「承左右司牒到提轄行在〔權〕〔榷〕貨務都茶場趙汝儲有親子崇翚、親姪崇揆、崇揔〔二〕，

〔一〕保識：原作「保職」，據文意改。

〔二〕「趙汝儲」原作「趙汝伋」，「揔」原作「總」，據《宋史》卷二二八《宋室世系表》一四改。按《宗室表》汝儲有子崇翚、侄崇揆、崇揔（揔與總同），均與此合。別有趙汝伋，子、侄均與此不合。

并臨安府保明申到通判臨安軍府事趙汝适有親子崇鎮、崇絢〔一〕，監行在榷貨務都茶場趙師固親子希允，並乞赴本監補試。照得前舉（識）〔職〕事釐務官牒到宗子（趙）〔赴〕國子生補試，緣未立宗學，本監已行收試了當。今有宗學，見行開補。所有宗子月書季考等，並照太、武學體例施行，亦合有在朝職事釐務官牒試宗子國子補試項目。緣昨來宗學失於申明上件項目，是致逐官牒到宗子赴國子補試，本監難以收試，申取指揮施行。」宗正寺看詳：「補試宗子，照得在朝職事釐務官，如係宗室，自合牒宗學收補。」詔送宗正寺照應收試施行。

二十八日，宗學博士危稹言：「本學元係諸王宮大小學，已降指揮改爲宗學。其生員見行補入，所有昨來諸王宮學，承大宗正司訓遣到聽讀生員內未曾請解人，委曾在學聽讀，係轉入大小功課簿生員，通約不過一二十人。亦當念其向學之心，欲與許赴今來補試。」從之。

四月二十日，宗學補試所言：「宗學生補試，檢照已降指揮，應舉取應曾得解并在朝職事釐務官，牒 21 試宗子，附國子試後場引試。所有合取員額，候引試訖，具終場人數〔二〕，申取指揮施行。今來已引試經義、詩賦一場，據封彌所申，終場人數共五百二人〔三〕，乞指揮取放人數。」詔通放三十名。

二十四日，宗學博士危稹言：「昨備申終場人數，去後恭被省劄，通放三十人。以終場五百二人論之，其數誠爲稀少，難爲取放稍多。特宗子解試例是七人取三人，省試則七人取一人，其選取之路本寬。今國家加恩皇族，又置宗庠，使由舍選以入，可謂隆厚。而制必稍優，以示勸厲。不敢比類解省試陳乞，止乞十人取一人，增放五十人，庶幾上副朝廷建立宗學之初意。」詔更增一十名，以四十名取放。

二十八日，宗正寺言：「宗學博士危稹、主簿兼宗學諭錢撫劄子：『本學自補試放牓二日後，即行簾引，於四月三十日陛供，可預霑季者，止有一十三人。五日後，雖間有參學人，即不在霑季之數。今來合引私試，方議區處，告假求去者日有其人。扣所以然，皆云人數既少，又多孤經，月試限以八人取一人，則一月纔可取二人〔四〕。外舍限以十五人校定一人，則一歲纔可校一人。其選既艱，無以爲銖積（十）〔寸〕累之地。竊覩朝廷所以興復宗學之意，本以加恩皇族，宜有優異，以示激勸。緣宗子進取之塗素寬，難以太學舍法律之。況太學雖約一千四百人爲額，而住學者多止三百餘人。其外舍校定約七十人，則是名曰二十 22 人校一人，實則四人以校一人。故本學向來條具乞用武學舍法，每月私試與每歲外舍校定，皆欲以一十人取三人。比之太學雖若稍優，然宗子皆是實在學者。太學以實住學者

〔一〕絢：原作「狥」，據《宋史》卷二三一《宗室世系表》一二改。
〔二〕終場：原作「約場」，據下文改。
〔三〕五百二人：原作「五百二卷」，據下文改。
〔四〕月：原作「日」，據上句「月試」之意改。

四人以上校一人，本學以實在學者三人以上校一人，其所增初不爲多。若依今來所乞，以見需季人計之，歲終外舍校定亦不過四人而已。乞照武學舍法，取放私試及校定人數。俯念立學之初，宗子在學數少，特與照武學例放行。候將來補滿一百人元額，却行別議規制。一、本學補試，節次承降指揮，取放四十人。今來已有生員共一十三名，簾試參學了當。內一(右)〔名〕爲患出假外，見(供)〔共〕一十二名私試，承已降指揮，八人取一人，零分同。今生員止有一十二名，若照上項分數，只合取二名，無以示立學勸勉之意。照得武學私試，十人取三人。今來若照武學例取放，亦止該取四名。本學校定，承已降指揮，一十五人校一人，見今(往)〔住〕學生員共一十三人，若照上項校定人數，尚未該校定一人。照得武學外舍生例，十人校定三人，零分亦校一人。今來若照武學例，併筭零分，亦止該校四人。更合取自指揮。」本寺照得宗學建立之初，參學生員尚少，若不權從所申，則無以示勸誘之意。」詔權依宗正寺所申，候將來取放生員及額日，却依元降指揮施行。

十一年二月二十日，宗正寺言：「宗學申，本學公試已降指揮，照武學例附 23 太學公試場引試。所有試院合支公使、支供等錢，并雜物油酒等，今比擬下項：一、公使、喫食等錢，今欲比附武學公試合支則例。一、宗正寺長、貳入院陞補并將帶人吏，今欲比附國子監長、貳入院陞補并將帶人吏則例。一、院內主行文字人吏二名食錢、犒設等，并就差諸色祗應人合得引試犒設，今欲比附國子寘手分貼司并武學引試祗應等人合得則例。一、應干合用紙札、朱紫、柴炭、油酒雜物之類，並乞從諸司官比擬，條具數目，支撥施行。」從之。

十二年五月十九日，宗正寺言：「宗學職級年勞解發恩例，照得國子監人例年滿格法，係補職級及五年，通入仕及三年，解發赴吏部補官。今來宗學與國子監事體一同，所有人吏年勞、試補比換等事，乞依國子監見行格法體例施行。」從之。

京官司欲照六曹寺監〔一〕，一體施行。從之。

十二年八月三日，臣僚言：「大宗正司專糾合宗盟之職，所宜望實素著，乃能觀聽具孚。今以嗣秀王兼總，深爲允當。乞今後除授知宗，須擇老成更練之人，庶幾肅示表儀，同歸信厚，尤稱陛下彊宗之意。」從之。詳見《宗室雜録》。

十四年三月八日，類試宗學公試所言：「宗學興復之初，補中生員四十人，公試取放，每十人取放四人。嘉定十一年公試終場三十二人，申明朝廷，令第二等取一人，第三等取放二人，餘九人並作四等。嘉定十二年公試終場二十六 24 人，再行申明，於第二等、第三等內各增放一名。十三年公試十六人，亦依十二年例取放。今來公試五十二人，所乞第二等、第三等各行增添取放，兼照諸經多寡不

〔一〕此條疑有脫文。

齊，通融混取。」詔：「宗學公試與於第二、第三等内更添放一名，餘並作第四等取放。仍將諸經通融混取。」

四月一日，從事郎、行宗學諭范楷劄子奏：「臣備數宗庠，職在訓諭。兹遇陛下加惠同姓，增廣黌宇，經始不日，幸已落成。橋門顯敞，堂廡深邃，規模鼎新，群目增焕，甚盛舉也！然學館雖盛，而教養之事猶未盡備，臣不容不冒昧言之。臣聞五學之建，上親爲首；同姓之蕃，近屬尤親。國家始立宮學，所以訓諸王之近屬；繼創宗庠，所以徠四方之宗親。因其初意而增崇之，非固欲使新間舊、疏踰戚也。今睦親之宅廣爲學宮，教授之官轉爲博諭，曩之宮學一變而爲宗庠矣。由試而入者則預教養，而前日近屬之親嘗列爲弟(千)〔子〕員者，反不獲周旋於其中。一遇講説，僅得旅進退於館下，寄一食於公庖而已。雖有勤敏嗜學者，思欲登名於籍，有不可得，甚非國家親親之始意也。又況學校之廣十倍於前，而養士尚仍其舊。區宇宏大，弦誦寂寥，亦非所以崇教化、肅觀瞻也。曩者中興，初建太學，每歲二補，其後歲一補，又其後始三歲一補，著爲定式。蓋創建方新，招徠貴廣，理所當然。今必拘三歲而一試，復限以已請舉之人，員額不寬，來者宜少。夫親者[25]既不獲與，疏者又未盡來，雖儒館之新，恐直爲觀美耳。欲望聖慈，俾前隸宮學諸生，並特許附公、私試，其公、私試皆中選者即與正補。宗學生凡隸宗盟者，仍於今歲特與放補一次，不以請舉爲限。因復諸王宮大、小學教授一員，以廣訓迪。俾諸王近屬之子孫，年十五以下者，亦許試小學生。如是，則遠近宗屬，皆相勉以興於學。以厚人倫，以睦同姓，顧不韙歟？臣不勝拳拳。」後批：送部勘當，申尚書省。本部連送國子監勘當：「今據本監申送，衆官聚議，今據宣教郎、國子博士許應龍等狀申，令聚議，開具申禮部，備申都省，取自朝廷指揮施行。一、范宗諭奏劄，乞將前隸宮學諸生並特與附公、私試，及諸王宮子孫年十五歲以下者亦許試小學生，仍復諸王宮大小學教授一員。今聚議，照得宮學舊有教授，所以訓諸王之近屬。今宮學改爲宗(祥)〔庠〕，教授轉爲博諭，四方之宗親由試而入者，皆預教養，而近屬反不獲預，申請委實允當。今欲乞復置教授一員，以廣訓迪。仍(今)〔令〕舊籍宮學諸生，並特附公、私試。如兩試皆中，與補宗學生員。十五歲以下，亦許試小學生。庶幾親疎宗屬、長幼子孫，皆被作成之賜。一、奏劄内又乞特放宗學補試事，今聚議，證得宗學昨來只與已發舉人就補，所以來試者寡。雖兩次取放，僅得九十名，自今在學不滿三十人。今來學舍增創，十倍於前，合廣招徠之路。欲從所陳，證太學[26]初建體例，特與放補一次。不以已請舉爲限，於今秋附試場，排日引試。仍乞先期行下諸路州軍，曉示施行。本監所據衆官聚議申到事理，備録在前。今勘當，欲從衆官聚議申到事理，備申都省，取自朝廷指揮施行。」詔從禮部勘當到事理施行，劄付宗學。

七月十四日，宗學言：「(大)〔太〕學體例，有醫官二名，以爲坐齋諸生緩急療治之備。今來宗學規模增廣，生員衆多，雖收太醫免解生邵良臣一名，未曾申明請給，是致本人未專奉職。今照得太學有醫官二名，分番宿直。每名除本監月支審糧錢五貫文外，有合藥等錢，係屬左藏庫幫支。昨收太醫免解生邵良臣，每月亦於本學支給審糧錢五貫文。所有合藥錢，乞下所屬幫支[一]。」從之。

八月十三日，都省言：「仍復諸王宮大、小學教授一員。照得樞密院編修官正除，特與命詞給告，今來諸王宮大、小學教授，亦合一體施行。」詔今後正除諸王宮大、小學教授，特與命詞給告。

十六年十一月十九日，都省勘會：行在大宗正司，近朝廷科降錢物，鼎新修蓋，已一切圓備，合議指揮。詔令知宗、宗丞，自今後照百司例，每日入局，不許在内居止，亦不許轉借與人充解[二]。

十七年正月二十七日，詔將宗學上舍與注教官差遣，仍在太學曾陞補内舍人之次注書。先是，臣僚言：「國家中興，文風尤盛。故雖麟趾之公子，亦皆亹亹學問，博古通今，英材輩出。陛下首建宗學，置【27】儒師之官，嚴書考之法，甚盛舉也。故近者宗子繇宗學而出官者，援舍選之例，得爲教官，誠是也。而宗子之在殿試科甲而爲教官者，亦絶無而僅有。臣謂天族貴胄非寒素之士，師資之間誠意不接，則責善之道或致相夷。故宗子之在舍選者，宜證殿試前名，優與差遣。其州郡教官，並不得差宗室。」既而都省送國子監看詳，國子博士胡剛中等聚議：「宗室殿試第一甲人許注教授，係自乾道年著令分明。宗學生由舍選而注教官，則始自近年復建宗學之後。比因臣僚奏請，今宗子在舍選者，宜證殿試前名，優與差遣，不許注授教官。都省批，謂殿試第二至第五人，及太學兩(憂)〔優〕釋褐人，並補文林郎、從事郎注職官。自第六名以下除教官外，止注判司簿尉。若别議優與差遣，竊慮階官資序，有礙銓法。竊詳都省所批，見得事理分明。臣僚優異之説，若與注職官，委礙銓法。若不許授教官，止令退而注判司簿尉，則非惟無以稱優異之説，而殿試甲科、宗學舍選，却恐遂成虚文。」故有是命。

六月三日，臣僚言：「臣聞上之開設學校，貴乎教養之兩盡，下之講明學問，貴乎師生之相資。師生日親，則教養無愧矣。臣讀《學記》曰：『凡學之道，嚴師爲難。師嚴然後道尊，道尊然後士知敬其學。』三代之學，所以淑人心，粹化原者，亦惟範模之功是賴。仰惟國家設成均以風四方，創建宗學，爲我宋億萬斯年之計，猗歟休【28】哉！士生斯時，魚躍鳶飛，抑何幸邪！謂宜(滛)〔涵〕養作成，光明儁偉，追《棫樸》官人之盛，衍豐水數世之仁，超邁前古可也。而臣拳拳愚忠，有願爲(陞)〔陛〕下告者。臣起自諸生，粗識

[一] 支：原作「收」，據文意改。
[二] 解：疑當作「廨」。

學校事體。有司成以總其綱，列官師以任其職。月有私試，必公心去取，使營求者不得以行其私；旬有堂課，必詳與批抹，而傳齋者亦足以示其勸。點請生員，以扣擊其所得；反復問難，以攷驗其所蘊。朝夕接密，而師生舉無隱情。聞見既廣，則器識自充。異日致君澤民之業，實基於此。今乃不然，臣不欲悉數其故。長貳有兼(識)〔職〕，間不入局，則學官足纔及直舍，而旋即命駕矣。不聞延見佳士，尚何考德問業之可望？還舍既不許接見生員，自應質疑辯惑之無因。規矩昭揭，固非所以繩善類也，不肅則踰者無所忌憚；出假者節，蓋欲其一意肄業也，不檢者乃肆行而自貽伊慼。試有得失，各安其分可也，彼黠者乃誣謗喧傳，至於下有司究問。此何等士風，而見於有道之世耶？負陛下教養之恩多矣。今之宗室非不備，廩非不豐，識治者謂有養而無教，是誠可咎耳。昔韓愈晨入太學，招諸生而誨之，視此寧無愧乎？臣受恩思報，有見輒言。事有關於風化之大者，尤當不避仇怨。欲望聖慈下臣此章，以示三學，使知以天子學校爲念，以諸生講明學問爲急。勿狥私情，一洗舊習，丕變士風，不勝斯文之幸！」詔從之。（以上《永樂大典》卷二一九五二）

太學

【宋會要】

29 建隆三年六月，以左諫議大夫崔頌判監事〔一〕，始聚生徒講學。帝詔中使以酒菓賜之。

開寶八年，國子監上言：「生徒舊數七十人，先奉詔，令分習五經。內有繫籍而不至者，又有住京進士諸科常赴講席。緣監生元有定數，欲以在監習業之人補充生徒。」詔令元繫籍而聽習不闕，得干秋賦〔二〕。繫籍而不至者，聽於本貫請。其未入於籍而聽習者，或有冠裳之族不居鄉里，令補監生之闕。宋初，增修國子監學舍，（周顯德二年，以天福普利禪院建國子監。）修飾先聖、十哲像，畫七十二賢及先儒二十一人像於東西廊之板壁。

大中祥符二年四月，國子祭酒邢昺言：「欲望自(令)〔今〕補蔭出身人，將來差遣，並須先於國學聽書二年。候滿日，本學牒送審官院，依條試驗，方與差遣。」詔國子監：「如內有年及二十五以上，願就差遣者，試習經書，或有講學，據其所業，考試聞奏。」

慶曆二年閏九月，天章閣侍講、史館檢討王洙言：「庠序之設，教化所先。自頃學徒，未悉師業。國子監每科場詔下，許品官子弟投保官家狀，量試藝業，給牒充廣文、太學、律學三館學生。多或至千餘人，即隨秋試，召保取解。及科場罷日，則生徒散歸，講官倚席。若此，但爲游士寄應

〔一〕左：原作「右」，據《長編》卷二、《群書考索》後集卷二六改。
〔二〕干：原作「千」，據《文獻通考》卷四二改。

之所，殊無國子肄習之法。居常講筵，無一二十人聽讀者。以聖朝經籍道崇，儒雅日盛，豈兹學校，弗著彝規？必若稽於唐漢，率之令典，則慮改作爲重，尚難丕革。誠能少加程約，亦將有所招來。況之前日，漸可馴致。欲望自今應國子監，每遇科場敕下，授納取解家狀日已前，須實曾附本監聽學滿五百日者，許投狀。令本授業學官取文簿勘會詣實，依例召京朝官委保，方得取應。每十人之中與解三人。其未係監生欲求試補者，亦不限時月，每有一二十人投狀，即逐旋量試藝業收補，只令在監聽學，簿管姓名。仍每日講筵，應係聽讀生徒，並於本監授業學官前親書到曆。如遇私故出入，或疾告歸寧，並於判監官處具狀乞假。候迴日，於名簿開記請假日數。若滿一周年已上不來參假者，除落名籍。大率數年一遇科場，若聽學五百日者，許取文解。在其間遊息之日多矣，然於學校之版、齒位之叙，必衆於今日也。願下學官參議施行。」詔國子監詳定以聞。本監請：「自今試補學生[一]，並依起請，聽讀滿五百日，方許取解。已得國學文解，省試下者，止聽讀一百日，許再請解。並十人與解三人。所有逐日聽讀，親書到曆，如有請假，託人代書，其不到及代書人，實殿三舉，仍落名籍。學官故縱者，科違制之罪。律學即日一仍舊制。釋奠先聖，學官帥生員陪位，近歲多不遵行。自今每遇釋[30]奠，見在監聽讀生員，並須陪位。學徒羣居，宜較文藝，以激進修。自今後每月兩次輪差學官兩員出題目，量加考試，第其優劣。唐置六學，皆品官子弟充員。其庶人子弟，亦有四門學。今國學除七品已上子孫許召保官試補外，八品以下至庶人子孫，例不收補。自來雖有此條貫，每遇科場，多有冒稱品官子孫，難以詳別，致容假妄，或興訟訴。自今欲依倣唐制，立四門學，以八品以下至庶人子孫補充學生。不唯漸革偷薄，亦以示國家育材之廣也。附監生徒聽讀已久，須正係生員名籍。自今每歲一補試，差學官鎖宿封彌[二]，精加考校，取文理相通者，具名聞奏，給牒收補。內不合格者，且令理日，依舊聽讀，後次與試。若三試不中者，便不在試補之限。」從之。

三年十一月一日[三]，詔：「國子監、太學、天下州縣學生徒，更不立聽讀日限。」近制興學校，選儒士充教授，咸有課試之法，而諫官余靖極言其非便，故有是命。

五年正月十二日，有司上言錫慶院不可廢，詔三司別擇地。乃以馬軍都虞候公宇爲太學。

皇祐三年七月四日，詔：「太學設官，當以教導爲職。比歲增以房宇，賜之土田，許置內舍生二百名，如聞未能充數，令宜以百人爲限。」

熙寧元年正月，諫官滕甫[四]、劉庠並言：「慶曆中，太

[一]「今」下原有「去經」二字，據《文獻通考》卷四二刪。
[二]封：原作「對」，據《文獻通考》卷四二改。
[三]按，此條及下「皇祐三年」條乃後來加於天頭。
[四]甫：原作「中」，據《群書考索》後集卷二七改。

學內舍生二百員，並官給日食。近年每人只月支錢三百文添厨，其餘自備，比舊所費殊寡。即今補試諸生一百五十人，方撥四五十人入學，足二百員數，餘試中未入學者尚百餘人。遠方孤寒，待次多日，却歸鄉里，奔馳道路。今太學齋舍空閒甚多，欲乞增置生員一百人，作三百數。況本監歲收租課，足以供贍。」又諫官吳申言：「今太學生徒以二百人爲限，其數嗇狹。遠方之士，逾年待次。伏乞學生不限員數，庶使嚮儒日盛，流化天下。」詔申、庠再參定。申等言：「欲於內舍生二百人外，增一百員，名外舍生。逐旋補試，且令入齋聽讀，仍不給官中貼厨錢。候內舍生有闕，即將外舍生撥填。如此，則有廣朝廷育材之意，亦不違先降學制。」從之。《山堂考索》：五月，羣臣準詔議學校貢舉，多欲變改舊法。獨殿中丞、直史館、判官誥院蘇軾奏曰：「得人之道在於知人，知人之法在於責實。使君相有知人之才，朝廷無責實之政，則公卿侍從常慮無人，況學校貢舉乎？雖復古之制，臣以爲不足矣。臣願陛下明敕有司，試之以法言，取之以實學。通經術者，雖樸不廢〔一〕；稍涉浮誕者〔二〕，雖工必黜。則風俗稍厚，學術近正〔三〕。庶幾忠實之士，不至蹈衰季之風。則天下幸甚。」上得軾議，喜曰：「吾固疑此，得軾議，釋然矣。」知制誥宋敏求因轉對上言：「州縣有學舍，而無學官。四方之士輕去鄉里者，以求師也。請州置學官，三歲以下〔四〕，務得士三百人。今請二百人試詩賦論策，糊名通考之如舊。其百人，請如敕文，令州郡論薦〔五〕，轉運使審覈之。太學生則委判國子監官。至御試〔六〕，隨其所學而試之。學有師，故士不輕去鄉里；隨其所學而試之，則文辭、經藝、行實之人，皆無遺也。」其後官不數變易，太學建三舍，命舉人以官，州置學官，三路[31]取百人，多敏求發之也。《玉海》：舊制，試補監生六百人，五月增爲九百人。

四年十月十七日，中書門下言：「近制增廣（大）〔太〕學，益置生員。除主判官外，直講以十員爲額，每二員共講一經。委中書選差，或主判官奏舉，以三年爲任。選人到監，五年與轉京官。或教導有方、職事不修者，並委主判官聞奏，當議陞黜。其生員分三等，以初入學生員爲外舍，不限員；自外舍升內舍，內舍升上舍，上舍以百員〔七〕，內舍以二百員爲限。其生員各治一經，從所講之官講授。主判官、直講逐月考試到優等舉業，並申納中書。學正、學錄、學諭，仍於上舍內，逐經選二員充。如學行卓然尤異者，委主判及直講保明聞奏，中書考察，取旨除官。其有職事者，授官訖，仍舊管勾。候直講、教授有闕，次第選充。其主判、直講、職事生員，並等第增添支食錢。」從之。

二十八日，詔殿中丞宋靖國、贊善大夫呂嘉問相度錫慶院，建太學。從御史知雜鄧綰所請也。綰言：「國子監粗容春秋釋奠，齋庖之室不足以容諸生。至於太學，即未嘗營建，止是假錫慶院西北隅廊屋數十間，逼窄湫隘，又官

〔一〕不：原作「下」，據《群書考索》後集卷二七改。
〔二〕稍：原作「鞘」，據《群書考索》後集卷二七改。
〔三〕近：原作「追」，據《群書考索》後集卷二七改。
〔四〕以：原作「一」，據《群書考索》後集卷二七改。
〔五〕州：原作「則」，據《群書考索》後集卷二七改。
〔六〕至：原脱，據《群書考索》後集卷二七補。
〔七〕上舍：原脱，據《長編》卷二二七補。

司未嘗葺治。今大新學制，學者聞風，坌然畢集，恐不足以容。乞特賜錫慶院爲太學。」故命相其地建之。《文獻通考》：生員纔三百人。請以錫慶院爲太學，仍修武成王廟爲右學。上以擬三王四代膠、庠、序、學東西左右之制〔一〕，下則無後於漢唐生員學舍之盛〔二〕。乃詔盡以錫慶院及朝集院西廡建講書堂四。諸生齋舍、官掌事者直廬署具〔三〕，而太學棟宇始（謹）〔僅〕足用。　議學校貢舉。初，蘇頌子嘉在太學，顏復嘗策問王莽、後周變法事，嘉極論爲非，在優等。蘇液密寫以示曾布，曰：「此輩唱和，非毁時政。」布大怒，責張琥曰：「君爲諫官判監，豈容學官與生徒非毁時政而不彈劾。」遂以告安石。安石大怒，遂逐諸學官，以李定、常秩同判監〔四〕。選用學官，非執政所喜者不與，陸佃、黎宗孟、葉濤、曾肇、沈季良與選。季良，安石妹婿；濤，其姪婿；佃，門人；肇，布弟也。佃等夜在安石齋授口義，旦至學講之，無一語出己。其設三舍〔五〕，皆欲引用其黨耳。（以上《永樂大典》卷二一九四五）

【宋會要】 **32** 紹興十二年十一月十二日，詔：「太學養士，權於臨安府學措置增展〔六〕，其格法令禮部討論。」先是，屢有臣僚言宜復太學，以養育人材。上以戎事未暇，至是，乃有是命。

十二月十二日，詔太學養士，權以三百人爲額。禮部討論：國子監養士，國初取補國子三百人爲額。慶曆三年，仍立四門學，以士庶子弟爲生員。嘉祐三年，以四百五十人爲額。七年，增一百五十人。慶曆五年，爲太學。皇祐三年，許置内舍二百人。熙寧元年，以四方士人盛集京師，遂以九百人爲額。四年，以一百員爲上舍。至元豐以來，養士以二千六百人爲額。上舍一百人，内舍三百人，外舍二千人，國子二百人。昨來行在監學，止以元隨從車駕三十六人爲學生。故有是命。同日，又詔行在監學，置祭酒、司業各一員，太學博士三員，正、録各一員。

十三年正月癸卯〔七〕，以岳飛第爲國子監太學，前洋街。堂一曰崇化，淳熙十六年二月，改今名。齋十有二。「禔身」至「時中」。高閌擬齋名〔八〕，在二月乙酉。舊太學七十七齋。

二月己卯〔九〕，國子司業高閌言：「陛下復興太學，凡養士取士之法當取聖裁。」上曰：「自有祖宗成法。」閌曰：「有慶曆、元豐、紹聖、崇寧法，有司未知適從。若出於聖裁，則行之乃久。」閌又奏：「舊太學、辟雍皆有御書，今亦乞建閣，以藏御書。仍願 **33** 特灑宸翰，加惠多士。」

時詔太學額外補中之人，許令待闕，候見闕日，與參長假人對撥。至科場年，許赴監，依不滿年人例取應。二月二十二日，詔：「補太學生，以諸路住本貫學滿一年、三試

〔一〕王：原作「皇」，據《文獻通考》卷四二改。
〔二〕無後：原作「可復」，據《文獻通考》卷四二改。
〔三〕直：原作「真」，據《文獻通考》卷四二改。
〔四〕同：原作「問」，據《文獻通考》卷四二改。
〔五〕設：原作「没」，據《文獻通考》卷四二改。
〔六〕學：原無，據《建炎要録》卷一四七補。
〔七〕此條抄自《玉海》卷一一二。
〔八〕高閌：原作「高閲」，據《玉海》卷一一二改。
〔九〕此條抄自《群書考索》後集卷二八。

中選，不曾犯第三等以上罰，遊學者同。或雖不住學，而曾經發解，委有士行之人，教授委保，申州給公據，赴國子監補試。其（令）〔今〕秋四方士人來就補試，恐有已到行朝，或見在路。其間有不曾住本貫學之人，難以阻回。權將執到本貫公據人，許補一次。」從國子司業高閌請也。

同日〔一〕，國子司業高閌言：「今參合條具太學課試及科場事件如後：第一場，元豐法，紹興、元祐、大觀同。大經義三道〔二〕，《論語》、《孟子》義各一道。今太學之法，正以經義爲主，欲依舊。第二場，元祐法賦一首，今欲以詩賦。第三場，紹聖法論一首，策一道。今欲以子史論一首，并時務策一道爲三場，如公試法。」詔從之。

同日，國子司業高閌言：「契勘太學補試，依元豐法，合試經義一場。宣和法同。今爲士人多習詩賦，（解）〔鮮〕通經義，難以純用經義收補。其舊習經義士人，或不習詩賦，又難以純試詩賦。竊見仁宗皇帝朝，判國子監胡瑗所補監生只試論一首。（令）〔今〕秋補欲權依此例，且試論一道。係是經義士人素所安習，庶幾均一。自紹興十四年（秦）〔春〕補，並依元豐法。伏望睿斷，以幸學者。自（令）〔今〕日始，永爲定式。」詔從之。

二十七日，國子司業高閌言：「在京太學講堂及諸齋名，並係 34 神宗皇帝所賜。今來崇復國學，已興修一堂，欲以敦化。并在京太學齋名七十有七，今來已興修一十二齋，欲擬禔身、服膺、守約、習是、允蹈、存心、持志、養正、誠意、率履、循理、時中。」從之。

三月三日，國子司業高閌言：「臣聞先王謹庠序之教，必先申以孝悌之義。國學舊法，或犯不孝不悌，固不在入學之限，而在學九年，不歸省侍者，則斥而出之。徽宗皇帝慨念九年之遠，非所以敦其養親之心，特降御筆，立爲三年之限，匿而不陳，仍重其（今）〔令〕。其法藏於有司，今尚存也。自罷舍法之後，專用舊制，而此法遂不復行。今國學落成有日，駿惠前烈，以章孝治，此其時也。願詔有司，復立三年之限。」從之。

四月五日，詔太學補試及私試，並用謄録。從左迪功郎張保大請也。

六月十二日，知臨安府王㬇言：「根括到本府城外居民冒占白地錢，月得二千八百餘貫，欲充太學養士之費。若以三百人爲額，除假故外，可以足用。」從之。

十九日，宰（職）〔執〕進呈差太學官文字，上曰：「初復太學，師儒之任，尤當遴選。須得心術正者爲之講明經旨，開諭後進。一有邪說，學者從而化之，爲害非細。卿等切宜重擇。」

二十一日，詔差禮部侍郎、兼權直學士院王賞撰《興建

〔一〕同日：按，據《建炎要録》卷一四八、《群書考索》卷二八等載，此仍指二月二十一日己卯。

〔二〕大：原作「本」，據《建炎要録》卷一四八改。

太學記》〔一〕。知臨安府王㬇有請撰記，下國子監勘會。國朝太祖皇帝重建國學，係翰林學（十）〔士〕陶穀撰記。徽宗皇帝御製《辟雍記》，係翰林學士薛昂撰序。及重修監學，翰林馮35熙載撰記。故有是命。

太學課試法〔二〕。（紹興十三年二月己卯），國子司業高閌言：「最先經術。」上曰：「經不易通。士習學詩賦已久，遽能使之通經乎？」閌曰：「先王設太學之意，惟講經術而已。」上曰：「近侍讀官程瑀亦論經術。」閌曰：「國初猶循唐制，用詩賦。神宗始以經術造士，遂罷詩賦〔三〕，又慮不足以盡人材，乃設詞學一科，試以雜文。」上曰：「詩賦亦雜文也。」閌曰：「取士以經義爲主，不過三場，後加詩賦爲四場，不能無礙。蓋太學之法，旬有課，月一周之，月有試〔四〕，季一周之。若加一場，則課試之法遂紊。自元祐以來，雖增爲四場，終不可行者，蓋以此也。今欲經義第一，詩賦第二，論、策各一，第三。」上可之。

庚辰〔五〕，閌具分三場，乞永爲定式。時閌又請在學人定三年歸省之限〔六〕，詔可。上曰：「舊有九年之法，徽廟方改作三年，豈有士人九年而不省其親者乎？」

七月壬申〔七〕，時國學新成，補試生員，四方來者甚衆，幾六千人。丙子揭榜，取徐驤等三百人。

九月戊辰，知建昌軍李長民言：「軍興以來，學政中輟。（令）〔今〕和議既成，儒風復振，郡邑長貳，宜兼學事，以示偃武修文之意。」詔從之。

十月己丑〔八〕，侍御史（季）〔李〕文會論新除國子監丞石安慶輕儇無行。丁酉，上曰：「太學風化之本，使此人充監官，何以取重於士人？」詔即罷之。

十一月戊午，時上所寫六經與《論語》、《孟子》之書皆畢，檜請刊石于國子監，仍頒墨本賜諸路州學〔九〕。詔可。

十二月辛卯，新知永州熊彦詩上言，欲依嘉36祐、治平故事，補中監學生，命詞給綾紙〔一〇〕。詔從之。

十二月十七日，詔太學養士添二百人，令國子監措置，增展齋舍。先是，權以三百人爲額，至是刪定官制，及有請，從之。

癸巳〔一一〕，上謂宰執曰：「學校者，人材所自出，人才須

〔一〕王賞：原作「王嘗」，據《玉海》卷一一二改。

〔二〕按，此條乃抄自《群書考索》卷二八，唯添「太學課試法」五字（崇儒二之二〇亦有此情況），又「最先經術」句省略數字，其餘全同。《群書考索》、《建炎要録》卷一四八繫於紹興十三年二月己卯，即二月二十一日。

〔三〕遂：原作「逐」，據《群書考索》後集卷二八改。

〔四〕月：原作「日」，據《群書考索》後集卷二八改。

〔五〕按，此條亦抄自《群書考索》後集卷二八，緊接上條。庚辰即二月二十二日。

〔六〕按，此乃三月三日事，已見上文。

〔七〕以下五條以干支紀日者均抄自《群書考索》後集卷二七。

〔八〕己丑：原作「乙丑」，據《群書考索》後集卷二七改，當月甲申朔，無乙丑日。

〔九〕諸：原脱，據《群書考索》後集卷二七補。

〔一〇〕命詞給綾紙：原作「命補給綾紙命祠」，據《群書考索》後集卷二七改。

〔一一〕此條亦抄自《群書考索》後集卷二七。又，癸巳乃十一日，此條應移前。

素養。太宗置三館養天下之士，至仁廟，人才輩出爲用。」秦檜曰：「國朝崇儒重道，變故以來，士人雖陷虜者，往往能守節，乃教育之效也。」上曰：「然。五代之季，學校不脩，故無名節。今日若不興學校，將來安得人才可用耶？」

【宋會要】

37 紹興三十一年五月二日，詔太學、國子正、録兼講。以臣僚請置六經博士，故有是命。

六月，詔太學博士、正、録各減一員。

三十二年，孝宗即位未改元。十一月二日，詔：「館職學官，祖宗設此儲養人材，亦欲待方來之秀，不可定員。」以殿中侍御史張震言：「臣前日嘗奏陳復置正、録，以待宰執所薦之人，是將復開冗官之源，且立法不信，無以示天下。蒙陛下開納，以謂其源不可不塞，聖意固已定矣。今已數日，而未施行，所除高遹亦不復改命，則是必有以爲不然者。冗官之減不減，不過一正、録而已，未爲大費。而臣之所惜者，朝廷命令，朝行夕改，無以取信於天下。且當時國子監所減者正、録二員，太學博士一員，書庫官一員，武學諭一員。今日正、録復置，則持是説以求進者源源而來。上之人既無以制之，則將盡爲之復此員闕而後已。出令如此，其何以示天下乎？臣願陛下無輕爲一士而變已行之法，使人皆知上有所必守，則亦不敢徼求於法之外矣。」故有是命，餘依奏。（以上《永樂大典》卷二一九四六）

【宋會要】

38 隆興元年二月二十三日，禮部言：「伏見已降指揮，應省試年分，於二三日間，許行開補。今歲未合補試，緣赴省試下第之人，已皆留此待試，有旨令禮部取見有無闕額，申尚書省，特與開補一次。本部續下國子監勘會，太學外舍生一千人爲額，自今額足，即無見缺。欲乞將在學免解在假一百餘人開補一次。候逐人參假日有闕，依次撥填施行。」從之。

六月二十九日，詔：「罷太學補試。每遇有試年分，本學刷具見闕人數，以諸州解發舉人赴省試下者，隨缺額多少撥（人）〔入〕。如闕多則以逐州解額十分爲率撥二分，闕少則以逐州解額十分爲率撥一分之類。臨時斟酌，並從逐州解榜上名撥入。上名已過省，更不撥下名。其合撥人不願入學者聽，不許以次人充填。其合陞撥之人，並赴簾前試訖，注籍爲太學生。」先是，禮部侍郎黄中等言：「看詳到百官應詔封事言，太學就補試者，每次不下數千人，多不（田）〔申〕本貫保明給據。故其間或有隱憂匿服，不孝不悌，得罪於鄉黨閭里之人，有司無由知之。使其中選爲太學生，豈不有玷士類？欲望行下州縣補試之法，其補中本貫州學，從上撥入正額給食者，（往）〔住〕學一年，堂試三次合格，不犯第三等已上罰，教官保明申州給據，方許赴太學補試。又士庶封事言，宜罷太學春試，而以州郡應舉終場人數裁爲定額。令州學每歲月書季考，取其秀者若干人，而貢之於太學。」都省送部，下國子監看詳。本監契勘：「太學補試，雖有紹興三十一年指揮，今(令)來臣僚條具弊事，令赴試之人，須管住本貫州學一年，私試三入等、不犯第三等以上罰，委教授保明申州，本州保明給據，前來赴試。其州郡往往鹵莽，多不照應原降指揮次第保明，止是隨狀給據〔一〕，泛稱於貢舉條例並無違礙。如此之類，十有四五。本監臨時難以却回再行保明，不免申取朝廷指揮，先次收試，然後勘會。其間或有隱憂匿服、曾犯刑責、得罪於鄉黨閭里者，無從稽考。又就試萬餘人，恃衆喧呼，至有不請據，不納卷，不引保，平白入場，稱云失試卷，一面就簾前請准備試卷。或就前後兩場赴試之人，不遵士檢，亦無忌憚，理宜更革。」故有是命，皆本監請也。《文獻通考》：始，三歲一補，太學遇覃恩，無免解法。帝始創行之，自是爲例，省額增數十人。

乾道元年三月七日，詔：「太學依舊補試，更不撥入省試下人。」禮部言：「契勘太學收補外舍舊法，並係補試，取文理通者爲合格。緣隆興元年六月内一時指揮，依士庶封事，罷太學補試，以諸州解發舉人赴省試下者隨缺額多少撥入。是致陳興宗等陳乞依舊法補試，國子監指定。若永罷補試，止撥省試下進士，即四方未 39 曾得解士人，更無可以入學之望，難以杜絶士人詞訟。欲乞遵隆興元年三月七日指揮，候省試了畢日開補。仍乞以本學在籍過省人數爲額取放，立爲定制。」故有是命。

二年二月八日，詔復置太學正、武學諭各一員。

二(月)〔年〕〔二〕，時詔下省併曾請舉赴補人〔三〕，以太學過省闕額收補，額外勿增。在朝清要官期親，許牒子弟作待補國子〔四〕，別號考校，如太學生。遇有期親任清要官，更有國子生不預校定外補及差職事，惟得赴公試、私試，科舉則混試焉。舊公、私試皆學官主之，自淳熙後，公試仍鎖院，降敕差官，學官不預。太學補弟子員故例，每三歲科舉後，朝廷差官鎖院。凡四方舉人皆得就試，取合格者補入之，謂之混補。淳熙後，朝議以就試者多，欲爲之限制，乃立待補之法。諸路漕司及州軍，皆以解試終場人數爲準，每百人而取六人，許赴補試。率以開院後十日揭榜。然遠方士人多不就試，則爲他人取其公據代之，冒濫滋甚。慶元中，遂罷之。嘉泰二年，復行混補。就試者至三萬七千餘人，分六場，十八日引試云。

三年，黄倫以兩優釋褐〔五〕。自紹興建學至是，始有兩優。用崇寧恩例，授承務郎、國子録。《朝野雜記》〔六〕：舊制，太學上舍生積校已優，而舍試又入優等者，就化原堂釋褐，號釋褐狀元，例補承

〔一〕狀：原作「壯」，據文意改。
〔二〕二年：原作「二月」，據《文獻通考》卷四二改。以下二條即抄自《通考》。
〔三〕時：《通考》無此字，疑衍。
〔四〕待：原作「侍」，據《文獻通考》卷四二改。
〔五〕按，此條與下條實爲同一事，惟所記時間不同。《淳熙三山志》卷二九亦載：乾道四年，「太學兩優釋褐：黄倫」，則當以四年爲是。此益可證此條非《會要》文。
〔六〕按，此注亦是《通考》原引。

事郎、太學正、録。淳熙初，鄭鑑自明由此選，不四年而爲著作郎，補郡。自明數言事，上甚喜，久而稍厭之。六年，劉純叟堯夫復以解褐除國子正。時王仲行爲兵部尚書，奏言：「今兩優釋褐，初授京秩，即授學官，視狀元、制科恩數過之，事理不當。乞先與外任。」時知滁州張商卿亦言：「令中上舍爲學官，不數年便可作監司、郡守，獄訟財賦，非所素習，豈能保其不謬？乞先注職官。」上然之。十月丙申，詔與殿試第二人恩例。

四年正月十一日，詔：「太學生黃倫升補上等上舍，特與補左承務郎，除太學録。」國子監言：「興復太學已來，未有行過上等上舍事例。」至是，特有是命。九年十一月二十四日，鄭鑑亦如之。

十二月二十一日，詔復置太學録一員，以敕賜同進士出身魏掞之爲左迪功郎填闕〔一〕，仍令有司給賜袍笏。

五年五月十四日，詔：「太學補試，七人取放一名，零數更取一名。」以國子監公補試所言：「太學補試已行引試終場，内除國子生已有取放人數明文，所有太學生終場共五百五十八人。據太學具到今年已授官出學人闕額一百三十三人。照得在法，太學補試，以省試年分許行補試。仍將太學過省闕額補填取放，即不得額外别立增添名數。今來本所即未敢擅便據闕取放，合取自朝廷指揮。」故有是命。

六年六月二十三日，詔：「太學生員見有闕額，（時）〔特〕與放行今來秋補一次，仍不得以得解人爲限，並依乾道二年以前指40揮體例施行。其武學增作一百人爲額。今後太學闕二百人，武學闕三十人，取旨試補。」

七年正月九日，禮部國子監言：「勘會紹興十三年十二月十一日已降指揮，補試中選學生，下所屬給降素白綾紙付監，依倣祖宗制度，贊詞書填給付。照得自復興太學，補中學生出給綾紙，其贊詞有『復興太學』四字。今來已是興復日久，所有詞語，欲乞朝廷敷奏，許令本監重别撰贊詞，書填給付施行。」從之。

九年三月二日，起居郎留正言：「太學時文，四方視以爲法，而士風厚薄，人材盛衰，皆可概見於此。國家取士，三場各有體制，故中選者謂之合格。數年以來，有司去取以意，士人志於得而已，程文多不中度。故議論膚淺，而以怪語相高；對策全無記問，而以浮辭求勝。大抵策尤卑弱，每刊行公、私等試文字，不足以傳示四方。臣恐天下士子以謂朝廷好尚如此，隨風而從，不讀史書，見聞淺陋，人材風俗，所繫實重。今次太學見引公試，望詔主司精加考校，詩賦取合律，經義求得體，論、策以記問該博、議論淵源者，寘之上游。庶幾傳布四方，士子知所適從，於時政亦有所補。」從之。

九月二十一日，國子監上舍試所狀：「勘會太學上舍試取人，依條通取不得過三分，人材不足則闕之。今來乾道九年太學上舍試，就試終場六十六人，依條每十人取三人，共取一十九人。外有二人六分有零，係少六分有零，取

〔一〕掞：原作「棪」，據《宋史》卷四五九《魏掞之傳》改。

不及二十人。本所未敢便行將零分取放一名。」詔零分許取一名。

淳熙元年七月二十六日，詔太學置射圃。先是，知道州樓源言：「乞依舊法，許太學諸生遇旬假日，過武學習射。」禮部、國子監看詳：「太學生員數多，欲早晚習射。以武學射圃狹，兼太學生過武學，與告假人混雜，乞就太學自置射圃。」從之。

八月十二日，國子司業戴幾先言：「乞將太學私試習經義、文理優長，數外取放。」詔令禮部勘當以聞。既而禮部言：「太學格，每月私試，取人以十分爲率，所取不得過一分。至歲終，外合校定，依條每十人取一人。係將每月私試合格積累分數，從上依分數名次校定。今來幾先乞將二《禮》、《春秋》文理優長之人，優加取放。即與歲終校定人數並無增加。止緣三經逐月就試人數，每經不過數人。若不稍加優異，竊恐習者愈少，漸致廢絶。今指定，欲將二《禮》、《春秋》，於考校日，如有文理優長，於合取分數量行取放；如無優長，止依元法。」從之。

二年二月八日，詔：「太學養士錢，令臨安府於係省錢内，每月貼支三百貫應副支遣。」以司業薛元鼎言，「緣節次補試，增展員額，復興武學，目今匱乏」，故有是命。又四年十一月二十九日，司業王逨言：「目今有趁赴省試、公試住學生員，行食人數衆多，支用不足。」詔每遇省試年分，令臨安府於係省錢内，每月 41 貼支六百四十貫，應副一季。

六月四日，詔：「太學補試，今次士人倍多，將考銓試官於所降敕後並帶『兼考太學補試經義、詩賦』，仍添差三員。」

七月八日，詔：「國子監試官等，各有親戚、鄉人赴補，將卷别作一行排定坐次。應簾内試官並不得干預簾外職事；如違，令本院長官覺察以聞。其今次太學補試，應考試官，本宗親戚試中之人，並未得參學。候將來有國子試日，重行收試。」於是祭酒蕭之敏自劾，詔放罪。

九月十九日，禮部侍郎趙雄言：「近日太學補試進士多至萬六千人，場屋殆不能容，理宜裁節。今欲依倣紹興三十一年舊令，諸州教官，歲取本州士人住學最久、試中最多者，從上保明，仍别立定額。本州解額一名處，聽保明五人赴補試；解額十名處，聽保明五十人，至一百人止。州學保明申州，州申監，監申禮部。過數者，教官、守、貳坐之。人數不足者，聽闕。其有馳騖他州，要求保明者，依貢舉冒鄉貢條法科罪。」從之。

十二月十七日，太上皇帝慶壽赦：「應紹(熙)〔興〕三十二年以前補中太學、國子生，見年七十以上人，可令禮部保明以聞，特與補迪功郎。内舍、上舍生父母年七十以上，外舍生父母年八十以上，並與初品官，婦人與封號。已經官封者，父與轉一官資，母與冠帔。令經所屬自陳保奏。」

三年四月三日，禮部、國子監言：「大小職事〔一〕，該遇慶壽赦，參酌推恩人：内舍生永免文解、紹興三十二年以前陞補、已有陞甲陞等、占射差遣恩例人二名，候將來到部日，與循一資。賀表首名内舍生有平等校定人一名，與永免文解。内舍生永免文解，有平等校定人一名，候將來過省，殿試唱名日，與陞甲。上舍生免省，合該陞甲人七名，候將來殿試到部日，與占射差遣一次。内舍生永免文解，并上舍試中平等人一名，候將來過省，殿試唱名日，與陞甲。外舍生永免文解人一名，候將來過省，殿試唱名日，與陞甲。上舍生免解，將來合該陞甲人三名，候將來過省，殿試唱名到部日，與占射差遣一次。内舍生永免文解，有平等校定人二名，候將來過省，殿試唱名日，與陞甲。内舍生永免文解人三名，候將來過省，殿試唱名日，與陞甲。内舍生有平等校定人二名，與永免文解人四名，候將來過省，殿試唱名日，與陞甲。不係免解人二十四名，與免文解一次。學生並賜束帛。」詔並依擬定。内魯秉禮、汪南金並特與免省，更不循資。潘貿已補官，更不與免解恩例。魯秉禮、汪南金係舉人，學録潘貿係外舍生，年七十八。

十一月十二日，南郊赦：「國學進士，先請後免，或先免後請，可並與免將來文解一次。」六年赦同。

四年二月七日，詔：「兩學敝甚，可與修葺。令南庫支二萬緡，委知臨安府趙磻老修葺。其規模狹陋去處，令隨宜展拓，務要如法，毋42致滅裂。」

二月十一日，詔：「太學文宣王像，并從祀一十二位，令重行塑繪。所有舊像，權遷於首善閣下。」

五月十五日，詔：「太學選差職事，依條長貳學官，以三舍生次第選補。即才行爲衆所知，聽不次選。」既而國子監言：「淳熙二年四月三日已降指揮，將三舍生合差職事人，銓次科別，立定差格。前廊職事，先差中等上舍，上等釋褐出官。次差下等上舍，次差内舍優等校定人，次差内舍平等校定人。諸齋長諭，先差上舍、内舍，次差公試、解試謂本監解。第一人，次差外舍校定第一人，次差補試私試第一人，次差公試解試外舍校定、補試、私試上三名。人各須有行藝，均以陞補及中榜先後高下爲序，應格多者爲上。内有曾經犯罰人，各在本等之下。本監竊詳近降指揮，選差大小職事，既稱各須有行藝，即不專用資格。於見行學令所載『才行爲衆所知，聽不次選』正條，初無衝改。其前廊職事，尤當以行藝服衆爲先。今參照資格，於上舍、内舍通選行藝爲衆所推人充，庶幾人法兩得。」從之。

二十四日，詔就太學建造光堯太上皇帝御書石經閣。其見在石經《周易》、《毛詩》、《尚書》、《春秋左氏傳》、《論語》、《孟子》外，尚有太上皇帝御書《禮記》《中庸》、《大學》、《學記》、《儒行》、《經解》五篇，不係太學石經之數，搜訪舊章，重行模勒，以補《禮經》之闕。從知臨安府趙磻老請也。

〔一〕「大小職事」前，依後文十年十二月三十日條之例，當有「太學」二字。

八月十三日，禮部考試官施師點等申，男括等各赴太學上舍試，委有妨礙。本部欲候別試院開院了畢，別行差官鎖院引試。從之。

十一月二十七日，禮部、國子監言：「每遇科舉年分，諸州依解額取定合格人赴省試外，乞將其餘解發不到試卷，紐計終場人數，每一百人取三人，零分不及三十亦取一人，名曰待補（大）〔太〕學生。考試院具姓名，申本州置籍。俟太學開補，本州給據，申國子監，赴補試一次。其以前曾實得解到省試下人，願就補者，召保官一員。當年得解赴省人，只照元發解公據赴補。」從之。先是，監察御史潘緯言：「太學比年補試，繁冗太甚，中選者類多假手。欲自今秋科舉爲始，諸州依解額，取定合格試卷外，仍取備卷，作待補太學生。即於經義詩賦論策內，有兩場或一場文理優長者，並行存留，許赴補一次。其實曾得解人每補聽試。」禮部、國子監看詳來上，故從其請。至淳熙十年八月九日，詔：「自今諸州解試終場人，以百人取六人充待補。」

淳熙五年五月二十七日，詔：「諸路州軍曾實請解之人，令禮部參（詔）〔照〕貢籍，仍各繳元省試下公據，許赴補試一次。」

六月十三日，詔：「太學補試大院有合避親之人，並送別院收試。若別試所有避親孤經發回大院收試之人，止避所避之官，互送別位，依公精加考校。」

八月三日，詔：「內舍校定優等，不以有無上舍試年分，並以十分爲率。」先是，閏六【43】月二十三日，臣僚言：「國家以科舉取士，內舍、上舍生兩優，則月書季考，積累之久，行藝特異，衆所推許，有人則取，無人則闕，蓋十有餘年而不得一者。今也不然，兩優則以歲額爲定，纔五六分，便爲優選。今乞兩優校定十分以上，方得與選，無人聽闕。」詔令禮部、監學看詳，禮部、國子監言：「太學見行校定條令，本無立定分數。今乞將內舍校定，若遇上舍試年，優等以十分爲率；如非上舍試年，優等以八分爲率。已上不及分數，則闕之。仍乞將每歲所校人數，依條例以住學年月及上舍公、私試、孟仲季入等高下相壓。若遇上舍試年，優等及十分，如非上舍試年，優等及八分，從上取兩名作優等，餘並入平等。庶幾得中。」

十月一日，詔：「太學生年七十已上該慶壽赦已補官人，虞擬、潘貿、季嘉言、何上民，並特差嶽廟一次。」

六年九月二十七日，詔國子監上舍試，零分取一名。

十月九日，詔：「太學兩優釋褐之人，與依狀元體例，先與外任一次，然後授以職事官。」以給事中王希昌言：「天子臨軒，策天下之士，取其尤異者一人曰狀元。舍法選舉，有司考校，取其兩優者一人曰釋褐。狀元雖一命得京官，必出而爲簽判，而釋褐之人一命亦得京官，即入爲學官。又賢良判入三等，方任京官、簽判；入四等者，止得選人幕官。而宏辭中選者，亦不過止得選人教授。今兩優之人，即以京官而爲學官。釋褐之人，方其未中也，固嘗以學官爲師矣；一旦中選，則與先生並列。方其未中也，固嘗以學録、學諭爲師矣；一旦中選，則向之爲師者反在北面弟子之列。事之不當，莫甚於此。」故有是命。

十一日，詔：「自今上舍試中兩優之人，與依殿試第二名恩例。」既而知滁州張商卿言：「進士之第一人也，必取之以簽判，蓋欲其先歷州縣。今上舍試中兩優者，則便釋褐，命之京秩，處以學官，不數年便可爲監司、郡守。獄訟財賦，非所素習，豈能保其不謬？乞自今上舍兩優之人，依殿試三名前體例，且與資次，注授幕職官一次，候任滿日，方與學官差遣。庶使人仕之初，稍更民事。」故有是命。

七年七月九日，詔：「自今國學程文，依舊法從國子監長、貳看詳，可傳示學者，方許雕印。」從臣僚請也。

九年八月四日，詔：「國子生今舉（法）〔發〕解，依前降指揮，並送別院收試。」先是，二年七月十一日，詔：「自今國子生解試，並別院收試。其合避親嫌官，不得差充別院考試官。」

九月十三日，明堂赦：「國子監乾道八年省試下進士，實理十二年，可並與免文解。」

十年十二月十六日，太上皇后慶壽赦：「太學内舍、上舍生，祖父母、父母年七十已上，外舍生年八十已上，並與封初品官，婦人與封號。已經官封者，祖父、父轉一官資，祖母、母與冠帔。令經所屬自陳保奏。」淳熙十三年慶壽赦

44 同。

三十日，禮部、國子監言：「太學大小職事，該遇慶壽赦，參酌推恩人：上舍免省四名，赴唱名日已有陞甲恩例，候將來到部日，與占射差遣一次。内舍生永免解三人，即無恩例，候將來過省，殿試唱名日，與陞甲。上舍生永免解一名，已有陞甲恩例，候將來過省，赴殿試唱名日，更與依格陞名。内舍生今舉得解一名，即無恩例，候將來過省，赴殿試唱名日，與陞甲。内舍生前舉免解，今舉還試二名，並無恩例，候將來過省，赴殿試唱名日，與陞甲。上舍生未該免解一名，係陞補未及一年，候將來過省，殿試唱名日，已有陞甲恩例，與免文解。内舍生永免文解八名，外舍生永免文解二名，並無恩例，候將來過省，赴殿試唱名日，與陞甲。内舍生今舉得解，見陳乞陞補上舍填闕一名，已有陞甲恩例，候將來過省，赴殿試唱名日，更與依格陞名。内舍生今舉得解九名，内舍生今舉還試一名，並無恩例，候將來過省，赴殿試唱名日，與陞甲。上舍生係陞補未及一年，未免省〔一〕，今舉不該免解一名，已有陞甲恩例，欲與免文解。内舍生未該免解一十四名，外舍生未該免解四名，並無恩例，並與免文解一次。内三名陳乞該遇覃恩日陞補内舍，及在外學四年已上，各承放行。今次省試，候將來過省，赴殿試唱名日，與依格陞名。學生五百八十四人，各倍賜束帛。」詔並依擬定。

〔一〕未免：似當作「未與」。

十一年五月一日，國子監言，太學、國子生二百六十八人闕額。詔許依淳熙八年體例補試。

十二年七月二十八日，國子祭酒顏師魯言：「太學内舍生舊例歲校十人，於十人之中，以三人爲優。其後臣僚有請，以優校之士，間有六七分而得者，似爲稍易。遂乞以十分爲率，從上止校三名。分數既高，士之銖積寸累，偶應其格者，比之往年固艱，又從而損元額之一，不亦甚乎？且太學歲校三優，率亦間歲再試，視其中否，尚有守年者。今欲依舊與校優等三人，仍以十分爲率，如不及則闕之，庶(知)〔幾〕士知所勸。」上曰：「既限十分爲率，不必更減一名。可依奏。」

十二月十一日，詔：「太學上等上舍生易祓、顏棫(名)〔各〕特補文林郎，與職官差遣。」

十三年五月一日，詔：「太學外舍生應詵等十一人，年七十以上，並依慶壽赦，特與補迪功郎。」

八月四日，臣僚言：「向來太學解試，不差學官，豈不曰月書季考，習熟其文，雖去取之間未必容私，而衆多之口易以興(榜)〔謗〕。目今科場差官在(復)〔即〕，乞復依舊例，免差學官。」從之。

十一月二十三日，臣僚言：「近歲時創待補之法〔一〕，州郡俊秀，羅網無遺。惟是引試之期，常以六月，暑氣隆熾，奔走道塗，多有暍死。省闈報罷之士，又以試期尚遠，力不能待。且舊來太學補試用春秋二季，衆皆便之。因乾道八年再放補試，始用六月，循習爲例。今倘仍舊止(舊)〔就〕三月引45試，則省闈報罷者無留滯匱乏之憂；天氣和平，無觸冒炎暑之患。貢院見成夾截，可以就用。雖與殿試同月，緣補試係學官自行考校，與殿試不相妨礙。所有銓試，却俟殿試唱名畢。」從之。

十四年正月二十二日，禮部言：「國學免解進士季元有、國學進士盧獻臣等所陳，欲依每舉放行省該所該慶恩〔二〕，乞理作陞(申)〔甲〕。緣昨來節次放行免解赴省，並係承朝廷特降指揮放行。」詔禮部將乾道八年至淳熙十一年已令赴省試人，並(時)〔特〕令再赴今來省試一次。其慶典免解，俟過試，特許作陞甲收使。既而四月五日，禮部國子監言：「元有暨錢震臣、李履、孫琰先慶典免解公據，赴部投納試卷了當。欲將正月二十二日指揮放行免解公據換給陞甲。」奉旨候過省日，許作陞甲收使。

十五年五月十四日，臣僚言：「竊見太學禮義之所，教化所自出。諸生漸磨其間，正宜勉勵術業，重惜名檢，以爲保國榮親之舉。近聞有冒同宗之服制，肆非所之燕遊，若内舍生何寅者，死於非命，豈不負明時之教養？欲望戒敕太學師(孺)〔儒〕之官，謹生員之教，振舉學規，勿容非禮之動傳播四方，有玷京師首善之化。」從之。

〔一〕時：似當作「特」。
〔二〕省該：似當作「省試」。

七月二十三日，國子祭酒何澹言：「竊惟太學興建之初，月書季考，未甚嚴密。逮至紹興二十七年，因本監長、貳申請，始建指揮〔一〕，每月私試，並依貢舉條制，鎖院考校，仍不得過十數日。內監試官引試終場畢，先次出院，候考校畢，入院放榜。自後每月率以爲常。竊謂既依貢舉條例鎖院考校，不應監試之官却乃先次出院。只緣在法，監試取摘試卷詳定，不預考校，所以相承如此。再詳法意，蓋謂承平，學校養士額多，就試人衆，爲長、貳者難以遍閱試卷。今來每月私試多不過三百人以上，長、貳依貢舉條例鎖院考校，亦自不難。兼又臨期入院放榜，一時所見，或未詳盡。今乞向去私試，如遇就試人多，即長、貳同共在內，更不先出。如遇就試人少，即長、貳先放榜一日入院，明日（折）〔拆〕號，庶幾可以子細看閱。」從之。

十六年二月一日，禮部言：「太學堂名上一字犯皇太子名，合行迴避。乞改作崇化堂。」從之。

是年十一月二十八日，右諫議大夫何澹言：「竊見朝廷以舍法取士，太學公試，乃外舍士子陞進之階，利害不細。常年則與銓試同在大院鎖院，每遇省試年分，則銓試多在中夏。日子太遲，於是附試於省試之後，而就大院別委官以考之。所委官（官）往往以省試爲重，以公試爲輕。又其披閱省試文卷之餘，精力各以疲憊，日子又復迫（捉）〔促〕，未免鹵莽，以求畢事。緣此，前後士子多不愜服。欲望今後省試年分，所有太學公試，令赴別院收試。庶幾考官專精，陞黜惟允。契勘省試別院卷子不多，例是先期開院，今若就考公試，實不相妨。又來春大院免解赴 46 省之人，異於常年，重以考校公試，力愈不給，必致兩有所害。移附別院，尤爲允當。」從之。

【宋會要】

光宗紹熙元年正月十七日〔二〕，宰執進呈何澹乞放行太學參長假人免解，留正等奏：「太學連兩舉該恩免解，遂無科舉，其僥倖不可言。今參長假人，多係赦後，又欲盡行免解，攀援冒濫，何時而已！」上曰：「誠多僥倖。卿等更參酌，其間有可以放行者與放行，不可者即已。豈容一例放行也？」

三年六月二十四日，禮部侍郎倪思言：「國家開設太學，所以網羅天下之材。三歲一補，所以收拾科舉之遺。自淳熙四年議者厭就試者之多，乃創爲待補之說，蓋欲以限節其來。來者既少，而取人之額如舊，中選之人得以僥倖。兩浙、福建解額既窄，住學亦便，士子願一試而不可得，則必巧爲經營。遠方之州，解額自寬，於補試無甚利害；縱或得之，住學亦非所便，雖中待補，第爲虛名。於是有貨賣文帖、改移鄉貫、變易父祖之弊。近時臣僚屢有以爲言者，可見此弊人皆知之，不可以不革也。臣以爲不若

〔一〕建：似當作「降」。
〔二〕「光宗」二字原在「宋會要」下，今移此。

自今舉罷去待補，只循舊制，每三歲放混試一次，以廣其來。所取之額，初不增加，庶幾不絶士子進取之望，而擇之既精，得人必多。如臣言可采，更乞命侍從、臺諫、學官集議施行。又臣契勘向者就補試者至以萬計，緣貢院狹窄，若作一場，則不能容，若分作前後場，則必有兩次就試之弊。臣竊見近者臨安府轉運司各建立貢院，若以經義、詩賦分作兩處，同日引試，則無向者之患。」詔令集議。既而侍御史林大中、右正言胡瑑〔一〕、監察御史何異、曾三復言：「國家開設太學，本以混試招延士類。混試既弊，遂行待補。然關防之不密，考校之不精，抑又不能無弊。此議臣所以有放行混試之請。若以待補之弊，尚多遺才，所宜放行混試，但來者既衆，恐有喧閧蹂踐之患。今若令有司措置，保其無他，即與權住今年諸州所取待補，然亦未宜徑罷也。如明年場屋果無喧閧蹂踐，則自放省試年分，即與放行。倘有未便，則待補既未嘗罷，只就其間更加措置，使關防之密，考校之精，未爲不善也。今若徑罷待補，萬一明年混試，致有疎虞，而後舉又復待補，恐非朝廷更制立事之體。」又吏部尚書趙汝愚、翰林學士李巘、權兵部尚書羅點、户部侍郎馬大同、給事中尤袤、中書舍人黄裳、權工部侍郎謝深甫〔二〕、起居郎樓鑰、起居舍人張叔椿言：「竊惟待補之法，其弊已多，因仍歲時，弊將益甚。今欲易之混試，固足取快一時。然多士沓來，以數萬計，非惟有司重有勞費，日力有限，較閲難精，亦恐道路奔衝，不無寒暑之患；場屋湫隘〔三〕，更多蹂踐之虞。彼此相形，**47**得失居半。蓋有根本之論，稍師古始而言〔四〕。夫三代鄉舉里選之法，雖世遠事異，不可遽復，然其教育作成之意〔五〕，本諸天地而合乎人情者，則雖百世不能改也。惟我國家，内自京師，外及郡縣，皆置學校。慶曆以後，文物彬彬，幾與三代同風矣。逮至崇、觀，創行舍法，所在養士，誠得黨、庠、遂、序之遺意。故一時學者，粗知防檢，非冠帶不敢行於道路，遇鄉曲之長上及學校之職事，則斂容而避之。其風俗亦誠美矣。然其失也，在於專習新義，崇尚老莊，廢黜《春秋》，絶滅史學。又罷去科舉，使寒畯之士捨此無以爲進身之路。事理俱礙，旋行廢革。此亦非舍法之罪，其時弊則然也。中興以來，投戈講藝，行都重建太學，諸郡復行貢舉。士生斯時，可謂幸矣。然浮僞之風勝，忠信之俗微。有司頗以爲病者，亦由州縣之間，士之榮辱進退，皆不由乎學校。至論德行道藝，則惟取決於糊名，苟爲彫篆之文，無復進修之志。其視庠序有同傳舍，視師儒幾若路人。月書季考，盡爲文具，殊失朝廷教養之意。汝愚等擬欲遠稽古制，近酌時宜，

〔一〕瑑：原作「琢」，據本書選舉二一之五改。
〔二〕謝深甫：原作「謝申甫」。按史籍未見其人，而有謝深甫者，紹熙三年正爲工部侍郎，見《宋史》卷三九四本傳。則「申」乃「深」之誤，因改。
〔三〕隘：原作「塞」，據《歷代名臣奏議》卷一七〇改。
〔四〕師：原作「始」，據《歷代名臣奏議》卷一七〇改。
〔五〕其：原作「有」，據《歷代名臣奏議》卷一七〇改。

不煩朝廷建官，不勞有司增費，惟重教官之選，假守、貳之權，倣舍法以育才，因大比而貢士。考終場之數，定所貢之員，期以次年，試於太學。庶幾士修實行，不事虚文，漸復淳風，仰裨大化。有三舍之利，而無三舍之害，其法頗爲近古。如蒙朝廷采録，所有諸州教養課試升貢之法，乞下有司詳議施行。然科舉事嚴，試期甫邇，其今歲待補試，欲乞且與依舊放行一次。」從之。《文獻通考》：時朱熹門人或問三舍法如何，熹曰：「欠去根頭理會。若太學無非望之恩，又於鄉舉額窄處增之，則人自安鄉里矣。」《朱子語續録》：先生曰：「太學舍法壞人多，龜山嘗立論。高抑崇曾見龜山，太學初興，召爲司業，善類頗屬望。到彼，一切放倒，三舍法却在渠手中成，莫負了龜山否？」王子合曰：「聞那時只是取法於一舊老。」史浩曰：「秦會之是舊太學中人，想是據他嚮日所見行了。」先生曰：「高公不合與承當。高公大率不立，五峰嘗有書責他。」《文獻通考》：朱子《學校貢舉私議》曰：「學校必選實有道德之人，使爲學官，以來實學之士。裁減解額舍選謬濫之恩〔一〕，以塞利誘之塗。蓋古之太學主於教人，而因以取士，故士之來者，爲義而不爲利。且以本朝之事言之，如李廌所記元祐侍講呂希哲之言曰〔二〕，仁宗之時，太學之法寬簡，國子先生必求天下賢士真可爲人師者〔三〕，就其中又擇其尤賢者，如胡翼之之徒，使專教導規矩之事。故當是時，天下之士不遠萬里，來就師之。其遊太學者，端爲道藝，稱弟子者中心悦而誠服之。蓋猶有古法之遺意也。熙寧以來，此法浸壞，所謂太學者〔四〕，但爲聲利之場；而掌其教事者，不過取其善爲科舉之文，而嘗得儁於場屋者 48 耳。士之有志於義理者，既無求於學，其奔趨輻湊而來者，不過爲解額之濫、舍選之私而已。師生相視，漠然如行路之人。間相與言，亦未嘗開之以德行道藝之實，而月書季考者又秖以促其嗜利苟得、冒昧無耻之心，殊非國家之所以立學教人之本意也。欲革其弊，莫若一遵仁皇之制，擇師之有道德、可爲人師者以爲學官，而久其任，使之講明道藝，以教訓其學者。而又痛減解額之濫，以還諸州；罷去舍選之法，而使爲之師者考察諸州所解德行之士與諸州之賢者，而特命以官。則太學之教不爲虚設，而彼懷利干進之流，自無所爲而至矣。如此，則待補之法固可罷去，而混補者又必使與諸州科舉同日引試，則彼有鄉舉之可望者自不復來，而不患其紛冗矣。至於取人之數，則又嚴爲之額，而許其補中之人，從上幾分特赴省試〔五〕，則其舍鄉舉而來赴補者，亦不爲甚失職矣。其計會監試、漕試、附試之類，亦當痛減分數，嚴立告賞，以絶其冒濫。其諸州教官，亦以德行人充，而責以教導之實，則州縣之學亦稍知義理之教，而不但爲科舉之學矣。」

紹熙四年四月二日，禮部言：「國子監申，〔玉〕〔王〕松年等一十七人，並係試中上等小學生，欲將逐人照紹熙元年鄭槱等比類諸州待補試中名額放行〔六〕，今來補試一次。」從之。

四日，詔令臨安府學生，依紹熙元年已放行人數，許赴太學補試一次。從府學生應輔等請也。

五年正月一日，慶壽赦：「太學、武學曾預拜表大小職事，臨安府學正、録，並依淳熙十年十二月三十日已得指揮，推恩人姓名，開具應得恩數聞奏〔七〕。學生并有官學生

〔一〕舍：原作「合」，據《晦庵集》卷六九改。

〔二〕廌：原作「薦」，據《晦庵集》卷六九改。

〔三〕爲：原作「謂」，據《晦庵集》卷六九改。

〔四〕太：原作「大」，據《晦庵集》卷六九改。

〔五〕特：原作「時」，據《晦庵集》卷六九改。

〔六〕紹熙：原作「紹興」，參下條改。紹興元年太學未復，更無所謂「待補」之法。

〔七〕「開具」二字似當在上句「推恩」之前。

各倍賜束帛，小學生、府學生各賜束帛。」

【宋會要】

寧宗慶元元年四月九日〔一〕，權吏部尚書、兼侍讀、兼直學士院、兼實録院修撰樓鑰等奏：「准慶元元年正月二十五日赦節文，臣僚上言，議復太學混補〔二〕，以示初政之優恩。又謂待補之法，行之稍久，冒濫之弊，不可不革。今歲適當大比，乞令兩省、侍從、臺諫集議施行。詔赴鑰等詳審。臣僚乞用禮部貢院之外，以臨安府、轉運司兩貢院添處之，請因其説，更加措置。禮部貢院通别試所，約容一萬五六千人。臨安府、轉運司兩貢院，約可分授萬人。今欲以詩賦人盡於禮部貢院引試，經義人臨時約度人數，徑分兩處收試。仍各差監察御史一員監試，職事二員出題。才候試畢，封彌官即將真卷每一百軸作一封，仍取御史印押。其出題官及簾外封彌、監門等官，徑自出院，御史親押上件已封卷子，並赴禮部貢院封彌所，就令日下各卷彌封打號，發過謄録所，一處謄録混考。御史候封彌所交收卷子盡絶訖，即自49出院。如此，則題目俱出於一，而同日三處引試，亦免重疊之弊。俟來年省試畢日施行。兼照得自來補試，止係監學官考校。今試卷倍多，合從朝廷添差職事官以下同共考試。其今年發解科場，更不取待補人，即合預先行下諸路轉運司，遍牒州軍照應施行。」貼子稱：「舊法，赴太學補試士人，並令經本貫出給公據。今來放行補試，亦合行下，照舊法給據施行。」詔從集議到事理施行。

(三)〔二〕年〔三〕，以國子生員多僞濫，制自今職事官期親、釐務官子孫乃得補試。凡監學生皆給綾牒，若告謁在外，遇科舉，則試於漕司。

嘉定五年八月二十五日，承議郎、國子博士徐自明劄子奏學校舍法事，數内：「至肄業膠庠者，自外舍有月校，而公試入等者，曰内舍。自内舍有月校，而舍試入等者，曰上舍，有定序也。然曩年省試，係在孟春之中，故大廷唱第，多在孟夏之月。近省試既在仲春，故廷唱展在仲夏。所以孟夏之月，雖已中春官，而未經廷對者，猶未出學住膳。而當年公試新中内舍者，或未有闕可填，則不得以占三季之考，行内舍之食。其妨進取而礙月書，學者常患苦之。不惟是也，一歲之中，校優者三，而校平者已常，預平校者或再中平校，止用其前者之一足矣。而間有頑忍不予者，或未肯與豁除，必待授以遜狀。是二者至有相邀以利，相訐以訟，啓紛争而喪廉隅者，風俗至不美也。今欲於省試之年，其已中春官者，遇入孟夏下旬，即乞預行住膳。使以次陞補者，不妨占季行食；而内舍已滿百三十人之數，即不得於四月分先期借食。又於每歲之中，有再中平校者，亦乞先與豁除，使下名得以序進。庶幾廉遜之風行，乖

〔一〕「寧宗」二字原在「宋會要」下，今移此。

〔二〕復：原作「覆」，據文意改。

〔三〕二年：原作「三年」，據《兩朝綱目備要》卷四、《建炎以來朝野雜記》甲集卷一三、《文獻通考》卷四二改。

争之俗熄，不至壞學者之心術，而啓學校之紛紜。臣所謂嚴陞舍之選者，此也。如臣言可採，乞行下國子監看詳施行。」後批送國子監看詳，限十日申尚書省。本監尋送博士、正、録看詳。今據宣教郎、太學博士陳貴誼等申，數内至於舍法二弊：諸生已中春官而未經廷對者，當於四月下旬預先住膳；所有特奏名，候省試開院日，行下諸齋根刷。如願就特奏名試，亦乞依此施行。其前已中平校，而復有平校者，當於當年校定人數，即與豁除。其詳已備見於劉子所陳，參之物論，皆謂允協人情。亦乞行下本監施行。貴誼等今聚議申監，乞備申朝廷施行。本部今看詳，欲從博士、正、録看詳到事理施行。伏乞朝廷指揮施行。詔從國子監看詳到事理施行。（以上《永樂大典》卷二一九四七）

宋會要輯稿　崇儒二

在京小學

1 據宣和二年八月五日指揮，在京小學並依元豐法。其起創月日，檢未獲。

徽宗大觀三年四月八日，知樞密院鄭居中等言：「修立到小學敕令格式，申明、一時指揮，乞冠以『大觀重修』爲名，付禮部頒降。」詔：「第一卷内，小學能通經爲文者爲上等。既不犯罰，又五次合格，令更不赴本貫縣學試補。在學半年，陞本學外舍生。」

政和四年二月三日，中書省言：「小學生見近一千人，入學者尚未已。今來只有貢士教諭十人，今欲分爲十齋。小學教諭，增與月俸，給錢兩貫，不許受束修。」從之。據《實録》，宣和元年七月，有范致厚自國子小學録爲校書郎，未見初置小學録旨揮。

十二月四日，大司成劉嗣明等言：「近降小學條制：小學生八歲能誦一大經，日書字二百，補小學内舍下等。誦二經，一大一小，書字三百，補小學内舍上等。十歲加一大經，字一百，補小學上舍下等。十二歲以上，又加一大經，字二百，補上舍上等。即年未及而能書誦及等者，隨所及等補。今欲季一試，申監定日。欲每一大經挑三十通，小經挑二十通，及七分已上者爲合格。近降《三舍法》，諸學生能文而書誦不及等，博士引試，考其文理稍通，與補内舍上等，優者補上舍下等。今欲試本經義各一道，丞封彌，博士考校通否，申監陞補。《大觀重修國子監小學格》：職事人小長，每教諭齋集正齋計同。一人。三十人以上增一人。集正同。」從之。

五年五月二十〔二〕日〔一〕，大司成馮熙載言：「試小學生，合格、優等四人。」詔：「曹芬、駱庭芝賜同上舍出身，金時澤、李徽賜童子出身，並赴將來廷試。」

宣和二年七月二十九日，詔：「小學上舍上等，特許赴來年公試。如合格，與補大學外舍。」

八月五日，中書省言：「七月十九日聖旨，在京小學，近歲增立三舍，其有害鄉舉里選。奉旨，可並依元豐法。契勘元豐末，在京小學止有就傅〔二〕、初筵兩齋，差教諭一員，即無立定官吏并直學等。今承指揮，小學既罷三舍，即無講解、考選、直學、醫官等。依元豐法，自合更不差置。乞置小學生兩齋，於大學生内選差二人充教諭。其俸給依元豐舊制。」詔依，今後小學生數多，令本監相度，增撥齋舍。（以上《永樂大典》卷二一九五三）

〔一〕二十二：原作「二十」，據本書崇儒二之二八、選舉九之一五、九之二五補。

〔二〕傅：原作「傳」，據《玉海》卷一一二改。

郡縣學〔一〕

【宋會要】

2 端拱二年五月三十日，康州言：「願給《九經》書，以教部民之肄業者。」從之。

至道二年七月六日，賜嵩山書院額及印本《九經》書疏。從本道轉運使之請也。

真宗咸平四年六月，詔諸路郡縣有學校聚徒講誦之所，賜《九經》書一部。

景德三年十一月，以真定府三《傳》平歸一爲本府助教，仍令常切講授。

大中祥符二年二月二十四日，詔應天府新建書院，以府民曹誠爲本府助教。國初有戚同文者，通五經業，高尚不仕，聚徒教授，常百餘人。故工部侍郎許驤、侍御史宗度、度支員外郎郭承範、董循、右諫議大夫陳象輿、屯田郎中王礪、太常博士滕涉皆其門人〔二〕。同文卒後，無能繼其業者。同文有子二人，維爲職方員外郎，綸爲龍圖閣待制〔三〕。至是，誠出家財，即同文舊居〔四〕，建學舍百五十間，聚書千五百餘卷，願以學舍入官。令同文孫奉禮郎舜賓主之〔五〕，召明經藝者講習。本府以聞，故有是命。并賜院額，仍令本府職事官提舉。

三年二月，賜英州文宣王廟板本《九經》。《宋大事記講義》云：祥符二年二月，許曲阜先聖廟立學〔六〕，賜應天府書院額。州郡置學始此。

天禧四年二月，以密州莒縣馬耆山講《九經》書楊光輔爲國子四門助教，賜絹二十疋，委州長吏常切存問。光輔居山，聚徒講學三十餘年，時年七十餘。知州王博文上言，而有是命。

七月十四日，3 以富順監神龜山人李見爲國子太學助教，依舊講誦。委本監常加安撫。

乾興元年十一月，翰林侍講學士孫奭言：「昨知兗州，以鄒魯之舊封，有周孔之遺化，輒於本州文宣王廟内修建學舍四十餘區，受納生徒，俾(隸)〔肄〕所業。自後聽讀不下數百人，臣以己俸養贍。今臣罷任，必恐學徒離散。伏見密州馬耆山講書楊光輔學業精通，堪爲師範。先授太學助教，昨經覃恩，未曾遷秩。乞特轉一官，差充兗州講書。仍望給賜職田十頃，冀學校不廢。」從之。《(紀)〔記〕纂淵海》云：本朝國初，未建州學。乾興元年，兗州守臣孫奭私建學舍，聚生徒。餘鎮未置學也。

〔一〕原稿此下又批有「政和學規」四字，按「政和學規」只是本門中之一條，不宜別立標題，今删。

〔二〕滕：原作「漆」，據《宋史》卷四五七《戚同文傳》改。

〔三〕圖：原作「圓」，據《宋史》卷三〇六《戚綸傳》改。

〔四〕同：原作「國」，據《宋史》卷四五七《戚同文傳》改。

〔五〕舜：原作「爵」，據《宋史》卷四五七《戚同文傳》改。

〔六〕立：原作「文」，據《宋大事記講義》卷七改。

仁宗天聖六年九月，御史中丞晏殊言：「應天府舊有勑賜書院，諸生闕於師資。伏見部授賀州富川縣主簿王洙素有文行，(其)〔具〕明經術，欲就舉留，令帶所授官充應天府書院説書。」從之。

十二月，詔免應天府書院地基税錢。

八月〔一〕，江陰軍言：「重修至聖文宣王廟，頗有舉人習業，舊無九經書，欲乞支賜。」從之。

寶元元年，詔許(穎)〔潁〕州立學，特從知州户部侍郎蔡齊之請也。自明道、景祐間累詔州郡立學，賜田給書，學校相繼而興。近制，惟藩鎮立學，(穎)〔潁〕爲支郡，齊以爲〔請〕而特許之，故有是命。又蔡齊請立學時，大郡始有學，而小郡猶未置也。慶曆詔諸路州府軍監各令立學，學者二百人以上，許更置縣學，於是州郡不置學者鮮矣。

慶曆(三)〔四〕年五月〔二〕，詔：「近制，舊舉人[4]聽讀一百日，新人三百日，方許取解。今天下建學，而未盡有講説教授之人。其舊舉人且與免聽讀，新人於聽讀限内，以故給假，而逼秋試，補日不足者與除之。其州軍學未成，聽至後次科場爲始〔三〕。」

(三年)十月十九日〔四〕，臣僚上言：「自古取士之術，皆本學校。太平以來，學校興矣，未嘗設官典教，以重其任。今使士角科舉一日之長，豈如素養士於天下也？」詔：「諸路轉運司，令轄下州府軍監應有學處，並須揀選有文行學官講説，不得因循廢罷。」《玉海》云：慶曆州縣學，國朝自嵩陽、廬阜、嶽麓、睢陽各有師徒，錫之經傳。

四年三月，詔：「諸路州府軍監，除舊有學外，餘並各令立學。如學者二百人以上，許更置縣學〔五〕。若州縣未能頓備，即且就文宣王廟或係官屋宇，仍委轉運司及長吏於幕職州縣官内薦教授，以三年爲一任。若文學官可差，即令本處舉人，衆舉有德行藝業者充。候及三年，無私過，本處具教授人數并本人履業事狀以聞，當議特與推恩。内有因本學應舉及第人多處，亦與等第酬賞。如任滿，本處舉留者，亦聽。其學規，宜令國子監詳定其制頒行。如僻遠小郡，舉人不多，難爲立學處，仰轉運司相度聞奏。其州軍監初入學人，須有到省舉人二人委保是本鄉人，或寄居已久，無不孝不悌踰濫之行，及不曾犯刑責，或曾經罰贖而情理不重者，方得入學。」

五年三月，詔：「天下見有官學州縣，自今只許本土[5]人聽習。若遊學在外者，皆勒歸本貫。其所在官吏，仍不得以州學公用爲名，科率錢物。令轉運司常察舉之。」

熙寧四年三月五日，詔諸路轉運司：「應朝廷選差學

〔一〕按，此條月分與上條失次，未知是否有誤。

〔二〕四年：原作「三年」，據本書選舉一五之一二、《補編》頁四七一、《長編》卷一四九改。此條應移後。

〔三〕後次科場：原作「後試赴場」，據本書選舉一五之一二、《補編》頁四七一改。

〔四〕三年：原無，據《玉海》卷一一二補。

〔五〕學：原脱，據《文獻通考》卷六三補。

官，州軍(發)〔撥〕田十頃充學糧。元有田不及者益之，多者聽如故。凡在學有職事，於學糧内優定請給。」

六月〔一〕，詔中書門下：「五路舉人最多州軍，除河南府、青州見有舉辟學官，餘並增選爲逐州教授。」

六年三月，詔諸路學官〔二〕，並委中書門下選差京朝官、選人或舉人充〔三〕。

元豐元年正月十七日，詔自今學官非公宴不得豫妓樂會。從知永興軍呂公孺請也〔四〕。

十一月十五日，詔：「未差教授州軍，令本學主管官共選有學行舉人充教授，學糧依舊以贍生徒。」時河北轉運司請以無教授處學糧增助有處給用，下國子監相度，而有是命。

二年七月十七日，詔諸路轉運司相度當置學官州軍以聞。

六年七月十三日，國子司業朱服言：「諸州學或不置教授，乞委長吏選現任官兼充。先以名上禮部，從本監體驗可爲教授，即依所乞。其逐州舊補差教授，悉乞放罷。」既而禮部言：「乞令本監具如何體驗外官學行堪充教授，及杜絶狗私請託舊弊，然後立法。見爲教授人，候有新官令罷。」從之。

九月二十四日，詔歲於蜀州撥州學錢二百千、導江縣百千，與成都府贍生員。其見管田，增給爲十頃。從知成都府呂大防請也。

七年三月九日，詔諸路知州選在任 6 官爲州學教授者〔五〕，送國子監審察，令兼管。

十一月十九日，尚書禮部乞諸州不置學官處，委轉運司選官，及生員多可置教授，申本部，下國子監審察。從之。

元祐元年十月十二日，詔齊、(盧)〔廬〕、宿、常、虔、(穎)〔潁〕、同、懷州，各置教授一員。

(三)〔二〕年五月十八日〔六〕，詔澶州置教授一員，從本州請也。

六月十四日，知河陽李清臣言：「河陽乞置教授一員。」從之。

七月八日，詔内外學官選年三十以上歷任人充。四年，以舉薦頗衆，詔須命舉乃得奏上。

七年四月十二日，吏部言：「欲應奏舉職官、知縣、縣令，依常調本資序係判司簿尉人，差充諸州教授，願滿四考者聽。」從之。

〔一〕按，《長編》卷二二一載此詔與上條同時。
〔二〕官：原脱，據《長編》卷二四三補。
〔三〕舉人：「人」字原脱，據《長編》卷二四三補。
〔四〕知：原作「之」，據《長編》卷二八七改。
〔五〕諸路：原作「請」，據《長編》卷三四四改。
〔六〕二年：原作「三年」，據《長編》卷四〇一改。以下二條亦二年事，見《長編》卷四〇二、《文獻通考》卷四六。

八年六月二十二日，詔：「諸州元無縣學處輒創修，及舊學舍損壞許令人户出備錢物修整者，各杖一百。」以尚書省言外路多違法科率造學故也。

紹聖元年三月四日，詔（令）〔今〕後内外學官，選進士出身及經明行修人充。

九月二十六日，監察御史黄慶基言：「立學限以一年考察無玷，方許應舉。其間行藝爲鄉閭推，考察最優者，自可保明，遣置太學。方今州郡未有學官處，可量士人多寡而增置之，或委長吏選擇郡官之有學問者兼領。庶幾庠序之教遍於天下，以增光盛世之治功，非小補也。」詔送國子監。

十月二日，左司諫翟思言：「乞修立諸州學舍。」詔送國子監。

二年正月九日，詔：「諸州學不置教授處，合選官兼充者，並選本州見任官 7 經義進士出身及經義兼詩賦出身者。」

元符元年七月十日，詔學官歲一試。詳見「國子監」紹聖元年。

二年十一月二十七日，詔：「諸州學生，依太學三舍法，限當年十二月到京，隨太學補試。諸州貢上舍生到京，並權充外舍生食。諸路各選監司一員提舉學校，仍知通專一管勾。諸州試内舍、上舍，並監司選差有出身官一員，與教官同考試，仍封彌謄録。合用條貫，令於國子監取索行下。其外州不可行者，（此）〔比〕類條具，申尚書省。」（以上《永樂大典》卷二一九五五）

元符三年徽宗即位未改元。十月十八日，唐州言：「乞專置教官一員〔一〕。」從之。

建中靖國元年十月七日，臣僚言：「無出身人充内外學官者，別與合入差遣。」從之。詳見「國子監」。

十二月二十三日，詔以睦州進士王昇爲壽州司户參軍，充湖州州學教授。以尚書左丞陸佃薦其孝行文學，故有是命。

崇寧元年八月二十二日，宰臣蔡京等言：「乞罷開封府解額，除量留五十人充開封府土著人取應外，餘並改充天下貢士之數。諸州軍額，各取三分之一，添充貢士額。乞天下並置學養士。郡小或應舉人少，則令三二州學者聚學於一州。置學州並差教授，先置一員〔一〕。在學生員及百人已上，申乞添置，不拘資序，並許選差。應元祐以來教授條制，更不施行〔二〕。應本路常平户絶田土物業，契勘養士合用數撥充；如不足，以諸色係官田宅物業補足。請以太學三舍校試法，删立頒降。陞 8 補爲上舍生者，聽每三年貢入太學〔三〕，隨太學上舍試，仍別爲號。若試中上等，

〔一〕一員：《群書考索》後集卷二八作「二員」。

〔二〕行：原在下句「應」字下，據文意乙正。

〔三〕三年：原作「二年」，據《群書考索》後集卷二八、《文獻通考》卷四六、《宋史》卷一五七改。

補充太學上舍中等；試中中等者，補充下等；試中下等者，補內舍。餘爲外舍生。雖不入等及科舉遺逸而學行爲鄉里所服，委知州、通判、監司依貢士法貢入，委祭酒、司業、博士詢考得實，當議量材録用。每路自朝廷選監司二人提舉，知通令佐仍每十日一詣學，監司一歲巡遍所部州學。凡貢士，自教授考選，推擇申州，知州、通判審察，監司覆按，監司、知州、通判連書聞奏，隨奏遣赴太學。若所貢非其人，或應舉而不貢，一等依律科罪。若貢士到太學，試中上等及考選陞舍人多，即等第立法推賞。請天下諸縣皆置學，令佐掌之。學置長、諭各一人，並支俸禄；并職事人，相度隨宜量置。除倚郭縣不置外，有不置教授處，其州學聽置，仍只依縣學法。以知州、通判主之，及於本縣委令佐擘畫地利，及不係省雜收錢内樁充費用。諸學生在縣學一年，學長、學諭考選行藝，報令、佐審實申州，知、通驗實，教授試其文藝，以入州學。不置教授州依此。應州縣學生，若外舍在學實及二年，五犯規矩，兩犯第三等已上罰，并五試不中第三等，而文藝無可取之實、行能無可教之資，立出學之法。則在學者不敢不勉，在外者有闕可試。既屏之出學，却許入縣學。又三犯規矩，犯第三等已上罰，并五試不中第三等，則屏之出學。若犯杖已上罪，終身[9]不齒，永不得入州縣學。歷在外官子弟親戚，法不合在本處取應者，許隨處入學，即不得陞補與貢。在學通及一年，不犯第二等已上罰，給公據，許赴太學取應國子監解名。知州、通判、教授選補職事不當，並依貢士法降二等坐之。請除見行書（吏）〔史〕外，應邪説異書，悉不許教授。」從之。

八月二十二日，宰臣蔡京等言：「乞州縣（學）並置小學，十歲已上皆聽入學。小學教諭仍量給俸料。」從之。

二年正月四日，臣僚言：「諸路教授自外任移者，除依條通理考任月日外，許就任陞改。其教導有方、貢試如法者，仍聽保明再任。内廣南教授應陞改者，減（王）〔主〕一人。諸州教授合破接送人，承務郎已上，依轉運司管勾文字，選人依管勾帳司，令住家州軍限三日差撥，逐州交替。其當直人，承務郎已上十二人，選人十人，仍各差節級二名。」從之。

二十七日，權發遣鄭州王悆等言：「本州縣學已經畫措置，授之成法。今彩畫到圖子齎呈。」詔王悆轉官直秘閣，通判、簽判官轉一官。

二月二十九日，臣僚言：「乞（乞）詔有司，每遇有制書、手詔、告詞，並同賞功罰罪事跡，録付進奏院印本，送太學并諸州軍，揭示諸生。」從之。

四月十日，朝請郎劉涇言：「教授合用薦舉關陞與夫改官，宜立法，各少損其數。仍許自卿、監、祭酒、司業、尚書、侍郎而上，歲舉三五人。」提舉京西北路常平等事張元弼劄子：「諸路教授，如合關陞改官，乞於吏部常格[10]裁減舉薦員數之半。如訓導有方，績効可見，即特與不用舉主。」侍郎左選勘會，諸州教授在外已有監司知郡、在京已有國子監長貳歲舉改官。昨又準朝旨，國子監添舉改官八員外，詔提舉學事司，每路教授及十人已上者，添舉改官三人；十人已下者二人，不及五人一名。不許舉他官。若能訓導學生，試中太學上舍等人數及八分者〔一〕，依太學博士、正、録法改官。

十四日，漣水軍使、兼知楚州漣水縣錢景允乞依例買撲醋坊，撥充軍學應干支費。詔令本路提舉常平司勘會，如不公公使庫買撲〔二〕，即依所申。餘路依此。

五月六日，宰臣蔡京等言，修立成《諸路州縣學敕令格式并一時指揮》，詔鏤板頒行。

三年正月十七日，詔諸路增養縣學弟子員。大縣五十人，中縣四十人，小縣三十人。

十一月十七日，詔曰：「神考（賞）〔嘗〕議以三舍取士，而罷州郡科舉之令。其法始於畿甸，而未及行於郡國。其詔天下，除將來科場如故事外，並罷州郡發解及省試法，其取士並繇學校升貢。」

十二月二日，詔：「訪聞州有武臣知州，縣有無出身人知縣，考選校試，不能深原法意。應縣學，許本州教授抽摘點檢施行。其知州、通判，凡學之事悉已干預，唯不得參考去取文藝。教授之官，主行教事，當在學事官之上。提舉學事官，宜在常平官之上，與提刑敘官。教授承務郎以上，本州在簽判上〔三〕，選人在本州職官之上。」

四年 11 八月二十八日，詔：「陝西新造之郡，猶用蕃字，可置蕃學，選通蕃語、識文字人爲之教授。訓以經典，譯以文字，或因其所尚，令誦佛書，漸變其俗。」

五年三月五日，詔：「諸州教授，雙員處減一員。餘遠小及養士不多去處並罷，令有出身官一員兼領。勘會諸州教授員闕，並依堂（餘）〔除〕人。元豐年以前差置州軍，並依舊；其後來差置去處，如在學生員自來滿百人以上，學糧可以贍足，各差一員。餘依已降指揮。所有雙員處，即將先到任人減罷一員。令諸路兼領學事監司，限半月，各具本路合存減去處并職位姓名，申尚書省。」

十二月二十三日，學制局言：「小學雖有置曆誦經，隨其長少，設爲程課之制，仍依太學生例，量破飲食。尚慮推行不一，未能仰副德意之厚。今取會太學小學見行規矩約束，參酌修立到州縣小學課試等法。」詔：「小學皆隸太學，州合令教授，縣合令學長總其事，不可别爲一學。兼學長與縣學長名同，可改爲小長。」

大觀元年十一月九日，鄭宗奏：「乞以地里遠近，生徒衆寡，量其難易勞佚，旌别教官。」上批：「水土惡弱州軍，承務郎以上與轉一官；三千里外，承務郎以上可減一年磨勘，選人占射一次。其廣南東西不及四千里者，依四千

〔一〕「等」上疑有脱字。
〔二〕上「公」字疑誤。
〔三〕本州在：似當作「在本州」。

里法。」

二年三月二十四日，開封府學博士郁師醇言：「檢會御筆：『自今應於鄉村城市教導童稚，令經州縣自陳，赴所在學試義一道。文理不背義理者，聽之。』[12]慮有假名代筆詐冒之人，欲乞依大觀《學令》初入學生結保之法，仍乞試日依補試法，差官封彌試卷，送考校官。」從之。諸路依此。

三十日，前攝賀州州學教授曾鼎旦言：「切見廣州蕃學漸已就緒，欲乞朝廷擇南州之純秀、練習土俗者，付以訓導之職，磨以歲月之久，將見諸蕃之遺子弟，仰承樂育者，相望於五服之南矣。」詔曾鼎旦充廣州蕃學教授。其應合行事件，並依也〔一〕。伏望揭臣此疏以示朝堂，出臣此疏以諭下。詔榜朝堂。

七月二十一日，詔：「閲前日賓興之數，較其試中多寡，惟常州爲冣，其知州、教授，特與轉一官。」

八月十五日，辟廱言：「諸州歲陞試，若於仲月內（撥）〔發〕榜出，即妨四季入學。自合於正月上旬內鎖院，仍於當月內先次放歲陞試牓。今看詳，若知、通先次入院折歲陞試牓，與試官相見，即於公試及試上舍未申號間，不無妨嫌。昨來開封府歲陞試附貢士，舉院係從本院一面先次放榜。」詔依開封府例。

九月十八日，詔：「比聞諸路州學有閣藏書，皆以『經史』爲名。方今崇八行以迪多士，尊六經以黜百家，史何足言？應已置閣處，可賜名曰『稽古』。」

十一月二日，詔：「郡守監司，各按所部，有違法害民、曠職失守者，悉以名聞。苟附下庇姦，畏避不言者，當遣使按察，罪不汝貸！」同日，詔：「在京百司，近在首善之地，比數廢職，分命督按，各置以法。而郡守監司，耳目所寄，遠在四方萬里之外，守公奉[13]法，其能無斁乎？設官分職，法全令（其）〔具〕，吏墮不虔，荒失詔命，使元元之民或被其害，夙夜以念，時予之辜。其令天下郡守監司，各按治所部，違法害民，曠職失守，營私廢公，徇流俗而無享上之心者，悉以名聞。苟附下庇姦，畏避不言，當閒遣使者，分路按察，罪不汝貸。夫政自內（治）〔始〕，化自近格。惟爾萬邦，各祗乃事，罰及爾身，不可悔也。」

十一月八日，魏憲言：「諸路學費房廊，止是科差剩員一名收掠，其間侵欺盜用，失陷官錢。欲乞學房廊多處，許依州縣法，召募庫子一名，專行收納；其或少處，亦乞權令本州庫子兼管。」詔不限錢多寡，並置一名，多者仍置專副主管。

十一日，臣僚上言：「竊惟陛下制禮善俗，立教興行，道化之所鼓舞，試意之所薰浹，所宜四方風動，而比屋可封也。然而忠厚之俗未底於曠然大同者，臣竊究其由矣。蓋爲守宰者，唯訟獄是親，至于教化，則逡巡不任其事。監司

〔一〕「並依」下當有脫文。

所至，未有迪教法、察風俗者，是豈《周官》掌交道王德意志慮〔一〕，與四壯使臣咨諏、咨詢之意乎〔二〕？以夫監司、郡守、縣令數多苟且〔三〕，不知職業之可爲，此所以民俗治効未能仰稱陛下政教之美也。臣愚欲望聖慈(時)〔特〕降睿旨，命有司類次詔書律令可以訓民者爲一書，與昏冠之禮，先後頒焉。州縣委試者，或先期請假，或臨時託疾，欲乞明立條法。應赴歲陞試而三不赴者，除籍。」從之。

三年二月三日，宣德郎邢之迪言：「乞今後教授[14]差出，因病在假，其本州時暫權官不得預差職事。」從之。

十六日，提舉黔南路學事戴安仁言：「所管多是新創州郡，内縣城寨新民教授係經畧司舉辟。今來既有提舉學事，其新民教授欲乞一就提舉學事司奏辟命官或貢士攝官有學行人充。新民學生就學，其間亦有秀異。今欲乞立勸沮之法，分爲上、中、下三等。上等爲能誦《孝經》、《論語》、《孟子》及一經畧通義理者，特與推恩。中等爲能誦《孝經》、《論語》、《孟子》者，與賜帛及給冠帶。下等爲能誦《孝經》、《論語》或《孟子》者，給與紙筆硯墨之費。」從之。

二十一日，奉議郎李庠言：「沿邊州縣，素少士人，補試或不及三人者，許與在學生爲保。」從之。其人少處依此。

三年四月八日，知樞密院鄭居中等言：「修立到小學敕令格式、申明、一時指揮。乞冠以『大觀重修』爲名，付禮部頒降。」詔：「第一卷内，小學能通經爲文者爲上等。既不犯罰，又五次合格，令更不赴本貫縣學試補；在學半年，陞本學外舍生。」

四月二十二日，奉議郎李庠言：「形勢官户，有以田宅入官中賣，請託州縣，因緣爲姦。欲乞將形勢官户等，不許中賣在官贍學田宅。」從之。

八月二十三日，詔：「泉州州學全然不成次第，本路提舉學事、知州、轉運、判官，各特降一官。其學舍，令本州疾速脩蓋。」

四年四月十四日，新權提舉淮西路學事葉杞奏：「教授乃朝廷選除，其教導有方、貢試如法，知、通、提舉職當審實，保奏[15]再任；學生但合退聽，豈可陳狀舉留？殊無朋比之嫌〔四〕。欲乞今後州學教授如委可再任，並本州準學法施行，諸生不得輒牽衆陳狀，舉留教授。」詔依。

八月十二日，詔：「縣學并州縣小學更不給食，願陪厨者聽。」

同日詔：「三舍之法，初頒四方，深恐有司奉行違戾。

〔一〕掌交：原作「掌父」，據《周禮注疏》卷三八改。掌交，官名。

〔二〕四壯：似當作「四牡」。《詩經》有《四牡》篇，其序曰：「四牡」，勞使臣之來也。但「咨諏」、「咨詢」並非出自《四牡》篇，而出於其後之《皇皇者華》篇。此篇小序云：「《皇皇者華》，君遣使臣也。」詩中有「載馳載驅，周爰諮諏」、「載馳載驅，周爰諮詢」之句。故此句「四牡」當作「皇皇者華」。蓋因二篇緊連，上言者誤記。

〔三〕數多：似當作「類多」。

〔四〕殊無：似當作「不無」。

故學生三百人已上，命置教官二員。今行之既久，已見就緒。所在學生及五百人已上，許置教授二員，其不及五十（八）〔人〕者不置，以本州在任有出身官兼領，闕即知、通於本州在任官内選曾在太學、辟廱及得解與貢、經行可稱之人，申學事司審察權差。所有合減罷官，依崇寧五年三月五日所降指揮施行。」

同日詔：「貢士被貢日，許長吏集合州官燕犒，破贍學錢，乃無限定之數，往往廣有支用，實於養士有妨。可令今後許於公使錢内量支。」

十七日，詔：「比降教授指揮，内『不及五十人者不置』一節，可改『五十』字作『八十』字。」

九月二十日，吏部尚書劉拯言：「近降朝旨，三舍在學生及五百人已上，許置教授二員，其不及八十人者不置。竊詳學生實在者常少，係學籍者常多。其『在學』字謂實在學者，謂但係學籍者，皆是未有明文。欲乞明降指揮，仍立限下諸路提舉學事司，契勘實數，開具申奏付部，差注施行。」詔可。委諸路提舉學事司以元降教授省員指揮到學日，見係學籍人數，限半月（中）〔申〕尚書吏部，依已降指揮差注，立爲定額。

十月二十一日，開封 16 府尹盛章言：「朝廷創建開封府學，教養多士，未及三年，數多增（培）〔倍〕。今歲貢之初，人材應選，陞考精審，亦由師儒得人，訓導有方。竊緣王畿首善天下，理宜優異，其學官欲乞特加獎勸。」詔：「開封府學博士惠柔民、孫璘並除太學博士。」

政和元年正月二十九日，詔：「縣學并州縣小學生，更不給食。縣學長諭、教諭、直學，係州學選差内（合）〔舍〕外舍生充，自合依條給食。縣學錢糧官，罷月給食錢。」

二月二十七日，大司成張邦昌、辟廱司業魏憲、耿南仲言：「諸州教授闕，許學事司選本州或本路見任有出身官，權理爲在任月日，依正官法薦舉。竊見其間有時暫差權，便行薦舉，却致有妨薦舉正官教導終任之人。欲望今後諸路差權教授，在任實及半年已上，委是教導有方，即許依正官法施行。」從之。

五月七日，詔諸州教授依元豐舊制選試，朝廷除授。元豐七年立法：試學官上等注博士，下等注正、録，願就教授者聽。

九月二十八日，詔：「訪聞比來學事司取撥過户絶田産頃畝不少，遂致常平錢本寖以闕少，有害斂散。可令諸路學事司，取大觀四年初詔，諸州以前三年贍學支費過實數内，取支費錢穀最多一年爲準，仍增加五分，以備養士外，餘剩田舍，盡數撥還元管係官司。」

十一月六日，臣僚言：「竊觀大觀四年初詔諸州教授，學生不及五十人者不置，繼又詔以八十人爲率。雖熙、豐舊置教授，州郡不 17 拘此令，他官兼攝者已百餘州矣。願（知）〔如〕初詔，學生五十人，許置教授一員，請給之費，以學事司錢充。不過添官數十，而師專其職，人得其師，考察陞貢得其人。」又臣僚言：「議者以省費爲言，不及八十人處不置教授，以見任官兼權，恐非熙寧專置之意。以爲州添一教授，所費不多，況料錢自合出運司，而供給自合出州郡。惟京官有添支，選人有驛券，不過十數千耳。近降政和元年七月敕，以贍學餘錢撥還常平田業之直，則學事錢糧不侵運司之費，又不占常平之業，自爲一司，可以充足。欲乞將不滿八十人處復置教授。」詔依大觀四年八月十二日指揮，以在學生人數及五十人已上，復置一員；其八月十七日指揮更不施行。

二年正月二十七日，臣僚言：「乞自今學官，每十人取一。」從之。詳見「國子監」。

三月二十九日，詔：「不該置教授州軍，選差兼權官在職及一年已上無遺闕者，許依正教授法考課。」

五月十六日，户部侍郎胡師文等言：「諸州教授，於學法唯許差佗州考試，而不置教授、有出身官兼領處，近日有差推（掬）〔鞠〕公事之類。欲乞教授見係兼領，依正教授法。」從之。《大詔令》〔一〕：政和二年五月丁卯，新提舉秦鳳等路學（士）〔事〕許觳言〔二〕：「大觀新修諸路州縣學敕令，頒行六年于兹，諸路申明，上煩訓諭教告者不可悉數〔三〕。乞詔有司，特加看詳，擇其可否，使人易曉。又乞以屏斥林伯達、責降蔡嶷等事鏤板，18 布之天下。」並從之。

八月十一日，臣僚言：「師儒之官，陛下參以選格，皆自朝廷除授，獨試學官之法，尚未聞罷去。伏望特賜罷去試選之法，悉取於學校。」從之。詳見「國子監」。

九月七日，給事中俞㮚言：「竊慮學校方興之際，監司州縣不知朝廷本意專爲育（大）〔人〕材，有務爲豐腆飲食，其弊至於以實直時估移爲市價；務爲假借學生，其弊至於犯法害教，多至訟庭，或戾知佐，或侵良民，而不敢問；務爲從事外飾，則有枉用錢糧之費；務爲申請遺利，則有與民爭利之過。惟申明條令，密賜戒告〔四〕，乃可杜絶其源。」詔劄與提舉學事司。

二十五日，給事中俞㮚言：「學生祖父母、父母老病，或無兼侍，許歸宿者，若實在齋者二十人，即乞不得過五人，十人即乞不得過三人，三人以上不得過一名。」詔諸學生滿五人聽一名出宿，五人以上二人，每十人加二人。又言：「教授謁禁等法，可謂詳備，蓋欲諸生執經問難，請見無時，循循誘人，貴得成材，以爲時用。而諸州教授，有或多務出入，罕在學校，至如過客到發，亦與郡官同講將迎之禮。願申明條令，違者必罰。」從之。

十月二日，詔諸贍學田業免納二税。

二十二日，尚書省檢會給事中俞㮚奏：「今縣令佐銜帶『管勾』，專切檢察學事。欲乞注擬有出身人，令專管學

〔一〕大詔令：據《群書考索》後集卷二七，此條實出《長編》，其内容亦爲奏議，非《宋大詔令集》所當收。
〔二〕觳：原作「多」，據《群書考索》後集卷二七改。
〔三〕教：原作「放」，據《群書考索》後集卷二七改。
〔四〕密：疑誤。

事，常留在縣，不得州郡及諸司差出。不充師長人，更不管學事，銜内仍不帶。」

十一月六日，懷德軍言：「軍學補試到[19]合格學生一十五人，委（士）〔是〕士人漸多，難以并附鎮戎軍教養。所有教授，亦乞差注。」詔除差教授別作施行外，餘依。

十七日，國子司業蘇某言〔一〕：「乞下諸路提舉學事司，索州縣養士之餘，除量存留外，各據所餘之數，旋還常平舊撥産業之價。又其餘促州縣置買物業，擇其尤者，優與推賞。」從之。

三年正月十八日，敕令所删定官李嘉言：「教授入學，隳而弗虔，有未嘗升堂者，往往止託逐經學諭撰成口義，傳之諸齋，鈔録上簿而已，未嘗親措一辭於其間。至於本齋輪流覆講，則亦未嘗過而問焉。欲乞委知、通覺察點檢，有似此者覺察，申提舉司，按實以聞。」從之。

二月十三日，臣僚言：「學生雖已經公試，其仲月私試，亦合并引三場。」從之。

二十五日，辟廱看詳：「諸路州軍有校定内舍止有一人處，既難以分爲三等校定，今相度，欲考察及十五分，爲下等校定。」從之。

三月十八日，臣僚言：「諸州教授任滿賞格，有輕於本州曹掾官處，理當依曹掾官法推賞。」從之。

閏四月三日，禮部言：「翰林醫學充駐泊之人，係理爲任，即是有官品之人。欲比附外任官條制，令隨侍子弟等入鄰州學，爲隨行親。」從之。

四日，詔八行添置諸州教授。

七日，太學博士陸德先言：「伏覩御製學法，諸士以八行中選，爲諸生之首選，充職事長諭。其已命官之人，竊慮亦合先差。伏望以八行應格人爲教官選首。」從之。

五月二十日，[20]詔：「諸路已撥良田贍學，提舉學事司更不撥還常平價錢。」

六月十一日，尚書省言：「諸縣令、佐，差有出身一人。緣見任令、佐以三年爲任，伺候差注，乃在三年之外。學校不可緩，欲令轉運、提舉司契勘諸縣官，對移上、内舍發科人，隨資序到任二年以下充令、佐，於學事司錢内支食錢三貫。如不足，吏部注人替。滿（雨）〔兩〕考人，其被替人理一任，減一考改官。」從之。

六月十三日，詔：「諸路教授，尚多闕員，曠職廢事非便。令尚書省置籍，每季左右司劄刷半年以上闕，從本省榜示，許合格人投狀指射。左右司勘會合格人，具名呈稟訖，送中書省，限二日差充。以曾試中或曾經兩任教授人，次充教授一年以上，次曾充兩學正、録，次曾充兩學大職事半年以上，次曾充兩學長諭，（曾次）〔次曾〕爲貢首，次曾在公試十人名内，於格内中二事以上者，爲合格。即無中格

〔一〕蘇某：王德毅《校勘記》改作「蘇煒」，當是。據《莆陽文獻傳》卷一五，蘇煒徽宗時曾爲國子司業。

人，願就者，但一中格，聽選。無一事中格（人）者，以曾補内舍人選充。即非上舍登科，不在選限。以中格多者爲上；同者，以格内一事先後爲上；俱同者，具名稟宰（丞）〔臣〕，選一名。尚書省吏房那撥手分二名，專一注行；左右司增置手分二名，貼書二名，專一行遣。」

政和學規〔一〕。政和三年六月庚申，尚書省言：「學校養士，以待天下賢能，可以作人材，敦士行，興教化。自縣學升之州，自州升之辟雍，自辟雍升之太學，然後命官，則縣學爲升貢之本。今天下令、佐〔二〕，吏部注授，多非21其人。俗吏則以學爲不急，不加察治，縱其犯法。庸吏則廢法容姦，漫不加省，有罪不治。以故學生近來在學，（歐）〔毆〕鬭争訟，至或殺人。蓋令、佐不加治訓，州縣不切舉察，提舉官失於提按，以致如此。不惟士失其行，亦官廢其職。今具下項：一、州縣學生有犯，在學杖以下從學規，徒以上若在外有犯，並依法斷罪。一、州縣學生有犯，教授、令、佐、職事人不糾舉，與同罪。知、通失按，減一等。提舉官又減一等。若故縱，並加二等。欲令轉運、提舉司契勘諸縣官對移上、内舍登科人，隨資序到任二年以下充令、佐，於學事司錢内支食錢三貫。如不足，吏部注人替。滿兩考人，其被替人理一任，減一考（政）〔改〕官。」詔依。

七月五日，濠州州學教授陳湯求言：「監宫觀嶽廟之人，其間有在本貫居住，其隨侍子弟，自合入本貫學，不當却入鄰州學。」從之。

十一月〔三〕，新差提舉河東路常平等事畢仲愈言：「學田户兼佃職田，於是水旱減放，每在學校，豐穰厚利，常歸令、佐。乞應學田佃户，不得令兼佃職田。」從之。

十五日，假將仕郎李雨狀：「自興三舍，預籍升補。昨被本路勸糴軍儲，補前件名目，緣此使兩引去學校。伏望許令進納人元係上舍升補者，聽依蔭補人入學聽〔四〕。」從之。《玉海》：政和三年九月，詔諸州每歲燕貢士于學，因講射禮。

十一月，中書省言：「檢會政和二年十月二十三日廣西路提舉學事司申，五月十六日聖旨：『鄉舉里選，22三代所以賓興賢能，以善養人者也。今學校之興，教養之令具矣。後來寖失本旨，至參以科舉，罷廢縣學給糧之法，害令惑衆者非一。可並依大觀三年四月以前指揮，其後降指揮更不施行。』本司已牒諸州，依舊取撥以前應有拘收到户絶田宅，並隸本司（於）〔施〕行。諸路學已足者，若不罷取撥户絶田舍，有害常平法。」詔罷取撥户絶等田充學費，諸路依此。

〔一〕按，此條乃抄自《群書考索》後集卷二八，原文無「政和學規」四字，當是《大典》編者添。此條云「政和三年六月庚申」，查即六月十一日，此與上文「六月十一日」條實爲同一事，故此條之末段與「六月十一日」條相同。但「六月十一日」條爲《會要》之文，而此條則是出自《長編》，故取舍互異。

〔二〕令：原脱，據下文「令佐」補。

〔三〕十一月：疑是「十一日」之誤，十一月在下文。

〔四〕「入學聽」下疑脱「讀」字。宋朝學制有「聽讀」一項。

四年正〔月〕二十六日，禮部言：「將仕郎、前階州將利縣尉丁興宗，乞比附宮觀差遣人，入學讀書等事。尋取到辟廱狀，欲令入學。」從之。更有似此之人，並依此。

二月十二日〔一〕，詔：「今後逐縣令、佐，有貢士出身人內，從上差一員兼縣學教諭，仍月給食錢七貫。其管勾在學職事，依教授法。」

二月三日，中書省言：「小學生見近一千人，入學者尚未已。今來只有貢士教諭十人，今欲分爲十齋。小學教諭增與月俸，給錢兩貫，不許受束脩。」從之。據《實録》，宣和元年七月，有范致厚自國子小學録爲校書郎，未見初置小學録旨揮。

三月二日，詔諸路應小學生及百人處〔二〕，並添差教諭一員。因開封府雍丘縣申請，故有是命。

四月十五日，新知(穎)〔潁〕昌軍事崔直躬言：「縣學文士不滿一季，武士不滿半年，皆不與試。縣學並以孟月試補，而引試常在下旬，考授預選，入學又須累日。歲升乃以正月上旬鎖院，緣此，秋試武士，科試文士，到來春試補入州學，多有日數不足，遂 23 又次年方與試升補。乞詔有司，使縣學試補，須於孟月上旬了畢。到來歲歲升之日，生員在縣學月日得足，庶使天下寒俊一槩不至滯留。」從之。

五月三日，新提舉廣東路常平等事柳悫言：「乞今後州縣文移係干學校者，並因公牒，不得依前止行帖引。」從之。

政和四年五月，罷支食錢。

十四日，臣僚言：「乞應元符末上書邪等人，雖在未入仕以前，不差教授官及充考試官。」從之。

五月二十二日，尚書省言：「小學生爲無考選升補之法，故外任官隨行親應入小學者，許入任所州縣小學。大觀續降指揮稱，依隨行親條違法意。」詔刪去。

六月二十五日，禮部言：「新差揚州司户高公粹，乞外州軍小學生並置功課簿籍。國子監狀：檢承小學令，諸學並分上、中、下三等，能通經爲文者，爲上；日誦本經二百字、《論語》或《孟子》一百字以上，爲中；若本經一百字、《論語》或《孟子》五十字者，爲下。仍置曆書之。欲依本官所請。」從之。

六月，尚書省言：「自合依令作有官國子生。」詔三年七月十五日旨揮更不施行。

七月二日，新差提舉京西北路學事辛炳言：「伏覩政和三年十二月二十三日辟廱申明：『乞將當年牓上名次通比，從一高者相壓。』已可其請，仍以在學月日先之，所以優其久被教養者。欲乞頒降諸路州學，並依此施行。」從之。

十三日，新差提舉荊湖北路學事徐行可奏：「乞立法，令諸州錢糧官，須逐日入 24 學支收官物，庶不致虧失。」從之。

〔一〕下條已查，月日不誤。此條若無誤，應移後。
〔二〕諸路：原缺，據《長編紀事本末》卷一二六補。

八月九日〔一〕，詔：「學校以善養人，設師儒，建黌宇，備饍羞，教天下士。十有二年，道日益明，士日益衆，庶幾於古。而養士之額尚循前數，有司拘以定額，士游學校外〔二〕，不被教養於學者尚多有之，則野有遺材矣。諸路學校，及百人以上者，三分增一分；百人以下者，增一分之半。即陝西、河北、河東、京東路學生數少者，仰提舉學事司具可與不可增及所增數聞奏。」

二十七日，新差提舉廣南西路學事洪擬言：「編户之間，有預學籍者，其父兄盡以辭訴之事付之，校争錐刀之末，而不知以爲恥。欲望特降睿旨，應州縣學，非爲户首，而輒訴本户事者，官司不得受理，仍坐以謗詈争訟之罰。」從之。

二十三日，臣僚言：「邇者，大學小學教諭受賕，並以贓論。州縣學職事違法受賕，乞依大學小學教諭已得指揮施行。」從之。

八月二十五日，江南西路提舉學事司言：「吉州州學，依額養士七百九十二人，即日見在學生計六百三十四人，委是在學人數至多。除見任教授二員外，依大觀元年七月十七日敕條指揮，更合添置教授一員。」從之。

九月十五日，左司員外郎蔡靖言：「建州額養文士一千三百二十八人，依條合差教授二員爲額。乞差三員。」詔依。又言：「檢會近降指揮，八行出身官，許添差諸州教授。及續承敕，八行應格人爲教官選首。緣見選教授格内，並無該載八行之人，未審逐次 25 指揮合如何施行？」詔今後從中書省差。

十七日，新河北路轉運判官張孝純言：「古者諸侯貢士，天子必試之於射宮。凡燕饗之際，未嘗不用射也。國家恢崇學校，又學置射圃，俾士人旬休講射，特未聞用射於燕饗之際。欲望詔諸路州郡，每歲燕貢士於學，因講射禮。」從之。

十八日，詔養士五百人已上處，守令並堂除。

十月七日，永興軍等路提舉學事司言：「乞差定邊軍教授。」又廣西提舉學事司奏舉額外攝官周元充平州文材堡教授，填復置闕。取到吏部狀，准敕節文，新創置州軍管下縣寨新民教授，合從本司奏舉。詔定邊軍許差教授一員，餘依。

二十九日，吏部言：「齊州狀，州學先差到小使臣一員，管勾錢糧什物，并部轄諸色人應干在學煙火等。後來隨教授指揮減罷。今來本學生員數多，官物浩瀚，雖依大觀學制，於倚郭縣令佐内差委錢糧官，係是兼管，難以日逐躬親赴學應副。乞下吏部，依舊差注。」從之。仍詔諸路依此。

〔一〕按，《宋大詔令集》卷一五七、《群書考索》後集卷二七載此詔於「政和五年八月十一日」。

〔二〕外：原脱，據《宋大詔令集》卷一五七、《群書考索》後集卷二七補。

九月十一日〔一〕，權發遣泉州鄭南言：「竊觀州縣小學額，大州止五十人，其下三萬户縣四十人〔二〕，其下止於五人，恐從學者衆，額有定員。欲乞委學事司，或人材多、户口衆處，增廣舊額，量添教諭員數。」詔令諸路學事司相度聞奏。後梓州增十五人，共六十五人。温州增三十人，共七十人。

十一月二十一日，國子博士李邁言：「伏覩邇者立小學三舍之法，固宜推而廣[26]之，使州郡小學遵倣新令，分爲三舍，庶幾内外均一。」從之。

十一月二十日，利州〔降〕〔路〕提舉學事司言：「州縣學所管祭器及節鎮州府祭服，自合供應本學釋奠使用。竊慮諸州府所管器服，將來損壞，關借本學祭器等使用。乞申明行下諸路，今後州縣學器服，乞依私借陳設什物出學條斷罪。」從之。

二十六日，詔：「蔭補入官人，隨處入所在州學。仍别爲齋，公私試附州學生，别作號考校。歲終校定，不通作在學人數。餘並依國子生法。若請特給假，通計及三日已上，不理爲在學月日。候及年，本州給公據，參部日照使。年未及十五人，願入學者，聽。曾犯第三等已上罰之人，自犯罰後，别理一年。如入學後，故犯第一等規矩情重者，教授申州，取勘施行。」

十一月十二日，詔：「隨行親合入鄰州學，所隨親非替移已移者，不許再移。」

十二月十七日，詔：「内舍生降充外舍之人，額外給食。〔侯〕〔候〕有外舍闕日，即先次撥填。」

十二月四日，尚書省言：「大觀新格，諸州縣小學職事人，小長一人。三十人以上增一人。諸小學，八歲以上聽入。若在家、在公有違犯，違謂違父母尊長之訓，犯謂犯盜竊僞濫之類，皆迹狀者。若不孝不悌，不在入學之限。即年十五者，與上等課試，年未及而願與者聽。食料各減縣學之半。願與額外入學者聽，不給食。州教授、縣學長總之，訓導較試，教諭掌之。看詳校試，諸州當委教授，亦兼校試。其國子[27]小學生上舍等能文，試太學内舍。諸路亦合比附，與州縣外舍生同試内舍。其國子小學生試程文，即附孟月引試。緣諸州學生私試係仲月，今小學生除季試書誦者，定日引試，其試程文，當隨州學私試月附試。其諸路封彌官，自可一就管勾，仍别爲號。八歲以上誦經書等第，及挑經通數、升補等級，並同在京小學法。今諸路小學生應升補上、内舍，及季試合格，當申知、通引試。能文學生，每季附本學私試，别設一所，不得與太學交互。上舍等爲文優異者，其名及所試程文，申提舉學事司審察訖，保明奏貢入太學。仍每歲州不得過一人。如無，聽闕。」從之。

十二月四日，大司成劉嗣明等言：「近降小學條制，小

〔一〕按，此條與上條月日失次，以下亦多混亂，未詳其故。
〔二〕縣：似當作「州」。

學八歲能誦一大經，日書字二百，補小學內舍下等。誦二經，一大一小，書字三百，補小學生內舍上等。十歲加一大經，字一百，補小學上舍下等。十二以上，又加一大經〔一〕，字二百，補上舍上等。即年未及而能書誦及等者，隨所及等補。今欲季一試，申監定日。欲每一大經挑三十通，小經挑二十通，及七分已上者爲合格。近降《三舍法》，諸學生能文而書誦不及等，博士引試，考其文理稍通，與補內舍上等，優者補上舍下等。今欲試本經義各一道，丞封彌，博士考校通否，申監升補。《大觀重修國子監小學格》，職事人小長，每教諭齋集正齋計同。一人。三十人以上，增一人。集正同。」從之。

五年三月十五〔日〕，28 詔：「外任〔官〕〔宮〕觀嶽廟官，隨行親入所居州學者，並依隨行親法。」

五月二十二日，大司成馮熙載言：「試小學生，合格、優等四人。」詔：「曹芬、駱庭芝賜同上舍出身，金時澤、李徽賜童子出身。並赴將來廷試。」

七月九日，臣僚言：「乞應見任教授，不得爲人撰書啓、簡牘、樂語之類。庶幾日力有餘，辦舉職事，以副陛下責任師儒之意。」從之。

九月五日，大司成劉嗣明言：「宗室見任不釐務官，願入學者，聽。其考選校定升補之類，依國子生條例施行。」從之。

六日，開封府尹盛章言：「大觀元年三月五日，元降聖旨：開封府博士序位、立班、請給等，依太學博士法。所有到任後闕陞、改官，亦合依太學博士法。」詔府學博士改官，依辟廱正録法。

十月八日，假將仕郎程崧進狀：「昨入建昌軍學，升補內舍，後因進納，補充將仕郎。後來依蔭補人例入學，公私試藝入等。乞依蔭補人推賞。」吏部勘會，進納人即無許依蔭補人入學試中等第推恩朝旨。詔棄毀補授文字，依永不得入學。

十一月十五日，辟廱言：「乞今後應縣學生三經赴歲升，而不預升入州學者，依三不赴條例除籍。」從之。

六年二月二十二日，詔州郡學舍隨所添人數增修，以學事司錢充支用。

六月五日，詔：「應州縣係籍學生，不許身自佃賃係官田產及開坊場。如違，依輒請佃學田業法。」

八月十五日〔二〕，詔令提舉學事司：「自今有人材拔俗者，不待攷選校定之 29 數，具實狀以聞，朕將不次而用之。」

九月十四日，提舉江南西路學事鄭滋乞「今後諸州已參定上舍貢士，後却見得係貢人不該陞貢，不得用下名人填額，亦以其闕，次年補貢。庶使學生無所僥求，杜絕詞訟

〔一〕又：原作「文」，據本卷崇儒二之一所載同一文改。
〔二〕十五日：《宋大詔令集》卷一五七作「十六日」。

紛争之弊」。從之。

七年七月四日，成都府路提舉常平司言：「本路州縣居養院有孤貧小兒，内有可教導之人，欲令小學聽讀。逐人衣服襴鞹[一]，欲乞於本司常平頭子錢内支給置造。仍乞與免入齋公用。」從之。餘路依此。

八月十五〔日〕，臣僚言：「近以國子有官人於法責在學一年，方許參選。近來往往身不在學，但將告假月日通理成數，有失法意。」詔自今特給假，仍補填。在京委太學，在外委本州當職官保明，關申吏部。

九月十七日，給事中毛友言[二]：「乞應補試入學之人，並如州學簾試。縣學生應預歲升試，止免身丁。」從之。

十一月十四日，提舉京畿學蔡佃言：「諸州每年秋季依學法燕（搞）〔犒〕貢士，逐州支使錢數不多，別作名目，費用過當。乞量立錢數。」（誨）〔詔〕每分不得過三貫，餘費不得過三十貫。

八年五月二十四日，詔諸州教授兼用元豐法，仍止試一經。詳見「國子監」。

七月十二日，前提舉利州路學事李處遜奏：「乞應係籍學生，不許爲本州縣及本路見任官門客。庶幾書考升選之公，無所僥倖。」詔申明行下，如違，以違制論。

八月七日，詔：「諸州添差八行教授，今後止許添差大藩，不預職事。」

閏九30月十一日，詔：「昨立八行，以取老成行能之士。已經考察，又令赴殿試，雖登科，却不得與諸生講學，干預職事。其政和八年五月二十四日并八月七日指揮更不施行。」

十月二日，中書省言：「初登科人，去學校未久，理合除内外學官。」詔：「今後初登科人，許除内外學〔官〕，次歷州縣一任。其見任未歷州縣人，依此。」

重和元年十二月二十五日，秦鳳等路提舉學事司言：「改震武城爲軍，已蓋修學舍。乞依積石軍例，差置教授一員。」從之。

宣和元年四月，新泉州教授羅復上書，乞舍選登第人，必先歷州縣。詔依，候一任還，方與教授。

二年六月二十七日，詔：「縣學給食，及州縣小學或武學、醫學、八行貢士給券並罷。見免身丁措借依官户法者，依元豐進士法施行。」

七月一日，詔：「諸路教授，除見係左右司依格選擬八行人，自今後不許添差。應依元豐法許堂除者，自依舊例。」

七月二十九日，詔：「小學生上舍上等，特許赴來年公試。如合格，與補（大）〔太〕學外舍。」

[一] 鞹：原作「[衤+郭]」，查字書不見此字，本書食貨六八之一三六同條及崇儒三之六均作「鞹」，據改。襴鞹爲士子正規服裝，屢見於宋人筆記。

[二] 毛友：原作「毛支」，據《文獻通考》卷四六、《宋史》卷一五七《選舉志》三改。

八月二十五日，大司成黄齊言，隨行親移籍入學。從之。詳見「國子監」。

五日〔一〕，中書省言：「七月十九日聖旨：在京小學，近歲增立三舍法，有害鄉舉里選。奉旨〔二〕，可並依元豐法。契勘元豐時，在京小學止有就傅〔三〕、初筮兩齋，差教諭一員，即無立定官吏并直學等。今承指揮，小學既罷三舍，即無講解、考選、直學、醫官等。依元豐法，自合更不差置。乞置小學生兩齋，於太 31 學生内選差二人充教諭。其俸給依元豐舊制。」詔依。今後如學生數多，令本監相度增撥齋舍。

三年二月二十日，詔：「罷天下三舍。太學以三舍考選，開封府及諸路以科舉取士，州縣未行三舍以前應置學官及養士去處，並依元豐舊制。」

三月十五日，左右司言：「奉聖旨，諸路州縣學，並依元豐舊法。所有未行三舍以前應置學官去處，未審合與不合從本司選擬。」詔：「教授應法并差注，並依元豐條例。其〔政〕和三年六月十三日令左右司刷闕、許人指射指揮更不施行。」

四月十日，詔諸路見任官帶管勾學事並罷。

二月十四日〔四〕，都省言：「諸路教授見任官，若係未行三舍以前舊制窠闕，合依舊外，餘並合減罷。」從之。

六月十日，中書省言：「勘會未行三舍以前，舊贍學田産房廊等，自（舍）〔合〕依舊贍學外，其行三舍後來應平添置到數，自合拘收。」從之。

二十六日，中書省言：「饒州申，有三舍舊在學學生，其間願在學聽讀之人，未審合與不合比附辟廱人願入太學事理施行？契勘今年二月二十日指揮，諸路内舍上等校定人，願入太學者，免補。今來本州學係籍學生，欲令免補入學；未曾係籍學生，合依元豐舊制，以春秋補試。」從之。

四年十二月二十四日，知拱州葉著言：「本州已於崇寧四年修建到州學一區，差教授二員，養士五百餘人。宣和三年二月二十日聖旨，諸路以科舉取士，並依元豐法。竊惟本 32 州崇寧四年創置建蓋，元豐所無。今雖罷四輔，而近在畿甸。又學舍具存，獨無一士子肄業其間。伏望取鄰近州府養士之數，立爲定額，置教授一員。標撥係官産業，以爲糧食之用。」從之。仍依應天府立額，仍支降告敕三道付葉著修葺學舍。

五年九月二十九日，鄜延路經略使薛嗣昌言：「延安府自罷三舍之後，不置學官。伏望許置教授一員。」從之。

十月二十九日，臣僚言：「竊見邇來外路守臣申陳，乞添置教授。若元豐所未嘗有，而輒乞添置，臣恐他州援引，陳請不已。望特詔諸路，各務依稟近降詔令，不得妄有建

〔一〕五日：此是八月五日，見本卷前文崇儒二之一同條複文。
〔二〕奉旨：原作「本乞」，據本卷崇儒二之一複文補。
〔三〕傅：原作「傳」，據《玉海》卷一一二改。
〔四〕二月十四日：「月」字疑衍，此條所述乃罷三舍以後事。

(昌)白。」詔延安府置教授指揮更不施行〔一〕。

靖康元年正月十八日，詔諸路贍學户絶田産〔二〕，令歸常平司。

五月十日，左諫議大夫馮澥言：「願詔有司，訓飭學校，布告中外：凡考校去取，不得專主元祐之學，亦不得專主王氏之學。或傳注，或己説，惟其説之當理而已。」從之。詳見「國子監」。（以上《永樂大典》卷二一九五六）

高宗建炎三年十月二十四日，詔：「今後贍學錢糧，並從户部置籍拘催，諸路提刑司收椿。敢有隱漏不實，並依供報無額錢物隱漏法斷罪。」

紹興(三)〔二〕年四月三日〔三〕，尚書省〔言〕：「明州教授係新置闕，依建炎三年六月二十日指揮，合行減罷。」緣本州士人稍衆，詔特許存留。

十日，詔：「建炎二年六月内，復置教授處共四十三州，至建炎三年六月内並罷，任滿更 33 不差人。今將建炎二年復置教授窠闕，並行存留。」從給事中黄叔(教)〔敖〕之請也。

七月九日，詔：「特奏名第一等賜進士及同進士出身四人除教官指揮更不施行。」以臣僚言僥倖也。

三年十一月十二日，詔：「康彦文係於宣和七年秋試中學官第一人，吏部供，合在殿試第一甲之上，可免銓試。今後曾試中學官、注授教授窠闕之人，依此施行。」

十二月十五日，詔將淮西州縣教授並行減罷，令逐州有出身官兼。

五年正月二十五日，詔罷試學官科，今後應干教授員闕並從朝廷選差。臣僚言：「國家有試學官之科，又近年以來，將教授闕盡歸吏部差注。欲爲人師，而先納所業求有司，以幸中程度。又校計格法，以争得之，甚非建學校立師儒之本意。」故有是命。馬端臨《通考》：建炎初，復教官試。紹興中，議者謂欲爲人師，而自納所業于有司，以幸中度。乃詔罷其試，而教授自朝廷選差。已而復之。凡有出身，許應先具經義、詩賦各三首〔四〕，赴禮部，乃下省闈，分兩場試之，而取其文理優長者，不限其數。初任爲諸州教官，繇是爲兩學之選。

八月十四日，詔：「江陰軍置教官一員，量撥官田數頃，以贍生徒。」從知軍王棠之請也〔五〕。

六年三月三日，詔：「南劍州沙縣贈諫議大夫陳瓘祠堂，許依福州州學陳襄等例，遇春秋釋奠就祭。」從給事中張致遠之請也。

十月三日，詔遂寧府增置教官一員。從本府士民之請也。

〔一〕原稿「詔」字下空八字，然文句似可相接，今不空。

〔二〕「户」下原衍「皆」字，據《靖康要録》卷一删。

〔三〕二年：原作「三年」。按下條稱「從給事中黄叔敖之請」，考《建炎要録》卷五三，紹興二年四月二十八日己丑，黄叔敖自給事中除守户部侍郎。則該條乃紹興二年事，而此條之「三年」亦必爲「二年」之誤。據改。

〔四〕賦：原作「試」，據《宋史》卷一五六《選舉志》二改。

〔五〕知軍：原作「之事」，據《建炎要録》卷八六改。

【34】七年三月十九日，知臨安府呂頤浩奏：「前任潭州，將安撫司收到各項官錢五千貫文支與州學，充修蓋屋舍之費用。詔行下〔一〕，委知潭州劉洪道於今年秋冬間漸次修蓋，以處生徒。」從之。

八年正月二十二日，詔諸州教授除代不得過二員。以御史中丞常同之請也。

九年十二月二十五日，詔普州許置教官一員。從本州士民之請。

十二年二月二十二日，詔：「諸路州學，委守臣修葺，具次第申尚書省。」王應麟《玉海》：紹興十二年，詔諸州守臣修學。十三年閏四月二十七日，詔並置教授。十八年七月九日，賈直清請立縣學。教授于鄉：嘉祐中，福之周希孟、(楊)〔揚〕之孫侔、(穎)〔潁〕之常秩，元祐中，杭之吳師仁，號之尹材，襄之田述古，邠之蘇昞、徐之陳師道，紹聖則眉之家素，元符則楚之徐積，紹興則建之胡憲〔二〕，乾道則遂寧之雍山，興化之林豪，皆以文行，命爲本州學官。　胡瑗主湖州學，慶曆中，有司請下湖州取其法，以爲太學法。

五月十二日，詔：「無教官州軍，令吏部開具，申尚書省選差。」

九月十三日，詔：「江州城南甘棠湖一所，每年菱魚之利，及郡庠前地上岳飛造到房廊三十八間，每日收賃屋錢一貫四百三十文，撥充本州養士，久遠支用。仍委通判拘收。」從本州請也。

十三年三月十五日，類試所狀：「契勘今來本所引試教官共一十六員，考校到第一場經義五號，文理優長；其第二場詩賦，並無合入【35】等者。欲望朝廷詳酌，據今春所試程文，許依祖宗舊制，只以經義優長者收取一次。」詔依。

閏四月七日，詔：「諸路監司并州縣官，隨侍本宗有服并親女及姊妹之夫、子，免補試，許入所在學聽讀。若所隨官替移，即許移籍通理。」

九日，國子司業高閌奏：「諸路郡學，有養士額窄，艱於供贍。欲委守倅、教授隨宜措置，量增員額。若已補中在額外，並許先係學籍。其有營私養親，難久住學之人，只令趁奠謁課試；有疾故，聽免，與理爲在學月日。」從之。

十四日，詔置歸州教授一員。

二十七日，詔：「諸州軍並各差置教授。其禮部長貳正係所隸〔三〕，理合依崇寧、大觀格法，許按劾體量及歲舉改官〔四〕。」從國子司業高閌之請也。

五月十三日，詔置楚州州學教授一員。

六月三日，國子司業高閌等言：「在京例，應諸州教授到罷，並報本監置籍揭貼。欲乞指揮都進奏院，諸州教授見任并待闕員數，監置籍揭貼。仍每月具有無替移到罷供報。」從之。仍令敕令所立爲著令。

〔一〕句首似脱「乞」字。
〔二〕胡：原作「明」，據《玉海》卷一一二改。
〔三〕「正」下原有「所」字，據《文獻通考》卷六三、《古今事文類聚》外集卷一三刪。
〔四〕劾：原作「効」，據《文獻通考》卷六三改。

四日，宰執進呈臨安府府學宗子學生師閔、師顔進狀，論教授鮑同不法事，上曰：「朕不喜此事，乃是論師長，恐長告訐之風。可將宗子押送宗正司，令拘管。爲教授者，須先正己，然後可以率人。若自爲不法，豈能服人？鮑同令臨安府體究[一]，如果有上件事，亦當黜責。」

八月十九日，宰執進呈左朝散大夫宋宙奏，乞盡復教官。上曰：「教授須逐州置。昨紹興十[36]二年已有指揮，恐是川路遠未到，更令契勘。仍須是擇通經、心術正者爲之。若教官非其人，士人心術一壞，再整理費力，切宜遴選。」

十月十六日，宰執進呈西外宗正司保明到拘管宗子趙善時年滿，放逐便事，上曰：「令後宗子，可許入所在學，令與寒士同處。只别作齋舍，仍差士人作長諭。庶幾盡變積習，將來文行俱有可取。宜令禮部措置。」

十一月十七日，詔：「諸州軍將舊贍學錢糧撥還養士。令監司常切覺察，不得輒將他用。仍令逐州軍各開具養士并見標撥錢糧數目，申尚書省。」以知信州劉子翼言「學糧至微，無以資給」故也。

十四年二月六日，詔：「靖州置新民學，學生三十人爲額。令附州學教養，仍令教授兼行訓導。其籍没見出賣楊秀章田土，令本路轉運司量度標撥，應副贍學。」從本州請也。

三月二日，國子監言：「昨行大觀法，諸路監司親戚，許入鄰路近便州軍學；州軍并倚郭縣官親戚，許入鄰州學；外縣官親戚，許入本州學聽讀。緣上件大觀法，昨因兵火，散失不存。雖申降到紹興十三年閏四月七日指揮，『監司并州縣官，隨侍本宗有服親并親女及姊妹之夫、子[二]，免補試，入見任路分州軍學聽讀』，竊慮妨嫌。望將諸路監司州縣官親戚，若應得前項服屬者，依大觀法免補入學聽讀施行。」從之。

十月三日，詔：「昨降指揮：『令諸州軍將舊贍學錢糧撥還養士，委監司常切覺察，不得輒將它用。』[37]可令諸州守臣限一月摽撥定，委提舉官檢察，開具奉行加意并弛慢去處職位姓名，申尚書省，取旨賞罰。」

十五年九月二十六日，詔：「試諸州教授，自來春爲始。除第二場仍舊詩賦，其第一場，於六經中臨時取二經，各出兩題，試以講解，不拘義式，以貫穿該贍爲合格。」從國子監丞文浩之請也。

十一月六日，詔：「二廣諸郡，於見任有出身官差兼教授；如無，差特奏名補官人；又無，即申提舉學事官，於鄰州對換兼差。」知潯州杜天舉言：「自來止差土官充教諭[三]，而土官止係本路兩舉之人，未足爲後進模範。」上曰：「天舉所陳事，頗有條理。却曾留心士大夫所言，有益

[一] 究：原作「充」，據《中興小紀》卷三一改。
[二] 子：原脱，據上文崇儒二之三五「閏四月七日」條補。
[三] 土：原作「士」，據《建炎要録》卷一五四改。下同。

於事，不可不行。」故有是命。

十六年三月二十七日，詔：「萬安、昌化、吉陽軍，許依瓊州例，各置教諭一員。」從瓊管安撫徐念道之請也。

五月四日，詔：「諸路提舉學事，委轉運司有出身官一員兼領。如本司官俱無出身，即委從上一員。」以禮部有請故也。

八月六日，詔：「廣（内）〔南〕諸郡見闕教官去處，令於本州并倚郭縣内，差見任有出身官兼充；如無，即於特奏名補官人内，選差未昏耄有術業之人；又無，即選差攝官術業行義衆所推服者充教諭。如已供職，後來見任官内却有出身之人，其攝官教諭即令罷去。」從臣僚之請也。

十八年七月九日，江南西路轉運判官賈直清奏：「請立縣學，於縣官内選有出身人兼領教導。」上因宣諭曰：「州縣選官教[38]導，迺治化本原，將來三年科舉，亦有人材以備采擇。可令禮部檢坐舊法，參酌措置，申尚書省。」

八月八日，禮部尋下國子監參酌措置，欲比附舊法〔一〕，縣學委知、通於令、佐内選有出身官一員兼領教導職事。及諸州軍如未差教授去處，即令本路提舉學事司於本州有出身官選差一員兼領。若州縣官俱無出身，止令本學長、諭專主教導，却令知州、縣令覺察點檢。從之。

閏八月二十一日，詔：「珍州教授任滿，許依本州幕職官例推賞。」從本州備申教授蔡霆之請也。

十九年十月十六日，詔添置光化軍教授一員。從守臣范潔之請也。

二十年六月二十日，詔置梅州教授一員。從本路轉運判官李利用之請也。

二十一年九月一日，大理寺主簿丁仲景奏：「遠方贍學公田，多爲形勢侵占請佃。望詔有司，申嚴行下諸路提舉官，常切覺察，如有似此去處，並令根究。」上曰：「緣住賣度牒，常住多有絶産。其令户部一就措置，撥充贍學支用。」本部言：「欲令諸路州軍取見確實，報提舉學事司，置籍拘管。并僧道違法擅置庵院，若無敕額，其所置田産屋宇亦有絶産，合依前項已措置到事理施行。」詔依此。馬端臨《通考》：朱子《崇安縣學田記》曰：「予惟三代盛時，自家以達於天子〔二〕、諸侯之國，莫不有學。而自天子之元子，以至於士庶人之子，莫不入焉。則其士之廩於學宫者，宜數十倍於今日。而考之禮典，未有言其[39]費出之所自者。豈當時爲士者之家，各已受田，而其入學也有時，故得以自食其食，而不仰給於縣官也歟？至漢元、成間，乃謂孔子布衣，養徒三千，而增學官弟子，至不復限以員數。其後遂以用度不足，無以給之，而至於罷。夫謂三千人者聚食於孔子之家，則已妄矣；然養士之需，至於以天下之力奉之而不足，則亦豈可不謂難哉！蓋自周衰，田不井授，人無常産，而爲士者尤厄於貧，反不得與爲農工商者齒。上之人乃欲聚而教之，則彼又安能終歲裹飯而學於我？是以其費雖多，而或取之經常之外，勢固有不得已也。」

二十二年三月十二日，詔：「潼川府郪縣界閃生田地一百四十二畝，撥賜府學，永充養士。」（後）〔從〕守臣沈該之

〔一〕法：原作「去」，據《文獻通考》卷四六改。
〔二〕於：原脱，據《文獻通考》卷四六改。

請也。

二十四年七月三日，詔：「贍學錢糧，於學中自置窖廩，委教官檢察。」從大理評事俞長吉之請也。

二十五年九月二十一日，詔：「太平州蕪湖縣，合拘收何汝賢違法(祖)〔租〕佃圩田一十六頃八十五畝，撥充本州養士。」

二十六年五月七日，詔：「諸路州軍教授，並不許差兼它職。令提舉學事司常切遵守。」從知郢州路採之請也。

八月九日，建康府上元縣丞汪賁奏：「臣聞有學校必有法度，有法度然後教官、士子咸知所以遵守。今州縣學校徒有其名，而主管學事之官徒帶虛銜，良(田)〔由〕學法未曾頒降，以憑遵守故也。掌儀置于釋奠之時也，而職事之中，間有掌儀一員者；司正置 40 于鄉飲酒之時也，而職事之中，間有司正一員者。或職事多于生員，或月俸倍于常制，或生徒係籍而齋無几案，或早晚破食而學無厨竈，或貧士託爲聚徒之所，閒官指爲寄居之地，而州縣漫不加省。望詔有司，將元豐、崇寧以來并見行舉法纂集頒降，俾州教授、縣教諭及主管學事官常切遵守，以勵諸生。仍委監司出巡，兼行按察。」從之。

二十七年十二月二十六日，詔：「諸州軍教授，選人任滿，許依本處幕職官推□□□□□□□□賞〔一〕。其京朝官依選人已得指揮。」(以上《永樂大典》卷二一九五七)

鄉學

【宋會要】

41 太宗太平興國五年六月，以江州白鹿洞主明起爲蔡州褒信縣主簿，賜陳裕三傳出身。起、裕並以講學爲業，太宗聞之，故有是命，所以勸儒業，榮鄉校。

(貞)〔真〕宗咸平四年三月二十日，知潭州、供備庫副使李允則奏：「嶽麓山書院修廣舍宇，有書生六十餘人聽誦。乞下國子監，降諸經《釋文》、《義疏》、《史記》、《玉篇》、《唐韻》〔二〕，庶興學校，以厚民風。」從之。

祥符四年十一月，益州申，永康軍進士李畋明經術，聚徒教授，士行可稱。詔發遣赴闕，授試祕書省校書郎，仍賜裝錢三十千，還歸鄉校講説。《文獻通考》：祥符八年，賜潭州嶽麓書院額。始，開寳中，郡守朱洞首度基創宇，以待四方學者〔三〕。李允則來爲州，請於朝，乞以書藏。方是時，山長周式以行義著。八年，召見便殿，拜國子主簿，使歸教授。詔賜書院名，增賜中秘書。　右宋興之初，天下四書院建置之本末如此。此外，則又有西京嵩陽書院，賜額於至道二年。江寧府茅山書院，賜田於天聖二年。嵩陽、茅山，後來無聞，獨四書院之名著。是時未有州縣之學，先有鄉黨之學。蓋州縣之學，有司奉詔旨所建也，故或作或輟，不免

〔一〕「賞」前原本空八格，葉渭清眉批云：「渭清按：『推賞連文，中間並不闕字。』」按葉説似是。

〔二〕「諸經」以下十二字，原作「釋音文疏史記篇韻」，據《玉海》卷一六七改。

〔三〕四：原作「田」，據《文獻通考》卷四六改。

具文。鄉黨之學，賢士大夫留意斯文者所建也，故前規後隨，皆務興起。後來所至書院尤多，而其田土之錫，教養之規，往往過於州縣學，蓋皆欲倣四書院云。

仁宗天聖二年五月，知江寧府、光禄卿王隨言：「處士侯遺於茅山營葺書院，教授生徒，積十餘年，自營糧食。望於茅山齋糧剩數，就莊田内量給三頃，充書院贍用。」從之。

三年十一月，樞密直學士、知應天府李及言：「本府書院甚有學徒，自建都以來，文物尤盛。欲望量於發解進士元額之外，乞添解三人。」從之。

景祐三年九月十五日，西京留守言：重修(大)〔太〕室嵩陽書院，乞降勑額。勑以「嵩陽書院」爲額。(以上《永樂大典》卷二一九五四)

宋會要輯稿　崇儒三

書學

【宋會要】

1 徽宗崇寧三年六月十一日，都省言：「竊以書用於世，先王爲之立學以教之，設官以達之，置使以諭之。蓋一道德，謹守法，以同天下之習。世衰道微，官失學廢，人自爲學，習尚非一，體畫各異，殆非所謂書同文之意。今未有校試勸賞之法〔一〕，欲倣先王置學設官之制，考選簡拔〔二〕，使人人自奮〔三〕。所有圖畫工技〔四〕，朝廷圖繪神像，與書一體，令附書學，爲之校試約束。謹修成《書畫學敕令格式》一部，冠以『崇寧國子監』爲名。」從之。

五年四月十二日〔五〕，詔：「書、畫、筭、醫四學並罷，更不修蓋。其官私宅舍屋宇，並依舊修蓋給還。已到官據資任與先次差遣，人吏歸元來去處，係召募到者放停。其書畫學，於國子監擗截屋宇充〔六〕。每學置博士各一員〔七〕，生員各以三十爲額。其合行事件，令國子監條畫，申尚書省。」

【宋會要】

宣和六年八月十四日〔八〕，詔：「書藝置提舉措置書藝所，生徒五百人爲額，篆正法鍾鼎，小篆法李斯，隸法鍾繇、蔡邕，真法歐、虞、褚、薛，草法王羲之、顏、柳、徐、李。有兼經義舉人及貴游子弟，又分士流、雜流爲二。以尚書主客員外郎杜從古、大宗正丞徐競、編修《汴都志》米友仁並爲措置管勾官。」先是，王黼進唐告三道，虞世南書《狄仁傑告》、2 顏真卿書《顏允南母蘭陵郡太夫人張氏告》及《徐浩封贈告》進呈，上曰：「朕欲教習前代書法〔九〕，所頒告命，使能者書之〔一〇〕，不愧前代。」時書學已罷，故特置是局。

算學

【宋會要】

哲宗元祐元年六月二十八日，看詳編修國子監太學條

〔一〕賞：原作「尚」，據《群書考索》後集卷三〇改。

〔二〕拔：原作「牧」，據《群書考索》後集卷三〇改。

〔三〕人人：原脱一「人」字，據《群書考索》後集卷三〇補。

〔四〕有：原作「身於」，據《群書考索》後集卷三〇改。

〔五〕四月十二日：《群書考索》後集卷三〇記作「正月丁巳」，然考《宋史》卷二〇《徽宗紀》二，丁巳罷四學後，同月壬戌復置書畫算學。本條述及書畫學置廨設官之制，顯爲復建之事，且《玉海》卷一一二亦記於四月十二日，故不取《考索》之説。

〔六〕「子」字原脱，「充」原作「克」，據《群書考索》後集卷三〇補改。

〔七〕一：原脱，據《玉海》卷一一二補。

〔八〕八月：《群書考索》後集卷三〇、《書録》卷上引《長編》皆記於正月十日己未，疑此處誤。

〔九〕教：原作「倣」，據《群書考索》後集卷三〇改。

〔一〇〕所頒：原脱，據《群書考索》後集卷三〇補。

制所狀：「准朝旨，同共看詳脩立國子監、太學條例，及續准指揮，國、律、武學條貫令一就修立外，檢准官制格子，國子監掌國子〔一〕、太學、武學、律學、筭學五學之政令。今取到國子監合干人狀，稱本監自官制奉行後來，檢坐上件格子，申乞修置筭學。准朝旨，踏逐到武學東大街北，其地堪修筭學。乞令工部下所屬檢計修造。奉聖旨依。今看詳，上件筭學已准朝旨蓋造，即未曾興工。其試選學官，未有人應格。切慮將來建學之後，養士設科，徒有煩費，實於國事無補。今欲乞賜詳酌寢罷。」詔罷脩建。

【宋會要】

〔徽宗崇寧三年〕六月十一日〔二〕，都省劄子：「切以筭數之學，其傳久矣。《周官》大司徒以鄉三物教萬民而賓興之〔三〕，三曰六藝，禮、樂、射、御、書、數。則周之盛時，所不廢也。歷代以來，(囙)〔因〕革不同，其法具(官)在。神宗皇帝追復三代，修立法令，將建學焉。屬元祐異議，遂不及行。方今紹述聖緒，小大之政，靡不修舉，則筭學之設，實始先志。推而行之，宜在今日。今將《元豐筭學條制》重加刪潤，修成敕令〔四〕，并對修看詳一部，以 3 《崇寧國子監筭學敕令格式》爲名，乞賜施行。」從之。都省上《崇寧國子監筭學書畫學勅令格式》，詔頒行之，「只如此書可也」。

【宋會要】

〔大觀〕三年三月十八日〔五〕，禮部狀：「據太常寺申，筭學以文宣王爲先師，其配享、從祀，合依太學、辟雍例，於殿上設兖、鄒、荆三國公爲配享，及十哲爲從祀外，有自來著名筭數之人，即繪畫於兩廊。本寺據修蓋筭學駱詢等申，契勘合塑畫神象，除大殿上先師、三公、十哲，可以依太學等處體例施行，有兩廊繪畫從祀人等，即未審有官人合裝著是何服色冠帶，無官人如何畫造。本寺今契勘到繪畫從祀人內，有係孔子廟廷從祀，已追封官爵漢中壘校尉劉向追封彭城伯等，及舊有公侯爵人漢留侯張良等，并有官無封爵人風后等，不見官爵無官封人大橈等。契勘筭學文宣王并三公、十哲所服，合依太學體例外，其餘乞從朝廷加賜五等之爵，然後隨所封，以定其所服之服。」從之。

十一月七日，太常寺言〔六〕：「奉詔，天文筭學合奉安先師并配饗，從祀繪像，未合典禮，可令禮官考古稽禮〔七〕，講究以聞者。臣等竊詳黃帝獲寶鼎，迎日推策，舉風后、力牧、常儀〔八〕、大鴻以治民，順天地之紀，幽明之占，死生之説；又使大橈造甲子，隸首作筭數，容成綜之，所以考定氣象，建五行，察發斂，起消息，正閏餘。其精 4 粗顯微，無

〔一〕「國子監掌」四字原脱，據《長編》卷三八一補。
〔二〕徽宗崇寧三年：原無，據《群書考索》後集卷三〇補。
〔三〕鄉：原作「卿」，據《群書考索》後集卷三〇改。
〔四〕敕：原作「刺」，據《群書考索》後集卷三〇補。
〔五〕大觀：原無，據《群書考索》後集卷三〇補。
〔六〕言：原脱，據《宋史全文》卷一四補。
〔七〕令：原作「否」，據《長編紀事本末》卷一三五改。
〔八〕儀：原作「先」，據《宋史全文》卷一四改。

不該極。今筭學所習天文、曆、筭、三式法筭四科，其術皆本於〔皇〕〔黄〕帝。臣等稽之載籍，合之典禮，謂尊黄帝爲先師，而以其當時之臣風后、力牧、大鴻、大橈、隷首、容成、臾區、常儀爲配饗，又以後世精於數術者，定其世次，分繪兩序，以爲從祀。今具下項：風后、力牧、大鴻、大橈、隷首、容成、臾區、常儀，已上八人，今欲擬配饗。商巫咸、周箕子、周商高、周榮方、晉史蘇、秦卜徒父、晉卜偃、魯梓慎、晉史趙、魯卜楚丘、鄭裨竈、趙史墨、齊甘德、魏石申、漢留侯張良、漢丞相張蒼、漢司馬季主、漢太史丞鄧平、漢方士唐都、漢洛下閎、漢鮮于妄人、漢大司農耿壽昌、漢太子太傅夏侯勝、漢魏郡太守京房、漢諫議大夫翼奉、漢騎都尉李尋、漢嚴君平、漢中壘校尉劉向、漢侍中賈逵、後漢尚書張衡、後漢尚書郎周興嗣、後漢北海人郎顗、後漢平原人襄楷、後漢尚書單颺、後漢光禄大夫樊英、後漢穀城門侯劉洪、後漢左中郎將蔡邕、後漢大司農鄭康成、魏劉徽、魏少府丞管輅、吴太史趙達、晉征南大將軍當陽侯杜預、晉尚書郎郭璞、晉天水人姜岌、張丘建、夏侯陽、宋御史中丞何〔丞〕〔承〕天、宋長水校尉祖冲之、後魏侍中崔浩、後魏太常卿高允、後魏筭學博士商紹、北齊丞相倉曹參軍信都芳、北齊散騎侍郎宋景業、北齊開府田曹記室許遵、後周甄鸞、隋盧太翼、隋太府〔十〕〔寺〕卿蕭吉、隋上儀同臨孝恭、隋散騎侍郎張胄玄〔一〕、隋太史丞 5 耿詢、隋太學博士劉焯、隋太學博士劉炫、唐太史令傅仁均、唐筭曆博士王孝通、唐太史令李淳風、唐太史令瞿曇羅、唐内供奉王希明、唐左拾遺李鼎祚、唐太子少詹事邊岡、周樞密使王朴，已上七十人，今欲擬從祀。」容齋洪氏《隨筆》：大觀中，置筭學，如庠序之制。中書舍人張邦昌定其名：風后、大橈、隷首、容成、箕子、商高、常儀、鬼臾區、巫咸九人，封公。史蘇、卜徒父、卜偃、梓〔貞〕〔慎〕、卜楚丘、史趙、史墨、裨竈、榮方〔二〕、甘德、石申、鮮于妄人、耿壽昌、夏侯勝、京房、翼奉、李尋、張衡、周興嗣、單颺、樊英、郭璞、何承天、宋景業、蕭吉、臨孝恭〔三〕、〔張曽元〕〔張胄玄〕、王朴二十八人，封伯。鄧平、劉洪、管輅、趙達、祖冲之、殷紹、信都芳、許遵、耿詢、劉炫、傅仁均、王孝通、瞿曇羅、李淳風、王希明、李鼎祚、邊岡、郎顗、襄楷二十人，封子。司馬季主、洛下閎、嚴君平、劉徽、姜岌、張丘建、夏侯陽、甄鸞、盧太翼九人，封男。考其所條具，固有於傳記無聞者，而高下等差，殊爲乖謬。如司馬季主、嚴君平，止於男爵；鮮于妄人、洛下閎同定《太初曆》，而妄人封伯，下閎封男，尤可笑也。十一月，又改以黄帝爲先師。

【宋會要】

四年三月二日，詔：「筭學生併入太史局，學官及人吏等並罷。有合條畫事，併具奏聽〔事〕〔旨〕。」

政和三年三月二十三日，大司成劉嗣明奏：「承前筭學内舍筭學生武仲宣進狀，6 昨於去年三上封章，乞留筭學等。奉聖旨令國子監依元豐六年九月十六日指揮施行。本監申，伏覩舊筭學見今空閒，舍屋具存，别無官司拘占，

〔一〕玄：原作「元」，據《隋書》卷七八《張胄玄傳》改。

〔二〕方：原作「芳」，據《周髀算經》卷上之二改。

〔三〕「臨孝恭」下原有「張恭」，據《容齋三筆》卷一三删。多此人則爲二十九人矣，且此人不見於史，當因前後字而衍。

相度欲乞依舊爲筭學。」從之。元豐指揮檢未獲〔一〕。

六月二十八日，筭學奏：「承朝旨，復置筭學。今檢會崇寧《國子監筭學條令》，乞下諸路提舉學事司行下諸州縣等，諸命官入學，投納家狀，差使以下許服襴鞹。仍呈驗歷任或出身文〔學〕〔字〕，繳納在官司者聽先入，仍勘會。諸命官、未入。在入限諸命官及未出官人若殿侍，謂非諸軍補授者。欲入律學或筭學者，聽入諸試，以通、粗併計，兩粗當一通。《筭義問》以所對優長，通及三分爲合格。諸學生本科所習外，占一小經，遇太學私試，間月一赴。欲占大經者，聽補試命官公試同。《九章》義三道、筭問二道。筭學命官公試，一入上等，轉一官。殿侍、差使、借差同，已下減年試准此。幕職、州縣官循兩資，未入官選人、知、令、録仍占射差遣一次。內文學免召〔外〕〔升〕朝〔官〕及運司保明，注合入官。三入中等，循一資。使臣即減二年磨勘。願占射差遣者，聽。殿侍指射合入本等差遣，願候借差已上收使者，聽。未入官選人，占射差遣一次。文學免召升朝官及運司保明，注合入官。五入下等，占射差遣。使臣即減一年磨勘。未入官選人，不依名次注官。殿侍候補借差已上，聽收使。內文學免召升朝官及運司保明，注合入官。筭學升補上舍上等通仕郎、7 上舍中等登仕郎、上舍下等將仕郎學生，習《九章》、《周髀》義及筭問，謂假令疑數〔二〕。兼通《海島》〔三〕、《孫子》、《五曹》、《張丘建》、《〔夏〕侯陽》筭法。私試，孟月季月同。《九章》〔儀〕〔義〕二道、《周髀》義一道，筭問二道；仲月《周髀》義二道，《九章》義一道，筭問一道。陞補上內舍，第一場《九章》義三道，第二場《周髀》義三道，第三場筭問五道。」從之。

六年四月十九日，詔：「通仕郎武仲宣，自大觀初興復筭學後來，注釋攷正見行筭經一百八十九卷，特與循一資。」

宣和二年七月二十一日，詔：「筭學，元豐中雖存有司之請，未嘗興建；又所議置官，不過傳授二員。今張官置吏，考選而任使之，大畧與兩學同，既失先帝本旨〔四〕；賜第之後，不復責以所學，何取於教養？可並罷。官吏依省罷法。應文籍錢物，令國子監拘收。」

律學

【宋會要】

熙寧三年九月己亥〔五〕，始用斷案律義試法官。判大理寺〔臣〕〔崔〕台符等考試。

【宋會要】

掌教刑名之學，隸於國子監。

〔一〕指揮：原缺，據文意補。

〔二〕此五字原作大字，今據文意改爲小字。《宋史》卷一五七《選舉志》三云「假設疑數爲算問」，是也。

〔三〕島：原作「塢」，據《宋史》卷一五七《選舉志》三改。

〔四〕既：原作「即」，據《群書考索》後集卷三〇改。

〔五〕按，此條乃抄自《玉海》卷一一二，非《會要》文。

〔熙寧六年〕三月二十七日〔一〕，詔於國子監置律學，差教授四員。

四月二日，詔：「律學教授諸般請給〔二〕、當直人等，並視國子監直講〔三〕。應命官〔四〕、舉人，並許入學，內舉人仍召命官二人委保行止。其試中學生，依國子監等第給食。所要屋宇，令將作監相度修擗。其課試條約及應合節次施行事件，並委本監詳定。」

二十四日，8國子監進定條約事件：「初入律學命官、舉人，並於本監投納家狀。內舉人更納保狀，召命官二人委保行止，勘會詣實，方許入學聽讀。委本監主判官同教授補試，取通數多者充生員。仍令各於家狀內，指定乞習律令，或斷案，或習大義兼斷案。補試人試前於監丞、主簿廳投納試卷連家狀，共用紙一十張、草紙五張連粘，卷頭用印。至試日，於監丞、主簿處收納，封彌卷首。補試日，依條齋所習刑名文字赴試。內習斷案人，試案一道，每道刑名五件至七件。習律令大義人，試大義五道，委主判官同教授依考試刑法官格式考校。生員初入學，且令赴學聽讀。補中者給食，其餘聽讀人就本學食者，依太學例，令陪厨錢，願自備飲食者亦聽。仍立學正、學録各一員，於試中選充，依太學例給俸。命官〔五〕、舉人各爲一齋，每齋立齋長、諭各一員。雖未試中，亦給食。每月公試一次，習斷案者，試斷案一道，刑名如補試例。習律令大義者，試律令義三道。私試三次〔六〕，每次試案一道，刑名三件至五件，律令義二道。每日講律一授〔七〕。遇試日，其主掌敕書及檢用條例，乞於諸路及百司將來試中吏人內，指差兩人充。其本學諸雜文字，乞於審刑院、刑部大理寺指名差手分二人行遣。本學合要《刑統》、編敕、律令格式及應係刑法文字，並乞於合屬去處取索。今後應係續降條貫，並乞降一本付律學。一、今來教授生員學食錢及9供給，並在學儲，支費浩大。竊慮太學所管錢糧不足，欲乞更賜錢萬貫，依例於開封府檢校庫出息〔八〕，以助支用。」詔審刑院、大理寺手分約條不得抽差，特且權差。(今)〔令〕本監策射諸路州軍有行止諳會刑名吏人，依試刑名人吏條試充用。續降

〔一〕熙寧六年：原無，校者於行間補「熙寧七年」，眉批云：「四字原缺，據《通考》補。《通考》：熙寧七年四月，設律學教授四員。」又本條「宋會要」下原有校者批曰：「附《通考》『六年置教授四員』至『五事至三事』後，當爲熙寧六年。」眉批又有：「渭清按：『《通考·學校》、《玉海》卷一百十二熙寧律學、《宋史·選舉志》三、《本紀》神宗二，置律學並在熙寧六年。』」今按，葉説是，據補。又，「三月二十七日」，《玉海》卷一一二「熙寧律學」條引《會要》作「二月二十七日」，疑作「三」是。《長編》卷二四四記此事於四月二日乙亥。

〔二〕教：原作「士」，據《長編》卷二四四改。

〔三〕視：原作「就」，據《長編》卷二四四改。

〔四〕命：原作「本」，據《長編》卷二四四改。

〔五〕命：原作「其」，據《宋史》卷一五七《選舉志》三改。

〔六〕三：原作「一」，據《宋史》卷一五七《選舉志》三改。

〔七〕一授：似當作「一條」。

〔八〕息：原作「自」，據《長編》卷二四四改。

條貫，仰刑部凡遇承受，於當日内關部，餘並依所定施行。

【宋會要】

六月三日，國子監言：「律學除以假在外，遇直講，並須迴避。及上元、寒食、冬至、元日，給假在客一日。分爲三番，並以昏鼓還舍，不得宿外。公試懷挾，於律學不行外，其係犯降舍殿試者，並罰錢五百。餘依太學規矩施行。内命官充生員，願出宿者，聽。每日講皷前日晚食還舍，皷後歸。」

七月二十三日，國子監言：「奉詔立律學正，竊覩律學生同進士出身王白舊通經藝〔一〕，已有淵源，初習刑名，復明指意。本監雖以補充律學正，緣白見於守選，未有俸給，難以居學。欲乞令流内銓特與免試，注合入官，支與實俸，仍理爲資考，充學正。其當直剩員并給食，欲將本監剩員内破四人，及依監主簿例給食。」並從之。仍〔令〕〔今〕後命官充在學職掌者，並准例。

七年七月二日，律學教授李昭遠等言：「本學生員習試斷案，並合用熙寧新編勑。其間勑意或有疑難，須至往審刑院、大理寺商議。竊見開封府法曹、三司檢法官，並許大理寺商議公事。今[10]來本學如有疑難刑名，欲乞往審刑院、大理寺商議。」從之。

八月二十二日，國子監言：「太學見有管勾規矩官一員，今來律學生漸多，見今闕官管勾規矩。乞從本監就律學教授内，選一員兼管勾本學規矩，仍依大學例給食。」從之。

九月二十五日，中書門下言：「刑書看詳〔二〕，律學教授、國子監直講差遣同。直講以三年爲一任，選人到監一年，通計歷任及五〔年〕考，即與轉官，更不用舉主。其律學教授資序，欲並依直講條例施行。所有通理前任日月，自依條制。」從之。

【宋會要】

元豐三年四月十三日，以新科明法及第王壬爲律學教授。

〔八〕〔六〕年四月十七日〔三〕，國子監司業朱服言：「相度入律學命官，公試律義斷案，考中第一人，許依吏部試法與注官。其太學生或精於律義斷案，就律學公試中第一，與比私試第二等注籍。」從之。

哲宗元祐三年九月二十二日，詔省律學博士一員，命官學生不給食。

紹聖二年四月二十二日，詔律學博士依元豐條，置二員。

元符二年閏九月四日，國子司業劉逵言：「朝廷立三學，置博士教導，事體均一。欲乞今後律學博士闕，從朝廷選通知法律人充。」從之。

〔一〕王白：原作「王曰」，據《長編》卷二五八改。

〔二〕刑書：疑當作「刑部」。

〔三〕六年：原作「八年」，據《長編》卷三三四、《群書考索》後集卷三〇改。

徽宗建中靖國元年三月十七日，詳定所奏：「續修到《律學敕令格式看詳並净條》，冠以『紹聖』爲名。」

政和二年四月二十三日，臣僚言：「訪聞律[11]學官員，(郡)〔群〕居終日，惟務博弈，不供課試，相習衩袒，嬉遊市肆，晝則不告而多出，夜則留門而俟歸，假曆、門簿，徒爲虚設。願戒飭所隸官司，舉行學(觀)〔規〕。」詔：「今後律學博士、學正，可依大理寺官格除授外，仍不許用恩例陳乞及無出身之人。學門啓閉，視太學法。學生所犯，依規罰；再犯者，罰訖，取印曆或補授文字批書出官，到部理〔爲〕遺闕。」《長編紀事》〔一〕：六年六月丁卯，户部尚書兼詳定一司敕令孟昌齡等奏：「今參照熙寧舊法，修成《國子監律學敕令格式》一百卷，乞以『政和重修』爲名頒降。」從之。

【宋會要】

欽宗靖康元年五月十八日，詔律學官替成資闕。

醫學

【宋會要】

徽宗崇寧二年九月十五日，講議司奏：「昨奉聖旨，令議醫學。臣等竊考熙寧追遹三代，遂詔(與)〔興〕建太醫局，教養生員，分治三學、諸軍疾病，爲惠甚博。然未及推行天下，繼述其事，正在今日。所有醫工，未有奬進之法。蓋其流品不高，士人所耻，故無高識清流習尚其事。今欲別置醫學，教養上醫。切考熙寧、元豐置局，以隸太常寺，今既別興醫學，教養上醫，難以更隸太常寺。欲比三學，隸於國子監。倣三學之制，欲(制)〔置〕博士四員〔二〕，分科教導，糾行規矩。欲立上舍四十人，内舍六十人，外舍二百人，逐齋長、諭各一人。(令)〔今〕參酌修定，設三科，通十三事，教諸生一[12]十人。一方脈科，通習大小方脈、風産〔三〕，一鍼科，通習鍼灸、口齒、咽喉、眼耳。一瘍科。通習瘡腫、傷折、金瘡、書禁。其試補考察，倣太學立法。一、三科各習七書：《黄帝素問》、《難經》、《巢氏病源》、《補注本草》〔四〕、《千金方》〔五〕，内方脈科兼習王氏《脈經》、張仲景《傷寒論》，鍼科兼習《黄帝三部鍼灸經》、《龍木論》〔六〕，瘍科兼習《黄帝三部鍼灸經》、《千金翼方》。一、考試三場：第一場三經大義五道，方脈科，《素問》、《難經》、《傷寒論》。〔鍼〕、瘍科，《素問》、《難經》、《三部針灸經》。第二場，方脈科〔七〕：脈證大義三道，運氣大義二道。鍼、瘍科：小經大義三道，謂《病源》、《龍木論》、《千金翼方》。運氣大義

〔一〕按以下引文今見於《群書考索》後集卷三〇引《長編》，而不見於《通鑑長編紀事本末》。

〔二〕置博士四員：《宋史》卷一五七《選舉志》三云「置博士、正、録各四員」。

〔三〕一方脈科通習大小方脈風産：原作「通習大小方脈一風科」，據《群書考索》後集卷三〇乙改，且據下文之例，將「通習」以下改爲小注。

〔四〕注：原脱，據《群書考索》後集卷三〇補。

〔五〕千金方：原作「大小方」，據《群書考索》後集卷三〇改。

〔六〕木：原作「本」，據《群書考索》後集卷三〇改。下同。

〔七〕方脈科：原作「諸科」，據《宋史》卷一五七《選舉志》三改。

二道。第三場，假令病法三道。一、補試一場：大義三道，内運氣一道。假令病法一道。一、曾犯刑責經決人，不得補試。私試三場，季一周之。公試二場：第一場三經大義三道。方脈科，脈證大義二道。鍼、瘍科，小經大義二道。第二場，假令病法二道，運氣大義一道。公私試分上、中、下三等，以外舍生私試三入上等，或公私試三入等，或試各一入上等，不犯第二等已上罰，而試在中等已上，及無考察而試在上等者，補内舍。若闕多，就試人少，即以就試人爲率，所取不得過三分之一。仍先取有考察，或皆無考察，即以考試名次爲先後。一、試上舍，分優、平二等，以内舍生私試三入上等，或公私試各一入上等，不犯學規，而試在優等者，補上舍。(郎)〔即〕試在平等，而醫治入上等者，依試入優等法。若闕多，就試人少，即以就試 13 人爲率，所取不得過三分之一。仍先取醫治，次程文。若均，即以考試名次爲先後。一、上舍生私試，五入上等，不犯學規，而醫治比校入中等以上者，本學保明推恩。一、五學生謂太學、武學、律學、筭學、藝學。疾病，本處關到置籍，輪差上舍、内舍生醫治。用本監醫人醫治者，聽。各給印曆，書其所診疾狀，經本學官押，即時書簿給付。候愈或失，逐處限當日(闕)〔關〕報本學銷簿。仍批書于曆，歲中比校。分上中下三等，十全爲上，十失一爲中，十失二爲下。若入上等内舍生試上舍，雖平等，聽升補。及上舍但一入上等，聽保明推恩。若入中、下等，如該考察，方得升補，或保明推恩。全愈不及七分，降舍；失及五分，屏出學。宜視諸學賜出身，以待清流，庶有激勵。今欲試補考察充上舍生，賜醫學出身，除七等選人階官，依格注授差遣。上舍生高出倫輩之人，選充尚藥局醫師以次醫職。上等從事郎，除醫學博士、正、録；中等登仕郎，除醫學正、録，或外州大藩醫學教授；下等將仕郎，除諸州軍醫學教授。醫之治病，必在於藥。今之所用，皆取於市廛，據憑鋪户，真僞難分。今來太醫局欲依《唐典》，近城置藥園種蒔。其醫學生員，亦當(諸)〔諳〕園辨識諸藥。人吏、專庫、厨子、剩員之類，並量事差置。欲倣三學例，立額召募。」詔：「覽所修格目，條析周盡，意義顯明，宜令遵守施行。」

【宋會要】

14 政和元年八月二十六日，臣僚言：「伏見諸路郡守許補醫學博士、助教，明著格令。京府、上中州各一人，下州一人，選本州醫生，以次選補。仍許依《禄令》，供本州醫職。豈容額外補授，濫紆命服，以散居他(群)〔郡〕！臣體訪諸路州軍不遵條格，多以守闕爲名〔二〕，或酬私家醫藥之勞，或徇親知非法之請，違法補授，不可勝數。況《貢舉條制》，有官鎖試，而醫學博士、助教與焉。若與貢附試辟雍，如入中、上等，乃有陞二等差遣及免省之優命，豈容醫學博士、助教旋求補牒，妄希仕進，以敗壞學制！檢會下項：

〔二〕多：原作「名」，據文意改。

元符格，置醫學博士、助教，京府及上中等州，醫學博士、助教各一人，下州醫學博士一人。醫生人數，京府、節鎮一十人，餘州七人。試所習方書，試義十道。元符令，諸州醫學博士、助教闕，於本州縣醫生内，選術優効著人充〔一〕；無其人，選能者比試，雖非醫生，聽補。詔令諸州軍遵依條格施行，仍令提舉學事司常切覺察。點檢得鈐轄司自大觀元年已來，前後知州補過醫助教丘仁傑、李德瞻、陳居、熊安、劉明、萬處仁等六人，充（鈴）〔鈐〕轄司助教名目，皆依條隨曹官參集，受公使庫供給。檢會從初並無專一條格許令補授，又無條格不許補授，有此疑慮，乞（今）〔令〕有司契勘，立法施行。」從之。其江西鈐轄司補過醫助教丘仁傑等，並改正。

【宋會要】

15 〔三年〕九月二十七日〔二〕，尚書省〔奏〕：「依元格注官：上等從事郎，中等登仕郎〔三〕，下等將仕郎〔四〕。初任注在京自來合破醫官去處，一任理爲諸州軍曹掾資任。除有許舉薦數外，令醫學司業各舉改官二員。兼元得指揮，俾通籍仕版，治官政，掌醫事。況學生多是兩學移籍，并得解與貢之人，其三舍之法，並依兩學體例。今來除初任差遣外，未有明降指揮。竊恐吏部將來尚依崇寧格，只注醫官三等差遣。（令）〔今〕欲乞醫學上舍出身人，初任自依近降朝旨注新授在京醫職外〔五〕，其後並依兩學上舍出身人，赴吏部注合入差遣，用清其選，而革伎術之弊。庶使學者益知磨勵，而得異能之士。」從之。

十月十七日，禮部奏：「檢會政和三年七月四日勑，知洪州充江南西路兵馬鈐轄吳居厚奏，檢會三年閏四月九日敕〔六〕：『建學之初，務欲廣得儒醫。』竊見諸州有在學内、外舍生，素通醫術。令諸州教授、知、通保明，申提舉學〔事〕司，具姓名聞奏，下本處，盡依貢士法（律）〔津〕遣赴本學，就私試三場。如中選，元外舍生即補内舍，内舍理爲中等校定。其學生執公據入學日，即關公厨破本等食。」詔並依貢法，其前降指揮更不施行。

【宋會要】

四年八月四日，尚書省言：「勘會諸州内、外舍通醫術

〔一〕著：原作「者」，據文意改。
〔二〕按，原稿此條之前尚有「三年閏四月」一條，係錯簡，今已移至下文「十月十七日」條末。又此句本無「三年」二字。因上條錯簡移後，故將年數補於此。
〔三〕登：原作「將」，據《群書考索》後集卷三〇改。
〔四〕下等將仕郎：原脱，據《群書考索》後集卷三〇補。
〔五〕新授：原作「格格」，據《群書考索》後集卷三〇改。
〔六〕按，原稿此條至本句「檢會」而止，其下顯有缺文；而「三年閏四月」以下則別爲一條，置於上條之前。但細審此段文字，文理不通，前既云「敕」，末又稱「詔」，自相矛盾。且文中稱「竊見」云云，顯是臣下之奏中引三年閏四月敕，而後陳其所請，則此段文字之前必有缺文。是此二條，一脱其尾，一脱其頭。實則二條本是一條，合之不但文意相接，文句亦完全契合。蓋《大典》所據之《宋會要》原書，「三年閏四月」正好在一行之首，《大典》編者不察，以爲是另一條，故剪下并按時序移於前。今移正。

學生，已降指揮許津遣貢赴太醫學，與在京學生同試。即未曾立定試補舍額，及試不中却還本貫之文。今乞立條：諸州貢到通醫術内、外舍生，附太醫學補試。如試中，16各依元舍額注籍；若或試下，還本貫舊舍額。」從之。

五年正月十八日，提舉入内醫官、編類《政和聖濟經》曹孝忠等奏：「尚書劄子，勘會太醫學依倣兩學措置貢士法并錢糧，具狀申尚書省。本學（除）〔條〕具下（頃）〔項〕：一、諸路貢士，與本學内舍同試上舍，三歲（其）〔共〕取下項合格人數，陞補上舍，以（下）〔上〕、中等一百人爲額。上等闕於中等補，中等闕以下等陞補，並附文士引見釋褐。下等不該陞補人，貢士補内舍，元内舍與理考察。貢士不中選，聽還本學外舍。第一年，上等一十人，中等二十人，下等三十人。第二年，上等一十人，中等二十人，下等三十人。第三年，謂大比，上等一十五人，中等二十五人，下等四十人。一、諸路貢士同本學内舍就試上舍，若不滿二百人，即每十人取二人合格。零數及三人，聽取一人。以合格人十分爲率，一分六釐爲上等，二分四釐爲中等，五分爲下等，餘分從多數。謂三等各有餘分，就三等餘分中〔一〕，從數多之等取一人。若兩等餘分，各從其等，而共理取一人者，聽從優。一、契勘醫學上舍推恩，依格上等從事郎，中等登仕郎，下等將仕郎。依舊在學滿三季日，不犯學規第二等以上罰者，發遣赴吏部，依兩學上舍法，注（受）〔授〕差遣。一、乞兩學於朝廷封（椿）〔樁〕錢内，支撥本錢十萬貫，付開封府檢校庫，依兩學法抵當，據每年收息數，以十分爲率，將五分充本學支用。一、乞於抽買石炭場歲給石炭三萬秤。一、17乞將兩浙路州縣學費，目今見在及自今後逐年餘剩錢物糧斛，計數（椿）〔樁〕留七分，祗備本路支用外，三分限春季内差因便綱船一起附帶，赴學送納。仍委本路學事司管勾文字官計置，催督津遣。見今本學支費錢糧，並乞依元降指揮，日於國子監支撥。候將來兩浙路支撥到今來所乞錢糧日，本學足用，即報國子監（支撥：候將來兩浙路支撥到今來所乞錢糧日於本學足用即報國子監）住支〔二〕。」從之。

〔同日〕〔三〕，曹孝忠等奏〔四〕：「承尚書省劄子云云，本學今參詳，條具下項：一、乞諸州縣並置醫學，各於學内別爲齋教養，隸於州縣學，開封隸府學。一、乞縣學補試，以文理稍通，並取及一季謂上三月。不犯學規第二等罰者，令、（左）〔佐〕保明申州學，赴歲升試，合格人補外舍。一、應公私試合格分數，併月引試，分月關書。考選、校定、陞降舍、除籍、規矩、講解、假告、給（依）〔使〕、差補職事及應干事件，並依諸州縣學法；公私試並附州學公私試院。一、出題考校，縣委令、佐，州軍委教授。仍逐路提舉學事司選差本州

〔一〕三等餘分中：原作「三餘分中等」，據文意改。

〔二〕「住支」前「支撥」至「國子監」二十八字涉上文衍。

〔三〕同日：原無，據《群書考索》後集卷三〇，曹孝忠以下奏亦在政和五年正月十八日己丑，與上條同日，因補二字。

〔四〕忠：原作「思」，據《群書考索》後集卷三〇改。

見任官通醫術能文者一員，開封府選開、祥兩縣官，兼權醫學教授，並依正教授條法。一、應曾係州學生，及曾得解人，依條格合赴補試者，與免縣學試。法行之初，恐士人兼習醫術者未廣，難以逐州立額，欲乞每路量立逐歲貢額。今（此）〔比〕倣諸州縣學格，内文士三年所貢人數，十分中以一分五釐人數，創立諸路醫學貢額〔一〕，分爲三年。内【18】歲供不及五人處，添作五人，並不近州軍類試不得過三□〔二〕。附州學□公試院〔三〕，其所取合格並陞補分數仍通取。一、醫學教授講一經，謂《素問》、《難經》。其講義逐月付縣。學生分三科，兼治五經内一經〔四〕。方脈科通習大小方脈、風、産，針科通習針灸、口齒、咽喉、眼目，瘍科通習瘡腫、傷折、金鏃、書禁。一、三科學生，各習七書。方脈科：《黄帝素問》、《難經》、《巢氏病源》、《補注本草》、《千金方》、《王氏脈經》、張仲景《傷寒論》。針科：《黄帝素問》、《難經》、《巢氏病源》、《補注本草》、《千金方》、《黄帝三部鍼灸經》、《龍木論》。瘍科：《黄帝素問》、《難經》、《巢氏病源》、《補注本草》、《千金方》、《黄帝三部針灸經》、《千金翼方》。一、諸州縣學及提舉學事司試法，縣學補試《素問》義一道，《難經》義一道，運（氣）〔炁〕義一道，假令病法一道，儒經義一道。謂五經内治一經。州學歲陞試，依縣學補試道數。私試，孟月，《素問》、《難經》義三道，儒經義二道。仲月，運炁義一道，處方義一道。季月，假令病法三道。公試二場，第一場，《素問》、《難經》義二道，運（氣）〔炁〕義一道，儒經義二道。第二場，處方義一道，假令病法二道。學事司所在州試上舍三場，第一場《素問》、《難經》義三道，儒經義二道。第二場運（氣）〔炁〕義一道，處方義二道。第三場，假令病法三道。一、出題，儒經、《素問》、《難經》，並於本經内出；運（氣）〔炁〕義，於《素問》内出。臨時指問五運六氣、司天在泉、太過不及、平氣之紀、上下加臨〔五〕、治淫勝復〔六〕。時問所掌病疾〔七〕，隨歲所宜，如何調治；或設問病證〔八〕，於今運【19】歲，如何理療。處方義，於所習經方内出。假令病法，方脈科於《千金》〔九〕、《千金翼》、《外臺》、《聖惠方》治雜病門中出；針科於《三部針灸經》〔一〇〕、《千金》、《千金翼》、《外臺》、《聖惠方》、《龍木論》治雜病及口齒咽喉眼目門中

〔一〕額：原脱，據《群書考索》後集卷三〇補。
〔二〕此句文意不明，疑有脱誤。
〔三〕原稿「附州學」三字前後各空一格，後來整理者遂誤認爲標題，於天頭批「州學」二字。按，據《群書考索》卷三〇，以下仍爲曹孝忠奏之文，可證此三字並非標題，但此文有脱誤，以致文義不明。上文云「公私試並附州學公私試院」，此句之意當亦相同。
〔四〕「兼治」句原作小字，今據文意并《群書考索》後集卷三〇所引改爲正文。以下「通習」三句同。
〔五〕下：原脱，據《群書考索》後集卷三〇補。
〔六〕治淫：原作「時問」，據《群書考索》後集卷三〇改。
〔七〕「時問」二字原在上句「勝復」上，今據文意移於此。
〔八〕證：原作「設」，據《群書考索》後集卷三〇改。
〔九〕千金：原無此二字，據《群書考索》後集卷三〇補。以下二處《千金》並同。
〔一〇〕部針灸：原作「都針灸」，據《群書考索》後集卷三〇改。

出〔一〕；瘍科於《三部針灸經》〔二〕、《千金》、《千金翼》、《外臺》、《聖惠方》治瘡瘍門中出。一、醫學應合干行事，本路提舉學事司、州知、通、博士、教授、縣令、(左)〔佐〕、學長並通管。一、本學貢士法初行，竊恐天下州縣未能一一諳曉奉行，兼所出題目或有異同，欲乞逐路並置醫學教諭一員，以今來本學上舍出身人差充。仍從提舉學事司差往點對。一、路、州、縣醫學事，其請給、人從、敘位，並依本路州教授除醫學(管)〔勾〕。」從之。

【宋會要】

太醫學奏〔三〕：「據河北西等路提舉學事司申，契勘州學教授月給食錢五貫文，今來逐州兼權醫學教授，事體一同，別無月給食錢。今相度，欲乞比正教授例，量行裁定，月給食錢三貫文。」從之。

六月二十四日，岳州奏：「承朝旨，州縣並置醫學，遂專切委用教授措置。據教授申，縣學補試，除已有教諭處，自合教諭出題考校，如未有上〔上〕舍出身人處，即合有出身人管勾學事，令、佐試補。州司已即時分門定奪，行下諸縣遵守去訖。」詔：「醫學選試，如無通醫術文臣，許於本處醫長、醫職、醫工內選差一員，同州縣有出身官出題考校。如闕醫長等，即選(大)〔本〕處 20 有出身管勾學事官管勾。」

八月二十日，禮部奏：「太醫學申：『一〔四〕、已承朝旨，許諸路州縣次第陞貢學生。本學契勘，自政和五年方有入學之人，政和六年歲陞赴學，充外舍，積累校定。政和七年公試，陞補內舍。八年〔五〕，赴學事司類試，陞補上舍，秋季貢發。政和九年春，赴太醫學。即候五年，纔有該貢之人，竊恐遲緩。今相度，欲乞權降一時指揮，候至政和九年試補陞貢，並依本法施行。所貴早得應選之人，該預陞貢。並政和九年只乞就本縣投狀，縣保明申州，依縣學補試條法，試補入州學，充外舍等。』勘(合)〔會〕太醫學所乞，係是將五年中次第公、私試陞補校定，於一歲中併行陞貢。竊慮考選無素，兼恐未應前降『依倣兩學貢士』指揮。本部今勘當，難議施行。」詔令太〔醫〕學比倣崇寧年辟廱貢士權行指揮，將可以施行事條具申尚書省。

九月八日〔六〕，詔諸州醫學博士並改作醫博士。

〔一〕木：原作「本」，據《群書考索》後集卷三〇改。

〔二〕灸：原作「炙」，據《群書考索》後集卷三〇改。

〔三〕此條上脫月日，承前當仍是政和五年事。

〔四〕此「一」字非衍文，蓋太醫學所申之事非一，此處僅引其中之一條，故有「一」字，《輯稿》中多有此例。

〔五〕自「八年」以下至「六年閏正月四日」條約一千五百餘字，原誤置於本卷後文崇儒三之二一「八年十月七日」條「詔申明行下」之後，以致造成文意不明，年代混亂。今據文意及時間先後移於此。蓋《大典》編者見此處有「八年」二字，乃以爲此下均爲政和八年事，遂割移於「八年十月七日」條後。此非偶然錯簡，而屬人爲錯簡。

〔六〕九月八日：據《長編紀事本末》卷一三五，此爲政和五年九月（若按原稿錯簡未移正時，承上則爲政和八年，由此可證錯簡之當移）。

十六日㈠，禮部奏：「契勘諸路醫學，每年合貢及該推恩人數，今紐計下項：諸路醫學三年合貢人數共七百三十三人，第一年二百三十九人，第二年二百三十九人，第三年二百五十五人。合該推恩人數，第一年三十人，第二年三十人，第三年四十人。又契勘下項：一、舊進士并諸科解額并五路剩額，及國子監開封府解額，共四千八百九十二人。内一百三十人充武士貢額，二十四人充貢孝悌特起之士，四千七百三十八人立爲見今諸路貢額。一、舊省額進士五百六十人㈡，諸科四十人。一、見今貢士，三年推恩額六百人。太醫學供到狀，契勘諸路陞貢醫士，係每年春以一路醫學内舍赴學事司所在州類試上舍，以合格三等對校定三等參定等第，奏貢赴太醫學，與本學内舍同試，依額陞貢㈢，依額取推恩之人。其試入等不該推恩人，補内舍；不入等人，並補外舍。一、未貢到人年分，即且依政和五年正月二十七日指揮施行，餘並依見行條法。一、候將來諸路通醫士人漸多，即令本路學事司申取朝廷指揮。一、如有未盡事件，仰太醫學條具，申尚書省。」詔依擬定推恩，以十五人爲額，仍先次施行。

十二月二十九日，福建路提舉學事司奏：「承勅，契勘諸路醫學每年合貢及該推恩人數，詔令尚書省别行措置。切緣本路八州軍，昨蒙撥到開封府及五路二項解額共一百九十七人，充文貢士額。係逐州分三歲入貢，每州所撥人數不等。今來椿留一分，充醫士貢額，即合隨州將所撥到開封府及五路二〈頃〉〔項〕解額内椿留一分。其間至有零數，不及十人，未審有無，亦椿留一名。兼文士貢額，分三年入貢。政和〈年〉〔五〕年係第一年，已貢過一年人數；政和六年係第二年，未曾入貢，其椿留一分醫士貢額，合從文士三歲貢額内豁除。又緣醫學生政和六年方赴州學歲陞充外舍，政和七年上舍，其貢額係比倣諸州學格内文士三年所貢人數，十分中以一分五釐人數創立諸路醫學貢額，分爲三年㈣，並不侵占文士貢額。有本學上舍推恩人額，第一年、第二年各三十人，第三年四十人，並不在文武士推恩額内。」七月七日㈤，詔令尚書省别行措置。尚書省勘會：「諸路文貢士係三年共取舊省額推恩人數，及諸路貢額係以舊解額人數立定。今來太醫學於創立百人推恩，其數太優。兼法行之初，竊慮諸路少得通醫士人陞貢，其所立貢額亦多，理合裁定。今措置下〈頃〉〔項〕：一、諸路貢額，依下項人數，以昨來撥充貢額内椿留一分人數充。府

㈠十六日：《群書考索》後集卷三〇繫於「政和五年九月壬午」，壬午即十六日。

㈡省：原脱，據《群書考索》後集卷三〇補。

㈢以上二句，「同」下衍「舍依」二字，「貢」下衍「赴太醫學與本學内舍同試」十一字，並據文意删。

㈣「三年」下原衍「貢額」二字，據《群書考索》後集卷三〇删。

㈤按下文，時序不合，邏輯不明。疑「七月七日」至「乞降指揮遵守」一段本爲小字，爲上文正文中「詔令尚書省别行措置」一事作注。此段之下「尚書省勘會」則仍爲正文，回應福建學事司之奏。如此則時間與事由均合。

畿十五人，京東東路五人，京東西路五人，京西北路五人，河北東路三人，河北西路(回)〔四〕人，河東路三人，永興軍路二人，秦鳳路二人，江南東路四人，江南西路四人，淮南東路四人，淮南西路四人，荆湖北路三人，兩浙路六人，福建路六人，廣南東路三人，廣南西路三人，成都府路三人，利州路三人，梓州路三人，夔州路三人。一、推恩額十人。一、殿試前一年，依武士法，以諸州内舍生有校定人赴本路提舉學事司所在州公試。七年，赴公試，陞補内舍。其政和七年係殿試前一年，本年係合類試上舍年分。當年醫學生方就公試陞補，却未有合赴試上舍之人，亦未審有無，便從今年樁留一分醫士貢額。乞降指揮遵守。」尚書省勘會：「醫士貢額，係以昨撥充文士貢額内樁留一分武士貢額人數充，即不合於文士貢額除豁。今來福建提舉學〔事〕司所申除豁文士貢額，顯未允當。其上件貢額，候將來有合貢醫士年分，方合用額陞貢。今既未有合貢之人，即合依舊存留。竊慮諸路更有疑惑去處。」詔令禮部疾速申明，遍牒行下，仍關太醫學照會。

六年閏正月四日，太醫學奏：「契勘本學博士，乃專解傳授諸生，任爲師儒，皆朝廷所選。然天下州軍，以醫隸職而爲郡將所差補者，亦曰醫學博士。欲乞依倣諸州醫士之稱以易之，庶有辨別。」祠部檢會勑，諸州醫學博士並改「醫博士」。又取到太醫學狀：「今來雖有改爲『醫博士』指揮，緣尚與本學博士稱呼相犯，即未有許改博士字指揮。」詔改諸州「醫博士」爲「職醫」。（以上《永樂大典》卷二二〇〇〇、卷二二〇〇一）〔一〕

【宋會要】

七年三月二十五日，禮部奏：「修立到諸太醫學上舍推恩人，於所任州兼醫學教授，仍令醫職于醫員外置。若任縣官者準此，至通直(即)〔郎〕罷醫職。」從之。

七月二十八日，禮部尚書許光凝奏：「臣等契勘崇寧三年立法，本部歲許諸州軍置醫學處見任官通醫術能文者一員，兼權醫學教授。其薦舉改官，並依正教授條法。臣等竊詳醫學教授每州一員，其薦舉改官既依正教授法，慮合抵正教授薦舉員數。」從之。

七月戊子〔二〕，太醫學奏：「乞本學三舍生依太學、辟雍、國子監法，隸屬禮部。」從之。

八月十日，臣僚言：「伏覩朝廷興建醫學，教養士類，使習儒術者通黄素，明診療，而施於疾病，謂之儒醫，甚大惠也。曁錫命後，人才既成，(冥)〔宜〕試其能。又元降指揮，使合赴評〔三〕，注授諸州曹掾、簿尉，而於診療畧無所預。雖有成才，莫獲試用，而朝廷亦無以核診療之實。昨降指揮，有初任注在京醫官住程去處差遣一次，則似之矣，

〔一〕按，錯簡移入之文在《大典》卷二二〇〇一，餘在卷二二〇〇〇。

〔二〕此條抄自《長編紀事本末》卷一三五，非《會要》文。七月戊子乃七月二日，亦不當置於此。

〔三〕評：似當作「詮」，謂赴詮選而注官也。

又旋即銜罷，臣實未諭。若謂欲清其選，則既錫之名第，又加之品秩，且得爲州縣親民之官，視兩學無異，其選固已矣〔一〕；至21於診療疾病，乃設學求才之本指，而命官之後，終不良之〔二〕，豈朝廷循名責實之意哉？伏望特詔有司，今後太醫學生已行推恩，即於診療之際，量行試用，校其全失，以爲參部注官久近之期。則學生未入仕者，知其必用，不待考察，而自知勉勵於診療，庶使醫學平昔所養，皆有所用。」詔令尚書省立法。

七月三十日，太醫學奏：「契勘先承朝旨，本學生既依三舍法，其應緣事務，並依太學、辟雍、國子監條法施行。內事有不同者，從本學逐旋條具，申尚書省。今切見太學、辟廱、國子監所行三舍生等事，盡隸禮部。即今太醫三舍生事務，只依伎術隸屬祠部。所有選試、注授、工濟等職事隸祠部外，其兩學、諸路學法若有增損條文，禮部既係所隸，自可謄報在學遵守，參照行遣，貴免所行三舍學法不致抵捂。」從之。

十二月二十九日，提舉太醫學奏：「據太醫學録鄭績劄子，契勘太醫學舊法內一項，學生所習，有方脈，有針科，有瘍科〔三〕。每遇試日，即於《素問》、《難經》及方書內三科出題爲問。今習大經外，又兼《素問》、《難經》、方書，諸般科目，並在其間，其分科之文，顯屬虛設。乞於學生家狀內，刪去方脈、針、瘍等科字，却添入某經、《素問》、《難經》、方書字。」從之。

八年十月七日，尚書省言：「勘會太醫學上舍出身人，自來改官不依貢士上舍，只作餘人。緣本學陞補、校定、釋褐、殿試等，並已依兩學法，所有改官，理合比附有出身人施行。」詔申22明行下〔四〕。

25重和元年十一月十五日，臣僚言：「伏覩太醫學教養多士，陞貢合選任學官，恩數悉視兩學，畧無少異。乃若訓導之官，獨未推掌。而無出身之人，十居其（上）〔五〕。伏望依諸學教導官，於有出身人內選除。其見任博士、正、録、學諭無出身官，並乞別與一等差遣。」從之。

宣和二年七月二十一日，詔罷在京醫、筭學。

二十九日，詔：「太醫學俟殿試人，特許赴來年特奏名試。」

二年七月己未〔五〕，詔曰：「先帝董正治官，太醫局置丞、教授，立學生員額，成憲具存。今醫局之外，復建醫學，既違元豐舊制；舍選之法，本示教養，今又醫學生賜第之後，盡官州縣，不復責以醫術，平昔考選，遂成虛文。（任）

〔一〕「已」下似脱「清」字。

〔二〕良：疑當作「用」。

〔三〕有瘍科：原脱，據前文所稱醫學「三科」補。

〔四〕此下原有一千五百餘字因錯簡已移至前文崇儒三之二〇「八月二十日」條「陞補內舍」之後，可參彼處校記。

〔五〕此條抄自《長編紀事本末》卷一三五，非《會要》文。七月己未即七月二十一日，與上文同日之條實同爲一事。

〔在〕京醫學，可並罷；應醫學三舍生，舊係内外學籍，願入學者，上、内舍並特令於見醫學舍額上降一舍，外舍許通理醫學校定入學。令禮部、國子監限五日條具聞奏。」

二十七日，禮部、國子監奏：「准勑節文，在京醫學可 26 並罷；應醫學三舍生，舊係内外學籍，願入學者，上、内舍（持）〔特〕令於見醫學舍額上降一舍，外舍許通理醫學校定入學。内舍降充外舍之人，比之元係外舍人，却無（較）〔校〕定者，許通理。」

畫學

【宋會要】

大觀元年二月四日，國子監修立到畫學補試外舍，於本貫出給保明公據照驗，或召命官一員委保詣實，投納家狀試卷，聽收試等條，並係創業，衝改舊條。從之。先是，崇寧五年九月三日，大司成薛昂言：「書畫學止係置籍，注人年甲、鄉貫、三代。入學條三年[一]，經大比，定奪等第，方分三舍。昨來兩學各以二（頃）〔項〕爲額，今來止各以三十人爲額。近本監條畫，以五（千）〔十〕人爲上舍，十人爲内舍，其外舍止各十五人。而舊法元無補試，乞願入學者逐季附太學補試院，以所習書畫文義量行校試，取合格者補充外舍生，仍依武學法破食。所有量行校試，乞令國子監詳酌立法。」至是始上：一、畫學。令諸補試外舍，於本貫出給保明公據照驗，或召命官（官）一員委保詣實，投納家狀試卷，稱説士流、雜流，聽收試。限試前五日（生）〔收〕接。諸補試外舍，士流各試本經義二道，或《論語》《孟子》義。雜流各誦小經三道，各及三十字已上，或讀律三板，附太學孟月私試院引試。次日，本學量試畫，間畧設色。諸補試外舍，士流試到經義卷，仍附太學私試，封彌謄録，送本學考校，限五 27 日畢。其試到士流畫卷封印，長、貳同定高下。諸補試外舍，取文理通者爲（舍）〔合〕格；俱通者，以所習畫定高下。每二人取一人，餘分亦取一人。本學官不鏁額，赴監試廳參定，注籍出榜。諸補試中外舍，候入學訖，本學（其）〔具〕姓名關太學，公厨給食，依武學法。諸補試放榜、議題、引試及畫官吏[二]、秖應人食錢等，並依武學條例給。諸試畫日應用作物等，監庫排（辨）〔辦〕。

十七日，詔：「書畫學（論）〔諭〕、學正、學録、學直各置一名。筭學已隸秘書省，醫學可令復置。其合行事件，並依崇寧四年十二月已前指揮施行。」崇寧四年指揮，檢未獲。

（以上《永樂大典》卷二二〇〇一）

[一] 條：似當作「後」。
[二] 「畫」上似脱「試」字。

武學

【宋會要】

28（天聖七年）〔一〕，因唐之制，置武舉。應三班院使（人）〔臣〕、文武子弟實有軍謀武藝，許詣兵部投牒取應。先投軍機策論三卷，每卷三道，召人保委。主判官先詳所業，視人才，驗行止，先試步射一石弓力、馬射七斗弓力〔二〕。問策一道，合格，即引見召試。

【宋會要】

掌教授兵法書學，以朝官已上判學〔三〕。

慶曆三年五月〔四〕，詔置武學於武（城）〔成〕王廟，以太常丞阮逸爲教授。

八月，罷武學，改教授、太常丞阮逸兼國子監丞〔五〕。其有願習兵書者，許於本監聽讀〔六〕。

【宋會要】

皇祐中，嘗罷是科。言事者以：「文武並用，廢一不可，宜復此科。分爲三等：上等取其學識深遠、策對優絶；次等取其策對優長、騎射兼有；下等取（有）〔其〕擊（剌）〔刺〕抛射，翹傑魁俊。量能而官，因材而任。委以巡警之司、縣尉之職。觀其提一旅之衆，佐一司之重，能激（厲）〔勵〕士卒，剪滅盜賊，然後取而用之〔七〕，豈不利于國家乎？豈有不勝於卒伍而爲之乎？惟陛下復之無疑。」嘉祐八年，樞密院奏，以爲：「文武二選，不可闕一。與其任用不學之人，臨時不知應變，不若素習韜畧之士，緩急驅策，可以折衝。況今朝廷所用人，稍有稱聲者〔八〕，多由武舉而得，則此舉不可廢罷明矣。」

29熙寧五年（七）〔六〕月二十七日〔九〕，樞密院言：「古者出師，受成於學，文武弛張，其道一也。將帥之任，民命是司，長養其材，安得無（索）〔素〕？洪惟仁祖，嘗建武學。横議中輟，有識悼之。國家承平，及此閒暇，臣等欲乞復（制）〔置〕武學，以廣教育，以追成先朝之志。」詔於武成王廟置學，選文武官知兵者充教授。凡使臣未參班，并門蔭草澤人，并許召京朝官兩員保任。仍先試驗人材、弓馬，應武

〔一〕天聖七年：原無，據《群書考索》後集卷二九引《會要》補。
〔二〕馬射七斗弓力：原脱，據《群書考索》後集卷二九補。
〔三〕《群書考索》後集卷二一國子監「武學」條引《續會要》「朝臣以上判學」，與此同，則此二句乃專指武學。但武學並不教授「書學」，是此二字亦可疑。
〔四〕慶曆：原作「□□」，原校批曰：「查《玉海》係慶曆。」按，見《玉海》卷一一二，兹據補。
〔五〕常：原作「當」，據《長編》卷一四二改。
〔六〕許：原作「詳」，據《長編》卷一四二改。
〔七〕用：原作「取」，據《群書考索》後集卷二九改。
〔八〕有：原作「用」，據《群書考索》後集卷二九改。
〔九〕六月：原作「七月」，據《長編》卷二三四、《玉海》卷一一二改。按，《長編》、《玉海》均作「六月乙亥」。查六月己酉朔，乙亥即二十七日，與此處所記日分合；七月戊寅朔，則當月無乙亥，二十七日乃甲辰，故可確定六月爲是。

舉合格者㈠，方許入學，給常膳，習諸家兵法。教授官纂次歷代用兵成敗次第，及前世士大夫忠義之節足以訓者講釋之。願試陣隊者，量給兵伍肄習。在學及三年，則具藝業，保明考試，以等第班行安排。未及格者，逾年再試。凡試中，三班使臣與三路巡檢、監押寨主。白身試中，與經畧司教押軍隊準備差使。三年無遺闕，與親民或巡檢。如至大使臣，歷任中無贓罪杖以上及私罪情理重大者，兩省或本路(鈴)〔鈐〕轄以上三人同罪保舉堪將領者㈡，並與兼諸衛將軍，外任迴歸環衛班。學徒試中，並家狀内開坐於某人下受學來。任用有勞効，教授官並優與旌奬。如不勤其職，致學徒廢墮，亦等第行罰。仍差韓縝判武學，郭固同判。賜錢萬緡充食本。

【宋會要】

熙寧五年十月二十一日，武學言：試密州司法參軍蔡碩治邊策一道㈢，詞理稍優。詔除初等職官武學教授。

【宋會要】

30 熙寧八年十月十三日，武學言：「上舍生員曹安國昨不預薦名，契勘本人未建學已應武舉，兩試祕閣中選，兼久充職掌，委實材畧可用。欲乞將來依得解人例，赴祕閣再試。」從之。

【宋會要】

元豐元年四月二十五日，詔：「經任大小使臣無贓私罪，聽召保官二人量試驗，充武學外舍生，以三十人爲額。累試合格，乃得補內舍。」

六月十一日，詔：「武學上舍生在學一年㈣，不犯第二等過，委主判同學官保明免解。從上毋過二人。內于貢舉法自應免解，及該免解後又在學二年以上，無殿罰，免閤試。」

三年六月十八日，武學上新勑令格式，詔行之。

六年四月二十七日，詔：「武學博士蔡碩罷博士，專編修軍器什物法度，仍支舊任職錢㈤。」先是，監察御史王桓奏㈥：「近武學補上、內舍生，其博士蔡碩以修軍器法制權罷職事，乞權差官攷試。按碩自元豐四年以兼編修，除本學直日外，餘悉不復總領，已一年有餘。且博士職專教導，而碩一月之間，詣學者不過七八。碩知力不能兼，當辭其一，而乃利其俸入，不自祈免者，蓋恃兄確爲宰相，而人莫敢議故也㈦。如此，何以示天下？」故有是命。

【宋會要】

哲宗元祐元年四月十四日，國子監言：「武學上舍生劉貫公試弓馬、策義，累入優等。比科場策藝俱優之人，自

㈠合：原脱，據《長編》卷二三四補。

㈡同：原作「司」，據《長編》卷二三四改。

㈢治：原脱，據《長編》卷二三九補。

㈣自上條「以三十人」至此句「上舍生」，原脱，分別據《長編》卷二八九、二九〇補。其中「六月十一日」原作「六月癸丑」，據《會要》體例改。

㈤「仍」原作「的」，「職」原作「鐵」，據《長編》卷三三四改。

㈥桓：原作「相」，據《長編》卷三三四改。

㈦「莫」下原有「不」字，據《長編》卷三三四刪。

31爲異等。乞詳酌施行。」詔劉貫特與三班差使〔一〕，候武學諭有闕與差。

【宋會要】

七月二十九日，詔：「武學上舍生補中及一年〔二〕，公試弓馬、策義兩次皆入優等，不曾犯五等罰，令保明聞奏，量材録用，仍每年不得過一名〔三〕。令看詳國子監太學條制所立法〔四〕。」

紹聖四年十一月五日，詔武學博士自今中書省選差。從三省請也。

【宋會要】

徽宗建中靖國元年三月十七日，詳定所續修到《武學敕令格式看詳》，冠以「紹聖」爲名。從之。

【宋會要】

〔大觀二年〕十一月十七日〔五〕，學制局言：「奉御筆，武學三人取一名爲上舍生。雖多，以百人爲額，分三十人爲上等，七十人爲中等，其餘爲下等。看詳諸路武士入貢到闕，類聚試上舍，合格者對本路元貢等，應補上等者釋褐，中等者赴殿試，下等者補武學內舍，不合格者爲外舍，係是四等。今上、中二等依前御筆分數，其餘若並爲下等，又緣有不合格人(舍)〔合〕降充外舍，今欲乞除上、中等依前御筆外，將其餘人以十分爲率，內取合格者三分爲等，補入武學內舍，餘不合格者爲外舍(者)。」從之。

【宋會要】

四年八月十二日，詔：「武學監厨，舊係國子監公厨官兼管，司計係生員。崇寧四年專差使臣，所管職事不多。其**32**監厨，可依舊令國子監公厨官兼管，司計依舊差生員。」

【宋會要】

政和〔元〕年八月二十八日〔六〕，大司成張邦昌等言：「準《大觀重修武學令》，諸貢士以年終集于武學，次年春試，應補上等者取旨釋褐，中等俟殿試。契勘文士上等留太學俟殿試，其武士上等，欲依文士上等已降指揮施行。」從之。

(二)〔三〕年三月五日〔七〕，詔：「武學博士依太學博士法，朝廷差人。」大觀四年歸吏部，至是復堂除。

六月八日，詔武學州縣外舍生稱「武選士」〔八〕，內舍生稱「武俊士」。

〔一〕特：原作「時」，據《長編》卷三七五改。

〔二〕中：原脱，據《長編》卷三八三補。

〔三〕「公試」至「一名」凡三十五字，原脱，據《長編》卷三八三補。

〔四〕令：原作「今」，據《長編》卷三七五改。

〔五〕大觀二年：原無，據《玉海》卷一一二補。

〔六〕元年：原缺「元」字，據本書選舉一七之二三補。

〔七〕三年：原作「二年」，苗書梅等點校本《宋會要輯稿·崇儒》改作「三年」，其校記云：「以下三條內容，在《群書考索》後集卷二九均繫於三年，第二條又見於《長編拾補》卷三二（按：係録《長編紀事本末》卷一二六），亦繫於三年，三條干支記日正與本書合。」按此説是也，據改。

〔八〕州縣：原脱，據《群書考索》後集卷二、《長編紀事本末》卷一二六補。

十七日，武學博士孫宗鑑言：「武士馬射、射親之格，上垜、中貼皆有第等分數，而中的獨爲闕文，則貼廣三尺二寸，而的又十之一，其工拙不同明甚。今一中貼已比兩上垜〔一〕，乞以一中的比兩中貼〔二〕。」從之。

十月七日，尚書省言：「檢會大觀三年六月二十九日學制局〔三〕，武士充貢入上等，次年春試又入上等，係兩上人，合作上舍上等推恩。若兩上人不足三十人之數，即依文士法，據闕增作中等。」從之。

【宋會要】

宣和二年十月二日，尚書省言：「武學依倣元豐法令，禮部同國子監、武學集議條畫。契勘州縣武學已罷，即别無武士升貢之法。内外願入在京武學人，乞依元豐法試補入學〔四〕。舉試人舊制係與武學外舍人類試，取一百人，同上、内舍生發解〔五〕。緣科舉已罷，不當循舊發解。今比倣新舊法令，尚書省於大比試前二年春季檢舉〔六〕，降敕下 33 兵部，依元豐法奏舉。其被舉人，限當年冬季到闕，與免補試入學，充外舍生，依與校定人赴次年公試。舉試人將來到闕并入在京武學人，並由學校升選。其考選、升補、推恩，並依大觀武學法。已上並候過將來大比試施行。武士該貢人，已降指揮，特許貢發，特赴來年大比試。」從之。

欽宗靖康元年正月十八日，詔武學替成資闕。

【宋會要】

〔紹興十六年〕三月一日〔七〕，詔令臨安府修建武學。先是，上宣諭宰執曰：「近有士人陳獻利害，多以修建武學爲言。文武之道，不可偏廢，祖宗自有典故。令有司討論以聞。」故有是命。

四月二日，宰執進呈臨安府踏逐到造武學去處。上曰：「舊日武士按試弓馬，全不如法。可令有司討論。若弓馬習熟，仍稍知書，則不負教養。」

十九日，宰執進呈兵部討論到《武士弓馬及試選去留格》，尋下國子監，具到舊法，并殿前司省記子弟所格法，權行參照擬定：「初補入學，步射弓九斗。今欲依子弟所第四等格，步（躬）〔射〕弓一石。公私試，若步騎射不中，不許試程文。第一等，國子監法一碩三㪷，子弟所格一碩五㪷，暗壓二㪷，（令）〔今〕欲作一碩五㪷。第二等，國子監法一碩二㪷，子弟所格一碩三㪷，暗壓一㪷，今欲作一碩三㪷。第三等，國子監法一碩一㪷，子弟所格一碩二㪷，暗壓二㪷，

〔一〕自前「而中的」至本句「今」凡二十八字，原脱，據《群書考索》後集卷二九補。

〔二〕乞：原脱，據《群書考索》後集卷二九補。

〔三〕「局」下疑有脱文。

〔四〕乞：原無，據《群書考索》後集卷二九、《長編紀事本末》卷一二六補。

〔五〕内舍生：《群書考索》後集卷二九、《長編紀事本末》卷一二六無「内」字。

〔六〕二年：原作「一年」，據《群書考索》後集卷二九、《長編紀事本末》卷一二六改。

〔七〕紹興十六年：原稿無，先旁批「元豐」二字，眉批曰：「案：元豐恐誤，據《玉海》爲紹興十六年。」今據《群書考索》後集卷一一、《玉海》卷一一二補。

今欲作一碩二㪷。第四等，國子監法一碩，子弟所格一碩，暗壓二㪷，今欲作一碩。第 34 五等，國子監法九㪷，子弟所格無，今欲作九㪷，並不暗壓。」上可其奏。因宣諭曰：「國家設武選，所係非輕。今諸將子弟皆恥習弓馬，求換文資，數年之後，將無人習武矣，豈可不勸誘之！」

十二月二十九日，詔：「已降指揮，復〔與〕〔興〕武學，理宜一新。所有舊在武學之人，已經昨來罷學等第推恩了當，難以復還舊籍。依復興太學文士入學體例，並令試補入學。」從國子司業陳誠之之請也。

二十六年四月八日，執政進呈次〔一〕，上曰：「昨因詣景靈宮朝獻，見武學屋舍頹弊，亦全無士人。向宣諭宰臣，雖舍宇累曾修葺，至于養士，元未嘗措置。文武一道，今太學養士已見就緒，而武學幾廢，恐有遺材。祖宗以來，武學養士，自有成法，可令禮、兵部疾速措置，條具以聞。」沈該等曰：「陛下崇尚學校，兼隆文武，其留神如此，臣等敢不奉行！」

二十二日，詔：「武學生上舍十五人，內舍二十五人，外舍四十人爲額。其外舍使臣至下班祗應，不得過十人。」禮、兵部討論，舊教養額共二百人，上舍生不得過三十人，內舍生七十人，外舍生一百人，使臣〔至〕下班祗應不得過三十人。故有是命。

同日，詔：「武學博士、學諭各置一員，內博士於文臣有出身或武舉出身曾預高選人充。其學諭差武舉補官人〔二〕。」同日，詔：「武學置學正一員兼學録〔三〕，掌儀一員兼司書，直學一員兼司計。」同日，詔：「武學置六齋，每齋差置長、諭各一人。」

同日，詔：「武學補外舍生，類聚五人以上，附私 35 試，仍別爲號。先試步射一碩弓，如不合格，不許試程文。既無私試可附，候及十人以上者，聽試以步射、程文，合格者，約五人取一人。」

同日，詔：「將來武士補入，撥齋參入之後，依文士例，令長、諭具名次等申堂，博士簾試七書義一道。」

七月二十四日，詔：「武學生元降指揮，以八十人爲額。緣所立外舍生額太窄，其外舍生元係四十人，可添作七十人；內舍生二十五人，可減作二十人；上舍生十五人，可減作一十人。通以一百人爲額。」從兵部、國子監請也。

二十七年二月八日，詔武學補中生員，依太學生例給綾紙贊詞。

【宋會要】

〔一〕次：原作「於」，據《建炎要録》卷一七二改。
〔二〕補官：原無，據《文獻通考》卷三四、《宋史》卷一五七《選舉志》三補。
〔三〕一：原脱，據上下文例補。

劉才邵曰〔一〕：「臣聞文所以致治，武所以定功。二者相須，闕一不可。故上之人選材以爲用，下之人因時以有爲。雖不一致，然會其大要，不過文與武而已。自昔盛時，莫不並用而不偏廢。至唐，設爲武舉，其校試選舉之法，可謂詳矣；然不聞興學，是養之無其素，安得爲盡善哉！必也養之有其素，則武勇之士蘊奇謀、負絶藝者，莫不有以成其才，争挾所(張)〔長〕以趨功名，用才之際，豈患其乏乎？國朝規摹，遠出前古，設科置學，既兩得之。逮兹聖時，恢隆至治，祇率祖宗之成憲，興崇學校之教法，文化之美，郁郁乎比隆於周。乃者復建廟學，教養武士，用三舍之法以升遷之，待之可謂至矣！多士家被教養作成之賜，莫 36
不思自策勵，以仰稱德澤，而可用之才將輩出矣。於是兼收而無遺，豈不盛哉！」

【宋會要】

乾道二年二月八日，詔復置太學正、武學諭各一員。

四年二月十四日，詔：「武學放行公試一次，如有應格合該升補内舍人〔二〕，即候有闕日，依名次填撥。」先是，兵部言：「國子監申，據武學外舍生鄒(翊)〔詡〕等狀，本學每年開公試一次。目今内舍二十名額已滿，内舍林鏞等已係優等校定，今年八月上舍試合該升補。敕令格式兼行不同者，從本學法。《國子監太學令》：『諸請長(候)〔假〕，已填闕而參假者，候有闕撥入。』又承乾道二年五月十四日已降指揮節文：『當年補試，額外取放。如有撥填(下)〔不〕盡人數，候有闕，依名次對撥施行。』照得上項並係無缺先次取放，(假)〔候〕有闕填撥。今來武學内舍既有定額，其鄒詡等所乞先試公試，候内舍有闕日撥填，既非額外增取，依(放)〔仿〕太學外舍補試待闕，委無妨礙。兼本學每年十二月各有試，内公試係當一月月試之數，其月書季考等排月參考。今若不行申請，乞與先試，放行公試，即一年之内，常闕一試；又每年三月一日書簿無可抄轉，委係闕礙。兼學校教養士人，除科舉外，惟每月私試，用以激勵。今若無公試可爲升補内舍之階，即外舍私試校定並爲無用，無以誘勸。兼今年係上舍試年分，及來年係省試年分，必有升 37
補上舍及過省人數。若先次取放，不過待闕半年以上，必有闕額可撥。欲乞依今來鄒詡等所乞，放行公試一次。如有應格合該升補内舍人，即候有闕日，依名次撥填施行。」故有是命。

五年四月二十六日，詔：「武學補試，依太學條法，仍將在外奏舉得解到省試下人補試。臨期比較合格人數，取

〔一〕「劉才邵」條：原無年月，原校：「隆興元。」又眉批：「案，劉係高宗時工部侍郎。」今按，才邵宣和中上舍釋褐，高宗時爲工部侍郎，卒於紹興二十八年。著有《檆溪居士集》（今存《永樂大典》本），《宋史》有傳。此文蓋《大典》録自《檆溪集》，然今本失收。不知寫於何時，但決非「隆興元年」，亦非《宋會要》之文。

〔二〕合該：原作「内設」，據後文改。

放施行。」兵部言：「臣僚白劄子〔一〕：乞放行武補〔二〕，仍乞將去年武學發解人數與四方待試士子同試，如太學補例。據國子監（甲）〔申〕，契勘乾道二年武學補試，依已降旨揮，將過省闕額十七人，許行補試了當。今據武學申，有過省外舍生計八人，合行作闕收使。」故有是命。

二十七日，詔：「武學補試，令兵部將曾比試中人，與曾得解人衮同補試。」先是，進士王材等狀：「伏覩乾道元年《重修貢舉（令）〔令〕》，武舉補試，並不曾該載。昨來司業申請，紹興初建立武學，少有士人就試，所以權將下省人填闕。今來就補試人甚衆，在學生徒有待闕者。乞令武舉下省人與待補生同試。比聞武舉下省人徑就赴（乾）〔朝〕廷，陳請撥入學。且文武二學，事體一同。豈武學無補，而太學有補？太學既以下省人及舊舉人方許就試，而武學特以下省人徑撥入學，理實未當。又況祖宗法，武學補試，本待外舍人。至揭榜（曰）〔日〕，先將外舍生盡撥入學，方許舊舉人參。而舊舉人亦不許就私試爭校定，未有只撥舊舉〔人〕不許外人補試之理。且太學補試，士人泛濫，動以萬
38 數。朝廷欲革其弊，遂許下省，與舊舉人應試。若（或）〔武〕舉士人僅有數百，非文舉之比，自合與舊舉人一例收試。若恐太濫，則已前曾比試中人，自弓馬、程文，凡二中選，可與舊舉人同試。」故有是命。

（一）〔二〕十八日〔三〕，詔：「武學升補內舍，每年公試一次。其外舍有校定人中參考榜上等者，只以弓馬、程文相稱榜爲正，據闕升補。即住學曾滿三季以上，不與校定，而參考入上等者，候滿一年，私試四入等，及不犯三等以上罰，或有校定而參考在中、下等，候再試參考入中等，聽升補〔四〕。」以國子司業程大昌有請，下本學勘會，而博士劉敦義等參酌來上也。又詔：「武學公試，並依比太學上舍法，不以馬、步、射親，並許通計五等。」國子司業程大昌有請，下本學看詳，而博士劉敦義等言：「武學外舍生赴公試，元降指揮，除射親許試五等弓外，步射、馬射止許試第三等以下弓。其已上兩等弓力，即無法試。設使試人於三項試法俱中極等〔五〕，方得十一分。其或稍有差（跌）〔跌〕，便成不及十分。切恐分數太窄，程文雖入優等，及至參考弓馬之時，分數難以對入優等，即升補內舍絶難，無以誘進在學之人。」故有是命。同日，詔：「兵部請解移籍人，自今後不以曾未上待闕簿，並不許撥入武學。」亦以國子司業程大昌有請，下本學看詳，而博士劉敦義等言：「勘會昨來初興武

〔一〕白：原作「曰」，據文意、字形改。

〔二〕武補：原作「武備」，據文意改。「武補」即「武學補試」之省語。《文獻通考》卷三四：乾道五年，「始立武學國子額收補武臣親屬，其文臣親屬願赴武補者亦聽。」是也。

〔三〕二十八日：原作「一十八日」。按本書通例，凡「十日」均不稱「一十日」；且上條爲「二十七日」，此條不應反爲「一十七日」，「一」應爲「二」之誤，因改。

〔四〕升補：原脱，據《宋史》卷一五七《選舉志》三補。

〔五〕試法：原作「設法」，據文意改。

學，生員尚少，遂許兵部曾請解人充補，移籍入學。今來興學日久，逐次補中生員，尚 39 自無闕撥填。欲乞武學只許曾經補試中人與前曾參入學籍，破食後請長假人兩項對撥外，所有兵部請解〔移〕籍人，不許撥入。」故有是命。

五月二日，兵部言：「國子監申，武學公試已降指揮，依乾道四年并前後已得指揮，許附太學補試，同吏部銓試一處鎖院引場試。所有合差考試官一員，就用吏部銓試已差官外，於武學官及武學有出身官内，止合差一員，充武學公試考校官(官)。合於鎖院日降敕，宣押入院。」從之。

十日，詔：「武學許行補試，所有差辦人物，及應(于)〔干〕合用公使錢雜費之類，並依乾道二年補試及前後已得指揮施行。」

六月二十七日，詔：「武學補試中蔡鎬等已下人〔一〕，所屬給降素白綾紙八道付監，依例書填給付。」先是，武學正高震等狀：「伏覩武學敕令格式，與太學兼行。切見太學每遇補中學生，盡給綾紙，震等未蒙申請給付，乞依太學生例申給。」國子監勘會，依已降指揮合給綾紙。故有是命。

六年六月二十三日，詔：「太學生員見有闕額，特與放行今來秋補一次。仍不以得解人爲限，並依乾道二年以前指揮體例施行。其武學增作一百人爲額。今後太學闕二百人，武學闕三十人，取旨試補。」

九年二月二十四日，詔：「武學上舍試，取放優等一名。今後若及十人以上，方合取放。」以武學博士言：「内舍校定，太學則六名放優等二人，〔十〕名則通放三名，惟武學則八名止放一名。又上舍亦合放優等，40 乃以内舍校定人少之故，上舍未嘗取及十人，因亦不放優等。皆非所以爲激勵多士之道。欲乞增置武學員額及添放優等。」得旨送國子監看詳，本監申：「本官所請上舍試與放優等一名。照得在法，試上舍，以就試人每三人取合格者一人。不及三人亦取一名，人才不及則闕之。所取人十分爲率，上等一分，中等二分，下等七分。緣武學上舍試依上條係十人以上，合取放優等一名。其内舍生，元額止二十人赴上舍試，取到六人合格，即係不及十人以上分數，不合取放優等。今來内舍生雖以二十六人爲額，取八人，亦係不及十人之數。」故有是命。

【宋會要】

淳熙元年正月二十八日，詔：「武學外舍生，有校定公試合格，用程大昌所請五等弓馬法，與程文五等相參，入上中等者，即與據闕陞補；入下等者，候將來再試入等，依名次據闕陞補。其參入上中等，當年無闕陞補不到之人，候將來再試入等，亦與依名次據闕陞補。」先是，武學博士樊仁遠言：「武學生以一百三十人爲額，自紹興二十七年國子祭酒楊椿申請，以外舍生歲終預校定，次年公試合格，不

〔一〕已下人：原作「已人下」，據文意乙。

分等第，盡行據闕陞補，遂至每榜陞補少至七八人，多至十四五人。至乾道五年，國子司業41程大昌病其濫進者多，申請以外舍生赴公試，有校定人入上等者，聽補入；中下等者，候將來再試入中等者，聽補。又立格（大）〔太〕嚴，兩年公試，僅陞補一名。至乾道七年，國子祭酒芮燁乞依舊行楊（椿）〔椿〕所立之法，當年補至十五人，復有濫進之弊。乞將前後申請斟酌中制，別立陞補校定法。」故有是命。

二月二十日，詔：「武學内舍生，如曾犯第二等、第三等規罰，止礙當年選考行藝及當年陞補。若係上舍試年分，不曾犯第三等以上罰，即與陞補。」以兵部勘當，從武學學生之請，比（付）〔附〕太學法。

二十四日，兵部、國子監言：「武學生鄭炎等，乞依乾道四年内舍無闕，先將上（名）〔舍〕名闕放行公試陞補，候上舍放榜日撥填。照得乾道四年武學即無内舍闕額，承指揮，借闕放行公試，共陞補過一十人。今來内舍亦無闕額，乞依例借已成優等校定人三人，及將來有校定人試中陞補上舍退下内舍闕額二名，通借五名放行，今年公試遇闕陞補。」從之。

【宋會要】

二年十二月十七日，太上皇帝慶壽赦：「應紹興三十二年以前補中武學生，見年七十以上人，可令禮、兵部保明以聞，特與補承信郎。内舍、上舍生父母年七十以上，外舍生父母年八十以上，並與初品官，婦人與封號。已經官封者，（入）〔父〕與轉一官資，母與冠帔。令經所屬自陳保奏。」先是[一]。

42 三年四月三日，禮部、國子監言：「武學大小職事，該遇慶壽赦，參酌推恩（入）〔人〕：大職事三名，並與永免解試[二]；上舍免省人一名，候將來殿試唱名到部日，與占射差遣一次。小職事十一人，並與免將來解試一次[三]。學生各賜束帛。」詔並依擬定。

四年二月十一日，詔：「武學武成王神像并兩廊從祀，令重行塑繪，其舊像權還後殿西廊。」詳見「褒崇先聖」。

七月十八日，詔：「自今武學博士、武學諭，並（與）〔於〕武舉出身人内選差。」

五年五月七日，詔：「禮部、國子監量立武學國子員額，依太學國子例，收補武臣親屬教育。如文臣親屬願就武學國子補試者，聽。」先是，臣僚奏：「來歲省試後，太學、武學例有補試，欲量立武學國子員數，收補武臣親屬。」詔令兵部看詳。既而條具來上，故有是命。

二十三日，詔：「武學博士改官，依太學博士條施行。」先是，武學博士樊擴言：「在法，國子博士及京官太學博士在職一年以上，減磨勘二年。至乾道元年六月初十日所降

[一] 先是：此二字原接下條。按，本條爲二年事，下條爲三年事，豈可云三年在先。且兩條文字雖内容相近，却不相關，疑「先是」下有脱簡，俟考。

[二] 永免：原作「承兑」，據字形並參下文「十年十二月三十日」條改。

[三] 免：原脱，據文意補。

指揮，於『太學』字下添入『武學』二字，則是武學博士事體一同。今來選入太學博士，通歷任四考，在職一年，改合入官；而武學博士，通歷任却用五考，在職又須及二年。且武學博士立班、序位、官品、請給，並與太學博士一同，初無京官、選人之別，而尚左、侍左，立法自相抵捂。今來武學諭既已依太學正、録在職一年，通歷任五考，改合入官，修入《淳熙侍左司勳格》，今只乞依武學諭已降 43 指揮，在職一年，通歷任五考，用禮部、國子監長貳舉主貳員，改合入官。」故有是命。

七月三日，詔：「太學内舍既以十分方預優較，武學内舍亦以十分方入上等；無人則闕。」從禮部侍郎齊慶胄請也。

七年七月二十八日，詔：「武學博士、學諭，並於武舉出身人内選差，比類文臣條格推賞。仍下敕令所（司）刪修。」繼而武學博士孔異、武學諭蔡鎬言：「已降旨，武學博士、武學諭，並于武舉出身人内選差，其賞格未嘗刪修。異等見任博士、學諭各及一年以上，亦合照京官武學博士推賞。兼武（學）諭雜壓在（人）國子太學正之下，國子太學録之上。亦合照京官任正、録條格，一體施行。」故有是命。

八年六月二十一日，詔：「武學國子生補試，有闕額七人，就試終場九人。依指揮，每十人取三人，合取二人外，零分更取一名，共取三名。」

十年十二月三十日，禮部、國子監言：「武學大小〔職〕事該遇慶壽赦參酌推恩人：上舍生免省人二名，已有減二年磨勘恩例，候將來殿試唱名到部日，與占射差遣一次。上舍生免解人一名，已有減二年磨勘恩例，候將來過省，殿試唱名日，更與減一年磨勘。内舍生永免解人一名，内舍生今舉得解人二名，外舍生永免解人一名，即無恩例，候將來過省，赴殿試唱名日，各與減一年磨勘。内舍生未該免解人五名，即無恩例，欲並與免解一次。學生五十九人，各倍賜束帛。」詔並依擬定。

十三年四月八日，詔： 44 「武學生年七十以上柯箕，特與補承信郎；免省上舍生潘子震、周應迪、蔡紘，依太學免省上舍生釋褐恩數，並特與補承節郎。内願赴淳熙十四年殿試者聽。守年免省上舍生鄭覺〔一〕，與徑赴淳熙十四年殿試〔二〕。永免解内舍生陳昌齡，中等校定方公輔、黄士卿，並候將來過省，赴殿試唱名日，各與減二年磨勘。永免解外舍生沈仲剛等，並候將來過省，赴殿試唱名日，各與減一年磨勘。」以該慶壽恩，依兵部擬故也。祖父母、父母封（叔）〔敘〕見「太學」。

十六年二月一日，禮部言：「武學堂名上一字，犯皇太子名，合行迴避。乞改作『立武堂』。」從之。

二月一日〔三〕，詔：「武學教閲堂改爲『立武堂』。」

【宋會要】

〔一〕生：原脱，據本書選舉一八之六補。
〔二〕赴：原脱，據本書選舉一八之六補。
〔三〕此條與上條實爲一事，蓋《大典》抄自他處，插編於此。

紹熙元年七月二十八日，右諫議大夫何澹言：「竊見武學教導之職，有博士，有諭。復置之初，兩員皆差文臣。近年以來，兩員皆差武臣。議者以謂，莫若一文一武之爲當。蓋見今諸生較藝，一場弓馬，一場文字。習于(文)〔武〕者察其弓馬之優劣，習于文者審其文字之精粗。固有武舉全才之人，文字弓馬皆能服衆，人無異議者，然不常而得也。中間固有不值其人，而徒以充數，亦以弓馬絶倫而得之者，出題乖謬，所出論題至云『趙國充可爲忠言』，豈不貽笑士類？況武臣而爲博士者，多得州麾而去，則其選亦焉可不重哉！欲望今後武學官闕，如是武舉之45中有全材者，不妨並置。萬一闕出而未有其人，則莫若一文一武以相濟，庶幾可以爲擇人，而無冗濫員數之患。」從之。

四年正月二十六日，詔：「武學放行公試一次，候將來(舍)過省有闕日，依名次撥填施行。」從閲禮齋學生徐習之請也。

（以上《永樂大典》卷二一九九五）

宋會要輯稿　崇儒四

勘書

【宋會要】❶宋朝三館書，直館官校對。太祖、太宗朝收諸僞國圖籍實館閣，亦或召京朝官校對，皆題名卷末。

太宗淳化五年七月，詔選官分校《史記》、前後《漢書》。崇文院檢討兼祕閣校理杜鎬、祕閣校理舒雅、吴淑、直祕閣潘慎修校《史記》，朱昂再校。直昭文館陳充、史館檢討阮思道〔一〕、直昭文館尹少連、直史館趙況、直集賢院趙安仁、直史館孫何校前後《漢書》〔二〕。既畢，遣内侍裴愈齎本就杭州鏤板。咸平〔中〕，真宗謂宰臣曰：「太宗崇尚文史，而『三史』版本如聞當時校勘未精，當再刊正。」乃命直史館陳堯佐、周起，直集賢院孫僅、丁遜覆校《史記》。尋而堯佐出知壽州，起任三司判官，又以直集賢院任隨領之。景德元年正月，校畢。篇末并録差誤文字五卷同進〔三〕。詔賜帛有差。又命直秘閣刁衎、直史館晁迥與丁遜覆校前、後《漢書》版本。迥知制誥，又以直史館陳彭年同其事。景德二年七月，衎等上言：「《漢書》歷代名賢競爲注釋，其得失相參，至有章句不同，名氏交錯。除無可考據外，博訪羣書，偏觀諸本，校定凡三百四十九，籤正三千餘字，録爲六卷以進。」即賜器幣有差。今之行者，止是淳化中定本，後雖再校，既已刻版，刊改殊少。

真宗咸平二年閏三月，詔三館寫四部書一本來上，當置禁中太清樓，以便觀覽。崇文院言〔四〕：❷「先準詔寫四部書一本，以備藏於太清樓。今未校者，僅二萬卷。」真宗曰：「如龍圖閣所藏書，朕嘗閲覽，其間尚多訛舛。大凡讎校尤須精至，可特詔委流内銓於常選人中，擇歷任無過知書者，以名聞。」又命吏部侍郎陳恕、知制誥楊億同試詩論各一首於銀臺司，第其優劣。得前大名府館陶尉劉筠，前陳州宛丘尉慎鏞，前均州鄖（卿）〔鄉〕尉沈京，前壽州安豐令張正符，前蔡州上蔡尉張遵，前光州固始尉聶震等六人。又詔有司推擇，再得四人，亦命恕等考試，得前舒州桐城簿王昱，凡七人。並令於崇文院校勘，給本官俸料，太官供膳。張正符者未卒業而死。

三年十月，詔選官校勘《三國志》、《晉書》、《唐書》。以直秘閣黄夷簡、錢惟演，直史館劉蒙叟，崇文院檢討直秘閣杜鎬，直集賢院宋皐，祕閣校理戚綸校《三國志》。又命鎬、綸與史館檢討董元亨、直史館劉鍇詳校。直昭文館許衮、

〔一〕阮：原作「院」，據《玉海》卷四三改。
〔二〕何：原脱，據《玉海》卷四三補。
〔三〕誤：原作「務」，據《宋朝事實類苑》卷三一改。
〔四〕按，以下乃叙後事。據《長編》卷五三、《玉海》卷四三、卷五二，真宗之言及命陳恕等選官校書在咸平五年十二月。此文交待不清。

陳充校《晉書》，黄夷簡續預焉，而鎬、綸、鍇詳校如前。直昭文館安德裕、勾中正、直集賢院范貽孫、直史館王希逸校《唐書》〔一〕。五年校畢，送國子監鏤板。校勘官賜銀帛有差，鍇（時）〔特〕賜緋魚。初，詔校《晉書》，或謂兩晉事多鄙惡，不可流行者，帝以語宰臣畢士安，對曰：「惡以戒世，善以勸後。善惡之事，《春秋》備載。」帝然之，故命刊刻。惟《唐書》以淺謬疏畧，且將命官別修，故不令刊板。

六年四月，詔選官校勘《道德經》。命崇文院檢討直祕閣杜鎬、祕閣校理戚綸、直史 3 館劉鍇同校勘。其年六月畢，并《釋文》一卷，送國子監刊板。

景德元年三月，直祕閣黄夷簡上校勘新寫御書，凡二萬四千一百六十二卷。賜束帛緡錢有差，以校勘官劉（均）〔筠〕等六人並爲大理評事、祕閣校理。先是，繕寫御書及讎校，並高班内品劉崇超專掌其事，至是特遷内侍高品。

二年二月，國子監直講孫奭言：「諸子之書，《老》、《莊》稱首。其道清虚以自守，卑弱以自持，逍遥無爲，養生濟物，皆聖人南面之術也，故先儒論撰，以次諸經。唐陸德明撰《經典釋文》三十卷，内《老子釋文》一卷、《莊子釋文》三卷。今諸經及《老子釋文》共二十七卷，並已雕（即）〔印〕頒行，唯闕《莊子釋文》三卷。欲望雕印，冀備一家之學。又《莊子》注本，前後甚多，率皆一曲之才，妄竄奇説。唯郭象所注，特會莊生之旨，亦請依《道德經》例，差官校定雕印。」詔可，仍命奭與龍圖閣待制杜鎬等同校定刻板。鎬等以《莊子序》非郭象之文，因（册）〔删〕去之。真宗（當）〔嘗〕出序文，謂宰臣曰：「觀其文理可尚，但傳寫訛舛耳。」乃命翰林學士李宗諤、楊億、龍圖閣直學士陳彭年等别加讎校，冠於首篇。

四年八月，詔三館、秘閣直館、校理分校《文苑英華》、李善《文選》，摹印頒行。《文苑英華》以前所編次未精，遂令文臣擇古賢文章，重加編録，芟繁補闕，换易之，卷數如舊。又令工部侍郎張秉、給事中薛映、龍圖閣（侍）〔待〕制戚綸、陳彭年覆校之〔二〕。李善《文選》校勘畢，先令刻板，又命官覆勘。未幾，4 宫城火，二書皆燼。至天聖中，監三館書籍劉崇超上言：「李善《文選》援引該贍，典故分明，欲集國子監官校定浄本，送三館雕印。」從之。天聖七年十一月板成，又命直講黄鑑、公孫覺校對焉。

十一月，詔以新定《韻畧》送國子監鏤板頒行。先以舉人所用（印）〔韻〕多有舛異，乃詔殿中丞丘雍重定《切韻》。

〔一〕王希逸校唐書：「王」原作「而」，無「校唐書」三字。按原稿此句文意不全，顯有脱文。上文云「詔選官校勘《三國志》、《晉書》、《唐書》」，以下述遣某某人校《三國志》，某某人校《晉書》，獨《唐書》未作交代，則知此句「而希逸」下必是脱「校唐書」三字，因補。但史無「而」姓，更未見「而希逸」其人。今考《宋史》卷二六八《王顯傳》載：「子希逸，字仲莊，以蔭補供奉官。好學，尤熟唐史，聚書萬餘卷。换秩授朝奉大夫、太子中允。咸平初改殿中丞、直史館，預修《册府元龜》。」據此可見，其名、其時代、其官名、其學術特長均與此處吻合，則「而希逸」必是「王希逸」之誤，因改。

〔二〕覆：原脱，據《玉海》卷五四補。

時龍圖閣待制陳彭年上言：「南省考試舉人，未有定格。」又命翰林學士晁迥、龍圖待制戚綸、直史館崔遵度、姜嶼與彭年同詳定條格，刻於《韻略》之末。大中祥符四年六月，又令詳定諸州發解條例附之。

大中祥符四年三月，詔：「崇文院校勘到《列子冲虛真經》，仍(如)〔加〕『至德』之號。」時真宗祀汾陰、朝陵，回至中牟縣，幸列子(勸)〔觀〕，因訪所著書，命直史館路振、崔遵度，直集賢院石中立校勘。至五年校畢，鏤板頒行。

五年十月，詔國子監校勘《孟子》。直講馬龜符、馮元，説書吳易直同校勘〔一〕，判國子監龍圖閣待制孫奭〔二〕、虞部員外郎王旭覆校〔三〕，内侍劉崇超領其事。奭等言：「《孟子》舊有張鎰〔四〕、丁公著二家撰録，文理舛互。今采衆家之善，削去異端，仍依《經典釋文》，刊《音義》二卷。」是年四月以進〔五〕，詔兩制與丁謂看詳，乞送本監鏤板。

六年九月，翰林學士陳彭年、集賢校理吳鋭、直集賢院丘雍上《準詔新校定玉篇》三十卷，請雕印頒行。詔令兩制官詳定改更之事。至天禧四年七月，刻板成，賜雍金紫。

八年十二月，詔樞密使王欽若都大 5 提舉鈔寫校勘三館祕閣書籍，翰林學士陳彭年副之；又令吏部銓選幕職州縣官有文學者，赴三館、祕閣校勘書籍。初，館閣書籍以其夏延火，多復闕畧，故命購本鈔寫。因命吏部銓取常選人狀〔六〕，先試判三節，每節百五十字以上，仍擇可者，又送學士院試詩、賦、論，命入館校勘，凡三年，改京朝官。京朝官亦有特命校勘者〔七〕。京官校勘若三年，皆奏授校理。大理評事晁宗慤改官及校勘皆三年，遂令先轉官，俟轉官後又一年，與校理。自是校勘官遂皆四年授校理〔八〕，自宗慤始也。時彭年又起請以直館、校理及吏部試中選人分爲校勘官。又令翰林學士晁迥、李維、王曾、錢惟演，知制誥盛度、陳知微於館閣京朝官中，各舉服勤文學者一人，爲覆校勘官。迥等遂以集賢校理宋綬、直集賢院徐奭〔九〕、直集賢院麻温其〔一〇〕，集賢校理晏殊、崇文院檢討馮元充選。凡校勘官校畢，送覆校勘官覆校既畢〔一一〕，送主判館閣官點檢詳校。復於兩制擇官一二人充覆點檢官，俟主判館閣官點

〔一〕書：原脱，據孫奭《孟子音義序》(《孟子音義》卷首)補。

〔二〕孫奭：原作「吳奭」。按此人官名爲「判國子監、龍圖閣待制」，自是當時名儒，然遍檢宋代文獻，不見有此人。下文云奭等著有《孟子音義》二卷，其書今存，乃孫奭著，書前所題官銜正與此合，其自序中所述奉敕校定《孟子》諸人亦與此合，可證「吳奭」乃「孫奭」之誤。據改。

〔三〕「虞部」原作「都虞」，「王旭」原作「王勉」，據孫奭《孟子音義序》改。

〔四〕張鎰：原作「張鑑」，據孫奭《孟子音義序》改。

〔五〕是年四月以進：《玉海》卷四三亦同，然此年月頗費解，疑「是年」爲「次年」之誤。

〔六〕吏部銓：原作「户部」，據《長編》卷八五原注引《會要》改。

〔七〕此句「京朝官」原脱，據《長編》卷八五原注引《會要》補。

〔八〕自是：原脱，據《長編》卷八五原注引《會要》補。

〔九〕徐奭：原作「孫奭」，據《長編》卷八五原注引《會要》改。

〔一〇〕麻温其：原作「麻温直」，據《長編》卷八五原注引《會要》改。

〔一一〕既畢：原作「勘畢」，據《長編》卷八五原注引《會要》改。

檢詳校訖復加點檢。皆有程課，以考其勤惰焉。

天禧四年四月，利州轉運使李防請雕印《四時纂要》及《齊民要術》〔一〕，付諸道勸農司提舉勸課。詔令館閣校勘，鏤板頒行。

乾興元年十一月，仁宗即位未改元。判國子監孫奭言：「劉昭注補《後漢志》三十卷，蓋范曄作之於前，劉昭述之於後，始因亡逸，終遂補全。其於輿服、職官，足以備前史之闕，乞令校勘，雕印頒行。」【6】從之。命本監直講馬龜符、王式、賈昌朝、黃鑑、張維翰、公孫覺，崇文院檢討王崇道爲校勘。奭洎龍圖閣直學士馮元詳校。天聖二年，送本監鏤板。

仁宗天聖二年六月，詔直史館張觀、集賢校理王質、晁宗慤、李淑、祕閣校理陳詁、館閣校勘彭乘、國子監直講公孫覺校勘《南北史》、《隋書》，及令知制誥宋綬、龍圖閣待制劉燁提舉之。綬等請就崇文內院校勘，成，復徙外館。又奏國子監直講黃鑑預其事。《隋書》有詔刻板，內出板様示之，三年十月版成。四年十二月，《南北史》校畢以獻，各賜器幣有差。《南北史》，大中祥符中祕閣校理劉筠常請刻板未成。又有《天和殿御覽》四十卷，乾興初令侍讀學士李維、晏殊取《册府元龜》，撮善美之事爲之。至是成，亦令刻板，命祕閣校理陳詁校勘。

三年六月，詔館閣校勘官直昭文館陳從易降直史館〔二〕，集賢校理聶冠卿、李昭遘並落職。坐校勘太清樓書舛互故也。初，寫館閣書，詔借太清樓本。既成復還，多有污損，遂令留爲三館正本〔三〕，別寫送太清樓。是歲，功畢上之，及覽《十代興亡論》，差謬尤甚，遂有是命。自餘校勘官，第賜金帛。

四年十月十二日，翰林醫官副使趙拱等上准詔校定《黃帝內經素問》〔四〕、《巢氏病源》、《難經》，詔差集賢校理晁宗慤、王舉正、石居簡、李淑、李昭遘，依校勘在館書籍例，均分看詳校勘。

十一月，翰林侍讀學士、判國子監孫奭言：「諸科舉人，惟明法一科律【7】文及疏未有印本，是致舉人難得真本習讀。乞令校定，鏤板頒行。」從之。命本監直講楊安國、趙希言、王圭、公孫覺、宋祁、楊中和校勘，判監孫奭、馮元詳校，至七年十二月畢。

七年四月，孫奭言：「准詔校定律文及疏，緣律、疏與《刑統》不同，蓋本疏依律生文，《刑統》參用後敕，雖盡引疏義，頗有增損。今既校爲定本，須依元疏爲正。其《刑統》內衍文者減省，闕文者添益，要以遵用舊書，與《刑統》兼行。又舊本多用俗字，寖爲訛謬，亦已詳改。至於前代國諱，並復舊字。聖朝廟諱，則空缺如式。又慮字從正體，讀

〔一〕李防：原作「李昉」，據《長編》卷九五改。

〔二〕易：原作「義」，據《長編》卷一〇三改。

〔三〕正本：原作「本本」，據《玉海》卷五二改。

〔四〕副使：原作「副官」，據《巢氏諸病源候論》原序改。

者未詳，乃作《律文音義》一卷。其文義不同，即加訓解。乞下崇文院雕印，與律文並行之。」

景祐四年十月十七日〔一〕，翰林學士李淑言：「切見近日發解進士，多取別書小説、古人文集，或移合經注，以爲題目，競務新奧。朝廷崇學取士〔二〕，本欲興崇風教，反使後進習尚異端〔三〕，非所謂化成之義也。況考較進士〔四〕，但觀詞藝優劣，不必嫌避正書。其經典子書之内，有《國語》、《荀子》、《文中子》，儒學所崇，與六經通貫。先朝以來，嘗於此出題，只是國序未有印本。欲望取上件三書，差官校勘刻板，撰定音義，付國子監施行。」詔可。

嘉祐四年二月，置館閣編定書籍官，以祕閣校理蔡抗〔五〕、陳襄，集賢校理蘇頌，館閣校勘陳繹〔六〕，分史館、昭文館、集賢院、祕閣書而編定之。初，右正言吳及言：「祖宗更五代之弊〔七〕，設文館以待四方之士，而卿相率繇此 8 進，故號令風采，不減唐、漢。近年用内臣監館閣書庫〔八〕，借出書籍，亡失已多。又簡編脱落，書吏補寫不精〔九〕，非國家崇尚儒學之意〔一〇〕。請選館職三兩人，分館閣人吏編寫書籍。其私借出與借之者，並以法坐之。仍請重訪所遺之書。」因命抗等，令不兼他局，二年一代之〔一一〕。

六月，又益置編校官，每館二員，給太官食〔一二〕，公使十千。及二年者，選人、京官除館閣校勘，朝官除校理。

六年四月，以大理寺丞郭固編校祕閣所藏兵書。先是，四館置官編校書籍，而兵書與天文爲祕書，獨不預。大臣有言固曉知兵法〔一三〕，乃命就祕閣編校，抄成黄本一百七十二册。固初以選换六宅副使，治平四年六月，以編書畢，遷内藏庫副使、路分都監。

十二月，三館、祕閣上寫黄本書六千四百九十六卷，補白本書一千九百五十四卷〔一四〕。二十二日，遣中使詔中書、樞密院〔一五〕，合三館、祕閣官屬四十一人，賜宴以嘉其勤。先是，白本書歲久多蠹，又多散失。即置官校正，補寫別本〔一六〕，易以黄紙，以絶蠹敗，至是上之。其編校官：昭文館，職方員外郎孟恂、大理評事趙彦若；史館，集賢校理竇卞、太平州司法參軍曾鞏；集賢院，國子監直講錢藻；祕

〔一〕四年十月十七日：本書選舉三之一八繫於五年正月八日。

〔二〕崇：原作「從」，據本書選舉三之一八改。

〔三〕反：原作「返」，據本書選舉三之一九改。

〔四〕考：原作「孝」，據本書選舉三之一九改。

〔五〕抗：原作「杭」，據《長編》卷一八九改。下同。

〔六〕勘：原作「理」，據《長編》卷一八九改。

〔七〕宗：原作「宋」，據《長編》卷一八九改。

〔八〕年：原作「古」，據《長編》卷一八九改。

〔九〕吏：原作「史」，據《長編》卷一八九改。

〔一〇〕尚儒學：原作「鄉儒生」，據《長編》卷一八九改。

〔一一〕代：原作「出」，據《長編》卷一八九改。

〔一二〕太：《玉海》卷五二作「本」。

〔一三〕臣：原作「有」，且有缺筆，據《長編》卷一九三改。

〔一四〕一千：《長編》卷一九五作「二千」。

〔一五〕密：原作「祕」，據《長編》卷一九五改。

〔一六〕別本：原脱，據《玉海》卷五二補。

閣，館閣校勘孫洙、國子監直講孫思恭。校定小學，太常博士張次立。自置局以來，歷差太常博士陳洙、太子中允王陶、國子博士傅卞、都官員外郎龔鼎臣、國子監説書鄭穆、屯田員外郎王獵、宣州太平縣令孫覺、屯田員外 9 郎丁寶臣、揚州司理參軍沈括、宣州涇縣主簿林希、國子監直講顧臨、祕閣校理李常、史館校勘王存、著作（左）〔佐〕郎呂惠卿、知睦州壽昌縣事梁燾、崇文院校書王安國，亦造補四館之職。至熙寧中罷局。

七年三月，詔參知政事歐陽修提舉三館、祕閣寫校書籍〔一〕。

六月，祕閣上補寫御覽書籍。先是，判閣（毆）〔歐〕陽修言：「祕閣初爲太宗藏書之府，並以黄綾裝之，謂之太清本。後因宣取入内，多留禁中，而書頗不完。請降舊本，令補寫之。」遂詔龍圖、天章、寶文閣、太清樓管勾内臣檢所闕書録本，於門下省謄寫。至是上之。賜判閣范鎮及管勾補寫官銀絹有差。

十二月，詔以所寫黄本書一萬六百五十九卷、黄本印書四千七百三十四卷悉送昭文館，七史板本四百六十四卷送國子監。以校勘功畢，明年遂罷局。以上《國朝會要》。

【乾道會要】

10 神宗熙寧二年八月六日，參知政事趙抃進新校《漢書》印本五十册，及陳繹所著是正文字七卷，賜繹銀絹〔二〕。

元豐三年四月一日，詔校定《孫子》、《吴子》、《六韜》、《司馬法》、《三畧》、《尉繚子》、《李靖問對》等書，鏤板行之。

六年十一月十五日，國子司業朱服言：「承詔校定《孫子》、《吴子》、《司馬兵法》、《衛公問對》、《三畧》、《六韜》。諸家所注《孫子》互有得失，未能去取。他書雖有注解，淺陋無足采者。臣謂宜去注〔三〕，行本書，以待學者之自得。」詔《孫子》止用魏武帝注，餘不用注。《衛公問對》者，出阮逸家，蓋逸依倣杜氏所載靖兵法爲之，非靖成書也。

哲宗元祐元年三月十九日，宰臣司馬光言：「祕書省校書郎黄庭堅〔四〕，好學有文，欲令與范祖禹及男康同校定《資治通鑑》。」並從之。

徽宗大觀二年八月二十七日，詔大司成分委國子監〔五〕、太學、辟雍等官校本監書籍，候畢，令禮部覆校。

政和七年八月一日，宣和殿大學士蔡攸言：「莊、列、亢桑、文子，皆著書以傳後世，有唐號爲經，並列藏室。宋朝始加莊、列『南華』、『沖虚』之號，以其書入國子學。而《亢桑子》、《文子》未聞頒行。乞取其書，於祕書省精加讎

〔一〕歐陽修：原缺，據《長編》卷一九六補。

〔二〕「銀絹」下原有「有差」二字，據《玉海》卷四九删。按，所賜僅一人，不可謂「有差」。

〔三〕謂：原作「諸」，據《長編》卷三四一改。

〔四〕庭：原作「廷」，據《傳家集》卷五一改。

〔五〕分委：原作「非委」，據《文獻通考》卷一七四改。

定，列於國子學之籍，與《莊》、《列》並行。」從之。

八年四月二十四日，宣和殿大學士、寶籙宮使蔡攸言：「竊考《内經》所載，皆道德性命之理，五行造化之[11]妙。唐有王冰者，嘗以意輒有增損，故所傳失真。本朝命儒臣校正，然與異同之説俱無所去取〔一〕，錯亂失次，學者疑惑，莫知折中。今建學，俾專肄業，親洒宸翰，作爲一經。伏望特命儒臣精加刊正，斷自聖學，擇其中而行之。」詔依奏，送禮制局。

五月十三日，太師魯國公蔡京言：「奉詔，禮制局選建官吏，校正《内經》。其詳定、詳議、承授官自合兼領外，合置檢討、檢閱、參議官。其理任、請給並依禮制局校討官，仍許兼領。」詔太醫學司業劉植、李庶、通元冲妙先生張虛白充參詳官；大素處士趙壬、明堂頒朔皇甫自牧、黄次公、迪功郎龔璧、從事郎王尚充檢討官；上舍及第宋喬年、助教宋炳充檢閱官。後又詔刑部尚書薛嗣昌充同詳定官。

重和元年十一月十五日，詔曰：「朕閲《内經》，考建天地，把握陰陽，其理至矣！然相生相尅，相刑相制，周流六虛，變動不居，非常理（非常理）所能究者，唯《天元玉册》盡之。可令頒政府與校正所，以《内經》考其常，以《玉册》極其變。庶幾財成其化，輔相其宜，以詔天下後世。」

二十八日，提舉成都府路學事翟栖筠言：「竊惟字形書畫，纖悉委曲〔二〕，咸有不易之體。世之學者知究其義，而至於形畫，則或畧而不講。從俗就簡，轉易偏傍，傳習既殊，漸失本真。如期、朔之類從月〔三〕，股、肱之類從肉，勝、服之類從舟，丹、青之類從丹，靡不有辨，而今書者乃一之，若此者不可勝舉。故幼學之士，終年誦書，徒識字之近似，而不知[12]字之正形，甚可歎也！臣竊見國子監有唐人張參、唐（元）〔玄〕度所撰《五經文字》及《九經字樣》，所以辨證書名，頗有依據。然其法本取蔡邕石經、許氏《説文》，而邕等之學，顧有未盡。如『是』從日而從曰〔四〕，『昏』從氏而從民，謬戾者甚衆。願詔儒臣，重加修定，去其訛謬，存其至當，分次部類，號爲《新定五經字樣》，頒之庠序。」從之。

宣和初，提舉秘書省官建言，置補完御前書籍所於祕書省，稍訪天下之書，以資校對。以（待）〔侍〕從官十人爲參詳官，餘官爲校勘官。又進士以白衣充檢閲者數人，及年皆命以官。

四年四月十八日，詔：「三館圖書之富，而歷歲滋久，簡編脱落，字畫訛舛，較其卷秩〔五〕，尚多逸遺，甚非所以示崇儒右文之意。迺命建局，以補完校正文籍〔爲〕名，設官綜理，募工繕寫。一置宣和殿，一置太清樓，一置祕閣。仍

〔一〕與：似當作「於」。
〔二〕委：原缺，據《群書考索》後集卷三〇補。
〔三〕「月」及下句「股肱之類從」，原脱，據《群書考索》後集卷三〇補。
〔四〕上「從」字原缺，據《群書考索》後集卷三〇補。
〔五〕較其卷秩：《文獻通考》卷一七四作「校其卷帙」。按「較」通「校」，「秩」通「帙」。本書中凡篇帙、卷帙字多作「秩」，今仍其舊。

俾提舉祕書省官兼領其事。凡所資用，悉出内帑，毋費有司，庶成一代之典。」

六年四月七日，詔殿中監蔡行〔一〕、户部侍郎王義叔並兼校正御前文集。

九月十九日，詔：「減罷校正御前文籍官吏，校勘官、校正官、對讀官各減一年磨勘。内呂畫進書，已減三年磨勘，并今來減年恩例，與轉一官。任況進書，已減一年磨勘，并今來減罷恩例，許赴將來殿試。使臣專副，依省員法施行。」中書省請併補完校正御前文籍，併歸祕書省，只用館職校勘，少監充校勘官，校書郎、正字充初校正官，丞、郎、著作佐郎充覆校正官，13詳定官十員，管勾一員，並依舊。對讀官於校正、對讀官内通留十員，其餘合留人數，取押綾紙等使臣四人，點檢文字一人，手分五人，楷書六人，專副二人，對筭二人，通引官二人，庫子、庫司八人，兵士五十人。和雇人據合用數逐旋和雇。從之。

十二月二十六日，手詔：「唐開元中，以《洪範》『無偏無頗，遵王之義』聲不協韻，遂改『頗』爲『陂』，誣僞汩真。可（卜）〔下〕國子監、祕書省，復從舊文，以『陂』爲『頗』，使學者誦習，不失箕子之言。」

（十）〔七〕年九月十八日〔二〕，祕書省校書（省校書）郎衛膚敏轉一官，以校正所進書故也。以上《續國朝會要》〔三〕。

高宗紹興二年四月十四日，祕書少監王昂言〔四〕：「本省承節次降下御府書籍四百九十二種，今又有曾旼家藏書二千六百七十八卷，未經校正。欲依故例，將降到書籍，分定經、史、子、集四庫，撥充祕閣，專人各行主管，置進帳、副帳、門牌、庫經一本〔五〕。仍分官日校二十一板，於卷尾親書『臣某校訖』字。置課程簿〔六〕，每月結押，旬申本省照會。遇入伏傳宣住校〔七〕。内有損壞脱落，大段錯謬，不堪批鑿者，許將別本參考，重行補寫。所有造帳簿紙，并裝背物料等，及校書朱紅、雌黄、紙劄、筆，欲從本省遇合用報户部，下左藏庫支供。」詔可。其後，逐旋以館職讎校到書籍，本省繳進焉。

（七月七月）〔七年十月〕十三日〔八〕，詔：「昨曾統所進《神宗皇帝實録》脱落不全〔九〕，又九卷不載舊史。付史館

〔一〕蔡行：原作「察行」，據《揮麈餘話》卷一改。按，蔡行，蔡京子。

〔二〕七年：原作「十年」，天頭原批：「宣和止七年，十年疑有誤。」另據《宋史》卷三七八本傳，衛膚敏爲校書郎在宣和六年，則次年進書轉官，較合情理，且「七」、「十」字形相近，因改。

〔三〕按，此《續國朝會要》即前崇儒四之一〇所標《乾道會要》（因此書修成於乾道六年，故名），至此而止。下文乾道七年條注所稱《乾道會要》乃指淳熙六年所修《今上皇帝會要》，與此不同。

〔四〕王昂：原作「王昴」，據《南宋館閣録》卷六改。

〔五〕本：原作「分」，據本書職官一八之二五改。

〔六〕簿：原脱，據本書職官一八之二五補。

〔七〕住：原作「主」，據本書職官一八之二五改。

〔八〕七年十月：原作「七月七月」，據《建炎要録》卷一一五改。

〔九〕全：原作「同」，據《建炎要録》卷一一五改。

再加研考，仍專令胡理、李彌正等校勘。」

二十 14 七年八月十五日，昭慶軍承宣使致仕王繼先上《重加校定大觀證類本草》書〔一〕，詔令祕書省官修潤訖，付國子監刊行。初，以《本草》之書經注異同，治説訛舛，令繼先辟御醫張孝直〔二〕、柴源、高紹功檢閲校勘。繼先言，今之爲書，自嘉祐補注一千八十二種，唐慎微續添八種，唐本餘七種，食療餘八種，海藥餘（十一）〔一十〕六種，新分條三十五種，陳藏器四百八十八種，本經外草本類九十八種，紹興新添六種，通前合一千七百四十八種，以爲定數。乃至旁搜方書，鈎探經典，續歷世之或闕，釋古今之重疑，目曰《紹興校定經史證類備急本草》。其卷目品類并校定序説，依前三十二卷，及新添《釋音》一卷。於是祕書省官修潤，共成五册，并元本三十二卷，通三十八册上焉。以上《中興會要》。

孝宗乾道三年八月二十九日，祕書省狀：「勘會左朝散郎李燾所著《續資治通鑑》〔三〕，其太祖一朝，已蒙降付國史日曆所外，所有太宗以後文字，伏乞朝廷給劄，付本官抄録，送本省校勘，藏之祕閣。」有旨依。

七年十一月二十八日，詔祕書省修寫太祖、太宗、（真宗）、仁宗、英宗、神宗、哲宗皇帝《實録》，精加讎校，逐旋進呈。以上《乾道會要》。

求書　藏書

【宋會要】

15 太祖乾德元年，平荆南，詔有司盡收高氏圖籍以實三館。國初，三館書裁數櫃，計萬三千餘卷〔四〕。

三年九月，命右拾遺孫逢吉往西川取僞蜀法物〔五〕、圖書、經籍、印篆赴闕。至四年五月，逢吉以僞蜀圖書、法物來上。其法物不中度，悉命毁之；圖書付史館。

四年閏八月，詔購亡書，凡進書者，先令史館點撿，須是館中所闕，即與收納。仍送翰林學士院引試〔六〕，驗問吏理，堪任職官者具名以聞〔七〕。是歲，三禮涉弼、三傳彭幹〔八〕、學究朱載皆應詔獻書，總千二百二十八卷。命分置

〔一〕承宣使：原作「永宣」，據《建炎要録》卷一八一改補。
〔二〕孝：原作「考」，據《建炎要録》卷一八一改。
〔三〕「通鑑」下原有「長編」二字，據《玉海》卷四七删。按《玉海》引次年四月李燾奏云：「臣此書非可便謂《續資治通鑑》，姑謂《續資治通鑑長編》，庶幾可也。」稱「長編」自此始。
〔四〕三千：《長編》、《通考》等相關史籍多作「二千」，但《宋朝事實類苑》卷三一、《玉海》卷四三亦作「三千」，兹不改。
〔五〕拾：原作「捨」，據《宋朝事實類苑》卷三一改。
〔六〕據《長編》卷七，句首當補「獻書人」三字。
〔七〕「具名」上原有「官得」二字，據《長編》卷七删。
〔八〕幹：原作「翰」，據《長編》卷七改。

館閣，賜弼等科名。

開寶九年，江南平，命太子洗馬呂龜祥就金陵〔一〕，籍其圖書，得二萬餘卷，送史館。僞國皆聚典籍，惟吴、蜀爲多，而江左頗精，亦多修述。

太宗太平興國二年十月，詔諸州搜訪先賢筆跡、圖書以獻。荆湖獻晉張芝草書及唐韓幹畫馬三本，潭州石熙載獻唐明皇所書《道林寺》、《王喬觀碑》，袁州王澣獻宋之問所書《龍鳴寺碑》，昇州獻晉王羲之、王獻之、桓温凡十八家石版書跡〔二〕，韶州獻唐相張九齡畫像及文集九卷。

四年五月，太原平，命左贊善大夫雷德源入城點檢書籍圖書。

六年十二月，詔：「開封府及諸道轉運徧下〔營〕〔管〕内州縣，搜訪鍾繇墨跡，聽於所在進納，優給緡貫償之；并下御史臺，告諭文武臣僚，如[16]有收者，亦令進納。」是歲〔三〕，鎮國軍節度使錢惟治以鍾繇〔四〕、王羲之、唐明皇墨跡凡七軸獻。八年，祕書監錢昱又獻鍾繇、羲之墨跡八軸，並優詔答之。

八年十月，越州以王羲之畫像并其石硯來獻。

九年正月，詔曰：「國家勤求古道，啓迪化源，國典朝章，咸從振舉，遺編墜簡，宜在詢求。致治之先，無以加此。宜令三館所有書籍，以《開元四部書目》比校，據見闕者，特行搜訪。仍具録所少書，於待漏院榜示中外。若臣僚之家有三館闕書，許上之。及三百卷以上者，其進書人送學士院引驗人才書判，試問公理。如堪任職官者，與一子出身；或不親儒墨者，即與安排。如不及三百卷者，據卷帙多少，優給金帛。如不願納官者，借本繕寫畢，却以付之。」先是，太宗謂侍臣曰：「夫教化之本，治亂之原，苟非書籍，何以取法？今三館貯書，數雖不少，比之開元，則遺逸尚多，宜廣求訪。」乃下詔焉。

雍熙二年三月，殿直潘昭慶以褚遂良、〔毆〕〔歐〕陽詢、虞世南墨跡三本來獻〔五〕。

淳化四年四月，詔以所購募先賢墨跡爲《歷代帝王名臣法帖》十卷，賜近臣。

五年四月，參知政事蘇易簡言：「故知制誥趙鄰幾留心史學，以新《唐書》紀傳及近朝史書多有漏畧，遂尋訪自唐以及近代將相名賢事跡，及家狀、行狀甚多。雖美志不就，而遺數尚在。望遣直〔史〕館錢熙暫往宋州，詢問鄰〔家〕〔幾〕家人，尋檢奏御。」從之。熙還，得鄰幾所撰《補會昌已後日曆》二十六[17]卷、《文集》三十四卷，所著《鯫子》一卷、《六帝年畧》一卷、《史氏懋官志》五卷，及它書又五十餘卷來上，皆鄰幾塗竄筆削之跡也。詔本郡以錢十萬賜其家。

〔一〕就：原作「金」字殘畫，據《宋朝事實類苑》卷三一改。
〔二〕凡：原作「二」，據《玉海》卷四三、本書崇儒四之二七改。
〔三〕是歲：《玉海》作「七年正月己未」。
〔四〕錢惟治：原作「錢惟演」，據《玉海》卷四五改。參《墨池編》卷三。
〔五〕三本：原作「三十本」，據《太宗皇帝實録》卷三一、《玉海》卷四五改。

至道元年六月十日，命內品、監祕閣三館書籍裴愈乘傳往江南〔一〕、兩浙諸州購募圖籍。願送官者，優給其直；不願者，就所在差能書吏繕寫〔二〕，以舊本還之。仍賫御書石本，所在分賜之。愈還，凡購得古書六十餘卷，名畫四十五軸，古琴九，王羲之、貝靈該、懷素等墨跡共八本，藏於祕閣。

真宗咸平四年十月二十七日，詔曰：「國家設廣內、石渠之宇，訪羽陵、汲冢之書。法漢氏之前規，購求雖至；驗開元之舊目，亡逸尚多。庶墜簡以畢臻，更出金而示賞，式廣獻書之路，且開與進之門。應中外士庶，有收得三館所少書籍，每納到一卷，給千錢。仰判館看詳，委是所少之書，及卷帙別無違礙，收納。其所進書，如及三百卷已上，量材試問，與出身酬奬。或不親儒墨，即與安排。宜令史館抄出所少書籍名目，於待漏院張掛，及遣牒諸路轉運司，嚴行告示。」時直集賢院李建中上表，以所寫太清樓群書恐有謬濫，乞更選擇。真宗因閱書目，見亡書尚多，特有是命。

大中祥符八年四月，(滎)〔榮〕王宮火，延燔崇文院、祕閣，於皇城外別建外院，重寫書籍。命翰林學士陳彭年提舉管勾。彭年請募人以書籍鬻于官者，驗真本酬其直，與顧筆工傭等。五百卷以上，優其賜。或藝能可采 18 者，別奏候旨。於是獻書者十九人，悉賜出身，及補三班。得萬八千七百五十四卷〔三〕。

九月七日，以故國子祭酒、知容州毋守素男克勤爲奉職。克勤表進《文選》、《六帖》、《初學記》印板，樞密使王欽若聞其事故也。

天禧元年八月，提舉校勘書籍所言〔四〕：「學究劉溥、(候)〔侯〕惟哲獻太清樓無本書各五百卷，請依前詔甄録。」從之。

十二月，王欽若言：「進納書籍，元敕以五百卷爲數，許與安排。後來進納併多，書籍繁雜，續更以太清樓所少者五百卷爲數。往往僞立名目，妄分卷帙，多是近代人文字，難以分別。今欲別具條貫，精訪書籍。」從之。

二年五月，長樂郡主獻家藏書八百卷，賜錢三十萬。以書藏祕閣。

五年六月，景德寺僧溥清獻其祖庫部員外郎陳鄂所撰《四庫韻對》九十八卷印板，詔賜錢十萬，度行者一人。

仁宗景祐元年七月二十九日，翰林學士張觀等言：「看詳館閣書籍内古書或缺少三五卷，便成不全部帙。欲據見少卷數曉示，許人詣館投納。」從之。

嘉祐五年八月，詔曰：「國家承五代之後，簡編散落。建隆之初，三館聚書，僅纔萬卷。祖宗平定列國，先收圖

〔一〕乘：原作「葉」，據《長編》卷三八改。
〔二〕吏：原作「史」，據《麟臺故事》卷一改。
〔三〕八千：原無，據《長編》卷八五、《太平治迹統類》卷二九補。
〔四〕校：原脱，據《玉海》卷五二補。

籍，亦嘗分遣使人，屢下詔令，訪募異本，補緝漸至。景祐中，嘗詔儒臣校定篇目，譌謬重複，並從删去。朕聽政之暇，無廢覽觀。然以今秘府所藏，比唐開元舊録，遺逸尚多，宜開購賞之科，以廣獻書之路。應中外士庶之家，並許上館閣所闕書。每卷支絹一疋，19 及五百卷，特與文武資内安排。」先是，諫官吴及乞降三館、秘閣書目，付諸郡長吏，於所部求訪遺書，故降是詔。

六年八月，詔三館、秘閣校宋、齊、梁、陳、後魏、後周、北齊七史，書有不完者，訪求之。

十二月，詔兩制看詳天下所上應募之書，擇其可取者，付編校官覆校，寫充定本。編校官常以一員專管勾定本。

以上《國朝會要》。

徽宗崇寧二年五月四日，詔兩淛、成都府路有民間鏤板奇書，令漕司取索，送祕書省。

大觀四年五月七日，秘書監何志同言：「漢著《七畧》，凡爲書三萬三千九百卷。隋所藏至三十七萬卷，唐開元間八萬九千六百卷。慶曆間嘗命儒臣集四庫爲籍，名之曰《崇文總目》，凡三萬六百六十九卷。慶曆距今未遠也，按籍而求之，十纔六七，號爲全本者不過二萬餘卷，而脱簡斷編，亡散闕逸之數浸多〔一〕。謂宜及今有所搜採，視慶曆舊録，有未備者，頒其名數於天下，選文學博雅之士求訪。《總目》之外，别有異書，並借傳寫，或官給筆劄，即其家傳之，就加校定，上之策府。」從之。

政和二年七月十七日，祕書少監趙存誠言：「諸州取訪遺書，乞委監官總領，庶天下之書，悉歸祕府。」從之。

宣和四年四月十八日，詔：「朕惟太宗皇帝底定區宇，作新斯文，屢下詔書，訪求亡逸。册府、四部之藏，庶幾乎古。歷歲寖久，有司翫習，多致散缺。私室所閟，世或不傳，可令郡縣諭旨訪求，許士民以家藏書所在 20 自陳，不以卷秩多寡，先具篇目申提舉秘書省以聞，聽旨遞進。可備收録，當優與支賜。或有所祕未見之書，有足觀采，即命以官，議以崇奬。其書録畢給還。若率先奉行，訪求最多州縣，亦具名聞，庶稱朕表章闡繹之意。令禮部疾速徧牒施行。」

五年二月二日，提舉秘書省言：「奉旨搜訪士民家藏書籍，悉上送官，參校有無，募工繕寫，藏之御府。近滎州助教張頣進五百四卷〔二〕，開封府進士李東進六百卷，與三館、祕閣參校，内張頣二百二十一卷，李東一百六十二卷，委係闕遺，乞加褒賞。」詔張頣賜進士出身，李東補迪功郎。

七年四月九日，提舉祕書省言：「取索到王闡、張宿等家藏書〔三〕，與三館、祕閣見管帳目比對到所無書六百五十八部、一千五十一册軸，計二千四百一十七卷，及集祕書省

〔一〕闕：原作「門」，據《宋史全文》卷一四改。
〔二〕滎州：原作「榮州」，據《文獻通考》卷一七四改。
〔三〕張宿：原脱，據《文獻通考》卷一七四及下文補。

官校勘得並係善本。看詳逐人家藏書籍，比前後所進書數稍多。」詔王闡補承務郎，張宿補迪功郎。以上《續國朝會要》。

高宗建炎四年六月十日，上諭輔臣及吳説寫大字，張守曰：「臣昨聞聖訓，欲就蘇遲宣取蘇軾書。遲近將到數軸，未敢投進。」上曰：「可令進來。（試）〔軾〕書無非正論，言皆有益，朕不獨取其字畫之工而已。」

紹興元年三月十八日，進士何克忠上《太祖皇帝實録》四册，《國朝寶訓》一十二册，《名臣列傳》二册，《國朝會要》三册。詔：「何克忠所獻書，内《會要》雖係節本，當文籍殘缺之際，首先投進，可特與補下州文學。其[21]書付祕書省，仍令録本進入。」

六月十六日，故右金吾衛上將軍張楙妻鎮國夫人王氏，以亡夫家藏六朝《實録》、《會要》、《國史志》等書計二百二十二册來上。詔令禮部降度牒十道付張楙家，其書付祕書省。

七月二十四日，處州縉雲縣若澳巡檢唐開上王珪《重修國朝會要》三百卷，詔再與轉一官。其書降付祕書省，仍令本省録本進入。

九月十三日，將仕郎黄濛上《太祖皇帝（五）〔實〕録》五十卷、《太宗皇帝實録》八十卷、《真宗皇帝實録》一百五十卷、《仁宗皇帝實録》二百卷、《英宗皇帝實録》三十卷、《天聖南郊鹵簿册記》一十册。詔送祕書省。既而賜濛空名度牒五道，不受，乞白身補官恩例，詔與循一資。

十一月八日，太常少卿趙子晝等言：「本寺見闕陳祥道《禮書》〔一〕、《開元禮義鏡》、《禮義羅》、《禮粹》、《通典》、《開寶通禮》、《三禮圖》、《郊廟奉祀禮文》、《國朝會要》、王珪、章得象編。《六典》、《禮閣新編》、續編附。政和、宣和《續編太常因革禮》、《大觀禮書》、并看詳。《六家謚法》、《政和續編會要》、《開元禮百問》、《太常新禮》、《江都集禮》、《曲臺禮》、《宗藩慶系録》、《開元禮義纂》、《五禮精義》。切慮臣僚之家有謄寫本，許令投進。乞依昨進《會要》體例推恩。」從之。

二年二月二日，詔：「御前圖籍，以累經遷徙，散亡殆盡。訪聞平江府賀鑄家所藏，見行貨之於道塗。可委守臣盡數收買，祕書省送納。」已而將仕郎賀廩以所藏書籍五千卷上之，詔與本家將仕郎恩澤一名，廩仍令吏部先次注[22]合入近便差遣。

三月四日，故太常少卿曾旼男温夫以家藏累朝典籍二千餘卷來上，詔並送祕書監收管。温夫與補將仕郎。

七月一日，太平州蕪湖縣進士韋許上家藏太宗皇帝御書并書籍，詔特補迪功郎。

十月九日，右司（監）〔諫〕劉棐言：「臣少嘗遊蜀，見眉

〔一〕禮書：原作「理書」，按陳祥道所作爲《禮書》，其書今存，因改。

州進〔士〕杜諤萃八十餘家《春秋》之説〔一〕，而又自立説以斷之。願詔宣撫處置使司上其書各十部，留之禁中，頒之經筵，賜祕書省、國子監等處。」詔劄與張浚，如有本，令津發前來。

十一月二十三日，祕書少監洪炎言：「福州故相余深、泉州故相趙挺之，家藏《國史》、《實録》善本。嚴州前執政薛昂，收書亦廣。太平州蕪湖縣僧寺寄收蔡京書籍。望下逐州，諭令來上，優加恩賚。内有蔡京寄書，乞令本路轉運司差官前去根取。」從之。

三年正月十二日，詔曰：「湖州管下故執政林攄家有道君皇帝御書，太祖以來《國史》、《實録》、《國朝會要》等書，及歷代經、史、子、集書(集)〔籍〕全備。開元寺有仁宗皇帝御書一大匣，道場山天聖、報本二寺各有祖宗御書。令本州守臣勸誘獻納。」

二月六日，臣僚言：「切知韓琦家書有《二府忠義》百卷，所謂嘉謀嘉猷，皆在於是，而世不傳，獨琦之孫柖有之。乞詔柖取索真本，付祕書省謄録投進。候録畢，却行給還本家。」從之。

四月二十一日，右司員外郎劉岑言：「切惟祖宗創業之初，開三館以儲未見之書。艱難以來，兵火百變，文書之厄，莫甚[23]今日。雖三館之制具在，而向來之書盡亡。乞詔四方求遺書，以實三館。果得異書，且應時用，則酬以厚賞。」從之。

五月一日，左承奉郎林儼上家藏道君皇帝御書〔二〕、御畫、御筆劄答共七軸，并祖宗《實録》、《國朝會要》、《國史》等，及古文文籍二千一百二十二卷。詔與本家將仕郎恩澤一名，儼仍令吏部先次與合入近便差遣。

七月六日，祕書少監曾統等言：「伏聞前任本省官洪楫，有神宗皇帝朱墨本《實録》、神宗、哲宗《兩朝國史》、《哲宗實録》、國朝典章、故事文字，望取索名件，官給紙劄，借本繕寫各一部。仍選差官校對，赴本省收藏。」從之。

十月二十三日，知静江府許中上《政和重修國朝會要》一部，《政和修定謚法》一部，《宣和重修鹵簿圖記》一部〔三〕。詔《國朝會要》送中書門下省，准備檢照，《謚法》并《鹵(部國)〔簿圖〕記》並送祕書省。

四年六月二十三日，起居郎常同言：「渡江以來，始命搜訪典(記)〔籍〕、祖宗《正史》、《實録》、《寶訓》、《會要》，得於搢紳士庶之家，殘缺之餘，補緝僅足，良亦艱矣。然今三館、祕閣、尚書、佛廬，籤軸苟簡，藏貯不精。且宅都未定，有遷徙之慮；閭閻相比，有延燒之虞。一旦守護不謹，則累朝盛典，又復散落矣。臣愚謂宜少給筆劄之費，別録副貳之書，藏之名山道觀、僧寺，依收掌御書例，量賜撥放，以

〔一〕八十餘家：《郡齋讀書志》卷一、《直齋書録解題》卷三、《玉海》卷四〇俱作「三十餘家」，當是。
〔二〕左：原無，據《建炎要録》卷六五補。
〔三〕圖：原無，據《宋史》卷二〇四《藝文志》三補。

酬守護之勞。庶使國朝之書，永久常存，不至散缺。」詔比搜訪到祖宗《正史》、《實録》、《寶訓》、《會要》，令史館各鈔録二本。一本進入，一本付祕書24省。

五年閏二月十二日，詔史館、秘書省：「四庫書籍未備，令下諸路州縣學，及民間見收藏官書，并刊到書板〔一〕，不以經、史、子、集、小説異書〔二〕，仍具目録一本，申納祕書省。」

三月十九日，承節郎毛剛中上仁宗皇帝康定中於（殿）〔觀〕文殿所纂《鑑古圖記》一十卷，詔特轉一官。

五月三日，詔令婺州取索故直龍圖閣趙明誠家藏《哲宗皇帝實録》繳進。

七月二十八日，僧寶月上《李衛公必勝集》、《兵鈐》、《水鏡》、《武畧要義》、《管子》、《青田記》、《墨子》、《鬼谷子》、《風雲論》、曹武祖《新書》、諸葛亮《玉局通關祕訣》、郭元振《安邊策》、《六賓集》、《平胡策》、論天地、龍虎、風雲、鳥水、六花、八陣等營圖陣圖凡三十九種，詔寶月特補下州文學。初，樞（祕）〔密〕院言：「其僧寶月，乃國初功臣史珪之後，自來傳習家藏古（令）〔今〕兵書。當國家艱難之時，不吝所有，盡出投獻，其志可嘉，仍能通曉意義。」故有是命。

九月四日，大理評事諸葛行仁獻《册府元龜》等書凡萬一千五百一十五卷，詔與本家將仕郎恩澤一名。

六年五月二十八日，詔：「史館見闕元祐七年十一月至（二十）〔十二〕月、元祐八年一全年《實録》文字，應臣僚士庶有收藏者，許赴史館送納。其先到者，與轉一官。如不願轉官，或白身人，與恩澤一資，仍並與陞擢差（遺）〔遣〕。」從史館修撰范冲請也。

七年十一月十八日，李彌（孫）〔遜〕繳王問改正審量追官不當狀。先是，宣和間，於王問取書萬卷，補問承務郎。吏部以近有諸葛行25仁進書，止補迪功郎爲不倫，追問兩官。問（訢）〔訴〕之，得旨改正。上因謂宰臣曰：「搜訪書籍，自亦美事。朕遭多難，方右武之時，故行仁之賞，不得不薄。太上皇朝承平無事，留意墳典，因人獻書，而授一京官，亦不爲過也。然既有論駁，可止鐫一官。」

九年四月二十五日，平江府吳江縣進士李德光上《真宗皇帝語録》及《五帝功臣繪像圖》，共二册，詔送史館。

五月四日，史館言：「見闕《神宗正史》地理而下十三志，及哲宗一朝紀、志、列傳全書。竊見中原初復，東京及諸州舊史必有存者。望委留司，於國史院、秘書省等處檢尋上件正史。如無正本，但有副本浄草，或部秩不全，並差人津發前來。仍乞下臣僚之家，搜訪投進，降付本館，優與推恩。」從之。

八月二十三日，起居舍人王鉌言：「竊見《國朝會要》

〔一〕刊：原作「開」，據《建炎要録》卷八六改。
〔二〕書：原作「時」，據《建炎要録》卷八六改。

備載祖宗以來良法美意，凡故事之損益〔一〕，職官之因革，與夫禮樂之文，賞罰之章，憲物容典，纖細畢具，粲然一王之法，永貽萬世之傳。今朝廷討論故事，未嘗不遵用此書。比經兵火之餘，公私所藏，類皆散逸。深慮歲月既久，寖成湮墜。望詔祕書省，令訪求善本，精加讎校。」從之。

十二年十二月十二日，詔：「福州故相余深家有收藏監書，可委方庭實説諭投進〔二〕，據所進取旨推恩。」

十三年閏四月一日，詔：沈嘉猷進監本《春秋三傳》，可令户部倍賜束帛。

三日，上宣諭輔臣曰：「昨日吴説上殿劄子，理會搜求書籍，云湖、台之間，26寄居士大夫家多有之。緣無立定恩賞，人家不肯將出。卿等可令檢會太宗朝搜訪遺書推賞之制，依倣立定。」

十二(月)〔日〕，詔：「紹興府陸寘家藏書甚多，令本府取(睦)〔目〕録繳申秘書省，據現闕數，許本家投進。仍委帥臣關借，謄寫繳奏。陸寘子孫散居它州，令守臣依此施行。」

二十五日，權發遣盱眙軍向子固言：「比降旨，令秘書省以《唐藝文志》及《崇文總目》，據所闕者，榜之檢鼓院，許外路臣庶以所藏上項之書投獻。尚恐遠方不知所闕名籍，難於搜訪抄録，望下本省，以《唐藝文志》及《崇文總目》應所闕之書，注闕字於其下，鏤板降付諸州軍，照應搜訪。」從之。

七月九日，內降詔曰：「國家用武開基，右文致治，自削平於僭僞，悉收籍其圖書。列聖相承，明詔屢下。廣行訪募，法漢氏之前規；精校遺亡，按開元之舊目。大闢獻書之路，明張立賞〔之〕科。簡編用出於四方，卷秩遂充於三館。藏書之盛，視古爲多。艱難以來，散失無在。朕雖處干戈之際，不忘典籍之求。每令下於再三，十不得其四五。今幸臻于休息，宜益廣于搜尋。夫監司總一路之權，郡守寄千里之重。各諭所部，悉上送官。苟多獻於遺編，當優加於襃賞。故茲詔示，想宜知悉。」先是，上謂輔臣曰：「向累降指揮，搜訪遺書，至今未有到者。朕觀國朝初承五代之後，文籍散缺，太宗皇帝留意於此。及得李煜、孟昶兩處圖籍，一時號稱足備。又詔天下訪求先賢墨跡，當27時昇州等處，以羲、獻而下十八人書跡及鍾繇書《急就章》爲獻。南渡以來，祖宗御府舊藏，舉皆散失。計士庶之家應有存者，可委諸路轉運司，遍下逐州縣尋訪。如有投獻，並令具名實封，附遞以聞。其所納過，當議分等給賞，

〔一〕故事：似當作「政事」。

〔二〕方庭實：原作「萬庭實」。按紹興間諸臣見於史者無「萬庭實」，而只有方庭實。《建炎要録》卷一四七載此事云：「令憲臣説諭投進。」此處「憲臣」指福建路提點刑獄（宋代提點刑獄習稱「路憲」、「憲臣」、「憲車」之類，參見龔延明《宋代職官辭典》）。而據《淳熙三山志》卷二五，此時之福建提刑正是方庭實，則此處之「萬」乃「方」之誤無疑。「萬」俗寫作「万」，與「方」形近而訛。因改。

或命以官，或酬以帛。」至是降詔行下。

十四年七月二十九日，上諭輔臣曰：「秘府書籍尚少，宜廣求訪。」秦檜曰：「陛下崇儒尚文，是宜四方翕然向化。」上曰：「崇儒尚文，治世急務。」李文會曰：「若非干戈偃息，此事亦未（是）〔易〕舉也。」

十五年三月十七日，詔：「左朝奉郎、知建州李德昭以家藏南齊褚淵墨跡一軸來上，賜銀絹一百疋兩。」

九月二十一日，祕書省言：「明州進士陳暘投獻書籍七百五十六卷，並是本省合用之數。」詔與永免文解。

十月二日，普州安岳縣進士秦真卿上家藏書、明皇賜近臣古史三節墨跡一軸，詔真卿與免文解一次。仍令本州支賜（錫）〔錢〕一千貫。

十一月三日，祕書省言：「忠訓郎張掄投獻書籍五十一種〔一〕，並係本省見闕數目。」奉詔與轉一官。

閏十一月七日，提舉祕書省秦熺言：「奉詔下諸路搜訪遺書（乃）〔及〕先賢墨跡圖畫，如願徑赴秘閣投獻者，并許從本所保明，依故事推賞。不願投獻者，令所在州軍借本，專委見任官一員，依本（下）所定下册様字體傳寫。候歲終，據已傳録申發到，取卷秩最多、繕寫如法，及最滅裂處，取旨賞罰。及臣僚藏書之家，仍乞從本所説諭，置28曆逐旋關借，令所在州軍差人如法送祕書省，候鈔録畢給還。如遇投獻到書籍，先下秘書省看詳，如實係闕書并卷秩全備者，方許計數推賞。今（錯）〔措〕置，欲行下逐路專委轉運司，逐州軍專委知、通廣行搜訪。仍每季具見行抄録名件申所。」並從之。先是，祕書省正字王曮言：「恭覩陛下比歲以來屢下求書之令，然州縣施行，未稱上旨。蓋州縣以謂文籍之事，固非刑政所急，祕書之繳，初無賞罰之權，是以得而慢之。臣以謂宜以求書之政令，命以專行，施於四方，皆知有重臣一意總覈，則一卷之書，必有受其功者，搜裒以獻，當不敢後。」上諭輔臣曰：「可令秦熺專領其事。私家所收書，亦甚愛惜，宜立賞以勸之。」至是，熺條具行下。

十六年七月十八日，詔：「明州奉化縣陳泰初投進神宗皇帝、哲宗皇帝御集，共一百一十八册，與轉一官。」上因諭輔臣曰〔二〕：「書籍尚未備，宜有以勸誘之。可令秦熺措置，立定賞格〔三〕，鏤板行下。」既而提舉祕書省比擬賞格，如投獻到晉、唐墨跡真本者，取旨優異推恩。秘閣闕書善本及二千卷者，有官人與轉官，士人與永免文解，或免解。不及二千（石）〔卷〕以上者，比類增（滅）〔減〕推賞。如願給者，總計工墨紙劄，優與支給。諸路監司守臣求訪到晉、唐（到）真跡及善本書籍，應得上件賞格者，比類推賞。其投獻到書籍，先下祕書省校對，如委是善本，方許收留。

〔一〕掄：原作「棆」，據《建炎要録》卷一五四改。
〔二〕諭：原脱，據《建炎要録》卷一五五補。
〔三〕立：原作「定」，據《建炎要録》卷一五五改。

八月四日，詔：「聞四川藏書甚多〔一〕，宜委逐29路帥臣恪意搜訪。仍令提舉祕書省，每月檢舉催促。」二十九(年)〔日〕，詔：「昨降指揮，求訪書籍，至今投獻尚少。蓋監司郡守視爲不(息)〔急〕，奉行滅裂，可檢舉申嚴行下。」

十月十二日，上因諭輔臣曰：「祕府求訪書籍，近日來者稍多，前日所立賞格，宜更加勸誘，庶幾繼有來者。」十九日，詔右文林郎賀廩獻碑刻二百七十三本，與堂除差遣。(二十五年)〔二十五日〕，詔：「右迪功郎陳友迪投進(書)〔所〕藏書籍，特差監潭州南嶽廟。」

十一月二十五日，提舉祕書省秦熺言：「眉州進士蘇藻獻《蘇元老文集》二十五册，柳公權等書畫三軸。又彭州進士王偃獻蔡襄、米芾書，黃筌、孫知微等畫，共一十五軸。望賜推恩。」詔與永免文解。

十七年十月二十九日，宗室秉義郎不惬以家藏米芾臨王羲之《破羌帖》來上，詔與優便(差)遣。

十一月八日，提舉祕書省秦熺言：「右迪功郎、前嚴州建德縣主簿錢雲騤家首(必)〔先〕關借到闕書二千九百九十餘卷，望量與推恩，以勸來者。」詔與循一資。

十八年二月二日，提舉祕書省秦熺言：「進士武傑獻李邕《披雲帖》，已繳進。」詔與免文解一次。三月一日，提舉祕書省秦熺言：「左迪功郎、新(城)〔成〕都府司理參軍郭師心獻唐褚遂良臨《黃(庭)經》一軸，已繳進。乞推恩。」詔與循一資。以上《中興會要》。

孝宗乾道七年正月十日〔二〕，國史院言：「本院見編修《四朝正史》，合要神宗皇帝昨在京所修《正史》帝紀、志、傳等，并四朝聖旨、30御筆及應干詔旨等文字。本院獲降到指揮，許令投進。昨據資州助教楊志發繳進元祐宰臣呂大防家所藏神宗皇帝、哲宗皇帝兩朝御筆，元祐皇太后遺詔，已蒙朝廷將楊志發特補榮州文學出官了當，委是優異。本院竊慮諸路州縣臣僚士庶之家，有收得上件四朝文字，不知楊志發推恩因依，未肯投獻。乞朝廷(等)〔特〕降指揮下禮部，將楊志發推恩事理鏤板〔三〕，遍下諸路州軍，專委知、通多出文榜曉諭搜訪，許令投獻，優與推恩。如文字詳備者，亦乞將知、通推恩施行。」從之。

十一月二十二日，中書舍人兼(司)〔同〕修國史、兼實録院同修撰趙雄等言：「本院見修《四朝國史》，緣歲月深遠，文字散逸，首尾考證甚難。今聞右修職郎、監臨安府都鹽倉李丙樂於收書，勤於考古。嘗纂《丁未録》，卷秩浩瀚，起治平之末，迄靖康之元。其間議論更革，往往編年，該載殆備。乞給劄傳寫。如見得此書果可以稽考四朝未盡事迹，

〔一〕四川：原缺「川」字。據本書崇儒四之三一淳熙「六年六月二十七日」閻蒼舒奏「伏見四川州郡藏書最多」，因補「川」字。

〔二〕正月十日：本書職官一八之五八此條繫於七年二月十一日。

〔三〕「志」原脱，「理」原作「禮」，據本書職官一八之五九補改。

即乞從本院保明，量加旌擢。不唯有助大典，亦足爲學者之勸。」詔依。其合用紙劄，令臨安府應付。以上《乾道會要》。

淳熙三年五月九日，禮部侍郎、兼同修國史李燾言：「見編修《四朝正史》，合要名臣墓誌、行狀、奏議、著述等文字照使。今詢問得吏部侍郎徐度有自著《國紀》一百餘卷，其子行簡見在湖州寄居。乞下所屬，給札抄録赴院，以備參照。」從之。

十一月二十四日，參知政事龔茂良言：「嚴州近[31]刊《資治通鑑紀事》一書，乃袁樞所編。其書有補治道，或取以賜東宮，增益見聞。」詔本州印十部，仍以(卿)〔印〕本先次來上。

六年六月二十七日，吏部侍郎閻蒼舒言：「伏見四川州郡藏書最多，皆是邊防利害、修城制度、軍器法式、專司法令，不可悉數，皆三館所當有。臣在蜀時，見瀘州《軍器梁模》一書，最爲詳備。乞下祕書省，録見有書目，送四川制置司，參對四路州軍官書目録。如有所(關)〔闕〕，即令本司鈔寫，赴秘書省收藏。」從之。

十三年九月二十五日，秘書郎莫叔光言：「國家崇建館閣，文治最盛。太上皇帝再造區夏，紹興之初已下借書分校之令，至十三年詔求遺書，十六年又定獻書推賞之格，圖籍於是備矣。然至今又四十年，承平滋久，四方之人益以典籍爲重。凡搢紳家世所藏善本，監司郡守搜訪得之，往往鋟板，以爲官書。乞詔諸路監司守臣，各以本路本郡書目解發至祕書省，聽本省以《中興館閣書目》點對。如有未收之書，即移文本處取索，庶廣祕府之儲。」詔祕書省，將未發書籍徑自關取。

十五年七月十一日，實録院言：「奉旨編集高宗皇帝御製，今來合要臣僚士庶之家并僧道等處被受或收藏高宗皇帝御筆〔一〕、手詔，及詩、頌、雜文、注解經義等文字照使。内行在從本院取索抄録，其臨安府并諸州軍，欲乞令逐路轉運司，嚴切遍下所管州軍縣鎮等處搜訪，借本鈔録。仍出賞，募人投獻，如稍[32]多者，從本縣保明，優與推恩。」從之。以上《孝宗會要》。

淳熙十六年七月十五日，吏部尚書、兼侍讀顔師魯言：「臣頃者伏覩撫州刊行《祖宗官制舊典》一書，(呂)〔品〕式(製)〔制〕度粲然明備，誠當今之龜鑑，萬世之法程。臣試摭一二，爲陛下言之。太師之官，曠世不拜，使相、節度，非勳賢不除。禁從例必先考其履歷，始以選授。省府之任，寔爲繁劇之地，尤加推擇。館閣之職，皆須薦進，未有不由召試而入。藩府監司，先理資序，未有超躐數等而除。正郎、員外則有三行之異，官雖未分左右，而出身清濁，於此可辨。京官、選人，則有勳、階之轉，人材欲其諳練，故仕進新舊，於此別焉。至於銜帶閣職，拘以員數；管軍立格，尤爲至嚴。横行諸司使帶遥郡者，邊功優異，始得落爲正任。

〔一〕合要：原作「要合」，據本書職官一八之七二乙。

内臣任都知久次者，方帶留後觀察，未嘗輒以正任承宣使予之。若此之類，未易槩舉，皆所以別其(留)〔流〕品，而限其名秩也。故當時人知要官顯職不可以妄求，高爵厚禄不容於倖得，各安義命，以修職業，而奔(兢)〔競〕之門塞，躁進之俗銷矣。今朝廷官制行之既久，固未易遽改，然祖宗立法之意，周思熟慮，至嚴且密，備見此書，深爲有關時政。庶望下撫州，宣取一帙，置之禁庭，萬機之暇，特賜親覽。庶幾仰體成規，熟知舊典，除授之際，抑揚高下，皆有據依，而無僥(渝)〔踰〕之失。」從之。以上《光宗會要》。（以上《永樂大典》卷一七四二）

宋會要輯稿　崇儒五

編纂書籍

文苑英華

【宋朝會要】

❶太平興國七年九月，命翰林學士承旨李昉、學士扈蒙、直學士院徐鉉、中書舍人宋白、知制誥賈黄中、吕蒙正、李至、司封員外郎李穆、庫部員外郎楊徽之、監察御史李範、祕書丞楊礪、著作佐郎吴淑、吕文仲、胡汀、著作佐郎直史館戰貽慶、國子監丞杜鎬、將作監丞舒雅，閲前代文集，撮其精要，以類分之，爲千卷。雍熙三年十二月書成，號曰《文苑英華》。昉、蒙、蒙正、至、穆、範、礪、淑、文仲、汀、貽慶、鎬、雅繼領他任，續命翰林學士蘇易簡、中書舍人王(祐)〔祜〕、知制誥范杲、宋湜與宋白等共成之。帝覽之，稱善，降詔褒諭。以書付史館，賜器(弊)〔幣〕各有差。

《崇文總目》〔一〕：《文苑英華》一千卷，宋白等奉詔撰。采前世諸儒雜著之文。

李燾《續通鑑長編》：太宗以諸家文集，其數實繁，雖各擅所長，亦榛蕪相間，乃命翰林學士宋白等精加銓擇，以類(偏)〔編〕次，爲《文苑英華》一千卷。雍熙三年十二月壬寅上之，詔書褒答。熊克《九朝通畧》并川本小類書所載，並取諸此。案鄧名世《姓氏辨證》元有戰姓〔二〕，後漢初戰兢爲諫大夫，今修書官戰貽慶殆其後歟？《國史》并《會要》並作戰，惟(惇)〔淳〕熙館閣官以稀姓爲疑，偶失稽考，既修《中興館閣書目》，乃改爲戴貽慶，誤矣。今有忠訓郎戰迪，兩任汀州差遣，見居于汀。

臣伏覩太宗皇帝丁時太平〔三〕，以文化成天下。既得諸國圖籍，聚名士于朝〔四〕，詔修三大書，曰《太平御覽》，曰《册府元龜》，曰《文苑英華》，各一千卷。今二書閩、蜀已刊，惟《文苑英華》，士大夫家絶無而僅❷有。蓋所集止唐文章，如南北朝間存一二。是時印本絶少，雖韓、柳、元、白之文，尚未甚傳。其他如陳子昂、張説、九齡、李翺等諸名士文集，世尤罕見。故修書官於宗元、居易、權德輿、李商隱、顧雲、羅隱輩，或全卷收入。當真宗朝，姚鉉銓擇十一，號《唐文粹》，由簡故精，所以盛行。近歲唐文摹印浸多，不假《英華》而傳，況卷秩浩繁，人力難及，其不行於世則宜。臣事孝宗皇帝，間聞聖諭，欲刻江鈿《文海》。臣奏其去取差謬，不足觀。帝乃詔館職裒集《宋朝文鑑》，臣因及《英華》，雖祕閣有本，然舛誤不可讀。俄聞傳旨取入，遂經乙

〔一〕天頭原批：「自此下皆非《會要》，宜銷。」按，此説是。以下三段乃抄自《文苑英華》卷首《纂修文苑英華事始》。
〔二〕「案鄧」二字原脱，據《文苑英華・事始》補。
〔三〕本條爲周必大《文苑英華序》，又見《文忠集》卷五五。
〔四〕于：原作「丁」，據《文忠集》卷五五改。

覽。時御前置校正書籍一二十員，皆書生稍習文墨者，月給餐錢，滿數歲，補進武校尉。既得此爲課程，往往妄加塗注，繕寫裝飾，付之祕閣，後世將遂爲定本。臣過計，有三不可：國初文籍雖寫本，然讎校頗精，後來淺學改易，浸失本指。今乃盡以印本易舊書，是非相亂，一也。凡廟諱未祧，止當闕筆，而校正者於賦中以商易殷，以洪易弘，或值押韻，全韻隨之，至於唐諱及本朝諱，存改不定，二也。元闕一句或數句，或頗用古語，乃以不知爲知，擅自增損，使前代遺文幸存者轉增疵纇，三也。頃嘗屬荆帥范仲藝、均倅丁介，稍加校正。晚幸退休，徧求別本，與士友詳議，疑則闕之。凡經、史、子、集傳注、《通典》、《通鑑》及《藝文類聚》、《初學記》，下至樂府、釋老、小説之類，無不參用。惟是元修書時，歷年頗多，非出一手，叢脞 3 重複，首尾衡決。一詩或析爲二，二詩或合爲一。姓氏差互，先後顛倒，不可勝計。其間賦多用『員來』，非讀《秦誓・正義》，安知今之『云』字乃『員』之省文？以『堯韭』對『舜榮』，非讀《本草注》〔一〕，安知其爲菖蒲？又如切磋之磋〔二〕、馳驅之驅、掛帆之帆、僊裝之裝，《廣韻》各有側音，而流俗改切磋爲效課〔三〕，以駐易驅，以席易帆，以仗易裝。今皆正之〔四〕，詳注逐篇之下，不復徧舉。始雕於嘉泰改元春，至四年秋訖工。蓋欲流傳斯世，廣熙陵右文之盛，彰阜陵好善之優，成老臣發端之志。深懼來者，莫知其由，故列興國至雍熙成書歲月，而述證誤本末如此。闕疑尚多，謹俟來哲。七月七日，少傅、觀文殿大學士致仕、益國公〔五〕、食邑一萬伍千六百户、食實封伍千八百户臣周必大謹記。

《文苑英華》目録〔六〕：

賦：天象一；天十首。天象二；日九首。天象三；日十首。天象四；日十一首。天象五；日十〔一〕首。天象六；月十首。天象七；月十首。天象八；星〔十〕〔九〕首。天象九；（星斗天河共十二首）〔星十首〕。〔天象〕十；星斗、天河，共十二首。天象十一；雲十首。天象十二；雲十首。天象十三；風十首。天象十四：雨十首。天象十五；露九首。天象十六；露、霜、雪共九首。天象十七；雷、雹、霞、霧、虹，共十首。天象十八；天儀、大衍，共五首。天象十九；律管九首。天象二十。氣、象、空、光、明、驕陽，共十首。歲時一；春、元日，共五首。歲時二；春令、中和節、春儺、麥秋、七夕，共八首。歲時三；七夕、秋、冬、大儺、歲，共九首。歲時四。寒、四時、閏、漏共九首。地類一；地、土、地圖、土牛，共〔九〕〔十〕首。地類二；土風、塵、泥，共六首。地類三；山四首。地類四；山九首。地類五；山十首。地類六；山〔九〕〔七〕首。地類七。石十〔二〕〔一〕首。

〔一〕非讀：原作「服」，據《文忠集》卷五五改。
〔二〕磋：原作「瑳」，據《文忠集》卷五五改。下同。
〔三〕俗：原作「浴」，據《文忠集》卷五五改。
〔四〕正：原作「止」，據《文忠集》卷五五改。
〔五〕國：原脱，據《文苑英華・事始》補。
〔六〕文苑英華：原無，徑補。按，以下凡訛誤處，均據中華書局影印本《文苑英華》卷首總目、各卷卷首目録及正文改正，徑以括號標示，不再出校記。

水一；水十首。水二；水、水鏡、水輪、曲水，共十首。水三；海、河、渭，共十一首。水四；潭、池、**4**墨池、盆池共十首。水五；泉、湍水、(瀉)〔鴻〕溝，共九首。水六；漚、潢汙、尺波、溺，共六首。水七；冰九首。水八；冰十一首。水九。井十首。帝德一；二首，表附。帝德二；九首。〔帝德三。十首。〕京都。西都、東都，共二首。邑居一；城、(闕)〔關〕共九首。邑居二。橋、隈、市，共十首。宮室一；明堂、宮，共十一首。宮室二；殿二首。宮室三；象魏、樓，共八首。宮室四；臺(八)〔九〕首。宮室五；臺九首。宮室六。臺、閣、厦、柱礎、階、堂，共(九)〔十一〕首。苑囿、朝會。共(九)〔八〕首。禋祀一；郊、大禮，共四首，表附。禋祀二；郊十首。禋祀三；九首。禋祀四。十首。行幸一；七首。行幸二。九首。諷諭。四首。儒學一；十首。儒學二；十首。儒學三。十首。軍旅一；十一首。軍旅二；十一首。軍旅三。十首。治道一；九首。治道二；十首。治道三。十首。耕藉。田，農附，九首。樂一；箏、錞、琵琶、笙、簫、塤，共六首。樂二；箜篌、笛、(罄)〔磬〕、匏、樂器，共十首。樂三；觀樂、聽樂、樂，共十首。樂四；十首。樂五；十(一)首。樂六；十首。樂七；琴九首。樂八；絲、竹、聲、歌，共八首。樂九；舞十首。〔樂十〕。鐘、鼓十首。雜伎一；九首。雜伎二。八首。飲食。九首。符瑞一；十一首。符瑞二；十四首。符瑞三；十一首。符瑞四；十首。符瑞五；十一首。符瑞六。十一首。人事一；九首。人事二；六首。人事三；六首。人事四；十首。人事五；十首。人事六；夢，九首。人事七。婦人，九首。志一；四首。志二；七首。志三。二首。射、博弈。十二首。工藝。九首。器用一；鼎、劍，共十首。器用二；劍九首。器用三；衡、量、度、金梍，共十首。器用四；鏡十首。器用五；書架、書軸、書袋、筆、硯，共十首。器用六；(歌)〔欹〕器、撲滿、樽共十首。器用七；扇、如意、(塵)〔麈〕尾、剪刀、瓢，共十三首。器用八；九首。器用九。十首。服章一；玉，九首。服章二；玉、象、環、印、笏、冠，共十一首。服章三。衣、(表)〔裘〕、履、舄，共十一首。圖畫。十首。寶一；玉十首。寶二；玉十一首。寶三；珠十首。寶四；金十首。寶五。五首。絲帛一；五首。絲帛二。十首。舟車一；車十一首。舟車二。舟八首。**5**薪火。十一首。畋漁。十一首。道釋。十首。紀行。二首。遊覽一；五首。遊覽二。八首。哀傷一；三首。哀傷二。八首。鳥獸一；獸十首。鳥獸二；獸十首。鳥獸三；獸十首。鳥獸四；獸十首。鳥獸五；鳥十二首。鳥獸六；鳥九首，表附。鳥獸七；鳥十二首。鳥獸八。鳥十一首。蟲魚一；十一首。蟲魚二；十二首。蟲魚三；九首。蟲魚四。十四首。草木一；木七首。草木二；木十一首。草木三；木十二首。草木四；竹九首。草木五；十首。草木六；五首。草木七；九首。草木八；十首。

詩：天部一；日、月，共六十四首。天部二；月、星，共七十一首。天部三；雨七十七首。天部四；雪五十六首。天部五；雪、晴、霽，共五十八首。天部六；風、雲、霜、露、霧、烟、霞、天河、虹蜺，共六十八首。天部七；元日、春、人日、上元、寒食、上巳、夏、端午、伏日，共八十八首。天部八。秋、七夕、九日、冬、除夜，共八十八首。地部一；山五十六首。地部二；山四十九首。地部三；山、洞、峽、石，共五十九首。地部四；海、江、潮，共六十一首。地部五；河、湖、潭、水、泉，共五十七首。地部六；泉、瀑布、雜題，曲江、昆明〔池〕、溫湯，共六十七首。地部七；池遊泛，共六十三首。地部八。池雜題，溪遊泛，溪雜題，共六十五首。帝德。六十首。應制一；錫宴，酺宴，共五十二首。應制二；侍宴七十二首。應制三；巡幸五十七首。應制四；巡幸、扈從，共五十七首。應制五；歲時六十七首。應制六；七夕、九日、雨、喜晴、雪，共六十三首。應制七；宮、臺、宅，共四十三首。應制八；殿、樓、閣、亭、園，幸宅，共七十首。應制九；昆明池、興〔度〕〔慶〕池、〔降〕〔隆〕慶池、公主林亭，送公主，共七十四首。應制十；送餞四十三首。應制十一。寺院、宮觀，共六十五首。應令、應教。共六十一首。省試一；州、府試附，四十六首。省試二；州府試附，四十九首。省試三；州府試附，四十七首。省試四；州府試附，四十四首。省試五；州府試附，四十四首。省試六；州府試附，四十七首。省試七；州府試附，四十四首。省試八；州府試附，四十五首。省試九；州府試附，四十六首。省試十。州府試附，四十七首。朝省一；趨朝，寓直，〔共〕六十6四首。朝省二。寓直五十八首。樂府一；五十四首。樂府二；六十九首。樂府三；五十四首。樂府四；四十八首。樂府五；四十四首。樂府六；六十六首。樂府七；六十首。樂府八；四十六首。樂府九；三十六首。樂府十；六十三首。樂府十一；五十七首。樂府十二；四十二首。樂府十三；八十九首。樂府十四；四十七首。樂府十五；五十六首。樂府十六；四十首。樂府十七；七十一首。樂府十八；五十二首。樂府十九；四十七首。樂府二十。四十四首。音樂一；樂、琴、箏、笙、琵琶、箜篌、簫、笛、雜樂，共七十六首。音樂二。歌、舞、歌妓，共七十二首。人事一；宴集六十七首。人事二；宴集六十八首。人事三；宴集五十六首。人事四；宿會七十五首。人事五。〔逄〕〔逢〕遇六十八首。釋門一；五十首。釋門二；六十五首。釋門三；五十九首。釋門四；七十首。釋門五；六十五首。釋門六。六十九首。道門一；仙五十八首。道門二；宮觀六十四首。道門三；宮觀、送贈道人，共五十九首。道門四；送贈道人六十四首。道門五。送贈道人、送宮人入道，共六十四首。隱逸一；徵君、居士、處士，共六十二首。隱逸二；處士、山人，共六十六首。隱逸三。山人、隱士，共七十五首。寺院一；塔附，四十四首。寺院二；塔附，四十九首。寺院三；塔附，六十一首。寺院四；塔附，六十五首。寺院五；塔附，五十六首。寺院六；塔附，六十七首。寺院七。塔附，六十九首。詶和一；三十七首。詶和二；四十一首。詶和三；四十四首。詶和四；五十九首。詶和五；四十八首。詶和六；六十七首。詶和七。五十五首。寄贈一；三十首。寄贈二；三十首。寄贈三；二十九首。寄贈四；四十五首。寄贈五；三十一首。寄贈六；四十一首。寄贈七；四十〔九〕〔七〕首。寄贈八；四十九首。寄贈九；五十一首。寄贈十；四十九首。寄贈十一；四十五首。寄贈十二；四十一首。寄贈十三；五十一首。寄贈十四；五十二首。寄贈十五；八十二首。寄贈十六；五十七首。寄贈十七；六十二首。寄贈十八；八十三首。寄贈十九。六十六首。送行一；六十三首。送行二；六十三首。送行三；五十九首。送行7四；五十首。送行五；四十九首。送行六；六十九首。送行七；六十二首。送行八；六十首。送行九；六十二首。送行十；七十首。送行十一；六十四首。送行十二；五十六首。送行十三；六十八首。送行十四；七十八首。送行十五；七十一首。送行十六；五十七首。送行十七；六十首。送行十八；六十二首。送行十九；送人省覲七十六首。送行二十。歌附，賦物送人，〔共〕五十六首。留別一；六十首。留別二；五十七首。留別三。七十七首。行邁一；六十一首。行邁二；四十六首。行邁三；五十三首。行邁四；六十二首。行邁五；六十二首。行邁六；七十四首。行邁七；〔七〕十二首。行邁八；奉使五十首。行邁九；奉使、館驛，共六十四首。行邁十。館驛八十首。軍旅一；講閲、征(代)〔伐〕、邊(寒)〔塞〕共七十六首。軍旅二。邊將六十四首。悲悼一；追述三十七首。悲悼二；哭人三十八首。悲悼三；哭人六十一首。悲悼四；哭人六十二首。悲悼五；哭人、哭僧道、哭伎、送葬，共七十一首。悲悼六；墳墓五十五首。悲悼七；第宅五十九首。悲悼八；懷古四十八首。悲悼九；遺迹四十八首。悲悼十。挽歌八十六首。居處一；宮苑、殿、樓，共五十一首。居處二；樓七十一首。居處三；樓、臺共六十九首。居處四；閣、(臺)〔堂〕共六十三首。居處五；亭七十三首。居處六；亭六十九首。居處七；園、齋〔共〕八十五首。居處八；別業、村墅，共六十(四)〔八〕首。居處九。村墅、山莊、田家，共六十四首。郊祀。宿齋、祠廟，共六十四首。花木一；牡丹、桃、杏、紫(微)〔薇〕，共五十三首。花木二；花七十五首。花木三；花、柳，共七十七首。花木四；松、栢、桂、檜、桐、槐，共五十七首。花木五；竹、笋，共五十四首。花木六；果實、木藤，共六十八首。花木七。藥、茶、蘭、萱草、苔、葦、萍、枸杞、雜詠、木葉，共五十七首。禽獸一；禽七十七首。禽獸二；禽、蟲，共八十三首。禽獸三。蟲、獸、魚、龜，共六十七首。。

歌行：天、四時。共二十七首。僊道。二十二首。紀功、征戍。共十四首。音樂上；十九首。音樂下。二十三首。酒。十八首。草木。二十首。書。十三首。圖畫。十六首。雜贈。十四首。送別。十七首。山石、8隱逸、佛寺。共二十二首。樓臺、宮閣、園亭、經(竹)〔行〕。共二十九首。獸。十五首。禽。十五首。愁、怨。十八首。服用。十八首。博戲。十二首。雜歌上；三首。雜歌中；十二首。雜歌下。十七首。

雜文：問答一；七契、七勵，共十六首。問答二；七召、答蜀父老問，共九首。問答三。五首。騷一；五悲文、弔屈辭，共八首。騷二；釋疾文、祝(瘧)〔癘〕文，共四首。騷三；十三首。騷四；七首。騷五。(十)〔九〕首。帝道。四首。明道。三首。雜說一；八首。雜說二；釋、(辦)〔辨〕共十三首。雜說三。十一首。辯論一；八首。辯論二；十七首。辨論三；五首。辯論四；十四首。辯論五。五首。贈送。三首。箴誡。十三首。諫刺雜說。三首。紀述一；四首。紀述二；七首。紀述三、辯論。共十一首。諷諭一；九首。諷諭二。九首。論事。五首。雜製作。三十(八)〔六〕首。征伐、雜製作。共十六首。識行、雜製作。共九首。紀事、雜製作。共九首。

中書制誥：北省一；侍中、中書令、門下侍郎、〔中書侍郎〕、左右常侍，共二十七首。北省二；給事中、諫議，共三十三首。北省三；中書舍人、知制誥，共三十一首。北省四。起居郎、起居舍人、左右補闕，左右拾遺、通事舍人，共三十(三十)首。翰苑。二十一首。南省一；左右僕射、左右丞，共二十三首。**南省二**；吏部尚書、兵部尚書、户部尚書，共二十首。**南省三**；禮部尚書、工部尚書、吏部侍郎，共十七首。**南省四**；兵部侍郎、户部侍郎、刑部侍郎、禮部侍郎、工部侍郎，共二十首。**南省五**；郎中，共二十三首。**南省六**；郎中，共二十三首。**南省七**；員外郎三十二首。**南省八**。員外郎，共三十三首。**憲臺一**；御史大夫、御史中丞，共(二十七)〔十九〕首。**憲臺二**；御史知雜、〔侍〕御史，共二十六首。**憲臺三**。殿中侍御史、監察御史，共三十三首。**卿寺一**；太常卿、宗正卿、光禄卿、衛尉卿，共二十三首。**卿寺二**；太僕卿、大理卿、鴻臚卿、〔司農卿〕、太府卿，共二十五首。**卿寺三**。少卿，三十首。**諸監、少監**。十九首。**館殿**。監官附。史館修撰、校理、太常博士、祕書郎、著作郎、祭酒、司業，共三十一首。**環衛一**；上將軍、大將軍，共二十四首。**環衛二**。將軍，三十八首。**東宮官一**；三太、三少、賓客、詹事，共二十六[9]首。**東宮官二**。庶子、中允、司(議)〔儀〕、諭德、贊善、洗馬、舍人，共三十七首。**王府**。二十七首。**京府一**；京兆尹、河南尹、京府少尹、次府少尹，共二十八首。**京府二**。縣令，三十五首。**諸使一**；觀察十六首。**諸使二**。防禦十四首、團練八首。**郡牧一**；刺史二十九首。**郡牧二**。刺史二十一首。**幕府一**；副使、判官、記室、支使、推官，共二十七首。**幕府二**。幕職共制，二十三首。**上佐**。長史、別駕、司馬，共三十八首。**邑宰**。簿、尉附，共三十五首。**封爵**。封公、封侯、封伯、封子男爵，共二十二首。**加階、開府、特進**。共二十七首。**內官**。內侍省、內謁者監局丞令、內官加恩，共二十九首。**命婦**。國夫人、太夫人、郡夫人、郡君、(大)〔太〕君、縣君，共二十四首。

翰林制詔：赦書一；登極四首。**赦書二**；改元五首。**赦書三**；尊號四首。**赦書四**；尊號二首。**赦書五**；禋祀六首。**赦書六**；禋祀六首。**赦書七**；禋祀二首。**赦書八**；禋祀一首。**赦書九**；禋祀一首。**赦書十**；禋祀一首。**赦書十一**；禋祀一首。**赦書十二**；平亂五首。**赦書十三**；立太子六首。**赦書十四**。雜赦八首。**德音一**；宣慰四首，放減十首。**德音二**；賑恤七首。**德音三**；賑恤六首。**德音四**；招撫五首。**德音五**；征伐五首。**德音六**；誅罪五首。**德音七**；雜德音十一首。**德音八**。雜德音七首。**册文一**；皇帝即位六首，尊號四首。**册文二**；皇太子二十一首。**册文三**；諸王二十首。**册文四**；諸王十八首。**册文五**；皇后四首，公主九首，公主制七首。**册文六**。九錫六首。**制書一**；命相二十五首。**制書二**；命相十七首。**制書三**；命相十七首。**制書四**；都元帥、副元帥、都統、招討、異姓王，共〔十〕七首。。**制書五**；節鎮十四首。**制書六**；節鎮十三首。**制書七**；節鎮二十(首)〔二〕首。**制書八**；節鎮十四首。**制書九**；節鎮二十三首。**制書十**；節鎮十六首。**制書十一**。節鎮十六首。**詔勅一**；命將、賜將士書，共九首。**詔勅二**；朝集使十三首。**詔勅三**；巡撫、宣撫、宣慰、巡察，共十四首。**詔勅四**；巡幸、搜賢、籍田、勸農，共十六首。**詔勅五**；改革、興復，共五首。**詔勅六**；廢置、條理共十一首。**詔勅七**。戒勵職官，戒[10]勵風俗，禁制，共十九首。**批答一**；答上尊號，答賀赦，答賀德音，共二十二首。**批答二**。答賀破賊，答賀表，答謝表，共二十七首。**蕃書一**；迴(體)〔鶻〕、突厥、党項，共十三首。**蕃書二**；吐蕃十一首。**蕃書三**；吐蕃黠戛斯、紇扢斯、南詔，共十三首。**蕃書四**。驃國、新羅、渤海、(溪)〔奚〕、契丹、突騎施、護密、諸國，共二十六首。**鐵券、青詞、歎文**。共十八首。

策(門)〔問〕：賢良、秀才。共十五道。進士；十九道。進士、明經；共二十二道。進士、明經。共二十八道。文苑、玄經。共四道。將相。八道。寧邦、經國、長才。共(九)〔七〕道。方正沈謀。共五道。方正文苑。共七道。方正；七道。方正。四道。雅麗；二道。雅麗。四道。直言。一道。體用；二道。體用；二道。體用、直言。共二道。直言；二道。直言、茂才；共二道。直言；一道。直言。一道。帝王。十道。任官。十二道。政化。十一道。禮樂。五道。刑法上；五道。刑法下。十道。平農商。八道。曆運、災祥。共七道。泉貨、邊塞。共十二道。求賢、文學、射御。共十道。

判：乾象、律曆。二十三道。歲時。十九道。歲時雨雪儺。十九道。水旱災荒。二十一道。禮樂。二十六道。樂。十九道。師(學)〔樂〕。十六道。勸學、(墮)〔惰〕教、師殁、直講。共十六道。教授文書。二十一道。書數、師學、射、投壺、圍棋。共二十七道。射御。三十一道。選舉。三十道。禮賢。二十七道。祭祀一；天地、嶽、瀆，共十九道。祭祀二；山川、百神、宗廟，共十七道。祭祀三；封君、諸侯、大夫，共十九道。祭祀四。雜祭祀二十八道。喪禮上；二十七道。喪禮下。二十六道。刑獄。二十八道。田農；二十二道。田農；二十四道。田農；二十二道。田農。二十道。田税、溝渠。共(二)十八道。堤堰、溝渠、陂防。共二十三道。户貫、帳籍。共二十三道。商賈；十八道。商賈、傭賃。共十七道。封建、拜命、請命、職官。共二十一道。爲政。十五道。縣令。十六道。縣(命)〔令〕、曹官、[11]小吏。共十九道。繼嗣、封襲。共二十三道。襲封、孝感。共十八道。孝感。十七道。畋獵。十七道。鹵簿、刻漏、印、鑑、枕、(鈞)〔鈎〕。共十三道。軍令上；十九道。軍令下。十九道。衣冠、扇、食、酒器、炭、藁、瓦。共十八道。國城、官宅、牆井。共三十二道。關門、道路。共三十一道。錢帛、玉璽、果木。共二十三道。鳥獸。二十四道。易卜、疾病、占相、妖言、巫、夢。共二十三道。雜判。三十七道。雙關上；十二道。雙關中；十二道。雙關下。十二道。

表：賀登極、賀郊禮。共十六首。上尊號一；十二首。上尊號二。十五首。封禪、明堂。共十首。后妃、太子。共十八首。賀赦一；十六首。賀赦二；十七首。賀赦三。十一首。賀祥瑞一；二十七首。賀祥瑞二；二十三首。賀祥瑞三；二十二首。。賀祥瑞四；十四首。賀祥瑞五。十六首。賀捷一；十六首。賀捷二；十八首。賀捷三。十四首。雜賀一；十五首。雜賀二。十四首。遷祔、慰賀。(共)二十一首。宰相讓官一；十五首。宰相讓官二；十六首。宰相讓官三；十一首。宰相讓官四。十六首。節察刺史讓官。十七首。文官讓官。二十首。藩王讓官。雜讓附，二十一首。讓起復。二十四首。辭官一；十二首。辭官二。二十一首。宰相雜謝一；十八首。宰相雜謝二。十七首。藩鎮謝官一；十六首。藩鎮謝官二；十九首。藩鎮謝官三；十七首。藩鎮謝官四。十二首。公卿雜謝一；十七首。公卿雜謝二；十六首。公卿雜謝三。二十一首。謝親屬加官。二十三首。謝文章。十二首。謝春冬衣。禄稟附，二十六首。謝茶藥。果子、綵帛附，二十三首。節朔謝物；宴賜附，二十二首。節朔謝物。

二十四首。謝追贈官喪葬。二十六首。謝詔勑慰問。二十一首。陳情請聽政。十八首。請勸進及（村）〔封〕岳行幸。十一首。陳情一；十四首。陳情二。自叙附，九首。請致仕一；十首。12請致仕二。謝附，十三首。太子、公主上請。僧請附，〔共〕十四首。請朝覲。十八首。雜上請一；十三首。雜上請二；十七首。雜上請三。十九首。進文章一；十七首。進文章二。十一首。舉薦。七首。進祥瑞。十八首。雜進奉、上禮食。共二十首。邊防一；八首。邊防二；十首。邊防三。屯田、倉牧附，十一首。刑法一；九首。刑法二；十首。刑法三。十三首。諫畋獵遊宴。十三首。諫營造。寺觀、佛像、都邑，共六首。上封事。六首。雜諫論一；十一首。雜諫論二；十三首。雜諫論三。十三首。遺表。七首。

牋。九首。

狀：謝恩一；十二首。謝恩二；二十二首。謝恩三；二十二首。謝恩四；十八首。謝恩五；二十三首。謝恩六；二十七首。謝恩七。二十首。賀上；十一首。賀中；十三首。賀下。十七首。薦舉上；十四首。薦舉下。十三首。進貢上；二十五首。進貢中；二十五首。進貢下。十五首。雜奏狀。二十一首。陳情。十五首。

檄：檄一；七首。檄二。六首。露布一；四首。露布二。四首。彈文。六首。移文。八首。

啓：諫諍。十一首。勸學、薦士、賀官。雜賀附，共十四首。謝官。十九首。謝辟署。十九首。謝賜賚、雜謝。共二十六首。謝文序、和詩。八首。上文章上；八首。上文章下。十七首。投知一；九首。投知二；七首。投知三；九首。投知四；十首。投知五；十七首。投知六；十四首。投知七。十五首。雜啓上；十七首。雜啓下。十六首。

書：太子諸王。十三首。宰相上；二首。宰相中；七首。宰相下、北省；共七首。省上；十二首。省下。七首。節度上；刺史附，四首。節度下。刺史附，八首。幕職上；二首。幕職下。二首。州縣。二首。刑法上；三首。刑法下。四首。諫諍上；五首。諫諍下。六首。贈答上；十三首。贈答中；五首。贈答下。13十二首。文章上；四首。文章中；十二首。文章下。七首。邊防上；七首。邊防中；五首。邊防下。七首。〔祥瑞。二首。醫藥。三首。〕勸諭上；四首。勸諭下。四首。宗親上；七首。宗親下。四首。交友上；五首。交友下。三首。道釋。隱逸附，九首。薦舉上；銓選附，十首。薦舉下。一首。經史。十首。遷謫上；七首。遷謫中；八首。遷謫下。二首。雜書。六首。

疏：封建、行幸、邊防、書籍。共十三首。直諫。九首。選舉。五首。刑法。八首。貨殖上；三首。貨殖下。一首。水旱、雜疏。共八首。

序：文集一；三首。文集二；四首。文集三；八首。文集四；六首。文集五；八首。文集六；七首。文集七；七首。文集八；二首。文集九。九首。遊宴一；二十首。遊宴二；十九首。遊宴三；二十一首。遊宴四。十六首。詩集一；九首。詩集二；八首。詩集三。九首。詩序一；二十一首。詩序二；十六首。詩序三。十八首。餞送一；十六首。餞送二；二十二首。餞送三；二十六首。餞送四；十九首。餞送五；二十四首。餞送六；二十六首。餞送七；二十四首。餞送八；二十三首。餞送九；十九首。餞送十；十三首。餞送十一；二十二首。餞送十二；二十四首。餞送十三；十七首。餞送十四；二十一首。餞送十五；十五首。餞送十六。十四首。贈别。共十八首。雜序一；九首。雜序二；八首。雜序三；十三首。雜序四。八首。

論：天道。（共）十首。陰陽。七首。封建。七首。文。九首。武。八首。賢臣。（十一）〔六〕首。臣道。十一首。政理。七首。釋、食貨。共七首。兄弟、賓友。〔共〕四首。刑賞。六首。醫卜相、時令。共十首。興亡上；三首。興亡中；六首。興亡下。八首。史論一；六首。史論二；十四首。史論三；八首。史論四。十首。雜論上；十首。雜論中；八首。雜論下。14 十三首。

議：封禪、郊祀、廟樂。共九首。明堂。十首。宗廟。十一首。祭祀。十首。選舉。十首。冠冕、經籍。共六首。喪服。七首。刑法。八首。貨食、邊防。共八首。雜議。十一首。連珠、喻對。共五十八首。

頌：帝德上；四首。帝德中；四首。帝德下。十五首。頌德上；六首。頌德下。二十五首。宫闕上；九成宫一首。宫闕下。三首。雜頌上；二首。雜頌下。七首。

讚：帝德、聖賢。共四十九首。佛像上；二十首。佛像中；道像附，〔共〕二十二首。佛像下。七首。寫真。二十五首。圖畫、雜讚。共三十一首。

銘：紀德。三首。塔廟上；畫像附，七首。塔廟下。八首。山川。十七首。樓觀、關防、橋梁。共十四首。器用。十七首。雜銘。十三首。

箴：雜箴。共二十三首。

傳：傳一；三首。傳二；六首。傳三；六首。傳四；七首。傳五。十三首。

記：宫殿。一首。廳壁一；中書、翰林，共六首。廳壁二；尚書省、御史臺，共九首。廳壁三；寺監、府署，共七首。廳壁四；藩鎮、州郡上，共八首。廳壁五；州郡中，七首。廳壁六；州郡下、監軍、使院、幕職上，共八首。廳壁七；幕職下，州上佐，州官上，共八首。廳壁八；州官下、縣令上，共十一首。廳壁九；縣令下、丞、簿尉上，共十首。廳壁十。簿尉下，宴（響）〔饗〕，共八首。。公署上；七首。公署〔下〕。四首。館驛、樓上。共九首。樓下、閣。（上）共九首。。城。四首。城門、水門、斗門、橋、井。共九首。河渠。五首。祠廟上；八首。祠廟下。七首。祈禱。二首。學校（校）、講論、文章。共十首。釋氏一；寺、院上，共七首。釋氏二；院下、佛像上，共九首。釋氏三；佛像下、經上，共十首。釋氏四；經下、塔、石柱、石階，共八首。釋氏五。幢、方丈、西軒、僧，共八首。觀、尊像、童子。共七首。宴遊一；宴遊、溪谷丘、園圃，共十四首。宴遊二；亭上，九首。宴遊三；亭中，十首。宴遊四；亭下，十一首。宴遊五；居處、堂上，八首。宴遊六；堂下、泉、瀑、池上，共八首。宴遊七。池下、竹、山、石，共八首。紀事上；15 六首。紀事下。六首。刻候、歌樂、圖畫。共十首。災祥、質疑、寓言。共八首。雜記。七首。

謚、哀册：謚册。四首。哀册上；四首。哀册下。七首。后妃上；七首。后妃下。七首。太子。八首。

謚議：謚議上；十八首。謚議下。十二首。

誄：誄一；四首。誄二。五首。

碑：封禪。一首。儒一；二首。儒二；六首。儒三。三首。道一；二首。道二。三首。釋一；三首。釋二；三首。釋三；二首。釋四；二首。釋五；二首。釋六；三首。釋七；四首。釋八；二首。釋九；四首。釋十；四首。釋十一；四首。釋十二；三首。釋十三；三首。釋十四；四首。釋十五；四首。釋十六；三首。釋十七；五首。釋十八；五首。釋十九。四首。德政一；四首。德政二。二首。紀功一；三首。紀〔功〕二。平淮西，二首。隱居、孝善。共四首。遺愛。三首。臺。一首。陵廟。四首。祠堂。二首。祠廟一；五首。祠廟二。三首。家廟一；三首。家廟二；三首。家廟三。三首。將相一；二首。將相二；三首。將相三；二首。將相四；三首。將相五；二首。將相六；二首。將相七。三首。王爵一；二首。王爵二；三首。王爵三。三首。職官一；北省三首。職官二；北省、翰林，共五首。職官三；南省一，四首。職官四；南省二，三首。職官五；南省三，三首。職官六；南省四，四首。職官七；寺、監，五首。職官八；東宮官一，三首。職官九；東宮官二，三首。職官十；東宮官三，三首。職官十一；王府，三首。職官十二；諸將軍一，二首。職官十三；諸將軍二，三首。職官十四；諸將軍三，三首。職官十五；諸將軍四，三首。職官十六；諸將軍五，四首。職官十七；諸將軍六，三首。職官十八；諸將軍〔七〕、將校，五首。職官十九；都督一，二首。職官二十；都督二，二首。職官二十一；都督三，五首。職官二十二；節度一，二首。職官16二十三；節度二，三首。職官二十四；節度三，二首。職官二十五；節察防團使、副，四首。職官二十六；留守、少尹，共三首。職官二十七；刺史一，三首。職官二十八；刺史二，四首。職官二十九；刺史三，四首。職官三十；刺史四，四首。職官三十一；刺史五，三首。職官三十二；刺史六，四首。職官三十三；長史一，二首。職官三十四；長史二、司馬，共六首。職官三十五；別駕、判官，共三首。職官三十六；州官三首。職官三十七；縣令一，二首。職官三十八。縣令二，丞、尉附，共四首。宦官上；五首。宦官下。二首。婦人上；六首。婦人下。四首。

誌：皇親。八首。宰相一；四首。宰相二；二首。宰相三。二首。職官一；六首。職官二；五首。職官三；七首。職官四；六首。職官五；四首。職官六；七首。職官七；四首。職官八；京官附，七首。職官九；六首。職官十；四首。職官十一；六首。職官十二；五首。職官十三；六首。職官十四；五首。職官十五；六首。職官十六；四首。職官十七；五首。職官十八；七首。職官十九；八首。職官二十；五首。職官二十一；五首。職官二十二。十二首。雜一；七首。雜二。十二首。婦人一；十首。婦人二；八首。婦人三；八首。婦人四；八首。婦人五；八首。婦人六；八首。婦人七。六首。墓表。七首。

行狀：行狀一；三首。行狀二；三首。行狀三；三首。行狀四；二首。行狀五；三首。行狀六；五首。行狀七。四首。

祭文：交舊一；十三首。交舊二；十一首。交舊三；十二首。交舊四；十首。交舊五；十五首。交舊六；十二首。交舊七；七首。交舊八；八首。交舊九；十三首。交舊十；十三首。交舊十一；十一首。交舊十二；八首。交舊十三。四首。親族一；十一首。親族二；九首。17親族三；七首。親族四。十五首。神祠一；祭、禜、禡、(禂)〔共〕十七首。神祠二；祈禱十三首。神祠三。報賽十九首。古聖賢。十三首。哀弔上；十三首。哀弔下。九首。（以上《永樂大典》卷五八一八）

校勘經籍

【宋會要】

18淳熙四年十月五日，詔臨安府校正開雕《聖宋文海》，專委祕書郎呂祖謙〔一〕。既而祖謙言：「《文海》元是書坊一時刊行，去取未精，名賢高文大册尚多遺落。今乞一就增損，仍斷自中興以前銓次，庶幾可以行遠。」從之。

六年二月八日，詔：「祕書郎呂祖謙編次《文海》，採取精詳，觀其用意，有益治道。可除直祕閣，添差浙東安撫司參議官。」祖謙以病丐祠，故寵之。（以上《永樂大典》卷二〇三五八）

獻書升秩

【宋會要】

19太宗太平興國五年八月，以鄉貢進士孟瑜爲光州固始縣主簿〔二〕。瑜長沙人，嘗著《野史》三十卷。石熙載在湖南時，瑜嘗出入門下，頗見厚。至是來獻其所著書，熙載以言，而有是命。

雍熙三年正月，著作佐郎樂史獻所著書《貢舉故事》二十卷〔三〕、《登科記》三十二卷、《題解》二十卷、《唐登科文選》五十卷、《唐孝悌録》十五卷、續五卷、《續卓異記》三卷〔四〕。太宗嘉(定)〔之〕，以史爲著作郎、直史館。

淳化三年七月〔五〕，翰林承旨蘇易簡獻故著作郎、直史館羅處約平生所著文十卷，號《東觀集》。易簡與處約俱蜀人，少相友善，哀其死也，收拾遺草上之。詔藏史館。

至道元年五月十九日，同州馮翊縣民李元真詣闕獻《養蠶經》一卷，有司以非前代名賢所撰，不敢以聞。帝遽

〔一〕謙：原作「謁」，據《宋史》卷四三四《呂祖謙傳》改。
〔二〕瑜：《長編》卷二一作「渝」，但《玉海》卷四七亦作「瑜」。
〔三〕故：原脱，據《宋史》卷二〇三《藝文志》二補。
〔四〕記：原脱，據《宋史》卷二〇六《藝文志》五補。
〔五〕三年：《玉海》卷五五作「二年」。

索覩之，憐其不忘本業，留書禁中，賜元真錢一萬。

二年四月，知黄州樂史獻《總仙記》百三十七卷〔一〕，并《目録》四卷。帝宣示宰臣等，稱其從政之餘，能有譔述，詔付史館。

真宗咸平二年五月〔二〕，比部員外郎刁衎獻《本説》十卷，召試學士院，授祕閣校理。

三年四月，直昭文館勾中正上石本大小篆、八分三體書《孝經》。真宗召至便殿坐，問其直館凡幾歲。中正言：「太平興國二年自潞州録事召入，太宗擢寘館殿。」帝又問所書《孝經》幾許時方畢，曰：「凡十年。」遂賜金紫。藏其**20**書於秘閣，仍命别進三本送三館。八月二十四日，又賜中正詔書曰：「汝志在儒書，精通字學，得史籀之舊法，見蔡邕之古文，深窮旨歸，老益遒健。省閱之外，嘉歎尤多。」

八月十八日，翰林學士承旨宋白言：「看詳爛柯山人蔡望所進《新注陰符經》，難於施行，乞付史館。」從之。望特授中嶽廟主簿。

四年正月，武勝軍節度使、知河南府李至表上故史館編修楊文舉所注尹玉羽《春秋字源賦》，詔以賦送祕閣，賜文舉子寧同學究出身。

十二月，工部侍郎致仕朱昂上《資理論》三卷，詔付史館，仍令寫本留中。

六年五月，知廣州凌策獻《海外諸蕃地里圖》〔三〕。

八月，太僕少卿、直祕閣錢惟演上《咸平聖政録》三卷。

景德元年五月，直昭文館宋惟翰獻新注揚雄《太〔元〕〔玄〕經》十卷，詔付史館。

二（十）〔年〕十一月〔四〕，南郊鹵簿使王欽若上《鹵簿記》三卷，詔奬之，《記》付史館。

大中祥符五年正月，以懷安軍鹿鳴山人黄敏爲本軍助教〔五〕。敏通經術，嘗著《九經餘義》四百九十篇〔六〕。轉運使滕涉以其書上進，帝令學士晁迥等看詳。迥等言所著撰甚有可採，故特有是命。

九年九月六日，大理寺丞郭昭度上其父翰林侍讀學士贄集三十卷，詔賜名《文懿集》，仍付史館。贄謚文懿，因以名集。

天禧二年七月十八日，富順監言：「本監神龜山人李見撰《易樞》十卷。」詔附遞以聞。

五年五月，太常博士鄭向表進所撰《五代開皇紀》三十卷，及《天**21**禧聖德頌》一首，求試。詔令與優便任使。

〔一〕「黄」原作「長」，「記」原作「集」，「百」字原脱，據《玉海》卷五七改補。參《宋史》卷三○六《樂黄目傳》。

〔二〕天頭原批：「咸平二年條，可歸『召試除職』。」

〔三〕凌：原作「陵」，據《玉海》卷一六改。

〔四〕二年：原作「二十」，眉批：「渭清按：『二十』是『二年』之誤。」按，據《長編》卷六一，葉校是，因改。

〔五〕黄敏：《崇文總目》卷二、《宋史》卷二○二《藝文志》一、《經義考》卷二四二引《會要》均作「黄敏求」，當是。

〔六〕著：原作「注」，據《玉海》卷四二改。

仁宗天聖元年七月十七日，龍圖閣直學士馮元、御史中丞劉筠、知制誥錢易、龍圖閣(侍)〔待〕制滕涉、劉燁、知雜蔡齊表上徐州文學劉顔集《輔弼名對》并目録四十一卷〔一〕。詔顔與家便簿、尉，仍諭宰臣等，以所進書甚有可採，見令録本，以備觀覽。

九月十六日，中書門下言：「將作監致仕胡旦先撰《漢春秋》一百卷〔二〕，久未進納。」詔令本州附遞進納，候(致)〔至〕取旨。二年二月，州以旦書上進，詔授祕書監致仕，仍命一子爲京寺主簿。

二年六月，故司空致仕、贈中書令張齊賢妻臨淮郡夫人柴氏上齊賢文集，仍言孫男子奭進士登第，歷官兩任，乞爲末品京官。詔與奉禮郎。

五年二月，知寧州楊及上《重修五代史》。仁宗曰：「五代亂離，事多淺近。」宰臣王曾等曰：「五代安危之迹，本末昭然，其餘可爲鑑誡，而不足師法。」帝深以爲然。

十二月二十二日，祕書監致仕胡旦上《演聖通論》七十二卷、《五代史畧》四十三卷、《將帥要畧》五十三卷，乞給賜錢米，充紙劄之費，仍乞男彤賜一名目。詔襄州舊俸外，月特給米麥各三石，彤與文資官。

景祐元年正月十三日，刑部員外郎、河北轉運使王沿上《春秋集傳》十五卷〔三〕。帝嘉其好學，降詔奬諭。仍加直昭文館。

十月十三日，知制誥丁度上《春牛經序》，詔編修院令司天監再看詳，寫録以聞。編修院言：「與司天監王立等看詳修定，乞改名《土牛 22 經》，送崇文院鏤板頒行。」從之。

十二月二十一日，都官員外郎、充崇政殿説書、兼國子監直講賈昌朝上言：「撰到《春秋要論》五册，如堪聖覽，乞付臣點句及音切字，乞進納。」詔昌朝令舍人院試。

寶元二年二月一日，太常丞詹庠上《君臣龜鑑》六十卷。詔書奬諭，仍令審官院與先次差遣。

康定元年三月十八日，太子中允阮逸上《鍾律制議》并圖三卷，詔送秘閣。

七月五日，集賢校理李昭遘上《太宗晉邸聖製》三卷、《永熙政範》二卷。降詔褒諭。

九月四日，翰林學士晁宗慤等上大理評事蘇舜賓集《獻納大典》一百卷。翰林學士王堯臣等上前渭州軍事推官魏庭堅撰《四夷龜鑑》三十卷，殿中丞、充武勝軍院伴讀王琥獻《平戎方畧》〔四〕，大理寺丞王績上《少陽佳範》十卷。詔舜賓、庭堅候得替與試，琥、績降詔奬諭，書並送史館。

十二月十七日，翰林學士王堯臣上通判滑州、秘書丞蔡亶撰《通志論》十三篇，「備言攻守之策，如其可采，乞於

〔一〕名：原作「召」，據《長編》卷一〇〇改。
〔二〕旦：原作「但」，據《長編》卷一〇二改。
〔三〕十五：原作「五十」，據《長編》卷一一四乙。
〔四〕方：原作「萬」，據《玉海》卷一四一改。

陝西緣邊任使」。詔知乾州。

二年二月十日，右班殿直、閤門祇候、濠州都監趙珣上所撰《聚米圖》，詔(詢)〔珣〕赴闕。

八月，詔：「臣僚子孫進納家集，須得盡以編録。如或分次重疊投進，苟求恩澤者，仰中書勘會以聞，必行朝典。」

慶曆五年閏五月，龍圖閣直學士歐陽修上澤州進士劉羲叟注釋司馬遷《天官書》及著《洪範災異》。召試舍人院，命以爲試大理評事。

六年七月九日，參[23]知政事宋庠上所撰《紀年通譜》。庠取十七代正史，并百家雜説，凡正僞年號成一書，詔送史館。

八年三月，中書言，臣僚子孫將父祖文集編進，陳乞恩澤，多是亡歿多年，狂妄僥求。詔今後丞、郎并龍圖閣直學以上，薨卒五年内，如有家集，並許親的子孫投進，當議送兩制看詳。如文章典雅，爲衆所推，即具聞奏，特與依例施行。其文集仍(乞)〔付〕館閣。

皇祐三年九月二十二日，大理評事孫坦進《周易析蘊》十卷。帝賞其勤博[一]，命任回與試館職。

十二月[二]，觀文殿學士丁度等上《前後漢書節義》，賜名曰《前史精要》。

四年二月，宗室右屯衛大將軍克繼上《廣夏竦所集古文韻》六卷。帝謂輔臣曰：「宗室中嚮學者鮮，獨克繼孜孜於字學，宜降詔獎諭，仍以其書送秘閣。」

五月二日，以太常丞致仕代淵爲祠部員外郎致仕。以臣僚上其所著《周易旨要》二十卷，而帝嘉其高尚，故特寵之。

五年六月，皇姪右神武大將軍宗譔上《治原》十五卷，降詔獎諭。

七月，蘄州判官李虛一上《溉漕新書》四十卷，詔送河渠司，以備檢閲。其書蓋記古今河渠事。虛一特循一資。

閏七月二十五日，以益州布衣章詧爲本州助教，以田況上其所撰揚雄《太(元)〔玄〕經發隱》三篇，特録之。

十一月，管勾司天監公事周琮上《軍中占》三卷，詔送秘閣。

至和元年九月，翰林學士王洙上《周禮器圖》。先是，洙講《周禮》，帝因命畫車服、冠冕、籩豆、簠簋之[24]制，及是圖成而上之[三]。

十二月十八日，廣南西路轉運判官宋咸上所著《周易》十卷，下兩制看詳。翰林學士楊察等乞送館閣，仍加褒諭。從之。

二十七日，睦州團練使宗譔上纂歷代宗屬事蹟六卷，名曰《太平盤維録》。降詔獎諭。

[一] 勤：原作「勒」，據《玉海》卷三六改。

[二] 十二月：《長編》卷一七一、《群書考索》後集卷一六、《玉海》卷四九作「十月」，而《玉海》有注云：「《會要》十二月。」今仍其舊。

[三] 是：原脱，據《長編》卷一七七補。

三年正月〔一〕，定州鄉貢進士趙肅上《兵民總論》十卷。詔免將來文解，省試雖不合格，令貢院特以名聞。

九月，詔臣僚進家集，自(令)〔今〕量與支賜，更不推恩。

嘉祐二年四月二十六日，通判黄州趙至忠言：「陷蕃年深，異類之種，皆耳目所覩。今偶録其事，纂成三册，并北庭建國而來僭位之人子孫圖一本。」詔許進入，仍轉官，移通判陳州。

五月十六日，國子博士寇諲進祖準文集一十卷，詔以準曾任宰相，文集特送館閣，諲賜銀絹各五十疋兩。

十一月二十七日，屯田郎中宋咸上所注《論語》，司封員外郎吴秘上所注《太玄經》及《音義》〔二〕，集賢校理何涉上所著《治道中術》三十篇〔三〕。並降敕奬諭，書送秘閣。

三年閏十二月，皇姪右千牛衛將軍克頠上《周禮樂圖》，降勅奬諭。

四年二月二十二日，權廣南西路轉運使宋咸上所注《(楊)〔揚〕子》及《孔叢子》，賜三品服。

七月十七日，賜故度支員外郎、集賢校理何涉子前永興軍臨潼縣主簿接錢百千。以果州上涉所撰《春秋本旨》五卷，及判河南府文彦博奏乞賜涉贈官〔四〕，仍優録其子孫故也。

八月，殿中丞致仕龍昌期上所註《周易》、《論語》、《孝經》、《道 25 德》、《陰符經》，詔賜五品服，絹百疋。既而翰林學士(毆)〔歐〕陽修等以爲異端害道，不可以推奬，乃奪所賜服而罷遣之。

五年五月〔五〕，國子博士趙至忠獻《契丹蕃漢兵馬機密事》十册，并《契丹出獵圖》，詔賜銀絹一百疋兩。

英宗治平元年六月二十七日，尚書駕部員外郎、通判保州路綸獻其父振所纂《九國志》五十卷，詔付史館。振在真宗時知制誥，所謂「九國」者，吴楊行密、南唐李昪、前蜀王建、後蜀孟知祥、閩王潮、(東)〔北〕漢劉崇、南漢劉隱、楚馬(商)〔殷〕、西楚〔高〕季興、吴越錢(璆)〔鏐〕。行密等當五代時，分據州縣以自立，其實十人，而振以爲九國者，以前、後蜀同一國名也。以上《國朝會要》。

【續會要】

26 神宗熙寧三年十二月十六日，明州鄞縣草茅王珦上《篆書正宗要畧》三卷，命爲御書院祇候。

五年八月十一日，詔(穎)〔潁〕州，令歐陽修家上修所撰《五代史》。

六年九月三日，虞部郎中趙至忠上虜廷僞主宗族、蕃

〔一〕三年正月：《玉海》卷六二同，而《長編》卷一七八繫於至和二年正月庚辰。

〔二〕太玄：原作「大元」，據《長編》卷一八六改。

〔三〕何：原作「河」，據《長編》卷一八六改。

〔四〕河南：原作「河州」，據《長編》卷一九〇改。

〔五〕五年五月：《長編》卷一八五嘉祐二年四月辛未條小注作「六年五月」，恐爲傳抄之誤，蓋卷一九一仍正書於五月戊申也。趙至忠獻契丹機密事不止一次，五年五月乃此次賜銀絹之時間。

漢儀制、文物憲章、命將出師、攻城野戰次第、兵衆户口、州城錢粟都數、四至鄰國、遠近地里、山河古跡等，共十一册，并戎主閲習武藝，於四季出獵射虎等圖，各二副，外有戎主登位儀制圖、拜木葉山圖，并入國人使宴圖。詔賜絹三百疋。

八年七月四日，右諫議大夫沈立進《都水記》二百卷、《名山記》一百卷。降詔奬諭。

九年正月十三日，宣徽北院使王拱辰上《平蠻雜議》十篇〔一〕，詔送安南招討使。

八月八日，詔宰臣王安石，令具故男雱所注《孟子》入進。

元豐元年閏正月十二日，大名府元城縣主簿吴璋上所註《司馬穰苴兵法》三卷。詔送武學看詳。其後，武學言義有可采，詔璋候武學教授有闕，試兵機時務策一道取裁。

五月二十三日，前守化州文學趙世卿進《安南邊説》五篇，及自陳安南戰棹司差使有功。詔世卿與正官，注荆湖南路主簿。

〔三〕〔二〕年五月十五日〔二〕，太子少師致仕趙槩上所集《諫林》，上批：「可降詔奬諭，庶以勸爲學老而無斁者。」

六年五月四日，舒州防禦使克敦進父保 27 静軍節度使、蕭國公承幹文集十卷。詔：「承幹父子，世以藝文儒學名于宗藩，在朝廷旌善與能之義，宜有寵褒。可加贈安定郡王，克敦降詔奬諭。」

哲宗元祐四年六月十八日，吏部侍郎范百禄進所撰《詩傳補注》二十卷〔三〕。詔以其書送祕書省。

五年十一月一日，給事中范祖禹言：「太祖時，以聶崇義所撰《三禮圖》畫於國子監講堂。伏見太常博士陳祥道專意禮學，所進《禮書》一百五十卷，比之聶崇義圖〔四〕，尤爲精密。乞送學士院及兩制或經筵看詳，如可施行〔五〕，請付太常寺，與聶崇義圖參用。」詔送兩制看詳以聞。

八年正月二十二日，工部侍郎、兼權祕書監王欽臣言：「高麗獻到書内有《黄帝鍼經》，篇秩俱存，不可不宣布海内，使學者誦習。」依所請。

同日，翰林侍讀學士、國史院修撰范祖禹言：「太常博士陳祥道《注解儀禮》三十二卷〔六〕，精詳博洽，非諸儒所及。乞下兩制看詳，并所進禮圖付太常，以備禮官討論。」從之。

紹聖二年正月十七日，國子司業龔原等言：「故相王安石，在先朝嘗進《尚書洪範傳》，解釋九疇之義，本末詳

〔一〕徽：原作「宗」，據《長編》卷二七二改。
〔二〕二年：原作「三年」，據《長編》卷二八九、《宋史》卷一五《神宗紀》二、《玉海》卷六一改。
〔三〕注：原脱，據《長編》卷四二九補。
〔四〕崇：原作「從」，據上文及《范太史集》卷一九改。下同。
〔五〕可：原作「何」，據《范太史集》卷一九改。
〔六〕禮：原脱，據《長編》卷四八〇補。

備。乞雕印頒行，以便學者。」從之。

三月九日，龔原言：「贈太傅王安石，在先朝嘗進其子雱所撰《論語》、《孟子義》，〔乞〕取所進本雕印頒行。」詔令國子監録本進納。

五月二十八日，國子監看詳，尚書左僕射章惇奏興化軍處士張弼所著《易義》，可備採録。詔張弼與葆光處士，其《易義》送秘書省。

十一月 28 八日，龔原請下王安石家取所進《字説》雕印，以便學者傳習。從之

徽宗崇寧元年四月二十九日，禮部言：「知懷安軍雍黄中言：『乞將本軍金堂縣前任雅州嚴道縣令謝湜所撰《周易義》十二卷、《春秋義》二十四卷、《總義》三卷投進。』本部勘會今來所乞事，緣元符令文係於元祐敕内删去『詩賦雜文（字）〔書〕劄』六字。看詳意義已明，近來尚有申乞投進之人。欲乞申明行下，如有進獻詩賦雜文書劄之人，在外即令所在州軍自陳，委本處知、通；在〔内〕即經禮部，委國子監長、貳取索看詳。如實可採，即行保明進納。」從之。

大觀四年正月九日，登仕郎、新授守潭州長沙縣丞朱克明言：「伏見許氏《説文》，其間字畫形聲，多與王文公《字説》相戾。輒於許氏《説文》部中，撮其尤乖義理者，凡四百餘字，名《字括》。」詔克明除書學諭。

政和元年四月十七日，詳定《九域圖志》何志同等奏，送到新漢州教授陳坤臣所進《郡國人物志》一部，合一百五十卷。送編修《九（閔）〔域〕志》所看詳。據編修官陸修等狀：「看詳所進《郡國人物志》，包括諸史，上下千載間，文婉而事詳，因成一書，可藏諸館閣。緣漢、晉郡國之境與今不同，人物往往不合，竊慮不須編入《九域志》。」詔依奏，其書送秘書省，陳坤臣與改合入官。

七年二月十一日，詔：「唐耜進《字説集解》三十册，極有功力，有助學者。與知州差遣。其《字説集解》令國子監傳示學生。」

宣和三年十月二十一日，29 詔朝請郎、直祕閣、管勾江州太平觀林虚直龍圖閣。以所進文集可采，故有是命。

七年八月二十九日，詔：「新知虢州安泳進《周易解義》，特賜進士出身。」

欽宗靖康元年六月六日，詔：「朝請郎、知（楊）〔揚〕州葉煥於政和八年曾進《繼明集論》，言嫡長建儲之意，兼聞其人明爽有詞學，可召赴闕，量才擢用。」煥先於宣和四年四（日）〔月〕上《繼明集論》總六十五卷。時煥權發遣興元府，以狂妄犯分，送吏部與監當，至是召用。以上《續國朝會要》。

【中興會要】

30 高宗建炎四年六月二日，詔令婺州，於進士李季處取索所獻編次傳習異書。選見任官一員，官給紙劄謄寫。即令所委官同李季點對，申送前來。内李季日給食錢一貫。

七月二十九日，禮部尚書謝克家等言：「伏見故翰林

學士范祖禹所著《唐鑑》既已進，及《仁皇訓典》、《帝學》二書〔一〕，有益治道，可備睿覽。今祖禹之子前宗正少卿沖寓居衢州，望下本州，給以筆劄，令沖勘讀投進。」從之。

紹興元年六月三日，詔：「明州慈溪縣丞諸葛行言上家藏《國朝訓典》等書〔二〕，特補行言兄行仁將仕郎。」初，行言先以其書投獻，與轉兩官。而行言自陳：「此書皆係父兄(自)〔歷〕年(褒)〔裒〕集，乞將轉官恩改授兄行仁一官，庶幾得以自安。」特從其請。

七月七日，監行(左)〔在〕都進奏院章倓上(毆)〔歐〕陽修纂《太常因革禮》一百〔卷〕。詔降付太常寺，仍令秘書省逐旋借本校勘鈔録，藏于本省。

九月十九日，秘書少監程俱上所編《麟臺故事》五卷，詔送秘書省。

二十一日，進呈次，富直柔曰：「近張沖等進《太(乞)〔乙〕光照辯誤歸正論》十首〔三〕，送趙公竑看詳。」上曰：「其書可用否？」秦檜曰：「臣素不習其書。」上曰：「朕從來不好問占卜術數，此皆無益於治要，當修人事，以承天命耳。」直柔曰：「人主造命，固不當問命。」上曰：「極是。」

三年六月九日，大理卿李與權言：「嘗歷考31典籍，凡聖賢所以立言垂訓，與夫往昔君臣刻意庶獄之事，斷章取義，類聚條分，凡三百事，列十門，總爲一書，名曰《士師龜總》，寫成五册。望賜宣取。」詔令與權別録副本，繳中尚書省。

四年九月六日，詔：「史館校勘鄧名世以所著《春秋四譜》六卷〔四〕、《辨論譜說》十篇、《古今姓氏書辨證》十四卷來上〔五〕，賜進士出身。」

五年四月一日，詔：「徽猷閣待制、提舉江州太平觀胡安國，經筵舊臣，令以所著《春秋傳》纂述成書進入，以稱朕崇儒重道之意。」十年三月，書成來上，降詔奬諭。既而(推)〔推〕恩，除寶文閣直學士，仍賜銀絹三百匹兩。

六月三日，起居郎、兼侍講朱震言：「故龍圖閣直學士、左朝請大夫(到)〔致〕仕楊時，學有淵源，行無瑕玷，嘗著《三經義辨》，有益於學。日者許令本家進入，詔旨方頒，時已淪謝，恐此書遂致散落，誠爲可惜。望下南劍州取索，鈔録投進。」從之。至紹興十年，時子適止以父解《中庸篇》及《論語義》來上，與適陞等差遣。

七月八日，衢州進士毛邦彥獻《春秋正義》，詔賜絹三十匹。

六年二月六日，詔：「迪功郎林儵以纂述《易》書來上，

〔一〕學：原作「書」，據《建炎要録》卷三五改。
〔二〕訓典：原作「典訓」，據《建炎要録》卷四五、《玉海》卷四九乙。
〔三〕首：《玉海》卷三作「卷」。
〔四〕四：原脱，據《玉海》卷五〇補。
〔五〕十四卷：《直齋書録解題》卷八、《玉海》卷五〇、《宋史》卷二〇二《藝文志》等均作「四十卷」，但《玉海》又注云：「《會要》一十四卷，《(中興)書目》十二卷。」按，此書由其子椿年繼成之，蓋名世所著者只十四卷，椿年增定者乃四十卷(見該書椿年原序)，非誤也。

特循兩資，與堂除差遣。」

三月六日，江南西路安撫制置大使、兼知洪州李綱上靖康間編修到《奉迎録》，詔送史館。

五月十二日，左朝請大夫、充秘閣修撰、提舉臨安府洞霄宮林虡以先臣希元豐中所修《寶訓》副本（善）〔繕〕寫來上，詔送史館。

二十四日，成忠郎李沇以高祖文易所編《皇[32]宋大典》三卷來上，詔其書送祕書省，李沇與轉一官。

八月三日，中書門下省言：「右中奉大夫、直寶文閣曾紆男右通直郎惇，親賫祖布所著《三朝正論》（直）〔真〕蹟投進，已送史館。」緣曾紆身故，詔惇與轉一官，仍令户部支賜銀絹一百匹兩。

六日，翰林學士、知制誥、兼侍讀、兼資善堂翊善朱震言：「奉詔看詳文旦《春秋要義》，及校正崔岩上祖先子方著述《春秋經解》[一]，乞與推恩。」詔文旦轉一官，岩補上州文學。

十九日，詔：「前國學生馮邦傑所進《注孫子》，文詳意備，實見用心，可賜絹二十疋。」

九月二十七日，中書舍人、兼直學士院、兼侍（請）〔講〕陳與義言：「看詳進士何疇進《孫子解》全備，見其用心，粗可觀覽。又成忠郎徐衡進《諸葛武侯書》，觀其文理，恐是後人附託，非亮之書，或可存之，以備廣覽。」詔何疇、徐衡並令户部賜束帛。

七年二月二十一日，詔：「林保所獻《中興龜鑑》頗有可採，可特賜紫章服，其書令進入。」

七月十二日，左朝請大夫、充徽猷閣待制邵溥上先臣伯温所著《辨誣》，詔送史館。

閏十月三日，詔：「江浚明獻《陣圖策》[二]，頗有可採，賜絹十疋。」

十一月二十三日，詔：「右迪功郎李時雨上《玉壘忠書》，文采議論，俱有可采，可循一資[三]。」

（八月二十）〔八年二月〕三日[四]，夔州州學教授李昌言請獻所撰《要覽》，見在本任。詔令本州取索，實封以進。

四月十五日，翰林學士、知制誥、兼侍讀、兼資善堂翊善朱震言：「奉詔看詳布衣王忭《孝[33]經解義》，推廣孝弟，言有可采。」詔賜絹三十疋。

五月六日，詔：「布衣柴宗愈上《（忠）〔中〕興聖統》，博采傳記，次序詳明，其言有補，與免文解一次。」

六月五日，知簡州李授之上所著《易解》，詔送秘書省，授之與除直秘閣。

九年正月一日，詔：「左朝奉郎、新差通判閬州勾龍庭

[一] 祖先：按《玉海》卷四〇言崔岩爲「子方之孫」，若然，則「祖先」當爲「先祖」之誤。但《建炎要録》卷一〇四又謂岩爲子方之子，未知孰是。

[二] 按，《建炎要録》卷一一六作「江俊明」，無「策」字。

[三] 一資：《建炎要録》卷一一七作「二資」。

[四] 八年二月：原作「八月二十」，據《建炎要録》卷一一八改。

實編類《春秋三傳》至《十七史》，共二十部，令臨安府給紙劄，繕寫以進。」

十五日，右承事郎、主管台州崇道觀王銍以編集哲宗皇帝元祐八年補録及《七朝國史》來上，詔特轉一官。

十年正月二十九日，詔：「(毆)〔歐〕陽安永上《祖宗龜鑑》，令户部賜束帛，仍令秘書省録本進入。」

七月一日，左奉議郎、試中書舍人王鈇言：「左朝請大夫鄧郤獻《稽古武備集》，看詳所獻文字，援引該貫，備見用心。」詔(剏)〔郤〕與陞等差遣。

十月十六日，樞密都承旨周聿言[一]：「泉州進士王文獻注解《司馬灋》二萬餘言，用心精專，頗有文理。其間時有舛誤。」詔文獻特與免解一次。

十二月十日，國子監言：「國學永免解進士程全一進《孝經解》，發明經意，有足觀采。」詔與差充太學職事。

十一年六月十五日，詔：「撫州布衣吳曾進《春秋左氏傳發揮》等書，據立議證，多有可觀，特與補右迪功郎。」

十一月二十七日，詔：「布衣林獨秀所進《孝經指解》，釋義雖不盡明，而文理稍通，令户部倍賜束帛。」

十二年十二月二日，詔：「進士董自任所上《春秋總鑑》，委有可采，與永免文解，差充太學職事。其 34 書送秘書省，録本進入。」

十三年正月二十四日，秘書省言：「看詳左朝散大夫、主管台州崇道觀王普所進先臣賓講《論語口義》，議論純正，有補治道。」詔送史館。

閏四月二十一日，進士蔡直方撰到《椒房通覽》二册[二]，與永免文解。

五月十一日，中書後省言：「看詳左迪功郎何傭上《中興龜鑑》[三]，學術通明，議論純粹。觀其所陳，有補治道。」詔與轉一官。

八月二十三日，詔：「湖南路安撫司參議官王銍上《太(元)〔玄〕經解義》等，令户部賜銀三百兩。」其後又進《祖宗八朝聖孝通紀論》，詔轉一官[四]。

九月十八日，衢州布衣柴翼上《春秋尊王聚斷》。上謂輔臣曰：「柴翼所進《春秋》，止是編成門類，後立説甚無意思。朕以爲大率説經，不可遠三綱五常之道。若好立異，便須穿鑿，不足道也。」

十四年十二月十三日，左朝奉郎、知榮州楊朴進《禮部韻括遺》，詔轉一官。

十五年十月二十七日，詔：「貴州文學劉翔所進《易解》，通達經旨，與教授差遣。」

十六年三月八日，上謂輔臣曰：「(進)〔近〕日鄭邦哲投進《左氏韻類》，却曾留心，宜薄有以旌賞之。」詔邦哲與轉

[一] 密：原作「秘」，據《建炎要録》卷一三四改。
[二] 房：原脱，據《玉海》卷一三〇補。
[三] 傭：原作「補」，據《建炎要録》卷一四九改。
[四] 詔：原作「語」，據《玉海》卷六二改。

一官。

二十二日，處州學生耿世南以編類徽宗朝詔誥、宰執以下詞章來上，賜絹二十疋。

四月十七日，左奉議郎郭仲上所著《易解》，上因宣諭輔臣曰：「《易》象深微，極難窮究。近時學者皆蹈襲前人之説，大率須有自得之學，仍不穿鑿，始可謂之通經。郭仲議論亦粗通，可畧加旌勸。」於是35詔仲與轉一官。

七月四日，饒州進士董凌上編集徽宗皇帝御筆手詔兩册〔一〕，賜絹二十匹。

八月二十四日，左奉議郎、守監察御史王鎡以編述《咸里元龜》來上，詔與轉一官。

九月六日，祕書省、國子監言：「撫州布衣吴澥進《宇内辨》、《歷代疆域志》各十卷，《寡見論》、《責實論》各二卷，《謹始論》五卷。又撫州布衣吴沆進《易璇璣》、《三墳訓義》各三卷，《群經正論》四卷。文（里）〔理〕皆有可采。」內《易璇璣》犯仁宗皇帝舊名，詔吴沆爲犯廟諱，吴澥與永免文解。

十七年四月十七日，上謂秦檜曰：「近覽迪功郎吴適所進《大衍圖》，辨證《易》中差誤。可令秘書省看詳，如委有可採，卿更詢審其人，當處以庠序之職。」

十八年二月十七日，權給事中章壽成言：「看詳福州進士陳夢協進《十七史蒙求》，文理可采。」上宣諭曰：「所進《蒙求》，昨日降出，可令有司加賜束帛，以爲奬勸。」

二十五年十月二日，右朝請郎張永年以故父閣文集來上，詔永年除直秘閣。

二十七年五月二日，故左朝散大夫洪興祖男葴以父興祖先嘗編纂《徽宗皇帝御集》七十二卷上之，已降付史館，未蒙推恩。詔興祖特贈直敷文閣。

九（月）〔日〕〔二〕，祕書省同學官看詳興化軍免解進士彭與上所撰《周易義解》一十册，《神授易圖》四册，《太極歌》一册，《易證詩》一册，《（義）〔羲〕文圖》貳軸。潛心象數，多所發明。訓釋卦爻，辭義淹貫。詔與補上州文學，仍特許免解，令赴省試。

二十九年七月36十七日，國史院言：「知成都府雙流縣李燾申：有《皇朝公卿百官表》一百一十二卷，內九十卷係私自編纂，乞下所屬給筆劄，雇工鈔録。欲從朝廷下本路漕司，借本鈔録赴院，以備參照。」從之。

三十年三月七日，免解進士宋大明上《周易解》，給事中王晞亮看詳，文理簡當，極有可采。詔大明該今次特奏名殿試，候唱名日與陞等。以上《中興會要》。

【乾道會要】

37孝宗隆興二年十月三日，右朝請郎、直龍圖閣、權發遣兩浙路計度轉運副使朱夏卿狀：「先父觀文殿大學士、左光禄大夫致仕勝非手録渡江、復辟（事）事迹各一帙，乞令

〔一〕凌：《玉海》卷六四作「陵」。
〔二〕九日：原作「九月」，據《建炎要録》卷一七七改。

本家（善）〔繕〕寫投進。」詔從之。

乾道二年六月四日，詔尚書兵部員外郎張行成，以疾丐外，兼進《易》可采，除直徽猷閣、知潼川府。

三年八月二十九日，詔給劄付左朝散郎李燾，鈔録所著《續資治通鑑》太宗已後文字。四川制置汪應辰劄子：「切見左朝散郎李燾所著《續資治通（監）〔鑑〕》，自建隆（乞）〔迄〕元符，悉已成書。於實録、正史之外，凡傳記小説，采摭殆盡。考其異同，定其疑謬，精密切當，皆有依據。其太祖一朝編年，已經投進，蒙付國史日曆所外，所有太宗已後文字，伏乞朝廷給劄，付本官鈔録，發送秘書省校勘，藏之秘閣。」故詔從之。

四年五月一日，詔：「尚書禮部員外郎李燾進《續資治通鑑長編》一百八卷，纂述有勞，特轉兩官。」先是，（壽）〔燾〕奏得旨，依敷文閣直學士汪應辰奏，取所著《（績）〔續〕通鑑長編》，自建（炎）〔隆〕迄元符，令有司繕寫校勘，藏於秘閣。燾面奉聖旨，令投進。今先寫成五朝事迹，起建隆元年，至治平四年閏三月，計一百八（十）年，共一百八卷。宰執進呈，故有是命。

六年三月二日，詔降下《續資治通鑑長編》一百七十六册，并《資治通鑑》38一册，付秘書省，令依《通鑑》紙様及字様大小繕寫《續通鑑長編》一部，仍將李燾銜位於卷首，依司馬光銜位書寫，限日（近）進納。

七年九月二十一日，詔：「故廣南東路轉運判官王梁材孫衛卿進崇寧以來手詔一十六册，并編録詔旨寬恤文字七册，與免解一次。」

十二月三日，詔：「右修職郎、處州龍泉縣丞方擬録進徽宗皇帝御筆手詔等六十三項，與減二年磨勘，比類施行。」從國史院請也。

八年六月二日，詔：「右修職郎、監臨安府都鹽倉李丙所録到《丁未録》一百册，計二百卷，淹貫該博，用功甚多，特轉右承事郎。」

九年閏正月二十三日，敷文閣直學〔士〕、左通直郎、提舉江州太平興國宫胡銓言：「昨奉聖訓，令臣所解諸經，可繕寫進來。今先次繕寫到《周易》、《周禮》、《禮記》、《春秋》四經解，未敢擅便投進。」詔令投進。

二月二日，故尚書刑部侍郎程振孫饒州鄉貢進士邵，進故祖存日聞見，抄寫崇寧以來詔旨等文字，謄録成二十册，并御製御書，通計一百一十三件，詔與補下州文學。以上《乾道會要》。

【孝宗會要】

39淳熙元年五月二十九日，明州進士沈悊上《海東三國史記》五十卷。詔與免文解一次，仍賜銀絹一百匹兩，其書付秘閣〔一〕。

三年正月二十日，監臨安府糧料院錢閲上父周材所著

〔一〕「詔與」以下原作小字，今改爲大字。

《毛詩解》一部。（候詔）〔詔候〕任滿日，與堂除差遣一次〔一〕。

五月十六日，知資州馮震上其父輻建炎初被（夢）〔蒙〕太上皇帝御筆一軸，詔付國史日曆所。

十月八日，通判潭州潘燾進（褒）〔哀〕集到祖宗以來因革法令，并《條法樞要》〔二〕。詔與轉一官。

四年七月九日，權刑部侍郎程（太）〔大〕昌上所著《禹貢論》五十二篇，《後論》八篇，詔付秘閣。

五年六月九日，軍器少監張珖上所著《論語拾遺》二十篇〔三〕，詔付秘閣。

六年八月八日，新知池州王日休上所撰《九丘總要》三百四十卷〔四〕，詔與轉一官，添差沿海制置司叅議官。先是，日休投進《九丘總要》二十卷，降付中書後省。國史院看詳可采，令寧國府給札録寫，以書來上，故有是命。

八年六月七日，知劍州王章上《聖朝赦令德音》一部。詔送秘閣。自建隆開國止崇寧五年。

八月五日，知閬州呂凝之上《易書》四十卷。上謂輔臣曰：「卿等更細看其書如何。」周必大奏曰：「此本邵雍之學〔五〕，蜀人張行成嘗推衍之。乾道中，陛下曾召行成爲兵部郎官，凝之必講學於行成。」上曰：「行成所著頗畧。」必大奏曰：「凝之能逐年配以卦爻，所以加密。」上曰：「可與寺監丞差遣。」

十年六月二十二日，40 知潭州林栗奏所著《春秋經傳集解》，乞下所屬給筆劄，繕寫投進。從之。十一年十二月四日，進《春秋經傳集解》三十二卷，詔特轉一官，其書付祕書省〔六〕。十二年四月二十六日，知潭州林栗進《周易經傳集解》三十二卷，《繫辭》上、下二卷，《文言》、《説卦》、《序》、《雜》本文共爲一卷，《河圖洛書八卦九疇（太）〔大〕衍總會圖》、《六十四卦立成圖》、《大衍揲蓍解》共爲一卷，總三十六册。詔付祕書（省），令學士院降敕書奬諭〔七〕。

十一年十二月四日，知台州熊克進《九朝通畧》六十册〔八〕。詔特轉一官，其書付秘書省。

十二年二月一日，迪功郎任清叟進曾祖伯雨所撰《春秋繹聖傳》，詔付秘書省。

十月二十一日，權發遣江陰軍胡介進父世將措畫川陝邊防戰守錢糧奏議三十卷〔九〕，詔付史館。

十三年正月一日，知福州趙汝愚言：「臣嘗備數三館，獲觀秘府四庫所藏，及累朝史氏所載忠臣良士便宜奏章，

〔一〕「詔候」以下原作小字，今改爲大字。

〔二〕條：原作「修」，據《玉海》卷六六改。

〔三〕拾遺：原作「捨遺」，據《玉海》卷四一改。

〔四〕丘：原作「兵」，據《玉海》卷一五、《宋史》卷二〇四《藝文志》三改。下同。

〔五〕本邵：原無，據《玉海》卷三六補。

〔六〕「十一年」以下原作小字，今改爲大字。

〔七〕「詔付」以下原作小字，今改爲大字。

〔八〕六十册：《玉海》卷四七引此條作「一百六十八卷、一百册」。

〔九〕陝：原作「峽」，據《玉海》卷二五改。按《宋史》卷三七〇《胡世將傳》：「紹興九年（吳）玠卒，以世將爲寶文閣學士，宣撫川陝。」是當作「陝」字。峽路夔州在內地，無關邊防。

論議明切，私竊忻慕。收拾編綴，殆千餘卷。因事爲目，以類分次，去其復重與不合者，猶餘數百卷，釐爲百餘門。始自建隆，迄於靖康，推尋歲月，粗見本末。欲更於其間擇其至精至要尤切於治道者，每繕寫成十卷，即作十次投進。伏望時於閒燕，深賜豉詳，庶因藥石之規，能致涓塵之益。」從之。其書一百五十卷，目録五卷。

三月五日〔一〕，宰執進呈鄭大中進父建德所著《漢規》。上曰：「建德雖甚能文，議論可采，可付秘書省。大中與免文解。」

八月二十六日，詔：「新知龍州王稱所進《東都事畧》一百三十卷，計四十册，目録一册，付國41史院。」既而十四年三月十八日，翰林學士兼侍講、兼修國史洪邁奏：「國家史册，雖本於金匱石室之藏，然天下遺文軼事，散落人間，實賴山林博洽之(氏)〔士〕廣記備言，上送有司，以爲汗青之助。臣比承乏四朝史院，氈歲引日，僅能奏篇。既蒙聖恩，裒進崇秩，於此有人焉，嘗施功緒，卓然成勞，敢以姓名，冒(開)〔闕〕宸扆。龔敦頤者，和州布衣也。其曾祖原昔爲秦陵實録院官，故其家〔多〕藏書。念元祐黨籍諸臣及建中上書(雅)〔邪〕等人，表表名節，經崇寧禁錮，靖康流離，子孫不能盡存，平生施爲漫不可考，故慨然屬意，訪求闕遺，遂成《列傳譜述》一百卷。凡名在兩籍者三百九人，而書於編者三百五人，其不可得而詳者四人而已。王稱之父賞在紹興中亦爲實録修撰，稱承其緒餘，刻意史學，斷自太祖，至於欽宗，上下九朝，爲《東都事畧》一百三十卷。其非國史所載，而得之於旁搜者，居十之一。皆信而有證，可以據依。臣之成書，實於二者有賴。敦頤舉進士不第，今爲不理選限登仕郎。稱今以承議郎差知龍州。欲望鑒二人鉛槧之勤，特加甄録，以爲學士大夫之勸。」詔王稱除直秘閣，龔敦頤特補與上州文學。

十四年九月十七日，荆湖北路提點刑獄公事朱佺進伯父長文所著《春秋通志》十一册，詔付秘書省。

十五年三月八日，右諫議大夫謝諤進編集《孝史》五十卷，并序及目録，共一十一册。詔付秘書省。

七月二十42五日，中書後省言：「看詳鄭鈞所進《欽天要畧》，編次有倫，其間評論切於事理，委有可采。」詔鄭鈞循文林郎，與近闕教授差遣。鈞任從政郎，前明州州學教授。采摭祖宗欽天事實，(褒)〔裒〕類爲書，名曰《欽天要畧》，總十有二門，析爲二十五卷，上之。

十六年正月二十三日，太傅史浩進《尚書講議》二十二卷。詔付秘書省。以上《孝宗會要》。

【光宗會要】

43紹熙三年十一月二十四日，顯謨閣學士、通議大夫韓彦直上《水心鏡》一百六十七卷，詔彦直與轉兩官，其書宣付史館。以上《光宗會要》。（以上《永樂大典》卷一七四一）

〔一〕三月：《玉海》卷四九作「二月」。

説書除職　講書賜予

【宋會要】

44 景祐元年五月六日，殿中丞楊中和言：「念臣《九經》第一名及第，今差知温州平陽縣。夙專講誦，政事非長，欲乞依舊在監説書。」詔充國子監説書。

嘉祐六年九月十三日，賜大名府國子監講書進士馬章絹十四、米麥各十碩。（以上《永樂大典》卷一七三三至一七三五）〔一〕。

〔一〕《大典》卷次原缺，陳智超據《永樂大典目録》擬於卷一七三三至一七三五，姑從之，此三卷爲「書」字韻、「事韻」目。

宋會要輯稿　崇儒六

御製

【宋會要】 **1** 真宗天禧四年十一月壬戌〔一〕，詔從丁謂等請，作天章閣〔二〕，奉安御集。十一月，中書言：「聖製已約分部帙，望命内臣規度禁中嚴净之所，别創殿閣緘藏。」從之。又出御製七百二十二卷，付之宰相。十二月，輔臣以御書、御製共二千卷進呈〔三〕，皆帝親筆及親作草本。詔藏御集閣以「天章」爲名。十二月乙巳興工〔四〕，五年三月戊戌閣成。五年二月，修天章閣功畢〔五〕。庚子，有司具兩街僧道威儀，教坊作樂，奉御書自玉清昭應宮安于天章閣。四月，召近臣、館閣、三司、京府官觀御書、御集于閣下，遂宴于羣玉殿。時輔臣集御製三百卷，又取至道元年四月訖大中祥符歲中書、樞密院《時政記》〔六〕、史館《日曆》、《起居注》善美之事，録爲《聖政紀》，凡百五十卷。並命工鏤板。又以御書石本爲九十編，命中使岑守素等主其事。至是畢功焉。五年四月，詔以御書石本爲九十編，藏天章閣。閣在真宗時未嘗建官，至仁宗天聖八年十月初置待〔制〕，命范諷、鞠詠充職。景祐四年增置侍講，以賈昌朝、趙希言、王宗道等爲之。慶曆七年，又置學士、直學士。仁宗于乾興元年八月辛亥賜輔臣先帝《御集》三百卷、《釋典文集》一部〔七〕、《清景殿詩》二卷、《三惑論》並《欹器論》、《天童經》各一册、《聖政紀畧》二百五十卷。

【宋會要】 真宗宴後苑，作《釣魚詩》賜呂蒙正〔八〕。

孝宗御製

【宋會要】 **2** 淳熙元年六月，召上天竺寺僧若訥講《法華經》，有御批問答，類成一書，詔以《大乘妙法蓮華經釋義》爲名。

九月十八日，幸玉津園宴射，賦七言詩賜宰臣曾懷以下，預宴臣僚賡和以進。

二年五月十日，御製詩一首，賜新進士詹騤以下。詳見「進士」。

三年六月一日，御製詩書扇，賜集英殿修撰、主管祐神

〔一〕按，此條不知抄自何書（其文略同於《玉海》卷二八），但決非《宋會要》之文，因以干支紀日；且《玉海》卷二八記此事兩引《會要》，均與此文不同。由此益可見《輯稿》此文非《會要》之文。

〔二〕天頭原批：「按《方域》内亦有天章閣，南宋建置也。」

〔三〕千：原脱，據《玉海》卷一六三補。

〔四〕乙巳：原作「己巳」，據《玉海》卷二八改。此月丁丑朔，無己巳日。

〔五〕按，《玉海》卷二八：「五年三月戊戌，閣成。」原注：《會要》：「二月畢功。」

〔六〕政：原作「正」，據《玉海》卷二八改。

〔七〕典：原作「奠」，據《玉海》卷二八改。

〔八〕此條疑亦非《宋會要》之文，而是抄自《錦繡萬花谷》續集卷一。據《玉壺清話》卷五、《長編》卷三七、《宋史》卷二八一《呂端傳》等，此《釣魚詩》乃太宗至道元年四月所作，此作真宗，誤。又此條之後，原稿又重出此條，今删。

觀張子仁。

四年二月一日，御製《改幸學詔》，賜吏部侍郎、兼直學士院周必大。

三月一日，御製《衆妙堂詩》〔一〕，賜淮東提舉吴琚。

十月一日，御製詩一篇，賜少保史浩。以浩潛藩舊學，賜宴内苑，乃命宿于玉堂。翌日，有詩來上，因俯同其韻，復以賜之。

五年十月二十一日，御製《秋日幸秘閣觀圖書宴群臣》近體詩一首，賜右丞相史浩以下。羣臣咸皆賡和也。

六年六月四日，御製詩賜明州觀察使、提舉萬壽觀張子仁。

十一月一日，宰臣趙雄等奏：「欲就堂中，請侍從宣示御製文字。」上曰：「甚好。」雄等奏：「前日恭覩宸翰，不勝戰慄。」上曰：「此論欲戒飭臣下趨事赴功而已，豈爲卿等耶？邇來年穀屢豐，雨暘時若，中外晏然，皆卿等贊襄之力。」雄等奏：「孔子有言：『迅雷風烈必變。』夫迅雷不爲孔子設明矣，而孔子所以必變者，敬天之威故也。陛下訓
3 教如此，何啻迅雷？臣等及中外小大之臣，無不震懼。」先是，上著論數百言，欲革取士用人之弊，論及誅賞，宣示從臣，故有此奏。

七年五月一日，御製《艮石銘跋》〔二〕，賜右丞相趙雄等。

八年八月十一日，御製詩賜丞相史浩。以浩屢上丐歸之請，留之不可，於其行也，錫燕以賜之。

十年二月十一日，御注《圓覺經》〔三〕一部，賜徑山能仁禪寺僧寶印。淳熙十一年二月二十九日，一部二卷，賜上〔天〕竺僧若〔訥〕〔訥〕、慧持。

十一年四月二十五日，御製《送行詩》賜太保史浩。

十一月一日，宰執奏事，謝賜太上《稽山詩》石刻，上曰：「太上詩規模宏大，所以賜卿者，正欲仰體太上之意，如『屬意種、蠡臣』之句。」

十五年六月二十九日，詔寔録院依典故編高宗皇帝御製。詳〔此〕〔見〕「國史院」。

光宗御製

【宋會要】

淳熙十六年九月二十三日，御贊《頂相》一軸，賜左右街僧若訥。

紹熙元年四月二日，詔：「高宗《芝草贊》、隆興御製《芝草詩》、壽皇《芝草贊》、紹熙御製《芝草詩》，共四本，宣付史館。」

五月十五日，賜聞喜宴于禮部貢院。是日，賜新及第進士余復以下御製詩一首。

三年十二月二日，御製、御書《至尊壽皇聖帝聖政序》。

四年五月二十三日，賜聞喜宴于禮部貢院。是日，賜

〔一〕衆：原脱，據《玉海》卷三〇補。

〔二〕艮：原作「狠」，據《玉海》卷三二改。

〔三〕圓：原作「圖」，據《佛祖歷代通載》卷二〇改。

新及第進士陳亮以下御製詩一首。（以上《永樂大典》卷一三五八五）

御書

【宋會要】 **4** 淳化四年，內出八分書《千字文》〔一〕，賜宰臣、樞密使已下各一軸。

五年十月〔二〕，賜近臣飛白書各一軸，別賜參知政事寇準飛白草書十八軸。先是，宰臣呂蒙正等皆以得賜〔三〕，時準出使在外，至是始及焉。

至道元年〔六月〕〔四〕，太宗草書經史故事三十紙，詔翰林侍讀呂文仲一一讀之，因遣刻石，以數百本并列秘閣官吏姓名，付內侍裴愈，令於江東名山福地、道宮佛廟各藏一本〔五〕。或高逸不仕、敦樸有行、爲州里所稱者，亦分賜之。

二年六月，出飛白書二十軸，賜宰相呂端等人五軸，又以四十軸藏於秘閣，字皆方圓數尺。端等相率詣便殿稱謝，帝謂之曰：「飛白依小草書，體與隸書不同〔六〕。朕君臨天下，復何事於筆硯，但中心好之，不能輕棄，歲月既久，遂盡其法。然小草書字學難究，飛白筆勢罕工，朕習此書，使不廢絶耳。」

三年六月，真宗謂宰臣曰：「先帝多能，尤於筆法精妙，盡得諸家之體。所有御筆墨跡，遍賜天下名山勝境，用垂不朽。」

真宗大中（詳）〔祥〕符二年十一月，真宗以太宗鏤文紅管供御筆十有二管，分賜宰臣王旦以下。因謂旦等曰：「先帝聽政之暇，常以觀書及攻筆法爲意，每見諸家字體精妙，無不學者，學之必成。」旦等言：「先帝筆法神氣英異，非人臣所及。如侍書王著有名於時，然望先帝甚遠。」帝曰：「王著於侍書待詔中，亦無其比焉。」〔馬〕知節言：「先帝弈碁甚 **5** 妙，但聖人汎涉游藝，必至精絶，然終非所好。」帝曰：「先帝亦著《碁格勢》。朕頃在宮中侍先帝，嘗見學鍾繇書，或至夜分〔七〕，或自夙興，常手不釋筆〔八〕。」

五年十一月，內出太宗御集及御書法帖總三百三十六卷示輔臣〔九〕，曰：「太宗嗜學〔一〇〕，實由天縱，屬思援翰〔一一〕，

〔一〕八：原作「分」，據《玉海》卷一一三改。

〔二〕十月：《長編》卷三六、《玉海》卷三三等繫於十一月，但南宋董更《書録》卷上引《會要》仍作「十月」。

〔三〕得賜：原作「賜得」，據《玉海》卷三三乙。

〔四〕六月：原無，據《長編》卷三八、《玉海》卷三三補。

〔五〕佛：原脱，據《書録》卷上、《玉海》卷三三補。

〔六〕書：原脱，據《玉海》卷三三補。

〔七〕或至夜分：原脱，《玉海》卷三三補。

〔八〕筆：原作「卷」，據《玉海》卷三三改。

〔九〕三百三十六卷：《長編》卷七九作「三百六十卷」。

〔一〇〕學：原脱，據《群書考索》卷一八補。

〔一一〕援：原作「授」，據《群書考索》卷一八改。

必極精妙〔一〕。朕孜孜尋訪，殆無遺者。四方以朕購求，所納者甚衆。然或因先朝賜其家寶藏，即復付之。」王旦曰：「以文章化人成俗者〔二〕，自太宗始也。五代以來，筆札無體，鍾、王之法幾乎絶矣。太宗在南宫，留意翰墨，斷行片簡，傳之於外，則争求之，實爲楷法。自是學者書體丕變，實聖教所致。」帝曰：「太宗所用筆，亦與人間不同。」顧向敏中、丁謂曰：「卿等未嘗見。」咸再拜陳乞。翌（日）〔日〕，命賜之，人一雙。

太宗御草《孝經》一卷，刻石在秘閣。賛後法帖十二卷，小字法帖一卷，古詩一卷，倣鍾繇書一卷，草書筆法一卷，草書故事簇子七軸，草書雜時簇子十七軸，草書勑字簇子一軸，草書《急就（草）〔章〕》一卷，草書《千字文》一卷，顛草書一卷，八分書故事一卷，八分《千字文》一卷，飛白書簇子二軸，著飛白書雜詩二軸，飛白書大字簇子二軸，帝字一軸，佛字四體書一卷，五體書一卷，三般大字簇子一軸，已上刻石在御書院。墨跡雜書四千八百九十四卷册：八百七十八卷御製，四千一十六卷册古詩、故事、藥方。墨跡雜書簇子一千六百七十一卷，墨跡雜書扇百三十六柄，刻石雜書八百一十八卷，御製七百【6】九十三卷，古詩故事刻石雜書簇子四百五十二軸。已上分藏於龍圖閣、太清樓、秘閣、御書院及內中。御製御書《逍遥詠》十一卷，《緣識》五卷，《秘閣銓》三十卷，《秘藏詮禪樞要》三卷，《蓮花心經迴文偈頌》三十卷，《心輪圖》一軸，注《金剛經》宣演一部，已上並印本，隨《大藏經》頒行。副本百三十三部，總千九百四十四卷，並印本。文集中録出歌詩文賦别行三百七十六卷，並印本。刻石雜書三百四十七軸，刻石雜書簇子七百五十三軸。已上賜天下名山寺觀，并中外臣僚，及兖州至聖文宣王廟。

天禧五年二月〔三〕，召輔臣觀御書于龍圖閣。四月，詔以御書石本爲九十編，藏天章閣。

乾興元年三月，仁宗遣內侍至中書，賜御書飛白字一軸。仁宗因至真宗靈位之側閲視，有飛白書筆，其筆以木皮爲之，遂取試書數字。帝素亦未嘗攻此書，偶兹閲試，而筆力遒健〔四〕，有如夙習〔五〕。尋命置其書於真宗靈御前，以申哀慕，及分賜執政近臣。是後書法（盜）〔益〕精，屢賜近臣。

仁宗天聖三年四月，遣內侍以御書飛白書各一十軸賜宰〔臣〕，宸翰（猶）〔遒〕逸，筆勢有法，飛白書尤爲精妙。至是，命工模刻以賜之。

四年五月端午，遣內侍賜中書、樞密院御書飛白扇子各一合。

〔一〕必：原作「心」，據《群書考索》卷一七改。
〔二〕者：原作「青」，據《群書考索》卷一八改。
〔三〕二月：《玉海》卷三三作「三月」。
〔四〕遒：原作「遇」，據《長編》卷九八改。
〔五〕如：原作「知」，據《長編》卷九八改。

五年九月，慈孝寺真宗御容殿成，帝親飛白書額曰「崇真殿」，宣示宰臣等。

寶元二年十一月二日，遣内侍就（轉）〔輔〕臣第，賜御飛白書各一軸。次日，面謝，再拜訖，宰臣等奏 7 曰：「陛下萬機之煩，翰墨不倦，神筆奇奧，曠古未（常）〔嘗〕有。」帝曰：「聽政之暇，無所用心，特以此爲樂爾。」

康定元年六月八日，内侍省押班趙永德上真宗御製、御書碑銘歌詩三十三軸，詔領恩州刺史。永德在先朝，嘗管勾御藥院也。

二年六月二十八日，以飛白書文詞字賜端明殿學士〔一〕、翰林侍讀學士李淑。淑出守許州〔二〕，爲《飛白寶章記》〔三〕，摹石州廨。

慶曆二年正月，大相國寺新修寶奎殿，摹（大）〔太〕宗御書寺額于石。帝飛白題之，命宰臣呂夷簡撰記，章得象篆額，樞密使晏殊撰《御飛白書記》。初，帝謂輔臣曰：「昨構一小殿禁中，而有司不諭朕意，過爲華麗，然不欲毀其成功。今大相國寺方構殿，藏太宗親書寺額，可遷致之。」因言：「朕内寢多以黄布爲茵褥。」宰相呂夷簡等對曰：「陛下孝以奉先，儉以率下。雖聖人之盛德，孰加乎此！」帝曰：「此（遇）〔偶〕與卿等言及之，非欲聞于外，恐其近名耳。」

四年三月，帝御邇英閣，出親書十有三軸，凡三十五事：遵祖宗之訓，奉真考之業，念祖宗艱難，思真宗愛民，守信義，不巧詐，親碩學，精六藝，慎言語，待耆老，崇静退，求忠直，懼貴驕，保勇將，尚儒術，議釋老，重良臣，廣視聽，功無迹，戒喜怒，明巧媚，杜希旨，從民欲，慎滿盈，傷暴露，哀鰥寡，訪屠釣，構遠圖，絶朋比，斥諂佞，察小忠，鑒迎合〔四〕，罪己爲民，損躬撫軍，求善使過。

五年十二月，以寶相佛閣爲慈尊閣，飛白書榜賜之。鳳翔府上清太平宫、五 8 臺山真容院寶章閣，并州舍利閣，奉先資福院觀音殿，妙法院正覺殿，洎景靈宫等處神御殿榜，皆帝飛白。每賜，即先召侍臣觀焉。

六年八月，賜宰臣賈昌朝洎從臣御飛白書，人一幅。

七年八月，御崇政〔殿〕，召近臣觀御書真宗皇帝加謚位版。初，帝跪設位版訖，再拜泣涕久之。又觀新作郊廟祭器。

八年九月，御延和殿，召輔臣觀御書。

皇祐元年二月二日，廣濟軍都監李惟賢進二聖御書一軸，詔移曹州兵馬都監。

三月十五日，飛白書「天性」字賜端明殿學士李淑。時帝以御書賜近臣，淑方侍養，遣使就第賜之。

〔一〕以：原脱，據《玉海》卷三四補。
〔二〕守：原脱，據《玉海》卷三四補。
〔三〕「白」下原有「狀」字，據《玉海》卷三四删。
〔四〕迎：原作「近」，據《長編》卷一四七、《文獻通考》卷二一〇改。

〔二年〕九月〔一〕，〔迢〕〔詔〕近臣宗室及館閣〔二〕、臺諫官、三司、開封府推判官、武臣刺史以上，赴迎陽門觀先朝御書。是月，親篆「明堂」二字，飛白「明堂之門」四字，詔祠已藏宗正寺〔三〕。

三年五月，召輔臣、館閣、臺諫官觀書于御書院。

至和元年九月二十一日，故知明州慈溪縣王利用妻張氏進先帝御書飛白一軸，乞男度一名目。詔王度與下班殿侍、三班差使。奏納先帝御書者多矣，不過賜以金帛，今以優命，非常制也。

二年五月，詔開封府：自今有模刻御書字鬻賣者，重坐之。

嘉祐二年十一月十五日，駙馬都尉李瑋進飛白四字，帝書二十五字，賜以寵之。

三年七月二十四日，帝御迎陽門，宣宰臣以下觀御書妙法正覺殿牌額。次赴天章閣觀御書，復出三聖御容以示群臣。

五年十〔一〕月〔四〕，詔自今臣僚之[9]家，毋得陳乞御篆神道碑額。

六年三月，御崇政殿〔五〕，召輔臣觀御書兖州至聖文宣王廟榜。

七年十二月，幸龍圖、天章閣，召輔臣至待制、三司副使已上，及臺諫官、皇子、宗室、駙馬都尉、管軍，觀三聖御書。又幸寶文閣，親爲飛白書。

英宗嘉祐八年未改元。十二月，詔以仁宗御書藏寶文閣，命翰林學士王珪撰記，立石。

治平元年十二月，英宗召輔臣觀御篆孝嚴殿額于迎陽門。

御篆神道碑額〔六〕：太宗御製趙普碑文并書，又篆其額。皇祐中，王子融自河中府還，以唐明皇所題裴耀卿碑額上進，仁宗遂賜其兄曾碑曰「旌賢」。自後勳戚之家多賜之。仁宗〔七〕：旌賢、故相王曾。旌忠、故相萊國公寇準。舊學、故相晏殊。旌功、故樞密使曹利用。懷忠、故相呂夷簡。旌忠勳德、故樞密使張耆。顯功、贈太師、尚書令、兼中書令李繼隆。純孝、觀文殿學士張觀。褒賢、贈禮部尚書范仲淹。褒親、獻穆大長公主。儒賢、觀文殿學士高若訥。崇儒、觀文殿學士丁度。清忠、故樞密使王德用。思賢、故相劉沆。旌忠元勳、故樞密使狄青。褒忠、故相陳執中。全德元老、故相王旦。親賢、隴西郡王李用和。教忠積慶、宰相文彥博父洎。顯功〔八〕、魯國忠武公李繼隆。遺直、故相李迪。旌勞。故相程

〔一〕二年：原脱，據《長編》卷一六九補。
〔二〕館閣：原脱，據《長編》卷一六九補。
〔三〕祠已：原作「詞以」，據《文獻通考》卷七四改。
〔四〕十一月：原作「十月」，據《長編》卷一九二補。
〔五〕政：原作「正」，據《玉海》卷二七改。
〔六〕此句原稿緊接上文，以致不知所云。今審其文意，以下乃別爲一事，此句乃提起下文。今分段。後文崇儒六之一三徽宗之後亦有同類文例。
〔七〕天頭原批：「御書賜勳戚。」
〔八〕此條與上文重，但注文官銜不同。

琳。英宗：大儒元老，故相賈昌朝。忠規德範。故相宋庠。

神宗元豐五年九月二十七日，上御崇(正)〔政〕殿，宣宰臣已下至中書舍人、觀察使以上，觀景靈宮御書十一殿榜。

六年[10]十二月二十九日，文彥博言：「仁宗皇帝賜臣御書，以卷軸甚大，私家難以寶藏，遂送功德院寶勝禪院安置。因建閣奉安，愈爲精嚴。每年乞特賜撥放童行一人。」從之。

哲宗元祐二年九月十五日，賜宰臣、執政、經筵官宴于東宮，上親書唐人詩分賜之。詳見「經筵」門。

五年九月二十一日，御邇英閣，宰臣、執政、講讀、記注官，各賜御書詩一首，上親書姓名於其後。詳見「經筵」門。

六年三月一日，御邇英閣，宰臣呂大防奏曰：「仁宗所書三十六事，禁中有否？」上曰：「有。」大防請令圖寫置坐隅，以備親覽。從之。

徽宗崇寧三年十一月十六日，宰臣蔡京等言：「伏覩車駕臨幸辟廱，親書手詔，面賜國子司業吳絪等。乞下有司模勒刊石，頒賜諸路州學。」從之。

四年十月二十三日，中書省檢會應頒降天下御筆手詔摹本，已刊石訖。詔並用金填，不得摹打，違者以違制論。

大觀元年八月十七日，資政殿學士、中太一宮使、兼侍讀鄭居中言：「近蒙賜臣御筆八行、八刑書，欲望許以所賜模寫于石，立之宮學，次及太學、辟廱、天下郡邑，與石經比。」從之。

三年四月二十五日，尚書户部侍郎蔡居厚等言：「比從近臣之請，凡御筆手詔，刊印成策，半歲一頒。然內外之事，總於六曹，六曹之司二十有四，逐司頒降，各有先後，而日月不次，檢照寔難。欲乞(命)〔今〕後六曹及諸處被受御筆手詔，即時關刑部，別策編次，專責官吏，分上下半年，雕印頒[11]行。」即從之[一]。

政和元年三月一日，議禮局乞以御書《政和新修五禮序》，摹勒立石於太常寺。從之。

三年三月十六日，大司成劉嗣明言：「檢會去年五月九日勅節文，所賜莫儔等御筆勅書，許令辟廱摹寫刊石，頒之四方，申命詞臣撰次本末，刊於勅書之下。近准降下鄭居中撰到記文，乞差官書寫并題蓋。」詔差中書侍郎劉正夫。

是年，鄭居中再知樞密院，賜第建閣，藏宸翰，上書其榜曰「動賢承訓」。

五年十月二十九日，御〔書〕「摛文堂」榜賜學士院。以學士強淵明遷承旨，上爲增廣直廬，書榜寵之。

七年七月十七日，秘書少監畢仲愈言：「奉御筆：『近聞金耀門文字庫有祖宗潛藩親書廟諱奏牘，洎元豐內批詔旨，皆得於塵壤之間。恭閱數四，殘楮斷幅，隨手紛紛，愴

[一]「即」字疑衍。

然于懷。可委官編次，集類來上。』劄付臣編次。乞下書藝局應副工匠物料，委近侍總領，置局計會，編類指畫，表背進呈。」詔令秘書省應副，更不置局。

九月一日，宣和殿大學士蔡攸言：「伏聞國子監、辟廱已掛御書『大成殿』牌，乞許尚書、學士、侍郎、給舍、(侍)〔待〕制、兩省同詣兩學(贍)〔瞻〕仰，仍分作兩日。」從之。

宣和二年四月四日，姚古言：「自叨竊帥閫，并先兄雄累帥熙河，皆蒙降到宸翰不少，已於私家創造高閣寶藏。乞降賜閣名。」奉御筆賜名「褒勳之閣」。

十六日，兵部侍郎蔡莊言：「先臣墓道，先蒙賜題碑首。近日大臣及從官被受御書，例皆建閣。伏望錫 12 之美名，依故相何執中、劉正夫家已得旨揮。」詔許建閣，仍以「褒忠顯功」爲名。

八月二十日，御筆：「門下侍郎白時中於壽春府私第脩建御書閣畢工，可賜御書『醇儒之閣』。」

十二〔月〕一日，新知福州、少傅、鎮江軍節度使余深言〔一〕：「奉御筆，以臣私第建御書閣，蒙降賜御書『賢弼亮功之閣』牌一面。緣臣私第建閣，係在福州。今欲乞依白時中私第御書閣例，差破使臣。其潛火兵士，止乞差一十五人。」從之。

三年正月十七日，詔差開州防禦使徐位押賜唐州方城縣范致虚所建神霄玉清鍊真宫殿、閣、門、室御書牌額，共一十五軸。

八月二十四日，賜梁子美私第御書牌閣額爲「耆英之閣」。

四年三月五日，駕幸秘書省，太宰王黼攄其事，乞宣付秘書。其畧曰：「鑾輅幸秘書省，詔宰輔、從臣暨館閣之士觀書于秘閣，俾恭閲祖宗謨訓，崇寧以來御書。復召輔臣、侍從及秘書少監至提舉官聽事，宣示御書《千文》、十體書《洛神賦》、行草近詩并御畫，即恩許分賚。臣蒙恩獨賜匹紙金花《千文》一軸、御書二十二軸。上親出建隆真跡詩帖數幅，於是群臣始識藝祖書。又出太宗、真宗、仁宗翰墨。至神考書《孟子章句》，上曰：『此先帝在藩邸時所作也。』上色蹙然。」

五年正月十七日，大司樂畢完言：「爲裝成神宗皇帝御筆石本二軸投進，乞宣付秘閣收藏。」從之。

十二月二十四日，賜太傅王黼私第御書「載賡堂」、「膏露堂」、「移山堂」、13「寵光亭」、「十峰亭」〔二〕、「老山亭」、「榮觀齋」、「四友齋」、「隱庵」九牌。

御書神道碑額：《實録》有止稱「賜神道碑額」而不言御書者，別載「喪(華)〔葬〕」門。 神宗：兩朝顧命定策元勳、贈尚書令韓琦。 忠勤懿戚、贈侍郎向經。 決策定難顯忠基慶、衛王高瓊。 克難敏功鍾慶、康王高繼勳。 兩朝顧命定策亞勳。贈太師、中書令曾公亮。 初

〔一〕江：原作「西」，據《宋史》卷三五二《余深傳》改。

〔二〕十峰亭：原脱，據《能改齋漫録》卷一二補。

賜「兩朝顧命贊策勳德」，後詔改之。哲宗：顯忠尚德，贈太師富弼。忠清粹德。贈太師、温國公司馬光。徽宗：旌忠，贈鎮（童）〔潼〕軍節度使趙隆。元豐受遺定策殊勳宰臣。贈太師蔡確〔一〕。《徽宗實録》止云賜碑額曰「元豐受遺定策宰臣蔡確之墓」〔二〕，確本傳所載，又有「殊勳」二字，乃其子渭請御書，因而賜之。欽宗：張商英。靖康元年九月，工部員外郎李士觀乞詔詞臣撰商英神道碑，詔：「依奏，碑額朕當親書。」實録不載額名，亦不載賜御書月日。

高宗建炎（元）〔二〕年九月十七日〔三〕，上書《資治通鑑》第四册賜黄潛善（稱）。翌日，潛善稱謝，奏曰：「昨晚錫與執政同觀，皆言陛下筆力益妙於昔，蓋聖學日新之盛。」上曰：「朕退朝，省覽章奏罷，多游意翰墨，不以爲倦。」又曰：「近將《孟子》論治道處手寫于絹屏〔四〕，積久遂多〔五〕。佗日回鑾，亦留屏於此。」潛善曰：「昔人几杖槃盂，皆銘識之，以自警發。今陛下寫《孟子》王道政教之言在屏障間，亦古人自警發之意。」上曰：「朕每日温閲《孟子》五卷，愛其文詞簡明知要，所以信手多書於屏。」汪伯彦曰：「陛下留神此書，取其宜於今者力行之，天下幸甚。」

二十二日，内出親書座右素屏《旅獒》一篇，《大有》、《大畜》二卦，與《孟子》之言七章，凡十扇，遣中使宣示宰執。翌日，黄潛善等稱謝，奏曰：「陛下於《書》取『慎德』〔六〕、『昭德』之規，於《易》記《大有》畜賢之義〔七〕。蓋曰正心誠意，以齊 14 家治國者在德；立政造事，以致君澤民者在賢。所摭孟軻當年之格言，皆切本朝今日之急務。屏幃之内，聖賢滿前，因知心術之接在兹，非以字畫之妙爲貴。臣等愧衮職之非宜，幸聖學之多進。」有旨勿拜，潛善等皆再拜。

四年八月八日，上手寫《郭子儀傳》付范宗尹，呼諸將示之。時韓世忠以進官到堂，上知世忠洎諸將不親文墨，故執政因而諭之。

紹興元年三月二十五日，宰執奏擬柯賜上所藏道君皇帝賜（扎）〔札〕欲給還，上曰：「此上皇御書，當須藏置内閣，不當降出。」

四月九日，以經筵，上親書扇賜講讀官。

九月十一日，進士黄朝美上仁宗皇帝御書「明堂」牌碑本二軸，詔送秘書省藏之。

二年七月一日，進士韋許上太宗皇帝御書，補迪功郎。

〔一〕蔡確：原脱，據下文及《宋史》卷四七一《蔡確傳》補。

〔二〕確：原作「額」，據《宋史》卷四七一《蔡確傳》改。

〔三〕二年：原作「元年」，據《建炎要録》卷一七、《玉海》卷三四改。

〔四〕「論」下原有「語」字，據《玉海》卷九一删。按，據下文，所書者僅《孟子》，無《論語》。

〔五〕久：原作「之」，據《玉海》卷九一改。

〔六〕慎：原作「謹」。按僞《古文尚書·旅獒》云「明王慎德」，是本作「慎」，《會要》避孝宗諱改爲「謹」，今回改。

〔七〕義：原脱，據《玉海》卷九一補。又按，「大有畜賢」四字，《中興小紀》卷四作「有賢畜賢」，《玉海》卷九一作「有賢畜德」。疑《玉海》是，「有賢」承《大有》卦，「畜德」承《大畜》卦。

兼進書籍，特有是命。

八月十六日，上出所寫《孝經》、《詩》、《書》篇章，遣中使宣示宰執。翌日，進呈畢，呂頤浩等奏：「蒙宣示御書，仰窺聖意，若稽于古，臣等不勝欣覩。」上曰：「朕瞻仰古先聖王之治，以爲規戒。」秦檜曰：「以此見聖學不廢。」

十月二十七日，臣僚言：「伏覩陛下躬洒宸翰，親裁睿詔，命有司摹黄庭堅所書《太宗皇帝戒石銘》，勒諸堅珉，拓爲墨本，徧賜郡縣守令。伏聞近命五使廉按諸路，臣以謂與其馳驛而頒，孰若付之五使賫行而賜之，仍使州縣謄本，揭諸通衢。」詔依，令五使附行賫賜，其餘州縣令禮部頒降，碑石於尚書省龕立。

三年正月十一日，詔：「15恤刑手詔委尚書左右司刻石，頒降天下。其親(扎)〔札〕候刻石(子)〔了〕畢，付大理寺置之治事廳。」既而命樞密都承旨趙子晝篆額，以《紹興恤刑手詔》爲目。其後以碑刻賜侍從及寺官，人各一本。

五月十三日，將仕郎謝愷上仁宗皇帝御書飛白一軸，詔賜銀絹二十四兩。

四年五月二十八日，詔韓世忠私第御書閣以「懋功」爲名。從其請也。

八月三日，處州進士王楊緻進太宗皇帝御書詩二軸，計一十篇。詔令户部支賜絹二十匹。

九日，秦魯國大長公主上家藏仁宗皇帝在東宮時真宗皇帝所賜御製親書《元良述》一軸，詔送史館、秘書省。

二十五日，賜故相韓忠彦御書神道碑額曰「世濟厚德之碑」。

五年四月七日，上親書《無逸篇》，爲圖，設于講殿之壁。先是，范沖輪對，論：「仁宗皇帝建邇英閣，嘗命儒臣蔡襄等寫《尚書·無逸篇》，并《孝經》《天子》、《孝治》、《聖治》、《廣要道》四章，爲二圖，列于左右。元祐初，先臣祖禹爲侍講，乞檢尋二圖，如仁宗故事，哲宗皇帝從之。願陛下脩祖宗故事，躬寫《無逸篇》，爲圖設於講殿。」至是，上乃書之。

九月二十日，賜趙鼎御書《尚書》一部。翌日，鼎稱謝，上曰：「《尚書》所載君臣相戒勑之言，所以賜卿，乃欲共由此道，以成治功。」六年十月，摹勒上石，鼎乞安於私第。

九月，賜新及第汪應辰以下御書石刻《中庸篇》。廷試畢賜御書自此始。其後以《周官》或《儒行》、《大學》、《皐陶謨》及《學記》、《經解》等篇，皆就聞16喜宴日賜之，舉故事也。

十月三日，上書《車(功)〔攻〕》詩，賜宰臣趙鼎等。翌日，宣諭曰：「朕觀《鴻鴈》、《車攻》，乃宣王中興之詩，當與卿等夙夜勉勵，脩政事，攘夷狄。」鼎曰：「陛下游戲翰墨之間，亦不忘恢復，臣等敢不自勉！」

六年三月六日，江南西路安撫制置大使、兼知洪州李綱上家藏道君皇帝御筆真跡，詔送史館。

十一月二十五日，故翰林侍讀學士王洙孫男楚老上慶曆、皇祐御（扎）〔札〕手詔飛白等，賜銀絹各一百匹兩。楚老兼進四朝御容，故有是賜。

二十八日，賜成都府府學御書「大成之殿」四字，揭于宣聖殿額。先是，成都府府學教授范仲殳言：「府學大成殿建於東漢初平中，制度簡樸，氣象雄渾。漢人以大隸記其脩築歲月，刻於東楹。至于今，九百四十三年矣，蓋天下楝宇之古，無過於此。臣願陛下萬機之間，因御翰墨，作『大成之殿』四字，揭之殿額，以著（陞）〔陛〕下（睠）〔眷〕蜀之意。」至是，從之，仍帶賜本學。

七年九月二十六日，樞密使秦檜言：「乞以賜臣御書《羊祜列傳》付有司刊石〔一〕，以墨本頒諸宰執、大將、侍從。」上謙遜再三，趙鼎等奏：「陛下筆法精詣，實宜傳之天下後世，以幸學者。」從之。

十二月十一日，上宣諭輔臣曰：「劉光世喜書，前日來乞朕所臨《蘭亭帖》，亦以一本賜之。」因論書法甚詳，遂及法帖，曰：「其間甚有可議，如古帝王帖中，有漢章帝《千文》，《千文》是梁周興嗣所作，何緣章帝書之？舉此一事，其他可知，豈不誤後世學者！」

九年[17]二月十二日，詔：「紹興府天章寺祖宗御書，令守臣取進。」先是，建炎四年巡幸江（淅）〔浙〕，御書凡五百五十軸卷，悉留越州。至是，駐驆臨安，降詔取焉。

同日，詔：「興化軍進士蔡珌上太宗皇帝御書，可賜（來）〔東〕帛。」

四月二十三日，親從額外指揮使王琪進太宗皇帝御書一百件，仁宗皇帝御書飛白五件，徽宗皇帝御書三件，「德成之宮」大字牌文一本。詔令進入。先是，琪詐陷虜庭時，在京於北軍處覩此御書，收而藏之。至是還朝，投進。

六月十三日，宰臣秦檜乞以上所賜御書真草《孝經》刻之金石，以布宣德意。上曰：「十八章，世人以爲童蒙之書，不知聖人精微之學不出乎此也。朕宮中無事，因學草聖，遂以賜卿，豈足傳後？」檜請至再三，乃從之。

十年五月十六日，御書《中庸篇》賜秦檜，乞刊石分賜墨本。從之。

十一年二月二日，詔：「余深被遇徽宗皇帝，擢任宰輔，當時所賜御筆，許令本家投進。」從深男日章請也。

六月二十四日，詔：「萬安軍於蔡攸家收取徽宗皇帝御筆《立皇太子詔》，叙宣和末策立淵聖皇帝事，因及罪己奏天。密表投進，宣付史館、實録院編類，送敷文閣藏之。」從吉陽軍使楊雍請也。

十三年四月二十四日，衢州學生趙修上家藏徽宗皇帝御書一紙，詔（賜）絹十匹。

十月二十二日，右承議郎、直龍圖閣張茂上〔言〕：「政和中徽宗皇帝御書《上清大洞真經》一部，賜先臣商英，乞賜宣取。」詔令尚書省取進。

〔一〕祜：原作「祐」，據《玉海》卷三四改。

[18]十三年正月二十五日，詔：「親書經史，令户部尚書張澄將行在見有墨本先次計置，須降施行。」先是，湖州守臣秦棣言[一]：「祖宗御書賜在州郡，雖經兵火，多獲(實)〔寶〕存。乞將前後御書經史頒諸泮宮，使士子得以師承，咸仰崇儒設教之德意。」故有是命。

二月，内出御書《左氏春秋》及《史記》列傳於秘書省，宣示館職。觀閲畢，少監秦熺以下皆作詩以進[二]。是年六月，内出御書《周易》。十四年正月，出御書《尚書》。十月，出御書《毛詩》。十六年六月[三]，又出御書《春秋左傳》，皆就本省宣示館職，觀閲畢，並作詩以進。上又書《論語》、《孟子》，皆刊石立于太學首善閣及大成殿後三禮堂之廊廡。

七月，賜御書宣聖殿及門榜，並曰「大成」，御書閣曰「首善」。先是，修建太〔學〕，國子監請依徽宗故事，乞賜宣聖殿及御書閣名榜。内御書閣，徽宗賜曰「求賢」，上改今名。至是，殿、閣告成，賜之。用鈞容樂迎至學安掛。

九月四日，上諭輔臣曰：「洪興祖欲進碑刻，此安用！學書只是看筆法精神，若不善刻者，字畫皆失真。朕收得王獻之《洛神賦》墨跡六行，置之几案間，日閲十數次，頗覺書有所得。近又寫《尚書》一部，已終篇矣。學寫字，不如便寫經書，不惟可以學字，又得經書不忘。」已而降付秦檜，奏曰：「尋常諸生，終年未曾寫得一部經書。欲宣示從官，不惟觀陛下書法之妙，又令知聖學不倦也。」上曰：「朕宫中無所嗜好，唯學字觀書，所得甚多，可以[19]養神，兼日聞所未聞，其樂無涯。」既而《尚書》委知臨安府張澄刊石，仍頒諸路州學。

十四年六月十四日，上書《乾卦》賜龍圖閣學士、知宣州秦梓，又以湖州昨刊諸臣所書《易》十碑賜梓，令於私第御書堂一處安置。從梓請也。

七月二十二日，左宣教郎、守殿中侍御史汪勃言：「竊觀陛下萬機之餘，親寫《孝經》，近頒之諸郡，皆止奉安于泮水。雖卿大夫，多有不獲藏蓄爲恨，而況於庶人乎？乞令諸郡募工摹刻，自郡達縣，自縣達(卿)〔鄉〕，皆使家藏而户曉。庶幾普天之下，風俗曠然而大變。」詔令諸州刊石，賜見任官，并係學籍諸生。

十五年三月十八日，邵武軍進士吳行成進徽宗皇帝御書吳融《曉賦》一軸，詔令户部支賜絹十匹。

十月三日，上遣中使賜(大)〔太〕師秦檜第御書閣榜曰「一德格天之閣」，仍就賜御筵。

十六年三月二十二日，處州學生耿世南進徽宗皇帝御筆親帖三軸[四]，賜絹二十匹。

四月十四日，脩武郎張燕上太祖皇帝御書一卷，賜絹

[一] 棣：原缺，據《建炎要録》卷一四八補。
[二] 皆作：原無。據《玉海》卷三四補。
[三] 六月：《玉海》卷三四、卷四三皆作「五月」。
[四] 學生：原作「學士」，據本書崇儒五之三四改。

十匹。

六月五日，饒州樂平縣進士馬孝友上仁宗皇帝飛白「風水」二字，賜絹十匹。

十九年九月二十九日，御書太師秦檜像贊，藏于秘閣。

二十年三月二十八日，賜太師秦檜父敏學御書神道碑額曰「清德啓慶之碑」。

二十五年十一月五日，賜故太師秦檜御書神道碑額曰「決策元功精忠全德之碑」。

二十六年閏十月二十七日，上書玉牒殿并殿門及[20]祖宗屬籍堂榜，令揭于殿堂之額。以新建殿堂畢，從玉牒所請也。

十二月二十八日，新知池州貴池縣陸沆上寶藏哲宗皇帝賜故外祖翰林學士顧臨御書《即事詩》一軸，詔送秘閣。

二十七年四月，御試，上曰：「指陳時〔事〕切直者，令寘之上列。」因親書以賜編排官吏部侍郎李琳等。宰臣沈該請刻石頒諸臣僚，詔可。

二十九年六月十九日，處州縉雲縣進士朱逢辰繳進仁宗皇帝御書，詔令户部倍賜束帛。

七月二十四日，尚書右僕射湯思退等言：「近恭覩戒諭崇尚清白、禁止賂遺詔書親札〔一〕，雲章奎畫，超古冠今〔二〕。」上曰：「朕自少時，留心翰墨，至今不倦，然(乞)〔迄〕不能臻其要妙。在唐惟太宗好二王書，當時士大夫翕然相尚，如歐、虞、褚、薛，皆有可觀。朕有舊藏文皇數帖，其間有好謙自牧，上畏天，下畏群臣等語。不惟字畫可喜，其用心實可爲後世矜式。」思退曰：「陛下天縱多能，精於藝學，過文皇遠甚。當與本朝太宗皇帝儷美齊驅，豈前代帝王所能髣髴？」思退請以御書刊石，頒中外臣僚，詔可。

三十年〔三〕，上以「玉堂」二字親灑宸翰賜翰苑〔四〕。知制誥周麟之言：「欲以御書依典故就都堂宣示宰執，許本院摹勒上石，俟石刻成日，於秘書省曝書會宣示館閣官，并以石本分賜。」詔可。

孝宗隆興元年十月十四日，詔金山寺御書御製詩令刊石，將碑本投進。從兩浙運使朱夏卿之請也。

乾道元年二月三日，賜(大)〔太〕傅、寧遠軍節度使、和義郡王[21]楊存中第御書閣榜曰「風雲慶會之閣」。

三年二月，賜故贈太師陳康伯御書神道碑額曰「旌忠顯德之碑」。

六年五月二十四日，御書《戒飭詔》賜宰臣虞允文等〔五〕。

八月二十八日，御書漢議郎崔實《政論》賜宰臣虞允文等。

七年正月八日，御書郭熙《秋山平遠詩》賜宰臣虞允文

〔一〕札：原作「北」，據《玉海》卷三四改。

〔二〕「雲章」二句：原脱，據《玉海》卷三四補。無此二句，則語意未完。

〔三〕按此條所記之事，《建炎要録》卷一八五、《玉海》卷三四繫於五月辛巳。

〔四〕賜翰：原脱，據《玉海》卷三四補。

〔五〕飭：原脱，據《玉海》卷六四補。

等。是日，宰執進呈畢，上宣諭曰：「朕無他嗜好，或得暇，惟書字爲娛爾。」允文等奏曰：「允文等外日對罷，顧見石墀上陛下草聖，筆力天縱，有飛動之狀。」上曰：「戲書，不足觀。朕近寫得一軸。」因顧内侍取示允文等，迺郭熙《秋山平遠詩》，因以賜允文。且顧梁克家曰：「俟别寫賜卿。」上又曰：「太上真草皆極古今之妙，來日與卿等。」允文等頓首謝。

十一日，遣中使賜左丞相虞允文《養生論》、右丞相〔梁〕克家《長笛賦》，皆太上真書。又賜克家御草書《古柏行》一軸。是日，宰執進呈，上宣諭曰：「前日過德壽宮，侍宴太上，飲酒(權)〔懽〕甚。宮中熙熙，和而有禮，本朝家法，前世所不及也。已與卿等覓得御書，俟請寶來，即賜卿等。」已而，遂有是賜。

二月，御書孫綽《遊天台山賦》，賜容州觀(察)使、幹辦皇城司夏執中。

六月，御書上天竺靈應觀音寺并殿碑。

九月二十一日，故少宰、觀文殿學士吴敏孫楠進欽宗皇帝御書一百軸，特與補將仕郎。

十月二十二日，詔：「右迪功郎劉愈進欽宗皇帝御書二軸，與減二年磨勘，比類施行。」

八年二月六日，御書：「尚書左右僕射，可依 22 漢制改作左右丞相，學士院降詔。」

八日，御書賜權禮部侍郎、兼直學士院周必大：「比來一二大臣同心輔政〔一〕，夙夜匪懈，漸革苟且之風，以副綜覈之意，深可嘉尚。今因除授，宜示褒典。虞允文可特授正奉大夫、左丞相〔二〕。」

四月二十一日，賜新進士御〔書〕《益稷篇》。上與宰執虞允文等論寫此篇賜進士之意，詳見「進士」門。

七月十二日，詔：「朝請大夫毛奎孫勸進欽宗皇帝御書十軸，與免文解一次。」同日，詔：「故端明殿學士、贈少保親姪孫毛勒，進欽宗皇帝御書一百軸〔三〕，特與補上州文學。」

八月一日，賜故太師、和王楊存中御書神道碑額曰「安民定功翊運忠德之碑」。

九年二月二日，詔：「故中書侍郎陳過庭孫進士述進欽宗御書十四軸，端明殿學士張深曾孫伯成進三朝御書十三軸，并續進欽宗皇帝詔旨一軸，各與免文解一次。」同日，詔：「故刑部侍郎程振孫饒州鄉貢進士邵進靖康御筆八十八軸，又宣和間爲欽宗皇帝東宮舍人(曰)〔日〕賜親書《玉〔不〕琢不成器賦》、杜甫《喜雨詩》各一軸，及政和間頒降石刻御筆手詔等三册，與補下州文學。」

四月二十八日，御書《荔枝賦》，賜(閣)〔閤〕門宣贊舍人張延年。

〔一〕政：原作「正」，據周必大《文忠集》卷一七五改。

〔二〕左：原作「右」，據《文忠集》卷一七五改。

〔三〕「少保」下當脱人名，而《玉海》卷三四記毛勸、毛勒，並作毛奎之孫。又毛勒，《佩文齋書畫譜》卷二〇引《玉海》作「毛勤」，似是。

淳熙元年五月一日，御書唐元稹《牡丹花詩》扇，賜臨安府通判吳琚。

六月一日，御書劉禹錫詩賜集英殿脩撰、主管祐神觀張子仁。

二年三月四日，宰臣葉衡奏謝：「昨日蒙遣中使宣示太上皇帝宸翰十軸，并御製跋語，得旨令臣閲畢，23可飲巵酒，以慶榮遇；仍宣示執政、侍從、臺諫，以其書付祕省〔一〕。臣欲就都省具巵酒，與執政而下共侈非常之賜。」上曰：「甚好。」參知〔政〕事龔茂良、李彦穎同奏曰：「太上皇帝宸翰刻石賜郡國者，臣等固嘗得窺；此十軸藏在御府，群臣無繇見者，今遂獲拜觀，不勝千載榮遇。」上曰：「太上皇帝於翰墨間，蓋是天縱，非尋常學力所能到。如鍾、王輩不足道。」「臣等與侍從〔二〕、臺諫、兩省官環立展視，莫不駭心動目，即所未覩。」翼日拜謝訖，乞勒石，率預觀臣僚奉表稱謝，從之。上曰：「當以此表轉于德壽宮。」

三年九月十五日，太上皇帝御書白居易《大巧若拙賦》，賜幹辦皇城司夏執中。

十一月一日，御書杜牧《戰論》，賜皇太子。同日，御書詩賜皇太子、嗣濮王士輵、永陽郡王居廣，各一軸。

四年二月十(七)〔九〕日〔三〕，詔：「知臨安府趙磻老就太學建閣，奉安太上皇帝御書石經，碑石可置之閣下，墨本于閣上，以『光堯御書石經之閣』爲名〔四〕，朕當親寫。」參知政事龔茂良等言：「自古帝王未有親書諸經及傳至數千萬言者，不惟宸章奎畫，照耀萬世，其所以崇儒重道者可謂至矣。陛下聖孝，又欲親書題額，以增斯文之重，天下幸甚！」上曰：「太上於字畫蓋出天縱。朕嘗謂鍾繇字最工，猶帶隸體，如太上宸翰，冠絶古今。」

五月二十四日，知臨安府趙磻老言：「得旨，就太學建造光堯太上皇帝御書石經閣，將欲就緒。其見在石經《周易》、《毛詩》、《尚書》、《春秋左氏傳》、《論24語》、《孟子》外，尚有太上皇帝御書《禮記》《中庸》、《(太)〔大〕學》、《學記》、《儒行》、《經解》五篇，不在太學石經之數。今搜訪得舊本，重行模勒，欲補《禮經》之闕。」從之。

淳熙十六年四月七日，故太師秦申王府進納高宗皇帝御書二軸，詔送實録院。

五月三日，御書「歸隱」二字賜天竺彌陀興福院〔五〕。

九月十八日，御書「彌陀興福之院」六字，賜左右街僧録若訥。

〔一〕付祕：原脱，據《玉海》卷三四補。

〔二〕「臣等」上疑脱「茂良等曰」之類文字。

〔三〕十九日：原作「十七日」。按《玉海》卷三四作「十九日」，《宋史全文》卷二六上作「己丑」，亦爲十九日，據改。

〔四〕御書：原無，據《宋史全文》卷二六上補。

〔五〕興福：原作「福興」，據《咸淳臨安志》卷八〇乙。

紹〔興〕〔熙〕元年正月四日〔一〕，御書偈頌一首，賜左右街僧録若訥。

七月九日，御書四季草書扇面四軸，賜左右街僧録若訥。

二年正月五日，御書草書勝常帖，賜左右街僧録若訥。

（以上《永樂大典》卷一七五三）

録賢

【宋會要】

25仁宗嘉祐二年十一月二十七日，三司使張方平等言：「故國子監直講孫復著述《春秋》之説四十餘年，并鈔録到所撰《春秋尊王發微》二部。復惟一子大年，欲望特賜甄録。」詔孫復嘗在邇英閣講書，今又進到《春秋尊王發微》，其男大年特補郊社齋郎。後太常博士胡瑗卒〔二〕，近臣共援此例，官其一子。

神宗熙寧六年五月二十三日，右正言、直集賢院常秩言：「昨召對，蒙問及臣友王回之爲人，又被旨進其文編。竊以先王之法〔三〕善善以及子孫，故士者世禄。下逮漢、魏，管寧之徒一時之篤行，被召不至，而猶得拜子爲郎。況回未及進用而不幸，有子汾，宜加甄録。」詔以汾補郊社齋郎。

徽宗建中靖國元年正月六日，詔録故監察御史王回一子爲〔爲〕〔太〕廟齋郎。以從臣王覿、曾肇、豐稷、張舜民、賈易、岑象求、上官均等列奏：「回有學術行義，嘗因鄒浩得罪。自蒙昭雪，擢爲御史，不數日而殞。家貧無歸，願加優卹。」故有是命。

高宗紹興元年正月二十二日，詔：「趙普佐命之勳，猶漢蕭何。今子孫流落，所宜憫卹。令諸州郡博加尋訪，如法敦遣赴行在，量才録用。」

九月十五日，明堂赦：「應曾任宰臣、執政官及節度使，明有勳德，載在史册者，見今後嗣無人食禄，如有子孫，許於所在州軍投狀，委長吏以下勘驗26詣實，保明聞奏，當議量才録用。若係國朝以來勳臣，雖不曾任前件官，亦依此施行。」三十一年赦：「國朝勳臣後嗣，無人食禄，録用子孫，許召陞朝官三員保明陳乞。內有全去失勳臣元授告敕等干照，若實係勳臣之家，可令更召監察御史以上，管軍、知閤、御帶、監司、郡守二員，委保勳臣元任官職、去失來歷因依〔四〕，如無僞冒，特與推恩。」

〔一〕紹熙：原文作「紹興」。據明代僧明河所撰《補續高僧傳》卷三《若訥傳》，若訥乃臨安上天竺寺僧，乾道三年孝宗授右街僧録。自是常入禁中講經，進左街僧録。淳熙十一年退處興福教院，特授兩街都僧録。光宗在東宮，書「歸隱」之扁賜之。紹熙（按：原書亦訛作「紹興」）二年卒。可證此句「紹興」乃「紹熙」之誤，因改。

〔二〕常：原作「宰」，據《宋史》卷四三二《胡瑗傳》改。

〔三〕王：原作「生」，據《長編》卷二四五改。

〔四〕來歷：似當作「文曆」。

十月二十六日，唐故尚書右丞相張九齡十二代孫進士昭〔言〕：「乞依赦書，應曾任宰臣、執政官，明有勳德，載在史册者，見今後嗣無人食禄子孫，許量才録用。念祖九齡之後，並無人食禄，見今有祖九齡中書令告一道、明皇御書一道，并朝廷兩次用九齡勳臣之蔭録用高祖瑛、曾祖錫出身告二道及《宗枝圖》一本投進。」詔昭特補中州文學。其張九齡告令尚書省給付本家。

四年四月二十八日，江南西路安撫制置〔大〕使趙鼎奏：「契勘洪州昨有試〔將〕作監主簿潘興嗣，自幼得官，高蹈不仕。朝廷察其高行，常除差遣，抗志不就。嘉祐間，宰相韓琦等奏，乞加拔擢，凡所旌寵，每至輒辭。至元符三年，尚書右丞黄履又引孫侔、王回等例，乞録其後，遂官其孫淳，授太廟齋郎，調南康軍星子縣尉。蔡京用事，言者觀望，謂淳與陳瓘有連，每至京師，必館於瓘家，實預論議，又與曾布有鄉曲之舊，故履因緣論薦，遂降指揮追奪。士論冤之，三十餘年。今興嗣與淳皆卒，唯有孫濤，亦復垂老。乞給還 27 所奪官資與之，以爲廉退自守之勸。」詔潘濤特與補右迪功郎。

五年十一月十九日，詔唐顔真卿之後顔邵補右修職郎，顔卓補右迪功郎，並特命詞給告。初，温州發遣顔真卿遠孫顔邵、顔卓賫真卿所自書告身，赴行在投進。上曰：「人皆有一死，或輕於鴻毛，或重於太山，在處死爲難耳。真卿在唐死節，可謂得所處矣。況今艱難之際，欲臣下盡節，其顔邵等可量與推恩，以爲忠義之勸。況仁祖時曾召顔似賢赴闕，亦嘗命之以官，自有故事。」故有是命。

六年二月六日，詔元祐石刻黨人葛茂宗男輔國與補惠州文學。

五月二十四日，給事中朱震言：「本朝西洛程顥〔一〕、程頤以傳道爲己任，學者負笈摳衣，親承其教。散之四方，或隱或見，莫能盡紀。其高弟曰謝良佐，曰〔揚〕〔楊〕時，曰游酢。時晚遇靖康、建炎之間，致位通顯，諸子世禄。酢仕至監察御史，出典州郡，亦有二子仕宦。獨良佐終於監竹木務，名在黨籍，著于石刻，終身不遇。雖以朝奉郎致仕，奏補其子克己入官，後逢巨賊於德安府，舉家被害。今止有一子克念，流落台州，貧窶一身，朝夕不給。竊見黨籍諸人及上書得罪，身後無人食禄者，朝廷皆寵之以官。良佐之賢，親傳道學，舉世莫及〔二〕，又遭禁錮而死，諸子衰替，最爲不幸。乞依黨人及上書人例，特官其子克念，使奉良佐之祀。」詔謝克念特與補右迪功郎。

八年三月二十八日，湖州言：「故太〔學〕〔常〕博士、天章閣待 28 制、侍講胡瑗，以儒學被遇仁宗朝。今其家淪替，別無子孫，唯有胡滁服習儒業，鄉閭推重。欲望仰追仁祖待瑗之意，矜念胡滁已係免解進士，特褒録，以爲天下學

〔一〕洛：原作「路」，據《建炎要録》卷一〇一改。
〔二〕及：原作「知」，據《建炎要録》卷一〇一改。

者之勸。」詔胡滁特與補下州文學。

十二月五日，唐太師、魯國公顔真卿遠孫顔師與言：「昨蒙朝廷下温州搜訪顔氏之後，臣係嫡長，特以病患，緣本州催督，且令弟卓齎遠祖誥勅赴朝廷，蒙拘收，就補迪功郎，未幾身故。今先臣之後，依舊布衣，不繼世禄。乞將弟所得名目，改正與臣被受，庶幾仰副國家興滅繼絶、不泯世禄之意。」詔顔師與可特與補右迪功郎。（以上《永樂大典》卷四八四〇）

賜處士號〔一〕

【宋會要】29（乾道）〔政和〕七年十二月二十二日〔二〕，翰林學士許光凝奏：「昨守鄧州，伏見宣教郎致仕王襄經術登科，年未六十，毅然請老，退歸田園。事孀嫂如其母，養孤甥若己子。鄉黨後進，教誨成就者不知幾人；鄰里貧民，吉凶賙恤者不知幾家。伏望採察施行。」詔王襄賜處士。

【宋會要】仁宗天聖八年九月二十六日，賜臨江軍玉笥山人朱旦「善濟處士」。旦善醫術，召至京師訪問，故賜。

【宋會要】乾道五年三月二十六日，詔峽州長陽縣隱逸郭雍特賜「沖晦處士」。以湖北帥臣張孝祥等言：「雍名臣之後。父忠孝師伊川程頤，盡得其學。雍推原本意，著《易》、《中庸》之書十餘萬言。隱於峽州長陽縣山中，安貧樂道，行義高潔。乞賜褒擢。」故有是命。

【宋會要】嘉祐二年六月七日，賜絳州草澤韓退「安逸處士」。退居稷山，翰林學士承旨孫抃等言韓退有行義，故賜號。

【宋會要】神宗熙寧六年六月十九日，永興、秦鳳兩路察訪司言：「虢州盧氏縣有退安處士劉易，户下役錢未敢依品官例減半均納。」詔依七品官例。

【宋會要】30哲宗紹聖二年五月二十八日，詔興化軍處士張弼〔三〕、（詔）〔賜〕與「葆光處士」。以左僕射章惇奏其所著《易義》可採故也〔四〕。

【宋會要】徽宗大觀元年閏十月六日，詔睦州（清）〔青〕溪縣主簿

〔一〕賜處士號：原標「處士」，茲從天頭原批改。

〔二〕政和：原作「乾道」，按許光凝乃北宋人，其爲翰林學士在政和中，見許光凝《林泉高致集序》（《林泉高致集》卷首）、《宋史》卷四五六《申積中傳》。因改。

〔三〕張：原作「良」，據《直齋書録解題》卷一改。

〔四〕章：原作「張」，據《直齋書録解題》卷一改。

張壆羊茹切特賜「正素處士」〔一〕，與一子初品官。以兩浙路轉運、提刑司(奉)〔奏〕：「壆初以郊社齋郎應進士舉及第，緣家無兼侍，不忍遠去父母，遂不出官，孝行著聞。元豐五年，父朝郎次道告老於朝〔二〕，壆子錞例合受恩，乃以叔祖子姪無在任者，遂請以官命其曾孫，宗黨無不推服。元祐初，朝廷除命，並辭不受，一時士人，愈高其節。崇寧四年身亡，有子未録，家益貧窶，乞賜謚號。」故有是命。

【宋會要】

宣和六年十月十四日，詔：「今後處士更不令披度道士爲小師，所有天寧節回賜恩澤並罷。」

十二月二十二日〔三〕，詔丹華處士劉知常不出有司，自煉丹金，造神霄寶輪四百九枚，所以州人列其性識高明，行義修潔，勤苦該博，通曉典故，精於屬文，爲諸生師表，而前輩諸公常所欽重，乞加召用。故有是命。

【宋會要】

政和三年三月三十日，詔濮州王老志賜「安泊處士」。

31 (宣和)〔紹興〕三十二年五月二十五日〔四〕，詔：「入内内侍省東頭供奉官、寄資武義大夫鄺詢爲久病，可將見任官特與換白雲處士，賜名守寧，仍命詞給告。」

【宋會要】

(政和)〔紹興〕十一年十月十日〔五〕，詔虔州贛縣免解進士李珙賜號「養素處士」。

【宋會要】

紹興五年十一月七日，中書舍人朱震言：「朝廷近以陳得一改造《統元新曆》一十七卷，賜號『通微處士』，與一子下州文學。竊見本朝熙寧間，如翰林待詔之類，皆命之辭。得一曆學專精，通貫古今，運策之妙，不愧前人。欲望給告命辭，以爲韋布之光。」從之。

【宋會要】

紹興七年正月二十四日，詔温州平陽縣敦遣到道民俞居一道學通博，特補「通(元)〔玄〕處士」。

【宋會要】

高宗紹興三年六月二日，詔婺州東陽縣進士張志行賜號「冲素處士」。以(淅)〔浙〕東福建路宣諭朱異奏「志行力學有行，鄉里推服。(常)〔嘗〕應舉。宣和中，知州劉安上、轉運使詹度等列奏其甘貧守道，不求聞達，杜門窮經，雖老不倦」，故也。

【宋會要】

32 乾道六年十一月十六日，詔邛州隱逸劉浩，特賜「冲隱處士」。四川宣撫制置使司狀：「據邛州申，以本州鄉官

〔一〕壆：原作「舉」，據《宋史》卷四五八《張壆傳》改。下文「壆初以」之「壆」同。

〔二〕朝郎：「朝」下疑脱一字。

〔三〕天頭原批：「此條似有脱佚。」按，劉知常事迹見《睽車志》卷三，又見本卷後文崇儒六之三五。

〔四〕紹興：原作「宣和」，據《建炎要録》卷一九九改。

〔五〕紹興：原作「政和」，據《建炎要録》卷一四二改。

劉環等狀言，浩自壯歲，棄儒慕道，專以符籙濟活爲心，菴舍静（謚）〔謐〕，纖毫無取於人，濟活之功甚多。其祈晴禱雨，果有應驗。」故有是命。

【宋會要】

（乾道）〔政和〕七年〔一〕，百姓王慶年九十〔二〕，賜「耆德處士」。此據政和七年五月高郵軍奏狀，不得其時〔三〕。加六字處士，特依例許封贈父母，依例月給乳藥錢。

【宋會要】

乾道七年八月二十八日〔四〕，詔：「潤州丹陽縣東太一宫道士居宗惠特贈「虚静處士」，給告，速行給降。仍下江寧府、潤州量行應副葬地，並官給，事畢應副過事件聞奏。」（以上《永樂大典》卷一三四四九）

賜先生號

【宋會要】

33 仁宗天聖六年三月十六日，虞部員外郎史温之祖虚白追賜「冲静先生」〔五〕。虚白有高節，善爲文。五代亂離，隱居山巖。江南李氏累以禄秩誘之，介然不屈。至是，以家集來上，特有追褒。（以上《永樂大典》卷八五七〇）

【宋會要】

34 真宗大中祥符三年四月十二日，泰山隱士秦辨（説）〔賜〕號「貞素先生」。辨自言百三十六歲〔六〕，帝召至京與語，多言五代事，亦無他術，但能服食致長年，故賜號，放還山。

【宋會要】

大中祥符（三）〔四〕年二月二十六日〔七〕，華山隱士鄭隱賜號「正晦先生」〔八〕。「正」字本音同仁宗諱。隱自言始以經術爲業，遇道士，傳辟粟鍊氣之法，修習頗驗，遂居華山之王刁巖二十餘年〔九〕，冬夏常衣皮裘。帝祀汾陰，召對行宫，作詩賜之，加賚茶藥、束帛，固辭不受。

【宋會要】

徽宗崇寧四年六月，詔信州龍虎山上清觀漢天師三十代孫張繼先，特賜號「虚靖先生」。

【宋會要】

大觀元年二月二十九日，詔鳳翔府于仙姑特（受）〔授〕

〔一〕政和：原作「乾道」，據本書職官七七之六一改。

〔二〕王慶：本書職官七七之六一作「王慶爲」。

〔三〕此二句原作大字，據文意改爲小字注。

〔四〕按，此年號可疑。下文稱「江寧府、潤州」，查江寧府，建炎三年已改爲建康府；潤州，政和三年已改爲鎮江府。據此，本條似應爲北宋之事。

〔五〕追：原作「進」，據《長編》卷一〇六改。

〔六〕六：原無，據《長編》卷七三補。

〔七〕四年：原作「三年」，據《長編》卷七五改。按《長編》記載甚詳，必不誤。

〔八〕正：據其下小注，字本作「貞」。

〔九〕王刁巖：原作「王刀巖」，據《宋史》卷四六二《柴通玄傳》附《鄭隱傳》改。明章潢《圖書編》卷六二《西嶽總叙》：「王刁三洞：在嶽東，仙人王遙與刁自然俱於此登仙，故名。」

「靖真沖妙先生」。

【宋會要】

(致)〔至〕和元年八月十二日〔一〕，賜信州貴溪縣龍虎山上清觀張嗣宗爲「沖靜先生」。

【宋會要】

(致)〔至〕和元年十月十日〔二〕，賜虔州祥符宮道士洞淵大師李 35 思聰爲「玄妙先生」〔三〕。

【宋會要】

(致)〔政〕和三年三月二十三日〔四〕，詔左街道録觀妙元明沖真虛壹大師徐知常可特授「通虛先生」〔五〕。

【宋會要】

(致)〔政〕和三年八月二十八日〔六〕，詔茅山元符萬寧宮法籙道士笪靜之特贈「沖隱先生」。

【宋會要】

(致)〔政〕和三年十月一日〔七〕，詔(元)〔玄〕觀法師程若清可特授「寶(録)〔籙〕先生」〔八〕。

【宋會要】

(致)〔政〕和八年十月二十一日〔九〕，通直郎、管句棣州玉清韓君丈人觀〔一〇〕、兼注解《聖濟經》所編修道史檢討官劉棟奏〔一一〕：「伏蒙聖慈宣諭，授臣『守靜先生』，陛下所以待高尚有道之士。如臣學術無取，昧於大道，兼臣見有家屬，(宗)〔踪〕跡同俗，若忝冒『先生』之號，恐未允公議〔一二〕，上負陛下盛時清淨之化。所有告命，乞賜追號『虛靖先生』〔一三〕。」

【宋會要】

宣和七年二月三日，詔丹華廣範崇真處士劉知常除「金庭輔教先生」。續詔知常特授「金庭輔教元明先生」，視中大夫。

【宋會要】

36 宣和七年六月十九日，詔通妙處士劉厚特補「通妙真應先生」，及與封贈父母一次，仍視中奉大夫。（以上《永樂大典》卷八五七一）

〔一〕至：原作「致」，據《長編》卷一七六改。
〔二〕至：原作「致」，據《長編》卷一七七改。
〔三〕虔州：原作「處州」，據《長編》卷一七七、《玉海》卷一改。雍正《江西通志》卷一〇五《李思聰傳》云贛縣人，贛縣即虔州治所也。
〔四〕政：原作「致」，據《長編紀事本末》卷一二七改。
〔五〕通虛：《長編紀事本末》卷一二七、《九朝編年備要》卷二八均作「沖虛」。
〔六〕政：原作「致」，據《茅山志》卷一一改。
〔七〕政：原作「致」，據《長編紀事本末》卷一二七改。
〔八〕程若清：《長編紀事本末》卷一二七作「程若虛」。
〔九〕政：原作「致」，據《長編紀事本末》卷一二七改。
〔一〇〕棣：原作「埭」，據《長編紀事本末》卷一二七改。
〔一一〕棟：原作「揀」，據《長編紀事本末》卷一二七改。
〔一二〕公：原作「心」，據文意改。
〔一三〕此句不可通，疑「虛靖」當作「守靜」，「乞賜追號守靜先生」意即乞追回守靜先生之號。

賜名賜第〔一〕

【宋會要】〔二〕

37 趙抃自錢塘請老歸，加太子太保致仕，居高齋，東南名士多從之遊。卒謚清獻。哲宗命蘇軾爲碑，賜名「愛直」。韓琦嘗稱抃「真世人標表」云。子屼、岏，從子崝，從孫霈、億。屼字景仁，擢進士第，再擢御史。論事忠鯁，清修有行義，能世其家，終太僕少卿。岏少登進士第，從胡瑗學，有文名。早夭，終監西京糧料院。崝字孟遠，抃任以官，調德順法曹。元符末，應詔上書，言章惇、蔡(抃)〔卞〕托紹述以陷忠良，蔡京朋比姦邪，用之終必誤國。崇寧初，京相，考此書，將崝勒停，羈管處州。建炎贈朝奉郎。霈字公時，中上舍第。紹興間，爲右司諫，乞令有司具一歲錢穀之數，以節浮費，上稱其極關治體，遷諫議大夫。晉貳吏部，兼侍講，祠守蘇〔三〕、秀，卒(卒)。其孫芹終永守。億，歷郡守、監司，以才稱。

司穎，熙寧三年，諸路長吏應詔敦遣行義之士，送舍人院試論。來者僅三千人，穎入優等，賜進士出身。(以上《永樂大典》卷次原缺)

敕置守墳

【宋會要】

38 開寶三年十月五日，詔前代帝王已創興祠廟，修葺園陵，仍據事跡高卑，各置守陵廟户外，其功臣烈士，今定名德高者二十三人，各置守墳三户。孫臏、陳平、韓信、周亞夫、長孫無忌、魏徵、李勣、尉遲敬德、渾瑊墓十〔四〕，並破損；公孫杵臼、樂毅、晏嬰、曹參、衛青、霍去病、霍光、劉備、諸葛亮、關羽、張飛、段秀實墓十二，並不破損。功名次者八人，各置兩户。趙簡子、孟嘗君、唐儉、高士廉、岑文本、馬周墓六，並破損；趙奢、丙吉墓二，不破損。功名又次者三人，常禁樵採，不得侵耕。慕容德、裴寂、元稹墓，並不破損。其嘗經開毀者，仰逐處給官錢，備置棺槨，如法修崇。太常禮院各隨朝廷及逐人官品〔五〕、當時制度，下少府監，擇好羅錦修置禮衣，給付諸州長吏，選日致祭掩閉。仍

〔一〕此題之上、「宋會要」之下原又有「姓氏」二字。當是以下二條原出《大典》卷一八八二二至卷一八八四八「姓」字韻「姓氏」目，後來整理者改爲「賜名賜第」。
〔二〕按，以下二段當非《會要》之文。
〔三〕祠：似當作「嗣」。
〔四〕十：據前述僅有九人，當有脱誤。
〔五〕朝廷：似當作「朝代」。

令所司定儀注以聞。所置守墳户，並以側近中等以下户充，二税外免諸色差役。廟宇常須洒掃，無致摧圮；墳隴林木，常禁侵伐，無林木者，常令栽植。委逐縣檢校，每歲終，具有無破損申州。

四年二月二十五日，詔先賢丘墳，不得樵採。

大中祥符四年二月十八日，祀汾陰赦書：「應車駕經由州縣，有建隆以來佐命及有勳勞公王〔一〕、將相墳墓在其境内者，委逐處差官致祭。如有孝子墳塚，量禁樵採。」奉祀路中亦依此制。

景祐三年八月二十九日，詔陝西州軍，39應有前代名臣墳墓碑碣、林木，不得損（懷）〔壞〕。（以上《永樂大典》卷三四五五）

堯陵

【宋會要】

40神宗熙寧元年七月九日，知濮州韓鐸言：「堯陵在本州雷澤縣東穀林山，陵南有堯母慶都靈臺廟，歷代碑記具存。縣北有樊侯仲山甫墓，傍有大碑斷缺仆地，不可辨。前有石室，高尋廣丈，制度精密，如成都文翁之石室。唐刺史趙冬曦祭文刻於石碑。望勑本州春秋致祭，堯陵置守陵三五户，樊侯墓取仲姓者二户，免其租，俾奉灑掃。」詔太常禮院詳定。禮院言：「乾德詔書，祠堯於鄆州，本處但有廟，即陵在濮州穀林。望依禮例，給守陵五户。仲山甫别無史策證據〔二〕，難議施行。」從之。守陵仍差第四等以下户。

元豐六年八月二十五日，禮部言：「鄆州陶唐氏廟歲祭，當移於濮州雷澤縣陵廟祭享。」從之。先是，知濮州范子諒奏請祀堯於濮州，而太常亦言濮州堯陵所在，宜如子諒所奏，故有是詔。（以上《永樂大典》卷八一八七）

〔一〕王：原作「主」，據文意改。柳開《河東集》卷一四《贈祕書省監柳公墓誌銘》：「事十帝四十年，非不愛公王將相名位。」《古今事文類聚》新集卷二〇：「翰林所著撰，拜免公王將相妃主曰制。」

〔二〕無：原作「有」，據文意改。

宋會要輯稿　崇儒七

經筵

【宋會要】1 高宗建炎二年三月十一日，講筵所言：「舊例，初御經筵講讀經史，先具奏請點定。」詔講《論語》，讀《資治通鑑》。

四月七日，詔講讀官：「故事，端午謝節料畢罷講筵，至八月再開。可勿罷。」上謂宰執曰：「朕以寡昧，適茲艱難〔一〕。政事之餘，與卿等款語，知學先王之道爲有益。方且夙夜孜孜於經史，今若講筵暫輟〔二〕，則朕誦讀既多，有疑無質，徒（廢）〔費〕日力。此事合如何？」黄潛善等奏：「講筵願如聖意勿罷。」故有是命。

四年八月四日，詔：「經筵日，令侍從官一員具前代及本朝故事關涉治體者一兩事進入。」從參知政事謝克家請也。

十三日，資政殿大學士王綯言：「蒙恩除侍讀，依舊制，每年二月八日取旨，擇日開講。目今講筵所人吏未到，有失舉行。」詔候過防秋日取旨〔三〕。時邊事未寧，將有事于親征也。

紹興元年正月十三日，講筵所言：「近依舊制，春講於二月上旬擇日，奉旨差定講讀官開講。今已差秦檜兼侍讀，汪藻、胡交脩並兼侍講。自來講讀官並不限員，欲依令開講。除旦、望、假、故繫擇隻日講筵，仍乞令（大）〔太〕史局選日。」從之。

二月三日，詔越州：「只今差撥人匠將帶合用料物，赴行宫門外東闕庭，搿截東壁二間，充講筵所、御覽書籍庫、講筵官直舍、人吏司房等。」

四月九日，内 2 出御書扇，賜侍讀王綯、胡直孺，侍講汪藻、胡交脩、侯延慶各一柄。

二年七月十五日，上謂輔臣曰：「儒臣講讀，若其説不明，則如夢中語耳，何以啓迪朕意？將來開講，欲令胡安國兼讀《春秋》，隨事解釋，不必作義，朕將欲咨詢。昔英宗皇帝時，司馬光爲講筵官，有請乞詰問，若知則進獻其説，不知則退而討論。此於帝學，最爲有補。」

十一月三日，詔講筵所：「今後住講日，令講讀官依講筵日分，除假、故、旦、望，隔日輪官接續供進《春秋口義》一授〔四〕，開講日依舊。所有日進故事，仍令侍從官依先降旨

〔一〕適：《建炎要録》卷一五作「遇」。

〔二〕輟：原作「綴」，據《建炎要録》卷一五改。

〔三〕過：原脱，據文意補。下文紹興「六年八月二十二日」條引此詔正作「候過防秋」。

〔四〕授：《建炎要録》卷六〇作「篇」。按作「授」似不誤。本門崇儒七之九紹興三十二年十月二十六日條云：「故事，兩員同講一經，人各一授，上下相接，不分卷秩、篇章。」由於講官建議，始「令分篇進講」。是「人各一授」謂每人各講授一日，上一人若講至一篇之中而止，下一人亦接續講授，作「篇」反誤。

揮，與講讀官、翰林學士、兩省官共進，却遇開講權免。」又詔：「六月十二日，並權免供進。」

十二月五日，新知江陰軍趙詳之言〔一〕：「請以講筵官兼讀史書。」上曰：「朕觀六經，皆論王道；如史書，多雜霸道。其間議論，又載一時捭闔辯士游説〔二〕。」朱勝非曰：「《春秋》雖魯史，實尊王黜霸。」上又曰：「孔子作經，經之祖；左氏作傳，史之祖也。」

三年四月九日，户部尚書、兼侍讀黄叔敖言：「今後開講日分，遇聖節開啓罷散日，乞權住講筵。」從之。

七月二十六日，左司諫唐煇言〔三〕：「講筵所書寫人莫允中經進書，與换進義副尉，特不作非泛補授，乞行追改。」上曰：「此講筵所奉御寶批也〔四〕。既有例，當依例施行。」席益（日）〔曰〕：「此事固有前比，當如聖旨；然副尉而煩諫官論執，且乞賜允。」上卒從煇奏。

四年二月二十一日，詔遇開講筵，令殿前司依舊制差過茶殿侍一十人過 3 茶祗應。

十月七日，詔：「講讀官進講義，從官進故事權罷，候過防秋日依舊供進。其講筵所應掌書籍，令祗應御書使臣等先次管押，於穩便州縣安頓。其請給、船夫等，令所在應副。仍仰常切差人防護，無令散失。」時淮海有警，將有事于親征，從臣僚請也。

五年閏二月二十二日，臣僚言：「仰惟陛下復開經筵，宜依倣仁宗時，於經筵中讀《三朝寶訓》。仍令侍讀之官如李淑所請，先取論政體、聽斷〔五〕，更益以謹災祥、省費用數卷進讀，則内脩之道盡矣。次取議武備、制軍旅、論邊防、撫夷狄數卷進讀，則外攘之策舉矣。事要理切，既有以開廣聖志，興利除弊，庶足以拯濟阽危。帝王之學，莫大於此。」從之。已而御前降《三朝寶訓》一部付講筵所，令録訖却行進納。仍就所録正本進讀，更不立義。

六年八月二十二日，詔依建炎四年指揮，權罷講，候過防秋，依舊開講，仍進故事。先是，左司諫陳公輔言：「扈駕從官員數不多，又當道路之間，講讀故事，皆所未暇。」故有是詔。

七年七月三日，講筵所言：「本所今來已到行在，所有今年秋講一節，準令合至八月上旬擇日取旨外，其供進故事，欲乞令講筵所依開講日分，除休假、旦、望，隔日依舊輪官供進。」從之。

八月九日，詔仲秋開講，用八月二十三日。時禮部侍郎陳公輔言：「竊觀陛下自聞道君太上皇帝、寧德皇后凶訃，哀毀過制。雖從羣臣所請，以日易月，而退朝宫中，實

〔一〕趙詳之：原作「趙祥之」，據《建炎要録》卷六一、《皇宋中興兩朝聖政》卷一二、《新安志》卷九改。
〔二〕捭：原作「押」，據《建炎要録》卷六一改。
〔三〕煇：原作「輝」，據《中興小紀》卷一五、《建炎要録》卷六七改。下文不誤。
〔四〕奉：原作「奏」，據《中興小紀》卷一五改。
〔五〕「聽斷」，上當脱一字。

行三年4之喪。恐間日下臨講筵，有〔防〕〔妨〕退朝居喪之制。乞自後講日，止令講讀官供進口義，更不親臨。」繼而吏部尚書孫近、刑部尚書胡交脩、翰林學士朱震奏：「近聞陳公輔言乞罷開講筵，臣等論之，本朝真宗以至道三年三月即位，改咸平，則在諒闇之中也。是年正月，訪明達經義者，參知政事李至以崔頤正爲對。翌日，召頤〔下〕〔正〕講《尚書》於廣福殿。又於苑中説《尚書·大禹謨》。自是日令赴御書院侍對〔一〕，説《尚書》至十卷。二年，置翰林侍講學士，命邢昺講《左氏春秋》〔二〕，亦在三年之制。」又給事中胡世將亦言：「神宗皇帝治平末〔三〕，同知諫院傅卞請開經筵〔四〕，詔候祔廟畢取旨。按祖宗舊制，即無供進口義典故。乞更令侍從討論故事以聞。」而公輔又上章辯論，必欲遂其説。於是右正言李誼奏：「竊考之《詩》，成王訪落之初〔五〕，羣臣進戒之始，其言曰『日就月將，學有緝熙于光明』。真宗皇帝即位之初，亦嘗命臣下講書于内殿。及英宗皇帝初嗣大寶〔六〕，司馬光首以開講筵爲言者三。夫立紀綱，設制度，在人主莫如周之成王、本朝之章聖；識道理，嚴禮法，人臣莫如司馬光。而三年之喪，皆欲不廢夫學。以是天子之孝，在於安國家、定社稷，其於先王之道，不可一日而忘也。臣質之禮典，論之人情，以謂三年之制，聽備樂，悦備色，享備味，則有所不可。至於聞先王之正道，監祖宗之成訓，亦何不可之有？乞斷自聖志，依舊間日御邇英，講至道，庶5幾聰明不蔽，以闡大猷。」至是，〔公〕輔之請寢焉。

九月一日，内出《無逸篇》四軸付講筵所，遇講日安掛。

十月，詔仍開講筵。

九年七月二十八日，講筵所言：「昨進講《論語》終篇，據忠翊郎、講筵祗應御書、兼脩纂邇英殿記注袁汝楫乞依經筵舊制，講讀經書，每遇終篇，例蒙推恩，其官吏等各轉兩官資，白身人補大將，及於皇城司賜御筵，祗應御書使臣等赴座。緣推恩舊例昨因渡江而失不存，欲望特賜睿旨，比舊例降等推恩施行。」詔講筵所官吏各轉一官，内白身補進義副尉，裴界作賜錢三十貫。

九月二十八日，詔：「每遇講筵宣賜講官等喫食，内有食素員數，將已定葷料，令御厨變造宣賜。」

十一年三月二十一日，主管講筵所言：「三〔日〕〔月〕二十五日開講筵，是日係轉員諸班直等賜宣，後殿視事畢，御射殿再引，與開講日相妨。」詔引轉員畢，再座御經筵。

四月〔五〕〔九〕日〔七〕，賜侍讀吴表臣、蘇符新茶。

〔一〕「日」原作「月」，「書」原作「藥」，據《宋史》卷四三一《崔頤正傳》改。
〔二〕邢：原作「刑」，據《建炎要録》卷一一五改。
〔三〕末：原作「初」，《建炎要録》卷一一五作「四年四月」，治平四年即治平末年，作「初」誤，因改。
〔四〕諫：原作「陳」，據《建炎要録》卷一一五改。
〔五〕落：原作「洛」，據《建炎要録》卷一一五改。
〔六〕嗣：原作「師」，據《建炎要録》卷一一五改。
〔七〕九日：原作「五日」，據《玉海》卷二七、本書職官六之六〇改。

十四年二月五日，講筵所言：「車駕幸太學，御敦化堂聽講。至日進講經書，乞依舊制，其正經只用印本籤貼，起立進讀畢，以次奉設繕寫講義進講。於卷首畧題篇目，更不書正文，令供檢文字以下入殿聽旨宣取。」從之。

十五年十一月十三日，詔：「賜講、讀、説書、脩注官寒食、端午、冬至節料，觀文殿大學士以上錢一佰五十貫、酒十瓶，資政殿大學士、學士以上錢一佰貫、酒八瓶，待制以上〔錢〕五十貫、酒六瓶，未繫兩制錢三十貫、酒四瓶。[6]著爲令。」

十六年三月十九日，詔進講《孟子》終篇，依《論語》例推恩〔一〕。先是，紹興初開講，至是進講終篇。翌日，上特遣中使賜講官段拂鞍馬、牙笏、金硯、水瓶、筆墨等。越三日，賜講讀官御筵于皇城司，遣中使宣（勸）〔勑〕，第賜香茶。侍讀秦（僖）〔熺〕等翌日上表稱謝。

十七年三月二十六日，詔：「講筵所可依在京日，於資善堂内置局，候春講畢，令臨安府相度更脩。」

二十三年十一月七日，詔：「進講《尚書》終篇，講讀官以下可依《孟子》終篇例推恩。内人吏無資可轉人，候有官日收使，願換支賜者聽。」先是，紹興八年三月開講，至是進講終篇。是日，特詔宰執聽講。進讀畢，太師秦檜以下稱賀。上悦甚，以玉帶、笏、簡、金鞍勒、親御調習名馬，遣中使就檜第賜之。仍第賜侍讀秦熺、簽書樞密院事史才、侍講魏師遜、説書鄭仲熊、脩注官楊迥金帶、牙簡、鞍馬。檜等皆上表以謝。越二日，賜宰執洎講、讀、脩注官御筵于秘書省，用教坊樂；遣中使第賜香茶。主管講筵所、講筵閣官吏免御筵，賜食有差。既而講讀官以下作詩以進。

二十五年四月二十三日，詔進講《周易》終篇，講讀官以下並轉官推恩有差。是日，進講終篇，特召宰執聽講。畢，太師秦檜以下稱賀。上甚悦，以犀帶、牙簡、金鞍勒、良馬、銀絹，命内侍就檜第賜之。仍第賜侍讀秦熺、簽書樞密院事鄭仲熊、侍講董德元、王珉、修注官林一飛金帶、牙簡、鞍馬、銀絹有差。内王珉加賜金魚及硯、匣。[7]越二日，賜御筵于秘書省，遣中使第賜香茶。秦檜等各上表稱謝。

二十六年七月二十四日，左大中大夫、守御史中丞湯鵬舉言：「方今於祁寒隆暑，暫罷講筵，許近臣進故事。是欲令禁從少竭愚忠，裨補國論，當進入以備乙夜之覽。近來講筵所胥吏輒違舊制，取索副本，稱講筵要用，自紹興十三年爲始，臣竊疑之。是必懷姦之人，自爲朋黨，惟恐臣下獻忠，違背其意，故令胥吏取索。今後臣下奏陳故事，不許講筵所取索副本，只就令通進司進入，庶幾臣下得以輸忠。」從之。

二十七年十月十六日，詔經筵進讀《三朝寶訓》終篇，可依《周易》終篇例推恩。先是，紹興五年閏二月講讀，至是終篇。是日，侍讀王師心頓首稱賀，上賜師心牙簡、金鞍

〔一〕論語：原作「語論」，徑乙。

勒、良馬、象管、端硯、檀香匣、復古殿墨〔一〕、象牙粘版、壓紙、金硯、水瓶。越二日，賜講、讀并脩注官以下御筵于皇城司，用化成殿樂，仍遣中使第賜香茶。師心等上表稱謝。

二十八年五月十八日，起居舍人洪遵言：「恭惟陛下延見儒臣，紬繹經史，惟以講學爲務。但左右二史襲沿近例，旅進旅退〔二〕，於嘉言善行，缺然無所紀述〔三〕，不足以稱聖天子隆儒傚古之意。望載筆之臣，應經筵中侍臣陞紬、封章進對、燕會賜與、講讀問答，斷自今年八月秋講爲始，悉行編録，以《邇英記注》爲名。仍敕講讀官，已後奏對之間，面得天語，即時以實具報〔四〕，無得隱漏。庶幾一代盛典，大書特書，與《時政記》〔五〕、《日[8]曆》、《起居注》相爲表裏，有以考信。」從之。

九月二十六日，左朝散郎、守起居郎、兼權中書舍人洪遵言：「竊見春秋二講，每於雙日，先期書曆，經筵官講讀畢，許留身奏事。修注官雖與僉書，未嘗有奏事者，不應別爲二體。」詔自今後，許依講讀官奏事。

二十九年三月四日，講筵所言：「罷講日，令合進故事官寫副本，同進卷實封赴本所，排日編之記注。近以臣寮言，不許本所排日，副本只令通進司投進〔六〕，遂使《邇英記注》有闕編録。乞降旨依舊。」從之。

【宋會要】

[9] 孝宗紹興三十二年七月二十九日，孝宗已即位，未改元。講筵所言：「見今排辦今年秋講。檢準令，皇帝初御經筵，合具奏請點定講讀經史。」有旨講《尚書》、《周禮》，讀《三朝寶訓》。

九月四日，詔：「朕仰稽祖宗故事開講，其日可召輔臣觀講。」

七(月)〔日〕，上初御講筵，翰林學士承旨洪遵進讀《三朝寶訓》，給事中金安節、禮部侍郎黄中講《周禮》，權工部侍郎張闡講《尚書》。先是，講筵所被官用二月十五日開講〔七〕，上以謂日分稍遠，(時)〔特〕用是日，至十一月二十七日罷講。故例，開講，賜宰執御厨食各二十味，執政各十五味，經筵官各十味。講、讀、説書、修注官每遇講筵日，賜食一合、法酒各二升。及遇寒食、端午、冬至節，觀文殿大學士、學士以上，賜錢一百五十貫、酒十瓶；資政殿大學士、學士以上，一百貫、酒八瓶；待制以上，五十貫、酒六瓶；未係兩制三十貫、酒四瓶。年例，春季取賜茶、墨，自隆興元年，止賜茶，不賜墨。

十月二十六日，詔講筵見講《周禮》、《尚書》，令分篇進

〔一〕古：原作「右」，據《玉海》卷二一七改。
〔二〕旅：原作「旋」，據《歷代名臣奏議》卷二一七改。
〔三〕然：原脱，據《歷代名臣奏議》卷二一七補。
〔四〕報：原作「執」，據《歷代名臣奏議》卷二一七改。
〔五〕時：原作「日」，據《歷代名臣奏議》卷二一七改。
〔六〕副：原脱，參上文「二十六年七月二十四日」條補。
〔七〕被官：疑誤。又「二月」似當作「十月」，蓋九月中下詔開講，不得延至次年二月方施行也。

講。以兵部侍郎兼侍講周葵言：「臣伏見講筵見講《周禮》，係禮部侍郎黄中、給事中金安節同講。《尚書》係權工部侍郎張闡與臣同講。故事，每兩員同講一經，人各一授，上下相接，不分卷秩、篇章。竊緣孟軻以後，聖道不[10]傳，經義淵深，後學未易窺測。雖有見行傳注，所説不同。講筵群臣未免各隨所見，臨時去取。有一篇之文，經意未終，兩人同講，互相牴牾。他日脩成《邇英殿記注》，同爲一篇，而先後是非如此，委未允當。臣初侍講筵，即曾面奏上項事理，許臣等各講一經，至今未蒙處分。欲望特降指揮，各講是何經文。萬一必欲先了此二經，亦願敕講筵臣寮見講《周禮》者，一員起自《天官》，一員起自《夏官》。講《尚書》者，一員起自《堯》、《舜》，一員起自《洪範》，庶幾篇目相遠，抵牾不多。」故有是命。

隆興元年十一月七日，詔：「學士院官、經筵官，自今月七日，每日通輪二員宿直於學士院。」

八日，中書門下省言：「已降指揮，學士院官、經筵官自今月七日每日通輪二員宿直於學士院。所有輪當宿直官，如每月二日合赴德壽宮起居等，緣和寧門阻隔，難以趁赴，并遇其餘假日，合取旨施行。」有旨：「每月二日合赴德壽宮起居，聖節開啓滿散，國忌行香前一日，及旬假、節假，並與免宿。」

乾道元年四月四日，詔講筵所，將來大金報問使人到闕，權住講筵，候朝辭畢依舊。

二年十月五日，上御講筵，先遣中使諭講讀官，賜茶罷，可同班奏事。是日，權禮部尚書周執羔、侍讀給事中王曮、中書舍人梁克家、權兵部侍郎陳巖肖、侍講起居郎陳良（佑）〔祐〕侍立，講罷賜茶。上命講讀官稍前，上曰：「朕雖無大過，豈無小失，卿等不聞有所規諫。恐思慮有所未[11]至，賴卿等補益。」執羔等奏：「陛下聖明，事無過舉。」上曰：「卿等若只備位，非所望於卿等。」克家奏：「容臣等退思，苟有闕失，敢不盡言！」

三年九月二十四日，詔進講《禮記》官，擇諸篇至要切者進講。以中書舍人梁克家言：「臣聞六經皆聖人闡道，以詔後世，而《易》爲之原，《書》、《詩》次之，《春秋》、《周禮》又次之。《禮記》則出漢儒雜記，雖其間所載道德性命、禮樂刑政，制度文爲，委曲纖悉，雖然畢備〔一〕，然皆諸儒纂輯成書，非全經也。臣昨者蒙恩侍罪經筵，是時講官頗多，以最後至，因講《禮記》，首尾兩年，遇有缺員，不敢改他經。而臣今所講《曲禮》，類多閨門、鄉黨、掃洒、應對、飲食、衣履之末，誠不足以開廣聰明，裨助治道，臣實懼焉。欲乞今後令經筵官隨其員數多寡，分經進講。以《易》、《詩》、《書》、《春秋》、《周禮》、《禮記》爲序。謂如講官三員，即講《易》、《書》、《詩》，四員即講《易》、《書》、《詩》、《春秋》是也。遇有六員，合講《禮記》，即乞除《喪禮》十三篇不講外，餘篇中有不須講者，

〔一〕雖然：似當作「雜然」。

亦節講，如元祐中范祖禹申請故事，或許擇諸篇最要切者，如《王制》、《學記》、《中庸》、《大學》之類，先次進講，庶幾有補聖德萬分之一。」詔從之。

八年十月二十六日，詔：「先降指揮，經筵官日輪二員學士院宿直，自今可止輪一員，以後遵依，永爲定制。」詳見「翰林學士」門。

淳熙元年十二月一日，詔：「經筵舊例，三經進呈《邇英記注》，例蒙推恩，有官資人各轉一（員）〔官〕，内無資可轉人并應不願轉官資人，並依紹興二十四年已進記注推恩例，比换支賜。」從12侍讀趙雄請也。

三年九月二十二日，講筵所言：「今來秋講，準令，大禮習儀前五日權住。今太常寺十月六日閲樂，合於二十七日權住。」詔展至十一月五日住講。

七年四月十一日，詔：「《寶訓》進讀歲久，尚有十二册。今每讀必多，至重午前可以徹章。俟徹章日，令丞相趙雄等皆赴經筵。」

二十六日，詔：「將來進讀《三朝寶訓》終篇日，賜宰執、侍讀、説書、修注官御〔筵〕，内主管講筵所官以下，依紹興二十三年例免賜。令主管賜御筵諸司，依等第列賜。」

五月四日〔一〕，詔侍讀史浩、周必大候講讀畢，同班留身奏事。上曰：「進讀《三朝寶訓》幾時終篇？祖宗謨訓，日盡一卷，亦未爲多。雖雙日及休假，亦當特坐〔二〕。」浩曰：「臣等敢不（奏）〔奉〕詔？」自是，每講讀率漏下十刻。

同日，詔：「經筵進讀《三朝寶訓》徹章，真宗皇帝《正説》藏在秘閣，宜以進讀。」

十一日〔三〕，詔：「進讀《三朝寶訓》終篇，賜宰執、經筵、修注官御筵于秘書省道山堂，及牙簡、金帶、硯、匣、塗金鞍馬、香茶。侍讀、侍講、説書並特與轉一官，修注官各特與減三年磨勘，本所官吏依紹興二十七年例推恩。」翌日，赴坐官有詩來上，詔宣付史館。

八年四月二十九日，詔丞相趙雄等赴經筵，聽讀《正説》終篇。少傅、保寧軍節度使、兼侍讀史浩，吏部尚書、兼侍讀王希呂，户部侍郎、兼侍講蓋經，侍御史、兼侍讀黄洽，國子司業、兼崇政殿説書崔敦詩，起居郎、兼權中書舍人木待問，起居舍人宇文价言：「淳13熙七年夏五月乙卯，經筵《三朝寶訓》徹章，臣等上奏，請繼讀何書。翌日有旨，真宗皇帝《正説》藏在秘閣，宜以進讀。於是九月秋講〔四〕，臣浩嘗讀《正心篇》，論黄帝無爲而天下治，上曰：『所謂無爲者，豈燕安無所事之謂乎！』臣浩又讀《剛斷篇》，論漢武帝

〔一〕五月四日：《宋史全文》卷二六下繫於三月二十七日己卯，誤，觀下文「八年四月二十九日」條可知。
〔二〕「雖雙日」二句：「及」原作「亦」，「特」原作「時」，並據《中興兩朝聖政》卷五八、《宋史全文》卷二六改。
〔三〕十一日：《玉海》卷二七繫於六日。
〔四〕自此句以下至十一年十月十日條「親御經筵講」凡四百餘字，原錯簡於下頁「十一月一日」條後，據《玉海》卷二六、《宋史全文》卷二七上及文意移正。

知郭解能使將軍爲言，其家不貧。上曰：『武帝於此，可謂洞照事情。』臣浩又讀《大中篇》，論爲政之道本乎大中。上曰：『勿渾渾而濁，勿察察而明，即此理也。』臣等側聞至言，咸極欽歎。竊以久而必怠者，中主之常情；新而不已者，上聖之盛德。自昔人主臨御日久，非内惑聲色，則外事畋遊，其蔽則至於溺浮圖，求神仙。今陛下天縱聰明，日躋睿智，爰自即位，今二十年，方且孳孳典訓，愈久愈厲。歲時甫浹，篇帙再周，誠經席之所未見。求之往聖，則帝王之汲汲，孔子之皇皇，不是過也。乞付史館。」從之。

五月四日，詔：「進讀真宗皇帝《正説》終篇，賜宰執、經筵，修注官御筵于秘書省道山堂，及牙簡、金帶、硯、匣、塗金鞍馬、香茶。侍讀、侍講、説書、修注官並特與轉一官，本所官吏依淳熙七年例推恩。」翌日，赴坐官有詩來上，詔宣付史館。

七月四日，詔經筵進讀陸贄《奏議》。

九月十日，詔侍講〔一〕、説書通共進講《周易》一經。

十一年九月九日，詔：「侍讀、侍講見今進講《周易》將欲終篇，可自開講日每日講兩卦〔二〕。」

十月十日，禮部尚書、兼侍讀張大經等奏：「恭惟陛下稽古典學，萬機之暇，親御經筵，講經史及祖宗謨訓，已屢終篇，緝熙光明，愈久不倦。惟《易》一經，實爲六藝之原，致治之成法也。乃辛丑歲九月甲申，得旨，令侍講、説書專講是經。每遇進講，玉音發揚，隨義折衷，聖言宏奧，固已載之《記注》，以詔萬世。臣等竊謂《易》之爲書，廣大悉備，然其大旨，不過推原陰陽消長之理，以明治亂興衰，以辨君子、小人而已。伏覩陛下嘗因講《泰卦》之九二，玉音有曰：『君子以其類進而爲善，小人以其類進而爲惡，未有無助者也。』講《萃》之上六，玉音有曰：『盛極則衰，亂極生治。』三復聖言，皆以深得《大易》之旨。若此之類，不一而足，是以見之事業，措之天下，皆《易》之用也。近者又蒙宣諭（曰）〔日〕講兩卦，今遇徹章，臣等慶幸之餘，不勝拳拳歸美之意，乞宣付史館。」從之。

十月十三日，宰執進呈講筵所《周易》終篇，官吏推恩。上曰：「轉官依淳熙八年例。」王淮等奏：「吏部人白身者，多以前三名。」上曰：「如何得多？可從下減却，只是優與犒設。」又曰：「陸贄《奏議》又將終篇。」淮等奏：「陛下聖學高明，而講筵如此留意，可以爲後世法。」

十一月一日，詔：「經筵進講《周易》終篇，侍讀、侍講、修注官，並特與轉一官。」是日，侍讀張大經、侍講宇文价、蕭燧、王藺、葛邲、起居郎陳居仁、舍人李巘上表，以進講《周易》終篇，賜御筵及簡、帶、鞍馬、香茶，各撰成【14】謝恩詩上進。詔宣付史館。

〔一〕侍講：原作「侍讀」，據下「十月十日」條及《玉海》卷二六改。

〔二〕每日：原脱「日」字，據《皇宋中興兩朝聖政》卷六一、《宋史全文》卷二七上補。

十三年三月二十七日，詔：「見進讀陸贄《奏議》，可自後講每講進讀半册，作六講終篇。」

五月[15]一日，侍讀蕭燧、侍講宇文价、葛邲、蔣繼周、洪邁、起居郎李巘、舍人吴燠言：「恭覩淳熙八年四月甲戌經筵讀真宗皇帝《正説》終篇，六月壬申有旨宣諭：『陸贄《奏議》可與不可進讀？』王希吕等言：『贄論諫數十百篇，皆本仁義。元祐中，蘇軾等乞繕寫進呈，置之座右。將來開講，如令進讀，實有補於治道。』七月丙子，制曰可，且令日讀五版。九年四月辛亥，詔講讀官同班奏事，上曰：『朕每見陸贄論德宗事，未嘗不寒心。正恐未免有德宗之失，卿等可各條具闕失來上。』侍讀芮(輝)〔煇〕奏：『陛下推誠待下，可謂曲盡其至。』侍講黄洽言：『德宗猜忌刻薄，《唐書》一贊盡之矣。』上曰：『德宗彊明，不肯推誠待下。雖更奉天離亂，終不悔悟。當彼艱難之時，所宜與贄朝夕論議，猶恐不濟，而每事但遣左右宣旨，罕嘗面論，豈能深究利害？此所以知德宗之不振也。』侍講崔敦詩言：『德宗於軍旅間，亦多是中人傳旨，實情安得上達？』上曰：『德宗欲以此濟其猜忌刻薄。』煇又奏：『聖言及此，社稷之福。』於是合辭奏言：『臣等敢不仰遵聖訓，願竭愚忠！』十三年三月癸卯開講，時《奏議》猶有三帙，凡三萬五千餘字。有旨諭講讀官，令自後每讀以半帙爲率。四月庚戌，臣燧讀贄《論度支令折税市草事狀》，臣燧言：『自古聚斂之臣，務爲欺誕以衒能，未有不先紛更制度者。』上曰：『天下本無事，庸人擾之耳。』庚申，臣燧讀贄所論裴延齡書，上曰：『贄論延齡姦惡，反覆曲[16]折如此，延齡可謂至小人！』臣燧言：『延齡之姦最甚，世所罕有。』又有旨，特以十八日、二十二日御講(延)〔筵〕。臣燧又讀贄所論裴延齡書，讀畢，臣燧言：『君子未嘗不欲去小人，然常爲小人所勝。如蕭望之爲恭、顯所勝，張九齡爲李林甫所勝，裴度爲皇甫鎛所勝。』上曰：『皇甫鎛亦延齡之徒也。』惟臣等以庸瑣之材，幸得備員華光，日侍左右。仰惟陛下以天縱典學，緝熙光明，一話一言，皆足以貽諸萬世，堯舜之聖，不過如是，豈唐德宗所當同日而語？然宸心惕惕，每慮或蹈其失，以爲寒心。夫德宗親聞贄言，而棄之如土梗；陛下進誦贄語，而寶之如元龜。至以退朝之後，傾聽數千言而不爲倦厭，又特於雙日躬御邇英，蓋故事所未有。聖愚相去，何止高天之與下地也！臣等不勝大願，乞宣付史館，以彰著陛下不矜不伐、執古御今之意。」從之。是日，宰執進呈，上曰：「昨與添入數語。」王淮等奏：「此真可爲萬世法程。」上曰：「德宗不明，不能壓服臣下，故當時藩鎮，敢爾妄作。」

五月六日，詔：「經筵進讀陸贄《奏議》終篇，侍讀、侍講、修注官並特與轉一官。本所官、裝界作依淳熙八年例推恩，其人吏依例不得過一十六人。內白身人與補進武副尉，仍不得過二名。餘不該推恩五人，各支犒設錢五十貫。」

十三日，侍讀蕭燧、侍講宇文价、洪邁、葛邲、蔣繼周、起居郎李巘、舍人吴燠上表，以進讀陸贄《奏議》終篇，賜御筵及硯、金匣、筆格、鞍馬、香[17]茶、筆墨，各撰成謝恩詩上進，詔宣付史館。

六月十三日，新知建寧府程大昌朝辭，奏：「竊見講殿進讀陸贄《奏議》，兩日而徹一卷，異代諫語，亦蒙采録，古無前比。然臣願有獻。唐人以諫名世者，贄外，更有魏徵〔一〕，率皆主本仁義，而能發達事情。贄之所事者德宗，故其仁義爲空言；徵之所事者太宗，故其仁義爲實效。贄語如醫家之脈書，閣於不試，則無效可攷；徵書如良醫，診療皆效，則其方藥悉可循用也。乞宣取魏徵《諫録》，接續覽觀，則（失）〔夫〕德宗之所從失，與夫太宗之所從得，皆昭昭如白黑矣。」詔繕寫進入。

淳熙十六年二月十三日，詔講筵所，依令用此月中旬擇日開講。

十四日，詔：「朕仰稽祖宗故事，開講日可詔輔臣觀講。」

十八日，講筵所言：「皇帝初御經筵，合具奏請點定講讀經史。」詔講《尚書》，讀《三朝寶訓》，接續東宮所講《尚書》。

五月十四日，講筵所言：「見進讀《三朝寶訓》，今準指揮，合進讀《資治通鑑》，即未審與《三朝寶訓》相兼或相間進讀。」詔《寶訓》與《通鑑》間日進讀。

【宋會要】

[18]光宗紹熙元年十月十二日，講筵所言：「經筵見今進講《尚書》將欲終篇。」詔再講《春秋》。

二十五日，權吏部尚書、兼實録院修撰、兼侍讀鄭僑等言：「臣等仰惟皇帝陛下以天縱上聖之資，承壽皇親傳之統，道同舜禹，稽古爲先。乃淳熙十六年二月二日登大寶位，甫浹日，命諏辰開經筵，續東宮所講《尚書》。是月二十三日，御邇英初講，用祖宗故事，召輔臣與觀。自是隻日率以爲常，間遇休假，亦特命講。始自《無逸》，顧問咨訪，玉音折衷，動與理會。講《立政》，上曰：『《立政》一篇，大抵以用人爲本。』胡晉臣言：『信任則不以小人參之。』上曰：『任則勿疑。』講《君陳》『斯謀斯猷，惟我后之德』，上曰：『此乃萬世人臣之龜鑑。後之人臣，多是沽名。』講《君牙》『丕顯哉文王謨，丕承哉武王烈』，上曰：『文王功業甚大，武王又能承之，可謂授受一道。』講《冏命》『侍御僕從，罔匪正人』，上曰：『文武之聖，猶先辨邪正，則邪正誠不可（可）以不辨。』余端禮言：『古者人主左右必擇賢士大夫，不專用近習。』上曰：『左右近習能移人之性。』又曰：『士大夫進見有時，若左右近習，則朝夕親近，所以能移人之性。』又曰：『邪正混淆，尤當深察。』講《呂刑》，〔上曰：『《呂刑》〕一書，非有意於用刑，蓋欲使人知畏而不敢犯。』紹熙元年十月二十五日終篇。[19]臣等竊惟《尚書》一經，帝王軌範。陛下養德儲闈，進講是書，已至於再；臨御未幾，亟詔侍臣

〔一〕徵：原作「證」，乃宋人避仁宗諱而改，今回改。下同。

續業金華，遂究五十八篇之旨。臣嘗於經筵奏事，蒙宣諭曰：『夫人幼而學之，壯而行之。朕在東宮時，每與諸儒講論經理，至今頗得學力。乃知此事不可一日廢。』臣等聞之，贊美一詞。竊謂經曰『學于古訓乃有獲』，又曰『念終始典于學』，陛下於此，可謂尊其所聞，行其所知矣。臣等不勝慶幸，乞宣付史館。」從之。

十一月七日，詔：「進講《尚書》終篇，宰執、侍讀、侍講、修注官並特與轉一官，本所官吏、裝界作依淳熙八年例推恩。其人吏依例不得過一十六人，内白身人與補進武副尉，仍不得過二名。餘不該推恩五人，各支犒設錢五十貫文。諸色祗應人一十七人，支犒設一次。」

三年九月十六日，講筵所言：「今來秋講，據太史局申，宜用九月二十五日。」從之。先是，吏部尚書、兼侍讀鄭僑言：「二月開講，止于重午，八月復開，止于冬至，著爲定令。自時厥後，定令雖存，間以事妨，亦有春講用三月，秋講用九月，則漸失祖宗之旨。竊謂將來秋講，自會慶、重明節，北使到闕前後日分，皆有相妨。加以今歲初郊，習儀前五日，例是輟講。若自八月開經筵，日數已是希少，設用九月，則愈少矣。乞詔有司擇日，於八月上旬則御邇英，庶幾日分稍寬，可以仰副陛下從容訪道、終始典學之意。」

【宋會要】

[20] 寧宗慶元元年正月二十一日，臣寮奏：「恭聞高宗皇帝諭宰臣趙鼎曰：『朕居宮禁中，自有日課，早閱章疏，午後讀《春秋》、《史記》，夜讀《尚書》。率以三鼓罷。』孝宗皇帝諭講官周操曰：『朕在宮中，並無他用心，只是看經史耳。』大哉，皇祖之訓！學有緝熙於光明，所謂貽孫謀而燕翼子者，蓋必由於學也。仰惟陛下踐阼之初，未遑他務，首開經幄，添置講員，增益諸經，早晚兩講，不以崇高富貴爲樂，而以盛德日新爲念。臣去歲八月二日面奏講學劄子，陛下慨然垂聽，出示講官。越三日，宣召微臣，玉音諭以悉行所奏。中外交賀，咸仰陛下念學之篤，根於至誠。蓋二帝三王之用心，求以上繼高宗〔一〕、孝宗聖學之盛也。仰惟陛下日御經筵，固有定式，惟是暇日與退朝之際，皆是清閒之燕，宮中庶務，必不上關聖懷。當此暇隙之時，稍思日課之學，如高宗、孝宗之訓，定課式於禁中，庶幾既有外朝講讀之勤，又有内廷課學之益。恭覩《高宗皇帝聖政》、《孝宗皇帝聖政》二書，皆是兩朝七十年間大政事，藏諸金匱。不惟盛德大業，醲化懿綱，一一所當訓式〔二〕，而紀載明白，事理較然，觀閱之間，易於著心而入耳，固不待講解而後明也〔三〕。欲望陛下以高宗、孝宗宮中讀書定課爲法，而 [21] 復以《聖政》之書專爲宮中課程之學，下秘書省繕寫兩朝《聖政》二書，留寘日所御殿，日閱數條，以爲定式。詳其施置

〔一〕求以：原無，據《東塘集》卷一一補。
〔二〕當：原無，據《東塘集》卷一一補。
〔三〕解：原作「理」，據《東塘集》卷一一改。

之美意，法其政事之脩明，熟味細觀，再三紬繹，積日累月，不踰定課，則兩朝《聖政》之書，盡畢觀覽，良法美意，皆在陛下胸中，出而見諸政治者，將自脗合而無間矣。此其事不勞，其道易行，而其効必至者也。臣拳拳愛君，願裨聖學，惟陛下財幸。」詔從之。

四月二十五日，權工部侍郎、兼知臨安府錢象祖言：「仰惟國家聖聖相承，莫不鋭情經術，博攷古今，參稽治要。逮高宗皇帝當艱難再造之日，亦不忘貽訓，常詔侍從官遇住講日，輪進故事，俾從臣時得以前代及本朝之事有關治體者，述録以聞。雖漢世祖之投戈講藝、息馬論道，不是過也。恭惟陛下以天縱之資，留意聖學，粤自龍飛九五而來，益加聖心，崇尚儒臣，訪求治道，日御經筵，靡間寒暑，雖於舊制罷講之時，猶日講不輟。緝熙光明之盛，度越前古。惟是侍臣所進故事，以紹興之制，係於住講日，依講筵日分，以次輪進。今講筵既無住講日分，有司遂未舉行。竊謂所進故事，皆摘取切近時務，足以觀省者，以爲規益。或以古語而明(令)〔今〕，或以往事而申鑑，非徒爲多聞也，詎可廢而不舉哉？欲望聖慈特降睿旨，自今雖非住講日分，亦令侍從官從舊制輪進，庶幾古先之成績、列聖之良規，時得以徹聞聽。不惟有以副 22 (陞)〔陛〕下博詢廣問、孜孜不倦之意，而且俾侍從之臣咸得輸忠效美，以罄愛君憂國萬一之誠，實非虚文，不爲小補。」詔從之。

十月十七日，太中大夫、試吏部尚書、兼實録院修撰、兼侍讀葉翥，中奉大夫、權兵部尚書、兼侍讀張叔椿，通奉大夫、御史中丞、兼侍讀何澹，太中大夫、守尚書户部侍郎、兼修玉牒官、兼侍講袁説友，朝議大夫、新除刑部侍郎、兼侍講黄艾，朝奉大夫、試右諫議大夫、兼侍講李沐，朝請郎、試國子祭酒、兼權兵部侍郎、兼侍講楊大灋，朝散大夫、行殿中侍御史、兼侍講黄黼，朝奉大夫、行右正言、兼侍講劉德秀言：「内侍王德謙白劄子〔一〕，得旨宣諭侍讀、侍講等，自今後晚講，各要講解義理，引古證今，庶不爲文具。若只讀過，恐無益于事。請具知委回奏。翥等除已遵依聖旨外，嘗於十一日早講畢，同班面奏訖，乞宣付史館。」詔從之。

十二月七日，詔：「自今已後，如遇開講，隻日早一講，晚兩講一讀；雙日止晚講，兩讀兩講。如將來遇垂拱殿坐，雙隻日並晚講，免早講。不係開講之時，除假、故外，並特晚講，依舊兩讀兩講。」

慶元五年四月二十七日，通議大夫、權禮部尚書、兼實録院同修撰、兼侍讀黄由劄子奏：「臣恭惟陛下天資濬明，聖意冲澹，肅御經殿，朝夕講説，雖祁寒盛暑，亹亹忘倦。此堯之日行其道、湯之日新厥德、成王之日就於學也。比者，講官進講之次，嘗頌仁祖聖語，以刺詩亂世之事爲監戒，23 講讀敷演，未嘗諱避。陛下恪遵成憲，即賜允俞。

〔一〕謙：原作「兼」，據《宋史》卷四六九《王德謙傳》改。

至今臣子得以肆言無忌，而陛下每每傾聽不厭。臣以謂薄，備數進讀《資治通鑑》，自接續漢宣帝之後，至世祖建武之十二年。每同讀官得以管見援引敷奏，不敢緘默。然臣竊觀《通鑑》正本計二百九十四卷，所記興君誼辟與中才庸主之事，槩有可法，亦有可戒。今進讀節本，類多芟摭，爲進士科舉計。其間急政要務，關於君子小人進退用捨之際，天下國家安危理亂之機者，或闕不載，甚非所以廣聰明而示龜鑑也。宣帝五鳳三年，張敞請明飭郡國挾詐僞；元帝竟寧元年，侯應奏罷邊備，設置戍卒；成帝河平二年，湖三老等訟王尊之冤〔一〕，以指（纔）〔讒〕賊之罪；哀帝建平二年，揚雄等論鼓妖之異，以明聽失之象。凡此等事，或切於吏治，或熟於邊防，或繫於國是，或兆於天變。攷之節本，一切遺軼。甚至當時閹寺小人恃權挾術以誤人家國者，迺復畧焉。宣帝本漢英主，弘恭、石顯信任非才，自是基禍於後。至元帝時，大爲欺罔。有如宮門不可夜開，自有著令，顯恐左右間己，取一信以爲驗，輒先自白請，使詔吏開門，故投夜還，稱詔開門入。後雖有上書告顯顓命矯詔之奏〔二〕，遂不得行。是託信以濟其詐也。而元帝不之悟，由是姦謀陰計，詭秘百端，小夫憸人，黨友交結，於時民間有『牢邪石邪，五鹿客邪』之歌〔三〕。此在《通鑑》中最爲要切，可以爲後世戒者，而節本不載。

24 臣自去冬進讀，殆及半歲，其泛然無益，不足勸乙覽者，既不敢有所删削；至關繫治體，可以爲規警者，復不敢有所增益。以陛下講學日勤，順考古道，而臣悠悠歲月，塞責目前，讀得不讀失，讀存不讀亡，或盡如本朝趙抃之論，豈不負陛下細旃之意哉！陛下始初踐祚，深以宗社大計爲重，如王德謙之積姦稔惡，怙勢邀寵，殆與弘恭、石顯無異。陛下奮發英斷，竄投遠方，天下竦然，咸服陛下之剛明。而臣遭遇最蚤，竊窺陛下識度昭晰，其於小人情狀，灼見有素，固不待罪釁滿盈而後知也。蓋臣甲寅之夏，執經潛邸，同列或在告，或丐外，獨臣朝夕得侍陛下左右。時孝宗聖躬違豫，太上亦以疾不得以時問安，宰輔寡謀，倉皇無策。臣嘗罄竭愚慮，謂孝宗詒謀燕翼，垂諸子孫，休戚一體，太上以疾未出，陛下即孝宗之長孫，盍（謂）〔請〕於太上，躬往省侍？於是具劄聞奏，得前旨，詔陛下即日過宮。（奏）〔詔〕下之時，臣猶在講席未退，陛下欣喜踊躍，更衣趣駕。而王德謙時爲都監，輒爲間言，妄立異説，執留省劄久之，謂當審奏，抑陛下不得前。臣正色力争，德謙堅持不可。臣又謂，省劄乃太上親旨，子持父命，亟當欽承，德謙何以敢爾稽違〔四〕！陛下天日熙燭，怒其言爲非，而以臣言爲是，斷自聖意，隨即登車，仍令臣留邸，以竢問安之回。德謙迫不獲已，勉强從往，而憤怒偃蹇，形於色辭。蓋其無君無親之心、大姦大惡之態，固已發

〔一〕湖：原作「胡」，據《資治通鑑》卷三〇改。湖，縣名。
〔二〕「顯」下原有「而」字，據《資治通鑑》卷二九删。
〔三〕邪：原作「夜」，據《資治通鑑》卷二九改。
〔四〕爾：原作「邇」，據文意改。

露於此矣。陛下祇見孝宗，賜坐移時，告語慰藉，不一而足。自是25日往省問，率以爲常。向使陛下明斷不果，德謙之言或入，則孝宗愛孫之懷、太上命子之意，與陛下事兩宮之孝誠，詎能彰著於天下後世哉！是事始末，惟陛下實能軫記，而廷臣所未知，國史所未載。臣隱而不言則有罪，故臣因論進讀《資治通鑑》，輒併及之。臣竊謂德謙之姦欺，甚於弘恭、石顯，而陛下之明斷，非元帝所能及。繼今進讀，止用節本，而漢、唐間所以貽禍於此曹者不獲徹聞，則是姦邪之謀，不惟可以取信於當時，而亦可以肆欺於後世，臣實懼焉。臣聞神宗製《通鑑》序文，有曰：『荒墜顛危，可見前車之失；亂賊姦宄，厥有履霜之漸。』欲乞詔許讀官徑將《通鑑》正本擇其要切，反覆進讀。凡自昔君子小人進退用舍之際，天下國家安危理亂之機，該載日月，具以時聞。間有泛然無益於治體者，則削去之。仍乞下臣劄子，宣付史館，登記潛邸省侍孝宗始末，使千萬世知陛下之孝德不可及，小人之姦謀不可欺，實宗廟生靈之福也。」詔從之。

嘉泰元年十一月三日，朝請大夫、試尚書禮部侍郎、兼權禮部尚書、兼給事中、兼實録院同修撰、兼侍讀費士寅，中奉大夫、試尚書禮部侍郎、兼直學〔士〕院、兼實録院同修撰、兼侍讀陳宗召，新授中大夫、試尚書兵部侍郎、兼侍講趙介，太中大夫、中書舍人、兼侍講萬鍾，朝請大夫、行殿中侍御史、兼侍講林采，朝散大夫、行右正言、兼侍講施康年劄子奏：「臣等恭惟皇26朝家法，以親近儒臣，講論經義，商較古今，爲求治之本。列聖相承，所守一道，典學之勤，蓋漢、唐賢君所莫能及。然考之故實，皆二日一開經筵，率用雙日一讀一講。惟仁宗皇帝自乾興後，隻日亦或講説，而亦未以爲常也。皇帝陛下至誠天縱，好學不倦，自登寶位，雙日隻日，咸御經筵，兩讀兩講，《寶訓》、《通鑑》、《詩》、《書》、《禮記》、《春秋》、《語》、《孟》，分日更進，率以爲常。每當講讀，凝神審聽，諸儒之説間有理到詞達，足以發明微旨，默契聖心者，必首肯意受，喜見天顔。或誦説之多，至漏移十數刻，亦未嘗有倦色。蓋自昔帝王好學之誠篤不厭，未有如今日之盛者也。《孟子》一書，自紹熙五年八月十七日，詔續潛邸所講之章，至今年十一月三日講徹。臣等竊惟孟子之道，大抵先義後利，教民孝悌力田，使之不飢不寒，爲王道之本。此二帝三王所以君天下者，而當時之君乃以其説爲迂闊。又以距楊、墨，放淫辭，使邪説者不得作，以著孔子之道爲己任。此禹、周公、孔子三聖人所以善天下者，而當時之人乃以其説爲好（辨）〔辯〕，則其不遇，亦已甚矣！今陛下於千載之後，乃好其道，講明其書，舉其言而措之天下。崇儉約，省徭役，捐帑廩，以厚民力；闢邪説，距詖行，放淫辭，以正人心。一政一事，無非取諸其書。然則孟子之言，雖不用於戰國之君，而見用於陛下；孟子之道，雖不行於當時，而實行於今日也。臣等陋學謏聞，充員講讀，式際27休嘉，不勝慶幸，欲望聖慈宣付史館。」詔從之。

開禧元年正月二十三日，朝請郎、試兵部尚書、兼侍讀張澤，中大夫、權禮部尚書，兼同修國史、兼實録院同修撰、兼侍讀蕭逵，太中大夫、守吏部侍郎、兼同修國史、兼實録院同修撰、兼直學士院、兼侍讀顔棫，朝請大夫、試中書舍人、兼侍講陸峻，朝散大夫、權尚書刑部侍郎、兼侍講、兼中書舍人楊炳，朝奉大夫、侍御史、兼侍講林行可劄子奏：「臣等近於十二月十三日恭侍經幄，因奏陳民間望雪甚久，陛下精禱通天，加之前日頒詔改元，推行寬大之澤，百姓鼓舞，和氣感召，瑞雪應期，速若桴鼓。更願陛下益加兢業，畏天愛民，茂宗社無窮之福。臣等又奏，陛下當隆冬雪寒之時，不輟講誦，仰見聖學無倦，盛德日新。臣等一介寒儒，獲際休明，實千載難逢之會，皆蒙陛下嘉納。臣等拳拳愚衷，欲望聖慈特降睿旨，下臣等所奏，宣付史館，昭示將來。臣等不勝幸甚。」詔從之。

嘉定元年三月十一日，資政殿大學士、中大夫、提舉萬壽觀、兼侍讀趙彦逾，通奉大夫、守吏部尚書、兼翰林學士、兼修國史、兼實録院修撰、兼侍讀樓鑰，寶謨閣學士、太中大夫、充湖北京西宣撫使、兼侍讀宇文紹節，中大夫、權兵部尚書、兼修國史、兼實録院修撰、兼侍讀倪思，朝奉大夫、試尚書禮部侍郎、兼直學士院、兼修玉牒官、兼侍講章良能，朝散大夫、試中書舍人、兼侍講蔡幼學，朝奉 28 大夫、試右諫議大夫、兼侍講葉時，朝奉郎、殿中侍御史、兼侍講黄疇若，宣教郎、試起居郎、充奉使通謝使許奕，朝議大夫、起居舍人、兼太子侍講陳希點劄子奏：「臣等仰惟皇帝陛下鋭情經術，退朝暇豫，再御邇英，隆冬祁寒，曾弗少怠，多聞建事之效，固已度越前王矣。迨兹更化，又令權寢他經，專一以《詩》進説，尤見聖心急於究聞三百五篇大義。温顔訪逮，命之坐講，章句雖多，垂聽不倦，遂卒金華之業。宣召宰輔，同豫榮觀，甚休甚盛。臣等猥以末學，獲備講讀之職，無所發明，積懷愧懼。竊惟三代而下，人主號爲尊尚儒術，莫如漢之武帝、唐之太宗。武帝表章六經，然好大喜功，失於多欲。太宗嚴訪儒生，然内多慙德，人得以議。誠未有如陛下始終惟一，篤學而力行者也。夫《詩》之美刺，關繫治忽，文、武王業之所由興，幽、厲(主)〔王〕業之所由替，與夫持盈撥亂，治内治外之規模，不可爲後世法〔一〕。陛下深明六藝，夫豈效經生學士，區區於多識鳥獸草木之名？蓋欲本之修身，刑之齊家，極於美教化，移風俗，是以施爲注措，莫不有得於《詩》。敬畏天戒，則不識不知，順帝之則也；遵守成憲，則不愆不忘，率由舊章也。《下武》繼文，于以盡其孝；《行葦》忠厚，于以廣其仁。夙夜敬止，于以致其勤；奉養有節，于以示其儉。不諫亦入，則從善爲甚速；見晛曰消，則去邪爲甚易。戒政多如雨，則威福自己；懲巧言如流，則聽斷惟精。險詖私 29 謁，不行於宮

〔一〕不可：似當作「無不可」。

庭，《關雎》之美著焉；振振信厚，皆顯於公族，《麟趾》之化行焉。誅鉏元凶，所以懲尹氏之專於秉國；登進耆舊，所以藉老成之重於典刑。《棫樸》能官，而髦士休宜；《菁莪》樂育，而英才並出。至若有常立武而得衛中國之道，不隕厥問而得御夷狄之術，勞來還定而鰥寡不失其所，叙情閔勞而將士咸樂爲用，凡此大政數十，雖陛下天資高明，動與理合，然實稽古典學之力也。蓋《詩》進講，始于陛下登極之初，紹(興)〔熙〕五年甲寅八月，終于嘉定改元戊辰三月。日就月將，緝熙光明，陛下既得之矣。維天之命，於穆不已，文王之德之純，純亦不已，抑臣等願陛下加之意焉。臣等遭逢明時，親覩盛美，若不能備述始末，登載簡策，傳示萬世，則爲有罪。謹具劄子奏聞，伏望聖慈宣付史館。」詔從之。

嘉定二年十一月十六日，朝議大夫、權禮部尚書、兼侍讀章穎，朝散郎、試尚書吏部侍郎、兼侍讀許奕，朝議大夫、試尚書吏部侍郎、兼直學士院、兼侍讀蔡幼學，朝奉大夫、侍御史、兼侍講陳晦，朝請大夫、行左司諫、兼侍講劉榘，承義郎、右正言、兼侍講黄中，朝奉大夫、起居郎、兼國史院編修官、兼實録院檢討官、兼太子右諭德曾從龍，承議郎、起居舍人、兼權直學士院留元剛劄子奏：「臣等仰惟陛下天縱之聖，冠於百王，日新之德，光於四表。自履大位，雖萬幾之繁，日親聽斷，然猶遜志於學，祁寒盛暑，不廢講讀。固嘗下 30 明詔，增講員，訓辭丁寧，務求多聞之益。前乎此未有晚講，自陛下始行之；前乎此未有坐講，自陛下始行之。書之國史，爲法來世。每御殿(惟)〔帷〕，諏諸經以究治忽之原，訪諸史以(鑿)〔鑒〕得失之迹。因古驗今，形於天語；辭簡理到，臣下嘆服。至於法先王、由舊則，業業乎累聖之重規。嚮者進讀《三朝寶訓》既終，繼以《兩朝寶訓》。其後終篇，有司以他書爲請，詔讀《高宗皇帝聖政》。至於嘉泰三年之四月，凡六年，而後六十卷之書畢陳於冕旒之前。仰惟高宗皇帝聖學高明，神武震耀，中天立極，再造王室，樞機闔闢之運，與天地同其功，殆非常情之所能窺測。三十六年之治，利澤施四方，仁風翔海表，天下固已頌而歌舞之。而明明之廟謨，赳赳之雄斷，料敵制勝之方，保大定功之畧，大綱小紀，詳法畧則，規天條地之績，聲金振玉之妙，畧見於此書。陛下臨政願治，動循丕矩，對揚休烈，觀省不忘。其與商宗之鑒成憲、周王之酌祖道，蓋異世而同符。臣等欲望聖慈宣付史館。」詔從之。

嘉定五年九月十四日，中大夫、新除吏部侍郎、兼中書舍人、兼同脩國史、兼實録院同修撰、兼侍讀俞烈，朝請郎、試中書舍人、兼修玉牒官、兼侍讀范之柔，承議郎、殿中侍御史、兼侍講徐宏，朝奉郎、左司諫、兼侍講鄭昭先，朝奉郎、右正言、兼侍講董居誼，朝請大夫、試國子祭酒、兼國史院編修官、實録院檢討官、兼侍立修注官劉爚，朝散大夫 31、守太常少卿、兼國史院編修官、兼實録院檢討官、兼侍立修注官劉彌正劄子奏：「臣等仰惟陛下紹隆聖祚，祇遹先猷，稽古用賢，謹守一道。不邇聲色，不事觀游，而政機餘暇，日延儒臣，講論經理，進讀史事，凝神静聽，間形商榷，敷暢經旨，曾無倦容。此雖舜之好問、禹之拜言、湯之又日新、成王之光明緝熙，不是過也。惟昔三聖，成《易》一經。羲畫、文重，具三才變通之體；周情、孔思，扶百世綱常之宗。豈淺知之可窺，俟上聖之復起。惟我皇家，列聖相承，右文尊經，以爲家法。攷之故實，皆二日一開經筵，率用雙日一讀一講。獨仁宗皇帝於慶曆二年進講《周易》，而自乾興以後，(雙)〔隻〕日亦或講説，未以爲常也。陛下睿謀天縱，聖德日新，猷訓是承，專法仁祖，取《易》一書，晝誦夜思，復延經生，誦説紬繹。蓋昉於嘉泰改元之冬，迄今十有二載。宸衷惕厲，鋭情經術，日講二卦，虚心正守，端拱以聽，晝漏下或十餘刻，不懈益(壯)〔莊〕。講官敷繹，有契聖心，間形褒拂，以示激厲。臣等至愚，仰窺聖運。垂衣拱手，間發英斷，則《乾》之時行也；聖化聿新，崇俊去邪，則《豐》之日中也；清心寡欲，行不踰矩，則《大壯》之非禮勿履；發政施仁，與民休息，則《无妄》之對時育物；不絶鄰好，益嚴邊備，則得《師》之中吉；垂意臬事，不憚詳覆，則得《賁》之無敢折獄。天造神斷，雷厲風飛，無非《大易》之妙用。而猶日開經闈，欣聞講繹，有若饑渴。昔孔子讀《易》，韋編三絶。聖人[32]窮而在下，以明道傳後爲己責，遂窮日力，不憚講席。今陛下貴爲天子，日親萬幾，而聽斷之隙，有似於孔聖之窮經析義。聖王相去千有餘歲，而尊經樂道，若合符節。臣等末學謏聞，充員講讀，獲際休嘉。臣等不勝大願，欲望聖慈宣付史館。」詔從之。

嘉定七年十月十三日，朝議大夫、權刑部尚書、兼修玉牒官、兼侍讀范之柔，朝奉郎、試中書舍人、兼國史院編修官、兼實録院檢討官、兼侍讀石宗萬，朝奉大夫、殿中侍御史、兼侍講應武，朝請郎、右正言、兼侍講黄序，朝議大夫、試國子祭酒、兼國史院編修官、兼實録院檢討官、兼崇政殿説書、兼權工部侍郎徐應龍，朝議大夫、起居郎、兼國史院編修官、兼實録院檢討官、兼侍讀、兼權禮部侍郎李𡌴，朝散郎、守起居舍人、兼玉牒所檢討官、兼權直學士院、兼太常少卿真德秀劄子奏：「臣等伏讀《兩朝寶訓》，仁宗皇帝命丁度等講《春秋》終篇，聖語有曰：『《春秋》所述，皆前世治亂，敢不鑒戒？』仰見祖宗學于古訓，施于政理，於《春秋》一經，尤所加意。恭惟陛下以天縱之資，茂日新之德，恪遵家法，勤御經帷。比年以來，荐徹篇帙。今麟史告備，載舉盛儀。竊惟周轍既東，疆國分列，治世之經莫舉，尊王之旨不明。此書一立，懲勸善惡，扶植名分，豈惟二百四十二年之行事，其所以建民極而正人心者，雖數千百年猶賴之。是宜淵衷洞究，玉音涣發，深有取於明君臣之義。猗歟盛[33]哉！前聖述作之心，異世同符；先朝憲章之美，重規疊矩。竊嘗敬攷歲月，接續龍潛研精之素，起於紹熙五年之仲秋；從容燕閒，務學之勤，迄於嘉定七年之良月。紬繹之久，則所得益閎；體察之深，則所施不紊。運量酬酢，左右逢原。君道之所以昭明，治功之所以超越者，不在兹乎？臣等猥以非才，備員講讀，獲際休嘉，不勝慶幸。欲望聖慈宣付史館。」詔從之。

嘉定九年三月二十五日，朝散郎、試兵部侍郎、兼中書舍人、兼同修國史、兼實録院同修撰、兼侍讀石宗萬，朝請大夫、試右諫議大夫、兼侍讀應武，中大夫、權吏部侍郎、兼同修國史、兼實録院同修撰、兼侍讀徐應龍，朝奉大夫、行殿中侍御史、兼侍講黄序，朝散郎、試祕書監、兼國子祭酒、兼國史院編修官、兼實録院檢討官、兼崇政殿説書袁燮，朝議大夫、起居郎、兼國史院編修官、兼實録院檢討官、兼樞密副都承旨趙汝述，朝議大夫、軍器監、兼玉牒所檢討官、兼權檢正、兼侍立修注官聶子述言：「仰惟陛下宸衷淵靖，趨嚮純一，留神典學，延納儒紳。自登寶位，行歷二紀，就將緝熙，久而彌篤。粤從雙日隻日，咸御經筵；晚講坐講，創爲定制。至於凝慮審聽，喜見天顔，商榷大義，玉音涣發，前後見於史臣之登載者，固不止於屢書特書而已也。遠而帝王之經藉，近而祖宗之家法，以次講讀，兼舉無遺。自《三朝寶訓》終篇〔一〕，而輒書繼之；自《二朝寶訓》終篇，而魯《語》34繼之。嘉定以來，《詩》首告備，而《高宗聖政》，隨竟賫帙。《易》既卒業，而《孝宗聖政》載畢瑤篇。若《春秋》説事，則又近在甲戌之良月也。越丙子季春，《書》復以徹章告。夫尊經，盛典也，而史不絶書；徹章，曠儀也，而靡歲不舉。凡斯文之所以起興，群目之所以動盪，聲詩之所以歸美，耀簡册而傳方來者，實漢、唐以來之所未有也。以至燕衎之私，屢見於石渠之廬；匪頒之式，疊至於邇臣之室。尤爲熙朝之盛事，猗歟休哉！臣等竊惟《尚書》一經，實爲人主軌範，堯、舜、禹、湯、文、武之行事，如指諸掌。陛下研精覃思，有年于兹，固已舉坦明之制，合前後之揆矣。邇者講官得旨，灼趲敷奏黼扆之前，聖語有云：『典謨訓告之書，朕留意已久。』堯言宣布，一詞稱贊。竊謂陛下游神藝圃，潛心聖域，誠非分章摘句，泥紙上之言，事口耳之末也。蓋嘗蠡測管窺，仰觀聖運，如精一之旨，傳之堯舜，儉勤之德，無間大禹。不邇聲色，不殖貨利，則與湯之檢身者無二道。謹庶獄而無游畋，建皇極而無偏黨，則與文、武之憂勤者無兩心。豈非平時留意之久，其效遂至是乎？臣等聞伊尹之告太甲曰：『終始惟一，時乃日新。』傅説之告高宗曰：『念終始典于學，厥德修罔覺。』惟陛下謹終始如，自强不息，則高明光大，悠久無疆，將與天地同其德矣。臣等不勝大願，欲望聖慈宣付史館。」詔從之。

十一年三月二十六日，太中大夫、守尚書吏部侍郎、兼修玉牒官、兼侍35讀徐應龍，朝奉大夫、新除尚書禮部侍郎、兼同修國史、實録院同修撰、兼侍讀袁燮，朝請大夫、試右諫議大夫、兼侍讀黄序，朝奉郎、殿中侍御史、兼侍講李楠，朝奉郎、右正言、兼侍講劉棠，中奉大夫、行起居郎、兼

〔一〕三：原作「二」，據本卷前「嘉定二年十一月十六日」奏改。

中書門下省檢正諸房公事、兼玉牒所檢討官、兼權工部侍郎聶子述，朝散郎、行起居舍人、兼國史院編修官、兼實録院檢討官、兼太子侍讀宣繒言：「仰惟皇帝陛下天資沖澹，惟性高明。日御講筵，就學不倦。經籍奥義，以次咨訪，罔有逸遺。自慶元戊午，至嘉定丙子，凡十徹章。雖商高宗典于終始，周成王學有緝熙，殆不是過。猗歟懿哉！甚盛德也。厥今《通鑑》進讀，復告訖篇，非汲汲皇皇，疇克臻此！緬惟是書之作，昉我英宗，命司馬光論次於中祕。起周威烈，下竟五代，研精極慮，窮竭日力，久迺克就。卷帙盷分，綱目井列，不但稡摭故實而已，蓋將便清燕之觀，示元龜之鑒也。裕陵欽承先志，寵以序文，謂：『天人相與之際，休咎庶證之原，威福盛衰之本[一]，規摹利害之效，良將之方畧，循吏之條教[二]，於是悉備。』顯謨大訓，炳若日星。(詔)〔詒〕燕後人，永永無斁。陛下篤意此書，肆命勸誦，其聞善可爲法、惡可爲戒者，或關宸聽，有悟聖心，涣(法)〔發〕玉音，動與理會。前後侍臣之言，欽聆敬歎，不一而足。維慶元乙卯二月，實始啓帙，除東西魏、陳、隋及五季瀆亂之事，有旨不讀，自餘紀載，弗怠幡閱。逮嘉定戊寅季春，遂底終篇。36 陛下稽古之懋、典學之勤，可謂同符祖宗，有光帝王矣。昔唐開元中，日選耆儒侍讀，以質史籍疑義，然而鋭始怠終，徒文亡實。秉史筆者猶且特書，以爲美談。矧陛下歷覽前代興亡理亂之故，尊所聞，行所知，首末惟一，顧可不登之汗簡，以詔萬世？欲望睿慈宣付史館。」詔從之。

十二年五月十三日，通議大夫、權刑部尚書、兼修玉牒官、兼侍讀徐應龍，朝散大夫、試尚書禮部侍郎、兼同修國史、兼實録院同修撰、兼侍讀袁燮，朝請郎、新除右諫議大夫、兼侍講李楠，朝奉郎、新除殿中侍御史、兼侍講盛章，朝請郎、新除右正言、兼侍講胡衛，朝散郎、試祕書監、兼國史院編修官、兼實録院檢討官、兼崇政殿説書柴中行，朝奉郎、新除起居郎、兼國史院編修官、兼實録院檢討官楊汝明，朝奉郎、新除起居舍人、兼國史院編修官、兼實録院檢討官李安行言：「仰惟陛下天縱之聖，謙挹弗居，日就之功，緝熙不已。粤自臨御以來，鋭情經術，垂意史傳。凡三五帝王學聚問辨之方，暨歷代興(忘)〔亡〕理亂之蹟，亦既洞究其顛末，而深造其淵微矣。比歲記注之臣欲以上裨聰明，復取先朝講官范祖禹所進《帝學》一編，續以五宗之懿，釐爲十卷，仰塵乙覽。頃因《資治通鑑》徹章，有旨以是進讀。聖心亹亹，咨閱靡殆。迺嘉定己卯仲夏[三]，實竟其帙。自非陛下典學之誠，有加無已，疇克臻此？欽惟元祐更化，作新之治，符、靖始初，清明之 37 政，無非皇皇汲汲之所繇致。高宗、孝宗若稽于古，高明光大之效，尤極其

[一] 衰：原作「美」，據宋神宗《資治通鑑序》（中華書局點校本《資治通鑑》卷首）改。
[二] 條教：原作「教條」，據宋神宗《資治通鑑序》乙。
[三] 己卯：原作「乙卯」。按嘉定無乙卯年，嘉定十二年爲己卯，據改。

盛。今觀三聖學問之精微，諸儒講説之本末，是書所載，炳如日星。臣等進讀之次，陛下穆垂天聽，莫不心領意會，抑亦尊所聞而行所知矣，豈但虚文而已哉！ 昔傅説之告商高宗曰：『王人求多聞，時惟建事，學于古訓，乃有獲。』又繼之曰：『監于先王成憲，其永無愆。』陛下學于古訓矣，而復以五宗之家學爲法，是則監于成憲之謂也。視商之賢王，真可齊休匹美。逮茲徹卷，固宜紀諸汗簡，以侈萬世之傳。臣等勸誦罔功，疊睹盛事，不勝慶幸，欲望睿慈宣付史館。」詔從之。

十四年十一月十八日，太中大夫、試工部尚書、兼修玉牒官、兼侍讀葉時，朝請郎、試尚書吏部侍郎、兼侍讀盛章，朝奉大夫、試尚書禮部侍郎、兼同修國史、兼實録院同修撰、兼侍讀楊汝明，朝請大夫、行殿中侍御史、兼侍講張攀，朝請郎、左司諫、兼侍講張次賢，朝請郎、右正言、兼侍講襲蓋卿，朝請郎、守起居郎、兼國史院編修官、兼實録院檢討官杜孝嚴，朝奉大夫、起居舍人、兼國史院編修官、兼實録院檢討官、兼權直舍人院程珌言：「竊謂聖學無倦，固治道之所當先；皇祖有訓，尤聖學之不可後。商宗學于甘盤，其永無愆，必監先王成憲。成王學有緝熙，其養天下，必酌先祖之道。蓋近承家法，皆易知而易行，視泛稽于古昔，又不侔也。仰惟皇帝陛下(冠德)〔德冠〕百王，紹休列38聖，聰明本於天縱，兢業著於日行。垂精藝文，篤意學問。萬幾之暇，惟求多聞；一日之間，至勤再講。諏經讀史，尊道崇儒，博考前代或得或失之原，以爲今日可戒可法之鑑。自履大寶，逮今二十八年，日月就將，一誠不斁。至於仰繩祖武，率由舊章，凡鉅典之昭垂，益加意於省覽。初讀《五朝寶訓》，繼以《高宗皇帝聖政》，又繼以《孝宗皇帝聖政》，皆已終篇。惓惓聖心，復欲參稽高宗皇帝之《寶訓》，及詔攸司，自嘉定六年十(二)〔一〕月三日進讀。閱八年，而七十卷之書篇帙畢陳，亦已盡經睿覽。(逮)〔建〕炎、紹興之聖治，條貫統紀，皆備見其始終。尊聞行知，實爲大訓，信無負高宗皇帝貽謀燕翼、啓佑後王之意矣。臣等竊觀高宗皇帝以神武之資，履艱厄之運，身濟大業，光啓中興。仁足以兼覆夷夏，明足以洞燭忠邪，勇足以成戡定之功，剛(則)〔足〕以大自彊之德。宵衣旰食，三十六年，立政用人之要，料敵制勝之謀，裕民足國之方，御外理内之策，大綱小紀，詳法畧則，炳如日星，皆聚於《寶訓》一書。陛下以聖繼聖，駿惠先猷，不但觀省之克勤，每思尊奉而唯謹。重熙累洽，根本于茲。商宗監成憲而永無愆，成王酌祖道以養天下，詎容專美于古先？臣等猥以疎庸，充員講讀，復有際遇，何補聖明。惟知歸美報上，出於誠實，不容自默，用敢奏聞。欲望聖慈宣付史館。」詔從之。(以上《永樂大典》卷四八四六)

觀賞〔一〕

【宋會要】

39 太宗至道三年九月四日，御滋福殿，召輔臣觀《西鄙地圖》，歷指山川堡壁，曰：「朕已令屯兵於内地州郡，而簡其閑冗，冀以省費，而息關輔之民也。」先是，命左藏庫使楊允恭、崇儀副使竇神寶、閤門祇候李允則，乘傳（傳）視山川郡縣形勝，以圖上焉。

真宗咸平四年十一月二十日，御龍圖閣，召輔臣觀太宗皇帝草、行、飛白、篆籀、八分書，及閱古今名畫〔二〕；移御崇和殿，閱張去華所著《元元論》及《國田圖》。帝曰：「經國之道，必以養民務穡爲先。朕常冀邊鄙稍寧，兵革粗息，則可以力行其事，富庶吾民矣。」

六年十月三日，對輔臣于龍圖閣，觀种放《山居圖》。放别業在終南山，聚徒講學，性嗜酒，常種秫自釀，林泉之景，頗爲幽勝。時帝遣使攜畫工圖之而觀焉。

景德（元）〔二〕年十二月五日〔三〕，召輔臣於龍圖閣，觀契丹禮物。國母所致御衣綴珠銀貂鼠裘，細錦刻絲透背、合線御綾、羅綺紗縠御樣，皆百匹，金銀飾箱緘之；果實、雜粆、腊肉凡百品，貯于楝欙器〔四〕；水精鞍勒、新羅酒、青白鹽。國主所致戎器賓鐵刀，鷙禽曰海東青。又太祖、太宗朝契丹所上衣物，盡在禁中，至是，亦發笥宣示。自是，遣使契丹所持禮物，皆召輔臣臨觀，著爲例。

四年二月十四日，車駕駐西京〔五〕，召宗室、輔臣游内苑，御西北小亭，觀寒林石。登東樓，望老君祠。

二十日，幸内園，登砌臺，召親王、輔臣、吏部尚40書張齊賢、刑部尚書温仲舒、寇準等，賜座。因閱臺西婆羅石，觀東亭御製御書《朝拜諸陵因幸西京記》。

二十三日，召輔臣於内東門，觀太祖彈丸壁。初，開寶九年，太祖幸西都，因行郊禮，常戲彈於門之北壁，其迹三在焉。帝觀之興感，命有司設龕護覆之。至是，啓而觀焉。

大中祥符二年十月二十二日，對輔臣于崇政殿之西廡，内出太宗聖製歌詩、御書故事，皆有以鑒戒者，示王旦等曰：「此先帝朱才人所藏，近者上進，自言至道初許度爲道士，以永熙晏駕而止。昨祥符初，再有陳請，已爲修觀處之。」又出安王元傑歌詩真草行書，帝曰：「安王好學，有天然性格，生平著述尤多。王薨，皆已亡逸。朕惜其樂善勤古，而世不及知，購求所得，悉以編次，因紀序紀之〔六〕，仍

〔一〕觀賞：眉批有「帝系帝治觀賞」六字，蓋謂此下文字擬編入帝系類帝治門之「觀賞」一目。
〔二〕名：原脱，據《玉海》卷二七補。
〔三〕二年：原作「元年」，據《長編》卷六一改。
〔四〕楝：原作「楝」，據《長編》卷六一改。
〔五〕「車」下原有「馬」字，據文意删。
〔六〕上「紀」字疑誤。

付史館。」

（二）〔三〕年五月二十八日〔一〕，召輔臣於崇政殿北廊，觀中使任文慶於茅山郭真人池中所獲龍，體長二寸許，鱗極細，腹如玳瑁，置手中，仰覆無懼。帝作《觀龍歌》，復送茅山池中。又出楚王筆劄、聖製記及賜山人秦辯、道人劉元詩，因看《金液訣歌》示之。

九月十一日，對輔臣於龍圖閣，觀《宮中迎奉天書圖》二，一繪天書出宮，一繪入宮。又繪帝行大禮畢入宮之儀。

五年十二月二十四日，編聯祥瑞所上祀汾陰后土壇、朝覲壇〔二〕、親奠西嶽廟三圖，及祥瑞圖百四十八，置龍圖閣下。召宗室、輔臣、兩制、尚書丞郎、兩省給諫、三司副使、刺史已上觀之。

九41年三月四日，召宗室觀書于玉宸殿。

十月十四日，召輔臣至龍圖閣，觀聖祖天尊大帝宸篇、聖翰、藥金、藥銀〔三〕、功德什器、錢寶、花珠等物〔四〕，及《降臨內記真紀》。

十一月二十三日，召近臣觀書於龍圖閣，祕書監楊億、知雜御史呂夷簡預焉。帝作七言詩五首，分賜輔臣、宗室、兩制、諸帥、待制等，命儒臣即席皆賦。

十二月十一日，召輔臣至崇德殿，觀新製真聖寶册、衮服、仙衣等。又至崇政殿，觀玉皇法從道具物。

二十五日，權三司使馬元方等詣崇政殿，上新作天書金輅、帝服、韠袍，命輔臣臨觀焉。

天禧二年四月四日，召近臣及館閣、三司、京府、諫官、御史詣宜聖殿，朝拜太宗聖容。又至龍圖閣，觀書及聖製贊頌石本。時昇王未出閤，始預座，令從臣賦《龍圖閣觀書》、《宜聖殿賞花詩》各一首。是日，先賜食于殿門。

十一月十三日，召近臣觀書于太清樓。

三年六月二十三日，召宗室、近臣、館閣、三司、諫官、御史官、法官、兩制官詣真遊殿，觀像設〔五〕，賜御製《聖祖降臨記》人一匣。

九月二十三日，召近臣觀書崇政殿。

十月十八日，召輔臣於後苑，觀滑州所獻鹿、河陰縣所獻龍卵〔六〕。

四年十一月十日，召輔臣、兩制、丞郎、給諫、三司使副〔七〕、御史知雜、直龍圖閣赴龍圖閣觀書，賜食承明殿門。

十二月二十三日，對輔臣洎王欽若於承明殿，示以御製文章數軸，及粉（戕）〔牋〕銷金紙，賜中宮詩什手書等。

〔一〕三年：原作「二年」，苗書梅等點校本《宋會要輯稿·崇儒》據《玉海》卷三〇、《文獻通考》卷三二三改，今從之。下條據《長編》卷七四亦爲三年事。

〔二〕朝覲壇：原脱，據《長編》卷七九補。

〔三〕藥銀：《長編》卷八八作「銀像」。

〔四〕花珠：《長編》卷八八作「花樹」。

〔五〕像：原作「豫」，據《玉海》卷三二改。

〔六〕卵：原作「卯」，據《長編》卷九四改。

〔七〕使副：原倒，據文意乙。

仁宗天聖七年十月十42二日，皇帝聽徹《尚書》，召輔臣、侍讀、侍講、翰林學士、三司使副、知制誥、待制、宗室諸司使副已上、駙馬都尉、管軍臣僚上太清樓觀書，宴于樓下。

八年六月六日，召近臣元真殿燒香，水心殿賜茶，赴天章閣觀書，看瑞粟。退赴御製御書殿看御書，分賜宰臣已下。

九年閏十月二十四日，召近臣太清樓觀書，特召太子少保致仕晁迥預。

景祐二年十月八日，召近臣後苑觀稼殿賞稻〔一〕，賜酒三行，遂宴射太清樓。

四年五月二十五日，御化成殿，以芝草生於殿楹，召輔臣、兩制學士、待制、宗室刺史以上，觀帝作《芝草》五言詩，賜王隨以下。隨等拜謝，召座賜茶。翌日，各爲詩賦以獻。

五年八月十五日，召輔臣、兩制學士、待制、觀察使以下〔二〕，觀新製南郊儀仗法物於宣德門內。

寶元二年九月二十八日，召輔臣後苑翠芳亭觀稻，賞根實，命座賜茶。康定二年九月二十六日，慶曆三年九月二十六日，六年九月十八日，八年八月七日，皇祐元年九月九日，二年十月十六日，五年九月十八日，嘉祐三年十一月六日，又觀。

慶曆三年九月三日，召輔臣天章閣，朝拜太祖、太宗御容，及觀瑞物。既而面問禦邊策，移刻罷。

四年九月二十八日，召宗室及侍讀、侍講觀根實，遂宴後苑。

五年九月九日，召輔臣、兩制、修起居注、宗室、刺史以上，後苑觀稻賞根，宴太清樓，命賦詩。

七年八月二十四日，召輔臣崇政殿觀43祭器。是日傳詔，須觀已，再座延和殿，始起居。

八年九月四日，御崇政殿，召輔臣觀御書。

十一月四日，召輔臣、兩制崇政殿觀祭器。

皇祐元年二月十七日，召輔臣、兩制學士、待制、館閣官、宗室刺史已上，崇政殿朝拜三聖御容。既退，命賜茶酒。

五月十五日，召近臣後苑寶岐殿觀刈麥。帝曰：「朕新創此殿，不欲植花卉爲游玩之所。民以粒食爲先，而歲種麥於此，庶(和)〔知〕穡事之不易也。」至和元年五月二日，嘉祐四年五月一日，又觀。

七月二十五日，召輔臣、兩制學士、待制、臺諫官、宗室，赴沈德妃位，朝拜三聖御容。

八月三日，召輔臣後苑觀粟。至和元年七月二十七日，三年八月二日，嘉祐三年八月二十四日，又觀。

六日，御崇政殿，召輔臣觀《渾儀圖》。

〔一〕觀：原作「親」，據《玉海》卷七七改。
〔二〕下：似當作「上」。

十一月一日，召輔臣、兩制學士、待制、臺諫官、修起居注、宗室大將軍已上、駙馬都尉、管軍臣僚，迎陽門觀三朝寶字，并《三朝訓鑒圖》，延和殿命座賜茶。

二年九月三日，召輔臣、兩制學士、待制、宗室、臺諫官、三司、開封府推官、管軍臣僚，崇政殿觀大樂。

九日，召輔臣、兩制學士、待制、臺諫、館閣、宗室觀察使以上、管軍臣僚、三司、開封府推判官，迎陽門觀三聖御書，并唐明皇《山水圖》。

三年三月二十二日，召輔臣、兩制學士、待制、臺諫、三司、開封府推判官，後苑觀雙竹。

五月十八日，召輔臣、兩制學士、待制，崇政殿觀御書。

五年六月七日，召輔臣【44】紫宸殿觀大樂。

七月二十二日，召輔臣、兩制學士、待制、臺諫、館閣、三司、開封府群牧判官，後苑觀瑞蓮。

九月十九日，召輔臣、兩制學士、待制、臺諫、館閣、三司、開封府推判官、詳定官、宗室正任刺史已上、管軍臣僚，崇政殿觀大樂。

十月二十九日，召輔臣、兩制學士、待制，崇政殿觀寶册。

至和二年二月十三日，召輔臣、兩制學士、待制、宗室觀察使已上、駙馬都尉、管軍臣僚，迎陽門觀御飛白書上清太平宮牌。

三年二月二十三日，召輔臣、兩制學士、待制、臺諫、館閣、三司、開封府推判官、管軍臣僚，後苑觀瑞蓮。

嘉祐三年八月二十五日，御崇政殿，召輔臣、兩制學士、待制、臺諫、館閣、三司、開封府推判官，觀交州進異獸，賜食于殿門。

七年十二月二十二日，召輔臣、兩制學士、待制、臺諫官，觀天章閣御書。

英宗治平元年十二月九日，召輔臣、兩制學士、待制、臺諫官、修起居注、三司使副〔一〕、宗室大將軍已上、管軍臣僚赴迎陽門，觀御書景靈宮孝嚴殿牌。

神宗熙寧（九）〔元〕年十月二十三日〔二〕，召輔臣、從官，迎陽門觀御書景靈宮英德殿牌，如治平元年例。二年八月二十八日，御親稼殿，召輔臣觀粟，命座賜茶。三年八月十三日，五年閏七月二十一日，六年八月十四日，八年八月十二日，九月十六日，十年八月十二日，又觀。

三年四月十九日，御集英殿，召輔臣觀岐國長公主房卧〔三〕，命座賜茶。

五月【45】六日，御親稼殿，召輔臣觀麥，命座賜茶。五年五月二十三日，七年五月十三日，八年閏四月二十一日，九年五月十五日，又觀。

〔一〕使副：原倒，據文意乙。

〔二〕元年：原作「九年」，據《玉海》卷三四改。

〔三〕岐國：疑有誤，查諸史，熙寧三年已逝及在世諸公主中無可稱爲「岐國長公主」者。

四年五月二十四日，召輔臣、兩制學士、待制、臺諫官、修起居注、三司使副〔一〕、宗室刺史已上、管軍臣僚，化成殿觀芝草，賜食崇政殿門外。

十月十九日，召輔臣後苑觀稻，命座賜茶。 六年九月二十九日，七年九月五日，八年八月十一日，九年九月二十一日，又觀。

七年六月二十一日，御崇政殿，召輔臣觀渾儀，命座賜茶。

九年三月十三日，御崇政殿，召輔臣觀韓國大長公主房卧。

十一月二十七日，御景福殿，召輔臣觀魯國大長公主房卧。

元豐元年五月七日，召輔臣後苑觀麥。二年五月三日，五年五月十三日，六年五月十六日，七年五月一日，又觀。

二年八月六日，召輔臣後苑觀穀。 六年七月二十一日，七年七月二十三日，又觀。

十月二日，召輔臣後苑觀稻。六年十月三日，又觀。

七年四月二十一日，朝獻景靈宮，至天元殿觀芝草。

哲宗元祐二年十月一日，觀稻于後苑。

三年八月十四日，召輔臣觀穀于後苑。 五年八月八日，六年八月十六日。七年八月四日，又觀。

四年正月十三日，詔講筵官許依祕書省職事官例觀新樂。從崇政殿説書顔復請也〔二〕。

七年八月八日，召輔臣觀稻于後苑。 紹聖元年八月十七日，又觀。

紹聖元年閏四月二十七日，召輔臣觀麥 46 于後苑。

紹聖三年五月四日，三年五月九日，又觀。

高宗紹興十四年七月二十七日，幸秘書省，召群臣觀累朝御書、御製、晉唐書畫、三代古器。

十六年十月二日，御射殿，召輔臣觀新製郊廟禮器。侍從正任刺史以上，與管軍、侍從、臺諫、南班宗室、卿監、兩省官、禮官、館閣，皆立班，命作朝會樂，次作宮架樂。 合赴座官，宣坐賜茶。

哲宗紹(興)〔聖〕四年四月二十五日〔三〕，權禮部侍郎范鏜等言：「刈麥觀稼，係同一時，今車駕觀麥，乞候禮畢，移幸稻池綵殿以觀稼。」詔可。（以上《永樂大典》卷一一八五七）

却貢〔四〕

【宋會要】

47 太祖建隆四年五月十三日，荆南節度使高繼冲籍伶

〔一〕使副：原倒，據文意乙。
〔二〕政：原脱，據《長編》卷四二一、《宋史》卷三四七《顔復傳》補。
〔三〕紹聖：原作「紹興」，據《長編》卷四八六改。 此條當是《大典》從他處抄來補於此。
〔四〕却貢：天頭原批「帝系帝治却貢」，蓋謂以下文字當入帝系類帝治門「却貢」目。

官一百四十二人來獻，悉分賜大臣。

太宗端拱元年二月九日，詔諸道州軍，諸色人今後不得以珍禽異獸來充貢奉。

十一月十四日，故秦國王錢俶子惟濬等進金萬五千兩，錦綺透背、綾羅紗縠衣著三萬匹，錢萬五千貫，48通犀、牯犀玉帶一百八十條，牯犀四十株，象牙十三株，丁香三百斤，象笏二百，馬二十疋，金玉瑪瑙鞍勒副之，金玉、珠翠，首飾、博具、器樂、器皿、什物各數千計，橐駞十頭，牛五十頭，驢一百頭，車十乘。十五日，俶夫人余氏又進牯犀一十株〔一〕，通犀帶十八條，赭玉帶四條，水精佛象十二事，金三萬五千兩，銀十萬兩，女樂十人。帝不納，各賜錦綵三十段，遣還之。《宋鑑》：太宗〔時〕，夏州趙保忠獻鶻，號海東青，上曰：「朕久罷遊畋，無事此也。保忠時出捕獵，今當還賜之。」淳化三年十月壬子，府州觀察折御卿貢白花鷹，上令對其使放之，仍詔御卿勿復以珍禽異獸來獻〔二〕。

真宗咸平五年十月十四日，知萊州齊化基獻白鷹〔三〕。帝曰：「珍禽異獸，何所用也？」命還之，給來使緡錢。

大中祥符元年七月十三日，濮州舉人郭鄆等四百六十二人以車駕東巡〔四〕，進粟豆二千石，草四萬圍。帝曰：「鄆等意雖可嘉，然納之即諸路盡以爲貢，益成煩擾。可優給其直，仍諭京東州軍民不得復然。」

九月二十一日，西京諸州民王延卿等，以車駕東封，各以香藥銀器來貢。詔特令引對，賜酒食；所貢之物，酬其直以遣之。

五年十一月二十二日，知梓州崔端獻白鶴一〔五〕。帝以地遠勞人，賜牙吏緡錢遣之。仍令諸州依前詔，不得以珍禽異獸爲獻。

六年八月十八日，詔奉祀一路諸色人不得以技巧雕繪寶裝物來獻。《長編》：景德三年五月辛酉，撫州獻白烏，詔還給其道里之費。大中祥符二年五月丙辰〔六〕，韶州獻頻婆果〔七〕，後以道遠還之。九年九月戊午，申禁諸路貢瑞物。時遼獻白兔，荆門軍獻緑毛龜故也。交州進馴犀〔八〕，上曰：「此犀遠來，深違物性，朕將還之。」交州尚牧獻白御馬一疋，上曰：「無名進貢，何所用？」亟還之。

仁宗天49聖四年四月五日，職方員外郎、知寧州楊及，以乾元節遣使獻繡佛。帝曰：「此佞人也〔九〕。民安政舉，乃守臣之職，焉用此爲！」令邸吏諭還之。《長編》：是年却川峽獻織繡〔一〇〕。

〔一〕余氏：《宋史》卷四八〇《錢惟濬傳》、《十國春秋》卷八三作「俞氏」。一十株：《宋史》卷四八〇作「二十株」。

〔二〕按，以上二事今見《群書考索》後集卷六四。《宋鑑》見《文淵閣書目》，已佚。

〔三〕萊：原作「來」，據《長編》卷五三改。

〔四〕郭鄆：《長編》卷六九作「郭垂」。

〔五〕白鶴：《長編》卷七九作「白雉」。

〔六〕丙辰：原作「丙寅」，據《長編》卷七一改。

〔七〕頻：原脱，據《長編》卷七一補。

〔八〕按，以下二事不見於今本《長編》，而見於《群書考索》後集卷六四。

〔九〕佞：原作「妄」，據《長編》卷一〇四改。

〔一〇〕峽：原作「陝」，據《文獻通考》卷二二改。按，此條今不見於《長編》，而見於《通考》。

英宗治平（三）〔四〕年五月〔一〕，太子右贊善大夫陳世修獻白烏，賜帛五十匹，以烏還之。

哲宗元祐二年七月二十三日，詔還坤成節臣僚所進金酒器〔二〕。

元符三年三月二十八日，永興民王懷進玉器〔三〕，詔還之。

高宗紹興三年三月二十三日，宰執進呈藤州守臣侯彭老進本州賣鹽寛剩錢一萬貫買到金一百六十六兩、銀一千八百兩。上曰：「朕意此必刻剥民財，以爲鹽息。就使貢是鹽息寛剩，自當歸之有司。」徐俯曰：「廣西鹽息固有寛剩，自不當進獻。」上曰：「不歸之有司，而守臣獨銜進獻，蓋求媚朝廷，可降一官放罷。」先是，彭老上章進獻，上親批其奏付三省：「可特降一官，以懲妄作。所進物退還。」至是覆奏訖行出，遂并罷其任。

四年三月八日，三省、樞密院進呈撫州獻刻觀音像，極精工。上曰：「朕平日未嘗佞佛〔四〕，然亦不敢加訾。顧飾像設以祈福，流俗之事，非朕心也。」宰臣朱勝非曰：「撫州又 50 收得玉罇，刻成龍文，恐是御府舊物，未敢進呈。」上曰：「此尤無謂也。異時茶司竊市馬之直，貿易貝貨，以充玩好，是舉山澤之利，而投之無用之地耳，朕甚悼之。其觀音像、玉罇，可皆勿受。」同日〔五〕，撫州臨川縣布衣甯子思進狀：「以白銀木刻成大悲一堂，與襄陽大悲真相不差毫髮，體掛纓絡，手中法器悉皆鎮動。望特賜宣取。」詔：「自今奇巧技藝之物，並不許投進。其甯子思所進物像，更不宣取。今後更有似此進狀之人，令登聞檢院不得收接，仍令逐院出榜曉諭。」

十二月十七日，宰執進呈沿江諸將奏報文字，上曰：「韓世忠近以鱘魚鮓來進，朕戒之曰：『朕艱難之際，不厭菲食。卿當立功報朕，至於進貢口味，非愛君之實也。』已却之。」

十四年五月六日，宰執進呈饒州姜樓等獻錢十萬貫，以助國用。上曰：「國用有常，自不至闕〔六〕。若用不節，所入雖多，亦有不足之患。可令給還。」

三十二年三月二十六日，上謂輔臣曰：「近日大將入覲，有以寶 51 貨鞍馬爲獻者，馬固不可闕，餘皆却而不受。蓋慮以進奉爲名，公肆掊刻，有害軍政。」

【孝宗中興聖政】〔七〕

〔一〕四年：原作「三年」，據《宋史》卷六四《五行志》一七改。
〔二〕節：原脱，據《長編》卷四〇三補。
〔三〕永興民王懷：原作「永興軍王瓌」，據《九朝編年備要》卷二五、《宋史》卷一九《徽宗紀》一改。
〔四〕佛：原作「物」，據《皇宋中興兩朝聖政》卷一五改。
〔五〕按，據《中興兩朝聖政》，下文所記之事與上文所記實爲同一事，疑《大典》據他書抄合。
〔六〕自：原作「日」，據《建炎要録》卷一五一改。
〔七〕天頭原批：「『孝宗中興聖政』起至『特著於篇』一段，應用小字旁注。」今依《聖政》原書格式，正文仍用大字，唯將史臣贊語改爲小注。

乾道五年九月丙寅，起居郎林機論諸郡守臣欲郡計辦集，而不恤縣道之匱乏，致使横斂及民。上曰：「甚不體朕寬恤之意。且如税賦（大）〔太〕重，朕欲除減，但有所未及，當次第爲之。」機又奏曰：「諸處有羨餘之獻，皆移東易西，以求恩倖，願陛下察之。」上曰：「所言甚當。今日之財賦，豈得有餘？今後若有獻，朕當却之。」

九年三月乙巳〔一〕，侍御史蘇嶠奏：「伏覩關報，廣南提舉官廖顒劄子：廣州都鹽倉有積下支不盡鹽本銀〔二〕，計實十一萬一千四百五十四貫文，樁積在庫，别無支遣。又點檢得本路諸州府逐年拘催常平諸色窠名錢物内，有現在寬剩五萬貫，欲行起發，少助朝廷經費。奉聖旨依，並令赴南庫送納者。臣切謂陛下即位以來，屢却羨餘之獻，故近年監司州郡稍知遵守。此盛德之事，書之史册，足以爲萬世法。而小人急於自進，不能革心，時以一二嘗試朝廷。只緣乾道七年提舉官章潭獻二十萬貫，以此特轉一官，不及期年，擢爲廣西運判。廖顒實繼其後，故到官未幾，便爲此舉，其爲愚弄朝廷，莫此爲甚！訪聞此錢並係鹽本錢，潭到任時，尚有三四十萬緡，是前官累政儲積〔三〕，不敢妄用，潭取其半以獻。今顒所獻止十一萬緡，已是竭澤〔四〕，所餘無幾。顒年歲間必須别得差遣而去，後人何以爲繼？異時 52 課額不登，誰將任其咎者？今淮南、浙西，其事已自可見。兼此錢本是朝廷錢物，樁在州郡者，豈必獻之内帑然後爲富？所謂移東庫實西庫，何以異此！欲望特降睿旨，却而不受。即以此錢付之本司，依舊充鹽本錢。常平寬剩錢亦乞樁留本路，爲水（早）〔旱〕賑貸之備，使四方之人知陛下捐利子民之意。」詔從之。史臣曰：「羨餘之弊，上欺人主，下蠹生民，非難知者，而小人屢敢以是爲進，豈非謂利之可動人歟？《記》曰：『與其有聚斂之臣，寧有盜臣。』此謂國不以利爲利，以義爲利也。孟軻曰：『亦有仁義而已矣，何必曰利？』陸贄曰：『理天下者，以義爲本，以利爲末；以人爲本，以財爲末。』誠使義利之説明於上〔五〕，則奸罔之徒何自乘間耶？壽皇諭臣僚捐利之請〔六〕，却樁積寬剩之獻而不受，所以正君德、清化原、警吏治者至矣〔七〕！」

淳熙五年四月辛未，知紹興府張津奏：「本府支用已是寬裕，尚有剩錢四十萬貫，起發應副御前激賞支用〔八〕。」詔令紹興府將張津所獻錢爲人户代納今年和買〔九〕、身丁之半。仍令本府印給文榜，遍下諸縣鄉村曉諭通知〔一〇〕。如人户今年已多納折帛錢在官〔一一〕，與理充來年應輸之數。務要實惠均濟，即不得因而重疊，别作名色搔擾。如稍有

〔一〕乙巳：原作「己巳」，據《中興兩朝聖政》卷五二改。
〔二〕支：原脱，據《中興兩朝聖政》卷五二補。
〔三〕儲積：原作「差問」，據《中興兩朝聖政》卷五二改。
〔四〕澤：原作「潭」，據《中興兩朝聖政》卷五二改。
〔五〕使：原作「知」，據《中興兩朝聖政》卷五二改。
〔六〕捐：原作「損」，據《中興兩朝聖政》卷五二改。
〔七〕警：原作「驚」，據《中興兩朝聖政》卷五二改。
〔八〕激：原作「臣」，據《中興兩朝聖政》卷五二改。
〔九〕代：原作「貸」，據《中興兩朝聖政》卷五六改。
〔一〇〕「知」上原有「諭」字，據《中興兩朝聖政》卷五六删。
〔一一〕如：原脱，據《中興兩朝聖政》卷五六補。

違戾，許人户徑詣尚書省陳訴。史臣曰：「乾道五年，臣僚嘗言：『諸州所獻羨餘，類皆移東易西〔一〕，以覬恩倖。』聖訓有曰：『今日財賦，安得有餘？自今若有此獻，朕當却之。』至是，張津猶以羨餘四53十萬緡來獻〔二〕，壽皇聖帝却而不受，復俾爲民代輸。以其所斂之民者還以畀民，豈惟知所取予而示之好惡〔三〕，其所以警（厲）〔勵〕臣工，風動中外者亦宏矣。臣故特著于篇。」

淳熙六年正月二十四日〔四〕，宰臣趙雄等奏：「光州復置中渡榷場官，御前恐有曾經在榷場幹事之人，可以差充監官，庶可檢察禁物，不令過界。」上曰：「御前自來不曾差人在淮上買物，如淮白北果之屬，毫髮不曾買，宫中並無，唯遇太上皇帝賜來則有之。向來劉度守盱眙，嘗獻淮白，卻而不受。近蒙太上皇帝賜得數尾，每進膳，即食一小段，可食半月。記得元居實知盱眙軍，初之任日，朕慮其在任輒獻北物，再三戒敕，令供責文狀，不得買物以獻。其狀留尚書省，卿等可取觀之。」

寧宗開禧元年八月二十三日，慶元府言：「真里富國進獻瑞象一頭，象牙二株，犀角十株。」詔令（度）〔慶〕元府以禮館待，發遣回歸，仍責委綱首説諭本官，所遣官海道遠涉，今後免行入貢。

罷貢〔五〕

【宋會要】

54乾德四年四月十七日，詔光州罷貢鷹鷂，其養鷹户並放歸農。《宋長編》〔六〕：知光化軍張全操上言：「三司令諸處場院主吏，有羨餘粟及萬石、芻五萬束以上者，上其名，請行賞典。此苟非倍加民（祖）〔租〕，私減軍食，亦何以致之？宜追寢其事，勿復頒行，除官所定耗外，嚴加止絶。」

開寶三年二月二十四日，詔三司：「凡經度上供物，非郡國土地所生者，無得抑致。」

四年正月十四日〔七〕，詔罷襄州歲貢魚腊。《長編》：五年，詔罷荆襄道歲貢魚腊〔八〕。

太宗太平興國五年三月一日，詔江南諸州歲貢乾蜂，傷生撓民，宜罷之。

雍熙二年十一月十二日，詔：「先是，郊祀、乾明節及國家大慶，州郡多遣官入貢，自今罷之。」《宋鑑》：至道三年六月，帝謂宰相曰：「諸州多以祥瑞之物來獻，此甚無益。但令稼穡豐稔，且得賢臣，乃爲瑞也。」辛丑，詔天下勿獻珍禽奇獸及諸瑞物。

〔一〕移東易西：原作「移易」，據《中興兩朝聖政》卷五六改。
〔二〕獻：原作「則」，據《中興兩朝聖政》卷五六改。
〔三〕知：原脱，據《中興兩朝聖政》卷五六補。
〔四〕自此以下復爲《會要》之文。
〔五〕罷貢：天頭原批「帝系帝治罷貢」。
〔六〕以下一段原爲正文大字。天頭原批：「『宋長編』起至『止絶』一段，應小〔字〕旁注。」今從之。但此事與「罷貢」無關，置於此亦不妥。
〔七〕按，《長編》卷一三記此事於開寶五年正月四日乙未（即此條注所引者），疑此處「四」當作「五」，「十」字衍。
〔八〕歲：原無，據《長編》卷一三補。

真宗《宋鑑》㈠：咸平二年，內侍裴愈因事至交州，謂龍花蘂難得之物，宜充貢。本州遂以爲獻。上怒，黜愈崖州，仍絕其貢。是歲㈡，又減罷劍、隴、夔州貢。

咸平五年十一月十四日，民有自眉州來貢奉者，帝曰：「巴庸遐遠，可念其勞，即詔禁止。」

景德四年閏五月二日，詔：「任土貢輸，雖存舊典，經途遐邈，亦念重勞。特用(特)推恩，俾從蠲省。三司所定劍、隴等三十九州、軍所貢土物，並與減(於)〔放〕。夔、賀等二十七州軍，悉罷所貢。每歲正旦，止令具表以 55 聞。諸州長吏不得以土貢爲名，因緣配率，務於便民，以稱朕意。」《宣城志》：是年，詔：「宣州歲貢細筆、竹簟、望春茶，可罷之。」

大中祥符元年六月二十三日，詔諸州軍每歲進茶，並宜停廢。先是，諸路貢新茶者三十餘州，越數千里，有歲中再三至者。帝憫其勞擾，罷之。

二年六月十九日，詔罷邕、宜等州歲貢藥箭。

六年七月五日，詔：「皇族歲時進獻皆無用之物，徒成冗費㈢。自今(際)〔除〕天慶、天貺、先天、降聖四節進供養物外，餘悉罷。」相王元偓等奉表懇請，仍舊不許。

仁宗《長編》：天聖元年七月己丑，罷廣東歲進異花。詔罷夔州玳瑁、紫貝等貢㈣。

天聖五年三月九日，瓊州奏：「近准詔，不許生取玳瑁，以供器玩。其常年土貢玳瑁、鼊皮、紫螺，未敢依例取採。」帝曰：「此皆非切須之物，仍勞率遠民，殺害生命，自今並權住進奉。」

六年正月十四日，詔川峽諸州軍自來織造功德進奉之處，今後並罷。先是，帝宣諭，西川每歲織造功德進奉㈤，甚費機巧，宜令止絕。宰臣等奏，不作無益害有益，止之甚便，乃下是詔。

五月十六日，樞密副使姜遵言：「永興軍咸陽縣民元守亮，恃豪夸里中，歲進酥梨，朝廷優給酬之。望罷所獻。」從之。是(日)〔歲〕㈥，詔溫州、鼎州、廣州每年貢柑子，并糖(密)〔蜜〕煎果子，無得以貢爲名赴京。時宰相王曾等奏：「溫州等處瀕海近山，路險而遠，賫送勞費。」故罷之。《訓典》：是年罷永興咸陽民元守亮家歲貢梨。

寶元二年九月二十二日，56 詳定所言：「自來臣僚家但經賜冠帔，例得進奉，甚費回賜之物。乞除現任前任執

㈠ 此注原作正文大字。天頭原批：「《宋鑑》一段應小字旁注。」又云：「凡旁引均應用小字旁注。」今從之。

㈡ 是歲：按，裴愈至交州在咸平二年，黜愈崖州在景德四年七月(見《長編》卷六六)，此「是歲」亦是指景德四年，即下文「景德四年閏五月」條所記之事。《宋鑑》此條蓋抄自《文獻通考》卷二二，《通考》已誤。

㈢ 費：原作「廢」，據《長編》卷八一改。

㈣ 按，此句實抄自《文獻通考》卷二二，非《長編》之文。《長編》卷一〇五記此事云：天聖五年三月，「罷瓊州歲貢玳瑁、鼊皮、紫貝。」(按：即本文下條所記者)《通考》「瓊州」誤作「夔州」，此處又承其誤。

㈤ 造：原稿圈除，考上文「織造」連詞，不得删棄。

㈥ 是歲：原作「是日」。按，《長編》卷一〇六、《燕翼詒謀録》卷五記此事在天聖六年四月庚戌，並不在五月十六日，不得云「是日」，「日」當作「歲」。因改。

政、使相、節度、見任管軍臣僚妻，乞依舊例，並許進奉；女并男婦、亡故管軍臣僚妻，其餘文武臣僚，不該上件官，并自來妻女、新婦有冠帔得入內者，並乞減罷。」詔皇城司，應臣僚家并命婦自來已曾進奉乾元節者，並許依舊。其十月一日及非次進奉、自來未曾進奉人，今後並依減省。國戚家女并見任、前任入內內侍省都知押班及內人妻、行人等，令入內內侍省、御藥院、內東門司依減定施行。

十二月十七日，以益、（粹）〔梓〕、利、夔路饑，罷皇子生進奉物。《長編》：慶曆七年，上封者言：「諸路轉運司廣要出剩，求媚於上，（以）民輸賦稅，已是大半之賦，又令加耗，謂之潤官。臣恐諸路轉運使尚有似此無名刻削，願陛下閱其奏目〔一〕，或有橫加收斂，名爲出剩〔二〕，乞賜（出）〔黜〕貶，使民知陛下之意。」上覽之，曰：「古稱聚斂之臣過於盜賊，今如此掊斂，與朕結怨于民也。」亟下詔止絶之。　《皇祐寶訓》：元年，罷廣州歲貢（密）〔蜜〕果。

〔皇祐〕三年十一月二十七日〔三〕，詔諸歲貢茶果飲食之物，係災傷州軍，並令止絶。

四年十月二十八日，罷廣州歲貢（密）〔蜜〕果子。已在道者，留所至州軍公用，其齎送牙校兵力即遣還之〔四〕。

治平四年二月二十六日，神宗（巳）〔已〕即位，未改元。手詔曰：「四方入貢，雖云古禮，考之禹制，亦未有若兹之繁也。今則一郡歲有三四而至者，言念道路之勤，疲瘵亦多矣。至57聞主押衙校，有破業終身不能償者，良可矜憫。耗蠹民物，莫不由斯。又所貢之物，輒多食類，雖闕之亦無害也。《書》不云乎：『不作無益害有益』，非此謂耶？朕甚不取。今後並可令罷。」所罷貢物，西京：櫻桃八百棵，紫櫻桃三十斤，又內園司十六斤，笋兩次共九百條，紫薑一百斤。河陽：玉版鮓二百罐。襄州：紅薑蘘荷一百罐。鄆州：阿膠一斤。大名府：鵝梨一千顆，棠梨二千顆。成德軍：栗子一十五石。太原府：葡萄三次共一百三十羅，榛子仁二十袋，林檎錢五十袋。潞州：葡萄一百羅，人參一十五簡。晉州：葡萄一百五十斤。澤州：人參一十八簡。永興軍：新笋一百斤。陝州：鳳棲梨一千顆。同州：石鏃餅三百枚，榅桲兩次二千顆，梨一千顆。邠州：桃條一百五十斤，剪刀二十具，火筯二雙。虢州：麝香五臍。淮南等路發運司：海鹽一千二伯斤。（楊）〔揚〕州：新茶一銀合，藏薑五十罐。壽州：新茶芽一十斤。舒州：新茶一銀合。光州：新茶四十斤。楚州：糟藏淮白魚三百斤。通州：海味截臍五百箇，膭子一百，海膭一百箇，紅蝦五百箇，臑子二十斤，春子一斤。蘄州：烏蛇一十條。高郵軍：蒬茈粉五十斤。荆南府：藥橘子一萬顆，新法藥橘五千顆。鄂州：雨前茶二百斤。鼎州：柑子一萬顆。池州：九華山石菖蒲一銀合。處州：白沙糖七百斤。宣州：花木瓜三

〔一〕「願」原脱，「目」原作「自」，據《長編》卷一六〇改。
〔二〕剩：原作「剽」，據《長編》卷一六〇改。
〔三〕皇祐：原無。按，據《長編》卷一七三，下條在皇祐四年，知此條脱「皇祐」二字，因補。
〔四〕齎送：原作「餘」。按「其餘」文意不明，據《長編》卷一七三改。

百枚。廣德軍：先春茶六十六兩三錢。建昌軍：銀珠稻米一十石。成都(州)〔府〕：色様糖、捻糖各一百58斤。梓州：曾青一十兩，空青一十兩。涪州：乾荔枝二萬顆。蘇州：薫橘一萬五千顆。杭州：鹽、瓜、薑。湖州：柑子一千顆。睦州：麥門冬煎。廣州：金橘一萬顆，椰子一百箇。漳州：山薑花一萬朶。泉州：山姜花三千朶，橄欖子上色一萬顆，次三萬顆。《鎮江志》：神宗朝，王巖叟奏：「臣伏以陛下即政之初，宜示儉薄，爲天下先。臣竊知四方貢獻，其有非國朝舊例，出於繼增而創起者，所在不能無擾。如定州之花綾〔一〕、祁州之花絁，臣所見而知之者。婺州之細花羅，潤州之花羅，臣所聞而知之者。臣見聞所不及，若此類必多。伏望詔皆停貢，庶成儉(撲)〔樸〕之風，以隆盛德。」

哲宗元祐二年七月七日，詔：「諸州軍每歲土貢，除舊進數外，近年添進者罷之。」

徽宗大觀三年十月二十二日，詔：「諸路州軍見貢六尚局供奉物，多不急之用，兼聞揀選科配，勞民費財。可令殿中省并提舉六尚局同共相度，具的確合用名色外，餘停貢。」既而殿中省同共相度的確合用物件斤數，并合停貢名色(不)〔下〕項：一、減數十二項。西京：蜜六百斤，減作五百斤。青州：顆棗十萬顆，減作五萬顆。越州：白梅二百斤，減作一百斤。辰州：顆塊光明辰砂十斤，減作五斤；芙蓉辰砂一斤四兩，減作一斤。沅州：朱砂四十斤，減作三十斤。宜州：朱砂五十斤，減作三十斤。嘉州：(太)〔大〕黑附子十斤，減作五斤，内藏庫樁留。江寧府：生白瓜子羅三百疋，減作二百疋。京西轉運司：御爐木炭四千秤，59減作二千秤。河東轉運司：白氈五十領，減作三十領，各長八尺，闊四(寸)尺。真定府：明花天浄紗共四百疋，減作素直紗二百疋。停貢六項：登州：石決明三十斤。福州：鯊魚三十斤。(庶)廣州：赤魚三十斤。宣州：揀蜂兒二十斤。婺州：天浄紗三百匹。撫州：蓮花紗二百匹。詔依。

十一月十日，中書、尚書省言：「奉詔，比諸路州郡歲貢殿中省六尚局供奉之物，多有不急，勞民擾下，罷四百四十餘名，所存纔什一二。乞下刑部鏤版，遍牒施行。」從之。

宣和七年六月二十六日，詔：「近命有司考不急之務，無名之費，特加裁定，允協厥中。然化自内始，政由身率，乃克有濟。仰惟熙寧詔書，首罷四方歲貢，明訓具在，祗若先猷，蔽自朕躬，理宜損益。應殿中省六尚局諸路貢物，可止依今來裁定施行。」尚食局：京畿轉運司：御麥二萬石，減五千石；茴香二十斤，減十斤。汜水白波輦運司：柴三十六萬斤，減二十萬斤。衛州共城縣：秔米二百石，減一百石。平江府：箭子秔米一百五十石，減五十石；橘皮三十斤，減二十斤。滑州：英粉三百斤，減一百斤。(決)〔洪〕州：紅麴一百斤，減八十斤；蜜五百斤，減四百斤。西京：三鄉鎮椒一百斤，減七十斤。孟州：梁穀五十石，減一十石。壽州：隔羅光米一十石，減五石。滄州：蝦蛆五

〔一〕定州：原作「空州」，據《嘉定鎮江志》卷五改。

十斤，減三十斤。温州：蒔羅五十斤，減三十斤。乾姜五十斤，減三十斤。荆南：薦芹子五十斤，減四十斤。陽武：林白小豆三石，減一石。[60](穎)〔潁〕州：白脂麻三石，減一石。廣州：胡椒五十斤，減二十斤。尚食局司珍〔一〕：尉氏縣：栗三千五百斤，減二千斤。建州：火前石乳龍茶一百斤〔二〕，減五十斤。明州、泉州：松子共五百斤，減三百斤。越州：白梅三百斤，減一百斤。福州：荔枝壹萬顆，減五千顆；圓荔枝一萬顆，減五千顆。廣州：糖霜一百斤，減五十斤。京西：胡桃五千顆，減四千顆。尚藥：瓊州：箋香二千斤，減一千斤。廣州：檀香二千斤，減一千斤；肉豆蔻仁一百斤，減五十斤；零陵：香五十斤，減二十斤；舶上茴香一千斤，減五百斤；没藥四斤，減三斤；没石子三斤，減二斤。兖州：香墨二斤，減一斤。供奉庫：西京槐花五百斤，減三百斤。尚食局吉州沙糖六百斤，池州糟薑三百斤，真州糟姜三百斤，襄州(荀)〔筍〕一百斤，永興軍冬筍一百斤，開德府白蕈五十斤，台州金簟三十斤，鎮江府筍葉三十斤，北京杏仁五斗，宿州無荑一十斤，福州鹿角菜二十斤、紫菜二十斤，廣州石髮一十斤，遼州官桂一十斤，化州高良薑一十斤，中山府甆中樣矮足裏撥盤龍湯盞一十隻，河中府乾柿二百斤，遼州榛子二石；尚藥局廣州丁香母一十斤、補骨脂二斤，辰州芙蓉砂一斤，雄州人參一百五十斤、白附子一十斤，温州乾姜二十斤，江寧府陳橘皮二十斤、露蜂房五斤，潞州赤石脂一十斤，陝州白膠香二斤、瓜蔞根一十斤，冀州生地黄四十斤，兖州伏神一十斤、松脂一斤、赤箭二斤，三門白波輦運司寒水石十斤，邢州京三稜六[61]斤，商州膩粉三斤、枳殼二斤，單州兔絲子五斤、紫草五斤，歸州厚朴一十斤，南劍州土茴香一十斤，澧州香附子一十斤，開封縣龍腦、薄荷一十斤，祥符縣龍腦、薄荷一十斤，(穎)〔潁〕昌府蒼术五斤、蓯蓉五斤，代州石膏五斤、五味子三斤，越州牽牛六斤、麥冬三斤，江州白梅三斤，貼黄州白殭蠶五斤〔三〕，北京乾山藥二斤、鵝梨五十顆，真定府地骨皮五斤，河間府元參三斤，衛州藁本五斤〔四〕、葳靈仙一斤，汝州枳實二斤，京西路轉運司槐白皮二斤，金州黄蘗二斤，南京藥薄荷五斤、脱蠶蛾一斤，永興軍甘菊花三斤，成州秦皮三斤，澤州，桔梗四斤、芍藥四斤、黄芩二斤、苦參三斤，晉州白礬二斤，海州山茱萸二斤，鎮江府丹參二斤，荆門軍蛇退一斤，衡州大括蔞二十箇，宜州生豆蔻二斤、草豆蔻五斤，雷州高良薑二斤，鬱林州縮砂六斤、蓬莪戍二斤，昌化軍高良薑三斤；尚衣局鎮江府花羅一百匹，梓州青絲綾六十匹，南京輕薄金條紗三十匹；供奉庫興仁府白脂府三百石，安州紅花五百斤：並罷貢。」

欽宗靖康元年八月十九日，詔：「六尚局既罷，其格内

〔一〕尚食：原作「尚倉」，據文意改。
〔二〕前：《宋史》卷八九《地理志》五作「箭」。
〔三〕「貼」字疑衍。殭：原作「彊」，據《本草綱目》卷三九改。
〔四〕藁本：原作「藁木」，據《本草綱目》卷一四改。

歲貢品物，萬數極多，尚爲民害，非祖宗舊法，可並除之。」《維(陽)〔揚〕志》：是年，以度支員外(員)郎李知幾言：「揚州進貢第二限糟薑赴六尚供奉庫，今六尚局已廢，所進非祖宗朝貢額，乞止絶。諸路如有似此果木口味之類，非祖宗元額，乞降指揮，更不起發。」上從之，詔限三日開具合 62 發之額并今來住罷數目申省。

高宗建炎元年五月一日，詔：「諸路常供之物，内有時新口味果實之類，所在因緣供奉，數外取索，多歸公庫，更相饋送，搔擾爲甚。仰禮部措置，除緣天地宗廟陵寢薦獻所須外，餘並罷貢。」

三年四月八日，赦：「應諸路上供木炭、油蠟、乾薑、秦艽之類，有困民力，非急用之物，並行住罷。」

十一月三日，德音：「應天下土貢，如金銀、匹帛，以供宗廟祭享之費用，以贍内外官兵之請給，不可闕者，合依格起發外，其餘土貢，如藥材、海錯，若邠州火筯，襄陽府漆器，象州藤合，揚州照子之類，一切罷貢。」

紹興二年十二月三十日，户部言：「先准敕，諸路(州)軍土貢物色權免投進，候邊事寧息日依舊。所有紹興三年正月合供進土物，詔權免。」同日，詔楚州土貢紵布一十匹，特與蠲免。

三年十月六日，詔揚州歲貢白苧布二十匹，更免一年。《文獻通考》：四年，先是，和州言：「本州殘破之餘，乞蠲免大禮銀絹。」户部奏展半年〔一〕。中書舍人王居正言：「生辰及大禮進貢，乃臣子饗上之誠，初非朝廷取於百姓。若民力無所從出，合預降詔，曲加慰諭，止其進奉，則君臣恩禮兩盡。既不能然，至使州縣自乞，蓋已非是，矧又不許，臣切以爲過矣！望特與蠲免，仍詔户部，淮南諸郡如合行除放，不須令本處再三申請。庶使恩意自出朝廷，人知感悦。」乃詔淮南州軍進奉大禮銀絹並蠲之。

五年六月十六日，詔住罷福 63 清縣觀音院尼歲織土貢及進奉花蕉布二百餘疋。

六年正月八日，詔：「光州土貢葛布一十匹，收復之初，無可出(辨)〔辦〕，與免五年。」

七年六月十六日，詔：「吉州有未起發建炎四年分土貢葛苧布等，見下荆湖南路轉運使，究治催發。可依處、撫州、臨江、興國軍例，特與除放。」《長編》〔二〕：二十五年十二月辛巳〔三〕，進呈御筆批下：「安豐軍進蝛鮓白魚〔四〕，不欲以口腹勞人，令自今後罷進。」上曰：「去年已降指揮，罷温州柑橘、福建貢荔枝，獨蝛鮓淮白未罷。此皆祖宗歲供之物，朕恐勞百姓，所以再降指揮。」《聖政》：二十五年十二月丁酉〔五〕，上曰：「舶司及都大茶馬司諸處進貢珍珠、文犀等，此物何所用？

〔一〕展：原作「准」，據《文獻通考》卷二二改。

〔二〕長編：顯誤。按，以下二條實抄自《群書考索》後集卷六四，不但文字全同，且該書誤處，此處亦誤（見校記〔三〕、〔五〕）。《群書考索》於第一條未注明出何書（疑亦出《中興兩朝聖政》，惜《聖政》今本此二條所在之卷皆缺，無從核對），《大典》編者遂妄補作「長編」。

〔三〕二十五年：原作「二十一年」。按《建炎要録》卷一七〇、《宋史全文》卷二二上及下文「十二月七日」條皆作二十五年，惟《群書考索》後集卷六四誤作「二十一年」，此處乃承其誤。

〔四〕進：原脱，據《群書考索》後集卷六四補。

〔五〕二十五年：原作「二十三年」，此亦是承《群書考索》後集卷六四之誤，兹據下文「二十四日」條及雍正《廣東通志》卷六改。紹興二十五年十二月甲戌朔，丁酉正是二十四日。若作二十三年，則該年十二月乙卯朔，當月無丁酉日。

當批出禁止。」

二十五年七月十二日，上宣諭輔臣曰：「諸州貢物，朕恐官吏並緣勞民，皆已住罷。獨福建貢茶，祖宗舊制，故未欲遽罷。」

十二月七日，詔：「安豐軍依舊例進鹹鮓白魚，朕不欲口腹勞人，可行下本軍，自今後免進。」

二十四日，上謂輔臣曰：「近日兩浙、閩、廣市舶司及四川茶馬司諸處收買進貢真珠、文犀等，此物何所用？當批出禁止。」魏良臣等奏曰：「陛下勤儉，不貴珠玉，恭承聖訓，降旨行下。」

二十六年二月三日，執政進呈内藏庫申，紹興府自紹興十九年已後署欠歲貢小綾〔一〕。上曰：「聞小綾民間織造亦費力，已令折錢。可自二十三年已前，並與放。」

七月二十七日，詔臨安府歲貢御服綾二百疋，自二十六年以後特與放免。

閏十月八日，64詔：「廉州歲貢珠子，雖係祖宗舊制，聞取之頗艱，致傷人命，朕甚憫之，自今可特罷貢。其籍定蜑丁，並放逐便。」翌〔日〕，上諭輔臣曰：「朕嘗（獨）〔讀〕《太祖實録》，見劉鋹進珠子、馬鞍，太祖詢問，因知鋹所採珠子甚多，日役蜑丁數千人，死者亦不少。朕以謂珠子非急用之物，既是艱得，致傷人命，朕甚憫之。兼官司搔擾，因緣爲奸，遂特命罷貢，以爲一方無窮之利。」宰臣沈該曰：「臣等仰見陛下不貴異物，推仁民愛物之德，及於遐遠，其所用心，與堯舜異世而同符也。」

十二月二十一日，吏部員外郎續觱面對，觱言：「果州黄柑，廣（案）〔安〕紫梨，涪陵荔子，遂寧糖冰，合陽細茗，洋州香根，左綿耿梨，拋科掊斂，動以千數，文移督促，過於税租。村（曈）〔疃〕窮町，所産既竭，不免轉市旁求，一果之直率數百金，一夫之費至十餘千。其間又飾籠粧奩，爭（奸）〔妍〕鬬巧，諛悦當路，幸掩己私。弊俗相承，民不堪命。望嚴賜誡敕，自（自）今四川監司尚敢狃于舊態，重寘典憲。」上曰：「不知何用此物？」觱奏曰：「多以更相饋送，殊以爲擾。」上曰：「如廉州採珠，朕亦無用，懼傷人命，立詔禁止。」觱曰：「如監司，豈可不上體聖意。」上曰：「當嚴行禁止。」於是詔四川（置制）〔制置〕司常切覺察，仍令御史臺採訪彈劾。

二十七年二月十一日，上謂輔臣曰：「王會知平江府，有錢三十餘萬貫，以羡餘爲名，未曾起發，聞近日已侵使大半。今既罷進羡餘，不知其錢何用？卿等可問，若當時係正名收簇，即合起發。萬65一是巧作名目，掊刻取便，將窠名盡行除去，蓋恐取之不已，百姓難堪。此亦寬恤一事，宜速理會。」

五月八日，宰執進呈四川便民事，上曰：「蜀中製造錦繡帟幕，以充歲貢，聞十歲女子皆拘在官刺繡。自朕即位

〔一〕署：疑誤。

以來，不欲土木被文繡，首爲罷去，蜀人便之。兼後來節次科敷，多所蠲減，想今民力稍寬矣。」宰臣沈該曰：「四川之民自此豐足，皆聖恩所及。」

二十八年十一月二十三日，南郊赦：「淮南酒蝛淮白，已住罷進貢。訪聞州縣應干所産果實口味等物，見任官及監司守臣互相餽送，勞民害物，理合禁止。如今後尚（取）〔敢〕依前科擾，其餽送及收受之人，並計贓科罪，許人户越訴。州縣令監司按劾，監司、帥臣委御史臺覺察彈奏。」

三十二年四月十八日，詔：「安豐軍舊例土貢葛布，淮東諸州土貢白苧布，並與免一年。」時以金人侵擾之後，民力不蘇故也。是年，孝宗即位未改元。

六月十三日，登極赦：「應諸路出産時新口味果實之類，所在州郡因緣貢奉，煩擾道上，疲費過所。至於數外取索，多歸公庫，更相餽遺，習以成風。或假貢奉爲名，漁奪民利，果實則封閉園林，海錯則強奪商販，至於禽獸昆蟲、珍味之屬，則抑配人户。致使所在居民，以土産之物爲苦。不唯因口腹之故，廣害物命，亦使斯民冒犯險阻，或至喪失軀命，豈不甚痛！太上皇帝已嘗降詔禁約，竊慮歲久，未能遵奉。自今仰州軍條其土産合貢之物66申尚書省，下禮部參酌天地、宗廟、陵寢合用薦獻，及德壽宮甘旨之奉，當議指揮，止許長吏修貢外，其餘一切並罷。如州縣奉行滅裂，因緣多取，當以違制論。」時諸州軍所貢，依制歲上户部者：紹興府越綾十匹、輕葺紗三匹，明州綾十匹，衢州、處州綿各百兩，婺州（各）春羅三十匹、綿百兩，臨安府綾三十匹，鎮江府綾、羅各十匹，平江府葛布三十匹，秀州綾、常州白平紗、苧布各十匹，湖〔州〕白苧匾布二十匹，嚴州白苧布十匹、絹二十匹，建康府羅二十匹，饒州麩金十兩，太平州暗花紗、徽州、寧國苧布各十匹，隆興府葛布三十匹，贛州布二十匹，吉州葛布、袁州、筠州苧布、臨江軍、建昌軍絹各十匹，撫州葛布，揚州苧布各二十匹，滁州銀二十兩，盱眙軍絹十匹、神林基絲十兩，楚州苧布折銀三十兩，泰州隔織折銀二十兩、租桑絲二十兩〔一〕，廬州紗、絹各十匹，以銀三十七兩四錢二分四釐代之。黄州苧布十匹，舒州銀五十兩，無爲軍、濠州絹折銀各二十五兩，和州苧布練布各十匹，蘄州貢布（拆）〔折〕銀七十七兩，安豐軍、光州葛布（葛）各十匹，建寧府練布五十匹，興化軍葛布、泉州蕉布、葛布各十匹，綿各百兩，邵武軍布、荆南府綾并布各十匹，荆門軍布折銀十兩六錢三分，復州苧布、漢陽軍貲布、岳州、歸州紵布、德安府布各十匹，鄂州銀三十兩，靖州金二兩，班紬、白絹各二匹，常德府白紵布并紵布、練布三色折銀四十67五兩，澧州綾折銀三十兩，信陽軍苧布折銀十兩，潭州葛布三十匹，永州布十匹，衡州麩金五兩，紵布十匹，柳州、道州苧布各十匹，桂陽軍銀五十兩，邵州金二兩、銀十兩，泉州葛布并武岡軍、英州布各十匹，潮州蕉布五匹，新州銀十兩，韶州絹十

〔一〕租：疑誤。

匹，肇慶府代絹銀二十兩，南恩州、封州銀各十兩，連州白苧布，夔州絹各十匹，開州絹五匹，萬州、忠州麩金各三兩，達州鑑紬五匹，涪州、恭州、南平軍絹各一匹，梁山軍綿百兩，叙州葛布一匹，潼（州）〔川〕府盤雕熟白綾五匹、濤頭水波紋綾五匹，並常貢物。遂寧府常貢、土貢樗蒲綾各十匹，果州生白綾十匹，昌州土貢麩金三兩、常貢絹十匹，渠州生白大綾五匹，瀘州金五兩，懷安軍紬十匹，富順監金十兩，嘉州麩金三兩，蜀州單絲羅十匹〔一〕，常貢羅四匹，彭州羅十匹，石泉軍金一兩，雅州、眉州麩金各五兩，永康軍絹十匹，成都府花羅六疋、綬帶錦三匹、高紵布十匹，綿州苧布十匹、綾五匹，漢州苧布、邛州苧布、邛州絲布各十匹，簡州錦紬二十匹、麩金五兩，襄陽府紗、郢州白紵布、光化軍白素金條紗各十匹，隨州銀七十七兩，房州紵布五匹〔二〕，金州麩金二兩，洋州隔織五匹、常貢隔織三匹，利州麩金五兩、崗鐵十斤，興元府烟脂十斤、紅花五十斤，閬州蓮綾十匹，龍州麩金三兩，巴州綫紬五匹，蓬州黃紵綾十匹、綿紬、白綾各五匹，西和州甘草十斤，静江府銀五十兩，容州、昭州銀各十兩，邕州銀三十兩，梧州銀十五兩，數內五兩常貢，充白石英。藤州、貴州、潯州、柳州、賀州、橫州、宜州、廉州、瓊州、昌州銀各十兩，賓州、化州、高州、萬68安軍銀各五兩，融州、象州金三兩，鬱林州銀十五兩。五兩本州，十兩認發舊白州。

二十六日，江淮東西路宣撫使張浚奏〔三〕：「準登極赦，合依例進貢。今來兩淮殘破，及新復州軍人民凋弊，府庫匱乏，乞止（今）〔令〕奉表，與免進貢。」從之。

隆興元年十二月二十四日，宰執奏：「有司近進年節銀，陛下批出『自今節序並免進』，可謂甚盛德事。臣等今相盛禮，乞免大農金繒之賜，以承節儉之化。」

二年七月二十八日，詔：「四（州）〔川〕宣撫使歲進胡羊，路遠勞民，可令住罷。」《維揚志》：三年赦文罷揚州歲貢紵布二十匹。以孝宗登極赦，條具州軍土産貢物，天地祖宗薦獻及德壽甘旨外並罷，故揚州紵布罷貢。

（光）〔寧〕宗紹熙五年七月七日，登極赦：「應諸路帥臣、監司、郡守，許依例進貢推恩。內郡守係權官者，免進貢，其表附遞以聞。應監司、郡守及在外侍從官以上，許上表陳賀，餘毋得受。」（以上《永樂大典》卷一三〇九七）

存先代後〔四〕

【宋會要】

69太祖建隆元年正月四日，詔曰：「封二王之後，備三恪之賓，所以示子傳孫，興滅繼絶。夏商之居杞、宋，周、隋

〔一〕單：原作「軍」，據《元豐九域志》卷七改。

〔二〕五匹：原作「五五」，徑改。

〔三〕江淮東西路宣撫使：原作「江南東路安撫使」，據本書職官四一之三五、《建炎要録》卷二〇〇、《宋史》卷三六一《張浚傳》改。

〔四〕天頭原批「帝系帝治存先代後」。

之啓介、鄭，古先哲王，實用玆道。矧予涼德，歷試前朝。雖周德下衰，勉從於禪讓；而虞賓在位〔一〕，豈忘於烝嘗。其封周帝爲鄭王，以奉周嗣。正朔服色，一如舊制。務遵典禮，稱朕意焉。」又尊帝太后爲周太后，並遷于西宮。所司供給，務令豐厚。

五日，詔曰：「有虞氏禘黄帝而郊嚳，祖顓頊而宗堯〔二〕，祀不止于本朝，義必尊於有德。著于《祭法》，朕甚慕焉。矧惟眇躬，逮事周室。謳歌獄訟，雖歸新造之邦；廟貌園陵，豈忘舊君之禮。其周朝嵩、慶二陵及六廟〔三〕，宜令有司以時差官朝拜祭享，永爲定式。仍命周宗正卿郭玘行禮。」

二十九日，有司請遷周六廟於西京。

五月，廟成，遣光禄少卿郭玘奉遷神主入廟。

七月二十七日，遣工部侍郎艾穎拜嵩、慶二陵。

八月四日，遣光禄少卿郭玘享周廟。

乾德六年八月，詔於周太祖、世宗陵寢側，各設廟宇、塑像，命右贊善大夫王碩管勾修蓋。

開寶六年三月一日，房州上言周鄭王殂，太常禮院請輟朝參。七日，詔宜輟朝十日，素服發哀於便殿。命知制誥扈蒙撰陵名，張澹定謚，三陵總管竇思儼擇陵地。澹按《謚法》「讓德奉上曰恭」，請謚曰周恭皇帝〔四〕。蒙請名陵曰順陵。並從之。

十月二日，太常禮院上言：是月四日，葬周恭帝於順陵，准漢隱帝例，合輟其日朝參。詔特輟四日〔五〕、五日朝參。

太宗雍熙四年八月十二日，命勾當嵩陵内品吳禄榮，以十八日朝拜嵩、慶、懿三陵。自建隆元年後，每歲差官朝拜。「今檢詳前代並無此禮，惟《開寶通禮》，先代帝王春秋二時州長（史）〔吏〕攝三獻官祭享。其周三陵，合準《通禮》故事〔六〕。」從之。

真宗景德三年二月，太常禮院言：「周嵩、慶二陵各設廟像外，其世宗影帳，歷代並無故事，伏請停廢。懿陵即世宗宣懿皇后陵，不當更立廟宇。順陵有恭帝木主殿，昨議赴西京祔廟，續命置於下宮。竊以《春秋》之義，國君即位未踰年者，不應別序昭穆。又唐高宗太子薨，追謚孝敬皇帝〔七〕，神主祔太廟。大曆十四年，有司言：『孝敬皇帝尊非正統，不列昭穆。今廟廢主存，請毁之。』遂瘞主於廟地。」

〔一〕賓：原脱，據《宋大詔令集》卷一五六補。

〔二〕顓頊：原作「高陽」，據《宋大詔令集》卷一五六改。按，後來避神宗諱，始改「顓頊」爲「高陽」。

〔三〕廟：原作「朝」，據《宋大詔令集》卷一五六改。

〔四〕恭：原缺，據《長編》卷一四補。

〔五〕四日：原作「四月」，據《宋史》卷一一九《禮志》二二改。

〔六〕自「今檢詳」至「故事」：似爲奏文，唯前缺言主，疑爲太常禮院文，蒙上文省。

〔七〕敬：原作「恭」，據《舊唐書》卷八六《孝敬皇帝弘傳》改。按，此是宋人避諱改字，今回改。下同。

今周恭帝即位半年，是時年裁七歲，葬以王禮，止設三虞，望依孝敬皇帝故事，瘞主廟地。」從之。

四年正月二十九日，朝陵德音：「周朝嵩、懿陵廟，委官吏以官物修葺致祭。」

二月三日，詔吏部尚書張齊賢致祭周六廟，祝文特進書。

太常禮院言：「留司選二月十五日，遣官仲享周六廟。今奉敕，時祭亦在其日。今請以十五日先行時祭，別擇吉辰行仲饗禮。」從之。

二十(七)〔一〕日〔一〕，詔曰：「朕俯從衆欲，來省民風，暫臨西洛之都，首訪前朝之廟。特陳明祀，用達虔誠。70然而豐潔牲牷，既申於薦享；繕完棟宇，尤在於精嚴。其神主每遇祠祭，方得出石室，祭畢，即如法安置。廟宇特加修葺，不得別藏官物，務在精嚴，副朕意焉。」

大中祥符元年正月二十二日，内侍李知信自嵩、慶陵回，言周世宗影殿陳設損壞，及無供物，乃遣内侍白崇慶製造周三陵供物賫送。崇慶言，春秋祭拜及逐月合用物，令本州支送；其香茶，乞自京以時供給。從之。

仁宗天聖二年四月二十八日，録晉肅祖孫内殿承制、閤門祇候石保慶子介爲三班奉職。

四年九月十六日，周後故虢州防禦使柴貴孫元亨，自言世宗姪孫，今家絶禄仕，有母貧甚，乞賜禄叙。帝曰：「如其非僞，可寘之班行。」乃録爲三班借職。

六年六月四日，録貴子肅爲三班奉職。帝曰：「世宗開拓土宇，本爲國家，其末裔不同他等，當加收卹。」

七年六月二十六日，録周世宗從子、故太子少傅柴守禮孫詠爲三班奉職。

九年二月十二日，録貴孫吉爲三班奉職。

明道二年六月十三日，録貴孫熙爲三班奉職。

十二月十三日，詔修河南府周六廟、鄭州周太祖、世宗廟。以省錢量加修飾，仍令太常禮院詳定周恭帝塑像、衣冠制度以聞。議具「先代陵廟」。

景祐二年十一月十五日，南郊赦：「唐李氏、梁朱氏、後唐李氏、晉石氏、漢劉氏、周郭氏、柴氏宗支子孫未仕者，委所在求訪，及許自陳，特與甄叙；已有官者，與遷官。」《仁皇訓典》：景祐二年冬至，祀圜丘赦書節文：「唐李氏、梁朱氏、後唐李氏、晉石氏、漢劉氏、周郭氏、柴氏宗屬子孫未仕者，特與甄叙；已有官者，與遷官。兩浙錢氏、泉州陳氏、僞蜀孟氏、江南李氏、湖南馬氏、荆州高氏、廣南劉氏、河東劉氏子孫未仕者，擇其近屬一人，特録用之。」

三年二月二日，編排録用所言：「前朝之後，内後唐李氏緣莊宗、明宗本是二族，合依周朝郭、柴二族例，各與甄叙。又後唐李氏，有因賜姓附入宗籍者，欲除本宗嫡親外，更不甄叙。」從之。

〔一〕二十一日：原作「二十七日」，按《長編》卷六五、《宋史》卷七《真宗紀》二，葺周六廟詔在二十一日，因改。據《長編》，二十一日戊子，真宗在西京，故下此詔；二十七日甲午，已回駕至鄭州，不應此日始降詔。

四年六月〔十〕五日〔一〕，録唐李氏之後，曰石、曰汝弼、曰明、曰繼宗、曰壽、曰舜臣、曰祥、曰尚、曰敢，並爲三班借職；曰沂，爲試將作監主簿。周柴氏之後，曰博、曰勵、曰濟、曰永拱，爲三班奉職。晉石氏之後，右侍禁介爲左侍禁，世昌爲三班借職。

十六日，録唐李氏之後乾易等十一人並爲三班借職，詢等五十三人爲逐州助教〔二〕，琮等五人免將來文解，竦等三十七人免州縣徭役；周柴氏後三班奉職熙爲右班殿直，曰愈、曰若拙、曰上善，並爲三班奉職，餘慶爲許州長史〔三〕，織爲□州助教，貽廓等十一人免州縣徭役，仍各賜錢一萬。

慶曆五年三月二十六日，録周世宗曾姪孫柴揆爲三班奉職。

皇祐二年閏十一月十九日，録周後柴貴曾孫日宣爲三班奉職。

至和元年正月二十二日，録周後柴守禮 71 曾孫若訥爲三班奉職。

嘉祐二年三月二十一日，録周世宗從孫柴悉爲三班奉職。

四年四月九日，詔曰：「先王推紹天之序，尚尊賢之義，褒其後嗣，賓以殊禮，豈非聖人稽古報功之大典哉！國家受命之元，繼周而王，雖民靈欣戴，曆數允集，而虞賓將遜，德美丕顯。頃者推命本始，褒及支庶，每遇南郊，許奉白身一名充班行，恩則厚矣，而義則未稱。將上采姚、姒之舊，畧循周、漢之典，詳其世嫡，優以公爵，異其仕進之路，申以土田之錫，俾廟寢有奉，享祀不輟，庶幾乎《春秋》通三統、厚先代之制矣。宜令有司取柴氏譜系〔四〕，於諸房中推最長一人，令歲時親奉周室祀事。如白身，即與京主簿；如爲班行者，即比類換文資。仍封崇義公，與河南府、鄭州合入差遣。給公田十頃，專管勾陵廟。應緣祭享禮料所須，皆從官給。如至知州資序，即別與差遣〔五〕，却取以次近親，令襲爵授官，永爲定式。」先是，著作佐郎何鬲言：「竊聞朝廷以皇嗣未立，而祠高禖。夫求神貺者遠而難測，修人事者近而可必。昔舜受堯天下，而堯子丹朱爲國賓；禹受舜天下，而舜子商均亦爲國賓。故《書》曰：『虞賓在位，群后德讓。』湯放桀，其事不載；武王伐紂，未及下車，封五帝之後，命夏爲杞，紹商於宋。武庚作亂，誅之，而命微子啓以代商後。故《書》曰：『惟稽古崇德象賢，統承先王，修其禮物，作賓於王家。』《周頌》亦有來見祖廟之詩，曰：『有客有客，亦白其馬。』其來助祭之詩曰：『我客戾

〔一〕十五日：原作「五日」。按《長編》卷一二〇繫於六月丙戌，即十五日，是此處脱「十」字，因補。
〔二〕逐州：原作「遂州」，據文意改。
〔三〕慶：原作「發」，據《宋史》卷一一九《禮志》二二改。
〔四〕氏：原脱，據《長編》卷一八九補。
〔五〕與：原作「典」，據《宋大詔令集》卷一五六改。

至，亦有斯容〔一〕。』以《詩》《書》論之，示天子不敢以臣也。孔子作《春秋》，正月、二月、三月皆書『王』，何休説曰：正月，周正月；二月，商正月；三月，夏正月。蓋王者必尊先聖，通三統，所以自立於天下也。及秦滅六國，夷二周，不有師法，故先聖神靈委於草莽，子孫困於編户。至漢初定天下，未遑制作。及武帝東巡過洛，考其後，得周子南君，封百里之地，以奉祭祀。至成帝時，久無繼嗣，梅福進言曰：存人所以自立也，壅人所以自亡也，宜封孔子之後，以奉成湯祀。帝乃封孔吉及周承休侯，皆爲公。不幸遭趙后之禍，使福之言遂爲空文，惜哉！魏文帝封後漢協爲山陽縣公，戴天子旌旗，位在侯王上。宋武封晉恭帝爲零陵王，行晉正朔服色〔二〕。隋封周靜帝介國公〔三〕，亦依晉、宋故事。迨唐武德初，封隋爲酅公，亦行隋正朔服色。至（正）〔貞〕觀詔曰：『二王之後，禮數宜崇。今寢廟不修，饗饌多闕，非所以（恭）〔敬〕國賓也。宜（今）〔令〕營立國官、置廟宇。』又天寶中，封魏孝文十代孫元伯明爲韓國公，以備三恪。然考其前代，雖昏明不同，其意亦不絶前烈，延及苗裔。周、漢、唐所以長久，而秦所以二世而亡，以魏、晉、宋、隋區區之主，獨不敢廢，況盛世乎！國家有天下，以聖繼聖，遺綱墜紀，靡不補緝。至于裂數里草莽之地，訪前代孤弱之嗣，乃獨遺焉，抑有司講求之未至也。今 72 皇嗣（來）〔未〕立，臣竊危之。奈何絶人之世、滅人之祀，而妨繼嗣之福也？本朝受周天下，而近代之盛，莫如唐，自梁以下，皆不足以崇襲。臣願考求唐、周之苗裔，以備二王之後，授以爵命，封縣立廟，世世承襲，永爲國賓。」下太常禮院議，而言曰：「按唐（正）〔貞〕觀二年詔，二王後置國官、立廟宇；開元二年敕：『二王後每年四時享廟牲及祭器並官給，主客司四時省問，子孫准同正三品蔭〔四〕。隋後歲給絹三百疋、粟三百石。周後歲給絹二百疋、粟二百石。』又十五年敕：『二王後爲賓者，會賜并同京官正三品。』本朝因周六廟，春秋遣官祭享，及修飾陵寢；至于唐之子孫，亦屢推恩，寘之仕籍。今鬲上言，乞訪周、唐苗裔，以備二王之後。臣等按禮，尊賢不過二代，以其近己而易法，故周以杞、宋，唐以介、酅是也。今推次本朝之前二代，即當立漢與周後。又緣古者立二王後，不惟繼絶，兼取其明德可法。五代草創，載祀不永，文章制度，一無可考。如上取唐室，又世數已遠，於經不合。惟周則我朝受禪之所自，義不可廢。且今之制度，與古不同，難以遽行。若參酌中制，宜訪求周之子孫，如孔子後衍聖公之比，授一京官，爵以公號，使專奉廟享，歲時存問，賜之粟帛牲器以祭。每遇時祀，並從官給，其廟宇亦加嚴飾。如此，則上不失先王尊德繼絶之義，度之於今，簡而易行。」故降是詔。

〔一〕容：原作「客」，據《詩·周頌·振鷺》改。
〔二〕服色：原作「服也」，據文意改。
〔三〕靜帝：原作「靖」，據《周書》卷八《靜帝紀》改。
〔四〕正：原作「王」，據《唐會要》卷二四改。

八月，太常禮院言：「定到内殿崇班、相州兵馬都監柴詠，於柴氏諸房最長。」詔換殿中丞，封崇義公，簽書奉寧軍節度判官事。

五年二月二十四日，録周世宗後柴元信爲三班借職。

六年三月二十五日，詔太常禮院：「比封柴氏後爲崇義公，以奉周祀。其六廟在西京，而歲時祭享無器服之數。其令有司以三品服一〔一〕、四品服二，及所當用祭器給之。」

治平四年九月十七日，神宗即位未改元。録周世宗姪曾孫柴貽廓爲三班奉職。以上即位推恩也。

熙寧元年十一月十八日，南郊赦：「唐李氏、周郭氏、柴氏，有親的諸孫，譜系分明，見在民籍，仍自來別無過惡者，許於所在官司自陳。仰州府當職官考驗不虚，更召命官一人結除名保識，具録聞奏，當議特加録用。」乃以唐高祖道王房下李杲爲三班借職，太宗濮王房下李德臣爲均州長史，睿宗寧王房下(孛)〔李〕養年爲京兆府長史，紀王房下李餘慶、大鄭王房下李忱〔二〕，各賜錢三十千。又分上等賜錢二十千，次等十千，霑及者餘百人。柴氏延貴房下柴迥爲三班借職，柴衷爲長史〔三〕。

三年正月二十一日，詔周後柴氏與二名借職、三名長史，唐後李氏與一名借職、二名長史。

五年正月二十三日，比部員外郎、分司西京、崇義公柴詠守本官致仕，詔崇義公於柴氏諸房中，推最長一名以聞。

二月十七日，供備庫副使、曹州兵馬都監柴愈言：「73 叔詠致仕，愈是諸房中最長近親，乞依例換文資襲封。」送太常禮院詳定，太常禮院言：「取到柴氏譜系，定得詠堂姪愈於諸房以爲最長。檢會令文，諸王公侯伯子男，皆子孫承嫡者傳襲。如無嫡子，及有罪疾，立嫡孫；無嫡孫，以次立嫡子同母弟；無母弟，立庶子；無庶子，立嫡孫同母弟；無母弟，立庶孫。曾孫以下准此。無後者國除。若身亡之後，嫡子已經命襲，未襲間犯除名者，聽以次承襲。據此，則始封之時，須推諸房最長；既封之後，自合世嫡相傳。今來參詳，欲取柴詠嫡長子孫一名承襲崇義公封爵，庶得不違著令，協于典禮。」詔依所定，勘會保明合承襲人以聞。

九月十六日，太常禮院言：「柴詠長子已亡，有嫡孫夷簡，依令合當承襲〔四〕。詠狀稱夷簡作過，乞以次子西頭供奉官若訥承襲。本院保明未得。」詔以若訥爲衛尉寺丞，封崇義公，僉書河南府判官廳公事。

〔一〕其令：原作「令其」，據《長編》卷一九三改。

〔二〕大鄭王：原作「太鄭王」。按唐宗室有「大鄭王」、「小鄭王」。「大鄭王」即李虎之子亮，「小鄭王」即唐高祖之子鄭惠王元懿，見《新唐書》卷七〇《宗室世系表》下、卷七九《高祖諸子傳》、《文獻通考》卷二五九。據此，「太」乃「大」之誤，因改。

〔三〕衷：疑當作「衮」。下文「十年五月」條云鄭州長史衮「授命已及十年」，正與此合。

〔四〕令：原作「人」。按上文云「檢會令文」，下文云「合依《禮令》承襲」，則此「人」字當作「令」，因改。

八年三月二十一日，崇義公柴若訥卒〔一〕，柴詠狀稱，若訥有嫡長男務簡，係嫡孫，合依《禮令》承襲。太常禮院勘會，柴務簡係白身，見居父若訥服內。合候服闋日，除官承襲。七月，詠卒，務簡承祖詠重服。至九年四月二日，若訥妻趙氏狀：「男務簡所持祖父及父兩重喪服，未委合於將來是何月日服闋？」太常禮院看詳：「崇義公柴詠致仕，嫡子若拙早亡，嫡孫夷簡以罪廢，朝廷遂立嫡子同母弟若訥，襲封崇義公。昨若訥卒，已准朝旨，令若訥嫡子務簡候服闋日襲封。今詠卒，有庶子若水、若經等。其務簡雖非嫡孫，緣已係傳襲封爵之人，合比附嫡孫承重，以後喪二十七月滿日服除，依先降指揮施行。」從之。

十年五月十七日，詔鄭州長史柴衮令流内銓與（汪）〔注〕遠處簿尉。（褒叙）〔衮係〕周世宗之姪（元）〔玄〕孫，昨日授命，已及十年，乞注一正官故也。

元豐六年四月二十四日，河東提舉保甲司言：「唐高祖後徐王宗子李謜等狀，乞依唐氏之後乾州李有方例，免保甲。」從之。

十有七日，開封府言：「周柴氏之後，乞自今諸房子孫，令具生年月日注籍。」從之。

哲宗紹聖元年十一月十一日，吏部言：「柴氏之後，自元祐七年南郊，先取無官之族，推恩其最長者，諸族畢已官。後值郊廟恩，據今十一位，次第從長官之。」詔可。

政和八年閏九月二十七日，徽宗即位未改元。尚書省言：「柴岐奏，伏念臣係周世宗之後六世親侄孫，本族累蒙異恩，褒其後嗣，例霑仕進之路。惟臣本房，三世無人食禄相繼。伏望聖慈矜憫，與臣推恩，庶使孤遺，得賴寸禄。」詔：「昔我藝祖，受禪於周。嘉祐中，擇柴氏旁枝一名，封崇義公。議者謂不當封周，然禪國者周，而二恪之封不及，禮蓋未盡。除崇義公依舊外，擇柴氏最長見在者，以其祖父爲周恭帝後，以其孫世世爲宣義郎，監周陵廟，與知縣請給，以示繼絶之仁，爲國二恪。永爲定 74 制。」

高宗皇帝紹興元年九月十八日，明堂赦：「夫聖人所以興滅國，繼絶世者，咸使其宗廟不絶血食也。如唐李氏、後漢劉氏、後周郭氏、柴氏子孫存者，並各與一班行名目，仍許于所在自陳，保明聞奏。」已而得周世宗孫柴孝廣、唐（太）〔大〕鄭王（房）下李燁（適）〔嫡〕長孫寘。上謂輔臣曰：「繼絶舉廢，此最好事。唐太宗初定天下，使訪隋後子孫，載美前史。可依赦並補承信郎。」

五年四月九日，吏部言：「太常寺看詳到承節郎柴叔夏，係周世宗親（元）〔玄〕孫。本家自嘉祐四年曾祖詠始封崇義公，襲封至堂兄恪，因金人全家被害，並無繼嗣之人。今叔夏合該承襲，相繼主祭。録白宗枝圖，並無隔驀詐冒。」詔柴叔夏特與换迪功郎，襲封崇義公，與衢州合入差

〔一〕卒：原無。按，據下文文意，此處當有「卒」字。若訥卒，故柴詠狀稱合以務簡承襲；詠卒，務簡持「兩重喪服」。若無卒字，則皆不可通。因補。

遣。既而援故事，乞換京官。吏部謂選人與公爵未稱，尋詔特換右(丞)〔承〕奉郎。

十一月十九日，詔不理選限登仕郎柴安逸，特許理選限。以襲封崇義公柴叔夏言，安逸乃周後，引赦推恩故也。

十二年五月二十六日，吏部定到武德郎、監潭州南嶽廟柴存〔一〕，乞承襲陵廟推恩。據襲封崇義公柴叔夏保明：「先有(弟)〔第〕四房從義郎柴莘，於紹興八年准告換授右宣義郎，監周陵廟事，因疾身故。其世襲恩例係永法，至今未曾陳乞。其房叔柴存係第八房下，目今係江南見在諸房最長，亦係柴莘之叔，依得詔旨，合該換官，承襲繼絶故周恭之後，即無隔驀重疊違礙。」從之。

十四年五月二十八日，詔：「右宣義郎、襲封崇義公柴叔夏特添差衢州西安縣丞，不釐務。任滿更不差人。」

二十六年閏十月二十三日，衢州言：「襲封崇義公柴叔夏狀，係周世宗孫，專一主祭祀事，今已關陞知州資序。恭覩嘉祐四年詔，如至知州資序，即別與差遣，却取以次近親合襲爵受官承替，永爲定式。乞令次男國器受官，主奉烝嘗，與臣一別處差遣。」詔依。柴國器特補右承務郎，襲封崇義公。

二十七年五月二日，新差充荆湖南路安撫司參議官柴叔夏言，係周世宗五世親孫，見待兩政三年闕，望特改一近闕合入差遣。詔改差江南東路安撫司參議官，替陳政由到任成資闕。

孝宗皇帝隆興元年六月九日，吏部言：「監周陵廟柴大有亡〔二〕，其襲封崇義公柴國器保明到保義郎柴安宅係以次最長，合該換官，承襲填闕。」從之。

乾道二年八月一日，詔以右承事郎柴國器，係承襲周廟祭祀人，添差權通判衢州，不釐務。五年，添差權通判婺州，不釐務如例。已上《乾道會要》。

淳熙元年五月三日，詔宣教郎柴國器改差兩浙東路安撫司參議官。先是，國器添差權通判平江府，仍釐務。臣僚言：「已降指揮，雖宗室戚里添差，亦不許釐務。今國器乃周世宗六世孫，襲封崇義公，已累任添差，正以此故，少加優異，與宗室戚里恩例一等。今與 75 之添差，誠未爲過；但許之釐務，則有礙見行指揮。乞不釐務。」故有是命。

八年十月十六日，詔宣教郎柴國器，添差通判嚴州，仍釐務。十四年正月，添差通判衢州，仍釐務。

十五年七月十八日，詔忠訓郎柴安實，特授宣義郎，監周陵廟。以衢州奏安實係周世宗之後最長故也。

〔一〕存：原作「有」，據《建炎要録》卷一四五改。
〔二〕大：原作「太」，據《宋史》卷一一九《禮志》二二改。

録諸國後〔一〕

【宋會要】

真宗大中祥符元年十月二十六日，東封赦：「應吳越忠懿王近親未食禄者，特與叙用。泉州陳氏近親未食禄者，分析聞奏。僞蜀孟氏、吳李氏、湖南馬氏、荆南高氏、廣南、河東劉氏親嫡子孫未食禄者，特與甄叙。」

仁宗明道二年六月十三日，詔録南平王高季興、吳王李煜、楚王孟昶、彭城郡王劉繼元、南越王劉鋹嫡子或孫一人官，願文資，與簿尉，班行與三班奉職。

景祐二年十一月十五日，南郊赦：「兩浙錢氏、泉州陳氏、西川孟氏、江南李氏、湖南馬氏、荆南高氏、廣南劉氏、河東劉氏子孫未仕者，於所在投狀，擇其近親一人，特録用之。」

錢俶：天禧四年閏十二月，以其子供備庫使守讓領榮州刺史。景祐四年六月，録其從孫曜爲三班借職。

李煜：乾興元年九月，録其從孫宗慶爲三班借職。天聖元年三月又録其從孫宗諒，明道二年九月録其姪仲文，並爲三班奉職。景祐四年六月〔二〕，又録其姪仲舒爲三班借職。

孟昶：大中祥符二年九月，録其孫元恭爲三班借職。天聖二年四月録其孫故屯田郎中隆悦子朴，明道二年九月又録其曾孫賁，並爲三班奉職。景祐四年，又録其孫隆敬爲三班〔供〕〔借〕職。

劉鋹：天禧四年閏十二月，以其子西頭供奉官守素爲東頭供奉官〔三〕、閤門祗候，右侍禁守道爲西頭供奉官。明道二年九月，又録其孫翊昌爲三班奉職。景祐四年六月，又録其後仲宣爲三班借職。

劉繼元：天禧元年七月，録其孫克昌爲三班奉職，國昌爲三班借職。四年閏十二月，以其子右屯衛將軍守節爲右武衛將軍。嘉祐五年正月，録其曾孫允爲三班借職。

馬殷〔四〕：景祐四年六月，録其後應肇爲三班借職。

高季興：天聖七年六月，録其曾孫燾爲江陵府枝江縣尉。景祐四年六月，又録其後濟爲三班借職。

高宗皇帝紹興元年九月二十一日，三省言：「明堂赦文，欲與繼前國無後者，特與官其子孫，使宗廟血食，内兩浙錢氏未有該載。」詔兩浙錢氏特與訪尋嫡長子孫推恩。

二年十月七日，御筆批出：「起居舍人王洋，因面奏不急之務，可特降一官。」於是宰執進呈，上曰：「朕虚己求言，務濟時病。如夷狄盜賊，又朝廷闕失等事，今日可言者非一，洋姑應詔旨，豈朕所以望臣下之意？至如錢氏納土，子孫世受國恩。其餘在五季一時割據，類〔背〕〔皆〕盜

〔一〕天頭原批「帝系帝治録諸國後」。
〔二〕景祐：原作「景初」，徑改。
〔三〕供奉官：原脱，據《長編》卷九六補。
〔四〕馬殷：原作「馬商」，據《新五代史》卷六六《楚世家・馬殷傳》改。

賊，非若76古帝王之後。洋欲封其後，是獎賊也！洋言無取，與降一官。若後來獻言之人有補治道，朕當旌賞，庶使臣下得以盡言無隱。」（以上《永樂大典》卷一九三二三）

出宮人〔一〕

【宋會要】

77太祖開寶五年五月十六日，以久雨，帝謂宰相曰：「霖雨成災，得非闕政使之然耶？朕恐宮掖中有所幽閉。」令徧籍後宮〔二〕，得三百八十餘人〔三〕，諭以願歸者以情言。其應命者百五十餘人〔四〕，各賜以白金、帷帳，遣還其家。趙普等咸稱萬歲。

太宗淳化四年七月二十四日，雍丘縣尉武程上疏，願減後宮嬪嬙。帝謂宰相曰：「程疎遠小臣，不知宮中事爾。内庭給使不過三百，皆有掌執，不可去者。朕視妻妾如脱屣耳，恨未能離世絶俗，追蹤羨門、王喬，寧能學秦皇、漢武，作離宮别館，取良家子女以充其中，貽萬代譏議？卿等固合知之。」李昉等奏曰：「臣等家人朔望朝集禁中，備見宮闈簡儉之事。武程疎賤妄言，宜加黜削。」帝曰：「朕豈惡其言，但念其不知爾。」終不加罪。

至道三年五月十九日，帝謂宰臣曰：「宮中嬪御頗多幽閉可憫，朕已令擇給事歲深者出之。」呂端等曰：「陛下踐阼之初，首行兹令，實哲王之懿範也！」

真宗景德（九）〔元〕年二月十三日〔五〕，帝謂侍臣曰：「宮人掌事者，朕常恐其多，然所掌皆不可闕。其解音律者，非皇太后誕辰及節序外，經時未嘗施用。近令籍在宮及私身人，唯留高年者，餘悉定其名氏，諭令出宮。昨日曉諭，皆號泣願給侍宮庭，至有推托不去者。」李（沉）〔沆〕等奏曰〔六〕：「陛下焦勞萬機，退朝未嘗宴樂，中外所知。宮闈之人，蒙至仁撫育，不忍違離左右。」帝曰：「78朕念其深處宮闈，俾其遂性，而堅不願去。有一宮人，年七十餘，有二女子，其年長者留之，少者令出，號泣無已。朕諭以訪求良家，方令屬聘，再三遣之始去。」

大中祥符（九）〔元〕年五月二十五日〔七〕，詔曰：「掖庭之中，名職素定，各司其事，咸率舊規。肆予纂承，無所增益。八月之算，廢而不行；九御之列，闕而未備。慮尚違於物性，頗用軫於朕懷。比因餘閑，特從臨問，式遂其意，

〔一〕天頭原批「帝系帝治出宮人」。
〔二〕徧：原作「編」，據《長編》卷一三改。
〔三〕三百：原作「二百」，據《長編》卷一三、《太平治迹統類》卷二、《宋史全文》卷二改。
〔四〕百：原脱，據《長編》卷一三補。
〔五〕元年：原作「九年」，按景德無九年，據字形應作「元年」。下條「元年」亦訛作「九年」。
〔六〕李沆：原作「李沉」。按，真宗朝宰執侍臣無此人，當作「李沆」。李沆自咸平初爲宰相，景德元年七月卒。此益可證上文「景德九年」爲「景德元年」之誤。
〔七〕元年：原作「九年」，據《宋大詔令集》卷一五八、《長編》卷六九改。

以洽至仁。其宮人二百二十人，宜令入内内侍省優與資給遣放，令從便。」

八年五月二十一日，詔：「宮人百八十四人，令入内内侍省放出掖庭，優與資給，聽其從便。」

仁宗明道二年十二月十六日，放出宮人二百人。時帝宣示宰臣呂夷簡曰：「昨出却内人不少，並令娉嫁，免至幽怨。」夷簡云：「此乃陛下盛美之事。自前放出宮人甚多，比來時物稍貴，只恐出外不易。」

景祐元年八月十五日，詔曰：「曩者母后臨朝，而臣僚戚屬多進女口入宮，並放逐便。」

寶元二年四月五日，帝謂輔臣曰：「近出宮人百餘，令從良，免幽閉深宮，亦可減禁中浮費。」對曰：「此乃陛下盛德之事，其利甚博。」帝曰：「近有人邀(軍)〔車〕駕，進雙生二子，言年可十五已來，各有姿色。尋不受，遣去，亦不問罪。」對曰：「前代帝王尚多采納，陛下却而不受，又復矜容，足彰聖德。」

慶曆七年三月二十五日，出宮人一百五十餘人。

嘉祐四年七月十四日，出宮人二百三十六人。

英宗治平元年四[79]月十七日，出宮人一百三十五人〔一〕。

閏五月十五日，内出尼、女冠九十六人歸本寺觀，願嫁者聽之。皆先因事得入，遂留内寺觀不出者〔二〕。仍命内東門，自今稱被召者勿内，而執奏之。

三年七月十八日，放出宮人二百八十人。

神宗熙寧六年十一月一日，殿直張榮垂拱殿起居，唐突自陳：因勒停罷俸，有女賣在禁中。詔貸其罪，令内東門還其女。以上《國朝會要》。

哲宗紹聖二年十一月，出宮人九十一人。

四年五月，出宮人二十四人。

元符二年四月，出宮人一十一人。

三年九月，出宮人六十九人。

徽宗崇寧元年正月，出宮人七十六人。

三年四月，出宮人六十二人。

大觀二年正月，出宮人七十七人。

三年正月，出宮人三十二人。

二月，出宮人二十四人。

四年，出宮人四百八十六人，詔以監嫁遣放内人所爲名。初，幹當内東門司楊日言監嫁放出宮人於廣福、妙法兩院，因有所請，故有是詔。

政和(九)〔元〕年〔三〕，出宮人八十人。

二年，出宮人三百八十三人。

三年，出宮人二百七十九人。

〔一〕一百：《長編》卷二〇一作「三百」，但《隆平集》卷一亦作「一百」。

〔二〕「内」下原衍一「内」字，據《隆平集》卷一删。

〔三〕元年：原作「九年」，按政和無九年，又其下各條分別爲二、三、四年，此條當爲元年，因改。

四年，出宮人六十八人。

五年，出宮人五十八人。

六年，出宮人六百人。

七年，出宮人六十八人。

八年，出宮人一百七十八人。莊季裕《雞肋編》：淵聖皇帝以星變責躬詔曰：「常膳百品，十減其七；放減宮女，凡六千餘人。」則道君朝，蓋以萬計也。

高宗建炎三年二月十四日，詔：「朕以涼昧，荐歷險難。深惟不德〔一〕，天未悔禍，是以倉卒南渡，駐于江浙。念國勢之益削〔二〕，慨宗社之僅存，雖政事宜有改更，在朕躬尤【80】當省懼。自今以往，尤當益務爲勤畏儉約，修德立教，庶幾上當天心，轉禍爲福，下慰人意，易危爲安。所有應緣供奉禁省事，專屬朕身者，如儀物之飾、膳羞之奉，仰有司痛行裁損，必遵菲薄。其後宮有職事掌管人不可減放外，其餘悉行減放，各聽從便。仰三省行下，體朕至誠之意。」

紹興五年十一月十四日，上曰：「邦計匱乏，苟有一毫可以節省〔三〕，亦當行之。朕宮人僅給使令，然昨日亦搜柬三十人出之〔四〕。」趙鼎等言：「節省之道，始於宮庭，此陛下之盛德也。」

三十一年六月六日，出宮人三百一十九人。以上《中興會要》。

孝宗隆興元年六月二十九日，詔：「朕適當多事之時，務從儉省。在內宮人雖不多，今更減放三十餘人出外。」是日，宰執進呈御筆減放宮人，宰臣陳康伯奏曰：「此盛德之事。在外減省，見今條具上卿〔五〕，類聚進呈。」故有是詔。

乾（德）〔道〕三年閏七月，詔典字王氏等八十九人並放逐便。以上《乾道會要》。

慶元五年五月十三日，詔：「才人吳氏，可令歸家逐便。本位內人，元破紅霞帔等請受二十五分，並日下住支。本位官並發歸合屬去處，官告并宣令內東門司毀抹。」翌日，宰臣京鏜等奏：「昨日恭覩內批吳才人令逐便，仰見陛下聖慮高遠。《書》稱成湯不邇聲色，亦不過此。」上曰：「此慈福之孫，乃朕姑行。前日是太上皇后遽然送來，亦不曾子細商量，只得姑留數日。」鏜等奏言：「外間亦知非出聖意，亦知別留一閤分，不曾寵倖。」鏜與【81】謝深甫、何澹、許及之同奏曰：「尤見陛下盛德，前古聖王之所不可及。」上曰：「又與錢三萬貫辦奩具，出外嫁人。」鏜等奏曰：「臣不勝贊嘆！」以上《寧宗會要》。（以上《永樂大典》卷二九九〇）

〔一〕惟：原作「爲」，據《三朝北盟會編》卷一二二改。

〔二〕益：原作「易」，據《三朝北盟會編》卷一二二改。

〔三〕省：原作「者」，據《建炎要録》卷九五改。

〔四〕人：原脱，據《建炎要録》卷九五補。

〔五〕卿：疑誤，或當作「省」。

宋會要輯稿　職官一

三公三少

【宋會要】1 舊爲三公三師。政和二年，改三師爲三公，又增三少。

神宗治平四年正月十九日，已即位，未改元。開府儀同三司、守司空、兼侍中、昭文館大學士、監修國史、兼譯經潤文使、魏國公韓琦守司徒、檢校太師、兼侍中、判相州，仍詔出入如二府儀。

熙寧二年七月，宰臣曾公亮、韓琦並預言：「臣等提舉兩朝《實録》，乞不(進)〔推〕恩。」上以爲有例，而公亮奏：「臣當遷司空，琦太保，三公非賞勞之官。」從之。

三年九月十三日，開府儀同三司、行尚書左僕射、兼門下侍郎、同中書門下平章事、昭文館大學士、監修國史、兼譯經潤文使、魯國公曾公亮守司空、檢校太師、兼侍中、河陽三城節度使、集禧觀使。公亮在相位十年，及七十致仕，弗許。及是，上御集英殿策進士，午漏下，上移御需雲便坐，延輔臣賜茶，公亮陟降殿陛，足跌仆于地，上遽命左右掖起之〔一〕。明日，以病告，乃有是命。仍詔五日一朝，大勅繫銜曹佾上，出入如二府儀，示優恩云。

六年四月二十六日，樞密使、開府儀同三司、守司空、檢校太師、兼侍中、潞國公文彦博守司徒、兼侍中、判河陽。仍詔大勅繫銜曹佾上，出入如二府儀。又詔彦博嘗受先朝顧命，今罷樞府，宜依曾公亮罷相例推恩。

九年八月五日，開府儀同三司、檢校太師、守司徒、兼侍中、判大名府、潞國公文彦博守太保、兼侍中再任。彦博辭太保，乞止受所加封邑再任，從之。

元豐三年三月二十六日，景靈宮使、開府儀同三司、檢校太尉、兼侍中曹佾爲檢校太師、守司徒、兼中書令，充景靈宮使。仍詔出入如二府儀，公使半給見錢，後毋得爲例。又給宣借人兵五十人。

九月十七日，詔檢校官除三公、三師外並罷。唐有檢校官〔二〕。國朝之制，檢校官一十九：三公、三師六，左僕射至水部員外郎共十三。官制行，左僕射以下皆爲職事官，故罷之。凡三公、三師除授，司徒遷太保，太保遷太傅，太傅遷太尉，太尉遷太師。檢校官亦如之。

二十七日，河東節度使、檢校太師、守司徒、兼侍中、判大名府、潞國公文彦博落兼侍中〔三〕，除守太尉、開府儀同三司，判河南府。故事，大禮，宰臣以下惟加恩。至是，因

〔一〕遽：原作「據」，據《長編》卷二一五改。
〔二〕屠寄眉批：「五字，寄據《大典》一萬七千二百四十九引《續宋會要》校補。」
〔三〕落：原脱，據《宋史》卷一六一《職官志》一補。

改官制，故彦博特遷官以寵之。

閏九月二十六日，守太尉、開府儀同三司、判河南府、潞國公文彦博爲河東永興軍節度使，檢校太師、守司空、開府儀同三司致仕，韓國公富弼守司徒。以故參知政事王堯臣子水部員外郎同老言：「先臣至和中參預朝政，以仁宗不豫，與宰相文彦博、富弼等數於上前請立英宗爲嗣，有定策功。」故有是命。而彦博固辭兩鎮，止加食邑實封。

六年十一月十三日，太尉、河東節度使、開府儀同三司、太原尹、判河南府、潞國公文彦博守太師，充河東永興軍節度❷致仕。《事略》云〔一〕：元豐三年，除太尉，判河南文彦博至河南，未交印，先就第廟坐，以見監司；既交府事，見監司、府官如常式。或以問彦博，彦博曰：「吾未視府事，三公見庶僚也；即交印，河南尹見監司矣。」六年，請老，拜太師致仕。于是彦博乞免守太師及兩鎮節度〔二〕。上批許罷兼永興軍節度，止以河東舊鎮守太師致仕，仍貼麻行下。

八年三月二十七日，彰德軍節度使、觀文殿大學士、集禧觀使、特進、荆國公王安石加守司空〔三〕，中太一宫使、護國軍節度使、檢校太師、守司徒、開府儀同三司、河中尹、濟陽郡王曹佾守太保。

哲宗元祐元年四月十五日，制以河東節度使、守太師、開府儀同三司、太原尹致仕、潞國公文彦博除太師、平章軍國重事，仍令所司擇日備禮册命。詔賜彦博曰：「可一月兩赴經筵，六日一入朝，因至都堂與執政商量事。如遇有軍國機要事，即不限時日，並令入預參決。其餘公事，只委僕射以下簽書發遣。俸賜依宰臣例。」

五年二月十三日，制以太師、平章軍國重事文彦博罷，授守太師、開府儀同三司、河中興元尹，充護國軍、山南西道節度使致仕。彦博乞停册禮，詔允所請。

徽宗崇寧三年五月七日，左銀青光禄大夫、守尚書左僕射蔡京特授司空，行尚書左僕射，進封嘉國公。撫定鄯、廓賞也。

大觀元年十二月，司空、尚書左僕射、兼門下侍郎蔡京除太尉。以廣南西路夜郎、康居之屬納土。

二年正月八日，太尉、尚書左僕射蔡京爲太師。

政和二年五月十三日，太師、楚國公致仕蔡京落致仕，依前太師、楚國公，三日一至都堂治事。

九月二十九日，詔：「新官三公舊爲三師，新官太師舊

〔一〕按，以下一段注文原在本書職官六之六四，獨作一頁。其前尚存正文「河東永興軍節度致仕」九字，其後尚存「於是彦博免守太師及兩鎮節度」十三字。整理者眉批云「夾注」，又有眉批云「此條原夾在本卷第五十九頁内」（按指本書職官六之五九）。今省其前後正文，即本條此處之前後二句，據此可知此注乃是《大典》另一卷同條之夾注，被整理者剪下，意欲補入本條（廣雅書局稿本已執行）。其原稿本應貼在本頁，不知何以夾入職官六之五九，北平圖書館影印時又移至職官六之六四。今作爲錯簡移至此。注中所稱《事略》指《東都事略》，下文見該書卷六七《文彦博傳》。

〔二〕乞：原脱，據《長編》卷三四一補。

〔三〕守：原無，據《長編》卷三五三補。

亦爲太師，新官太傅舊亦爲太傅，新官太保舊亦爲太保。此古三公之官，爲宰相之任，今爲三師。古無三師之稱，合依三代爲三公。論道經邦，燮理陰陽，官不必備，惟其人，爲真相之任。新官三少舊爲三公，新官少師舊爲太尉，新官少傅舊爲司徒，新官少保舊爲司空。太尉以下舊爲三公，緣司空周六卿之官，非三公之位，乃今之六曹尚書是也；太尉秦官，居主兵之任，亦非三公，太尉、司徒、司空合罷。並依周制，立三孤之官，乃次輔之位。三孤貳公洪化，寅亮天地，或稱爲三少，爲次相之任。」詳見「官制」〔一〕。

十一月二十八日，司空、尚書左僕射、兼門下侍郎何執中爲少傅，改（太）太宰、兼門下侍郎。

十（二）〔一〕月〔二〕，太師、楚國公蔡京進封魯國公，以受元圭也。

六年四月八日，少師、太宰、兼門下侍郎、榮國公何執中可特授太傅致仕，依前榮國公。

五月九日，特進、知樞密院事鄭居中特授少保、太宰、兼門下侍郎。

八年七月二日，特進、少宰、兼中書侍郎余深特授少保，封豐國公，西夏奏捷賞也。同日，起復少保、太宰、兼門下侍郎鄭居中特授起復少傅，西夏奏捷賞也。

八月四日，新除檢校太保、寧江軍節度使〔三〕、開府儀同三司、領樞密院事、陝西河東河北路宣撫使、成國公童貫特授太保、河東節度使，改封涇國公。以進築夏國三城賞也。

宣和元年二月二十二日，3 特進、知樞密事鄧洵武特授少傅〔四〕，録首陳紹述之功也。

七月十日，太保、河東節度使、領樞密院事、陝西河東河北路宣撫使、涇國公童貫特授太傅、山南東道節度使。夏人納款賞也。

九月十四日御筆：「鄭居中已除少傅、威武軍節度使、佑神觀使、充神霄玉清萬壽宮使，進封崇國公，所有應干恩數請給并差破使臣、人吏、諸色祗應人等，並依宰臣例施行，明堂立班在少宰之下。從吉日令東上閤門降告訖朝見上殿，冬祀陪祀仍許令先次赴受誓戒。」

二年九月二十五日，少保、太宰、兼門下侍郎、衛國公余深特授少傅。修《哲宗實録》成推恩。

十一月八日，詔：「余深已除少傅、鎮西軍節度使，知福州，其法格未有該載三少帶節度使知州府明文，所有恩數、公使、差破使臣（付）〔副〕尉等，可並依鄭居中已得指揮施行。如有未盡事件，許條畫聞奏。」

〔一〕天頭原批：「寄按，《大典》卷一萬七千二百四十九云『亦置檢校官』。」

〔二〕十一月：原作「十二月」。按《宋史》卷二一《徽宗紀》三、《九朝編年備要》卷二八等繫於十一月，據改。

〔三〕寧江軍：原作「江寧軍」，據《宋朝事實》卷一〇乙。

〔四〕少傅：天頭原批：「寄按：《大典》一萬一千五百八十二作『少保』。」按，《宋史》卷二二《徽宗紀》四亦作「少保」。

十三日，特進、少宰、兼中書侍郎王黼特授少保、太宰、兼門下侍郎。

三年八月十三日，太傅、山南東道節度使、領樞密院事、江浙淮南等路宣撫使、益國公童貫特授太師、劍南東川節度使，進封楚國公。平方臘也。

九月五日，少保、太宰、兼門下侍郎王黼特授少傅，平方臘也。同日，少傅、威武軍節度使、領樞密院事鄭（中居）〔居中〕特授少師、宿國公，平方臘也。

四年正月七日，淮康軍節度使、開府儀同三司蔡攸特授少保、鎮海軍節度使，依前開府儀同三司、直保和殿。明節皇后園林畢賞。

六月十九日，少傅、太宰、兼門下侍郎王黼特授少師，進封崇國公。進《哲宗皇帝實録》賞。

十二月十八日，制以少保、鎮海軍節度使、河北河東路宣撫（司）〔使〕蔡攸爲少傅、判燕山府。

五年五月九日，少師、太宰、兼門下侍郎、慶國公王黼以撫定燕雲，除太傅，進封楚國公，其治事、恩數並依蔡京昨任太師體例。同日，威武軍節度、領樞密院事、兼神霄玉清萬壽宮使、宿國公鄭居中除太保。以撫定燕雲也。

十一日，少傅、鎮海軍節度使、兼侍讀、直保和殿、河北河東路宣撫使蔡攸特授少師、安遠軍節度使。撫定燕山也。

十二日御筆：「除拜三公，不領舊職，不帶節鉞者，並立三公本班〔一〕。詔旨總治三省者，治三省事。應領舊職，或帶節鉞，並立舊班，治舊職。立爲定制。」

十一月六日，制以檢校太師、瀛海軍節度使、開府儀同三司、沂國公鄭紳爲太師。紳乞免册禮，從之。

七年六月十九日〔二〕，制少師、領樞密院事蔡攸特授太保〔三〕。

高宗紹興元年十月十二日，少保〔四〕、尚書左僕射、同中書門下平章事呂頤浩罷少保，除特進。先是，頤浩言：「少保之官，自陛下臨御以來，未嘗輕授。元祐間，范純仁除右僕射，亦帶寄禄官。望追寢成命，除一階官。」故有是命。

五年正月十八日，武成感德軍節度使、開府儀同三司、充鎮江建康府、淮南東 4 路宣撫使韓世忠除少保。十九日，起復檢校太尉、寧武寧國軍節度使、開府儀同三司、充

〔一〕三公：原作「三官」，據中華書局影印本職官一之九所録複文（本書已删）改。

〔二〕天頭原批：「寄案：《大典》卷一萬一千五百八十一作『六年』。」按《宋史》卷二二《徽宗紀》四、又卷二一二《宰輔表》三、《宰輔編年録》卷一二均作「七年」。

〔三〕太保：原作「太師」。地脚原批：「寄案：《大典》卷一百五十九作『太保』。」按《宋史》卷二二《徽宗紀》四、卷四七二《蔡攸傳》、《宰輔編年録》卷一二等均作「太保」，據改。

〔四〕少保：原作「少傅」。天頭原批：「寄案：《大典》卷一萬一千五百八十一引〔二〕上無『十』字，又『少傅』作『少保』。」按《宋史》卷三六二《呂頤浩傳》作「拜少保」，紹興八年方「除少傅」，故此處「少傅」當爲「少保」之誤，因改。

淮南西路宣撫使劉光世起復除少保〔一〕。

六年十二月十四日，崇信奉寧軍節度使〔二〕、開府儀同三司、充江南東路宣撫使張俊除少保。

七年三月十九日，鎮南軍節度使、開府儀同三司〔三〕、充浙西安撫制置大使兼知臨安府呂頤浩除少保。

二十二日，少保、護國鎮安保靖軍節度使、充淮西路兼太平州宣撫使劉光世除少師，充萬壽觀使，進封榮國公。同日，少保、鎮洮崇信奉寧軍節度使〔四〕、充淮南西路宣撫使張俊除少傅。

九年正月八日，少保、橫海武寧安化軍節度使、充京東路淮南東路宣撫處置使、兼節制鎮江府韓世忠除少師。

十年五月六日，少保、護國鎮安保靖軍節度使、充萬壽觀使劉光世除太保。

六月一日，少師、橫海武寧安化軍節度使、充京東路淮南東路宣撫處置使韓世忠除太保。同日，少傅、鎮洮崇信奉寧軍節度使、充淮南西路宣撫使張俊除少師〔五〕。武勝定國軍節度使、開府儀同三司、充湖北〔六〕、京西路宣撫使岳飛除少保。

十一年七月〔一日〕〔七〕，鎮潼軍節度使、開府儀同三司、判紹興府、充浙東安撫（司）〔使〕、信安郡王孟忠厚除少保〔八〕。

十一日，特進、尚書左僕射秦檜除少保。

二十三日，少師、樞密使、濟國公張（浚）〔俊〕除太傅，進封廣國公。

十一月〔九〕，太保、樞密使韓世忠除太傅。

十二年三月，檢校少保、保成軍節度使、開府儀同三司楊存中除少保〔一〇〕。

九月十五日，少保、尚書左僕射、同中書門下平章事、兼樞密使、（異）〔冀〕國公秦檜除太師，改封魏國公。

十一月，少保、鎮潼軍節度使、信安郡王、判福州孟忠厚除少傅。

〔一〕淮南：原作「江南」，據《宋史》卷二八《高宗紀》五、又卷三六九《劉光世傳》改。

〔二〕「寧」下原衍「國」字，據《宋史》卷三六九《張俊傳》删。

〔三〕三司：原脱。天頭原批：「寄案：儀同下應有『三司』二字，南朝宋、齊、梁、陳有開府儀同不加『三司』字者，趙宋無此制。」按，《宋史》卷三五二《呂頤浩傳》亦有「三司」二字，因補。

〔四〕奉寧：原作「寧國」，據《宋史》卷三六九《張俊傳》改。

〔五〕「宣撫使」原作「安撫使」，「張俊」原作「張浚」，據《建炎要録》卷一三六改。

〔六〕湖北：原作「河北」，據《建炎要録》卷一三六改。

〔七〕一日：原無。天頭原批：「寄據《大典》卷一萬一千五百八十二補『一日』二字。」

〔八〕忠厚：天頭原批：「又『忠厚』作『仲原』。」按，指《大典》卷一一五八二作「仲原」。作「仲原」誤。

〔九〕按，據《宋史》卷二一三《宰輔表》四，韓世忠除太傅在十月癸巳（二十八日）。

〔一〇〕中：原作「忠」。天頭原批：「寄案：《大典》卷一萬一千五百八十二作『存中』，下同。」今按《宋史》卷三六七《楊存中傳》：「本名沂中，字正甫，紹興間賜名存中。」因改。

十四年六月七日，威德軍節度使、開府儀同三司、充萬壽觀使高世則除少保。

十月十八日，昭慶軍節度使、開府儀同三司、充萬壽觀使、平樂郡王韋淵除少師。

十五年十一月二日，檢校少保、瀘（州）〔川〕軍節度使、開府儀同三司、充（中）太一宮使錢忱除少保，進封榮國公。

十六年十一月二十三日，檢校少傅、昭化軍節度使、開府儀同三司、充醴泉觀使、駙馬都尉潘正夫除少保。

十七年十月十九日，少保、寧遠軍節度使、兼領殿前都指揮使楊存中除少傅。

二十一年十月十六日，安民靖難功臣、太傅、静江寧武清海軍節度使、充醴泉觀使、清河郡王張俊除太師。

二十二年正月十一日，少師、昭慶軍節度使、充萬壽觀使韋淵除太保。

二十三年正月十三日，太保、昭慶軍節度使韋淵除太傅。

二十四年十一月二十六日，少傅、寧遠軍節度使、領殿前都指揮使職事楊存中合得恩數，特予依樞密使例施行。

二十六年正月十六日，少傅、寧遠軍節度使、充醴泉觀使、信安郡王孟忠厚除少師，判平江 5 府。

二十七年六月，少保、瀘（州）〔川〕軍節度使、充中太一宮使、榮國公錢忱除少傅。

二十八年二月二十一日，少傅、寧遠軍節度使、兼領殿前都指揮使職事、恭國公楊存中除少師。

二十九年正月〔一〕，奉國軍節度使、開府儀同三司、領御前諸軍都統制職事、充利州西路安撫使、判興州吳璘除少保。

三十年三月六日，保康軍節度使、開府儀同三司吳益除少保。以顯仁皇后攢宮總護事畢。

三十一年二月十一日，少師、寧遠軍節度使、兼領殿前都指揮使職事、恭國公楊存中除太傅，進封同安郡王，充醴泉觀使，仍奉朝請。

十二月，少保、奉國軍節度使、四川宣撫使、領御前諸軍都統制職事、充利州西路安撫使、判興州、充陝西河東路招討使、成國公吳璘除少傅。

孝宗紹興三十二年已即位，未改元。七月八日，特進、觀文殿大學士、判建康府、（詔）〔兼〕行宮留守、專一措置兩淮事務、兼措置淮東西、建康、鎮江府、江淮、池州軍馬、和國公張浚特授少傅，進封魏國公。浚以樞密使都督江淮軍馬，入朝奏事，繼有是命。

二十一日，少保、保康軍節度使、充萬壽觀使吳益特授少傅，依前保康軍節度使，進封大寧郡王，充醴泉觀使，奉朝請。益妻王氏狀，乞依楊存中昨除少傅日妻趙氏與請給等。

九月二十八日，少傅、奉國軍節度使、四川宣撫使、領御前諸軍都統制、充（和）〔利〕州西路安撫使、判興州、陝西

〔一〕正月：《宋史》卷三一《高宗紀》八繫於二月。

河東路宣撫招討使、成國公吴璘特授少師〔一〕。

十月十九日，安德軍節度使、龍神衛四廂都指揮使、鎮江府駐劄御前諸軍都統制張子蓋特授少保。以收復海州之功故也。

隆興元年五月二十三日，武安軍承宣使、主管建康府駐扎御前諸軍都統制、開國侯邵宏淵特授檢校少保、寧遠軍節度使，進封開國公。

十二月三日，尚書左僕射、兼樞密使、信國公陳康伯特授少保〔二〕、觀文殿大學士，進封福國公〔三〕，判信州。制書：「當國家多事之時，專廊廟萬機之寄，心如金石，勳在旂常。朕方委任而責成，爾亦勤勞而匪懈。久煩機務，屢抗封章，諭旨莫回，陳辭益固。」故有是命。

二年四月二十三日，降授特進、尚書右僕射、兼樞密使張浚可罷尚書右僕射，特授少師、保信軍節度使、判福州。以浚自劾求去故也。

乾道元年五月一日，少師、奉國軍節度使、四川宣撫使、領御前諸軍都統制、成國公吴璘特授太傅，進封新安郡王。以璘除太傅、郡王，依楊存中所得恩例施行。璘自蜀入朝故也。

六月十六日，少傅、保康軍節度使、充醴泉觀使、大寧郡王吴益特授少師，其恩數並依除少傅例施行。

同日，寧武軍節度使、開府儀同三司、充萬壽觀使、永嘉郡開國公吴蓋特授少保，進封新興郡王。

三年十二月十八日，少師、保康軍節度使、充醴泉觀使、6大寧郡王吴益除太傅。

六年三月二十七日，觀文殿大學士、知紹興府史浩特授檢校少傅、保寧軍節度使〔四〕。四月二日，詔（誥）〔浩〕恩數並依前宰相例施行。

八年五月一日，大同軍節度使、提舉萬壽觀蒲察久安特授檢校少保。

九月十二日，特進、左丞相、兼樞密使、華國公虞允文特授少保、武安軍節度使，充四川宣撫使，進封雍國公。以允文乞罷政求去故也。

淳熙三年正月七日，皇叔祖少保、昭化軍節度使、判大宗正（師）〔司〕、嗣濮王士輵爲少傅，依前昭化軍節度使、判大宗正司、嗣濮王。

四年三月五日，崇信軍節度使、開府儀同三司、提舉臨安府洞霄宫史浩爲少保、觀文殿大學士、醴泉觀使、兼侍讀。其後五年三月十八日，以少保爲右丞相。十一月十五日罷，特授少傅、保寧軍節度使。

〔一〕少師：原作「少傅」，據《宋史》卷三三《孝宗紀》一改。

〔二〕少保：原作「少傅」。天頭原批：「寄案：《大典》卷一萬一千五百八十二作『少保』。」今按，《宋史》卷二一三《宰輔表》四、《宰輔編年録》卷一七亦作少保，據改。

〔三〕進：原作「追」，據《宋史》卷二一三《宰輔表》四、《宰輔編年録》卷一七改。

〔四〕寧：原作「定」，據《宋史》卷三四《孝宗紀》二改。

六年正月十一日，皇弟少保、静江軍節度使、充醴泉觀使、恩平郡王璩爲少傅。

同日，武(秦)〔泰〕軍節度使、開府儀同三司、充萬壽觀使曾覿爲少保、寧武軍節度使、充醴泉觀使。

十月十六日，皇叔祖少傅、昭化軍節度使、充醴泉觀使、嗣濮王士輵爲少師。

同日，皇兄少保、岳陽軍節度使、充萬壽觀使、永陽郡王居廣爲少傅。

七年五月二十八日，詔：「特進、觀文殿大學士、判建康府陳俊卿以廊廟舊弼，出護留都，二年之間，績效顯著，可除少保，依前觀文殿大學士，判建康府。」

八年五月二十七日，少傅、保寧軍節度使、充醴泉觀使，兼侍讀、魯國公史浩爲少師，依前保寧軍節度使、充醴泉觀使，進封魯國公。

九年九月二十三日，安德軍節度使、開府儀同三司、充萬壽觀使、天水郡開國公伯圭爲少保，封滎陽郡王[一]。

十年六月二十六日，少保、觀文殿大學士、充醴泉觀使、申國公陳俊卿爲少傅，依前觀文殿大學士，進封福國公致仕。

八月二十二日，少師、保寧軍節度使、充醴泉觀使、魯國公史浩爲太保，依前保寧軍節度使，改封魏國公致仕。

十三年正月十四日，太保、保寧軍節度使致仕、魏國公史浩爲太傅，依前保寧軍節度使，改封魏國公致仕。 少傅、觀文殿大學士致仕、福國公陳俊卿爲少師，依前觀文殿大學士致仕，進封魏國公。 皇叔祖保康軍節度使、開府儀同三司、充醴泉觀使、嗣濮王士歆爲少保，依前保康軍節度使、充醴泉觀使、嗣濮王。並以高宗聖壽八十慶典加恩也。

十五年六月四日，少保、安德軍節度使、充萬壽觀使、(榮)〔滎〕陽郡王伯圭爲少傅，依前安德軍節度使、充萬壽觀使、(榮)〔滎〕陽郡王。以營護高宗山陵畢加恩故也。

雜録

孝宗淳熙四年八月十六日，臣寮言：「已降指揮，宰執所得給使減年太濫，故定初除、轉廳爲兩色。7 如三公、三少、使相、太尉於法本無合得給使恩典，累有援執政恩例而特給之者。乞自今除授如降旨許特依執政者全與初除恩數，其後不問幾經遷除，止合依轉廳減年。 如無特旨許依執政之文，不得援例放行。」從之。

淳熙十六年三月二日，特進、左丞相、許國公周必大可特授少保，依前左丞相，進封益國公。

三月九日，皇子安慶軍節度使、平陽郡王擴可特授少保[二]、武寧軍節度使，進封嘉王。

二十四日，皇伯少傅、安德軍節度使、充萬壽觀使、(榮)

[一] 滎陽：原作一「榮」字，據《宋史》卷三五《孝宗紀》三改。
[二] 擴：原無。按，此人即後來之宋寧宗，今據《宋史》卷三七《寧宗紀》一補。

〔滎〕陽郡王伯圭可特授少師，依前安德軍節度使、充萬壽觀使、(榮)〔滎〕陽郡王。太傅、保寧軍節度使致仕、魏國公史浩可特授太師，依前保寧軍節度使致仕、魏國公。皇叔祖少保、保康軍節度使、充醴泉觀使、嗣濮王士歆可特授少傅，依前保康軍節度使、充醴泉觀使、嗣濮王。皇叔祖昭慶軍節度使、開府儀同三司、充醴泉觀使、天水郡開國公士峴可特授少保，依前昭慶軍節度使、充醴泉觀使、天水郡開國公。

四月十九日，皇伯祖寧遠軍節度使、安定郡王子肜可特授檢校少保，依前寧遠軍節度使、安定郡王。奉國軍節度使、提舉萬壽觀、宜春郡開國公夏執中可特授檢校少保，依前奉國軍節度使、提舉萬壽觀、宜春郡開國公〔一〕。

光宗紹熙元年四月六日，皇伯少師、安德軍節度使、充萬壽觀使、(榮)〔滎〕陽郡王伯圭可特授太保，依前安德軍節度使、充萬壽觀使、嗣秀王。

三年六月十八日，皇伯、太保、安德軍節度使、判大宗正事、嗣秀王伯圭特授太師。

二十六日，太尉、保大軍節度使、提舉萬壽觀、吳興郡開國公郭師禹特授少保。

紹熙五年十二月二十二日，少傅、保大軍節度使、充萬壽觀使郭師禹爲少師、永寧郡王。慶元二年九月二十一日爲太保。十月二十二日爲太傅、永寧郡王致仕〔二〕。

慶元二年三月十七日〔三〕，宰執進呈：「昨日中使宣諭皇叔祖少師、嗣濮王士歆轉一秩。緣已是少師，合轉太保。自來三少之官，不輕除授。檢照典故，嗣濮王雖親子孫，皆不曾除此官，却有生後得之者。」上曰：「前日曾宣引，乃有此請，亦念其來日無多，姑從之。其意亦見嗣秀王爲三公故耳，然與嗣秀王事體不同。既無此例，却恐別有攀援。」〔余〕端禮奏：「誠如聖訓。」上首肯。

四年五月二日，保寧軍節度使、開府儀同三司、充萬壽觀使韓侂胄爲少傅。五年九月一日爲少師，進封平原郡王，改永興軍節度使。六年十月三日，爲太傅。嘉泰二年十二月十五日，爲太師。

七月二十日，特進、觀文殿大學士葛邲爲少保。

五年八月二十七日，特進、右丞相、祁國公京鏜爲少保，依前右丞相，進封鄭國公。六年閏三月四日，爲少傅、左丞相，封冀國公。八月十五日，爲太保、觀文殿大學士、魏國公致仕。

十二月二十五日，特進、8 右丞相、冀國公謝深甫爲少保〔四〕，依前右丞相，進封魯國公。既而宰執進呈，深甫

〔一〕屠寄天頭原批：「夏執中以下二十九字涉上誤複。」今按，此二十九字並不重複，此批誤。

〔二〕「慶元」以下原作大字，且以圓圈標識另作一條。今按，據下文體例，初除與升遷三公、三少者，同一人只作一條，初除則作大字，後來升遷則作小字。今照此改作小字，並併入上條。又，屠寄於「慶元」上旁添「寧宗」二字，於「爲少保」上旁添「郭師禹」三字，今既作爲上文之注，則此五字實爲蛇足，因刪。

〔三〕天頭原批：「寄按，上條已有『二年』，此疑誤。」今按，「寧宗慶元」數句既併入上文，則此條「慶元二年」乃承上條「紹熙五年」而言，非有誤也。

〔四〕深：原作「申」，據《宋史》卷三九四《謝深甫傳》改。

力辭少保之命。上曰：「即當批出。」何澹等奏：「謝深甫力欲辭避，苟陛下許從其請。」上曰：「向來留正以七官而轉，謝丞相堅不肯受，以爲超躐。今此姑從其請，却俟他時別除。」澹奏：「陛下可謂能成臣下之美。」

二十七日，昭化軍節度使、開府儀同三司、充萬壽觀使吳瓌爲少保。嘉泰三年五月十五日爲少傅，嘉定五年八月二十二日爲少師致仕。

嘉泰二年三月十九日[一]，鎮安軍節度使、開府儀同三司、判建康府吳琚爲少保。

十八日，皇弟昭慶軍節度使、開府儀同三司、吳興郡王抦爲少傅[二]。

二十一日，特進、右丞相、冀國公謝深甫特授少保，依前右丞相、冀國公。

二十六日，保順軍節度使、開府儀同三司、充萬壽觀使謝淵爲少保。嘉定二年八月七日爲少傅，四年三月十八日爲少師，進封和國公致仕。

五月十六日，皇伯奉國軍節度使、提舉祐神觀、充秀安僖王園令、秀王位檢察尊長師揆爲檢校少保。嘉定三年六月十六日爲少保，六年三月六日爲少傅，七年八月二十二日爲少師。

四年十二月十三日，皇伯定江軍節度使、提舉佑神觀師垂爲檢校少保。開禧三年十月十七日爲檢校少師。

嘉定三年六月十四[日]，特進、觀文殿大學士、提舉臨安府洞霄宮錢象祖爲少保。四年閏五月二十六日爲少傅，進封珍國公致仕。

十七日，皇叔祖昭慶軍節度使、提舉佑神觀、嗣濮王不儔爲檢校少保。

二十六日，岳陽軍節度使、開府儀同三司、充萬壽觀使楊次山爲少保，進封永陽郡王。六年三月六日爲少傅。

六年三月二十四日，保信軍節度使吳琰爲檢校少保。

二十八日，保康軍節度使、充秀安僖王園令師禹爲檢校少傅。十二年九月二十三日爲少保，十五年五月九日爲少傅，十六年二月九日爲少師，與宮觀。

十三年六月二十六日，保寧軍節度使、開府儀同三司、四川安撫使安丙爲少保。十四年十二月十一日爲少傅致仕[三]。

十四年七月十五日，金紫光禄大夫、右丞相、兼樞密使史彌遠爲少保。

十五年正月一日，奉國軍節度使楊谷、保寧軍節度使楊石並爲檢校少保。

二月二十日，少保、右丞相、兼樞密使史彌遠爲少傅。

十一月九日，皇子寧武軍節度使、祁國公(並)[竑]爲檢校少保。

[一] 此條與下條日分失次，疑有誤。

[二] 抦：原作「炳」，據《宋史》卷三七《寧宗紀》一改。

[三] 按《宋史》卷四〇《寧宗紀》四，安丙卒於嘉定十四年十一月己亥(十九日)。又卷四〇二《安丙傳》云：「丙卒，訃聞，以少傅致仕，輟視朝二日，贈少師。」據此，則爲少傅致仕乃是訃聞之後追賜，此處之「十二月」似應爲「十一月」之誤，「十一日」亦疑當作「二十一日」。

十六年三月二〔五〕〔十〕五日，檢校少保、安德軍節度使、知婺州師嵒爲檢校少傅。

九月二十三日，保康軍節度使、提舉萬壽觀不㦤爲檢校少保〔一〕。（以上《永樂大典》卷一六九一八）

10 太師、太傅、太保爲三師，太尉、司徒、司空爲三公，並爲宰相、親王、使相加官。五代之制，司徒遷太保、太保遷太傅、太傅遷太尉，太尉遷太師，檢校者亦如之。國朝因之。

太宗淳化三年，以西京留守、太保、兼中書令趙普爲太師，西京養疾。普累表乞致政，以開國元臣，故優拜之，非常例也。

真宗天禧元年二月，司徒、平章事王旦、彭王元儼同日降制加太保，三公併除雙員自此始也。

五月，以太保、兼門下侍郎、平章事王旦爲太尉、侍中，聽五日一入中書〔二〕。旦懇辭不拜。七月，加太尉，依前充玉清昭應宮使。又令禮儀院詳定赴上儀注。國朝以來，三公不兼相，無赴上之儀，真宗優寵元臣，特有是命。

四年十二月，以資政殿大學士、太子太保王欽若爲司空〔三〕，職如故。時欽若求侍東宮講誦，以輔臣兼領三少，品序非便，表求換秩，乃有是命，止立學士班。

仁宗慶曆三年九月三日，司徒、監修國史、兼譯經潤文使、許國公呂夷簡守太尉致仕，宜朝朔望、大朝會綴中書門下班。

英宗治平二年五月十七日，權御史中丞賈黯言：「請自今皇子及宗室卑屬除檢校師傅官者，隨其遷序，改授三公。」詔兩制詳議。翰林學士王珪等議，如黯所言，詔俟加恩改授。先是，皇子顥封東陽郡王，除婺州節度使、檢校太傅，黯因以爲言。是歲南郊，11 遂改授檢校太尉。以上《國朝會要》。《續會要》以下無此門〔四〕。（以上《永樂大典》卷一五九）

太尉

【宋會要】

12 徽宗政和二年九月二十八日御筆：「近降武選官名，以祿多士，比元豐文階，無極品之官。文武一道，分職

〔一〕此後職官一之九原有「使宿國公鄭居中除太保，以撫定燕雲也。除拜三公，不領舊職、不帶節鉞者並立三公本班。詔旨總治三省者，治三省事。應領舊職，或帶節鉞，並立舊班，治舊職。立爲定制。十一月六日，制以檢校太師、瀛海軍節度使開府」一段文字，與本卷前文職官一之三重複，今刪去。

〔二〕一：原脱，據《宋史》卷八《真宗紀》三補。

〔三〕太子：原脱，據《長編》卷九六補。

〔四〕按，「此門」指「檢校官」門（見下引屠寄批語）。此注之下原稿尚有「神宗治平四年正」七字被勾去。屠寄眉批：「寄案：《大典》一百五十九徐輯有【檢校官】一門，除□治平二年五月十七日以上各條不複外，餘並同此門，今併。」按，「神宗治平四年正」即職官一之一本門之第二條。屠寄所删之徐稿今已不存。

定位，理當不殊。太尉古官，舊掌武事，雖循秦漢，爲三公之任，名稱已久，可改爲武選一品之位，在節度使上。其儀物、班序居執政之次，令尚書省裁定以聞。」

二十九日，詔太尉不爲三公。詳見「官制」及「三公三少」門。

十月三日，詔檢校官除太尉依舊外，司徒爲少傅，司空爲少保。詳見「官制」及「三公三少」門。

同日，中書、尚書省言：「契勘太尉在第一品，開府儀同三司在從一品，執政在正二品，節度使在從二品。欲太尉入正二品，在執政官之下，節度使之上。執政官料錢二百貫。」

十二月三日，中太一宮使、武信軍節度使、遂州管内觀察處置橋道等使、檢校太尉、持節遂州諸軍事、遂州刺史、直睿思殿、提舉龍德宮、熙(阿)〔河〕蘭湟秦鳳路宣撫使童貫爲太尉。

十六日，詔檢校太尉改爲檢校少師。

高宗建炎三年四月七日，檢校太保、奉國軍節度使、殿前都指揮使、御營司專一提舉一行事務、都巡檢使劉光世爲太尉、御營副使。

紹興元年十月十五日，檢校少保、定江昭慶軍節度使、神武右軍都統制、江淮路招討使張俊除太尉。以凱旋賞也。

二年六月十一日，(校)〔檢〕校少師、武成感德軍節度使、神武左軍都統制、福建江西荆湖南北路 13 宣撫使韓世忠除太尉。平閩湘之寇賞也。

七年二月二十六日，檢校少保、武勝定國軍節度使、充湖北京西路宣撫副使岳飛起復太尉，充湖北京西宣撫使。

(十三年二月)〔九年正月〕〔一〕，殿前都虞候、保成軍節度使、主管殿前司公事楊沂中除太尉。

十三年八月，起復德慶軍節度使、提點皇城司錢愐除太尉，提舉皇城司。

十七年二月，安慶軍節度使、提舉萬壽觀邢孝揚除太尉。

(二十二年三月)〔二十一年五月〕〔二〕，檢校少師、奉國軍節度使、御前諸軍都統制、充利州西路安撫使、知興州吳璘除太尉。

是月，檢校少保、武當軍節度使、御前諸軍都統制、充利州東路安撫使、知興元府楊政除太尉。

二十四年二月，保康軍節度使、提舉萬壽觀吳益除太尉。

二十六年四月，建寧軍節度使、提舉萬壽觀韋謙除太尉，進封開國公。

二十七年二月，武泰軍節度使、侍衛親軍馬軍都虞候、

〔一〕九年正月：原作「十三年二月」，據《建炎要録》卷一二五、《宋史》卷二九《高宗紀》六改。

〔二〕二十一年五月：原作「二十二年三月」，據《建炎要録》卷一六二、《宋史》卷三〇《高宗紀》七改。下條楊政亦同時除。

知潭州劉錡除太尉，知荆南軍府。

二十九年六月，崇信軍節度使、龍神衛四廂都指揮使、主管侍衛步軍司公事趙密除太尉。

三十年五月二十九日，寧武軍節度使、提舉佑神觀吳蓋除太尉。

三十二年五月二十七日，保信軍節度使、領閤門事鄭藻除太尉。

二十八日，慶遠軍節度使、龍神衛四廂都指揮使、主管侍衛馬軍司公事成閔除太尉，主管殿前司公事。同日，寧國軍節度使、龍神衛四廂都指揮使、建康府駐劄御前諸軍都統制、充淮南西路制置使、京畿、14河北西路、淮北壽、亳州招討使李顯忠除太尉，主管侍衛馬軍司公事。

孝宗紹興三十二年未改元。八月六日，昭信軍節度使、提舉萬壽觀曹勛特授太尉。

十二月二十五日，詔：「今後除授太尉已上得指揮依兩府恩數人，除見管軍外，並特與依帶職前兩府例施行，仍自居廣爲始。」

乾道七年六月三日，詔威武軍節度使、主管侍衛馬軍司公事李顯忠特授太尉。

淳熙元年八月五日，詔安慶軍節度使、知樞密院事張説爲太尉，提舉隆興府玉隆觀，任便居住。

四年八月十六日，詔：「除授太尉，自今止與初除恩數。其數遷除，止依轉廳減半。如無特旨許依執政之人，不得援例。」詳見「三公三少」。

十三年正月二十四日，檢校少傅、慶遠軍節度使致仕、武功郡開國公成閔爲太尉，依前慶遠軍節度使致仕。

淳熙十六年五月三日，詔保大軍節度使、提舉萬壽觀、吳興郡開國公郭師禹特授太尉，依前保大軍節度使、提舉萬壽觀、吳興郡開國公。

同日，詔檢校少保、定江軍節度使、武功郡開國公吳挺特授太尉，依前定江軍節度使、武功郡開國公。

慶元二年十月十九日，檢校少保、昭化軍節度使、提舉祐神觀吳(環)〔瓌〕，檢校少保、鎮安軍節度使、知江陵府吳琚，並爲太尉。

十一月十一日，慶遠軍節度使、提舉祐神觀韓同卿，武康軍節度使、殿前都指揮使郭杲，並爲太尉。

五年九月二十日，保順軍節度使、提舉祐神觀謝淵爲太尉。

15嘉泰二年七月二十一日，通議大夫韓邈爲太尉、保康軍節度使、知隆興府。

閏十二月五日，保大軍節度使、提舉祐神觀李孝友，泰寧軍節度使、提舉祐神觀李孝純，並爲太尉。

四年正月八日，保静軍節度使吳璹爲太尉。

開禧元年三月二十三日，岳陽軍節度使、提舉祐神觀楊次山爲太尉。

嘉定四年三月十五日，武康軍節度使夏震爲太尉致仕。

十五年五月九日，檢校少保、奉國軍節度使、提舉萬壽觀楊谷，檢校少保、保寧軍節度使、提舉萬壽觀楊石，並爲太尉。

十七年七月三十一日，隨龍檢校少保、保成軍節度使譙令雍爲太尉致仕。（以上《永樂大典》卷一五二六九）

三省

【宋會要】

16 舊《會要》係「中書門下」，今依元豐官制改爲「三省」。

《兩朝國史志》：中書門下：中書令、侍中、同平章事、參知政事。中書令國朝罕除，侍中雖常除，亦罕預政事。同平章事，是爲宰相之職，掌邦國之政令，弼庶務，和萬邦，佐天子，執大政。無常員，有二人則分日知印，以丞郎以上至三師爲之。其上相爲昭文館大學士、監修國史，亦有不帶昭文館大學士而爲監修國史者。其次爲集賢殿大學士。或置三相，則昭文、集賢兩學士并監修國史，並除焉。參知政事，貳宰相，批大政，參庶務，以中書舍人以上至尚書爲之。親王、樞密使、留守、節度使兼中書令、侍中、同平章事者謂之「使相」，不預政事，不書敕，惟宣制除授者敕尾存其銜而已。中書在朝堂西，是爲政事堂。其屬有舍人，專職誥命，闕則以他官知制誥，或直舍人院，院在中書之西南。舍人六員，與學士對掌内外制。朝廷有除拜，中書吏赴院納詞頭；其大除拜，亦有宰相召舍人面受詞頭者。凡大誥命，中書并敕進入，從中而下，餘則發敕官受而出之。其吏史則有堂後官、主事、録事、主書、守當官。其吏舍則曰制敕院。堂後官八人。舊制，自選人入爲堂後官，轉至五房提點，始得佩魚。至和元年，詔：「中書提點五房公事，自今雖無出身，亦聽佩魚。」主事七人，録事十人，主書十四人，守當官二十人。分掌五房：一曰孔目房，二 17 曰吏房，三曰户房，四曰兵禮房〔一〕，五曰刑房。又有生事〔二〕、勾銷二房。其給使則有沿堂五院行首一人，副行首二人，通引官九人，堂門官七人，直省官十一人，發敕官五人，驅使官二十二人。其舍人院則有楷書二人，裝裁匠二人。自中興之初，循舊制，置尚書左、右僕射各一員，門下、中書侍郎各一員，尚書左、右丞各一員。凡除左、右僕射依序，或兼門下、中書侍郎。建炎四年，制以左、右僕射並加兼同中書門下平章事，改門下、中書侍郎爲參知政事，而廢左、右丞。又以左、右僕射兼樞密使，或兼知樞密院事。

《神宗正史·職官志》：中書門下在朝堂西，榜曰「中書」，爲宰相治事之所，印文行敕曰「中書門下」。尚書、中

〔一〕「兵」下原有「房」字，據《宋史》卷一六一《職官志》一刪。

〔二〕生：《宋史》卷一六一《職官志》一作「主」。按「生」字不誤，詳見本書職官三之五校記。

書令、侍中、丞郎以上帶同平章事，並爲宰相，而參知政事爲之貳，與樞密院通謂之執政。又有中書省、門下省者，存其名，列皇城外，兩廡官舍各數楹。中書省但掌册文、覆奏考帳。門下省主乘輿八寶、朝會位版、流外較考、諸司附奏挾名而已。中書令、侍中不任職。官制行，悉釐正之，遂以寔正名。廢中書、門下省舍之在皇城外者，併朝堂之西中書堂爲門下、中書兩省，以左、右僕射兼門下、中書侍郎，又以兩侍郎副之。

神宗治平四年未改元。六月，詔令中書、樞密院應細務合歸有司者，逐旋條陳取旨。初，侍御史張紀言：「政府不當侵有司之職，有司不當溷政府之嚴。若溝洫當決諸水監，漕運當決之三18司，其禮樂征伐、號令損益自係朝廷議論，有司得以奉行。」故有是詔。

熙寧元年，内係楊稅被旨差後苑工匠〔一〕，造舒國、祁國公主下嫁禮物，而後苑奏留不遣，中書請令兩所應辦。上曰：「此細務也，不足以累宰（職）〔執〕，自今宜一聽三司裁決。」

二年，宰臣曾公亮欲知州皆選於中書。上曰：「中書數人所總事已多矣，知州材否何暇盡詳，且中書三公職事在於論道經邦。」公亮曰：「今中書乃六卿冢宰之職，非三公也。」上曰：「冢宰固有冢宰之職，唐陸贄言宰相當擇百官之長知審官，是也。今不擇知審官人，而但堂選知州，所選人不精，徒令中書事更煩冗，非國體也。」王安石對曰：「誠如陛下所諭。」

三年五月十五日〔二〕，詔：「近設制置三司條例司，本以均通天下財利〔三〕。今大端已舉〔四〕，惟在悉力應接，以趣成效，其罷歸中書。」熙寧二年二月，初置條例司，踰年乃罷之。

七月，令中書門下考察内外官司，置簿記功過，俟年終及非次除擢，檢録比較進呈，擇其尤甚者進黜之。

四年，知慶州趙禼、經制使李憲屢言囉兀城，上欲遣人相度。王安石曰：「請用親信内臣與一朝士大夫往〔五〕。」上曰：「用宰相制事，而令内臣審覆，於體非便。」於是用張景憲、李評俱往。

七年十月十六日，詔三司置會計司，以宰臣韓絳提舉。八年六月罷之。

元豐元年八月，詔三司：「令諸路轉運司勘會所轄州軍熙寧十年以前三年收支〔六〕，應見在錢物〔七〕，除閒雜及理

〔一〕「内」、「係」、「稅」三字原稿筆畫漫漶不全，但字形尚可辨認。據文意，「係」當是「侍」之訛。《長編》卷二七一熙寧八年有「内侍楊税」，疑即此人，則「稅」似當作「税」。
〔二〕十：原字不清，據《長編》卷二一一補。
〔三〕均：原無，據《長編》卷二一一補。
〔四〕今大：原字不清，據《長編》卷二一一補。
〔五〕士：原作「上」，據《長編》卷二三〇改。
〔六〕自「元豐」至本句「州軍」：原脱，據《長編》卷二九一補。
〔七〕在：原不清，據《長編》卷二九一補。

欠物更不條具，其泛收、泛支或諸處支借出入并蠲放欠閣，各19令開析，限半年攢結成都狀，送提點刑獄司驅磨，保明上中書。點檢有不實，科徒一年罪，不理去官，仍并治保明官吏。如驅磨出增隱錢物，并當等第酬賞。自今三年一供，著爲令。」以中書言「諸路財賦歲入歲支，轉運司多不究心[一]，唯稱闕乏。既不可旋考校，宜有會計出入之法，以察增耗，以知有餘不足之處」也。

三年六月二十一日，詔罷中書門下省主判官，歸省事於中書。

四年三月八日，詔在京官不得舉辟執政官有服親。以御史知雜舒亶言近論蒲宗孟不當薦舉同知樞密院韓縝姪宗弼，乞立奏舉法故也。

八月一日，詔中書自今堂選並歸有司。

十月二十七日，詔三省印銀鑄金塗。

〔十一〕月二十二日[二]，詔增減官吏，並門下中書省同取旨。

〔二十〕六日[三]，詔：「自今堂選、堂占悉罷，以勞得堂除者減磨勘一年，選人不依名次路分占射差遣。」

十二月十一日，詔三省諸案宜並稱「房」。

五年二月一日，詔：「中書省、樞密院面奉宣旨事[四]，別以黃紙書，中書令、侍郎、舍人宣奉行訖，録送門下省，爲畫黃。受批降若覆請得旨及入熟狀得畫事[五]，別以黃紙，亦書宣奉行訖，録送門下省，爲録黃。樞密院準此，惟以白紙録送面得旨者爲録白，批奏得畫者爲畫旨。門下省被受録黃、畫黃、録白、畫旨[六]，皆留爲底，詳校無舛，繳奏得畫，以黃紙書，侍中、侍郎、給事中省審讀訖，録送尚書省施行。三省被受敕旨，及內降實封文書，并注籍。門下中20書省執政官兼領尚書省者，先赴本省視事，退赴尚書省。申明及立條法，並送尚書省議定，上中書省，半年一進頒下，應速者先行。應功賞並送所屬，無定法者送司勳。樞密院軍功不在此〔限〕。文武官三省、樞密院各置具員。中書省非本省事，舍人不書。吏部擬注官過門下省，並侍中、侍郎引驗訖奏，候降送尚書省。若老疾不任事及於法有違者，退送改注，仍於奏鈔內貼事因進入。六曹諸司官非議事不詣都省及過別曹。應立法事，本曹議定，關刑部覆定，干酬賞者送司勳。如無異議，還送本曹，赴都省議。體大者集議，議定上中書省，樞密院事上本院。吏部差注官團甲，由都省上門下省。有違者，退吏部，以事因貼奏。諸稱奏者，有法式上門下省，無法式上中書省，有別條者依本

[一] 究：原作「疚」，據《長編》卷二九一改。
[二] 十一：原缺，據《長編》卷三二〇補。
[三] 二十：原缺，據《長編》卷三二三補。
[四] 事：原無，據《長編》卷三二三補。
[五] 熟：原脱，據《長編》卷三二三補。
[六] 旨：原作「者」，據《長編》卷三二三改。

法，邊防、禁軍事並上樞密院〔一〕。應分六曹、寺、監者爲格，候正官名日施行。」

二十一日，詔：「知樞密院、門下、中書侍郎、同知樞密院、尚書左、右丞爲定班，班次以是爲差。」

五月一日，詔左、右僕射、丞合治省事。初議左右分治，及進呈，始命合治。

二日，詔：「今後四方實封奏除内降指定付三省、樞密院及中書、門下、尚書省外，餘並降付中書省，可從本省分送所屬曹省。」

十一日，詔：「秘書省、殿中省、内侍省、入内内侍省於三省用申狀，尚書六曹用牒，不隸御史臺六察。如有違慢，委言事御史彈奏。」

六月三日，吏部尚書李清臣言：「嘗奏論門下、中書省
21 全録畫黄，直付所司事。今又於詳定官制所受到前批無押字畫黄四件〔二〕，雖著門下、中書省官及名，即無首尾，不顯何處送到。」門下省進呈：「在格，當録其事目留本省，以畫黄付下。既已書名，則體不當押字，而所承受官司各有付受曆照驗，豈得不知來處？」詔清臣分析以聞。其後罰銅十斤。

五日，詔：「自今事不以大小，並中書省取旨，門下省覆奏，尚書省施行。三省同得旨事，更不帶『三省』字行出〔三〕。」

是日，輔臣有言：「中書獨取旨，事體太重。」上曰：「三省體均，中書省揆而議之，門下省審而覆之，尚書省承而行之，苟有不當，自可論奏，不當緣此以亂體統也。」先是，官制所雖倣舊三省之名，而莫能究其分省設官之意〔四〕，乃釐舊中書門下爲三，各得取旨出命。既行，紛然無統紀。至是，上言遂定。

十三日，詔尚書省六曹事應取旨者，皆尚書省檢具條例，上中書省。又詔門下、中書省已得旨者，自今不得批劄行下〔五〕，皆送尚書省施行。著爲令。

十四日，詔：「六曹申尚書省、尚書省送中書及過門下省文字，皆隨事立日限。即尚書省事應取旨者〔六〕，皆日具件數，録目尾結。後批日時，執政官書押，送中書省。各限一日，有故者聽展。若送中書省取旨，事已進呈不行者，每旬録報尚書省。皆著爲令。」

七月十四日，詔應臺察事並由尚書省取索，事小者先約法送中書省取旨。

二十一日，詔自今選補都知、押班，並三省、樞密院同取旨。

〔一〕事：原脱，據《長編》卷三二三補。
〔二〕又：原作「於」，據《長編》卷三二七改。
〔三〕行出：原倒，據《長編》卷三二七乙。
〔四〕其分：原字不清，據《長編》卷三二七補。
〔五〕得：原脱，據《長編》卷三二七補。
〔六〕省：原無，據《長編》卷三二七補。

二十二22日，詔自今臣僚上殿劄子並進呈取旨。先是，三省、樞密院或不以進呈，直寢之，故有是詔。

十二月二日，詔門下省：「凡中書省、樞密院文字應覆駮者，若事體稍大，入狀論列，事小即於繳狀内改正行下。若事不至大，雖不足論列，而其間曲折難於繳狀内改正者，即具進呈，以應改正事送中書、樞密院取旨。」

六年正月二十二日，詔：「自今樞密院已得旨事更不送尚書省具鈔，徑送門下省覆駮訖，自樞密院直下尚書省施行。」

二月二日，詔：「三省吏書功過，門下委給事中，中書舍人，尚書左右司，依舊中書門下比較。」

九月二十五日，詔：「自今三省進呈差除，如從中批出，從中書省奉行。其事理未允者[一]，所至之省具奏。」

七年十月二十四日，中書省言：「樞密承旨司傳宣事已得旨[二]，如別無奏稟，合作録黃、畫黃，門下省覆奏，本省更不入進文字。」從之。

八年正月二十四日，三省言：「以上未視事，應合行事，並權作聖旨行訖以聞，稍重者進畫。今聖體向安，前詔欲更不施行。」從之。

七月六日，哲宗已即位，未改元。資政殿大學士、銀青光禄大夫、兼侍讀呂公著爲尚書左丞。公著言：「臣伏見《周官》三公三少，論道經邦，寅亮天地，然皆分治卿職。蓋進則座而論道，退則作而行之，此三代之明法也。唐太宗用隋制，以三省長官共議國政，事無不總，不專治本省事。國朝之制，每便殿奏事，止是中書、樞密院兩班。昨來先帝修定官制，23凡除授臣僚及興革廢置，先中書省取旨，次門下省審覆，次尚書省施行。每省各爲一班，雖有三省同上進呈者，蓋亦鮮矣。此蓋先帝臨御歲久，事多親決，執政之臣大率奉行成命，故其制在當時爲可行。今來陛下始初聽政，理須責成輔弼。況執政之臣，皆是朝廷妙選，安危治亂，均任其責，正當一心同力，集衆人之智以輔惟新之政。譬如共輿而馳，同舟而濟，人無異心，則何求而不得，何爲而不成？伏望聖慈留神省察，明降指揮，應三省事合進呈取旨者，並令三省執政官同上奏稟，退就本省，各舉官制施行。」自元豐五年改官制，政柄皆歸中書省。王珪以左相在門下，拱手不復校。王安禮每憤懣不平，欲正其事，而力不能也。公著被命未受，即爲上陳之。後遂詔應三省合取旨事及臺諫章奏，並同進呈施行。

十八日，三省、樞密院言：「同差除及進呈文字理須會議者，先於都堂聚議。或遇假及已歸東、西府，聽便門往來聚議。」從之。

九月十八日，詔自今門下、中書省合取會文字，依舊直下所屬取索。

[一] 者：原缺，據《長編》卷三三九補。

[二] 承：原字不清，據《長編》卷三四九補。

元祐元年四月十二日，三省言：「中書省諸房承受到尚書省取旨文字〔一〕，如有進呈訖留俟呈後並不行文字，並限三日内報知尚書省。其勘會未圓，須合再行取會者，亦限半月一次具見取會未絶事目報尚書省〔二〕。諸房各置送中書省文字簿，候報到鉤銷。」從之。前此尚書省言，令中書省諸房各置尚書省 24 送本省取旨簿，隨事緊慢，關會舉催，今復有此請。

十四日，尚書省言：「欲今後軍期、河防、賑救災傷之類畫録黄〔三〕，並從本省直降劄子下諸處施行訖，其畫録黄付本曹。并該載難盡但係急速不可稽緩并事體重者，亦依此施行。」又言：「除拜官、職、差遣，緣畫録黄已經由門下省，如辭免恩命，中書省既得旨，令降詔不允，欲乞只從中書省批送學士院進詔，更不重出録黄。」並從之。

同日，門下省言：「自來中書省、樞密院擬進文字，如得畫，並作奉聖旨，具録黄、録白過門下省，本省再入文字覆奏，得畫方始出行。乞應中書省〔四〕、樞密院凡係擬進得旨文字，今後並於録黄、録白内聲説某月日得畫，奉聖旨云何，門下省看詳。如别無差失合舉駁、更改事件，更不再入文字繳覆〔五〕，落去『得畫』二字，依式作奉敕録送所屬施行訖，每日具事目奏知。」詔從之，仍送中書省取旨。

五月一日，金紫光（録）〔禄〕大夫、門下侍郎吕公著依前官守尚書右僕射、兼中書侍郎。自蔡確、章惇罷，司馬光已卧疾，及韓縝去位，公著攝宰相事。先是，執政官每三、五日一聚都堂，堂吏日抱文書，歷諸廳白之，故爲長者得以專決，同列難盡争也。光嘗怨確，欲數會議，庶各盡所見，而確終不許。公著既秉政，乃日聚都堂〔六〕，遂爲故事。

十八日，新除尚書左僕射司馬光言：「去歲有旨：遇假日有公事〔七〕，許於東、西府聚議。臣以足疾未愈，乞遇假日或日晚遇有公事，許乘 25 轎往諸位商議。其執政官亦許到臣本位。」從之。

六月二十八日，監察御史孫升等言：「六曹奏鈔，自來左〔八〕、右僕射、丞例皆簽書。按左、右僕射各兼别省事，及奏鈔送門下省，左僕射合親書審奏，顯見重復。」詔：「六曹奏鈔，左、右丞簽書，僕射押檢，本省代書，送門下省。」

八月十六日，尚書省言：「減六曹迂枉事，受急速者，限畫時，餘次時付諸房；如遇夜，非急速者，次日辰時。諸房受制書，應行下急速者，限三時；遇夜，次日巳時；非急速者，次日未時。及本省凡受内降已有御札指揮者，欲事大者依舊送中書省取旨，事小及急速者止尚書省具聖旨劄

〔一〕房：原作「言」，據《長編》卷三七五改。
〔二〕一：原作「以」，據《長編》卷三七五改。
〔三〕救：原作「收」，據《長編》卷三七五改。
〔四〕中：原作「行」，據《長編》卷三七五改。
〔五〕文：原脱，據《長編》卷三七五補。
〔六〕日：原作「月」，據《長編》卷三七七改。
〔七〕假：原作「暇」，據《長編》卷三七八改。下同。
〔八〕自：原作「目」，據《長編》卷三八一改。

子或批狀行下訖奏知，仍關門下、中書省照會。即礙條於事未便者〔一〕，自當執奏。」從之。

二年八月六日，太師文彦博進除改舊制甄别資品除授之法。詔三省參詳資品、履歷，按新舊制除授。

十六日，三省言：「應曾歷省府推判官、臺、諫、寺、監長貳、郎官、監司人，並合堂除。而知州軍闕少，每於吏部取差，有妨本部擬授。」詔以前後條參酌，使兩不相妨，立法以聞。於是以知州軍闕一百四十上朝廷，以九十八分吏部。

三年正月二十二日，詔：「應三省差除闕，如從中批付中書省，並三省同行。其同得旨文字，本省選人吏兼行進呈，得旨者更不覆奏，直送曹部。」

三月十四日，樞密院言：「文臣換右職，舊屬本院。自官制後，歸三省。緣換授大使臣後，係入樞密院奏差遣。又有以本院差遣武臣 26 去處因事取旨換授者〔二〕，行遣不一，合依例同呈取旨。」詔今後文臣换大使臣，並三省、樞密院同取旨。

五月四日，監察御史趙挺之言：「御史所言多係省曹之失，却降付本部，自屬妨礙。請以臺官所言事付三省看詳，若合立法及衝改舊法，即乞下本部取會如何施行，從朝廷指揮。」從之。

同日，樞密院言：「得旨條具司空呂公著合議軍國事，今具軍國重事：除授差移管軍，三路副都總管至副總管，三路沿邊知州帶安撫事，管勾安撫司，同麟府路管勾軍馬，兩省都知、押班，邊防大事，諸路添減軍馬，國信大事，更改大法（今）〔令〕，議論未決疑難事務，議大刑賞，諸班直指揮使已上轉員〔三〕。非常程事：處置邊防，辦理疆界，戰陳稍大賞罰，諸路緊切事宜，國信生創事件，民兵、馬政稍大事務，差文臣措置邊事，文臣换大使臣，除樞密都副承旨，除内臣昭宣使已上。」詔軍國重事及非常程事并臨時合與三省同議取旨事並關與簽書。

同日，詔司空、同平章軍國事呂公著：「凡差除并責降、叙復，應三省并三省樞密院同取旨事，邊防體大公案并體量取勘事，支移錢糧數多，諸軍班特支，差官按察，館伴入國，接伴送伴，朝會，國書，近上番夷李乾德等授官襲封，廢置州縣，特立捕盜賞格，并同三省施行。省、曹、寺、監所上事，體量賑濟，（太）〔大〕禮，科場，非泛祠禱，應干陵廟事，諸蕃國進奉差押伴官并進奉回賜，修書，創立改更法令，河防，鑄 27 錢，典禮、儀制非常程者，捉殺十人已上賊，同逐省施行。」

六月八日，詔：「三省同得旨事，就中書諸房選差三省本房人吏兼同行遣。依條由給舍進呈得旨者〔四〕，並依已

〔一〕礙：原作「擬」，據《長編》卷三八五改。

〔二〕遣：原作「在」，據《長編》卷四〇八改。又「去處因事」，《長編》作「因事去處」，疑誤。

〔三〕指：原作「揮」，據《長編》卷四一〇改。

〔四〕「舍」下原有「内」字，據《長編》卷四一二删。

畫旨，更不覆奏，直送曹部等處施行，仍具奏知。三省各録留爲底。餘仍舊。」

十一月四日，三省言：「在京堂除差遣，累有增改，而吏部闕少官多。今裁定：門下中書省正言，尚書省左右司、六曹郎中，御史臺監察御史，秘書省正字，館職校理以上，寺監長、貳、丞，太常博士，太學博士〔一〕、正、録，侍講，説書，開封府推判官、府司録，開封府祥符、咸平、尉氏、陳留、襄邑、雍丘知縣，登聞鼓院、檢院，王府翊善、侍讀、侍講、記室、小學教授，知大宗正丞事〔二〕，諸王府講書、記室，睦親、廣親宅講書，左藏庫，三京留司御史臺，商税院，進奏院，並中書省差，餘並吏部差。」從之。

四年五月四日，詔：「三省遇内降及生事文字〔三〕，如合係三省、樞密院同聚議文字，令逐省呈覆本省官下筆，赴都堂商議。候得筆將上，或進入。内事體大及應急速，即尚書省出劄子，逐處仍送本曹照會，依舊條。」

八月五日，(二)〔三〕省進呈司馬康奏其父光遺藁二，其一言：「請仍舊令中書門下通同職業〔四〕，以都堂爲政事堂，每有政事差除及臺諫官章奏，已有朝旨三省同進呈外，其餘並令中書門下同商議，簽書施行。事大則進呈取旨降敕劄，事小則直批狀指揮，一如舊日中書門下故事〔五〕。併兩省十二房吏人爲六房，同共點檢鈔狀，28行遣文書。若有溢員，除選留外，並特與減三年出職；不及三年〔六〕，應出職者與減磨勘年限。若政事有差失，委給事中封駁。差除有不當，委中書舍人封還詞頭，及兩省諫官皆得論列。則號令之出，不爲不審，政事歸一，吏員不冗，文書不繁，行遣徑直。於先帝所建之官並無所更變，但於職業微有修改〔七〕，於事務時宜差爲簡便。」其二言：「自今凡有詔令降付尚書省者，僕射、左右丞簽訖，官告、黄牒之類已簽書訖者更不簽〔八〕。分付六曹謄印，符下諸司及諸路州施行。其臣民所上文字降付尚書省者，僕射、左右丞簽訖，亦分付六曹，本曹尚書、侍郎及本廳郎中次第簽訖，委本廳郎官下筆判云今欲如何施行次第，通呈侍郎、尚書。若郎官所判允當〔九〕，則侍郎簽過，尚書判準。應奏上者直奏上，應行下者直行下。即未得允當者，委侍郎、尚書改判。事之可否，皆決於本曹長官。」三省既進呈，遂言：「今三省皆同奏事，與光時不同；及其所言事，多已施行。」太皇太后宣諭曰：「今已無事，不必改更也。」按《司馬光集》，光乞合中書、門下兩省爲一，蓋與吕公著、韓維、張(操)〔璪〕同具奏。乞令六曹官

〔一〕太學博士：原脱，據本書職官三之九補。
〔二〕丞：原作「承」，據《長編》卷四一七改。
〔三〕生：原作「主」，據《長編》卷四二六改。
〔四〕同：原作「司」，據司馬光《傳家集》卷五七改。
〔五〕一如：原作「如一」，據《傳家集》卷五七乙。
〔六〕及：原作「出」，據《傳家集》卷五七改。
〔七〕微：原作「惟」，據《傳家集》卷五七改。
〔八〕此句原作大字，據《傳家集》卷五七改爲小字。
〔九〕郎官：原作「郎中」，據《傳家集》卷五七改。

長專議，蓋與呂公著、李清臣、呂大防同具奏。又按范祖禹誌司馬康墓云：「康上光舊槀，降付三省，而朝廷未遑有行。」不知此所謂多已施行者何也。至建炎三年四月，始合三省爲一。

十二月二十二日，門下省言：「三省得旨文字奏知劄子，自來止是具事[29]宜進入。其間慮有節寫不圓，或至漏落事件。」詔今後立定式樣，與録黄連粘在後入進。

六年五月二十五日，三省言：「受聖旨并御批手詔，並畫制房分將承受簿點閱名件〔一〕，職級常行點檢〔二〕，具無漏落狀，於次月二十日已前〔三〕門下省送雜務房、中書省送催驅房、尚書省送知雜房類聚，本月內關送時政記房〔四〕。如有漏落，本房并職級量事大小〔五〕，等第理過。」從之。

七年十月十八日，三省言：「堂除諸路職司有帶權及權發遣者，未行官制前係中書檢舉除落，今則吏部檢舉具鈔，不復經中書，無由照應。」詔：「吏部依條檢舉，具狀申尚書省，送中書省取旨施行。」

紹聖三年三月十九日，詔：「自今考城、太康、東明、陽武知縣並三省差人。」

五月二日，中書侍郎李清臣言：「先皇帝創立官制，元定三省規摹，中書省取旨，門下省審覆，尚書省施行，蓋以互相關察。日近尚書省官侵紊職事，將生事文字合送中書省取旨者更不送中書省，便於尚書省將上取旨，畫定指揮，簽書押送中書省降敕。臣已曾面奏，乞宣諭章惇已下合依官制舊法，自是以來，稍覺減少。今又公然放縱，侵紊朝廷紀綱，伏望早賜指揮辨正。」先帝官制：無條上中書省取旨，有例無條具鈔畫聞。鈔書尚書省與本曹官奏上，付門下省覆訖施行，不由中書。時清臣爲中書侍郎在告。尚書省以刑部獄案鈔內有所擬輕重未當，合行增損，貼改進入，尚書省職也。[30]清臣以爲侵紊，論列。得旨，死罪則取旨，餘許增損。惇力陳非侵紊，遂寢前旨。清臣再論，亦不行。

五年，詔：「自今臣僚上殿劄子，中書省進呈取旨。其承受傳宣內降及內中須索，隨處覆奏，得旨奉行，即本司官親承處分，仍畫所得旨録奏，請寶奉行。以上非有司所可行，或事干於他司奏請得旨者，申尚書省或樞密院奏審施行。」

元符三年正月十九日，詔三省，以闕執政官及六曹長貳，令具前宰臣、執政、侍從官姓名及取寺、監長貳可補從官者十人以聞。

徽宗建中靖國元年五月一日，詔三省議減吏員，裁節冗費。

崇寧二年七月二十日，詔曰：「朕觀前世外戚擅事，終

〔一〕「畫」原作「劃」，「將」原作「所」，據《長編》卷四五八改。
〔二〕常：原作「帝」，據《長編》卷四五八改。
〔三〕次：原作「六」，據《長編》卷四五八改。
〔四〕時政：原作「正」，據《長編》卷四五八補改。
〔五〕級：原作「給」，據《長編》卷四五八改。

至禍亂天下。唯我祖考，創業垂統，承平百有餘年，外戚之家未嘗與政，厥有典則，以貽子孫。即政之初，以駙馬都尉韓嘉彦兄忠彦爲門下侍郎，繼除宰相。方朕恭默，弗敢有言；給事中劉拯抗疏論駁，亦不果聽。上違祖宗成憲，下襲前世禍亂之失。其自今勿復援忠彦例〔一〕，以戚里宗屬爲三省執政官。世世守之，著爲甲令。」

五年七月二十四日，詔：「堂除人不得越資序一等。未經任及見係衝替放罷，若歷任有贓罪，並不得堂除。」

大觀二年正月二十九日，詔：「今後中外差遣，非要急及新改法度不得堂除，其自陳乞取吏部闕堂除者，不得受狀。」

政和二年五月十三日，太師、楚國公致仕蔡京特落致仕，依前太師、楚國公，三日一至都堂[31]治事。

九月二十九日，詔以太師、太傅、太保爲三公，少師、少傅、少保爲〔王〕〔三〕孤，以左輔、右弼、太宰、少宰易侍中、中書令、左右僕射之名。舊以太尉、司徒、司空爲三公及尚書置令，並罷。

三年閏四月八日，主客員外郎傅墨卿奏：「臣竊比者朝廷選官按視諸司庫務〔二〕，數日之間，蠹弊振舉。既命六曹、寺、監條具措置事件，其繁難處又至歲終取旨，差官點檢，革弊靡之習，收總覈之效，誠大利也。然監臨之官所以奉行成法，必得其人，乃能勝任。今有自朝廷除授者，有所轄奏差者，有吏部擬注者。朝廷除授與所轄奏差固可以得人矣，至於吏部擬注，雖有遷格，或非其才，遽委之以繁難，臣愚恐未能責其不廢弛也。伏望睿旨，應諸司庫、務、場、監、局，所繁難處，其監官元係吏部差者盡行堂除，庶幾百司皆得其人，修舉其職，仰副陛下使能責實之意。」詔今後内諸司繁難處朝廷選差人。

六年四月二十七日，御筆手詔：「太師京近三上章乞致仕，詔書不允所請，仍止來章，意確未回。京位三公，然三省機政事無巨細自合總治外，可從其優佚之意。自今特許三日一造朝，仍赴都堂及輪往逐省通治三省事，以正公相之任，事畢從便歸第。」

五月一日，太師蔡京令遇朔望許朝，三日一知印。當筆不赴朝日，許府第書押。不押敕劄，不書鈔。

六日，尚書省言：「檢會奉御筆，太師京自今特許三日一造朝，仍赴都堂及輪往逐省通治三省[32]事，以正公相之任。事畢，從便歸第。今奉内降劄子，未審三日一朝除與不除假故？如不係朝日分遇車駕朝獻、行幸、筵宴、慶賀、聽御札、拜表、行香、按視及虜使見辭并非次宴集之類，合與不合趁赴？」奉御筆：合趁赴。内申明三日一朝除與不除假故一節，閤門供到，已進呈，合除假外，奉御筆，實理三日趁赴外，付吏部疾速施行。

〔一〕復：原作「以」，據《宋大詔令集》卷一六二改。
〔二〕「竊」下疑脱「見」字。

七年正月二十日日〔一〕，詔：「人君所與共治者，惟輔弼大臣同寅協恭，率職勵行，以儀風俗。自我烈考，肇分三省，都堂爲聚議之所，參決國論，延見百辟。元豐以來，成憲具在，遵制揚功，曷可失墜。自今宰執可依舊常聚都堂，夙夜匪懈，以弼予政治。」

八月二十五日，臣僚上言：「致治在乎政事，政事本於朝廷。恭惟神考，肇正六官，振飭百度，闢三省以總天下之事，建都堂以爲聚議之所。體統既立，國論以定，規模垂後，所當謹守。仰惟陛下丕承先志，躬覽萬機，且（目）〔日〕御便朝，以親庶政。是宜股肱大臣，仰體聖意，朝夕謀議，以裨政治之萬一。臣竊見比來大臣退朝，隨即分省治事，都堂閉闔，動輒經月。政事當合議者，或群至於省廷，則非所以養廉恥。且分職於内者當於此稟議，而將命於外者當於此受令；以至進退群吏，裁決機務，無有不在於此。而久廢不講，恐非所以尊朝廷也。今天下當持盈守成之時，而陛下篤繼志述事之孝。若夫國家之大計、天下之大利害，所當深思遠慮，而建長久 33 之策者，其類尚多。聖心所以憂勤宵旰，虚己以聽納；大臣所當黽勉夙夜，畢智於謀謨。將以益隆太平之基，而追述元豐之盛際，其事顧可後乎？臣愚欲望聖慈明詔大臣，應三省聚廳，務遵元豐故事施行。非特追述先帝之成憲，亦以仰副陛下勵精政事之意，其於聖治，實非小補。」詔：「内外參辭并庶官謁見，元豐條只合詣府第。令坐條申明行下，仍劄付御史臺。」

十一月六日，御筆手詔：「太師、魯國公蔡京自再還廊廟，于今七年。邇者章數十上，却之復來，告老乞骸，祈於得請而後已，朕不欲固違。其諸細務，特免簽書，可五日一朝，次赴都堂治事。恩禮寵數，並仍舊制。」

八年五月十一日，臣僚上言：「吏部銓注，以待常調，則許隨資格見闕指射。朝廷除授，本以擢用智能之士，隨其材而器使之〔二〕，無指占自陳之法，此祖宗馭吏之大憲也。邇來士失所守，倖進苟得，無復廉隅，公然投牒或具劄目指射，陳乞堂除内外差遣，謂之『踏逐窠闕』〔三〕，資品之華，俸給之厚，與遂其私者，唯所自便。甚則内之卿監省曹，外之監司郡守，皆輒詣闕自陳，殊失朝廷爲官擇人之義。此風寖盛，不特害於任使，方當員多闕少之時，一官有闕，唯奔競進取，權勢之士亟取亟得，寒素無援與夫守分廉退者滯留之久，致無闕以處之，爲害甚大。伏望聖慈特降睿旨，今後（輙）〔輒〕敢以劄子指射堂除窠闕者，以違制論。仍令御史覺察彈奏，重行黜降。」34 詔：「朝廷除授，以待

〔一〕上「日」字疑誤。

〔二〕使之：原倒，據文意乙。

〔三〕踏逐：原作「蹈逐」，據文意改。《宋史》卷一六〇《選舉志》六：元祐初王巖叟言：「自罷辟舉而用選格，中外病之。於是不得已而爲之名，以用其平日之所信，故有『踏逐申差』之目。『踏逐』實薦舉，而不與同罪，且選才薦能而謂之『踏逐』，非雅名也。」「踏逐窠闕」蓋亦同意。宋人常用「踏逐」一詞，本意謂勘察。

天下賢材不次之選。而僥倖自陳，汩喪廉耻，士失自守，因以廢法。可依所奏，仍出榜朝堂。」

宣和元年四月九日，太師、魯國公京言〔一〕：「臣昨蒙寬假，許朝五日，止省治事。而臣今三省録黄、畫旨、入進文字與六曹奏鈔，敕命行下猶繫臣名銜，著『不押免書』字。豈有身不任事，事非己出，繫名其上？虚負天下之責，靦顔慚怍，罔知所安。」詔所有繫書一節可從所請外，餘並依前後累降詔旨，無復別有陳請。

二十五日，臣僚上言：「臣聞爵賞，朝廷之砥石，所以礪世而磨鈍者也。稍吝之則有功者觖望，而人不知勸；稍寬之則濫得者必多，而人不知慕。二者不同，其失均也。臣備數憲臺，日閲六曹關報，頗疑恩澤之行比年浸濫，一時非泛之賞無日無之，大則轉官循資，小則減年支賜。臣畧會其數，自去年七月一日至今年三月終合二百九十七件，凡五千六百四十餘人，其間有但云『某等』而不開具姓名者，尚不論也，無乃太多乎！兹蓋陛下勵精庶政，嘗恐百工怠弛，思有以激勸之，故不疑於用賞。而所司不能仰體睿意，乃因緣爲市，尚恐不以實聞。臣嘗中夜思之，可爲憤懣者一，可爲嘆息者三，可爲念慮者四，謹爲陛下陳之。賞罰，人主之柄也，重輕予奪，當一聽於君，雖冢宰不得專焉，以其義詔王而已。近年有司保奏，乃有（光）〔先〕用貼黄擬定某人轉幾官、某人幾年磨勘、某人與某處差遣。是與 35 奪重輕自人臣出，下輕其上爵，而盗威福之權，莫此爲甚。臣所謂可爲憤懣者此也。招弓弩手者辰州也，樞密院支差等房有何勞績，推恩者八十四人。陞兖州爲襲慶府，三省兵房不過行移文字耳，推恩者三百三十六人。大名府編揀軍器，推恩者四十六人。登、萊、沂三州共修戰船纔八隻，推恩者十二人。如此類者，不可勝數，其冒濫不已甚乎！保明功力等第，未嘗核寔，專在臨時；雖非元額許差之人，往往別作名目。河上之役，有司未嘗出都城，而姓名亦在奏中者矣。其罔上不已甚乎！奉行鹽法，乃鹽香司之職也，孟特敢云『委是推就緒〔二〕，曉夕究心』；修整城壁，轉運之職也，王似敢云『委是功力浩瀚，並皆如法』。仍有徑納劄子，如淮南轉運使李祉、三門輦運趙子潰之徒，巧爲辭説，鋪陳勞效，云『伏候指揮』。絲毫未有補於朝，輒敢矜功而自列。其輕侮朝廷不已甚乎！此三者，臣所謂可爲嘆息者也。吏知賞可以苟得，則人有僥倖覬覦之心。一登仕版，遷轉如流，有甫二年轉十官者。今吏部兩選朝奉大夫六百五十五員，奉直大夫至光禄大夫二百九十員，横行右武大夫至通侍大夫二百二十九員，修武郎至武功大夫六千九百九十一員。名器既輕，則人人皆有（移）〔侈〕心，而莫肯安其分矣。酬賞轉官不得回授白身人，自有約束，今又稍稍通行。正郎與副使既易得之，則三歲一郊，又暗增恩補。

〔一〕「公」下原衍「臣僚」二字，據眉批删。
〔二〕「推」下疑脱一字。

選人在部者[36]一萬六千五百四十二員，小使臣二萬三千七百餘員，吏員猥冗，注擬不行，而仕途塞矣。官秩既進，俸亦隨之。三省、密院減年仍許特换支賜，公儲有限，橫恩鼎來，而國計虚矣。此四者，臣所謂可爲念慮者也。陛下睿明天縱，如臣所陳，久已洞知其不可，海涵天覆，隱忍而未施行。經（田）〔由〕去處，乃習熟見聞，以爲當得。門下不（較）〔駁〕奏，中書不繳詞，日引月滋，寧有紀極。臣是以傾竭所聞，不能自已〔一〕，幸陛下留意焉。」詔：「今後令三省、樞密院遵守。内輒以本職論功及有司擅爲保奏、擅指定轉官賜帛及指定輕重之類，依累降指揮申明行下。仍令御史臺常切覺察。」

二年五月十六日，手詔：「先帝稽古建官，肇正三省，設給舍、都司以贊省務，綱目備舉，成憲具奏〔二〕。今都司蹈襲，寖以曠官，蓋緣省吏彊悍，敢肆侵侮，遂爲典章。可自今並遵守元豐、崇寧見行成法。應違法事，左右司官勿書，具事因舉劾。情重者，取旨竄責，宰（丞）〔臣〕按治。」

七月二十一日，臣僚上言：「爵禄礪世，僥倖可革。比來營造去處工匠之類，節次自有支賜，有司尚敢冒法，奏請特旨，與作工匠入流之人轉行遥郡、横行。不惟礙法，緣工作之徒與士流不同，若縱之忝冒，混玷班列，顯屬泛濫。伏望特降處分，自今應作工匠入流之人並轉至大夫止，雖奉特旨轉行遥郡、横行，許三省、樞密院執奏不行，庶幾有以革去僥倖之弊。」詔仰三省、樞密院遵守施行，雖奉特[37]旨，執奏不行。

八月十一日，尚書省言：「奉聖旨：三省早出等禮儀並依元豐法，令行首司檢具，申尚書省取旨。今契勘到下項：一、元豐年作早出：筵宴、殿試舉人、釋褐唱名、人使見辭、宣召觀示、習儀按閲、進書奉安、疎決開堂、今即宰執不赴。開啓道場相看、國忌奉慰。一、元豐年未經禮儀，見作早出：神霄宫燒香、明堂布政、就見皇子、御殿稱賀、宰執謝敕設。元豐年共一日，今分作兩日。一、元豐年不作早出，即今見作早出：宰執除拜轉官、聞命授告、賜衣帶、賀降生皇子、前兩府到堂、外國人使到堂、諸官司就堂呈驗、就堂宣視。」詔第一項依元豐體例，第二項合作早出，第三項不作早出。又制敕庫房擬到下項：「一、諸雜人入幕次：契勘自熙、豐年有約束旨揮，不應入者無故入門，許人告。今來宰執幕次自合除合祗應人外，諸雜人並不得入幕次。一、官員就幕次取覆。契勘自熙寧年，官員參辭謝呈敕告並本職公事，方許赴都堂，仍取稟指揮相見外，餘並依於尚書省投狀。今來官員自不合入宰執幕次及下馬步行處接便唱喏，并待漏院及閤子内出頭呈納文字。欲已上並依元豐舊制。如違，徒二年。因而聽採漏泄，依中書漏泄法。一、行馬次序：契勘自熙、豐年，赴朝係宰執於百官後上馬。昨

〔一〕「不能」下原衍「不能」二字，今删。
〔二〕奏：似當作「在」。

遷班近上，見於百官前上馬。除宰執見於百官前上馬外，欲百官行馬失序并衝節者各杖一百，仍令御史臺、皇城司、開封府覺察，送所屬[38]施行，命官聞奏。一、上下馬：契勘自熙、豐年，宰相於隔門內下馬，執政於隔門外下馬。今即依得熙、豐年體例及自來宰執於隔門下馬，由垂拱殿貯廊赴朝。後來爲拆去貯廊，遇泥雨許入右銀臺門北廊下馬。并自熙、豐年，駕出入〔一〕，趁赴起居，於左承天門下馬。今後改作左、右兩敷佑門，於左敷佑門裏、右敷佑門外下馬。欲除見依元豐舊制外，其於敷佑門并遇雨入右銀臺門北廊上下馬，依見行儀制。一、侍班并從駕去處：契勘自來進呈侍班，殿內分三省各閤子，今係同閤子。從駕去處，今並依熙、豐年體例，在車駕殿門外作一閤子。勘會元豐三省各奏事，各閤子，見今同奏事，同閤子，欲除三省奏事同閤子外，餘依元豐舊制。」從之。

十月八日，詔：「在部員多闕少，河南府、〔三〕〔二〕廣、荆湖、關陝闕官，而在京求差遣者甚多。蓋緣希覬堂除，不甘遠適，所以不均。其初出官人勿注京局，初改官及初陞親民者與外任，衝替及事故未滿日月者勿堂除。」

宣和四年八月二十日，少師、太宰王黼言：「臣頃被詔旨，三省、樞密院暨六曹事有未如元豐舊制者一切釐正。臣竊以神宗皇帝肇正官制之後，元豐五年八月修立《樞密院令》，諸得旨事並録送門下省，候報施行；宣命即關送，候送回發付。是年十月，樞密院再奉旨揮，得旨及擬進畫依文字內，聖旨急速限當日擬進，〔餘〕限次日録送門下省。後覆奏回聖旨〔二〕，急速限當日，餘[39]限次日發出。據此，則樞密院事悉合經門下省審省覆奏，然後施行。臣伏見近歲以來，樞密院諸房浸紊成憲，凡所施行，（折）〔析〕以爲二。一曰機速，更不録門下省；一曰急速，更不録送門下省。止用關子，更不關録者，門下省悉不預聞。用關子者，審省覆奏與封駁之法盡廢矣。臣愚深慮未應元豐舊制。臣謹按，門下省元豐六年兵房上半年承受樞密院録白者一千七百三十件內，用關子者纔二事而已。今年上半年，兵房承受樞密院録白文字三百七十七件〔三〕，而用關子者至四百八十九件，何其多也！稱係機速更不關録者不在此數，不可得而知。其間關子如差除兵將官、轉資、補授恩澤、差人吏、養老之類，悉用關子，臣所未諭。若緣恭奉御筆，或事干急速，合即施行，不當更録送門下省。即不特非元豐條制，（令）〔今〕中書省被奉御筆及急速文字，皆行録黃，送門下省審省覆奏。內急速不可待畫者，止許先次報行。惟尚書省間有急速奏行止關門下省者，然亦近承睿旨，事干除授及轉官資之類，並送中書省行録黃矣。臣又聞，元豐七年王珪爲左僕射、章惇爲門下侍郎日，樞密院降指揮轉員

〔一〕「駕」上疑脫一「車」字。
〔二〕後：疑當作「候」。
〔三〕三百：似當作「五百」，蓋下言用關子者已達四百多，不應總數反小也。

文字更不送門下省。珪等力争之，尋被旨應緣轉員文字並送門下省，仍依樞密院例宿直，樞密院已得旨揮更不施行。詳此則見先帝立經陳紀、垂裕無窮者，德音具存，無復可疑。臣苟竊位弗陳，是以不材而廢 40 陛下萬世之法〔一〕，豈特仰辜大任，將得罪天下後世不貸矣。伏望聖慈詳酌，特降詔旨付樞密院，委大臣特行董正，庶盡革久弊，一遵前烈，天下幸甚！」詔並遵依元豐成憲，常切遵守，毋有違戾。

十二月二十一日，中書省、尚書省言：「左右司奏，今具逐次試行首司私名人數下項：政和三年試中三百四十一人，政和八年試中四百一人。今節次準尚書批送下就試共八百人。行首司具到下項：入額編排一百五十人，未入額編排五百七十三人，無限定人數，未試私名八百餘人。户部供到《政和令》節文，諸未入官人、三省私名，本司並免丁役。」詔：「入額編排依舊以一百五十人爲額，未入額編排以三百人爲額。二(頃)〔項〕並與免本身丁役，餘並不免。」

五年正月二十二日，臣僚上言：「臣竊見朝廷用還堂闕，其事雖若小，而所繫則甚大。自政和元年十二月檢會大觀三年八月旨揮，承務郎以上見任差遣未滿并已授未赴，元係吏部差擬之人，因朝廷陞遷或特旨移易，其退下闕並堂除一次。臣切詳本旨以元係吏部擬人，因朝廷陞改，占堂除窠闕，若退下闕，吏部便行收用，堂除轉見闕少，遂令還堂一次。政和二年十二月，并大小使臣並依承務郎以上已得指揮。政和五年五月，復有申明還堂闕，雖已經差官，而所差官未赴、未滿，朝廷再與差遣之人，其退下闕亦合還堂。自爾展轉還堂，非止一再，間有緣堂 41 除一闕而用吏部三四闕者。謂如甲授通判，元係吏部，後因堂除差遣，退下闕還堂固宜。若通判闕而差一見任或待次司録(關)〔闕〕，又爲還堂，司録闕却差一曹官承填，即曹官闕又爲還堂，展轉相應，致所用吏部窠闕寖廣，而士大夫相與爲俚語，有『七還八還』之目。常調官赴部，艱於得闕，規求還堂，鮮或安分。甚者夤緣干請，無復廉靖之風，殆非所以重朝廷，厲士操。臣愚欲望聖慈申詔三省，謹還堂一次之令以廣吏銓，而丞掾簿尉之微稍省除目，則堂選滋重，國體益尊，昭示群工，庶息僥求之弊。」從之。

六年二月四日，臣僚言：「昔神宗皇帝立政造事，鼎新詒謀，皆有成憲，而政事之源，莫大於官制。臣聞元豐中嘗諭儒臣曰：『職事官參紊久矣，宇文周、李唐蓋嘗講求《六典》，而未克行。今設官領治，正名核實，考古可法，理須精密。』郎官非嘗爲守倅，不在此選。奉行之初，由列寺貳卿除授者，人以爲榮。比年以來，寖失本旨，知縣、監當資序人超躐得之，未(便)〔更〕事任，望實不孚，而郎選輕矣。仰惟陛下自躬覽萬機，惟熙、豐法度是紹。乞自今選用郎官，非踐更臺閣，則必謹資格，如元豐詔旨，庶幾仰副紹休聖緒

〔一〕「下」字下原衍「黃門」二字，今删。

之意。」詔令中書省遵守。

五月二十六日，詔：「經撫房罷，限兩月結絶。應事合分隸三省、樞密院者，並遵依元豐官制及久來條例施行。」

宣和四年，始出師伐燕，王黼實〔至〕〔主〕其議。黼於三省置經撫房，顓治邊事，不復【42】以關樞密院，禁錮遮護甚密，他執政往往不得預。及經撫房結罷，迺降指揮，一宗文籍〔書〕〔盡〕行焚毀。

十二月二十日，太師、魯國公致仕蔡京落致仕，依前太師，領三省事，神霄玉清萬壽宮使，五日一赴朝請，至都堂治事。

七年四月二十七日，手詔：「仰惟神考，若稽古制，正名百官，以貽休於萬世。眷言三省，稽決政事，維持紀綱之地，凡命令之出，所以審、議、行者，必由此焉。故嘗有詔曰：中書揆而議之，門下省而覆之，尚書承而行之。有不當者，自可論奏。事無巨細，遍經三省，無出一己，使擅其權。屬政和初，建議者遂以尚書令、僕之名易之公相，凡三省之務，悉總治之。後復以公相廳爲都廳，而領三省則初未之革，使神考垂祐不刊之典，奪於權臣自營之私，良用〔撫〕〔憮〕然。朕嗣承丕業，率循舊章，夙夜於兹，大懼弗克祗紹。嘗謂坐而論道於燕間者三公之事，作而相與推行者宰輔丞弼之職。今居三公論道之位，而總領三省衆務，使宰輔丞弼殆成備員，殊失所以紹述憲章之意。可於尚書省復置尚書令，虛而不除。三公止係階官，更不總領三省。若曰佐王論道，經緯國事，則三公其任焉。三省並依元豐成憲，毋復侵紊。敢輒議者，以〔入〕〔大〕不恭論。若昔大猷，是正邦典，朕庶幾無媿於前人。播告中外，咸知朕意，仍揭榜朝堂。」先是，李邦彦爲左丞日，言：「尚書，政事之本也。神考遠稽《周官》，近取《唐典》，乃建六聯，以分邦治。惟令居【43】中，與僕、丞禮絶。以太宗皇帝爲中書令，而尚書令虛位百年，臣下無敢當其任者。元豐初，詔曰三省各有體統，實相維持。元祐初，起文彦博平章軍國重事，已非故事。繼呂公著司空、平章軍國事，紹聖臣僚論列，以謂當時大臣陰與公著爲地，除去『重』字，名曰下彦博一等，而實兼三省之權，事無輕重，無不與之，侵紊先烈，莫大於此。然但增平章之名，猶未改官制也。政和初，蔡京自杭州還朝，何執中已任左僕射，難以去之，遂改令、僕之名，冠以公相之號，總領三省。廢尚書令，自治令廳，從此尚書遂無長官。其侵紊又過公著矣。蔡京致仕，王黼奏改公相廳爲都廳。既還太傅，則自領三省不避。其鈐制人主，抑塞士大夫，每以元豐爲言。至自領三省，則不復以元豐爲法。蓋蔡京唱之，王黼因之，元祐大臣所不敢爲者而安爲之。且元豐五年，始行官制，曾未數年，京乃謂先帝欲改而未果，豈不矯誣先帝乎？使天下議之，國史記之，改元豐官制自政和始，豈不害陛下述事之孝乎？三省者，人主出令之地也，故舊制宰相同平章事而已；新制則僕射兼侍郎而已，亦不敢專也。今公相領三省，則權侔人主，非所當也。

又況三公之官，皆以(公)〔功〕賞，或積累而至，非若古者特以論道經邦也。蔡京以八寶轉太師，王黼以平燕轉(大)〔太〕傅，三公爲太宰、少宰，何爲不可，而必欲領三省乎？矯誣先帝，害陛下述事之孝，特出於大臣自44營專權之私耳。乞復尚書令之名，今後三公不許統領三省，並依元豐法。」至是京罷，故有是詔。

七月九日，中書省言：「檢會宣和六年二月二十八日奉御筆手詔：『朕立政造事，以熙庶績，董正治官，唯前烈是承。永惟文考，所以敷遺後人者，莫重官制。元豐肇分六曹、寺、監之任，非碩德偉望，蓋弗以居。選擢之艱，多所闕員，不爲人擇官也。近歲爵禄之柄寖輕，士無恆志，雖屢命簡汰，纔及疏遠之人。權貴進者益衆，資淺望輕者遍據要路，其何以紹先猷、勸寒儁？可自今不歷省臺寺監、監司(都)〔郡〕守、開封曹官，雖嘗踐更知縣〔一〕、監當資序，若宰執有服親及戚里，並不除郎官。寺監長貳非歷監察御史以上及監司郡守，仍不除少卿。若寺監長官非歷寺監丞若校書郎以上及監司郡守，仍不除郎官、少監。著爲定令。内宰執有服親及戚里應仕進者，遵熙豐故事與宮祠，當(裒)〔褒〕擢者除職。庶幾名器重而士知勸，責任專而人赴功，用以克篤詒謀，詔于萬世。三省常切遵守，違者執奏取旨，御史臺覺察，隨除目彈奏。咨爾在位，其祇予意。』」奉聖旨，宣和六年二月二十八日指揮更不施行。

八月七日，詔：「今後内降及傳宣與差遣之人，如已差人或違礙資格，更不進呈，具因依告示不行。」

欽宗靖康元年正月三日，詔：「祖宗典訓具存，綱紀修明，朕當與執政大臣共遵成憲。自今除授、黜(涉)〔陟〕及恩數等事，並須參酌典故。」

同日，詔：「方今軍45興，應内外官司局所除存留後苑作祗備道君皇帝外，其餘一切依熙豐法，錢物並納左藏庫。」令三省、樞密院條具，凡一百五處皆罷之。

同日，詔：「命令之出，以信四方。倘朝令夕改，人用不孚。自今令三省詳議，(每)〔毋〕得輕有改易，以惑人心。凡詔敕有不經三省者，官司勿行，違者並以違制論。」

七日，詔：「三省、樞密院，號令所由出，體統之嚴，靡容僭紊。昔在神祖，釐正官制，事無大小，並中書省取旨，門下省奏覆，尚書省施行，樞密院爲本兵之府。朕嘉與輔臣共遵成憲，自今除中書省畫旨、尚書省奉行、樞密院專兵政外，一遵元豐官制，毋或侵紊。」

正月十八日，詔：「應批降處分雖御筆付出者，並作聖旨行下。」

三月二日，監察御史余應求言：「近年以來，凡有中旨，皆降御筆，三省有司奉行不暇，雖有違戾法憲，不敢執奏。其始因中人領事，内中奏陳而爲之。其後士大夫倚中人以希進，欲興功利，而法所不許者亦爲之。最後大臣或

〔一〕知縣：原作「係」，據前宣和「六年二月四日」條改。

行事有戾於法〔一〕，或差除不允僉議〔二〕，亦爲之。又有臣僚直達奏陳，內中批降施行者。夫朝廷出命之地也，天下庶事當舉以委之。若宰執不才，退之可也，豈有自覽細務，悉降御筆，而可以爲治哉？」詔：「今後聖旨不經三省、樞密院者，諸官司不許便行，並申中書省審奏，俟得旨，方許施行。」

四月九日，少宰、兼中書侍郎吳敏言：「迺者道君皇帝下哀痛之詔，神斷英決，遂傳大寶。陛下初履帝位，慨然欲
46 復祖宗之休烈，望明詔宰執遵上皇詔旨，取祖宗舊法，悉加討論，復其宜於今者，以幸天下。」從之。

二十日，詔：「應事涉細碎，有司可以專行，不須申審者，聽三省、樞密院隨事申明行下。應被旨急速，須索供應，待報不及，非干他司者，聽隨處覆奏施行訖，申尚書省、樞密院。」

二十六日，詔：「臺諫者，天子耳目之臣，宰執不當薦舉，當出親擢，立爲定制。」

五月十一日，臣僚言：「神宗皇帝初定官制，令中書省取旨，門下省奏審，尚書省施行，此國家畫一之法，不可易也。今有入內使臣容章使酒毆行道之人，送有司究治，中外皆知陛下裁抑內侍，不容暴橫如此。今降指揮，乃稱案成，送入內省取旨。不惟取旨非內侍省事，有紊綱紀，又恐先啓開封府觀望之端，勘鞫失實，致誤典憲。欲望聖慈裁著，示天下以至公，令朝廷取旨事並遵祖宗官制。」從之。

七月七日，詔(旨)三省申明舊制，今後不以堂除、吏部人，凡初改官未曾寔歷知縣者，不許別除差遣。

八月四日，臣僚言：「竊見河北、陝西帥守近日多有更易，在任者不爲久居之計，新到者未諳蕃部之情，爲邊鄙害，莫大於此。且祖宗之時，帥臣及沿邊郡守有十數年不易者，故欲將士相諳，緩急可用。欲望應三路帥臣、沿邊及近裏要害處知州，詳加選擇，使之久任。」詔令三省、樞密院遵守。

十一月二十九日，詔三省長官名可並依元豐官制。

高宗建炎 47 元年五月一日，徽猷閣直學士、朝散大夫、元帥府兵馬副元帥黃潛善除中書侍郎。

六月三日，宰臣李綱言本政，大畧謂崇觀以來政出多門，綱紀紊亂，宜一歸之于中書，則朝廷(遵)〔尊〕。詔中書省遵守。

五日，中書侍郎黃潛善除門下侍郎。

二十一日，詔三省置賞功司。三省委左右司郎官、樞密院委都承旨檢察，以受功狀違限不施行者必罰，行賂乞取者依軍法，許人告。三年六月七日，罷賞功司，詳載「樞密院」門。

十月三日，御史中丞顏岐除尚書左丞。

〔一〕於法：原作「法於」，據《靖康要録》卷三乙。
〔二〕僉：原作「簽」，據《靖康要録》卷三改。

三年二月二十二日，詔：「御營使司依舊存留，止合管行在五軍一行軍兵營寨事。其餘應干邊防措置等事，並合依祖宗舊法釐正，歸三省、樞密院。」

四月十三日，尚書右僕射、兼中書侍郎呂頤浩等言：「被旨將元祐中司馬光等建請併省奏狀，召侍從赴都堂，限當日參詳。尋請户部尚書孫覿等九員參詳得委可遵行，並無異論。臣等今參酌，三省舊尚書左僕射今欲尚書左僕射、同中書門下平章事，尚書右僕射今欲尚書右僕射、同中書門下平章事，門下侍郎、中書侍郎今欲並爲參知政事，尚書左丞、尚書右丞今欲減罷。」從之。

同日，尚書右僕射、兼中書侍郎呂頤浩改同中書門下平章事，尚書左丞李邴改參知政事。

八月十三日，詔：「今後除官員係堂除得替人，許到都堂見宰執陳乞差遣外，其餘詞狀，如係軍期邊防急切機密公事，許詣尚書省陳乞，餘更不收接，並赴洪州 48 三省、樞密院披訴。」時隆祐皇太后駐蹕洪州，百司扈從故也。

四年五月一日，詔執政大臣：「自今監司、帥守應辦軍期有勞者，依祖宗舊制止進階官，俟有大功顯效，間加職名。庶幾名器增重，艱難之際人益知勸。令三省遵守。」

六月四日，詔自今宰相兼知樞密院事，罷御營使。先是臣僚上言：「宰相之職無所不領，非如百職事各有司存。本朝沿五代之制，政事分爲兩府，兵權盡付密院。比年又置御營使司，是政出於三也。原其建置之因，止援景德幸澶淵之例爾。今日事本與當時不同，又今兵數盡總於五軍，是以兵柄出於數途，而綱紀日以隳紊。欲望詳酌，罷御營使司，以兵柄付之密院，令宰相兼知樞密院事。即今諸將皆當軍職處之，提兵如故。其兵數密院別議立額，有缺即申密院添補，不得非次招收。復用符以驗遣發。非獨可收兵柄，一賞罰，汰冗濫，節財用，庶幾因此漸議兵政，使復祖宗之舊。」故有是詔。

九月二十五日，臣僚言：「國家自來凡所除授，先由大臣進擬，而後下於中書、門下兩省。臣僚無異論，則命詞省審，授之其人，拜恩殿陛，然後涖事。至於敕命，則寫之黄紙，示命令之重，且以防姦僞。近歲事出迫蹙，理失雍容，多令日下供職。比及舍人封還詞頭，給事中條具論駁，言事官有所(効)〔劾〕奏，則朝廷用人之失已布於中外，使士大夫進退失據，殊非祖宗舊典。兼自巡幸以來，以省劄易敕黄，小 49 人易爲僞造，姦罔(寢)〔寖〕多，命令不嚴，於體未便。欲乞非軍旅急遽，令不候受告或放辭謝外，其餘除授，並候受告入謝，方許涖事。其經由去處，却合申明日限，不使留滯。所有舊來合降敕黄，亦乞措置施行，庶幾革去姦冒，亦事之不可已也。」詔令三省、樞密院遵守。

紹興元年八月十七日，詔：「尚書省依舊(制)〔置〕催驅三省房，并復置催驅六曹房，仍令三省催驅房(目)〔月〕具已未結絶文字聞奏。」

二年九月二日，詔：「修政局日下罷，應今日已前已未行事並不施行，其應干取索公案等并歸尚書省。」先是，是年六月設修政局，上謂輔臣（奉）〔秦〕檜曰：「周宣中興，内修政事，外攘夷狄。卿設此局，令百官各條具利害，甚善。修車馬備器械外，攘夷狄之事卿宜講求。」於是以户部侍郎兼侍讀黄叔敖充修政局參詳官。叔敖條具，請置修政局提舉官，依講議司例，欲關會三省、樞密院，及取索行遣，供報貼子，押檢閲文字。應事干機速入遞文字，並依尚書省遞發，及就用本省印。仍乞指名差人吏檢閲文字二人、主管文字四人、書寫文字四人。其公使錢依昨講議司下（權）〔榷〕貨務，限以二萬貫，每料作二千貫支供。就委參議官一員兼本局參詳官，及置檢討官。至是，臣僚上言：「今日忽聞夜有異星引光而長，必妖星（慧）〔彗〕孛之類，願陛下修省，庶幾轉災爲福。今修政局所講多刻薄之事，内外聞之，人心已失，願直罷之，使依限結局。」故降詔 50 罷焉。

三年正月十四日，詔：「無故入三省諸門，許人告捕，每名賞錢三十貫。餘依見行條法。」以尚書省言未有告捕給賞條法故也。

四年三月十一日，樞密院言：「宰臣兼知樞密院事，其本院諸房文字依紹興元年十二月十九日指揮，與知院、簽書院事見分輪通治，唯機速房文字係宰臣判筆，未曾分輪。緣三省事務繁多，竊慮文字擁併，致有稽滯。所有機速房文字，欲今後宰臣與知樞密院事〔一〕、簽書樞密院事輪日當筆。」從之。

〔三年〕五月十一日〔二〕，侍御史辛炳言：「乞宣諭大臣，繼自今勿廢都堂公見之禮，則必無乏材之嘆。《傳》曰：『上臣事君以人。』況在今日，不可忽也。」詔令三省通知。

七年二月十三日，詔：「今後應諸處舉辟官員差遣，並令中書、門下省籍記所辟姓名。如任内犯入己贓徒以上罪，其元辟官取旨行遣。」

三月十日，詔：「軍旅方興，事務日繁，若悉從相臣省決，即於軍事相妨。可除中書、門下省依舊外，其尚書省常程事權從參知政事分治。所有合行分治事，令張浚條具取旨〔三〕。」浚乞吏、禮、兵房令張守分治，户、刑、工房令陳與義分治。如係已得聖旨文字，合出告命敕劄，并合關内外官司及緊切批狀堂劄，臣依舊書押外，餘並止參知政事通書。從之。

九年三月二十二日，左諫議大夫曾統言：「朝廷命令必由中書、門下省，後付之尚書省，乃謂之敕。命之未下，則有給舍封駁，及其既出，則有臺諫論列，其爲過舉鮮矣。自軍興以來，機務急遽，51 始有畫黄未下，不待舍人承行、

〔一〕與：原脱，據文意補。《建炎要録》卷七四作「宰臣與院官輪日當筆」，是也。

〔二〕三年：原無，據《建炎要録》卷六五、《宋史全文》卷一八下補。按，此條應移前。

〔三〕令張浚：原作「令張俊」，據《建炎要録》卷一〇九改。

給事書讀，即以成事付之尚書省，凡所除授，一切報行，其行在職事官便令日下供職。習以爲常，恬不知怪。望特降睿旨，應事干軍期，有不可緩者依舊報行，其餘除授，須俟拜命，方許視職。所有經由去處，自合申嚴日限，不得留滯。至若畫黄未下，勑命未成，即乞檢會建炎四年九月指揮施行。」從之。

十一年十二月十五日，詔：「監當資序人勿除郡守，知縣資序勿除監司。其已除未到者，令吏部供具姓名罷之。内曾任監察御史以上職事，則不拘。令三省遵守。」以臣僚言：「資格雖曰不拘，蓋亦不可盡廢。其間除授，至有超越數等者。」故有是詔。

二十五年十二月十一日，詔：「命官犯罪，勘鞫已成，具案奏裁。比年以來，多是大臣便作已奉特旨，一面施行。自今後三省將上取旨。」

二十六年十二月四日，宰臣湯思退、陳誠之言：「伏覩仁宗朝詔中書，應臺諫言事皆録報樞密院，及大觀本院令，臺諫臣僚上言，本院取旨審量，凡六條。比年緣宰臣兼領，久廢故事，臣僚建言，密院多不與知。乞詔三省遵依舊制。」上曰：「三省事務如議論涉軍政及邊防，自合關報樞密院。」思退曰：「祖宗朝有大政事、大典禮，樞密院皆與議。」上曰：「近輔日聞機密，豈容有不知之事？」誠之曰：「只緣宰臣兼領院日，諸房循習日久，有(各)〔合〕關報事宜，多不録送。」上曰：「今後當遵舊制。」於是降旨行下。

二十七年七月十三日，中書 52 舍人周麟之言：「國朝稽古建官，分三省以釐天下之務，凡有命令〔一〕，則中書省取旨，門下省審駁，尚書省頒行。三省相參，而後百度正，紀綱舉，所以致其謹〔二〕，示不專也。然自累朝以來，號東西二省爲維持政本之地，尤重其選。或政令之罷行失當，人才之進退非宜，在中書則舍人得以封繳，在門下則給事中得以論駁〔三〕，皆於命令未行之前而彌縫正救之，則朝廷不至有反汗之嫌，天下不見其過舉之迹。爰自近歲，事與舊違。當軍興時，則有事干機速，不可少緩，及休兵之後，因仍不改。用事者又私意自任，廢棄成法，故有所謂報者，有所謂中入報者，有所謂尚先行者，有所謂火急者〔四〕，往往皆成定例。自陛下更化，數者之弊固已稍革；沿襲之久，狃於故常，未暇一一釐正。若使詔旨一頒，敕札隨降，所謂給舍者但書押已行之事而已。設或事當論奏，則成命已付於有司，除目已布於中外，使士大夫進退失據，在朝廷亦爲難處，甚非祖宗所以分三省建官之意。欲望申明舊制，凡命令之出，並經兩省，或無封繳，即皆晝時行下。庶幾盡蠲宿弊，昭示至公，復祖宗之成憲。」從之。（以上《永樂大典》卷一一九四一）

〔一〕命令：原倒，據《海陵集》卷三乙。
〔二〕「謹」下原有「具」字，據《海陵集》卷三删。
〔三〕在：原脱，據《海陵集》卷三補。
〔四〕火急：原作「入已」（《建炎要録》卷一七一亦同），據《海陵集》卷三改。

【宋會要】

53孝宗隆興元年三月十六日，詔：「監奏院，主管官告院，登聞檢院，監登聞鼓院，幹辦諸司糧料院，幹辦諸司審計司，幹辦諸軍審計司，主管吏户部、禮兵部、刑工部架閣庫，車（路）〔輅〕院監官，行在権貨務都茶場提轄并監官，建康、鎮江府権貨務都茶場監官，雜賣場提轄，六部監門，建康府、鎮江府、鄂州分差糧料院監官，大宗正司主管宗室財用，主管西南外敦宗院，文思院提轄，點檢贍軍酒庫所主管文字，幹辦公事，糴場監官，西南外敦宗院宗學教授，臨安、紹興、建康、平江府、洪、福、潭、婺、明、宣、秀、太平州教授，已上闕椿留，充薦舉并陞擢及試中人。」

四月二十七日，詔：「今後有司所行事件，並遵依祖宗條法并紹興三十一年十二月十七日指揮，更不得引例及稱疑似，取自朝廷指揮。如敢違戾，官吏重作施行。」先是，吏部侍郎凌景夏等言：「看詳到下吏舞文曲説，所欲予者巧爲之地，所欲不予者深抑其情。至於六部之所勘當，則取決於三省群胥；大理寺之所斷決，則稟聽於朝廷風旨。其弊已久，謂爲固然。願嚴爲之禁，一切惟法之從，而不惟例之聽，則事簡而易行。今檢會紹興三十一年十二月十七日臣僚上言：『國家累聖相承，垂二百年，文謨武烈，克貽厥後。在臺省則爲憲綱，在有司則爲甲令。今則不然，均是事也，而有前批、後批之殊；同是法也，而有54元降、續降之别。欲予則巧爲傳會，欲奪則工於舞文。法不相當，則云更合取自朝廷指揮；自知無法可行，則云如朝廷特降指揮，於本部條法别無違礙。有（勸）〔勘〕當已上而退送者，有未及勘當而奏狀者。或因堂白而面授旨意，或無處分而唯務陸沉。變亂舊章，眩惑觀聽，可不深懲而痛革歟！願詔三省大臣，凡四方奏請送有司，令各以成法來上，盡捐宿弊。其不以實而依違遷就者，主典科違制之罪，長吏以不職免所居官，臺諫常切覺察。令三省六曹遵守。』」故有是命。

乾道元年二月二十日，詔：「自今應堂除已授在外差遣人，非選材能特旨升擢者，並不許干求，更換差遣。三省、樞密院可常行遵守，仍著爲令。」

二十一日，臣僚上言：「臣聞有一言而盡致治之道，曰公而已。法令天下之至公也，苟以私意行乎其間，則公道安得不廢哉？陛下臨御以來，首以監司、郡守數易爲禁；必俟三年滿替，可謂盡善。行之未久，而監司、郡守紛然求改，至今有無故輒易者矣。添差官不許釐務，其所關防，不爲無益。行之亦未一年，比來稍放行釐務矣。初改官人惟許注知縣，良法也。今奔競者不樂爲邑，經營堂除，有不注知縣者矣。有差遣人不許换易，良法也。今奔競者不樂已受之命，百端别圖，而换易紛紛矣。至如蔭補初官人，法當詮試。今有堂除免試者，亦有初官試吏便得職事官者，有到任旬日而躐等遷美官者。如此55之類，未可悉數。欲望陛下特諭大臣，自今各遵成憲，以公滅私。差除之際，或礙格法，勿妄以授。庶俾法令少振，奔競漸衰，中書之務清，始可以言治道矣。若果有材能可用，或因薦召，或已籍記應陞擢者，除必詢謀僉諧，隨材以授，勿以所親故厚之，勿以其不附己故薄之。苟出於無心，合於公論，則人亦安得而議其後邪？」從之。

七月四日，臣僚上言：「守官之弊，重內輕外，革之宜更出迭入。若未歷州縣，不得居清要；未任監司，不得居郎曹。外有治效，擢之內職；內有實績，擢之外任。凡有補外者，中書省籍記姓名，治政有功，如期召擢。及擬官之際，要先具曾充外任。庶幾官宿其業，人效其職，無因循苟簡之志矣。」詔令中書省置籍。

二十九日，中書門下省言：「三省諸房條具到重複事件。吏房勘會：一、吏部申，使臣乞收使轉官，先降指揮，依申毀抹公據訖，再申命詞，或降可項給告。一、吏部申，陣亡之家乞收使恩澤，補授使臣名目，先降指揮，依申批鑿或毀抹公據，再申命詞給告。欲並候得畫，令本房照應取索前銜後擬，納舍人命詞，并降可項行下。戶(部)〔房〕勘會：一、戶部申，自來過闕點檢戶部贍軍酒庫官，係戶部申乞差官，朝廷降指揮差官訖。後又申合行事務，並依點檢所見行條法指揮施行，係是重複。欲令戶部今後止作一狀申請。一、每遇差奉使使副，降指揮合用禮物，依某年體例施行。同日，又降指 56 揮，所有私覿，依數支降。二項係是重複，欲令後作一件送中。禮(部)〔房〕勘會：一、禮部申，逐次所差奉使下三節官屬，往回所得轉官，除起程先轉一官資，吏部作一狀擬申朝廷，命詞給告外，其回程所得官資，往往候逐人陳狀，逐旋申請，事屬重複，欲令吏部類作一狀擬申朝廷，命詞給告行下。一、勘會官司乞鑄牌印，在法創給者取裁。所有宗室若臣僚除授正任團練使已上應給賜牌印者，止合本部一面擬申，篆文鑄造訖，依自來條例給賜。近來一例申乞取裁，顯是重複。欲令禮部照會施行。兵(部)〔房〕勘會：一、兵部申，南平王遇加恩乞給賜禮物，降指揮下日，數內馬二疋關駕部，又申朝廷下廣西經略司應副；及金鍍銀鞍轡一副複全，給賜了日，鞍轡庫依例申駕部，本部再申朝廷降指揮除破。合一就取旨施行，更不須再降指揮，委是重複。欲令駕部今後互相關會，共作一次申請指揮施行。本部四司應有似此重複申請文字依此。一、勘會諸處差到押馬使臣等，已(除)〔降〕指揮依格與轉官資，內有付身未圓，或整會差錯重疊及不曾將到真本付身之類，吏部先次出給轉官資公據。後來本人繳連，陳乞收使，本部又申朝廷，請降指揮，方與擬轉。今來係已承指揮與轉官資，止是公據，即不須再降指揮。欲令吏部今後將似此陳乞之人契勘，如別無違礙，即具前銜後擬并定詞申乞，給降告命。其公據 57 先次當官批鑿毀抹訖，隨狀繳連照驗。一、勘會(處諸)〔諸處〕差到押馬使臣等，已降指揮，依格合轉降官資之人，吏部每一名作一狀申乞降告，委是紊煩。欲令吏部今後將押馬合轉降官資之人諸案元相關會類聚，每三人或五人共作一狀，具前銜後擬并定詞申乞，給降告命。刑房勘會：一、刑部申，收到諸官司按發狀，如已降指揮施行，再有付到別官司按發文狀，事體一同，欲止請筆判已行連入，更不再降指揮。如（有再）〔再有〕官司按發，與前狀事體不同，即合再降指揮。」並從之。

十二月二十三日，試中書舍人蔣芾言：「乞詔三省，自今録黄除軍期急速并引見日分期限迫促，不容少緩，方許先報尚書出劄子，其餘必待書讀然後行。仍令三省行遣制書，遵從祖宗舊制百刻條限，則雖經書讀，亦自不至濡滯。」從之。

二年五月十二日，詔自今文武官出頭並令改作庭參。詳見「樞密院」門。

九月十三日，詔自今後三省、樞密院遇赴常朝等畢，許出南、北門。

三年二月十三日，起居舍人洪邁言：「澄汰細故，以清中書之務。」上曰：「朕嘗見《通鑑》載唐太宗謂宰相聽受詞訟，繁於簿書，日不暇給，（困）〔因〕敕尚書細務屬左、右丞。朕見欲理會，卿所論可謂至當。」

十一月十一日，檢正左右司言：「條具三省諸房簡省事件。中書門下省户房：一、應獻納錢米，借補官資。一、提舉鹽司保明到鹽場押袋官任滿合推賞，欲令户部照應見行條法指揮施58行。如該轉補官資，即令關報吏部具鈔。兵房：一、下班祗應以下改正重疊，欲令兵部擬定具鈔。如畫聞鈔下部，其繳到付身，令申都省置籍，送左右司毁抹。一、借補官資，於正名目上收使，所屬給到真命轉官資公據之人，自來係逐旋申取朝廷指揮。欲令兵部關報吏部，今後依紹興九年七月二十八日比折減半指揮施行，更不申取朝廷指揮。刑部：一、歸正副尉陳乞添差。一、陣亡之家陳乞副尉恩澤，乞照使臣、下班祗應體例施行。欲乞刑部照應見行條法指揮擬定，具鈔尚書省。吏房：一、元係送中，吏部申到應合添差歸正官，今欲令本房送吏部，照應條法指揮具鈔。一、元係批送勘當歸正伏乞添差，諸軍揀汰使臣乞添差，已上二件，（令）〔今〕欲令本房送吏部，照應條法指揮具鈔。文臣依赦乞宫觀岳廟，今欲令本房附籍付部，照應條法指揮施行。一、元係前送宗室乞（過）〔遇〕大禮恩澤，宗室賜名授官，京朝官保舉文字出官，諸處申到官員陳乞到任、任滿賞，官員乞回授轉官，應陳乞收使轉官，減年，封號，收使致仕、遺表、大禮奏薦，總領所具到揀汰使臣職位。已上八件，今欲令本房附籍付部，照應條法指揮施行。户房：一、元係批送勘當諸路保明到勸諭耕田賞，諸路保明到勸諭賣告賑濟賞，諸路保明到榷場賞，任滿諸路保明到和糴米賞、押袋鹽賞。已上四件，欲令本房付部，照應條法指揮施59行。一、元係批送依條諸州軍保明到某人拘催無額錢（償）〔賞〕，諸州軍保明到某人起發經制錢賞，諸州軍申押綱人有指揮許推賞。已上三件，今欲令本房附籍付部，照應條法指揮施行。一、元係批送諸州軍奏無透漏私茶鹽，諸州軍申獲到私鹽數，諸州軍申茶鹽帳狀。已上四件，今欲令本房附籍付部照應。諸州軍申恩澤，今欲令本房附籍付部。一、元係批送照應總領所申已差人支請衣賜，諸州軍申無埋瘗歸正人數，諸州軍申即無營田物斛數目，諸州軍申除災傷租稅，總領所申蘆物收支錢物，諸處申鹽價，諸處申白礬。已上七件，今欲令本房附籍付户部。禮房：一、元係送中奉使回程結局，欲令本房送部，照應元被送申請指揮，並依去年及某官已得指揮，其結局日，合照應施行，即不須今後再降指揮。一、元係批送部勘當僧道元換給度牒，官員乞應辦人使賞，宗室女夫房卧錢，壽聖皇后官吏到殿十年賞。已上四件，今欲令本房附籍付部，照應條法指揮施行。一、元係前送諸州申奏宗女(過)〔遇〕禮，應陳乞收使、冠帔、紫衣、師號，二件欲令本房附(應)〔籍〕付部，照應條法指揮施行。兵房：一、元係送中陣亡所得茶酒班祇應恩澤與見男子承受，官員收使押馬轉官。已上二件，欲令本房(造)〔送〕部，照應條法指揮具鈔。諸軍改正功賞差錯姓名軍分，若係諸軍申發，合前送下部。若係曹部備申，方令批書申。60 諸軍部將已上折補官，宿州不該賞借補正人，收使借補日所得轉資比折減半。已上三件，欲令本房批依。一、元係批送勘當歸正人陳乞添差，今欲令本房附籍付部，照應條法指揮施行。一、元係送部儀鸞司申乞變染陳設等，欲令本房擬行。一、元係批送依條諸軍官兵收使轉資，諸官司及外路州軍等處申到已有條法事件。已上二件，欲令本房附籍付部，照應條法指揮施行。一、元係批照文字，諸路提舉馬遞鋪官申到每月已支散鋪兵錢米帳，欲令本房附籍，付部照會。一、元係前送部諸總領及諸州軍具到見在軍器數，諸州軍申奏、廂軍申奏剩員數，諸州提舉馬遞鋪官保明到巡轄使臣遞角賞。已上三項，欲令本房附籍付部，照應條法指揮施行。一、元係判照文字，諸官司及外路州軍等處申乞事，已降指揮了當，逐處申到已知稟施行，欲令本房附籍照應。一、元係判已行諸官司及外路州軍等處申乞事件，已降指揮，本處未曾承受間，再有申奏到文狀，欲令本房附籍照會。刑房：一、元係送中歸正副尉添差差使，(今欲)〔欲令〕本房附籍送部，照應條法施行指揮具鈔。一、元係批送部勘當大宗正司奏宗子乞依奏文放免，欲令本房附籍付部，照赦條施行。如內有情犯深重之人，令刑部開具元犯，申取朝廷指揮。一、元係劄下臨安府申今年寒食節約束諸軍營寨燒紙錢，欲令本房劄下，今後似 61 此檢舉約束，不須再劄。一、元係前批送部應陳乞收使給使、減年，欲(今)〔令〕本房附籍付刑部，照應條法指揮施行。工房：一、元係前送部諸州軍申到減壁帳狀，諸州軍申到廂軍工匠帳狀，諸州軍申奏無毀壞錢寶、私鑄銅器人。已上三件，欲令本房附籍付部。諸官司州軍申乞事已降旨揮了當，逐處申到已知稟施行，工部申四季點檢司農寺無違戾等，福建市舶司申無抽買皮角等。已上三件，欲令本房附籍照應。一、元係批送照會臨安府、轉運司申逐日應修造過去處，臨安府申招到捍江兵士數，福建轉運司申諸州軍起發軍器物料等赴行在送納。已上三件，欲令本房附籍付工部，照封樁。户房：一、元係批送依條諸路提刑司申到官員拘發總制等錢，並令本房附籍付部，照應條法指揮施行。」並從之。

四年八月十六日，詔：「今後臣僚及諸處官司如直得旨，並仰依條申朝廷奏審。内承受金字牌、御筆處分先次施行訖，具事因申三省、樞密院。」

五年二月二十一日，詔國用司可罷，其所行事務，併歸三省户房。

八月十二日，中書門下省言：「竊見寺監丞簿、學官、大理司直、密院編修之類，謂之職事官，朝廷所以儲用人才。比年以來，往往差下，待闕數政。欲望特降旨揮，今後職事官須見闕方得除人。其已差下數政，乞朝廷稍復諸州添差釐務通簽判、教授屬官等闕以處之。他時職事官有闕，却從62朝廷於曾差下人内選擇召用。」詔：「已差下人，如應赴在半年内許令赴上，在半年外人各以資序高下除授一次。其所復添差等闕，今後更不作闕，三省常切遵守施行。」

十二月三日，詔：「今後已降指揮合待報事，令諸房置簿，隨日抄上，時行檢舉拘催，仍令左右司勾銷結押。如有違慢去處，三省開具取旨。」

六年二月二十二日，詔令檢正、都司、檢詳、編修條具三省、密院煩碎不急之務合歸有司者，申尚書省。

八月二十一日，左右司言：「三省、樞密院并屬司呼叫六曹等處人吏供報文字，係官押貼子，賫公案前來整會，仍令都、中門各行置曆，批鑿去處、某人赴甚處供報。應六部等處知雜司如敢輒入三省、樞密院都門，仰監門官并密院使臣密切檢察，具姓名申取朝廷指揮。」從之。

九月十六日，詔：「三省、樞密院官并諸房都録事、副承旨已下，所帶人從轎馬於省門内坐卧喧鬧，委是冗雜。及省院并在省官司人吏有無故入六曹，竊恐因而傳報事宜，理合措置。一、宰執合破隨逐祗應人，除大程官虞候外，其親兵(橋)〔轎〕番並已給青號，押宰執照驗，入出省門。所有給舍、諫官、都、副(丞)〔承〕旨、檢正、都司、檢詳、編修官，除廳子親事官許行隨逐在省祗應，其轎番人從一例隨官員入省，委是冗雜。欲自今後將前項官應依條合破顧募人，各與給牌子一箇繫帶，照應入出。如有兼領差遣，亦許支給。(降)〔除〕執從物人於所給牌63子上書鑿許入中門，其餘人從並候宰執出省訖，方得放入都門，仍令監門官常切照驗。一、三省、樞密院諸房應轎馬，今後並不得入省中門。除本省依條合破雇募，每人各給牌子一箇，三省、樞密院主事以上二人，主行文字并屬司行遣人、行首司、客司、直省官以上，及樞密院都堂當職事使人，每人將帶打食兵士一名，隨逐應入省中門内，諸處看管兵士亦各給牌子，書鑿許入中門，餘人並候出局，方許放入。仍仰監門官吏常切指約。一、自今後三省、樞密院諸房并在省官同人吏，無故並不得出入六曹〔一〕，切恐因而傳報事宜。仍仰都門官并密院使臣常〔切〕覺察。一、切見三省、樞密院正名大程官許承發諸房文字，其七分大程官依指揮尚不得當房差使。近來諸房往往私輒收游手之人，稱貼房大程官，占留使喚，詐作官貼子，在外取索官員付身及脚色之類，或恐漏泄差除，深屬不便。自今後應充貼房大程官並不得放令入省。如有違犯之人，送所屬重作施行。令監門官常切檢察。一、應三省、樞密院諸房并屬司，自今後應押官貼子下六曹百司取索文字，並要貼子背勘同職級，於勘同文字下書鑿差大程官某人承受，可以機察詐僞。一、所有合置牌子，欲下三省、樞密院激賞庫，候報人數，照應置造，並屬官押字給付。一、應官員合赴都堂稟議職事，所帶人從除承行人吏一兩名并虞候、廳子及執從物 64 人一兩名，許於大門請牌子，隨逐入中門，餘人並在中門外。到堂官員依此。」並從之。

十二月九日，中書門下省言：「將諸房承受尚書省、樞密院送中書事件，除軍期急速、事干邊界緊切待報并文武執事官除目及典禮并合進呈取旨文字外，其餘應擬進事件，乞並令逐房每日各只作一狀開具事因擬奏，得旨分隸曹部，畫降録黃，送尚書省施行。」詔並權依。

八年二月二十五日，詔：「三省今後取索三衙文字貼子，令檢正都司印押圓備，方得給發。逐司承受，並須盡實，用大狀繫銜申三省。」

五月六日，中書門下省言：「勘未經任人不許堂除，進士及第第一人，試中宏詞，教官及刑法第二等以上人依舊堂除。餘未曾經任及未經銓試之人，並不許堂除。應初出官未經銓試，並不許陳乞堂除，不許干求换易。已得差遣求換易之人，令三省具名聞奏，當議降黜。應堂除已授在外遣差人，非選材能特與陞擢者，並不許干求换易差遣。倉場庫務官通差文武官，内榷貨務、左藏庫、雜買務、雜買場監官，文臣京朝官差知縣資序與職官令録以上資序，武臣差大小使臣親民資序人。提轄官差通判資序及第二任知縣人，仍不差年六十以上并曾犯贓私罪人。六院官差法官。分差鎮江、建康府、鄂州、魚關、利州糧料院，今後通差實歷知縣、縣令一任人。總領所并諸司屬官、幹辦公事，並差京官以上。準備差遣、差使 65 並差選人。」詔並依，三省、樞密院常切遵守施行。

九月九日，詔：「三省、樞密院今後遇有創行指揮，已差呈畢，並再同進熟文字繳入，候畫寶降出，然後施行。」

九年四月二十三日，三省進呈武臣差除格。梁克家等奏曰：「文臣經朝廷陳乞差遣，皆有準繩。而武臣陳乞，舊無定論，或小使臣便欲將副以上，或橫行使臣又軍功者止

〔一〕「六曹」上原衍「六」字，今删。

監嶽祠。今斟酌官品資序及有無軍功，立爲限制，庶免混淆。」上曰：「此甚好，不唯高卑各得其當，且使之絶意妄求，可以省事。」

淳熙元年九月六日，詔：「應行在職事釐務官自今任滿非擢用者，並依資格更迭補外。」

十一月十八日，詔職事釐務官去替一年内許除代，仍不得差過一政。

二年十一月七日，詔：「三省合存留火燭去處，當宿官更不出局。如遇假故，亦早入宿。」已而檢正諸房公事劉孝韙等言：「當宿官如遇假日，自有合輪當日人吏酉時出省。假日乞自申時入宿，仍置曆，親書姓名押宿官。」從之。

四年六月十六日，詔：「自今三省、樞密院進呈文字所得之旨，朝退即具奏審，承畫降方可施行。」

八月四日，詔：「自今職事釐務官並見闕差除，其乾道九年十二月五日已降指揮更不施行。」繼而淳熙四年十二月，殿中侍御史江溥言：「近來間有除授不出敕劄，别於朝堂置籍以俟闕至。」詔復不得先次注籍，須見（闕）（闕）方許除授。

五年閏六月一日，詔：「自今後職事官并六院官任滿日，依紹興[66]格例，臨時取旨除授。」

六年六月五日，詔三省入熟文字可並免用黄貼子。先是，上謂輔臣曰：「凡進入熟施行事，省中自一一有底，可以稽考。其黄貼子禁中只作一卷連粘，初無稽考。自今可免寫此，則省文書不少矣。」趙雄等奏曰：「中書之務，貴於清簡，聖慮可謂遠矣。」

八年二月十四日，詔：「中書門下省刑房置簿，將淳熙三年正月一日以後應命官在任因罪犯放罷取勘之人逐一編録銷注。其未結絶名件，以時舉催。如有違慢，取旨行罰。」

二十四日，詔：「自今所下命令事涉興利除害而非旬月所能辦者，並令三省置籍，以時舉催。如有違慢，取旨行罰。」

二十九日，詔命令籍〔一〕、獄案籍每季於孟月一日進入一次。既而十二年正月，三省言有行下諸州催促至十餘次尚未施行結絶者。詔自今不須行移催促，只一季將上，擇其怠慢者懲之。

十二年二月十五日，詔兩淮郡守且盡留闕，候半年前方可差人。先是，進呈劉國瑞乞審擇沿邊守臣。上曰：「邊守豈可不擇？然此文字不須行，但今後兩淮郡守留取幾闕，未須差人。」〔王〕淮等奏：「若是留闕，須指定留某州軍。不然人見闕近，競來干堂。」故有是命。

十三年二月十三日，詔：「州軍留闕，令中書置簿籍定，但自遵守，亦不須行出。」

十四年十一月八日，詔：「宗室嶽廟已曾裁減，立爲定

〔一〕命令：原作「令令」，據《宋史全文》卷二七下改。

額。自今堂除添差，須是年高或病患久閑無差遣人方與，不應與者一面告示。」因趙艾夫等陳乞，故有是命。

67 十二月二十一日，三省言：「已降指揮，皇太子可隔日就議事堂參決庶務。如有差擢，在内自寺監丞，在外自守臣以下，悉委皇太子與宰執同議除授以聞。今參酌如右：在内寺監丞以下、六院四轄、六部監門、主管架閣文字以上，係在京釐務官，元係將上。」詔參決。「(在)〔自〕守臣以下參議官、通判、堂除知縣教授之類，應合添差不釐務差遣、諸司倉場庫務監官等，諸處應格辟差文字之類，元係將上。今欲在内曾任監察御史以上、在外曾任監司以上之人，進呈取旨，餘於議事堂參決。」詔不參決。「内外章奏并上殿劄子内有御筆將上并合稟旨事件。」詔參決。「六部等處及諸路監司州軍申到文字，如係待報，合降指揮之類〔一〕，舊有將上或入熟擬降指揮。」詔除進熟文字外，餘參決。「有合照應條法指揮及未可徑行事件，舊有批送所屬勘當，看詳指定，候到，見得可行，方可請降。」（舊有將上或入熟擬降指揮）〔二〕詔除進熟文字外，餘參決。「有條格指揮體例，合入熟常程文字。」詔不參決。以上《孝宗會要》。（以上《永樂大典》卷一一九四二）

中書門下省

【宋會要】

68 中書門下。國朝中書門下題榜止曰中書，印文行敕曰中書門下。中書令、侍中及丞、郎以上至三師同中書門下平章事並爲正宰相，二員以上即分日知印。官至僕射以上，書敕中不著姓。緣唐制，領館職：昭文殿大學士〔三〕、監修國史，首相領之；集賢殿大學士，次相領之。又嘗令首相領玉清昭應宮使，亦如唐領太清宮使也，後罷之。中書舍人以上至尚書爲參知政事，貳宰相之任也。

太祖乾德二年正月，以趙普爲宰相。制既下，時范質等已罷，綸誥將出，無宰相書敕，太祖令問翰林學士講求故事。承旨陶穀以爲自古輔相未嘗虚位，唯唐太和中甘露事後數日無宰相，當時僕射令狐楚等奉行制書。今尚書亦南省官，似可書敕。學士竇儀曰：「穀之所陳，非承平時事，不足援據。今皇弟開封尹同平章事，即宰相之任也。」帝聞之曰：「儀之言是矣。」即命太宗書敕以賜之。

四月，以樞密直學士、尚書兵部侍郎薛居正、兵部侍郎呂餘慶並本官參知政事。先是，已命趙普爲相，將用居正等爲之副。既而難其名稱，召翰林承旨陶穀(門)〔問〕下丞相一等者有何官。對曰：「唐有參知機務、參知政事。」故以命之。仍令不宣制，不押班，不知印，不升政事堂，止令

〔一〕自此句「之類」至本條之末原誤移在本書瑞異二之三九，而本應在該處之「資不即」一段則誤移在本條「合降指揮」之下，互爲錯簡，今據文意對移。

〔二〕此句與上文重複，當是衍文。

〔三〕昭文殿：按宋代文獻中均稱「昭文館」，只有一、二處作「昭文殿」，疑誤。

就宣徽使廳上視事；殿庭别設塼位於宰相後，敕尾書銜降宰相數字，月俸、雜給皆半之。蓋帝意未欲令居正等名 69 位與普齊也。史臣錢若水等曰〔一〕：「按唐故事，裴寂爲右僕射知政事〔二〕，杜淹爲御史大夫參議朝政，魏徵爲祕書監參預朝政，蕭瑀爲特進參議政事，劉洎爲黄門侍郎參知政事，劉幽求爲中書舍人參知機務，然並宰相之任也。又高宗嘗欲用郭待舉參知政事，既而謂崔知温曰〔三〕：『待舉等歷任尚淺，未可與卿等同名稱。』遂令於中書門下同承進止，平章事。以此言之，平章事亞於參知政事矣。今縠不能遠引漢御史大夫亞相故事爲對，翻以參知政事爲下丞相一等，縠失之矣，議者惜之。」

開寶六年六月二十日，詔吏部侍郎參知政事薛居正、吏部侍郎參知政事呂餘慶於都堂，(爲)〔與〕宰相趙普同議公事。

二十八日，詔中書門下：押班、知印及祠祭行香，今後宜令宰相趙普與居正等輪知。先是，宰臣、樞密每候對長春殿，同止廬中。時帝聞趙普子承宗娶樞密使李崇矩女，因詔分爲幕次。

太宗雍熙四年九月，御史臺言：「文德殿常朝，百官皆有塼位，唯參知政事每遇横行參假，未有塼位。」詔令依位排砌。

端拱元年七月，詔太保兼侍中趙普，三伏極熱，逐日絶早歸私第。故事宰相以未時歸第，是歲大熱，特有是命，以示尊奬也。

二年，詔侍中趙普免朝謁，止日赴中書視事，有大政即時召對。

淳化二年四月，右司諫、知制誥王禹偁請自今羣官候見宰相，須朝罷於政事堂同時接見，其樞密使亦候都堂 70 坐請見，並不得於本廳接見賓客，以防請託。詔從之。左正言、直史館謝泌言：「然則疑大臣以私也。夫以萬機之務，(屢)〔屬〕任輔臣，非接見羣官，何以盡知外事？若止令都堂候見，則咨事無解衣之暇。古人有言：『疑則勿用，用則勿疑。』若糾紛季世，實可爲慮。今政在人主，何必疑大臣爲此等事乎？設若杜公堂謁見之禮，豈無私室乎？塞相府請託之漸，豈無他徑乎？」太宗覽奏嘉歎，即追還前詔，令宰相、樞密使等接見賓客如故，仍以泌所上表送史館。右司諫、史館修撰梁周翰亦上言：「群臣非有公事，不得於中書候見宰相。自餘朔望及慶弔，任於私第修謁，免妨政事。」奏入不報。先是，趙普居守西洛，呂蒙正以寬簡自任，王沔怙權，政事多所專決，素與張齊賢、陳恕忤。至是二人並知政事，沔不自安，常慮有以中書舊事告之。及禹偁奏入，遂下其事。復以泌言，帝寤，遂寢。國初時不喜人附會，故大臣不於私第見客。百官亦罕造門，只詣中書請謁，日不下百輩。宰相至午或不得食，敕牒堆積，政事停壅，其私請者蓋十八九。議者以禹偁所論爲然，但須於政

〔一〕自此以下一段，原作正文大字，今據《職官分紀》卷三改爲小字。《職官分紀》此卷「宰相」門宋代部份，其文多與本書同，當是抄自《會要》。

〔二〕寂：原作「叙」，據《職官分紀》卷三改。

〔三〕既：原作「即」，據《宋宰輔編年録》卷一改。

事堂邀宰相相見爲難爾〔一〕。

五年四月，帝問宰臣唐以來宰相書考故事。翌日，語近臣曰：「朕細觀之，皆空言耳，莫若與國家和陰陽、撫夷夏、盡輔弼之力，方爲實效也。」

至道元年四月，詔曰：「自今參知政事宜與宰相輪日知印，押正衙班。其塼位先異〔二〕，宜合而爲一。71 遇宰相、使相視事及商議軍國政事，並得升都堂。」先是，呂端、寇準並爲諫議大夫、參知政事，至是端作相，準尚參知政事。端慮準不平，且言臣兄餘慶任參知政事日，悉與宰相同，願舉行之。特從其請，以慰其心焉。

二年七月，詔：「自今中書所行劄子並須具奏取旨，方可行下。」先是，左正言馮拯、太常博士彭惟節並通判廣州。拯官本在惟節之上，及覃慶遷員外郎，值參知政事寇準知印，以拯爲虞部，惟節爲屯田。自是後，廣州文奏繫書惟節仍在拯下，中書降劄子惟節在拯上，仍特免勘。拯訴中書除授不當并免勘之理。帝曰：「拯非理受辱，宜當披訴，中書何故如此？」呂端曰：「寇準剛强自任，實由臣等庸懦。」因謝罪。帝又曰：「前代中書以堂帖旨揮，乃是權臣假此名以威福天下也。太祖朝，趙普在中書，其堂帖勢力重於敕命，朝廷尋令削去，今何却置劄子？劄子、堂帖大同小異耳。」張洎對曰：「劄子是中書行遣小事文字，亦如京百司有符牒關刺。劄子廢之，則別無公式文字可旨揮常事。」帝曰：「自今但干近上公事，須降敕處分，其合用劄子，亦當取旨後行。」準自太廟祠事迴，於前殿謁見，宣示中書除授及旨揮馮拯事理不直，準抗論不已。帝曰：「若須廷辯是非，則又何體？」因嘆曰：「雀鼠尚曉人意，況人乎！」數日，罷準政事。

閏七月，詔：「自今中書門下只令宰相押班、知印，其參知政事遇正衙、横行，參假並重行異位。72 非議軍國政事，不得升都堂，祠祭、行香、書敕並以開寶六年六月二十八日詔書從事。」時既逐寇準，即令復舊。真宗初即位，對宰臣皆不（名呼）〔呼名〕。呂端等再拜懇請，帝曰：「公等顧命元老，朕何敢比先帝乎？」

咸平三年十月，詔宰臣、參知政事依舊許令騎馬入中書大門，至逐廳下馬。

五年十二月，詔以宰相呂蒙正、李沆各兼門下侍郎。舊制：三師、三公、左右僕射、平章事並兼兩省侍郎，學士宋白、梁周翰當草制之夕，忽遽遺忘其事。帝以問，白等不能對，但乞改正，更不降制，只帖麻用印，重寫誥身。許之。白等各罰俸一月。

景德元年八月，奉明德皇太后謚寶册告于太廟。時無宰相，惟參知政事畢士安攝事，帝特令親王不赴。及行禮，

〔一〕相：原作「都」，據《長編》卷三二原注引《會要》改。

〔二〕塼位先異：原作「位塼先異位」，據《職官分紀》卷三、《群書考索》後集卷五改。

士安已爲相，遂令親王却赴班。

四年六月，中書門下、樞密院言曰：「伏覩近降御劄，諮詢諫官，振舉臺憲，（益）〔蓋〕欲廣闢言路，盡達物情。至於宰執近臣，咸令旌別淑慝。其如中書、樞密院接待賓客，累經條約，未協便宜。雖樞機之任，故須慎密，而政事之間，亦資詢訪。儻若蚤暮接待，慮機務因茲滯留；如或（咸）〔延〕見艱難，亦利害無由啓露。況又分廳言事，各有異同。將徇至公，望頒定制。欲請自今臣僚如有公事，逐日於巳時以前聚廳見客。如已分廳，即候次日。急速者不在此限。非因公事，不得到中書、樞密院。」詔曰：「朕自纂承大寶，惕厲深衷，務啓迪於四聰，冀彌綸於庶政。近行條制，用激誠明。73而卿等沛然盡忠，蔚爲同德，共成讜議，列奏封章，謂偏聽以生姦，獨相見以非便，願頒明詔，特立新規，有庶官之啓陳，欲會廳而延接。茲惟遠慮，雅協朕懷。每念左右之臣，腹心之寄，必自敦於至信，豈曲采於單辭。苟非責實而有稽，未嘗憑虛而輒奏。人之言僞，徒使心勞。今此傾輸，並依所請，兼以巳時爲限，免令機務相妨。卿等既設準繩，即須（尊）〔遵〕守，思企聳於群望，當表率於具僚。仍令閤門、御史臺告示臣僚，各體予意。」

是月，詔：「今後中書所行事關軍機及内職者〔報〕樞密院，樞密院所行事關民政及京朝官者報中書。」時中書命秘書丞楊士元通判鳳翔府，樞密院命士元監内香藥庫，兩府不相知，宣敕各下，遂有此詔。

大中祥符三年十月，令中書日會於宰相王旦廳，至辰時而罷。

八年四月，帝謂宰臣王旦等曰：「上封者言中書不言事，罕接賓客，政令頗稽滯。」旦等對曰：「中書當言者惟進賢退不肖、四方邊事、郡縣水旱、官吏能否、刑法枉直，此數事日奉德音，動稟進止，外人不知者，是臣等無漏言也。罕接賓客，誠亦有之。如轉運使副、提點刑獄、邊要藩郡知州及非次將命（郡）〔群〕臣，辭見之後多接見之。或齎到文字，觀其所述，可以詳悉，自再加詢問，多涉僥求陳乞。大約中書庶事，動守程式，不敢隨意增損，行遣疾徐，日有奏籍。然思慮不至，事有未免重煩聖斷，是臣等過也。」皆再拜，帝慰諭之。

天禧元年五74月，制太保、兼門下侍郎、同中書門下平章事王旦可特授守太尉、兼侍中，加食邑一千户，食實封六百户，特許五日一赴起居，每起居日入中書。或遇軍國重事，不限時日，並令入預參決。旦詣便殿占謝固辭。旦言：「私門百口，屬疾將遍，比望退身，以息災咎。今加峻秩，是愈增罪。」語甚切。復奉密疏懇請。二十三日，下制追寢前命，授依前太保、兼門下侍郎、平章事，加食邑千户，實封六百户，每三、五日一赴起居，（日）〔因〕入中書。或遇稍安，勿拘此制。

仁宗慶曆三年三月，詔宰臣呂夷簡，每有軍國大事，與中書門下、樞密院同議以聞。以夷簡宿疾在告，故優有是命。夷簡懇請罷預議軍國大事，從之。

元豐三年〔一〕，初置局詳定官制。自後官制因革增損並列于後。

《神宗正史·職官志》：國朝建官，沿襲五代。太祖、太宗監藩鎮之弊，乃以尚書、郎、曹、卿等官出領外寄，三歲一易，坐銷外重分列之勢。故累朝因仍，無所改革。百有餘年，官(寢)〔寖〕失實，三省長官尚書、中書令、侍中不與政，僕射、尚書、侍郎、郎中、員外與九寺五監皆爲空官，特以寓禄秩、序位品而已。神宗初即位，慨然欲更張之。謂中書政事之本，首開制置中書條例司，設五房檢正官，以清中書之務。又置制置三司條例司，以理天下之財。置諸路提舉常平、廣惠、農田水利、差役官，隸於司農，以修農政。簡樞密武選而置審官西院，創民兵保甲法以歸兵部，作軍器75監以除戎器，新大理寺以省滯獄，增國子監、太學官以大興庠序，復將作監以董百工。十數年之間，自國子、太學、司農、兵部、軍器、大理、將作各已畧循古制，備置官屬，使修其職業。於是法度明，庠序興，農政修，武備飭，刑獄清，械器利，亹亹乎董正治官之實舉矣，然名未正也。熙寧末，上欲正官名，始命館閣校《唐六典》。元豐三年，以摹本賜群臣，遂下詔命官置局，以議製作。上自考求故實，間下手詔，或親臨決，以定其論。凡百司庶務，皆以類別。所分之職，所總之務，自位叙名分、憲令版圖、文移案牘、訟訴期會、總領循行、舉名鉤考，有革有因，有損有益，有舉諸此而施諸彼，有捨諸彼而受諸此，有當警於官，有當布於衆者。自一事以上，本末次第各區處而科條之。而察官府之治，有正而治之者，有旁而治之者，有統而治之者〔二〕。省曹寺監以長治屬，正而治之者也，故其爲法詳。御史非其長而以察爲官，旁而治之者也，故其爲法畧。都省無所不總，統而治之者也，故其法當考其成。於是長吏察月，御史察季，都省察歲。五年，三省、六曹、御史臺、秘書省、九寺五監之法成。即宮城之西以營新省，省成，上親臨幸，召問以職事而訓戒之〔三〕，省官遷秩有差。自是繼有增損，唯倉庫百司及武臣外官未暇釐正云。

〔慶曆〕五年十月〔四〕，宰臣賈昌朝、陳執中言：「軍民之任，自古則同。有唐别命樞臣專主兵務，五代始令輔相〔五〕亦帶使名。至76於國初，尚緣舊制。乾德以後，其職遂分，是謂兩司，對持大柄。向以關陜未寧，兵議須壹，復茲兼領，適合權宜。今西夏來庭，防邊有序，願罷兼樞密使。」從之。

〔一〕天頭原批：「『元豐三年』以下移後『英宗治平二年』條下。」按，此條及下條屬「職官」類之總序，《宋會要》原文當在「職官」類之首，蓋是《大典》誤編於此。

〔二〕而：原作「而而」，據《玉海》卷一一九删。

〔三〕職：原作「執」，據《玉海》卷一一九改。

〔四〕慶曆：原無，據《長編》卷一五七補。

〔五〕輔相：原倒，據《長編》卷一五七乙。

七年三月，進宰臣陳執中爲昭文館大學士、監修國史，即改判大名府夏竦充樞密使。以言者謂二人不當同爲相也。初降制竦爲相，諫官、御史言竦與執中在永興嘗論議不合，不可同爲宰相，故改命焉。

皇祐元年六月〔一〕，詔中書、樞密院非聚廳毋得見客。以御史言殿前都指揮使郭承祐屢謁宰相陳執中於本廳，坐久不退也。

至和二年五月，詔中書公事自今並用祖宗故事施行。初，宰相劉沆建言中書不用例，而言者皆以謂非便而罷之。

七月，詔凡宰相召自外者，令百官班迎之；自内拜者，聽行上事儀。國朝待宰相蓋有故事〔二〕，其後多承例辭免〔三〕。至是，文彦博、富弼入相，御史梁蒨請班迎於國門〔四〕，范師道又請行上事禮，然亦卒辭之。

嘉祐八年四月，英宗欲命韓琦攝冢宰，躬行亮陰三年之禮，執政皆以爲不可，乃止。

九月二十四日，詔：「今後中書應係申時後了畢文字，除係急速，即批鑿『急速』字投進外，其常程文字雖係當日内簽印已圓，並候次日早辰先作一番進入，仍於封皮上用黄貼子聲説係幾日申時後文字。如次日遇假故，亦須次日早辰便進。」

英宗治平二年五月，命宰臣韓琦、曾公亮權兼樞密院公事，以樞密使富弼在告故也。

三年 77 五月十七日，詔中書、樞密院自今朔望會於南廳。是月，帝謂宰相曰：「朕日與公卿等相見，每欲從容講論治道，但患進呈文字頗繁，所以不暇及中書常務。有可付本司者，悉以付之。」自是中書細務止進熟狀〔五〕，及事有定制者歸有司〔六〕，中書降敕而已。

中書門下後省

【宋續會要】〔七〕

78 元豐官制：門下、中書各增建後省，以左散騎常侍、左諫議大夫、左司諫、左正言各一員，給事中四員，起居郎一員，起居郎即舊起居院。符寶郎二員，設案六，曰上案，曰下案，曰封駁，曰諫官，曰記注，曰符寶郎〔八〕，爲門下後省。以右散騎常侍、右諫議大夫、右司諫、右正言各一員〔九〕，中

〔一〕天頭原批：「『皇祐』以下五條移在『元豐三年』上。」按，不僅此五條，上文「（慶曆）五年十月」、「七年三月」二條，下文「英宗治平二年」條均應移於前「慶曆三年三月」條之後。

〔二〕待：原脱，據《長編》卷一八〇補。

〔三〕承：原作「灰」，據《長編》卷一八〇改。

〔四〕蒨：原作「倩」，據《長編》卷一八〇改。

〔五〕止：原作「上」，據《長編》卷二〇八改。

〔六〕者：原脱，據《長編》卷二〇八補。

〔七〕按，「續」字當衍。以下記事自紹興至乾道，當出自張從祖《總類國朝會要》，非乾道所編《續國朝會要》。

〔八〕郎：似爲衍文。

〔九〕正言：原作「正官」，據《玉海》卷一二一改。

書舍人六員，中書舍人即舊舍人院。起居舍人一員，舊起居郎。設案五，曰上案，曰下案，曰制誥，曰諫官，曰記注，爲中書後省。自中興建炎間，詔諫院不隸兩省，又符寶郎並罷〔一〕。其後因舊制置門下後省，以給事中爲長官，四員爲額，專主封駁、書讀、録黄、書黄、録白、六曹奏鈔、章奏房入進文字、校吏部奏擬六曹以下職事官任歷功狀、僉押前（者）〔省〕諸房文書，封駁者隨字給付門下（者）〔省〕，樞密院仍申知。置令史一名，書令史二人，守當官五人，舊十人。守闕守當官二人。舊十人。設案四：曰上案，掌大朝會應行遣之事。曰下案，掌受付五案文書之事。曰封駁，掌録封駁文書及本省人吏試補之事。曰記注，掌録起居注事。中書後省以中書舍人爲長官，六員爲額，常除二員，一以領吏房左選及兵、工房，一以領吏房右選及禮、刑上下房，掌行誥命，隨所領房命詞定詞，僉押前省諸房文書，及召試人聚議選題，試畢考試定〔二〕，繳申三省。置點檢一名，今創置。令史二人，守當官五人，舊六人。守闕守當官二人。舊一十人。設案四：曰上案，掌册禮 79 及大朝會應行遣之事。曰下案，掌受付五案文書之事。曰制誥，掌録制詞及本省人吏試補之事。曰記注，掌録起居注之事。又以起居郎一員，隸門下。起居舍人一員隸中書。專掌修起居注，仍輪後殿及崇政、延和殿侍立。有史事應奏陳者，並直前陳述。及遇講筵，亦許入侍云。

高宗紹興元年四月二十七日，詔：「中書、門下兩省已併爲中書門下省。其兩省合送給舍文字，今後更不分送，並送給事中、中書舍人。」

十月二十一日，給事中胡交修言：「朝廷日逐付下看詳文字，舊係兩省給、舍分輪看詳。近緣舊官多是差（除）〔出〕，見今獨員，日力不給。乞例差兩省給、舍分輪看詳。」從之。

二年九月十九日，上諭輔臣曰：「今日凡批降御筆處分〔三〕，雖出朕意，必經由三省、密院，與已前不同。若或未當，許卿等奏禀，給、舍繳駁，有司申審〔四〕。」朱勝非曰：「不由鳳閣鸞臺，蓋不謂之詔令。」呂頤浩曰：「所以別於聖旨者，欲上下曉然，知陛下德意所鄉，（兼）〔皆〕莫非寬恤（興）〔與〕兵機等事。其違戾住滯，乞並同聖旨一等科罪。」從之。

十二月二十二日，詔中書、門下後省、諫院官吏並依舊赴三省内元置局處供職。

三年九月二十一日，中書舍人孫近言：「臣聞唐太宗嘗謂侍臣曰：『中書、門下，機要之司，詔勑有不便者，皆須執論。若惟書詔勑、行文書而已，人誰不能？』國家循唐舊制，分三省以建官，上下相維，紀綱具在，凡政令之失中、賞

〔一〕並：原作「步」，據《玉海》卷一二一改。
〔二〕下「試」字疑誤。
〔三〕日：原作「旦」，據《群書會元截江網》卷一八改。
〔四〕「駁」、「有」二字原缺，據《群書會元截江網》卷一八補。

罰之非當，其在中書則80舍人得以封還，其在門下則給事中得以論駁。蓋先其未行而救正其失，則號令無反汗之嫌，政事無過舉之迹。自艱難以(原)〔來〕，始緣多事，軍期機速，不容晷刻淹延，則得旨之後，先以白劄子徑下有司奉行，然後赴給舍書押降勑。循習寖久，凡擬官、(近)〔折〕獄之類，一切徑下有司先次報行，而給舍但書押已行之事而已。苟啓擬之非其人，斷刑之失其罪，法度之更張有利有害，賦役之調發有可有否，雖欲論執封駁，而成命已行於有司，殆非兩省設官先其未行而救正其失之本意。望申嚴舊制，應非軍期機速事務，並由兩省書押，降勑行下，庶幾小大之臣皆得舉職，以無廢紀綱之舊。」從之。

七年七月二十七日，門下後省言：「舊制：君遇大禮，車駕出外行權，應所過御門，每門差城門郎二人對立於諸門。今遇明堂大禮，乞賜指揮。」太常寺檢照：「昨在京係經由宣德、朱雀、南薰、泰禋門，後駐蹕揚州，係經由駐蹕門，逐門各係曾差城門郎二人對立。」詔令門下省依例差撥施行。

二十七日，詔：「今後士庶獻陳利害，令給舍子細看詳，其可採者，中書省取旨施行。」

九年四月十日，詔後省官朝退許出行宮北門。

二十六年九月十三日，詔諸路監司郡守條具到裕民事，可令給舍看詳。

二十八年正月二十九日，詔給舍分書制勑，並依自來條例一體施行。

八月十八日，詔：「給舍今後遇有看詳文字，並一面取索81所屬同議可否，申尚書省取旨施行。」先是，尚書省言：「臣寮陳獻利害及守臣到任條具裕民等事，並送後省官看詳。若事涉文義，便行與決；其間事干銓選、錢穀、刑獄之類，止言欲送所屬曹部或相度施行，切慮却有稽遲。」故有是詔。

二十九年閏六月十九日，門下後省言：「本省吏額守當官九人，内四人以行減省之。雖有試補條法，緣在省習學人未有立定私名額數，試補不行。乞依中書後省將元裁定守闕守當官額内見闕人以私名五人爲額，候習學詳熟，依條試補。如額内有闕，許依條募試。」從之。

(二)〔三〕十一年正月二十一日[一]，上諭宰執曰：「祖宗所以置給舍，正欲其拾遺補闕，倘事有非是，固當繳駁。若緘嘿不言，豈設官之意？然或有探人主意旨及阿附大臣[二]，甚者至於不論臧否，沽激取名，此正仁廟[三]、裕陵之所戒也。」

十二月六日，給事中兼侍講金安節、起居舍人兼權中書舍人劉珙言：「已降指揮，車駕巡幸，兩後省各差人吏五

[一] 三：原作「二」，據《建炎要録》卷一八八改。
[二] 阿：原脱，據《建炎要録》卷一八八補。
[三] 廟：原作「宗」，據《建炎要録》卷一八八改。

人隨從前去。續承指揮，各差二人。切緣逐省所掌封駁、制誥及朝廷付下機密、看詳利害等文字事體至重，比其他官司不同。切慮前路却(到)〔致〕誤事，望將元差人數盡行隨從前去，庶免闕悮。」從之。

孝宗紹興三十二年七月二十六日，已即位，未改元。詔：「今後直言上書並付中書、門下後省看詳，有可採者申尚書省取旨。」

隆興元年八月初五日，門下、中書後省言：「見管吏額法司各一人，[82]令史各一人，書令史各二人，守當官各五人，守闕守當官各五人。今欲各裁減法司右修職郎劉彪、將(士)〔仕〕郎韋友諒并守闕守當官張安禮、董誘二人。內法司候指揮下日發遣歸部，並乞依省罷法施行。」詔依。見在人且令依舊，將來遇闕，更不遷補。

乾道二年十一月十六日，臣僚言：「崇寧在京通用法并紹興二十七年五月五日指揮，給事中、中書舍人、起居郎、起居舍人並禁出謁，旬假日許見客。其兩省官所掌書讀、繳駁、制誥、記注等事，盡是朝廷機密利害，理宜謹密，乞遵守條制施行。」從之。

五年二月二十五日，中書舍人汪涓言：「伏見神宗皇帝修定官制，以中書爲出令之地，而門下審覆駁正，然後付之〔尚書〕。按中書舍人於制敕有誤，許其論奏，而給事中又所以駁正中書違失。近年以來，間有駁正，或中書舍人、給事中列銜同奏，是中書、門下混而爲一，非神宗官制所以明職分、正紀綱、防闕失之意。」詔令遵依舊制施行。

二十六日，試中書舍人汪涓言：「竊以詔令之出始於中書，又經門下審覆，然後傳外，謂之成命。近年以來，往往兩省書讀未定，即以行下所屬，或傳報於外，非祖宗設置官司、審重詔令之意。乞詔今後詔令未經兩省書讀，毋得出行及或傳報於外。」從之。

六年三月二十三日，中書、門下後省狀：「依指揮併省吏額，見管二十六人，欲減六人。」從之。

五月二十八日，詔：「舊制設兩省言路[83]之臣，所以指陳時政得失。給舍則正於未然之前，臺諫則救於已然之後，故天下事無不理。今任是官者，往往以封駁章疏太頻，憚於論列，深未盡善。自今後給舍、臺諫凡封駁章疏之外，雖事之至微，亦毋致忽，少有未當，可更隨時詳具奏聞，務正天下之事。」

九年三月二十一日，詔進奏院依舊隸門下後省。詳見「進奏院四」。

【宋續會要】〔一〕

淳熙八年十月八日，中書舍人施師點言：「封駁之地，中書政令無所不關。每遇書讀，限以百刻，一有除目，倉卒至前，無所質問。乞遵三省舊制，每有除目，必具本官履歷於畫黃之首，庶幾賢否易知，不至經由鹵莽。」詔吏、刑部遇

〔一〕按，此《宋續會要》指李心傳所編《續總類國朝會要》。

後省取索差除官歷任功過，毋得稽遲漏落。

十三年十二月九日，詔：「中書後省減守當官一人，御廚工匠一人，把門兵士一人，剩員一人，長行一人。門下後省減守當官一人，御廚工匠一人，看管雜役剩員長行一人。」以司農少卿吴煥議減（沉）〔冗〕食，下敕令所裁定，故有是命。

嘉定十三年十一月十一日，中書、門下後省言：「兩省官五員：一員給事中，見破衣糧親事官一十六名。中書舍人二員，共破衣糧親事官一十七名。起居郎、起居舍人每員各止破衣糧親事官三名，每遇朝殿侍立、講筵等處，委是闕人使用。乞添置衣糧親事官一十二名，分撥赴起居郎、起居舍人。」詔各添置六名。（以上《永樂大典》卷一一九三九）

宋會要輯稿　職官二

門下省

【宋會要】

1門下省侍中、侍郎、給事中領本省事，闕則諫、舍權判。掌供御寶、大朝會位版、贊拜、拜表、宣黄、外官及流外較考、諸司附奏挾名、年滿齋郎轉補、選人過門押定、覆(奉)〔奏〕文武官(毋)〔母〕妻叙封、覆麻、請畫，則白院主之。受中書宣黄、畫敕及僧道賜紫衣師號，則畫院、甲庫主之。職掌有白院、畫院、甲庫令史、贊者、驅使官。又有典儀、城門、符寶郎，皆大朝會遣官攝事。

《兩朝國史志》：門下省判省事一人，以給事中充，闕則諫議或學士、舍人權領焉。掌供御寶，寶院主之。親祀、大朝會設位版、贊拜、拜表、外官及流外較考、諸司覆奏挾名、年滿齋郎轉補、覆奏文武官(毋)〔母〕妻叙封、覆麻、請畫，並白院主之。受中書宣黄、畫敕及僧道賜紫衣〔師〕號，並畫院、甲庫主之。白院令使十二人，畫院令史三人，甲庫令史二人，贊者、驅使各四人。又有典儀、城門、符寶郎，皆朝會、親郊、行幸則遣官攝。元豐改制，官名則因舊，而職守與舊不侔矣。

太祖建隆三年，定合班儀。詔門下、中書侍郎在六尚書、常侍之下。

開寶五年，以參知政事薛居正兼判門下侍郎事。

真宗大中祥符元年八月，中書門下言：「准《六典》，侍中、中書令正三品。又晉天福五年詔門下、中書侍郎並爲清望正三品。七年，以刑部侍郎竇固爲門下侍郎，又詔其班在常侍之下。今中書令、侍郎在三師、三公之上，《合班儀》門下、中**2**書侍郎相承在左、右散騎常侍之下者。設官之制，揆今古而有殊；著位之文，貴重輕而無爽。散騎常侍備預顧問，止寓直於掖垣；兩省侍郎副貳機衡，寔參掌於朝政。既委任而斯異，故資望以爲優。况兩省侍郎至德已來並是宰臣兼領，天福之際偶有庶僚特遷，出自一時，定茲班列。暨當聖代，皆處中樞，未嘗除拜。此官出奉朝請，所以因仍舊貫，靡暇甄升，久抑班資，不符公議。欲望今後升在常侍之上，合班次六尚書。」從之。

《神宗正史·職官志》：門下省受天下成事，凡中書省、樞密院所被旨，尚書省所上有法式事，皆奏覆審駁之。若制詔、宣誥下與奏鈔、斷案上，則給事中讀之，侍郎省之，侍中審之〔一〕。進入被旨畫聞，則授之尚書省、樞密院。即有舛誤應舉駁者，大事則論列，小事則改正。凡進奏院章奏至，則受而通進。俟其頒降，則分送所隸官司。凡尚書吏部所擬六品以下執事官，則給事中校其仕歷功狀，侍郎、

〔一〕中：原作「郎」，據《宋史》卷一六一《職官志》一改。

侍中引驗審察，非其人則論奏而易之。國朝初循唐制，以中書門下平章事爲宰相之職，復用兩制以上官一員判門下省事。其通進、銀臺司及門下封駮事又離爲別司，而領於他官，名具實廢，散無統紀，至是始釐正焉。凡分房十：曰吏房，曰户房，曰禮房，曰兵房，曰刑房，曰工房，皆視其房之名，而分尚書省六曹、二十四司所上之事以主行之。惟班簿、本省雜務則歸吏房。曰開（折）〔拆〕房，主行受發生事。曰章奏房，主行受發通章奏事。曰制敕庫房，主行供檢編録敕令格式及擬官爵封 3 勳、黄甲與架閣庫。凡官十有一：侍中、侍郎、左散騎常侍各一人，給事中四人，左諫議大夫、起居郎、左司諫、左正言各一人。吏四十有九：録事、主事各三人，令史六人，書令史十有八人，守當官十有九人。而外省吏十有九人：令史一人，書令史二人，守當官六人，守闕守當官十人。《哲宗職官志》：元祐四年別立吏額，録事四人，主事二人，令史五人，書令史十人，守當官一十四人，守闕主事一人，書令史四人。紹聖三年，守闕守當官，門下、中書省各以百人，尚書省百五十人爲額。四年，增減三省都事、録事等吏員，並依元豐七年額。侍中，正一品，掌佐天子議大政，審中外出納之事。大祭祀則版奏中嚴外辦，前導輿輅，詔升降之節；皇帝齋則請就齋室。大朝會則承旨宣制，告成禮，而祭祀亦如之。册后則奉寶以授司徒。與尚書、中書令、左右僕射爲宰相，以秩高未嘗除。雖國朝有用他官兼領，而實不任其事。官制行，以左僕射兼門下侍郎行侍中職，別置侍郎以佐之。侍郎，正二品，掌（二）〔貳〕侍中，參議大政，省中外出納之事。大祭祀則前導輿輅，詔進止。大朝會則授表以奏祥瑞。册后則奉節及寶位。與知、同知樞密院、中書侍郎、尚書（在）〔左〕右丞爲執政官。兩省侍郎舊班在散騎常侍下，大中祥符元年，陞次尚書，以爲宰相兼官。及行官制，乃循名而正之。

神宗熙寧四年十二月十四日，詔：「中書、門下兩省官差除並劄下合屬 4 去處，其旬奏、朝見並銓曹、三班、審官等處會問。」從看詳編修中書條例曾布言也。如中書舍人屬舍人院，諫議大夫、正言、司諫屬諫院，散騎常侍、給事中屬封駮司，起居舍人屬起居院，侍郎屬中書門下。

元豐四年十一月二十一日，詔大理寺左廳已畫旨公案批送門下省。

五年九月七日，詔凡指揮邊事更不送門下省覆奏。

十一月十九日，門下省奏，樞密院差入內東頭供奉官李宗立領萬壽觀，不當爲提點。詔改爲管（句）〔勾〕。

十二月二日，詔門下省：「凡中書省〔一〕、樞密院文字應覆駮者，若干事體稍大，入狀論列，事小即於繳狀內改正行下。若事不至大，雖不足論列〔二〕，而其間曲折難於繳狀

〔一〕書：原作「樞」，據《長編》卷三三一改。

〔二〕列：原作「例」，據《長編》卷三三一改。

內改正者〔一〕，即具進呈，以應改正事送中書、樞密院取旨。」

六年正月二十一日，門下省駁奏：「福州威果十將鄭青以功轉副都頭，妻詈母，毆妻死，中書擬杖脊刺面，配五百里。情輕法重，不當捨功而專論其罪。」詔於副都頭上降兩資，仍杖之。

三月十七日，門下省言，覆奏中書省録黄下京西路提點刑獄監捕封丘縣賊，誤用御寶。詔：誤用寶宫人已〔書〕〔責〕罰。

七年三月十一日，詔：「諸軍轉員文字並送門下省，仍依樞密院例宿直。」以門下省言，諸軍轉員仍換前班除授差遣，或繫臨時恩例，若不送門下，因此爲例，漸廢本省職事，故也。

八月一日，門下省言：「刑部奏鈔，宣德郎樂京據例當作情理稍輕，不礙選注。京本坐言役法，本部 5 不敢用例。」詔：「樂京情重，刑部引例不當。」

八年二月二十三日，門下省言：「中書録黄，前淮南節度推官呂公憲等狀，各磨勘當改官，乞下吏部先引驗。吏部已引驗四人，奏已降出，正月庚子當引見。及未引驗八人，見磨勘十九人。」詔：「轉官人依例除官，候會問無違礙，依前次先驗訖聽旨〔二〕。其引驗後舉主有事故〔三〕，並不礙引見，候御殿日依舊。」

七月二日，門下省言：「本省文字各有日限，其承受中書、樞密院得旨文字，更不分緩急，呈押入進。已得畫，職級方點檢簽書，慮有差舛。欲自今諸房承受文字先當行吏，次職級紙背簽書，次給事中書。常程文字，即付本房呈押入進如故。應合商議者，職級先呈，方寫繳狀簽書進發〔四〕。急速及當日或次日值假，當行吏須先呈押以進者，候到省次第簽書。」從之。

八月十二日，門下省言：「應諸州奏大辟情理可憫及疑慮，委刑部聲説於奏鈔後，門下省省審，否即大理寺退回，令依法定斷。有不當及用例破條者，門下省駁奏。」以刑部奏泰寧軍姜齊等鈔不應奏裁故也。

十一月十六日，詔門下省置催驅房。

哲宗元祐元年二月二十五日，尚書左僕射蔡確言：「已再具表辭位，准朝旨令臣管勾門下省。緣臣見候解罷，欲望權差官管勾。」詔差尚書左丞呂公著。

閏二月八日，詔：「急速不出告、不過省者關省照會，手詔、録黄、録白過省，再覆奏得畫始行。自今無舉駁事罷繳覆。」

三年，詔： 6 吏部注通判赴門下引驗；令班簿房籍記入流官；應省、臺、寺、監諸司人吏四分減一；復置點

〔一〕間：原作「門」，據《長編》卷三三一改。
〔二〕前：原作「甲」，據《長編》卷三五一改。
〔三〕事故：原作「故事」，據《長編》卷三五一乙。
〔四〕繳：原作「檄」，據《長編》卷三五一改。

檢房。

徽宗崇寧四年正月二十一日，詔閤門依元豐法隸門下省。

五年二月二十七日，詔翰林學士、兩省官及館閣，今後並除進士出身人。《中興》、《乾道會要》無此門。（以上《永樂大典》卷一一九三六）

給事中

【宋會要】

7 元豐五年六月二十五日，給事中陸佃言：「三省、樞密院文字已讀訖，皆再送令封駮，慮成重復。」上批可勘會差紊、重復進呈。乃詔罷封駮房。先是，故事詔旨皆付銀臺司封駮。官制既行，猶循舊，至是始罷。

七月八日，詔：應冠「尚書」字者，官司並申狀。門下中書外省准此。

十一月三日，給事中陸佃言：「讀吏部所上鈔，內朝請郎、提舉玉隆觀吳審禮擬遷朝奉大夫，緣審禮以老疾乞宮觀，法不當遷。」詔寢之。

六年三月十七日，詔六曹條貫改差門下中書後省官詳定。繼而給事中韓忠彥等言：「奉敕同詳定，乞以詳定六曹條貫所爲名。」詔宜稱中書門下外省。又忠彥等以職事對，上顧謂曰：「法出於道，人能體道，則立法足以盡事。立法而不足以盡事，非事不可以立法也，蓋立法者未善耳。」又曰：「著法者欲簡於立文，詳於該事。」

二十五日，詔罷銀臺司取索舉奏令。故事，銀臺司凡奏狀諸處已施行者，有著令得取索行遣看詳。若有不當，聽舉劾。時官制行，封駮悉歸門下省，故罷之。

七月五日，門下中書外省言：「自官制行已及期月，其利害官吏固已習知。今編修敕條，理當博采衆知。欲乞許見任到局參議及許諸色人具所見利害赴本省投狀，如有可采，量事推恩。」從之。

九月十四日，詔：「門下中書外省、秘書省依諸司遇大忌日不作假，及不隨執政官早出。其尚書 8 省左右司、樞密院承旨司大忌早出日隨執政出指揮罷之。」

高宗建炎四年五月十二日，詔中書舍人李正民、徽猷閣待制李擢〔一〕、右諫議大夫富直柔，並除給事中。

六月二十四日，和安大夫、開州防禦使致仕王繼先特與換武功大夫，餘人不得援例。給事中富直柔封駮，（校）〔檢〕會伎術官法不許換前班。宰執進呈，上曰：「繼先醫藥，於朕有奇效，理宜褒異，指揮既下，直柔論駮，以爲法所不可。朕於言無不從，但朕頃冒海氛，繼先診視之功實非他人比，可特令書讀行下，仍諭以朕意。」至是直柔再封還録黃。上曰：「繼先初未嘗有請，出自朕意。今直柔能抗論不撓，朕當屈意從之。所有已降指揮可更不施行。」

〔一〕徽猷閣待制李：原脱，據《建炎要録》卷三三補。

九月一日，中書舍人洪擬言：「看詳陳獻文字，元與（結）〔給〕事中富直柔分管。今直柔乃除御史中丞，乞別賜差官。」詔差中書舍人胡交修。

紹興二年七月十一日，上曰：「比來臺諫論事，給舍繳駮，多涉細事，意其沽敢言之名。朕謂宣和間言事者少，千百中無一〔一〕，今朕盡令人言，不間疏遠，所以人人敢言。」秦檜曰：「陛下聽言，臣下所以敢言。臣亦曾語給事中胡安國，凡有論駮，當務大體，若或細事，第可申朝廷改正也〔二〕。」

十二月十八日，中書門下省言：「韓世忠一行功賞文字係胡松年任中書舍人行詞，已書録黄外，其給事中賈安宅已除工部侍郎，見未有官書録黄。」詔差擢中書門下省檢正諸房公事李與權書讀〔三〕。

二十八年二月二日，門 9 下後省言：「近降旨給、舍分書制敕，並依舊例。緣給事中、中書舍人所分房分不同，見今中書舍人一員分書吏房左選及户、兵、工房，一員吏房右選及禮、刑上下房。給事中見今亦有二員，乞依中書舍人例分書房分。」從之。

孝宗隆興元年四月二十七日，上御經筵退，給事中金安節奏事。上曰：「近日都不見繳駮，有所見但繳駮來，朕無不聽。」初，後省繳駮除授，上有不以爲然者，恐給、舍因不舉職，故及之。

淳熙五年四月二十三日，詔：「自今差給事中一員立一司，專一看詳天下言利病奏狀劄子及經朝廷陳乞敷奏者。如有利國便民事，雖其言可采，並先參訂祖宗法，委無違戾，方許上籍，一備省覽，一留三省，以備舉行。如涉兵機，即關密院。」

十二年九月二十五日，臣僚言：「伏見諸路臧否守臣姓名，外間多不聞知。乞令三省劄下給舍臺諫，其不公不實者許繳駮論奏。」從之。（以上《永樂大典》卷四四九）

起居院

【宋會要】

10 漢武帝有禁中起居注，自魏至晉，起居之職歸於著作。後魏置起居令史，北齊有起居省，隋置起居舍人二人，唐起居之官隸於門下。宋初，置起居院，但關敕送史館，不復撰集。淳化五年，始別命官掌領記注，以備史官，多以館閣官兼掌焉。舊起居院不分左右，並稱同修起居注。元豐改官制，始正郎及舍人之名。起居舍人今附此。

《兩朝國史志》：起居院修起居注二人，古者左、右史之職也。今起居郎、舍人不治本省事，以三館、祕閣校理以上充。天子御正殿，記注官不侍左右，惟朝會對立於香案

〔一〕以上二句，「少」原作「必」，無「百」字，據《建炎要録》卷五六改補。
〔二〕「可」字原在「廷」下，據《建炎要録》卷五六乙。
〔三〕擢：似當作「權」。

前。常日則更番遞直於崇政、延和二殿，行幸則從上出入，皆所以書言動、備記録，以授史官。勾當院事官一人，以勾當三館内侍兼。楷書四人，驅使官一人。

以政和門下中書後省修起居注式今載于下。某日，有假故則書於日下，皇帝御某殿，朝參官起居。六參日參及應赴官，各隨事書。三省、樞密院奏事，某司或某官以某事進對。或稱本職，或稱臣見，或稱前任職事之類。退御某殿，某官新授某官職或差遣告謝。節度使以上宣坐賜茶則書，餘准此。尚書吏部引見某官改合入官、某官改次等合入官。改次等官仍書其因。軍頭引見某指揮人員若干人自某路屯戍回賜錢有差，次引某處揀到某指揮兵級若干人試藝應格填某闕，次引諸班直及行門長行、騎御馬直、教駿指揮使以下若干人謝春冬衣或時服，次引某指揮將校兵級并提舉巡教指揮使等若干人數教閲。射弓(努)〔弩〕斗力、箭上朵數、標槍、刀、標牌手之勝者轉資賜銀錢，皆書其數。教頭、員僚、正副指揮使隨所教數有賜亦如之。次某官進糧或衣樣。以上有某事則書，隨其事有聖語則書。凡除授文武臣僚，隨事大小，不限品秩，取其足以勸善懲惡者書其制辭。有陞黜則著其功罪。凡臣僚建議并特旨更改而繫政體，則書其事。有司關報到即書。凡御札、詔命、赦降與冬祀、夏祭、宗祀太廟、景靈宮祭祀饗獻、元會視朝、上壽、燕饗、遊幸、廷試貢士、轉補軍班、見諸蕃國、觀御書、禮物、穀麥之事，皆書。其太史占驗日月星辰、風雲氣候之兆繫於日終，郡縣祥瑞、閶閻孝悌之行繫於月終，户口增減之數於歲終而書之。

(以)太宗淳化五年四月五日，諫議大夫、史館修撰張佖言：「伏見聖朝編年謂之日曆，惟紀報狀，略叙敕文。至於聖政嘉言、皇猷美事、群臣之忠邪善惡、庶務之沿革弛張，汗簡無聞，國經曷紀。謹按《六典》故事，起居郎掌記天子之法度，以修記事之史。凡記事之制，必書其朔日甲乙以紀曆數，典禮文物以考制度，遷拜旌賞以勸善，誅罰黜免以懲惡。季終則授於國史。起居舍人掌録天子詔制、德 11 音，以修記言之史，如記事之制。欲望依故事復左、右史之職，修集記録，以爲《起居注》，每月與《時政記》同送史館。」太宗曰：「朕方興史職，佖有此奏，可謂助國家爲好事也。」即詔從之。遂徙置院於禁中，命起居舍人、史館修撰梁周翰掌起居郎事，祕書(承)〔丞〕、直昭文館李宗諤掌起居舍人事。其修撰注記體式〔一〕，委周翰等檢討故事以聞。周翰等言：「臣等按《禮記》云，天子動則左史書之，言則右史書之。又曰左史記言，右史記事。《春秋傳》云君舉必書，言者《尚書》是也，事者《春秋》是也。漢武帝有《禁中起居注》。自魏至晉，起居之職歸於著作，其後亦命近臣主掌其事。至後魏，始置起居令史，每行幸宴會，則在御坐左右記録帝言及賓客酬答之語。後別置起居注二人。北齊有起居省。隋朝置起居舍人二人，以掌内史。唐朝起居之官隸於門下。顯慶中，郎與舍人分屬兩省，每皇帝御殿，則左、

〔一〕記：原脱，據《玉海》卷一六八補。

右史夾香案分立於殿下螭頭之側，和墨濡翰，皆就螭之坳處。有命則臨陛俯聽，對而書之。凡典禮文物、册命啓奏、臣僚薨免、懲惡勸善之事，悉載於《起居注》。季終則授於史官，以俟筆削。長壽中，宰相姚璹以爲帝王謨訓不可使無紀述，若不宣自宰相，史官無從而書。遂表請(伏)〔仗〕下所言軍國政要，命宰相一人專知撰録，季終授於史臣，即今修《時政記》是也。元和十二年，詔今後每遇坐日，如有事可備勸戒合紀述者，委其日承旨宰相宣示左、右起居，令其綴録，仍依舊例季終送於史館。大和九年，復詔起居郎、起居舍人準故事入閤日齎紙筆立於螭頭以記言動。今陛下重興古道，申命下臣，敢不勉勵庸虛，振舉官業。乞今後應有崇德殿、長春殿每皇帝宣諭之言，侍臣論列之事，依舊中書編爲《時政記》，月終送於史館。其樞密院事關機密，亦乞命本院逐月具合書事件實封送下史館。自餘百司凡干封拜、除改、沿革制置之事，並乞降詔，具條件關報起居院，以備編録。每月具所編録之事封送史館。」從之。仍令郎、舍人直於崇政殿以記言動，別爲《起居注》以付史官。周翰等又言：「每月《起居注》願先以進御，後付史館。」從之。《起居注》進御，自周翰等始也。自後授者爲同修起居注，增置楷書二人，月給公用錢十千，表紙五百番。凡宣徽院、客省、四方館、閤門、御前忠佐引見司制置、進貢、辭謝、游幸、宴會、賜賚、恩澤之事，五日一報。翰林麻制、德音、詔書、敕榜該沿革制置者，門下中書省封册、誥命、進奏院四方官吏、風俗、善惡、祥瑞、孝子順孫、義夫節婦殊異之事，禮賓院諸蕃職貢、宴勞、賜賚之事，並十日一報。吏部文官除拜、銓選沿革，兵部武臣除授，司封封建，考功謚議，行狀，户部土貢、旌表、州縣廢置，刑部法令沿革，禮部祥瑞、貢舉，祠部祭祀、晝日，道釋條制，太常雅樂沿革〔一〕，禮院禮儀 12 制撰〔二〕、吉凶儀注，司天風雲氣候、祥異證驗，宗正皇屬封建、出降、宗廟祭饗制度，大理寺刑律、起請，並一月一報。鹽鐵金穀增耗，度支經費出納，户部版圖升降〔三〕，季終一報。内外臣僚上章利害，(調)〔詞〕采可賞、事理可行者，中書具章表封下，每季編次送史館。」周翰等又言：「崇政殿處分事宜及諸司奏覆事，望許更直侍立，以備記録。及每月所修起居注，先以進御，後付所司。」並從之。由是直日内殿起居訖，詣崇政殿侍立。

八月，令審刑院，凡奏覆刑名有所諭旨可垂勸戒者，並録送起居院。又以注記檢討書籍事屬史館，其提轄職掌支費錢物，委監三館書籍使臣同共僉書。若封進注記，不須連書。

九月，詔：「《起居注》自今逐旋封進，今後修纂並二員商議，不須逐事書名。」《職官分紀》：至道二年李昉拜平章事，加監修

〔一〕雅樂沿革：原作「部樂沿改」，據《文獻通考》卷五〇改。
〔二〕禮院：原脱，據《文獻通考》卷五〇補。
〔三〕版：原作「板」，據《文獻通考》卷五〇改。

國史，建議復《時政記》故事，《時政記》月終送史館〔一〕，昉以進御而後付有司。《時政記》自昉始也。

真宗景德二年十月，詔：「起居院於見管守闕數内，揀有行止、無過犯、書札人材中者二人爲承闕楷書，鈔寫起居注，月給錢二千，粳米一石三㪷。無遺闕，奏補正名。」

大中祥符七年八月，刑部郎中、直史館、同修起居注張復降授工部郎中、直史館，左司諫、直史館、同修起居注崔遵度降授左正言、直史館，並落修起居注。以誤書恭謝天地壇（響）〔饗〕獻事，以「昊天」爲「天皇大帝」，又多書聖祖一位故也。

十月，命知制誥劉筠同修起居注。

八年二月，詔：「起居注記草及編録到百司文字，自今當職官吏即得就院檢閲，候畢，手分晝時入櫃封鎖，不得衷私取借出外。」

四月，詔移院於右掖門外之西廊。時禁城火，故徙于外。

天禧三年十二月，内殿崇班、管勾起居院事劉崇超言：「起居注修撰記注，事當嚴密，今在宮城之外，慮有漏泄，望依舊制徙於右掖門裏。」從之。

乾興元年五月，命太常博士、直集賢院程琳權同修起居注。以徐奭接伴契丹使故也。未幾，奭出爲兩浙轉運，琳即代之。

仁宗天聖四年正月，命屯田員外郎、直集賢院鄭向權〔同〕修起居注。以李仲容監護葬事赴濠州故也。

慶曆三年十一月，同修起居注（毆）〔歐〕陽修請自今前後殿上殿臣僚退，令少留殿門，候修注官出，面録聖語。從之。

七年八月六日，詔：「（令）〔今〕後上殿臣僚如親聞德音，事干教化及禮樂刑政之類，爲世典法者，並仰備録，關報修起居注官。」從知諫院王贄所請也。

皇祐三年三月一日，以判三司都磨勘支收拘收司韓綜判度支勾院，以判度支勾院李徽之復判都磨勘支收拘收司。以綜兼修起居注，而所領事繁，兩易之也。

至和元年八月二十四日，知制誥賈黯言：「每過邇英閣召侍臣講讀經史，其咨訪之際，動關政體，而史臣不得聞，臣切惜之。欲乞令修起居注官入侍閣中，事有可書，隨即記録。」從之。

二年 13 三月六日，刑部員外郎、直史館、同修起居注唐詢言：「蒙判三司開拆司。緣本司係發放三部文字〔二〕，若候臣後殿及講筵祗應罷入省，顯有稽滯。乞改一合入差遣〔三〕。」詔差向傳師權判開拆司。《記纂淵海》：唐詢言：「執政純用科名人修起居注，非故事。」未幾，修注闕，仁宗遂特用詢。

〔一〕「故事時政記」五字原脱，據《職官分紀》卷六補。

〔二〕發放：原作「發於」，據文意、字形改。《職官分紀》卷三三「開拆司」條言「發放三司諸案牒帖」，是也。

〔三〕差遣：原作「者遣」，據文意、字形改。

英宗治平元年十二月，以實録院檢討官、集賢校理宋敏求，諸王府記室參軍、直集賢院韓維，並同修起居注。初，修注員闕，中書進敏求及集賢校理楊繪。英宗問修起居注選何等人，宰臣對例以制科進士高第與館職有才望者兼用。繪，皇祐五年第二人進士，今以次當補。帝曰：「修起居注即知制誥，豈宜以次補？」乃命易之。

三年十月，以同修起居注章衡知汝州。以諫官、御史蘇寀〔一〕、劉庠、吳申等上言其浮薄，故黜之。

《神宗正史・職官志》：起居郎，從六品，掌記天子言動。御正殿則俟於門廡外，便殿則侍立，行幸則從，大朝會則對立於殿下螭首之側。凡朝廷命令、赦宥、執政官以下進對，文臣御史、武臣刺史以上除拜，祭祀、燕饗、臨幸、引見之事，日月星辰風雲氣候之兆，郡縣祥瑞之符，閭閻孝悌之行，户口增減之數，皆書以授著作官。元豐六年，詔左右史分記言動，其後復仍舊制。起居舍人，從六品，掌如起居郎。

神宗熙寧二年四月八日，刑部郎中、秘閣校理、同修起居注陳襄兼起居舍人、知諫院，兵部員外郎、兼起居舍人、同知諫院范純仁直集賢院、同修起居注。上謂修起居注即知制誥，欲令諫官兼修注，遂用襄及純仁。修起居注兼諫職，自襄及純仁始也。

四年七月二十五日，同修起居注、同知諫院張琥言：「修起居〔注〕之職，古之左史右史也。本以記録人主言動，今唯後殿侍立，無所與聞。臣（況）〔見〕領是職，兼知諫院，即異其餘修注之官。然緣例須牒閤門上殿。竊見（極）〔樞〕密院承旨每於侍立處尚得論事，況臣有言職，又得侍立，或有敷奏，乞便面陳，仍今後修起居注當令諫官一員兼領。」詔諫官兼修起居注者因後殿侍立，亦許奏事。

元豐二年五月一日，詔國（使）〔史〕院編修官、史館檢討王存兼修起居注。存後言：「古者左史記事，右史記言。唐貞觀初，仗下議政事，起居郎執筆記于前，史官隨之，其後或修或廢。蓋時君克己，勵精政事，則其職修；或庸臣擅權，務掩過惡，則其職廢，此理勢然也。陛下臨朝旰昃，睿明四達，動必稽古，言必本經。至於裁決萬機，判別疑隱，皆出群臣意表。欲望追唐貞觀典故，復起居郎、舍人職事，使得盡聞明天子德音〔二〕，退而書之，以授史官。儻以爲二府奏事自有《時政記》，即乞自餘臣僚前後殿登對許記注官侍立，著其所聞關於治體者，庶幾謨訓之言不至墜失。」上諭存曰：「史官自黃帝時已有之，至漢武帝有《禁中起居注》，今起居注之名當始於此，[14] 近世誠爲失職。且人君與臣下言必關政理，所言公則公言之，所言私則王者無私，自非軍機，何必秘密。蓋人臣奏對，或有頗僻，或肆讒慝，謂人君必須函容，難即加罪，固無所忌憚。若左右有

〔一〕寀：原作「菜」，據《宋史》卷三三一《蘇寀傳》改。
〔二〕聞：原作「文」，據《長編》卷二九九改。

史官書之，則無所肆其姦矣。」然卒不果行。

八月十一日，詔：「修《起居注》官雖不兼諫職，如有史事，宜於崇政殿、延和殿承旨司奏事後直前陳述。」從修起居注王存請也。

二十四日，詔：「諸司關報史館文字歸起居院。其關報日限，舊五日者爲旬終，十日者爲月終，月終〔一〕、歲終者依舊。」以修起居注王存言：「近制諸司供報事直供編修日曆所，則起居注之職除臣僚告謝等事外，更無文字可備編録，恐失置官之意。又淳化中定諸司關報日限，或以五日，或以十日，或以月終，或以歲終，而近制改五日并月終報者並爲旬終，歲終報者爲月終。且三司金穀之增耗、經費之出納、版圖之升降〔二〕，固非月可見者，必待歲終而會計也。今使月終一報，恐有司徒費虚文，無益事實。」故有是詔。

五年四月二十五日，改修起居注爲起居郎、起居舍人。同日，承議郎、祕閣校理、群牧判官畢仲衍爲朝奉郎、守起居郎，通直郎、集賢校理、管勾國子監、兼崇政殿説書蔡卞爲奉議郎、試起居舍人。

六年九月二十六日，起居郎蔡京言：「舊修《起居注》官二員，不分左右，故月輪一員修纂。今起居郎、舍人分隸兩省，所以備左右史官，則左當書動，右當書言。今仍舊制，每月輪修，蓋其職事未之有別。乞自今起居郎、舍人隨左右分記言動。」從之。

哲宗元祐元年二月十二日，詔起居郎、舍人依舊制不分記言動。先是，元豐間既從蔡京之請，於是門下中書外省言：「《禮記》雖有左右史分記言動之文，歷代即無分記言動故事，但云事爲《春秋》，言爲《尚書》。今觀《尚書》不免兼載言動，今若止以制誥爲言，則猶可分記。若臨時宣諭、措置可否之類，即須有因依始末。欲乞且依舊制。」故有是詔。《職官分紀》：元祐三年，復徙院右掖門之内。

七年十二月二十四日，起居舍人呂陶言：「邇英閣今後講讀罷，有臣僚再留奏事，(記)〔請〕並許記注官侍立，所貴操筆不至闕畧。」從之。

紹聖元年五月十八日，翰林侍講學士、御史中丞黄履言：「自來經筵講説既畢，遇有臣僚留身奏事，餘官並退，近年乃令修《起居注》官候奏事畢俱退。竊謂所奏或干機密，難令旁立得聞，乞依先朝故事。」從之。

二年四月十二日，起居郎蹇序辰言：「記注之書舊無定式，有司爲法者多闕不書。請詔修注官講求典故，詳定當書者，永著爲式。」從之。

徽宗崇寧元年十月一日，起居舍人鄭居中言：「前殿常朝左右史起居畢即退，至御後殿方侍立，殆非古者言動必書之義。欲望凡前殿視朝，亦許記注官侍立殿側。」詔令入殿門供奉。

〔一〕月終：原脱，據《長編》卷二九九補。
〔二〕版：原作「板」，據《長編》卷二九九改。

二年六月三十日，臣15僚上言：「竊以記注言動，信史之本源，編次論撰，所繫非輕。儻有闕違，則人主聖訓及施爲之迹，天下後世有不得聞者矣。臣幸應執筆螭階，日侍清光，神謨聖作，躬所聞見者，固已退而具述之。間有不得預聞者，並以臺省寺監及諸處供報文字修纂。其供報雖有條限，近歲以來，不惟供報多疏舛，兼行移會問，動經旬月，有妨修寫進呈。及契勘進對臣僚親聞德音，法須報本省，而所承關牒，多稱無聖語。陛下英斷睿訓，可爲萬世法者遂爾不傳，深可惜也。欲乞今後應合供報門下中書後省修注事件，如有不依條限及差錯漏落，並依供報前省諸房文字稽違之法。有合要事件，許從當職官押貼子取會。其進對臣僚委有親聞聖語、合記注事不以供報者，並以違制論。仍令本省遇有臣僚上殿，即坐條會問。庶乎聖主言動之法詳悉備具，傳於無窮。」從之。

十二月十三日，起居郎許敦仁奏：「左右史分日侍立，至行幸獨當日者扈從。乞今後皆從駕。」詔御前殿，令起居郎、起居舍人於兩朵殿分左右侍立。餘從敦仁所奏。

三年二月五日，起居舍人林攄奏：「在昔二史對直左右，言動必書，未嘗分前後殿也。比者前殿已復往制，而後殿尚沿襲故事，輪日入侍。」詔自今御後殿許起居郎、舍人分左右侍立。

大觀元年八月七日，宣義郎、試起居舍人霍端友劄子奏：「臣竊惟記注之職，執筆載事，傳之永久。凡聖訓所及、政令所行與册命封拜，皆得書之，實國史所資，以爲譔述之本也。伏見《修起居注式》，凡除授文臣監察御史、監司以上，武臣刺史以上，則書其(封)〔制〕辭。臣愚妄意以謂黜陟幽明，初無(問)〔間〕於尊(畢)〔卑〕，而形于制辭者所以明示天下後世也。其或異能高行、忠節顯效，卓然有稱於時，而上之褒嘉特隆於衆，兹臣子之至榮，朝廷之盛美，雖其爵秩職任在監司、刺史之下，畧而不書，尚爲(聞)〔闕〕典。欲望聖慈特賜睿旨，應制辭所當書者不限品位，悉令記述，以爲小大忠良之勸，以昭太平得人之盛。」詔：「制命之詞，以著賞罰，秩有高卑，事有大小。限以秩高，則官小而事大者或有所遺；槩令收載，則官高而事小者或不足書。可令隨事大小，不限品秩，取其足以勸善懲惡者條爲記注。」

二年十月二十六日，中書舍人、兼起居舍人俞㮚狀：「准朝旨，召試内殿崇班周因策一道，已定二十八日引試，作朝旨前一日鎖宿。其當日朝參等更不趁赴，所有見權侍立顯有相妨，乞速賜差官。」詔差給事中霍端友權，候試人了日依舊。

政和七年六月十五日，宣教郎、起居舍人、兼國史院編修官趙野奏：「竊惟記注之職，言動必書，所以紀盛美以信天下者，不敢不謹，豈宜有隱漏而不載者也。契勘進對臣僚所報，多稱無所得聖語。臣仰惟陛下厲精治道，延見多士，以16成天下之務。詢謀所逮，敕戒所加，莫非德意之渥，則躬承訓迪者豈無當記之聖語乎？是皆沿襲日久，姑務簡便，一切畧而不報，遂使王言之大不見紀述，恐未足以彰明聖謨嘉言之美。蓋緣自來未有文禁關防，官司無從檢察。臣愚伏望聖慈詳酌，特降睿旨，立法約束，庶使臣僚所得聖語不敢輒自隱漏，簡册修纂得以備載，不其韙歟。」詔申明施行。

七月九日，起居郎李彌大奏：「伏見左右置史，實記言動。今《起居注》所載既有式例外，又有遇事並書。竊原立式之文蓋欲備記言動，宣明德意，付之秘書省，事體非輕。惟王言之大，莫如手詔及御筆。自來承受官司因循（次）〔沿〕襲，並不關報，致前後更不該載，竊慮未盡修注之意。欲乞今後官司承御筆等並行關報，逐日修入。」從之。

宣和七年十月二十一日，起居舍人唐重奏：「欲乞今後臣僚進對所得聖語應記注者，親録實封以報，謹如令。若應報而不報，不應報而報，或妄有增改者，論罪（無）〔如〕律，庶幾載筆之臣得以備述。」從之。

高宗建炎二年二月一日，臣僚言：「史官書事，善惡不隱，以明鑒戒。臣日侍殿側，伏見陛下每對臣僚，從容紬繹，雖堯舜好問，不過如此，而未聞臣僚以所得聖語付史官者。乞今後應被受睿訓，除機密外，關治體者悉録，以備修纂。」從之。

十二月五日，臣僚言：「國家稽古建官，左右二史執筆螭坳，記注惟謹。賜對臣僚，每對罷，當以聖語申後省，而近日例稱別無所得聖語。雖有丁寧宣諭之詞，反覆論辨之説，隱而不傳，而二史亦無由記。至於執政大臣、講讀侍從蒙被聖訓，往往有畧而不載。故今（曰）〔日〕之史，止於循故事、分類例而已，未可謂盡君舉必書之義也。乞申命有司，講求其法。一人言動有關於治體者備載無隱，而臣下所得聖訓亦詳記之，以備筆削。」詔坐條申明行下。

紹興二年六月八日，起居郎胡世將言：「伏見臣僚進對畢，以所得聖語申門下後省。今上殿官循習故例，止稱並無所得聖語，雖臺諫官亦然。陛下諮訪不倦，而賜對之官顯於文移謂未嘗得聞天語，豈惟史官不得舉記言之職，亦非所以廣聖德於天下。乞申言舊制，並以所稟聖訓實封報修注官編纂，庶史官舉其職，不爲文具。」從之。

十月一日，起居舍人王洋言：「自兵興以來，典章散落，著作之官久曠弗除，而二史執筆亦爲虚文。陛下憂勤萬機，號令所至，莫不鼓舞。而郎官、從官、百執事所奉訓詔獨藏私家，不關史氏。切慮歲月（寢）〔寖〕久，相傳失實。乞今後進對官所得聖語事關休戚，敢有隱而弗彰，聽史官通問之；有弗具報，特論列以聞。」從之。

十一月二十三日，閤門言：「祖宗舊制，應在京職官兼權他職並止立本班。今差太常少卿黄龜年權起居郎，秘書少監洪炎權起居舍人。契勘左、右史並合逐[17]月趁赴朝參，並赴侍立。今來逐官係卿監兼權，所有起居侍立合取旨。」詔：「修注官日赴起居殿階侍立，比之餘官權職不同。」特令立起居郎、舍人班。

三年二月二十日，起居郎黃龜年言：「兩省《起居注》係百司取會合修纂事件圓備，編類成書。自兵火之後，案牘散失。近於紹興府遍下所屬取索，見存若干，照編成沓。方修纂間，緣居民失火，盡行燒毀。乞再行下應干官司，疾速依限具合修注事件子細供報，具案無漏落結罪文狀，付中書門下後省，即不得虛立檢目。如依前滅裂稽違，即依逐省見行條法施行。」從之。

九月十一日，起居郎曾統言：「國朝以來，凡天文氣祲之異必下史官謹而志之，外有太史局崇天臺，內有翰林天文院，日具祥變，各以狀聞，以參校異同，攷驗疏密，仍俾供報起居院書之，爲萬世法。軍興之後，史失其職，(寢)〔寖〕以隳廢，而左右記注，實爲闕文。望詔有司，悉遵典故施行。」從之。

十二日，起居郎曾統言：「記注之官，職司言動，國朝尤重其選，多以諫臣爲之。雖品秩甚卑，猶得參侍從之列，備顧問之數。有所論奏，悉得專達，且於陛立之際，亦聽直前奏事。元豐更官制，始正起居郎、舍人之名，不復并任諫列。然神宗(黄)〔皇〕帝慮廢舊典，預詔修注官雖不兼諫職，如有史事，宜於崇政、延和殿承旨司奏事後直前陳述。頃者權臣用事，言路(寢)〔寖〕壅。居是官者，既無言責，率以出位爲嫌，不過拜命之初造膝一謝而已，甚非祖宗急於聽納之意。」詔依元豐舊制施行。

四年二月一日，起居郎舒清國言：「近降指揮，自紹興三年正月以後修進《起居注》沓，所有合用進册副本紙札，欲乞依政和兩省條格，記注案每月添破修寫進册上色池表一百張，夾表宣連各一百五十張，令臨安府和買應副。如支用不足，亦乞依令文，諸記注案添破紙若支用不足，聽量數下雜物庫支供，不得過每月添破之數。」從之。

五年三月六日，監察御史許摶言：「恭覩史館目今修纂《日曆》，秉筆之官悉依《時政記》、《起居注》及諸司報狀，排日甲乙，編而集之。然近日臣僚上殿，後省例取，並無所得聖語之辭，切意《起居注》之書畧焉。矧方今多事，陛下日對群臣，論天下利害，聖語宏深，干於教化，可爲世典法者固不一而足。今修注官不得而記，史官不得而書，嘉言美事容有泯而不載者。欲望稍加參酌，特賜施行，庶幾聖朝編年之書得爲詳備，萬世之下有考焉。」從之。

十八日，中書門下後省言：「近臣寮所論慶曆三年歐陽修請上殿臣僚退留殿門，候修注官出，面録聖語。至七年，令備録關報修注官〔一〕。今來若令進對官留殿門面録聖語，切恐倉卒之間不能盡記，欲遵依七年詔旨施行。如有親聞聖語，循習故例，隱匿不爲録報，依條以違制論。」從之。

〔一〕令：原作「全」，據文意改。前文職官二之一二載慶曆七年八月六日詔云「仰備録關報修起居注官」，是也。

(十)〔七〕年七月八日〔一〕，起居郎樓【18】炤言：「進對臣僚獨以天語私相傳布，不關史官，在於記注，誠爲闕典。今隱匿聖語，具有明禁，恐群臣或未盡知。乞頒降吏部，遇有進對臣僚，俾具録關報。」從之。

八年二月二日，起居舍人勾龍如淵言：「兩省起居郎、舍人依條合破親事官二人，後因減半指揮，止留一名。緣朝參侍立，闕少人從，乞依舊差破。」從之。

九年五月二日，起居舍人王次翁言：「伏覩《在京通用令》，進對臣僚親得聖語録報後省，不報者以違制論。然近來沿習舊例，稱並無所得聖語，遂使見行條法(置)〔直〕爲虚文。乞申言舊法，榜示朝堂。」從之。

十年十一月十二日，起居舍人李易言：「左右史所修《起居注》，每月分輪投進。自政和間及渡江後來，因循積壓，雖有自紹興三年正月一日爲始先次修纂指揮，然見今止是修纂到紹興五年，其日逐所書未能率由舊制，不唯今日之力徒窮於往歲所聞，而後之所聞必不若今日之審。乞令左右史輪當侍殿者，法所合書，退而書之，與見行修纂五年積壓事件並須每月投進，庶俾言動之法舉無所遺。」從之。

十一年七月十六日，中書門下省言：「臣頃立螭頭，恭記言動。切見内殿非時引見臣僚，蓋陛下勵精不倦于政之德也。然臣僚奏陳與聖語問答及天下國家者宜多有之，掩而不彰，則史臣之罪也。欲望明詔，凡内殿引見臣僚，令各具所得聖語申中書門下後省，使修注記焉。」從之。

二十六年三月二十八日，起居郎吳秉信言：「切見本省修注舊本方進至紹興八年六月，新本至紹興十三年閏四月，其後緣久闕正官，遂致積年時事闕然不書。欲乞自紹興二十五年十月爲始，先次修纂進呈，庶得聖神謨訓，不至散逸。所有前來修纂未到目，今乞依舊例每月同進。」從之。

二十八年九月二十七日，起居郎洪遵言：「向者權臣用事，記注之官多闕不補，《起居注》自紹興九年以後前後積壓，今未修者殆十五年。諸處官司因此循習，遇有本省取會貼子〔二〕，不肯如期報應。切慮歲月(寢)〔寖〕遠，難以考究。欲依本省條制取索，急速者限一日，餘三日，令以時報應。仍令兩省除見修《起居注》按月進入外，所有紹興九年以來因循未畢者，每一月帶修兩月，庶幾天德帝業赫然與日星並傳。」從之。

二十八日，詔起居郎、舍人自今後許依講讀官奏事。先是，起居郎洪遵言：「臣幸得以記注陪侍經幄，切見春、秋二講每於雙日先期書曆。經筵官講讀畢，許留身奏事。修注官雖與簽書，未嘗有奏事者，皆云近例如此。聯名一

〔一〕七年：原作「十年」。考《建炎要録》卷一一〇、一一三、一二〇，紹興七年四月，樓炤除起居郎，至八月罷。八年六月復爲起居郎，同月改除中書舍人。據此，「十年」爲「七年」之誤無疑，今改。

〔二〕貼：原脱，據《歷代名臣奏議》卷二七七補。

曆，不得別爲二體。伏聞元祐中起居舍人呂陶嘗乞候講讀臣僚再留奏事，並許侍立。以此觀之，講退猶且入侍，何由不許奏事？乞下講筵所，依講讀官例施行。」故有是詔。

二十九年八月二十八日，起居舍人楊邦弼言：「切見本省《起居注》19舊本自紹興三年正月爲始，方修至九年八月分；新本自紹興二十五年十月爲始，方修至二十六年十一月分，計所未修者凡十有六年。蓋緣記注之官前此久無正員，因循積壓，闕而不書。臣（未）〔謂〕今之起居，古左、右史也。聖神言動，舉足爲法，若非史臣纂輯，則閎休偉（續）〔績〕遺墜漏畧，安得昭然大備，與典謨訓誥並傳於不朽哉！望令兩省以見行修注按月進呈外，其有前來修纂未到月分，每月帶修一月，庶使往年所積下者可以同時填補，則譔次有倫，克盡中興之美矣。」從之。

孝宗隆興元年五月一日，詔前殿依後殿輪左、右史侍立。以起居郎、兼侍講胡銓言：「臣誤蒙親擢，承乏左、右史。自供職以來，檢討記注故事，切見今之史職廢壞者非一，其尤甚有四焉：一曰進史不當，二曰立非其地，三曰前殿不立，四曰奏不直前。何謂進史不當？臣等聞唐褚遂良知《起居注》，太宗問人君得觀之否，對曰：『史記善惡以爲戒，庶幾人主不爲非法，不聞帝王躬自觀史。』魏謩爲起居舍人，文宗遣中使取記注欲觀之。謩謂：『史官書事，以存鑒戒。陛下所爲善，無畏不書；不善，天下之人亦有以記之。』帝乃止。遂良與謩可謂能守官矣。至國朝，梁周翰、李宗諤爲左、右史，乃建言：『每月《起居注》願先奏御〔一〕，然後付史館。』國史書之曰：『進起居注自周翰等始。』豈不愧唐二子哉！慶曆中，歐陽修爲起居注，嘗論其失云〔二〕：『自古人君不自閱史，今撰述既成，必録本進呈，則事有諱避，史官雖欲書，而不敢也。乞自今《起居注》更不進本。』仁宗從之。厥後佞臣執筆，乃復進史，沿襲不革，遂至于今。臣等欲望陛下遵仁宗之訓，革周翰之失，自今記注不必進呈，庶使人主不觀史之美不專於唐二君也。何謂立非其地？臣等按唐制，每皇帝御殿，則左、右史夾香案而立，善惡必書。其後許敬宗、李義府用事，動則懷姦，懼爲史官所記，遂廢左、右史侍立之職，凡謀議皆不與聞。文宗復（正）〔貞〕觀故事，每入閤，命左、右史執筆，立於螭頭之下，由是宰相奏事得以備録，故開成之政悉詳於史。國朝故事，天子坐朝，則記注官立於御坐之後。歐陽修以謂，起居者當視人君言色舉動而書，若立於後，則無以盡見，乃徙立於御坐之前。至修罷職，修注者乃復立於後。今乃立於殿之東南隅，言動未嘗或聞，可謂立非其地，其愧於修多矣。臣又聞元豐三年修起居注王存奏：『欲追（正）〔貞〕觀故事，使左右史得盡聞天子德音。儻以二府自有《時政

〔一〕御：原作「然」，據王十朋《梅溪先生奏議》卷二改。此奏實爲胡銓與王十朋同上。

〔二〕嘗：原作「常」，據《梅溪先生奏議》卷二改。

記》，即乞自餘臣僚登對許記注侍立。』神宗曰：『人君與臣下言必關政理，所言公，公言之，自非軍機，何必秘密。蓋人臣奏對，或有頗僻，或肆讒慝，若史官書之，則無所肆其姦矣。』大哉王言！然未及施行，至今議者惜之。今史徒有左、右之名，不知天子言動之實，群臣奏對，[20]並以無所得聖語關報，職記注者但不過録諸司供報公文而已，何名曰史耶？臣等欲乞陛下復歐陽修侍立故事，庶幾言色舉動皆得以書。如宰執造膝之言，自有《時政記》，亦乞如王存所請，凡餘臣奏對，許令侍立，亦足以伸神宗之志也。何謂前殿不立？臣等歷觀自古左、右史，未嘗不侍立於天子之側，亦未嘗有前後殿之分。唐制但云左、右史分立於殿下螭頭之側，和墨濡翰，皆就螭之坳處，有命則臨陛俯聽，對而書之，不聞後殿立螭而前殿不立也。又聞歐陽修奏請，自今前後殿上殿臣寮退，令少留殿門，俟修注出，面録聖語，以此知國朝舊制前後殿皆侍立矣。夫人主之言不獨後殿有之，而前殿無也；宰執奏事、百官進對之言〔一〕，不獨前殿有之，而後殿無也。今獨後殿侍立，而前殿不與，義果安在？夫後殿侍立，雖立非其地，然猶立焉，亦愛禮存羊之意。前殿不立，是餼羊亦去，禮意俱亡矣〔二〕。今左〔三〕、右史分日而立，無言動之異。臣等欲乞於前、後殿皆分日侍立，庶幾一言一動皆得以書，以備一朝之典謨，光千載之史册，非細事也。何謂奏不直前？臣等聞唐文宗謂魏謩曰：『事有不當，毋嫌論奏。』謩對曰：『臣頃爲諫官，故得有所陳。今則記言動，不敢侵官。』帝曰：『兩省屬皆可議朝廷事，而毋辭也。』故國朝左、右史皆許直前奏事，雖以奏史事爲名，而朝廷事亦可議焉，蓋文宗命魏謩之意也。熙寧中，修起居注張琥奏曰：『近日緣例，須牒閤門，然後上殿。竊見樞密承旨每於侍立處尚得奏事，起居注既得侍立，或有敷奏，乞便面陳。』詔從之。臣等自領職之後，初欲直前奏事，閤門以臣等不預牒却之。臣等又嘗預牒之矣，又謂今日無班次。臣每見閤門奏事，未嘗以班次爲拘。左、右史職言動，當日有敷奏，乃必欲預牒閤門，又必欲有班次〔四〕，則事有當奏而不得奏，其爲失職多矣。臣等又聞皇祐中御史唐介論文彥博〔五〕，仁宗怒之。時蔡襄爲起居注，直前論救，事出一時，又曷嘗預牒閤門與必俟班次邪？況今來後殿奏對，未嘗無兩班。如是則記注之臣雖有直前之名，而無可奏之時矣。臣等欲乞自今左、右史奏事，當令直前，不必預牒閤門及以有無班次爲拘也。四事皆近日記注失職之大者。臣等濫居是職，敢不盡言！伏望陛下考古驗今，循名責實，斷然行之，幸甚。」有旨：「侍上去處令御史臺、閤門同共檢照典故討論，申尚書省取旨。餘並

〔一〕進：原作「殿」，據《梅溪先生奏議》卷二改。
〔二〕亡：原作「忘」，據《梅溪先生奏議》卷二改。
〔三〕「今」下原有「在」字，據《梅溪先生奏議》卷二删。
〔四〕必欲：原倒，據《梅溪先生奏議》卷二乙。
〔五〕文彥：原重此二字，據《梅溪先生奏議》卷二删。

依。」御史臺討論見行儀制并昨降指揮，開(是)〔具〕下項：元正、冬至大朝會，依儀起居郎、舍人先入，詣丹墀香案東西立。文德殿朔會，起居郎、舍人立如上儀。垂拱殿四參、紫宸殿望參，起居郎、舍人并分升朵殿侍立。檢準紹興十四年十月九日指揮，今來大朝會已降指揮，文德殿權作大慶殿，依儀兩省官合於丹 21 墀上分東西立。目今殿庭即無丹墀，欲乞將起居郎、舍人夾香案東西侍立外，餘兩省官乞隨宜分東西相向立班。今來會到講筵所稱，每遇講筵日，起居郎、舍人分(論)〔輪〕當日一員，依例於殿上御案右邊侍立。今欲乞自今後前後殿坐，起居郎、舍人起居訖升殿。宰執并臺諫奏事，權暫於東朵殿侍立。候奏事畢，臣僚奏事，依講筵例於御座前侍立。所有侍立處於御座之左或右，取自朝廷指揮。」閤門言：「檢照《儀制》，大慶殿朝會、文德殿視朝，起居郎、舍人侍立，其在京文德殿折檻下階頭安砌螭頭二，設香案螭陛之下，分東西相向立。前殿係紫宸殿，起居郎、舍人分東西朵殿侍立。後殿係崇政殿，輪當直起居郎、舍人一員於東朵殿侍立。垂拱殿除四參外，其餘日參係常朝，自來起居郎、舍人未有許赴侍立指揮。若依今來所請，其垂拱殿常朝日分比附後殿起居訖，輪當直起居郎、舍人一員赴侍立。餘如御史臺討論。」故有是命。

乾道二年十月七日，詔今後修注官遇常朝等當赴侍立，許入出皇城南北門。

十一月一日，執政進呈起居舍人唐閱致仕。上曰：「左、右史皆闕，梁克家只且暫時兼權，卿等可具合差官姓名來。」洪适對曰：「朝士皆陛下所知，莫可並外官皆具。」上曰：「行在官恐資序未合差，並外官具來甚好。」

十三日，起居舍人洪邁言：「切見景祐以來故事，有邇英、延義二閣記注〔一〕，凡經筵侍臣出處、封章進讀、宴會賜予皆用記注。數十年間，(箱)〔相〕廢不續。臣伏覩今月五日給事中王曮進讀《春秋》莒人伐杞〔二〕，言：『周室中微，諸侯以强凌弱，擅相攻討，殊失先王征伐之意。』上曰：『《春秋》無義戰。』禮部尚書周執羔進讀《三朝寶訓》〔三〕，論文章之弊。上曰：『文章以理爲主。』兵部侍郎陳巖(宵)〔肖〕留身奏刑部事，上曰：『寬則容姦，急則人無所措手足。』凡此數端，皆承學之臣日夕探討，累數百語所不能盡，而陛下蔽以一言，至明至當，然記言動之臣弗能究宣，恐非所以命侍立本意〔四〕。乞令講讀官自今各以日得聖語關送修注官。其他合書事迹悉如故事，委主管講筵所牒報，使謹書之。仍願倣前例，乞因今所御殿賜名曰《祥曦殿記注》，庶幾百世之下咸仰聖學，以迹聰明文思之懿，豈不盛哉！」從之。

〔一〕延：原作「筵」，據《玉海》卷二六改。
〔二〕曮：原作「嚴」，據《宋史全文》卷二四下改。
〔三〕羔：原作「美」，據《宋史全文》卷二四下改。
〔四〕立：原脱，據《宋史全文》卷二四下補。

五年十一月二日，起居郎、兼權中書舍人林機言：「臣僚進對，並以無所得聖語爲辭，使睿謨聖訓闕而不録，實負素餐之懼。」上曰：「既不關報，史官何由記述？」

九年閏正月四日，起居舍人留正言：「所修注記自紹興十五年以後至即日多有未修月分，蓋緣史官間有闕員，因循積壓。後來者急於收拾舊事以成書，而當年之史力未暇及，久之文字散失，所得疏畧，愈難修纂。若欲以時刻修，有所稽考，則必令二史將即日承受諸處關牒施行政事并臣下進對所得聖語隨月編 22 纂，仍將紹興十五年以後未修月分併修一月，並於次月上旬送付史館，隨具已修月分奏聞，庶幾近事舉無所遺，而舊史得以成書。」從之。

二月二十一日，詔：「祕書郎、兼權起居舍人趙粹中遇四參令立起居舍人班起居，今後準此。」（以上《永樂大典》卷一六六五二）〔一〕

23 淳熙二年七月六日，起居舍人湯邦彦言：「被旨修新舊《起居注》，(令)〔今〕乞逐省每月各修纂三月。內有紹興九年已後文字未完處，欲下六曹等處取索。其記注案人更不增添，止與添給顧工之費。」從之。

三年四月二十四日，起居郎蕭燧言：「記注之職，言動必書。臣僚進對，法當録報 24 兩省，違者有罰。比年以來，唯趨簡便，畧而不報。昨緣史官奏請申嚴，故一時所報粗詳，可備編次。今茲又復因循，遂使陛下訪聞所逮，告戒所加，或隱而不傳，或闕而不録。乞下兩省檢坐條法，應臣僚進對所得聖語，除事干機密外，其餘盡行録報，庶幾聖主言動具載簡册。」從之。

五年八月二十六日，起居舍人李木言：「記注之職，必待諸處關報而後書。所報闕畧，則首尾難於稽考；取會留滯，則修纂因至積壓。報到已施行事節，間有節文太甚或書寫脱誤者，亦有止報看詳之命，後或不聞與決者。如此之類，雖移文會問，回報稽遲，有去歲合書之事至今不得其詳者。乞賜戒敕，且懲治其漏落脱誤及回報稽遲者。」從之。

十五年十月十五日，中書後省言：「已降指揮，新除太常少卿羅點兼侍立官，所有本省修注職事合與不合兼修？」詔令兼。

紹熙元年三月八日，起居郎、兼權中書舍人諸葛廷瑞言：「近日以來，內殿及延和殿不時引班，多不報本省，有妨修注。欲乞劄下入內內侍省，今後遇引喝申到對班，須管次日牒報本省，以憑修纂，庶免漏落。」從之。

【宋會要】〔二〕

〔一〕按，此條之下一行原有「宋會要・舍人院」一題，此乃是職官三之一三「舍人院」目之標題，被整理者誤剪落於此，今已移至彼處。

〔二〕「宋會要」下原批有「起居郎、舍人」之題，按此二條內容仍與上文同，不必另立題，今删。蓋《續國朝會要》本有「起居郎、舍人」一目，此二條乃其序。

25 元豐中，兼修注王存乞復起居郎、舍人之職，使得盡聞明天子德音，退而書之。神宗亦謂人臣奏對有頗僻讒慝者，若左、右有史官書之，則無所肆其姦矣。故事，左、右史雖日侍立[一]，而欲奏事，必稟中書俟旨。存因對及之，乃詔雖不兼諫職者亦許直前奏事。五年官制行，罷修注，而郎、舍人始顯其職。

起居郎、舍人掌記天子言動，御正殿則俟於門廡外，便殿則侍立，行幸則從，大朝會則對立於殿下螭首之側。凡朝廷命令赦宥、禮樂法度、損益因革、賞罰勸懲、群臣進對、文武臣除授及祭祀、燕享、臨幸、引見之事，四時氣候，四方符瑞，户口增減，州縣廢置，皆書以授著作官。六年，詔左、右史分記言動。元祐元年仍詔不分。七年，詔邇英閣講罷，續有留身奏事者，許侍立。紹聖元年，中丞黄履言所奏或干機密，難令旁立[二]，乃止。（以上《永樂大典》卷二九六六）

通進司

【宋會要】26 通進司在垂拱殿門内，掌受銀臺司所領天下章奏案牘，閤門、在京百司[三]、文武近臣表疏進御，復頒布之。内侍二人領之，又有樞密院令史四人。

《兩朝國史志》：通進、銀臺司知司官二人，兩制以上充。通進司掌受銀臺司所領天下章奏案牘及閤門、〔在〕京百司奏牘、文武近臣表疏以進御，然後頒布於外。銀臺司掌受天下奏狀、案牘，鈔録其目進御，發付勾檢，糾其違失而督其淹緩。發敕司掌受中書、樞密院宣敕，著籍以頒下之。監通進司内侍二人，書令史二人。銀臺司主事二人，令史一人，書令史六人，貼房四人，皆以樞密院吏充。發敕司有發敕官三人，中書沿堂五院通引官以下充。

太宗淳化四年八月十八日，命樞密直學士向敏中、張詠同點檢銀臺、通進二司公事。二司舊隸樞密院，凡内外奏覆必關二司，然後進。外則内官與樞密吏人主掌，内則尚書内省籍其數以下有司，或行或否，得緣而爲姦，禁中不知，外司無糾舉之職。至是始命敏中等謹視其出入而勾稽焉，月一奏課，事無大小，不敢留滯。

五年四月，以金部員外郎謝泌勾當通進、銀臺司封駮公事。

真宗大中祥符四年七月，詔：「通進、銀臺司承受奏狀常須慎密，如有漏泄，事涉機密，情重當行極斷，輕者亦行朝典。」

五年六 27 月，樞密院言：「近日通進司入夜所進文字率皆常務，望令自今除事係機急即時進内，自餘如已閉内門送到，即俟次日進入。」從之。

[一] 史：原脱，據《宋史》卷一六一《職官志》一補。
[二] 難：原作「雖」，據《宋史》卷一六一《職官志》一改。
[三] 在：原脱，據《宋史》卷一六一《職官志》一補。

八年三月，命吏部尚書王欽若知通進、銀臺司，兼門下封駁事，代李維、馮起、錢惟演。時欽若罷樞密使、同平章事，因有是詔。

六月，詔：「通進司文字並須未閉内門前節次通進。如是閉門後諸處傳進到機密急切公事，並須依舊通進。若是及通封散狀榜子但係機密急切實封、上貼畫時通進者，常程文字，不是畫時待報公事，並須候殺點後即得入，不得輒有住滯。仍仰知通進司官員勘會在京自來於晚後經隔諸門通進奏報常程公事去處，行移文字，令知悉。」真宗以通進司文字不以遲速公事，直至夜深通進，故條約之。

天禧二年五月，以御史知雜事呂夷簡同勾當通進、銀臺司，兼門下封駁事。

仁宗慶曆五年六月二十四日，詔：「今後文武臣僚内曾任兩地及節度使并丞郎已上，不曾貶黜，後來除致仕官者，如奏章文字，並許於通進司投下。」先是，右屯衛上將軍致仕高化言，每有所進文字，須詣登聞鼓院，並與農民等。化嘗事先朝，爲節度使，乞依楊崇勳例，每有章表或有所見利便，乞詣通進司投下。因有是旨。

嘉祐八年八月二十二日，知通進、銀臺司周沆言：「準中旨指揮，爲日逐所進文字，至申牌後多是住滯，有悮進覽，令早進文字者。欲乞今後諸處 28 申時後所進文字更不收接；内係急速，畫時進入。」從之。

英宗治平元年六月十一日，知通進、銀臺司李柬之言：「乞今後通進司本帖子並須計定未降出文書件數，繫本司臣僚姓名，寫本貼子，用印進入，不得只用白貼子。及乞内中每有本司審奏未降出文字，内有留中者，對御批封，降付知本司臣僚處。所貴别無遺失。」從之。

十一月十三日，李柬之等言：「應内外臣僚所進文字，不限機密及常程，但係實封者，並須依常下粘實封訖，别用紙摺角重封。有印者内外印，無印者於外封皮上臣名花押字，仍須一手書寫。所有内外諸司及諸道州府軍監並依此例。如違，仰本司不得收進。其外處有不如式樣，遞到實封文字，仰進奏院於監官前摺角重封用印，於本司投下。仍乞依三司、開封府條貫，並不得官員及諸色閑雜人輒入本司。」從之。

三年六月二十四日，李柬之等又言：「本司先准(英宗)治平元年中指揮，今後臣僚所進文字依常下粘實封訖，别用紙摺角重封。今來諸處投進文字多作圓封，並不摺角，却剪碎兩頭，用圓紙花子貼定，可以因緣開拆，深慮所在作弊，漏泄機密。及有外處臣僚言時政得失利害者，往往只作通封，致有傳布于外。緣素無明白約束，乞今後中外臣僚投進文字，但干機密及言時政得失利害并體量官員等事，並須徧捺，用全張小紙，斜側摺角實封。所貴經歷官司 29 不致作弊，漏泄事宜。仍乞下進奏院遍下在京及諸路州軍監等告示，如不依此式樣，所經官司並不收接。」從之。

《哲宗正史·職官志》：通進司隸給事中，掌受三省、樞密院、六曹、寺、監、百司奏牘，文武近臣表疏及章奏房所領天下章奏、案牘，具事目進呈，而頒布於中外。

神宗熙寧元年十二月八日，詔通進司定刀子、剪刀大小式樣製造，令使臣主掌。如將帶出司，仰明行關報。

二年閏十一月二十三日，中書言：「制置三司條例司檢詳文字李承之言，昨奏對言舉官事，令具文字進呈。緣係選人，無處投下，乞許於通進司投進。勘會承之已除大理寺丞。」詔許於通進司投進。

四年五月，樞密副都承旨李綬言[一]：「自來諸處遞角赴樞密院者，並是承旨司交領投進，至暮夜即於本司人吏家投下，開拆上曆，轉送左掖門，由通進司以進。近以巡檢兵士走失(秦)〔奏〕狀，深慮向去有遺緊急文字；兼人吏有所居僻遠，必成稽滯。乞今後合赴樞密院者，如假故本院不入，並赴左掖門，直於通進司投下以進。內有申狀，即送本院。仍令通進司將內引，並關送承旨司照會，庶有關防。」詔從所請。其非假日，樞密院已出，亦准此。

五年五月八日，中書門下言：「西頭供奉官劉宋卿等言，乞今後通進、銀臺司投下文字常程送中書者，並依通進司例，次日不以有無假故，送中書施行，所貴各無住滯去處。況自來銀臺司文[30]字於奏狀前貼寫事宜一行，其奏狀前自來有貼黃，無用虛煩紙筆，亦乞減罷。取到銀臺司狀稱，進奏院下到諸州軍等處奏狀，自來作四日次第供申。今欲乞作三日，更不貼寫事宜貼子，當日便寫奏目號送及寫發放曆點對，第二日對卷印押訖進呈，第三日降出，分配發放。其久來遇中書、樞密院早出及宅引并非次等假，並不入。欲乞依通進司體例，不理諸假故，每日並入，赴司收接，投進發放。」從之。

徽宗大觀元年七月二十日，承議郎、試給事中、兼實録修撰徐處仁劄子：「勘會通進司鑿號一節，最係緊切。緣鑿號文字，並係實封奏狀。若實封文字數簡，即易爲驗認。況依條邊機急速之類，方許實封，其官司例將常程小事作實封投進，以數目混雜，不無差互。雖有崇寧元年九月十九日申明指揮，常程事不許實封，緣未有立定斷罪刑名。欲乞嚴立刑名禁戢。仍乞檢會崇寧元年九月十九日申明指揮節文，臣僚官司常程文字奏狀，於法並令通封者作實封聞奏，顯屬紊煩。今後三省、六曹并所屬官司常切點檢，如有違犯，並舉劾施行。所屬自當遵守。今修下條：諸奏事應通封而輒實封者杖一百。」詔從之。

政和三年十二月二十二日，中書門下省言，勘會已降指揮，置通進司官吏等。詔自政和四年正月一日奉行，內外官司候牒到日奉行。

宣和元年二月十二日，中書門下省言：「通進[31]司劄子：勘會諸處合赴通進司投進實封文字，依條並於文書前每件以《千字文》爲號。封面上仍依此書題。自來諸處奏事，往

[一] 綬：原作「緩」，據《長編》卷二一五改。

往只於封面上用號，既通進司不許開拆，無由點檢。進入内中，拆去封皮後，即不見得元用是何字號入進。若或未降出間奏稟，既元奏不曾於狀前貼號，致内中無可批鑿，深慮急速，事不可緩。今欲申明行下應合發奏去處，令刑部鏤版，遍報施行。外路令提刑司一面取索知委公文，繳送門下後省，行下本司照會。如尚有不遵依去處，許令本司申朝廷，乞賜施行。」從之。

二年五月十四日，中書門下省言：「勘會通進司不限晝夜承受投進三省、樞密院内外百司緊速文字，如遇降出御筆、御封内降，盡經本司依限發放。近來有時暫置局若奉使差遣去處，緩急内中降出文字，使本司詢問置局去處，不無住滯。欲乞今後應時暫置局官司及奉使承領差遣去處，自被旨日，並具立名局所并安置去處、所領官銜，先次關報通進司。所貴降出文字，早得發放了當。仍乞送刑部，告報中外諸司遵執施行。」從之。

高宗紹興七年八月八日，行在通進司言：「舊在京本司係在垂拱殿内，每遇大禮，皇帝宿齋，依例移出殿外廊上權置司。今明堂大禮，常御殿係是行禮殿，乞依舊制移出殿門外、宫門裏東廊上空閑屋，權撥兩間置司。」從之。

十一年五月十九日，臣僚言：「臣聞綱紀正則[32]朝廷尊，朝廷尊則中外服，此必然之理也。向者兩淮湖北宣撫司奏報軍期文字，進奏院不以時進，故各置承受文字官者，權一時之宜也。今韓世忠、張俊[一]、岳飛既除樞密使副，各已治事，稽之典故，朝廷大臣投進文字自有通進司，而承受文字官未罷。臣恐綱紀不正，失朝廷之尊，中外有所不服也。望減罷承受文字官，則綱紀正，朝廷尊，而中外服矣。」從之。

十四年二月四日，通進司言：「本司承受進降文字事干機密，近申明舊制，係門下省長官提舉。所有昨降旨揮許檢正檢察，係一時申請，合行衝罷。」從之。

二十六年七月二十四日，臣僚言：「乞今後臣下奏陳故事，不許講筵所取索副本，就令通進司進入。」從之。

二十七年二月二十三日，詔：「今後本司承受内降並用黄複袋外封，曆上書時刻，付親從親事官發放所屬，依時收畫，被受官司常切檢察施行。」以中書門下後省奏，通進司親從親事官承受發放内降文字多是稽滯，或有盜拆者故也。

五月十八日，詔武德郎、權寄班祗候、前監通進司任褒賢特授武功郎。褒賢監通進司三年，無遺闕，雖係寄班，特依内侍官推賞。後准此。

三十年十月二日，詔：「昨依故事，差内侍官承受内外諸軍奏報文字，慮恐稽滯，可盡罷承受官。今後諸軍奏狀劄子，並實封於通進司投進。三衙有公事，即時上殿奏稟。」先是，宰執奏呈中官承受事。上曰：「今之承受，即祖

[一] 張俊：原作「張浚」，據《宋史》卷二一三《宰輔表》四改。

宗走馬承受，專令掌邊將奏報，後改爲[33]廉訪使者。近日士大夫或論其通賄賂，至云恐浸如漢石顯之類。朕前此不知，亦嘗降詔戒約，意謂空言，不若以實事示之。故比日屢却諸將貢獻，如朕生辰所進禮數，雖蠟炬葦菓之屬亦却還。此事在朕初無固必，可遂罷之。」

三十一年二月十四日，給事中黄祖舜言：「近被旨措置通進司弊事。一、監官乞從入内内侍省於内侍官差撥二員，分輪在司直日，專一檢察頭刃火燭及進降文字，并承轉承接親從、親事官稽留作過之人。遇夜守宿，仍不得於寄班祗候内差。一、每日降出御封，本司承受，乞依舊制用黄絹夾袋盛貯，令監官重封，並親書題寫姓名時刻，承受謹封等字，即令承轉親從官赴所屬發放。不得用雕造階位印子及令人代書姓名字。一、親從、親事官遇闕，乞令監官具狀申點檢司，移文皇城司，日下勒通管人員選擇無過犯、識字人差撥執役。依條一年替換，不許踏逐，止從上存留一名指教新人，仍不許差撥舊在本司執役人。聽本司部轄，專一承轉承接文字，不得擅離出外，其監官亦不許私役使喚。如有作過，並具所犯牒皇城司，將通管人員一例科罪。一、今後遇降出御封文字，乞令發敕官分明抄上文簿，於曆内開寫時刻，即時差承轉親事官赴所屬發放。其被受官司，即時具姓名時刻收接。若辨驗得少有留滯，即時具當行人吏姓名申門下後省施行。其抄轉、承受、發簿，[34]乞從門下後省印押給付，日計都收件數簽押。若遇夜降出御封文字准此，於旬終繳赴省結押易換。仍令發敕官開具諸處承受名件，及(遂)〔逐〕時承准御封發放時刻，申納門下省點檢。若有遺失稽滯，並從本省科罪。内親從、親事官仍行下皇城司斷遣，依舊執役。一、本司奏稟使臣二員，乞從入内内侍省依條差撥。遇有進入文字，隔三日不出，許監官具名件榜子奏稟。一、本司主管文字四人，係差後省當職人吏兼管。欲乞每日分差一名赴司宿直，仍具姓名申本省。若遇本司有違滯事，即密報本省施行。一、本司發敕官遇闕，乞令監官具狀申點檢司，批送行首司，依名次差填，不許自行陳乞。仍將本司主管文字發敕官及親從、親事官每三人結爲一保，並親書結罪文狀，申後省照會。一、本司每遇被受到須降旨揮，乞自今起置文簿，一面抄轉，歲終赴省押易換。一、承轉承接親從、親事官若遇本司承接文字訖，晝時取索批收，便將發放文曆赴司交納發敕官驗訖，密行收掌，不許收藏在外，經宿方納。一、通進司條：無故輒入本司者流三千里，漏泄機密重者處斬。又皇城司專法：諸親從、親事官、節級、長行犯贓私罪，徒以上配千里，公罪徒斷訖送步軍司比類移配，私罪杖斷訖及公罪杖或連坐送皇城司。今欲乞將遇有盜拆御封因而泄漏者，及遇官司投下奏狀輒行阻難乞覓之人，並照應前[35]項條法施行。其邀阻不得財者，依律不應爲從重條法斷遣。一、本司簿曆點檢、通進司提點，乞並每月驅考稽失。」從之。先是，臣僚言：「近聞内降詔旨，未經朝廷放行，而外人已相告語，是皆通進司漏泄之過，乞行檢察。」令給事中措置，而有是命。

三十二年三月八日，詔：「通進司承轉承接親從、親事官年滿無過犯，並依見行條法保明申給事中，移文所屬，各支賜絹五疋，内節級七疋，及指射優輕差遣一次，仍報皇城司施行。」從通進司請也。

孝宗隆興元年三月十七日，通進司言：「本司昨自紹興三十一年至今，日逐進降朝廷軍期機速事務、急速緊切文字并諸路奏報及沿邊探報等，並無分毫稽滯闕誤，本司官屬並已推恩。内點檢司并監司各減二年磨勘，主管文字、發敕官各減一年磨勘，乞依紹興五年四月四日指揮已推恩體例。」從之。

乾道八年十二月八日，詔通進司：「自今後朝廷百司、諸路州軍急速文字等，並依法收接投進。其餘陳乞恩澤、差遣文字不應投進，不許收接，即時退回，令經由合屬官司陳乞。」

九年閏正月三日，尚書省言：「節次已降指揮，臣僚辭免恩命並依舊制。如過制及不合申陳者，有司不得收接。如依前違戾，令御史臺覺察聞奏。」詔太中大夫、觀察使以上辭免外，餘依已降旨揮。

淳熙三年九月十二日，詔：「自今通進司承受御封文字，依舊用黄絹夾袋，令監官重封，親題姓名，36曆上書時刻，不許令人代書。發敕官親行發放，不得令親從、親事官承發。所屬依時收晝，被受官司常切檢察，如有違戾，申朝廷取旨施行。」

慶元二年正月二十九日，入内内侍省言：「通進司合差使臣二員，緣爲散祗候使臣差撥不敷，即目本處闕官主管。緣係日常接諸路奏狀并進降御前緊急文字及晝夜存留燈火去處，不可闕官。乞依紹興三十一年以前權差寄班祗候二員，時暫分番趁赴宿直職事，候散祗〔候〕有使臣日依舊。」從之。

銀臺司

【宋會要】37銀臺司掌受天下奏狀、案牘，鈔寫條目，進御發付，糾其違失。樞密院主事三人，書令史八人，貼房十一人掌之。

太宗淳化四年八月二十一日，詔：「銀臺司承受奏狀，批鑿事宜，發赴中書、樞密院、三司外，仍逐日具所承領奏都數一本進内。所發逐處奏狀係急速事限五日，常事限半月。仍令逐處行遣訖，旋具事宜關報銀臺司點檢勾鑿，有稽滯者依條舉奏。」其年閏十月，詔：「中書、樞密院、三司各置急慢公事板簿。急事限次月六日，慢事以次月十六日送銀臺司，重行點檢。」自是止令據板簿檢勘，更不關報。

同日，點檢銀臺、通進司公事向敏中言：「請令諸州所發奏狀，自今別具内引單子道數一本，於銀臺司通下。」

三十日，宣審刑院公案令供報銀臺司〔一〕，依例催促提點。凡公案皆令用《千字文》記號訖送審刑院。

真宗咸平四年八月，銀臺司言：「諸州案牘元定三等日限，自來惟據審刑院關送，月日勾鑿，大理寺未曾供報。自今據發下公案依限定斷，候案奏日隨案關報。」從之。

仁宗康定元年十二月六日，知通進銀臺司、兼門下封駁事李淑言：「銀臺司舊例差樞密院主事下名二人在司掌發放文字，以銀臺司主事爲名，近來却有以管勾銀臺司公事爲名者。伏緣銀臺帝門邃嚴，門側置司，故選侍從之臣典領書奏，猶不敢以判爲目。故兩制以上止曰知司事、同知38司事，未及兩省止曰勾當司事。況主事流外，僅比三班使臣，豈有丞、史之類却竊管勾之號？ 在於事體，未甚允適。又所領奏事本是中書門下別局，理合二府各差人關掌。只緣初置此司，便是樞密學士主判，由此差置吏曹，並係樞密，因循至是，未合舊規。欲乞自今差中書主事、樞密令史各一人兼銀臺司主事，中書守當官、樞密書令史各二人兼通進司令史，仍依舊別差樞密書令史六人兼銀臺司令史，樞密貼房十四人兼銀臺司書令史。所有樞密主事二人，更不差赴銀臺。其差到人吏，舊只樞密院告報，本無下本司文字，所以驕蹇不恪，多乖去就。欲乞自今並劄降名姓，令本司給牒補差，所貴有所稟畏，既合官曹常體，庶事或可振舉，又不違先朝置司之意。」從之。

【宋會要】

39嘉祐六年二月十六日，中書勘會：「已差龍圖閣直學士周沆知通進銀臺司、兼門下封駁事。自來差銀臺司官員敕內帶此，如有制敕不便，依故事封駁。自餘尋常公事，依例施行。及點檢兩司公事，應諸處申奏文字，一依先降敕命進入，候降出看詳，分明批鑿合行旨揮事件，送中書、密院、三司及逐處疾速施行。如有遲滯去處，並仰舉奏，當議重行朝典。更有合行提舉事件，並委條奏以聞。今差周沆敕內已不帶此指揮，今後所差官宜令銀臺司依此施行。」

神宗熙寧(三)〔二〕年八月二十七日〔二〕，詔知通進銀臺司范鎮、權監察御史裏行程顥同看詳銀臺司日進文字數目，定奪當進與不當進，并合減罷名件以聞。

十月，看詳銀臺司文字所言，乞於本司置局，就便檢尋文字。

三年五月二十四日，看詳銀臺司文字所言：「自來進奏院逐日赴銀臺司投下諸路州軍等處狀不下四五百道，自本所擘畫減廢後來，狀數稀少。其銀臺司亦依自來日數行遣發放，虛有留滯。兼勘會奏狀，自來住滯六日，方始投進發放了當：一日貼寫奏狀事宜，一日鈔寫奏目，一日鈔寫發放文曆，一日進入內中，用印點檢分配，一日發送合屬去

〔一〕宣：似當作「詔」。

〔二〕二年：原作「三年」。按，據《長編》卷二一四，熙寧二年八月置看詳銀臺司文字所，三年八月罷。可見此處「三年」乃「二年」之誤，本條即爲置局事，因改。

處。今來奏狀道數稀少，難依前件日數。乞下銀臺司，自今並限四日內，須貼寫投進發放了絶。如有先進及文卷奏狀，即依舊例 40 施行。」從之。

元豐五年六月二十五日，詔罷銀臺司封駁房。

六年三月二十五日，詔罷銀臺司取索舉奏令。詳見「給事中」。（以上《永樂大典》卷一一〇一）

發敕司〔一〕

【宋會要】

41 發敕司，隸銀臺，掌受中書、樞密院宣敕，著籍而頒下之。中書遣發敕官二人主之。舊有樞密院令史一人，後省。

太宗淳化三年二月，詔中書敕文至發敕院點檢有要害差錯者，堂後官罰三十直，守當官罰十五直，仍以三之一賞發敕官。

真宗咸平三年十月，詔中書發到實封斷敕如看詳發訖，具州府事由報銀臺司。

十一月，樞密直學士馮拯言：「中書户房直發劄子四道，不由臣點檢。」詔：「三司、開封府、御史臺、進奏院等處凡受宣敕劄子，須見發敕院官封書方得承稟，違者遣吏押送發敕院。」

四年八月，發敕院言：「中書降劄子有合與敕同行下者，多不一時到院，每至催督，方始行下。竊慮或有廢忘，欲望自今不同至者許令點檢，依敕文差錯例定責罰。」從之。

景德三年九月，樞密院言：「中書發到敕牒劄子入遞馬者全不出事宜，當院難於勾銷文曆。望許自今署寫大綱事宜付院發。」從之。

門下封駁司

【宋會要】

42 門下封駁司。唐制：給事中掌封駁。唐末，其職遂廢。

太宗淳化四年六月，以右諫議大夫魏庠、知制誥柴成務同知給事中事。凡制敕有所不便者宜準故事封駁，自餘常程公事依例施行者，不得輒有留滯。應後來行下制敕，並仰旋具編次。更有合舉行之事，條奏以聞。

九（年）〔月〕〔二〕，詔：「停廢知給事中封駁公事，令樞密直學士向敏中、張詠點檢、看讀、發放敕命，不得住滯差錯。所有行下敕文依舊編録，仍令發敕院應承受到中書敕令並須畫時赴向敏中等處點檢，候看讀，發放逐處。內有實封敕文，並仰逐房候印押下實封送赴向敏中等看讀點檢了，却實封依例發放。」自是始以封駁司隸銀臺。

〔一〕原無此題，今據内容補。

〔二〕九月：原作「九年」。按，淳化無九年，《長編》卷三四記此事於淳化四年九月，據改。《記纂淵海》卷二九、《古今事文類聚》遺集卷七引此條已訛作「九年」，非《大典》之誤。

至道元年正月，詔：「三司及内外官起請擘畫錢穀刑政利害文字，令中書、樞密院檢詳前後條貫，同共進呈，每月編其應行條敕作策，送封駁司。如所降宣敕重叠及有妨礙，並委駁奏。仍於門下省差令史二人專掌簿籍。」

十月，詔樞密院：「自今除該機密外，凡行宣命，並付封駁司看詳發遣。」

三年十二月，詔封駁司，凡有封駁事並録本送集賢院。

真宗咸平四年九月，吏部侍郎、知封駁司陳恕請鑄本司印。詔：「如有封駁事，取門下省印用之。」因是遂改爲兼門下封駁事。

六年七月，兼門下封駁事王嗣宗言：「京朝官受差遣者，其中有苛刻踰違犯法虐民之人，儻朝廷未能審察，復有差委，43 臣等不能舉駁，深非沮勸之道。乞今後風聞濫狀，許臣於審官院取索家狀，案其由歷，知得事實，特許一言。」從之。

九月，詔續降宣敕令大理寺寫本，送封駁司看詳。

景德三年二月，封駁司言：「中書、樞密院多至午未方送到文字。比置此局，責要審詳。況諸處文字皆有常限，或及旬日、一月已來，商量施行。若當司畧不看讀，便即發遣，乃是發放之司，豈曰封駁之職？望自今除急速文字外，其餘道數稍多，看詳未及，許至次日發遣。又近日多有直發文字，不由當司，欲望非涉機密皆依舊制。」從之。

大中祥符九年正月，以翰林學士晁迥知通進銀臺司、兼門下封駁事。初，宰相請以迥洎盛度同知銀臺司，代王曾。真宗曰：「人言曾嘗封駁詔敕，中書銜之，多沮其所奏。今罷曾，是符外議也。」宰臣王旦曰：「臣等本無忌曾之心，今之封駁與古不同，蓋除授差使，大小悉稟聖旨，進熟畫可，始降詔命。其檢會舛誤，實亦有之，頒下四方，誠爲不當。封駁司能詳奏釐正，乃裨臣等不逮。」帝然之。遂以迥代度，而曾仍舊。

仁宗嘉祐五年七月，改新知荆南府唐介復知諫院，楊畧復判吏部流内銓。時知門下封駁事何郯言：「介爲諫官，有補朝廷，不當出外。」以敕封還之。《續會要》以下作「給事中」。（以上《永樂大典》卷一一〇二）

進奏院

【宋會要】

44《兩朝國史志》：都進奏院監官二人，以京朝官及三班使臣充，掌受詔敕及諸司符牒，辨其州、府、軍、監以頒下之。并受天下章奏、案牘、狀牒以奏御，分授諸司。進奏官一百二十人。

太宗太平興國八年，命供奉官張文粲、王禮就相國寺行香院集進奏、知後官二百餘人，選百人。文粲等以州郡稍多，選人恐少，遂簡閲得李楚等一百五十人並充進奏官，掌二三州，罷知後官之名。其不中選者，補爲副知，命文粲與禮都領之，始爲鈐轄諸道進奏院〔一〕。又令三司各給銅朱記一，則曰某州、某軍進奏院，或兼管二三州軍〔二〕，亦共給一記〔三〕。太宗即位，詔罷支郡，皆置邸京師。外州將吏多不願久住，遂募京師人或親信爲之。符移頒下，多或稽緩漏泄，故有是命。

十月，詔於大內側近置都進奏院。自簡定諸進奏官後，遂且就行香院，至是始有此詔。踰年，以石熙載舊宅充院〔四〕，其諸州各置院者悉以舍屋隸三司。

十一月，詔：「進奏院常切鈐轄進奏官，只令在院承發文字，不得將歸私家，致有漏泄。其場巡檢捉賊等奏報公事，各隨所屬州進奏官承接勾當。」

十二月，詔進奏院轉差入於承旨院交領敕文等〔五〕。

九年七月，詔進奏官李楚等於崇政殿擇三十人補殿前承旨。始定進奏官以百二十人爲額，其逐州府各令均掌之。

十二月，張文粲等言：「準中書發敕院、樞密承旨院告報，進奏官日赴院承受宣敕，慮多妨滯，許送至臣處給付〔六〕。」詔本院專遣進奏官入內承受文字。

雍熙二年十月，張文粲等以諸色人入遞家書詣後殿呈。詔自今的親實封家書許令附遞，自餘親識只令通封附去。

是月，詔：「都進奏院先於府縣輪差承符十五人齎送文字，宜令步軍司以剩員軍士代之，遣還本院。」

十一月，都進奏院言：「進奏官每有愆犯，望許於左軍巡借杖區分。」詔：「小有愆犯，聽用小杖。若涉情弊，即時引見。」

三年五月，詔：「開封府進奏官止依例供申本府報狀，諸州不許申發。」

九月，詔：「中書敕文至進奏院，有漏印、漏押者，並令申納中書。」

四月〔七〕，進奏官李文業等言：「自減進奏官以來，事務益多，俸給貧乏。」詔：「三司每月給見錢五千充紙筆費，自今不得額外添人。」國初節鎮、轉運司者月給紙筆五千，餘三千，並一分見錢、二分折支。太平興國八年後例給五千，增見錢二分，至是始全給焉。又端午、十月一日、聖節，皆給時服。

十一月，詔：「諸路遞到案牘，令進奏院即時進入，無得稽滯。」又詔：「諸州奏狀小有差錯，令進奏院依例進入訖，別申本州，稱奉聖旨勘鞫干繫人吏鹵莽之罪。」

〔一〕始：原作「如」，據《玉海》卷一六八改。
〔二〕二三：原作「三三」，據上文改。
〔三〕「亦」下原衍一「亦」字，今刪。
〔四〕宅：原脱，據《玉海》卷一六八補。
〔五〕轉差入：疑當作「專差人」。
〔六〕「許」上疑脱「乞」字。
〔七〕四月：疑當作「四年」。

端拱元年正月，詔：「客旅便錢遞牒，令進奏院別用牢固皮角封遞。」

二月，詔：「進奏院自今每承受宣敕、省牒，畫時遞發，不得稽滯。」

二[45]年六月，進奏院言：「本院承舊例補第一名進奏官李文業爲行首，呂承信爲副行首，委令提舉。竊緣補置雖承久例，本院未奉朝旨，多不稟承。望降宣授。」從之。自後此職亦省。

淳化元年五月，詔：「諸州奏案即時於銀臺司通下，不得住滯。其斷敕須當日入遞。」

二年六月，詔進奏院：「應藩府奏諸色官充本道幕職、知委實闕官，即時奏請。內職諸司使以上知州，不得奏請京朝官充通判。如此等狀，即時遞迴，不得收進。」

七月，詔進奏院，如近上臣僚奏狀揩改差錯字，即勘以次干繫人。

三年五月，詔：「天下奏勘公案從實封角，用印入遞，赴進奏院。」

九月，詔：「諸州遞送罪人並許於監進奏院官當面交領。」

四年九月，詔：「進奏院日差進奏官一人承領敕文，於監院使臣當面拆封，點數入遞。應奏狀日具都目納銀臺司。」

五年四月，詔：「應諸蕃酋長朝見、遠夷入貢宴勞、〔賜〕賚，諸道奏祥瑞、官吏善惡、孝子順孫、義夫節婦殊異之事，十日一具報起居院，不得漏落。」

真宗咸平元年六月，詔：「進諸州兵帳須即日還樞密院兵房，不得積留在院。」

二年三月，詔：「緣邊馬遞至進奏院者，委進奏官至樞密院開拆〔一〕。」

（二）〔三〕年六月〔二〕，詔：「進奏院所供報狀，每五日一寫，上樞密院定本供報。」大中祥符元年，又詔：「不得非時供報朝廷事宜，令進奏官五人爲保，犯者科違制之罪。」

九月，詔：「諸州實封奏狀委監進奏院官看詳，驗無損動者，題『封記全』三字，即時進內。有損動者，重封進入。」

十一月，詔進奏院：「（令）〔今〕後應發宣敕及劄子〔三〕，須見發敕院官封題，方得收接。」

四年二月，詔：「諸州降雨雪，並須本縣具時辰、尺寸上州，州司覆驗無虛妄，即備録申奏，令諸官吏迭相糾察以聞。」又詔：「應外州官吏奏民間利病，實封者即時進入，不得拆封。」

十月，詔：「諸州官吏申奏脱漏、不依體式者，再犯勘罪送中書，下法寺依格斷遣。」

〔一〕至：原作「自」，據文意改。

〔二〕三年：原作「二年」。按，下文「十一月」條，據《長編》卷四七，在咸平三年十一月，則知此條之「二年」乃「三年」之誤。因改。

〔三〕宣：原無，據《長編》卷四七補。

五年四月，詔：「凡降德音條貫等，其溪、猰、南、高、富、鶴、上錦、下錦、獎、叙、懿、古、元、顯、繡、雲、順、波、晃、天賜二十州不須降去。」

七月，詔：「自今河西、陜西幕職州縣官進實封文字，即與收進。」

九月，詔：「進奏官每人許置守闕副知一人〔一〕，有闕奏裁。」舊有係名副知，遂改爲書寫人，守闕進奏官改爲揀中副知，揀中副知以十六人爲額。

景德四年八月，詔：「新注幕職州縣官發先狀赴本州者，委進奏院驗認與發。」

大中祥符二年三月，詔：「諸州進奏官十年已上者，並補三班奉職。自今每遇郊祀，叙補五人。如次補之人有贓污者，勿得隨例奏裁。」

七月，詔進奏院：「自今每遇郊禋，保進奏官及十五年已上無過犯者，從上具五人姓名以聞，當議出職安排。如無過犯人不及數，即取曾罰直及放罪人。如更少，即取以次有過犯數少情輕者足數。」

九月，進奏院言：「進奏官小可僭犯，舊例止罰直充公用，並宣敕明文，自今欲乞量行區分。」詔依舊例 46 施行。

天禧二年閏四月，詔：「申奏文字有脱臣漏官不書事宜，於文無害者，第一度與免勘，委進奏院置簿抄上。若是再犯，即劾罪以聞。」

仁宗乾興元年未改元。十一月，詔都進奏院告報諸州府軍監：「自今所奏文字凡係實封者，並令依常式封書畢，更用紙摺角重封，准前題字，及兩折角處並令用印，無印者細書名字。候到闕，令都進奏院監官躬親點檢，無（折）〔拆〕動，即依例進納。或有損動者，具收接人姓名以聞。」

天聖五年十一月，詔進奏院：「候承受到在外知州府臣僚以下加恩告敕，須勘會長吏者先次入遞發；故所有通判已下，續次遞發。內雖有官高於知州者，亦不得先發及隔越住滯。」

六年十月，詔：「都進奏院自今承受宣敕、中書密院劄子、省牒并内外諸般文字，並須畫時勾喚進奏官，於當面與保頭等同共點檢封角并開（折）〔拆〕，分明上曆印題，關防發遣。其逐州手分、進奏官等即不得於外面取便封（折）〔拆〕，別致去失文字。其進奏官合用隨身朱記，只令於本院内行使，不得將出外取用。」

七年四月，詔進奏院：「自今諸道州府更有附遞到三班使臣、幕職州縣官等實封章奏，並令收接進納。」

皇祐四年九月，詔：「外官有所陳事，並附遞聞朝廷，毋得申御史臺。」時州郡多以狀申御史臺，欲其繳奏而必行之。

《哲宗正史・職官志》：進奏院隸給事中，掌受詔敕及三省、樞密院宣劄，六曹、寺監、百司符牒，頒降於諸路及州

〔一〕闕：原脱，據《舊聞證誤》卷一補。

府軍監。天下章奏至，則具事目上門下省。若案牘及申稟文書，則分納諸司官。凡奏牘違戾法式者，貼説以進〔一〕。

神宗熙寧元年二月，詔：「近來天下諸州府軍監令檢舉舊條，今後如降到雨雪，不以多少，俟止，並須即時具的實尺寸以聞。仍令轉運司逐季舉行。」

四年二月十一日，詔：「諸道進奏院自今以知銀臺司官提舉。其勾當進奏院官，令樞密院選差京朝官二員，替見任官年滿闕。今後更不差三班使臣，臣僚之家不得仍乞子弟勾當。」

五月十八日，詔：「自今朝省及都水監、司農寺等處，凡下條貫，並令進奏院摹印，頒降諸路。仍每年給錢一千貫，充鏤版紙墨之費。」

十一月二日，詔：「應朝廷擢用材能，賞功罰罪，事可懲勸者，中書、樞密院各專令檢詳官一員，每月以事狀送進奏院，遍下諸路。」

九日，樞密院檢詳吏房文字劉奉世言：「舊條，進奏院每五日令進奏官一名於閤門抄劄報狀，申樞密院呈定，録供逐處。仍實封，一送史館，一送本院時政記房。然進奏官已自傳報，則五日行遣，顯屬煩文，欲乞罷此。諸道進奏官依例供發，除係朝廷已行差除指揮及内外常程事得謄報外，應干實封并涉邊機及臣僚章疏，或增加僞妄，並重寘法。其報狀仍委本院監官逐月抽摘點檢。」從之。

八年四月二十六日，知通進、銀臺司陳繹言：47「進奏院傳詔令差除章奏文字多有不實，或漏泄事端，惟是監官得人，可絶其弊。今勾當院林旦先任臺官，言事不實降黜，乞别與差遣。」從之。

元豐元年九月二十九日，都進奏院言：「準傳宣，取索自九月以後下江寧府文字〔二〕，令具名件。」詔：「應官司不著事目發過文字，並供檢納中書〔三〕。有夾帶書簡，亦盡録同申。臣僚所發私書，委開封府下逐家取副本。或無底，令追省鈔録，申府繳奏。如敢隱匿不盡，許人告，犯人除名，告者賞錢千緡〔四〕。有官者不願給錢，每三百千轉一資。」時呂嘉問、何琬互奏不法事，琬奏才至而嘉問辯論繼上，琬以爲有從中報嘉問者，故詔索所發私書考實也。

哲宗元祐元年四月二日，京西路提刑司言：「省部條貫除直下外，有諸司條貫付轉運司押牒入遞，分送諸州，率多遲滯。欲乞應頒降新法，以所下轉運司印本移送進奏院，坐省符連牒發送諸州。」從之。

紹聖元年十月二十一日，樞密院言：「熙寧四年中書劄子，應擢用材能，賞功罰罪，可爲懲勸者，中書委檢正官、樞密院委檢詳官逐月録事狀付進奏院，謄報天下。元祐初輒罷。」詔今年十月後如熙寧舊條。

〔一〕「貼」下原有「其」字，據《宋史》卷一六一《職官志》一删。
〔二〕索：原作「嗦」，據《長編》卷二九二改。
〔三〕此句《長編》卷二九二作「並下逐處供檢，申納中書」。
〔四〕錢：原作「鈔」，據《長編》卷二九二改。

欽宗靖康元年二月十七日，詔：「諸路監司帥守等應投進文字，不得請降指揮，徑赴入内内侍省投進，並依自來條法，遞赴進奏院施行。」

高宗建炎元年六月三日，詔：「進奏院自今年六月一日以後，依格合傳報諸路州軍文字，限三日盡數鈔録傳報。其見在東京進奏官所管州軍，並令見今隨從行在進奏官兼行掌管，傳報依此。」

九月二十一日，臣僚言：「進奏院人吏分掌諸州，一吏下番則一州事廢，雖有兼權之人，要非本職，孰肯盡心典領。又馬遞鋪兵昨緣軍興，多從調發，故所在多有闕額。其應進奏院官吏並隨行在，凡文書被受謄寫入遞，並依常法，敢有違滯，乞重寘典憲。仍戒勅諸路提舉馬遞鋪官，督責巡轄使臣招填鋪兵。」詔進奏院監官條具申尚書省。既而本院條畫，欲乞置都承受拘收簿一面，每日如遇應干投下文字，並當監官廳開（折）〔拆〕，選差近上無過犯吏人二人即時抄上，付逐州進奏官承受，並用院印，單目分明投下。取收獲訖，於簿内脚下朱書銷鑿結押。及都承受到諸處投下文字，並開具次日申門下省。如進奏官不即抄上，結押發放，並許人告，犯人取旨酌情編配，監官失覺察重行黜責，仍榜本院門。從之。

二年正月一日，詔：「諸司諸州月具承受朝省文字，遣人齎赴行在。投下文字人回日，請領遞角前去。無故不依程限到州者，各從杖一百科罪。」給事中劉珏言：「進奏院人吏數少，所報文字太多，鈔寫不辦，諸處拖下供給，養贍不足，沿路遞鋪有力不勝而棄擲文書者，有受財賂而藏匿文書者。乞降旨揮，令諸司諸州發曆日 48 等錢前來，令本院依月給付。仍乞令本院將諸州下文字人置簿，抄上姓名，遇回歸日請領遞角前去，依程限到州。令諸司逐州月具承受朝省文字若干件，增立亡失文書條格，委知通專一點檢。」尚書省勘會：「亡失文書自有條法，諸州發曆日錢見別作施行。」故有是詔。

四年五月二十五日，門下後省言：「進奏院屢經移蹕，事務廢弛。乞正除朝奉郎盧坤監都進奏院。」從之。

十月十三日，詔：「今後官員差除、降黜及外路合通知事件，令六曹各隨所行事類聚，每五日一次行下，進奏院繳連傳送所屬監司。事干茶鹽鑄錢司，即報逐司翻録施行。若事體稍重，令本部三次行移，以防失墜。稍有違慢，當行人吏取旨行遣。」從江東提點刑獄王圭言也。

紹興元年十月七日，詔：「今後進奏院應承受文字並仰依限投下，仍置簿抄上日收名件都數及有無違礙文字申明，門下後省嚴切檢察。如敢依前邀阻，乞覓錢物或藏匿文書，許詣尚書省越訴。犯人取旨，監官失覺察重行責黜。」

三年正月二十八日，刑部、大理寺言：「臣僚章疏議論邊計及事理要害，不許謄報，合釐爲在京法。應賞功罰罪，每月下六曹取索，擇其可以懲勸事上省，進奏院承受鏤板，須降諸路州軍監司及在京官司。」從之。以臣僚劄子：「乞下祖宗法，應賞功罰罪事可爲勸懲者，令左右司下六曹取索，鏤板頒降。」有旨送刑部看詳，故有是命。

四月四日，左右司言：「進奏官頒降賞功罰罪，乞量行支鏤板工墨錢。本司約度，欲每季支錢一百貫，五抄紙五千張，臨時以字數多寡置曆支使。如不足，即貼之。仍限次季申比部驅磨。」從之。

九月十七日，詔：「進奏官有犯，依舊制，其令吏部直送所屬指揮不行。」舊制，進奏院隸給事中，進奏官有犯，依崇寧法申牒提轄官司，詳度輕重施行，不得直送。四月十八日，吏部申請以供報多誤，今後從本部徑送所屬斷遣。至是諸道進奏官訴于門下後省，乞依舊法。從其請也。

十二月十八日，給事中胡交修言：「進奏院合赴章奏房投下諸路表奏。在京專法，令本房置過犯簿，籍記差錯進奏官姓名。昨緣渡江，散失案牘，指揮不存。欲乞令章奏房依舊置過犯簿，今後差錯并失點檢，廳司拘收。第一犯籍記姓名，次犯給事中量輕重送所屬責罰停降。」從之。

四年五月五日，吏部侍郎劉岑言：「銓選注擬稟闕及奏舉關陞改官之類，諸處關到並會問進奏院，以憑施〔行〕。緣供報文字往往差誤，全無畏憚，乞依紹興三年四月旨揮，如有差誤，從本部徑直送所屬施行。」詔：「除進奏官供報差誤事涉重害，許從本部徑送所屬，仍報提轄官照會外，餘依紹興三年九月十八日指揮。」後臣僚檢會建炎四年十月二十日及紹興三年九月十八日指揮，進奏院依祖宗法 49 隸給事中。若供報差誤，徑就吏部送所屬，深慮隳廢舊典。其四年五月五日指揮乞不施行。從之。

五年閏二月十二日，詔：「進奏院如將不係合報行事輒擅報行，及録與諸處劄探人傳報者〔一〕，許人告，賞錢三百貫，犯人並重作施行。」

六年八月一日，詔：「進奏官去替半年方許差人。其已差替人并見闕未到人，並別與差遣。歸吏部注授之人，特依省罷法，與指射差遣一次。願就宮觀嶽廟者聽。」

九年二月十三日，詔監進奏院羅萬、楊適各降一官。以三省勘會進奏院遞發正月五日赦書，内河南新復去處並合交付王倫賫行，不合一面便行入遞故也。

十一年二月十六日，門下後省言：「進奏官承受外路文字，雖有都簿，自行批收，遂得私匿。今乞以進奏官二人充開拆司，應外路遞到文字，於監官當面開（折）〔拆〕，即批收上簿，付逐州進奏官書押收領。次日拘收司驅催，依限投下，仍申本省照會。其都簿亦從本省每旬印給一面，日令本院計都收件數，旬終赴本省結押，抽摘檢點。其進奏官邀阻，不即批收抄發，并都簿隱漏名件，並依不應爲辭遣〔二〕，受財者從重，仍立賞許告。」從之。以大理寺勘進奏

〔一〕人：原作「入」，據《建炎要録》卷八六改。

〔二〕辭遣：似當作「斷遣」。

官樊永壽將諸處申奏到文字匿於私家，令後省措置故也。

十六年二月七日，詔：「進奏官今後六曹取會，並牒門下後省，不得一面宣送所司科罪。」以進奏院言侍左考功取會不係本院承發事件，勒令回報，及尋常小節直牒大理寺施行故也。

十七年十月二十八日，監進奏院朱柔嘉言：「祖宗舊制，進奏院除承六部取會承發事務供報外，餘並不許侵紊。檢准《大觀進奏院令》，除刑部許勾喚進奏官承發非次赦降及上下半年頒降條册，即時遣赴，并學士院、客省、四方館許勾喚進奏官整會文字暫赴外，即無六部許勾喚供報及直送所司斷遣條法。乞依舊制施行。」從之。

二十二年七月六日，總領四川財賦汪召嗣言：「遞角舊用皮筒，用印記。因兵部郎中黃敏行請用紙角題印，以蠟固護入筒，更不封記。緣遞鋪交換，取出辨驗，多致差互，愈長(愈)〔盜〕拆藏匿之弊。望詳酌措置。」進奏院看詳：「以蠟固護入筒，仍腰封撮繫。」從之。

二十四年十月二十二日，權給事中林一飛言：「進奏院依法隸門下省，其根究遞角破損住滯，乞從本省取索點檢。」從之。先是，臣僚言置郵傳命稽遲誤事，望申言之，詔令兵部措置。而駕部員外郎楊偰言：「祖宗舊制，駕部當行諸州鋪分往來傳送文字，稽其盜拆藏匿，即非門下省所掌事務。」尋會後省，在法進奏院隸門下省，遞角從給事中點檢，遂下兵部遵守，如一飛所請。

二十六年十二月十四日，詔監進奏院官督責進奏官，凡號令章疏，〔即〕時抄録，遍下監司州軍。其逐處被受，即具到發月日回申進奏院，令所轄官逐季點檢。從中50丞湯鵬舉之請也〔一〕。

二十八年七月二十六日，給事中賀允中等言：「祖宗舊法，進奏官以一百人爲額。每遇大禮，從上出職五人，内帶一名有過犯已經除雪人。紐計得二十郊，通計六十年補遍。今來進奏官裁減，作八十一人爲額。祖宗舊法，紐計得五分之四，每郊合出職四人，内亦合帶補一名有過犯已經除雪人，亦係二十郊，通計六十年補遍。近據有司失於參照祖宗條格，却衮同揀中副知、書寫人一處權行紐計，申畫到一時指揮，每郊出職二人。切緣本院與吏部見行條法，係進奏官理年出職反優補無過犯人數〔二〕。今來出職人即係無過犯與有過犯人均停各出一名，顯是有虧無過犯之人。若每郊止出二人，係四十郊，一百二十年方始補遍，使下名卒無寸進之期，委是未合祖宗法意。所有本院紹興十六年、十九年、二十二年、二十五年四次以經大禮，合出職積併人數，更不願陳乞補填，只乞自今年郊祀大禮依祖宗舊法施行。」從之。

〔一〕中丞：原作「中書」，按「中書」非一明確之官銜，且據《建炎要録》卷一七五等卷所記，湯鵬舉於紹興二十六、二十七年間實任御史中丞，本書及《補編》亦多處提及「御史中丞湯鵬舉」，因改。

〔二〕反：疑當作「及」。

二十九年七月九日，臣僚言：「伏見在内官司文移則分常、緊之限〔一〕，在外州郡奏申則計地里日時，稍或稽違，皆行斷罪。紹興五年正月，（常）〔嘗〕降指揮，應奏狀及申三司、樞密院文字並□填月日，著在令式，最爲詳密。欲乞應今後内□官司文移悉遵此制，按紙而得其月日，則易於考察，胥吏亦無所容其姦；然後嚴常、緊之限於内，驗地里日時之限於外，稍有稽遲，重寘於法。仍委宰執、臺諫更加點檢，庶幾革弛怠之弊。」從之。

孝宗隆興元年七月三日，都進奏院言：「見管進奏官八十一人，合減十六人。欲乞將今來所減進奏官，候今降指揮下日，從本院出給公據，付逐人收執，作守闕。遇有見管進奏官請假事故名闕，依名次先次射闕補填施行。」詔：「見在人且令依舊，將來遇闕，更不遷補。」

十一月十四日，給事中、兼直學士院錢周材言：「進奏院自祖宗以來，依舊制係是承發官司，隸屬門下後省。今來吏部一時申請，將應在京職事官合舉改官奏狀令進奏院貼説投進，及令進奏官赴部供報，如不從實，本部一面依條施行。竊詳應在京官奏狀依條並合赴通進司投下，即不經由進奏院。其舉狀該與不該，係是吏部掌法行令，即非本院所掌。今來吏部衝改祖宗法令，混亂職事，欲乞許令進奏院依祖宗舊法施行。」從之。

二年六月十三日，兵部言：「進奏院承受諸處行下外路州軍監司等處文字，自來並係本院徑行排發。近承指揮，將二廣、湖南北、四川路州軍遞角文字，除詔書、軍期文字并先經由州軍依舊給發外，其常程文字有給發至安撫或轉運司，却令逐司分給逐州軍投下，切恐留滯。欲乞行下進奏院，將應承受合排發諸路州軍等處遞角文字，並依舊徑行發下逐州軍，及仰關報 51 諸路安撫、轉運司并所部州軍等處照會，遵守施行。」從之。

乾道三年十月四日，臣僚言：「盱眙軍朝報如係本軍利害者，乞用省符下本軍施行，其餘不係軍事常程文字，一切免報。自餘極邊乞皆准此。」從之。

六年八月四日，尚書省言：「進奏院違戾約束，擅報告詞，係廳司劉資、馮時立承發朝報，保頭人侯革。」詔並送臨安府，各從杖一百斷罷。

十九日，中書門下省言：「近來進奏官輒於六部等處鈔録指揮，又將傳聞不實之事便行傳報。欲令左右司將六曹刺報狀内合報行事寫録定本，呈宰執訖，發赴進奏院，方許報行。」詔：「今後妄行傳報，如違，依聽探傳報漏泄法科罪。」

九月十五日，臣僚言：「進奏院自來係隸屬門下後省，内有合赴門下後省整會事件，進奏院差提舉司二人赴省行遣，并抄録書寫文字人，本院已依指揮拘收在院訖。所有整會本院差遣、遷補、敘用、監官到罷、批書及點檢驅刷文

〔一〕限：原作「恨」，據後文改。

字，令本部置都曆一道，專差親事官或本省兵士各一名在都門外專收接赴省，日下行遣訖，發付進奏院照應施行。」從之。

九年閏正月十八日，詔：「今後外路官兵付身等，令拘催給發使臣每五日一次入進奏院，遞取監官到院入遞日時文狀，仍令進奏官置籍發放，每月赴左右司、承旨司驅磨。」

三月二十一日，詔：「進奏院依舊隸門下後省，合傳報事令本省録合報事件付本院報行，餘依已降指揮。」先是，臣僚言：「國朝置都進奏院，總天下之郵遞，隸門下後省。凡朝廷政事施設、號令賞罰、書詔章表、辭見朝謝、差除注擬等合播告四方令通知者，皆有令格條目，具合報事件謄報。昨紹興二十六年，因臣僚建言，罷去進奏院定本，以復祖宗之舊。至乾道六年，因左右司請將六曹刺報内所報事件去取選擇，發付進奏院，方許謄報，沿襲向來定本之弊，皆非累朝令格之制。欲望特降指揮，令進奏院一遵祖宗舊制，隸門下後省，令本省録合報事件，付進奏院報行。庶幾朝廷命令之出，天下通知，允合公議。」故有是命。

淳熙八年七月四日，刑部侍郎賈選言：「乞自今刑寺駁勘取會獄案文字，令進奏院置録匣，排列字號、月日、地理，當官發放。所至鋪分即時抽摘單傳，承受官司依條限具所會并施行因依，實書到發日時，用元發匣回報，免致淹延。」從之。

九年正月十二日，詔：「盱眙軍自今應有合發奏報文字并承傳旨回奏知稟劄子等，並令進奏院赴通進司投進。」

十年六月十五日，臣寮（臣）言：「諸路州軍申發章奏，並要書填實日，庶幾進奏院可以計程驅磨，巡鋪官得以從實根究。」從之。

十三年十二月九日，詔：「都進奏院減進奏官十人、副知三人。」以司農少卿吴燠議減冗食，下敕令所裁定，故有是命。（以上《永樂大典》卷次原缺）[一]

奉安符寶所

【宋會要】

52 嘉定十六年七月二十八日，都提舉奉安符寶所承受王椿言：「奉旨差充都提舉奉安符寶所承受官。今隨宜參酌比附，條具到合行事件。一、乞以『都提舉奉安符寶所承受』爲名。一、合用印記，乞下文思院鑄造銅印一面，以『都提舉奉安符寶所承受之印』一十二字爲文。一、今來奉安符寶係創行建置，蓋造殿宇廊廡等，乞差主管文字一名，許於見領職局及内外官司大小使臣見任、得替、寄居、待（闕）（闕）、已未參部或白身人吏内指差，相兼祗應。帶行見請，與理爲在司在任月日，有名目人理爲資任。請給等依玉牒所等處承受下主管文字則例支破。一、乞差背印、投送文

[一] 按：據《永樂大典目録》卷四三，「進奏院」門似應在《大典》卷一六六五二「院」字韻「起居等院」目中。

字親事官共二十，下皇城司指名踏逐差取，實占祗應，遇闕依此差填。一、踏逐在内皇城司起蓋符寶殿宇等一所，差人吏并親事官各合綴帶勅入宫門號一道，乞於皇城司支破。」從之。（以上《永樂大典》卷一〇九四五）

宋會要輯稿　職官三

中書省

【宋會要】

1《兩朝國史志》：中書省：判省事一人，以舍人充。掌供郊祀及皇帝册文、幕職州縣官較考、齋郎室長諸司人年滿覆奏，并受文官改賜服章、僧道紫衣師號、舉人出身、寺觀名額正宣之事。白院令史六人，甲庫令史二人，驅使官三人。玉册院鐫字官一人，玉册官一人，金(官)〔字〕官一人，彩畫官一人。元豐改制，官名則因舊，而職守與舊不侔矣。

太宗太平興國九年二月，詔：「凡除官及銓注州縣官，新降畫敕止宣黄甲等，各定經歷發遣日限：承旨院二日，中書門下省五日，都省六行承領敕甲二日，吏部甲庫五日。候正敕到，方給籤符敕關。」

真宗景德四年正月，詔：「中書省舊私名二十六人，今減十一人。其見收係人且令仍舊。自今凡收私名，委御史臺提點試驗書札，無過犯者方得收補。」

大中祥符元年正月，命大理評事、秘閣校理劉筠於中書省管勾刻太祖、太宗謚册。時省官並赴泰山故也。

四年四月，祀汾覃慶，真宗謂宰臣曰：「朕閲《六典》，起居郎、舍人，司諫、正言凡十二員。近日此官多闕〔一〕，當選有才望爲中外所知者補之。」遂以工部員外郎直史館陳堯佐、樂黄目爲起居郎，屯田員外郎直史館盛玄、太常博士直史館王隨爲起居舍人，太常博士直史館路振、崔遵度爲左司諫，直史館陳知微爲右司諫，太常丞(值)〔直〕集賢院李諮、直集賢館陳越並爲左 2 正言，職如故。

英宗治平二年三月十四日，知制誥祖無擇言：「中書省不當在東，乞與門下省對移。且門下〔二〕、中書與尚書號『三省』，其長官皆宰相之任，莫有高焉者也。今乃左省在西，右省在東，不可不易也〔三〕。唐龍朔中，嘗改左、右省爲東、西臺，此又明不可不易也〔四〕。」從之。

【宋續會要】

3《神宗正史・職官志》：中書省掌承天子之詔旨及中外取旨之事，凡職事官，尚書省自員外郎，門下中書省自正言，御史臺自監察御史，秘書省(字)〔自〕正字，寺監自宗正、太常(承)〔丞〕、博士，國子監自正、録，侍從官〔自〕待制，帶職官自直秘閣，寄禄官自中散大夫，宗室自防禦使，外任官自提舉官、藩鎮節鎮知州，内命婦自掌計，東宫自庶子以上除授皆主之。立后妃、封親王、皇子、公主，拜三師、三

〔一〕多：原作「名」，據《長編》卷七五改。
〔二〕且：原作「自」，據《長編》卷二〇四改。
〔三〕不易也：原脱，據《長編》卷二〇四補。
〔四〕下「不」字原脱，據《長編》卷二〇四補。

公，侍中、中書、尚書令則用册，頒赦、降德音、命尚書左右僕射、開府儀同三司、節度使則用制，應遷改官職命詞則用誥，非命詞則用敕牒，賜中大夫、觀察以上則用詔，布告、大號令則用御札，賜酺及戒勵百官、曉諭軍民則用敕榜。皆承制畫旨，授門下省，令宣之，侍郎奉之，舍人行之，留其所得旨爲底〔一〕。大事則奏稟，其底曰「畫黄」；小事則擬進，其底曰「録黄」。凡事干興革增損而非法式所載者，論定而上之。諸司傳宣特旨，承報審覆，然後行下。凡分房八：曰吏房，主行除授、考察、陞黜、賞罰、廢置、薦舉、假故、一時差官及本省雜務。《大觀格》：吏房左選主行三省、樞密院，臺省寺監、東宮、親王府、大晟府、監司、内外教官帶職人，及中散大夫以上牧尹、開府少尹，及應文臣差除、考察、陞陟、論薦、假告、事故，内命婦、宮嬪除授，官封廢置增減，文臣官吏降賜詔勅、尚書吏部内封考功所上〔二〕，并特旨若**4**起請、臺諫章奏、内外臣僚官司申請無法式應取旨之事。右選主行遥郡刺史已上管軍，諸衛將軍、横行使副，入内、〔内〕侍兩省知省、同知省，僉書、同僉書殿中省六尚局，及應武臣差除、考察、陞陟、功賞、論薦、假告、事故，皇子賜名授官，宗室除改，宗室臣僚封爵，駙馬都尉除授，官封廢置增減，武臣官吏降賜詔勅，尚書吏部司勳所上，并特旨若起請、臺諫章奏、内外臣僚官司申請無法式應取旨之事。曰户房，主行廢置陞降郡縣，調發邊防軍須，給借錢物。《大觀格》：户房主行廢置陞降諸路州縣，調發應副邊防軍須、支借内藏及封樁錢穀，進納糧草，應尚書户部、度支、金部、倉部所上，并特旨若起請、臺諫章奏、内外臣僚官司申請無法式應取旨之事。曰兵、禮房。禮房主行郊祀〔三〕、陵廟典禮，后妃、皇子、公主、大臣封册，駙馬都尉、内命婦官封，科舉考官，外夷書詔。《大觀格》：禮房主行典禮郊祀，朝拜陵廟，后妃、公主、親王、大臣册禮，差大禮五使、奉册太尉，書撰册文，修書，學校凡大學、宮學等公私試考試等官，奉使、館伴、接送，引伴外國使人，臣僚召試，賜外國書，應尚書禮部、祠部、主客、膳部所上，并特旨若起請，臺諫章奏，内外臣僚官司申請無法式應取旨之事。兵〔部〕〔房〕主行除授諸蕃國，應尚書兵部、職方、駕部、庫部所上，并特旨若起請、臺諫章奏、内外臣僚官司申請無法式應取旨之事。曰刑房，主行赦宥，契勘刑獄，除授官貶降**5**叙復。《大觀格》：刑房主行赦宥、德音，制勘推官及命官諸色人公案，催促刑獄，差官編排罪人，災傷降不下司敕〔四〕，創修條法，

〔一〕留：原作「書」，據《文獻通考》卷五一、《宋史》卷一六一《職官志》一改。

〔二〕内封：疑當作「司封」。

〔三〕禮房：原無，按「兵禮房」爲總稱，其下實仍分禮、兵二房（蓋因兵房官吏不多，故合於禮房），此文亦分禮、兵二房叙述，故此句應有「禮房」二字，因補。

〔四〕天頭原批：「不，衍文。」按此句之「不」字並非衍文。《文獻通考》卷一六七載：仁宗天聖五年陝西旱災，民有持杖劫人者，詔減其罪，「且諭長吏密以詔書從事。自是諸路災傷，即降不下司勅。」所謂「不下司敕」即不公開向下級官府頒布之詔敕。「不下司」一語，宋代文獻常見。

本省差除之官貶降責授牽復，應尚書刑部、都官、比部、司門所上并特旨若起請、臺諫章奏、內外臣僚官司申請無法式應取旨之事。曰工房，主行計度營造、開塞河防。《大觀格》：工房主行大營造應取旨計度及河防修閉，尚書工部、屯田、虞部、水部所上并特旨若起請、臺諫章奏、內外臣僚官司申請無法式應取旨之事。其尚書省所上奏請、臺諫所陳章疏，應被特旨及取裁之事，各視其房之名而主行之。曰生事房〔一〕，主行受發文書。曰班簿房，主行具員。《大觀格》：班簿房主行百官名籍及具員之事。曰制敕庫房，主行編錄供檢勑令格式及架閣庫。《大觀格》：制勑庫房，主行編錄供檢條法及架閣之事。開（析）〔拆〕房，主行受發（主）〔生〕事。催驅房，主行催驅在省諸房行遣文字稽違之事。點檢房，專點檢諸房文字差失之事。凡官十有一：令、侍郎、右散騎常侍各一人，舍人四人，右諫議大夫、起居舍人、右司諫、正言各一人。吏四十有五：錄事三人，主事四人，令史七人，書令史十有四人，守當官十有七人。而外省吏十有九人：令史一人，書令史二人，守當官六人，守闕守當官十人。

《哲宗職官志》分房十有一，增兵房，掌行除授諸蕃國爵命官封。催驅房，掌察文書稽違。點檢房，掌察文書差失，餘同《大觀格》。吏額：諸房 6 錄事六人，主事四人，內一名守闕。令史九人，書令史十人，守當官十四人。點檢房點檢文字二人，制敕庫房法司二人，貼司一人。架閣庫房（守）〔手〕分一名，提舉紙庫錄事一員，管紙庫手分二人。諸房合編寫條例守當官或守闕守當官各一名，專寫入進及進呈文書。守闕守當官，吏房左選六人，右選五人，戶房六人，禮房五人，兵房四人，刑房上房六人，下房七人，工房五人，知雜房一名。發錄黃、畫黄并簽書呈納舍人文書守闕守當官四人，管抄寫修銷點檢催驅房文簿守闕守當官四人。令正一品，掌佐天子議大政，授所行命令而宣之。祀大神祇則陞壇，饗宗廟則陞阼階而相其禮，臨軒册命則讀册，建儲則陞殿宣制，持册及璽綬以授太子。大朝會則詣御坐前，奏方鎮表及祥瑞。自建隆以來未嘗除，惟親王、樞密、節度使兼領者謂之「使相」，不與政事。元豐釐正官制，以右僕射兼侍郎焉。侍郎正二品，掌貳令，參議大政，授所宣詔旨而奉之。凡大朝會，則押表及祥瑞案。册皇太子、公主、諸妃則押册及引册案，以所奏文及册書授令。四夷來朝，則奏其表疏，以贄幣付有司〔二〕。

神宗治平四年十二月十一日，已即位，未改元。看詳編修中書條例曾布等言：「應中書省所管封册，乞自中書直下文思院製造。捧册職掌人，下御史臺差諸司職掌人充。

〔一〕生事房：《宋史》卷一六一《職官志》一、《文獻通考》卷五一作「主事房」。按本書「職官」類共有九處稱「生事房」或「生事案」，其他相關詞語如「生事文字」等計十餘處，而僅一條作「主事房」，似作「主」反誤。生事者，謂非常程例行之熟事。

〔二〕幣：原作「弊」，據《宋史》卷一六一《職官志》一改。

引，捧表案，於沿堂五院人主管。文武百官妻母上禁中牋表，令閤門投7進。諸州幕職州縣官遞歲常考及陞降，並委尚書考功。齋郎轉改委禮部。諸司正名較考并附奏挾名年滿委吏部。本省點檢覆勘，及中書所降正宣，出給優牒，可罷本省官，差附合屬去處。制勑院私名只自中書出給。補□舍人院手分差官告院人。本省官合破引接，將來闕人，許抽逐主判處人吏或館閣楷書。本省官物，於沿堂五院差通引一人、驅使官二人管勾。一、檢正官、點檢玉册、金字、鐫字、彩畫等官，隸中書省管係。」詔並如所定施行。

元豐元年三月二日，中書言：「在京舉差選人處欲並令舉京朝官或使臣，見任選人聽滿任。唯市易上界監官、檢估官雖進納選人，聽差。」從之，仍候見任人滿日施行。

八月，詔中書立給散常平錢穀官賞法以聞。

十七日，中書禮房習學公事蔡京言：「御寶批降指揮未經編録成策，恐歲月滋久，本末不完，乞委官編録。」從之，仍命京管勾。

二年六月二十八日，中書言：「刑房奏斷公案，分在京、京東西、陝西、河北五房，逐房用例，輕重不一。乞以在京刑房文字分入諸房，選差録事以下四人專檢詳斷例。」從之。

八月十二日，中書言：「應朝旨置獄究治事，欲委審刑院、刑部置簿管勾，非特旨立限者及一季末奏，下所屬催促。無故稽留若行移迂緩并所屬不催舉，並劾奏，責刑房季冬點檢。」從之。

三年四月十七日，詔：「在京官司奏或申中書、樞密院事，待報半年未下，聽節畧大綱及8申奏月日以聞。」

六月四日，詔中書：「自今監司提舉官闕，限十日内差人。」

七月十二日，詔：「應在京置局編修文書官司可概指揮催促結絶，所主具析書成年月日以聞。中書詳酌，準事繁簡、人力多寡，隨宜裁度。」

八月十日，檢正中書户房公事畢仲衍上所修《備對》[一]。詔中書、門下各録一本納執政，仍分令諸房揭貼。

閏九月九日，中書言：「河北五州府元計人三十萬、騎六萬二年糧食。今立定封樁式，欲頒下。」從之，仍令具今年八月終實數申中書。自今每季依此。

四年二月八日，中書言：「諸房自來熟事不用條例文字事目欲令依舊外，如更有似此熟事文字并諸處奏請事件，引用條例分明，別無問難取索，便合擬進者准此。」從之。

二十七日，詔：「自今推勘根究公事，令承行官司約定日限，申中書、樞密院。」

[一] 畢：原作「辛」，據《長編》卷二八七改。

六月二十六日，詔：「今陝西諸路會集兵馬〔一〕，利害所繫不細，應樞密院遣兵將、中書調運軍食等事，並會議允當，然後進呈行下。仍於二府逐房各選謹敏吏三二人專主行，庶可照應前後處分，不致重錯。」

二十八日，詔中書：「自今應相度、定奪、分析、體量、勘會、驅磨、點檢之類，並置簿催轄勾銷，委檢正官量緊慢給限。」

八月一日，詔中書，自今堂選並歸有司。

六年十月九日，中書省言：「三省六曹諸司如係聖旨指揮應速行及差除，並批時辰付受。無故違滯，隨事科罪。一日杖八十，一日加一等，罪止徒一年。」詔改作十日 9 徒一年。

七年正月二十六日，中書省言：「尚書都省門狀：刑部牒，有賣肉人擅入比部門，已送開封府。省門授事不稟都省，其使臣欲上簿。」上批：「本差内侍守門，止爲與外廷臣僚無交涉，得以盡情(幾)〔譏〕察出入。若(由)〔申〕解一賤隸令稟都省，則動有忌憚，何事不廢。自今但干違令出入事，命官奏聞，吏史以下送所屬。」

九月二十三日，詔中書省具御史臺察案去年所彈治六曹諸司違法稽慢事，若干所彈允當，其違法官司若干嘗書斷該罰，若干用赦恩放免以聞。

十月二十四日，中書省言：「樞密(丞)〔承〕旨司傳宣事已得旨，如無奏稟，合作録黄，過門下省覆奏，本省更不入進文字。」從之。

八年七月十二日，詔自今待制以上磨勘止中書省擬進。

八月十二日，詔：「朝奉大夫錢曜、宣德郎御史臺主簿俞瑾並爲都水監丞，自今並中書省差。」

二十八日，門下省、中書省申明：「諫議、司諫、正言合通爲一法。即諫官以言爲職，凡有所見，並許論奏。欲乞送中書省申明行下。」從之。

九月十四日，詔中書省增録事二人。

哲宗元祐元年，詔：「辭免恩命，得旨降詔不允，只從本省送學士院進詔。」

三年十(二)〔一〕月四日〔二〕，三省言：「在京堂除差遣累有增改，而吏部闕少官多。今裁定：門下、中書省正言，尚書省左右司、六曹郎中，御史臺監察御史，秘書省正字，館職校理以上，寺監長、貳、丞，太常博士，太學博士、正、録，侍講、説書，開封府推判官、府司録，開 10 封府祥符、咸平、尉氏、陳留、襄邑、雍丘知縣，登聞鼓院、檢院，王府翊善、侍講、記室、小學教授，知大宗正丞事，諸王府講書、記室，睦親、廣親宅講書，左藏庫，三京留司御史臺，商税院，進奏院，並中書省差。寺監主簿，太常寺太祝、奉禮，光禄

〔一〕今：原作「令」，據《長編》卷三一三改。
〔二〕十一月：原作「十二月」，據本書職官一之二七、《長編》卷四一七改。

寺太官令〔一〕，元豐庫牛羊司，京東排岸司，諸宮院教授，太康、東明、考城、長垣知縣，並吏部差。俸錢依在京分數。」從之。

四年七月三日，中書省言：「内外官再任及六曹郎官於本曹易部，並初除給告，後降黄牒。」從之。

徽宗崇寧元年八月九日，中書省檢會元豐五年五月十三日勅：秘書丞、著作佐郎、祕書郎、著作郎、正字、太常丞、博士並係吏部差；秘書省正字以上、太常寺博士、丞以上並中書省差官。元豐七年二月十八日勅：諸開封、祥符知縣差陞朝官知州資序。吏部契勘：「開封、祥符知縣昨係罷堂選，取近降手詔，却合本部使闕差官外，所有祕書丞、著作郎、祕書郎、著作佐郎、校書郎、正字、太常博士，元豐七年本部別無選差條格，依元豐五年五月十三日朝旨，係中書省差官。内太常寺丞緣准勅諸寺監丞，令吏部依元豐選格擬定，本部即不見得太常寺合與不合在内。」詔：「開封、祥符知縣依元豐七年、太常丞依元豐五年朝旨，並中書省差人。」

五年二月七日，詔翰林學士、兩省官及館閣，今後並除進士出身人。

五月十六日，中書省班簿房准御筆指揮，省臺寺監并諸路知州 11 軍人堂除簿，每月一次進納。

大觀四年六月十九日〔二〕，奉御筆：「哲王求治，選賢任能，爲官擇人，職修政舉〔三〕。比來寖紊，廉耻道衰，奔競成風，肆行請托，倚藉姻婭，占據要途，遂使孤寒沉迹於下僚，誣佞同升於膴仕〔四〕。欲革近弊，宜蹈舊章。應行官制以來堂除〔五〕，並遵依格令施行。仍創造堂除簿，每月一次進納。逐名下署聲説出身歲月〔六〕、歷任資序。如有功過，節述切要，仍具係與不係宰執有服親屬〔七〕。其舊法不係堂除窠闕，因後來積漸泛取，占却吏部闕次〔八〕，並送還本部〔九〕，令依格差注，庶示公平，以抑徼倖。如有合行事件，一一措置，條析以聞。」

政和三年二月十八日，詔：「崇寧五年五月十六日指揮勿行，其堂除簿却令班簿房進納。」

宣和五年九月五日，詔：「今後轉官及差遣有違礙者，雖奉特旨處分，並仰中書省將上取旨。」

七年六月十八日，御筆：「直祕(開)〔閣〕錢端義已除符寶郎，改除光禄少卿，便令供職。管勾崇福宫錢端禮除大

〔一〕寺：原作「司」，據《長編》卷四一七改。

〔二〕大觀：本書職官八之七、《補編》頁五二二載同一詔均繫於崇寧五年二月二十九日。按此詔云「仍創造堂除簿」，而據上條，崇寧五年五月已有堂除簿，則此詔之降當以崇寧五年二月二十九日爲是。

〔三〕修：原作「循」，據本書職官八之七改。

〔四〕升：原作「然」，據本書職官八之七改。

〔五〕來：原作「求」，據本書職官八之七改。

〔六〕逐：原無，據本書職官八之七補。

〔七〕宰：原作「掌」，據本書職官八之七改。

〔八〕吏部：原無，據本書職官八之七補。

〔九〕還：原無，據本書職官八之七補。

晟府樂令，替范寅恭，通理年滿闕。」吏部供到范寅恭已差張瑋。臣寮上言：「恭覽宣和六年二月二十八日奉御筆手詔，其畧曰：『可自今不歷省臺寺監、監司郡守，仍不除少卿若諸監長官。不歷寺監丞若祕書郎以上及監司郡守，仍不除郎官、少監，著爲定令。內宰執有服親及戚里應仕進者，遵熙豐故事與宮祠，當褒擢者除職。三省常切遵守，違者執奏取旨，御史臺覺察，隨除目彈奏。』臣讀之再四，12 仰見陛下任賢使能，必先於寒(寓)〔儁〕；繼志述事，不忘乎熙豐。雖文王官人於棫樸之微，大舜見堯於羹(壇)〔牆〕之間，無以踰也。詔旨風動，群情翕然。其上足以當帝之陟降，其下足以叶天下之公議。故當時罷黜者無慮數十員，班列肅清，士夫欣快。邇者姦諛狂率之人務爲紛更，變亂名實，請罷資格之法。天監昭明，灼見其弊，曾不淹旬，復行改正，中外莫不稽首稱慶。且資格之法既以復行，而宰執之親及戚里乘間進用，憑據要津，其在省府寺監之中，尚多有之。牙孽既萌，浸以滋長，攀援而來，源源未已。若不少加裁正，臣恐前日手詔遂爲虛文，此臣所以區區不能自已也。伏願陛下執此之令，堅若金石，行此之令，信如四時。申命有司檢會前項詔旨，凡所該載事件畢舉而行之，今日有所違戾，一切罷去。開公正之門，闢疎遠之路，循名責實，共熙庶政，克廣文考所以敷遺之意，天下不勝幸甚。職在彈糾，惟知遵奉陛下御筆丁寧之意，不敢畏避退縮，以爲身謀，望陛下赦其戇愚。」奉聖旨，錢端義等具因依告示，見在省府寺監不應詔旨之人，令中書省取索聞具取旨〔一〕。

舍人院〔二〕

【宋會要】

13 舍人院。舍人正員闕，則以正言以上至給事中知制誥。院在中書制敕院內，初入者有儤直。晉開運中，楊昭儉約舊例，刻石院中。凡員外郎入五十直，郎中入四十直，他官入八十直。自員外郎知制誥轉郎中依舊直者三十直，拜舍人者二十直，自常侍、諫議、給事、郎中拜舍人者三十直。舊官再入，約前任減半。西京舊有題名石柱，都汴以來遂廢。咸平三年，李宗諤始爲石壁，刻記名氏。故事，每知制誥上事，必設紫褥於庭，面北拜。廳閤長立褥之東北隅，謂之壓角。宋庠作《掖垣叢誌》而不解其事。按唐《舊書》亦無聞焉，惟裴庭裕《正陵遺事》云舍人上事，知印宰相當壓角，則其禮相傳自唐也。舊曰舍人院，正員闕，以正言以上至給事中知制誥。院在中書制敕院內。元豐改官制，始正除中書舍人，鑄印以「中書外省」爲文。

太祖開寶九年十一月，太子中允張洎、王克政並直舍

〔一〕聞：似當作「開」。

〔二〕按，此題原在「宋會要」下，且被整理者誤分割於職官二之二二「起居院」目之後，今移於此。《大典》「起居院」、「舍人院」二目本在同一卷，徐松原稿亦相連。

人院〔一〕。

太宗雍熙三年十月六日，以著作郎、直史館李沆、朱湜、左拾遺王化基並爲右補闕、知制誥。太宗素聞沆與湜有文學，會化基上章自陳，因令中書各試制誥二首。帝覽而嘉之，故有是命，仍各賜錢百萬。

四年二月，以右補闕、知制誥范杲爲工部郎中、知京兆府，從其所請。知制誥出領外藩自杲始也。

九月，以主客員外郎、知制誥宋準爲金部員外郎。先是，知制誥罷職，多拜諫議大夫，準以病故也。

淳化元年，右正言、直史館馮起自西川轉運使召入，守本官知制誥。不數日，追寢，出，起知濮州。時鄭昌嗣使蜀回，言起政事懈緩，故罷其命。

五年十一月，舍人院言：「自來除改內殿崇班已上、諸司使副官告，據本房送到詞頭，云樞密院奉聖旨除，並不知除改因由及本人履歷，故只言勤恪敘遷而已。竊慮是藩邸舊臣、公侯嗣子，或有功可賞，或久次當遷，或自外就除，或在朝而授，乞詔樞密院具除官事由及畧言本人行止，實封送中書，據以命詞。」從之。此制後亦隳廢。皇祐二年十月，本院復以爲言，乃詔申明之。

是月，詔舍人每員月給草詞小紙百番，令三司隨制敕院料錢撥送。

真宗至道三年未改元。四月，以工部郎中、史館修撰梁周翰爲駕部郎中、知制誥。故事，入西閣皆中書召試制誥三篇，二篇各二百字，一篇百字，惟周翰不召試而授焉。其後薛映、梁鼎、楊億、陳堯佐、歐陽修亦如此例。

七月，以兵部郎中、知制誥張秉爲左諫議大夫，罷職。時秉草敘用官制，有「頃 14 因微累，謫於遐荒」之句，真宗覽之，曰：「若是即先朝失刑矣！」故有是命。

十二月，以刑部郎中王禹偁以本官知制誥。禹偁至道中嘗爲翰林學士，坐事罷職，至是復有此命。

咸平二年四月，以度支(知)郎中、知制誥張茂直授秘書少監，罷職，出知(穎)〔潁〕州。茂直以年老罷職。

三年十月，召職方郎中直秘閣黃夷簡、主客員外郎直史館曾致堯試制誥於學士院。時宰相張齊賢薦二人堪掌書命，嘗有急制，值舍人出院，即封除目，命夷簡草之。及是召試，物議未允，遂罷其命，夷簡遷光祿少卿，致堯任户部員外郎。

大中祥符二年六月，詔：「中書舍人遇當制日須赴閣下，所有編修文字皆攜就閣下看詳。」

七年四月，詔：「每國忌齋疏，令舍人院旋撰新文，不得更用舊本。」

十月，以左司諫〔二〕、直史館陳知微爲比部員外郎、知制誥，右正言、直史館劉筠爲左司諫、知制誥，並賜金紫，仍

〔一〕按，此條係屠寄據《大典》卷二千九百五十八補於天頭，今移入正文。
〔二〕此條「左」、「右」二字，《長編》卷八三均相反。

特詔筠在知微之上。先是，筠等召試制誥，帝以筠所試爲優，特有是命。

十二月，詔中書舍人當制日，自今後諸廳上馬〔一〕，方得出院。

九年八月，詔起居郎、直史館樂黄目試於中書。帝以黄目久在外官，命止試制誥二篇，遂授兵部員外郎、知制誥。

天禧三年十二月，知制誥晏殊等言：「本院書籍殘闕，帷帳什物多弊，公用錢亦少。望賜國子印本（郡）〔經〕書，令儀鸞司供帳，冬季三司給炭，仍增賜公用錢。」詔增月給爲三十千，餘從其請。

仁宗天聖三年，以吏部郎中、知制誥、知鄧州張師德遷左諫議大夫。近制，舍人多次補學士，時師德首冠西掖，會擢錢易爲學士，以師德被疾，遂特遷官罷職。

四（月）〔年〕五月，命知制（詔）〔誥〕蔡齊、章得象爲翰林學士，起居郎、直史館李仲容等四人知制誥。時閣下惟齊、得象在院，遂命翰林學士夏竦草制。

景祐元年，知制誥鄭向、胥偃、李淑知貢舉，閣下闕官，又命翰林學士石中立、張觀權且草制。

〔天聖〕七年七月〔二〕，翰林學士、中書舍人、玉清昭應宮判官宋綬以本宮火罷學士職。時綬同修國史，詔不赴舍人院當直。未幾復入翰林。

寶元二年五月十八日，知制誥王舉正等言：「舍人院重修閣畢，合撰記文。緣學士宋庠任知制誥日建議修閣，頗詳始末，乞令差宋庠撰文。」從之。

康定二年正月十九日，樞密院言：「自來新除知制誥，閤門賜告勑後，即申本院，以憑劄付入内内侍省，中謝日賜對衣犀帶。」詔閤門今後晝時申樞密院。

慶曆五年二月十四日，知制誥張方平等言：「知制誥楊察服除入院，所有班著乞依先入名次。」從之。

嘉祐元年十月二十八日，知制誥韓絳言：「蒙恩授臣龍圖閣直學士、知瀛州。況翰林學士、知制誥自來非因陳乞外補，未嘗差出，望賜裁處。」而翰林學士歐陽修等言：「乞且留絳，依（絳）〔舊〕供職。」從之。

英宗治平元年十二月，貶知制誥錢公輔爲滁州團練副使，不簽書【15】本州公事。祖無擇罰金三十斤。公輔坐言王疇不當爲樞密副使，不肯草制。無擇以不即草貶公輔制，英宗亦欲加罪，而中書救之，乃有是命。

《神宗正史·職官志》：中書舍人四人，正四品，掌爲制詞，（授）〔受〕所宣奉詔旨而行之。分治六房，隨房當制。若有失當，則論奏，封還詞頭。國初，與給事中爲所遷官，實不任職，復置知制誥及直舍人院，主行辭命。及修官制，遂以實正名，判後省事。分案五：曰上案，主册禮及朝會

〔一〕後：疑當作「候」。

〔二〕天聖：原脱，據《長編》卷一〇八補。按，此條應移前。

所行事。曰下案，主受付文書。曰制誥案，主制詞及試吏〔一〕，校定録事以下功過。曰諫官案，主關報文書。曰記注案，主録記注。其雜務則隨所分案掌之。

神宗熙寧三年四月，知制誥宋敏求論除幕職官爲御史非國朝舊制，以疾乞解職。詔罷知制詔，餘所領如故。

五月六日，（同）〔司〕封員外郎、直史館、同修起居注蔡延慶，兵部郎中、充集賢校理王益柔等，並直舍人院。直院祖宗朝例，至是復除也。

十四日，知制誥李大臨、蘇頌並落知制誥歸班，坐累格新除御史李定詔命不降也。

十七日，詔：「應臣僚差直舍人院，只理本資序，候知制誥不闕即令罷〔二〕。」

六月二十二日，兵部郎（史）〔中〕韓縝乞免直舍人院。詔加集賢院修撰罷職。

七月，學士院言：「應下兩制詳定文字，直舍人院未審合與不合同議。」詔令同議。

十月二十六日，工部郎中、直史館李壽朋乞免直舍人院。因言舅韓絳見任參知政事，理合迴避。詔候韓絳到（關）〔闕〕日罷。續詔以壽朋兼領處多，與免之。

四年二月六日，中書門下言：「編（修）條例所申，舍人院除官皆有定格。除官之人無日不有，而外制臣僚兼領他事，既出倉卒，褒貶重輕或未得中。欲乞今後文臣兩制、武臣閤門使已上及朝廷陞擢職任、特旨改官并責降之人特撰告詞外，其餘除授，並撰定檢永用。」從之。

七月十三日，編定應試知制誥並召赴中書試制誥三道，各限一百五十字已上。成，進呈取旨除授。如係正言已上，即守本官，已下並除右正言。

元豐四年十月二十七日，詔中書舍人印爲「中書外省之印」。

五年二月二十三日，詔：「舍人院除逐月公用三十千外，如遇知制誥、直院禮上給錢六十千，南郊宿齋分撰知字三十千，試人聚議致齋十千。每歲都數不得過四百五十千。」

四月二十五日，朝散郎、史館修撰、判太常寺曾鞏〔三〕，朝散郎、集賢院校理、同修起居注趙彦若，通直郎、集賢校理、同修起居注陸佃，並試中書舍人。自是始正官名。

二十六日，詔：「中書舍人罷職事官日，除龍圖閣（侍）〔待〕制。」

八月八日，中書舍人曾鞏以草韓維制辭乖戾，罰銅十斤。先是，知（穎）〔潁〕昌府韓維再任，鞏草制辭，稱維曰：「純明直諒，練達今古。先帝所遺，以輔朕躬。」又曰：「參

〔一〕主制詞：原作「主側詞」，據《宋史》卷一六一《職官志》一改。
〔二〕不：原脱，據《職官分紀》卷七補。
〔三〕天頭原批：「寄案：《大典》卷二千九百五十九引《會要》云：鞏元豐中爲中書，時哲宗爲延安郡王，命鞏典王府牋奏。故事，翰林掌之，上特命鞏。」又云：「夾注在『曾鞏』下。」

角之間，韓延壽、黄霸之迹在焉。興禮教而勸農桑，以追參于前烈，皆爾素學，其尚懋哉！」上批：「維不知16事君之義，隨俗罔上，老不革心，非所謂『純明直諒』。姑以藩邸舊恩，使守便郡，又非可使以布政宣化。辭命乖戾，不中本情，傳播四方，甚害好惡。可復送中書省改辭行下。」故罰。

九月二十四日，中書舍人趙彦若等言：「六房公事，乞據舍人員數分領，以吏、户、禮、兵、刑、工爲次。其生事、班簿、制敕庫房並通領。」從之。

六年十一月十七日，詔：「中書省置點檢房，令舍人院通領。」

七年九月三日，詔：「中書舍人分領六房，隨所領命詞。」後復分日。

十月九日，詔朝奉郎、守起居郎楊景畧，朝散郎、守尚書左司郎中錢勰，並爲中書舍人，免試。景畧、勰奉使高麗，方還在道，並擢之。

十一月十一日，詔：「朝奉大夫、寶文閣待制、權知開封府蹇周輔留事不決，改中書舍人。」已而又以周輔衰耗廢學，改刑部侍郎。

八年二月二十七日，詔：「諸朝會，起居舍人闕，牒著作、秘書郎、著作佐郎，又闕牒中書舍人。」

哲宗元祐元年正月二十八日，中書省言：「元豐六年九月敕，舍人各隨所領房命詞。今除刑房間有責降牽復，又兵房有蕃官遷轉外，其餘差除並在吏房，以故吏房日常行詞。欲令依舊各簽押逐房文字外，其命詞止依故事輪日分草。」從之。

三月十四日，起居舍人蘇軾免試爲中書舍人。

九月十六日，詔：「中書舍人時暫闕官，依門下、尚書省例，只批送本省官兼權。」

十月八日，詔：「中書舍人暫闕，不許差諫官兼權。」從右司諫王覿之言也。

十二月十六日，朝議大夫、直龍圖閣劉攽爲中書舍人，仍免試。

四年三月十八日，承議郎、秘書省著作郎范祖禹爲中書舍人，仍賜金紫。初，祖禹召試中書舍人，懇辭，有旨降誥免試〔一〕。祖禹又辭曰：「辭記注而特召，辭召試而直除，則何以厭服人言，答揚聖選？」從之。五月二日，除右諫議大夫。

十月六日，詔：「起居郎、起居舍人曾行詞，如除中書舍人，免召試。」

六年四月二十二日，中書舍人韓川言：「奉詔，從薛紹彭請，賜薛向兩字碑名，送臣撰者。竊以國朝褒異大臣，賜以碑名，必有勳業德義，非應子孫之求也。向雖曾任執政，(正)〔止〕是財利之臣，無取於清議。乞罷賜碑名，并自今臣僚之家不許陳乞碑額。其勳德顯著，從朝廷特賜，或委三

〔一〕誥：原作「詔」，據《長編》卷四二四改。

省考其可賜者，具奏取旨。」從之。

紹聖四年五月七日，中書舍人蹇序辰請自今詞頭如有元行遣文書，即同檢送當制舍人。從之。

十八日，詔起居郎、兼權中書舍人沈銖以繳奏吳居厚不當，特罰銅三十斤。

徽宗元符三年未改元。四月五日，中書舍人曾肇奏：「臣三月二十六日本省刑房送到孔平仲復單州團練副使、饒州居住詞頭，尋撰詞，簽書録黄，送門下省訖。却於今月初二日刑房別寫到録黄，付臣簽書，其制詞内有不是臣元行詞語，係左僕射章惇改定，藁草見存。竊緣孔平仲初坐上書譏毁先朝，責授惠州 17 別駕、英州安置，當時已於制詞具載事實。今來係用登極大赦叙復，但當明著聖恩叙復之意[一]，不必更載前來貶謫之事。故臣所行詞只云『南遷日久，有足哀矜。俾副戎團，稍還内地』，如此則前謫後復，詞意俱足。今來章惇改定詞語，即非臣所行，難以却作臣簽書録黄行出。謹備録臣元所行詞并章惇改定到詞各一本，繳連在前。伏乞特賜詳覽，出自聖意，裁酌指揮。謹録奏聞。」又奏：「臣至孤至愚[二]，伏遇陛下即政之初，首賜拔擢，以詞命爲職。聖恩深厚，日夕思念所以報稱。故每於代言之際，具著聖訓，明示天下，不敢依違觀望，以負任使。其所行孔平仲詞，但謂聖恩既赦其罪，與之叙復，不必更著前日上書之事。伏望特紓聖覽，萬一可用，乞賜指揮。如不可用，則是臣拙於文字，無以稱職，即乞罷臣中書舍人職事，以允公議。臣所撰詞：『敕責授惠州別駕、英州安置孔平仲：朕嗣服之初，推大慶于天下，雲行雨施，無遠弗及。爾嘗以文學，擢在儒館。南遷日久，有足哀矜。俾副戎團，稍還内地。往恭朕命，朕不汝遺。』章惇所改詞：『孔平仲：朕嗣服之初，推大慶于天下，雲行雨施，無遠弗及。爾頃以獻言，（議）〔譏〕毁先烈。謫居嶺服，亦既省循。俾副戎團，稍遷内地。往恭朕命，尚體寬恩。』」中書省檢會：「今年三月二十二日，曾肇所行責授連州別駕鍾傳詞：『先帝拔爾於衆人之下，而置之三軍之上。不思忠信，以報知遇，迺懷姦罔上，虚列戰勞。黜廢彌年，適更大宥，盡還故秩，復使長民。益自省循，以圖報稱。可承議郎、知信陽軍。』責授歙（川）〔州〕別駕張詢詞：『爾還自周行，授之閫寄。坐謾廢黜，亦既彌年，盡還故官，俾長軍壘。恩則厚矣，報宜如何。可朝散大夫、知廣濟軍。』」詞曾肇前後命詞與今來所奏不同[三]，特放罪，依詞改定，並令起居舍人鄧洵武行下。肇復奏：「臣疎遠不才，幸蒙聖恩，起自謫籍，召還侍從，使掌書贊。雖日夜策勵，思竭智力，庶幾有補萬分之一。然賦性滯蒙，拙於文字，果以詞命非長，致宰臣改定。又以前後命詞與所奏不同，特賜放罪。臣竊自惟念，

[一] 當：原作「朝」，據《曲阜集》卷四改。
[二] 上「至」原作「又」，據《長編》卷三九五改。
[三] 句首「詞」字疑當作「詔」。

罪戾重疊，非賴陛下聖明洞照，察臣本末，則臣之孤危，何可自保。恩德深厚，非臣殺身所能報稱。然舍人專以行詞命、書録黄爲職，今所行詞既不可用，又以他官書録黄行下，則舍人職事因臣遂廢，臣之疲(儒)〔懦〕，罪何可逃，雖欲强顔苟安，義不可得。況臣前已奏聞，臣所撰詞，如不可用，即乞罷臣中書舍人職事。伏望聖慈察臣誠懇，特賜罷黜，以懲失職。臣更不(改)〔敢〕赴省，居家俟命。謹録奏聞。」詔令赴省供職。

徽宗建中靖國元年二月二十七日，中書舍人謝文瓘言：「章惇責雷州，臣實當制，而朝廷特命上官均撰詞，是臣文詞淺陋，不足以發揚陛下明正典刑之意，乞賜罷免。」詔不允。

大觀元年四月十一日，宰臣蔡京 18 等進呈許光(疑)〔凝〕撰制詞不當。上曰：「近爲制詞者絶少。」京等曰：「大哉王言，辭尚體要。代言之任，誠難得人。」

四年四月九日，詔郭敦實罷中書舍人，除集賢殿修撰、知温州。尋罷職，差遣仍舊。以臣僚上言敦實非才濫進，荒謬不職，取笑中外，故有是命。

五月十二日，中書省言：「檢會潘兑召試中書舍人，用『臾詬亡節』，以『臾』爲『凖』；又行錢昂犯真宗廟諱降官詞云：『乃移邊鄙之文，犯吾祖廟之諱。』逮退換，又改云：『乃於文移，犯吾國諱。』本省改云『有失恭謹』。屬者中書舍人郭敦實行詞紕繆，臣僚彈奏，三省坐視，不爲朝廷愛惜事體。今潘兑所爲制詞頗有知者，終恐難爲掩覆，再致人言。」詔以兑爲顯謨閣待制、知陝州。

九月二十六日，以中書舍人蔡肇爲顯謨閣待制、知明州。肇草責辛羲制，有旨令中書省改定行下，故有是命。

宣和七年六月二十九日，詔中書舍人連南(天)〔夫〕除修撰，與郡。以言者論其素無行義，又代言不職故也。

高宗紹興元年九月二十五日，詔中書舍人席益除集英殿〔修〕撰、知温州。先是，益草制失詞，中批待制、與郡。至是臣僚言：「故事，中書舍人一年無罪，丐外補者，例除待制。乞罷益待制之命。」從其請也。

二年十月十四日，臣僚言：「肆赦牽叙舊執政得罪之人，中書舍人王洋所行告詞率多溢美，至宇文粹中資政殿學士告詞誇誕爲甚，切慮傳播四方，不便觀聽。」詔王洋除職與郡。

三年五月四日，三省言：「中書舍人見今正官與權官只兩員，慮恐行詞闕官。」詔差起居郎黄龜年兼權。

四年十月初五日，中書舍人王居正言：「準中書門下吏房送到詞頭三件：一、王居修改合入官，係居正親弟。一、劉大中除起居舍人，係甥婿。一、本身磨勘。」詔令右司郎官周綱權中書舍人，命詞行下。

五年五月二十四日，中書舍人胡寅奏：「切見比年以來，書命所宣，多出詞臣好惡之私意。遇其所好，則譽莊跖爲夷齊〔一〕；遇其所惡，則毁晉棘爲燕石〔二〕。極意誇大，有同於牋啓；快心摧辱，無異於詆罵。使人主命德討罪之言，未免于玩人喪德之失〔三〕。是豈代言爲命之法哉！夫文者，空言也。言而當則爲實用，善者怙焉〔四〕，惡者懼焉。其有益於治，不在賞罰之後矣，而非空言也〔五〕，曾謂是可忽乎？望申諭外制之臣，以飾情取悦、含怒相訾爲戒，褒嘉貶絀，務合至公。詞貴簡嚴，體歸典重，庶幾古者誥命之意，以成一代贊書之美。」詔劄與中書後省。

六年七月三日，中書舍人董棻言：「近陳與義、傅崧卿與棻同日除中書舍人，陳與義不候授告，先次供職。棻尋具辭免，不允，乃授告供職，即合依元降除目爲序〔六〕。兼陳與義歷中書舍人、吏禮部侍郎、給事中、直學士院、侍講、顯謨閣直學士，今來召還，即與尋常同除事體不同，難以用寄禄官條。其崧卿亦係曾除權侍郎、徽猷閣待制，棻亦難
19 以居先。乞以元降除目爲序。」從之。

七年十一月二十六日，中書門下省言：「已降指揮，寺監丞、諸路監司、帥守、轉運判官並皆命詞給告，其知大宗正丞、提舉茶鹽、坑冶未該載。」詔今後並命詞給告。

八年十一月十七日，詔起居郎蘇符除中書舍人，免（詔）〔召〕試。

九年三月二十七日，殿中侍御史謝祖信言：「臣聞誠不至者物不格，損不極者益不臻。國家遭中否之運，賴祖宗深仁厚澤，蟠結民心。陛下憂勤恐懼，感格天意，與地自歸，反側咸附。所以宣至意，唯在於號令文告之辭，則推誠豈可以不至？損已豈可（已）〔以〕不極？乞戒諭辭命之臣，凡詔令之頒，宜法『傷居爾體，痛在朕躬』之意，使人得所欲，則豈有方命阻辭之憂。」詔劄與學士院、中書後省照會。

四月十三日，中書舍人、兼直學士院李誼言：「李綱知洪州，臣備員言路，曾與臺諫合章論列。今綱辭免知潭州恩命，令學士院降詔。按綱第二章有云『當日白簡，公肆詆誣』，在臣迹涉嫌疑，難以爲詞。乞別委詞臣撰述。」詔差中書舍人劉一止。

二十九年三月十七日，中書舍人洪遵言：「吏部左右選所行告命内中書舍人繫銜處，係官告院人吏代書。切緣命詞給告，雖宰執亦係親書，切慮代書，止是沿襲。望下吏部，今後應有命詞，並逐廳親書。」從之。

三十年五月十三日，中書舍人沈介言：「準中書門下省送到詞頭一道，爲右朝奉郎、提轄建康府榷貨務沈譚等

〔一〕跖：原作「銘」，據《斐然集》卷一〇改。
〔二〕燕石：原作「盜跖」，據《斐然集》卷一〇改。
〔三〕于：原無，據《斐然集》卷一〇補。
〔四〕怙：《斐然集》卷一〇作「帖」。
〔五〕也：原無，據《斐然集》卷一〇補。
〔六〕序：原作「字」，據文意改。下文同。本卷後文職官三之二一載：崔敦詩、木待問並除中書舍人，「初以除目爲序，分房主管職事」，孝宗詔「以階官爲序」。正與此相類。

收趁歲增茶鹽錢各推賞事。緣數内監官右從政郎沈仝係介親弟，委是妨嫌，難以命詞。」詔差起居郎楊邦弼。

孝宗隆興元年九月二十七日，起居郎胡銓言：「伏蒙聖慈差兼權中書舍人。臣與起居舍人馬騏同僚，其人詳練，乞改差馬騏。」上曰：「朝士無以易卿。」銓奏：「臣與劉珙分上、下房，劉珙得上房，臣得下房。下房多出内降，如劉珙近日繳田師中遺表陳乞恩例，冒瀆聖聰。況臣綿薄，決不能勝任。」上曰：「劉珙繳得極是，朕初疑其稽遲耳。繳駁貴於當理，雖繳駁無嫌。如卿名望，不必固辭。」

乾道元年三月十七日，詔今後文武官功賞轉官合給告人，並命詞行下。

五月一日，試中書舍人洪适内殿奏事，上曰：「卿所繳秦塤差遣甚當，向後有合繳事，不須劄子，但批敕將來。如有出自朕意〔一〕，事不可行者，卿但繳來。」

十四日，臣僚言：「準中書門下省付下敕黃一道，隨龍敦武郎孫肅特添差監行在省倉上界，隨龍修武郎郭毅特添差監行在雜賣務，隨龍保義郎李繼善特添差監行在省倉上界門，請給、人從、酬賞等並令依見任正官例支破，仍釐務。臣檢准紹興令，諸添差官不應差而特差或用恩例陳乞者，並不釐務。又隆興元年十月已降指揮，應添差文武官及宗室、戚里、歸正、歸明或恩例或特差之人，並不釐務，但與支破釐務請給。今隨龍孫肅等三【20】人皆依見任正官例支破，已爲優厚。至於釐務一項，即係以恩例特差之人。取到吏部狀，即無隨龍人許添差釐務條法，兼有礙紹興令並前後所降指揮。又況省倉、雜賣場皆係賞典優厚去處，正官既已陳乞，若更令添差官推賞，即似太濫，一啓此例，無由杜絶。乞賜寢罷。」詔並不釐務。

十一月三日，中書舍人梁克家等奏：「准中書門下省送到起居舍人、兼權中書舍人洪邁劄子，伏見刑房所送詞頭大抵多是班行小臣過犯降秩，或以押馬損耗，或以筦庫虧折，或以監臨欺隱，或以兩下鬬詈，如此等輩，不可毛舉。而以命詞之故，元犯緣由，皆隱而不章。若只令吏部以犯由始末盡載告身，晝鈔付下，實足以懲惡而禁姦，不至媟黷天子威令。此外又有當訓告而相承則否者。夫郡守爲民師帥，在祖宗時率皆命詞給告，今獨帥臣及待制以上乃得之。乞下中書省，使之斟酌輕重，畧去大小使臣謫詞，徑下吏部擬告。而凡除節鎮及上州者，各令詞臣具以郡國風俗、民事、廢置載之於絲綸，以詔其行。開具下項：一、乞畧去大小使臣謫詞，徑下吏部擬告。克家等檢會《掖垣叢志》，如係特旨者命詞。其餘因在外監司、守臣按舉及爲民詞訴而法寺定罪取旨降官者，只以録黃行下，吏部盡具逐人罪由始末，載之告身，給降付下。一、乞凡除節鎮、守臣不以庶官並命詞，自餘例依舊降敕。」從之。

十二月三十日，臣僚言：「竊以天下萬務出命于中書，

〔一〕出自：原作「自出」，據《宋史全文》卷二四下乙。

審于門下，行于尚書，所以敬重政令，期於至當而已，初無文武二柄，東西二府之別也。今三省所行，事無巨細，必先經中書畫黄，宰執書押既圓，當制舍人書行，然後過門下，而給事中書讀。如給、舍有所建明，則封黄具奏以聽旨。惟樞密院既得旨，即畫黄過門下，而中書不預，則封繳之職微有所偏。況今日宰相、樞密臣兩下兼領，因而釐正，不爲有嫌。乞詔樞密院，自今以往凡已被旨文書並關中書門下，依三省式畫黄、書讀，以示欽重出命之意。」從之。（以上《永樂大典》卷一六六五二）

21 淳熙八年九月二十六日，詔中書舍人崔敦詩、木待問分房主管職事，以階官爲序。既而敦詩、待問並除中書舍人，初以除目爲序，分房主管職事；及赴朝參立班，閤門以階官次序，待問在敦詩之上。後省因復申明，故有是命。（以上《永樂大典》卷二九五九）

五房五院　隸中書省

【宋會要】

22 五房五院。舊制：每房置堂後官三人，並自京諸司選入〔一〕。國初授同正官，其後稍授檢校郎中、員外，並五品階，而長任。逐房堂後官，一人主承受批鑿聖語、定押敕草，一人主點檢書寫熟狀呈押進入，一人主對讀印押發放。録事二人，守當官三人。

太祖開寶六年四月，詔：「堂後官十五人，從來不曾替換。宜令吏部流内銓于前資見任令、（禄）〔録〕、判、司、簿、尉内揀選諳會公事、有行止無遺闕者，具姓名申奏，當議差補，仍三年一替。如至得替别無不了者，令、録與除陞朝官，判、司、簿、尉與除上縣。」

五月七日，以前武德縣尉姜宣義爲眉州司馬〔二〕，成州録事參軍任能爲梓州别駕，鄄縣令夏德崇爲嘉州長史，三原縣尉孔崇照爲榮州司馬，並充堂後官。太祖知堂吏擅中書事權，多爲奸贓，故令吏部選授。堂吏用士人自此始也。然而有司所選終不及數，遂召見舊任者劉仲華等四人〔三〕，面加戒勵，令復任三歲〔四〕。歲滿無過，與上縣令，稍有愆過，重寘朝典。

九年，詔：「堂後官在職滿五年，如願出外官，優與處分。願在職者，亦與遷轉。」自是參用士人流外。

太宗太平興國七年十月，中書言：「堂後官元額十五人，舊日不及一百州公事。今來除出外官及身死外〔五〕，只有十人行遣。」詔吏部流内銓於見任州縣官内選有科名、歷任别無不了者，抽取引見，送中書比試。如諳會公事，久遠堪充堂後官，即留；不堪任者，却令歸任。是歲，抽到州縣

〔一〕入：原作「人」，據《職官分紀》卷五改。
〔二〕義：《長編》卷一四作「乂」，但《事物紀原》卷一〇亦作「義」。
〔三〕仲：《長編》卷一四作「重」，但《職官分紀》卷五亦作「仲」。
〔四〕任：原作「令」，據《職官分紀》卷五改。
〔五〕除：原作「有」，據《長編》卷二三改。

官于若訥等三十二人，得許州録事參軍陳雅等四人，並授雄望州別駕充職，餘令還任〔一〕。

八年七月，以堂後官劉仲華爲檢校吏部郎中、武勝軍節度判官。仲華本吏人，爲堂後官，至是落職故也。

雍熙元年五月〔二〕，以將作監丞李元吉、丁顧言爲堂後官，賜緋衣、銀帶、象笏、錢百千。京官任堂後官自此始也。

十二月，以堂後官王渾、綦佩爲右贊善大夫充職。朝官任堂後官自此始也。朝官除入謝外，餘不赴朝參，見宰相禮同胥吏。

端拱元年八月，以河南府法曹參軍梁正辭、棣州司法參軍呂易從〔三〕、齊州司法參軍李祐之、宋州楚丘縣主簿喬蔚、陳州宛丘縣尉羊道沖並爲將作監丞〔四〕，祗應堂後官公事。先是，宰相以堂吏闕，欲選充於百司〔五〕。太宗不許，因令吏部選正辭等充。二年十二月，並以爲堂後官。

淳化元年二月，詔中書堂後官自今依樞密院主事例給俸。

四年八月，詔重分擘五房所掌公事。堂後官先十五人，今止置六人。内欒崇吉一人，令都提點五房公事〔六〕，給俸依樞密副承旨例。綦佩等五人〔七〕，人掌一房。鄧湘等九人，年深者與通判差遣，年淺者與知縣或監當，及二年已上者並與加勳。如堂後官有闕，于此九人内揀選充職。又置録事五人，主書、守當官仍舊二十 23 五人。帝以逐房堂後官各三人，秩序既等，不相統攝〔八〕，故立制，孔目房掌文武升朝官及刺史以上少尹、上佐、衛佐、技術、堂後、進奏除授知州、通判差遣之事。堂後官一人總之〔九〕，録事、主書、守當官各一人分掌之。吏房掌后妃、諸王、公主封册，駙馬除拜，京官、幕職州縣官注擬、加恩，諸司使副以下内侍加恩〔一〇〕，百僚贈官，追封，叙封，河渠、隄堰、橋梁修造工役，祠祀、禱祈之事。堂後官一人總之〔一一〕，録事、主書、守當官各一人分掌之。户房掌財幣〔一二〕、軍儲、户口、版籍、租調、漕運、禄俸、賑貸、土貢及諸路轉運、内外監當差官之事。堂後官一人總之，録事一人，主書三人，守當官四人分

〔一〕還：原作「遷」，據文意及字形改。《長編》卷二三作「餘悉令歸任」，則並非「遷」。

〔二〕天頭原批：「寄案，徐輯《大典》本無卷數，此條係太平興國九年五月，又『丁顧言』作『丁佐』。」又批：「寄案，《大典》卷六千一百四十六，以上二條係太平興國九年。」按，太平興國九年十一月改當年爲雍熙元年，是二説均不誤，但以「太平興國九年」爲確。

〔三〕棣：原缺，據《職官分紀》卷五補。

〔四〕「州」、「丘」二字原脱，據《職官分紀》卷五補。

〔五〕於：原脱，據《職官分紀》卷五補。

〔六〕公：原作「供」，據《職官分紀》卷五改。

〔七〕人：原脱，據《職官分紀》卷五補。

〔八〕統：原作「充」，據文意改。

〔九〕「堂」原作「當」，「一人」原作「人一」，據《職官分紀》卷五改。

〔一〇〕以：原作「之」，據《職官分紀》卷五改。

〔一一〕堂後：原倒，據《職官分紀》卷五乙。

〔一二〕幣：原作「弊」，據《職官分紀》卷五改。

掌之。兵禮房掌郊祀〔一〕、朝拜陵廟、朝會、享宴、尊號、祭器、儀仗、刻漏、册禮、旌表、假告、外夷、館閣、國學、圖書、祥瑞、貢舉、補蔭、釋道二教〔二〕、旌節、符印、諸司職掌、諸道行軍司馬、將校加恩、功臣子孫、寒食洒掃、禁火、知軍差官之事。堂後官一人總之〔三〕，録事、主書、守當官各一人分掌之。刑房掌赦書、德音、貶降、責授、經赦叙理、刑獄訴訟〔四〕、擒捕、旌賞之事。堂後官一人總之，録事一人、主書三人〔五〕、守當官五人分掌之。總曰制敕院。又有生事房，主書一人掌之；勾銷房，守當官一人掌之；堂印，守當官二人掌之。凡録事出官授令、録，主書已下授簿、尉。

五年七月，以殿中丞丁顧言守本官，復充堂後官。堂吏自唐至五代率從京百司抽補，縱授以官，但賦禄而已，年深或授同正將軍。國初，趙普在中書，始奏檢校諸曹郎中。自後屢懲其貪，故參用士人有科第、歷外官者。至是自朝官復任，蓋矯昔弊也。

至道元年正月，以殿中丞、提點堂後官五房公事樂崇吉爲度支員外郎、三司度支副使。即日召堂後官、著作郎楊文質授祕書丞、提點五房公事，仍賜緡錢三百千。帝謂之曰：「汝見非次拔擢樂崇吉否？更宜自加勉勵。」

五月，詔堂後官于元額定人數外，特置三司〔六〕，於户房、刑房祗應公事。

八月，詔録事内特轉補二人充主事，賜游（繫）〔擊〕將軍階級，俸如樞密院主事之例。

三年五月，國子博士、堂後官綦佩等三人並轉虞部員外郎，落職授外州通判。

真宗（成）〔咸〕平元年七月，詔制敕院諸房公事自今不得（轍）〔輒〕有漏洩，及令御史臺曉示京朝官，不因公事勾喚，不得輒入制敕院。仍常切覺察，違者具名以聞。

二年正月，詔：「制敕院、沿堂五院職掌有闕取旨，無得輒自收補。」

四月，詔曰：「樞衡之地，慎密爲先。如聞近日以來有漏禁中語于外者，其令中書門下取旨。制敕院、沿堂五院委不漏洩及聽探公事〔七〕，逐人結罪狀，違者劾罪奏裁。自今除守闕人外，並須著寬衫出（人）〔入〕，不得入茶坊酒肆。」

三年十月，詔中書五房各置主事一人。

大中祥符五年三月，以堂後官、太常博士劉明恕提點五房公事，賜錢三十萬。

六年二月，堂後官、太常博士 24 劉明恕等言：「自來

〔一〕兵：原作「丘」，據《職官分紀》卷五改。

〔二〕教：原脱，據《職官分紀》卷五補。

〔三〕總：原作「掌」，據《職官分紀》卷五改。

〔四〕訴：原作「訢」，據《職官分紀》卷五改。

〔五〕主書：原作「主事」，據《職官分紀》卷五改。

〔六〕三司：似當作「三員」。

〔七〕五院：原作「五員」，據上條改。按，中書五房官吏（堂後官、主事等）之廨舍稱「制敕院」，五房給使吏卒所居官舍則稱「沿堂五院」，參見本書職官一之一六至一七。

大醻慶節，樞密院副承旨已下至大理寺法直官皆預。臣等各有正官，望比來以聞〔一〕。」宰臣王旦等曰：「此輩若預宴會，有所不便，或特賜酒食，亦繫聖恩。」真宗曰：「朕記御書、御藥院待詔、祇候已下亦嘗賜與。」遂遣中使賜明恕(之)〔以〕下錢三十千，羊五口，酒十瓶，令賜醻日取便聚會。

七年四月，樞密使王欽若等曰：「本院小吏以奉祀禮成，援中書堂後官、直省官例求恩澤。」帝以問宰臣，王旦等曰：「堂後官本選士流經科者，十年無遺闕，改官爲通判，蓋先朝舊制也。若由流外守職至堂後官，即無此例。直省官南郊例得七人出職，昨纔出行首二人爲供奉官，亦定例也。大凡中書、樞密院體例各異，至如密院副承旨出爲諸司副使，若轉至都承旨，即便爲大將軍。以至主事以下，有特加俸錢及十千者，中書人吏所加不過兩三千，以是不可比類。蓋中書堂後官開寶九年以後多是優轉，咸平以來惟有抑損。」帝然之。

天禧元年六月，詔：「提點中書制敕院五房公事劉明恕，自今遇慶節大禮，許依樞密都副承旨例進奉上壽，仍赴宴會。」

二年三月，詔制敕院人吏自今庶事謹密，各務廉介，仍令提點官常切覺察。

三年十二月，以供備庫使郭懷(王)〔玉〕爲金部員外郎，提點中書五房公事。

仁宗天聖二年四月，宰臣言見闕堂後官一人，詔吏部銓于選人內揀有出身、好人材書札、歷任無過犯人赴中書試驗公事。自是多如此例，皆即授京官充職；有由五房序遷者，初命檢校員外郎，經恩乃遷京官充職。

七年十二月，詔：「自今中書轉補録事以上職名更不依名次，並擇廉慎有行止、明曉公事者充填。仍召近上職名二人委保，如犯正法枉贓罪，並當連坐。」

景祐元年五月八日，以堂後官、國子博士劉克昌爲虞部員外郎、與通判，中書主事周日宣爲堂後官。仍詔自今堂後官轉至員外郎與外任差遣，提點五房公事三年與替。

十月十一日，詔：「今後提點五房并堂後官額八人，選人及主事內中停抽取。」

慶曆五年三月二十六日，詔：「五房提點堂後官、樞密院諸房副承旨、主事、令史而下，自今毋得與臣僚往還。」從諫官錢明逸之請也。

皇祐(二)〔三〕年五月八日〔二〕，詔：「中書堂後官自今毋得佩魚，若士人選授至提點五房者許之。」

十二月十一日，中書門下言：「諸房人吏稽違案(諜)〔牒〕者，自來量行罰典，終未革心。欲籍其(民)〔名〕氏，以輕重爲差。其罰數多〔三〕、情重，取旨黜逐〔四〕。」從之。

〔一〕來：似當作「類」。
〔二〕三年：原作「二年」，據《長編》卷一七〇改。下條亦三年事。
〔三〕多：原作「名」，據《長編》卷一七一改。
〔四〕黜逐：原作「行黜」，據《長編》卷一七一改。

至和元年十一月四日，詔自今中書堂後官遷至提點五房公事〔一〕，不論有無出身〔二〕，聽佩魚。」舊制：自選人入爲堂後官，轉至五房提點，始得佩魚。五房提點呂惟和非選人入，援司天監五官正例求佩魚〔三〕，特許之。

嘉祐四年十二月，詔沿堂五房院私名人，自今以一百二十人爲額。

八年十月 25 十九日，中書門下言：「舊制，堂後官至員外郎依舊供職，至景祐初，令至員外郎與外任。緣堂後官未作提點，皆不願出，遂以所當轉官爲子孫求恩澤，至今爲例。今欲轉至員外郎者令依舊供職，更不許求恩澤。所有五房提點例雖次補，亦合擇材。今後如任内職事修舉，年滿日即依舊推恩任用；如弛慢不職，即不候年滿，止與堂除知州出外。」從之。

神宗熙寧三年十一月十七日，中書門下條例所删定堂吏保引、引試〔四〕、賞罰條約：「堂後官一經南郊，主事兩經南郊，録（書）〔事〕、主書、守當官三經南郊，各許保引（第）〔弟〕姪或有服外親一人充制敕院私名，仍不許换充沿堂五院。其守闕守當官每闕十人以上，（遷）〔選〕差臣僚引試本房公事三件，中選者于元房祗應。主事以下遇遷補，各不出本房。自前補免守闕之人，雖年小未參，今來除及二十歲者，許依舊祗應。餘别作一項，依名次上簿，候年及十六歲，别具引狀投名。堂後官以下不得將添到（科）〔料〕錢及諸般酬奬陳乞改换骨肉額外守闕以上名目。主事以上除依條保引私名外，不得援例保引骨肉充額外守闕以上名目。逐房檢正廳置功過簿一扇，手分點檢得差錯公事，候改正上簿，三次陞一名。手分稽遲差錯，事理輕者且與上簿罰直，三犯降一名，守當官降兩名；兩降及事重取旨。手分有功過者，將上簿次數及事輕重比類，對行除折。堂後官以下有勞績，並隨輕重酬奬。正名主書監（即）〔印〕及一年，與守闕録事請受。守當官使印一年，（侯）〔候〕入生事房，許指射優便房分一次。凡轉補録事以上，並不依名次選擇。（緑）〔録〕事三人以下結一保，内有犯枉法贓及出詐僞文字者，當同罪。提點五房公事如上名堂後官不堪補轉，即于已次堂後官選充。遇南郊許奏子孫恩澤一次，與太廟齋郎。滿三年出職，與堂除知州軍差遣。如特旨再任，並與支賜，出職後許乞兒孫家便差遣一次。雖年未滿，弛慢不職者，送審官院，與合入差遣。自主事以下除堂後官及一年，與轉京官。選人補充者，即轉合入京官後，依年限磨勘。轉京官後及五年，願出職，與通判差遣。十年以上轉官，與知州軍，仍並堂除。主事五年及録事、主書、守當官遇郊禮，並許三人乞出外官。堂後官以下不得力者，堂後官以本官送審官院，與合入差遣；主事以下自陳者，

〔一〕自：原作「言」，據《職官分紀》卷五改。
〔二〕有無：原作「無有」，據《職官分紀》卷五乙。
〔三〕援：原作「提」，據《職官分紀》卷五改。
〔四〕引試：原脱「引」字，據下文補。

頭名内殿崇班，正名東頭供(俸)〔奉〕官，守闕西頭供奉官；録事頭名左侍禁，次名并守闕並右侍禁；主書、守闕主書並右班殿直；守當官奉職；守闕守當官下班殿侍、三班差使。初出職人許指射優便差遣，即因體量不得力者，並降一資出職。因過犯除外官者，不得再叙中書職名。堂後官以下犯事至勒停以上合該叙用者，除已有正官者依正官叙法，未有正官堂後官比供奉官，主事 26 比侍禁，録事比令録，主事守當(之)官比判司簿尉，守闕比尚書省令史。凡身亡支賜，堂後官五十千，主事三十千，録事、主書、守當官二十千。仍乞一名已試中人量添請受，或引私名一人。堂後官父母死若葬事，賜錢五十千。乞假出外，許帶所破人馬。其舊條更不行用。」詔並施行。於是中書守當官時忱等坐陳新定條不當，乞出外官。忱爲(守)〔首〕，勒停，(除)〔餘〕第降資。先是，王安石白上：「吏人舊有升名轉資之法，可以勸能抑不能。今有勞，止增俸，則不能者莫肯自强，能者亦以無勸而怠。」上曰：「近密院亦罷此法，乃止爲無故陳乞者多，誠是不當罷。有陳乞，但不許可也。」故命立是法。往時守當官有闕，嘗差近臣考試，其後遂罷，而止以恩賞陳乞保引，以故濫進者益衆。又舊雖有試法，而但取筆札、人才。及是更法，乃試以公事，而主事以上皆取能而不以次補，於是吏莫不競勸而知習法令矣。

是月，看詳編修條例所又言〔一〕：「(後堂官)〔堂後官〕每經南郊，許保引有服内外親屬一人(統)〔充〕制敕院私名〔二〕。其主事兩經，録事、主書及正名守當官三經，亦許保引一人。並須寔年十六歲以上，不曾在别處守職，行止無踰濫，不曾犯刑責人。仍召命官或近上職掌二人委保，各隨狀領赴都檢正廳，集檢正官呈驗人才、書札。堪任習學公事，即僉書保狀，引詣聚廳處公參訖，批狀送房收係，仍下中書省給帖，補充私名。便送所乞房分，祗應書寫及習學行遣，每日依例親書印曆。候到院二周年以上，遇有闕，即許就試；若未願就試者，亦聽。如三試不中，勾落姓名。如别以南郊合保人數再保入院者，亦聽，即不得將入院年深及累經呈試别乞優試，或直乞守闕等恩澤。以上如保引年未及格人，許以寔年投狀，且與上簿，仍先給文帖，候年及格，即别具保狀呈驗，公參訖，令入院習學。其習學人並與破食。」從之。

八年七月十二日，以中書堂後官兼提點五房。

九年正月十七日，中書門下言：「中書主事已下三年一次與試刑法官同試刑法，第一等陞一資，第二等陞四名，第三等陞兩名。内無名可陞，候有正官，比附減年磨勘。餘並比附試刑法官條例施行。」從之。

十一月六日，中書門下言：「勘會諸房文字自生事房

〔一〕條例：原作「例條」，據《長編》卷二五七乙。
〔二〕「外」字疑衍。

承受〔一〕，分配諸房行遣以至進發，皆有日限條約。自今欲令生事房依限分配文字與諸房手分。内有推託，晝時經生事房定奪。依前不伏，亦限當日内赴提點五房公事再定。如不移前定，上過犯簿，欠數多者當行降名。其生事房分配不當，亦行上簿。」從之。

沿堂〔院五〕〔五院〕行首一人，副行首二人，通引官十一人，堂門官七人，直〔省〕官十一人，承旨官五人，驅使官二十人，並如舊例。淳化二年，改承旨官爲發敕官，親王、樞密使並相給驅使官二人，節度使兼相給一人。中書引從舊只抽27金吾從人，乾德三年平西川，得僞樞密院大程官二十人，以給中書，因仍其名。開寶三年八月，以語音難曉，命于宣徽院對易二十人赴中書。太平興國六年，置副將、虞候各一人。淳化二年四月，增額至四十人。至道元年，增副都頭一人。大中祥〔苻〕〔符〕二年，又增正都頭一人。

元豐二年六月二十八日，中書言：「刑房奏斷公案，分在京、京東、京西、陝西、河北五房，逐房用例輕重不一。乞以在京刑房文字分入諸房，選用録事以下四人，專檢詳斷例。」從之。

七月十三日，詔：「中書四方詔獄及根治事皆逾年淹繫，未能結正。宜令諸房具出據輕重緩急，隨事立限，約以稽違刑名，逐房置簿勾考，違者具姓名取旨。」

八月七日，詔諸修敕式局看詳合釐正朝廷與有司相照立法事，委檢正中書户部畢仲衍編修。

十二日，中書言：「應朝旨置獄究治事，欲委審刑院、刑部置簿管勾〔二〕。非特旨立限者〔三〕，及一季未奏，下所屬催促。無故稽留若行移迂緩并所屬不催舉〔四〕，並劾奏。責刑房季終點檢。」從之。

三年正月八日，詔：「池州司法參軍、監中書制敕庫孫謂坐失察吏人，漏落進呈條貫，與外任合入差遣。自今制敕庫監官依舊堂後官兼，勿差外官。」

十月二十二日，詔自今中書堂後官並帶賜緋、魚袋，餘依舊制。

十一月八日，侍御史知雜事何正臣言：「中書吏王冕、馬永錫不當扶宰臣王珪升慈聖光獻太后神御殿階。」詔王冕、馬永錫各罰銅八斤。

四年十一月二十六日，詔：「中書、樞密院吏止分隸三省，毋撥入六曹。如有剩數，並額外存留。轉補、請受及諸恩例並如故。」

二十七日，中書言：「録事孟述古編排諸房文字，得英宗藩邸轉官文字六件。」詔送天章閣。

五年七月二十七日，詔：「自今外取堂後官供職及五期，乃聽出職。」是年行官制，除堂後官之名，於門下省、中

〔一〕生事房：原作「主事房」，據前文職官三之五改。
〔二〕置：原作「主」，據《長編》卷二九九改。
〔三〕非：原作「當」，據《長編》卷二九九改。
〔四〕不：原作「下」，據《長編》卷二九九改。

書置録事而已〔一〕。

六年二月二日，詔：「三省吏書功過，委給事中、中書舍人、尚書左右司依舊比較。」

十月七日，詔：「中書舍人蔡卞領吏、兵房〔二〕，蔡京領户、刑房，王震領禮、工房。如有妨礙文字，送別房行之。」

七年二月二十九日，詔門下、中書外省立三省、樞密院吏不通轉額法。

五月二十七日，賜綾錦院營、御厨營地，修三省六房院。初，三省吏自言：「樞密院昨置五房院，主事以下集居，公私以爲便。三省總中外之事，理宜謹密。乞于舊城内置官舍〔三〕，以備緩急付受行遣。」詔置三省六房院，令吏集居。至是以營地賜之，後不果置。

七月二十七日，詔：「三省吏行遣斷絶差賜銀絹〔四〕，著爲令。」

八年八月二十四日，門下中書後省言：「詔詳定三省吏禄并增給，請釐爲一法。除今來所定并舊勞績已得添料錢〔五〕、自隨身分并時服、官馬合依舊外，其應外取撥到并額内人，並從今來新定則例，其兼領因事別給并舊來請受並罷。即應權若領兩房職名同，唯許從一多給。」從之。

九月十八日，詔中書28省增置録事二人。

哲宗元祐元年二月六日，詔：「三省元豐八年九月十八日後來增置職級，逐省從上各留録事、都事兩人〔六〕，後永爲定例，更不得增置。其以次合遞遷之人依舊外，餘並罷。」

四月二十二日，三省言：「三省録事以下以勞應添料錢者，累至十貫止。」從之。

十月十三日，試給事中胡宗愈等言：「准尚書省劄子，右司諫王(嚴)〔巖〕叟言：『三省胥吏歲累優秩，日給肉食，月享厚禄，寒暑有服，出入乘官馬，使令得營卒，郊禮霑賜賚，又許引有服親爲吏，如士大夫任子無以異，而曾不限年，得禄尤早。其供職事，則一月之間或僅逾兩旬〔七〕，一日之間常不滿半日。點檢諸司文字差錯，乃是職分當然，何至字字論功，日日計賞，或陞名次，或減磨勘〔八〕，或添料錢，或支銀絹〔九〕。又每遇朝廷舉動一事〔一〇〕，曾行一紙文書，則復妄叙勞能，別希恩澤。望抑僥倖以除蠹，絶姑息以戢姦，棄近例，禁換法，復講治平以前條格。』詔令給事中、中書舍人、左右司郎官裁定以聞。臣等按治平以前諸房緣

〔一〕天頭原批：「『是年行官制，除堂後官之名，於門下省、中書置録事而已。』寄據徐輯《大典》無卷數本校補。」按，今移入正文。屠寄所云徐稿今未見。

〔二〕房：原作「部」，據《長編》卷三四〇改。

〔三〕置：原作「制」，據《長編》卷三四五改。

〔四〕絹：原作「緝」，據《長編》卷三四七改。

〔五〕除：原脱，據《長編》卷三五九補。

〔六〕人：原作「二」，據《長編》卷三六五改。

〔七〕一月：原倒，據《長編》卷三八九乙。

〔八〕減：原作「檢」，據《長編》卷三八九改。

〔九〕或支：原倒，據《長編》卷三八九乙。

〔一〇〕一：原脱，據《長編》卷三八九補。

事陳乞件數不多，近年酬奬，乃有歲轉官者。其他因事陳乞回授等率多如請，比治平前委是過厚。今將治平以前及熙寧後來條例，看詳參酌到合行裁定事。」從之。

三年，詔省、臺、寺、監、諸司人吏四分減一。

四年十一月二日，詔：「三省録事、都事並依條揀試選人〔一〕，或取法官，逐省各一員。其初取外人，仍用合銷減員闕取填。」

六年五月二十五日，三省言：「受聖旨并御批手詔，並畫制房分將承受簿點閲名件，職級常行點檢，具無漏落狀，于次月二十日已前門下省送雜務房，中書省送催驅房，尚書省送知雜房類聚，本月内關送時政記房。如有漏落，本房并職級量事大小，等第理過。」從之。

紹聖二年八月二日，尚書省言：「本省欲自令史至書令（内吏）〔史内〕選差一名，充點檢諸房文字。」從之。

二十二日，詔依元豐年修置三省六房院。

三年，守闕守當官，門下、中書省各以百人、尚書省百五十人爲額。

四年，增減三省都事、録事等吏員，並依元豐七年額。

元符元年十月十九日，詔：「三省守闕守當官出職，依樞密院守闕貼房出職法施行。」

徽宗大觀二年九月十三日，三省契勘：「中書省係取旨之地，所管最爲機要，日逐所得聖旨御批及本省言遺文字等〔二〕，自來多不置籍，無以拘考。契勘近雖比做尚書省置簿，祇是抄上尚書省送到文字，殊未詳備。今參酌，重別措置下項：一、點檢房、催驅房共置諸房受事文字都簿，吏（部）、户、禮房共一面，兵、刑、工、知雜、制敕房共一面。令諸房次日將承受文簡關送，選差守闕四人專管勾抄上，限即時還房計會，諸房每日勾銷。仍將聖旨御批取送舍人敕庫等及判〔三〕，候類聚進呈訖收知。退報尚書文字，逐項各別置簿，抄上勾銷。已上所置簿，並季易。日結書押 [29] 本房舍人，旬押侍郎。仍將未絶文字抄上。其守闕每月依舊支食錢三貫，許兼諸房。一房如抄轉簿書勾銷不至差錯稽滯，（侯）〔候〕對讀守闕有闕，依名次選差填闕。諸房收索文字，合依條限舉催；經隔月日舉催不到，即具出呈覆。如諸房失行舉催，委催驅房點檢。諸房未絶文字，欲令催驅房每月終經舍人于都簿内點檢抽摘點檢，限一日還房。令催驅房每月終將尚書省送到上中旬未下文字單子別録一本，限五日逐一朱書銷鑿，却送尚書省照會。内未了者録鑿未了因依。諸房發放文字發曆，每月令催驅房抽摘點檢所發日限，仍于承受官司量行取索承受月日照驗。其所取文字，並限一日送還。催驅房舊來職事並依舊。如催驅房職事不舉，失行催促檢點，及有（減）〔滅〕裂違慢，並委點檢房具

〔一〕揀：原作「陳」，據《長編》卷四三五改。
〔二〕言遺：似當作「行遣」。
〔三〕此句文字疑有脱誤。

出，呈覆施行。催驅房併就點檢房專切驅磨諸房文字，限同點檢房點檢稽違呈覆。其催驅房手分添息賞已有立定條貫外，所有諸房非泛月給食錢減半。都簿合用紙數，每月下紙筆庫支破。」從之。

政和三年閏四月十九日，詔自今三省吏人出職，不得同任一州守倅。

六年六月十二日，新湖南轉運副使聶山奏[一]：「三省都録事在元豐法不得過朝請大夫，比年有用特恩至中奉大夫者。遇春、秋内宴，其位乃在左右史、侍御史、左右司郎官之上。左右司宰屬，侍御史彈治不法，左右史日侍清光，其選高矣，而都録事位其上焉，無乃未正乎！乞特改正。其寄(録)〔禄〕官雖高，亦宜在左右司之下，庶幾隆殺有别，而名分正。」詔：「三省都録已轉奉直大夫以上，依朝請大夫班。自今特恩轉奉直大夫，令出職。」

二十七日，臣僚言：「三省人吏，其間遷補轉官、差遣俸給之類非元豐舊制者，其大弊有十：濫員猥多，而置額外官以處之，一也。已礙止法，而或轉行，或增俸，二也。未應授官，而特補文階，三也。恩澤合授有官有服親，而聽授白身，四也。增奉給或别旁，或各曆，或請於左藏庫，或請于榷貨務，首尾不相照驗，無以稽考，每月所請數百千，五也。未應賜章服而改章服，未應得封(賜)〔贈〕而封贈，六也。或預射佳郡，先理資任；或已授大州，却免朝辭，七也。或以一身而兼他房之事，或未試中而超都録之職，八也。或因詳駁乞賞，或以使印爲勞，其間换授、保引、比换、支賜歲無虚時，九也。嘗有旨，三省未入額都録、樞密院未出職副承旨以下不得轉寄禄官，各務遵守元豐官制。委御史臺彈奏，犯人勒停，永不收叙。今公然違戾，再有干請，視聖旨爲虚文，十也。乞三省、密院人吏非元豐官制所載之法一切罷去，及續降創添俸(録)〔禄〕，别無請給，兼房行遣之類，並依元豐法。如或違戾，乞重行竄殛。」詔：「並依元豐官制改正。自今有犯，委臺諫彈劾。失覺察，與陳乞人並以違制論。30 主司亦如之。」

宣和四年十一月十九日，詔：「應等第户見充色役者不得充三省(司)〔私〕名，已投名人與改正。」

欽宗靖康元年十月二十二日，詔：「三省吏人應用轉官恩賞回授有服親改官旨揮勿行。其已用過改之人悉從釐正，如敢呈乞者，並竄海島。」

高宗建(文)〔炎〕元年六月十八日，詔：「三省人吏轉官，依祖宗法，止朝(清)〔請〕大夫；以上者寄資，候出官收使。其有恩例未該收使者，許回授。樞密院人吏依此施行。」

七月二十四日，詔：「應三省人吏出職，合任知州者並先任通判一次，與理知州資序。」

[一] 聶山：原作「聶三」，據本書職官四之二二同條改。按，聶山，後賜名聶昌，《宋史》有傳。

二年九月二日，詔：「靖康以後三省不應發出職人吏〔一〕，並于正額名目上許收使所得轉一資旨揮出職，餘額外資級每一資與作轉一官併使，仍令吏部改正。建炎以後准此。」先是，臣僚言：「三省吏人自崇、觀以來，朋附懷奸，溢額補闕，至有法當出職，積年不去。逮建炎之初，乃陰求自便，悉補外官。欲乞斷自靖康二年正月以後，令吏部具三省出職不應去人數，特賜旨揮。」後吏部具到不應格出職人邢堯臣等，故有是詔。

三年四月二十六日，詔：「三省額外人入仕及十二年，許減殘年出職，樞密院同。及五年以上者，比擬減殘年人對展磨勘，以十二年爲限。額外出職人每資與展一官，依建炎二年九月一日指揮施行〔二〕。」後左、右司具到資級：守闕守當官合出職進武副尉，額外守當官承信郎，額外書令史承節郎，額外令史保義郎，額外主事成忠郎，額外都録事忠翊郎，並依每資與轉一官旨揮施行。

二十九日，中書門下省言：「已降旨揮，中書、門下省併爲一省。其中書省正額録事、主事、書令史、守當官共四十二人，門下省正額録事、主事、令史、書令史、守當官共四十六人，兩省正額守闕各一百人。左、右司擬定正額，欲依(租)〔祖〕額，以八十九人爲額。守闕欲權存留一百五十人，中書省六分，門下省四分。」從之。紹興元年四月三日，旨揮重別裁定，止將上件人數分房掌事，即無減損。今措置下項：一、正額録事十二人：頭名二人充點檢，選差點檢文字二人，吏房左選兼班簿房一人，吏房右選一人，户房一人，禮房一人，兵房一人，刑上房兼制敕庫一人，刑下房兼制敕庫一人，工房兼章奏房一人。一、正額主事七人：吏房左選兼班簿房一人，右選兼知雜房一人，户房一人，吏房一人，兵房兼工房，章奏房一人，刑上房一人，刑下房一人。一、正額令史十六人，書令史二十二人：以上二名充監印，吏房左選兼班簿房差上五人，右選兼知雜房差上四名，户房四人，禮房三人，兵房四人，刑上房四人，刑下房四人，工房兼催班房三人，章奏房二人，催驅房一人，班簿房一人，知雜房一人。一、正額守當官三十二人：開拆房兼書令(吏)〔史〕二人，使印二人，章奏房五人，主管簿書二十[31]三人。吏房左選二人〔三〕，右選二人，户房二人，禮房二人，兵房二人，刑上房二人，刑下房二人，上房二人，知雜房二人，班簿房二人，催驅房三人。

三十日，尚書省言：「尚書省都事已下，祖宗以來自有定額，分掌職官，上下相維，幾察關報，皆有著令。昨自(正)〔政〕和後來，權名增額，保引泛濫，職事不舉，成法隳廢，因

〔一〕發：疑當作「法」。
〔二〕建炎：原作「建康」，據上條改。
〔三〕以下小字原作大字。按，以下各房人數乃注釋「主管簿書二十三人」一句，不當作大字，今改。

循積習久矣。措置今遵用祖宗定立舊額〔一〕，除去冗濫〔二〕，隨宜措置。」從之。其措置下項：祖宗舊額都事七人，頭名充點檢諸房文字，餘六名分呈六房文字。主事六人，分押六房文字。令史十四人，第一、第二名監印，第三名開拆房點檢，以下充諸房行遣人。書令史三十一人，並充諸房行遣，係兩經試中人。守當官十六人，主管簿書，通差行遣文字，係一經試中人。今行在見管人數，守闕守當官一百五十人，充抄寫。左、右司擬定正額人，欲依祖宗舊額，以七十四人爲額。其守闕權留一百五十人，自試中守當官至都事正額共七十四人。今用正額均定下項：頭名都事一名，充點檢諸房文字。吏、户、禮、兵、刑、工房都事各一名，主事各一名，點檢文字三人，於試中令史已上人内選差。監印房二人，開拆房點檢一人，催驅左省房二人。諸房行遣人：吏房左選六人，吏房右選五人，依左、右司貼定，添一名作六人。奏抄吏房三人，户上房六人，户下房六人，禮房五人，兵房五人，刑上房四人，刑下房四人，工房四人，案抄刑房三人，知雜房二人。已上計七十四人。開拆房發放文書六人，舊係合差額内守闕。内降房四人，今差額内守闕。諸房守闕舊額一百五十人，均充諸房鈔寫。左、右司擬定點檢三人，欲差二人，餘一名差充吏房行遣文字。諸房人額内有交替及渡江未到并見闕未曾收試名闕，許于見權人内，從提點點檢司本房職級公共選有行止、諳知行遣次第人，時暫存留差權，候正人到及試到人日罷。如涉不公，許人論訴，仍不得越兩等。諸房裁減立定人額，除〔令〕〔今〕係見闕一名方許差一名填闕，即不得登帶泛濫，增添人數。仍據今來額，令户部籍定，批勘請給。如數外妄冒批勘，從本部覺察，計贓加二等科罪。仍許諸色人告，賞錢三百貫。下項房分，並係事簡，今隨宜〔並〕〔併〕罷，更不差人。寫敕房併入吏房，發遞房併入開拆房，班簿房罷，封樁户房併入户房，御史刑房併入刑房，催驅六〔豊〕〔曹〕房併入六房。制敕庫房係外取法司三人，依舊。案抄刑房係斷天下獄案，舊係取試中刑法文臣充都事，欲依舊法。諸房權手分除今來立定人額外，餘並罷權。若願出職者，依已降旨揮出職。諸房遇有正闕，除案鈔刑房都事外取法官外，餘闕于本省守闕守當官内依舊法揀試收補。祖宗舊法，保引親屬須兩經試中書令史、令〔人〕〔史〕三遇大禮，主事兩遇大禮，32 都事一遇大禮，許保引有服親一名，欲遵依祖宗舊法。其非泛恩賞，所得保引已收使經試中人，並依已降旨揮令出職外，其年代不及，未收使保引〔思〕〔恩〕例並更不收使，今後更不許兑换。其守闕守當官遇有闕，權書令史該遇大禮，不在保引之限。已上非泛恩賞，雖正額人亦不許陳乞保

〔一〕「措置」上疑有脱文。
〔二〕去：原誤作「已」。按本卷後文職官三之四〇「八年四月十七日」條引建炎三年四月二十五日指揮：「尚書省都事以下，遵用祖宗立定舊額，除去冗濫，以七十四人爲額。」此處即遵照此指揮並沿用其文，可見「已」乃「去」之誤，因改。

引。左、右司擬定此八項，欲並依所乞施行。試中守當官、書令史已上該遇淵聖皇帝登寶位〔一〕、今上皇帝登寶位，依故例合保引親屬各一名。內守當官止于該恩日見充行遣人，仍經一遇大禮，方許保引。左、右司擬定，即未委定。欲乞旨揮，令制敕庫房檢點，如非祖宗故制，自不合引用。」並從之。

四年六月四日，詔：「御營使司併歸樞密院爲機速房，就差御營使司人吏充機速房人吏。餘候邊事稍息，取旨施行。」

九日，尚書省言：「三省、樞密院人吏自祖宗朝緣係掌行政事，出職恩例特優，而請謁漏露之禁亦嚴。蓋朝廷之上，政令所出之地，理當嚴密。如六曹百司等處，吏部係掌行官員差注酬奬，户部係主管錢穀、出給文曆，所繫事體亦自不輕。訪聞逐處人吏等自軍興以來，全不畏憚，或私相請託，或公受賄賂，乞覓錢物，種種弊端，不可槩舉。今來若（下）〔不〕痛革，爲害不細。除已差人密行捕緝覺察，如有三省、樞密院人吏漏泄朝廷未下有司政事、差除之類，及受請託賄賂，私相看謁，六曹百司等處因公事受乞錢物等事，即仰子細根逐犯人所居，具姓名密報，送所司根究，依條施行外，竊慮未知上件措置尚有抵犯，理合檢會條法，申嚴曉告。」從之，仍詔三省、樞密院、六曹令尚書省出榜，百司等處令六曹隨所隸出榜，並于門首曉諭。

紹興元年二月十六日，詔：「三省監印使並依大觀、政和條（令）〔令〕置曆，日具名件數目單子，經由職級勘定書押，付印司收掌。每日結計件數，不許輒印空紙。仍令本房守闕及貼房齎赴管印房用印，即不得令人承代。如違，並取旨重行責罰。」三省言：「勘會三省、樞密院、六曹印記所繫非輕，關防未嚴，往往預印空紙，引惹偷盜，理須約束。檢《中書門下省令》，監印差上名令史二人。舊中書制敕院條，使印差守當官二人。尚書省監押依條差頭名、第二名令史，使印合差頭名、第二名守當官。樞密院監印差頭名、第二名、第三名令史、第一名守闕主事，知印差正名守闕、貼房各一名。取到六曹狀，《大觀尚書六曹通用令》，諸用印日輪令史一名兼尚書左、右選，通輪主事一名（尚）〔常〕切檢察。《政和令》，諸文書應印者置曆紀其事目。乞依舊制施行。」故有是詔。

三月四日，三省、樞密院言：「諸房係主行朝廷政事，自祖宗以來，嚴漏泄之刑、出謁之禁，條制關防，莫不備盡。在逐省則有制敕院，密院則有宣旨院，以禁外人，不得輒入。在外則置六房五 33 房院，列爲居第，使遞相覺察，以絕請謁。內外嚴密，無容漏露。自巡幸以來，所至州郡，省院人吏往往散處，或與外人居。雖交結漏露，有犯自有典刑，終難幾察。除三省、樞密院制敕、宣旨院昨已措置遵依

〔一〕書令史：原作「書史令」，今改正。

舊法外，今來契勘越州禹跡寺寬闊〔一〕，計屋宇六百餘間，可以擗截，理宜體倣舊法措置。」從之。

十三日，詔：「自今後三省有正官都録事用磨勘并收使酬獎轉官，每年通共不得展過兩官，其今日已前已展過兩官人與免改正。」先是，都省劄子：「勘會三省有正官都録事，先降指揮每年不得展過兩官。後來宣和七年明申旨揮，收使非次酬獎展官，與磨勘各異，許計在磨勘之外用。緣磨勘改展，亦是收使，舊得酬獎減年，即與展官恩例一同，理難分作事理各異，每歲許改轉四官。」故有是詔。

五月四日，中書門下省言：「三省諸房遇有恩賞，點檢、監印三分之二，催驅房減半，並係舊法。所有後來附帶房分，係一時創行，陳乞旨揮，理合充罷。」詔：「除點檢、催驅、印房依舊條外，其餘附房并帶一房恩賞指揮更不施行。」

六月二十四日，都省言：「左、右司勘會諸房文字擁併，比之去歲增及數倍。自宰相分廳呈稟，至未時尚未盡絶。其間有所陳已降旨揮，或已在有司定奪勘當、已下外路取會保明，或以告示，難以〔二〕，雖累經與決，又須再行呈稟，請筆施行，致行遣重複，間有抵牾。（爲）〔謂〕如整會有格法酬獎及詞狀，未經所屬與決，並非朝廷令行事務，并應係收知前送文字，亦須一槩逐件呈覆，顯是虚占日力，妨廢朝廷機務。已告報諸房職級同提點點檢，各條具本房行遣簡當，不致（污）〔迂〕枉重複事件，及依舊例，具合入收知前送單子文字、合付曹部施行事目，類聚送左、右司詳審。如別無窒礙，悠久可行，即日申稟，令諸房遵守施行。」從之。

尚書省具到細務事目：吏房：一、應官司保明到官員到任、任滿賞，陳乞覃恩封贈、磨勘轉官，大禮奏薦并致仕，遺表恩澤，在外官員到任，除監司、知、通外其餘官及官員依格酬獎，小大使臣并選人已上乞致仕，內除敦武、修武郎有戰功人并京官至奉議郎曾任郎官以上。應官司奏舉官員陞陟任使。一、諸州保奏到官員去失付身、告敕、印紙等并大禮加恩，應官司申奏乞不收使已舉文狀，州軍申奏到有無里居不仕人，官員理會重疊轉官。户房：一、諸路已起并入門綱解。一、應干有格法旨揮酬獎。一、官司申請支降錢糧等，已有旨揮支降。一、諸部乞展限勘當文字。一、諸色人陳訴，官司申請，事已施行，再有後狀催促。一、諸官司已知稟，已施行，合呈知文字。禮房：一、進士依定例理年，理舉，合推恩。一、神祠靈應賜廟額并加封。一、僧、道整會去失度牒等。一、州軍具到童行等埋瘞遺骸，乞給度牒等。已上如係外路申到，34 並前送。一、朔望遙拜。一、太廟應祭享行禮畢。一、太廟并攢宮平安。一、知稟狀等。已上所屬官司申到，並呈知。兵房：一、樞密院已行事，關到照會文字。一、殺獲徭賊，乞依條推賞。一、吏部等處繳到付

〔一〕寺：原作「等」，據文意、字形改。越州有禹跡寺，見《會稽志》卷七。
〔二〕「以」下疑有脱漏。

身，依已降旨揮合行毀抹。一、諸處保明到有格法賞。一、諸官員申乞依條差破白直。一、諸處軍人依條排連。一、兵部人吏依條遞遷。一、兵部人吏遞遷，繳到試卷，乞行覆考。一、諸軍務申到已受納軍器數。一、吏部等處申到乞展限勘當文字。一、已行文狀，諸處再行申到。一、諸州軍申奏平安。刑房：一、諸官司申乞展限文字，及候取會圓備日勘當，約法看詳定奪等文字。一、諸州申奏到無喫菜事魔及無平反刑獄。一、刑部、大理寺具到已未斷事因狀案。一、刑部旬具到已未結絶公事。一、御史臺察，刑寺等處行遣文字違法滅裂，迂枉留滯，失錯不當。一、應陳乞給使減年與官司私名補副尉。一、應官司申到已依旨揮施行事。一、大理寺自申因由。一、諸處繳到依旨揮合毀抹文字。工房：一、諸處申到依赦除放過坑冶爐户少欠官錢數目。一、諸路提刑司申諸州小作院比附到年額軍器、合造工程數目。一、諸處申到諸州用常平錢買到鐵見在數。一、應所轄軍兵依條遷展。一、諸處申到請事理〔一〕，本省已行遣了當，又再申到一般文字。一、應所隸去處工匠依條展補。一、諸處申到官員依條已摽撥職田數。一、造（般）〔船〕場監官、諸路都作院、造（器軍）〔軍器〕、鑄錢司監官任滿，依條推賞。一、諸路都作院監官任内修補軍器、指教工匠，收及全工，依條推賞。一、諸處申到監堰閘任滿依條推賞，諸色人告獲藏貨易筋角，諸鹽事官司在任催煎鹽，坑冶司在任創置坑冶，及在任所收金、銀、銅、錫，及任内親獲私鍊銅錫，或買賣不入官，諸色人告發金、銀、銅、錫、鉛坑冶户自備錢本採煉金銀錫等，依條〔推〕賞。奏鈔吏房：一、鈔内漏坐條法及來歷因依等，合貼改。案鈔刑房：一、官員〔二〕、諸色人犯公罪杖笞，情法相當，不該取旨斷遣情犯事因案狀。一、臺察、百司行遣違慢滅裂，迂枉住滯，斷公罪杖笞，情法相當，不該取旨斷遣案狀。開拆房，契勘本房自來官員保奏，陞陟、改官、封贈、蔭補、致仕、恩澤及諸處申奏保明依條獲賊賞，僧道試經披剃及官員等罪犯事因，依條法等事，及諸房已降指揮并已行事，合作常程細務，依自來體例，一面付部施行看詳。尚書省具到前項細務事目，雖例（細）經都省，既有格法，并于條例合付下或批送（公）〔六〕曹施行事，欲令逐房依前項事理及紹興元年六月二十四日劄子付送施行。如逐房具到事目内有干諸房，即互相參照，一體行遣。所有合呈請判筆，既係細務，并有格法，合依兩省細務事具單子，輪日呈覆宰執。中書門下省諸房具到細務事：35 吏房左選：一、文臣展官，敕黄下吏部，吏部申擬前銜後擬，上尚書省請筆，送中書省。今欲除告命詞給告外，（余）〔餘〕令尚書省一面出給付身。一、諸處舉辟文臣差遣，未經審量等，便送本省取索，若有違礙，請筆退。今欲令尚書省並取索完備，方得送中。一、尚書省、樞

〔一〕請：疑有脱誤。

〔二〕官員：原作「員官」，據上下文意乙正。

密院闕子如已押宰相内，止是呈知，并已行文字及吏部奏鈔内有小節不圓，合行貼改，自來係付宰相廳請筆。今欲于宰相廳輪日請筆。吏房右選：一、吏部勘當文字有不曾指定事節送中，往往請筆退尚。欲今後須令曹部指定，方得送中。一、諸軍都虞候換授前班之人，自來據樞密院闕子取索，擬敕項行録黄，送尚書省施行。其樞密院亦闕尚書省，係一事請筆送中。今欲更不送中。一、使臣陳乞差遣，累降旨揮，並歸吏部銓注。欲令尚書省今後一面送部告示，更不送中。一、使臣除轉，本省已降旨揮敕黄下吏部，擬定前銜後擬，申尚書省，再請筆送中。除合命詞給告外，欲令尚書一面出給付身，更不送中。一、使臣陳乞差遣有不曾取索，有未經參部審量，便行送中，本省再請筆取索，有違礙，(文)〔又〕須請筆退尚。欲令後先取索，如無違礙，方得送中。一、使臣陳乞知州軍并鈐轄之類，係合屬樞密院差除，尚書省却行送中，本省再請筆送樞密院。欲今後應合係樞密院稟闕，並送樞密院。户房：一、臣僚上言財賦等利害，已奉聖旨，令曹部勘當。若本部勘當得已有條法及難行事件，即是别無取旨事，欲令尚書省批送施行。一、應收知判連文字，欲于宰執輪日請筆。一、應合立定刑名及斷罪約束文字，欲于檢正處擬定，請參政筆，送制敕庫，令法司檢條，參酌擬定，呈宰相請筆。一、應都省批送勘當文字，曹部等處多是不圓及不指定事節，便行送中，却致請筆退尚。欲文字完備，指定可行事件，各係合該取旨，方得送中。禮房：一、自來諸司官乞鑄印文字，欲令所屬曹部並擬定篆文，申尚書省，免致行遣迂枉。一、尚書省、樞密院(昭)〔照〕會闕子已係宰相僉押，自來逐件再請筆。欲于宰執廳輪日請筆。兵房：一、應賞功，除官員重疊官資送本省再降旨揮改正外，欲將姓名差錯令尚書省照驗付身，别行換給，及送所屬改正。一、尚書省等處闕到照會無可施行事，欲于宰執廳輪日請筆。刑上房：一、諸處送到先經呈覆及書押，宰相互關照應，無可施行，合呈知并已行文字，呈知、請知、尚書省奏知并尚關照會文字，已行奏狀，已降指揮，申狀又到，合請已行文字。欲望宰執廳輪日請筆。未經宰相呈押者，如謂刑部、大理寺申斷絶之類。並類聚，每月單具事目，呈宰相請筆。一、諸路申奏百姓等合取旨公案，如有一般體例，並令刑部依條具抄上省。如體例大同小異，欲令參酌增損具鈔。36 一、應合檢具文字，欲于宰執廳輪日請筆取索，候圓備，赴宰相廳呈覆。刑下房：一、百姓犯罪，情法與例一同者，自來合坐例具鈔。今却有似此獄案，尚有坐例上中取旨。欲令刑部比例擬抄施行。一、應官司申到奏無平反過刑獄文字，欲更不送中。一、應官員已得旨轉官，吏部擬申，乞給付身，除合命詞送中外，餘給付身人欲更不送中，一面勘驗，出給付身。一、應合呈知文字，欲于宰執廳輪日請筆。一、應使臣重疊效用八資上所得資級，比例合作減年者，欲乞行下吏部，開坐前後所得旨揮因依，合得若干減年具抄。工房：一、工部遇有所屬官申到添修工作及百工百貫并創造及三十貫已上〔一〕，合取裁，餘聽從本部審量，行下造作。一、應諸官司修蓋舍屋，合支錢若不及百工百貫并創造不及三十貫，欲令尚書省依詳定一司敕令所條冊施行。一、内降房付到，尚書房付到尚書省奏知及關到照會文字，欲于宰執廳輪日請筆。知雜房承受生事内畫一，往往隨事分關諸房，顯是重疊請筆。欲〔令〕〔今〕後隨頭行遣，不得分關諸房。一、已降旨揮行訖文字，尚書省關到還司關子，並已經宰相僉書，欲于宰執廳輪日請筆判知。一、自來告報已得判筆，須遍呈押宰執。其尚書省告〔執〕〔報〕得筆，係押都司。欲今後應告報已得判筆，遍呈諸廳訖，依尚書省例，押檢正告報。一、勘會令史以下請假，依舊例押點檢録事。其録事、主事依條合〔級〕〔給〕假并疾病量給假之類，遍呈押宰執。欲除令史已下依舊例外，今後止呈押參政。一、入仕守闕赴省公參，自來赴宰相廳請筆，告報房分遍〔里〕〔呈〕押告報，欲今後赴宰相廳請筆，遍呈訖，押檢正告報。一、本省叙陳年勞，依條出職之人，自來判取取索完備，再赴廳呈稟。欲今後先于參政廳請筆，取索完備，于宰相廳呈稟。一、諸房應合呈知事，並具單子輪日呈宰執。欲依條房供具到事理施行〔二〕。三省、樞密院賞〔工〕〔功〕房具到細務：一、諸路州軍申奏到官兵〔士〕〔土〕豪因金人立功或捕盜有勞之類無法功賞，見送所屬監司帥臣覆寔。欲今後令諸路州軍並具寔立功効，一面經申所屬帥臣監司覆寔，申奏推賞。保明不寔，重行典憲。一、兵官呈乞情願不使去失或借補官資，乞將見存真命資級敦減收使，見係本房僉貼請筆，送看詳官。欲今後直送看詳官擬定呈覆。一、詞狀陳訴事已經告示，欲除今狀所訴詞與告〔狀〕示未當，合别行勘會外，若與前狀一同，别無詞理，並具單子，前送有司檢點已批下事理，再行告示。一、川陝投下文字、功德疏，例係擬轉一官資級。川陝官兵换付身文字，見今本房僉貼請筆，送看詳官。欲今後〔真〕〔直〕送看詳官參詳可否，擬定呈覆。一、京畿、京東、河〔溯〕〔朔〕守禦賞，靖康年勤王賞，方臘賞，李允文并聞劾淮 37 南便宜借補官資，杜充建炎三年十一月二十日以後書填官告，並已降旨揮不行。欲令尚書省、樞密院出榜曉示，諸色人並不得陳乞上件事理。并令接狀大程官遇有整會上件事詞狀，並不得收接。如違，元接狀大程官送所屬勘決。欲依本房具到前項事理施行。

八月十七日，詔尚書省依舊專置催驅三省房，并復置催驅六曹房。仍令三省催驅房月具已未結絶文字聞奏。臣僚言：「臣比奉聖訓，三省諸房文字留滯甚多，憂形玉色。臣退聞范宗尹罷相之日，堂吏賫抱積下案牘，就宗尹所僉押，其名件〔上〕〔尚〕以千計。況四方申奏朝夕待報，淹延不決，動以歲時，則于國體寔爲未便，萬一事關機速，利

〔一〕三：原重此字，參後文删。

〔二〕條房：似當作「諸房」。

害非輕。臣愚欲望睿慈付之大臣相度，各委本省官一員，監督點檢諸房文字，關留人吏條畫未了事件，置籍拘之，每日結絶若干件，嚴立期限，逐件對銷，或有稽違，重寘罪責。庶幾無停壅，以稱陛下宵旰求治之意。」故有是詔。

二年四月十八日，詔：「三省人本宗有服親，不許軍中差遣。（始）〔如〕違，重行黜責。」先是，三省言：「尚書省點檢文字李瑗男秉文在中軍統制司作幹辦官，已行降責。」故有是詔。

三年二月十四日，詔：「三省見任通直郎以上都録事遇展官，不許赴臺謝。」繼而臣僚言：「契勘御史臺自來除曾任執政官并見任侍郎以上、兩省侍從官不赴臺謝外，即無三省點檢都録事授官不赴臺謝之法。所有今年二月十四日魏彦弼、楊從古、俞宗适等畫降不赴臺旨揮，切慮有礙臺令。兼本人既稱文字散失，檢尋故事不見，即合依本臺見行著令，難以爲人改注。乞依臺令施行。」從之。

三月十九日，左司員外郎王（廷）〔庭〕秀言：「近見尚書省户部額外都事鄭憲合該鹽賞轉資，情願更不收使，亦不比换支賜，乞於見今名目上降一等支破請受。緣額外都事與正額都事不同，憲係額外，依條合破書令史請受。今所乞乃請正額主事俸禄，優厚太甚。此例一開，則凡該賞者皆援此以進。欲乞合該鹽賞者（正）〔止〕依已降指揮推恩，其前降支破請受旨揮更不施行。」從之。

四月二十五日，詔武功郎、樞密院兵房副承旨劉希房等前降展一官旨揮更不施行，特與犒設一次。先是，樞密院言：「福建賊范汝爲等作過，近調發宣撫司總率大兵前往，今已破滅，係本房首尾應辦行遣，別無闕誤，乞賜旌賞。」詔劉希房等並與展一官。後臣寮言：「范汝爲輩嘯聚，至命大臣提王師，僅能平殄，密院人吏行移文書，蓋其職也，而並以功展官，事屬僥倖，乞賜寢（請）罷。」故有是詔。

八月十八日，詔尚書省都事王延慶送大理寺根勘聞奏。以侍御史辛炳言其贓污故也〔一〕。

二十二日，臣寮言：「近見塑像昭慈聖獻皇后神御所〔二〕，三省禮房都録事、職級及守闕共一百二十二人，每日添 38 給食錢支過一萬九百餘貫，犒設五次，計支過銀一千二百餘兩，絹一千二百餘疋。臣竊謂塑製所如工匠及監視人支食錢、犒設可也，其（佗）〔他〕署掛姓名，如點檢、催驅等類，有何功勞，而人數之多、犒設之厚如此。欲乞申嚴去年十月十九日旨揮，凡添給食錢、非泛犒設支賜並行遵守，雖有應例，亦不許陳乞。」從之，其已得者特免追剋。先是，紹興二年十月十九日詔：「三省吏房行遣出敕及第人黄甲注擬文字、户房行遣增添亭户鹽本文字、刑房行遣降敕文字、禮房行遣奉使文字，皆有犒設，僥倖不當。其已支者，特免剋（運）〔還〕，今後更不得犒設。」未幾，禮房塑像支破犒

〔一〕辛炳：原作「卒柄」，據《建炎要録》卷六七改。
〔二〕聖：原作「憲」，據《建炎要録》卷六八改。

設如故，臣僚以爲言，故有是詔。

二十四日，詔：「尚書省額内年未及格守闕人吏，並截日住罷請給，令本房習學公事。候年及格，召正額令史二人結罪委保，許支破請給。如冒請及隱庇不寔，幫看人與犯人同罪。」先是，尚書省言：「保引守闕，依法年十六歲方許公參。自官制行，增添年甲，保引入省，止令習學公事，未支請給；候額内有闕，方始撥填。近緣兵火，額内闕人數多，因而撥年未及格人入省守闕，支破請受。乞行措置。」故有是命。

十月二十一日，詔：「賞功房今後除法所不（截）〔載〕事即看詳審寔外，應有格法事，雖係三省、密院送到，及詞狀判付本房，並送六部，按法推恩。」

十一月十六日，尚書省言：「近有旨，額内年未及格守闕住罷請給，令習學公事，候年及格日，召保支破請給。所有額外年未及之人未有該載。」詔：「額外合撥填入額守闕内年未及格之人，並候年及格日，依額外（入）〔人〕例召保入額，依元入仕名次安排。仍權併那下名年及格人補填闕額，候將來有上名人入額，却依名次遞併，于額外收管。中書門下省、樞密院依此。」

同日，尚書省言：「諸房自來遇有書寫入進及付身敕（劉）〔劄〕文字，係于額内守闕專一差定寫敕六人，寫進六人。自渡江以來，未曾專差，乞依舊制。」詔差寫敕三人，寫進六人，食錢依舊例破給。

九月二十四日[一]，樞密院言：「機速房主管書寫文字使臣，元降旨揮並理爲任。及建炎四年七月十七日聖旨旨揮，已及三考成任之人，其後在任月日並理爲再任。今再任人内又有已及三考之人，未有明文。乞與別理爲合入資序。」從之。

四年二月十一日，尚書省言：「舊日功賞文字隨隸所屬，故多留滯，遂專置賞功房。後來復將有格法事依舊分隸，止令專行戰守招捕等事（月）〔目〕。欲都司檢詳勘定，三省、密院通治。今聞内外諸軍州縣多是專投公狀，致有乞覓，奸弊日滋。乞增嚴法禁，及重立告賞斷罪之法。」詔令刑部立法。

五月十四日，詔樞密院機速房主管文字（用）〔周〕田、徐玩並降一官。以書寫黃牒字劄差錯不楷故也。

二十二日，御史中丞辛炳言：「吏部奏鈔、刑部斷案既
[39]上諸房，自來並有日限。訪聞近日鈔房率迂枉問難，或無故稽留。及刑部奏案既經本房反覆問駮，已是詳審，復持之不下，動經歲月，不降斷敕。乞今後專委都司依限檢察，仍令吏、刑部每抄案上省，限次日報御史臺。其間經涉日久者，許本臺彈劾。」從之。

五年二月二十六日，都省言：「三省都録事、樞密院副承旨慕容偉、李宗淵、張士敏、王澤等昨自東京遠到行在，

[一] 天頭原批：「九月條移在十月條上。」

忠義可嘉，雖展官支賜，恐未稱存恤之意。」詔各（持）〔特〕更展一官，令吏部添差合入差遣一次。已授未赴者，願添差亦聽，候事平日依元職名于額外安排。

七月一日，詔：「堂後官補職及一年與改宣教郎〔一〕，定著爲令。」詳定一司敕令所言：「（儉）〔檢〕准《國朝會要》及《中書備對》，堂後官及一年與展京官，自選人補充者即展合入京官〔二〕。緣京官係是承務（郎）、承奉、承事、宣義、宣教郎五等，本所未審所改京官不從初等次第陞轉便改宣教郎義理。今來止有崇、觀後來改宣教告外，別無以前改宣教郎來歷恩例。雖諸處省記係令改宣教郎，難以據憑。伏乞降下參修。」取到制敕庫房狀，堂後官今爲三省諸房都録事〔三〕。檢准《紹興令》，中書門下省録事、尚書省都事爲正八品，宣教郎爲從八品。看詳，自入省遷補至堂後官，已是年深，其補職及一年與改宣教郎，以官品較之，亦是相（堂）〔當〕，即與《國朝會要》《中書備對》及省記中書制敕院本條下文稱『五年願出職與通判差遣，十年以上與知州差遣』意義輕重相稱。雖不見得崇、觀以前來歷因依，今據取索到中奉大夫張忻墓誌石本，契勘得本官崇寧二年轉門下省録事，明年改宣教郎，係崇寧之初，亦可憑據。」從之。

九日，臣僚言：「六察之職，掌糾察官司稽違。故事，尚書省刑房專置御史刑房以受行之。（人）〔又〕著令，彈察尚書六曹事件，限五日報尚書左、右司。蓋有御史刑房以專主付受，又報左、右司俾之檢察，故凡所彈治，皆應時施行，臺綱既舉，百司亦肅。自中興以來，朝廷務所併省，御史刑房不復專置，每遇彈糾，雖依令報左、右司，亦不聞有所檢察，緣此施行稽緩，浸生奸弊。臣取索到六察案自夏季以來申彈事件，自上省後至批狀行下，大率遲者或至兩旬，速者不下十日，被受官司便作常程文字，一例行遣，所司根治，亦多觀望滅裂。糾察之職，本以彈治稽緩，革絶姦弊，而坐視姦弊如此，雖欲革之，勢不能得，是徒費支劄行移之煩，果何補于治也！兼訪聞諸部吏人罪惡貫極，每臺察有所取索，自知情罪敗露，例先請假，及探知文字申省，即便逃竄。大理寺承襲玩弛，（正）〔止〕是備禮移文，一再追捕，才稱東西，便乞先次結案。緣此猾吏益得肆姦，結案甫畢，已改易其名，復竄籍中矣。諸曹之中，吏部尤甚，是以奸弊百出，而士大夫尤受其害也。乞令尚書 40 省復置御史刑房，以專主本臺所上彈劾文字。凡所付受，立爲定限，無得稽違。申飭都史（尚）〔常〕加檢察。及大理寺承受勘鞫，不得觀望滅裂。仍乞行下尚書六部，申嚴吏人結保之法，每令三人或五人結爲一保，遞相覺察。凡保中有人犯罪逃走，許大理寺監官同保人追捉，須管取獲；如有不獲，並與同罪，本部不得申請占留。其逃走改名，復來部中之

〔一〕堂後：原作「後堂」，據《建炎要録》卷九一乙。
〔二〕合：原脱，據《建炎要録》卷九一補。
〔三〕「堂」原作「掌」，「令」原作「令」，據《建炎要録》卷九一改。

人，並重行決配；保内人(轍)〔輒〕敢容隱者，亦與同罪。仍許諸色人告首。庶幾彈糾之令不爲虚文，奸猾之吏知所畏戢矣。」從之。

十二月二十一日，詔樞密院，本院北面房改爲河北房。從樞密院請也。

紹興六年十二月二十五日，尚書省言：「尚書省舊專(制)〔置〕封椿户房，立籍稽考諸路州縣封椿錢物所在，逐季逐月各隨已供申帳狀，不容毫髮欺弊。昨緣兵火之後，一例廢罷，州縣侵隱，暗失朝廷財賦，不可勝數。乞復置封椿户房，先次差書令史、守闕各二人專一主管，置籍揭帖稽考，仍隸户部都主事。點檢諸路封椿等狀并應取會錢物數(日)〔目〕，並依未罷房以前，名隨名色置籍銷鑿揭貼[一]。」從之。

七年正月十六日，尚書省言：「江淮等路昨措置營田，累歲無效。自去歲改爲官莊，官給錢牛借貸，撫存流移，一年之間，所收物斛已三十一萬餘石，稍見就緒。其專一差定行營田文字見係別作一房，其取索行遣文字之類，欲以營田工房稱呼。若遇工房有恩賞、犒設、食錢之類，並許(滯)〔帶〕行，貴責委專一，不致廢弛。」從之。

八年四月十七日，臣僚言：「檢會建炎三年四月二十五日旨揮，尚書省都事以下遵用祖宗立定舊額，除去冗濫，以七十四人爲額；其守闕權(在)留一百五十人。又敕，已降指揮，三省、樞密院額外人吏並罷。續取到諸司糧料院狀，見今逐月勘請三省人吏員數，又與元降立定逐房名額多寡不同。明有罷額外旨揮，而依舊帶行；明有限定諸房人數，而輒踰元額。欲望特差左、右司郎官取索三省、樞密院諸房不罷額外因依，看詳改正。」詔令檢正左、右司檢詳官同共定奪。于是乞以三省、樞密院人見帶行額外名目並罷。如遇正額有闕，自令史以上只得遞遷，更不差權行。自書令史以下有闕，只得試補；未試補間，如有闕人處，委係煩重，許據闕差權，仍不得過所闕之數。從之。

十五年二月五日，詔臨安府、兩浙(專)〔轉〕運司修蓋五房、六房院。先是，三省、樞密院諸房狀：「居止散漫，外人妄作，傳報漏泄，難以分別。乞依在京例，于五房院、六房院居止，差置監門等，互相覺察。」故有是詔。

十二月十八日，詔：「(三)〔五〕房、六房院合置監門官一員，令堂除使闕差人。」

二十二年十一月二十七日，詔：「三省都録事、主事、令史、書令史應陳乞收使、保引，除依例召保外，更增召有官都録事一人委保。如有不寔，許人陳首，有官 41 人降一官，無官人降一資，其收使、保引并被引人並落籍編(官)〔管〕。」以臣寮言，自來陳乞保引人無斷罪刑名，難以防閑故也。

二十四年十月三日，中書門下省言：「守闕守當官龔鎬狀，有逐次茶鹽酬賞，該(專)〔轉〕一官，減二年磨勘。乞

[一] 名隨：似當作「各隨」。

依一般守闕劉宗遠例補承信郎。」從之。

二十六年十二月九日，尚書省言：「裁減諸州縣吏人，立爲定額。行法當自近始，其三省、樞密院諸房添置名額猥多，理宜裁定。」從之。　于是檢正、都司、檢詳、編修共條具到：尚書省都事元額七人，主事元額六人，令史元額十四人；書令史元額三十一人，見闕九人，係差正額守當官承權；守當官元額十六人，見闕一人，係差守闕承權。已上元額共七十四人，並欲依舊。　内書令史、守當官見闕，日下且令承權，候試補了日替罷。仍報糧審院，請受從一多給，不得重疊。　守闕守當官元額一百五十人，欲減二十人作額外，餘依舊；　添差十二人，待次三十一人，欲並減罷。已上守闕共減罷六十三人。　兼呈文字十一人，欲許不妨本職，相兼祗應。　其請給犒賞之類，止依元職名支破，不得作闕差人。　添差書令史三十人，欲並減罷。　尚書省共減罷九十三人。　三省、樞密院賞功房點檢文字元額十人，已上十八人，係于三省、樞密院人額内指名抽差。　欲將差到人于元差去處不妨本職相兼祗應，量添食錢。　其所差人，本處並不得却行作闕差人。　如已使闕去處，日下並罷。」同日，詔樞密院減罷添置名額，令樞密院措置。　後條具到三省、樞密院賞功房點檢文字元額二人，主管六人，書寫十人，係于額内抽差，不妨兼職祗應，止不許作闕差人。　樞密院副承旨元額五人，主事五人，守闕主事二人，令史十四人，書令史二十人，守闕書令史三人，欲依舊。　正名貼房元額二十八人，見權書令史，欲存留十三人兼權，餘十五人罷權，候有闕差撥。　宣指揮法司三人，貼司二人，守闕（房）二十六人，欲依舊。　守闕貼房二百四十人，欲以二百人爲額，餘人並罷作額外。　機速房三十一人，欲以二十二人爲額，餘九人並罷。　寫宣房十九人，欲留存十二人，餘七人並罷。　監宣紙庫使臣一名，欲罷。　已上共計減罷九十八人〔一〕。」從之。

二十七年七月九日，同知樞密院事陳誠之進呈揀試本院人依例差八厢事〔二〕。　上曰：「天下事惟在至公。　前此科舉之弊，朕斷然盡革去之，人皆帖然，無或異論。」臣誠之曰：「致治之要，寔在于此。　樞密院人揀試利害亦不輕，乞御前差八厢察視。」從之。

二十八年三月十一日，詔：「三省、樞密院人因進書並減半推賞，仍不得兼兩局。　如（專）〔轉〕至朝（讀）〔請〕大夫，即依限員法，未得展行寄資。」先是，臣寮言：「堂吏承命治事于朝廷之間，其被賞循展官資固宜優異。　要必立爲限制，使之積勞而後序陞，則爵賞不濫，亦 42 以勸天下之能吏也。　臣切見宰相提領修書，而堂吏號供檢者以十數。　修書局凡四，曰日曆，曰玉牒，曰寔録，曰敕令。　所謂供檢者，以十數人修數局。　今所進二書，則是一身而展二官。　將來

〔一〕九十八：按此總數與上列數字不符，疑有誤。

〔二〕八厢：原作「人厢」，據下文改。

進書，又復遷展，歲歲如此，何有限極。夫修書定令，特儒臣編摩之力，爲供檢者足未嘗一到門，手未嘗筆一字，而每月局錢與非次犒勞已極優厚，且又循展重併，此何其濫耶！蓋被賞既濫，則官資必崇；官資既崇，則奏補必廣。又況茶鹽場務每歲增羨，皆被賞(思)〔恩〕，公論籍籍，以謂名器輕濫，莫甚于此。望下三省參酌祖宗成法，抑其太濫，立爲定制。」故有是詔。

二十九年八月二十二日，詔三省、樞密院堂後官兼諸局供檢、主管文字之類並罷。先是，有詔給舍看詳裁減官司兼職，中書舍人洪遵以爲請，故有是詔。

九月十四日，詔：「祖宗舊制，樞密院即無機速房，合行減罷，所掌職事依舊本院諸房認科目掌行。其見在機速房人內，本院人發歸元來房分，外差有官人並與添差本等差遣。內有詳熟人，量行選留，隨所管職事撥歸本院。諸房見充主管(之)〔文〕字人，與支破書令史請給，書寫人依守闕貼房例支破。逐闕遇有事故，更不差人。」

(參)〔三〕十一年十二月一日，三省、樞密院言：「尚書省守闕守當官充機速房主管文字翟權狀，入仕三十餘年，無過犯，乞以所得四官一併收補，換成忠郎。」從之。

三十二年四月四日，尚書省言：「令史黃訥狀，見係第四名書令史。緣有親兄訓却傳第六名書令史，寔于長幼次序未倫，欲乞許訥與親兄訓兩易上件名次。」從之。

孝宗隆興元年正月十七日，詔中書門下省、尚書省録事、都事、主事各減一選出職。該遇皇帝登寶位〔一〕，故有是命。

七月三日，右諫議大夫兼侍講王大寶、侍御史兼侍講王十朋、右正言周操、監察〔御〕史陳良翰、新除監察御史閻安中言：「臣等依已降旨揮，條具三省六部等處合併省事。所有百司局務人吏並合與三省、樞密院并屬司、兩後省、臺諫、六部、寺監一例各以十分爲率，量減二分，即不得將額外人數影射數目。許逐司官酌量合減人吏數目申尚書省。」詔逐處限十日開具申尚書省。三省言：「中書門下省依旨揮省併吏額，見管録事共一十二人，頭名點檢諸房進發文字，一名點檢文字，餘十人今減作六人，分掌諸房事。主事七人，一名監印，六人分管諸房職事。令史一十六人，一名監印，餘十五名分掌諸房職事，今減作十人。書令史二十二人，充諸房行遣文字，今減作二十人。守當官三十二人，內二人使印，三十人分掌諸房簿書文字，今減作三十人。已上並係試中人。額內守闕守當官一百三十人，均充諸房書寫文字，合減作一百人。法司三人，分掌制敕庫文字。時政記房五人，並係外差。尚書[43]頭名都事一名，充點檢諸房進發文字。都事六人，主事六人，令史一十四人，分掌諸房職事。書令史三十二人，充諸房行遣文字，今減作二十五人。守當官一十六人，內二人使印，餘掌管諸房簿書。已上並係試中人。額內守闕守當官一百三十人，充

〔一〕皇帝：原作「登帝」，據文意改。

諸房書寫文字，今減作一百人。法司三人，係外差，行遣制敕庫房文字。」詔依減數，永爲定額。見在人且令依舊〔一〕，將來遇闕，更不還補。

二年五月十七日，中書門下省言：「三省、樞密院人吏依已降指揮裁減定額，委官置籍。自今後遇有闕，照條書擬還補，仍每月點檢幫勘請給。」從之。詔依擬定置籍，今後如無闕，不得巧作色名，（楝）〔陳〕乞差人承權。仍令檢正都司照應遵守，常切檢察。

七月十日，左司郎中葉顒言：「檢准已降指揮，三省、樞密院見充兼呈、同呈文字五人，欲許不妨本職，相兼祇應。其請給犒賞之類，止依元職名支破，不得作闕差人，仍報糧料院照會。如已作闕差人，日下並罷。」從之。

乾道元年五月二十五日，詔中書門下省諸房主行文字並依舊法，將近奏房分與改正。先是，檢正諸房公事王佐言：「中書門下省係十四房行遣文字，令史、書令史目今共二十五人，從來有闕，遞互爭入優簡有賞閑慢房分，避怕行遣繁難去處，是至闕人。自來逐房即無定立行遣人額及遷展房分條法旨揮。又緣數内令史五人，依指揮係合裁減。欲望朝廷特降指揮，將今來立定房分高下依名次均敷定人數，差撥祇應，即將監印、催驅房、章奏房、户房、班簿房令（吏）〔史〕各一人目今且令供職，候有遷改事故，更不作闕展補。所有催驅房、章奏房令史職事，並令頭名監印相兼，班（薄）〔簿〕房令史職事令上房令史相兼祇應。其逐房書令史有闕，自合展補，及差守當官兼權，儹下房分窠闕，庶得杜絶紊繁避（拍）〔怕〕行遣之弊。今具下項：監印二人，知雜房兼監印一人，催驅房一人，章奏房一人，班簿房一人，户房二人〔二〕，禮房一人，工房一人，兵房一人，吏房左選一人，吏房右選一人，刑上房一人，刑下房一人，已上欲依名次差令史充行遣文字。户房三人，禮房二人，工房二人，兵房二人，吏房左選三人，吏房右選二人，刑上房二人，刑下房二人，開拆房二人，已上欲依名次差書令史及權書令史充行遣文字。」故有是命。

二年六月十二日，臣僚言：「堂後官朝議大夫自爲一額立定員數，依次序撥展。契勘堂後官自來功賞頻併，若與其餘展朝議大夫之人衮同遷轉，委是偏優。今欲于八十員額内撥五員專充堂後官，依次序撥展。」從之。

三年五月十一日，詔：「三省行首司以一百二十人永爲定額。其合減人（具）〔且〕令依舊，將來遇闕，更不還補。願比換出職者聽。」同日，詔：「三省大程官依昨降指揮以一百四十六人爲額，溢額人且令 44 依舊。今後宰執初除，更不用恩例收補。其外借七分大程官，依舊四十人爲額。」

四年三月十八日，詔三省禮房今後因進書並依祖宗故

〔一〕且：原作「見」，據文意改。下文乾道三年五月十一日條亦云「溢額人且令依舊」。

〔二〕人：原脱，據上下文意補。

事施行。于是起居舍人黃鈞言：「邇者伏覩《欽宗皇帝寔録》書成，大臣請罷進書彌文，又用天聖八年呂夷簡、熙寧二年曾公亮故事獨辭賞典。陛下聽納其言，朝奏夕可，凡前日文具亡寔之事，皆置而弗講，中外傳聞，莫不稱歎。切見今月十一日畫降指揮，史院官吏各轉一官，減一年磨勘，日曆所官吏特減二年磨勘，三省禮房兩項八十八人有減三年磨勘者，有減半者。臣切謂史官有筆削之功，院吏有供檢之勞，賞不可廢也。《實録》之成，本于《日曆》，而欽宗皇帝一代之政，簡册散亡，無所依據。前後數年，網羅遺事，鈎考異聞，編摩之難，與他書不類。與減二年磨勘，誠不爲過。惟是三省禮房之人〔一〕，方著庭纂集之初，及史館修撰之際，畧無絲髮之補，迨今行賞，比日曆所官吏或加一年，此臣之所未喻也。前年進《三朝帝紀》，去年進《哲宗寶訓》，今年進《欽宗寔録》，禮房之人皆無微勞，三年之間，疊被濃賞，無謂甚矣。今來所降旨揮，雖承前例，然皆出于近時所行，考之故寔，多所不合。咸平元年錢若水等修《太宗寔録》，咸平二年李沆等修《太祖寔録》〔二〕，止加(寔)〔食〕邑、階、勳而已。及大中祥符九年，王旦修太祖、太宗正史，始遷一官。于是天聖二年王欽若等修《真宗寔録》成，天聖八年呂夷簡等修《真宗正史》成〔三〕，熙寧二年曾公亮等修《英宗實録》成〔四〕，元祐六年鄧温伯等修《神宗實録》成〔五〕，紹聖三年章惇等修《神宗實録》成，大觀四年蔡京等修《哲宗寔録》成，悉沿前例，皆得進官一等，內官承受得與推恩。前自天聖五年，蓋未有及三省禮房者也。禮房十四人得減二年磨勘，守闕守當官止與犒設一次〔六〕，則始于紹興五年，議者又以爲過。以是觀之，今所用例非出于秦檜而何？檜破制削法〔七〕，不與士大夫爲密，而與吏輩爲密，其于賞典度越故常，與前日文具亡寔之事〔八〕，皆檜之爲也。今陛下從大臣之請，既罷彌文，而禮房之推賞者八十八人，亦非典故。欲望特賜寢罷，以革鄉來僥倖之弊。」從之。

六年三月四日，給事中胡沂等言：「准詔條具併省下項：中書門下省見管吏額録事八人，主事七人，令(吏)〔史〕一十人，書令史二十人，守當官三十人，守闕守當官一百人。欲將守闕守當官一百人內量減一十五人，通將一百人試行遣一道，內取八十五人存留爲額。其不入等一十五人，候正額有闕日，從上撥入，不許保引到人攙越。見管守闕守當官一百人，將諸房事務繁簡比較，均減一十五人：

〔一〕禮房：原作「吏房」，據上下文改。
〔二〕李沆：原作「李沉」，據本書運曆一之二九、《長編》卷四四改。
〔三〕「正史」上原衍一「寔」字，徑删。
〔四〕熙寧：原作「熙年」，徑改。
〔五〕「六年」原作「三年」，「伯」原作「白」，據《長編》卷四五六改。
〔六〕守闕守當官：原作「守當官守闕」，據前後文改。
〔七〕法：原脱，據文意補。杜牧《守論》：「破制削法，角爲尊奢。」
〔八〕亡：原作「已」，據文意與字形改。《漢書・張釋之傳》：「其弊徒文具，亡惻隱之實。」

如户房二人，禮房三人，工房二人，兵房二人，點檢〔一〕、知雜、催驅、開拆、承開房四人〔二〕，印房、班簿、章奏、時政記房二人，外差人並不在此數。元管房分，吏房左選、吏 45 房右選、户房、禮房、兵房、刑上房、刑下房並如舊；點檢房、知雜房、催驅房、開拆房，欲將點檢房爲名，以知雜、催驅、開拆三房併入；印房、班簿房、章奏房、時政記房，欲將印房爲名，以班簿、章奏、時政記三房併入。一、制敕庫房、架閣庫並如舊。檢正房見管吏額四人，欲將守闕守當官一名減罷。」並從之。

二十三日，給事中胡沂等言：「條具併〔省〕下項〔三〕：尚書省見管吏額一百六十八人，都事七人，主事六人，令史一十四人，書令史二十五人，守當官一十六人，守闕守當官一百人。欲將守闕守當官一百人内量減一十五人，通將一百人試行遣一道，内取一十五人存留爲額。其不入等一十五人，候正額有闕日，從上撥入，不許保引到人攙越。見管守闕守當官一百人，欲將諸房事務繁簡比較，均減一十五人：吏房一人，户房三人，禮房二人，兵房二人，工房一人，點檢、寫敕、催驅在省，(摧)〔催〕驅六曹房二人，印房、開拆、内降寔封，知雜房四人。見管房分，吏房、户房、禮房、兵房、刑房、户房、奏鈔吏房、案鈔刑房並如舊〔四〕，點檢房、寫敕房、(推)〔催〕驅在省房、催驅六曹房，欲將點檢房爲名，以寫敕、催驅在省、催驅六曹三房併入。印房、開拆房、内降寔封房、知雜房，欲將印房爲名，以開拆、内降、知雜三房併入；封樁户房攢算欲併入户房；御史刑房、營田工房欲併入工房；制敕庫房、架閣庫並如舊。」從之。

四月六日，中書門下省言：「已降旨揮，中書門下省知雜、催驅、開拆房併入點檢，章奏、班簿、時政記房併入印房，尚書省催驅在省併催驅六曹，寫敕房併入點檢房，知雜、開拆、内降房併入印房。」詔並許，知雜房仍以省雜司爲名。

七日，中書門下省言：「三省守闕守當官依近降旨揮，各揀試中八十五人存留爲額，分撥諸房外，其試下并緣病不赴試，儹充額外減罷請給人。」詔：「依樞密院減罷人已得旨揮。願依條比換名目出職者(職)〔聽〕，仍與添差監當差遣一次。」

八年七月三日，詔：「中書門下省、尚書省守闕依已降御筆朱書旨揮，各以一百人爲額，令敕令所修立成法，先次施行。」以諸房言：「三省守闕舊係二百人爲額，昨奉御筆，減作一百人，永爲定額。後又因裁減作八十五人，是致人力不勝。欲乞遵依御筆旨揮施行。」故有是命。（以上《永樂大典》卷一六六七〇）

〔一〕點檢：原作「檢點」，據下文乙。

〔二〕承開房：按，據下文所述，並無「承開」一房，諸史亦未見有此房，「承開」二字當衍。

〔三〕條具：原作「修具」，據上下文改。

〔四〕以上二句，「房案」原作「案房」，據《宋史》卷一六一《職官志》一乙。

檢正

【宋會要】

46 神宗熙寧三年九月一日，中書門下言：「奉旨議中書創置士人爲屬官。伏以中書統治百官，以佐天子政事，而所置吏屬〔一〕，尚仍舊制，宜高選士人，稍依先王設弼置輔之意。今欲置檢正五房公事一人，逐房各置檢正公事二人，並以朝官充。見宰相、參知政事如常朝官之禮。檢正五房在提點之上，逐房檢正與提點序官，在堂後官之上。除親屬、寺觀、職事相干外，餘不許出入看謁。主書已下簽書呈覆，不許接坐。仍録事、主書、守當官内省減不諳行遣者十人，與合得名目出職，更不添額。都檢正官并逐房檢正官並依三司判官俸料支給。内都檢正官益以傔二人。所有合用什物，合三司依例製造，仍第破當直兵級。」

四年十一月一日，詔：「應朝廷擢用才能，賞功罰罪，事可懲勸者，中書、樞密院各專令檢正、檢詳官月以事狀送進奏院〔二〕，徧下諸路〔三〕。」

九年十月二十五日，詔：「今後中書檢正官所發貼子下諸處會審，並先執政處呈訖，方得發出。仍置簿抄上，每五日一次赴廳呈押。」

十一月二日，詔檢正官、檢詳官所兼領差遣並罷。

元豐元年四月四日，檢正中書吏房公事、尚書刑部員外郎向宗儒檢正中書五房公事，候一年取旨除館職。以宗儒言五房未便事可采，故寵之。

九月十六日，詔以中書檢正吏房公事王陟臣、檢正禮房公事崔公度、檢正刑房公事范鏜並(裭)〔補〕外。初，中書檢正官溢員，至是裁減。陟臣等在職及二年者，並陞一任〔四〕。自今檢正官以四人爲額。

二年五月二十七日，中書言：「近制，檢正官四員，除户房二員如舊外，孔目、吏、禮房共一員，比之他房，文字爲多。乞令户房檢正官通管禮房。」從之。

九月二十九日，詔自今送檢正官定奪文字，令執政稱事立日限。以户房檢正官稽滯司農寺、三司互奏坊場錢文字上簿〔五〕，因有是詔。

四年六月二十七日，詔中書自今應相度、定奪、分析、體量、勘會、驅磨、點檢之類，並置簿催轄勾銷，委檢正官量緊慢給限。

(三)〔五〕年〔六〕，官制行，罷檢正職務，分歸中書舍人、給事中、左右司郎官。此據《職官志》。

〔一〕而：原作「布」，據《長編》卷二一五改。

〔二〕狀：原作「準」，據《長編》卷二二八改。

〔三〕徧：原作「編」，據《長編》卷二二八改。

〔四〕一：原缺，據《長編》卷二九二補。

〔五〕坊場：原缺，據《長編》卷三〇〇補。

〔六〕五年：原作「三年」，據《古今事文類聚》遺集卷一引《續會要》及《文獻通考》卷四九改。

高宗建炎三年五月二十二日，都省言：「自中興以來，天下多事，四方行移倍增于前日。而宰相精力疲耗於案牘，致邊防軍政所當急者却致稽緩，□□無□□〔一〕，以中書別無屬官故也。雖有中書舍人，而其實詞□□。契勘元豐以前有中書省檢正官六房文字〔二〕，後又因置左、右司，遂不差，致朝廷及應報四方行移往往稽留，無官檢舉催促。今欲差官兩員，充中書門下省檢正諸房公事。內一員檢正吏、禮、兵房，一員檢正户、刑、工房。其47請給、人從，並視左、右司，序位在上。於都堂置直舍，每員日給食錢五百文，於堂厨造食供給。所有左、右司郎官，却裁減兩員。」從之。

四年九月十六日，中書門下省言：「本省所行文字並是已經看詳，勘當成熟事件，其檢正兩員乃成虛設。」詔：「中書門下檢正諸房公事並罷，限五日之內人吏發遣歸元來去處。今後所掌事務並依舊制。」

紹興二年三月十五日，詔中書門下省復置檢正一員。

八月七日，檢正黄龜年言：「自軍興多事，置檢正專一驗察檢舉。其通進司每日承受進降給發等事，干（興）〔與〕本省。緣未置檢正以前，雖係後省管轄，今來復置檢正，未審許與不許檢察。」詔許檢察。

四年四月五日，檢正諸房公事仇悆言：「檢正每歲舉官員數，欲乞依左、右司郎中例施行。」從之。

三十二年十一月四日，詔：「尚書省吏房、兵房，三省、樞密院機速房，尚書省刑房、户房、工房，三省、樞密院看詳賞功房，尚書省禮房，令左、右司郎官四員從上分房書擬。其中書門下省諸房，令檢正書擬；樞密院諸房，令檢詳書擬。」

孝宗紹興三十二年已即位，未改元。十一月四日，詔中書門下省諸房令檢正書擬。從左、右司請也。

隆興元年八月三日，中書門下省檢正房狀：「依指揮（并）〔併〕省吏額。見管令（吏）〔史〕至私名五人，除令史、書令史、守闕守當官各一名依舊存留外〔三〕，裁減私名一名。見在人48且令依舊，將來遇闕，更不遷補。」

乾道二年十一月二十七日，詔：「中書門下省檢正係所掌朝廷機要文字，不許出謁及接見賓客，亦合遵依兩省官已得指揮施行。」

三年七月二十二日，中書門下省檢正諸房公事史正志言：「欲將檢正房令史今後理四年三季，通入仕須實及二十年，如無贓私罪犯，方許依條解發出（贓）〔職〕。庶幾革去僥冒補官之弊。」從之。

六年三月二十三日，檢正房狀：依指揮併省吏額，見管四人，欲減守闕守當官一名。從之。

四月七日，詔中書門下省檢正房以「所」稱呼。

〔一〕按，《建炎要録》卷二三此句作「此無他」。
〔二〕據《建炎要録》卷二三，「六房」上似脱「分書」二字。
〔三〕守闕守當官：原作「守當官守闕」，據前後文改。

八年五月十九日，詔都承、檢正、左右司、檢詳、編修，每日依六曹郎官法通輪宿直。如遇次日朝參等日分，仍免期集，及報御史臺、閤門照會。（以上《永樂大典》卷一八九一二）

【宋會要】〔一〕

淳熙十三年十二月九日，詔檢正所減親事官一人，白直兵士二人，雜役兵士二人。以司農少卿吳燠議減冗食，下敕令所裁定，故有是命。

十四年七月十四日，詔：「付下封事可令檢正、都司逐一看詳，有合施行事件，開具申尚書省，亦庶幾求言不爲虛文。」（以上《永樂大典》卷一〇九四四）

裕民局

【宋會要】

49 徽宗重和元年十二月十二日，中書省言〔二〕：「奉御筆，就校正所置裕民局，差下項官：太師蔡京充提舉官，徐處仁充詳定官。參詳官三員，先次差朝散郎韓昭。檢討官五員，先次差承議郎、通判永興軍崔陟。檢閱文字官二員，管勾諸司〔走〕馬承受，就校正所已差官。」先是，延康殿學士、醴泉觀使徐處仁對便殿，上訪以天下事。處仁對：「天下大勢，在兵與民。今水旱之餘，賦役繁重，公私凋弊，兵民皆困。及兹尚可爲，過是將有不勝圖者。」上驚，思久之，曰：「非卿不能聞此。」明日，除侍讀、校正《内經》詳定官。進讀罷，上特留與前語。處仁奏：「天下猶一家，方其子孫衆多，則當務節儉爲長久。今皇子、皇女勝衣，占祥歲月相繼。昔文王百斯男，唐有百孫院，雖未及之，不可不慮。」上曰：「然已幾類是矣，可若何？」乃言：「周以冢宰制國用於歲之杪。宜會朝廷一歲財用之數，量入以爲出，節浮費，罷橫斂。百姓既足，軍儲必豐，振兵裕民，無大於此。」上稱善。既退，降手詔，畧曰：「國有定法，吏猶廢弛，況無法者，卿可以聞。」處仁具奏其事。有詔置局討論振兵裕民之法，號裕民局。設五庫以總一歲財用出納，而用事者不悅矣。

十四日，延康殿學士、充醴泉觀使、兼侍讀徐處仁奏：「臣准御筆立法下項：臣看詳敕令，意義該括詳備，然議法之初，本局合有條具畫一約束事件不少。兼恐諸路官吏未遽通曉，欲乞行下，自重和二年秋料爲頭施行。仍令監司守貳先次看詳敕令二法，并裕民劄子事理，如有疑惑，並許申明。及有所見利害，亦許實封奏聞，送裕民局具進呈。庶幾下情通達，法成令具，惠施無窮。」詔：「依奏。諸折變、支移、和買者，前一月計本路豐歉、物價貴賤、所出多寡。各隨貴賤多寡之實，貴則量減納錢或物，賤則納本物。若先賤後貴，先貴後賤，聽改。諸折變、支移、和買，不計豐

〔一〕「宋會要」下原有標題「檢正所」。
〔二〕「日」、「中」二字原缺，據文意補。

歎貴賤多寡者杖一百，官吏勒停，永不叙爲〔一〕。以貴爲賤，以賤爲貴及多寡豐歉不實者加一等，官吏編管千里，並不以去官、罷役、赦降原減。」

十九日，延康殿學士徐處仁奏：「臣今續具到裕民局參詳、檢討官職位姓（民）〔名〕下項：參詳官一員，乞差中奉大夫、直秘閣、新知梓州孫漸，見在京。檢討官二員，一員乞差奉議郎、秘書省校書郎艾晟，一員乞差奉議郎、新授襲慶府儀曹榮灝，見在應天府。」從之。

宣和元年正月六日御筆：徐處仁差知揚州。先是，上命處仁見太師蔡京。京欲復行夾錫錢於中州，處仁答曰：「夾錫錢第可行於關陝耳。」又問：「朝臣有欲動摇吾所立法者，何以制之？」答曰：「崇寧立法，至今垂二十年，流弊多矣。如學校禮樂之類，固當更張裁損，隨時自改，則人無間言。」京不樂。於是言者攻之，乃罷局，出知揚州。二十八日，罷裕民局。（以上《永樂大典》卷一九七八一）

諫院

【宋會要】

50 諫院舊常以兩省官一員判院事，其員有左、右諫議大夫、司諫、正言。天禧元年，詔别置院。

《兩朝國史志》：諫院：知院官六人，以兩省官充，掌供奉諫諍。凡朝政闕失，大則廷議，小則上封。由它官領者，帶知諫院，由左、右司諫、正言供職者則否。正言、司諫亦有領它職而不與諫諍者。驅使官二人。中興之初因舊制，設左、右諫議大夫、司諫、正言，屬門下中書後省。建炎三年，詔不隷兩省，别置局於後省之側，許與兩省官相見議事，以登聞檢、鼓院專隷焉。

太宗雍熙五年二月〔二〕，詔曰：「補闕拾遺，位居諫省，榮踐清華之列，是爲獻納之臣〔三〕。朝廷之得失須論，刑政之煩苛必舉。睠兹職業，寄任非輕，上則輔佐大臣〔四〕，次則公卿庶尹，歷朝選任，何莫由斯。苟或但務因循，止思慎默〔五〕，忠言讜議，寂寥無聞，有乖申諷之規，曷副建官之意。宜更舊號，特立新名，庶明立制之文，咸勵匪躬之節。其左、右補闕宜改爲左、右司諫，左、右拾遺宜改爲左、右正言。」太宗欲令諫官修其職業，故改其官號，特降是詔以申明。

淳（熙）〔化〕五年三月，帝以三司判官多不守本職，拜疏言事悉非濟要，召總計使陳恕令曉諭，各揚其職。三司判官、左司諫張觀上章，云「臣是諫官」，兼述拾遺、補闕之官，

〔一〕爲：疑當作「用」。
〔二〕按，據《長編》卷二九、《宋史》卷五《太宗紀》二，雍熙五年正月十七日乙亥改元端拱。下列詔書乃二月八日乙未所下（見《長編》卷二九），則此條應稱「端拱元年」，而此仍稱「雍熙五年」，蓋承《會要》之誤。
〔三〕納：原作「侍」，據《太宗皇帝實録》卷四三改。
〔四〕佐：原脱，據《太宗皇帝實録》卷四三補。
〔五〕默：原作「點」，據《太宗皇帝實録》卷四三改。

是唐時武后所置，相循授任，二百餘年。方自聖朝，載新名目，言責之重，與古無殊。帝曰：「朕苟拒諫，四海亦當共知，固不曾令兩省諫官不言時務。且(設)〔諫〕官之設，自古有之，仲尼所謂天子有爭臣七人是也。今張觀乃以武后妖亂之代比方朕躬，援引如此，迨無人臣之禮也。」即出觀知道州。

至道二年二月，宰臣因對言：「臺省諫官不可令與他官循資選授，諸科舉人及無出身人亦不合在除授之限。唯登進士第及器業有文學者可膺是選。」帝曰：「朝廷清望名，亦當擇材而授，不可易也。」

真宗咸平四年二月二十一日，樞密直學士馮拯等言：「看詳祕書丞陳彭年奏，乞依《六典》員數，(至)〔置〕諫議、司諫、正言爲便。」真宗諭宰相曰：「今後凡求諫官，並須精擇。」

景德三年三月，詔曰：「國家方闡化源，大開言路。(及)〔乃〕眷爭臣之選，實爲侍從之先，當此虚懷，曾無讜議，豈詢求之未至，但循默以相高。既虧謇諤之稱[一]，莫副詳延之意。遂使在廷之列，備陳曠職之言。將警因循，爰申戒諭。左、右諫議大夫、司諫、正言咸預軒墀之列，是爲耳目之官。所宜竭節箴規，悉心獻替，彌縫闕漏[二]，啓迪聰明，成予納(議)〔諫〕之風，顯爾匪躬之操。至若言皆詣理，事可濟時，當議必行，特加懋賞。其或尚思杜口，罔愧素飡，必正典章，用懲弛慢。告于有位，知朕意焉。」時直集賢院任隨上疏曰：「陛下焦勞庶政，開求諫[51]之路，而諫議大夫、司諫、正言數員，但充位尸禄而已，請申甄(出)〔黜〕之典。」帝覽而嘉之，故有是詔。他日，又謂輔臣曰：「近詔諫官、御史各令舉職言事。昨右正言陳彭年請條制貢院復宏詞科，采擇經術士。侍御史賈翺使還，言宿州買綾擾民。此皆可采，中書宜(藉)〔籍〕記之，自彭年、翺爲始。」

天禧元年二月七日，詔曰：「朕大庇烝民，隆興至治，彌綸闕政，交屬於庶僚；寤寐思規，屢班于明詔。雖增虚佇，未協翹思。夫諫諍之臣，本期述嘉謀而矯(狂)〔枉〕；風憲之任，亦當遵直指而繩愆。既列清班，宜傾亮節。儻緘默而自肆，諒考績而曷觀。況朕躬覽萬機，親披封奏，詳延百執，素靡漏言。舉職狥公，有何所避；保身箝口，詎至于斯[三]！將戒慢官，先伸誕告；仍旌優異，以勸傾輸。自今兩省置諫官六員，御史臺除中丞、知雜、推直官外，置侍御史以下六員，並不兼領職務。每月添支錢五十千，三年内不得差出。其或詔令不允，官曹涉私，措置失宜，刑賞踰制，誅求無節，冤濫未伸，並仰諫官奏論，憲臣彈舉。每月須一員奏事。或更有切務，即許不依次入對。雖言有失當，必示曲全；若事難顯行，即令留内。但不得潛爲朋附，

[一] 謇：原作「賽」，據《長編》卷六二改。
[二] 縫：原作「封」，據《長編》卷六二改。
[三] 詎：原作「拒」，據《文獻通考》卷五〇改。

故作中傷。其諫官仍于諫院或兩省内選擇廳事，量置什器祇應。候及三年〔一〕，或屢有章疏，實能裨益，特越常例，別與陞遷。或職業無聞，公言罔覩，移授散秩，仍遺監臨。」時（常）〔帝〕謂宰臣曰：「去秋螟蝗，因自内省，天下至廣，豈民政有闕耶〔二〕？比聞浮議，謂朝廷當容納諫諍。殊不知每聞言事，莫非虚懷聽受，然中外未悉。且朝士中負才識者非少，直言讜論，夫豈無人。然所選官〔三〕，尤須謹厚端雅之士。至於用心浮薄，爲行比周者，朕不取焉。」遂以劉爗、魯宗道充是選。

六月，上封者言：「伏見召太常博士許式、武定基，欲擢升臺省。伏緣曲臺博士若踐諫垣，即拜司諫。唐之拾遺、補闕，非髦秀英偉之士，罕聞輕授。臣與式等既無素嫌，又非熟識，正爲朝廷重惜名器。式等雖無諫臣之體，必有幹事之能，方預嚴召。如臣言可采，望改一郎曹，優與外任〔四〕，幸甚。」帝曰：「式等雖無詞藻，然皆勤幹，朝行中多所稱薦耳。」既而止進秩，升其差使。

七月，右正言劉爗等言：「自來每有奏疏，准例於閤門通進。今後或有封事，乞於通進司進入。」從之。

二年二月，劉爗等又請自今有公事上殿面奏。從之，仍令前一日具名以聞，俟報入奏。

閏四月，詔：「自今諫官、御史上章，除合用文飾外，仰具所見利害事狀。如事理稍多，即具劄子件（扸）〔析〕以聞。」

三年六月，屯田員外郎、主判三司開拆司范雍言：「自今諫官、御史兼他職者，望令仍舊舉職，及乞增置諫官。」帝令別選人充諫官、御史。

仁宗天聖元年四月二十四日，臣僚言：「自古以來置諫官、御史者，所以防臣僚不法、時政失宜，朝廷用之爲紀綱，人君視之如耳目。先帝憂勞庶52政，思聞讜言，特下詔書，舉行舊典，置諫官、御史，更互言事，深有裨益。一二年間，執政之臣潛所畏忌，優加任使，因使罷之。累曾上言，復乞差除，中書終不復差。蓋臣寮不務公忠，懼其糾舉，是致頻年已來，貴近之臣多違憲法，比至彰敗，已損紀綱。伏望陛下常振朝綱，廣開言路，深防回邪，或生蒙茈，復置諫官、御史三五員，令其察臣下之非違，言時政之得失。防微杜漸，無出於兹。」遂詔翰林學士已下，同罪各舉太常博士已上官一員〔五〕，須公正清直之人，具名以聞。

八月二十三日，諫院言：「本院印舊以龍圖閣直學士馮元主判，今復置左正言劉隨等，合送本官。」從之。

九年七月二十八日，權三司度支判官、右正言陳執中請罷職（討）〔計〕庭，專涖諫省。詔俟陳琰使還如所請，仍給

〔一〕及：原作「反」，據《文獻通考》卷五〇改。
〔二〕「有」原作「存」，「耶」字原脱，據《長編》卷八九改補。
〔三〕選：原作「以」，據《長編》卷八九改。
〔四〕外任：原無，據《長編》卷九〇改。
〔五〕「舉」字原脱，「常」下衍一「太」字，據《長編》卷一〇〇補删。

諫院俸。

十年七月二十七日，御史知雜陳執中言：「近以舊門下省充諫院，乞選差臣僚主判。」詔諫院印并公事令石中立兼權管勾。

明道元年七月辛卯〔一〕，以門下省爲諫院，徙舊省於右掖門之西。自先朝除諫官，而未嘗置諫院。謂太宗端拱元年改左、右補闕爲左、右司諫，左、右拾遺爲左、右正言也。及陳執中爲諫官，而屢請之，置諫院自此始。宋承五代之弊，官失其守，故官〔二〕、職、差遣離而爲三。今之官裁用以定其俸入爾〔三〕，而不親職事，諫議大夫、司諫、正言皆須别降勅赴諫院供職者，乃曰諫官〔四〕。

明道二年六月七日，知諫院孫祖德言：「乞下閤門，凡遇前殿殿坐日〔五〕，許臣上殿奏事。」詔依天禧元年二月七日指揮。

景祐三年八月二十九日，御史知雜姚仲孫言：「國家開諫諍之路，諫議大夫居諫官之首，豈可以年勞覃慶序遷。今已員多，恐數年之後又倍於今。」詔今後遇合改轉，具履歷、職任、資序取旨。

慶曆三年八月，知制誥田況言：「有唐兩省自諫議大夫至拾遺、補闕共二十人，每宰相奏事，諫官隨而入，有所闕失，即時規正，其實皆中書、門下之屬官也。今諫議大夫無復職業，自司諫、正言、知諫院皆遺、補之任，而朝廷責其言如大夫之職矣，而地勢不親，位序不正，在朝廷間與衆人同進退，非所以表顯而異其分也。今筦庫冗散之吏尚赴内朝，豈諫諍之臣不得日奉朝請？臣前在諫院，每聞一事，皆諸處采問〔六〕。比及論列，或至後時。今若令諫官得奉内朝，則可以日聞朝廷之事矣。兼王素、歐陽修、蔡襄皆以它官知諫院〔七〕，居兩省之職，而不得預其列，於體未便。欲乞今後並令綴入兩省班次，所貴名體相稱，副陛下選求之意。」詔送兩制詳定。學士承旨丁度等參詳：「規諫之官，號清望之選，宴閑紬繹，最爲切近。欲乞今後比直龍圖閣及修起居注例，令每日赴内朝。」從之。

四年八月，詔自今除諫官，毋得用見任輔臣所薦之人。

十一月十三日，詔如先朝置諫官六員，餘依天禧元 53 年勅。

五年二月十八日，左正言錢明逸言：「《閤門儀制》，每日上殿不得過三班。緣三司、開封府日有公事上殿外，只有一班。若有審刑院或大兩省已上班次，即其餘並皆隔

〔一〕按，此條正文蓋録自《長編》卷一一一（《玉海》卷一六八亦同），注文亦取自諸史（第二注乃抄《長編》卷一一〇）。據史，天聖十年十一月改當年爲明道元年。按《宋會要》之通例，凡因改元而年號交叉之歲，若事在改元詔下之日前，則仍稱舊年號。故上條稱「天聖十年」，此條亦應相同，而乃稱「明道」，知非《會要》文。又七月辛卯乃二十二日，此條應移於上條之前。

〔二〕官：原作「守」，據《長編》卷一一〇改。

〔三〕「以」原作「似」，「俸入爾」原作「奉入文」，據《長編》卷一一〇改。

〔四〕「諫」下原衍「院」字，據《長編》卷一一〇删。

〔五〕前殿殿：似當作「前後殿」。

〔六〕采：原作「來」，據《長編》卷一四二改。

〔七〕蔡：原作「秦」，據《長編》卷一四二改。

下。且諫臣職在諫諍，(太)〔大〕抵言朝政得失。詔令賞罰稍稽頃刻，則事涉已行，隨而更張，國體非便。欲乞今後諫臣有本職事求對，雖已有三班外，亦聽上殿敷奏。」從之。

七年四月二十五日，詔諫官自今除朝參外，非公事不許出入請謁。

五月一日，御史知雜李兑奏：「諫官舊無條制不私私謁〔一〕，及有帶館職臣僚并尚省差諫院者〔二〕，其起居、横行並多只在百官幕次交雜。乞應但係諫院供職臣僚今後一依臺官例，除朝參，非公事不得亂出入及看謁。所有起居、(衡)〔横〕行并諸處集會，乞於兩省、臺官(例)〔側〕近别設幕次。其序班立，即自依本官本品。」從之。

十二月，知諫院王贄言〔三〕：「諫官例不與臣僚過從，今請除二府不聽謁外，其兩制官並聽往還。」從之。

皇祐元年七月五日，知諫院錢彦遠等言：「本院除賜到九經、三史、《册府元龜》外，别無書籍。乞于國子監應見管印本書籍除本院已有外，其餘自《九經正義》、子史傳記下至今文各賜一部充公用，及三(管)〔館〕、祕閣見管四庫書籍特許供借。」詔：國子監院本院已有外〔四〕，更賜與《九經正義》、歷代史書、諸子書、今文。(具借)〔其借〕館閣書，以有條約不許。

十三日，諫院言：「本院諫官二員，從人至少，又緣班次在知雜御史之上，若出入過爲削弱，慮辱國體。乞援昨來三院御史例添人從。」詔諫官每員添差街司從人二人、神衛剩員二人。

至和二年五月，詔臺諫不(不)許相率上殿。時中丞孫抃等與諫官同乞上殿，有違近制，乃令輪日入對也。

嘉祐元年十二月一日，右司諫呂景初言：「伏覩詔書，今後雖遇辰牌，當留一班〔五〕，令臺官上殿。欲望諫官同此。」從之。

英宗治平元年五月六日，知諫院司馬光等言：「本院舊有國子監所印書籍粗備，惟闕《唐書》。以國家政令多循唐制，得失之監近而易行。臣等備位諫臣，職在獻納，考尋前載，旦夕所資，乞依學士、舍人院例，特賜新修《唐書》。」從之。

三年三月，詔左諫議大夫、天章閣待制、兼侍讀李受赴諫院供職。

《神宗正史·職官志》：左、右散騎常侍〔各〕一人，正三品；左、右諫議大夫各一人，從四品；左、右司諫各一人，正七品；左、右正言各一人，從七品。同掌規諫諷諭，凡朝廷有闕失，大事則廷諍，小事則論奏。

神宗熙寧八年五月，金部員外郎、直集賢院、同知諫院

〔一〕上「私」字疑當作「許」。

〔二〕尚省：疑當作「兩省」，即中書、門下省。

〔三〕贄：原作「質」，據《長編》卷一六一改。

〔四〕此句似當作「國子監印本除本院已有外」，蓋脱「印本除」三字。

〔五〕當：原作「嘗」，據《長編》卷一八四改。

范百禄言：「竊聞近令諫官綴左省班，續準御史臺關報，令臣歸本官班叙立。伏以謀其政者必在其位，今修起居注行起居舍人、起居郎事，直舍人院行中書舍人事，同知諫院行司諫、正言事也。國朝兩省官不必正員，苟行其事，必立其班，所以明職分而勵官守也。今修起居注、直舍54人院則綴小兩省班，同知諫院則絀而不與，非明職分、勵官守之意。」詔今後特令綴兩省班。

元豐三年八月十日，上批：「同知諫院黄顔向以疾病，精神頓弊，自居諫職，無所建明。可罷職知太常禮院〔一〕。」

九月一日，知諫院蔡卞請應差除及改更事並令封駮司關報諫院。從之。

六年四月二十六日，初以通直郎、監察御史王桓爲右正言。

十月六日，初以朝請郎、試中書舍人趙彦若爲右諫議大夫。

八年哲宗已即位，未改元。八月二十二日，右諫議大夫孫覺言：「《官制事目格子》，左、右諫議大夫，左、右補闕、拾遺，凡發令舉事有不便於時，不合於道，大則廷議，小則上封。若賢良之遺滯於下，忠孝之不聞於上，則條其事狀而薦言。」從之。

二十八日，門下省言：「中書省申明，諫議、司諫、正言合通爲一法，凡有所見，並許論奏。欲送中書省申明行下。」從之。

十月十二日，詔倣《六典》置諫官，其具所置員以聞〔二〕。

十六日，詔：「尚書、侍郎、給、舍、諫議、中丞、待制以上各舉堪充諫官二員。」初，中旨除范純仁左諫議大夫，唐淑問左司諫，朱光庭左正言〔三〕，蘇轍右司諫，范祖禹右正言，令三省、樞密院同進呈。太皇太后問此五人何如，執政對協外望。章惇曰：「故事，諫官皆令兩制以上奏舉，然後執政進擬。今除目從中出，臣不知陛下從何知之，得非左右所爲，此門不可浸啓。」太皇太后曰：「此皆大臣所爲，非左右也。」惇曰：「大臣當明揚，何以密薦？」由是呂公著以范祖禹，韓縝〔四〕、司馬光以范純仁親嫌爲言。惇曰：「臺諫所以糾繩執政之不法。故事，執政初除，親戚及所舉之人見爲臺諫官者皆徙它官。今皇帝幼冲，太皇太后同聽萬機，當動循故事，不可違祖宗法。」光曰：「純仁、祖禹作諫官，誠協衆望，不可以臣故妨賢者進，臣寧辭位。」惇曰：「縝、光、公著必不至有私，萬一他日有姦臣執政，援此爲例，引親戚及所舉者居臺諫，蔽塞聰明，非國之福。純仁、

〔一〕職：原脱，據《長編》卷三〇七補。又此下原有「國史院編修官」六字，據《長編》卷三〇四、三〇七，乃是蔡卞之頭銜，故删。

〔二〕其具：原倒，據《長編》卷三六〇乙。

〔三〕朱：原作「先」，據《長編》卷三六〇改。

〔四〕縝：原作「鎮」，據《長編》卷三六〇改。

祖禹請除它官，仍令兩制以上各得奏舉〔一〕。」故有是詔。

哲宗元祐元年二月二十八日，三省檢按上殿班，御史中丞同侍御史或殿中、監察御史一員，諫議大夫同司諫或正言一員。今御史臺見闕侍御史，諫官見闕左諫議大夫。詔：「御史臺不限御史中丞、侍御史、殿中、監察御史，諫官不限同省分省諫議大夫、司諫、正言，各並許二人同上殿。」

十月七日，右司諫王覿言：「諫官職事，凡執政過舉，政刑差謬，皆得彈奏。雖在中書後省供職，不可比中書其它屬官，得與執政相見。欲乞今後中書舍人暫闕，不許差諫官兼權。」從之。先是，中書批狀令覿兼權故也。

二年八月二日，朝奉郎、右司諫賈易知懷（洲）〔州〕。以言事失當，故黜之。

三年六月八日，詔左、右司諫、正言、殿中侍御史、監察御史，以升朝官通判資序實歷一年以上人充。

四年七月十二55日，左諫議大夫、兼權給事中梁燾言：「右諫議大夫范祖禹除中書舍人，伏望詳酌，令祖禹且依舊供職。」而祖禹亦請追還告命，詔從之。

六年三月四日，中書舍人鄭雍言：「左司諫楊康國除吏部員外郎。按（政）〔故〕事，臺諫官言事稱職，甚者不次進擢，其次亦叙遷美職。或繆妄不職，則明示降黜。今康國除員外郎，謂以稱職而遷，則員外郎在司諫之下；謂以妄言而黜，則未見降黜之因。」詔楊康國改爲郎中。

七年七月二十四日，左司諫虞策言：「獨員乞依例與御史臺官一（貞）〔員〕同上殿，仍乞自後諫官獨員准此。」從之。

八年，詔執政官親戚不除諫官。

紹聖三年七月十五日，三省言：「近沈銖辭右司諫，已得請。復闕右司諫，未敢具除（同）〔目〕。」上曰：「且闕之。方選其人，雖暫闕，未有所妨，或誤除，殊爲害也。」

徽宗建中靖國元年十月十二日，臣僚上言：「契勘言事官職在獻納，合要見中外事件的實，以聞朝廷。緣自來除改事件及差除，許令六曹報諫官案外，即未有條法許令中外官司取索文字及會問事件，致其間合論列之事無由備知，亦不敢止憑詢訪，（使）〔便〕以爲實，顯於言職大有妨闕。伏望聖慈特賜指揮，許令兩省諫官於中外官司取索會問事件。」詔今後諫官案許關牒臺察，取索文字。

崇寧元年八月二日，臣僚上言：「伏見先有臣僚上言，應兩省諫官合知事件，乞於諸處官司取索照會，所貴論列得實，上副陛下求治之意。續准朝旨，令關牒臺察，取索文字者。切以諫官所論，所以獻納天子也。今來未達天子，先報臺屬，其不可一也；有事干急速而遂成留滯，其不可二也；有理合周密，而遂成漏泄，其不可三也。以三不可而必關牒臺察者，前日用事者之私意也。蓋大臣苟爲公，唯恐人之不聞見也；苟不爲公，唯恐人之聞見也。以其唯

〔一〕以：原作「之」，據《長編》卷三六〇改。

恐人之聞見，故其用意沮格如此，豈聖朝開廣言路、務資獻納之意哉！臣欲乞今後諫官應有合知事件，更不關牒臺察，並許直於諸處取索，量行照會。其被受官司，仍須畫時供報，不得隱匿漏落。所貴人情利害周知，政事得失備見，而陛下視聽加廣矣。」貼黄稱：「竊見朝廷每緣一事，暫置一局，其有合知事件，尚許直行取索照會。今來諫官職在獻納，天下之事宜無不知，而反取索照會，復此物礙，理屬未安。」詔從之。

二年八月二十四日，都省勘會：「臺諫雖已分定所言職事，竊慮未至明白。除已降朝旨合遵守外，欲更申明行下。（課）〔諫〕官職在拾遺補闕，凡朝政闕失，悉許論奏，則自宰臣至百官，自三省至百司，任非其人，事有失當，皆得諫正。臺官職在繩愆糾繆，凡百司稽遲，悉許彈奏，則自宰臣至百官，自三省至百司，不循法守，有罪當劾，皆得糾正。」從之。

政和元年十二月二十一日，詔：「耳目之寄，臺諫是司。今言者不沾激[56]以徼名，則畏避以趨利。或陰交貴勢，顯比近習，職所當糾，縱而弗治。盛則俛首附麗，黜則鼓舌詆訾〔一〕。以此觀望而取世資，何所賴焉？朕宵旰圖治〔二〕，懔乎以聽言爲難。有言責者，宜直道而行，必覈是非，（母）〔毋〕憚大吏，（母）〔毋〕溺舊習。」

欽宗靖康元年四月二十六日，詔：「臺諫者天子耳目之臣，宰執不當薦舉，當出親擢，立爲定制。」

六月一日，詔：「朕惟頃者諫省虚位，藥石不聞，肆求忠讜直諒之士，以備諫諍之列。朕既虚心無諱，凡爾諫臣，義當自竭。自今朕躬闕失，其悉心直論，勿隱勿避，必求實是，以稱朕好直求助之意。」

高宗建炎三年三月六日，詔：「臺諫員闕甚多，令侍從官公共薦舉堪充臺諫二員。」

六月十日，詔諫院依祖宗法。

七月十五日，詔諫院不隸門下中書後省。

十月二十八日，詔：「諫議大夫富直柔遇事敢諫，謀國盡忠，其所建陳，皆合大體，艱難之中，賴其獻替，以裨朕躬。可特轉一官，報行天下，使知朕優賢納諫之意。」

四年十月四日，宰執進呈諫官論列監司體量公事滅裂等事，上天顔怡悦，顧謂范宗尹等曰：「近來臺諫官無有一日無章疏〔三〕，亦未嘗放過一事。」趙鼎曰：「陛下開廣言路，奬拔言官，是以人人得盡言無隱，此朝廷美事也。」

紹興元年十二月二十一日，右司諫方孟卿言：「諫官自來於中書、門下省置廳事，蓋兩省朝廷政令所自出，祖宗以諫官居之，不無深意。切見行在諫省雖許於皇城内建置，緣未有指定去處。見今踏逐民間屋宇，凡朝廷設施任

〔一〕則：原作「鼓」，據《宋大詔令集》卷一九七改。
〔二〕宵旰：原作「霄肝」，據《宋大詔令集》卷一九七改。
〔三〕臺諫官：原作「諫臺」，據《建炎要録》卷三八乙補。

用，委是不獲即時預聞。」詔：「候移（蹲）〔蹕〕臨安，於都堂相近置局。」

二年六月二十二日，詔：「臺諫言事官，係非時上殿，不合在輪對、條具之數。」先是，降手詔，内外侍從、省臺職事官等，限半月各述所職利害，條具以聞；及應行在通直郎以上輪對。臺諫狀：「勘會言事官遇有時政利害，並係非時敷奏，恐不合在輪對、條具之數。」故有是詔。

十二月十五日，閤門言：「右諫議大夫徐俯面奉聖旨，今後凡遇有合奏稟事，並不拘早晚及假日請對。勘會臣寮内殿（奉）〔奏〕事，即不屬閤門引班。今來本官不拘早晚及假日請對，閤門即無似此體例。」詔遇内殿日有急速事，令入内内侍省引對。

四年七月十三日，臣寮言：「近來諫院遇全闕官，印記掌於胥（史）〔吏〕，不便。乞今後諫院全闕官，印記權令中書門下後省寄收，其諫官職事並不干預。若省劄關牒之屬，每日類聚，用印封記，候除到諫官日開拆書押，庶幾有所關防，不致漏泄散逸。」從之。

十月二十二日，詔：「車馬進發，令諫院船次後省泊。」從司諫趙霈請也。先是，降詔進發建康，故有是請。

五年五月十八日，詔：「左司諫趙霈論奏，深得諫官之體，可轉一官，賜紫章服。仍令尚書省將所奏修寫成圖進入〔一〕。」霈疏曰：「安不忘危，治不忘亂，安危治亂之機，相爲倚伏。陛下承列聖之 57 丕基，適丁陽九之厄運，九年於兹，秣馬勵兵而士氣始振，興（襄）〔衰〕撥亂而武志方伸。天時既至，人事已極。比者皇威奮張，寇戎遠遁，已肇中興之業，天其或者殆將悔禍，使至於治安乎。兹者鑾輿言還，天人和悦，遠邇乂寧，所謂安危治亂之機，正不可一日忘也。漢光武初定天下，馮異來朝，詔曰：『倉卒，蕪蔞亭豆粥，虖沱河麥飯。』異頓首曰：『願國家無忘河北之難，小臣不敢忘巾車之恩〔二〕。』唐太宗既平高昌，魏（證）〔徵〕舉小白無忘在莒之事以戒之。帝曰：『朕不敢忘布衣時，公不得忘叔牙之爲人也。』臣亦願陛下無忘親征時，臣亦無忘扈從時，則治安可保，恢復可期矣。伏望益軫聖慮，載擴遠圖，知燕安不可懷，則前日跋履之勞不可忘也。知愷樂不可極，則前日宵旰之憂不可忘也〔三〕。知前日倉卒之警，則備禦之策其可忘乎？知前日餉饋之艱，則理財之道其可忘乎？臣於此當念扈蹕之勤，殫報國之誠，指陳得失，庶幾上下共享治安之美。」上嘉之，故有是命。

六年四月十八日，諫議大夫趙霈言：「伏聞近者中書舍人任申先繳奏沈與求詞頭，謂臺諫朋附。臣等備數言路，皆（州）〔出〕親（推）〔擢〕，初無先容之助，而申先公肆詆誣。臣等見各居家待罪。」詔申先除集英殿修撰、在外宮

〔一〕仍：原作「倘」，據《建炎要録》卷八五改。

〔二〕巾車：原作「中軍」，據《中興小紀》卷一八改。

〔三〕前日宵：原作「百日霄」，據《建炎要録》卷八五改。

觀，趙霈等日下供職。

九年七月十六日，尚書省劄子：御史中丞廖剛言：「切緣臺諫官日逐上殿，係敷奏本職公事，即與其餘官奏對事體不同。欲乞今後臺諫官遇登對，止具有無所得聖語應記注者，依條關中書門下後省外，免申閤門『別無僥求』文狀，所貴得體。」從之。

二十五年十二月一日，詔曰：「臺諫風憲之地，振舉紀綱，糾逖姦邪，密贊治道。年來用人非據，與大臣爲黨而濟其喜怒〔一〕，甚非耳目之寄。朕親除公正之士以革前弊〔二〕，繼此者宜盡心乃職，惟結主知，無更合黨締交，敗亂成法。當謹茲訓，毋自貽咎。」右正言張修乞刻石於御史臺及諫院，從之。

孝宗隆興元年八月五日，諫院狀：「見管（史）〔吏〕額法司一人，令史一人，書令史一人，守當官一人，守闕守當官二人。今將法司右修職郎蕭著一人裁減，發遣歸部，乞依省罷法施行。」詔依。見在人且令依舊，將來遇闕，更不遷補。

二年十一月二十一日，詔：「方今多事，理宜博謀。侍從、兩省官每日一到都堂，遇合關臺諫者亦許會議。」

乾道三年五月十一日，上宣諭宰執曰：「昨批韓曉奏狀，知隨州林薿放罷，如此處置莫是？」葉顒奏曰：「臣昨見言者論罷韓曉，臣知林薿陰遣其家屬來行在，納短卷於臺諫。臣昨見言者陳，（令）〔今〕陛下批出，可謂明見萬里之外。」陳俊卿奏曰：「近日此風頗盛，惟其巧造言語，以陰中傷，是使監司不敢按郡守，郡守不敢按縣官，臣嘗見之。」上曰：「此風誠不可長，朕方欲手敕戒諭臺諫。」

十一月十九日，中書門下後省、諫院狀：「契勘兩 58 後省、諫院人吏依條年十六聽係籍，二十以上許試。兩經試中，方補守闕守當官。遇有闕，依名次遞遷，直至令史，又實滿四年以上及五年，合行解發補官。即是七年十以上〔三〕，委是年限久遠，別無寸進。緣當時省記法內無許比換副尉之文，遂于紹興二十六年九月內申明畫降旨揮，依六曹、寺、監，許行比換。後來於紹興三十二年三月內，却將兩後省、諫院與進奏院一例衮同，不許比換。伏覩御史臺察案後推書吏于隆興元年三月內申明許行比換了當，兩省、諫院近具申請，刑部勘當，依六曹、寺、監年限，用抵保比換，別無違礙。竊緣兩後省、諫院係與御史臺、六曹一體官司，獨無比換，委是不均。今來即無僥冒，蓋欲補圓條法。」從之。

六年三月二十三日，諫院狀：依指揮併省吏額，見管七人，欲減二人。從之。

五月二十八日，詔：「舊制設兩省言路之臣，所以指陳

〔一〕爲：原作「支」，據《建炎要録》卷一七〇改。
〔二〕前：原脱，據《建炎要録》卷一七〇補。
〔三〕七年十：似有脱誤。

政令得失。給舍則正於未然之前，臺諫則救於已然之後，故天下事無不理。今任是官者往往以封駮章疏太頻〔一〕，憚于論列，深未盡善。自今後給舍、臺諫凡封駮章疏之外〔二〕，雖事之至微，亦毋致忽。少有未當，可更隨時詳具奏聞，務正天下之事。」

九年十二月二十七日，諫院申：「契勘本院應干施行（反）〔及〕論列陳訴等文字，合要檢照條法，取索參用，不可時暫闕少諳熟舊人。所有本院吏額內點檢文字一名，昨畫降旨揮，勒留出職人新差監福州福清縣海口鹽倉蕭著充。今竊見御史臺、祕書省等處將出職人不妨注授存留，依舊祗應。欲望朝廷依逐處體例及本院昨存留蕭著例，將見存留點檢文字孫紹先不妨注授勒留在院祗應。候以次人出職，依此注授價替施行。」從之。

淳熙十三年十二月九日，詔諫院減守闕守當官一人，雜司事故更不作闕。以（農）〔司〕農少卿吳燠議減冗食，下敕令所裁定。故有是命。

十五年正月八日，詔復置左、右補闕、（實）〔拾〕遺。先是，林栗劄子論諫官侵行御史之事，至於箴規闕失，寂然無聞。願倣唐舊制，置左、右補闕、拾遺各一員，皆三年爲任。仍乞面加訓諭，以遺、補爲名，不任糾劾之職。上出以示宰執曰：「林栗此説甚當。朕每欲增置諫員，但以言官多任意論人，凡臺諫初除，人已逆揣其必論某人，既而果然。若諫官止於規朕過舉、朝廷闕政，誠合古人設官之意。卿等宜考前代興置本末以聞。」至（于）〔是〕王淮等具《唐六典》所載與本朝舊制進呈，上曰：「朕樂聞闕失，若諫官專務規正人主，不事抨彈，雖增十員亦可。」於是復置此闕。

二月七日，敕令所言：「檢準雍熙五年二月詔〔三〕：左、右補闕宜改爲左、右司諫，左、右拾遺宜改爲左、右正言。淳熙令節文：左、右司諫爲正七品，左、右正言、監察御史爲從七品。本所看詳，今來復置左、右補闕、拾遺，欲參酌比擬，將品從、雜壓 59 並在監察御史之上，請俸、人從並視監察御史。」從之。御史臺言：「補闕、拾遺今參酌比擬，將品從、雜壓並在監察御史之上。每遇朝參、筵宴并忌辰行香，班于左右司諫之次，仍于臺諫幕次侍班。」從之。

八日，詔奉議郎、充樞密院編修官薛叔似除左補闕，朝奉郎、行宗正寺主簿許及之除右拾遺。（以上《永樂大典》卷一六六五四）

60 建炎三年〔四〕，禮部侍郎張守爲翰林學士。先是，殿中侍御史趙鼎入對，論守無故不遷。上（日）〔曰〕：「以其資淺。」鼎曰：「中丞臺綱所繫，豈計資耶？且言事官無他

〔一〕頻：原作「疏」，據《宋史全文》卷二五上改。

〔二〕諫：原作「見」，據《宋史全文》卷二五上改。

〔三〕雍熙五年：原作「紹熙二年」，據本卷職官三之五〇改。

〔四〕按，自此以下出《大典》卷一六四一三「諫」字韻「諫官」目。蓋此卷内容大多與《大典》卷一六六五四「諫院」目相同，故重複之文已被屠寄剪去。其不同者，即以下所録之文是也。

過，願陛下毋沮其氣。」時上每除言官，即置一簿，考其所言多寡。鼎爲臺諫，三月而言四十事，上皆行之〔一〕。

紹興元年九月〔二〕，侍御史沈與求奏：「省部百司稽違，許御史臺彈察，所以正萬事而防庶微，此祖宗深意也。元豐中分置六察，察按書吏，歲終比較彈察稽違功績而賞之。其賞甚微，其利甚博。昨因王黼用事，政以賄成，舊法轉廢，吏亦習爲偷惰，上下相蒙，紀綱隳弛。方陛下勵精爲治，日圖恢復之功，豈宜尚循故習。望遵用舊法，庶少振紀綱。」並依舊法施行〔三〕。

61 紹興三年〔四〕，曾統言：「本朝多以諫議兼紀注，且聽直前奏事。元豐始不任諫列，然亦許直前。頃者權臣用事，言路壅塞。」詔依元豐舊制。

四年十一月〔五〕，殿中侍御史張致遠奏：「乞省罷營葺，以繫軍民之心。」詔：「除軍兵營寨外，其餘修葺去處，並令孫佑不得應副。如違，官吏取旨，重行黜責。」上因謂宰臣曰：「朕置臺諫，本所以正闕失，事有規戒，未嘗不樂聞。詩曰：『袞職有闕，仲山甫補之。』朕嘗恐言者無以補助爾。」

十四年〔六〕，進呈何若劄子，乞進君子退小人。上曰：「昨宣諭何若，朕擢卿爲諫官，正要分別君子、小人。何時無小人？但時察而去，乃不害法。」

二十八年正月〔七〕，上諭大臣曰：「比既詔監司刺舉守令，而監司賢否勤惰，將使誰察之，宜爲立法。」乃詔：「監司貪惰不法，臺諫自當彈奏。其治狀顯著之人，令臺諫、侍從三人以上公共推薦，三省考察取旨。」

淳熙十五年〔八〕，兵部侍郎林栗奏言：「諫諍之官尚有闕員，居其位者往往分行御史之職，至於箴規闕失，寂無聞焉。願依唐制，置拾遺、補闕左、右各一員，專掌諫諍，不許糾彈。」從之。以許深父〔九〕、薛象先充其職，班著在監察御史之上。光宗立，復省。（以上《永樂大典》卷一六四一三）

登聞院

【宋會要】

62 唐置匭，雍熙元年改匭爲檢，東延恩曰崇仁，南招諫曰思諫，西申冤曰申明，北通玄曰招賢，改匭院爲登聞院。

〔一〕天頭原批：「添在『四年十月』上。」按，以下批語爲屠寄所批，乃指示某段當添入上文之某處（其擬添入之處在職官三之五六至五九）。

〔二〕天頭原批：「添在『此朝廷美事也』句下，提行。」

〔三〕「並」上疑脫一「詔」字。

〔四〕天頭原批：「添在『引對』下。」

〔五〕天頭原批：「添在『五年』上。」

〔六〕天頭原批：「添在『二十五年』上。」

〔七〕天頭原批：「添在孝宗上。」

〔八〕屠寄於此條之首批云：「寄案《大典》卷一萬六千四百十三引《會要》。」下接此條正文。又於此條末添「云云，與此詳略互異」。又於天頭批云「夾注在『除右拾遺』下」。其意爲《大典》卷一六四一三此條與前「（淳熙）十五年正月八日」條及「（二月）八日」條詳略互異，故以此條作爲前文之注。

〔九〕許深父：原作「許甫父」，據《文獻通考》卷五〇改。按許深父即許及之。

淳化三年〔一〕，又置理檢院，以兩省官判。令登聞院、鼓司，進狀人有稱冤濫沉屈者，即引送理檢院審問。至道三年，廢理檢院。景德四年，改登聞院爲登聞檢院，亦置鼓，在宣德門南街東廊，院在鼓院之西。天聖中，詔以御史中丞專領理檢使〔二〕。

太祖乾（道）〔德〕四年六月二十三日，詔：「今後應諸色進策人，並須事關利害、情絶虚浮、益國便民、言直事當者方可爲策，即不得亂引閑詞。其所進事條，仍不得過五件已上。如是已經曉示不行者，亦不得再有投進。宜令匭院候有進策人分明曉示，先取知委文狀及通指安下處所，方得投匭。如有違越，並當劾斷。如是本官官吏不切曉告〔三〕，當行朝典。其餘申冤論事，不在此限。亦不得（謄）〔騰〕越，須（曹）〔曾〕經本處論訴，不與施行，有偏曲者，方得投匭。」

太宗太平興國九年七月十二日，詔改匭院爲登聞院，仍令諫院依舊差諫官一員判院。

雍熙三年九月，户部郎中張去華請應機巧技術不干正道之人，令登聞院不須引對。從之。

端拱元年七月，虞部郎中張佖言：「遠近士庶小有訴訟，即詣鼓進狀，追捕證佐，干繫搔擾。亦有幸民作孽，狡吏挾私，遂致州縣之官因循，不修職業。欲望自今除官典犯贜，袄訛劫殺、灼然抑屈，州縣不治者，方許詣登聞院。仍付所司畧問審實，須至按鞫，始與命使推窮。自餘越訴，並準舊條施行。」從之。

二年三月，詔登聞院、鼓司應訴田宅婚姻之類，一準新令施行。

淳化二年四月，知制誥畢士安請特差司諫、正言一員判登聞院事。詔以右正言洪湛領之。登聞院舊舍人一員兼掌，至是始命它官。

五月，置理檢院於乾元門之西北廊，以知制誥錢若水領之，復唐制也。

六月，詔：「自今詣鼓人所進狀，委判院官躬親看詳。如别添改，即并進狀人送樞密院，無使邀滯。」

十二月，理檢院言：「鼓司送到進狀人，若非大段冤沉，止是因事諍論而越訴者，望勒還本州。若區斷不當，即許再來陳訴。」從之。

至道元年三月，詔：「登聞院有稱負屈進狀人，依鼓院例印縫，引送理檢院。」

六月，勾當登聞院、殿直程峻言：「前開封府推官劉可濟先犯罪除名，累詣院投狀，乞引見叙理。先準勑命，應除名責降人叙理，不得收接文狀。其人繼日在院前，發[63]遣不去。竊緣在京似此等人甚多，慮遞相効倣。欲望自今應

〔一〕淳化：原作「淳熙」，據《長編》卷三三改。
〔二〕使：原作「院」，據《長編》卷一〇七改。
〔三〕本官：似當作「本院」。

除名責降、勒停人未經恩雪，不得於登聞院及鼓司投狀。」詔：「自今應除名、責降、停（在）〔任〕人，如只是乞叙理者，不得收接文狀。内有訴屈者，即送理檢院，令取刑部、大理寺元斷公案照證，是實有冤枉，即得具事由申奏；如（引）〔別〕無冤枉，即報登聞院、鼓司不得收接。」

二年三月，理檢院言：「檢會勑文，（發）〔登〕聞院、鼓司除常程公事依舊施行外，如有稱冤濫沉屈者，（盡）〔晝〕時引赴理檢院，收結罪文狀引見。如涉虚誑，便仰曉示不行。今據鼓司送到進狀人多是援赦恩訴理，當院看詳，未合得前項勑文，不敢申奏。望下鼓司、登聞院，自今子細看詳，如實負冤沉者，送赴當院。」從之。

七月，詔令諸州吏民詣鼓司、登聞院訴事者，須經本屬州縣、轉運司，不爲理者乃得受。

三年二月，鼓司、登聞院言：「自來兩司各得廊屋二間，在内廊西、東。今緣官員應在司，今乾元門西北廊有舊廨宇五間，欲請占爲視事之所。」從之。

五月，命太子中舍王濟勾當鼓司。鼓司舊（上）〔止〕内品許懷遠與殿直程峻二員勾當，至是省峻而命濟，（如）〔始〕用朝臣也。

六月，詔：「自今詣鼓司論告機密者，即時引送樞密院，不須更取詣實文（收）〔狀〕。」

十二月，詔：「鼓司應投進物色，除近臣遺奏外，餘不得受。」

真宗咸平二年三月，詔：「臣僚著述文字，許于（閣）〔閤〕門（反）〔及〕鼓司投進。朕當親覽，以擇材能。如文理稍優，仍令兩制詮簡以聞。」

閏三月二十日，詔：「鼓司自今除進策、獻書、上表、披訴及常程公事，即入檢進呈。其論訴公事狀内乞行推勘并進實封人，即更不隨檢，每日晝時實封投進。」

二十六日，詔：「登聞院應進實封直言極諫人合押送樞密院者，並責逐人住止處，令遞相委保。」

四月，詔：「昨以時雨稍愆，物情微鬱，俾緩刑而申命，思闕政之有聞，遂降詔書，徧行詢訪，封章有取，尋已旌酬。近者如聞閭巷之徒靡閑軍國之事，顧文傭筆，假手他人，浸長澆浮，須行禁止。宜令鼓司、登聞院，自今更不得收接。」

是月七日，命工部尚書張宏、翰林學士王旦兼知登聞院事。慮獻封者有所壅蔽故也。

三年七月，詔：「幕職州縣官及在京諸色人陳訴，並令于鼓司、登聞院投狀。」

五年三月，詔鼓司、檢院：「諸色人投進辭狀，合係收接，其中些小誤使文字、不妨事理者，不得退迴。」

十一月，詔登聞院主判官不得于本院接見賓客。

六年正月十五日，登聞院言：「乞今後除實封及申雪屈沉、告論公事外，其餘閑雜僥求文（收）〔狀〕更不收接。將所退詞狀抄節事目，於日奏内別開坐一項退狀緣由。」從之。

景德元年四月，詔檢院：「自今追官、停任、責降、貶配、逐便人經赦乞叙用者，或稱曾經刑部不蒙引見，或稱赦文雖不（皆）〔該〕説，有例合得恩澤，若已曾進狀者，不得再接。如實（核）〔該〕叙用，爲有司抑屈，明有指64論，乞行推勘者，責結罪審狀，方得收接。」

二年四月，詔鼓司、檢院：「諸色人進實封表狀，不述事由者，委主判官當面審問。如實係機密，即晝時進入。」

四年五月九日，詔改鼓司爲登聞鼓院，命知制誥周起、直史館路振同判。其登聞院改爲登聞檢院，命樞密直學士張詠判。仍差内品陳彦通、張延壽分爲兩院監門，不得關預公事。先有内臣勾當鼓司，自此悉罷。鼓院舊屋五間迫隘，遂益門西廊三間。檢院除舊院外，别于乾元門西北廊理檢使廨十間，後爲兵部職方圖書庫，復爲檢院，又于尚書省擇令史分掌之。文武臣僚閤門無例通進文字者并諸色人進狀，並須先經鼓院。除告軍機密事及論訴在京臣僚，即實封。如進入後與審狀異同虚妄，及夾帶他事，並科違制之罪。所論事重，依格勑施行。仍令進狀人别寫劄子，節（掠）〔畧〕要切事件，連黏於所進狀前。其餘所進文狀，並先拆開，看詳定奪。或要元本文字照證，速牒合屬司分取（嗦）〔索〕。若事合施行，及所進利濟可採，便與通進。若顯有違礙，即當日内告示本人知委。如不識文字者，許陳白紙，據所論事件，判院官當面抄劄指實口詞，准此施行。仍當日内據收接到所進文狀都數，逐件開（具）坐行與不行因依〔一〕，具單狀以聞。若進狀并過白紙人稱鼓院看詳不盡情理，即許經登聞檢院進狀論，便仰檢院詳酌事理。若鼓院所定不行爲當，即具不行緣由判押審狀，與進狀人收執〔二〕。如鼓院所定不當，即具不當事件并（完）〔元〕進狀繳連進呈。其收接到所進文狀，亦於當日内具都數開坐行與不行因依，單狀以聞。其披訴人若不即時判審狀給付，即許於御史臺陳訴。其有登聞鼓院、檢院委實行遣不當者，方得接駕及繳所判審狀披訴，當付所司勘鞫。如披訴得實，判鼓院、檢院官必行朝典。如是虚妄，本人科上書詐不實之罪。未經鼓院進狀，檢院不得收接；未經檢院，不得接駕，進狀者依法科罪〔三〕。文武官及諸色人不得用無（各）〔名〕劄子，並具表狀投進。所乞留中不出，及乞隱落姓名，作訪聞内降行遣者，今後並降付所司，明具于行。珍禽異獸、妖妄文字及諸般進奉并書札、藥方、圖畫、功名德等並不得接駕〔四〕，及詣登聞鼓院、檢院投進。内妖妄文書，晝時勾喚司天監官一員看驗。委是妖妄，即對本人焚毁。如不係集斷文書，即取責分付。舉人、僧道、草澤諸色人等，如覩朝政闕失，并公私利濟，並許上言。其所業詩賦雜文及諸般撰述，不得投進，亦不得接駕進狀；如違，科違勑之

〔一〕因依：原作「因而」，據《職官分紀》卷一四改。
〔二〕與進狀：原無，據《職官分紀》卷一四補。
〔三〕「依」原衍一「依」字，今删。
〔四〕「德」下疑脱「業」字。

罪。應代筆人增添情理，別入言詞，并元陳狀人本無枝蔓之言，而爲代筆人誘引，委有規求者，其代筆人爲首科罪。又民有詣登聞陳訴者，多稱已詣轉運使陳狀，不爲收接。自今令諸路轉運使子細詳閱，合施行者，即時指揮；不 65
合行遣者，判書審狀付本人，方許詣闕陳訴。

是月，張詠言：「文武臣僚并諸色人自作過犯，每至進狀，多以利見理訴爲名，別求僥倖。欲望自今詣鼓院、檢院進狀者，先取自來有無過犯一本，連于所進狀前同進。所述過犯如有隱落，並當除名。又文武臣僚、三司、京百司人吏因罪勒停、進狀□敍用者〔一〕，望令鼓院告示，文官歸刑部投文，使臣即歸三班院，三司、京百司人吏即歸本屬，檢赦施行〔二〕。如稱檢赦不盡，方許執判狀經鼓院、檢院陳狀。」詔：「所責過犯狀內隱落贓私罪者，即科除名之罪，餘皆從請。」周起等又言：「諸色進狀人皆妄有僥求，自今望除軍機密事、指論在京臣僚及諸色人贓污、偷侵官物并事干人命，或自己實有屈塞等，其三司公人職掌並經三司陳狀，中書門下省、京百司人各經本司，倉場庫務即經提點諸司庫務及提點倉場所，諸班諸軍各經所管本司，在京并府界縣鎮諸色人並經開封府或府界提點。」詔：「內有差遣及抽借往別處者，並于元屬司分陳狀。如不知元犯因依，即與勘會施行。餘從其請。」起又言：「進狀人係常程公事者，或值日晚，引進不及，望權送軍巡寄禁具聞奏。仍請令皇城司差親事官四人赴鼓院引接詞狀。又諸色人進狀，除〔旨〕〔指〕論軍機密事及指論在京臣僚，自餘文狀，並寫兩本，將詣鼓院。內有合退迴者，當日將一本退與本人，一本即次日進納。如係通封，即將一本依舊進呈外，餘一本亦次日進入，仍乞留中。其過白紙人取到口詞，亦依此例。」詔：「除留乞留中者並降付中書〔三〕，餘皆從所請。」

七月，路振言：「先准五月十八日勅，諸色進狀人委逐路轉運司看詳，如不合行遣，即取審狀判書付本人。自降敕後，尚有詣院陳狀者，皆無轉運司判書文字。欲望自今令諸路轉運司收到詞狀，分作三項：一項具已結絶人數姓名，一項具見行遣次第，一項具判書審狀數目因依，並次月上旬申奏，委銀臺司看詳。或有行遣不當，並令駁疏。」從之。

十九日，詔登聞檢院如急速文字畫時進入，常程文字依例五日一度于檢內通進。

二十四日，詔登聞檢院日奏文狀并監門榜子並俱兩本，實封進入。

大中祥符三年八月，〔韶〕〔詔〕：「自今進狀，值日晚或至夜者，除告軍機及指論在京臣僚，事干人命，畫時通進，其餘並次日施行。其當日所進文狀并奏目及次日連副本

〔一〕所闕字疑作「依」。
〔二〕施行：原作「行施」，據文意乙。
〔三〕上「留」字疑誤或衍。

仁宗天聖元年九月，詔：「自今諸色人詣登聞鼓院妄進文狀，稱内中(肉)骨肉者，便令送開封府枷項取勘，依法斷遣。」

七年，上因讀《唐史》，見匭函達下民冤枉之事，乃謂左右曰：「天下九州之大，豈無冤枉之人。若至京師檢院、鼓院理雪者，必是州縣官吏、提點刑獄、轉運使不能理雪，又若不爲申理，則赤子無告矣。」乃置匭函，仍專命御史中丞爲理檢使。

閏二月二十三日，詔曰：「朕纂紹丕圖，憂勤庶政，(恩)〔思〕下情之盡達，期讜議之必聞。洪惟祖宗，誕開言路，援稽典制，具在攸司。是用遵行，式恢先烈。其登聞檢院依舊外，(宣)〔宜〕置理檢使，匭匣爲檢匣。應諸色人除奇巧技術邪妄不干正道事件不得上言，及常程公事自依久來體式，令逐處官司、鼓院收接外，如有指陳軍國大事、朝政得失，大段冤枉累經訴理未獲辨明〔一〕，或事干機密，並許詣檢投進。内委是急速文字，畫時進入。其餘並依例五日一度于檢内進納。如無，即具單狀以聞。如檢院、鼓院進狀人有稱冤濫沉屈，及爲鼓院、檢院遲滯者，畫時引送理檢使，子細審問。餘依太平興國九年七月十二日敕施行。」

三月六日，詔：「近于鼓、檢院側別置理檢院，以御〔史〕中丞王臻充使。應諸色人詣鼓院、檢院投進文字，逐狀並依舊外，其次日奏目兩本更不寫進。」

六年十二月，詔軍頭司：「應接駕進狀人曾經檢院進狀，如稱不盡情理，再令檢院看詳。如顯是妄有指陳，令判院官于審狀後具不行緣由，仍令今後不得妄進文狀，判書給付本人收執。或再來接駕進狀，如所定不行爲當，即送開封府勘斷。」

九年三月，登聞檢院言：「軍頭司送到接駕進狀人故岳州刺史[66]史韶孫立兩次接駕，不執檢院判憑。據史立稱，累經檢院進狀不接。及行審問，乃是止經鼓院，未經檢院。蓋兩司(各)〔名〕稱相近，人不能辨。其史立已蒙送開封府勘鞫。竊慮今後進狀之人有恃蔭故違條貫，不執判狀，直便接駕者，望令軍頭司送開封府劾罪。如再犯者，配遠處衙前。三犯者，依法科決訖，編管如前。」詔：「自今進狀人令檢院分明讀示榜文，各令知委，貴免枉陷刑憲。仍取知委狀訖，給付判憑。」

天禧二年正月辛亥，禮部侍郎王曾判檢院。

四年二月，同判鼓院魯宗道言：「準條，凡論臣僚不公事狀，即時封進。近日以來，多有以州縣尋常細務煩瀆朝廷。今請應言受賕踰違以上罪者，即許實封論訴，自餘皆須通封。」詔：「自今後顯有贓污踰違事狀及告衆者，即令實封投進，違者罪之。」

五月，詔：「登聞檢、鼓院手分自今于京局百司選差正名祗應，及三年者與減一選，即不得抽承闕人。」

〔一〕段：原作「改」，據下文「八月」條改。

處官吏妄有邀難，不畫時收接，即許詣理檢使所，具住滯不收接因依以進，其鼓、檢院官吏當行嚴斷。內干機密公事，理檢使亦不須審問。」

二十一日，判鼓院吳遵路言：「進狀人狀內多有揩改添注文字，準先降勅命，並令迴換，慮成住滯。今請揩改處係要害事節，即令退換，自餘並用本院印訖進入。」從之。

六月辛卯[一]，命晏殊等看詳轉對章疏及檢院所上封事，類次可行(者)以聞。

八月，詔：「昨降敕命，應諸色人凡有指陳軍國大事、朝政得失，大段冤枉累經訴理未(穫)(獲)辨明，或事干機密，並許詣檢院投進。近來[67]所進文字多不應得敕命，宜令登聞檢院，自今詣檢院投狀人，須應得敕內許指陳名目，方得投進。如進文字却有不同，並當嚴斷。仍先取詣實審狀以聞。」

八年八月，詔：「民有詣檢院進實封者，多是争論遠年婚田公事，累經諸處斷遣者。自今令檢院，應有進實封，先責文狀。如實有枉冤，不係婚田，即得收接。其有爭論婚田公事[二]，並令依例於鼓院進狀。」

九年六月一日，詔：「登聞鼓(門)(院)、檢院無得輒受諸行軍副使、上佐、文學、參軍奏狀。」時有妄求恩澤，至起訟者，因有是戒。

景祐元年二月六日，中書門下言：「檢會近日有諸色人詣檢匭進狀，妄稱軍國機密，多是希求身名。今後如依得先降敕文即收接，仍(敢)(取)責審狀一處連(進)。」從之。

六月十七日，御史中丞韓億言：「準敕，取勘鼓司官吏不合收接馬季良乞致仕文狀。切以朝廷比置鼓司，蓋使人申理冤枉，豈未經奏御，便許退還？其鼓司官吏更不取勘。」仁宗以韓億即合具奏取旨，不合擅納敕書，特釋之，仍取勘鼓司官吏。法寺言，登聞鼓院李晟當贖金，詔亦釋之。

慶曆五年五月十三日，詔登聞鼓院今後不得收接蠻人文狀。以溪州彭仕義等差人賫狀求進，帝令實封，于樞密院送納，乃有是詔。

《兩朝國史志》：登聞檢院：判院官一人，以帶職郎官以上至兩省充。凡檢有四：東曰崇仁，南曰思諫，西曰申明，北曰招賢。凡機密章奏及上于鼓院而爲所(柳)(抑)者，咸受而達諸朝。令史二人。登聞鼓院：判院官二人，以帶職官朝官或卿監充。凡四方官吏、士民冤枉封牘，咸受而奏之于中，以達萬人之情。監鼓內侍一人，書令史二人。理檢使一人，以御史中丞兼領。吏民以冤自伸于檢、鼓院而不爲達者，以時上聞。典二人，天聖七年置。其登聞檢院匭函改爲檢匭，如(揮)(指)陳軍國大事、時政得失，並投檢匭，令畫時進入，常事五日一次進之。其稱冤濫沉屈而

[一] 此條抄自《玉海》卷六一。

[二] 爭：原作「事」，據本書刑法三之一七改。

檢院不爲進狀者㈠，並詣理檢使審問以聞。時上封者言，自至道中廢理檢院，而朝廷得失、天下冤枉(寢)〔寖〕不得上聞，故復置使以領之。

神宗熙寧三年七月，登聞鼓院言：「當院每日投進官員及諸色人詞狀並摺角實封，并依自來體例，寫兩本事目子，于通進司投下。欲乞依(請)〔諸〕處投進實封體例，更不于目子上開說事宜，只據道數，關報通進司投進，免致漏泄。」從之。

哲宗元豐八年十一月十四日，已即位，未改元。以登聞鼓院闕歸中書省，三年爲任。

元祐三年十一月四日，三省言：「今裁定登聞鼓院、檢院並中書省差，俸錢依在京分數。」從之。

中興之初，因舊制置局于闕門之前。舊在宣德門外，隸門下省。建炎三年，專隸諫院。監官舊額二員，以文臣充。常除一員，舊稱判官。今從臣僚之請，改稱監院。主管檢匣內侍一員。舊制：檢匣一座，擡擎四人，(今)〔令〕親從官充。今不差68置。今以手分三人。舊有書寫人一名，今不差。掌收接命官、諸色人(接)〔投〕進機密軍國重事、軍期、朝政闕失、論訴在京官員不法及公私利濟之事。今權以小匣一面，差承送親事官擎背，以匣投進文字。鼓院置監官，及稱謂如檢院之制。手分二人，書寫人二名。掌大禮奏薦勑斷及致仕遺表已得旨恩澤、試換文資、改正過名、陳乞再任之事。舊設諫鼓一面，置看鼓及下奏共二人，以三省大程官充。今並不差置。以承送親事官(役)〔投〕進文字。兩院(關)〔闕〕官，許互權。全闕，即上諫院，從朝廷差官云。

高宗建炎元年六月四日，詔置檢、鼓院于行在便門之外，差官權攝。

四年九月二十日，詔：「應四方士民訴冤論事，自來經檢院投進文字，雖狂妄詆訐，未嘗加罪。今許齊賢、王師旲乃敢揭榜通衢，喧突關門㈡，所言畧無可採，意在皷惑即衆㈢，理合懲戒。已施行外，今後諸色人陳獻文字，並于檢、鼓院，不得少有邀阻，仍令尚書省出榜曉諭。」時宰執進呈越州勘到岢嵐軍狂人王師旲怪妄惑衆事，上曰：「必是狂易，可只送鄰州編管。朕大開言路，鼓、檢院進狀，日關聽覽，言有可採，至命以官，言或不當，雖斥朕躬，亦置而不問。至於狂誕惑衆㈣，不免畧須禁止。卿等可以(北)〔此〕意曉諭民士。」故有是命。

紹興三年九月六日，侍御史辛炳言：「近者手詔，以地震求直言。于在外大小之臣，孰不(顧)〔願〕盡己見，蓋與尋常投匭事體不同。如太常少卿唐恕首能應詔，乃未免同衆人押出召保，伺候逐便，有虧禮意。乞今後行在職事及釐

㈠濫：原脱，據前文職官六之六三、六六補。
㈡關：似當作「闕」。
㈢即：疑誤。
㈣狂誕惑衆：原作「狂惑誕衆」，據《中興小紀》卷九、《建炎要録》卷三七改。

務官應詔及逐時依格目上書，並實封〔一〕，用公文印記，繳牒檢鼓院投進，不在召保、知在、逐（使）〔便〕之限，仍令本院遵守施行。」從之。

十五日，御筆以江陰軍進士李韜、蘇白上書，輒違詔旨，不詣檢院而伏闕，令臨安府差人押歸本貫，所上書令看詳。」上詔宰執曰：「朕于獻言者未嘗有所拒也，況韜等所言皆細務，非有詆訐之語，顧不當伏闕爾。向來靖康伏闕之風，皆李綱輩啓之，卒成變亂。令尚書省檢坐前後不許伏闕旨揮，出榜曉諭。」

六年八月二日，詔：「登聞檢、鼓院並去替半年，方許差人。其已差下替人并見闕未到人，並別與差遣。或歸吏部注授之人，特依省罷法，與指射差遣一次，願就宮觀嶽廟聽。」

十年八月十七日，臣僚言：「伏見國家置（儉）〔檢〕、鼓院，所以廣言路，通下情也。祖宗求言之要，著在甲令，蓋有名件。遠方士人初莫之知，往往肆瞽言，輒議國家大事，如登用大臣、謀任元帥之類。乞令檢、鼓兩司將甲令所載名件分明揭示，使之曉然，皆知朝廷延納之意在此不在彼。自今凡有獻陳（臣），必與保人偕來，逐院監官躬親審之。如依得祖宗事目，即爲進呈。」從之。

十一年六月六日，監檢院王習言：「准詔：『虞宰所進樂府，可令檢院給還。今後獻無益之言，不干政69體者，檢、鼓院不得收接，仍令出榜曉示。』切見自來投進文字皆係實封，官司無從檢察。其投進文字人多是書鋪保人同共商量。乞今後進狀與貼黃事目及審狀異同，將書鋪保人並送所屬行遣。」從之。仍詔不得因而別致阻節。

二十二年六月二十一日，上宣諭宰執曰：「檢、鼓兩院近日絶少論利害文字，恐有阻節，可下所屬檢察。」

二十七年三月二十四日，户部侍郎王俁奏：「切見舊制，登聞鼓院，鼓在正陽門南之西廊〔二〕，院在門西之北廊，檢院亦相距不遠。大厦深嚴，密邇皇城，蓋所以增重其事，昭示四方。往者權臣擅朝，人情冤抑，不欲上聞，此官殆廢。是時官府治所無不增修，獨檢、鼓兩院雜于比屋之間，不過數椽，淺露狹隘，僅能揭榜而已，殆非仰稱陛下通達下情之意。望申嚴所屬，討論舊制。」詔令工部措置。本部下將作監委官相視，檢、鼓院據臣寮所請，移于正陽門外，切恐士庶疑惑，難于陳訴。欲乞各于舊址增展地步，重修蓋公廳、吏舍及入出門屋，以周圍牆〔三〕。其左右民舍有礙，以其他隙地給還。從之。

二十八年十月二十七日，右正言朱倬言：「臣聞設敢諫之鼓，置理檢之司，凡以通下情，達冤抑。故其實封條目，鼓院有八〔四〕，檢院有六，外此則通封投陳，約束周備。

〔一〕封：原脱，據《建炎要録》卷六八補。
〔二〕鼓：原脱，據《玉海》卷一六八補。
〔三〕以周：似當作「周以」。
〔四〕「八」下原有「布」字，據《玉海》卷一六八删。

初鼓院，次檢院，次理檢，此其序也。若所陳與事目異，不得收接，此其法也。而兩院出未嘗服應元立事目約束〔一〕，是至微(抄)〔杪〕之事，悉瀆嚴宸，有傷事體。望特加訓飭，凡與上項條目相應、次序不越者，方得收受。」又試給事中楊椿言：「近多有前執政大臣子孫或勳臣戚里之家干求差遣恩澤之類，臣恐自此日滋奔(兢)〔競〕之風，有害廉退之義。望明降指揮，今後似此者不與施行，兼令下有司約束禁絶。」詔令諫院照檢、鼓條法看詳措置，申尚書省取旨。「今看詳兩院進狀條目〔二〕，檢院係機密軍國重事、軍期、朝政闕失、論訴在京官員、公私利濟，許收接。鼓院係公私利濟、機密、朝政闕失、言利害事、論訴本處不公、理雪抑屈、論訴在京官員通封、大禮奏薦、勑斷、致仕遺表恩澤、已得指揮恩澤、試換文資、改正過名、陳乞再任通封許接。所有約束斷罪，非不詳備。蓋緣日近因循，並不舉行，是致將僥求差遣、希冒恩澤、坊場債負微杪之事一例收接。欲乞自今後令兩院官吏每遇進狀人，須管躬親審問。如委是依得條目，方得收接；若實封外面題寫與狀内所陳不同，依上書詐不實科罪。理檢院依此。」又臣僚乞進狀人次第經由理檢院。本院契勘：「在法，諸進狀初詣登聞鼓院，次檢院，次理檢院。又檢准《國朝會要》，祖宗時理檢院言：檢會勑文，登聞院、鼓院除常程文字依舊施行外，如有稱冤濫沉屈者，晝時引赴理檢院，取結罪文狀。如涉虚妄狂詖〔三〕，便仰曉示不行。欲乞下理檢院，照應 70 祖宗舊法。」從之。

二十八日，登聞檢院言：「上書進狀人自來召土著有居止之人委保，往往以獻陳公私利濟爲名，其中多是夾帶論訴告訐及語言狂妄，不應上聞之事。比至追證，即行走逸，蓋緣所責保人甚輕。欲乞今後應上書進狀人，如係有官人即召本色有官人，進士、布衣即召見在上庠生，僧道百姓召臨安府土著有家業居止之人，軍人召所屬將校各一人作保，仍令逐院籍書鋪户繫書保識，方許收接投進。」從之。

孝宗紹興三十二年八月二十三日，已(及)〔即〕位未改元。詔：「省部係政令之原，人吏它日出職，當在民上，所宜廉謹，以立基本。訪聞積習成弊〔四〕，官員士庶理訴公事，必先沮抑。法雖可行，賄賂未至，則行遣迂迴，問難不已。若取求如欲〔五〕，則雖不可行，亦必舞法，以遂其請。傳聞四方，何以率勸。自今有此等被抑之人，許詣登聞鼓院陳訴，當議重寘于法。其陳訴人雖曾行賂，與除其罪。」

隆興元年八月十四日，(設)〔詔〕登聞檢院、鼓院監官各二員，各減一員。以右諫議大夫王大寶等條具併省，故有

〔一〕出未嘗服應：似當作「初未嘗照應」。本卷後文職官三之七二「(淳熙)四年九月十七日」條云「令兩院照應格目收接論訴」，「照」與「服」形近，因而致誤。
〔二〕此奏前似當補「諫院奏」三字。
〔三〕狂詖：似當作「狂誕」。
〔四〕訪：原作「詢」，據《建炎要録》卷二〇〇改。
〔五〕求：原作「永」，據《建炎要録》卷二〇〇改。

是命。

乾道三年六月二十一日，監登聞檢院李木言：「今檢、鼓院雖隸屬諫垣，旬申理檢院，不過已放逐便人姓名。至於所訴之曲直詳悉，曾不與聞，則理檢之實廢矣。欲望陛下因理檢院之名，責理檢之實。」上問理檢院今尚存否，奏云：「理檢之名雖存，其實已廢。」上曰：「甚有補于治道。」令後省參照典故條畫。于是給事中王曮等奏：「本朝天聖七年始制匭函，專命御史中丞爲理檢使。自元豐改官制以後，中丞銜內始不帶理檢使。今檢、鼓院依《政和門下後省令》隸屬諫院，而御史臺猶存理檢院之名。檢、鼓兩院旬申，不過已放逐便人姓名而已，誠與元置理檢使本意不同。臣等今看詳，欲以檢、鼓兩院依舊隸諫院外，如遇進狀人稱冤濫沉屈者，引送御史中丞，子細審問。如中丞缺，即付以次官。內有事體稍重者，特旨降付臺諫，依給、舍擬定事理施行。」從之。

閏七月十五日，宰執進呈畢，上論理檢院故事，因謂葉顒等曰：「朕常思祖宗創立法度，以貽後人，後世子孫不能保守，極可惜。」葉顒等奏曰：「祖宗創法垂統，亦甚艱難。子孫萬不能守〔一〕，一旦失之可惜，誠如聖諭。」上曰：「創之甚難，壞之甚易。」蔣芾奏曰〔二〕：「臣常記元祐三年進士第一人李常寧廷試策，破題四句云『天下至大，宗廟社稷至重，百年成之而不足，一日壞之而有餘』，當時以爲名言。」上曰：「誠爲名言。」芾又奏曰：「所謂壞者，非一日遽能壞也。人主一念慮之間，不以祖宗基業爲意，則事事放倒〔三〕，馴致敗壞。故人主每欲自警戒，常恐一念慮之失。如陛下憂勤恭儉，厲精政事，而于念慮之間常自警戒，雖古之聖帝賢王，用心不過於此。」上曰：「朕非獨自警戒而已，又且憂後世子孫不能保守 71 爲可惜。」顒等皆曰：「此乃國家靈長之憂，陛下之言至此，天下之幸，宗廟社稷之福也。」

十二月四日，宰執進呈劉廷老投匭上封事云「究目前之利病，應詔書之所求」，而乃論訴劉才邵之子恩澤不當事，言甚猥細。上曰：「此非上書本意。」蔣芾奏曰：「欲押歸本貫，如何？」上曰：「如此甚好。」

四年七月十三日，檢院言：「檢會天聖七年八月詔：『昨降敕命，應諸色人凡有指陳軍國大事、朝政得失，大段冤枉累經訴理未獲辨明，或事干機密，並許詣檢院投進。近來所進文字多不應得敕命，宜令登聞檢院，自今詣院投狀人，須應得敕內指陳名目，方得投進。如進文字却有不同，並當嚴斷，仍先取詣實審狀以聞。』景祐元年三月六日，中書門下言：『檢會（過）〔近〕日有諸色人詣檢匣進狀，妄稱軍國機密，多是希求身名。今後如依得先降（救）〔敕〕文，即收接，仍取責審狀一處連進。』」詔檢坐祖宗故事，令尚書省

〔一〕句末疑脱「二」字。
〔二〕蔣芾奏：《誠齋集》卷一一九《葉公行狀》作葉顒奏。下同。
〔三〕倒：原作「例」，據《皇宋中興兩朝聖政》卷四六改。

出榜于登聞檢院曉諭。

十四日，詔：「諸色人詣檢院投進文字，已有指揮約束。如歸正人投進文字，並許收接，取責審狀。內有希求狂妄，亦依條斷罪。」

八月十七日，監登聞鼓院翟畋言：「本院省記一司舊條例，收接四方士庶、命官、諸色人等投進文字通封實封狀，計一十六件。實封狀：公私利濟、機密、朝政闕失、言利害（利）〔事〕、論訴本處不公、理雪抑屈、論訴在京官員，已上八項，並係摺角實封。不通封狀〔一〕：大禮奏薦、赦斷、致仕恩澤、遺表恩澤、已得指揮恩澤、試换文資、改正過名、陳乞再任，已上八項，並通封。本院依得逐項事目，方許收接投進。本院于紹興三十二年十月内准尚書省劄子，勘會自來訴事，合詣登聞鼓院進狀。訪聞本院多以狀不如式及召保等退難留滯，不即收接，致訴事之人徑邀車駕唐突，顯屬未便。得旨，今後諸色人訴事，須先詣登聞鼓院進狀，本院官畫時點勘所陳事理，即時收接投進，不得非理沮抑退難。仍限三日，不候請寶，出給告示，放令逐便。如不曾經由鼓院，（往）〔徑〕自唐突，依見行條法指揮科罪。今來登聞檢院條例，投進文字事目共止有六項：機密、朝政闕失、公私利濟、軍期、軍國重事、論訴在京官員。本院切見檢院未（成）〔承〕（大）〔乾〕道四年六月内黄榜約束進狀人指揮已前，四方士庶往往將理雪冤抑及夾帶論訴告訐、語言狂妄，不應上聞文字，詐作公私利濟爲名，實封投進。今來檢院已承黄榜指揮，門前張掛，致進狀人（晝）〔盡〕赴鼓院，投進文字。內有詞訴冤抑、請給恩賞差遣等奏狀，多是不曾經由次第，徑赴本院投進，今來若不收接，慮有違前項聖旨指揮。欲望朝廷詳酌，明賜指揮，行下本院，以憑遵守。」詔依檢院已得指揮，令尚書省給榜。

七年三月三日，詔：「今後士庶進狀，軍國重事、朝政闕失、邊防機密、軍期重害、公私利濟、論訴在京官 72 員，許于檢院投進。其餘應進狀訴事，並赴鼓院投匭。仰訴事人於狀前開坐經由官司結絶告示，令檢、鼓院官當面審實。仍令保狀内明言委保某人，陳訴某事，方許收接進入。如狀降付朝省，稍涉異同，並依條斷罪。若檢、鼓院失行點檢，官吏亦科違制之罪。如看詳所訴委是理直，即將前來理斷失當官吏，具名取旨行遣。」中書門下省檢正諸房公事司馬伋奏：「勘會進狀訴事，在法次第經由所行失當，方許投匭。伏覩太祖皇帝乾（道）〔德〕四年六月詔：應諸色人進狀申冤論事，不得蓦越，須經本處，不與施行及偏曲，方得投匭。及太宗皇帝至道元年七月詔令：諸州吏民詣鼓司、登聞訴事者，須經本屬州縣、轉運司，不爲理，有司乃得（授）〔受〕。照得日來詣闕進狀之人，有不經省部陳理，不候所屬結絶，有昨日詣都省陳詞，今日便行進狀者。及有未經諸處官司理斷，恣行蓦越違戾。伏覩真宗皇帝景德二年四

〔一〕「不」字當衍。

月(照)〔詔〕：應實封表狀不述事由，委判官當面審結；如實係機密，晝時進入。又四年詔：應實封進狀，如進入後與審狀異同及夾帶他事，並科違制之罪。照得日來有爭競産業、理雪過名、陳乞恩賞、補叙官資之類，輒作公私利濟、軍期、機密，紊瀆天聽，委是欺罔。」故有是命。

七月二十五日，宰執進呈韓玉伏闕所上書。上問：「檢院收接文字皆先觀之乎？」虞允文等奏曰：「舊不如此，因今年三月内司馬伋申請指揮，令先審而後進。」上曰：「此指揮未盡善。且玉所訴刺字效用，非軍(欺)〔期〕乎？」梁克家奏曰：「如訴張權，亦是在京官員。但檢院以爲所問前後異同，故不收接耳。」上曰：「要是應得項(自)〔目〕，院官沮之非是，罷免。」虞允文奏曰：「恐太重。」上曰：「可降一官，仍取檢、鼓院見行條令再與理會。」虞允文等奏曰：「容(聞)〔開〕具取旨，行下敕令所别行修定。」

十一月二十四日，檢、鼓院言：「本院收接進文字，職務至重，其人吏慮恐因漏泄傳播于外，及非理抑退，不爲收接。今後遇有投進實封文字，輒盜拆窺泄傳報，事干(幾)〔機〕密，重害者流二千里，非重害者徒三年，終事無害者杖一百。非理退所進文字，亦從杖一百斷罪。其因而乞取錢物者，依監臨主司受財科罪。」從之。

淳熙三年七月十三日，約束書鋪進狀。既而執政言：「諸色人進狀訴理不實，自有條法。近來書鋪止是要求錢物，更不照應條法，理宜約束。」上曰：「書鋪家崇飾虛詞，妄寫進狀，累有約束。不若行遣一二人，自然知畏。可令刑部檢坐條法行下，檢、鼓院出榜曉諭。」

四年九月十七日，令兩院照應格目收接論訴。既而臣僚言：「檢、鼓兩院，其建官之意雖均，而所掌之事則異。比年(寢)〔寖〕有違戾，交互收接，至于論訴不平、陳乞恩賞之類。乞檢坐條法，申嚴行下兩院，照應格目，常(均)〔切〕遵守。如有違戾，罰在必行。」從之。

十三年十二月73九日，詔：「登聞檢、鼓院書寫人各減一人，看管剩員各減一人。」以(農)〔司〕農少卿吳燠議減冗食，下敕令所裁定，故有是命。

淳熙十六年七月三日，監登聞檢院黄灝言：「竊見四方婚田之訟，經檢、鼓院投進，行下有司，所宜即爲予決。今乃多有經歷歲月，再三陳訴，迹涉煩黷，或事非冤枉者。乞令有司立爲定式，應今後降出進狀，自所屬省部行下所委官司，所委官司行下州縣索案。及州縣將案申上，各限若干日。其案牘亦各隨多寡立限，使之看定。如有稽違，並令所屬省部檢察，按劾以聞。嚚訟之人所訴無理，塵紊天聽，擾害善良，亦當行下科斷。如此則進狀施行，事加嚴重，于體甚便。」從之。

慶元三年十月二日，司農卿、兼知臨安府趙師𢍰言：「祖宗置檢、鼓二院，實古昔立諫鼓、嘉石之遺意。邇歲以來，頑狠之人公然騰越，至有事屬細微，巧詞飾説，一經所屬，不待施行，遽投檢、鼓，或徑伏闕，或邀車駕陳訴。匪獨輕法嫚令，褻瀆不恭，復有事涉虛妄，懼其章露，故欲撓蔑有司。檢、鼓二院自有明載條令，蓋謂經從次第所行失當及無所施行，方許投匭進狀。仍著令，諸進〔狀〕令詣鼓院，次檢院。如所行非理抑退，許連所判審狀，邀車駕陳訴。國家下情之通，可謂委曲（許）〔詳〕盡。今乃無所忌憚，違戾日甚。乞下檢、鼓院，繼今遇詞訴，雖經由州郡、監司、臺部、朝省，已爲受理而未予奪當否，或已結絶而無給到斷由者，不得收接。其有輒伏闕及妄邀車駕陳訴之人，並從臨安府照條科罪，所訴事不理。仍令刑部申嚴累降詔旨并前後所定條法，俾諸路提刑司遍牒郡縣，使人通知。」從之。

同日，大理卿陳倚言：「棘寺近奉御寶封下進狀，理訴婚田等事二十六件，皆是監司州縣自可理斷者。其間有不曾次第經由官司，或雖曾經由，不候與奪，及有已經官司定斷，自知無理，輒敢越望天庭，進狀妄訴，於貼黄上（旨）〔指〕定乞送大理寺，顯是全無忌憚。今後應有進狀訴事，乞從自來體例，先次降付尚書省，量度輕重，合與不合送司，取旨施行。」從之。

五年正月二十九日，諫議大夫陳自强〔言〕：「自備數諫列，檢、鼓二院雖在所隸，然不過日知投進名件，至于陳訴之曲直、施行之始末、理斷之當否，曾不預聞。有隸局之名，而無審究之實，甚非責任之本意。欲望明詔大臣，今後朝廷遇有施行進狀事件，即劄下諫院照會，俾得以隨事稽考。若所送官司理斷之不當，結絶之淹延，並許劾奏，以行責罰。或進狀人所訴虛妄，亦坐以上書詐冒不實之罪。庶幾檢、鼓二院不爲虛設，而臣之職守亦不爲虛領矣。併乞循舊制，應進狀訴事人並於狀前畫一開坐經由官司、結絶次第，仍令保人于狀内甘立虛妄罪罰，雖無斷由，聽與投進。如是則寃民得以伸雪，而嚚訟亦不至於瀆聞。」從之。

74 開禧三年十二月二十六日，臣僚言：「國朝因唐舊制置檢匭，以通下情。天聖七年，仁宗皇帝頒降詔旨，凡有指陳軍國大事、朝政得失、大段寃枉累經訴理未獲辯明，并許投進。乾道四年，孝宗皇帝備舉天聖詔文，給黄榜下登聞檢院曉諭。近年以來，上書進狀者日益稀少，權臣畏人議己，沮抑下情，不令上達。今日朝廷清明，大開言路，乞檢照孝宗皇帝典故，令三省給降黄榜付登聞檢院曉諭士庶，凡軍國大事、朝政得失及事屬寃抑者，並許上書投進，本院官吏不得沮遏。如所言可行，即與施行；如不可行，亦與容納。庶幾下情皆得上達，亦可以爲更化之助。」從之。

嘉定三年十一月一日，臣僚言：「比來進狀全無（犯）〔紀〕律，皆不候所屬官司結絶，或雇倩代名，或隱下情節，以脱行遣，或恃此以凌轢承行官司，因求脱免。至若卑賤豪右之家，下及寺院，亦用管幹姓名，率然進狀。乞下檢院（院），自今遇有進狀，須本家合爲狀首人并以次知首尾家屬，方許陳理，即不許管幹人出名。庶幾法不廢於上，情可遍於下。」從之。

十六年九月十二日，臣僚言：「周設路鼓，立肺石，以達窮民，凡惸獨老幼之情，無日不徹于下。國家檢、鼓二院，實周制也。生民之休戚，軍國之利病，函封騰之，曾不崇朝，遂登睿覽，其視君門萬里，如在咫尺。二院隸于諫院，進(收)〔狀〕之見於施行者，尚書劄下諫院，使知清朝無壅之意，德惠優渥，可謂極矣。然愚民之狃頑亡賴者，第知欲快一己之私忿，不知仰瀆九重之至尊，有事理情法之不可行者，投進之詞源源不已，何其敢爾不憚煩也！乞行下檢、鼓院，應干進狀，並遵舊制，必先經鼓院，次經檢院，兩院互相關會。投進至三者，分明開説係第三狀，俾從省部詳與看詳。如情法未協者，令所屬亟行改斷；如元斷已當，初無可改者，即行告示，今後不許妄有進狀或輒敢伏門。其有違者，酌情施行。庶幾既可伸小民之冤，復可爲健訟之警。」從之。

登聞鼓院〔一〕

【宋會要】

鼓在宣德門南街西廊，院在門西之北廊。舊(日)〔曰〕鼓司，景德四年改。掌諸上封，受而進之，以達萬人之情狀。判院官二人，以朝官充。監鼓内侍二人，令史二人。凡文武臣僚閤門無例通進文字，並先經登聞鼓院進狀。未經鼓院者，檢院不得收接。建炎元年，因舊制置局于闕門之前。《山堂考索》：高宗即位于南京，召李綱爲宰相。綱奏曰：「人主莫大于兼聽廣視，使下情得以上通。今艱難之際，四方休戚利害日欲上聞，而士民之願效其智慮者尤多〔二〕。而檢、鼓院猶未置〔三〕，恐非所以通下情而急先務也。」遂置登聞檢院、鼓院于行在便門外。三年，專隸諫院〔四〕。（以上《永樂大典》卷一六六五四）

訴理所

【宋會要】

75 哲宗元祐元年閏二月四日，三省言：「元豐八年三月六日赦恩已前命官、諸色人被罪，今來進狀訴理，據案已依格法。慮其間有情可矜恕，或事涉冤抑、合從寬減者，欲委官看詳聞奏。」詔御史中丞劉摯、右諫議大夫孫覺看詳以聞。

(二)〔三〕月十四日〔五〕，管勾看詳訴理所言：「看詳進狀訴理人若不立定期限〔六〕，竊慮無以結絶。欲乞應熙寧元年正月已後至元豐八年三月六日赦前命官、諸色人被罪合行訴理，並自降今來指揮日與限半年進狀，先從有司依法定奪。如内有不該雪除，及事理有所未盡者，送本所看

〔一〕鼓院：原作「院鼓」，據下文乙。
〔二〕士：原作「仕」，據《梁谿集》卷一七四改。
〔三〕置：原作「宜」，據《梁谿集》卷一七四改。
〔四〕此條之上又有眉批云：「《中興備對》：登聞鼓院（按：原作「院鼓」）差遣判院二員，監門一員。」
〔五〕三月：原作「二月」，據《長編》卷三七一改。
〔六〕若不：原倒，據《長編》卷三七一乙。

詳。」從之。

八月六日，右正言王覿言：「臣伏見今年閏二月五日勑節文：『勘會元豐八年三月六日赦恩已前命官、諸色人被罪，今來進狀訴理，據案已依格法。慮其間有情可矜恕，或事涉冤抑，合從寬減者，委官看詳奏聞。』并今年三月十五日勑節文：『赦前命官、諸色人被罪合行訴理，限半年進狀。』臣竊聞自有上件朝旨，置局以來，凡有情可矜恕、事涉冤抑，獲申雪者甚[76]多。中外人情既知朝廷哀矜冤抑，故見今陳訴者未已。而旦夕半年之限將滿，竊恐疎遠銜冤之人聞詔後時，未及自陳者尚衆。臣欲乞指揮下訴理所，更與寬展日限，庶幾銜冤之人皆得洗雪，可以推廣聖恩〔一〕，感召和氣。」貼黄稱：「檢會《元豐公式令》，諸赦書許官員訴雪過犯。自降赦日二年外投狀者，不得受接。即是常赦許官員訴理，刑部猶限二年。若該元豐八年三月六日赦恩者，刑部自須至來年三月六日（赦恩者刑部）方不接狀。所有今來訴理所日限，欲乞依前項令文，展至元祐二年三月五日終。如此，則凡經刑部定奪不該雪除者，訴理所皆看詳施行〔二〕。」詔展訴理所日限至元祐二年三月五日終。

元符元年三月十四日，詔：「熙寧元年正月以後至元豐八年三月六日赦前命官、諸色人被罪合行訴理，並限半年進狀，先從有司依法定奪。如內該有雪訴，及事理有所未盡者，送管勾看詳訴理所。」

六月二十五日，御史中丞安惇言：「伏思神宗皇帝勵精圖治，明審庶獄，天下莫不知之。而元祐之初，陛下未親政事，姦臣乘時議置訴理所，凡得罪於元豐之間者咸爲雪除，歸怨先朝，收恩私室〔三〕，儻出姦意，不可不行改正。欲乞朝廷委官將前元祐中訴理所公案看詳，如合改正，即乞申明得罪之意，復依元斷施行。」詔蹇序辰、安惇看詳。內元狀陳述及訴理語言於先朝不順者，具職位、姓名以聞。

三年[77]三月十七日，詔以朝散大夫、中書舍人張商英爲龍圖閣待制，復降授朝奉大夫、權刑部侍郎周之道爲朝散大夫，降授朝請郎（門）〔閤〕令爲朝奉大夫，降授通直郎馬璟爲奉職郎，勒停人竹璟爲承事〔郎〕，朝散郎致仕王悆落致仕。皆坐元祐訴理語言貶降，至是經恩牽叙故也。

九月二日，詔勒停人陳郛爲朝奉大夫，朱光裔爲朝散郎，蘇嘉爲朝奉郎，吳儔爲承議郎。以元祐訴理獲罪，今復其（言）〔官〕故也。《國朝》、《中興》、《乾道會要》無此門。

當贖〔四〕。高宗紹興二十年二月二十五日，進呈監察御史湯允恭劄子：「竊謂刑辟之設有金作罰刑，後世著在律文。凡罪麗三等者，皆有罰銅之條，自一斤以至（自）十有二斤，計其直自百有二十金以至萬有二千而止，此律之大

〔一〕廣：原作「寬」，據《長編》卷三八四改。
〔二〕看詳：原倒，據《長編》卷三八四乙。
〔三〕私：原作「思」，據《長編》卷四九九改。
〔四〕按，以下二條當入「刑法」類。

法也。比來州縣任意縱捨，犯杖與徒罪者，皆令納錢放免，少或數十百緡，多或三千緡，罰溢于罪，或相十百，或相千萬，了不相當。且又避免監司檢察，收在別曆，侵欺乾没，殆不可考。欲望申敕州縣，凡罪人當罰者，一遵奉律條，毋令多納緡錢，以濟妄用。」詔刑部申嚴舊法。

檢覆。紹興三十二年閏二月六日，臣僚言：「在法，檢驗之官，州差司理參軍，縣差縣尉，以次差（承）〔丞〕、簿，監當。若皆闕，則須縣令自行。至於覆驗，乃於鄰縣差官。若百里之内無縣，然後不得已而委之巡檢。三尺具在，不可不守。方今州縣之官視檢驗一事，不肯親臨，往往多以事辭免，率委之巡檢。蓋緣巡檢武【78】人，其間多出軍伍，至有不識字畫者，姦胥猾吏因得其便，往往是非曲直顛倒徇（侍）〔持〕。乞申嚴檢驗之條，其初驗官須委司理、縣尉、丞、簿，不許以事辟免。至於覆驗，如委無官可差，仰所在州縣選差曉事識字巡檢前去。如有不虔，重寘典憲。」從之。

熙寧大臣以搢紳不附〔一〕，多起大獄，以脅持上下，而蔡新州因是取台輔。元祐間置訴理所，專爲新州之黨，上誤裕陵。建中靖國元年，范致虚知紹述之説復行，引訴理爲言，欲擊韓師朴而助曾子宣。師朴論其姦，自諫垣出爲郢倅。既到任，謝表猶云云不已。其畧云：「豈十九年之睿斷，有八百件之冤刑。」當時讀其表者，莫不知其必取好官，而惡其心術之險也。《曲洧舊聞》。（以上《永樂大典》卷一〇九四三）

〔一〕以：原作「不」，據《曲洧舊聞》卷五改。

宋會要輯稿　職官四

尚書省

【宋會要】

1 尚書都省。舊制：尚書令、左右僕射、丞、左右司郎中、員外郎主都省事。國朝以諸司三品以上官或學士一員權判。凡尚書諸司，悉他官主判。其事務至少者，但中書批狀，送印領判。都省總領省事，及集議、定謚、祠祭、受誓戒，在京文武官封贈，注甲、發付選人、出雪投狀、二十四司吏員遷補，納檢校官兑省禮錢，有議事注甲、白狀庫收造禮錢、公廨雜事。凡八案，二十四司，每季輪掌季帳，轉牒番宿。當季之司差人赴門下省承發制勑。省舊在興國坊，即梁太祖舊第。太平興國中，移於利仁坊孟昶舊第，頗宏敞。中設都堂，左右丞、左右司郎中、員外廳事，東西廊分設尚書、侍郎廳事二，郎中、員外廳事六。職掌有都事、主事、令史、驅使官，散官五等。今尚書省尚書，侍郎至諸司郎中、員外止爲正官，以叙位禄，皆不職本司之事。

太宗淳化三年，詔：「尚書令唐爲正二品，梁爲正一品，自今宜升在三師之上。」

真宗景德元年十二月，權判都省趙昌言〔言〕：「本省元額職掌五人，議事祇應人數太少。今見管令史、散官、驅使官五人，私名七人，欲乞添驅使官二人。如有闕，於諸司抽差充填。今後不收私名，其立行諸司如額内缺人，並具事由剌省取旨揮，招召本判官與都省同驗人材、書寫，方得收充私名。又都省每請射官告院朱膠錢充受誓戒、待漏供應茶湯燈油，又招 2 置院子料錢外，節序人吏節料、從人食直錢，即承例支給，未係奏聞。欲仍舊制。」並從之。

二年十月，詔祠部及考功、官告院綾紙庫自今委都省提舉。

四年正月，上封者言：「南省屋宇至多，部分亦衆，苟無官員押宿，則胥徒怠慢。按《六典》，尚書省每日一員宿直都司，執簿爲次。淳化中，李範起請刑部官員輪宿。其吏部諸司、貢院、祠部並是選舉人，道士、僧尼（按）〔案〕籍，考功、祠部、官告院各有官錢綾紙。欲望指揮，自今應在省主判官，並令依三司判官例押宿，諸部人吏亦置簿輪宿。」詔：「除都省流内銓外，每日輪差令史宿直，仍於所判官及詳覆官内輪一員押宿。或疾患，入省不得，即申奏請假。當宿官與免起居常朝。」

大中祥符四年五月，詔：「自今宰相官至僕射者，並於中書都堂赴上；不帶平章事者，亦於本省赴上。」

八月，重修尚書省畢，命翰林學士晁迥撰記。

九月，詔都省曉示諸司，不得於廊下繫馬，人力送開封府科決。

五年八月，詔：「自今每覃恩封贈，立限二周年。如限内投納文字，即與施行，出限即便止絶。今後初叙封者須開説存亡，并録本官告身及妻禮婚正室狀。如已曾叙封者，即録累封官告。在京者納都省，在外者入遞申發，付官告院。」

六年八月，禮部尚書、知陳州張詠言：「臣官忝尚書祠部，本部子司每有公事，並是申狀，體似未順。今請應丞、郎、尚書知外州，除都省依舊申狀外，若本曹，欲止判檢，令3以次官狀申。」從之。

天禧四年十一月八日，詔修尚書省，以龍圖閣學士陳堯咨總其事。

仁宗天聖五年六月，權判尚書都省劉筠言：「本省見管公用什器，除稍堪供用外，有牀椅爐毯百一十六事，不堪修補，虚附帳籍，望送三司據數收納。又准景德四年正月七日敕，諸行私名已有定額，候闕方得更收。須經都省揀試後，再牒御史臺看詳，方得收録。如未得都省、御史臺試，中書不得私下存留。又准景德元年閏九月二十日敕，(令)〔今〕後諸司如的是額内闕人，須關報都省，取候指揮，招召有行止人委保，別無踰濫，即本部官與都省看驗人才、書札，方得收充私名，牒臺試驗書札。近來六行諸司因循不依條約，並不先次報省試驗書札，却一面牒臺求試。望申舊制。」從之。

六年七月，權判尚書都省劉筠言：「尚書省諸司所收私名，請自今都省與本官試中後，先勘會本貫户籍分明，不礙名役，及保明行止，別無踰濫過犯，狀到省，即准敕收充私名。以都省試中日理爲入仕年限。」從之。

嘉祐元年十一月，詔：「尚書省司封、司勳、職方、駕部、庫部、度支、金部、倉部、都官、比部、司門、主客、膳部、屯田、虞部、水部自今並以未有差遣帶職京朝官領之。如闕人，即差正郎或員外郎自轉運、提點刑獄、知州得替人。如又闕人，即差通判得替員外郎。月給添支錢五千，京官三千，並許伺候合入差遣。仍各差提印剩員四人。」以上《國朝會要》。

尚4書省。《兩朝國史志》尚書都省：判省事一人，以諸司三品以上充，總轄二十四司及集議、定謚、文武官封贈、注甲、發付選人、出雪投狀之事。令史三人，驅使官三人，散官一人。本省官自令、僕至諸司郎中、員外郎止爲官名，以叙位禄，本司職守皆不與焉。元豐改制，官名則因其舊，而職守固不侔矣。

《神宗正史・職官志》：尚書省掌行天子之命令及受付中外之事。凡天下之務，六曹諸司所不能決，獄訟御史臺所不能直者，辨其是否而與奪之。應取裁者，隨所隸送中書省、樞密院。事有前比，則由六曹勘驗具鈔，令、僕、丞檢察無舛誤，書送門下省畫聞。朝廷有疑事，則集官議定以奏覆。考功所擬謚亦如之。糾正百官府之稽違，而考其故失輕重，以詔黜罰。季終具賞罰懲勸事付進奏院頒行。大祭祀則執事官就受誓戒。凡分房十：曰吏房，曰户房，曰禮房，曰兵房，曰刑房，曰工房。各視其房之名，分掌六曹諸司所行之事。曰開拆房，主受發文書。曰都知雜房，主行進制敕目、班簿具員、賞功罰罪、都事以下功過遷補及在省雜務。曰催驅房，主行鈎考六曹稽失。曰制敕庫房，主行編類供檢敕、令、格、式，簡納架閣文書。《哲宗職官志》同。崇寧格：吏房掌士之事，凡文武官轉官、循資、考課、避親、薦辟、考察、陞陟、恩賞、廢置、增減、致仕、假告、事故、分司、尋醫侍養、封贈、承襲、録用、磨勘、八路差官等，應吏部司封、司勳、考功所上之事。户房掌户税之事，凡土貢、孝義、繼嗣、券債、課入、支度應副邊防軍須、起發年額科買科撥、請給賞賜、寶貨漕運、市舶榷易、倉場儲積、支移折變、廢置陞降諸路州縣等，應户部度支、金部、倉部所上之事。禮[5]房掌禮儀之事，凡道釋、祠祀、(晏)〔宴〕享、奉使、學校儀式制度、喪葬、醫藥、樂人等，應禮部祠部、主客、膳部所上之事。兵房掌軍政之事，凡民兵、武士、地圖、方域、城隍、烽候、傳驛、廐牧、軍器、儀仗、接送、般家、禁軍闕額、請給等，應兵部職方、駕部、庫部所上之事。刑房掌刑獄賊盜之事，凡捕盜、理雪、叙復、移放、配隸、關津、道路、門鎖、幾察、驗屍、贓賞、申明條法等，應刑部都官、比部、司門所上之事。工房掌工作之事，凡營造、鼓鑄、屯田、塘濼、官莊、職田、山澤、畋獵、橋梁、舟車、川瀆、河渠、工匠等，應工部屯田、虞部、水部所上之事。奏鈔吏(部)〔房〕掌吏部奏擬官員、轉官、循資、差注、封贈、恩澤之事。案鈔刑房掌刑部擬斷案鈔之事。知雜房掌省官替上奏事，進制敕目，班簿具員，考察賞功罰罪、吏人功過，遷補宿直，凡在省雜務之事。開拆房掌受付文書并發遞之事。内降房掌受付内降之事。催驅房掌催驅在省文字，勾銷已未結絶事目，點檢諸房稽遲之事。點檢房掌專一點檢諸房差失之事。制敕庫房掌敕書編録供檢條法之事。架閣庫掌架閣文字之事。官九：令，左、右僕射，丞，左、右司郎中、員外郎，各一人。吏六十有四：都事三人，主事六人，令史十有四人，書令史三十有五人，守當官六人。《哲宗職官志》同。崇寧格人額：都事七人，主事六人，内末名帶守闕字，令史三十一人，守當官十六人，守闕守當官一百五十人。(今)〔令〕正一品，掌佐天子議大政，奉所出命令而行之。大事三省通議，則同執政官合班。小事尚書省獨議，則同僕射、丞分班論奏。若事由中書、門下而有失當應奏者，亦如之。與三師、三公、侍中、中書令俱以册拜。國朝以來未嘗除，惟親王元佐、元儼以使相兼領，不與政，不置廳事之所。左僕射、右僕射從一品，掌貳令之職。大祭祀則掌誓戒，視滌濯告潔，奉玉幣進爵。國朝同中書門下平章事爲宰相，以僕射爲所遷官名。若罷平章事而官已至僕射者，仍舊領之。元豐中，釐正省、臺、寺、監職事，舊居此官者換授階官，爲特進。(今)〔令〕闕，則僕射爲宰相之[6]任。左丞、右丞正二品，掌貳僕射之職。大祭祀酌獻，薦饌進熟，則受爵酒以授僕射。國朝以爲官名，班六曹尚書下。及官制行，升其職秩，遂爲執政官。

神宗元豐二年四月十八日，樞密直學士、尚書右司郎中、知通進銀臺司陳襄兼權判都省。

六月二十一日，詔：「諸司承受朝廷批狀，有合付案不行者，於月奏狀具所礙條貫及如何難疑施行。」

三年六月八日，詔：「内外官司於中書、尚書省、三司，不以有無統攝用申狀，唯御史臺於三司移牒。」後又詔御史臺，應官司冠「尚書」字者用申狀。

四年十一月五日，詔尚書都省及六曹各輪郎官一員宿直。

十二月十日，詔尚書都省彈奏六察御史糾劾不當事。

五年四月二十六日，詔尚書省寓舊三司。龐元英《文昌雜録》云[一]：「以新省營繕未畢，凡寓治四所：一舊三司，二舊司農寺，三舊尚書省，四三司使廨舍。」

五月一日，詔左、右僕射、丞合治省事。初議左、右分治，及進呈，始命合治。

三日，詔尚書省得旨合下去處[二]，並用劄子[三]。

七日，詔應定衝替官事理輕重並歸尚書省。

十四日，御史臺言：「尚書左丞蒲宗孟、右丞王安禮賀僕射上尚書省，都堂下馬。」

六月十四日，詔尚書省得彈奏六察御史失職。

七月十四日，詔：「應臺察事並由尚書省取索，事小者先約法，送中書省取旨。」

十月十七日，詳定官制所言：「準尚書省劄子，官制所定雜事奏鈔奏有司事，舊令式並尚書左、右僕射與左、右 7
丞簽書。蓋朝廷以法在所司，案法聞奏，稟候朝命，而人主於有司之成務付之執政，執政之官所宜代天工而任賞罰，則人主但聞之而已。朝廷以天下分六曹以治之，都省以總之，六察以按之。六曹失職，則都省在所糾；都省失糾，則六察在所彈。上下相維，各有職守，則奏鈔書都省執政官，於理爲當。其房玄齡等告身四道，內三卷敕授、制授不書尚書省都省官，內一卷奏鈔並著尚書都省官，而不書名。按敕授、制授則尚書省有書有不書者，唐告體制不一。至於奏授，則尚書省具鈔奏上，未有不具尚書都省官。然於告身，有不書名者。蓋告身翻録奏鈔，其鈔已付吏部翻録爲告，故或不書。今奏鈔已書名，即告身止令代書。」從之。

十二月十五日，尚書省上元豐五年下半年條貫，詔依簽改行下。上每進擬敕令，必簽貼改定，然後降出。其所指擿事理，皆有司抵（梧）〔牾〕也。

六年正月十七日，詔：「給事中陸佃、中書舍人蔡卞看詳御史中丞舒亶論奏尚書省録目事，按罪以聞。」先是，亶奏尚書省凡有奏鈔，法當置籍，録其事目。尚書省違法，擅不録目。既按奏，而乃以發文書曆爲録目之籍，亶以爲大臣欺罔；而尚書省取御史臺受事簿，亦無録目字，亦奏亶爲欺妄。於是詔尚書刑部劾罪。而御史翟思、王桓、楊畏言：「中書按尚書省事，不應付其屬曹治曲直。」故改命佃等。

十九日，尚書省言：「御史臺編《一司敕》，於官制 8
後違法請公使錢。御史中丞舒亶直學士院日，於官制後違法請厨錢。臺察官朋蔽不言，並乞付有司推治。」詔大理寺鞫之。

二十四日，尚書省乞都司置御史房，主行彈糾御史察

[一] 以下一段文字原作正文大字，今改爲小字。
[二] 合：原脱，據《長編》卷三二六補。
[三] 用：原作「同」，據《長編》卷三二六改。

案失職并六察殿最簿。從之。

十月十六日，詔：「自今臣僚上殿劄子，其事干條法者，尚書省依條法議奏。如事理難行，送中書省取旨。」

十一月十九日，恭謝萬壽觀回，幸尚書省，駐輦令廳。上顧執政曰：「新省宏壯，甚與官制相稱。」王珪等對：「規模制作，皆出聖謨。」次至僕射廳，上又曰：「新省制作，非苟而已，卿等宜率勵官屬，勉修職事。」既又召尚書侍郎以下，隨其曹問以所掌職事甚悉。因戒敕曰：「朕所以待遇，責任非輕，宜各思自勉，盡心職事。」乃傳詔，尚書省執政官與五服内未仕者一人承務郎，六曹都司、吏部尚書至員外郎遷寄禄官一等，賜吏史有差。

十二月四日，建尚書省成。詔：「入内供奉官、寄内藏庫使、慶州團練使宋用臣遷昭宣使，寄資及遷一子官，文思副使秦士禹等十二人皆遷一官。」賞勞也。尚書省即殿前司廨舍地爲之，自令、僕廳事下至吏舍，爲屋四千楹有奇。以五年五月癸巳即工，六年十月庚子而成。上稽古董正治官，既復尚書二十四司職事，創作新省。其規摹區處詳密曲折，皆出制旨裁定，用臣承詔督工作，壯偉雄盛，近世所未見也。又以舊中書東、西廳爲門下、中書省，都堂爲三省都堂〔一〕，徙建樞密院於中書 9 省之西，以故樞密、宣徽、學士院地爲中書門下後省，列左、右常侍至正言廳事直兩省之後，都承旨司直樞密院之後。由是三省、樞密院位著官儀煥然一新矣。

七年正月二十六日，上批：「本差内侍守尚書省門，止爲與外庭臣僚無交涉，得以盡情幾察出入。若申解一賤隸，令稟都省，則動有忌憚，何事不廢。自今但干違令出入事，命官奏聞，吏史以下送所屬。」先是，中書省言：「尚書都省門狀，刑部牒，有賣肉人擅入比部門，已送開封府。省門授事不稟都省，其使臣欲上簿。」

十二月十六日，詔朝廷封樁錢物令尚書省歲終具旁通册進入。

哲宗元祐元年詔：「軍期、河防、賑救、災傷之類，從本省劄降諸路，以畫録黄付本曹。應受御札，事大者送中書省取旨；事小及急速，止本省行訖奏知，仍關報中書、門下。其未便者，聽執奏。」

三月十七日，尚書省言：「請自今奏强劫十人兇惡或軍賊五人以上，合降朝旨收捉者，更不送刑部，直送中書省取旨，仍都省置簿，抄録所得朝旨。」從之。

四月六日，中書省言：「尚書省文書，自來左、右僕射輪日當筆。今來左僕射未謝，右僕射未除。」詔令左、右丞權輪日主印當筆。

六月二十日，尚書省言：「近有司奏差踏逐官吏短使，不以閑劇，例乞不拘常制，至有直關吏部擬差，多非其人。請自今除軍期邊防、非常賊盗，先有不拘常制並依舊例外，

〔一〕三省：原作「三司」，據《長編》卷三四一改。

其餘已得不拘常制指揮並罷。自今並令依 **10** 條奏舉，應合差短使亦如之。如違，委御史臺彈奏。」從之。

七月二十一日，詔都省每季差省曹不干礙郎中一員，赴榷貨務檢察見在錢物并交引數目申省。及令户部差元豐庫監官一員，不妨本職，兼管封樁米、鹽錢物。令除本務當支外，每旬據見在數交撥封樁。

二十四日，左僕射司馬光、右僕射呂公著、左丞李清臣、右丞呂大防等言：「臣等聞王者設官分職，居上者所總多，故治其大要；居下者所分少，故治其詳細。此理勢之自然，紀綱所由立也。是以《周官》小宰以官府之六屬舉邦治，大事則從其長，小事則專達。凡宰相，上則啓沃人主，論道經邦；中則選用百官，賞功罰罪；下則阜安百姓，興利除害，乃其職也。至於簿領之差失、期會之稽遲、獄訟之曲直、胥吏之遷補，皆郎吏之任，非宰相所宜親也。故人有言，察目睫者不能見百步，察百步者亦不能見目睫。言詳於近者必畧於遠，謹於細者必遺於大也。今尚書省事無大小，皆決於僕射，自朝至暮，省覽文書，受接辭狀，未嘗暫息。精力疲弊於米鹽細故，其於經國之大體、安民之遠猷，不暇復精思而熟慮，恐非朝廷所以責宰相之業也。竊以六曹長官，古之六卿，事之小者，豈不可令專達？臣等商量，欲乞今後凡有詔令降付尚書省者，僕射、左、右丞簽書訖，分付六曹謄印，符下諸司及諸路、諸州施行。其臣民所上文字，降付尚書省，僕射、左、右丞簽訖，亦 **11** 分付六曹。本曹尚書、侍郎及本廳郎官次第簽訖，委本廳郎官討尋公案，會問事節，相度理道，檢詳條貫，筆判云欲如何施行，次第通呈侍郎、尚書。若郎官所判已得允當，則侍郎簽過，尚書判準。應奏上者奏上，應行下者直行下。即未得允當者，委侍郎、尚書改判，事之可否，皆決於本曹長官。其文字分付本廳郎官之時，委本曹長官隨事大小鑿限，若有稽違，即行糾劾。委的有事故結絶未得者，申長官展限〔一〕，更不經由僕射、左、右丞。即改更條法，或奏乞特旨，或事體稍大，或理有可疑，非六曹所能專決者，聽詣僕射、左、右丞咨白。或具狀申都省〔二〕，委僕射、左、右丞商議，或上殿取旨，或頭簽劄子奏聞，或入熟狀，或直批判指揮。其諸色人辭狀，並只令經本曹長官陳過，尚書、侍郎、本廳郎官次第簽押判決，一如朝廷降下臣民所上文字次第施行。若六曹不爲接狀，及久不結絶，或判斷不當，即令經登聞鼓院進狀，下尚書省，委僕射、左、右丞判付本省不干礙官員看詳定奪。若本曹顯有不當，即行糾劾。所貴上下相承，各有職分，行遣簡徑，事務辦集。」御史上官均亦奏：「乞尚書省事類分輕重，某事關尚書，某事關二丞，某事關僕射。」於是三省同進呈：「欲尚書省事舊有條例，事不至大者，並委六曹長官專決。其非六曹所能決者，中都省，委僕射、左、右

〔一〕限：原脱，據《長編》卷三八三補。
〔二〕具：原作「其」，據《長編》卷三八三改。

丞商量，或送中書取旨，或直批判指揮。其常程文字及訟牒，止付[12]左、右丞施行。若六曹事稍大及有所疑，方與僕射商量。若六曹施行不當及住滯，即委不干礙官定奪根究，庶上下稱職，事務辦集。」從之。

三年閏十二月十四日，詔：「陝西、河東蕃官、蕃兵，三路、廣西、川峽〔一〕、荆湖民兵及敢勇、效用之屬，並隸樞密院，兵部依舊主行。其餘路民兵，令兵部依舊上尚書省。應小使臣初補及改轉並隸兵部〔二〕，擬鈔畫聞訖，送樞密院降宣。」

四年，詔以御史刑房爲御史催案刑房，并掌催督刑部、法寺稽違案牘。其條限約束並依舊法。

五月九日，尚書省言六曹、寺、監吏額並關防約束：「欲罷吏籍案，内外役人增減等止合隨處行遣。應出職而合入流，並直達吏部、都官。欲罷配隸案，所掌配籍併歸刑部舉叙案。」從之。

二十八日，尚書省言：「諸州軍奏案過限未報，令御史刑房專一主行，仍以御史催案刑房爲名。」從之。

紹聖元年閏四月十八日，詔：「在京官司所受傳宣、内降及内中須索及常行應奉，隨事申尚書省或樞密院覆奏。及類聚月終奏聞指揮，可並令隨處覆奏。即本司官親承處分須索，仍畫所得旨録奏，請實奉行。其官司奏請得旨，非有司所可行者，仍申朝廷覆奏行下。」

徽宗崇寧三年四月二十六日，中書省、尚書省送到白劄子：「勘會近降朝旨，講議司限一月結絶罷局。今來見結絶舊文字。欲自五月一日後收到文字並送尚書省施行。其外處合申講議司文字，今後並徑申[13]尚書省開拆房投下，付逐處行遣。」從之。

六月二十九日，奉議郎、充講議司檢討文字、提舉江南西路茶事家安國言：「臣聞古之建國，宮室官府，法天察地，合諸陰陽，考之時日。帝居倣太、紫，法天也；土圭千里，洛都瀍澗〔三〕，察地也；築室百堵，西南其户，合陰陽也；定中作宮，揆日作室，考時日也。然而辨方正位之法，非屬之冢宰，無以立極於民。漢制：九嬪、九卿分治内外官府之事。天子居路寢，九嬪序列東、西；三公處朝堂，九卿前居左、右。今尚書令公廳、左右僕射廳乃周冢宰布政之地，謂之朝堂，見處九卿之位；六曹省部分治官府，今據三公之地。堂正子位，養陰邪之氣，所以陰陽失道，天下異心，朝廷庶政變易不常，宰輔大臣始終無幾，豈皆人爲所召，疑由天造使然。竊聞本省訖工，纔經考落，神宗得唐制尚書省圖按視，已有意改作。但聖心天事，倚伏至今。安國僻學旁搜，豈足盡天人之理；論今考古，猶能決耳目之疑。欲望改修尚書省，伏乞收採施行。」詔令將作監畫到圖

〔一〕川峽：原作「川陝」，據《長編》卷四一九改。
〔二〕隸：原作「吏」，據《長編》卷四一九改。
〔三〕洛：原作「浴」，據文意改。《禹貢》：「伊洛瀍澗，既入於河。」此言定洛都於瀍水、澗水之濱，是察地也。

子修蓋。

大觀三年五月二十八日，臣僚上言：「伏見去歲六月中因中書省檢會熙寧故事，於尚書省置習學公事官，並依熙寧間條令施行。臣竊以爲神宗皇帝更張法度之初，於中書門下置習學公事官，使習政事，廣論議。及元豐中，頒行官制，百司庶務既已區別，事歸有司，而所謂『檢正』、『習學』之名，悉已罷去。官號法制既新於上，14而彝倫庶政日行於下，有典有則，萬世不可加損也。方陛下遵志揚功，循名責實，習學之官亦何用於今日？爲此謀者，不過集奔競之徒，爲進取之計，由此援引，聚爲朋黨而已，非爲朝廷至計也。尚書省政事既已分職於六曹，尚書、侍郎以總之，郎中、員外郎以掌之，各率其屬，而舉邦治，與未行官制不可同年而語也。爲官擇人，則事無不治；倘不擇人，雖增習學，又何益焉。且前代官制之失也，始因侵紊不止，事去所司，由是實領其職者久之而爲虛名。神宗皇帝已董正治官，令尚書省置習學官，則六曹事務必爲習學官所奪，事非元豐舊制。伏望聖旨減罷施行，非徒官名是正，且有以塞偷薄僥倖之原。」詔尚書省置習學官指揮更不施行。

政和二年六月三十日，詔曰：「古者官以稱事，事有繁簡，故官有多少。唐虞建官惟百，夏、商官倍。迄于成周，王所治，千里之畿而已，分職率屬，至二千有奇。因世制宜，咸克用乂。朕紹休先烈，獲承百五十年之丕緒，地日以闢，民日以庶，事日以繁，而建官之數，循仍祖宗之舊，逮至于今，員多(關)〔闕〕少。世知以爲官冗，而不知多士以寧之美；患事不舉，而不知官少力不任之弊。乃者有司不深究其本，又減員額，削祿廩，欲省官裕國。國用無所益，而士之仕者仰不足以事，俯不足以育，朕甚憫之。在熙寧中，先帝董正治官，嘗詔宮觀置員，縣置(承)〔丞〕屬，實在乎是。繼志廣聲，其可15後乎？所有宮觀并縣丞並依大觀三年四月以前指揮，後降指揮更不施行。其餘減罷官闕，可(今)〔令〕尚書省具合存廢以聞。」中書省勘會：「除未可復外，將緊切去處，今具諸路州縣等減罷窠闕名色下項：諸路市易兼抵當庫，諸州縣鎮監茶鹽酒稅務，諸縣巡檢兼巡教保甲，洋州通判巡轄馬遞鋪，諸路提刑司准備差使，緝捕盜賊，諸州軍寨主兼巡檢，都監兼巡檢，諸州軍城寨堡鎮兵馬監押，諸州軍縣城堡寨巡檢，諸將部隊將、押隊、準備將領〔一〕、差使，諸州寨主，轉運、經畧司指使，陝西城下管勾諸堡官，監鎮兼烟火賊盜，河北諸倉監門，河北、兩浙諸作院，河北、江南諸甲仗、衣甲庫、倉場，兩浙、福建、江南諸州學給納錢糧官及甲仗庫，陝西、河東防城甲仗庫、倉草場，諸州軍并城寨兵馬都監，河北諸州軍都巡檢下指使。」詔並依大觀三年四月以前指揮復置。

四年四月五日，駕幸尚書省，賜御筆手詔曰：「尚書政

〔一〕準：原作「巡」。按宋代武官無「巡備將領」、「巡備差使」之名，而有準備將領、準備差使，是「巡」乃「準」之誤，因改。

事之本，董正治官，自我烈考。分職合治，是建六聯。有彝有倫，小大承式。揚功述事，在後之人。比命攸司，考按厥職，違法廢令，凡以億計。追惟先志，大懼墜失。命駕來止，延見庶工。不匿厥旨，訓迪爾心。夫鱻而必陳者法，推而行之者人。徒法不能以自行，徒善不足以爲政。其謹爾止，無載爾僞。以義制事，以公滅私。無瘝厥官，無怠忽荒政。修舉憲度，罔有不孚。則朕克追配于前人，爾亦有無窮之聞。其或16弗欽，邦有常憲。」

六月三十日，起復朝請大夫、充徽猷閣待制、京西路轉運使宋昇奏：「昨給到印紙曆子，後來接續批書，已及百張。吏部爲係兩制無條出給，今來奉行事皆合批書，乞別行出給。」詔今後兩制以上並尚書省出給印紙。

五年十一月二十九日御筆：尚書省火禁依皇城法。

十二月十四日，度支員外郎許份言：「尚書省（改）〔政〕令所出，六曹奉行。自元豐肇建官制，既分厥職，人專其事。給曆書攷，以爲殿最之法；出謁有禁，以杜請託之原。今殿最之法既均，而防範之條未盡。又況六曹法有常守，宜無侵紊。願詔有司，申明元豐舊制，六曹諸司議事，不得到都省及過別曹。所冀官各修舉，守職嚴肅。」從之。

十五日，御筆：「契勘政和四年九月二日指揮，應内外諸司庫務承受傳宣劄子，不候覆奏，係於御前緊急須索。《政和令》係海行，自合兼行。」尚書省檢會《崇寧在京通用令》，諸受御筆傳宣（外）〔内〕降及内中須索，事干他司者同。隨處覆奏，得旨奉行。即本司官親承處分，仍録旨具奏，請寶行下。其非有司所可行，或事干他司，并官司奏請得旨者，並申中書省、樞密院奏審，御筆行訖具奏。前後指揮，並衝改不行，只申明舊條行下。添刑名：應覆奏而不覆奏者徒二年，吏人配鄰州；不應覆奏而輒奏者杖八十，吏人杖一百。《政和海行令》係見行，諸事應立法及敕、律、令、格、式文有未便應改者，具利害申所屬審度。志非懷異、事17務曲當者，申尚書省或樞密院。事不可分者，並申省下文。應申而不可分者，准此。即面得旨若一時處分，應著爲法及應衝改條制者，申中書省或樞密院待報。即承傳宣内降若須索及官司親承處分，或奏請得旨，仍畫所得旨，審奏奉行。又檢會政和四年九月二日敕節文，大理卿侍其傳等劄子：「措置應内外諸司庫務承受傳宣劄子，如係御前緊急須索，候降到劄子，依條覆奏月日，申所隸省寺檢察。臣等措置，乞減去『不候覆奏』字。」詔傳宣内降應覆奏，應附傳宣使臣而不附奏者徒二年，不以赦降、去官失減。詔依已得指揮。

宣和七年正月十八日，詔：「禄以養廉，古之道也。今士立身自公，仰不足事，俯不足育，遂懷飢寒之憂。蓋自比年以來，上無至公之心，下無自弊之俗。爵禄與捨，仕任高下，悉出私意。士有十年不調，有累仕一官，差使不均，遂至流落失所，朕甚憫焉。可令尚書省下吏部，取（嗦）〔索〕應已授被改、欲赴被罷及待次累年者以聞，當隨材選用，以稱好賢樂士之意。」

六月二十三日，臣僚上言：「恭覩御筆處分，敦本節用，以紓民力，以裕邦財。爰命有司，各具可以裁減事目以聞。執事之人但當欽承德意，體國究心，明具元豐舊制若干，今日增添實數若干來上。至於斟酌裁處，當聽睿斷。近已限滿，各有案牘。訪聞百司庫務等處多稱别無裁減事節。元降指揮既令各具，則所隸官司供具虛實，[18]盡與未盡，竊慮六曹不肯任責。夫裁浮冗而抑僥倖者，政之大本；樂因循而惡檢繩者，人之常情。六曹既隸寺監百司，則自當一一取（嗦）〔索〕覈實，以助經畫。若不更令逐部結罪保明，臣恐猾胥姦吏牽於自營，彼此蔽蒙，或有漏落不盡，却致幸免不均，有妨裁定。伏望（時）〔特〕降睿旨，詳酌施行，庶幾國用完實，不至仰（眙）〔貽〕聖慮。臣愚區區，惟陛下採擇。」尚書省檢會：「六月二十一日奉聖旨：六曹、寺、監、諸司庫務、局、所等處具到裁減節目事，差都司官覈實，具有無未盡聞奏。」詔依，令六曹取索，結罪保明聞奏，仍令都司依已降指揮覈實。

欽宗靖康元年十二月十五日，尚書省火。（以上《永樂大典》卷一一九四〇）

都司左右司

【宋會要】

[19]《神宗正史·職官志》：左司郎中、右司郎中各一人，正六品；左司員外郎、右司員外郎各一人，從六品。掌受付六曹諸司出納之事，而舉正其稽失，分治省事。左司治吏、户、禮、奏鈔、班簿房，右司治兵、刑、工、案鈔房，而開拆、制敕、御史、催驅、封樁、知雜、印房則通治之。凡文書至，注月日於牘背，付所隸房訖，擬所判赴僕射請筆，然後授之有司。初，於都司置吏設案，而議者謂臺郎宰掾不當自爲官司，遂隨尚書省諸房分治所領之事。惟置手分、書奏各四人，主行試補省吏及校定都事以下功過。

神宗元豐六年正月二十四日，尚書省乞都司置御史房，主行彈糾御史察按失職，并六察殿最簿。從之。

六月十七日，右司郎中楊景畧乞左、右司官依樞密都承旨例禁謁。從之。景畧又嘗言：「尚書郎有非才望者，乞令長官舉不放上或門止故事。」從否闕。

二十五日，詔：「廢罷監牧縻費封樁錢，令樞密院承旨司專根究主領。餘應封樁錢物，令尚書都司取索，置簿拘管。」初，中書嘗差堂後官置簿，掌封樁錢。至是官制既行，乃分隸焉。

七月二十一日，朝散郎、守尚書左司郎中吳雍直龍圖閣、河北轉運使。都司出使除職自此始。元祐元年四月，范子奇、范純粹自左、右司出爲河北、京東轉運使，皆用雍例除直龍圖閣。

十月十七日，詔：尚書六曹簿書，令左、右司[20]郎官半年取摘點檢。

七年正月二十二日，尚書左、右司狀：「御史房置簿，書御史、六曹官糾劾之多寡當否爲殿最，歲終取旨陞黜。御史房舉發逐察不當，及失察不盡等事，歲終亦乞比較。」從之。

四月十九日，三省言：「工部郎中、權左司范子奇言：『尚書左、右司獨創置吏額，分爲别司，非是。欲乞依門下、中書省例，每有判送文字，更不離房，事重者郎官親呈，事輕則擬定，令本房請判筆。』」從之，令左、右司著爲令。其吏人遣歸逐處。

六月十八日，朝散大夫、工部郎中范子奇爲左司郎中。先是，子奇權左司郎中，建言：「天下事六曹不得專者上尚書省，類非細務，必郎官互閲付受㈠，不當委開拆房吏。同寮異議，乃奏取決。」上曰：「子奇之言是矣，此豈吏所得專耶？」於是左司郎中闕，即以命子奇。

哲宗元祐元年五月二日，三省言：「舊置糾察（左）〔在〕京刑獄司，蓋欲察其違慢，所以加重獄事。向罷歸刑部，無復申明糾舉之制。請以異時糾察職事悉委御史臺刑察兼領，刑部毋得干預。其御史臺刑獄，令尚書省右司糾察。」從之。

二年八月四日，詔：「創立改法並先次施行應修條者㈡，類聚，半歲一進呈，以正條入册頒行。若非海行法，即書所入門目，裁去繁文，行下所屬㈢，仍類奏㈣。六曹季輪郎官點檢删節，具事目申尚書省、樞密院，令左、右司、承旨司看詳當否，甚者取旨賞罰。」從樞密院言也。

三年正月九日，詔改封樁錢物庫爲元祐[21]庫，隸尚書左、右司。

紹聖元年十月十二日，詔：「尚書都司歲終檢察六曹諸部行遣迂滯、措置乖謬者，於來歲之春條析事實及尤甚者，具尚書郎姓名，申尚書省取旨。」

二年正月二十三日，尚書左、右司言：「都省催驅房、御史臺有點檢六曹措置乖謬、行遣失當、迂枉并住滯三十日已上事件，限五日關送左、右司上簿。」從之。

徽宗大觀四年六月二十日，新差知鄧州李夔奏：「臣竊惟神宗皇帝元豐間命檢正官畢仲衍纂集内外事物綱目，爲《中書備對》，以知官吏流品、户口錢穀之數，以知禮法文物、軍兵名額之數，以知刑罰赦宥之事、夫役之數，小大精粗，無乎不備。欲望陛下命左、右司官畧倣前制，撮内外事物之要，責盈虚繁簡之實，合爲一書，賜以新目上之，以資聖主觀覽之萬一。」奉詔令左、右司依所奏施行。

政和八年二月八日㈤，詔：「諸路臣僚陳述弗便於民利害，並用黄籤貼御寶批出大綱事目，自去年十二月二十二日後，節次降付三省看詳施行。可令都司置籍抄録，議

㈠互：原作「元」，據《長編》卷三四六改。
㈡條：原脱，據《長編》卷四〇四補。
㈢行：原脱，據《長編》卷四〇四補。
㈣「仍」下原有「勿」字，據《長編》卷四〇四删。
㈤天頭原批：「政和八年一條移。」按，其意謂當移後。

定有益無損，合創行立法。或已有禁□□□修條，或所見偏執拘礙，悠久難以奉行事件，逐項用朱銷鑿結絶。候每至夏季、冬季終，即通攷。及半年内建明利害，義理優長，委是不傷事體，有補治功，實利及民，惠而不費事尤多者，即具姓名取旨。欲據輕重，隨材陞擢，以勸誠心奉法惠愛之人，豈弟能吏，庶明賞善褒功之22義。」

六年六月十二日，新湖南轉運副使聶山奏：「三省都録事在元豐法不得過朝請大夫，比年有用特恩至中奉大夫者。遇春、秋内宴，其位乃在左右史、侍御史、左右司郎官之上。左、右司宰屬，侍御史彈治不法，左、右史日侍清光，其選高矣，而都録事位其上焉，無乃未正乎！乞特改正。其寄禄官雖高，亦宜在左、右司之下，庶幾隆殺有别，而名分正。」詔：「三省都録已轉奉直大夫以上，依朝請大夫班。自今特恩轉奉直大夫，令出職。」

七年五月十日，中書省言：「勘會左、右司點檢都茶場務收茶息錢及五百萬貫，通共一千五百萬貫，除都茶務官吏已推恩外，其本司官吏未曾推恩。」詔：「左、右司官各轉一官，内中大夫、左司郎中陳仲宜回授有官有服親。人吏各支賜絹十五疋。朝散大夫、尚書左司員外郎姚宗彦可特授朝請大夫，朝散大夫、尚書右司員外郎陳過庭可特授朝請大夫。」

宣和二年，臣寮疏：「神考肇建中臺，分六官而設之屬，以御史糾其稽違，復令都司較其功過。令文：左、右司歲考六曹郎官治狀，以功過對折，分等惟三，而上、下等又有優劣，次年春申省。」

高宗建炎三年五月二十二日，詔減左、右司郎官兩員，置中書門下檢正諸房公事二員。詳見「檢正」門。

四年九月十七日，中書門下省言：「左、右司郎官舊係四員，昨來減罷兩員，却置中書門下省檢正諸房公事兩員。近緣檢正職事稀簡，已省23罷。其左、右司郎官却合依舊四員。」從之。

紹興二年十一月十二日，臣寮言：「祖宗以來，應賞功罰罪之事，都司下六曹取索，擇其可以懲勸者上之朝廷，鏤板布行，使曉然知之。自渡江以來，兹（奉）〔舉〕曠絶，在今日整頓紀綱之時，尤不可緩。乞勅有司，舉行舊典。」從之。

四年正月二十九日，左司員外郎虞澐等言：「都司人吏全闕舊人。昨降指揮，許於六曹正守當官以上或出職人内踏逐抽差，不妨注授，却未有許差本司出職之人。欲自今遇有闕額，先於本司出職或换授人内抽差。如無人可差，即乞依已得指揮施行。」從之。

十四年六月十三日，三省進擬右司郎中。上謂輔臣曰：「《神宗聖訓》云左、右司便是學爲宰相，豈可不謹擇？」

孝宗紹興三十二年未改元。十月二十六日，臣僚言：「竊謂本朝尚書省既有左、右司，熙寧中創置檢正五房公事官一員，每房又各置檢正官二員，書功過簿，以核羣吏之失。其程督之嚴蓋如此。欲望陛下簡中書之務，使大臣得一意於廣耳目，訪賢才，以盡經邦之業，重宰屬之權，以痛懲百吏之媮，使大綱小紀罔不畢舉。」詔：「檢正更不增置，可依格除左、右司郎官四員。」先是，令給事中金安節等看詳：「檢照建炎三年曾置檢正官兩員，紹興二年止置一員，并見(令)〔今〕左、右司係以四員爲額。今看詳，若依臣僚所請，竊恐員數稍衆。若且照近例量行除授，自可檢核羣吏。所有簡中書之務，緣本省即不見得見今三省諸房事務大小繁簡，難以便行。今欲乞專委檢正、都司取索條具，從朝廷(勘)〔斟〕酌區處。謂如某事係合請筆，某事係宰屬可以與決，某事止係常程，合徑付所屬曹部之類，立定科目遵 24 守。」故有是命。

十一月四日，詔：「尚書省吏房、兵房，三省、樞密院機速房，尚書省刑房、户房、工房，三省、樞密院看詳賞功房，尚書省禮房，令左、右司郎官四員從上分房書擬。」

隆興元年七月二十六日，詔左、右司郎官各差一員，減罷二員。從右諫議大夫王大寶等議也。

八月五日，左、右司言：「見管吏額：左司令史一人，右司令史一人；左司知雜案書令史一人，右司知雜案書令史一人；都司四案守當官四人，茶鹽案守當官二人，守闕守當官一人，已上並依舊。今欲減罷專一給發四川定差并歸正官付身文字守當官一人；額外私名二員，今乞減一人。」詔依，見在人且令依舊，將來遇闕，更不還補。

二年正月二十一日，詔：「六曹被受都省立限勘當等文字，並依限供申。内無格法事，從長、貳裁決，先立定議申省。仍委都司官置籍拘催，將違限去處申尚書省施行。」先是，紹興三十二年六月二十三日，臣僚言：「乞令大臣委左、右司檢察六曹稽違，嚴立日限，取其尤者黜責焉。」

五月九日，左、右司言：「本司官舊係四員，分書諸房文字，今止二員。」詔：「左司郎官書擬吏、户、禮、機速房文字，右司郎官書擬兵、刑、工、賞功房文字。」

二十四日，臣僚上言：「應州縣民户自今後有詞訴，各已次第經由者，只許詣登聞鼓院進狀，候降出，委左、右司專一置籍舉行。如顯是抑屈不伸，即將經斷官吏重作行遣。兼令御史臺每季取籍檢察。」從之。

乾道二年十一月二十九日，詔：「尚書左、右司並係所 25 掌朝廷機要文字，不許出謁及接見賓客，亦合遵依兩省官已得指揮施行。」

十二月十七日，臣僚言：「六部官有所獻陳，乞不付本部勘當，悉付左、右司看詳，朝廷折衷而行之，庶不使以一己私見變易成法。」從之。

六年三月二十三日，左、右司狀：「依指揮併省吏額，見管十二人，欲減二人。」從之。

八月十九日，尚書省言：「近來進奏院輒於六部等處抄録指揮，又將傳聞不實之事便行傳報〔一〕，深屬未便。欲令左、右司將六曹刺報狀内合報行事寫録定本，呈宰執訖，發付進奏院，方許報行。如違，依聽探傳報漏泄法科罪。」從之。

〔一〕傳：原作「轉」，據本書職官二之五一及下文改。

十二月二十日，左、右司言：「三省詞狀見係都司官點檢訖，赴都堂宰執引問。今後就委都司官引問訖，發付開拆房，隨事分送諸房，取索圓備，經都司官書擬訖，赴宰執廳請筆。所有樞密院詞狀委檢詳，亦乞依此。」詔仍令都司、檢詳專一置簿，逐件銷鑿結絶因依。

二十三日，詔：「榷貨務都茶場依建炎三年指揮，委都司官提領措置，户部長、貳更不兼領。」

七年四月，詔復置右司郎官一員。

十二月五日，詔：「都司文字並不許離房，違者左、右司申舉。」

八年五月十九日，詔：「都承旨、檢正、左右司、檢詳、編修每日依六曹郎官法通輪宿直。如遇次日朝參等日分，仍免朝集，及報御史臺、閤門照會。」

九年閏正月二十一日，詔樞密院：「今後應外路官兵功賞、差遣等告敕、宣劄、文帖、公據，並令左、右[26]司、承旨司、檢詳所，除賚干照請領外，其餘付身等，令拘催給發使臣每五日一次入進奏院遞，取監官到院入遞日時文狀。仍令進奏院專置簿籍發放，每日赴左、右司、承旨司驅磨。」

二十三日，詔：「今後獄案委左、右司點檢覺察。如有稽違，申取指揮，官吏重作施行。」

二月八日，詔：「諸路監司各限十日條具不便於民事件。其奏到文狀，令左、右司看詳。」

紹熙元年五月九日，左司郎中沈詵言：「當司拘催給發諸軍磨勘、覃恩等轉官告命，内四川諸軍告命每季舊差樞密院使臣管押，赴宣撫司交納。後因搔擾，一向不曾差押，並候本軍差人請領，切恐積壓。乞劄下本司，將四川諸軍告命照應江上諸軍并樞密院檢詳所體例，除賚干照請領外，其餘入遞，發下本軍給散。」從之。

慶元五年十一月二十六日，臣僚言：「恤刑者聖人之本心，留獄者盛世之大弊。今州郡重辟，皆令以奏案來上，所以重民命也。然既涉奏聞，必須待報而後處斷。情罪至重，赦所不原者，固無足恤，所可憫者，干連久繫之人耳。至於死囚，情有可疑者，必候斷敕。若回降稽遲，以至淹延，或至（瘦）〔瘐〕死，此則其情尤可憫也。今日諸州奏案係屬右司看定，朝廷所立日限至爲嚴切。在法，諸房文字緊限三日，諸受刑部案鈔不除假限五日，即遇冬夏仲季月並依緊限。其日限嚴切如此，而尚有留獄者，蓋緣右司之務至煩，[27]是致多違日限，回降稽緩，率皆由此。欲望精擇詳練明允之人，再立右司二員，使之分掌奏案。仍乞申明紹興四年臣僚所請，不得違慢。所有諸軍奏案係屬檢詳看定，自今右司、檢詳並當從限看定。如有違戾，以致斷敕遲延，御史臺當彈劾以聞。」從之。（以上《永樂大典》卷一〇九九）

應奉司

【宋會要】

28徽宗宣和三年閏五月十一日，(大)〔太〕宰王黼奏：「臣累具章論奏士大夫懷姦弗悛〔一〕，損抑應奉等事，意在動摇政事，妄爲譏謗，失臣子之恭。伏奉聖慈嘉納，憸險具孚，天下幸甚。臣契勘昨者贓吏並緣應奉爲姦，或因私相賂遺，或託名御前，致人得藉口。今若不行措置，則素懷爽侮者將盡廢貢奉舊制，孤四海愛戴之誠。若條約弗先，則矯虔者將復爲貪暴。欲望聖慈特置應奉一司，差管文字使臣二人，手分二人，書寫人四人，臣專行總領。及乞差官總領於内，并差承受官，庶絶覬望，以杜姦謀。區區之意，仰其睿明察其用心〔二〕。」奉御筆依奏，總領官差梁師成，承受差黄珣、王鑑。

十四日，御筆：王黼總領應奉司。

十九日，應奉司奏：「契勘昨奉指揮，廢罷收買計置等事，止爲贓私之吏並緣爲姦，及以貢奉爲名，因緣科擾；並止絶監司守臣進貢，止爲非條例所載及不係被旨專委者；并禁止臣庶之家輒於外路計置般載山石花竹之類，與妄稱御前綱運物色，止爲臣庶私家自用及私相獻遺者。所有依例應奉及被旨專委，或御前差官勾當者，即不合廢罷禁止。竊慮有司執用不明，或致假託違戾。」詔疾速申明行下。

二十日，應奉司奏：「條畫下項：一、應奉事務及所委官並隸本司。一、應緣應奉事務，并所委29官支一色見錢，於出産去處依市價和買及民間工直則例，措畫計置，不得令州縣收買，或令應副。内監司守臣及州縣官除所委官及被旨專委外，餘並不得干預。所用般車及兵夫，除見管船車人兵并依久例，據實用數差撥兵士外，餘並優立雇直，依民間體例和雇人夫(般)〔船〕車般載，不得科抑民間。如違，並從本司體訪取旨，重行黜責。一、承準今來應奉司劄子，被奉處分，選委充應奉官及專委勾當者合專一應奉外，應在外以前曾被受諸處指揮管應奉事務官司並罷。一、應奉司使臣、公吏人並依重禄法，仍不得接見賓客及出謁，并不得與内外官司書信往還。見及輒通書信者，同罪。」詔並依所奏施行。

八月十四日，應奉司奏：「契勘諸路應奉官計置應奉物色，所用本錢，合申應奉司，自京支降除支外〔三〕，逐路各有起發上京送納官錢。欲乞令應奉官於諸處應合上京送納官錢内兑便支用，依合起發條限，具支用過錢數窠名，送納庫分，申應奉司，候到，限三日撥還所屬。如係鐵錢地分，即令開具本處見今銀絹價錢撥還，庶幾兩省脚費。伏乞特降睿旨施行。」從之。

九月二十七日，應奉司奏：「准延福宮西城管所狀申：契勘諸路州縣起納租錢，甚爲糜費脚乘，除破錢數。且如舞陽縣起納萬貫，不下脚錢六百貫。本所近計置收買

〔一〕悛：原作「享」，據《九朝編年備要》卷二九改。
〔二〕仰其：似當作「仰乞」。
〔三〕自京支降除支外：似當作「除自京支降外」。

船二隻，價錢一千二百貫，可以二運，充填船價，甚爲省便。今來沿流30官司及無圖之輩循習搔擾，稍涉不順，百端阻節，羅織篙稍，入官拘繫，妨阻行運。欲乞令本所關報所屬，止絶施行。」又奏：「兼契勘王子獻起納濟、鄆二州租錢，於廣濟河行運，從來多被官司舡綱在前，於岸下繫泊，不敢蹉運〔一〕，動經阻留旬日。及諸路州縣陸路車乘，亦皆如此阻滯。若以旗牌書寫御前錢物綱船車乘，必無留滯。」檢會奉御筆：『水陸船車輒置旗號牌榜，妄稱御前急切綱運物色，因而搔擾州縣者，以違制論。係臣僚之家私物及興販而輒稱御前綱運物色者，以違御筆論。許人告，賞錢五百貫。』勘會上件御筆處分止爲妄稱御前急切綱運物色，輒置旗號牌榜，并臣僚之家私物及興販而輒稱御前綱運物色者，應御前綱運所置旗牌，即無條禁。」詔依，付應奉司照會。

五年五月四日，詔：「諸路應奉官司不得一面申請奏畫指揮，及諸處承降處分等，並經由本司勘當取旨。輒敢一面奏畫承降者，以違御筆論，仰應奉司覺察。」

十二日，尚書省言：「兩浙路都轉運使王復奏：『奉御筆，裝發御前官物局製造到御前及乾華殿等處生活，并非泛取索官物，仰臣專一應奉人舡，依限交裝津發，不得違誤。除已施行外，近承御筆，差充兩浙專一應奉官。其所用人舡，差撥見管舡車諸頭拘收到舡隻，并劄差本司舟舡修完。節次差撥交裝製造到明金供具、揩光什物等生活上京未回，又於杭州造作局31見有送下生活。若非指擬回來舟船，不惟數少，分差不足，兼慮遲延。今相度，欲乞遇有裝發造下前項應奉生活，權行劄刷諸司并諸州差出回來在路并在岸空閒座舡、屋子舡應副，相添裝發，候回日逐旋發還元處。』」詔：「應奉置司，本以盡革宿弊，累降處分，州縣不得干預。今王復所奏權許劄刷諸司并諸州差出回來在路并在岸空閑座舡、屋子舡應副般載事，又將蹈習舊弊，干預州縣，殊失專置一司之意，可更不施行。今後輒敢似此申請者，係違累降御筆處分，合以違御筆論。人吏仍重行決配，仰應奉司常切覺察。」

九月十五日，都省言：「應奉司奏，恭稟聖訓，措置條畫到學事司歲計錢物下項。」詔：「並依措置到事理施行。借撥充漕計者，限滿特許減半，更借撥三年，七分者三分、五分者二分、三分者一分。減下借撥錢物，并封樁錢物與元撥充糴本錢物，並撥充糴本。淮南東路、兩浙、江東、江西、湖南、湖北、福建、廣南路並專委發運司，內福建、廣南路令發運司相度支移，於六路近便去處收糴。京畿、京西、淮西路專委撥發司，京東路專委輦運司，河東路、京兆府路、秦鳳路專委本路轉運司措置收糴。應隸發運、撥發、輦運司者起發上京，餘本路別作一項封樁。並月具糴買到數目申應奉司。以上並令應奉官拘催，撥與逐司收糴。成都府、潼川府、利州、夔州路減下借撥錢物並封樁，仍將見封

〔一〕蹉運：似當作「津運」。

椿到錢物並令**32**應奉官措置，變易金銀匹帛，赴元豐庫送納，餘並依元降旨揮施行。奉行違慢，仍以違御筆，令應奉官具名奏劾，重行黜責〔一〕。」「一、昨自宣和三年二月，諸路依元豐法，以科舉取士，應贍學錢物內，京畿等十四路各以分數權借撥充漕計。元降旨揮，候滿三年，具奏聽旨。契勘來年二月限滿，未審許與不許更不借撥，稟自聖裁。一、諸路贍學錢物，自罷三舍後，借撥或兑留，或起發，或撥充糴本，或變轉兑易，或封樁，各隨所隸官司拘催管勾。既事不專一，不相照應，致多失陷。今後並令逐路應奉官專一拘催管勾，隨事分撥施行。一、諸路州縣未罷三舍以前，所管贍學田土、房廊等歲收錢物各有定額。自罷三舍後來，已見虧欠失陷數多。仰逐路應奉官限十日取索未罷三舍前一年歲收錢物數（日）〔目〕，比照宣和三年後來至宣和五年上半年所收數目有無虧欠。如有虧少，根究虧欠失陷因依，各逐年分開具聞奏。一、昨降罷三舍指揮後來，諸路歲收贍學錢物支撥借充漕計等，諸路並不遵奉元降御筆處分，上下半年各具借撥等數目聞奏，無從檢察。今仰逐路應奉官限十日取索，開具自宣和二年裁定學政、宣和三年罷三舍至宣和五年上半年已前借撥若干、兑留若干、起發若干、撥兑糴本若干、變轉對易若干、封樁若干，并罷三舍截日見在錢物若干、已支使若干，逐一開具聞奏。」

十一月六日，御筆：「**33**江、淮、荆、浙、福建七路所收七色錢，昨係陳亨伯起請拘收，充經制移用。已降旨揮，候經制結罷，（今）〔令〕發運司拘收，專充糴本。勘會七色錢散在逐路州縣，未曾專一委官管勾拘收，慮虧失侵用，有誤糴買。仰候經制結罷，逐州委通判管勾拘收，逐路專委應奉官拘催，撥充轉般糴本。內福建路令發運司相度支移，於近便去處收糴。仍令應奉官每季開具拘催到錢數、支樁去處申應奉司。奉行違慢等應干約束，並依贍學錢物已降旨揮施行。」

六年四月二十二日，應奉司奏：「勘會應奉司之意〔二〕，務在杜絶假託應奉爲名，又夤緣搔擾等事。伏見近日陳獻利便之人多乞所獻遺利撥充應奉司支用，類涉苛細，事屬侵擾，殊非本司置立之意。欲今後諸色人輒陳獻遺利乞撥充應奉司支用者，從本司送開封府重行斷遣。情重者奏乞編配，命官重寘典憲。」從之。

十一月十三日，御筆：「應奉司總領梁師成陳乞罷總領并總領下使臣人吏等，可並依所乞施行。」

七年四月十三日，應奉司奏：「勘會兩浙路所管本司應奉綱船差破兵（稍）〔梢〕不少，除裝發行運外，其檢計修船，擺泊、守凍、伺候裝發，不行運月日甚多，坐費糧食，合行措置。今相度，欲兩浙路本司綱船存留梢工、棹手各一

〔一〕按，以上一段詔文似應移於本條之末，因此詔乃是針對應奉司措置條畫之各項而發，故詔令首云「並依措置到事理施行」。今所「措置到事理」反而在後，將都省之奏腰斬，殊不合於文理，恐是錯簡。

〔二〕「應奉司」下似當有「置立」二字。

名，每綱留節級、綱團、軍典、木匠各一名。除船料例候裝綱日支錢顧夫，下水依糧綱人數除留人外，據闕貼顧。合用顧夫錢米，並要委34本路應奉官相度，措置應副。所有抵替下人兵，逐旋發歸所屬，別奉差使。其上下水顧夫錢支付管押人掌管，節次支散。候回本路，令應奉官取索驅磨。如無侵欺及無綱運稽滯，除任滿推賞外，每任更與減磨勘二年。伏乞特降聖旨施行。」從之。

六月二十二日，應奉司奏：「奉御筆，開具不急之務及無名之費，各具可以裁減節省事目以聞。本司契勘，本司事務除兩〔浙〕路鈔旁定帖息錢，湖、常、温、秀州無額上供錢，淮南路添酒錢，已奉御筆處分，更不拘撥充本司支用，並撥歸御前，只（今）〔令〕本司拘收，及奉御筆，諸路應奉官吏並罷，其錢物令本司拘收，無致失散外，（令）〔今〕措置先次裁節到事目數内下項：一、所管錢物在京係自於置司日，本司措置算請鹽鈔上每貫量收工墨錢等一十文，在外係拘收久來充應奉增收一分税錢，兩浙路鈔旁定帖息錢、磨出失收帶納酒錢，湖、常、温、秀州四色錢，明、越州湖田錢并本司措置拘撥頭子等錢，出賣鐵炭錢，淮南路添酒錢，隆，兑州銅鑄到錢。本司契勘，上件諸色窠名錢，合依前項兩次所承御筆處分施行，係令本司拘收。欲依在京錢物，並於後苑作製造御前生活所置司處一處樁發〔一〕。又契勘，罷諸路應奉官錢物，令本司拘收處分。奉聖旨，係令應奉司拘收。一、本司所管綱運，除差借外，見管綱運舡例皆畸零，先已行下團併去訖。本司契勘，内差出綱舡，欲令見占使35官司相度團併，及令措置管認支費等。一、行移等，欲以結絶應奉爲名。」詔並依所奏。

十二月十九日，手詔：「朕祗紹丕圖，撫臨萬寓，顧德弗類，永惟宗社付託之重〔二〕，靡遑康寧。維予兆民，是爲邦本。比年以來，寬大之詔數下，裁省之令屢行，然姦吏玩法而衆聽未孚，有司便文而實惠不至。蓋緣任用非人，過聽妄議，興作事端，蠹耗邦財。假享上之名，濟營私之欲，漁奪百姓，無所不至，使朕軫念元元，若保赤子之意，何以取信於萬方？夙夜痛悼，思有以拊循慰安之〔三〕。應茶鹽立額結絶，應奉司江浙諸路置局及花石綱等諸路非泛上供拋降物色，延福宮西城租課，内外修造，諸路採斫木植，製造局所並罷。更有似此有害于百姓者，三省、樞密院條具以聞。夫民罔常懷，懷于有仁。朕於吾民，每懼仁愛之弗至，一夫不獲，時予之辜。播告之修，咸聽朕旨。」（以上《永樂大典》卷一一〇八）

行在諸司

【宋會要】

〔一〕苑：原作「院」，據本書職官三六之七二改。
〔二〕惟：原作「爲」，據《三朝北盟會編》卷二五改。
〔三〕拊：原作「附」，據《三朝北盟會編》卷二五改。

36 行在諸司。車駕巡幸親征，則隨事務，各置行在司。

太祖開寶二年二月，太祖親征太原，以户部判官李令珣爲隨駕三司判官，先赴城下。

太宗太平興國四年二月，太宗幸鎮州，以祠部郎中劉保勳充行在轉運使，右補闕高繼申副之。起居舍人張去華監隨駕左藏庫，左拾遺宋白判隨駕御史臺公事。武德使劉知信充隨駕行宫使。

四月，以考功郎中范旻爲諫議大夫、三司副使、判行在三司事。

五(月)〔年〕十一(日)〔月〕〔一〕，以右諫議大夫、三司副使李符領行在三司事。

真宗咸平二年，真宗幸澶州。十二月四日，以客省使、樞密都承旨王繼英，昭宣使李神福，閤門副使潘惟正，樞密副都承旨張質爲隨駕行宫都監，左驍衛將軍王祚權判隨駕金吾儀仗事。

景德元年，再幸澶州。十月二十八日，以樞密直學士、權三司使劉師道充隨駕三司使兼轉運使，度支副使馬景副之。判官李含章、張若谷、周起並同知糧草事。二十九日，以昭宣使李神福、宫苑使趙承昭勾當行宫司事，樞密副都承旨張質爲行宫使司都監，左監門衛大將軍孫進、皇城使衛(昭)〔紹〕欽爲車駕前後行宫内外都巡檢，西京左藏庫副使張繼旻、内殿崇班楊守斌副之。六宅使康繼英、如京使劉質元、西京作坊副使張守信、内殿崇班王遵度爲行宫(西)〔四〕面巡檢。十一月，以六宅使魏昭亮、西京作坊使郭崇儼爲行宫内外都巡檢使。

四年，朝拜諸陵。正月七日，以樞密直學士、右諫議大夫、權三司使丁謂充隨駕三司使，鹽鐵副使林特充副使，度支判官艾仲孺充判官。九日，以宣政使、昭州團練使李神福，樞密副都承旨右屯衛大將軍張質〔二〕、東上閤門使忠州刺史曹利用〔三〕、如京使萬州刺史閻日新並充行宫使，昭宣使愛州刺史衛紹欽〔四〕、宫宛使昭州刺史鄧永遷並充車駕前後行宫裏外同巡檢，香藥庫使安守忠、楊崇勳、権易使王遵度、内殿崇班張繼能、馬步軍都軍頭安玉、張榮、張玉、王

〔一〕自此句至景德四年條「忠州刺史」約一八〇字原錯簡在下文大中祥符元年九月「十日」條「爲車駕前後行」之後，以致造成年代錯亂，文理不通。今據年代先後及史實、文理考定錯簡之起訖，並予移正。又按，此條之時間原作「五月十一日」，若按原稿，似爲大中祥符之五月十一日，然據《宋史》卷二七〇及《宋史全文》卷三，李符卒於太宗雍熙元年，則此條應是太宗時事。但「五月十一日」亦有誤。考《宋史·李符傳》載：太平興國「五年，召爲右諫議大夫、判吏部銓、兼大理寺。三司副使范旻得罪，以符代之。車駕幸大名，領行在三司。」按范旻得罪在太平興國五年八月，見《長編》卷二一，則李符爲三司副使亦在五年八月。太宗幸大名在太平興國五年十一月，見《宋史》卷四《太宗紀》一，則李符領行在三司事亦在五年十一月。據此，則此處「五月十一日」乃「五年十一月」之誤，因改。

〔二〕樞密副都承旨：「副」字原在「樞」字上，據上文改。

〔三〕按，《長編》卷六四載，景德三年十二月曹利用爲東上閤門使、忠州刺史，可見錯簡之文應至「忠州刺史」止，其下應接「曹利用」。

〔四〕紹：原作「昭」，據《宋史》卷四六六《衛紹欽傳》改。按本傳云：「（景德）三年加昭宣使。（四年）朝諸陵，復爲行宫巡檢。」與此合。

令斌並充行宮四面同巡檢，西上閤門使白文肇、馬步軍都軍頭翟明、曹贊都大編排點檢儀仗法物。

大中祥符元年，封禪。四月，以殿中丞曹谷、昌言提舉東封行宮頓遞公事〔一〕。

八月，詳定所言：「准《儀制令》，諸赴車駕所曰詣行在所。蔡邕《獨斷》曰：『天子以四海爲家，故謂所居爲行在所。』《開寶通對》曰：『封禪前七日，誓百官於行在。』尚書省舊亦行從。今參詳，諸司前代元無隨駕之文。欲望車駕赴泰山及凡有巡幸，有司舊稱隨駕某司者，並云行在某司。」從之。

九月三日，以衣庫副 37 使兼通事舍人焦守節〔二〕、西京左藏庫副使趙守倫編排引駕臣寮，西京作坊使、内侍左班副都知閻承翰、樞密院諸房副承旨、左領軍衛將軍尹德潤、儀鸞副使賈宗都大提點頓遞。

六日，以權三司使丁謂充行在三司使，鹽鐵副使林特爲副使，度支判官黄宗旦、鹽鐵判官楊可充判官。

十日，以樞密副（使）都承旨、左屯衛大將軍張質、西上閤門使、循州刺史白文肇爲車駕前後行 38 宮四面都巡檢，莊宅使、康州刺史郭崇仁、香藥庫使楊崇勳、供備庫使梁昭信、榷易副使夏守斌爲行宮四面巡檢。

十月〔三〕，以引進使、忠州刺史曹利用、宣政使、昭州團練使李神福、宮苑使、昭州刺史鄧永遷、香藥庫使、叙州刺史安守忠、如京使、萬州刺史閻日新並爲行宮使，西京作坊使、内侍副都知閻承翰、樞密諸房副承旨、左領軍衛將軍尹德潤、儀鸞副使賈宗點檢頓遞，六宅使、順州刺史康繼英、榷易使王遵度、御前忠佐馬步軍都軍頭翟明、郭全豐並爲欄前收後巡檢。

〔九月〕二十一日〔四〕，以檢校太保、簽書樞密院事馬知節爲行宮都總管。

二十七日，詔：「給事中張秉、知制誥王曾自京西至泰山，應有沿路州縣鄉村父老詣行在朝見者，仰編連，送閤門引見。仍指揮逐處車駕經過日，有雜犯并見禁罪人未得斷遣，疾速具元犯及刑名聞奏。」

十月十四日〔五〕，詔：「以御史中丞王嗣宗攝御史大夫，充考制度使；右正言、知制誥周起攝御史中丞，充考制度副使。」四年祀汾陰〔六〕，以尚書工部侍郎馮起、御史知雜趙湘充考制度使、副使。七年奉祀，以翰林學士王曾、御史知雜段燁充考制度使、副使。自四年已後，止以本官充 39

〔一〕「昌言」上當脱姓氏。

〔二〕庫：原作「軍」，據《長編》卷六一改。

〔三〕按，此條當移後。

〔四〕九月：原無，據《長編》卷七〇補。

〔五〕十月十四日：《長編》卷七〇載於十月三日庚寅。

〔六〕四年祀汾陰：原稿有此數字，然被整理者圈去，却於後文「副使七年」旁批：「寄案：李燾《長編》事係二月甲寅。二月乙巳朔，甲寅十日也。」又眉批：「『寄案云云』，夾注。」按，删去「四年」等字殊無理，此乃史家連帶叙述，今復其舊。

使，皆不攝大夫、中丞。

十九日，命行宮都總管馬知節於山門駐泊，都大管勾殿前副指揮使劉謙都大提舉岳下軍馬公事，宣政使李神福、入内内侍省都知李神祐管勾山下行宮裏外公事，宮苑使鄧永遷、西京左藏庫副使趙守倫同上泰山，勾當整肅宿衛之人。永遷仍充山上行宮使。馬軍都虞候、權殿前都虞候張旻、步軍都虞候、權馬軍都虞候鄭誠並隨駕升嶽，提(畢)〔舉〕宿衛兵士。權龍神衛兵四廂都指揮使袁貴、香藥庫使、叙州刺史安守忠自天門至山下，提點編排黃麾仗，并排立諸軍。詔：「駕殿前行在官司諸色人有違犯者，並送行宮都總管馬知節，量罪犯斷遣。情理難恕者，以軍法從事，更不聞奏。所有殿前侍衛馬步諸軍有犯，並送殿前副都指揮使劉謙，依此斷遣。并行在州縣送到犯罪百姓及諸色人，令留軍頭司，具元犯送樞密院相度指揮。」自降是詔，始于離京，至訖事而還，未嘗戮一人，犯徒流者惟二人耳，或以爲得省刑愛人之旨。

三年，將祀汾陰。十〔二〕月十二日[一]，以三司使丁謂爲行在三司使，鹽鐵副使林特副之。鹽鐵判官、工部郎中、直史館陳靖、度支判官、都官員外郎孔宗閔爲判官。四年正月，又以户部判官、太常丞、直集賢院范昭爲行在判官。

二十三日[二]，以檢校太傅、簽書樞密院事馬知節爲行宮都總管，客省使曹利用、入内都知秦翰、入内都知鄧永遷、東八作使安守忠、西京左【40】藏庫使、帶御器械綦政敏並爲行宮使，洛苑副使趙守倫爲都監。以樞密副承旨張質、東上閤門使白文肇並爲車駕前後行宮四面都巡檢。俄又(以)復州防禦使、駙馬都尉柴宗慶爲車駕前後行宮四面都巡檢，左藏庫使郭崇仁、東八作使楊崇勳、東染院使梁昭信、西八作副使夏守贇充行在四面同巡檢，西上閤門使魏昭亮、内園使、内侍左班都知閻承翰、樞密院諸房副承旨尹德潤自京至汾陰往來提點排頓公事，莊宅使劉贊明、西八作使王遵度、莊宅副使李祐之充車駕前後攔前收後巡檢，監給諸色人請受。西八作使楊保用、軍器庫副使兼通事舍人焦守節編排引駕臣僚，供奉官、閤門祇候郭晟、侍禁閤門祇候符承翰、入内内侍殿頭盧守懃、王文慶充車駕左右廂巡檢，以侍衛親軍馬(軍)副指揮使張旻兼權管勾行在殿前副都指揮使公事，以殿前都指揮使曹璨并權行在殿前副都指揮使公事張旻，同共管勾行在侍衛親軍步軍司公事。

二十九日，詔以左藏庫使綦政敏、如京副使安繼昌、内品胡德忠勾當行在内弓箭庫，染院副使錢守讓勾當行在軍器衣甲庫，内殿承制王遵範、侍禁、閤門祇候宋元載勾當行在軍器弓槍庫，内殿承制侯紹隆勾當行在軍器弩劍箭庫，内殿承制郭守信、崔從湜勾當行在軍器什物衣甲器械庫，莊宅副使李(祜)〔祐〕之勾當行在南北作坊，西八作使王【41】

[一] 十二月：原脱「二」字，據《長編》卷七四補。
[二] 二十三日：指三年十二月「二十三日」。

遵度、入内内侍省殿頭李懷斌勾當行在弓弩院，供奉官、閤門祗候曹儀勾當行在禮賓院。

四年，祀汾陰。正月十五日，差行宫使秦翰都大提舉行在翰林儀鸞御厨，以沿路都大提點排頓公事閻承翰、魏昭亮、尹德潤與史崇貴、郝昭信、趙履信同管勾駕前修整橋梁道路行宫等。

十七日，以翰林學士晁迥判行在尚書省。

二月，詔赴脽上，留行宫都監趙守倫在宫，仍權命趙承(昫)〔煦〕管勾行宫事。以龍衛、神衛兵各百人給行宫都總管馬知節，自奉祇宫至后土廟巡警。以保平軍節度觀察留後石普爲車駕前後行宫四面都巡檢使。

六年，將奉祀〔一〕。十二月九日，以右諫議大夫、權三司使事林特爲行在三司使，鹽鐵判官、刑部員外郎、直集賢院楊侃權度支判官，職方員外郎曹谷、户部判官、虞部員外郎袁成務並爲行在三司判官，四方館使、恩州刺史楊懷忠、樞密副都承旨、右衛大將軍張質爲車駕前後行宫四面都巡檢。宫苑使、康州刺史郭崇仁、内藏庫使、羅州刺史劉贇明、衣庫使楊崇勳、莊宅使王懷節、崇儀使梁昭信爲都同巡檢。

十一日，以入内都都知秦翰、昭宣使趙承煦、樞密院諸房副承旨尹德潤提舉往來頓遞，東綾錦使楊保用、洛苑使張景宗、内侍省右班副都知竇神寶整肅行在禁衛。

二十五日，以殿前都指揮使曹燦、馬軍副都指揮使張旻兼行在馬步軍司公事，以翰林學士李維判行 42 在尚書都省。（以上《永樂大典》卷一一二五）

提舉修敕令

【宋會要】

43 神宗熙寧三年十二月二十四日，金紫光禄大夫、行尚書禮部侍郎、同中書門下平章事、監修國史王安石提舉編修三司令式并勅及諸司庫務歲計條例〔二〕。

八年二月三日，命樞密使陳升之提舉管勾修《軍馬司勑》，以權知審刑院崔台符等言〔三〕：「奉詔修《軍馬司勑》，緣軍政事重，仁宗時命樞密使田況提舉，乞依例差官。」詔知制誥權三司使公事沈括、知制誥判司農寺熊本詳定。

哲宗紹聖元年九月二十七日，詔差宰臣(張)〔章〕惇、門下侍郎安燾提舉重修編勑。

二年正月十八日，詔太中大夫、知樞密院事韓忠彦提舉管勾詳定删修《軍馬司勑例》。

徽宗政和元年四(年)〔月〕十三日，尚書右僕射何執中

〔一〕將奉祀：按，此語不全，似當作「將奉祀亳州太清宫」。
〔二〕勅：原作「策」，據《長編》卷二一八改。
〔三〕符：原脱，據《群書考索》後集一一補。

奏：「近蒙聖恩，差提舉重修勑令〔一〕。臣以期限近促〔二〕，急於條畫創局，未盡考見久來文字。今歷觀祖宗以來天聖、慶曆、嘉祐、熙寧《編勑》及《元符勑令格式》各有曾差宰臣提舉之例〔三〕，蓋是元豐成書，輕重去取，一出神筆刊削，復有總領之官〔四〕。今陛下聖學高明，獨觀萬物之表，緝熙先烈，無不仰遵。元降手詔並依元豐、紹聖故事，當逐時條上，以稟睿訓。雖元降手詔並依元豐、紹聖故事，終是當以元豐爲法〔五〕。欲望聖慈特賜寢罷提舉勑令之名，以盡遵制揚功之美。」奉聖旨可以「兼領」爲名，同提舉官准此。同知樞密院王襄奏：「伏蒙聖恩，差同提舉重修勑令。竊見熙寧、元豐、紹[44]聖差官例各不同。恭惟陛下聰明文思，博極六藝，小大之政，皆出睿斷。今將上稽元豐政事，筆削潤色，一稟聖裁，以垂於萬世，寡昧豈能擬議其萬分！借使充位備員，秖是催促工程，點勘差誤而已。提舉之名，所不敢當。」奉聖旨，可充「兼同領」。已上《續國朝會要》。《國朝》、《中興》、《乾道會要》無此門。（以上《永樂大典》卷一八九八六）

勑令所

【宋會要】[45]孝宗紹興三十二年未改元。六月二十九日，權吏部侍郎徐度等言：「近措置裒集建炎、紹興詔旨，令專一置局。竊見祖宗以來遇修一朝勑令格式，差朝臣提領編勑，事已則罷，乞權行復置。今來係專一裒集太上皇帝一朝聖政，其所名取自朝廷指揮。一、刪定官以三員爲額，於行在職事官内差除。本身請給外，添支御厨第三等喫食一分。人吏以十一人爲額。通引官二人，承發取會文字。一、今踏逐懷遠驛空閑，可時暫置司。一、舊勑令所印記，今乞依舊關借。其應干合行事件，乞並依昨勑令所前後已得指揮施行。」詔依舊以勑令所爲名，餘並依。

乾道三年三月二十一日，太府寺丞江溥面對奏：「有司近日奉行法令多有抵梧，民情不便。乞重行詳定，盡復祖宗之舊。」上曰：「朕久欲行此，將盡除去煩苛。」

四年十一月二十八日，祕書少監、兼權刑部侍郎汪大猷言：「太上皇帝臨御之初，深究治體，首立詳定一司。自建炎四年六月以前，著爲紹興新法。建炎以後，續降幾至二萬餘條，其間輕重不倫，前後抵梧者合行刪削。乞命大臣提領其事，選廷臣同加討論，庶幾督課有程，可以速辨。」詔差祕書少監、兼權刑部侍郎汪大猷兼詳定官，大理少卿王彦洪、韓元吉兼同詳定官，刑部郎官蔡洸、劉芮、吏部郎官鄭伯熊、户部郎官曾逮、大理寺丞潘景珪、大理[46]司直

〔一〕提：原脱，據本書刑法一之二四補。
〔二〕期：原作「朝」，據本書刑法一之二四改。
〔三〕有：原脱，據本書刑法一之二四補。
〔四〕領：原脱，據本書刑法一之二四補。
〔五〕豐：原脱，據本書刑法一之二四補。

洪藏並兼删修官。仍限一年編修了畢，候成書日量行推賞。每月將已修卷數申尚書省，如有疑難合整會事件，逐旋賚赴朝廷取稟，與決施行。其在職不及半年，更不推賞。

十二月十八日，汪大猷言：「契勘今來指揮删修法令：一、今來修書，行移文字欲以重修勑令所爲名，乞關勑令所舊印行使。修書官聚議職事，每月關錢三十貫充公用錢，於請受曆内一就幫勘。修書人吏依所降指揮，係於諸司見支請給之内指差，候書成日，發遣歸元來去處，今來差到之人，合與理爲在司月日。」從之。

六年十一月十七日，汪大猷言：「契勘承准指揮，令本所删修《吏部七司法》、《四川二廣法》、《三省樞密院法》、《殿前馬步軍司法》，合於内先次删修一書。」詔先修三省樞密院并吏部七司條法。

十九日，汪大猷言：「已降指揮，復置勑令所，合行事件：一、紹興年間改爲詳定一司勑令所，至紹興三十一年依舊稱呼。提舉官銜繫兼提舉詳定一司勑令，詳定官銜繫兼詳定一司勑令，正差删定官銜繫充詳定一司勑令所删定官，兼删定官銜繫兼詳定一司勑令所删定官[一]。印記見有舊詳定一司勑令所印。提舉諸司官一員，承受官一員，主管諸司官二員，以上並依舊例施行。一、修書令差供檢文字一名，法司二人，知雜司一名，編修文字八人，書寫人八人，守闕四人。並不支破請給，候有闕日撥填。所差人其請給如係本所舊人，47依本所則例支破；若別官司差到，若無請給，各隨名色，依勑令所則例三分減一，願請本處請給者聽。一、提舉官下差置供檢一名，詳定官下差破書奏一名。尚書省、中書省各差供檢二人承受本所文字，今欲各差一名。添支食錢三分減一。尚書省承受本所處白文字，今欲差一名。一、本所公用錢每月支錢二百貫文，應合行事件及差取人吏所破紙札等，並依本所前後已得指揮施行。」從之。

十二月五日，詳定一司勑令所都大提舉諸司言：「本司申請，以詳定一司勑令所都大提舉諸司爲名。合用印移文禮部，關借奉使印行使。仍依國史院提舉諸司，差點檢文字一名，主管文字二名，背印、投送文字親事官二人。其差取、請給依已得指揮施行。」從之。

同日，入内内侍省東頭供奉官、幹（辨）〔辦〕御藥院、兼詳定一司勑令所承受劉慶祖言：「乞以詳定一司勑令所承受爲名。合用印記，就用御藥院印行使。合差主管司文字一名，投送文字親事官二人，并差取、請給等，並依實録院等處承受前後已得指揮施行。」從之。

七年七月十五日，尚書左僕射、兼提舉詳定一司勑令虞允文、參知政事、兼同提舉詳定一司勑令梁克家言：「奉旨，勑令所見修條法不待成書，令逐旋進呈。緣所修係三省、樞密院法，事關朝廷大體，理須討論典故。兼目今所存皆是渡江以來旋次省記，未曾經修，而又文籍散落，艱於檢

[一] 銜：原脱，據前例補。

會，近方【48】粗有倫緒。除見已遵依，逐旋接續具進外，今有已修成五十踏并修到淨條一册上進，仍乞付下。將來聚類成書，依例別具表投進。」從之。（以上《永樂大典》卷一〇九四二）

【49】先是〔一〕，臣僚言：「刑部進擬案、大理寺左斷刑、右治獄法司，并三衙人吏窠闕，皆以每歲附類試所試。今敕令所正係修法去處，乞自今敕令所遇有編修、手分闕，(令)〔令〕本所書寫人就類試所附試，將合格人補填。如供檢或法司有闕，即將試中刑法人依名字差充。若未有試中人，並許於內外官司抽差曾試中刑法人承填祗應，則人知習法，可絕僥求。」事下本所看詳，故有是命。

〔淳熙四年〕八月三日〔二〕，敕令所上《淳熙重修敕令格式》。詳見「定格令」。

五年六月四日，吏部尚書韓元吉言：「祖宗自建隆以至嘉祐，但以續降類爲編敕。慮其未盡，不肯遽修爲法，率以數年，然後差官置局，從而删定，止號『編敕』。蓋類爲編敕，則不廢舊法，可以參照。故删修而不能決者，許具申中書門下，命大臣僉議決之，其謹且重如此。自置敕令所以來，別設官屬，自爲一局，專以修法爲名，豈得皆通練明習之士。而利在進書之賞，故一司法粗(筆)〔畢〕，又修一司。間又羣臣或在要路，有所建議，他官莫敢【50】何詰，朝廷曲徇其請，便降特旨，亦修爲法。由是盡失祖宗編敕之意。乞詔修書官，自今凡有續降，止遵用祖宗故事，類以成編。遇臣僚有所建議申請者，不得便修爲法，許其執奏。凡所修依舊且以編敕名之，俟其施行十年五年，別無可議，方得立爲成書，次第推賞，庶合公論。其見修乾道新書，更令盡取累朝所編敕令，討論沿革，折衷至當，務使全備。遇有疑難，亦申三省、樞密院以衆裁定，不必拘以近限，稍寬歲月，使之盡善。」從之。

六年七月六日，敕令所上《淳熙一州一路酬賞格法》，淨條二百册，目録二十三册，看詳六百三十八册。詔以來年正月一日頒行。詳見「定格令」。

十一月六日，兵部侍郎劉孝韙言：「乞自今凡立一法一令，雖經其他有司詳議，謂爲可行，亦許令敕局照應於見行條法有無牴牾及有無未盡未便處，逐一條具，申明合如何增損，不得只緣元降指揮便行修入，庶幾立法之始究見本末，免致行之未幾，又復衝改。」從之。

七年五月二十八日，敕令所上《淳熙條法事類》四百二十卷。詔以來年三月一日頒行。詳見「定格令」。

九年四月一日，詔：「自今删定官選差經任人，其兼官更不差人。」先是，殿中侍御史張大經言：「删定官於職事

〔一〕「先」下原衍「前」字，徑删。天頭原批：「寄案：此條上有脱文，此下按文義疑是嘉定間事，俟考。」按，屠寄云上有脱文，甚是。本條末云「故有是命」，則是此上當有某詔。但屠寄「疑是嘉定間事」，則無所據。

〔二〕淳熙四年：原無，據《玉海》卷六六補。

官中班高職清，比年除授寖輕，初不問其能否履歷。大率未嘗通練古今、明習法律，一切受成於吏手。或有能者，則又循習故常，未必經意。往歲乾道書成，上勤睿覽，反多51牴牾，遂煩聖訓丁寧，重俾刊修。其後所定條法，妄去一字，而有司奉行，至於役及幼丁。所修右選條法舛誤，而銓曹承用，尤多失當。皆緣臣僚論奏，復行訂正，牴牾之罰不加，而受賞如故。今删定率常五員，而（比）〔此〕外復有兼官，員數既多，而涉筆彌年，汗青無日。陛下近者睿旨，令見修《百司省記法》逐旬繳進〔一〕。」（以上《永樂大典》卷一一九四二）

〔一〕按，此奏文意未完，其下當有脱文。又，原稿以下尚有三條，其内容爲火災，與職官類「勑令所」目無關，乃是瑞異類之文錯簡在此，今已移至瑞異類「火災」目之末，參彼處校記。

宋會要輯稿　職官五

制置三司條例司

【宋會要】

1 神宗熙寧二年二月二十七日，以尚書左丞、知樞密院事陳升之、參知政事王安石同制置三司條例。

三月十一日，上曰：「近閲内藏庫奏，外州有遺牙前一人專納金七錢者。」因言牙前傷農，令制置三司條例司講求利害立法。

十八日，詔曰：「朕以爲欲致治於天下者，必富之而後可。今縣官之費不給，而民財大屈，雖焦勞乎昃日之間，其將何所施哉！特詔輔臣置司於内，以革其大弊，而使美利之源通流而不竭，則庶乎孔子適衛之言，朕有所冀焉。夫事顯於所習，則能明乎得失之源。今將榷天下之財，而資之於有司。能習知其事者，則其所得必精，所言必通。聚而求之，固足以成吾富民之術。若夫苛刻之論，務欲朘削於下而歛怨於上者，斯亦朕之不取。宜令三司判官、發運、轉運使副〔一〕、判官及提舉輦運、便糴〔二〕、市舶、榷場、提點鑄錢、制置解鹽等臣僚，限受詔後兩月，各具所知本職及職外財用利害聞奏。仍三司舉催，糾其不以時上者。」又詔曰：「朕惟理財之臣失於因循，其法遂至於大壞，而天下之貨留積而不通。故特詔輔臣，俾之置司，講求利病，將捄宿弊而更張之，上以裨於國，下以足於民。而或者不察，以爲專務苛碎刻削，以趨公家之急，兹豈朕之意哉！然而商天下之利者，必致天下之衆智而集成之〔三〕，則理盡 2 而不悖，事行而不跲，於是利源通而富庶之俗成矣。内外臣僚有能知財用利害者，詳具事狀聞奏。其諸色人亦具事理，於制置三司條例司陳狀。在外者即隨所屬州軍投狀，繳申條例司。夫有言不酬，不足以勸，事如可行，何恪於賞。如所言財利有可採録施行者，當量其事之大小而甄賞之。」從陳升之、王安石奏請也。

四月二十一日，命權荆湖北路轉運判官劉彝等八人於制置三司條例司，令分遣諸路，相度農田水利、税賦科率、徭役利害。從本司知樞密院事陳升之等請也。

七月十二日，詔江淮等路發運使薛向赴制置三司條例司議事。

十七日，從制置三司條例司言，立淮、浙、江、湖六路均輸法，令薛向領之。

十七日，制置三司條例司言：「奉詔取索三司條例看詳，具合行制置事件以聞。竊觀先王之法，自王畿之内，賦

〔一〕轉運：原作「轉副」，據鄭獬《鄖溪集》卷八改。
〔二〕便：原作「使」，據《鄖溪集》卷八改。
〔三〕「利者必致天下之」七字原脱，「集」原作「積」，據《鄖溪集》卷八補改。

入精粗以百里爲之差，而畿外邦國各以其所有爲貢，又爲通財移用之法以懋遷之。其治市之貨賄，則亡者使有，害者使亡。市之不售、貨之滯於民用，則吏爲斂之，以待不時而買者，凡此非專利也。蓋聚天下之人而治之，則不可以無財；理天下之財，則不可以無義。夫以義理天下之財，則轉輸之勞逸不可以不均，用度之多寡不可以不通，貨賄之有亡不可以不制，而輕重斂散之權不可以無術也〔一〕。今天下財用窘急無餘，典領之官拘於弊法，內外不以相知，盈虛不以相補。諸路上供歲有定3額，豐年便道，可以多致，而不敢取贏；年儉物貴，艱於供億，而不敢不足。遠方有倍蓰之輸〔二〕，中都有半價之鬻，三司發運使按簿書、促期會而已，無所可否增損於其間。至遇軍國郊祀之大費，則遣使刬刷，殆無留藏。諸路之財平時往往巧爲伏匿，不敢實言，以備緩急。又憂年計之不足，則多爲支移折變以取之。民納租稅數至或倍其本數，而朝廷百用之物多求於不產，責於非時，富商大賈因得乘公私之急，以擅輕重斂散之權。臣等以爲發運使實總六路之賦入，而其職以制置茶鹽酒稅爲事，軍儲國用多所仰給。宜假以錢貨，繼其用之不給，使周知六路財賦之有無而移用之。凡糴買稅斂上供之物，皆得從貴就賤，用近易遠，令預知在京庫藏年支，見在之定數，所當供辦者，得以從便變易蓄買，以待上令。稍收輕重斂散之權，歸之公上，而制其有亡，以便轉輸，省勞費，去重斂，寬農民，庶幾國可足用，民財不匱矣。所有本司合置官屬，許令辟舉。及應有合行事件，令具條例以聞，乞下制置司參酌施行。」從之。

九月二日，詔：「三司如有與制置條例司商量公事，令吳充往彼。淮南制置發運司如有奏稟事，許使副一員赴闕。」從之〔三〕。

四日，條例司言：「乞令河北、京東、淮南路轉運司施行常平廣惠倉移那出納及預散之法。一、委轉運司及提舉官，每州於通判、幕職官內選差一員專切管勾，令通點檢在州及諸縣4錢斛。一、廣惠倉斛㪷除依例合支與老疾貧窮乞丐人，據數量留外，其餘並令常平倉監官通管，一般轉易。一、常平廣惠倉見錢，依陝西出俵青苗錢例，每於夏秋未熟以前，約逐處收成時酌中物價，立定預支每斗價例，召人户情願請領。」詔並從所請。其常平倉錢斛出俵青苗，仍常以一半爲夏料，一半爲秋料。廣惠倉除留給孤貧乞丐人外，其餘亦依常平倉，分作兩料出俵。又言：「今欲將常平廣惠倉見在斛㪷遇貴量減市(償)〔價〕出糶，就賤量增市價收糴。其可以計會轉運司用苗稅及係省錢斛就便博易者，亦許計會兌換。仍以見錢，依陝西青苗錢例，取人户情願預行支給，令隨稅送納斛㪷。內有願請本色斛㪷，或納時

〔一〕權：原脱，據《臨川文集》卷七〇補。
〔二〕蓰：原作「徙」，據《臨川文集》卷七〇改。
〔三〕從之：疑衍。

價貴，願納見錢，皆許從便，務在優民。如遇災傷，亦許於次料收熟日送納。兼事初措置非一，欲量逐路州軍錢物多少，選官一兩員分頭提舉。仍乞於京東、淮南、河北三路先行此法，俟成，次第即令諸路依此施行。」從之。

八日，條例司言：「欲差相度利害官比部員外郎謝卿材詣在京諸庫務勾收帳曆，契勘見在，察訪本末利害。」從之。又言：「淮南發運使薛向請以新差通判吉州張穆之、新差通判秦州陳倩特許權差六路勾當公事。」從之。又言：「薛向先下三司及提舉百司，取索在京諸庫務每年合係六路出辦上供物色若干名件數目，即每年却合支破若干名件數目，今來見在約支[5]得多少年月外，有無闕乏之物，及每年計置若干數目，各別開項聲說，逐年一次預降本司，以憑預先契勘施行。」從之。

十八日，條例司言：「近日在京米價㪷賤，諸軍班及諸司庫務公人出糶食不盡月糧，全不直錢。欲乞指揮三司曉示，今後願依下項所定價出糶入官者，依嘉祐附令敕坐倉條貫施行。諸班直一千，捧日天武、龍神衛八百，拱聖、神勇以下七百，上、下雜諸司坊監六百。」從之。

二十五日，條例司言：「看詳在京庫務司管官物萬數不少，秤買率斂，多出民間，般運轉致，甚費脚乘。及至到京庫務送納，備經艱剥，纔得了當。其間或有剩數，不時拘收，務要別行科率，往往積壓損壞。比至出賣支遣，全不直錢，給納之間，積成久弊。今欲根究本末，別議更改，非專於其事，不能詳知。欲乞朝廷指揮〔一〕，令在京諸司庫務監當官員依詳今月八日聖旨指揮，各具本職利害，限一月申本司，看詳可行事件以聞。除本職外，如知得別司庫務利害，兼許申陳。所有在京倉界，亦乞依此施行。如此，不獨可以究見逐處利害本末，亦足以觀其人之能否。」從之。

十月六日，條例司言：「乞預差本司相度利害官比部員外郎謝卿材躬親詣庫務勾取帳曆，契勘見在及本末利害事件，赴本司與今來逐路所具到事由一處看詳，制置條例以聞。內有合計會三司提舉司事件，亦仰取索照會。」從之。

十一月二日，命樞密副使韓[6]絳同制置司取索三司應干條例看詳，具合行制置事。

閏十一月十九日，沂州防禦推官、制置三司條例司檢詳文字李承之爲大理寺丞。王安石薦承之，召見，對本司事甚悉，因有是命。他日，上謂承之曰：「朕即位以來，尤重改官。今特命卿，實爲優恩。」

十二月三日，條例司言：「三司簿曆最爲要切，乞差官取簿曆事目，拘轄次第文字看詳，有當廢置，務在不失關防。編定所管道數，與使副同議定，申本司參詳聞奏。」又言：「三司歲計及南郊之費皆可編爲定式。乞差官置局，與使副等編修。仍令本司提舉太常博士、集賢校理劉瑾、

〔一〕指揮：原作「揮指」，據文意乙。

大理寺丞趙咸、保安軍判官楊蟠、秀州判官李定編定《三司歲計》及《南郊式》，屯田郎中金君卿、大理寺丞呂嘉問、鄆州須城主簿、三司推勘公事喬執中編定《三司簿曆》。」從之。

十五日，權三司使吳充言：「條例司請差官取索簿書看詳，編定道數，乞只委三司勾當公事官計會，(遂)〔逐〕案依此編定。」從之。

三年二月十九日，制置三司條例司言：「訪聞宿州縣分支俵夏料常平廣惠倉錢斛㪷内有緑豆，上色每㪷價錢七十五文，次色每㪷價錢七十二文。竊慮比時價高大，及不取人户情願抑配。欲乞下淮南轉運司疾速根究，如委是價高，或抑配，即取勘當職官員以聞。其已俵過斛㪷合如何改正，不致虧損官司，并下淮南及府界諸路提舉常平廣惠倉司照會，迴牒轄下州縣令知。」從之。

五月 7 十五日，詔：「近設制置三司條例司，本以均通天下財利〔一〕。今大端已舉，惟在悉力應接，以趣成效，其罷歸中書。」

十七日，條例司言：「常平新法宜付司農寺選官主判，兼領田役水利事。」從之。

編修條例司

【宋會要】 8 仁宗皇祐五年十二月，命參知政事劉沆提舉中書五房續編例。

嘉祐三年閏十二月，詔中書五房編總例。

六年八月十二日，以殿中丞王廣淵、殿中丞李立之編排中書諸房文字。

神宗熙寧二年四月八日同天節，太常禮院請如治平四年羣臣詣閤門賀。上曰：「治平四年乃先帝靈駕在殯之日，今兩宮太后萬壽，不可令禮官引用居喪之例，蓋朕於人子之情不忍聞也。可止令云同天節日，宰臣文武百僚並當赴東上閤門拜表。」王安石因言：「此誠中書失於省閲。中書事猥并，若不早置屬，以衆事歸之有司，則無可爲之理。」上謂富弼曰：「今欲治當自中書省。中書置屬，宜精選小官。」曾公亮曰：「丞相府宜用敦樸人，故本朝不用進士，但用學究。」安石曰：「當選在下豪傑之士，令編修條例，點檢文字。」

六月十四日，上謂王安石曰：「中書置屬修例，最是急事。」安石曰：「此乃事之本也。凡修例者，要知王體、識國論，不爲流俗所蔽者乃可爲之。若流俗之士，所見不能出流俗，即所議何能勝舊。今陛下欲修條例，宜先博見士大夫。以陛下聰明睿智，躬擇賢士大夫，必得其人。若得五六人以付中書，令修條例，每數日輒一具事(日)〔目〕進呈，是非決於陛下，則法度成立有期。若但令中書擇人，即恐

〔一〕均：原作「約」，據《長編》卷二一一改。

所9用不無流俗之人，流俗之人何可與議變流俗之事。且今日條例，皆仁宗末年以來大臣所建置，人情豈肯一旦盡改其所建置以從人？恐須陛下獨斷，乃能有爲。」上曰：「待朕自選得人，但恐遲。」安石曰：「此事誠不可遲，然亦不可疾。若不知王體，識國論，可與變流俗之人，則與不修條例無異，此所以不可疾也。然今非無人材，要須陛下留意考擇，恐亦不可遲也。」

九月十六日，條例司檢詳官李常、呂惠卿看詳中書編修條例。先是，王安石數爲上言：「今中書乃政事之原，欲治法度，宜莫如中書。最急必先擇人，令編修條例。」因極稱惠卿及常，遂並用之。

二十一日，制置三司條例司言：「本司檢詳官呂惠卿近奉敕，差看詳編修中書條例。且惠卿自置局以來檢詳文字，詳熟事條本末次第，欲乞相兼本司職事。」從之。

十月，詔以太常博士、充祕閣校理、兼充史館檢討李常差看詳中書編修條例。自是益增置編修官，著作佐郎俞充、黄好謙、鄧潤甫、張琥、曾布、大理寺丞李承之、河西縣令馬珫皆預其選。七年春，承之既爲都檢正，又差兼同看詳。

十二月四日，以祕書丞、充集賢校理、同知太常禮院胡宗愈兼史館檢討，兼看詳編修中書條例。

三年六月，中書門下言：「見編修五房條例，以堂吏魏孝先等一十二人充逐房，管勾其事。仍每月等第添支緡錢有差，俟了畢，別無漏落，並(無)〔行〕酬獎。如鹵莽漏落，即量罪降黜。若已10編定，不可赦原及自首。編修務要精當。若諸房堂後官以下能述見行條例有未便者，許經堂陳述，如委得允當，量大小酬獎。如係檢尋應副之人，即便優與。」從之。

八月二十七日，看詳編修中書條例所言：「看詳合歸有司二十二事：臣僚舉選人轉官、循資狀，令銀臺司直送銓收使。官員身亡，令止申審官院等。內外辟舉官并兩制及亡没臣寮之家陳乞親戚差遣，乞止中書批送所屬施行。及乞今後差除官員合有支賜，即劄下三司依式。其宗室支賜亦依此。見任少卿監以上并分司、致仕少卿監，宗室小將軍已上，身亡孝贈，並劄下入内内侍省支賜，乞在京委三司、在外委所在州軍支給。并乞罷進選人授差遣家狀、新授京官三代表。品官之家陳乞服内成親，乞令立條。封王并節度使初除及移鎮等，合行管内布政，止令學士院檢舉。」並從之。令臣僚支賜及孝贈，候修成式，關送入内内侍省依舊取賜〔一〕。

四年四月二十一日，中書奏檢正中書吏房公事李清臣兼編修中書條例。詔罷之。

七月十六日，看詳編修中書條例所狀：「今先看詳到合減省改更事件：如審刑院進呈公事已得聖旨，若無合覆

〔一〕内侍省：原作「内省侍」，據《長編》卷二一四乙。

奏事，今更不入熟狀，止進草降敕，下合屬去處。諸路轉運使副或差兩員者，並不帶『同』字，提點刑獄亦如之。應差臣僚權管勾閑慢司局及寺監，欲止降劄子。京朝官乞假遷葬，除通判以上差遣仍舊外，11其餘並依選人申轉運司。如無規避，即給假訖奏，不須聽候聖旨。常參官如因疾患，請假兩日已上，令御史臺直牒内侍省醫官院，差内臣醫官看驗。諸州軍差管内僧道正，自今勿復以聞；候及七年，合賜紫衣師號，即具保明申奏。其御史臺逐季繳連本臺五十三處供申職掌人數、進奏院月奏具有無出門罪人狀並寢罷。」從之。上以朝廷所省閱多有司之細故，而大臣不得講明政事之大者，以爲事可歸有司者歸之，而中書責其當否，則有司盡力而事治，故命條例司討論，去其繁冗。自是事歸有司者(寢)〔寖〕多，而中書之務清矣。

八年十月二十二日，詔：「中書有置局取索文字，煩擾官司，無補事實者，宜並罷之。」於是編修中書條例司、修司農寺條例司皆罷。

元豐二年八月七日，詔諸修敕式局看詳合釐正朝廷與有司相照立法事，委檢正中書户房畢仲衍編修。

三年八月二十七日，詔中書以所編刑房并法寺斷例再送詳定編敕所，令更取未經編修斷例與條貫同看詳。其有法已該載而有司引用差互者，止申明舊條。條未備者，重修正，或修著爲例。其不可用者去之。（以上《永樂大典》卷一〇九八）

講議司

【宋會要】

12徽宗崇寧元年七月十一日，詔曰：「朕聞治天下者以立政訓迪爲先，篤孝思者以繼志述事爲急。蓋制而用之存乎法，推而行之存乎人。雖夷夏乂安，黎民樂業，而法難一定，事貴變通。損益之間，理宜稽考。況宗室蕃衍，而無官者尚衆；吏員冗濫〔一〕，而注擬者甚艱；委積不厚於里閭，商旅未通於道路。廉恥蓋寡，奔競實繁。風俗澆漓，薦舉私弊。鹽澤未復，賦調未平。浮費猶多，賢鄙難辨。歲稍飢歉，民輒流離。然制之必有原，行之必有序，施設必有方，舉措必有術。是故俊彦不可以不旁求，法度不可以不修講。宜如熙寧置條例司體例〔二〕，於都省置講議司，以宰臣蔡京提舉。仍柬乃寮，共議因革，庶臻至治，以廣詒謀。」先是，紹聖元年七月二十三日，户部尚書蔡京言：「神宗皇帝熙寧之初置條例司，選天下英才，設官分職，參講其事，興利補弊，功烈較著。元祐以來，美意良法盡遭詆誣。在於今日，正當參酌舊制，考合時宜，以稱陛下追述先帝之志，以成足國裕民之效。然事之可興者方且毛舉，豈臣單

〔一〕濫：原作「溢」，據《長編紀事本末》卷一三二改。

〔二〕「體例」及下句「於」：原無，據《長編紀事本末》卷一三二補。

力所能勝任。望聖慈檢會熙寧中條例司故事，上自朝廷大臣，下選通達世務之士，同共考究，庶幾成一代之業，以詔萬世。」其後置局修敕，命張康國、鄧洵武看詳利害事。

二十八日，詔：「昨降置講議司手詔内事件，許令 13 中外臣庶具所見利害聞奏。」

八月四日，宰臣蔡京言：「奉詔提舉講議司，乞以户部尚書吳居厚、翰林學士張商英、尚書刑部侍郎劉賡爲詳定官，起居舍人范致虚、太常少卿王漢之、尚書倉部郎中黎珦、尚書吏部員外郎葉棣爲參詳官〔一〕。今政事之大者，如宗室、冗官、國用、商旅、鹽澤、賦調、尹牧，每一事欲以三人主之。」於是以朝奉郎少府監丞强浚明、太常寺主簿李詩、宣教郎鮑貽慶主宗室，朝散郎李琰、陶節夫、承議郎吳儲主冗官，承議郎家安國、朝散郎王覺、奉議郎崔彪主國用，承議郎安亢、虞防、通直郎林攄主財賦，朝散大夫韓敦立、朝奉大夫曾詵、朝散郎余授主商旅，朝奉大夫馮諶、朝奉郎李憕、承務郎吕宗主鹽澤，承奉郎喬方、鄂州司户參軍沈錫主尹牧，皆爲檢討官。時樞密院亦置講議司，以恩州防禦使、樞密都承旨曹誘爲詳定官，尚書左司員外郎曾孝藴爲參詳官。並從之。樞密院亦置講議司，元降指揮檢未獲。

三年三月八日，樞密院劄子：「樞密院講議司送到左光禄大夫、知樞密院事蔡卞劄子：『昨奉旨，以講議司武備房歸樞密院，尋被命差臣提舉。今來訓練民兵、增置兵額等事署已施行，其餘武備隨事補葺，皆本院諸房可行之事，不必專置司局。欲乞罷樞密院講議司，限半月結絕。其諸處申請報應文字，今後並申樞密院。』」從之。武備房歸樞密院年月，檢未獲。

四月二十二日，尚書左僕射蔡京言：「奉詔置司，講議 14 法度，更歷歲年，曾不足仰稱委任之意。今文字不多，理當歸之省部，付於有司。乞限一月結局，其未了事件送尚書省分隸施行。」從之。

二十六日，中書省、尚書省送到白劄子：「勘會近降朝旨，講議司限一月結絕罷局。今來見結絕舊文字，自五月一日後收到文字，並送尚書省施行。其外處合申講議司文字，今後並徑申尚書省開拆房投下，付逐房行遣。」從之。

八月七日，講議司劄子：「勘會講議司已罷，尋具制置三司條例司推恩體例進呈。奉聖旨，具官吏職位、姓名，依例推恩。」貼黄：「勘會講議司係紹述熙寧、元豐法度，與其他官司事體不同。所有應緣講議司推恩體例，今後不得攀引。」詔：「朝請郎、翰林學士承旨張康國，太中大夫、刑部侍郎劉賡，通議大夫張商英，降授朝請大夫、提舉杭州洞霄宮蹇序辰，承議郎、充顯謨閣待制范致虚，朝散郎、充顯謨閣待制王漢之，承議郎、鴻臚少卿崔彪，朝散大夫、衛尉少卿黎珦，奉議郎、司勳員外郎鮑貽慶，朝奉郎、庫部員外郎李詩，承務郎、吏部員外郎沈錫，奉議郎、禮部員外郎陳暘，

〔一〕棣：原缺，據《九朝編年備要》卷二六補。

起復朝請郎、充顯謨閣待制鄭僅，朝奉大夫葉〔棣〕，朝奉大夫、少府少監曾誂，朝奉大夫、充集賢殿修撰陶節夫，朝奉郎、兩浙路提點刑獄强浚明，承事郎、將作監丞呂淙，朝奉大夫朱維，承議郎、秘書丞汪澥，皇城使、康州刺史劉宋卿，承議郎劉誂，宣德郎、監察御史卓厚，岳州文學林誂，朝 15 請大夫、府界提點馮諶，承議郎、管勾舒州靈仙觀吳儲，朝散郎、監滑州鹽酒税務李琰，承議郎、添差監黄州岐亭鎮酒税務虞防，朝散大夫、知北外都水丞韓敦立，朝奉郎、直秘閣李憕，宣德郎、提舉廣南東路常平等事王覺〔一〕，承事郎、提舉江南西路常平等事喬方，朝請郎郭異，承議郎、兩浙路轉運判官胡奕修，奉議郎呂建中，朝散郎、提舉措置福建路茶事胡安修，承務郎、提舉措置淮南路茶事安亢，承務郎、提舉措置江南東西路茶事家安國，宣德郎、提舉措置荆湖南北夔州路鹽事張莊，朝請郎余授，朝奉郎劉暐，朝請大夫宋湜，奉議郎裴彦輔，中散大夫、尚書省都事、提舉司檢閲文字任充，太醫丞邢晉卿，内除張商英、李琰、虞防不推恩外，餘各轉一官。所有尚書省都事張湝等各轉官資、減磨勘年，支賜絹銀有差。」

宣和六年十一月十八日，開封尹、兼侍讀燕瑛、起復徽猷閣直學士、中奉大夫任諒並爲講議司詳定官〔二〕，朝散大夫、直秘閣李侗、朝請大夫王雲、承議郎鄭望之、朝奉大夫、直秘閣高衛並爲參詳官。

十二月一日，手詔：「朕執權秉要，以正王道。賦事圖功，責在股肱之臣。比年以來，任匪其人，政失厥中，明發怵惕。念我烈考之謨訓，修革蠹弊，庶幾持循，肆命近弼，置司講議。太師致仕蔡京輔朕初載，誕著碩膚〔三〕。屬閔勞以官職之事，即安里廬，憲其言行，尚有賴焉。《書》不云乎：『詢兹黄髮，則罔所 16 愆。』京可兼領講議司，聽就私第裁處，仍免簽書。」

七年四月二十三日，以户部尚書唐恪、工部尚書李棁並兼講議司詳議官。

五月二十一日，詔：「理財以義，節用以禮，聖人之中制也。朕若昔大猷，祗遹文考，永惟熙、豐詔令，足國裕民，未嘗不以均節爲本。今天下賦入之數悉倍于前，用度費出不聞有餘，殊失量入爲出之義。況寇攘就平，流移復業，而廣儲足食、務農敦本，尤在所先。凡有司侵漁蠹耗之事，理宜裁抑。可應不急之務、無名之費，令講議司條具以聞，當親加裁定，爲經常簡易之法。豐不爲侈，儉不爲削，允協于中，庶幾稽古紹休之意。」

六月八日，都省言：「檢會臣僚上言：伏覩近降御筆手詔，令講議司開具不急之務及無名之費聞奏。今天下有

〔一〕王覺：原作「王寛」，據上文崇寧二年「八月四日」條、《九朝編年備要》卷二六改。按《宋史》卷一七三《食貨志》一，崇寧中王覺曾任廣南東路轉運判官。

〔二〕詳定官：《長編紀事本末》卷一三二作「詳議官」。

〔三〕膚：原作「膺」，據《長編紀事本末》卷一三二改。

司侵漁蠹耗之事條目猥衆，先後緩急固自有序，而省臺寺監百司庶府大小之務隨處利害不同，理難疏舉。竊惟制法定令，當出於一人獨斷，臣下則奉而行之。伏乞揆自淵衷，舉其綱目，特降指揮，庶使開具之際知所遵承，仰稱陛下(疆)〔彊〕本節用、足國裕民之美意。」詔：「除已降御筆措置綱目外，可如所奏，令六曹寺監、諸司庫務局所等處並各具可以裁減節省事目以聞。如能體國，條具詳盡，有補經費，當加賞擢。若或懷姦畏避，觀望滅裂，亦當重行黜責。」

二十四日，講議司奏：「檢會奉御筆手詔，應不急之務、無名之費，令講議司條具以聞。續奉御筆，紊亂 17 官制事數内出身送講議司看詳。命官出身，各有條法。比年以來，吏職入仕或進納并雜流之類補官人，往往攀援陳情，改換出身。其應干遷轉〔一〕、請給、奏薦、恩例、止官等，並依元入仕本法施行。」詔依，今後出身並依本法，更不得攀援陳請改換。雖奉特旨，仰中書省執奏不行。

八月十一日，講議司奏：「臣僚上言：『比年以來，僥倖路廣，紊法徇求者不可勝數。習驕矜於名器之崇，夸侈靡於禄秩之厚。貪多務得，而不顧邦用之浸屈；深掊痛取，而不知民力之已彫。稍加裁抑，則浮議荐興，必期沮止而後已，良可嘆也。臣仰惟陛下鑒觀病本，志在必行，雖六尚應奉宫禁邸第所常用者，亦行裁損，爲天下先。於是頒其綱目，行其政令，俾六曹寺監、庫務局所各條具無名之費、不急之務，保明覈實來上，付之講議司，而郡縣之詔亦已施行。廟堂賦政之地，實今日任怨而主盟者，諒惟同德，罔不協心。然臣竊謂攷覈(責)〔貴〕詳，裁處貴速。苟僅及細微，又遷延而不以時決，則姦言或得以潰其成，巧謀或得以沮其意。如此，不獨使陛下詔令弗克有奉承之實，而中外經費亦未免有匱乏之慮。伏望聖慈深詔執事，當此垂成之際，速核其事而罷行之。其外路條具，亦乞依在京官司例立式頒降，除程，責以日限，令結罪保明來上。庶幾政令信而民聽孚，朝廷理財實有所補。』奉聖旨，送講議司看詳。近降詔旨，令諸路開具無名 18 之費、不急之務，自合元豐年後來應所增事務，盡行開具元創置年月指揮全文并前後節次增損因依，及見今施行次第，各分明聲説。仍於逐項指定可與不可裁減存罷因依，畫一開具，保明聞奏。其諸路增置事務，逐路條目不同，難以一例立式，兼已責限行下。今欲再下諸路，恭依已降手詔及今來事理，子細詳悉，依限開具詣實無漏落，官吏結罪保明聞奏。」

十四日，尚書省言：「臣僚奏，陛下詔講議司條具不急之務、無名之費。竊覩邊鎮帥臣時以犒軍爲名，奏請金帛以數萬計，多是帥臣及監司并屬官機幕之類分受入己，將士所得蔑如也。今看詳，逐路帥臣所管犒賞金帛物色，本以激勸有功之人，不得妄作名目，非泛犒設。其因巡邊、出界、進築、守城、師還犒設將士帥臣，不得過都統制及統制

〔一〕「其」上原衍一「人」字，今刪。

官之數。監司、廉訪依同統制官，屬官、機幕依將官等第支送，歲終具數以聞。」從之。

十月三日，手詔：「比置講議司，省冗員，節浮費，重爵賞，以裁抑僥濫。議者不深明置司本指，妄謂別有更張，動搖羣聽，有害政體。自今敢有陳請改革政事，必罰毋赦。」

詳議司

【宋會要】

19 欽宗靖康元年四月十二日，置詳議司於尚書省，討論祖宗舊法。以徐處仁、吳敏、李綱提舉，侍從官梅執禮等爲參議，餘官張慤等爲檢討。分六房，使各討論，限半年結局。從敏請也。

十八日，左司諫陳公輔言：「陛下欲追復祖宗舊法，置詳議司，令宰執領之，甚盛舉也。臣愚不知陛下果有意復祖宗法耶？爲復以是爲名邪？若以是爲名，則置司辟屬，張大其事，固所當然。若果有意復之，似不必爾。何則？嘉祐、治平以前典章具存，敕令皆在，元祐間固嘗舉行。(令)〔今〕若令一二大臣更歷故事者取典章敕令按籍而考，此可行，此不可行，立可斷之，何必置司辟屬，徒爲紛紛也。況今所辟官屬太多，又一時晚輩，非惟徒費祿廩，以耗財用，而紛紜議論，甲可乙否，亦何足深明祖宗之意哉！昔蔡京嘗置講議司，當時亟欲紛更天下事，故若此耳。今若取天下事亟紛更之，如京之置司，雖事體稍異，而有損無補則一也。其後白時中、李邦彥亦置講議司，辟親戚故舊，坐糜祿廩，遷延歲月，未嘗了一事，至今以爲非。今朝廷知其非，故避講議之名，以爲詳議，此又可笑也。以臣觀之，祖宗盛時，所以天下和平、公私富足者，以其厚民而已。自熙、豐已後，用事之臣但知削民，不務厚民，故流弊若此。今陛下若體祖宗之意，20 一切以厚民爲念，取今日削民之法，盡與廢罷，則足以使四海生民復見祖宗之時矣。臣謂此事惟陛下與宰執大臣可以共圖之，參諸謀議，斷以聖裁，然後舉而行之足矣。臣之所言，非固勸陛下不復祖宗舊法，但欲不置詳議司而已，望陛下熟議之。」

二十九日，臣僚言：「近置詳議司，討論祖宗舊法，雖已許置司辟屬，而言者屢論，以爲不當建置。恐聖意尚欲討論，乞令尚書六曹各具其事上之都省，送中書省取旨。」從之。（以上《永樂大典》卷一一〇七）

議禮局

21 徽宗崇寧二年九月十六日，手詔：「王者政治之端，咸以禮樂爲急。蓋制五禮則示民以節，諧六樂則道民以和。夫隆禮作樂，寔治內修外之先務，損益述作，其敢後乎！宜令講議司官詳求歷代禮樂沿革，酌今之宜，修爲典訓，以貽永世。非徒攷辭受登降之宜、金石陶匏之音而已，在乎博究情文，漸熙和睦，致安上治民至德著，移風易俗美化成，迺稱朕咨諏之意焉。」

大觀元年正月一日，手詔：「禮以辨上下，定名分，貴不以偪，賤不敢廢。自三代以迄于今，宮室之度、器服之用，冠婚之義，祭享之節，卑得以踰尊，小得以陵大，國異家殊，無復防範。昔在神考，親策多士，命官討論。父作子述，朕敢忽哉！夫治定制禮，百年而興，于兹其時，可以義起。宜令三省依舊置司〔一〕，差官講求聞奏，朕將親覽，因今之材而起之〔二〕，以追法先王而承先志〔三〕。」

十三日，御筆：「議禮局依舊于尚書省置局，仍差兩制二員詳議，屬官五員檢討。應緣禮制可具本末議定，進呈取旨，朕將親覽。」

二月五日，議禮局奏：「迺者既成雅樂，于是又置官設局，詔修五禮。臣等竊謂今去唐虞三代爲甚遠，其所制作，恐當上法先王之意，下隨當今之宜，稽古而不迂，隨時而不陋。取合聖心，斷而行之，庶幾有以追治古之彌文〔四〕，善天下之習俗，以成陛下聖治之美意、一代之盛典。」從之。

〔七月〕二十六日〔五〕，議禮局承御筆：「承平百五十 22 年，功成治定，禮可以興。而彌年討論，尚或未就。稽古之制，隨今之宜，而不失先王之意，斯可矣。防民範俗，在于五禮，可先次檢討來上。朕將裁成損益，親製法令，施之天下，以成一代之典。」

四年二月九日，議禮局奏：「臣等今恭依所頒冠禮格目，博極載籍，先次編成《大觀新編禮書·吉禮》二百三十一卷，并《目録》五卷，共二百三十六册；《祭服制度》一十六卷，共一十六册；《祭服圖》一册。其據經稽古，酌今之宜，以正沿襲之誤，又别爲《看詳》一十二卷〔六〕，《目録》一卷，共一十三册〔七〕，《祭服看詳》二册。謹隨劄子上進。損益財成，伏乞斷自聖學，仍乞降付本局，修定儀注。」詔：「閲所上禮書并祭服制度，頗見詳盡。内禘、祫禮自昔所論不一，今編次討論，尤爲允當。除依今來指揮改正外，餘依奏修定。」

十二月二十八日，詔：「議禮局編修禮書了畢，詳議官白時中、姚祐、汪澥、蔡薿、宇文粹中，承受賈詳，檢討官周邦彦、胡伸、張邦光、孫元賓、李邦彦、王俁、張淙、丁彬、郭昭，雜務官段處信，兼管雜務趙彦通，各展兩官。内選人及三考依條改合入官，仍展一官。不及三考，比擬循資，並與堂除差遣一次，仍依舊在局。經修書官詳議官劉正夫、薛

〔一〕省：原作「旨」，據《政和五禮新儀》卷首改。
〔二〕之：原脱，據《政和五禮新儀》卷首補。
〔三〕以：原脱，據《政和五禮新儀》卷首補。
〔四〕治：原作「法」，據《政和五禮新儀》卷首改。
〔五〕七月：原脱，據《政和五禮新儀》卷首補。
〔六〕一十二：原作「二十三」，據《長編紀事本末》卷一三三及原注引議禮局劄子改。按，觀上文均以一卷爲一册，十二卷加《目録》一卷，故爲十三册。
〔七〕一十三：原作「二十三」，據《政和五禮新儀》卷首、《長編紀事本末》卷一三三改。

昂、張閣、强淵明、俞㮚、慕容彦逢、劉焕、沈錫、何昌言、林攄，檢閲文字張子諒、李師明，各轉一官，餘（專）〔轉〕官資、減磨勘、支給有差。内有礙止法改展不行者，並依制回授有官資有服親屬。」

政和三年（二）〔正〕月二十七日〔一〕，特進、知樞密院事、兼領鄭居中崇政殿面奉聖旨〔二〕，議禮局新修五禮儀注，宜以「政和五禮新儀」爲名。

四月二十一日，議禮局言：「契勘大觀新編禮書係遵依御製《冠禮沿革》類例編修，昨降指揮，令候儀禮局結局日，《五禮沿革》付本寺置櫃匣收掌。竊緣《冠禮沿革》係是御製，當時不敢與本局修定《五禮沿革》一例編次。今來本局已限兩月結罷，臣等竊慮御製《冠禮沿革》别合繕寫，裝背成册，進呈訖，付太常寺。」從之。

二十九日，知樞密院事鄭居中等劄子奏：「竊以禮有五經，而威儀至于三（十）〔千〕。事爲節文，物有防範，本數末度，刑名比詳。遭秦變古，書缺簡脱。遠則開元所紀，多襲隋餘；近則開寶之傳，間存唐舊。在昔神考，躋時極治，新美憲章，是正郊廟。緝熙先猷，實在今日。恭惟陛下德備明聖，觀時會通，攷古驗今，沿情稱事，斷自聖學，付之有司。因革綱要，既爲禮書；纖悉科條，又載儀注。勒成一代之典，跨越三王之隆。臣等備員參詳，徒更歲月，悉稟訓指，靡所建明。謹編成《政和五禮新儀》并《序例》總二百二十卷，《目録》六卷，共二百二十六册。辨疑正誤，推本六經，朝著官稱，一遵近制。上之御府，仰塵乙覽。恭俟宸筆，裁定其當，以治神人，以辨上下。從事新書，其自今始。若夫蒐補闕遺，講明稀闊，告成功而示德意〔三〕，則臣等顧雖匪材，猶當將順聖志而成【23】之。」詔宜頒降。

禮制局

禮制局討論古今宫室、車服、器用、婚冠、喪服沿革制度。政和二年，置于編類御筆所，有詳議、同詳議官。宣和二年，詔與大晟府製造所協聲律官並罷。（以上《永樂大典》卷一九七七九）

三部勾院

太祖開寶五年十二月，詔以鹽鐵、户部勾院爲一院，度支勾院爲一院。國初，三部各有勾院，止本部判官主之。至是，又合爲兩院〔四〕。

〔一〕正月：原作「二月」，《長編紀事本末》卷一三三繫於政和三年正月二十七日庚辰，據改。今《政和五禮新儀》卷首録此條作「二年二月二十七日」，當是字誤。

〔二〕兼領鄭居中：《政和五禮新儀》卷首亦同，蓋「兼領」爲「兼領議禮局」之省稱。

〔三〕德：原作「得」，據《政和五禮新儀》卷首改。

〔四〕兩：原作「西」，據上文文意改。

七年六月，以司農寺丞桑塤爲左拾遺，兼點檢三司磨勘司及判勾院公事。

太宗太平興國五年十月，合三勾院爲一，以比部員外郎樊廷讓判。

十一月，大理評事陳恕爲右贊善大夫、同勾當三司勾院。

雍熙三年二月，詔：「自今勾院檢舉三司失陷財賦，每一百貫，其本司吏給賞錢十貫，五千貫已上仍補職名。如本司吏庇藏其事，不即（中）〔申〕舉，爲他人所告，當行決配，贓重者當行極斷。告 24 者每百貫給賞錢二百貫，三千貫以上仍補職名。主判官及干繫人知而故縱，並當重行朝典。」

雍熙三年八月，詔分三部勾院，以司勳郎中羅延吉判鹽鐵勾院，工部郎中高凝祐判度支勾院，侍御史張勴判户部勾院。

淳化三年五月，以鹽鐵判官、刑部員外郎、直昭文館韓國華判鹽鐵勾院，户部判官、水部員外郎袁逢吉判度支勾院，户部判官、太（掌）〔常〕博士段惟一判户部勾院。 時自三部判官高象先而下改授者十五人，皆三司使之舉也。

七月，以虞部郎中、史館修撰張佖爲右諫議大夫〔一〕、判三司都勾院。

四年五月，以主客員外郎魏廷式判三司都勾院，太常博士段惟一爲都勾院判度支勾院，太子中舍張略判户部勾院。先是，分三司爲左、右計，各置判勾一員，又以一員總判之。至是罷左、右計，復分置焉。

至道二年，復併三勾院爲一，以工部員外郎劉式判。

三年十一月，復分三部勾院，以刑部員外郎董龜正判鹽鐵勾院，比部員外郎馮拯判度支勾院，監察御史王挺判户部勾院。

真宗咸平二年九月，詔：「勾院今後點檢得三部公事，先會問逐部。如已曾行遣，即不得具劄子進呈。若勾院自點檢得顯有不當，方得舉奏。」

六年七月，以著作郎、直史館、判三司鹽鐵度支勾院陳堯咨兼判户部勾院。時堯咨上言三部勾院可合爲一，仍願就領其事，故以命之。

大中祥符九年六月，以虞部員外郎張懷寶，祕書丞韓庶，户部判官、著作郎、直史館梁固，分判三司鹽鐵、度支、户部勾院。時議以三部勾院併爲一司，實爲煩劇，雖重官爲之，徒益事勢，于稽勾只愈疎矣。至是復分三院，選材力幹敏者主之。（以上《永樂大典》卷一六六六九）

都磨勘司〔二〕

25 太祖開寶七年六月，以司農寺丞桑塤爲左拾遺、兼

〔一〕佖：原作「祕」，據《長編》卷三三改。
〔二〕按，此目之文前五條（職官五之二五）乃用廣雅書局稿本。

點檢三司勘合司〔一〕。

八年十一月，置三司推勘院於城南，以前密州安丘縣尉張邈爲將作監丞、知推勘院事。未幾罷。

太宗端拱二年十二月，詔置三司都磨勘司，以右贊善大夫劉式判。

至道中，又置提舉司，點檢三司公事。尋復停廢，其帳籍並歸磨勘司管係。

淳化三年十一月，置主轄支收司，以判都磨勘司官兼領之。

[26]四年十一月，以著作佐郎王儼主判三司都理欠司、兼權判都磨勘、主轄支收司。

五年十二月，以殿中侍御史王謂同提點三司磨勘、憑由司，兼勾院。

真宗咸平四年八月，置拘收司〔二〕，以判磨勘司官兼領，并理欠、憑由二司。

提舉三司帳勾磨勘司

熙寧五年十一月，右正言、知制誥、直學士院、看詳編修中書條例曾布言：「臣伏以四方財賦，其爲名物，豈可勝計。凡給納斂散，登耗多寡，非有簿書文籍以勾考之，則乾没差繆，漫不可知。故内自府庫，外至州縣，歲會月計，以上於三司。紙劄之須，賄賂之廣，遠近之人以爲勞敝。三司雖有審覆之名，而三部胥吏所行職事非一，不得專意於其間。近歲以來，因循不復省閱，其爲敝亦已甚矣。臣比被旨置司，盡取三司所管帳籍，删去繁冗，具爲法式，以施之天下。然鈎考之法如故，則[27]亦但爲空文。臣欲乞於三司選人吏二百人，顓置一司，委以驅磨天下帳籍〔三〕。以至三部勾院，亦皆選置官吏，責以審覆。其人吏各優給請受，課以功罪，立定賞罰，仍自朝廷選差(疆)〔彊〕幹臣僚專切提舉。所合措置條約，乞下詳定帳籍所詳具以聞。」詔付詳定帳籍所。是月，詳定帳籍所言：「檢會諸州軍供申諸色文帳到三司，始自天聖九年。本司人吏隳職，上下因循，徒有點筭之名，而全無覆察之實。積弊歲久，官吏苟簡，更不行遣送勾者甚多。至皇祐二年，周湛覩此非便，即不尋究弊源，責之實效，却以人吏鑿帳爲勞，遂起請，只將收帳前連到收附拆發，與行破官物案分應帳使用。自後吏人又以收附道數至多，而文字零碎，因此更不拆發，上下蓋庇，寖成隳廢。至治平四年，已及一十五年。三司爲見支官物全無點檢歸著，欲捨前弊而救後患，遂奏乞將已前合便收附更不根逐，只行下本處會問同否，銷落錢物，及今後令省案勾院須得拆發收附。若其間州縣公人作弊，重疊開破官

〔一〕廣雅書局稿本原注：「《永樂大典》卷一千九十八。又徐輯《大典》不著卷數一本作『勘合司』。」按，此似指本門之題。
〔二〕拘收司：原作「支收司」，據《長編》卷四九、《職官分紀》卷一三改。
〔三〕天頭原批：「磨一作考。」

物，供析合同應破文帳，即三司無由覺察。及雖將收附拆發，又却不依條挨排應勾照鑿所破官物歸著，逐件條貫乃成空文。蓋爲其間一道帳頭有連收附五七百至一二千道者，每道上省案朱書事宜，人吏次第書字，官員押訖，送勾院。本院依此次第，官吏書押、用印、拆發與開拆司，本司每收附一道，上書日用印，更三 28 處上曆，分送諸案。如此經歷數處，極甚煩冗。又道數零碎，拆發互换，往還無由齊整。及一道收附有十數案使用者，先係官物爲頭所屬案分收領使用。其以次合要案分合行會問，又不見得係甚案爲頭收却，是致本省從來難以依條點勘挨排，應鑿支破官物不行。及有憑由司承受車營、致遠務、騾坊申乞除破外處倒死頭口，并拘收司根逐到自前帳内開破官物，各合使收附。緣從初只隨錢物名目拆發與本屬案，無由發到逐司。逐司若却將帳勘鑿，又恐重疊違礙，以此更無由得見歸著。三司又覩此(拯)〔極〕弊，即不復更張，遂奏乞差官二員，置司催促。送勾人吏避免稽遲，亦不點筭照對所破官物歸着。自治平二年後來，至熙寧二年十一月已前，送勾新舊文帳共一十二萬餘道，並不見磨勘出小收大，被失陷官物。或雖有則例不同及差互數目，未見歸着錢物，只是名目行遣會問，並不結絶，料縱有大段侵欺，無由舉發。爲弊寖久，四方錢穀畧無檢察。若令諸州軍依皇祐二年周湛未起請拆發收附條貫已前體例，各造錢帛糧草新收單狀一本赴三司，並依《嘉祐三司編敕》内勘鑿收帳條法施行，如此則錢帛糧草文帳比拆發收附諸州軍各減一半紙劄。兼其餘帳目並減頭連收附，文狀大段簡省，三司諸案、諸司亦無此繁冗文字。復又將收帳并新單狀勘鑿官物各見歸著，可以絶杜欺弊。又 29 緣逐司前行身分例各日有生事急速文字，難以專一點檢帳目，必慮趁辦不前。況吏人雖衆，人習慵墮。兼饑寒者十有七八，若不厚與添給，選擇得力之人别置一司，專一點檢，及專差官提舉，即向去終是難爲整齊。具合行條約事件，餘依前後條貫施行。所有帳司官員廳宇及人吏房舍及帳庫、新收庫，並令三司擘畫，騰展(奪)〔舊〕舍屋，於勾院磨勘司鄰近一處安置。一、諸州軍諸色月解到來年三月季帳，自春季半年帳、自上半年季帳，自今年終爲始攢造。應係自來依皇祐二年八月内周湛起請中書劄子指揮，於帳前頭連收納官物文狀並更不出給。内錢帛糧草即依皇祐二年八月已前體例，别造新收官物草狀，一一與正帳收頓合同，經勾磨訖，隨帳申發赴三司。一、帳内開破錢物附在自前帳收者，並須根逐從初帳頭連到收附，照對使用。如委是元帳不曾連到收附，即許會問本州詣實，勾磨同否，照證勘鑿官物歸着。一、委三部并都理欠司節級於逐案、逐司先選定諸會帳籍得力前行之人，次與已選定前行同共依前選揀後行二百人充帳司，專切點檢行帳。具所選定委是公當，别無情曲，重結罪文狀，保(名)〔明〕供申，委使、副、判官及提舉官更切審察詣實，即將逐司逐案帳目均分與本案手分，每人各認窠名，依條二人同共繫書行遣。若人數有剩，即以次分於別案人數不足處主行，務[30]令均等。其前行每名分探手分人數主押，其勾覆、勾押、孔目官各隨帳目本屬案分書押。一、帳司勾押磨勘司人吏如因帳籍職事受贓，并在京諸色公人因帳籍公事取受逐司公人錢物及引領過度，並用熙寧三年九月二十五日河倉條貫。」

二十二日，中書門下言新差提舉帳司勾院磨勘司李承之請銜申陳事件，詔行遣以「提舉三司帳勾磨勘司」爲名，與使、副同簽，即作三司官行遣。一、應與諸處官自往來行遣文字，並依三司體式。一、報判使廳及三部文字體式，依副使例。其諸案及子司報本司文字於申狀。一、三司應干帳籍事，除合措置更張，并根磨到失陷官物及取勘命官，並委提舉官與三司使同判官商議〔一〕，同簽書行遣，其餘公事只委提舉司與判官簽書行遣。內常事提舉官押檢，其舊例只係判官書押文字及繳送帳檢之類，提舉官不押。如提舉官點檢出帳事差錯，合收坐本判官，不用失覺察之律。

十二月，詔：「帳司、勾院、磨勘司人吏，如因帳籍職事受贓，並在京諸色人如因帳籍公事取受逐司公人錢物，及行用引領過度人，並同河倉條貫施行。催驅司手分四人，印司正分二人，依帳司添給。內催驅司、印司依三部印司年限酬奬賞罰。知雜司二人，依帳司添給貼司八人，通引官二人，支盤纏食錢各二千。親事官添支食錢五百文。」

六年正月二十二日，詳定帳籍所言：「本所檢[31]會近詳定諸路州軍供申三司文帳內，新收官物並令開説色數、收納來處窠名，立式申委施行去訖。所有支破官物，自來以收帳頭連到收附，照證不便，遂擘畫，令三司帳司將帳勘鑿歸著。數內錢帛糧草除供正帳外，更令依舊條例造新收單帳一本，與正帳合同勾磨申省，亦準朝旨施行。緣三司只是將新收單帳內開坐逐色數目，元請納來處窠名勘鑿，所是正帳只銷將逐色錢物各撮計數目，仍須與單帳內撮計數目，其正帳內即不銷更細開元請納來處窠名，須至申明。本所今詳定新收單帳并正帳內新收一項式樣連粘在前，乞下三司頒降諸路州軍照會，依此奏聞。」詔施行。具錢帛新收單帳并正帳內新收一項式樣，糧草倣此。新收單帳：「某州今供某年、某季或上下半年錢帛新收單帳如後：錢若干，銀若干。」其餘逐色，各依上項開。「錢若干，某窠名；銀若干，某窠名。」其餘逐色，依上項開。一、正帳內新收一項：「錢若干，銀若干。」其餘逐色，依上項開。

九年三月十三日，中書門下言：「户房申，檢會天下錢穀文帳，三司自天聖年後人吏曠職，上下因循，徒有點筭之名，而無鈎收之實，積年損失，不可勝紀。昨令三司置局，先將諸帳內繁文裁減，及添備關防事節，專置司，厚給吏人，立賞罰，驅磨作弊，今方成次第。三司具到帳司比行生事吏禄有所未均，今來却廢罷帳司，一（加）〔如〕往日，將帳

〔一〕同：疑當作「副」。

與生事32衮同往遣。其帳司吏禄比行生事人吏差優，蓋爲事初，天下未曉造帳。今來祖帳既定，只是點筭拘催，比舊稍有紙劄，須至量行裁減。今將帳司并提舉司勾覆官已下至飯料，後行並依行生事第一等案分請受，（帖）〔貼〕司即每月支食料錢各二千五百文，準備貼司減罷。如願不請食料錢者，聽舊收管，候有缺，補填諸處。有帳司則例支破吏禄者，亦依減定則例施行。仍於見在後行已上八人内減二人，貼司七人内減三人，並減帳司勞（積）〔績〕數少之人，勞績等即減後差到人。其減下人並撥填帳司或生事案闕額。如此施行，委得允當。」從之。

十一月九日，詔：「提舉三司帳司勾院磨勘司、催驅司官並減罷，令提舉在京諸司庫務司兼提舉。其餘合存減事件，令提舉司相度以聞。」

二十四日，以尚書祠部郎中、直史館葉均提舉三司帳勾磨勘司，資任、添給並依省判例。其提舉諸司庫務司更不兼領。仍差〔衛〕尉少卿康衛權提舉，候葉均到依舊。

理欠司

【宋會要】33舊司名犯仁宗廟諱，乾興元年改爲蠲納司。天聖三年，又改今名。咸平元年，又置勾簿司，勾銷般撥及主管文簿，以理欠司主判官兼領其事。景德四年廢。淳化三年六月，以右贊善大夫許道寧判都理欠司。時自三部判官高象先而下〔一〕，選授者十五人，皆從三司使之舉也。四年五月，以右諫議大夫、判三司都勾院張佖兼判理欠司。

都憑由司

【宋會要】34太宗雍熙四年十一月，以鹽鐵推官段惟一、度支推官朱賦、户部推官崔維翰分判本部憑由司。太宗以天下倉場庫務申破錢帛其數浩大，故命惟一等專主之，不僉書本職公事。

淳化二年，合三憑由司爲一。

至道二年閏七月，併都憑由司歸理欠司，以司封員外郎王渭判。時命鹽鐵使陳恕詳定減省三司官局，恕請以理欠、憑由兩司併歸一司，而有是命。仍命應欠負官物並令三司逐部行遣催納，理欠司止係轄欠數催驅提舉。

三司承受御寶憑由司

在三司，掌承驗合同憑由勾檢之事，選三司前後行吏六人主行文書。

〔一〕象先：原作「詳光」，據前文職官五之二四改。

真宗景德四年八月，詔：「自今内庭及含光等殿在京諸處齋醮，内臣於諸司庫務宣索物料，並令庫務具名數押書付逐司，方得給付。給訖，連内臣文字實封送三司置籍，每旬俱兩本進内，一留中，一下尚書内省，降用印憑由除(合)破。其奉詔監葬者事畢，亦具所費以聞，録別本送三司憑由司勘驗，如前制。」先是，内中須索文記，委都知司勘驗除破，有留滯踰年未能結絶者。真宗令樞密院、三司議定此制。

天禧三年正月，三司言：「使臣傳宣取物，承前止是口傳詔旨，別無憑驗，致因緣盜取錢物。今請下入内内侍省，置傳宣合同司，專差内臣一員主之。如有 35 所須索，即以合同憑由一本給付逐庫務。給訖，繳申三司。三司置御寶憑由司，擇吏人專主除破，所貴絶於欺弊。」從之。

二月，詔：「合同憑由司自今應係傳宣，差使臣於諸庫務取索金銀帛諸物，委入内内侍省用印記，置合同憑由，每道各兩本，常預先書印下合同，準備傳宣取索。仍置曆，旋據道數抄上，專委勾當使臣親自封鎖主掌。如有使臣傳宣取索，即赴本省請令合同憑由二本，分明寫録所收物色名數，抄上文曆拘管。仍令傳宣使臣著字收領，親賫赴庫務取索。餘合同憑由一本，即本省畫時實封，差人置曆於前，于取索庫務官當面通下，批迴文曆。兼仰逐庫務候使臣將到合同憑由，亦委逐處監庫務官將實封合同當面勘會，比對印記、取索物數、使臣姓名悉同，別無虛僞，即畫時支給訖，依例繳連憑由兩本，一齊申奏，乞降印憑，下三司除破。候到，令三司承受御寶憑由司承准印憑文字勘會，依例牒都憑由司出給破帖。如止是取索茶酒菓實食物柴炭等，即依舊例施行，更不出給合同憑由。」

五年十一月，詔：「自今除傳宣喝賜茶酒食菓等，止令庫務候見使臣告報，依例供應訖，具數申合同憑由司，乞出給憑由除破。其餘傳宣取索諸般物，並依取金銀錢帛寶貨例施行。仍令本司使臣於憑由上繫書名銜著字，仍別鑄合同憑由印給之。」

十二月，詔：「自今合同憑由司每有使臣取索 36 金帛錢寶，依舊逐旋覆奏，出給憑由。若止是取索諸雜物，即令本司依舊勘會出憑由，更逐旋覆奏，直候至晚繳連，赴入内内侍省，當日或次日一處貼黄點檢，用印奏知。」

治平三年四月，三司言：「乞下入内内侍省、内侍省鈐轄使(用)〔臣〕，今後所差勾當去處，合要諸般物色供應，内係御前等處要用物色，並依元宣出給御寶合同憑由，取索(降)〔除〕破。并其諸合屬三司支遣名件，並勘會大例〔一〕，計度合使官物，預先申省，乞(令)〔令〕支給，不得依舊出白劄子，於倉場庫務取撥。如是合同取索并省中支給物色至供應了日却有剩數，即須申正行回納。并下諸司庫務遵稟，如違，並行嚴斷，依條施行。」從之。

〔一〕大：疑誤。

神宗熙寧三年六月二十四日，制置三司條例司言：「三司乞將常程合用取索官物撥歸三司行遣支給，入內省不詳元奏，却將非汎取索撥屬三司。緩急取索，難爲會問，別無關防照驗虛實，遂差人計會三部，逐案勘會供（折）〔析〕。內除自來例定取索一依元條承認，在省行遣外，具自來承受到支過非汎取索，在省難以關防去處名目。乞一面申奏，送合同司。本司欲依所奏施行。」從之。

元豐七年八月，詔：「合同憑由司係掌御前密賜及非汎取過造作賜物等，給降憑由除破。今後並不隸省臺寺監所轄，止隸入內內侍省掌管。」

徽宗崇寧三年四月內，準入內內侍省牒：奉詔，合同憑由司主管官三員，見今闕少使臣。今 37 後可依舊以二員爲額。

高宗建炎四年七月三十日，入內殿頭、權主管合同憑由司盧祖道言：「本司自來印造合同并行遣紙札，每料合勘請池表紙一千張，大表紙六百張。乞行下所屬，依舊於行在本司曆內批勘請領。」詔令糧料院各以三分爲率，批勘二分。

紹興三年四月二日，詔將入內省地基內修到廊屋就便撥充合同憑由司，令本司移在內置局宿直。先是在內置司〔一〕，其合同憑由係取索金銀錢帛等文據，恐在外無以檢察關防故也。

開拆司

【宋會要】

38 太宗太平興國三年十二月，以貝州觀察推官張鴻漸爲右贊善大夫，充開拆司推官。三部舊各有開拆司，止本部判官兼領。開寶五年，以鹽鐵、户部開拆司爲一，度支開拆司爲一，至是始置推官一員領之。

五年十一月，以户部郎中劉保勳點檢三司開拆司。

雍熙四年十一月，以三司開拆司推官〔二〕、右拾遺、直史館韓國華判三司開拆司。至道三年後，二員主判。咸平元年省一員，遂爲定制。又有勾鑿司，勾鑿已行文帳生事。催驅司，催促未了文帳生事。發放司，發放三司諸案牒帖。受事司，受諸處送到罪人。衙司，掌軍大將差遣。并開拆司主判官兼領，內衙司仍以諸司使或內臣一員同勾當。

淳化二年七月，以殿中丞、直史館何士宗主判三司帳籍司。四年，併帳籍司歸開拆司兼領。

三年五月，以著作佐郎李簡主判三司開拆司。時三部判官高象先而下選授者十五人，皆從三司使之舉也。

真宗大中祥符八年正月，詔：「三司諸子司多於遠年

〔一〕內：似當作「外」。

〔二〕推官：原無，據《宋史》卷二七七《韓國華傳》補。

帳案内搜尋名件，直行指揮，下諸州根逐磨勘。年月深遠，案籍不全，勾追照驗，頗成煩擾。自今不得復然，違者仰逐州府將所行文字實封進納。如州府自敢接便行遣，即委轉運司、提點刑獄司覺察以聞。」

衙司

【宋會要】

[39]景德三年九月，詔三司：「應差大將、軍將短次勾當，仰衙司出給印紙三十張，抄上所差勾當事名目，隨公事緊慢起發，仍不得過限五日。候於印紙上批書差發月日，取本判官押書。逐程往迴，並依此批書。如在路有阻滯去處，亦取隨處州縣官司批書因依。候到京，亦不得過限五日，須赴衙司公參，委本司點檢磨勘程限違否，所差將曆子批鑿架閣。所差陸路管押官物，自來密院出給驛券，水路省司出給曆頭，逐日支破食錢。如不管押官物，亦自省司給與倉券。若差押船綱有過犯，該條以替歸省者，仰省司開坐犯罪因由，斷遣刑名，帖送衙門，委本司置簿，謄録省帖，不以元定年限，押運滿與未滿，仰勘會。如元係第一等優輕者，先與三次短差，後却與一次第一等重難。係第二等優輕者，即與兩次短差，後却與一次第二等重難。元係重難綱運者，並却與一次第一等重難差遣。」

大中祥符二年十一月，詔：「自今三司大將、軍將元係使臣，該恩叙理更與一次差遣者，仰軍頭引見司取旨，與一年或二年、三年差遣。仍於劄子内聲説送三司，候年限滿日，即許經省取理，逐旋依例磨勘引見。或於年限未滿間遇覃恩，即叙覃恩例施行。」

八年十二月，崇儀使[一]、管轄三司大將、軍將秦羲等言：「欲乞自[40]今每有叙理使臣降充三司軍、大將，候到司收管，即行公文會問刑部，取本人元犯及斷遣刑名，令子細鈔録，牒報衙司，置簿拘管。如經恩赦，合再該叙理，三司更不會問刑部，只於衙門取索照會。」從之。

仁宗天聖四年正月，三司言：「自今充軍、大將十年已上，有三度公過，若於後來年分中因差遣更犯一兩度公過，並乞依例磨勘轉補。」從之。

七年十月，詔：「三司衙司都押衙依舊選差人充，其衙佐自今省罷，發遣歸本司。仍選差飯料或厨料後行二人充手分。」

八年二月，詔三司：「自今州府軍監更不得發遣衙前人赴三司充軍、大將。如遇闕少軍、大將，仰三司奏取指揮。」先是，諸州軍衙前軍將、承引官、客司并衙職員，如願充三司軍將、大將者，自來不曾犯徒刑，家業及二百千已上，諳會書筭之人，由發赴省[二]。元係職員，即與三司大

[一] 使：原脱，據《宋史》卷三〇九《秦羲傳》補。
[二] 由：疑當作「申」。

將。係承引官、客司并軍將，並與三司軍將。本户下合當差充里正，即無免放。於乾興元年省牒逐路轉運司衙前軍將、承引官、客司、職員等願充大將者並且權住，今遂詔罷之。

神宗熙寧七年三月九日，詔：「大將、軍將以一千五百人爲額，守闕軍將並募充守闕後行滿二年願換充正名者聽。諸司及庫務人不在投換之限。大將、軍〔將〕各給印曆二十張，批書差遣功過，仍預關所屬點檢。無曆者不在理爲磨勘月日之限。衙司前行一人，後行三人。其後行並選差三年酬奬訖遞遷充 41 前行，又三年替。其守闕後行三人，選差四年替。」並從編脩三司敕式所定也。（以上《永樂大典》卷一〇九八）

河渠司

【宋會要】

42 仁宗皇祐三年五月二十三日，三司請置河渠一司，專提舉黄、汴等河堤功料事。從之，命鹽鐵副使劉湜、判官邵飾主其事。

九月，詔三司河渠司，汴河每年一開濬之。

五年六月〔一〕，蘄州判官李虚一上《溉漕新書》四十卷。詔送河渠司，以備檢閲。其書蓋記古今河渠事。虚一特循一資。

至和二年十二月，以殿中丞李仲昌都大提舉河渠司，以仲昌知水利害〔二〕，特任之也。

嘉祐三年十一月，詔置都水監，罷三司河渠司。

閏十二月三日，河渠司勾當公事李師中言：「自來受三司牒，令行下諸州軍文字，雖令指揮轄下州軍，緣別無定式，致諸處都大巡河使臣及縣邑多不申狀，止行公牒。此於事體殊失輕重，以此亦難集事。乞指揮，自今都大巡河使臣及縣邑應干河渠事並具申狀。如州縣有不應報事，或稽緩致悮事者，許牒運司取勘，下都水監定奪。」監司言：「緣已準詔置都水監，（輪）〔輪〕知監丞公事孫琳赴澶州勾當河事。欲乞下轉運司，指揮都大巡河使臣及縣邑，如有應干河渠，並令供申。若州郡有不應報事，或稽緩致悮事，許申本監，乞取勘施行，所貴集事。檢會朝廷指揮，沿黄、汴等河州軍諸路埽修河物料榆柳并河清兵士，不得擅有差借役占及採斫修蓋，令轉運司、河渠司、提刑、安撫司、43 河渠司勾當公事臣僚、都大巡河使臣常切點檢。今後稍有違犯，並仰取勘以聞。竊以都大巡河使臣各隸本州，不當與監司及省司官一例，直行取勘州軍官吏。自今乞只令具事申轉運司，差官取勘。監司今相度，欲依師中所請。」從之。

〔一〕五年六月：《長編》卷一七五、《玉海》卷二二均繫於五年七月癸丑（十六日）。

〔二〕「利」下原有「之」字，據《職官分紀》卷一三删。

河渠司勾當公事因李仲昌創置，緣仲昌止是知縣資序，乃帶提舉巡檢捉賊，隸澶州及河北轉運等司，故事多苟且。師中將罷去，自以言之無嫌，故有是請。

三司勾當公事[一]

仁宗康定元年十一月二十八日，權三司使公事葉清臣言，乞置推官四員。詔三司舉係通判資序朝臣二人充三司勾當公事，仍定年限酬奬及月終聞奏。

嘉祐二年十月二十二日，三司請以都官員外郎陳昭素充勾當修造案公事[二]。御史丁詡言：「三司勾當公事罷纔數年，今河渠司勾當已有兩員，若修造案復置一員，是廢二員而置三員也。」詔：「爲去歲今夏霖雨，修造處併多，其陳昭素依近降指揮勾當修造公事。候將〔來〕修造稍稀，即行減罷，更不差填。」

英宗治平二年八月十八日，以尚書比部員外郎王荀龍、屯田員外郎張革並勾當三司公事案。是職舊止一員，至是以雨水所壞軍營官舍十餘萬，皆當營造，而本案勾當公事張微遷判官，故增置一員，而荀龍、革有是命。

三年六月二十五日，以屯田員外郎梁端管勾三司使廳簿籍，三司使韓絳請也[三]。尋以中旨無用，亟罷之。

神宗熙寧三年九月四 44 日，權三司使公事吳充言：「本司舊有管勾推勘官一員，因循廢罷。欲乞復置，仍舉京朝官或幕職州縣官充。」從之。

二年十二月二日，詔三司差委本司勾當公事官一員，就催轄司人吏簿曆專切管勾檢舉，催促諸案勘會六路上供之物應報發運。

疏濬黃河司

【宋會要】 45 神宗熙寧七年四月三日，詔置疏濬黃河司，差虞部員外郎范子淵都大提舉疏濬黃河，自衛州至海口；衛尉寺丞李公義勾當公事。是月，范子淵言：「今創置司局，具條約，應疏濬河道合用人船，並下本地分都大司，於諸埽差撥。如船不足，即乞從本司移牒，於三門白波輦運司應副。自衛州至海口，全藉有心力使臣分委勾幹。乞不拘常制，舉使臣十員，指使二員。合制造疏濬木杷、鐵龍爪等，乞下緣河諸軍應副。工匠於諸埽指名抽差，就轉運、金堤兩司差座船二隻。本司官、當直兵士只於都大司河清差撥。官員請俸、遞馬驛券、軍典人數、公吏食錢並依都水外監丞司例。本司公事並與本路轉運、提刑、提舉司及外都水監丞

[一] 三司：原無，按，置勾當公事之官署非一，此專指三司勾當公事，因補二字。又，天頭原批：「勾當公事在疏濬黃河司後。」

[二] 官：原脱，據《長編》卷一八六補。

[三] 絳：原作「幹」，據《長編》卷二〇八改。

司公移行遣。」並從之。

九年十一月二日，都水監言：「疏濬黄河司用船二百隻，濬深大河中流，令水行地中。勘會所乞令試一過之功，今已歲餘，未曾按驗，令本監都官一員前去檢覆。兼恐占用人船、官屬太多，就令相度裁減。」於是監丞劉璯言：「疏濬黄河舊係一司，後用鐵龍爪疏導向下河道，分爲兩局。乞依舊併爲一司，勾當官乞行並宜減罷。濬河兩司共管船二百五隻，乞減罷一百八十五隻，存留二十隻。如闕，許黄河逐都大司將般物料船三十隻應副出界，遞46相交替，共不得過五十隻。」從之。

十年九月二十八日，中書門下言：「都水監丞范子淵言，準朝命疏濬汴河，蒙差官累行試驗，功利灼然。臣欲乞候今冬疏濬汴河了畢，將杷具、舟船等盡分與逐地分使臣，令於閉口之後河道内先檢量淤澱去處，至春水接續疏導。所（責）〔貴〕河道上下通流，不致阻遏。仍免別差官屬，占破役兵，就便集事。」下都水監，監司乞依所請施行，從之。（以上《永樂大典》卷二一一九）

推勘〔一〕

【宋會要】47太祖開寶八年十一月，置三司推勘院於城南，以前密州安丘縣尉張邈爲將作監丞、知推勘院事。未幾罷。

淳化元年五月，詔：「御史臺置推勘官二十員，分讞天下大獄。候三年滿，無遺曠，或雖有責罰，如所犯情輕，及案節小不圓者，亦特與轉官。如二年願替，即與近便差遣。」

十七日，詔：「御史臺置推官二十員，分讞天下大獄。以三考爲滿，定其黜陟。」

淳熙二年三月二十二日，詔：「刑部大理寺自今駁勘案狀，從本部長、貳并大理卿、少子細看詳。如見得委是不圓，有礙大情，出入重刑，方許依條申奏駁勘。如大情不礙，止是小節不圓，即據所犯定斷，不得一槩泛乞別勘。仍令諸路州軍、監司，將合申奏獄案文字須管具情犯一切圓備，方得申奏。若大情有礙，却致刑寺駁勘，具當職官姓名申尚書省。」

二十三日，詔：「昨降指揮，諸州翻異公事，遍經本路

〔一〕原題作「三司推勘院」，然核其内容，除第一條外，其餘均與三司推勘院無關。徐松原稿亦未標明出自《永樂大典》何卷，僅第一條下有屠寄批云：「《永樂大典》卷一萬六千六百六十五。」廣雅書局稿本此門亦僅於第一條末標此卷次，以下各條之末則注云「徐輯《大典》不著卷數。」查《永樂大典目録》，《大典》卷一六六六五爲「院」字韻，「推事等院」目。由此可知，「三司推勘院」只可作爲第一條之題目，以下各條並非在此題之下，亦非在《大典》此卷。陳智超據内容認爲當題作「推勘」，並定《大典》卷次爲卷一九四〇一「勘」字韻「推勘」目（《解開宋會要之謎》頁二〇四）。此説當是，今從之。即第一條亦當出自此目，但《大典》卷一六六六五亦有之。又，此目宜編入刑法類。

及鄰路諸司差官推勘，依前翻異，令提刑司親往勘鞫，指定實情申奏。仰選委部曲精彊通判〔一〕、簽判前去，取見寔情，將案連款狀提刑司〔二〕。如無翻異，即一面依條結斷，録案聞奏。如依前翻異，即令提刑躬親點對，指定寔情申奏。」

八月十三日，中書門下省言：「諸路鞫獄翻異，依條合移推公事，如已經降48指揮，許移推已後逐次翻異，不須再申降指揮，止依從來行遣。」從之。

三年二月七日，詔：「自今縣獄有尉司解到公事在禁，若令、丞、簿全闕去處，即仰本縣依條申州，於合差官内選差無干礙官權攝。其徒罪以上囚，令、佐聚問無異，方得結解赴州。」以大理評事張維言：「縣尉職在巡警，及其獲盜解縣，禁繫推鞫，屬之縣令。若捕盜官或暫權縣，自行鞫獄，既以元捕爲當，又欲因以受賞，惟務獄成，而獄卒例是尉司弓手，往往迎合，逼令招承。」故有是詔。

四年十一月十九日，敕令所言：「自今翻異公事，已經本路監司、帥司或鄰路監司差官，通及五次勘鞫，不移前勘，又行翻異者，後勘官申本路初差官提刑司提刑，躬親置司根勘，著寔情節，牒鄰路提刑司，於近便州軍差職官以上録問或審問。如依前翻異，即令本路提刑具前後案款指定聞奏。若元係提刑案發，即從轉運司長官指定聞奏。候到，下刑寺看詳，如見得干連供證事狀明白，不移前勘，委是懼〔罪〕妄有翻異，申尚書省取旨斷罪。若刑寺見得大情不圓，難以便行處斷，須合別行委官，即令鄰路未經差官監司於近便州軍差官別推，不得汎追干連人。」從之。

五年七月，右司員外郎曾逢言：「如提刑躬親置司根勘，依前翻異，不問係與不係提刑案發，並從本路轉運指定聞奏。如轉49運司官係是兩員，公共指定。」從之。

淳熙十三年三月〔三〕，詔：「翻異之獄已經五推，依前翻異者，須管提刑躬親鞫勘，不得委官代勘。案成，依條差官審録。如依前翻異，即仰本路轉〔運〕取索前後案款盡情參酌，指定所勘情節是與不是寔情，所翻詞理係與不係避罪妄行翻異，分明果決指定，不得稱爲疑慮，具詣寔保明聞奏。刑寺據案擬斷，申取朝廷指揮，斷遣施行。」

五年十月九日，敕令所〔言〕：「鞫獄，紹興舊法拘以一案推結，正恐鞫獄之官推勘不得其實，故有不當者一案坐之。乾道法又恐替移事故，却致淹延，故將犯人先次結斷，不當官吏案後收坐，仍取伏辨。今欲參酌紹興、乾道法意，以取適中之制，將鞫獄前推及録問官吏有不當者，如已替移事故，元犯係死罪，遵依紹興舊法，一案推結外，餘罪遵依乾道舊法施行。」從之。因刑部言「命官有陳訴前勘不當，乞改正過名，照紹興、乾道法各有不同」，是以令所看詳

〔一〕部曲：疑當作「部内」。
〔二〕「狀」下似當有「申」字。
〔三〕原稿旁批：「此條移十二年後。」

上之。

六年六月一日，大理少卿梁總言：「近來獄多翻異，有至類推經涉數年者。州郡厭于供須，干連困於追逮。望申嚴置推差官之令，必監司親自依法選差，其乾道七年行下知州選差指揮乞更不施行。仍令大理寺左斷刑自今獄案如置推鞫獄官，罪有出入，合收坐者，若所差違法，并監司貼說取旨。」從之。

七年二月二十50四日，詔：「監司以獄訟送部內州郡，若地里太遠，則淹延追擾，自今毋得過五百里。仍嚴立期限，不得枝蔓勾追。」

五月十四日，詔：「諸路州軍將應承受到疏駁再勘獄案，須管遵依鞫獄條限。如承受取會不圓情節，亦不得過會問條限。自今如有違滯去處，仰本路開具當職官吏姓名，申尚書省取旨，重作施行。仍令刑寺長貳、諸路提刑、諸州(官)〔守〕臣將上件指揮刻版牓，置之廳事，常切遵守。」

八月十九日，詔：「命官陳訴元勘冤抑不當，從刑寺申朝廷，送元犯州軍，委不干礙官將元勘斷罪犯照應所訴因依追索干證，從寔體究不同情節，畫一開具。本州次第結罪保明，將元事發及體究取勘證佐始末公案一宗寔封申尚書省。候到，委刑寺參照。若寔有冤抑，合行改斷，即具申省，取旨施行。」

八年六月九日，知臨安府王佐言：「自今中使設獄，將翻異罪人移司別推，恐或有冤，則差刑寺官録問。如更翻異，即併推吏送大理寺。」從之。

七月四日，刑部侍郎賈選言：「刑寺駁勘取會獄案文字，乞令進奏院置綠匣〔一〕，排列字號、月日、地里，當官發放。所至鋪分，即時抽摘單傳。承受官司亦仰遵依條限，具所會并施行因依，實書到發日時，用元發匣回報，庶幾違滯之處易于稽考。」從之。

九年九月十三日，明堂赦：「刑獄翻異，自有條法，不得于詞外推鞫。其干連51人雖有罪，而于出入翻異稱冤情節元不相干者，録訖先斷。近來州郡恐勘官到來，臨期勾追遲緩，却將干證人盡行拘繫，破家失業，或至死亡。可令釋放，著家知在。如違，許被拘留人經監司陳訴。」十二年、十五年赦同此。

十二年十一月二十二日，南郊赦：「命官犯罪，遇恩全原，唯贓罪結案，餘限三十日具事因申省。其元勘官司爲見已遇赦恩，更不依條限具申，至有經隔累年，名掛罪籍，刑寺不作結絶，有礙陞改注擬之類，仰所屬將似此之人須管依條限開具事因。仍令刑寺常切檢舉催促，不管違戾。」十五年明堂赦同。

十四年七月十四日，臣僚言：「監司按發官吏，勘證公事，既付有司，當廳其依公推治。若州郡遷延，獄官徇私，自合依條舉劾。訪聞其間却有輕重任情，先授意旨，往來

〔一〕綠：原作「録」，據本書職官二之五一改。

申請，必欲符合，乃許結案。繫留鍛煉，動經數月，類多冤枉，致傷和氣。」詔令刑部行下諸路監司，毋得依前違戾，仍委御史覺察。

十五年七月二十三日，詔：「大理寺今後得旨推勘公事，内有干連人合先摘斷，仰逐旋申取朝廷指揮。」先是，詔案内干犯人從本寺先次摘斷。至是大理少卿袁樞言：「大理根勘公事，雖有正犯、干犯之人，然其所坐刑名自有輕重，並合具案聞奏，取自聖裁，難以輒從本寺摘斷。」故有是命。

九月八日，明堂赦：「諸路見勘命官及大辟翻異52之獄計九十餘件，已降指揮，令諸路提刑躬親與逐州守臣審勘。事涉可疑，即與從輕結斷；别無意慮[一]，即照刑寺已定斷事理施行。至今尚未有結絶去處，可自今赦到日限兩月結絶。如有違戾去處，令刑部開具官吏，申取朝廷指揮，重行責罰。」

同日，赦：「鞫獄差官，自有起發條限。近來被差官往往推避遷延。今後應監司州軍差官推勘公事，須管督責照條限疾速起發，不得推避。如有稽滯，仰所差官司按劾。」

淳熙十六年閏五月十三日，臣僚言：「州縣之吏不能潔己奉公，遂致人言，或爲百姓詞訴，或爲上官按發，錢物之色額、緡數之多寡，具載公櫝，且稱入己，見送所司勘鞫，是非未明，公私所辨之間，偶遇登極大赦，不復窮究，便行引用，亟經刑部除落過名，徑赴銓部占射注授。乞行下諸路監司，若州縣官吏應有所犯之人，即合嚴戒所有[二]，着寔推勘。俟其伏辨，録問圓結，並如常制，然後鋪條定罪，方可引用赦恩，免其科罪，爲之踈放。如委是贓汙不法，自合具申省部，一依成法注擬。其或所訴、所按不寔，亦當保明申朝廷，爲之昭雪。今赦已前所犯之人，雖是所司釋放不當，竊恐造獄之時干連人衆，難以再行追呼。只乞令獄司具已勘到事節申部，亦足以斟量虚寔，隨宜審擇，庶幾施行之間，不致過當。」從之。

十月二十三日，臣僚言：「州縣53推勘大辟并劫盗及私酤之家，獄吏知其所犯者多是貧乏不顧藉之人，無以規求賂遺，乃逼令妄通富家，誣以干連。殺人之囚有欲報私隙者，多誣平民曾有交涉；劫盗則多虚通窩藏資給之家，私酤則旁及四鄰并秫麴所自。一時追逮，無以自明，必賂獄吏，竢足所請，然後令正犯人供退而後免。乞自今推殺人非礙大情，劫盗非寔窩藏資給，私酤除正犯人外，自餘並不許追逮。」詔從之，仍令提刑司常切覺察。

十一月十一日，大理卿王尚之言：「近日以來，民間詞訴、官司按刺多有連及赦前之事，復送所司究勘者。歲月既久，追逮證佐，干涉人衆，禁繫對辯，必欲圓結，然後定斷。如此，則與不曾經大赦無異，恐非所以示信也。乞指

[一] 意慮：似當作「疑慮」。
[二] 所有：似當作「所司」。

揮，今後民間詞訴、官司按刺送所司推勘者，只合將大赦後犯罪依法勘結。若其所犯在大赦前，苟非惡逆以上，並不許推究。」從之。

紹熙元年四月二十九日，刑部郎中俞澂言：「在法，諸州所部官犯罪者，本州推鞫。若係本州按發者，申提點刑獄司。有妨礙，即報本州，申轉運司。立法之意，不爲無謂。竊見近有本州按發而令本州推勘者，部屬寧無觀望乎？乞今後監司、郡守按發官吏合行推勘者，如係本州按發，須申提刑司，差別州官；本路按發，須申朝廷，差鄰路官前來推勘。庶使無觀望徇私之弊，則罰必當罪，54而人無不服矣。」從之。

十月十七日，四川制置使京鏜言：「紹（興）〔熙〕元年四月十九日指揮〔一〕：『今後監司、郡守按發官吏合行推勘者，如係本州按發，須申提刑司，差別州官；本路按發，須申朝廷，差鄰路官前來推勘。』照對本司係統轄四川州縣軍民之政，而屬吏有贓汙庸懦，在任不公不法，不堪倚仗之人，遵從元申獲指揮，即自對移訖聞奏。竊緣本司去朝廷萬里，今若引監司按劾官吏（休）〔體〕例，直候申明朝廷，差官前來推勘，道里遥遠，動經歲月，愈致淹延。乞朝廷詳酌，如本司所部四川州縣官或有當按發，合行推勘者，即許本司遵從元申獲指揮先後對移，仍一面選差鄰路州官吏根勘奏聞。如四川監司按發官吏，亦乞照應本司今來所請，從制置司差鄰路官前去推勘奏申，庶幾不致拘礙往復，淹延刑禁。其四川州郡按發公事，遵從指揮，須申提刑司，差別州官推勘。」從之。

二年四月二十四日，臣僚言：「三衙及江上諸軍都統制司所有推獄名曰後司，有吏，有法司。獄成，則決之主帥，畧不經官屬之手。諸軍每月公事解赴帥司，必先計會後司人吏，或非理鍛鍊，或輕重任情，賄賂得行，姦弊百出，軍中冤抑無所赴愬。乞今後諸軍後司公事並令主帥選委通曉條制屬官二員兼管，庶幾可無冤濫。」從之。

六月八日，檢正謝源明奏：「一、乞行下諸55州軍，今後鞫勘盜賊，須管依條推究，和同藏匿之家一案推結，遵依條法施行。仍從淳熙三年措置，先勒犯人供父祖兄弟曾未析户，獄官究寔，不應坐罪，于結斷前陳乞，與準分法。若係同犯，一例拘没。并官故縱，不行覺察，皆有逐項斷罪條法。」又言：「應勘鞫公事，或翻異聲冤，依條移司差官別推，止就元勘本州置獄，不得仍前改送他州，及輙移屬縣，并妄作緣故移推。若州縣未結絶，非冤抑不公，而監司輙移，皆有逐項斷罪條法。如有違戾，重作施行。」刑部看詳所陳允當，並從之。

八月二十日，刑部侍郎馬大同言：「乞應差推勘官並須選清彊詳練之人，不容作推避，從所差監司專人押發，限五日内起離。仍令所屬州縣將一行官吏依條合得券食挨

〔一〕十九日：按，上條作「二十九日」，必有一誤。

日批支，應有供須之屬，無令闕誤，然後可以責其留心推勘。如罪囚止一名，限以半月；三名以上，限以一月，方許出院。有所追會，不在此限。違者以違制論，許本路監司按治。期限既定，大約計之，每推自其被差以至出院，亦須兩月之期而後訖事。如是五推，蓋可以歲計矣。臣將諸州所勘大辟并雜犯死罪等公事一面置籍，遇有申到結絶或翻異名件，接續銷注。每十日一催之，名曰舉催案，而令法司兼行。自十日一催之後，須管具所差被差及入院出院月日，如(其)〔實〕報應。如準前玩易，五推 56 通滿一年，而其獄淹滯，不行結絶者，許從本部稽考其違限去處，將所差及被差官吏具職位姓名申奏，重行責罰。」從之。

紹熙五年九月十四日，明堂赦：「鞫獄差官，自有起發條限。近來被差官往往推避遷延。今後應監司、州軍差官推勘公事，須管督責照條限疾速起發，不得推避。如有稽滯，仰所差官司按劾。」自後郊赦並同。同日赦：「刑獄翻異，自有條法，不得於詞外推鞫。其干連人雖有罪，而于出入翻異稱冤情節元不相干者，録訖先斷。近來州郡恐勘官到來，臨期勾追遲緩，却將干證人盡行拘繫，破家失業，或至死亡。可並令釋放，著家知在。如違，許被拘留人經監司陳訴。」自後郊赦並同。

慶元三年五月二十四日，詔諸路提刑司嚴立板牓，行下州縣約束：「應合解州公事，有預將案款先爲計囑州吏者，許諸色人指寔，經提刑司陳訴。仍將先獄移勘，其犯人送無干礙官司根究，具案取旨，重作施行。」從大理評事沈槐之請也。

四年九月十二日，臣僚言：「比年以來，推勘之法未盡，是致多有冤濫。推原其故，則法有所謂一案推結者，寔病之也。謂如前勘官吏或有失寔，于法須並行追勘。關涉人數既多，追逮繁擾。彼冤者既不能得直，而後勘官吏已與前勘官吏自相争訟，故後勘官吏悉皆視成于前勘。及至州獄翻異，則提刑司差官推勘。提刑司復翻異，57 則以次至轉運、提舉、安撫司。本路所差既遍，則又差鄰路。關涉之人愈多，則愈難一案推結。臣以爲今宜令州縣諸司推勘大辟，各不得過百日。如所差官遷延不行，或諸司遷延不差，各與坐罪，庶幾不致淹延刑獄。如已經本路差官俱遍，猶翻異不已者，仰家屬徑經朝省陳訴，結立願加一等之罪，追人赴天獄推勘。如二廣、四川去朝廷既遠，亦結加一等罪，赴經畧司及制置司陳訴。其經畧司、制置司申朝省取旨，差官於鄰路追攝根勘。如或妄訴，即坐以所加立之罪。如委是冤抑，即將前推勘失當官吏並與照條坐罪。至于檢斷簽書及録問官，止據一時成款，初不知情，免與同罪。如此，則人知一案推結之法必行，而檢斷、簽書、録問之官既不與罪，則關涉亦省，而民冤得以自直。」詔令刑寺看詳聞奏。刑寺看詳：「若將犯人已經本路差官俱遍猶翻異者，便許家屬經朝省陳訴，願加一等之罪，追人赴天獄推勘。如二廣、四川，許經經畧、制置司陳訴，朝廷取旨，差官鄰路根勘。照得在法罪人翻異或家屬聲冤，皆移司別推。已經五推，提刑親勘、轉運指定之後復行翻異，已有淳熙十一年七月六日指揮，具録翻詞聞奏，聽候指揮施行外，所是乞將檢斷、簽書、録問止據一時成款，初不知情，免與同罪一節。照得淳熙十一年十一月二十五日指58揮、紹(興)[熙]元年十二月三日兩項指揮，檢斷、録問之官，如辭狀隱伏，無以驗知者，不在一案推結之數。緣敕令所參修條法之時申明朝廷，乞將簽書與檢斷、録問一體修立爲法。續奉旨，依舊法施行，致有臣僚今來奏請。本寺照得檢斷、録問、簽書不問有無當駁之情，併與推勘官一案推結，委是輕重不倫。今來臣僚奏請，即與敕令所前來申請頗同。今看詳，送敕令所參酌，看詳施行。」

五年十二月二十四日，臣僚言：「竊見廣東一路十(月)[有]四州，惟英德府煙瘴最甚，有『人間生地獄』之號。諸司分在廣、韶二州置司，英德介乎廣、韶之間，故諸司凡以公事送獄者多送英德。人一聞生地獄之名，則心已懼。凡罪不致死與未必有罪之人，每至獄，則皆引伏，其意以爲入繫于獄未必辯明而不免于死，不若亟就刑責，猶得以生。由是獄之欲速成者必之英德，而英德之吏以善治獄名。今一路之中，東有潮、惠，西有二慶，北有南雄、連州，皆風土之不甚惡者。乞行下本路諸司，應今後遇有公事，合送別州根勘者，不許送英德府，庶幾獄無冤濫，人獲生全。」從之。

六年五月六日，都省言：「雨澤稍愆，見行祈禱。照得淳熙十四年、紹熙四年曾降指揮，審勘翻異之獄，從宜結斷。今來又及八年，尚慮翻異并駁勘公事稍多，淹延刑禁。」詔諸路提刑自今降指揮到日，疾59速躬親同本州守臣比照昨來所降指揮，將翻異及駁勘之獄詳情審勘。如有未盡或事涉可疑，與從輕結斷。其失當官吏，特免一案推結一次。

嘉泰元年正月十一日，臣僚言：「今日治獄之弊，推鞫之初，雖得其情，至穿款之際，則必先自揣摩斟酌之，以爲案如某罪，當合某法，或笞，或杖，或徒、流與死刑之類，皆文致其辭，輕重其字，必欲以款之情與法意合。彼議法者亦惟視其成而定其罪，纖毫錙銖，如出一手。乞行下諸路州軍，所隸刑獄應自今圓結案款，但據其所吐實辭明白條具，然後聽其議法者定罪，不得仍前傅會牽合，稍有文飾。如有違戾，監司按治施行，庶幾情得其實，法當其罪。」從之。

二年四月四日，權刑部侍郎俞澂言：「凡勘大辟，正犯與干連人各給一曆，令其書寫自初入獄至于獄成所供情款。其勘官批問，亦只就曆書寫，應有錯字，只許圖記，不許塗抹。其曆縣即本州預先印給，州即提刑司預給，不許用別紙書寫。違者重立罪賞，許人告首。其曆之首備坐約束，使正犯與干連等人通知。如此，則可以杜絶吏姦，終始情款難於改易。設有翻異，則獄囚供吐輕重虛寔之情及勘官推勘詳簡當否之狀於此盡見。」從之。

三年三月十一日，江西運副陳研言：「竊見諸路州軍大辟公事到獄之初，不先審定罪人本情，多爲遷就[60]之詞，求合于疑慮可憫之條，此最今日治獄之大弊。迨至結録審問，法司檢斷，則以刑名疑慮、情理可憫具案奏裁。棘寺看詳申部，部復申省，卒從貸命。若使罪人之本情果有疑慮可憫，則施行不爲不當。其有不然，亦從奏裁貸命，死者何辜。推求其故，縣獄禁勘無翻異，即申解州，州獄覆勘無翻異，即送法司，具申提刑司詳覆，行下處斷。往往州吏必多方駁難縣胥，憲司吏人必多方駁難州吏，追呼取會，因而受賂。緣此州縣吏人懼于徑申，故於罪人入獄之初，教爲疑慮可憫情節。及至獄具，一面照條奏裁，則免追呼需索之擾。今天下獄案來上，大率奏裁案最多，而詳覆案絶少，職此之由也。欲乞行下諸路州縣，今後遇大辟罪人到官之初，須令長官當廳引問罪人，令以實情通吐。仍引證佐等人反覆問難，務在得其本情，然後送獄根勘。獄官不時下獄引問，有一語稍異初詞，必根究情弊，重作施行。獄成，有合奏裁與合申提刑司詳覆者，各令從條施行。」從之。

五月十八日，侍御史、兼侍講張澤言：「江西袁州萬載縣有巨室易國梁者，前後賊殺無辜不可勝數，見於累次詞訴。今聞有歐陽光大者，首説易國梁賊殺婢僕幹人等二十三人。事已發覺，在本路提刑司具有實迹，備極慘毒。其黨與郭氏、楊氏等二十餘家與之請囑權勢，易國梁[61]並不曾到官，止供狀傳入。吏輩輒爲勒血屬退款，檢驗官並不敢驗出要害痕傷。其血屬再經提刑司陳訴，改送本州，黨與又爲把持官吏，行賂請囑。提刑司再委發覺知縣躬親根勘，其易國梁見使人以他事告論知縣，意在脅持脱免。知縣畏懼傾害，莫敢承當。欲送大理寺取索人案，從公根勘著寔，奏上取旨，酌情定斷施行。」從之。

七月二十一日，臣僚言：「今日郡縣之吏畧不以贓賂爲耻，本州劾奏，既不加推鞫，又不責伏辨。異日一紙巧雪，將復拔拭爲無過之人，幾何其不胥而爲貪也！臣以謂自今應居官貪墨，贓證分明，有司推鞫既得其寔，必責以伏辨，抵以本罪，毋令幸免。庶幾國不廢法，吏有悛心。」從之。

嘉定二年三月十九日，臣僚言：「乞今後縣解公事或有情節未圓，不許將罪人往復押下，止許追承勘人吏一案勘結。其州郡獄事州勘不圓，申提刑司，即選擇清彊官吏前去推鞫，責令必得其寔。若更有翻異，即委自提刑司取索案牘看詳，親往審寔予決，無待諸司鄰郡差官，以爲文具。」從之。

六年七月四日，權刑部尚書曾從龍言：「連月霆雨不止，咎必有由。伏見近者刑寺禁繫寔煩，追逮頗衆，深恐其間連及無辜，上干陰陽。乞令大理寺具見禁人數及禁逮因依申尚書省，參酌情理輕重，情理輕者禁人與疎放，逮未至下本州[62]斷遣。」從之。

八年二月二十三日，臣僚言：「近訪聞省倉上界欠折米斛，見送臨安府左司理院，追到干繫人沈俊卿、顧成等根勘情節。農寺移牒湖州、嘉興府、平江府、常州、江陰軍，自嘉定五年七月至嘉定七年八月積計欠米一萬三千八百餘石，追三年之間押綱官吏、兵梢人等，勒令均陪。其逐州前後綱運有及二十餘綱者，少亦不下十六七綱，每綱無慮十數人坐押，盡行追逮，均攤備償。州郡奉承，每州追及干連率是百餘人，獄犴充斥〔一〕，至分繫縣獄，愁嘆之聲遍于畿甸，誠（骸）〔駭〕聽聞。乞行下平江、嘉興、湖州、常州、江陰，將已追到前後綱運干連人日下疎放，其未到人並行住追，仍出牓曉示，俾咸知陛下寬恤之仁，以銷愁嘆，以召和氣。」從之。

十二年十月二十九日，臣僚言：「廣西經畧司奏，知欽州林千之殺人爲饌，本於横州發覺，傳諸四方，莫不驚異。近觀經畧司勘到情節，有李滿、阿陳等供述已詳，但未曾攝取千之伏辯。而其子友直進狀，乃復支離，若有囑託。成謀于下而欲機自上發，官益疑焉。乞特自朝廷差大理寺清彊官帶推獄於静江府、湖南鄰郡鞫勘，毋苟同以入其罪，毋苟異以出其情。如事皆孚寔，則千之非復人類，他日明正典刑。凡官當蔭贖等法，皆不可行。倘或不然，則千之遂可免爲禽獸之歸，豈特逭一時之刑辟而已。」從63之。

十四年六月九日，知處州孔元忠言：「在法，囚禁未伏則別推，若仍舊翻異，始則提刑司差官，繼即轉運司、提舉司、安撫司或鄰路監司差官，謂之五推。若使推勘官之來，照其翻異之詞，一一與之究證對辨得實，囚將何辭。或果冤枉，則與平反，亦何必至五推而不決？然今之被差勘鞫者循襲爲常，纔一入院，懼其留滯，推獄示意於囚，使之供狀，畧無異辭。至録問官之來，即使之翻異。故因利其無所拷訊，所差官則謂得訖事便回，殊不知無罪干累者終歲牽連，損財廢業，彼實無辜。乞今後應被差鞫獄之官，須要照元翻款一一對證得實，方始供狀申圓。其官吏合支券食，則與挨日批支，即不許便聽囚人伏罪，却令就録問翻異。如仍前滅裂，他時所經差勘之官，州點檢申提刑司，提刑司申上，一併取旨責罰。」從之。

十七年三月十一日，臣僚言：「竊見所在置推鞫勘重囚，差擇官吏，設棘防閑，可謂嚴密。所差之官奉檄入院，所宜稽貌胥占，閲實審克。顧乃具文引問，教令翻異。況頑囚貪生畏死，類多抵讕，教之使翻，彼胡爲而不翻乎？乞令刑部遍符諸路監司，自〔今〕以始，所差勘官須管依條限起發前去，勿容遷延規避，務在盡心推鞫，究見本情，不得教令翻異。如違，並行按劾。獄成奏上，即令勘官出院。仍約束州郡排辦勘院，無致滅裂。券食計64日（之）〔支〕給，俾一行官吏安意肆志，以竟獄事。」從之。（以上《永樂大典》卷一九四〇一）

糧料院

【宋會要】

〔一〕獄犴：原作「獄奸」，據文意、字形改。

65 糧料院在安定坊，分掌文、武官諸司、馬步諸軍給授俸料、批書券曆，諸倉庫案驗而廩賦之。勾當官各一人。

太祖開寶六年二月，以前密州安丘縣令陸光範爲著作佐郎、充在京都糧料使，太僕寺丞趙巨川充西京糧料使，從新制也〔一〕。國初承舊制，以三司大將爲都糧料使，至是改用京官。

太宗太平興國五年正月，分糧料諸司、馬軍、步軍爲三院，命著作佐郎劉錫、太府寺丞燕咸一、國子監丞趙晃分主之。

八年，以馬軍、步軍合爲一院。

雍熙四年四月，命供奉官陳處誨勾當諸司糧料院，供奉官曾祚勾當馬步軍糧料院。自後復分馬、步軍爲兩院〔二〕，或以諸司使、副分主之。端拱二年，復以京朝官主之。

真宗大中祥符元年十月，真宗曰：「應行臣寮諸班〔三〕、諸軍、諸司諸色人等，訪聞自離京來，逐日於糧料院勘請官中所給物色，如聞自旦至暮，不能了絶。蓋軍馬數多，所支浩瀚。朕謂且憑已勘之券前程依而給之，即事甚多，而人易獲其物矣。」以問省司。權三使司丁謂對曰：「必日勘而遣之，蓋慮于其間有逃病假故，留而不行者重復給之。若止于防此，所失不多。可降宣命指揮，令三日或五日一度批勘，以便公私。」

六年十二月，詔：「三糧料院文旁須寔封送左藏庫監官當面通下，仍于送旁曆右語内分明言説文旁多少，並是元批印押，其旁别無虚僞。如已後點檢驗認稍有虚僞，便只勘糧料干繫官吏情罪，勒令陪填所支錢數。如左藏庫公然將外來不是糧料院封文旁支遣，只勘左藏庫干繫人情罪陪填。又應合係勘支文旁發赴左藏庫之時，其諸軍内諸色人并諸司坊、監、場、院、庫、務諸色人等，令開坐名目去處、合請人數、官物都數，寔封關報左藏庫。候到，依正旬支給例，對旁勾鑿支給。所有自來執曆勘請官物人等去處，亦令糧料院具逐人職位姓名，所請官物數目開坐，隨旁關報左藏庫。所是馬步諸軍自來遇南郊並非汎特支，並令糧料院依舊例勘支。」

仁宗乾興元年未改元。九月，三司言：「右侍禁、同監左藏庫李守信狀：先準大中祥符六年十二月三十日敕，應糧料院批勘文旁赴庫通下，仰置簿抄上，候請人將到文曆，監官當面將正勾省帖對勘姓名、人數，親于帖内勾下姓名支付，其旁亦勒所司將勾正省帖連入當月或次月帳内除破〔四〕。日近多不依稟，顯有造僞。乞今後支下，逐旋令文旁及請人文曆將赴中門，監官當面對曆毁抹。出中門至大門，監門使臣依例封曆，用朱筆勾出。仍逐庫輪差專副、前

〔一〕從：原在「使」字上，據文意乙。
〔二〕步：原脱，據《群書考索》後集卷一二補。
〔三〕行：似當作「行在」。
〔四〕連入：原作「連人」，據文意改。

行，勾押官、手分、庫子各一名，在中門收掌毀抹文旁，旋計逐色支過數目委無差互，諳寔結絶文狀在旁。其支過文旁上曆，發與專副收管，依66例入帳除破。及每日逐庫輪監官一員，在中門裏點檢，以此拘轄旁曆，相原缺入官物分明，稍得止絶造僞。」從之。

天聖二年八月，詔審官院：「今後勾當真、楚、泗州糧料院，須是選差曾經歷任、諳會錢穀京朝官充。」從淮南江浙荆湖制置發運司所請也。

六年九月，詔：「諸處糧料院多原缺過軍口食，不早勘原缺事。」宰臣王曾等言：「已有條約，但乞將不率原缺弛慢之處稍或章露，重行懲責。」

七年十月九日，上封者言：「京城諸軍月糧，糧料院勘旁多有邀頡，枉費脚力。或西營返給東倉，東營反給西倉，若值霖雨，每斛計脚錢二百。望自今聽就近倉給遣。」事下三司。三司言：「舊條，凡給糧，有諸班、諸軍禄與諸司之別，皆糧料院預以樣進呈，三司定界分倉敖支給，用年月爲次。今城東十二倉貯江淮水運所輸萬數不少；城西三倉兼貯茶茗，貯粟至少；城南止粳米一倉；城北四倉貯京〔幾〕〔畿〕夏秋税雜色斛㪷，亦多馬料。所貯各異，難以就近給遣。今請每月委提點倉場官與三糧料院依舊制排連年月界分外，仍依軍次批旁。如敢邀頡作弊，地遠不便，許人糾告，公人遷一次，百姓給錢三十千爲賞，以犯事人家財充。」從之。

八年七月，三司言：「近準天禧元年三月二十一日詔，在京并府界、外縣倉、場、庫、務帳内開破官物，並是倉、場、庫、務具狀，開坐文旁并支過錢物數目連申，勘給務、糧料院覆行驗認。如委是元批勘真旁，别無僞濫，即具結罪文狀繳連，寔封赴省，逐案判官廳置曆抄上，付司點數收領，便將點對應帳使用。兼勘給務、糧料院别具合同單狀，開説旁數、官物數目，寔封申三司院，將元關報照證拘轄。其省司正勾破貼，即候出勾，逐旋繳連，直赴逐案投下，點檢著字收領，應帳使用。今新授京西轉運使王繼明擘畫，令將兩本合同憑由文旁一處申繳入省，乞行除破。慮恐有失關防，引惹專副作弊，出没官物。今欲乞只依天禧元年三月二十一日敕命内添入，令府界提點司指揮諸縣勘給務，自今將先次赴省申下合同單狀一本，各認支過者〔一〕，自于鹽鐵、度支、户部勾院申下，更不將赴前部投下。及委三勾院主判官廳置簿，抄上合同文狀因依。」從之。（以上《永樂大典》卷一六六六九）

都鹽院

67 都鹽院在歸德坊，掌受解州池鹽，以給京城及京東諸州出鬻廪禄之事。以京朝官及三班二人監領，典五人，

〔一〕「過」下原衍一「過」字，今删。

主秤八人。大中祥符二年，又置院燒煎鹽蓆，以三班一人主之。

真宗咸平五年二月，詔：「京鹽院合般鹽貨，每席量破隨綱折耗，三百里以上耗一斤，三百里已下半斤。」

大中祥符五年四月，詔：「京城民買鹽糴貨，須依元鹽出糶，不得拌和作弊，隨處官吏出榜告諭。」

六年十二月，詔令京鹽院監官歲爲一界。每界選曾任親民經事京朝官使臣二員同監，直候守給漏底，方得離任。如有欠少，與專秤均陪。先是，鹽院專副以二年爲界，自納及支悉掌之。而鹽院官等以歲滿即代，或中而升職者，院吏因而爲姦，乃至欠失有及數千斛者。三司請擇官曾親民而幹職者任之，其欠失者同償，故有是命。又詔：「京鹽院自今每（教）〔敖〕支貨訖，即開次敖。」初，三司言：「鹽院並開數敖，而欠賸者相半，難于拘轄。」故請條約。又詔：「鹽院受納鹽貨，起置文簿，用三司印書給付本院。每簿先空紙寫數號，68 納鹽之時，分明抄上納人姓名、鹽席、納數及剩數，每旬于三司通押。每敖交盡，監官點勘印押，送三司呈驗，不得隔驀敖眼。如違，等第科罪。」

七年正月，詔：「鹽院監官自今不許般家居止，亦不得令閑雜人出入。每夜押宿慎火。監門二員，每院分定一員，每日據出入官物抄曆點檢。如涉欺弊，即捉搦送三司。其曆每五日一赴提舉司點檢。」

八年七月，詔：「自今都鹽院只令都大提舉庫務司提轄，更不令提點倉場所統屬。」

神宗熙寧八年三月六日，三司言：「勘會都茶鹽院久爲支納事叢，將茶、鹽各立逐界典例分管。今鹽界罷支京東、西府界鹽，并減出賣鹽貨，移陝西鹽鈔入市易務下界管勾〔一〕，但給諸軍馬鹽而已，別無事務，虚占人吏。欲乞將茶界復爲茶庫，鹽界廢罷，其支納煎造並令外物料庫管勾。」從之。

糶鹽院

舊在永濟倉，後徙順成坊都茶庫，至道元年置。常出糶顆鹽及煎變御膳鹽花，以都鹽院監官請領。

真宗咸平二年六月，詔：「京城人户許取（使）〔便〕開鋪糶鹽，每五日一（起）〔赴〕鹽官請領。」

大中祥符七年四月，詔：「京城糶鹽院自今專差使臣二人勾當，隔手出賣。額定秤子一人，旋作料次，於本院請撥。」（以上《永樂大典》卷次原缺）〔二〕

〔一〕移：原作「務」，據本書職官二一之三改。

〔二〕以上二目原缺《大典》卷次，陳智超定於卷一六六六九，與「糧料院」同卷。按《大典》此卷爲「院」字韻「左藏院等」目，定於此卷或是。

宋會要輯稿　職官六

樞密院承旨司[一]

【宋會要】

[1] 樞密院承旨司，有樞密都承旨、副都承旨，又有樞密院副承旨之名，皆不備置，常以一二員通書諸房公事。五代有承旨、副承旨，以諸衛將軍充。每崇政殿臨決庶務，則侍立殿前。侍衛司奏事，則受而讀之。又別置兵房副承旨二人，吏房、户房、禮房副承旨各一人，主事八人，主事已上並帶諸衛將軍同正[二]。令史二十五人，書令史三十四人。兵房掌兵馬名（藉）〔籍〕及卒校遷補、築城壘、防戍、戰守之事，主事二人、令史十三人、書令史二十人分掌之。吏房掌閤門祇候以上遷補之名籍、三公將帥迎受恩命及賊盜之事，主事一人、令史三人、書令史五人，分掌之。户房掌金穀芻糧出納之事，主事一人、令史、書令史各五人分掌之。禮房掌禮儀國信之事，主事一人、令史三人、書令史二人，分掌之。別置兵馬司，擇副承旨主事以下專掌之。主事以下初命者，隸銀臺司。其給使則左、右押衙、左、右副知客各一人。承引官行首一人，副行首一人，承引官四人，軍將十人，至左押衙五周年，補供奉官。大程官百人，有都頭、十將、副將之名。東、西二廚食手二十八人。

太宗太平興國七年四月，以翰林副使、管勾供奉官殿直三班承制公事楊守一爲西上閤門使[三]，充樞密都承旨。樞密承旨加「都」字，自守一始也。

淳化四年六月，以樞密院禮房副承旨段延禧爲武勝軍節度行軍司馬。先是，諸房主事歲久多授雄望州上佐，仍勒留，但賦禄而已。延禧以老病出爲藩鎮上佐，優之也。

至道二年十一月，詔曰：「引進使周瑩、洛苑使劉承珪荐升軒陛，屢易炎涼，茂著徽猷，播在朝野。朕向者授之成算，咸董偏師，静兇黨於西陲，走捷聲於北闕。眷兹亮節，宜示寵章，俾分[2]掌於事權，仍並遷於使額，凡干重務，一以委之。内則兼密勿之司，外則總登聞之任。懲奸去弊，振領提綱。爾其明聽朕言，各揚其職，勉思盡瘁，勿忘訓詞。」瑩可客省使、簽書提點宣徽院諸房公事，承珪可六宅使、同簽書樞密院、宣徽院諸房公事，並兼提舉司登聞院事[四]。」三年，瑩爲宣徽北院使，承珪遂止簽書宣徽院兼提舉鼓司事。

真宗咸平元年十月，以引進使、恩州刺史王繼英爲左神武軍大將軍、樞密都承旨，又以樞密院兵房副承旨張質爲樞密副都承旨、左監門衛將軍。

景德三年六月，御崇政殿，閱試樞密院主事而下，先取外方待報奏狀三條，令詳決之。命樞密副都承旨、左監門衛將軍張質、禮房副承旨尹德潤宿御書院考第以聞。凡合

[一] 原無題，據正文内容補。
[二] 「正」字原作正文，據文意并參《職官分紀》卷一二，改爲小注。
[三] 三班：原作「文班」，據《職官分紀》卷一二改。
[四] 司：疑衍。

格者，主事邵文昭、王繼凝、王元祐、徐繼和並遷逐房副承旨，令史潘正儀等八人遷逐房主事，書令史(刑)〔邢〕德爲守闕主事，毛元等十二人遷令史，餘增衣賜有差。又以吏房副承旨王繼芳爲供備庫副使，帶舊請受。又以不合格人主事李預爲内殿崇班，馮處正、王文翰、閻處文並爲東頭供奉官，令史趙從賞爲西頭供奉官，盧延訥左班殿直，(於)〔余〕國昌等二人右班殿直，並外路差遣，各給見錢。書令史李仲膺等八人與三班奉職，亦給見錢。李預、趙從賞在職歲久，故特優之，人賜馬一疋。擢張質爲左屯衛大將軍，加俸，依前充職。尹德潤爲左領軍衛將[3]軍、樞密院諸房副承旨。先是，止用入仕歲月第補，未嘗較其材藝，有遷至主事而懵其職守者。真宗以樞庭政令所出，藉其明習周謹，故特選較焉。

四年七月，詔諸路轉運各上所部山川形勢、地里遠近、朝廷屯戍軍馬、支移租賦之數，召翰林畫工爲圖，納樞密院，以備檢閲。

大中祥符四年六月，知樞密院王欽若言：「本院諸房所請歙州表紙，自大中祥符元年後置曆拘管。今支使外，剩十一萬八千三百張。望下三司住支一年，及於本州減造。」從之。又遣中使就院宣諭副都承旨張質已下，就太平興國寺賜御筵。時帝以歙州歲供大紙，其數甚多，頗勞民，思有以寬之，欽若等因有是奏。

九年正月，補樞密院守闕主事馬崇素爲西頭供奉官、閤門祗候，書令史馬崇至爲左班殿直，馬崇慶爲右班殿直，貼房馬用和爲借職。崇素等並張旻妻族，是時爲副使，陳乞特恩也。

天禧四年六月，詔樞密院，凡給賜錢銀，每季進納數目劄子，自今歲作一册進内。

仁宗天聖六年十一月，兵房主事李則、趙兼度歲久當遷。詔以則爲吏房副承旨，兼度爲禮房副承旨，並專管勾兵房主事公事。

慶曆五年八月二十一日，詔：「今後樞密院都承旨戰士寧、王貽慶内一名請假，令上名副承旨一名權於後殿祗應。如兩並請假，令從上兩人權祗應。候朝參，却依舊。」以戰士寧請假，後殿無人祗應故也。

至和三年[4]八月十一日，樞密院言：「本院破食貼房六十人，欲勾揀試。如内有未鈔寫得諸房文字者，候習學得成，即與給食。如貼房額内有闕，每一名於守闕貼房内從上三人揀試，取書劄優者充填。」從之。

《神宗正史·職官志》：都承旨從五品，副都承旨正六品，通領院務及承旨司之事，檢察主事已下功過而陞黜之。凡御崇政、延和殿，則陞以侍立。若禁衛兵校試技藝及蕃國入見，則隨事敷奏，承所得旨以授有司。《哲宗職官志》：元祐以文臣帶待制充都承旨。

神宗熙寧元年八月二十五日，樞密院言：「北面、河西房所行文字並係邊要事件，其底本自來各屬逐房分掌，稍經歲月，每遇檢證，難遽討尋。」詔：「勘會逐路見行要切事件，即仰接續寫録，限在出宣劄時同來簽押。敢有怠慢，其當行主事等分首從重罰。如是未可漏泄事件，即別置册，副使書寫緘封，付逐房收掌。」

（二）〔三〕年八月二十二日〔一〕，樞密都承旨、左監門衛將軍元仁政爲左藏庫使、榮州團練使，除宫觀差遣〔二〕；東上閤門使李評爲樞密都承旨。都承旨舊用閤門使已上或大將軍，其後專用樞密院吏，而更用士人復自評始。

九月一日，詔：「近復以士人爲樞密都承旨，歷年不除，樞密院接遇及所領職事都無可考驗，可令史院檢尋。如無，即中書詳定以聞。」是月八日，又以皇城使、端州團練使李綬充樞密副都承旨。尋詔樞密都承旨、副都承旨見樞密使、副並如閤門使禮。添給 5 及當直兵級、擗掠廳事，仰樞密院條奏施行。先是，手詔令史院檢詳。史院言：「以止載班著職事，即不見接遇儀範。」至是中書進呈，有是旨也。

十二日，樞密院都承旨李評言：「欲乞依中書檢正五房公事例，除寺觀、親屬職事相干外，餘不許出入看謁。」又言：「諸房進卷及諸般案底文字多有貼黄及張縫，並無印記。乞鑄一印記，印在院文字，不得別用，以『樞密承旨司記』爲文。」並從之。

十月四日，詔：「樞密院逐房副承旨至頭名及三周年，與左藏庫副使出外。」先是，逐房副承旨第遷有至都承旨者，今都承旨既用士人，而逐房副承旨遂無叙陞之望，故有是命。

十二月二十四日，樞密都承旨李評等言：「准樞密院劄子，參定本院人吏收補校試賞罰之法。」詔依所定施行。

四年十月九日，樞密院置刑房，選三班内曉法者一人爲主事，仍以檢詳吏房文字劉奉世兼檢詳刑房文字。

五年正月二十七日，詔：「今後守闕貼房補破食貼房闕，依條試行遣公事三件。自立新條後，兩次補試揀選，已是難得合格之人。今後逐房副承旨欲每遇大禮，許保引内外親屬不限服紀兩人，充守闕貼房主事，令史保引一名，書令史兩遇大禮保引一名。實及十六歲已上，不以曾與不曾在別處守仕，但有行止，不曾犯刑責，召命官二人委保，各隨狀領赴院，呈驗人才精神書劄堪任習學公事，即收係姓名到院。不限年歲，遇有 6 破食貼房闕，一例試補。未願試者，亦聽。如闕數少，所試合格人多，別作一項編排，不爲黜落度數。如試不中，又不該編排，但及三次以上，在院習學及三周年者，並勒出院。其子孫弟姪出院之後，却能習學進長，合候保引人年分，更許保引一次，當所保引人數。今寬保引之路而峻退絀之格，蓋欲廣求人才，有可搜擇而激厲來者，非如向來只據見在守闕人數累經試黜落之

〔一〕三年：原作「二年」，據《長編》卷二一四改。以下四條亦三年事。
〔二〕遣：原作「監」，據《長編》卷二一四改。

餘，短中求長，所以不肯習學書劄行遣。又保引者別無沮勸，不公心引致，及教招督責。欲今後一試便中者，所保引令史、書令史與升一名；再試中者，兩人已上升一名。主事已上合升一名者，候出職日減一年磨勘。如所引人三試不中勒出院者，連併及二人已上，令史、書令史降一名，主事已上出職日展一年磨勘，餘並依前後詔條。應新法以前已入院書曆者，且仍舊制。本院令史、書令史欲今後參用三班使臣、流外選人，與本院人隔間收補。仍以十人爲額，額足更不收取。元額有闕，即還於三班院、流內銓揀選。使臣取殿直已下至借職曾經一任，流外選人三考已上，並不曾犯私罪情理重、好人才書劄者充。每一闕取兩人赴院，於所闕房試公事。滿兩月揀一名充，資序高者補令史，次者補書令史，不中者令銓班與指射優(使)〔便〕差遣。內刑房有闕，本院乏人可選，亦許本院定名選取曾經刑法局選人使臣充，仍在十人額[7]內。」並從所請也。

四月十七日，詔：「三班借職、管勾涇原路經畧司文字楊寘與樞密院書令史。」始，上以樞密諸房文牘煩委，胥吏皆父兄保任，多不得人，因命都承旨李評立法，參擇流外選人、三班使臣以補員闕。初以莫淵、陳宗道隸刑房典法令，又以寘邊吏習事，隸河西房。

五月十四日，詔：「樞密院諸房副承旨已下至書令史各增俸錢有差。如因職事受贓，並依中書熙寧五年五月三日條貫倉司乞取軍人糧綱錢物法斷遣。」上嘗謂吏祿薄則不足責其廉，因是遂增二府胥吏之俸，而重賕賄取與之法。

七月二十五日，以尚書比部員外郎、集賢校理、同修起居注曾孝寬爲起居舍人，充史館修撰，兼樞密都承旨。舊以本院久吏遞遷，或用士人，亦止於右職中選用，文館兼領始於孝寬也。

閏七月，樞密院都承旨曾孝寬言：「所有朝班，除依定著外，若遇前殿不視朝、後殿常參起居及隨車駕行幸，武臣充承旨，例繫鞋立班。臣係文臣，兼領其職，合具靴笏及繫鞋，並依修起居注官例。」從之。

六年六月五日，禮房進事目，上批：「二條非催促勘會未圓未明事，似此今後並擬進取旨。」本院五房催促行下文字及勘會未明未圓事皆不帶「聖旨」，直付所司，次日具事目進呈。兵房誤下相度事，上精於萬機，省覽周密，雖摘其誤，然皆宥之。

九年五月八日，樞密副都承旨張誠一言：「伏見中書、樞密院檢正、檢詳官[8]非假日不得看謁、接見賓客，惟樞密院都承旨、副都承旨未見該說。今欲應在京司屬非假日不得看謁及接見賓客，非廨宇所在者，雖親戚不得入謁。違者并接見之人各徒二年，職事相干者勿拘。」從之。

九月十六日，詔：「自今樞密都承旨兼(郡)〔群〕牧使，副都承旨兼副使，更不兼別差遣。」

元豐元年正月十九日，詔自今樞密院諸房副承旨出職，與主事請受，爲州鈐轄。

二年八月五日，上批：「見脩敕令格式，諸所析正，自朝廷立法付有司者，委樞密承旨司詳定聞奏，付諸房遵行。」

二十七日，上批：「龍圖閣直學士韓縝見領都承旨，事繁，兼常有奏稟軍務，可免祠祭攝事。」

三年十二月十五日，詔自今樞密承旨司傳宣止作直奉聖旨行下。

四年正月二十四日，四方館使、副都承旨張誠一爲客省使、都承旨，自是都承旨復用武臣。其後誠一遷正任觀察使，爲都承旨如故。

十一月二十六日，詔：「樞密院吏止分隸三省，毋撥入六曹。如有剩數並額外存留，轉補、請受及諸恩例並如故。」

六年六月二十五日，詔：「廢罷監牧縻費封樁錢，令樞密承旨司專根究主領。餘應封樁錢物令尚書都司取索，置簿拘管。」初，中書嘗差堂後官置簿掌封樁錢，至是官制既行，乃分隸焉。

七年十月二十四日，中書省言：「樞密承旨司傳宣事已得旨，如別無奏稟，合作録黄，畫黄，過門下省覆奏，本省更不入進文字。」從之。

哲[9]宗元祐元年六月八日，樞密院言：「西人遣使入貢，計會地界，合要承旨司官同共檢詳本末，計議事體。」詔左司郎中劉奉世權樞密都承旨公事，候邊事了日依舊。

十月十二日，詔：「樞密都、副承旨遇引雜公事，并有合奏覆及傳奏公事，雖非横行，許陞殿侍立。」

二年八月四日，詔：「創立改法並先次施行應修條者類聚，半歲一進呈，以正條入册頒行。若非海行法，即書所入門目，裁去繁文，下所屬，仍類奏[一]。六曹季輪郎官點檢刪節，具事目申尚書省、樞密院，令左、右司、承旨司看詳當否，甚者取旨賞罰。」從樞密院言也。

五年二月六日，四方館使李綬爲引進使，以再任樞密副承旨及三年，故有是命。

徽宗崇寧四年九月十七日，晉州觀察使、樞密都承旨曹誘奏：「臣本以門功四預仕籍，初蒙神考優異先臣，擢臣閤門，幾三十載。至元符二年冬，自定州路總管召赴闕，權樞密副都承旨。遭遇陛下紹述聖緒，仍使主領職事。崇寧元年，蒙恩除樞密都承旨，迄今首尾七年，歲月已久，筋力早衰，實不堪任。伏望許依王憲例，罷臣樞密都承旨職事。」詔：「曹誘特授保康軍觀察留後，再任樞密都承旨。」

十月八日，四方館使、慶州刺史、樞密副都承旨，管勾客省閤門、提舉中太一宮兼佑神觀公事閻仁武奏：「伏念臣歷任五朝，竊禄四紀，宣力熙、豐，擢登上閤，獲侍清燕，濫綴横班。外服召還，内朝供職，復玷恩除，叨居[10]樞屬，兼提舉中太一宮、佑神觀及專切提舉京畿監牧司。日虞心

[一]「仍」下原有「勿」字，據《長編》卷四〇四删。

力不逮，雖加勉强，於兩司終懼瘝曠。況昨自保州還闕，今二年已上，副承旨宣力亦及一年有餘。方今朝儀贊揖，當藉精彊，如臣疲耗，或恐不前。若不自陳，未易逃責。伏望許解閤門職任，特依錢悦、王殊等近例，換一正任名目。」詔：「閤仁武特授貴州團練使，依舊提舉中太一宮兼佑神觀公事，罷樞密副都承旨。」

高宗建炎四年十二月十六日，詔以辛道宗爲樞密都承旨。先是，承旨闕，後殿進擬邢焕、辛道宗、藍公佐。上曰：「邢焕戚里，朕不欲令戚里任朝廷差遣。」次乃道宗，上曰：「道宗亦得，但不甚知兵爾。」

紹興元年十二月三日，詔：「祖宗時樞密都承旨一員，並差兩制，蓋以本兵宥密之地，不可不擇人，付以承旨之事。元祐中，范純禮、劉安世嘗任此職。可依祖宗朝故事，置都承旨一員，其雜壓檢會《元祐職制令》施行。內未曾任侍從官之人，即依權侍郎法。」

七年正月二十七日，樞密院言：「都、副承旨遇試路分副都監以上射弓，關牒乞殿前司差統領或將官一員伴射。路分副都監以上射弓，並詣都、副承旨教場廳，俟下馬，仍相揖。茶畢，射弓訖，點湯，廳前上馬。」從之，仍詔常切遵守。

二十八年五月六日，詔：「樞密院諸房副承旨並依熙寧故事，遇副都承旨闕官，後殿有公事，權令祗應日更不侍立。」

孝宗隆興元年七月二十六日，樞密院言：「[11]依指揮并省吏額，見管副承旨五人、主事五人，分管兵、吏房十二房職事。守闕主事二人，今減罷。令史一十四人，均在諸房行遣文字，今減作十人。書令史一十九人，今減五人。守闕書令史三人，今減罷。正名貼房二十八人，今減八人。法司貼司二人，並係試中人。守闕貼房二百人，並均在二十五房書寫文字，今減一百人。法司三人，係外差專行斷案，并掌宣旨院條册。」詔依減數，永爲定額。見在人且令依舊，將來遇闕，更不遷補。

十月二十四日，詔樞密院：「諸軍功賞付身，可令檢詳專一拘催，副都承旨給發。」

十一月二十八日，詔户部侍郎錢端禮兼樞密都承旨。

十二月二十一日，端禮奏已有副都承旨，乞罷。從之。

二年五月十七日，中書門下省言：「樞密院人吏依已降指揮裁減定額，委官置籍。自今後遇有闕，照條書擬遷補，仍每月點檢，幫勘請給。」從之。繼是月二十六日，詔依擬定置籍，今後不許時暫差權支破請給，仍令常切遵守。

十一月二十五日，詔樞密院諸房副承旨各減一選出（宮）〔官〕。以該遇皇帝登寶位，故有是命。

乾道元年正月二十四日，樞密院言：「本院正名貼房張仲禮等狀：昨紹興二十六年十二月内裁減指揮，緣三省書令史名額多，本院書令史數少，於正名貼房内二十八人内從上存留一十三人，兼呈書令史文字，揍三省人數。今來隆興二年已降裁減指揮，將紹興二十六年⑫指揮内恩澤書令史一名、寫宣房一十二人各依舊存留了當。唯仲禮等一十三人當時漏行開具，致使一例減罷。」詔：「依紹興二十六年已降指揮，從上存留一十三人權書令史，日後遇闕，更不差填。餘人不得援例。」

五月二十七日，詔榮州刺史、知閤門事、兼樞密院副都承旨張説爲樞密都承旨。

十一月二十九日，詔樞密都、副承旨係所掌朝廷機要文字，不許出謁及接見賓客。

三年五月十一日，詔：「樞密院各司三十人，永爲定額。其合減人且令依舊，將來遇闕，更不還補。願比换出職者聽。」同日，詔：「樞密院大程官以七十人爲額，溢額人且令依舊，今後宰執初除，更不用恩例收補。其外借七分大程官，依舊四十人爲額。」

四年三月一日，詔：「樞密院逐房副承旨見今關借金帶服繫趁赴朝參等，可令祗候庫依條例就賜，今後轉至人依此取旨給賜。」

六年二月十二日，詔樞密院諸房副承旨依舊令於後殿祗應。

十八日，樞密院言：「房分太多，名稱不一，乞依舊制，併作五正房，以兵、吏、禮、刑、工房爲名。兵房以兵籍房、機速房、教閱房、揭貼房、賞功房、在京房、支差房、河西房、民兵房，併入諸房轉員、不轉員、衮轉、遞遷等軍分事務〔一〕。吏房以在京房、大吏房、小吏房、支差房等事務併入。禮房以河北房、河西房、支差房、吏房、知雜房、兵籍房、主管承受聖語文字、《時政記》等事務併入。刑房係以河西房、兵籍房、小⑬吏房、廣西房、知雜房、在京房、宣旨庫等事務併入。工房以在京房、機速房、支馬房、寫宣房等事〔務〕併入。院雜司以生事房、内降房、實封房、發遞房、架閣庫併入。」從之。繼而給舍胡沂等條具下項：「兵房：内外諸軍人馬數，差發軍馬，内外諸軍教閲，内外諸軍申請事，諸州軍廂、禁軍諸軍并三衙招填廂、禁軍，效用，諸路民兵敢勇效用，諸路解發武藝出衆兵級，諸軍收刺效用軍兵并收管使臣，外路諸州軍解發到寄招人，諸路招到官兵撥隸軍分，諸軍申陳審驗使臣、效用軍兵，諸軍陞差統制、統領將佐等，使臣陳乞從軍，諸軍兵官起復，諸軍發解到子弟發遣歸部，諸路兵官并就糧禁軍、禁軍差屯、駐泊、守把、防托、巡檢下兵員招禁軍并賞罰增減例物等仗，諸軍揭貼兵籍，三衙、江上、四川等處諸軍人馬數，每月攢具修寫投進内外諸軍差出屯戍并在寨人馬數，諸路州軍駐劄係將、不係將人馬數，三衙、江上、四川統制、統領、將官員數，每月揭貼納宰執廳兵册并統兵官具員；賞功，内除捕盗有格法賞功依舊三省行遣外，應干涉軍事及别無成法功賞，並本院行遣；激賞酒庫應申請等，諸路將副并申請事，諸路州軍訓

〔一〕按，依下文文例，「併入」二字似當在「軍分事務」下。

練係將、不係將兵官，本院準備差遣應陳乞事件，差本院提轄軍兵，諸軍都虞候換官銓量，諸路將、副下押隊禁軍揀切，諸軍揀汰，諸軍教頭差補、陞降、轉員後取揀河東、陝西路漢弓【14】箭手，內外封樁禁軍闕額請受，團結、糾集民兵土豪，軍司申請逐司事，軍頭司忠佐并祇候軍員散員等，皇城司親從、親事官、入內院子指揮，（推）〔堆〕垜子揀親事官并親從、（推）〔堆〕垜子配填班直，衮轉軍分、遞遷軍（合）〔分〕、轉員軍分、不轉員軍分，諸軍并諸路州軍禁軍副都頭已上功過賞罰及揀切，應合降宣命； 應馬事：收買川、秦、廣西綱馬，荆南孳生馬監事務，漢陽軍綱馬監司事務，德安府應城縣孳生馬監事務，京畿孳生馬監事，內外諸軍陳乞泛買綱馬，內〔外〕諸軍中乞火印綱馬，內外諸軍開收馬事，內外諸軍揀退病馬，騏驥院應干申請事務，御馬院、省馬院、騎御馬直事務，皮剝所押管綱馬官兵賞罰。 吏房：應武臣差除，三衙管軍，諸路大（師）〔帥〕、兵官、軍職除罷，環衛官帶御器械、路分都監、鈐轄，總管等知州郡，諸路將副并大小使臣充知城、知寨、都監、巡檢等，幹辦皇城司官、幹辦軍頭司官、軍器所官、內外諸軍屬官使臣差遣，宗室、戚里添差，陳乞宮觀嶽廟，內降批出除閤職，樞密院正將、準備差遣差使使喚并陳乞事件，歸正、歸附大小使臣、校、副尉差遣，應副尉改轉并磨勘，兩省內臣磨勘功過叙用并陳乞路分都監以上差遣并牽復，內中宮人遷補降宣劄付身等，內降批出補官使臣、大使臣以上脚色，薦舉大、小使臣，殿侍散直改轉差使、借差及差遣，應諸軍罷軍添差銓量，應沿海巡檢諸軍陞帶禁衛所【15】使臣，皇城司差法司、專副。 禮房：收掌國書，應國信事務，關報接伴名銜，差漕臣等，應副使人宿頓等，使人來程差賜御筵等官，使人到闕差擺鋪軍兵并打河道官，繳進北使名銜，使人到闕排日差兩府押宴，差六曹尚書押宴，差伴射官，差習儀舍人，使人回程差賜御筵等官，差承受并監驛門官，應諸處歸明蠻人初補授等，北界、西界、湖南、湖北、川峽、陝西、河東路蕃官承襲降宣，諸路蕃、猺人承襲并納土歸明等，諸軍統制以下鑄印，應緣禮事差撥諸軍官兵執儀仗等，諸處闕申行事并祈求假故等，賜曆日，降宣，下諸路帥漕并諸州軍守臣，大禮差官都大提舉主管并一行應奉支用物色，都大主管大內公事等，主管承受聖語文字、時政記房。 刑房：應諸軍統兵官以下至使臣并校、副尉、將校、祇應、效用軍兵斷案，陝西、河東路蕃官、蕃部犯罪特斷，諸路州軍應廂、禁軍斷案，武臣功賞過犢，兩省內臣磨勘功過叙用，應諸軍官兵叙復官資、牽復職任，諸路招捕盜賊，收捉諸軍逃走人，本院人遷補，本院客司遷補，三衙人吏遷補出職，諸路帥司人吏出職補授，諸處闕申通知條貫，宣旨庫編類本院革弊指揮。 工房：應軍器事務支移興造等，御前軍器所申請造作、支降軍器，內軍器庫支降收管軍器，御前降樣製造軍器并鞍轡等，諸州軍起發歲額并泛抛軍器物（科）〔料〕，諸州軍起發全形軍器，諸軍申請【16】支降并造作軍器等，軍器所造作御前降樣四季鞍并宣賜臣僚鞍轡，總領所椿收駐劄諸軍弓甲，軍器所工匠等造作軍器推賞；應修繕事：修築城郭，修蓋營寨，打造修整戰船，諸軍申請收買竹木等；皇城司製造大禮及逐年敕號，添修儀注等，工部製造應換官人槍袍團牌等，祗候庫除破換官人例物等，寫宣房、院雜司、印司、檢察諸房所行文書用印，承發下外路諸軍等處擺鋪遞角，驅刷行遣遞角違滯去處，承發下外路官司斥堠遞角，檢察生事等房受付文書簿，天申節、會慶節下文思院製造功德疏，東厨申請事件，揀試本院人承填名闕等事件，本院人陳乞收使保引恩例等，本院大程官人員以下轉補等，收接諸處繳回遞角內引牌筒，銷鑿簿書，上下半年臺官點檢簿書，本院雜務點檢諸房進發文字。機速房掌行事務：邊防急速（運）〔軍〕事，調發軍馬，移屯非措置控扼去處，遣發間探人并回推恩，探報事宜，諸處申解到歸正人并申解到姦細，北界關牒，禁止北販客船合歸刑房，逐年募發海船防托合歸兵房，候有調發，移入機速房〔一〕。非次差出兵官幹辦邊事。」從之。

三月四日，樞密院言：「本院吏額承旨五人，依舊。主事五人，令史一十人，今欲添二人。書令史一十四人，今欲添六人。正名貼房二十人，依舊，內一十三人舊權書令史，今並罷權。法司貼司二人，依舊。守闕貼房一百八十五人，已[17]降指揮，以一百人爲額，今裁減，以八十人爲永額。一、承旨司八人，元係諸房人兼，今依舊。外差法司三人，今添一名。寫宣房書寫宣命一十二人，今減七人。檢詳房一十人，今減五人。編修時政記房七人，今減四人。」詔：「並依其人數，永爲定額。請給等並依舊，不得增添。內所增令史依名次遞遷，書令史并正名貼房闕，令就今春銓試場揀試。今後遇書令史有闕，方許於正名貼房內時暫差權，候試中正人日罷。」

九年閏正月二十一日，詔樞密院：「今後外路官兵功賞、差遣等告敕、宣劄、文貼、公據，並令左右司、承旨司、檢詳所除齎干照請令外〔二〕，其餘付身等，令拘催給發使臣每五日一次入進奏院遞取監官到院入遞日時文狀。仍令進奏官專置簿籍發放，每月赴左、右司、承旨司驅磨。」

淳熙二年正月二十九日，詔：「樞密副都承旨、樞密副承旨依舊堂除。」

三月四日，詔：「自今副承旨出職，依三省例，頭名滿三年，以次人轉補及五年，與差州鈐轄，願出職人與路分副都監差遣。並與理親民資序。」以樞密院言：「三省都録事頭名滿三年出職與通判差遣，理知州資序。轉補及五年人與通判差遣，亦係親民。其本院副承旨止有頭名滿三年出職與州鈐轄條法，係兵鈐資序，在親民之上，并以次人未有該載。」故有是詔。

三年八月三日，詔樞密院：「不係續降指揮額外差置

〔一〕「禁止北販」以下原作大字，據文意改爲小字。
〔二〕請令：似當作「請領」。

守闕貼房并書寫宣命人並罷。」

五18年七月八日，詔自今諸庫務官司應回報樞密承旨司，並合(同)〔用〕申狀。

九年正月十二日，詔：「自今江上、四川都統如有合進呈軍器樣製，及江上都統進奉會慶節馬，并盱眙軍如遇有發到對境泗州回答本軍節儀四物〔一〕，馬軍行司進會慶節馬、功德香疏，並令發赴樞密承旨司繳進。諸軍進呈新年隊牌與降下舊隊牌，並付樞密承旨司，令給付逐路。」

十一年十月三日，右正言蔣繼周言：「伏見江西路專一訓練禁軍鈐轄下差下程迪，係樞密院人吏。且《大觀格》武臣六等差遣，路鈐係第四等，須曾經第五等兩任及初除正任橫行使者，方許除授。乾道元年初帶訓練，專降指揮，選差曾任主兵官。迪並未經任，考之大觀格法，乾道指揮，無一可者。乞罷迪新任，別與差遣。」從之。

十三年八月六日，進呈承旨司申拍試兵將官禮數。上曰：「承旨司非朝廷比，統制、統領每遇拍試，待之太輕。自今令上廳茶湯，下堦拍試。」

十四年九月一日，樞密院言：「敕令所申，昨準指揮，裁減百司吏額，今已盡絕。近準樞密院批下人額，緣逐項並批作係御筆朱書立定之額，即未審合與不合裁減。」詔依隆興元年七月二十六日已降指揮，見在人(見)〔且〕令依舊。

紹熙三年五月十七日，樞密院言：「諸房副承旨全藉有心力、諳曉職事詳熟之人。今來張堯俊已陳乞出職，乞差王嘉謀權諸房副承旨，候二年即行正差。」從之。

四19年十月十一日，詔樞密院：「今後引呈公事，逐房副承旨一員，許於殿上往來，取傳文字，其諸房副承旨止令侍立宣旨。」（以上《永樂大典》卷一一〇一）

檢詳所

【宋會要】

淳熙十三年十二月九日，詔檢詳所減主管文字一人，親事官一人，厨子一人，白直兵士二人，看管兵士二人。以司農少卿吳燠議減冗食，下勅令所裁定，故有是命。（以上《永樂大典》卷一〇九四四）

國用司〔二〕

【宋會要】

20孝宗乾道二年十二月二十二日，詔：「朕惟理國之要，裕財爲重。向來二三大臣專務簡忽，至於用度寖廣，漫不加省，因循滋久，殊無變通。夫百姓既足，君孰與不足，量入爲出，可不念哉。自今宰相可帶兼制國用使，參政可

〔一〕四：疑當作「器」。

〔二〕按《大典》卷一三三二二原題作「國用使」，整理者改作「國用司」，今仍之。

同知國用使，庶幾上下同德，永底阜康。」先是，臣僚言：「方今國家所管財用，供軍之費十居七八。自兵興以來，所費益甚。今據户部所供一歲内外收支數目，錢之闕者六百餘萬緡，米之闕者九十餘萬石。其外又聞三衙及御營(使)使司、濠州并都督府見各欲招收軍兵，無慮二十萬計。其招收之初所費例物，係籍之後所費供需，未可以數計也。陛下近以宰相兼樞密使，蓋欲使宰相知兵也。宰相今雖知兵，而財穀出入之原，宰相猶未知也，必待户部供具，然後方及知爾。且如三衙等處招兵指揮，必經由三省而出，使宰相早知財穀之務，必不敢輕有施行。非特宰相之不知也，都督府以樞密使領之，但知掌兵於外，初不知用度之從來，其於財穀出納之實，未嘗畧加意焉。大臣之於國家，曾何内外之間？不當若[21]介胄之將，恬然有所不恤也。望陛下法李唐之制，委宰相兼領三司使職事。財穀出納之大綱〔一〕，宰相領之於上，而户部治其詳。仍乞以户部見今收支闕欠數目降付都督府，委自參議贊謀而咸使知之，庶幾戮力一心，共體國事。宰相圖回於内，都督府通知於外，凡無名之賞、無益之費，一切痛加撙節。乃若尺籍之虚數，必先有以去之，然後新軍可招；老弱之冗食，必先有以汰之，然後精鋭可選。太祖、太宗削平僭亂，混一(寓)〔宇〕内，當時勝兵不滿十五萬。由此觀之，虚數不除，冗食不汰，雖百萬之衆，終無益於勝負，而其耗蠹國用，是猶竭江河以實漏巵，曾何有紀極哉！」故有是命也。

三年正月十一日，尚書左僕射、同中書門下平章事葉顒等言：「准敕，宰相兼制國用使，參政同知國用事。今條具下項：一、欲以『三省户房國用司』爲名。一、逐時將上及擬進并行下批劄文字，欲並依三省體式，仍就用尚書省印。一、常程文字，自行下户部施行。其餘取會外路監司州軍事務，係干財計利害文字，立號置籍，候回報到逐一鈎銷外，切慮承受官司報應稽遲，奉行滅裂。如有似此去處，欲具違慢官吏取旨，重作施行。一、行在百司、諸軍經常歲支月用及年例諸雜非泛支使，自來皆係户部以諸色窠名錢物應副。近又降指揮，從本部所請，以官户役錢等衮同支遣。所有州軍合發上供等錢物，户部自合遵[22]依條法指揮，逐時舉催，應副支使。如有每歲經常非泛雜支之外用度錢物及經畫利源、節省事務，並從本部措置擬定，申取(旨)〔指〕揮施行。一、諸路州軍合起發户部錢銀、物帛、米斛等，並係指擬應副行在百司、大軍支遣，不可少有闕悮。近年州軍將合起錢物侵欺移易，拖欠數多，户部雖逐時舉催，多是虚申綱解，或不即應報，致有闕乏。已降指揮，諸路州軍合起上供等錢物，每歲上下半年從户部比較最稽違拖欠去處，具名按劾，申國用司取旨揮，重作黜責。如有起發足辦，別無違滯去處，亦申國用司取旨，優加推賞。在外委逐路總領所依此施行。一、契勘諸路所起經總制錢，近

〔一〕「大」下原衍「納」字，今删。

來州軍侵占妄用，一歲虧少動以數十萬貫。欲令提刑司嚴行約束，常切檢察，今後須管依年額盡數起發。如拖欠違戾去處，按劾申國用司，重作施行。一、逐路總領所申請經常錢糧，本部自合依年例申朝廷科降。一、應得旨文字，欲隨事關送三省、樞密院。如係急切事務，即先次行下所屬施行。一、欲於三省户房内選點檢文字二人、主管文字五人掌管簿書，守闕二人，書寫文字一十人，於三省諸房内踏逐選差。添給、紙劄等並依機速房已得指揮減半支破。」並從之。

五年二月二十二日，詔國用司可罷，其所行事務併歸三省户房。（以上《永樂大典》卷一三三二二）

國用所

【宋會要】

23 嘉泰三年三月二十三日，臣僚言：「竊惟今日財計，非錢穀不足之可憂，而滲漏日滋之爲可慮也。夫錢穀之滲 24 漏，非一朝一夕之間遽能如是也，實起於朝廷會計之制不立，歷年既多，簿書漫不可考，故官吏因得而爲姦。昔周家以冢宰制國用，而唐亦以宰相兼領度支。是知財賦國家之大計，其出入之數有餘不足，爲大臣者皆所當知，乃可節以制度，關防隱欺，使常有餘而無不足之患也。國朝沿五代後唐之制，置三司使以總國計，應四方貢賦之入，皆歸三司，號爲計省。故祖宗時特重財計之臣，凡除執政，必先除三司，使更歷錢穀之事。三司又各置副使，並以三司使總之。又有三司判司六員，數內刑案一司專推治隱盜，斷刑事，則知關防隱欺，祖宗設官未嘗不三致意於其間也。且今日費用之最大者，無如養兵。請以四總領所言之，一歲出入之數幾何，有餘不足，亦嘗會計而考核之乎？但聞所入甚贏，至於支散，常以（關）〔闕〕乏告。如司農寺官皆言見在倉儲無一月之積，主國計者亦嘗究其所以然而爲之措畫乎？凡此皆財賦之司無所統攝故也。宜畧倣祖宗遺意，命大臣兼提領天下財賦，歲終會其出入，有餘則樁管以備緩急之須，不足則通融以補其闕乏。隱欺滲漏，則究其實而正其罪。如此則國家財計統之有宗，而姦弊可以少革矣。乞下臣此章，付二三大臣詳酌而行之，立爲定法。」從之。

〔四年〕十二月五日〔一〕，詔：「朕仰惟祖宗委任三司，顓總邦計，故能周知源委，出入有常。今之財賦，名歸户部，而事權 25 散紊，不復相通。有司出納，莫可稽考，吏或苛取〔二〕，重困吾民。朕嘗有意變通，比覽臣僚奏疏，因思區畫。可遵孝宗皇帝典故，宰相兼國用使，參知政事同知國用事。仍於侍從卿監中擇才識通練、奉公愛民者二人充

〔一〕四年：原無，據《兩朝綱目備要》卷八補。

〔二〕吏：原作「更」，據《兩朝綱目備要》卷八改。

屬官，俾顓其職，參攷内外財賦所入、經費所出，一切計會而總覈之。庶幾名實不欺，用度有紀，式寬民力，永底阜康。右丞相陳自强兼國用使，參知政事、兼知樞密院事費士寅、參知政事張巖同知國用事[一]。」

開禧元年正月十七日，中書門下省言：「已降指揮，宰相兼國用使，參知政事同知國用事，薛叔似兼國用司參計官，陳景思兼國用司同參計官。所有合行事件當議行下。一、國用司印。國用使就用堂印外，合鑄參計官印一鈕，以『國用參計之印』六字爲文，令文思院日下鑄印。一、令臨安府踏逐空閑去處應副充局。一、承受兼提點文字二員，於三省户房選差。内點檢文字一名，主管文字九名，開拆發放文字二名，攢筭二名。開局後須管專一在司辦事，不許往來充應。一、向來國用司案籍簿書帳目并往年所造《會計録》令於合屬去處取索，參酌去取，重新詳盡立式施行。一、逐時行下外路官司關會帳目文字，從本司開拆司封角，打號上簿，並經由都進奏院承領，照上所批，用皮筒黑匣專遞遣發。纔有報到帳目文字，不許拆封，從本院抄記字號，赴本司開拆司呈納。仍26差進奏官一名、承應鋪兵二名使令。一、將來取會户部諸百官司及總領所并諸路監司州郡帳目文字，如有愆期不報及報不以實，許從參計官將當職官具名申奏，及將公吏行下所屬行遣，或徑行追治。一、所差人吏見幫本身俸給，劄下逐處按月支行。其待次人照官資比類幫給，無官人下元來去處放行舊請。所有本司每月等第於左藏庫添支錢數，別開具申取朝廷指揮，行下糧審院批勘。仰所差人吏並依重禄法，如委有勞績，當議立賞。一、合用紙札、銀朱、黄蠟、筒牌、木牌、黄旗、麻索之類，關報臨安府轉運司，取撥使用。劄下兩浙轉運司、臨安府差杖直四名，轉運司差承局四名，一季一替。一、選差三省大程官四名，承發在京文字。未盡事件，令本司申取朝廷指揮。」從之。

二月十七日，權兵部侍郎、兼國用司參計官薛叔似、太（明）〔常〕卿、兼國用司同參計官陳景思申請事件：「一、本司行移並以『國用司』爲名。合行下内外官司并諸路監司州軍照會，仍從都進奏院疾速遍牒施行。一、今來國用司創置之初，合行下在京及外路官司取會帳目文字。其第一次行移乞用省劄，自後從參計官徑押公文催促取會。將來間有緊要事節，亦乞用省劄。一、所會内外官司帳目文字，但欲參攷財賦所入、經費所出，一切會計總覈，務寬民力。如户部出納之數，自有所屬元申到帳册，可以就27行攢寫回報。竊慮部胥並緣生事，方更翻符屬部，重行取會，或追唤吏人，旋令供具，甚至妄作名色，科配搔擾，乞嚴立罪賞約束。所有兩浙轉運司、臨安府、提領户部（搞）〔犒〕賞酒庫所、點檢激賞酒庫所、榷貨務及外路總領所、諸路監司州郡，亦乞一體令進奏院關牒施行。一、應取會帳目，當職官

[一] 同：原作「兼」，據《宋史全文》卷二九下改。

并列銜親行書押回報。如有本年漏落隱蔽不實之數，却於以後年分參考得出，其元申官不以去替，具名奏劾。一、今來踏逐抽差到人吏，恐其間見充吏役人向後有妨名籍，及有官人新授待闕差遣，並作兼充，開局後須管專一在司辦事，不許往來充應。本司亦已帖付各人，不許兼管他處職事，或充應承受文字。今尚慮間有違戾，又復干預，乞嚴行劄下元官司，照已降指揮，按月支行請給外，不許容令更管本處舊役職事及令承受文字〔一〕，如違，重作施行。一、已降指揮，向來國用司案籍簿書帳目并往年所造《會計録》，令於合屬去處取索。今乞行下户部，將上項案籍帳目及紹熙、慶元《會計録》并王寺丞稽考財賦册及外路總領所、監司州軍等處所申嘉泰元年至四年分歲册年帳并上供錢物册解赴本司，以憑參照施行。一、諸處帳狀文字，今欲且令開具嘉泰元年至四年分共四年數目供申。候到，參考總覈外，所有開禧元年正月以後收支見在之數，内自户部財賦官司、外自總領所、監司州郡，28 合令按月攢具帳册，供申本司，參照施行。一、參計官稟議職事，乞依都司官例，詣都堂稟白。其入局假故，亦依都司體例施行。一、照得敕令所復置以來，每月支筆墨油燭等錢，依前項體例施行。一、應合行移取索内外官司及州郡監司等處文字，除御史臺、諫院、後省、承旨司、檢正司、左右司、檢詳所、祕書省、編修敕令局、玉牒所互關外，其餘並以狀申本司。會計財賦，務要關防機密，不容漏泄，今乞照敕令所已行體例，給降黄牓約束。一、所差人吏，已降指揮，不以見任、待次、有官、無官，並自到司日理爲實歷月日。一、承受兼提點文字及所差人吏，於本處請給外，每月支茶湯、折食、添支食錢各有差。」從之。

二年正月十九日，中書門下省勘會國用司已降指揮差參計官，所有司名目合隨印立定。詔以「國用參計所」爲名。（以上《永樂大典》卷一〇九四五）

樞密院編修司

【宋會要】29 淳熙三年八月三日，詔罷樞密院編修司書寫文字溢額人。

十三年十二月九日，詔樞密院編修司減白直兵士一人。以司農少卿吳煥議減冗食，下敕令所裁定，故有是命。

嘉定五年六月十九日，編修司言：「已降指揮，樞密院編修司供檢文字特與比附檢詳所令史，理滿四年三季，通入仕二十年，解發出職補官。餘依檢詳所已得指揮施行。照得本司吏額三名，與檢詳所吏額一同。供檢文字合改作令史，頭名編修文字合改作書令史，第二名編修文字合改作守當官。已上資級遇闕遞遷、合得請給等並照檢詳所例

〔一〕文字：原作「字文」，據文意乙。

施行。」從之。七年九月十四日，進呈《高宗中興經武要畧》四百一十四册。詳見「修書」門。（以上《永樂大典》卷一〇九八）

時政記

【宋會要】

30 太祖開寶七年閏十月，史館修撰、判館事扈蒙言：「竊見唐時每開延英，召大臣論事，必命起居郎、起居舍人執筆螭頭，以紀時政，故一朝《日録》文字稍備。後唐明宗時，亦命端明殿學士及樞密院直學士輪修《日曆》，旋送史館。近朝以來，此事都廢。每季雖有《内廷日曆》，樞密院録送史館，然所記不過對見辭謝而已，帝王言動，莫得而書。蓋宰相以漏洩爲虞，史官以疎遠是隔。望今後凡事經聖斷可書簡册者，並委宰臣及參知政事每月輪知鈔録，送付史館，以憑修撰《日曆》。」從之。仍命參知政事盧多遜録其事。多遜受詔而未嘗成書，今《史館書目》有是年《時政記草》一卷，後亦失之。

太平興國中，右補闕、直史館胡旦又言：「五代自唐以來，中書、樞密院皆置《時政記》。中書即委末廳宰相修録，樞密院即直學士編修，每月、季送付史館。周顯德中，宰臣李穀又言樞密院置《内庭日曆》，自後因循廢闕，史臣無憑修述。望令樞密院依舊置内庭日曆〔一〕，委文臣任副使者與學士輪次記録，送付史館。」

太宗太平興國八年八月，詔：「史氏之職，歷代所崇，帝王之言動必書，朝廷之政令咸録。所以紀□猷於一代，垂盛烈於千年。爰自累朝，繼逢多故，遂令編纘，頗致闕遺。今國家奄有萬方，親臨庶務，出一令無非利物，發一言必在憂民。史臣莫得於聞知，美事多成於漏畧，宜當聖代，復振宏綱。今後中書門下應有國家裁製之事，及帝王宣諭之言，合書史册者，宜令參知政事李昉旋鈔録，逐季送史館，以憑修撰《日曆》。樞密院所行公事有合送史館者，亦令副使一人准此。」是月，李昉上言：「所修《時政記》請每月先以奏御，後付所司。」從之。時雖有《時政記》之名，但題云「送史館事件」。昉未幾拜相，仍舊編修。又蘇易簡爲參知政事，令代之。自是中書皆參知政事一員編録，惟呂蒙正嘗以宰相領，後或參知政事兩員録之。至景德元年，始題云「時政記」。

端拱二年十月，中書門下言：「所録《時政記》，緣皇帝每御前殿，樞密院以下先上，宰臣未上間，所有宣諭聖語、裁製嘉言無由聞知，慮成漏畧。欲望自今差樞密副使二人逐旋鈔録，送中書。」遂詔樞密副使張宏、張齊賢同共鈔録。自後樞密院事皆送中書，同修爲一書而授史館，然皆副使或知院二員同掌之。

〔一〕令：原作「今」，據《長編》卷二四改。

真宗景德三年五月，詔樞密所修《時政記》，每至次月十五日送中書。時命王欽若、陳堯叟同修。

大中祥符五年六月，詔樞密院所修《時政記》月送史館。先是，樞密院月録附史事送中書，編於《時政記》。及是，王欽若、陳堯叟始請别撰，不關中書省，直送史館焉。

仁宗嘉祐六年七月八日，詔：「中書、樞密院自前積滯下《時政記》文字，[31]催促疾速了當。今後逐月編修，於次月終已前進呈〔一〕。」從起居舍人、知諫院龔鼎臣之請也。

神宗元豐五年五月六日，詔：「兩省、樞密院《時政記》令侍郎〔二〕、同知樞密院事修，尚書省左、右丞遞修。三省同得旨及宣諭，仍於當日紀録。」

六年二月二十八日，樞密院言：「（曰）〔日〕畫聖旨，諸房月終類聚成冊進呈。自元豐四年正月詔樞密院所得聖旨並當日覆奏施行，月終更不進入。逐房因此拖滯，不即鈔録，已責令攢寫〔三〕。欲自今諸房所得聖旨並當日關送院知雜司，置簿鈔録，月關時政記房。」從之。

〔元祐〕四年四月二十二日〔四〕，詔三省執政官月以《時政記》及三省同得旨若宣諭事輪修。

高宗建炎四年五月九日，詔：「今來三省、樞密院係（司）〔同〕班奏事，所有《時政記》自合輪次通修。」

六月十八日，中書門下省勘會：「三省諸房自來以行遣過聖旨、御批、麻制、手詔等文字，月終類聚，關時政記房。自揚州循例至今，更不關報，有妨編録。」詔以駐蹕越州後行遣過聖旨等文字依自來條例關送時政記房。

紹興四年三月十八日，詔建炎元年五月一日以後至建炎四年四月一日已前《時政記》，各令元任宰執省記，編類聞奏。司封員外郎、兼祕書省著作佐郎孔端朝劄子：「檢準紹興三年十月二十三日敕節文，虞澐劄子奏：『東觀日曆久廢不述，一代大典闕而不書。日者從史館之請，詔祕書省移文隨龍人與夫藩邸帥府舊寮并前宰執，各令記録事迹。今數月矣，未有一應詔者。望具名行下，使撰記本末，各爲一書。若前宰執即修《時政記》，並録以進御，先經（一）〔乙〕夜之覽。』詔令汪伯彦、董耘、梁揚祖、耿延禧各限一月編類聞奏。勘會前項官並是元帥府官屬，除見行催促編類外，所見建炎元年五月以後《時政記》〔五〕，未曾委官省記編類，望朝廷指揮施行。」都省勘會：「時政記房見將建炎四年四月以後《時政記》逐旋編寫投進，降送祕書省外，其已前文字並緣渡江及經遺火，例皆不存。」故有是詔。

十月七日，簽書樞密院事胡松年言〔六〕：「今編修到樞

〔一〕終：原作「中」，據《玉海》卷四八改。
〔二〕記：原脱，據《玉海》卷四八補。
〔三〕已：原作「以」，據《長編》卷三三三改。
〔四〕元祐：原脱，據《長編》卷四二五補。
〔五〕所見：似當作「所有」或「所是」。
〔六〕松：原作「公」，據《宋史》卷三七九本傳改。

密院建炎四年十一月、十二月〔一〕、紹興元年正月、二月、三月、四月《時政記》六卷付史館。」

五年三月十二日，觀文殿學士、左銀青光禄大夫、提舉西京嵩山崇福宮李綱奏：「遵稟聖旨，省記撰述到《時政記》上下兩册，望宣付史館。」從之。

二十六年九月二十五日，知樞密院湯思退劄子奏：「伏覩祖宗舊制，樞密院奏事，有宣諭聖語，副使或同知院事鈔録。比年以來，久不舉行。欲依舊制，遇聞宣諭聖語，恭即書記，每月具録，同《時政記》上進，降（從）〔付〕史館。」從之。

孝宗乾道二年五月二十四日，起居舍人陳良祐言：「唐姚璹爲相，表請（伏）〔仗〕下所言軍國政要，宰相一人專知撰録，號《時政記》，每月送史館。宰相之撰《時政記》，自璹始也。今大臣奏[32]對有《時政記》，如唐故事，足以資國史之記載矣。惟是羣臣必以無所得聖語爲報，遂使帝言壅而不宣，無以示天下與來世。欲望降付兩省，今後遇有臣僚奏對，所聞訓令隨事疏報，不得以無所得聖語爲解，庶幾堯言布於天下，有光簡（諜）〔牒〕。」從之。

六年三月四日，樞密院言：「編修時政記房吏額見管七人，今減四人。」詔依其人數，永爲定額。請給等並依舊〔二〕，不得增添。

七年正月二十三日，詔三省、樞密院所修《時政記》於二月一日繳進，自今後逐旬依此。所有乾道七年已前未曾修經進者，可接續繳進。

二十九日，中書門下省言：「三省録記聖語，舊以『宣諭聖語』爲名，進訖，付時政記房收掌。候修成《中書門下省時政記》，改作『三省時政記』，再進。」詔：「自今將逐旬所記聖語以『三省宣諭聖語』爲名，與《時政記》同進。候降出，徑付國史、日曆所。」

八年十一月十九日，中書門下省言：「三省、樞密院修進聖語、《時政記》，見遵依乾道七年正月二十三日指揮，每旬逐日修到《時政記》，於次旬一日繳進。緣日限所拘，修記文字或有未備。乞自今後於次旬五日已前繳進。」詔令次旬終繳進。（以上《永樂大典》卷一八九三一）

御前弓馬子弟所

【宋會要】[33]開禧二年五月十二日，樞密院奏：「奉旨，令參照舊例，復置御前弓馬所，招收子弟，教閲武藝，選練人材，合行事件條具聞奏。今畫下項：（御）〔欲〕以『御前弓馬子弟所』爲名，隸樞密院。一、乞下文思院鑄造銅印一紐，以『提舉御前弓馬子弟所印』十字爲文。一、招致子弟，以五百人爲

〔一〕十二月：原作「十二日」，據文意改。
〔二〕請給等：原作「請等給」，據文意乙。

額。一、合差提舉官一員，幹辦官二員，兼押教（措）〔指〕教官，每以一百人爲率，差置一員，合差五員。一、招收子 34 弟格法：檢點乾道八年指揮，以五百人爲額。委提舉官踏逐，或招募見在軍、離軍兵官、品官之家及良家子弟。不以有無官資或武舉有學籍生員，並要好人材，年三十以下、身長五尺五寸以上之人。令大小使臣一員委保，每二十人申樞密院審量。提舉官取旨引呈訖，當日支破請給。一、子弟應募各以斗力支破請受。一、每日卯時入教，巳時放教。一、提舉官（毋）〔每〕季拍試一次，每一斗將選試中斗力高彊人引見[一]，量武藝人材補轉官資，引見呈試。不中人許行依舊在所習學。一、合用弓馬教頭，每一百人爲率差一名。一、今來合用寨屋、教場地段，充教閱及一行官屬舍屋。權乞於候潮門外大教場内教閱弓馬。所有官物，亦權於大教場内空閑屋宇安頓。一、合用弓箭，乞先次支降一百八十張，一石五斗力、一石四斗力、一石三斗力各二十張，一石二斗力四十張，一石力六十張，九斗力、八斗力各一十張。射親箭三十隻，鑿箭四百隻。一、合用鞍馬、軍器、衣甲等，從提舉所續次申請。提舉所創立之初，别無公用錢物，欲乞每月支公用錢一百貫文，下左藏庫支給，充教閱子弟公用，置曆收支。本所（用）〔合〕用教閱、拍試紀律，候將來差到官屬并新招子弟，條具格法，續具申請。」詔並依。提舉官差樞密都承旨李壁，幹辦官兼押教差左領軍衛將軍李師閔、右領軍衛中郎將翟銓。樞密院言：「近降指 35 揮，復置弓馬子弟所，以五百人爲額。據提舉官節次申，已約招二百一十五人，尚有未招之數。訪聞沿邊西北州軍或有應選子弟，緣路途遥遠，無由前來應募。」詔令弓馬子弟所除許招揍三百人外，仰江淮宣撫司於兩淮招五十人，京湖宣撫司於荆襄招五十人，四川宣撫司於西邊招一百人。並各精選，務要人材彊壯，武藝等仗合格，候數足回取指揮。（以上《永樂大典》卷一〇九四五）

皮剥所

開寶二年置，一在嘉慶坊，一在延禧坊。掌割剥馬牛驢 36 騾諸畜之死者，給諸司工匠、親從角抵官、五坊鷹犬之食，以三班殿侍二人監領，剥手十五人。

真宗咸平五年四月，詔：「皮剥所自今後收官私死馬，委使臣當面收剪鬃尾，秤數上曆送納。不須定十四兩爲額，勒人陪填。」

景德三年二月，詔：「皮剥所每疋死馬收煉脂油七兩送皮場，充熟皮之用。」

四年七月，詔：「殿前馬步軍司每鞍馬病死，當日内印帖子，勒馬主送剥馬務，晝時納下給（抄）〔鈔〕，不得擅邀乞錢物。」

[一] 每一斗：似當作「每一次」。

大中祥符七年五月，詔：「皮剥所斷買肉屠户，除元定頭足錢外，每歲納浄利錢千二百貫，逢閏又加百千。句當以三年爲滿。如未滿，不得諸色人陳狀添課剗奪。」

天禧二年十一月，三司言：「皮剥所每旬上殿，奏收到死畜頭疋肉臟數，元無許上殿指揮。檢會編敕，不得將帶常程公事上殿聞奏，已令本所將合奏文字逐旬於銀臺司通下。所有冬、年、寒日節假，舊例支散親從親事官并騎馬直節料，每人肉臟各二斤。欲乞亦只令具奏，於通進司進入。」從之。

仁宗天聖元年閏九月，詔：「左、右築毬、相撲軍所請口食、渾腔、死馬，令皮剥所依舊例支。」

（仁）〔神〕宗熙寧五年四月，詳定編修敕令所言：「乞今後坊監送納死馬，各具印押關子，開坐疋數，并馬赴皮剥所，驗認交納關子，即本所申省帳前粘連，委三司并管勾院磨勘司點檢，及將坊監文帳對會。數目不同，即行遣根究情弊。及將裏、外務合作一37局，以『皮剥所』爲名，只就舊外務舍屋，監專公人管勾。裏務除撥手分一名赴外務同祗應外，餘並減罷。外務所納坊監及開[一]、祥兩縣頭疋，除死馬外，諸雜頭疋並各用印紙關子送本務照會。內外務價高者，併就價高處施行。」從之。

高宗紹興八年九月三十日，詔復置皮剥所，以「行在皮剥所」稱呼。以兵部言官私倒斃牛羊無處送納也。兵部條畫：一、監官舊例一員，今欲差同幹辦馳（方）〔坊〕官一員權行兼官[二]，每月量支請給錢五貫文，隨曆批勘。一、專知官舊一名，手分舊例二人。今欲（置止）〔止置〕手分一人，兼專知官依舊募充。除支在京日所破請給外，其贍家食錢依見今庫務例支破。一、庫子舊例二人，今欲下臨安府，於識字有行止厢軍或曹司内踏逐出，指差一名充填。除舊請外，每食日量支食錢一百文，仍並分擘赴本所曆内批勘。一、剥手舊例二人，今欲下臨安府權差屠户一名。遇有開剥頭畜，即時赴所開剥。如無送納到死畜，並不得追呼，仍與免其餘供應差使。一、把門巡宿剩員舊例係步軍司差破一十人，今欲下步軍（使）〔司〕差大分厢軍兵士四人。其請給並分擘就勘所給。一、本所合置官廳（舊）吏舍、筋皮（踪）〔鬃〕尾角庫及（内）〔肉〕臟等錢庫，今欲乞朝廷指揮臨安府，於城外近便踏逐係官空地，疾速修蓋官廳蓆屋一間，吏舍蓆屋二間，凡庫屋共二（門）〔間〕。一、本所舊例每年起收納置死畜舊文曆承受簿、38賞功罰罪簿、鬃尾筋皮曆架閣簿，年終攢造收支斃畜等帳，赴尚書兵部驅磨。今欲並依舊例，起置攢造施行。內合印簿曆，並齎赴尚書駕部覆印施行。一、今（未）〔來〕（覆）〔復〕置本所，逐時行移并起置合用簿曆紙數，今欲每季支破大抄紙二百張，並隨本所請受曆内批勘。」並從之。

[一] 坊：原作「妨」，據上文改。
[二] 兼官：似當作「兼管」。

十月十日，詔皮剥所鑄銅印一顆，以「行在皮剥所記」六字爲文。同日，詔：「皮剥所受納官物合給鈔木團印一顆，以『行在皮剥所紹興八年分受納官物團印』一十六字爲文，逐年一易，從文思院給降。」

十一月二十六日，詔：「皮剥所收到筋皮角，令軍器所取撥使用，駱尾令雜賣場出賣。其收到買名、浄利價錢等，並赴左藏庫送納樁管，聽候樞密院指揮。」本所條畫：一、在京日出賣死貨，係本所置櫃封鎖，限一月人户實封投狀在櫃。如限滿，擡摒赴所屬開拆，取逐色價高者爲定買撲。三年一界，入納抵當錢一萬五千貫，屋業金銀充，所在垛放；準備錢三千貫，見錢，本所垜放；買名錢二千貫，開、祥兩縣送納；浄利錢三貫，納本所。本所今措置，欲置櫃，擡摒赴尚書駕部郎中廳封鎖。用訖〔一〕，給付本所，限半月召人户情願立定逐色錢數及每頭疋死貨全腔價錢，實封投狀，赴櫃内收盛。候限滿，赴駕〔部〕郎中廳前開拆，取逐所立錢最高者爲定。其合納抵當、準備、浄利、買名錢物，並赴所樁管送納外，權以一年爲界買撲。其未有人户間，遇有[39]納到死貨，欲乞從本所一面開剥，依在市價錢出賣，候召到人户日付人户。一、舊例，諸軍班倒死馬，並次第具軍狀赴皮剥所送納。係官倒死牛馬等具公文前來〔二〕，私下死畜本掌地分人申納。如隱庇不納，衷私開剥，厢鄰人并管轄合干人舉發，作「不應爲」從重斷罪〔三〕。本地分知而不舉，或失覺察，致被他人告捉，並一等科罪。送納遲延傷臭，納人倍納價錢。一、舊例，納給諸處擡摒到死畜，即時給鈔付納人。一、在京日舊例，開、祥兩縣死畜并兩縣近城厢界倒死，並合赴皮剥所送納。其鄉村下死畜在外送納。一、今後諸軍并在城應官私倒斃頭畜，諸軍令管轄官及合干人，私畜委本地分都監，近城厢界委自縣尉，并合干巡防人覺察。如隱庇不納，許諸色人告捉，每頭疋支償錢二十貫文，及管轄合干人并私畜，將本掌地分合干人並送所屬，依「不應爲」從重科罪，仍拘納合肉臟等錢入官。並從之。

十二月十六日，詔：「皮剥所許依坊監例，從本所踏逐副尉一名，充專知官。其請給依坊監見役人支破。」

九年二月十七日，詔：「行在皮剥所收到肉臟等錢，今後遵依舊法，並赴内（臟）〔藏庫〕納送。其日前已赴左藏庫送納訖錢數，仍限三日依數（掇）〔撥〕還。」

十三年二月二十五日，詔：「皮剥所召人買撲，不許蔭與上件作户名之人前來投狀入櫃。雖開拆定到價高合買，許一時同投狀人陳告，依犯人立定錢數，令告人[40]便得承買一界。犯人送納所屬，依條（所）〔施〕行。所有已納一界準備、抵當、買名、浄利四色錢物，並行没納入官。」從本府

〔一〕「用」下疑有脱字。
〔二〕倒：原作「例」，據上文改。
〔三〕不應爲：原作「不爲應」，據下文乙。律有「不應爲」之條。

色錢數於第一界立定逐色錢上並行增添一倍，立爲定額。並一色見錢，先次送納本所垛放。今後逐界准此。內買名、浄利係合入官錢數外，有准[41]備、抵當係人户錢數，本所封樁，準備填欠，如界滿別無拖欠，即合依數却行給還。」本所言：「自紹興八年第一界人户沈慶民立定買名錢四百一貫文，浄利錢八百二十貫文，准備錢五百五十貫文，抵當錢二千五十貫文，至界終收簇錢一萬二千餘貫文。自後累年，其出入官錢物數增數倍。今即係第五界人户買撲，其買（名）、浄利、準備、抵當錢比之初置元立錢數所增不多。」故有是命。

同日，詔：「皮剥所專知、手分依編估打套局門司、手分請給則例支破，並推行重禄。」

二十八年六月九日，駕部言：「皮剥所第一界立定馬錢數，欲權減一分，召人承買。」從之。

孝宗紹興三十二年十月二十七日，未改元。工部言：「乞將皮剥所馬皮揀選，均數降付殿（莄）（前）馬步軍司製造軍須。其零碎蛀損皮數，令軍器所作破皮，以斤重估價出賣。自後皮剥所剥到馬皮，每張估錢三百五十文省，同肉（贓）（臟）錢並（起）（赴）內藏庫送納。」從之。

乾道五年七月二十八日，樞密院都承旨張説言：「皮剥所乞差都承旨提舉，今後以『樞密院皮剥所』爲名。監官請也〔一〕。

同日，詔：「皮剥所送納官錢，自皇城門裏至內藏庫，每貫立定添支脚錢三文。」先是，破脚錢二十文省，緣止是到皇城門外，所有皇城門裏至內藏庫未有添支，故有是命。

同日，詔：「皮剥所於臨安府并行在庫務踏逐廂軍或曹司二人充庫子祗應，其請給以例除舊請外，與日支食錢二百文，遇闕依此。」

同日，詔皮剥所令步軍司貼差大分廂軍四人，通作六人巡防照管，仍選一名職名高者充部轄節級。

同日，詔：「皮剥所每收到皮及二十張，報軍器所，限一日差人前來取跋。如不到，許工部勾追，違慢合干人依條施行。」

同日，詔皮剥所遇送納騍尾赴雜賣場，每斤支脚錢三文。

同日，詔皮剥所，令納錢每貫收頭子錢三文省，充本所雜收錢。置曆收支，每季一易。

十四年九月四日，詔：「皮剥所監官茶湯錢添一十貫文，仍差白直一名。專知官別無衣糧，與每月添支食錢四貫。」

十五年四月十七日，詔：「皮剥所添置軍典一名，專令抄轉書寫簿曆等文書。其踏逐、抽差、請給等，並依內鞍轡庫軍典體例。」

同日，詔皮剥所：「將來人户買（樸）（撲）界滿日，將四

〔一〕本府：似當作「本所」。

乞差樞密院使臣兼。乞下三衙，令逐旬具馬倒數目申承旨司，却將皮剥所申到開剥(所)數目參照，置曆抄上。如遇有收到肉贓等錢，逐旬開具實數，赴承旨司書押。其赤曆半年一易。應收支錢物并應倒斃馬等，並合置簿在承旨司，每日分明銷注，以憑對曆驅磨。應官私納到倒斃馬 42 等朱鈔，並日下赴本司上簿給付。餘依見行條法施行。」從之。

六年閏五月四日，詔：「樞密院皮剥所今後將馬皮盡數赴軍器所送納。其牧放去處，令本軍拘收，赴所送納。」

七年四月三十日，詔：「皮剥所馬皮令殿前馬步軍司差人前去交跋，付逐軍應副使用。」從御前軍器所請也[一]。

淳熙元年二月十四日，樞密院東厨狀：「每月見支破料次錢一千貫，乞依堂厨例，貼支錢三百貫。」詔每年於皮剥所合發內藏庫(內贓)(肉臟)錢內截留五千貫。

二年五月三日，詔：「皮剥所見在錢物數并行遣事務，除供報樞密院并承旨司外，其餘官司更不供報。」

十一年六月七日，詔皮剥所減節級一人、巡防兵士六人。先是，專(封)(知)官一人，手分一人，軍典一人，庫子二人，節級二人，巡防兵士一十六人。至是，司農少卿吳燠請減冗食，下敕令所裁定，而有是命。

紹熙五年十月十七日，殿前指揮使郭杲言：「節次該遇慶壽、登極、大禮等賞典，士卒普霑恩霈，止有諸軍官兵內因名下馬斃，開剥傷臭，令償納價錢之人未蒙除放。乞按旬逐旋除納，每月一次，本司牒發赴皮剥所收管銷欠，庶使官兵得霑恩霈。」從之。（以上《永樂大典》卷一〇九四〇）

東西府

【宋會要】

43 熙寧七年四月九日[二]，詔韓絳居東府第一位，呂惠卿第二位。自是居東、西府八位不以次。

(元豐)八年六月二十四日[三]，詔三省、樞密院官如遇遷拜，東、西府居更不遷移。

【宋會要】

神宗熙寧六年七月十七日，詔定兩府初除、遷官、轉廳、解罷陳乞使臣公人，並衮同推恩，止令中書施行。宰臣、樞密使相七人，樞密使、知樞密院五人，參知政事、樞密副使、同知樞密院四人，簽書樞密院事三人。（以上《永樂大典》卷一〇九八九）

宣徽院

【宋會要】

44 太祖開寶九年二月，以山南道節度使潘美爲檢校太

[一]「軍」下原衍一「軍」字，今删。
[二]九日：《長編》卷二五二繫於二十一日戊子。
[三]元豐：原脱，據《長編》卷三五七補。

傅，依前山南東道節度使，充宣徽北院使。節度使領宣徽自此始也。

八月，以樞密副使楚昭輔權宣徽南院事，以右衛大將軍、判三司王仁贍權宣徽北院事。自後使闕，多樞密使、副兼掌之。

太宗太平興國八年二月，以宣徽南院使、山南東道節度、代國公潘美爲忠武軍節度使，進封韓國公。先是，美任南院，柴禹錫爲北院使兼樞密副使。是年正月，以王顯爲宣徽南院使，弭德超爲北院使兼樞密副使[一]，故美罷職。

至道元年四月，出宣徽北院使柴禹錫爲鎮寧軍節度使。太宗謂之曰：「舊制，自宣徽北院使出，不過防禦使。朕今委爾節旄，亦可謂優恩也。」

三年八月，以內客省使周瑩爲宣徽北院使。先是，宣徽使班位在樞密副使之上，瑩詣中書，請居其下。宰相爲言之，真宗嘉其謙退，即從其奏，自是爲例。

真宗咸平五年，周瑩、王繼英爲宣徽南、北院使、知樞密院事。會高陽關都總管闕，藩帥乏人，宰臣請輟宣徽使授之。帝以瑩頗知軍旅事，乃授永清軍節度，爲高陽關都總管。

景德四年十二月承天節，百官上壽於崇德殿，宣徽使當宣答。時知樞密院王欽若權宣徽使事，欽若在病假，知樞密院陳堯叟復以故不入，宰臣議以參知政事權宣答。真宗曰：「宣徽使、三司使皆不坐，可令丁謂攝事。」是日，欽若徑入朝，謂雖承敕，不復攝事。

仁宗景祐二年五月二十六日，詔宣徽院左知客押衙自今每遇出職，與右侍禁。舊止左班殿直，時李從簡援樞密副知客例，因定此制。

慶曆八年三月，制以殿前副都指揮使、寧武軍節度使李昭亮爲宣徽北院使。自殿前司遷此，國家恩例也。

十一月二十九日，宣徽使鄭戩言：「逐節進奉，已蒙恩依兩府臣僚例。所有請俸及諸般賞賜等，乞許依見任宣徽北院使程琳等例支給。」詔特依兩府臣僚體例。

皇祐二年九月五日[二]，詔：「今後宣徽使不得二員。」以諫官包拯等言：「宣徽使張堯佐緣後宮得進，乞降詔旨，將來更不令處使相之任及本院供職，仍趣赴河陽，庶幾厭塞人情。」因有是詔焉。

至和元年十月二日，殿中侍御史趙抃言：「伏見近年朝廷非次除宣徽使、節度使，頗爲煩數。切以二者使額在唐季則付與容易，欲乞今後宣徽并節度使內，文臣須歷中書、樞密院任用，加之德望爲人推服，武臣曾經邊鄙、建立功業者，方許除拜。兼宣徽使元額只是兩員，至如使相之任，體貌尤重，更當謹惜。望以臣言付兩府議定，執守施

[一]「兼」下原衍一「兼」字，今刪。
[二]按，此條事，《長編》卷一七一繫於皇祐三年八月二十二日庚子，但原注云《會要》在二年九月五日。

行，上以遵祖宗之法，下以重爵位之賞。」詔中書、樞密院：「今後有如此除改或未允當，即檢詳執奏。」

《神宗正史·職官志》：宣徽院置使，皇祐三年著令毋過二【45】員。後富弼以宣徽使判并州，已有二員，詔以邊任權增。熙寧三年郭逵、王拱辰在院，用弼例，以觀文殿學士歐陽修爲南院使，判太原府。然修卒以疾辭。故事，宣徽使與參知政事、樞密副使同知院事，以先後入叙位。每除二府，即宣徽使辭，乞位其下，然後降詔從之。

神宗熙寧九年六月二十五日，詔：「宣徽使今後遇以職事侍殿，或值中書、樞密院合班問聖體及非次慶賀，並特許序二府班。」從宣徽北院使王拱辰之請也。先是，拱辰乞凡百官儀制乞比簽書樞密院臣僚，詔送閤門詳定取旨，而有是命。

元豐元年十月十八日，以宣徽北院使、檢校太傅、中太一宮使王拱辰爲檢校太尉、宣徽南院使、西太一宮使，許居西京。

三年九月二十八日，户部侍郎、同知樞密院事呂公（着）〔著〕爲正議大夫、樞密副使、權發遣宣徽院。

四年十一月二十一日，罷宣徽院。見任宣徽使依舊，自今更不除人。

六年三月二十三日，宣徽南院使、判大名府王拱辰爲安武軍節度使、判大名府。官制不置宣徽使，拱辰因再任，遂改命。

哲宗元祐三年十月二十三日，詔復置南、北院宣徽使，儀品恩數如舊制，在京人從視簽書樞密院。

六年五月二日，詳定編修閤門儀制所言：「按舊儀，宣徽使遇有百官起居、稱賀、宴日通喚宣答。今復置南、北院宣徽使，儀品恩數並如舊制。其舊制内宣徽使職事，欲依舊修入。如闕，即依見行儀制。」

二十二日，中太一宮使、觀文殿學士、左銀青光禄大夫、兼侍讀馮京除宣徽南院使，仍舊充中太一宮使，許朝朔望。京先除宣徽南院使、知陳州，至是再辭，故有是命。

七月六日，三省言：「張方平元係宣徽南院使、檢校太傅、太子少師致仕。元豐官制行，廢宣徽使。元祐三年復置〔一〕，儀品恩數如舊。」詔太子太保致仕張方平依前太子太保，充宣徽南院使致仕。於是中書舍人韓川言：「臣聞宣徽使之名，祖宗以寵勳臣，班資恩數與見任執政均，與樞密副使、同知樞密院尤切相等，而皆未嘗令帶以致仕。且文武異列，不合混并。宣徽使武官也，太子太保文官也，豈可使官號混殽，合從改正。」詔依前旨行下。其後方平辭免，從之。

紹聖三年四月二日，詳定重修敕令所言：「宣徽使因官制廢罷，以事分隸省寺。元祐三年復置，並無所治之事。」詔罷之。（以上《永樂大典》卷一六六四六）

〔一〕置：原作「制」，據《長編》卷四六一改。

學士院〔一〕

【宋會要】

46凡學士院，置待詔十人。國初承舊制，翰林待詔六人，寫書詔。舊制月俸九千，春冬給衣。又有隸書待詔六人，寫簽題封角。月俸止六千，謂之東頭待詔。雍熙四年，廢隸書待詔，增翰林待詔十人，並兼御（史）〔書〕院祇候。録事一人。

景德二年九月，本院言：「孔目官劉尚賓年滿，已注宿遷縣尉。緣主持書詔，切須諳練，欲乞依吏部銓例，置主事或録事，以本司勒留充職。」詔以尚賓爲録事，給孔目官俸。自後不常置。又五代舊制有主事一人，周顯德中廢。孔目官六人，表奏官六人，驅使官二十人。驅使官舊額六人，咸平二年初置侍講、侍讀學士，別補驅使官四人祇應。及楊徽之卒，復以驅使官二人隸學士，因爲八人。三年四月，詔學士院不得額外添人。自後再除拜文明、資政、侍讀、侍講、龍圖閣、樞密直學士，皆學士院遣守闕驅使官祇應，多特補正名，遂至二十人。景德四年四月，學士院上言：「先準敕，表奏驅使官闕人，於京百司、兩省、三館抽差，即不曾召保揀試。本院見有守闕表奏官八人，驅使官十二人。今欲以此爲守闕定額，今後如（是）〔有〕闕人，即於京百司、兩省私名内抽取，依三館例，召保揀試。送中書看詳，從之。舊又有專知官一人，通引官一人，厨二六人〔二〕，太平興國四年並廢。

《兩朝國史志》學士院：翰林學士承旨、翰林學士、翰林侍讀、侍講學士。承旨不常置，以院中久次者一人充。學士六員，掌大詔命。凡國有大除拜，晚漏上，天子御内東門小殿，遣内侍召學士賜對，親諭祕旨。對訖，學士歸院，内侍鏁院門，禁止出入。夜漏盡，寫制進入。遲明，白麻出，閤門使引授中書，中書授舍人宣讀。其餘除授并御劄，天子不御小殿，不宣學士，但用御寶封中書熟狀，遣内侍送學士院，鏁院門而已。至於赦書、德音，則中書遣吏持送本院，而内侍鎖院如除授焉。院在宣徽院北。凡他官入院未除學士，謂之直院。學士俱闕，它官暫行院中文書，謂之權直。其侍讀、侍講春秋二時開延義、邇英閣，則執經史以侍講侍讀，常日則侍奉，以備顧問應對。其掌寫書詔、麻制，則待詔三人。其吏史則有録事一人，孔目官六人，表奏官八人。其給使則有驅使官二十人。承旨，唐置，以學士第一人充，今不常置。學士無定員。

太祖乾德元年十一月，以工部尚書竇儀爲翰林學士。時學士王著以酒失，扈蒙以請求，皆貶官。太祖謂宰相

〔一〕學士院：原批據《大典》此卷事目題作「翰林院」，大誤。宋代翰林院爲内庭官署，掌以天文、醫藥、書藝、圖畫等技藝供奉皇帝，其地位至卑，與文人學士供職以備顧問應對、草詔修史之學士院截然不同。兹據實際内容改。

〔二〕厨二：疑當作「厨子」。

曰：「深嚴之地，當以宿儒處之。」范質對曰：「竇儀清介重厚，然已自翰林遷端明。」帝曰：「禁中非此人不可，卿當諭以朕意，勉令就職。」

開寶二年十一月，以中書舍人李昉、知制誥盧多遜並直學士院。時學士王著卒故也。

六年四月，以知制誥張澹權直翰林院〔一〕。時學士李昉責（受）〔授〕太常 **47** 少卿，止盧多遜在院，又使江南。多遜使還如舊。

九年十一月，以太子少詹事湯悅〔二〕、率更令徐鉉並直學士院。太宗太平興國四年九月，（帨）〔悅〕遷光禄卿罷，鉉遷給事中，仍直院。八年六月，鉉亦以右常侍出院。

淳化二年閏二月，命翰林學士賈黄中、蘇易簡同句當差遣院，李沆同判吏部流内銓。學士領外司自此始也。史臣梁周翰曰：「故事，學士掌内庭書詔，在金鑾殿側，深嚴莫二，不當預外司事。雖朝廷藉其公才，實非選任之意。至有兩省及它局雜官請謁往來，動踰晷刻，有司無所彈擊，内外相參，清濁一混，惜哉！」

十月，翰林學士承旨蘇易簡獻《續翰林志》二卷，太宗賜御詩二章，批云：「賜詩之意，因卿進《翰林志》，美卿居清華之地也。」又飛白書「玉堂之署」四字以賜易簡，謂宰相曰：「易簡告朕求此數字，卿可召至中書授之，他日爲翰林中美事。」易簡上言：「願以所賜詩刻石。」帝爲真、（宰）〔草〕、行三體書（名）〔各〕一本，命待詔吴文賞模勒刊石，以賜易簡，仍以百本分賜近臣。十二月，易簡於本院會學士韓丕、畢士安，兼秘書監李至，知制誥柴成務、呂祐之、錢若水、王旦，史館修撰楊徽〔之〕、梁周翰，直秘閣潘慎修，翰林侍書王著，侍讀呂文仲等，觀御飛白及三體書。帝聞之，賜上樽酒，太官設饌，至等各賦七言詩。是時，宰相李昉、張齊賢，參知政事賈黄中、李沆亦各賦詩貽易簡，悉以上聞。翌日，帝謂昉曰：「朕諷讀數四，有以見儒墨之盛而學士之貴也。蘇易簡儒雅風流，加以樂善好事，朕見其會客賦詩，頗動嘉賞。流傳士林，一時盛事也。」

十一月二十三日，詔定降麻事例。宰臣、樞密使、使相、節度使特恩加官除授學士事例：銀百兩，衣着百疋。覃恩加食邑、起復、落起復〔三〕，銀五十兩，衣着五十疋。親王以有宣賜事例〔四〕，更不重定。公主未出降，依親王例宣賜；已出降，令駙馬都尉管送。

四年五月，以右諫議大夫史館修撰張洎、屯田員外郎知制誥錢若水並爲翰林學士。洎等赴上，帝曰：「學士之職清切貴重，非他官可比。故事，赴上有勑設及弄獼猴之戲，久罷其事，然亦非雅。教坊有雜手技、舞稍、擲盆、弄丸、藏珠於器、吐幡口中之戲，當令設之。」仍詔樞密直學

〔一〕知制：原作「制制」，據《長編》卷一四改。
〔二〕湯悅：原作「湯帨」，據《長編》卷一七改。
〔三〕落：原作「例」，據《翰苑群書》卷二〇改。
〔四〕「以」下原有「上」字，據《翰苑群書》卷二〇删。

士、知制誥預會。

十一月，武寧軍節度使曹彬來朝，宴近臣於長春殿，命翰林學士錢若水、樞密直學士張詠皆赴會。舊制，每命將出師勞還，宴於便殿，當直翰林學士與文明、樞密直學士皆預坐。李昉、扈蒙任學士日，常預斯宴。其後閤門使梁迥輕鄙儒士，啓太祖罷之。至是始復，從參知政事蘇易簡之請也。易簡又言：「故事，皇帝御樓肆赦，惟學士得升丹鳳之西南隅。自今帝御樓覃恩，望令與樞密使侍立御榻之側。」又取唐陸扆所定光院錢，請振復故事，亦從之。

真宗咸平五年十二月，學士宋白、梁[48]周翰并罰一月俸，坐草制遺誤也。初，命宰臣呂蒙正、李沆並兼門下侍郎，而二人草制之夕遺（亡）〔忘〕其事〔一〕。真宗以問白，白等不能對，第請改正，不復降麻，止帖麻用印，重寫告身，故有是罰。

景德元年八月，詔學士院自今所賜內外群臣獎諭敕書並須明述績效始末及若干人數。先是，群臣有勞效者，皆賜敕書獎諭。及受代、考課、赴調，多執以自陳，希望旌賞，然不見事狀始末。或言某等者不見同功人數，酬庸之際，難於區別，故有是命。

大中祥符元年正月，以天書降，皇帝奉迎酌獻。翰林學士、判太常寺李宗諤上登歌樂章，令本院降詔獎諭。時學士晁迥知貢舉，楊億在假，惟宗諤獨直，遂令參知政事趙安仁草之。是月下制，交趾黎至忠加功臣、食邑。舊制，外藩加恩，中書進熟狀，晡後畫付學士，翌日降制。初議至忠加恩，以是日宣降，而熟狀未入，前夕四鼓，真宗訝而詰之，乃通進司稽留，即以手劄付學士院撰進。時學士院李宗諤直，翌日，對宰相稱諭其敏〔二〕。

三年閏二月，學士晁迥等言：「今月十八日，宰臣召臣等問所降德音不鎖院之故。按本院舊制，赦書、德音不曾鎖院。臣等商議，除南郊赦書緣車駕齋宿在外，並是預先進入，降付中書，難以鎖院外，自餘赦書、德音，今後並依降麻例鎖院。」從之。

十月，帝謂宰臣曰：「昨日學士草賜陳堯叟詔，述巨誠所傳真文，乃云『軌迹』。『軌迹』雖有所出，流俗聞之非便。又嘗草詔述老子，乃云『洪惟柱史』。卿宜諭旨，每一詔當令中外易曉。」又嘗見勑書有以「永安」爲「洛汭」者，〔一〕帝曰：「永安在洛水南，言汭非也。」令改之。

五年七月，學士院言：「本院青詞、祭祝齋文相承稱尊號。按端拱元年兼秘書監李至起請祠祭、祝文只稱皇帝。今請約至所請，凡青詞、祭祀齋文不載尊號。」又諸路進奉，每降詔敕，多隔歲月，或本官亡歿，猶降詔敕。緣詔語之內皆有嘉稱、撫問之意，存没同用，於理非宜。今請每進奉到〔闕〕〔闕〕五七日內，令客省具數送院降詔敕。若本官身故者，止委客省勘會。如係官物須除破者，直牒三司，更不降

〔二〕諭：似當作「譽」。又此處文字節畧過當，可參看《長編》卷六八。

詔敕。又本院文字蠹爛至多，將訪舊規，屢成失墜。今欲自天書降後，應係詔、敕、祠、祝等編聯大册，差吏三人，專主鈔寫，日給筆墨食錢三百，所冀編次齊整。」並從之。

九月，學士楊億言：「疾疹稍痊，虚羸尚甚，望許權免十數日起居。」詔特免半月起居，仍令出宿。時億疾在假，詔中使挾太醫療之，億拜章謝。時御筆七言二韻詩曰：「承明近侍究儒元，苦學勞心疾已痊。善保興居調飪食，副予前席待名賢。」批表尾賜之。

十一月，詔：「翰林學士常留一員在院當直。如有假故，亦須候次學士到院，方得出宿。」

六年八月，學士院諮報：「準詔，減定書詔用紙。今定文武官待制、大卿監、觀察使以上 49 用白詔紙，三司副使、閤門使、少卿監、刺史以上用黄詔紙。自餘非巡幸、大禮敕書、敕牓外，並用黄表紙。」從之。

八年閏六月，學士院草賜錢惟演詔誤書「祭」爲「癸」，詔劾孔目吏決杖，待詔贖銅十斤，學士王曾特釋之。

天禧元年二月，學士院言：「詔敕詞尾並云『故兹詔示』、『故兹示諭』，方云『想宜知悉』。内諸道進奉，相承並不言『詔示』、『示諭』。竊思詔詞各有嘉奬之意，亦合標云『示諭』，今欲添入。又諸處奏告青詞以來，只是用紙裹角。今請委三司造黑漆木筒五十枚，凡有奏告，封詞賫往。」從之。

三年三月，學士承旨晁迥以疾乞免近職。詔特免宿直。

四年六月，學士院言：「前蒙太宗皇帝賜御書，年深損蠹，欲模勒上石。」從之。

仁宗乾興元年未改元。九月，命户部郎中、知制誥宋綬權直學士院。時承旨李維、學士晏殊、李諮並充使永定陵故也。不數日，召劉筠入院充學士，綬遂罷。

天聖元年十月二十二日，詔學士今後每遇隻日至晚出宿，不得有妨公事。時學士止李諮、晏殊故也。

五年六月，仁宗謂宰臣曰：「昨夜降文字，學士撰本，云學士不宿。苟緩急，文書慮成妨闕，自今並令依大中祥符五年詔書施行。」

景祐元年五月十五日，翰林學士承旨盛度等言：「本院見闕《隋書》，應天下圖經、《道德經》并疏、《莊子疏》、《冲虚真經》并疏，乞下所屬去處各給一部，付本院充公用。内《莊子》并《冲虚真經疏》如監本無，即乞於《道藏》内借本，付三館差人鈔寫。」從之。

慶曆四年六月二十五日，學士院言：「制詔、齋文、青詞并北朝書及非次急速文字，自來只是表奏官裝硾裁粘，不得精勤。欲乞取裝裁工匠一名，赴院祗應。」從之。

皇祐元年九月，以翰林學士承旨、兼端明殿學士、尚書户部郎中、知制誥王堯臣加諫議大夫，以久在禁林，優遷之也。堯臣歲滿當遷，宰臣文彦博以其久任，請降是命。

二年九月十六日，新除翰林學士嵇穎未及謝卒〔一〕，詔賜告敕、襲衣、金鞍勒馬於其家。

四年六月五日，詔：「今後學士院所試官員據所試文字依公考定，不得假借等第。」時與試者多權貴子弟，因緣請託，物議喧然，朝廷患之，故有是詔。

至和元年八月十六日，詔學士院自今當宿學士以故請告者，令以次遞宿。前一夕，命劉沆爲宰相，而召當宿學士楊偉草麻，不至，乃更自外召趙槩草之，故有是詔。

九月，翰林學士楊察爲承旨，知制誥呂溱、王洙並爲翰林學士。故事，學士六員，今洙爲第七員，蓋宰相過除也。

嘉祐二年十二月九日，詔學士院承内降處分，自今並(闕)〔關〕白中書、樞密院施行。先是，澶州言河流壞浮橋，後數日而完修之，遂下本院降詔獎諭。而中書言：「官吏護視不謹，已爲部使者劾罪。」既令免勘，而詔亦追罷之。

三年六月十五日，詔學士院從下兩 50 員常專一管句編録國朝以來所撰制詔文字。從學士歐陽修之請也。

六年三月，承旨宋祁言：「久病，不可稽朝謁，入學士院欲帶一子侍湯藥。」從之。

六月二十日，詔下開封府，今後學士院敕設，只得令雜手(枝)〔伎〕人祗應。

十月，學士院言：「舍人院并諸宫觀、唐書編敕所之類，但置官局，皆有翰林、儀鸞司人祗應。本院地處近密，學士迭直及間與兩制(儀)〔議〕事，自來獨無供應。請依逐處例，差翰林、儀鸞司各二人并合要物色赴院祗應，仍半年一替。」從之。

七年二月，學士院言：「臣僚上奏并劄子陳請事，唯宰臣、親王、樞密使方降手詔，手書，自參知政事、樞密副使已下，即無體例。去年三月，因樞密副使陳升之請郡，内批令降不允手詔，當直學士胡宿亦曾論奏，以手詔體重，乞只降不允詔，而不從其請。竊緣近禁動成故事，恐成例，隳廢典故。乞自今除宰執、親王、樞密使有所陳請事，依例或降手詔、手書，自餘臣僚更不降手書、手詔，許從本院執奏。」從之。

八月，學士王珪當草立皇子制。珪等對于崇政殿曰：「天下久望立太子，然此議不出自陛下，後必有動摇，則禍亂之萌未可知也。」帝諭曰：「朕思宗廟之重，夙夜不敢安。今立皇子之議，決自朕懷。」珪曰：「陛下誠能爲宗廟計，則天下之福也。」於是再拜殿上，退而草詔以進。先是，中書召學士草詔，珪曰：「此大事也，必面稟得旨。」於是求對，朝議以爲得體。

八年五月十三日，學士院諮報：「當院竊見逐次入國禮物件段數目劄子係御藥院編排修寫，自來直至看禮物訖，方送本院，多臨日忽忙，書寫不謹，竊恐差誤。緣書録凡經四次進印，其書匣又於入國(史)〔使〕副未進發前給付。

〔一〕嵇：原作「稽」，據《長編》卷一六九改。

乞指揮御(醫)〔藥〕院，令每編排定入國禮物數目，先次鈔寫件段數目劄子一本，仍於看禮物五七日以前關送本院，以憑預定修寫比對。仍候看禮物訖，續次送進本赴院，再行校勘進呈，免至臨日悮事。」御藥院勘會：「除每年常程禮物亦俟後苑造作所供納及内降到衣物等齊足，方始見得顔色花樣、斤兩數目，即於進呈前一二日可以先次具録，供赴學士院。其非汎國信禮物，係逐旋取旨，排辦製造，或臨時内降，名件不定，即難以預先供寫。」詔御藥院於看禮物前三日供赴學士院。

英宗治平元年閏五月，詔録學士院具員一本以進。

二年七月，詔：「今後如遇非時鎖院，次日不是常朝起居，仰監鎖院使臣與學士同共關報閤門。」先是，御史臺言：「今月四日夜鎖院，閤門不告報，致有悮告報百官赴文德殿聽麻。乞今後除中書進熟狀，自有帖黄聲説追班外，非時鎖院並從御藥院關報閤門追班。」故有此詔。

《神宗正史·職官志》：學士院掌制誥、赦敕、國書及宫禁所用之文詞。凡后妃、親王、公主、宰相、節度使除拜，則 51 學士草詞，授待詔書訖以進。赦降、德音則先進草。大詔命及外國書，則具本稟奏。得畫亦如之。凡奏事用牓子，關白三省、樞密院用諮報，不名。自國初至行官制，百司事失其實，多所釐正，而承唐舊典，遵用不改者，獨學士院而已。官學士二人，待詔三人。吏録事一人，孔目官六人，表奏官八人，驅使官二十人，守闕驅使官十有二人。學士正三品，凡拜宰相或事重者，宣召面諭旨，則給筆劄，書所得旨，稟奏歸院，具詞以進。餘遣内侍授中書省熟狀亦如之。若已畫旨而有未盡，或舛誤，則論奏貼正。乘輿行幸，則侍從以備顧問。有所獻納，則請對或奏對。凡初命爲學士，皆遣使就第，宣詔旨召入院。上日，敕設會從官，侑以樂。平時詣三省、樞密院議事，則履見宰相、執政官。自國朝以來，待遇之禮率循故事。舊無常員，及元豐中始裁定，間選久次者爲承旨。《哲宗職官志》同。按故事，學士止六員。至和元年，王洙爲學士，係第七員，當時號員外學士。此云無常員，誤也。

神宗熙寧三年七月，學士院言：「應下兩制詳定文字，直舍人院未審合與不合同議。」詔令同議。

八月，詔：「自來封王，合行管内布政牓文等，并節度使初除及移鎮或别加恩命，並逐旋進劄子，劄送學士院，降敕書示諭本鎮三軍將吏、僧道、百姓。今後如有上項除改恩命，並令學士院每遇降制訖，一面檢舉施行。」

四年七月十九日，命尚書兵部郎中、知制誥王益柔、尚書刑部郎中、知制誥陳襄兼直學士院，候除學士罷直。以學士韓維在假，闕官宿直，上令差知制誥二人爲直院。

九月十四日，知制誥、直學士院陳襄出知陳州。襄論事數忤宰相王安石，嘗草河北詔旨，言「水不潤下」，中書改之。又明堂赦書有「奉祠紫宫」語，犯俗嫌，故出。

十月十二日，知制誥王益柔罷兼直學士院，以草高麗國答詔非工也。以右正言、知制誥、檢正中書五房公事曾布兼直學士院。

六年正月二十一日，詔學士院：「今後大遼國書并諸國詔書合要匣複等，並自下司取索訖，關三司破除。仍諭諸處更不申乞朝旨。」

七年十二月八日，詔：「翰林學士、知制誥至中書、樞密院議事，許繫鞋。遇朔望及不因公事，依例穿執。」

十年十月三日，學士院言：「編修内諸司式所送本院式十卷，編學士員數并録表疏、青詞、祝文、鏁院、敕設、宿直之類。看詳學士員數繫朝廷臨時除授，若表疏、青詞、祝文，或請禱之意不同，難用一律。況朝廷待學士禮意稍異，宣召、敕設盡出特恩，關白中書、樞密院止用諮報，不同諸司。乞下本所，以吏人差補及官物出入之類並立爲式，學士所職更不編載。」從之。

元豐二年十一月一日，翰林學士蒲宗孟乞叙班章惇下。從之。以惇先曾任翰林學士，丁憂服闋，再爲學士故也。

52 三年八月五日，詔學士院於尚書省、樞密院用諮報。

九月二十七日，詔嘗任翰林學士，除資政殿學士以上，更不別兼學士。

十月二十五日，詔翰林學士并聽佩魚。

五年五月十九日，詔翰林學士見執政官議事並令繫鞋。

八月八日，詔翰林學士獨員，三直免一宿。

六年三月二十五日，學士院言：「本院久例，親王、使相、公主、妃并節度使等除受并加恩，並送潤筆錢物。自官制既行，已增請俸，其潤筆乞寢罷。」并中書省亦言：「文臣待制、武臣横行副使及遥郡刺史以上除改，自來亦送舍人潤筆，乞依學士例罷。」並從之。

哲宗元祐元年四月十八日，尚書省言：「除拜官職差遣，緣畫録黄已經由門下省，如辭免恩命，中書省既得旨，令降詔不允，乞只從中書省批送學士院進詔，更不重出録黄。」從之。

七月二十八日，翰林學士承旨鄧温伯言：「學士如獨員，每兩日乞免一宿〔一〕，候有雙員，即依故事。」從之。

五年二月十四日，知亳州、龍圖閣直學士鄧温伯除翰林學士承旨。四月二日，詔温伯以龍圖閣直學士兼侍讀，提舉醴泉觀，其新除翰林學士承旨告繳納。六日，詔温伯依舊爲翰林學士承旨，其提舉醴泉觀、兼侍讀除命勿行。先是，中書舍人王巖叟封還温伯承旨詞頭，言：「温伯交結蔡確，陛下踐祚之始，草王珪麻制，則曰『預定議於禁涂』。及爲確詞，則曰『尤嘉定議之功』，輕重之間，包蓄微意。（微）〔徽〕幸異日，操心不忠。乞收還除命。」詔以次舍人撰詞，而言者攻之不置。既改爲侍讀，巖叟又封還詞頭，詔以温

〔一〕每：原作「乞」，據《長編》卷三八三改。

伯知南京。後四日，卒從初命。

元符元年八月十四日，翰林學士承旨蔡京言：「應執政官見學士之禮，乞下有司立法。」時宰相章惇以道服見京，故有是請。

二年，翰林學士承旨蔡京言：「遇請對，乞不隔班上殿。」從之。

徽宗建中靖國元年三月十三日，翰林學士王覿草日食德音，三省有所貼改。覿待罪，詔令依舊供職。

崇寧五年二月七日，詔翰林學士、兩省官及館閣今後並除進士出身人。

大觀元年閏十月四日，中書省奏：「翰林學士劉正夫撰飲福宴(政)〔致〕語，文字拙惡，音韻不協。」詔以正夫爲龍圖閣直學士、知河南府。

政和四年二月六日，翰林學士承旨、知制誥、兼侍讀、修國史、議禮局詳議官強淵明奏〔一〕：「奉御筆，差措置點檢學士院。今措置點檢到下項：本院回答大遼國書并賜夏國等諸番夷詔敕之類，自來只是臨時檢尋〔案〕沓使用。欲乞將承受到續降指揮并前後案例添修爲本院敕令格式，選差本院使臣人吏就本院編修。更不添破請給，只乞候書成進呈日，具勞績等第量乞推賞。本院公使厨庫錢物浩瀚，自來止係孔目、表奏官輪監，竊慮難以委辦。臣欲乞差小使臣一員專監厨庫，兼管勾本院 53 應干錢穀官物等。許臣踏逐，具姓名奏差。其理任、請給、破人並乞依近降點檢文字使臣已得指揮施行。兼昨承朝旨，置專知官一名，乞從本院踏逐，具姓名諮報朝廷，指揮特差。仍乞添差兵士十人、節級二名，分番看管。今定人吏選試之法，除録事一名係職級外，有孔目官、正名表奏官、編排表奏官三等。欲乞遇孔目官有闕，令正名表奏官試補，將本院法并制誥敕書等案沓及《在京通用敕令格式》内出試題五道，以三通二粗爲合格。遇正名表奏官有闕，令編排表奏官試補，寫大小字詔書各一本，及於本院法并制誥敕書等案沓及《在京通用敕令格式》内出試題三道，二通一粗及書札精楷者爲合格。遇編排表奏官有闕，令私名人試補，寫麻制進本一道，以書札精楷者爲合格。本院門禁約束，欲乞並依門下、中書後省法施行。今來承行學士，如遇有本職事上殿，乞依六曹長貳例，許帶本院有服色二人隨入殿門。」詔並依所奏。

五年九月二十七日，詔翰林學士王甫賜名黼。

十月二十九日，御書「摛文堂」牓賜學士院，學士承旨強淵明、王黼上表謝。

欽宗靖康元年四月二十三日，翰林學士吳幵等言：「契勘大禮鎖院，麻三道以上，係雙宣學士宿直分撰。今月十六日鏁院，麻六道，止係權直院莫儔獨宿。欲乞今後遇三道以上，雙宣二員。」從之。

〔一〕強：原寫作「彊」，雖爲同字異體，然多數典籍皆記作「強」，因改。下同。

高宗建炎元年六月五日，詔新除翰林學士謝克家爲述古殿直學士、提舉揚州洞霄宮。先是，克家除翰林學士，以知制誥犯祖名，詔權不繫「知制誥」三字。克家言：「翰林學士祖宗時若兼領佗官，止與職名同。元豐官制行，既專典内制，則必帶『知制誥』三字。此不易之制，詎可緣臣輕有改革，望除一宮觀差遣。」故有是詔。

紹興元年五月二十六日，翰林學士汪藻言：「學士院出入道路，經由大行隆祐皇太后殿攢宮門。今來日逐興工，於入院不便，乞權在本家供職。」從之。

二年九月十九日，直學士院綦(密)〔崈〕禮言：「自兵興以來，急於除用，並無降詔之禮，乃或有『如敢遷延，重寘典憲』指揮，非待賢之道。望舉行故事，凡六尚書及翰林、端明殿學士以上職任[一]，并新任與曾任宰相、執政官，若自外除授，或被召應赴行在者，並令尚書省日下報學士院頒降詔書，以示待遇之禮。且使外任近臣有所取信，以離其官守。」從之。

四年四月十五日，詔：「學士院有官充待詔人及兩任，令吏部與不依名次指射差遣恩例一次。」

五月九日，翰林學士、知制誥綦崈禮、尚書禮部侍郎、兼權直學士院陳與義、中書舍人張綱等言：「臣等學識淺陋，播告之修[二]，不能發揚聖德，致臣僚建言待罪，乞賜黜責。」詔：「無罪可待，日下依舊供職。」先是，考功員外郎孔端朝言：「建立政事，既有其實；感悟人心，必假於言。唐德宗 54 之在奉天，陸贄建言：『今盜徧天下，宜痛自咎悔，以言謝天下，庶幾頑者革心。』故當時所下制書，雖武夫悍卒，無不感動流涕。今陛下留神治道，刻意恢復，聽覽至勤，奉養至約，行宮不踰牧守之居，射殿亦用茅茨之制，聲色無所親幸，訐直每加優容。既有此實，而播告之言或未有以發之。謂宜制誥號令，因事見辭，痛自引咎，且言陛下憂勤雪恥之意，而侈大夸矜之辭不雜其間，以收拾人心。」詔劄與内外詞臣。故崈禮等(侍)〔待〕罪。

七月十日，翰林學士綦崈禮言：「識慮不明，所撰吳玠麻制言語失當，見居家待罪。」詔放罪。先是，臣僚言：「臣覩所宣吳玠進職麻制，有曰『陸海神皋，既失秦川之利；銅梁劍閣，敢言蜀道之難』。臣竊謂玠方擁重兵，據要害，而乃云『既失秦川之利』，雖其意指秦之川，然四川皆川也，玠得不疑哉！又云『敢言蜀道之難』，不識『敢言』之義果何謂也！欲乞改正行下。」詔令學士院貼改，故崈禮待罪。

五年六月一日，上諭宰執曰：「朕常以營造爲戒，居處不敢求安。前日孫近有文字乞罷修學士院，朕嘗見國史載真宗皇帝幸三館，顧謂近臣曰：『陋屋數十間，何以處天下英俊？』今雖艱難之際，然學士院上漏下濕如此，儻不畧與

[一] 上：原脱，據綦崇禮《北海集》卷二八補。

[二] 告：原作「年」，據張綱《華陽集》卷一八改。「播告之修」，《尚書・盤庚》語。

修葺，非所以稱朕待遇儒臣之意。」

七月三日，直學士院胡交修言：「胡世將乞宮觀，令學士院降詔不允者。契勘世將係是從姪，所撰詞顯屬妨礙。」詔差中書舍人胡寅權直學士院撰行。

六年五月六日，吏部尚書、權翰林學士孫近言：「本院學士胡交修已除刑部尚書，范冲已改除翰林侍讀學士，即日止臣獨員。竊慮文字擁併，雙鏁日難以旋進。乞望早賜差官。」詔給事中朱震兼權直學士院。

七月六日，吏部尚書、權翰林學士孫近言：「本院已有學士朱震、直院陳與義正官二員，所有臣兼權上件職事乞令解罷。」詔：「學士之職，古無定員，（正）〔貞〕觀以來，時多兼領。在明皇世，常置者六人；於穆宗朝，並用者三俊。資卿才德，典服訓辭，於國有光，視唐無愧。得一二文翰之士，雖曰朋來；豈咫尺對揚之英，遽先引去。正藉耆儒之重，方欣君子之多。勿復固辭，往安厥位。」近又言：「見行官制學士二人，祖宗以來建爲定額，望不以臣故紊成憲。」詔不允。

九年三月二十七日，殿中侍御史謝祖信言：「國家遭中否之運，十年于此，天意助順，輿地自歸。今歸附之始，而朝廷在江吳，道里遼邈，所以宣至意，收人心，唯在於號令文告之辭，則推誠不可以不至，引咎不可以不深。廣『推赤心，置腹中』之語，使上無匿指；法『傷居爾體，痛在朕躬』之意，使人得所欲，則叛者庶幾革心。」詔劄付學士院、中書後省照會。

七月二十五日，詔：「新（腹）〔復〕州軍今後遇有合降詔書，令學士院請實訖，赴三省、樞密院給發。」

二十七年九月二十四日，尚書工部 55 侍郎、兼直學士院王綸言：「本院待詔應奉，昨踏逐到御書院已經試中書學生王世賢、鄭漢卿二人，並未有理年出職指揮。乞依講筵所援御藥院封題書藝學李升已出職條法補（援）〔授〕施行，仍通理到院月日遷補。」從之。

十月十二日，詔：「學士院人吏應奉修寫機密國書過七十次至六十次人，各與轉一官資；五十次至四十次人，與減三年磨勘；三十次至二十次人，與減二年磨勘。仍自今降指揮之後，每應奉及一十次，與減一年磨勘。」從直學士院王綸請也。

二十九年六月十九日，詔：「學士院係禁庭官司，今後諸色人不得兼外處差遣。有違戾，本院具姓名聞奏。」

同日，給事中、兼直學士院周麟之言：「學士院每年正旦及天申聖節回答國書，并遣使賀生辰、正旦國書，并用金鍍銀裝匣，係文思院製造。近來文思院供到，多是金色淺淡，打鈒麄疎，托裏錦色不鮮明。屢次退換，旋行裝飾。欲乞下工部嚴行約束，如法裝辦，不得仍前滅裂。其修寫國書紙係御前降到，經今已十餘年，紙色暗舊，每次多是揀選背用。今乞於御前逐旋請降。及每次行遣國書，寫人使到闕賜物總目及遣使禮物數目，並令合干官司取索，以憑書寫。近來官司多是不即報應，其間物數間有差錯。欲乞申嚴行下合干官司，即時報應，子細點對，赴院供納。事關國體，所係非輕，望詳酌施行。」詔紙依所乞，餘並申嚴約束。如違，令學士院劾奏。

孝宗紹興三十二年未改元。八月十七日，詔太上皇后生辰功德疏合用表文，令學士修撰。

隆興元年七月二十八日，詔：「學士院須權行安奉欽宗皇帝几筵，可（衣）〔依〕舊，仍令重加修蓋。自今後應學士院及經筵官日輪二員直宿，稍復祖宗故事。」

八月三日，學士院狀：「依指揮併省吏額，西院額管一十四人，今減點檢文字一名，書寫青詞表奏官一名；東院額管驅使官共一十六人，今減末名守闕驅使二人。」詔依擬定，見在人且令依舊，如將來遇闕，更不還補。

同日，中書舍人、兼直學士院劉珙言：「已降指揮，添講筵官直宿。所有位次，本院屋宇窄狹，乞行展蓋。」從之。

十一月七日，詔：「學士院與經筵官、宿直官每月二日合赴德壽宮起居，并聖節開啓滿散、國忌行香前一日及旬假、節假，並與免宿。」

二年閏十一月五日，敷文閣直學士、提舉江州太平興國宮王剛中言：「除臣翰林學士，緣官稱首係大父名，乞別改除一差遣。」詔改除禮部尚書、兼給事中、直學士院。

乾道二年十月三日，詔學士院：「自今後車駕詣德壽宮，如遇執政，從便權免宿直。」

三年正月五日，詔學士院自今後每遇筵宴，權免宿直。

四年正月六日，詔學士院今後每遇車駕詣景靈宮四孟朝獻，權免宿直。

五年六月十五日，詔：「自初伏日賜學士冰一 56 月，每日半擔。」

同日，詔降白成銀冰盆一面，黑漆座全。如遇入伏，令學士院設放使用。

同日，詔降黑漆水桶一隻，蓋座全，賜學士院使用。

六年五月四日，學士院狀：「依指揮省併吏額：西院録事已下一十二人，今乞減罷表奏官二人，以一十人爲額。東院驅使官一十四人，今於數内裁減正名驅使官王彦通、馬晟二人，減作守闕驅使官，却將守闕驅使官樂德華、趙琪敦減作編排驅使官，更不支破請給，通以一十二人爲額。」詔依擬定，各從下裁減，將來見闕日，依名次撥填。其減下人願依條比換名目者聽。

十一月十四日，尚書禮部侍郎、兼直學士院鄭聞、秘書少監、兼權直學士院周必大言：「檢准紹興三十一年十月四日指揮：『今次明堂大禮，合加恩臣僚，權宜更不鏁院宣麻，止降制給誥，並免辭免。候事定日依舊。』所有乾道元年、三年兩郊，並依上件指揮。今來郊祀大禮慶成，其合該加恩臣僚，未審且依近例止降制誥，（難）〔唯〕復檢舉自來鎖院典故施行？」詔依舊例鎖院宣麻。

八年十月二十六日，準御封付院御寶批：「先降指揮，經筵官日輪二員學士院宿直，今可止輪一員。本院自後遵依，永爲定式。」既而有旨，經筵官與學士院官每日通輪一員。宿直官約午時入院，臨安府供蠟燭一對，夜點照用；來早，院中破宿官點心。至冬供炭一十斤。如遇輪宿直，用簿子隔日書知押字，將書知宿官姓名便（闕）〔關〕報御藥院具奏。」

九年三月十二日，詔翰林學士承旨王曮除端明殿學士〔一〕、提舉江州太平興國宫。以曮乞解嚴近，故有是命。

十二月二十四日，詔秘書省正字崔敦詩兼翰林權直。先是，有旨下國史院具典故，館職兼權學士院職事如何結銜。既檢照申上，而朝廷以《四朝會要》學士院他官兼權者謂之「權直」，遂有是命。其後淳熙五年九月，敦詩再入院，議者以翰林非專掌制詔之地，乃改爲「學士院權直」。

同日，詔：「秘書省正字崔敦詩兼翰林權直，所有請給，除身分料錢隨階官，時服照正字格法，并本省會要茶湯錢依舊支破〔二〕，所有職錢并米麥、衣賜，依翰林學士則例，以三分減一支破。所有廳從，除本職合破外，止貼差客司一名，顧募隨本職。」（以上《永樂大典》卷一六六四七）

侍讀　侍講

太宗聽政之暇，日閲經史，患顧問闕人。太平興國八年，始用著作佐郎呂文仲爲侍讀。尋又爲翰林侍讀，賜緋魚，寓直御書院，立本官班。嘗出經史，召文仲讀之。

真宗咸平元年，又訪通經義者于參知政事李至。至薦國子直講崔頤正，召於後園，令説《尚書・大禹謨》，面賜五品服。然自楊徽之始建學士之職，後馮元爲翰林侍講，不帶學士。又有馮宗元爲侍講，高若訥爲侍讀，不加別名，但供職而已。

真宗咸平二年七月，以兵部侍郎兼秘書監楊徽之、户部侍郎夏侯嶠並爲翰林侍讀學士，國子 57 祭酒邢昺爲侍講學士，翰林侍讀、兵部員外郎呂文仲爲工部郎中，充侍讀學士。先是，侍讀名秩未崇，真宗首置此職，擇耆儒舊學以充其選，班秩次翰林學士，禄賜如之。設直廬於祕閣，侍讀更直，侍講長上。日給尚食珍膳，夜則迭宿，令監館閣書籍中使劉崇超日具當直官名，於内東門進入。自是多召對訪問，或至中夕。中謝日，賜與如翰林學士。

五年正月，宴宗室、侍讀、侍講學士、王府官於崇政殿。以邢昺講《左氏傳》畢也。賜昺及侍讀夏侯嶠等器帛，昺加襲衣、金帶，以昺爲工部侍郎、兼國子祭酒，依舊充職。

〔一〕「承旨」下原脱人名，據下文「以曮乞解嚴近」句，知此人名「曮」。考《翰苑群書》卷一一載：「王曮，乾道七年四月以給事中除翰林學士，八年三月除承旨。九年三月，除端明殿學士、提舉江州太平興國宫。」正與此吻合，據補。

〔二〕會：疑當作「合」。

景（祐）〔德〕四年八月〔一〕，以翰林侍講學士、工部尚書邢昺知曹州，班在翰林學士之上，從尚書班列也。侍講學士外使自邢昺始焉。

天禧元年二月，召直龍圖閣馮元講《易》於宣和門之北閣。時惟待制查道、李虛己、李行簡預焉。自是説《易》，盡上、下經，以元使契丹止。

三年十二月，以工部侍郎、參知政事張知白爲刑部侍郎、充翰林侍讀學士、知天雄軍。知白懇求罷免，侍讀學士外使自此始也。

仁宗乾興元年未改元。三月，以吏部員外郎、直龍圖閣、太子左諭德魯宗道爲户部郎中，左正言、直龍圖閣、太子右諭德馮元爲户部員外郎，並爲龍圖閣直學士、兼侍講。

十一月，仁宗御崇（正）〔政〕殿西廡，召侍讀學士李維、侍講學士孫奭、侍講馮元等講《論語》。帝嘗語近臣，以「方親庶政，聽斷之暇，欲召名儒講習經典」。宰臣馮拯等曰：「今奉降詔，每於雙日召侍臣講讀，以當奉行前詔故也〔二〕。」天禧舊制，凡侍臣講讀皆賜坐，講者設本于前，别坐而聽。乾興後，每説書（曰）〔日〕，侍臣皆先就座，賜茶訖，徹席立講。講畢復坐，賜湯。自後又取工部郎中馮宗元直龍圖閣，亦令講書。凡説《論語》、《孝經》、《禮記》、《尚書》、《春秋》、《老子道德經》。侍讀初無所職，但侍立而已。自宋綬〔三〕、夏竦爲侍讀，始令日讀《唐書》一傳，參釋義理。每講書日，帝親書古賢詩或取經書要言書一二紙〔四〕，其後遂罷。又令侍讀讀真宗《正説》。經史文字涉凶惡事，亦須預説。無所規鑒，即不講。或召中書、樞密院聽書，即於侍官前設座。

景祐元年正月二十六日，給事中、充集賢院學士李仲容言：「臣冠掖垣之地已及七年，新除兩人學士，俱是在臣之下，望别賜臣一職名。」詔除守本官，充翰林侍讀學士、判史館。

慶曆四年二月，御迎陽門，召輔臣觀圖畫。其畫皆前代帝王美惡之跡，可以規戒者。因命天章閣侍講曾公亮講《毛詩》，王洙讀《祖宗聖政録》，侍讀學士丁度讀《前漢書》，數刻乃罷。

皇祐三年七月五日，翰林侍讀學士、給事中郭勸表乞致仕。帝以勸履行純謹，立身清約，特命降召不允，示優恩也。

四年九月十二日，知制誥胡宿言：「近命臣充翰林侍讀學士，且臣未宜當此職，不敢入謝。」時宿居綸閣久次，執政以禁林員足，未議遷補。又逼於物議，因以金華處之。

〔一〕德：原作「祐」，據《長編》卷六六改。

〔二〕「帝嘗語」至此句，原僅存「宰臣馮拯等曰」六字，其餘均脱，兹據《職官分紀》卷一五補。《職官分紀》此段，除多此數句之外，與此文全同，當即録自《會要》。

〔三〕綬：原作「綏」，據《職官分紀》卷一五改。

〔四〕帝親書：原脱，據《職官分紀》卷一五補。

而諫官李兑、韓贄指言其失，故宿辭，卒亦不許。

至(元)〔和〕元年十月〔一〕，58賜翰林侍讀學士楊安國錢五十萬，仍聽大寒暑毋入謁。時安國言衰憊不任侍經席，願乞骸骨以歸，故賜及之。

《神宗正史·職官志》〔二〕：侍讀、侍講正七品，崇政殿説書從七品，掌講讀經史，以學士或侍從職事官有學術者充。其秩卑資淺，則爲説書。歲春二月至端午日、秋八月至長至日，遇隻日入侍邇英閣，輪官講讀。始至，率以履見，列墩，命之坐，賜茶。(議)〔講〕讀畢，賜湯，乃退。咸平二年皆置學士，至元豐五年省去「學士」之號。《哲宗職官志》：元祐七年復增「學士」之號，元符元年省去。

哲宗元豐八年即位未改元。四月十四日，資政殿大學士、光禄大夫呂公著兼侍讀。先是，神宗諭輔臣曰：「皇子明年出(閤)〔閣〕，當以呂公著爲保傅。」至是呂公著侍經筵，遵先帝意也。

十二月二十二日，增講讀官職錢爲三萬。

元祐元年八月六日，吏部侍郎、兼侍講傅堯俞以職煩目病，乞罷侍講。司馬光請改堯俞爲侍讀，而用范祖禹爲侍講。祖禹，呂公著之婿也，請避嫌。光奏宰相不當以私嫌廢公義。韓維奏：「朝廷選執政，本以進達賢能爲職，今乃以執政妨用人，不可。方今人材難得，幸而有可用之人，又以執政故退罷。若七八執政各避私嫌，甚妨賢路，且多存形迹，非大公之道。」遂以祖禹兼侍講。

(六)〔十〕月十六日〔三〕，端明殿學士、光禄大夫范鎮落政仕，提舉中太一宫、兼集禧觀公事、兼侍讀。

四年五月四日，詔自今侍讀以三人爲額。

六年四月十二日，中太一宫使、觀文殿學士、兼侍讀馮京乞致仕。詔不允，令除經筵外，遇朔望赴朝參。未幾，京又乞致仕，不允，仍免經筵進讀。

七年七月十二日，詔復置翰林侍講學士(學士)，以翰林學士范祖禹爲翰林侍講學士、兼修國史。

八年四月八日，范祖禹言：「近辭免翰林學士兼侍講學士，蒙降詔不允。伏見神宗之初，司馬光、呂公著皆以翰林學士兼侍講，初不兼學士之職。如以臣久在經筵，乞止兼侍講。」從之。

元符元年二月十三日，三省言：「裁定六曹寺監文字所狀，乞降指揮，翰林侍讀、侍講學士向去置與不置。」詔元祐復置翰林侍讀、侍講學士指揮更不施行。

徽宗元符三年未改元。九月四日，詔安燾服(闋)〔闋〕，可依前左正議大夫，除觀文殿學士、提舉中太一宫、兼集禧觀公事、兼侍讀。

大觀元年三月十二日，翰林學士鄭居中可依前執政官

〔一〕和：原作「元」，據《長編》卷一七七改。

〔二〕原稿此條之前尚有「翰林侍書」一題，含文一條，今已移至本門之末。

〔三〕十月：原作「六月」，據《長編》卷三九〇改。

恩例，仍除中大夫、資政殿學士、中太一宮使、兼侍讀。詔：「鄭居中文學政事，爲衆推稱，蔽自朕心，擢貳樞 59 府。宥密之地，親賢所宜，稽考先朝，具存故實。而貴妃懇請，陳義甚堅，嘉其愨誠，終不可奪。」故有是命。

宣和元年七月三日，詔：「觀文殿修撰、兼侍講、國史編修官鄧雍入侍經筵，閱時滋久，可除顯謨閣待制，仍遷侍讀。」

六年二月七日，賜開封尹燕瑛進士出身，兼侍讀。

欽宗靖康元年九月二十二日，詔吏部尚書莫儔、户部尚書梅執禮爲任劇曹，免兼侍讀。

高宗建炎元年十二月一日，詔：「朕朝暮見大臣，訪庶務，已則泛論古今，援據經史，凡有益于治者，隨事商榷，以受蓋言。延見進對臣僚，詢究利害，退閱四方奏牘，少空則披誦載籍，取鑑前古，故於講學，久未皇暇。念親儒臣，以稽先聖之格言、百代之明驗，雖羽檄交馳，巡幸未定，亦不可廢。可差侍從官四員充講讀官，遇萬機之暇，令三省取旨，就内殿講讀。」

(三)〔二〕十一日[一]，詔：「將來開講日，侍講官於進讀書内或有所見，許讀畢具劄子奏陳。仍降付本所，載之注記，依元豐舊制。」從翰林學士朱勝非請也。

四年八月十八日，尚書吏部侍郎綦崈禮等言：「近詔從官日進前代及本朝故事。伏見祖宗以來遴選儒臣，以奉講讀，若令從官一例獻其所聞，既非祖宗舊制，且有越職之嫌。況今講讀官並有正員，欲乞止命講讀官三五日供進前代及本朝故事，以資聖學，所有元降指揮乞賜寢罷。」詔講讀官及翰林學士、兩省官並依已降指揮。

紹興元年二月十六日，詔刑部尚書胡直孺兼侍讀。以中書門下省言兼侍讀秦檜除參知政事，止有侍讀王綯一員故也。

四月九日，詔賜侍讀王綯、胡直孺、侍講汪藻、胡交修、(候)〔侯〕延慶御書杜詩扇面。

十七日，詔户部尚書李彌大兼侍讀，以講筵所侍讀官(正)〔止〕有黄叔敖一員故也。

〔二年〕八月十一日[二]，詔以朱勝非爲提舉醴泉觀、兼侍讀。初，勝非罷同都督，辭免[三]，還任知紹興府。上曰：「勝非作相三日，值苗劉之亂，當時調護有力，朕豈不知。近日因罷同都督，外方士人上章論勝非功甚多，惟一二臺諫不與。昔晉公子重耳備嘗險阻艱難，相與在外，自蒲狄至秦，諸臣從者惟狐偃，未始不同。及河，以(壁)〔璧〕授公子，且欲亡去。公子曰：『所不與舅氏同心者，有如白

[一] 二十一：原作「三十一」，據《建炎要録》卷一一改。

[二] 二年：原無，據《建炎要録》卷五七補。

[三] 「辭免」二字含義不明，疑有脱誤。據《建炎要録》卷五六、五七，紹興二年七月，朱勝非自知紹興府除同都督江淮荆浙諸軍事。八月五日壬辰因爲論者所攻，罷同都督，復知紹興府。高宗念其功，八月十一日戊戌，改除提舉醴泉觀、兼侍讀。

水。』蓋晉公子之霸諸侯，實子犯之助。朕於勝非，不謂衆之不知而棄之也。」故有是詔。

十月二十九日〔一〕，詔講筵所：「今後住講日，令講讀官依講筵日分除假故旦望，隔日輪官接續供進《春秋口義》一授，至開講日依舊。所有日進故事，仍令侍從官依元降指揮，與講讀官、翰林學士、兩省官同進。

三年五月二十六日，詔：「講筵所見輪官供進《春秋口義》并侍從等官日進故事，可自今後遇六月、十一月權免供進，開講日權住供進。」

四年十月七日，詔：「講讀官進講義故事權罷，候過防秋日依舊。」以右司諫趙霈言 60「淮海有警，方議親征，乞少緩」故也。

五年閏二月二十二日，詔侍讀官進讀《三朝寶訓》，從殿中侍御史張絢請也。

六年八月二十七日，詔侍讀官許正謝，今後依此，令敕令所於(閣)〔閤〕門格修入。先是，觀文殿學士、提舉萬壽觀，充行宮同留守孟庾兼侍讀，已授告訖，緣侍讀、侍講在法未有許正謝之文，庾以爲言，故有是詔。

七年九月一日，權禮部侍郎陳公輔言〔二〕：「聞徽宗皇帝、寧德皇后凶訃，陛下宫中見行三年之喪，欲乞凡遇當講日，只令講讀官供進《口義》，更不親臨講筵。」從之。既而臣僚以祖宗典故論列，詔如舊制。

十年八月十二日，詔：「中書舍人王鉌、起居舍人張(埠)〔嵲〕兼侍講。鉌進講《孟子》，嵲進講《左氏傳》。」以講筵所言「秋講在近，見闕官二員」故也。

十一年三月六日，詔權禮部尚書蘇符兼侍讀，進讀《三朝寶訓》。

四月九日，詔賜侍讀吳表臣、蘇符新茶。

二十七日，詔賜復古殿墨，侍讀吳表臣、蘇符，侍講林待聘、程克俊、王鉌、李易，修注朱翌各二十鋌。

十三年三月八日，詔給事中楊愿兼侍講〔三〕，進講《尚書》。

十四年三月二十二日，詔御史中丞李文會兼侍讀，工部尚書詹大方、禮部侍郎高閌兼侍講。先是，講筵闕官，宰臣秦檜曰：「陛下聖學日躋，實難其人。」上曰：「朕學問豈敢望士大夫，但性好讀書，宫中無事，舍讀書寫字，一無所爲。」檜曰：「士人讀書者固多，但少適用。」上曰：「讀書貴於適用。若不適用，或託以爲姦，則不若不讀之爲愈。」上又曰：「王安石、程頤之學各有所長，學者但當取其所長，不執於一偏，乃爲善學。」檜曰：「陛下聖學淵奥，獨見天地之大全。下視專門陋儒，溺於所聞，真太山之於丘垤也。」

十五年十一月十三日，詔宣賜講讀、説書、修注官寒

〔一〕按，《建炎要録》卷六〇、《玉海》卷四〇均繫於二年十一月三日辛酉。

〔二〕侍：原脱，據《建炎要録》卷一〇三補。

〔三〕給事中：《建炎要録》卷一四八作「中書舍人」。至此年八月愿始試給事中。

食、端午、冬至節料。觀文殿大學士已上錢二百五十貫，酒十瓶；資政殿大學士、學士已上錢一百貫，酒八瓶；待制以上錢五十貫，酒六瓶；未係兩制錢三十貫，酒四瓶。今後准此。

十六年二月十六日，講筵所言：「今後講筵兼講《孟子》，相次終篇，依舊制合先奏請點定。今具未經進講《周易》、《毛詩》、《禮記》、《周禮》。」詔令講《周易》。

三月二十日，上以《孟子》終篇，特遣中使賜當講官段拂鞍馬、牙笏、金硯、水瓶、墨等。

二十三日，賜侍讀、侍講、修注官以下御筵于皇城司。

二十八日，詔：「經筵進講《孟子》終篇，可依進講《論語》終篇例推恩施行。」

十七年正月二十九日，詔資政殿大學士、提舉（力）〔萬〕壽觀秦熺兼侍讀。

三月四日，詔給事中、兼侍講段拂除翰林學士，依前兼侍講。

二十三年十一月七日，《尚書》終篇，特召宰執聽講。進讀畢，賜太師、益國公秦檜玉帶、牙簡、鞍勒，親御調習名馬，命主管講筵李存約就第賜之。仍賜侍讀秦熺、簽書樞密院事史才、侍講魏師遜、説書鄭仲熊、修注楊迥（仝）〔金〕帶、牙簡、鞍馬有差。

九日，賜宰執、講筵、[61]修注官御筵于祕書省，用教坊樂，仍遣中使第賜香茶。秦熺等進詩表以謝。

二十五年四月二十三日，《周易》終編，特召宰執聽講。進畢，以犀帶、牙簡、金鞍勒、良馬、銀絹命主管講筵李存約就第賜太師秦檜，仍賜侍讀秦熺、簽書樞密院事鄭仲熊、侍講董德元、王珉、修注林一飛金帶、牙簡、鞍馬、銀絹有差。内王珉以進講《周易》終篇，加賜金硯匣。秦熺等各進詩表以謝。

二十七年十月十一日，進讀《三朝寶訓》終篇，賜侍讀王師心牙簡、金鞍勒、良馬、象管、端硯、檀香匣、復古殿墨、象牙、黏板、壓紙、界方、金硯、水瓶。師心上表謝。

十三日，賜侍讀、侍講、修注官以下御筵于皇城司，用化成殿等樂，仍遣中使第賜香茶。

十五日，王師心等上表謝。

二十八年九月二十六日，守起居郎、兼權中書舍人洪遵言：「臣以記注，陪侍經幄，瞻望天威，近在跬步。至於御茗分珍、華墩錫坐〔一〕，皆非糞土小臣平生所敢覬望〔二〕。竊見春、秋二講，每於雙日先期書曆，經筵官講讀畢，許留身奏事。修注官雖與簽書，未嘗有奏事者，皆云近例如此。聯名一曆，不應別爲二體。臣伏聞元祐中〔三〕，起居舍人呂陶嘗乞候講讀罷臣僚再留奏事，並許侍立。以此觀之，講

〔一〕墩：原作「燉」，據《歷代名臣奏議》卷二〇〇改。
〔二〕敢：原作「取」，據《歷代名臣奏議》卷二〇〇改。
〔三〕元：原作「見」，據《歷代名臣奏議》卷二〇〇改。

退猶且入侍，何由不許奏事？望下講筵所，許依講讀官例施行。」從之。

三十二年三月，黄中除禮部侍郎，依舊兼侍講。

孝宗紹興三十二年六月，即位未改元。翰林學士承旨洪遵、中書舍人史浩並兼侍讀，給事中金安節、權工部侍郎張闡並兼侍講。

九月，兵部侍郎周葵兼侍講。

十二月，敷文閣待制、提舉萬壽觀錢周材兼侍講。

隆興元年四月，起居郎胡銓兼侍講，講《禮記》；右諫議大夫王大寶兼侍講，講《易》。

是月，司封郎中、兼崇政殿説書王十朋除起居舍人，陞侍講。

五月，權工部侍郎、兼侍講張闡除工部尚書、兼侍讀。

六月，觀文殿大學士、左金紫光〔録〕〔祿〕大夫、醴泉〔觀〕使湯思退兼侍讀。

是月〔一〕，起居舍人馬騏兼侍講，殿中侍御史周操兼崇政殿説書。既而操改除侍御史，陞兼侍講。

二年四月，給事中、兼侍講金安節陞侍讀。

五月，殿中侍御史尹穡兼侍講。

六月，起居郎、兼侍講胡銓除權兵部侍郎，陞侍讀。

八月，檢正諸房公事王佐、殿中侍御史晁公武並兼侍講。

閏十一月，敷文閣待制、提舉佑神觀呂廣問兼侍講。

乾道元年三月三日，吏部侍郎陳俊卿兼侍讀，殿中侍御史章服兼侍講。

九月，試中書舍人蔣芾兼侍讀，權吏部侍郎魏杞、權禮部侍郎王曮、權兵部侍郎劉儀鳳、敷文閣待制、提舉佑神觀周執羔並兼侍講。

十二月，資政殿大學士、左通議大夫、提舉萬壽觀錢端禮兼侍讀，起居舍人梁克家兼侍講。

二年五月，敷文閣待制、提舉佑神觀、兼侍講周執羔除禮部侍郎、兼侍讀。

三年八月，翰林學士劉珙 **62** 兼侍讀，中書舍人洪邁、右諫議大夫陳良祐並兼侍講。

四年六月，中書舍人、兼侍講梁克家陞兼侍讀，起居郎胡沂兼侍講。

十月八日，吏部尚書汪應辰兼侍讀，詔遇經筵日與汪涓分輪入侍。先是，應辰言：「兄涓見任起居郎。竊見本朝故事，宋郊與弟祁同舉進士，有司奏祁名第一，郊第三。章獻明肅太后不欲弟先其兄，乃擢郊第一，而置祁第十。蓋雖科舉取士，而亦存兄弟長幼之序，至今以爲美談。元豐初，曾肇除史官，元祐間蘇轍除尚書右丞，亦皆以不應先其兄鞏、兄軾爲詞。而臣今來事理又有甚焉者，凡經筵官、侍講、侍讀皆賜坐，而記言動者皆立。今臣兄爲起居郎，其

〔一〕是月：原衍一「月」字，今删。

立固當，而臣猥以侍讀，反得賜坐。弟坐兄立，非止於相先後而已。後漢太尉鄭洪先爲司空第五倫所舉，及正朔朝會位居倫上，每曲躬自卑。章帝問知其故，因令分隔其坐，由此（逐）〔遂〕爲故事。彼以舉將之故而猶有此疑，章帝亦從而別異之。蓋朝廷儀制固不當復論私義，而於私義輕重之間，亦必特有所伸，則爲臣子者乃得以安其職分。況弟之從兄，又非舉將之比乎！欲乞除臣宮觀。」故有是命。

五年八月十日，中書門下省檢正諸房公事鄭聞除權禮部侍郎、兼侍講。

十二月五日，敷文閣待制、提舉江州太平興國宮劉章除提舉佑神觀、兼侍讀。

六年正月二十四日，黄中落致仕，除兵部尚書、兼侍讀。

五月，集英殿修撰、提舉佑神觀胡銓兼侍講。

十月，權兵部侍郎王之奇兼侍讀。

十一月，禮部侍郎、兼侍講王曮除給事中，仍兼侍講；吏部員外郎張栻兼侍講。

七年三月二十四日，權兵部侍郎、兼侍讀胡銓除寶文閣待制、提舉佑神觀、兼侍讀。

四月，給事中、兼侍講王曮除翰林學士、兼侍讀。

九月，太子詹事陳良翰、權禮部侍郎周必（太）〔大〕、宗正少卿林機並兼侍講。

八年三月，禮部侍郎李彦穎、起居郎蘇嶠並兼侍講。

四月，禮部侍郎鄭聞除刑部侍郎、兼侍讀，權户部侍郎沈夏兼侍講。

十一月，左諫議大夫姚憲兼侍讀。

九年九月，中書舍人留正、王淮並兼侍講。

十二月二十五日，詔權禮部侍郎李彦穎兼侍讀，國子司業戴幾先、左司諫詹亢宗並兼侍講〔一〕。

淳熙七年四月一日〔二〕，上謂輔臣曰：「兼學士院權直欲更差一員，趙彦中如何？」趙雄等奏：「彦中宗室之秀，嘗中詞科，又好學，正堪此選。」於是除彦中兼學士院權直。時彦中爲祕書郎。

十三年十二月九日，詔：「學士院減守闕驅使官二人，厨子并灑熄打併看管兵士各三人，院子一人。」以司農少卿吴（噢）〔燠〕議減冗食，下敕令所裁定，故有是命。

淳熙十六年七月十五日，以禮部侍郎李巘兼直院。尤袤乞宫祠，故有是命。

紹熙三年三月十日，以權禮部尚書、兼直院李巘爲翰林學士。

五年五月二十四日，63 以中書舍人樓鑰兼直院。

慶元二年三月十一日，詔：「今後如遇鎖院，令當日宣

〔一〕詹亢宗：原作「兼亢宗」，據本書職官七二之一、又七七之五三、《續宋編年資治通鑑》卷九改。並兼：原作「兼並」，據文意乙。

〔二〕按，以下又爲「學士院」，與「侍讀、侍講」無關。

麻舍人同共鎖宿。可令宣麻舍人至日隨御藥先出院宣制，餘依已降指揮。」

五年九月二十一日，詔學士院創蓋玉堂殿止用「玉堂」爲名[一]。（以上《永樂大典》卷一六六四七）

翰林侍書[二] 唐有翰林侍書學士。

太宗太平興國七年，以著作郎、翰林祗候王著爲著作佐郎、翰林侍書，隸御書院。王著成都人，歸朝爲隆平主簿，善正書、行草，筆跡甚媚。太宗以字書訛舛，欲令删定，即召著入，授衛尉寺丞、史館祗候，詳定《急就章》，遂爲侍書。累至殿中侍御史。

知制誥

【宋會要】

65 太宗雍熙三年十月六日，以著作郎、直史館李沆、宋湜、左拾遺王化基並爲右補闕[三]、知制誥。太宗素聞沆與湜有文學，會化基上章自陳，因令中書各試制誥二首。帝覽而嘉之，故有是命，仍各賜錢百萬。

【宋會要】

雍熙四年二月，以右補闕、知制誥范杲爲工部郎中、知京兆府，從其所請。知制誥出領外藩自杲始也。

雍熙四年九月，以主客員外郎、知制誥宋準爲金部員外郎。先是，知制誥罷職，多拜諫議大夫，準以病故也。

【宋會要】

淳化元年，右正言、直史館馮起自西川轉運使召入，守本官知制誥。不數日追寢，出起知濮州。時鄭昌嗣使蜀回，言起政事懈緩，故罷其命。

【宋會要】

真宗至道三年未改元。四月，以工部郎中、史館修撰梁周翰爲駕部郎中、知制誥。故事，入西閣皆中書召試制誥三篇，二篇各二百字，一篇百字，惟周翰不召試而授焉[四]。其後薛映、梁鼎、楊億、陳堯佐、歐陽修亦如此例。

【宋會要】

〔七月〕[五]，張秉以兵部郎中[六]、知制誥爲左諫議大夫，罷職。時秉草叙用官制，有「頃因微累，謫于遐荒」之

[一] 此頁之下頁（即職官六之六四）原尚有「事略云」一段，單作一頁，今已移至本書職官一之二。

[二] 此題及以下一段文字原在本卷職官六之五八「至和元年十月」條後，其内容與「侍讀侍講」無關，不知《大典》何以横插於其處。屠寄眉批云：「『翰林侍書』抽出移後。」今從其意，移至「侍讀侍講」門之後。又，此題原作正文，緊接上文書寫，細審應是標題，今改。

[三] 右：原脱，據職官六之六七複文補。

[四] 惟：原作「維」，據《長編》卷四一改。

[五] 七月：原脱，據本書職官三之一三補。即至道三年七月。

[六] 張：原脱，據本書職官三之一三補。

句，真宗覽之，曰：「若是，即先朝失刑矣。」故有是命。

咸平二年四月，以度支郎中、知制誥張茂直授祕書少監，罷職，出知（穎）〔潁〕州。茂直以年老罷職。

咸平三年十月，詔職方郎中、直祕閣黄夷簡、主客員外郎、直史館曾致堯試知制誥于學士院。時宰相張齊賢薦二人堪掌書命，嘗有急制，值舍人出院，即封除（自）〔目〕，命夷簡草之。及是召試，物議未允，遂罷其命，夷簡遷光禄少卿，致堯任户部員外郎。

【宋會要】

天禧三年十二月，知制誥晏殊等言：「本院書籍殘缺，帷帳什物多（幣）〔弊〕，公用錢亦少。望賜國子印本群書，令儀鸞司供帳，冬季三司給炭，仍增賜公用錢。」詔增月給爲三十千，餘從其請。

【宋會要】

仁宗天聖三年，以吏部郎中、知制誥、知登州張師德遷左諫議大夫〔一〕。近制，舍人多次補學士。時師德首冠西掖，會擢錢易爲學士，以師德被疾，遂特遷官罷職。

天聖四年五月，命知制誥蔡齊、章得象爲翰林學士，起居郎、直史館李仲容等四人知制誥。時閣下惟齊、得象在院，遂命翰林學士夏66竦草制。

景祐元年，知制誥鄭向、胥偃、李淑知貢舉，閣下闕官，又命翰林學士石中立、張觀權且草制。

【宋會要】

寶元二年五月十八日，知制誥王舉正等言〔二〕：「舍人院重修閣畢，合撰記文。緣學士宋庠任知制誥日建議修閣，頗詳始末，乞令差宋庠撰文。」從之。

康定二年正月十九日，樞密院言：「自來新除知制誥，閤門賜告勅後即申本院，以憑劄付入内侍省，中謝日賜對衣、犀帶。」詔閤門今後畫時申樞密院。

慶曆五（元）〔年〕二月十四日，知制誥張方平等言：「知制誥楊察服除入院，所有班著乞依先入名次。」從之。

【宋會要】

嘉祐元年十月二十八日〔三〕，知制誥韓絳言：「蒙恩授臣龍圖閣直學士、知瀛州，況翰林學士、知制誥，自來非因陳乞外補未嘗差出，望賜裁處。」而翰林學士歐陽修等言：「乞且留絳依舊供職。」從之。

【宋會要】

神宗熙寧三年四月，知制誥宋敏求論除幕職官爲御史非國朝舊制，以疾乞解職。詔罷知制誥，餘所領如故。（以上《永樂大典》卷一七三〇九）〔四〕

〔一〕登州：本書職官三之一四作「鄧州」，疑是。又按，《長編》卷一〇四：天聖四年閏五月「辛未，吏部郎中、知制誥、知汝州張師德爲右諫議大夫，罷職。」似是一事，而記載不同。

〔二〕王：原脱，據《長編》卷一二二補。

〔三〕二十八日：按《長編》卷一八四繫於二十日戊辰，疑「八」字衍。

〔四〕《輯稿》以下尚有三頁，即職官六之六七至六之六九，乃是「知制誥」門之複文，與上文全同，且出自《大典》同卷，蓋書吏抄重，今删。

侍講 (一)

【宋會要】70淳熙元年八月二十三日，以侍御史宋延祖兼侍講。

十一月二十六日，祕書省著作佐郎鄭僑輪對，因言：「祖宗朝每日召見讀、講官，至仁宗時始有間日一講之制。」上曰：「自太宗、真宗始置侍講、讀官，於聖學尤爲留意。」

十二月二十三日，給事中留正兼侍講。

二年三月十六日，以給事中、兼直學士院胡元質、侍御史范仲芑兼侍講。

二十二日，右文殿修撰周必大除敷文（閤）〔閣〕待制、兼侍講。

五月十八日，以左司諫湯邦彦兼侍講。

三年九月二日，以兵部侍郎、兼直學士院、兼太子詹事、兼侍講周必大陞兼侍讀，禮部侍郎、兼同修國史、兼實録院同修撰李燾兼侍講。

六日，以中書舍人林光朝兼侍講。

八月十九日(二)，以中書舍人錢良臣兼侍講。五年四月除給事中，仍兼職。

五年四月八日，以禮部侍郎齊慶胄兼侍講。

九月八日，以中書舍人、兼修玉牒王希呂兼侍講。十（四）〔月〕除給事中，仍兼。

七年四月二十五日，以侍御史黃洽兼侍講。同日，以户部侍郎、兼詳定一司敕令陳峴兼侍講。

淳熙十六年五月二十八日，宰執進呈謝諤仍兼侍講。上曰：「諤供中司之職已久，而全不言事，恐其不能任此責。改移之優閑之地，可令仍舊兼講筵，其人却該通經學。」

六月十四日，詔權户部尚書葉翥兼侍講。

九月71六日，詔權户部尚書葉翥兼侍講(三)，右諫議大夫何澹兼侍講。

紹熙元年三月一日，詔權吏部尚書鄭僑兼侍讀，權吏部侍郎陳騤兼侍講。

二年二月一日，詔中書舍人、兼直學士院倪思兼侍講。

四月二十五日，詔吏部侍郎羅點兼侍講。

三年三月二十一日，詔給事中尤袤、侍御史林大中並兼侍講。

五年正月二十四日，詔顯謨閣待制、兼皇子嘉王府翊善黃裳兼侍講。

紹熙五年八月，中書舍人陳傅良、彭龜年(四)、起居郎

(一) 此目可合於前「侍讀、侍講」門。

(二) 按，此條月分失次。

(三) 侍講：似當作「侍讀」，蓋上條已言葉翥六月中兼侍講，非改官則不應重出。

(四) 陳傅良彭龜年：「陳」、「彭」二字原脱，據《宋史》卷三七《寧宗紀》一補。

黄由、起居舍人沈有開、侍御史章穎兼侍講。

十月，起居舍人劉光祖、吏部侍郎孫逢吉兼侍講。

十二月，右諫議大夫張叔椿兼侍講。

慶元元年正月，給事中林大中兼侍講。

二月，起居舍人陳士楚兼侍講。

四月，右諫議大夫李沐、侍御史楊大灋兼侍講。

五月，户部侍郎袁説友兼侍講。

七月，殿中侍御史黄黼、右正言劉德秀兼侍講。

二年正月，起居郎曾三復兼侍講。

四月，中書舍人汪義端、吳宗旦兼侍講。

八月，吏部侍郎許及之、殿中侍御史姚愈、禮部侍郎楊輔兼侍講。

三年三月，中書舍人謝源明兼侍講。

八月，殿中侍御史張釜兼侍講。

四年正月，中書舍人高文虎、右正言劉三傑兼侍講。

八月，吏部侍郎張孝伯兼侍講。

五年七月，右諫議大夫陳自强兼侍講。

八月，吏部侍郎范仲藝、右正言程松兼侍講。

十月，殿中侍御史張巖兼侍講。

72 十一月，權吏部侍郎費士寅兼侍講。

六年正月，中書舍人陳宗召兼侍講。

二月，中書舍人張伯垓兼侍講。

四月，侍御史汪義和、兵部侍郎趙介兼侍講。

嘉泰元年二月，殿中侍御史陳讜兼侍講。

七月，殿中侍御史林寀兼侍講。

八月，中書舍人邵文炳、右正言施康年兼侍講。

九月，中書舍人萬鍾兼侍講。

二年五月，權吏部侍郎張伯垓兼侍講。

八月，中書舍人王容、殿中侍御史張澤、右正言鄧友龍兼侍講。

十一月，禮部侍郎張濤兼侍講。

閏十二月，左司諫宇文紹節兼侍講。

三年八月，侍御史陸峻、右正言楊炳兼侍講。

九月，中書舍人顔棫兼侍講。

十一月，給事中蕭逵兼侍講。

四年四月，華文閣(侍)〔待〕制、提舉佑神觀薛叔似兼侍講。

八月，右正言林行可兼侍講。

開禧元年三月，右諫議大夫李大異兼侍講。

四月，侍御史鄧友龍兼侍講。

六月，右正言婁機兼侍講。

八月，左司諫易袚兼侍講〔一〕。

二年正月，殿中侍御史徐柟兼侍講。

七月，左司諫毛憲兼侍講。

〔一〕易袚：典籍中亦多作「易祓」。

十月，右正言朱質兼侍講。

三年正月，吏部侍郎衛涇兼侍講，吏部侍郎雷孝友兼侍講。

二月，資政殿學士、提舉萬壽觀錢象祖兼侍講。

三月，右正言葉時兼侍講。

十一月，左司諫王居安兼侍講。

十二月，殿中侍御史黃疇若、禮部侍郎章良能兼侍講。

嘉定元年正月，中書舍人蔡幼學兼侍講〔一〕。

八73月，禮部侍郎許奕兼侍講。

十一月，左諫議大夫傅伯成兼侍講。

二年正月，刑部侍郎章穎、侍御史陳晦兼侍講。

十月，左司諫劉榘、右正言黃中兼侍講。

三年二月，左司諫林琰、右正言范之柔兼侍講。

四年九月，殿中侍御史徐宏兼侍講。

五年三月，左司諫鄭昭先、右正言董居誼兼侍講。

十月，右正言石宗萬兼侍講。

六年二月，右正言金式兼侍講。

五月，右正言應武兼侍講〔二〕。

七年正月，右正言黃序兼侍講。

十一月，右正言倪千里兼侍講。

九年正月，吏部侍郎徐應龍兼侍講。

九月，右正言李楠兼侍講。

十二月，右正言劉棠、禮部侍郎袁燮兼侍講。

〔十一年〕七月〔三〕，左司諫盛章、右正言李安行兼侍講。

十二年五月，右正言胡衛兼侍講。

十三年正月，刑部侍郎（愈）〔俞〕應符、右正言王元春兼侍講。

三月，右正言張次賢兼侍講。

十二月，殿中侍御史張攀兼侍講。

十四年八月，禮部侍郎楊汝明、右正言龔蓋卿兼侍講。

十五年十月，右正言方猷兼侍講。

十六年二月，殿中侍御史朱端常兼侍講。

三月，左司諫李伯堅、右正言葉禾兼侍講。

九月，兵部侍郎杜孝嚴兼侍講。（以上《永樂大典》卷一一九一六）

〔一〕幼：原作「右」，據《宋史》卷四三四《蔡幼學傳》改。

〔二〕應武：原作「應戈」，據《赤城志》卷三三、《宋史》卷四五五《楊宏中傳》改。

〔三〕十一年：原脱。按，據本書職官七五之一七至一九，盛章、李安行由監察御史分别除左司諫、右正言在嘉定十一年七月，而下條爲十二年，則可斷定本條之「七月」正是淳熙十一年之七月。因補。

講筵所

74《京都雜録》[一]：東京大内講筵所舊曰説書所，寓資善堂。慶曆初，改今名，曰講筵所。（《大典》卷九百四十一）[二]

75淳熙十三年十二月九日[三]，詔講筵所減祗應御書一人，手分一人，投送看管灑掃兵士二人。以司農少卿吴燠76議減冗食，下敕令所裁定，故有是命。（以上《永樂大典》卷一〇九四一）

[一] 天頭屠寄原批：「此條已補入『侍講』門夾注，删『講筵所』之名。緣侍讀、侍講多言講筵所事，未便另立一門，又未便將講讀門内事抽出歸此門故也。」按，屠寄所編廣雅本《宋會要》職官類無「講筵所」一目。

[二] 按，此爲屠寄原批。

[三] 天頭屠寄原批：「此條已補入『侍講』門。」

宋會要輯稿　職官七

學士

【宋會要】

1《職官》十九《學士待制》〔一〕：文明殿學士，觀文殿大學士，學士，樞密直學士，資政殿大學士，學士，端明殿學士，保和殿大學士，學士，初名宣和。龍圖閣學士，直學士、待制、直閣。天章閣學士，直學士、待制、侍講、直閣。寶文閣學士，直學士、待制、直閣。顯謨閣學士，直學士、待制、直閣。徽猷閣學士，直學士、待制、直閣。敷文閣學士，直學士、待制、直閣、修撰。集賢殿、右文殿、集賢〔院〕學士。直學士〔二〕、待制。

《兩朝國史志・殿閣學士》〔三〕：觀文殿大學士、學士，資政殿大學士、學士、端明殿大學士、學士，資望極峻，無吏守，無典掌，惟出入侍從，備顧問而已。觀文殿大學士非曾爲宰相不除。觀文殿學士、資政殿大學士及學士並以寵輔臣之去位者。端明殿學士，惟學士久次者始除端明殿學士。明道二年，置觀文殿學士。初爲文明殿學士，慶曆七年以「文明」同真宗謚，改爲紫宸殿學士。御史何郯以「紫宸」不可以爲官稱，八年遂改延恩殿爲觀文殿，即殿名置學士，皇祐元年置大學士。龍圖閣學士、直學士、待制，天章閣學士、直學士、待制、侍講。學士、直學士、待制皆爲從官，而直閣以待文學高選，侍講以講解經術爲職。又有崇政殿說書，以士人秩卑資淺而學問可以備講說者充。龍圖閣藏太宗御集，天章閣藏真宗御集，以内侍四人爲勾當官，掌典籍、圖書〔四〕、珍寶、符瑞之物。典書五人，楷書 **2** 二人，裝裁匠一人。自直龍圖閣以上皆先朝所制。天章閣學士、直學士並慶曆七年置，待制天聖八年（制）〔置〕，侍講景祐四年置，（從）〔崇〕政殿說書景祐元年置。

《神宗正史・職官志》：觀文殿大學士從二品，觀文殿學士、資政殿大學士、資政殿學士、端明殿學士、樞密直學士、龍圖、天章、寶文閣學士並正三品，龍圖、天章、寶文閣直學士從三品，龍圖、天章、寶文閣待制從四品。掌侍從，備顧問，有所獻納，則請對或奏對〔五〕。自資政殿大學士以上，非有勳績及曾任執政官弗除。其觀文殿學士惟罷宰相者爲之。舊制，昭文、史館、集賢皆置大學士，凡命相，以次遷授。而樞密直學士隸樞密院，遇朝得升殿侍立。及行官制，宰相正名，不領他職，樞密院惟都、副承旨爲屬。若非

〔一〕按，此句蓋爲元豐增修《國朝會要》原有之門類，編碼及標目，張從祖《總類國朝會要》引之。
〔二〕直：原作「附」，據上文文例改。正文已云學士，又注云「附學士」則不可通。宋集賢殿、集賢院皆有直學士。
〔三〕閣：原無，按以下不僅有殿，亦有閣，因補。
〔四〕圖：原作「國」，據《職官分紀》卷一五改。
〔五〕對：原作「封」，據文意改。《文獻通考》卷五四：翰林學士「有所獻納則請對或奏對」，與此同。

領省臺寺監職事及任外官，即視其資格乃除。龍圖、天章、寶文閣勾當官四人，以入內（內）侍充，掌藏祖宗文章圖籍及符瑞寶玩之物，而安像設以崇奉之〔一〕。宗正所進（進）屬籍、世譜，則歸於閣，大禮則陳瑞物，元日、生辰契丹國賀使至則受其禮幣。設吏六。《哲宗職官志》同〔二〕。

神宗元豐三年三月二十五日，樞密直學士、僉書樞密院事曾孝寬爲端明殿學士、知河陽。端明殿學士明道二年復置，以處宋綬，訖元豐，無前執政爲之者。孝寬先以樞密直學士僉書樞密院事，遭喪在位，喪滿乃授此職。

七年七月十七日，尚書左丞王安禮爲端明殿學士、知江寧府。僉書樞 3 密院事爲端明殿學士自曾孝寬始，執政爲之自安禮始。

徽宗元符三年未改元。十月三日，輔臣奏永興軍闕守，上命除翰林學士承旨蔡京。韓忠彥曰：「京雖嘗除兩學士，緣河東與長安不同，兼京罪狀已露，欲只與端明。」上曰：「善。」曾布曰：「京之出，天下所同欲，今聖意如此，幸甚！」上云：「朕初不主之，近日陳瓘有言，因得其交通近習之狀。」是日詔京爲端明殿學士、知永興軍。

政和四年八月三日，詔改端明殿學士爲延康殿學士，恩數品秩並依舊。

十月二十四日，樞密院言：「河北西路提舉保甲司踏逐到保義郎陳寶文堪充洺州雞澤、曲周縣巡檢。准都省劄子，新差權發遣隆德府王寔奏：『臣伏聞陛下特以延康、述古二祕殿易學士名，以寵賜近（日）〔臣〕。然四方之人多有以此自名而名物者。臣願悉詔改之，廼所以尊禁殿、別官名。』」詔：「陳寶文改名寶如，有似此之類並當令易。」

顯謨閣學士〔三〕

哲宗元祐四年十（一）月十三日〔四〕，翰林學士、知制誥蘇（軾）〔轍〕奏：「《神宗皇帝御製集》凡著録九百三十五篇，爲九十卷，目録五卷。内四十卷皆賜中書、密院及邊臣手札，言攻守祕計，先被旨録爲別集，不許頒行。仍御製集序一篇〔五〕，以紀盛德，發明大訓。臣竊見祖宗御集皆於西清建重屋〔六〕，號龍圖、天章、寶文閣，以藏其書，爲不朽計。又（劾）〔刻〕板模印，遍賜貴近。欲乞降付三省，以故事施行。」詔《御集》於寶文閣收藏。

徽宗政和六年九月十七日〔七〕，詔增置寶文 4 閣、顯（模）〔謨〕閣學士、直學士、待制、直閣。

哲宗元符元年二月十八日，知樞密院事曾布言：「恭

〔一〕像：原作「豫」，據《宋史》卷一六六《職官志》六改。
〔二〕志：原作「制」，逕改。
〔三〕原無此題，據下文文意及後文體例補。
〔四〕十月：原作「十一月」，據《長編》卷四三四改。
〔五〕御：原脱，據《欒城集》卷四七補。
〔六〕御集：原作「御書」，據《欒城集》卷四七改。
〔七〕按，此條與下文重複，年代亦失序，當是《大典》從他處抄來，誤插於此。

惟神宗皇宗聖學高明，出於天縱，中外之議謂宜卜日相地建延閣，爲一代圖書之府。」又權發遣提舉河東路常平等事鄧洵仁言：「伏見祖宗朝置龍圖、天章、寶文閣，以藏列聖御製述作。況自陛下紹隆丕烈，遹明先志，而寶宇未新，徽名未揭。伏望明詔有司祗循舊章，亟加營建。」詔令翰林學士、中書舍人每員撰閣名五以聞。

四月十八日，詔建閣藏神宗皇帝御集，以「顯謨」爲名。

徽宗建中靖國元年二月九日，詔曰：「朕奉先思孝，恭己承祧。紹累聖之丕基，揚烈考之光訓。神宗皇帝神心經緯，聖學緝熙。百度惟新，備矣有周之庶事；四方其訓，(魏)〔巍〕乎堯帝之成功。言則爲文，昭如雲漢；寶之垂世，炳若丹青。仙馭升遐，泰陵繼序。乃眷祖宗之舊，悉藏金玉之編。邃在西清，並崇華宇。爰咨邇列，俾訪遺文。鈿軸未終，雲軿忽遠。肆冲人之纂紹，惟往憲之欽承。用揭嘉名，仍延俊望。詒謀有永，豈徒琬琰之並陳；與天無窮，是惟奎璧之相照。宜以『顯謨閣』爲『熙明閣』，仍置學士、直學士、待制。」復顯謨舊名年月檢未得。

崇寧元年十一月十七日，詔顯謨閣學士、直學士、待制如三閣故事。

十二月六日，詔顯謨閣學士、直學士、待制序位在寶文閣學士、直學士、待制之下。

三年六月一日，詔曰：「朕惟神考，以道御時，獨追唐虞三代之隆，振起於 5 千載流弊之後，制法更治，曠古無前。其肆筆成書，與六經相表裏。再詔纂集，殆無逸遺。總九千八百餘篇，皆文辭、政事、邊機之要，藏于禁閣，揭以『顯謨』，所以丕昭聖作也。夫臣之於君，相須一體，志同道合，乃能成功。其名位之崇，當繪於原廟者，既已率循彝憲矣；仰瞻寶宇，惻然興懷，惟時功臣，宜列於此。非特若麒麟、雲臺、凌煙，思著其美而已，蓋典章號令，待人而行，于以著其感會之榮、(奏)〔奉〕承之績，永爲天下後世臣子之勸。其熙寧、元豐功臣圖形于顯謨閣。」

政和六年九月十七日，詔增置直顯謨閣〔一〕。

文明殿學士

【宋會要】

6 後唐明宗置端明殿學士二員，立翰林學士之上，專(被)〔備〕顧問。太平興國五年，沿殿名而改，此職益重矣。觀文殿大學〔士〕、學士，殿即舊日延恩殿也。慶曆七年，以「文明殿學士」稱呼同真宗謚號，乃改名爲「紫宸殿」，以冠學士之職；又以紫宸殿非人臣所可稱呼，乃以延恩殿更名觀文殿，置學士。皇祐初，又置〔大〕學士。

太宗太平興國五年正月，以禮部侍郎程羽充文明殿學士，序立於樞密副使之下。先是，後唐明宗不知書，四方章奏令樞密副使安重誨讀之。安重誨多不曉文義，宰相孔循

〔一〕直：原脱，據《燕翼詒謀録》卷四、《文獻通考》卷五四補。

獻議置端明殿學士二員，序立在翰林學士之上，專備顧問，以翰林學士馮道、趙鳳爲之，累朝因而不改。至是因殿名改爲文明殿學士，即端明殿之任也。國初立位在翰林學士之下，至是始改焉。

仁宗慶曆七年八月，參知政事宋庠言：「文明殿學士稱呼正同真宗謚號，雖久不除授，然班簿、儀品並見存，兼禁中無此殿額，其學士理自當罷〔一〕。乞擇見今正朝或祕殿以名學士易之〔二〕。」乃詔：「朕祇率先猷，參建近職，招選髦碩，諮詢話言。惟時正寢之名，冠於學士之職。題榜載易，班聯久虛。然存定著於禁廷，同尊謚於禰廟。乃眷紫宸之制，實法經星之躔。爰重内朝，用更新號，其改文明殿爲紫宸殿學士〔三〕。」

八年五月，詔：「乃者因禰宮之尊謚，涉朝寢之故名，爰及官曹〔四〕，並從改避。載念紫宸之制，實當7上國之崇，雖補舊員，未安禁職。惟延恩之賓構，乃集瑞之祕庭。福況所開，深嚴莫二。雖仙遊之已遠，顧初制之未移。宜即清閒，用資延訪。矧先聖齋心之地，資冲人覽古之懷。仰席盛猷，載新華榜。仍建崇儒之秩，且爲備問之榮。宜以舊延恩殿爲觀文殿〔五〕，兼改紫宸殿學士爲觀文殿學士，班次依舊制。」初以文明殿學士犯真宗謚，改爲紫宸殿學士，以丁度爲之。御史何(剡)〔郯〕以爲不可爲官稱而請易之。

皇祐元年六月十八日，詔：「名器參設，咸有等威；廉陛相承，宜差體分。將崇明于官制，在著定於朝章。朕獲纘丕平，深惟寡昧。懼夫明不能燭，仁有未綏。緬念前王，敷求至治，莫不親近有德，尊禮老成，憲行考言，敷經歸道。比因聽決之暇，常修(歡)〔勸〕講之方，召集諸儒，辯論經籍。所延恩之別殿〔六〕，觀前載之祕文，榜以嘉名，置諸禁職。且爲訪道之所，以延稽古之臣。猶慮哲艾之姿，嘗居台宰之任。或因均逸，姑務親仁。備經術之諮詢，廣政機之延訪。宜伸異數，用厚常均。式昭體貌之殊，顯允股肱之重，特置觀文殿大學士，寵待舊相。今後須是曾任宰臣，乃得除授，班列、俸給臨時取旨。」時賈昌朝由使相除右僕射、觀文殿大學士、判尚書都省，觀文殿置大學士自昌朝始。

三年五月，閤門言請觀文殿大學士起居儀式。詔令在觀文殿學士之前，別作一行立位。其《閤門儀制》合班儀内高下相壓并名位，觀文殿大學士在六部尚8書之上。（以上《永樂大典》卷次原缺）〔七〕

〔一〕「理」上原有「禮」字，據《文獻通考》卷五四刪。
〔二〕以：原作「少」，據《群書考索》後集卷一〇改。
〔三〕士：原脱，據《群書考索》後集卷一〇補。
〔四〕及：原脱，據《宋大詔令集》卷一六二補。
〔五〕恩：原脱，據《宋大詔令集》卷一六二補。
〔六〕所：似當作「即」。
〔七〕陳智超《解開宋會要之謎》頁二〇五擬於卷一三四二一，未知是否。《大典》「士」字韻「學士」目在卷一三四一一至卷一三四二四，共十四卷。

高宗建炎二年二月十三日，都省言：「延康殿學士祖宗朝舊係端明殿學士，述古殿直學士舊係樞密直學士。」詔並依舊。

保和殿學士

【宋會要】

10 保和殿大學士、學士。初名宣和。

徽宗政和五年四月二十四日，御筆：「宣和殿初建自紹聖，中經毀廢，其燕閒未始不居於此。近置直殿，以左、右近侍官典領，吾士大夫未有以處之。宜置新班，以彰榮近。可置宣和殿學士，班在延康殿之下。以兩制充，聽旨除授。凡厥恩數，並依延康殿學士體例施行。」

六年四月二十四日，詔：「宣和殿學士立班叙位在翰林學士之下，諸殿學士之上。」

七年六月二日，宣和殿學士、朝議大夫蔡攸爲宣和殿大學士，官叙、班聯、恩數、請給、人從等並依資政殿大學士例施行〔三〕。

宣和元年二月一日，御筆：「宣和祕殿名稱已摽紀元

徽猷閣學士　直學士

【宋會要】

9 徽猷閣學士、直學士、待制、直閣。

徽宗大觀二年二月十三日，詔曰：「朕惟哲宗皇帝英文(春)〔睿〕武，沉潛無方，事天治人，彰善癉惡，訓迪在位，攘却四夷，號令指麾，若揭日月。蓋自親覽庶政，一話一言，罔不儀式刑神考之典故。緝熙紹復，著在簡編，與熙寧、元豐之所行相爲始終。比命有司，載加裒輯，成書來上，本末粲然，誠可傳無窮，施罔極矣。若昔祖宗述作，皆有寶藏之所〔一〕，參列廣内，揭爲嘉名，世擇儒臣，以資訪納。今將祇率成憲，匹休前烈，則夫名以出信，不可無所考也。在《詩》有之，『君子有徽猷』。其哲宗皇帝御書建閣以『徽猷』爲名，仍置學士、直學士、待制。」

政和六年九月十七日，詔增置直徽猷閣。

宣和三年五月六日，詔：「西班學士、待制員多，令中書省具名取旨。」

欽宗靖康元年八月十九日，詔：「徽猷閣直學士楊時學行醇固，諫諍有聲。請除閒職，累具懇辭，宜從其志，以厲廉退。可改除徽猷閣待制。」

【宋會要】

延康殿學士〔二〕

〔一〕寶藏：原倒，據《宋大詔令集》卷一六二乙。
〔二〕天頭原批：「并入端明。」
〔三〕人從：原作「人數」，據文意改。《靖康要録》卷五：「王易簡……其請給、人從、恩數並依簽書樞密院條例施行。」與此同例。

號，所有見行帶領宣和殿職事，易以保和殿爲名，應干班綴〔一〕、叙位、雜壓、恩數等並仍舊。」

天章閣學士　直學士

【宋會要】

神宗元豐四年十一月二十七日，中書言：「録事孟述古編排諸房文字，得英宗藩邸轉官文字六件。」詔送天章閣。

徽宗政和六年九月十七日，詔增置直天章閣〔二〕。

宣和四年四月二十二日，御筆：「天章閣崇奉祖宗神御，應本閣諸色祗應人，除依令許本閣官時暫抽差外，如承諸處抽差及傳宣内降不許執奏占留指揮，並不發遣，更不回報〔三〕。」

天章閣在會慶殿西、龍圖閣之北，藏真宗御製。閣東曰羣玉殿，西曰蘂珠殿，北曰壽昌殿，東曰嘉德殿。西曰延康殿，内以桃花文石爲流杯之所。學士、直學[11]士、待制、侍講。遞直侍講于邇英、延義二閣，閣在崇政殿庭廡下。

真宗天禧五年(二)〔三〕月〔四〕，修天章閣功畢，令兩街僧道具威儀，教坊作樂，奉真宗御集、御書自玉清昭應宫安于天章閣。

四月，召近臣、館閣、三司、京府官觀御書、御集于閣下，遂宴于羣玉殿。時輔臣集御製三百卷，凡頌、銘、碑文十八卷，贊八卷，詩三十七卷，賜中宮歌詩手書七卷，賜皇太子歌詩箴述五卷，龍圖閣歌詩四卷，西涼殿水殿歌詩一卷〔五〕，清景殿書事詩二卷〔六〕，宜聖殿四園歌詩三卷〔七〕，(經讀)〔讀經〕史詩四卷，《維城集》三卷，奉道詩十卷，《歲時新詠》五卷，歌十五卷，詞四卷，樂章一卷，《樂府集》三卷，《樂府新詞》二卷，論述十卷，序八卷，箴七條各一卷，記六卷〔八〕，文三卷，祭文、挽歌詞一卷，書十卷，《正説》十卷，《承華要畧》二十卷，《静居集》三卷，《法音集》七卷，《玉宸集》五卷，《春秋要言》五卷，試進士題目一卷，密表、密詞六十九卷。又有《玉京集》三十卷，《授時要録》二十四卷。又取至道元年四月訖大中祥符歲中書、樞密院《時政記》、史館《日曆》、《起居注》善美之事，録爲《聖政記》，凡一百五十卷，並命工鏤板。又以御書石本爲九十編。命中使岑守素等主其事，至是功畢焉。

仁宗天聖八年十月，詔曰：「真宗皇帝燀赫景炎，丕隆寶構，凡資禮樂之用，積成辰象之文〔九〕。俯近禁楹，創崇

〔一〕干：原作「于」，據文意改。
〔二〕直：原脱，據《燕翼詒謀録》卷四、《宋朝事實》卷九補。
〔三〕按，以上三條應移後。
〔四〕三月：原作「二月」，據《長編》卷九七、《愧郯録》卷一四、《玉海》卷二八改。
〔五〕水殿：原無，據《職官分紀》卷一五補。
〔六〕殿：原脱，據《職官分紀》卷一五、《玉海》卷二八補。
〔七〕《職官分紀》卷一五、《玉海》卷二八此下有「《三教詩》九卷」。
〔八〕六卷：原脱，據《職官分紀》卷一五、《玉海》卷二八補。
〔九〕積：原作「稽」，據《宋大詔令集》卷一六一、《職官分紀》卷一五改。

層構，榜以『天章』之美，冠於策府之名。宜建官聯，並寘材彥。可特置天章閣待制。」尋命范諷、鞠詠充職。

景祐〔三〕〔四〕年三月〔一〕，詔以崇政殿説書賈昌 12 朝、趙希言、王宗道並爲天章閣侍講，比直龍圖閣，預内殿起居〔二〕，班在本官上。

康定元年六月，詔天章閣侍講、諸王府侍講、諸王宮教授自〔令〕〔今〕罷兼國子監直講〔三〕。

慶曆四年三月，以尚書金部員外郎、天章閣侍講楊安國直龍圖閣，賜三品服。宗〔政〕〔正〕丞、崇文院檢討、崇政殿説書趙師民爲天章閣侍講，賜五品服。初，仁宗皇帝謂輔臣曰：「安國、師民久侍經筵，其行義淳質，乃先朝崔遵度之比。」因以褒擢之。

七年八月，詔曰：「欽惟聖考，濬發宸文。百篇森布於寶函，三襲肇興於華閣。肆予纂紹之始〔四〕，務闡師儒之隆。遂延講勸之臣，欽佇論思之益。掩玉府藏書之盛，處金門待詔之材。今宜廣侍從之員〔五〕，抑亦副遹追之志。特置天章閣學士、直學士〔六〕，在龍圖閣學士、直學士之下。」

皇祐三年八月十二日，知制誥、兼侍講王洙言：「景祐中詔置天章閣侍講，在本官之上，内朝班著與直龍圖閣相次，其職儀、恩例並與帶職官同。臣昨與盧士宗並充天章閣侍講日，臣以兼直龍圖閣，即得與館閣臣僚同例；其盧士宗唯赴講筵供職外，其餘三九園苑賜筵及非時宣召頒賜，並不霑預，只同不帶職人例。此蓋有司從初失於申明，恐非朝廷優待經術之意。乞自今天章閣侍講官如不兼帶館閣職名者，並許依直龍圖例，赴祕閣供職宿直。所冀設官典職，事體一均。」詔天章閣侍講並依館閣臣僚例宣詔頒賜。

龍圖閣學士　直學士

【宋會要】

13 龍圖閣在會慶殿西偏，北連禁中。閣東曰資政殿，西曰述古殿。閣上藏太宗御製、御書及典籍、圖畫、寶瑞之物，内侍三人掌之。太宗御製、御書、文集總五千一百十五卷、軸、册，又有御書紈扇數十。其下列六閣：經典閣三千三百四十一卷，史傳閣七千二百五十八卷，子書閣八千四百八十九卷，文集閣七千一百八卷，天文閣二千五百六十一卷，圖畫總七百三軸、卷、册，瑞總閣奇瑞二十三、瑞木十六、衆瑞百一十三、雜寶百九十五。

學士、直學士、待制、直閣，自學士以下並寓直於祕閣，

〔一〕四年：原作「三年」，據《長編》卷一二〇、《職官分紀》卷一五改。

〔二〕起：原脱，據《長編》卷一二〇、《職官分紀》卷一五補。

〔三〕「侍講諸王」四字原脱，據《長編》卷一二七補。

〔四〕予：原作「於」，據《宋大詔令集》卷一六二改。

〔五〕今：原無，據《宋大詔令集》卷一六二補。

〔六〕直學士：原脱，據《職官分紀》卷一五補。

每五日一員遞宿。今直閣與館職輪宿。

真宗咸平四年十一月，真宗御龍圖閣，召近臣觀太宗御書及古今名畫，自是多召近臣觀書是閣。嘗語近臣曰：「先帝留意詞翰，朕孜孜綴緝，片幅寸紙，不敢失墜。因念古今圖籍多所散逸，購求甚難。在東宫時，惟以聚書爲急，多方購求，亦甚有所得，王繼英備見其事。今已類成正本，各及三萬餘卷。除三館、祕閣所藏外，又於後苑及龍圖閣並留正本，朕以深資政理，莫如經術，故機務之暇，惟以觀書爲樂焉。」大中祥符二年十一月中，又嘗召資政殿大學士向敏中洎龍圖閣學士、直學士、待制及編集君臣事迹官陳從易、劉筠對，命坐，帝曰：「從易輩屢進文字，可令賦瑞雪歌、祀汾陰詩。」皆即席援筆成篇。既進，帝尤稱筠美 14 贍，並賜緋魚。

景德元年十月，以虞部郎中、直祕閣杜鎬爲都官郎中，太常丞、祕閣校理戚綸爲右正言〔一〕，並依舊充職，充龍圖閣待制。

二年四月，御製《龍圖閣贊》賜近臣，帝曰：「龍圖閣書屢經讎校，最爲精詳，已復傳寫一本，置後苑太清樓。朕自居藩邸，以至臨御，凡亡缺之書，購求備至。每於藏書之家借本，必令置籍出納。傳寫既畢，隨便給還，靡有損失，故奇書祕籍悉無隱焉。國學、館閣經史未有印板者，悉令刊刻。或言《三國志》乃姦雄角立之事，不當摹印。朕以爲君臣善惡足爲鑒戒，至於仲尼《春秋》，亦列國之事也。」

四年八月，以司封郎中、直祕閣、龍圖閣待制杜鎬爲右諫議大夫、龍圖閣直學士〔二〕。因詔直學士班樞密直學士之下，仍少退，待制在知制誥之下，並赴内殿起居。

大中祥符二年正月，以龍圖閣待制户部郎中直昭文館戚綸、工部郎中直史館陳彭年兼充集賢殿修撰。先是，綸暨彭年尚帶館職，至是既升班序，又不欲罷其兼職，故有是命。

三月，鑄龍圖閣印，文曰「龍圖閣御書記」。

三年七月，以龍圖閣直學士杜鎬爲本閣學士，班在樞密直學士之上，俸給如之。

四年八月，管勾龍圖閣殿頭譚元吉請以御製藏本閣。帝曰：「朕以制禮事神，勉於紀述，何足以垂訓。」宰臣等懇請，帝謙默不答。

六年九月，詔龍圖閣學士、直學士結銜在本官之上。初，杜鎬、陳彭年之爲是職也，職在官下，至是陳 15 堯咨上言，故更之。

九年十月，以大理評事、崇文院檢討馮元爲太子中允、直龍圖閣，賜金紫，令預内殿起居，班在本官之首。

慶曆八年三月，仁宗幸龍圖閣、天章閣，召宰輔洎侍臣、宗室觀太宗《游藝集》、三朝瑞物、真宗幸澶州詩碑。因

〔一〕爲：原脱，據《職官分紀》卷一五補。
〔二〕直：原脱，據《長編》卷六六補。

出手詔，訪求天下得失。羣臣歸而上之，一時以爲盛事也。

嘉祐七年十二月又幸，召執政、近臣、三司副使洎臺諫官、皇子、宗室、駙馬都尉、管軍觀三聖御書。

高宗紹興二十一年三月二十七日，右宣教郎、新授直天章閣、提點佑神觀秦堪狀：「近蒙恩除前件職，欲乞敷奏依寄理體例，止以直寶文閣繫銜，庶於稱呼安便。」詔改除直龍圖閣。

敷文閣學士　直學士

【宋會要】

敷文閣學士、直學士、待制、直閣。舊制：龍圖、天章、寶文、顯謨、徽猷皆建閣。紹興十年，以徽宗皇帝御集成，詔特建閣，以「敷文」爲名，置學士以下官，在徽猷閣之下。

高宗紹興十年五月十一日，内降詔曰：「恭惟徽宗皇帝躬天縱之睿資，輔以日就之聖學，因而制治，修禮樂，恢學校，發揮典墳，緝熙治具。宸章奎畫，發爲號令，著在簡編者，焕乎若三辰之文，麗天垂光，賁飾羣物。所以貽謀立教，作則萬世〔一〕，殆與《詩》、《書》相表裏。將加哀輯，崇建層閣，以嚴寶藏，用傳示於永久。其閣恭以『敷文』爲名。祇遹舊章，宜置學士、直學士、待制、直閣以次列職，備西清之咨訪，爲儒[16]學之華寵。其著于令。」先是，紹興初，詔修《徽宗皇帝實録》。至十年，檢討官朱翌言：「四方以徽宗聖製來上者時見一二〔二〕，缺而不録，則史官之罪也。願詔天下，廣行搜訪，命史臣編類成秩，倣五閣之制，藏于無窮。」其後吏部郎官周執羔又言：「徽宗皇帝在位二十有六年，凡所以摛張治具、黼藻太平者靡不具。舉筆所書，作爲聖經，述爲義訓，詠歌記序，詔令批答，奮乎鸞龍之文。凡所以揮灑宸翰者，不知其幾。今御府之笈罔有致者，頃年特頒用詔〔三〕，訪於四方，將加哀集，閣而藏之。條目闕逸尚多，願詔有司廣行搜訪。」並從其請。至是學士院〔學〕士擬撰閣名來上，故降詔焉。

二十四年，實録院編類御集成，凡詩百九十有五，宮詞二百，賦一，序十二，記十，碑四，策題九，文七，樂章三，挽詞二十七，雜文十五，《毛詩解》九，《論語解》二，《道德經解》八，《南華真經解》八，《冲虚至德真經解》十二，《聖濟經》十，《金籙科儀》二，政事手劄千五百五十，邊機手劄二百四十四，通爲一百卷。至二十八年，又以《實録》成書，凡一百五十卷。又二十九年，史院以纂修到《永祐陵迎奉録》成，皆進御畢，並藏于祕閣。（以上《永樂大典》卷一三四二三）

觀文殿學士

【宋會要】

〔一〕則：原作「爲」，據《咸淳臨安志》卷二改。
〔二〕「言四方」三字原脱，據《玉海》卷二八補。
〔三〕用：疑當作「明」。

17神宗熙寧四年九月十八日，吏部侍郎、知鄧州韓絳爲觀文殿學士。觀文殿大學士，皇祐元年置，以授賈昌朝。自是嘗任宰相者出，必爲大學士。絳自宣撫陝西、河東得罪，罷守本官。是歲，用明堂赦授觀文殿學士。宰相不爲大學士自絳始。

七年四月十九日，禮部侍郎、平章事、監修國史王安石罷爲吏部尚書、觀文殿大學士、知江寧府。仍詔出入如二府儀，大朝會綴中書門下班，自是遂爲故事。

五月三日，知熙州、資政殿學士、左諫議大夫王韶爲觀文殿學士、禮部侍郎，仍兼端明殿、龍圖閣學士。上以韶收復熙河(工)〔功〕，故雖未歷二府，特旌寵之。

元豐三年九月十六日，知河南府、翰林侍讀學士、給事中王陶爲正議大夫、觀文殿學士。陶東宮舊臣，出於異恩。

寶文閣學士

【宋會要】

寶文閣。在天章閣東西序，群玉、蘂珠殿之次北(一)，即寶文閣。舊曰「壽昌」，慶曆初改今名。學士、直學士。自學士以下恩數寓直並如龍圖、天章閣。

嘉祐八年英宗即位未改元。八月十二日，詔以仁宗御書藏寶文閣，命翰林學士王珪撰記立石。

治平四年神宗即位未改元。五月二十八日，詔曰：「昔我藝祖，神武不殺，誕昌寶祚；太宗修文德，以光大業；真宗崇儒術，以承休命；仁宗善繼謨烈，化成治定。咸有述作，焕乎簡編，河漢昭回，奎璧相照(二)。迺規層18構，邃在西清。憲上帝藏書之府，章累朝稽古之盛。並揭嘉名，以登俊望，俾服凝嚴之職，因爲咨訪之地。誠聖哲之遠業，熙洽之高致也。仁祖升遐，先皇纂御。首命近列，論次遺文。鈿軸寶函，未終繙録(三)，白雲紫氣，遽遂上賓。今告畢功，甫將安奉。大訓九歌之重，垂世共長；廣内祕室之藏，貽謀無極。祇循故事，遹成先志，寶文閣宜置學士、直學士、待制，著于令。」

六月十一日，詔寶文閣學士中謝支賜並依龍圖閣學士、直學士例。《宋史》：英宗御書附于寶文閣。學士治平四年初置，以呂公著兼。直學士治平四年初置，以邵必爲之。(侍)〔待〕制治平四年初置。《元祐官品令》：學士正三品，直學士從三品。

樞密直學士

【宋會要】

19樞密直學士與文明殿學士並掌侍從，備顧問應對。崇德殿受朝，則陛以侍立。日會於樞密院，廳事在宣徽院。

真宗大中祥符五年八月，詔曰：「有密之地，出處深嚴；論思之臣，踐揚清要。雖素由於謹簡，尚未立於定員。

(一)殿之：原倒，據《玉海》卷一六三乙。
(二)璧：原作「辟」，據《玉海》卷一六三改。
(三)終：原脱，據《宋文鑑》卷三一改。

矧侍從材難，軒墀望峻。在選賢之攸重，宜著位之有常。樞密直學士自今以六員爲〔額〕。」梁置崇政判官，又改直崇政殿。後唐同光中，置樞密直學士二人。國朝無定員，班次翰林學士。是歲工部侍郎薛映知并州得對，自陳援張詠、張秉例，得預近職。真宗以員數問宰臣王旦，旦曰：「近朝止置兩員，今已九員。」帝曰：「映且授此職，自此當爲定限也〔一〕。」

徽宗政和四年八月三日，詔改樞密直學士爲述古殿直學士，恩數品秩並依舊。

十月二十四日，以樞密院言四方之人有以「延康」、「述古」、「寶文」等名目而名物者，詔悉改之。

資政殿學士

【宋會要】

20 資政殿大學士、學士。殿在龍圖閣之東序。真宗景德二年四月，以參知政事王欽若爲資政殿學士，在翰林學士之下，侍讀學士之上，餘依學士例。先是，欽若再表求罷政，繼以面請，故特置是職以寵之。五月，欽若赴職，宴近臣於祕閣，賜欽若七言詩，令屬和，自是令寓直於祕閣。十二月〔二〕，以王欽若爲資政殿大學士，班在文明殿學士之下，翰林學士承旨之上。赴上日，賜會於祕閣，近臣畢集。翌日，又會館閣群臣於祕閣。欽若以自求罷免，耻在翰林學士之下，真宗爲除大學士以優之。

大中祥符三年七月，以尚書右丞、兼祕書監向敏中爲工部尚書，充資政殿大學士。待制預焉〔三〕。真宗作五言六韻詩一首賜之。

天禧四年十月，以太子太保王欽若爲資政殿大學士，仍令日赴資善堂，侍皇太子講誦。

十二月，以資政殿大學士、太子太保王欽若爲司空，職如故。欽若先奉詔侍東宮講誦，至是以輔臣兼領三少，品序非便，表求換秩，乃有是命。

仁宗康定二年十〔二〕月二十二日〔四〕，右正言梁適言：「資政殿大學士之職比來除授太濫，請遵先朝故事，定以員數。」詔：「自今大學士置兩員，學士三員，不得近臣陳乞。」

慶曆元年十二月〔五〕，詔資政殿大學士自今定置兩員，學士三員。

皇祐四年八月十七日，新知汝州、資政殿學士吳育言：「以疾乞盡落學士之職，只守本官，權領 21 西京留司

〔一〕當：原作「帝當」，據《長編》卷七八改。

〔二〕十二月：原脱「二」字，據《長編》卷六一、《職官分紀》卷一五補。

〔三〕待制預焉：按，此上當有脱文。《古今事文類聚》遺集卷二載：「向敏中爲資政殿大學士，敏中赴上，賜會於祕閣，兩制預焉。」據此，或是脱「賜會於祕閣」一句，「待制」或當作「兩制」。

〔四〕十二月：原脱「二」字，據《長編》卷一三四補。

〔五〕按，慶曆元年即康定二年，此條與上條實爲一事，蓋《大典》抄《長編》添入。

御史臺。」仁宗曰：「聞吳育以力學損心，以成此疾。且育文行可以爲人之師表，方欲召歸講席，以備顧問，而忽有此請，宜特從之。」又曰：「若止守本官，則俸入差減。可特授集賢院學士，以就全給。」宰臣等對曰：「陛下知育之深，待育之厚，亦足以勵孤陋澆浮之輩，天下聞之，孰不改觀？」

神宗元豐三年九月十六日，知汝州、端明殿學士、兼翰林侍讀學士、龍圖閣學士、右諫議大夫韓維，寶文閣學士、右諫議大夫、兼侍讀陳薦，並爲諫議大夫、資政殿學士。資政殿大學士及學士並以寵輔臣之去位者，維、薦皆東宮舊臣，故特有此授。

二十七日，詔嘗任翰林學士除資政殿學士以上，更不別兼學士。

欽宗靖康元年五月二日，詔：「資政殿大學士、中大夫，提舉龍德宮王易簡爲係東宮講讀官，其請給、人從、恩數並依僉書樞密院例。」

高宗建炎三年二月四日，呂頤浩除資政殿大學士，充江浙(制)置使，兼知鎮江府。先是，黃潛善欲除頤浩資政殿學士，上以資政非前執政恩數，與從官等，特除大學士。

四年五月十四日，宰執進呈參知政事王綯乞退文字，御批除資政殿學士、提舉萬壽觀，兼侍讀。上曰：「王綯醇儒，嘗爲朕宮僚，事朕終始如一。上章丐罷[一]，不欲遠去，故有此處。」(范)宗尹曰：「故事，已嘗任資政殿學士而除執政，若不以罪去，則必進職。」上乃令除大學士。(以上《永樂大典》卷一三四二二)

東宮官 附諸王府官[二]

【宋會要】

22 太師、太傅、太保、少師、少傅、少保、賓客、詹事、左右庶子、中允、中舍、諭德、贊善、洗馬、家令、率更令，皆緣舊制除授而無職司。惟建儲闈，即置三少、賓客、詹事、庶子、諭德、中舍、舍人，並他官兼充[三]。其左、右春坊並鑄印，置吏員。及登位，即春坊司亦省去，其勾當左、右春坊、太子宮都監、祗候之名，以內臣充者亦省。以上《國朝會要》[四]。

《兩朝國史志》東宮官：太子少師、太子少傅、太子少保、賓客、詹事、左庶子、左諭德、右庶子、右諭德、舍人、侍讀、侍講。國朝之制，每儲闈之建，隨宜置官，以備僚寀。然無定員，亦不備設，並以他官兼領。凡非國朝嘗所置者，

[一] 上：原作「丐」，據文意改。《中興小紀》卷二九：「(岳)飛上章丐罷。」是也。

[二] 此五字原無，據實際內容補。以下「親王諸宮司」、「管勾北宅所」、「宮教」等均爲諸王府官，「雜録」則爲「東宮官」之雜録。

[三] 天頭原批：「寄案，《大典》卷二萬二千四百二十三引《四朝志》云：宋朝東宮官有左、右諭德，建儲即置，否則闕。仁宗、神宗、欽宗升儲，皆置二人，並他官兼。乾道置一人，惟除左，不除右。」

[四] 按，以下「國朝會要」、「續國朝會要」等字均爲屠寄據《大典》卷六一三三旁批(見其眉批)。

今皆不著焉。《續國朝會要》。

仁宗升儲，置三少各一人，賓客三人，詹事二人，左右庶子、諭德、舍人各一人，以宰相、近臣兼充。又以内臣爲左右春坊謁者、勾當左右春坊、太子宮都監、祗候。神宗升儲，置太子詹事二人，左右庶子、諭德、舍人、侍讀、侍講各一人，以内臣爲管勾左右春坊事、左右春坊謁者、皇太子宮祗候。英宗及神宗爲皇太子，並置伴讀一人，説書二人，又以内臣爲提舉并管勾、勾當焉。

太宗至道元年八月，以左諫議大夫楊徽之兼太子左庶子，右諫議大夫畢士安兼右庶子，並爲開封府判官。《國朝會要》。又以吏部侍郎、兼祕書監李至爲尚書左丞，給事中李沆爲禮部侍郎，並兼太子賓客，見皇太子如 23 師傅之禮〔一〕。兵部郎中喬維岳兼左諭德，水部郎中楊礪兼右諭德，司封員外郎、直昭文館夏侯嶠兼中舍，並爲開封府推官。壽王府内知客王繼英爲左清道率府副率、兼左春坊謁者。謁者本内侍之職，東宮無此名，只有太子通事舍人。今繼英以士人爲謁者之職，天禧中亦承此，蓋有司之失也。《國朝會要》。

是月，又以内殿直都知劉謙爲西頭供奉官、充皇太子宮親衛都知，親事官軍使王隱充皇太子宮親衛指揮使，各賜腰帶、公服、絹百疋、銀二百兩。

真宗天禧二年九月，以殿前散員左第一班都知趙榮爲西頭供奉官、親衛都知、皇太子宮祗候，供奉官郭承慶爲左清道率府率，殿直夏元亨爲右監門衛率府副率，並兼春坊謁者。《國朝會要》。

十月，以樞密直學士、右諫議大夫王（曉）〔曙〕爲給事中、兼太子賓客。

三年四月，詔太子左庶子張士遜等每遇皇太子隨駕出人，許依内殿起居例，綴班祗候。《國朝會要》。

四年八月十一日，以右諫議大夫、兼太子左庶子張士遜兼太子賓客，充樞密直學士；户部員外郎、兼右諭德魯宗道直龍圖閣、兼左諭德，賜金紫；太常丞、直龍圖閣馮元爲左正言、兼右諭德，直閣如故。

十三日，詔應兼東宮官僚並依内殿起居職位次序。

十一月二十一日，參知政事任中正、樞密副使錢惟演、參知政事王曾並兼太子賓客，又以工部尚書、兼太子賓客林特兼太子詹事，樞密直學士、兼太子賓客張士遜兼太子 24 詹事。翰林學士、兼太子舍人晏殊爲太子左庶子，職位並如故。《國朝會要》〔二〕。執政兼東宮官自中正等始也。

十二月二十三日，以吏部尚書、同中書門下平章事丁謂兼太子少師，樞密使、吏部尚書、同中書門下平章事馮拯兼少傅，樞密使、同平章事曹利用兼少保〔三〕。宰臣兼東宮

〔一〕按「師傅」上原衍一「師」字，今删。

〔二〕按，「國朝會要」四字旁批於此，蓋指《大典》卷六一三三此條正文至此止，「國朝會要」四字亦注於此。以下仿此。

〔三〕樞密使同平章事：原無，據《長編》卷九六補。

官自謂始也。

《哲宗正史·職官志》：太子太師、太傅、太保、少師、少傅、少保、賓客、詹事、少詹事、左右庶子、諭德、侍讀、侍講、中舍、舍人、左右衛、司禦、清道、監門、内率府率、副率爲東宮官職。《續國朝會要》。

徽宗政和四年三月十六日，詔：「皇長子可以來春出(閣)〔閤〕，立爲皇太子。其建宮室、設官屬與儀物制度，宜令有司討論典故以聞。」

五年二月七日，皇太子上表言：「自昔東宮建司設局，張官置吏，考其職事，實無毫末。應東宮官吏乞不必具備，諸司庶局頗令兼攝。」從之。詳見「皇太子」門。

十四日，以翰林學士承旨强淵明、翰林學士劉炳並爲賓客，中書舍人蔡靖、陳邦光並爲詹事，祕書監李詩爲左庶子，兼侍講，秘書少監蘇燁爲左諭德，燁舊名犯皇太子名，改今名。太常少卿葛次仲爲右諭德，國子司業曾楙、殿中侍御史華寔並爲舍人，知入内内侍省楊震、董愨提舉左、右春坊事，内侍楊容機、黎景年、全淵、張彦卿、周珣、王若冲、王珂管勾左、右春坊事，劉淵爲家令，皇甫僅爲承受。

十五日，皇太子上表乞宮僚以下不稱臣，從之。

四月二十四日，秘書監、兼太子左庶子李詩言：「皇太子讀史，有不足知者置之勿 25 讀。」詔令東宮講讀官罷讀史，專一導以經術。詳見「皇太子」門。

九月十九日，太子家令劉淵罷，以梁平代之。

六年四月九日，劉炳除宣和殿學士、提舉醴泉觀，依舊帶東宮官。

十三日，以禮部尚書白時中、刑部尚書慕容彦逢並兼太子賓客，除給事中方會、尚書吏部侍郎劉煥並兼太子詹事，起居舍人賈安宅兼太子舍人。《續國朝會要》〔一〕。内符寶郎馮楊爲家令。

七年三月二十四日，以起居郎李彌大、起居舍人趙野並兼太子舍人。《續國朝會要》。

四月二十一日，以祕書少監柯棐兼太子舍人。

二十五日，以國子司業魏憲兼太子舍人。

九月十七日，皇太子上表言：「諸王府侍讀已改爲贊讀，今本府學官獨稱侍讀，於義未安，乞改正。」詔不允。

八年，劉煥、方會罷，以左庶子李詩、右庶子耿南仲爲詹事。《續國朝會要》。

宣和元年三月四日，皇太子奏：「本府舊有舍人二員，撰述章表文字。今來久闕，欲乞特差官二員兼領上件職事。兼本府舍人自來止是五日一次到府，若差見在職事官，即於本職亦不廢事。」詔差秘書監王易簡、秘書少監曾楙並兼太子舍人。

七月十八日，皇太子奏：「本府講讀官李詩、耿南仲在

〔一〕續國朝會要：原文簡稱「續」，今補齊。下文數處《乾道會要》或標「乾」或標「乾道」，今一例補足。

府五年，除講過《論語》外，今講讀過御解《道德經》并《孟子》及嘉言善行一千六百二十七事，裨益實多，未曾陳乞推恩。李詩、耿南仲並係待制，乞自宸衷指揮。」詔並除直學士。

九月二十八日，以國子司業程振兼太子舍人。《續國朝會要》。

六年十二月一日，皇太子[26]奏：「昨奉旨，令本府學官李詩、耿南仲讀《前漢書》，今已畢，欲接續讀《後漢書》。」從之。政和五年四月二十四日，東宮官罷讀史〔一〕，後復讀史指揮檢未獲。

欽宗靖康元年五月二日，秘書省著作佐郎晁説之爲秘書少監、兼太子左諭德。

同日，詔：「資政殿大學士、中大夫、提舉龍德宮王易簡爲係東宮講讀官，其請給、人從、恩數並依簽書樞密院例。」

六月二十九日，以祕書少監、兼太子左諭德晁説之爲中書舍人、兼太子詹事，國子司業黎確兼太子左諭德，侯栖筠兼太子右諭德。

九月十六日，以尚書工部侍郎何昌言兼太子詹事。以上《續國朝會要》。《中興會要》無此門〔二〕。

孝宗乾道元年八月九日，詔皇子愭立爲皇太子，其宮室、官屬、儀物制度並令有司討論典禮以聞。

十一日，詔中書舍人蔣芾、起居郎魏杞並兼太子詹事。

九月六日，詔宗正少卿邵知柔兼太子左庶子、兼太子侍讀〔三〕。尚書禮部員外郎汪大猷兼太子左諭德、兼太子侍講。《乾道會要》。

七日，詔太子詹事每遇東宮講讀日並往陪侍。

九日，皇太子言：「得旨，邵知柔兼太子左庶子、兼太子侍讀，汪大猷兼太子諭德、兼太子侍講者。伏念臣冒處儲闈，方資學術。雖聖恩隆厚，肇新宮寀之名；而位號尊崇，幾僭經筵之秩。仰冀宸衷之洞照，俾仍王邸之舊稱，庶穆公言，亦安私義。所有侍讀、侍講官名，乞賜改正。」詔：「東宮講讀官稱自有故事，所請不允。」《乾道會要》。

二年正月二十九日，詔給事中魏杞兼太子詹事。

三月二十一日，[27]宰執進呈東宮講讀官已講《孟子》徹章，請別講書目。上曰：「可令講《尚書》。治國之道，莫先於此，君臣更相警戒，無非日所行事。朕每無事，必看數篇。」

四月十一日，執政進呈太子春坊奏：「講《孟子》徹章，官屬乞行推賞。」上曰：「可依王府體例。」《乾道會要》。記得

〔一〕「政和」二句原爲正文大字，且另作一條。細審之，明爲上文之注，今改作小字注。

〔二〕此注據屠寄眉批引「原注」補。屠寄又批云：「寄案，徐輯有『左右坊』一門，凡卷内注《大典》卷六千一百三十三者皆是，今并。《大典》卷二百三十九，又卷六千一百三十三。」今按，批語中引「原注」，乃《永樂大典》卷六一三三之原注。

〔三〕此處旁批：「寄按，《大典》卷七千六百八十七同。」

兵士輩只是犒設。」汪(徹)〔澈〕等奏曰：「官屬減磨勘二年，兵士犒設，只是王府例，東宮乞別立賞格。」上曰：「令具人數，將量與賞。」《乾道會要》。

五月十五日，詔中書舍人兼太子詹事〔一〕。

十月二十一日，詔祕書少監、兼太子左諭德汪大猷兼太子侍講。《乾道會要》。

七年二月八日，詔：「皇第三子惇立爲皇太子，其官屬、儀物制度並令有司討論典禮以聞。」

二十一日，皇太子府言：「本府承受官一員，主管左、右春坊事二員，同主管左、右春坊事二員，得旨就改差外，其元差指使、宅案司、客司、(袍)〔抱〕笏、書表司、楷書、直省官、親事輦官、入内院子、守闕入内院子、教駿、厨子、翰林司、儀鸞司兵級，亦乞就行改差祗應。」從之。《乾道會要》。

三月八日，詔敷文閣直學士王十朋、敷文閣待制陳良翰並除太子詹事，祕書省著作佐郎劉焞除國子司業、兼太子侍讀。先是，二月十三日，宰執進呈，上曰：「劉焞兼侍讀，李彦穎却兼侍講可也。」〔虞〕允文奏曰：「李彦穎既兼左諭德，以侍講無人，并令兼之。」上曰：「侍講可別選人充代。」因奏曰：「劉焞久在館閣，以拘資格，除郎不行。乞稍遷擢，以重(官)〔宮〕僚之選。」上曰：「郎官外更有何官可遷？」允文奏曰：「國子司業見闕，緣隆興指揮不許與祭酒並除。」上曰：「司業乃祭酒之貳，並置何妨，可特除國子司
28 業。」

十三日，詔監察御史劉季裴除將作監、兼太子侍講。

十八日，詔起居郎莫濟兼太子左庶子，起居舍人李彦穎兼太子左諭德。《乾道會要》。

四月九日，詔：「太子詹事、庶子、諭德除假日外，並輪日入宮，依時出，仍隨日供故事。」上謂宰執曰：「太子詹事既無職事，可輪日入宮，依時出。」梁克家奏曰：「除講讀官外，庶子、諭德亦無事。」上曰：「與詹事通輪可也。」克家又奏：「莫濟今欲輪日供故事，以便皇太子觀覽。」上曰：「甚善。」

十三日，禮部太常寺言：「討論東宮問講并節朔賀慶、謝辭禮儀下項：一、宮僚講讀，無已行故事，當依倣講筵，少殺其禮。每遇講讀，詹事以下至講讀官上堂，並用賓禮參見，依官職序座。皇太子正席，講讀官迭起，如延英儀。講罷，復位。一、節朔典故有東宮受賀儀，承唐舊制，難以引用。契勘昕朝每遇元正、冬至等節並不受朝，止是宰臣以下拜表稱賀；其朔望日多是得旨，特免朝參。今來東宮節朔且倣昕朝禮例，不受宮僚參賀；或元正、冬至日，詹事以下箋賀。一、謝辭初如常見之禮，後離位致詞，復位，拜，就座；茶湯罷，退。一、詹事初上，參見皇太子，拜，皇太子答拜。庶子等初上，參見皇太子，受拜。庶子、諭德及講讀官雖有坐受之禮，止是《五禮新儀》所載；兼日逐致拜之禮

〔一〕「舍人」下疑脱人名。

近例皆已不行，或遇合致拜日，更乞參酌天禧、至道年事施行。按天禧二年九月五日，左庶子張士遜等言：『臣等日詣資善堂參見皇太子，猶令升階 29 例拜，然後跪受。望令皇太子坐受參見。』詔不許。至道元年，皇太子每見太子賓客，必先拜，迎送常降階及門。」並從之。

八年正月十一日，詔敷文閣學士周操試太子詹事。

二月三日，詔給事中胡沂兼太子詹事。

三月一日，太子詹事周操言：「皇太子講《尚書》終篇，所有接續合講是何經書[一]？」詔講《周易》。

十四日，詔禮部侍郎李彥穎兼太子左庶子。《乾道會要》。

四月六日，詔：「皇太子講《尚書》終篇，詹事、諭德、侍讀、侍講、承受官、左、右春坊各與轉一官，醫官、指使、宅案司等各減三年磨勘。年限不同人依四年法比折，未有名目之人候有名目日收使。御前忠佐親事官、輦官、兵級等，依例犒設一次，仍各遞增一十貫文支給。」

五月七日，詔起居舍人劉季裴兼太子左諭德。《乾道會要》。國子司業林光朝兼太子侍讀，將作監陳騤兼太子侍講。

九年正月二十三日，詔起居舍人留正兼太子右諭德。《乾道會要》。

閏正月二十五日，太子詹事李彥穎言：「臣竊窺皇太子天資簡淡，無他嗜好，進德修業，固宜及時。今宮僚粗備，每遇上堂，除講讀官外，餘官不過陪侍坐席，須臾而退。乞以庶子或諭德一員兼講《春秋》，二《禮》令添講一經。」詔令庶子、諭德輪講《禮記》。

三月三日，詔太常少卿王淮兼太子左庶子。《乾道會要》。

六月十四日，詔祕書少監陳騤兼太子左諭德，祕書省著作郎蕭國梁兼太子侍講，著作郎尤袤兼太子侍讀[二]。

八月五日，敷文閣學士、左朝散大夫、提舉江州太平興國(官)〔宮〕周操內殿朝辭進對，上曰：「皇太子方賴卿 30 輔導，甚惜卿去。」

二十七日，詔吏部尚書李彥穎除太子詹事。

九月十一日，中書門下省言：「得旨，令庶子、諭德輪講《禮記》，今來庶子見闕。」詔令太子侍讀兼侍講。《乾道會要》。

八年九月二十七日，詔權吏部尚書胡沂兼太子詹事，尚書禮部侍郎、兼太子左庶子、兼侍講李彥穎除太子詹事。《乾道會要》。

十月二十八日，詔國子司業戴幾先兼太子左庶子，起居郎趙梓中兼太子左諭德，起居舍人趙師訓兼太子侍講。

十一月二十四日，詔起居郎劉季裴兼太子左庶子，起居舍人留正兼太子左諭德。《乾道會要》。祕書少監陳騤兼太子侍講。

十二月十七日，詔中書舍人王淮兼太子詹事，起居郎

[一] 是何：原無，參後文職官七之三三淳熙十二年正月二十五日條補。
[二] 袤：原作「柔」，據《宋史》卷三八九《尤袤傳》改。

宋延祖兼太子侍讀〔一〕，軍器監蕭燧兼太子左諭德，《乾道會要》。軍器少監薛元鼎兼太子侍講。

淳熙元年七月二十一日，以吏部尚書李彥穎依舊兼太子詹事，起居舍人范仲(芭)〔芑〕兼太子侍讀。

十月四日，以宗正少卿沈樞兼太子左庶子。

十一月十七日，以軍器少監、兼太子侍講薛元鼎改兼太子侍讀，祕書省著作郎木待問兼太子侍講。先是，以待問兼權太子侍讀，既而待問言：「國朝典故，東宮官僚皆以他官兼領，其太子侍讀序位在侍講之上，並視本職高下差。今元鼎以軍器少監兼太子侍講，待問以著作郎兼權(待)〔侍〕讀，質之典故，班次序位有所未安。」故從其請。

十二月八日，以兵部侍郎沈樞兼太子詹事，宗正少卿程叔達兼太子左庶子。

二年正月五日，翰林學31士、兼太子詹事王淮等言：「東宮講《周易》徹章，欲接續講《春秋左氏傳》。」從之。

三月四日，以祕書省著作郎木待問兼權太子侍讀，祕書省著作佐郎鄭僑兼權太子侍講。

五日，以國子司業蕭燧兼太子左諭德。三年三月二十二日爲起居郎，亦兼。

四月二十九日，以祕書省著作佐郎楊恂兼權太子侍讀。

六月四日，以權吏部侍郎沈樞兼太子詹事。

閏九月六日，以入內內侍省東頭供奉官楊端友主管左右春坊。

十月十八日，以兵部侍郎周必大兼太子詹事。十二月二十五日，除吏部尚書、兼翰林學士，依舊兼。

三年三月十六日，詔：「東宮見闕侍讀，令蕭燧權，講《春秋》。」

九月二十一日，以國子祭酒林光朝兼太子侍讀，刑部員外郎閻蒼舒兼太子侍講。

十二月十二日，以吏部員外郎鄭伯熊兼太子侍讀。十二月十二日，光朝兼左諭德。

四年三月十六日，以祕書監陳騤兼太子左諭德。九月十二日，兼左庶子。

八月一日，以從義郎、閤門舍人應材兼同主管左右春坊。

九月十二日，以起居郎薛元鼎兼太子左諭德。

十月二十六日，以成忠郎、閤門祗候黃夷行兼同主管左右春坊。

五年三月十七日，以司農少卿戴幾先兼太子左諭德，吏部員外郎閻蒼舒兼太子侍讀，祕書省著作佐郎鄭鑑兼太子侍講。

七月二日，以祕書省著作郎木待問兼太子侍講。

九月三十日，以入內內侍省東頭供奉官藍介主管左右春坊。

〔一〕郎：原脱，據本書食貨五一之八補。

六年三月六日，以太常少卿戴幾先兼太子左[32]庶子，宗正少卿閻蒼舒兼太子左諭德，起居舍人木待問兼太子侍讀，户部員外郎何耕兼太子侍講。

二十二日，宰執言：「皇太子宮講《禮記》終篇，欲接續講《周禮》。」上曰：「《周禮》，周公致太平之書，不可不講。」

四月九日，以吏部侍郎閻蒼舒兼太子左庶子，太常少卿戴幾先兼太子右庶子。

十一月二十二日，以祕書少監施師點兼太子左諭德。

七年五月二十日，以吏部侍郎、兼太子左庶子閻蒼舒兼太子詹事。

六月十四日，以祕書少監施師點兼太子右庶子，起居郎木待問兼太子左諭德，國子司業何耕兼太子侍讀，吏部員外郎趙汝愚兼太子侍講。

九月二十日，以中書舍人施師點兼太子左庶子。

八年三月二十八日，以吏部侍郎趙汝愚兼太子右庶子，仍講《春秋》。

七月二十五日，以武德大夫、文州刺史、閤門舍人譙熙載兼同主管左右春坊。

九月二十七日，以給事中施師點兼太子詹事，中書舍人木待問兼太子左庶子。

十月十一日，皇太子宮講堂狀：「本宮見講《周禮》，係左、右庶子二員輪講，及讀《唐鑑》。所有《春秋》舊係侍講職事，今見闕官。」詔差起居舍人詹儀之兼。

十二月四日，以太常少卿余端禮兼太子侍讀。

九年七月二十五日，以中大夫木待問兼太子詹事。

八月十四日，以中書舍人葛邲兼太子左庶子。

九月七日，皇太子宮講堂狀，欲讀《陸贄奏議》，從之。

十二月十五日，以起居郎詹儀之兼太子左[33]諭德，宗正少卿史彌大兼太子侍講。

十年二月六日，以中書舍人葛邲兼太子詹事，吏部侍郎詹儀之兼太子左庶子。十一年四月，除給事中，仍兼。

四月十五日，以兵部侍郎余端禮兼太子詹事，祕書少監沈揆兼太子左諭德，將作監蔣繼周兼太子侍讀。

八月十三日，詔：「皇太子宮講堂見講《周禮》外，庶子、諭德更輪講《尚書》。」

十月三日，以宗正少卿史彌大兼太子侍讀，吏部尚書尤袤兼太子侍講。

十一年四月二十四日，以武功郎、閤門舍人、皇太子宮兼同主管左右春坊譙熙載再任。

十一月二十二日，以武德郎、閤門舍人姜特立充皇太子宮同主管左右春坊[一]。

十二月二十五日，以中書舍人史彌大兼太子左庶子。

十二年正月四日，以轉歸吏部使臣賈惟清特取充入內省職名，充皇太子宮主管左右春坊事。

[一]「同主管」三字原脱，據本書職官五二之四補。

二十日，以右司郎中尤袤兼太子侍講。

二十五日，皇太子宫講堂狀：「照會皇太子上堂《周禮》今已終篇，六經並已講畢，目今諭德再講《尚書》。今來侍講合講是何經書？」詔令講《毛詩》。

二月四日，以權禮部侍郎史彌大兼太子左庶子、兼太子侍讀。

五月十二日，以吏部侍郎余端禮兼太子詹事。

八月八日，以尚書吏部郎中楊萬里兼太子侍讀。

十三年五月二十七日，皇太子宫講堂狀，皇太子讀《陸贄奏議》終篇，詔令讀《三朝寶訓》。

十四年五月二日，詔武功大夫、文州刺史、閤門舍人、皇太子宫兼同主管左右春坊事譙熙 **34** 載候今任滿日特令再任。

二十五日，以中書門下省檢正諸房公事尤袤兼太子左諭德，尚書禮部員外郎鄭僑兼太子侍講。

十五年四月二十五日，以起居郎胡晉臣兼太子左諭德，起居舍人鄭僑兼太子侍讀，户部員外羅點兼太子侍講。

五月十八日，以内侍張彦臣罷聽喚上名，與散祗候，特充差皇太子宫主管左右春坊事。

七月三日，以宗正少卿吴博古兼太子左諭德。

十月十九日，以中書舍人鄭僑兼太子左庶子。（以上《永樂大典》卷二三九）〔一〕

35 元祐六年七月六日〔二〕，三省言：「張方平元係宣徽南院使、檢校太傅、太子少師致仕。元豐官制行，廢宣徽使。元祐三年，復制儀品恩數如舊。」詔太子太保致仕張方平依前太子太保、充宣徽南院使致仕。於是中書舍人韓川言：「臣聞宣徽使之名祖宗以寵勳臣，班資、恩數與見任執政均，與樞密副使、同知樞密院尤切相等，而皆未嘗令帶以致仕。且文武異列，不合混并。宣徽使武官也，太子太保文官也，豈可使官號混殽？合從改正。」詔依前旨行下。其後方平辭免，從之〔三〕。（以上《永樂大典》卷一一五八一）

36（乾道二年）八月二十三日〔四〕，詔太常少卿、兼太子左庶子任文薦兼太子侍讀〔五〕。《乾道會要》。

九月十一日，太常少卿、兼太子左庶子、兼太子侍讀任文薦進對。上曰：「卿老成，輔導東宫，不必專於講讀，當

〔一〕按，屠寄於此門首頁眉批云：「《永樂大典》卷二百三十九，又卷六千一百三十三。」並於天頭與文中標明同見兩卷之條。今不再一一過録，只於此注明主要出處卷二三九。

〔二〕天頭屠寄批：「添在徽宗條上。」按，指本門上文。

〔三〕天頭原批：「此條原粘在本卷第二十四前半頁。」

〔四〕乾道二年：原無，據廣雅書局本「職官」二十、《玉海》卷一二九補。又以下二條天頭原批：「添在十月條上。」又批：「此條原粘在本卷第二十七前半頁。」

〔五〕侍讀：原作「侍講」。屠寄旁批：「《大典》卷七千六百八十四作『侍讀』。」按，下條及《玉海》卷八二亦作「侍讀」。

博論時事，使開發聰明。（以上《永樂大典》卷六一三三）

親王諸宮司

【宋會要】

37 親王諸宮司總諸王宮出納之事，以諸司使兼充。使闕，則置都大管勾及都監之名，皆内臣充。（以上《永樂大典》卷一一二五）

管勾北宅所

在宣德西道北，大中祥符七年，置都大管勾南宮北宅所。景祐三年七月，徙南宮吳王院屬睦親宅，後止名管勾北宅所，以諸司使、副二人管勾。（以上《永樂大典》卷一九〇四二）

諸王宮教授〔一〕

【宋會要】

38 至道元年，以孫蠙充皇姪、皇孫教授，從新號也。時中書言：「唐文宗朝，李石奏太子有侍讀，諸王亦有，無隆殺。今皇姪、皇孫官是環衛，請以教授爲名。」此蓋王宮教授設官之初也。《宋百官志》：紹興四年始復置諸王宮大、小學教授二員，隆興省其一。（以上《永樂大典》卷一七二三〇）

【宋會要】

天聖三年，上曰：「教授非止講經，宜選履行端慤者。」

七月，以張維翰爲允弼宅教授。

四年四月，北宅教授王式爲諸王府侍講。

十二月，馬程爲北宅教授。（以上《永樂大典》卷一九二四〇）

39 孝宗乾道五年十月二十六日，詔司農少卿李浩兼皇子恭王府直講。

大觀二年，定王、嘉王府侍講沈錫奏：「真宗皇帝時，以張士遜爲王友，命王答拜，以示賓禮。今侍讀輔翊之官，職在訓導，亦王之友傅也。可如王友例，令王答拜。」《續宋會要》。（以上《永樂大典》卷七六九〇）

【乾道會要】

孝宗乾道元年三月三日，詔宗正少卿魏杞兼皇子鄧王府贊讀。

二年六月十五日，詔宗正少卿胡沂兼皇子慶王府贊讀。（以上《永樂大典》卷七六八七）

雜録〔二〕

40 淳熙二年二（年）〔月〕十七日，詔：「皇太子宮講《周易》終篇，詹事、庶子、諭德、侍讀、侍講、承受官、左右春坊特與轉一官，及指使、使臣、客司、（表書）〔書表〕司、楷書、直省官、諸色人、兵級、講堂使臣、主管書寫文字、供檢奏報文

〔一〕原題作「宮教」（在「宋會要」下），按「宮教」即「諸王宮教授」之省稱，下條「宋會要」下正題作「諸王宮教授」，今據改，下條則删題。又，「宮教」下原有「附諸王府官」，今已移至此門總題下，此删。

〔二〕按，此仍是「東宮官」之雜録。

字等祇應有勞，各（得）〔特〕與轉一官資。餘人依昨來終篇指揮施行。」

六月二十四日，詔：「皇太子宮見差破親事（輩）〔輦〕官、黄皁院子、諸色人、兵級等，已降指揮，祇應及七年與轉一資。其已轉資，依舊在宮祇應人，每遇再及七年，並特與一資。今後准此。」

十二月二日，詔皇太子宮官吏特減作五年轉一官。既而以主管左右春坊事張可宗等言：「本宮官吏年勞酬賞，見依親王下指揮，六年特轉一官。今來皇太子宮比親王府事體不同，乞特與減年轉官。」故有是詔。

四年十月四日，詔：「皇太子宮見差破客司等，於內更與改差三人作使臣名色，特添破本等券，放行批勘。遇有闕，從本官差取41陞改。」

六年四月二十四日，詔：「皇太子宮講《禮記》終篇，詹事、庶子、諭德、侍讀、侍講及曾任講讀官並承受官、左右春坊指使、使臣、客司、書表司、楷書、直省官、供檢奏報、講堂使臣、書寫文字、諸色人、兵級等各轉一官資。」

六月二十二日，詔：「皇太子宮醫官該遇今來《禮記》終篇轉官，並特與不隔磨勘。」

九年六月二十四日，詔：「皇太子讀《唐鑑》終篇，本宮官吏、諸色人各與減二年磨勘。」

十年七月十九日，詔：「皇太子宮主管左右春坊係是選授，令吏部特依在內差遣關陞施行。」

十二年正月二十九日，詔：「皇太子宮講《周禮》終篇，依昨講《春秋》終篇，官屬各特轉一官資。內礙止法人依條回授，白身人候有名目日特作轉官資收使。」

十三年五月十四日，詔：「皇太子讀《陸贄奏議》終篇，詹事、諭德、侍讀、侍講、左右春坊及指使、使臣等各特轉一官資。內礙止法人依條回授，白身人候有名目日特作轉官資收使。」

皇太子宮小學

淳熙七年正月二十六日，大理正王尚之言：「乞選儒臣爲東宮小學教授。」上曰：「王尚之議論及此，甚不易得。可討論典故，遴選一儒臣充之。」趙雄等言：「尚之小臣，建明此事，可見清明之朝下情必達。」於是詔以秘書省正字楊輔兼皇太子宮小學教授。既而宰執進呈皇太子宮小學教授典故，上曰：「宜精擇堪任此官者。」趙雄等言：「輔（醞）〔蘊〕籍儒雅，操守甚正。」遂命輔爲之。

四月十五日，詔武經大夫、成州團練使、42右領軍衛將軍、皇太子宮兼同主管左右春坊陳龜年，以伴讀皇孫英國公《孝經》、《論語》終篇，特與遥郡上轉行一官。

八年七月二十七日，祕書省校書郎、兼皇太子宮小學教授楊輔言：「竊見本宮講堂書寫文字陳茂實等並理五年補授進武副尉，今乞將小學差置手分、楷書各一名，通理七年補授。仍乞將手分改充主管文字，楷書充書寫文字。」

從之。

二十八日，詔祕書省校書郎劉光祖兼皇太子宮小學教授。楊輔差知眉州，故以光祖爲之。

十年正月二十七日，詔：「皇孫英國公聽讀《孟子》、《尚書》兩經終篇，小學教授劉光祖特與轉一官，供檢主管書寫文字張師賢、蔣巨卿、張克家各減三年磨勘，引接等祗應時椿年、劉子訓、蔣曄、于忠輔、傅昌言、醫官婁杲各減二年磨勘，諸色祗應等二十六人並特支犒賞一次。」

五月三日，詔增置小學教授一員，以祕書省著作郎何澹、校書郎鄭鍔同兼。既而以宰執進呈皇太子宮小學闕員，上曰：「國公已長，正要得人訓導，可增置一員。」遂以澹等爲之。

十一年三月二十三日，皇太子宮小學教授言：「皇孫英國公聽讀《毛詩》終篇，今欲接續聽讀《周易》。」從之。教授何澹、鄭鍔各轉一官。

十二年正月二十日，以祕書省校書郎羅點兼皇太子宮小學教授。鄭鍔論罷，故以點爲之。

三月一日，皇太子宮小學言：「皇孫英國公聽讀《周易》終篇，接續聽讀《禮記》。」從之。詔：「教授何澹、羅點各特轉一官，春坊譙熙載、姜特 43 立各減三年磨勘，供檢主管、書寫文字三人並各減三年磨勘，指使二人、書表、客司、(袍)〔抱〕笏使臣、祗應七人各減二年磨勘。年限不同人依四年法比折，未有名目人候有名目日收使，諸色祗應人並特支犒設一次。」

四月二十四日，以祕書省著作郎何澹、祕書郎羅點並兼皇孫平陽郡王府教授。

十一月十一日，詔：「皇孫平陽郡王講授《論語》終篇，教授何澹、羅點各轉一官。」點十二月爲浙西提舉，澹十四年三月除國子司業，免兼。

十三年正月九日，以祕書省著作郎高曇兼平陽郡王府教授。曇十四年二月致仕。

十四年三月二日，以祕書郎莫叔光、鄧馹兼皇孫平陽郡王府教授。

七月三日，皇孫平陽郡王府教授莫叔光、鄧馹辭免講授《孟子》終篇各特轉一官，詔依所乞〔一〕，各減三年磨勘。

十五年十月十六日，詔：「皇孫平陽郡王聽讀《禮記》終篇，教授莫叔光、鄧馹各特轉一官，譙熙載、姜特立、藍師古、譙令雍、張師賢、蔣巨卿、張克家各減三年磨勘，高鈞、吳端、馮涇、王良、傅昌祖、董致中、成元顯、李松、孫昌祖、高琦、姜文用、孫昌嗣、姚思正、王世昌、周昭各減二年磨勘。年限不同人依四年法比折，未有名目人候有名目日收使，諸色祗應人並特支犒設一次。」

淳熙十六年二月七日，詔：「東宮官吏、諸色人、軍兵等且依舊，仍與接續放行諸般請給，限一月結局取旨。」

〔一〕詔：原作「照」，據文意改。

二十七日，詔：「隨龍講官、承受官可各轉四官，曾任東宮講堂官各轉兩官。」

四月十五日，吏部言：「[44]曾任東宮講堂官得旨各轉兩官，其間有見任宰執及礙止法人，伏乞朝廷指揮。」詔：「見任宰執并礙止法人並許回授。」又言：「今來承降指揮，即不該載贊讀、直講，并合取自指揮。」詔依東宮講堂官例各轉兩官[一]，礙止法人依條回授。

開禧三年十一月，禮部尚書史彌遠兼太子詹事，吏部侍郎趙夢極兼太子左庶子，國子祭酒戴溪兼太子侍讀。既而夢極十二月以給事中兼詹事；溪嘉定元年正月陞兼太子右諭德，五月以兵部侍郎兼右庶子，八月陞左庶子，三年正月除詹事。

十二月，起居郎陳希點兼太子侍講，吏部侍郎婁機（機）兼太子左庶子，起居舍人鄒應龍兼太子左諭德。既而希點嘉定元年三月陞兼侍讀，六月陞兼左諭德；機嘉定元年正月陞詹事；應龍嘉定元年三月陞兼左庶子，八月陞兼詹事。

嘉定元年三月，尚左郎中徐邦憲兼太子侍講，六月陞兼侍讀。

閏四月，吏部郎官王介兼太子舍人，六月以國子司業兼侍講，三年二月以宗正少卿兼右諭德。

六月，刑部侍郎曾㬇兼太子詹事。

八月二十二日，觀文殿學士、提舉萬壽觀趙彥逾言：「乞令東宮講讀官每日講讀之餘，將古今歷代帝王治亂事迹編成一書，分十門：一曰畏天，二曰愛民，三曰法祖宗，四曰聖孝，五曰用賢能，六曰遠小人，七曰勤儉，八曰聽言，九曰明賞罰，十曰謹邊防。實以歷代已行之事，每事釋其下，以『東宮規鑑』爲名。」從之。

八[45]月，工部侍郎汪逵兼太子右庶子，起居舍人曾從龍兼太子右諭德。逵四年四月以權吏部尚書兼詹事，從龍三年正月以禮部侍郎兼左諭德，五年十月以刑部尚書兼右庶子，七年七月以禮部尚書兼詹事[二]。

二年正月，祕閣校理留元剛兼太子舍人。三年，陞兼侍讀。

三年五月，祕書省著作佐郎滕强恕兼太子侍講。四年六月陞兼侍讀。

四年正月，宗正寺丞任希夷兼太子舍人。六月，以祕書丞兼侍講。七年，以中書舍人兼右諭德。九年十二月，以工部尚書兼左庶子，十年十一月陞兼詹事。

六月，祕書少監陳武兼太子右諭德。

八月二十九日，皇太子受册了畢，本宮官吏、諸色人、軍兵等各與一官資，礙止法人特與轉行。內白身補進武副尉，理爲年勞出職，或願轉一官資收使者聽。

六年五月，權刑部侍郎劉爚兼太子左諭德。八年二

[一] 詔：原作「照」，據文意改。

[二] 部：原脱，據文意補。

月，以權工部尚書兼右庶子，依舊左諭德。

七年八月，起居郎李𡌴兼太子侍講。

九月，權兵部尚書黃疇若兼太子右庶子。十二月，以兵部尚書兼左庶子。九年十二月陞兼詹事。

八年六月，宗正少卿莊夏兼太子侍講。九年二月陞兼侍讀，十二月陞兼右諭德，十年十一月陞兼左庶子、左諭德。

七月，禮部尚書范之柔、權工部尚書劉榘並兼太子詹事。

九年二月，將作監何(剡)〔郯〕兼太子侍講。十二年九月，以權刑部侍郎兼右諭德。

十二月，祕書少監、兼權中書舍人黃宜兼太子侍讀。十年十46一月，以中書舍人兼右諭德。十二年二月，以工部侍郎兼右庶子。

十年三月，權兵部尚書蔡幼學兼太子詹事。

十一月，起居舍人宣繒兼太子侍讀。十二年九月，以權吏部侍郎兼左諭德。十三年三月，陞兼右庶子，依舊左諭德。

十二年九月，權禮部侍郎楊汝明兼太子侍讀，司封郎中高文善兼太子舍人。汝明十三年三月陞兼右諭德。

十三年正月，祕書監崔與之兼太子侍講。

三月，刑部尚書徐應龍兼太子詹事。（以上《永樂大典》卷二三九）